U0906964

2017 内蒙古统计年鉴

INNER MONGOLIA STATISTICAL YEARBOOK 2017

（总第30期 NO. 30）

图书在版编目（CIP）数据

内蒙古统计年鉴. 2017 : 汉英对照 / 内蒙古自治区统计局编. -- 北京 : 中国统计出版社, 2017.8
ISBN 978-7-5037-8262-6
Ⅰ. ①内… Ⅱ. ①内… Ⅲ. ①统计资料 – 内蒙古 – 2017 – 年鉴 – 汉、英 Ⅳ. ①C832.26-54
中国版本图书馆CIP数据核字(2017)第183990号

内蒙古统计年鉴-2017

作　　者/ 内蒙古自治区统计局
责任编辑/ 佘竞雄　李潇潇
责任校对/ 张利珍　王艳伟
装帧设计/ 常埴平　李占玲
出版发行/ 中国统计出版社
地　　址/ 北京市丰台区西三环南路甲6号
邮政编码/ 100073
电　　话/ 邮购（010）63376909　书店（010）68783171
网　　址/ http://www.zgtjcbs.com
印　　刷/ 内蒙古宏业包装印务有限公司
经　　销/ 新华书店
开　　本/ 890mm × 1240mm　1/16
字　　数/ 1800千字
印　　张/ 59
版　　别/ 2017年9月第1版
版　　次/ 2017年9月第1次印刷
定　　价/ 350.00元　Price:350.00(RMB)

本书附同版本CD-ROM一张，光盘内容以书面文字为准。
如有印装差错，由本社发行部调换。

《内蒙古统计年鉴》编辑委员会

Editorial Board and Staff

编辑说明

一、《内蒙古统计年鉴》是一部按年度连续出版的大型统计资料书。本《年鉴》通过大量的统计数据，全面反映了2016年内蒙古经济社会和科技发展变化情况，是国内外各界人士了解内蒙古、认识内蒙古的重要统计资料工具书。

二、年鉴全书分为两部分。第一部分为特载，载入了自治区党政部门重要文件和2016年国民经济和社会发展统计公报。第二部分为统计资料，分为24个细目。即:1.行政区划和自然资源;2.综合;3.国民经济核算;4.人口;5.从业人员和职工工资;6.固定资产投资;7.能源和环境;8.财政;9.物价指数;10.人民生活;11.城市概况;12.农业;13.工业;14.建筑业;15.运输和邮电;16.国内贸易;17.对外经济贸易;18.旅游;19.金融和保险;20.教育、科技和文化;21.体育、卫生、社会福利和其他;22.盟市资料;23.旗县区资料;24.附录。为了便于读者查阅，每个细目编排了主要统计指标解释。

三、本年鉴的统计数据大部分来自政府统计部门和业务部门年度统计报表，一部分来自抽样调查。

四、与《内蒙古统计年鉴-2016》相比较，本年鉴做了如下调整:

对外经济贸易部分增加了“一带一路”海关进出口、分国别实际利用外商投资等数据表，并对版面进行了调整。

五、资料中所使用的数量单位均采用国际统一标准计量单位。

六、本年鉴部分数据合计数或相对数由于单位取舍不同而产生的计算误差均未作机械调整。

七、本年鉴各表式中，有关对全表的注解均在该表上方，对表中部分指标的注解则在该表下方。

八、本年鉴表中的符号使用说明:空格表示该项统计指标数据不足本表最小单位数、不详或无该项数据;“#”表示其中的主要项。

PREFACE

Ⅰ.Inner Mongolia Statistical Yearbook is a regular large scale statistical reference book published yearly. With a vast amount of statistical data for 2016, this yearbook reflects various aspects of Inner Mongolia's economic society, science and technology development. It is really an important and efficient statistical reference book for people of various circles in and outside China to know and understand Inner Mongolia.

Ⅱ. The yearbook has two parts: Special articles and Statistics. The first part consists of important documents of the Party and the government and Statistical Bulletin of the National Economic and Social Development in Inner Mongolia for 2016. The second part consists of all the 24 chapters as follow: 1.Division of Administrative Areas and Natural Resources; 2.General Survey; 3.National Accounts; 4. Population; 5.Employment and Wages; 6.Investment in Fixed Assets; 7. Energy and Environmental; 8. Government Finance; 9. Prices Indices; 10. People's Livelihood; 11. General Survey of Cities; 12. Agriculture; 13. Industry;14. Construction; 15. Transport, Postal and Tele–communications Services;16. Domestic Trade; 17. Foreign Trade and Economic Cooperation; 18. Tourism;19. Banking and Insurance; 20. Education, Science and Culture; 21. Sports, Public Health, Social Welfare and Other; 22. Information of Leagues and Cities; 23.Information of Banners and Counties (Districts and Cities); 24. Appendix. In order to make it convenient for readers to consult, we edit exploratory notes on main statistical indicators of every chapter.

Ⅲ. Most of the data in this yearbook sources are from annual statistical reports of government agencies, another part sources from sample survey.

Ⅳ.Comparing with the content of Inner Mongolia Statistical Yearbook–2016, we changed the content as follow:

The 17th part consists of Foreign Trade Economic Cooperation add index of Imports and Exports with "The Belt and Road"、Utilization of Foreign Capital by country ,and adjust the layout.

Ⅴ. The units of measurement used in this yearbook are internationally standard measurement units.

Ⅵ. Statistical discrepancies due to rounding are not adjusted in this yearbook.

Ⅶ. The notes concerning the whole table are placed at the upper part of table, while the notes concerning individual indicators are placed at the lower part.

Ⅷ. Notations used in this yearbook: blank space indicates that the figure is not large enough to be measured with the smallest unit in the table, or data are unknown or are not available; "#" indicates a major breakdown of the total.

目　录
CONTENTS

第一部分　特　载
PART ONE SPECIAL ARTICLES

第二部分　统计资料
PART TWO STATISTICS

二、综合
General Survey

三、国民经济核算
National Accounts

四、人口
Population

五、从业人员和职工工资
Employment and Wages

六、固定资产投资

Investment in Fixed Assets

七、能源和环境
Energy and Environment

八、财政
Government Finance

九、物价指数
Price Indices

十、人民生活
People's Livelihood

十一、城市概况

General Survey of Cities

十二、农业
Agriculture

十三、工业

Industry

十四、建筑业
Construction

十五、运输和邮电
Transportation, Postal and Telecommunications Services

十六、国内贸易

Domestic Trade

十七、对外经济贸易

Foreign Trade and Economic Cooperation

十八、旅游

Tourism

十九、金融和保险

Banking and Insurance

二十、教育、科技和文化

Education , Science and Culture

二十一、体育、卫生、社会福利和其它
Sports, Public Health, Social Welfare and Others

二十二、盟市资料
Statistics of Leagues and Cities

二十三、旗县区资料

Statistics of Banners, Counties and Districts

二十四、附录
Appendix

2017 NEIMENGGU

第一部分

特 载

PART ONE SPECIAL ARTICLES

紧密团结在以习近平同志为核心的党中央周围 把祖国北部边疆这道风景线打造得更加亮丽

——在中国共产党内蒙古自治区第十次代表大会上的报告

Report by Comrade Li Jiheng on the Tenth CPC of Inner Mongolia Autonomous Region

（2016年11月22日）

李纪恒

同志们：

现在，我代表中国共产党内蒙古自治区第九届委员会向大会作报告。

自治区第十次党代会，是在我区进入全面建成小康社会决胜阶段和深入学习贯彻党的十八届六中全会精神的重要时刻，召开的一次承前启后、继往开来的大会。大会的主题是：高举中国特色社会主义伟大旗帜，紧密团结在以习近平同志为核心的党中央周围，深入贯彻习近平总书记系列重要讲话精神和治国理政新理念新思想新战略，全面落实习近平总书记考察内蒙古重要讲话精神，守望相助、团结奋斗、一往无前，把祖国北部边疆这道风景线打造得更加亮丽。

党的十八届六中全会，最具标志性历史性意义的成果，是明确了习近平总书记的核心地位，正式提出"以习近平同志为核心的党中央"。党的十八大以来，习近平总书记带领全党全国各族人民开创了中国特色社会主义伟大事业和党的建设新的伟大工程新局面，实现了党和国家事业的继往开来。习近平总书记在新的波澜壮阔的伟大斗争实践中，已经成为党中央的核心、全党的核心。作为边疆民族地区，内蒙古2500多万各族人民衷心拥护、坚决维护习近平总书记的核心地位。我们要进一步增强"四个意识"特别是核心意识、看齐意识，在思想上衷心拥护核心，在政治上坚决维护核心，在组织上自觉服从核心，在行动上始终紧跟核心，更加紧密地团结在以习近平同志为核心的党中央周围，更加坚定地维护以习近平同志为核心的党中央权威，更加自觉地在思想上政治上行动上同以习近平同志为核心的党中央保持高度一致，更加扎实地把党中央的各项决策部署落到实处，奋力开创内蒙古改革开放和现代化建设的新局面。

一、过去五年工作的回顾

自治区第九次党代会以来的五年是很不寻常的五年。面对错综复杂的经济形势和繁重艰巨的改革发展稳定任务，在党中央的坚强领导下，自治区党委团结带领全区各族人民，全面贯彻党的十八大和十八届三中、四中、五中、六中全会精神，深入贯彻习近平总书记系列重要讲话精神和治国理政新理念新思想新战略，深入贯彻习近平总书记考察内蒙古重要讲话精神，统筹推进"五位一体"总体布局，协调推进"四个全面"战略布局，攻坚克难、扎实工作，胜利完成"十二五"规划，顺利实施"十三五"规划，各方面工作都取得了新进展新成就。

——经济发展稳中有进。综合经济实力稳步提升，2016年地区生产总值将达到1.9万亿元左右、一般公共预算收入超过2000亿元。转方式调结构取得新进展，"三去一降一补"工作扎实推进，粮食产量和牲畜存栏连创新高，特色优势产业加快发展，现代服务业快速成长，科技进步贡献率提高，基础设施保障能力明显增强。常住人口城镇化率超过60%，呼包鄂等西部盟市发展水平提升，东部盟市发展步伐加快，全区发展的整体性进一步增强。

——改革开放全面深化。习近平总书记要求我区先行先试的三项改革深入推进，经济体制、政治体制、文化体制、社会体制、生态文明体制和党的建设制度改革全面推进，重要领域和关键环节改革取得突破性进展。国内区域协作全面加强，同俄蒙务实合作不断深化，向北开放桥头堡建设迈出重要步伐。

——民生保障切实加强。城乡居民收入增幅高于经济增幅，今年将分别超过33000元和11000元。农村牧区"十个全覆盖"任务基本完成，城乡就业持续扩大，贫困人口大幅减少，困难群众基本生活有效保障，安居工程建设成效显著。各项社会事业全面进步，主要社会保障标准达到或超过全国平均水平。

——民主法治不断发展。人民代表大会制度、中国共产党领导的多党合作和政治协商制度、民族区域自治制度、基层群众自治制度不断完善，爱国统一战线巩固发展，民族团结进步事业开创新局面，宗教领域和谐稳定，群团组织作用有效发挥。法治内蒙古建设扎实推进，科学立法、严格执法、公正司法、全民守法取得新进展。

——文化建设成果丰硕。思想理论武装持续深化，习近平总书记系列重要讲话和考察内蒙古重要讲话精神深入人心。社会主义核心价值观教育成效显著，群众性精神文明创建活动蓬勃开展。意识形态领域引导管理工作不断加强，主流思想舆论巩固壮大。文化事业和文化产业长足发展。

——社会大局和谐稳定。平安内蒙古建设不断深化，社会矛盾化解成效显著，安全生产水平全国领先，质量安全监管力度加大，人民群众安全感和满意度持续提升。维护国家安全工作全面加强，双拥共建和国防动员工作深入开展，管边控边稳边能力显著提高，祖国北疆安全稳定屏障进一步巩固。

——生态环境持续改善。重点生态工程深入实施，森林覆盖率和草原植被盖度“双提高”，荒漠化和沙化土地“双减少”。资源节约、污染防治工作有力推进，主要污染物排放总量大幅下降，节能降耗和淘汰落后产能任务圆满完成，生态安全屏障建设成效显著。

——从严治党纵深推进。建立从严治党“1+3”制度体系，管党治党责任全面落实。党的群众路线教育实践活动和“三严三实”专题教育取得重要成果，“两学一做”学习教育深入开展，中央八项规定精神和自治区28条配套规定有效落实，党风政风和社会风气持续好转。领导班子、干部人才队伍建设和基层组织建设进一步加强。反腐倡廉建设力度加大、成效显著，巡视巡察监督作用增强，政治生态不断净化。

五年来取得的成就来之不易。这是党中央坚强领导、亲切关怀的结果，是历届自治区党委接续努力、不懈奋斗的结果，是全区各级党组织和广大党员干部群众苦干实干、顽强拼搏的结果，是各民主党派、各人民团体、各族各界人士和各有关方面热情关心、鼎力支持的结果。在此，我代表自治区党委，向所有为内蒙古建设与发展作出贡献的同志们、朋友们，表示衷心的感谢，致以崇高的敬意！

五年来积累的经验弥足珍贵。这就是：必须坚持坚定正确的政治方向，不折不扣地贯彻落实中央大政方针和决策部署，始终同以习近平同志为核心的党中央保持高度一致；必须紧紧扭住发展这个第一要务，从内蒙古实际出发创造性开展工作，不断解放和发展社会生产力；必须深化改革、扩大开放，全面推进依法治区，确保全区既充满活力又井然有序；必须坚持以人民为中心的发展思想，全心全意为各族人民谋利益，不断增进人民福祉；必须高举各民族大团结旗帜，坚持守望相助，不断巩固发展团结和谐稳定的政治局面；必须加强和改善党的领导，全面推进从严治党，为自治区改革开放和现代化建设提供坚强保证。这些经验是宝贵财富，要倍加珍惜、长期坚持、不断发展。

在总结成绩的同时，我们也清醒认识到，内蒙古作为经济欠发达地区的基本区情还没有得到根本改变，发展中不平衡、不协调、不可持续问题依然突出。主要表现在：稳定经济增长压力较大，经济发展方式仍较粗放，产业结构不够合理，城乡区域发展不够平衡，基础设施体系不够完善。科技创新能力不强，人才力量薄弱。引领经济发展新常态的体制机制尚未健全，对外开放水平总体不高。城乡居民收入和基本公共服务低于全国平均水平，脱贫攻坚任务紧迫而艰巨。生态环境仍很脆弱，节能减排压力增大，资源环境约束趋紧。社会矛盾纠纷易发多发，维护社会和谐稳定面临新情况新问题。一些领导干部思想作风和能力水平有待提高，党员、干部先锋模范作用有待强化，全面从严治党任务艰巨繁重。对这些困难和问题，我们必须高度重视，进一步认真加以解决。

二、关键时期的形势与任务

今后五年，是全面建成小康社会的决胜阶段，是全面落实党中央对内蒙古发展战略定位、打造祖国北疆亮丽风景线的关键时期。2014年春节前夕，习近平总书记亲临我区考察指导并发表重要讲话，这是内蒙古发展史上的重要里程碑。总书记的重要讲话，深刻阐明了内蒙古在全国发展大局中的战略地位，明确提出了守望相助的重要要求、“四个着力”的重点任务、把祖国北部边疆这道风景线打造得更加亮丽的奋斗目标，为我区发展确立了新定位、赋予了新使命，是引领自治区改革开放和现代化建设的根本指针。我们要始终把贯彻落实习近平总书记考察内蒙古重要讲话精神作为重大战略任务，坚定自觉地用讲话精神统一思想、凝聚力量，扎实有效地推动讲话精神落地生根、开花结果。

面向未来，内蒙古发展仍处于可以大有作为的重要战略机遇期。党的十八大以来，以习近平同志为核心的党中央毫不动摇坚持和发展中国特色社会主义，形成一系列治国理政新理念新思想新战略，为我们在新的历史条件下深化改革开放、加快推进社会主义现代化提供了科学理论指导和行动指南。当前，尽管国际金融危机的影响仍然存在、经济形势错综复杂，但世界经济在深度调整中曲折复苏，全球治理体系深刻变革，国际力量对比趋向平衡，我国发展的外部环境相对稳定，特别是新一轮科技革命和产业变革蓄势待发，我国倡导的“一带一路”建设战略得到广泛响应，为我们加强国际合作提供了难得契机。尽管我国发展面临诸多矛盾叠加、风险隐患增多的严峻挑战，但经济长期向好的基本面没有改变，尤其是五大发展理念深入贯彻，经济结构不断优化，发展动力持续转换，改革开放释放出新的发展活力，为我们实现新的更大发展创造了良好条件。尽管我区转方式调结构任务艰巨繁重，但我们拥有得天独厚的资源禀赋和区位优势，具有比较雄厚的物质基础，随着国家“一带一路”建设、京津冀协同发展、长江经济带建设和西部大开发、新一轮东北振兴等战略的深入实施，随着国家促进内蒙古经济社会又好又快发展若干意见和支持民族地区发展政策的深入落实，我区面临多重叠加的发展机遇，后发优势凸显，发展潜力巨大。

尤为可贵的是，内蒙古各族干部群众守望相助，形成了团结奋进的强大合力，蕴藏着改革创新的无限活力，这是我们推动事业发展的根本力量。

今后一个时期，全区工作的指导思想是：高举中国特色社会主义伟大旗帜，以马克思列宁主义、毛泽东思想、邓小平理论、“三个代表”重要思想、科学发展观为指导，全面贯彻党的十八大和十八届三中、四中、五中、六中全会精神，深入贯彻习近平总书记系列重要讲话精神和治国理政新理念新思想新战略，全面落实习近平总书记考察内蒙古重要讲话精神，统筹推进“五位一体”总体布局和协调推进“四个全面”战略布局，大力践行创新、协调、绿色、开放、共享的发展理念，坚决守住发展、生态和民生底线，加快推进转型升级，协同推进新型工业化、信息化、城镇化、农牧业现代化和绿色化，全面推进改革开放，深入推进依法治区，从严推进管党治党，守望相助、团结奋斗、一往无前，奋力夺取全面建成小康社会决胜阶段伟大胜利，全面开启基本实现现代化新征程，把祖国北部边疆这道风景线打造得更加亮丽。

贯彻落实上述指导思想，要牢牢把握以下原则要求：

——守住三条底线。这是建设现代化内蒙古的基本要求。守住发展底线，就是要坚持以经济建设为中心不动摇，主动适应经济发展新常态，保持经济中高速增长，决不能让经济增长滑出底线。守住生态底线，就是要坚持美丽与发展双赢，正确处理经济发展与生态环境保护的关系，决不以牺牲环境、浪费资源为代价换取一时的经济增长。守住民生底线，就是要坚持富民与强区并重、富民优先，扎实做好普惠性、基础性、兜底性民生建设工作，决不让一个困难群众在全面小康路上掉队。

——加快转型升级。这是建设现代化内蒙古的主攻方向。要坚持在加快发展中转型升级、在转型升级中加快发展，痛下决心减少对传统发展路径的依赖，强化创新驱动、改革推动、开放带动、项目拉动，着力推动体制机制转型、产业结构转型、资本结构转型，全面提高经济发展的质量和效益。

——促进“五化”协同。这是建设现代化内蒙古的必然选择。要大力推动新型工业化、信息化、城镇化、农牧业现代化和绿色化深度融合、深层互动，充分发挥工业化的主导作用、信息化的支撑作用、城镇化的带动作用、农牧业现代化的基础作用和绿色化的引领作用，在更高层次上推进我区现代化建设。

——深化改革开放。这是建设现代化内蒙古的治本之策。要以更加坚定的决心和勇气全面深化改革，以更加宽广的视野和胸襟全方位扩大对内对外开放，通过大改革、大开放，激发全社会的创造热情，拓展各领域的发展空间，不断增强经济社会发展的动力活力。

——坚持依法治区。这是建设现代化内蒙古的重要保障。要坚定不移走中国特色社会主义法治道路，加快推进法治内蒙古建设，更好地用法治凝聚改革共识、规范发展行为、促进矛盾化解、维护公平正义、保障社会和谐，推动经济社会发展全面步入法治轨道。

——从严管党治党。这是建设现代化内蒙古的根本保证。要坚持党要管党、从严治党，把纪律和规矩挺在前面，从党内政治生活管起严起，从党员领导干部做起抓起，深入推进党的建设新的伟大工程，不断提高党的建设科学化水平，确保自治区各项事业始终沿着正确方向前进。

全区经济社会发展的主要目标是：

——综合经济实力实现新跨越。发展的平衡性、协调性和可持续性不断提高，地区生产总值、固定资产投资、一般公共预算收入和城乡居民收入增幅高于全国平均水平，综合经济实力和人民生活水平同步提升，主要经济指标保持西部前列。

——深化改革开放实现新突破。重要领域和关键环节改革取得决定性成果，各方面体制机制更加健全完善。向北开放桥头堡建设取得突破性进展，在更大范围和更广领域融入全国、走向世界，形成充满活力的全方位开放新局面。

——经济发展方式实现新转变。构建多元发展、多极支撑的现代产业体系，一核多中心、一带多轴线的新型城镇体系，富有特色、具有优势的区域创新体系，适应发展、适度超前的基础设施网络体系，形成优势突出、结构合理、创新驱动、区域协调、城乡一体的发展新格局。

——民主法治建设实现新进步。民主制度更加完善，民主形式更加丰富，协商民主扎实发展，各族人民民主权利得到充分保障。依法治区深入推进，法治政府基本建成，司法公信力明显提高。

——文明和谐水平实现新提升。中国梦和社会主义核心价值观更加深入人心，民族文化强区建设取得突破，公民素质和社会文明程度显著提高。民族团结进步事业蓬勃发展，平安内蒙古建设不断深入，祖国北疆安全稳定屏障更加牢固。

——人民生活水平实现新提高。脱贫攻坚任务圆满完成，收入差距缩小，中等收入人口比重上升，覆盖城乡、趋于均等的公共服务体系更加健全，城乡居民收入和基本公共服务达到全国平均水平。

——生态环境质量实现新改善。能源资源开发利用效率大幅提高，城乡人居环境进一步优化，主要生态系统步入良性循环，生产方式、生活方式更加绿色低碳，生态文明建设进入全国前列，我国北方重要生态安全屏障更加牢固。

经过未来五年的不懈努力，到建党100周年时，祖国北疆这道经济发展、民族团结、文化繁荣、边疆安宁、生态文明、各族人民幸福生活的风景线一定会更加亮丽！

三、加快推动经济转型升级

发展是解决所有问题的关键。必须坚持以新发展理念引领经济发展新常态，以供给侧结构性改革为主线，以转型升级为主攻方向，以建设国家重要能源基地、新型化工基地、有色金属生产加工基地、绿色农畜产品生产加工基地、战略性新兴产业基地和国内外知名旅游目的地为重要抓手，着力转变发展方式、转换发展动能，打造新引擎、构建新支撑，努力走出一条质量更高、效益更好、结构更优、后劲更足、优势充分释放的发展新路子。

（一）保持经济平稳较快增长。针对经济发展新常态特征更加明显的实际，努力扩大需求总量，着力改善供给结构，促进经济稳中有进、进中向好。发挥好投资的关键作用，多方争取国家投资，充分激活民间投资，努力扩大招商引资，加快实施一批大项目好项目，提高投资的有效性，有力支撑经济增长、促进转型升级。加大消费供给改革和结构性调整力度，深度释放服务消费、信息消费、绿色消费、健康消费和农村牧区消费潜力，努力扩大个性化、中高端消费需求。创新对外贸易方式，增加优势特色产品出口和紧缺急需设备、先进技术、原材料进口，促进外贸向优质优价、优进优出转变。坚决有力化解过剩产能、淘汰落后产能，因地制宜消化房地产库存，积极稳妥防范化解金融财政领域潜在风险，多措并举降低企业成本，聚焦短板扩大公共产品和公共服务有效供给，切实提高供给体系质量和效率。

（二）加快农牧业现代化进程。我区农牧业资源丰富、特色鲜明，发展潜力巨大。要坚持和完善农村牧区基本经营制度，坚守耕地红线，推进土地草牧场所有权、承包权、经营权分置，完善农企利益联结机制，发展壮大农牧业龙头企业、专业合作社、专业大户、家庭农牧场、农牧业园区等新型经营主体。优化农牧业区域布局，积极调整种养结构，稳定粮食综合生产能力，扩大畜产品生产经营规模，建设优质农畜产品产业带和大宗农畜产品主产区。转变畜牧业发展方式，稳步发展草原畜牧业，大力发展农区畜牧业，促进规模化、标准化、集约化养殖，提升乳肉绒等优势特色产业竞争力。推进农牧业供给侧结构性改革，发展绿色农牧业、节水农牧业、效益农牧业，加强农畜产品质量安全监管体系建设，打造优质绿色农畜产品品牌，推进农牧业与二、三产业融合发展，加快实现农牧业大区向农牧业强区转变。

（三）推进产业结构战略性调整。我区经济发展方式不合理，集中体现是产业结构不合理。必须坚持发挥优势和补齐短板一起做、调整存量和做优增量同步抓，做好资源转化增值这篇大文章，着力推动我区产业向高端化、智能化、绿色化、服务化方向发展。更加注重运用高新技术和先进适用技术改造提升能源、化工、冶金、建材、装备制造、农畜产品加工等产业，让传统产业焕发新活力、增强竞争力。更加注重立足现有基础和优势，统筹部署、集中力量，加快培育打造新能源、新材料、节能环保、高端装备、大数据云计算、生物科技、蒙中医药等战略性新兴产业，使其成为支撑我区经济增长的主要动力。下大气力推进园区、开发区转型升级，打造更多百亿企业与千亿园区，促进产业集中集聚发展。更加注重在服务业领域培育支柱产业，下大气力抓好金融、物流、文化、商务会展、健康养老等产业发展，尽快把服务业这块“短板”补起来。旅游业是综合性产业，是拉动经济增长的重要动力。内蒙古自然风光辽阔壮美、民族文化独具特色，要着眼发展全域旅游、四季旅游，实施“旅游＋”战略，高起点规划、高强度投入、高标准建设、高效能管理、全方位推介，打造“壮美内蒙古·亮丽风景线”品牌，把我区建成国内外知名旅游目的地。

（四）实施创新驱动发展战略。创新是转型升级的关键驱动，要坚持有所为有所不为，围绕产业链部署创新链，围绕创新链延伸产业链，加快形成以创新为主要引领和支撑的经济体系和发展模式。瞄准国内外科技前沿，加强重点产业领域共性关键技术攻关，着力在资源能源高效利用、现代农牧业发展、新一代信息和生态环保等领域实施一批重大科技专项，掌握一批自主核心技术，加快科技成果转化和推广应用，抢占产业变革的制高点。充分发挥企业、高校、科研机构、社会组织等各类创新主体的作用，加强与国家科研院所和高校的合作，加快打造一批重点实验室、工程研究中心、企业技术中心和“双创”示范基地。深化科技管理和运行机制改革，加大科技研发投入力度，推进产学研用一体化建设，优化创新创业环境，激发全社会创新活力和创造热情。实施人才优先发展战略和“草原英才”工程，突出“高精尖缺”导向，大力培养人才，广泛聚集人才，用活用好人才，为建设创新型内蒙古提供有力支撑。

（五）推动城乡区域协调发展。全面小康是城乡区域共同的小康。要积极推进以人为核心的新型城镇化，统筹规划、合理布局，促进大中小城市和小城镇协调发展。依托盟市、旗县所在地和中心镇，全面提升城镇服务功能，积极引导产业集聚。推进城市执法管理体制改革，提高城市规划建设管理水平。深化城乡户籍制度等相关改革，加快农村牧区转移人口市民化进程。大力发展县域经济，打造一批各具特色的经济强旗强县。扎实推进新农村新牧区建设，巩固农村牧区基础设施和环境建设成果，健全完善基础设施和公共服务投入、管护长效机制，加快推进城乡发展一体化进程。深入实施呼包鄂协同发展战略，促进基础设施互联互通、产业发展协作互补、科技创新联合攻关、公共服务共建共享，建设我国西部重要增长极和一流城镇群。积极争取在呼和浩特建设国家级新区。深入落实新一轮东北振兴战略，以特色优势产业和中小城镇群建设为抓手，推进东部盟市跨越发展。认真实施呼包银榆经济区发展规划，积极推进乌大张合作区建设，促进乌海与周边地区一体化发展。大力支持老少边穷地区发展，让各地区各民族充分共享改革发展成果。

（六）加强现代基础设施网络建设。基础设施滞后是我区现代化建设的突出短板，要科学编制规划，打好攻坚会战，加快构建铁路网、公路网、航空网、市政网、水利网、能源网、信息通信网七大网络体系。建成呼和浩特至北京、赤峰和通辽至京沈高速铁路，加快推进包银、包西、巴银、锡张、齐海满等快速铁路和城际铁路建设，推进高等级公路和农村牧区公路、旅游公路、口岸公路、边防公路建设，推进呼和浩特新机场等重点机场迁改扩建和支线机场、通用机场建设，努力实现所有旗县通高速公路、重点城市通高铁、合理半径有机场，通过时空变革创造经济发展新优势。加强城市地下管网和轨道交通等市政基础设施建设，提高城市综合承载和公共服务能力。加快推进重大水利工程建设，实施“引绰济辽”等水资源调配工程，实施河套等大中型灌区续建配套和节水改造工程，统筹解决好资源性缺水和工程性缺水问题，全面提升水资源保障能力。加快推进特高压电力外送通道建设，推进区内骨干电网升级改造，推进蒙西—华中“北煤南运”通道建设，推进油气管道建设，为国家发展大局多作贡献。抓住我区列入国家大数据综合试验区建设机遇，加快推进新一代信息基础设施建设，强化信息资源综合开发利用，打造我国北方大数据中心和云计算产业基地。

（七）深化经济体制改革。围绕使市场在资源配置中起决定性作用和更好发挥政府作用，不断深化重要领域和关键环节改革。加大“放管服”改革力度，深化商事制度改革，提高政府效能，激发市场活力和社会创造力。分类推进国有企业改革，完善企业治理模式和经营机制，加强国有资产监管，做强做优做大国有企业。放宽市场准入，优化营商环境，放手扶持非公有制经济发展，积极构建“亲”“清”新型政商关系。深化电力体制改革综合试点，推进电力市场化改革，扩大我区电力资源和电价成本优势。深化财税体制改革，加快建立现代财政制度，提高财税管理水平。健全现代金融体系，促进资本市场健康发展。深化农村牧区、国有林区垦区改革，增强农村牧区发展活力。通过全面深化改革，着力清除妨碍社会生产力发展的各种障碍，加快形成有利于引领经济发展新常态的体制机制和发展方式。

（八）全方位扩大对外开放。开放发展是内蒙古实现富民强区的必由之路。要充分发挥内联八省区、外接俄蒙的区位优势，主动融入和服务“一带一路”建设、京津冀协同发展、长江经济带建设等国家发展战略，提高开放型经济发展水平，加快形成北上南下、东进西出、内外联动、八面来风的对外开放新格局。完善对外开放战略布局，积极推进中蒙俄经济走廊建设，完善同俄蒙合作机制，深化各领域合作，加快建设我国向北开放的重要桥头堡；扩大对东北亚的开放，打造东北亚地区合作的重要枢纽；密切同港澳台及东南亚的交流合作，拓展向南开放的新空间；加强同中亚、西亚和欧洲的经贸往来，构筑向西开放的国际经贸大通道。提升中蒙博览会的层次和水平。坚持“走出去”“引进来”并举，深化国际产能合作和人文交流，在互利共赢中实现新的更大发展。全方位深化区域经济协作，加强同周边省区的务实合作，主动融入京津冀、辽吉黑等地区发展，积极承接沿海地区先进产业转移，抓好跨地区重大基础设施建设和产业园区共建。大力发展口岸经济，加强口岸基础设施建设，抓好重点开发开放试验区、合作先导区和跨境经济合作区、边境经济合作区、综合保税区、跨境旅游合作区等对外开放平台建设，让沿边地区成为充满活力、更具魅力的发展热土。

我们坚信，通过全区上下的共同努力，一个更加繁荣富裕的内蒙古一定会崛起在祖国北疆！

四、积极发展社会主义民主政治

加强民主法治，维护民族团结，是建设现代化内蒙古的重要目标和保障。要坚持党的领导、人民当家作主、依法治国有机统一，扎实推进政治文明建设，巩固发展民族团结大局，广泛汇聚团结奋进的智慧和力量。

（一）扩大人民民主。人民民主是我们党始终高扬的光辉旗帜。要推动人民代表大会制度与时俱进，健全依法行使立法、监督、决定、任免等职权的制度机制，加强旗县、苏木乡镇、街道人大工作和建设，支持和保证人大代表依法履行代表职责，加强联系人民群众工作，更好地发挥根本政治制度的作用和优势。坚持和完善中国共产党领导的多党合作和政治协商制度，围绕团结和民主两大主题，加强人民政协协商民主建设，推进协商民主广泛多层制度化发展。坚持和完善基层民主制度，开展形式多样的基层民主协商，切实保障人民依法直接行使民主权利。增强群团组织的政治性先进性群众性，发挥好桥梁和纽带作用，组织动员各族群众为促进自治区改革发展稳定建功立业。

（二）巩固壮大爱国统一战线。统一战线是凝聚人心、汇聚力量的政治优势和战略方针。要全面落实统一战线工作条例，牢牢把握大团结大联合主题，正确处理一致性和多样性的关系，完善大统战工作格局，扎实做好统一战线各领域工作，充分发挥各民主党派、工商联和无党派人士，党外知识分子、民族宗教界人士，非公有制经济人士、新的社会阶层人士、出国和归国留学人员、港澳台侨等方方面面的作用，不断扩大团结面、凝聚正能量。全面贯彻党的宗教工作基本方针，积极引导宗教与社会主义社会相适应。

（三）巩固发展民族团结大局。各民族大团结是内蒙古的光荣传统，是自治区各项事业发展进步的基石。要全面贯彻党的民族政策，坚持和完善民族区域自治制度，大力发扬各民族心连心、手拉手的好传统，深入开展民族团结进步教育和创建活动，使“三个离不开”“五个认同”的思想深深扎根各族人民心中，使“模范自治区”的荣誉永放光彩。深入推进兴边富民行动，加大对少数民族聚居区和人口较少民族发展的扶持力度，重视做好城市民族工作，促进各民族共同团结奋斗、共同繁荣发展。组织开展好自治区成立70周年系列庆祝活动，展示成就、总结经验、凝聚共识，增强各族干部群众热爱内蒙古、建设内蒙古的自豪感和使命感。

（四）推进全面依法治区进程。紧扣法治内蒙古建设目标，深入推进科学立法、严格执法、公正司法、全民守法。抓住提高立法质量这个关键，加强重点领域立法，拓宽公民有序参与立法途径，健全完善地方性法规规章。坚持依法行政，建立完善权力清单、责任清单制度，加快形成权责统一、权威高效的依法行政体制。深化司法体制改革，健全保证审判机关、检察机关依法独立公正行使审判权和检察权制度，健全冤假错案有效防范、及时纠正机制，提高司法公信力。弘扬社会主义法治精神，加强普法宣传教育，促进全社会特别是公职人员尊法学法守法用法。加强对宪法和法律实施情况的监督，捍卫宪法法律尊严，在全社会形成厉行法治的浓厚氛围。

众志成城，无往不胜。我们一定要把人心聚起来，把干劲鼓起来，汇聚起建设现代化内蒙古的磅礴力量。

五、大力弘扬社会主义先进文化

文化承载历史，文明昭示未来。要坚定不移走中国特色社会主义文化发展道路，全面推进精神文明建设，加快建设民族文化强区，促进社会主义文化大发展大繁荣。

（一）守好各民族共有精神家园。坚持不懈地抓好中国特色社会主义宣传教育，深入实施“三带三创”工程，加强哲学社会科学创新体系建设，教育引导各族人民坚定共产主义远大理想和中国特色社会主义共同理想，巩固团结奋斗的共同思想基础。坚持不懈地用中国梦和社会主义核心价值观凝聚共识、汇聚力量，把核心价值观建设融入国民教育中，融入红色文化传承和文化创新发展中，融入民族团结进步和群众性精神文明创建活动中，教育激励各族干部群众，大力弘扬民族精神和时代精神，大力弘扬吃苦耐劳、一往无前的蒙古马精神，共同守卫祖国边疆、共同创造美好生活。

（二）加强意识形态领域引导管理。坚持党管意识形态不动摇，落实党委（党组）意识形态工作责任制，强化阵地意识、国门意识和主导意识，管好阵地、管好导向、管好队伍，始终高扬主旋律、激扬正能量。把握意识形态多元多样多变特点，推进主流媒体传播方式创新，推动传统媒体和新兴媒体融合发展，加强网上思想文化阵地建设，搞好正面宣传，打好舆论斗争主动仗，巩固壮大主流思想舆论。实施文化走出去战略，加强国际传播能力建设，上下联动、内外互动，讲好中国故事、内蒙古故事，增强对外宣传的吸引力和影响力。

（三）丰富各族人民精神文化生活。坚持以人民为中心的创作导向，实施重点文艺工程，扶持文艺精品创作，提高地区文化创造力，为人民提供更多更好精神食粮。坚持面向基层、服务群众，推进重点文化惠民工程，创新公共文化服务方式，繁荣社区文化、乡村文化、企业文化、校园文化，组织更多由群众唱主角的文化活动，引导群众在文化建设中自我表现、自我教育、自我服务。完善文化人才激励机制和扶持政策，实施文化名家工程、重点文艺人才和乡土文化人才培养计划，为建设民族文化强区、繁荣群众文化生活提供人才支撑。

（四）推动文化事业和文化产业改革发展。坚持把社会效益放在首位、社会效益和经济效益相统一，深化文化体制改革，完善公共文化服务体系、文化产业体系和文化市场体系，推动基本公共文化服务标准化均等化发展。加强民族文化保护传承与创新发展，实施精准性普查、抢救性挖掘和创造性转化工程，构建地区文化遗产保护体系。培育壮大一批文化企业，谋划建设一批文化工程项目，推进文化与相关产业融合发展，加快把我区文化产业打造成为支柱产业。

文化是根，文化是魂。我们一定要坚定文化自信、增强文化自觉，创新发展草原文化，为中华文化增添瑰丽色彩。

六、着力增进各族人民福祉

幸福安康是民心所向。各级党委、政府要始终树立和践行以人民为中心的发展思想，全力做好保障改善民生和创新社会治理工作，让各族人民幸福生活、祖国北疆安宁永驻。

（一）坚决打赢脱贫攻坚战。这是头号民生工程，是沉甸甸的责任。要深入实施精准扶贫、精准脱贫基本方略，创新扶贫体制机制，落实“六个精准”“五个一批”和“三到村三到户”要求，深化京蒙扶贫协作，加大对口帮扶、定点帮扶力度，因户因人施策，提高脱贫成效。大力推进特色优势产业、基础设施网络和基本公共服务体系建设，推动贫困地区尽快步入自主发展轨道。严格实行脱贫工作责任制和贫困退出机制，用好考核“指挥棒”，兑现脱贫“军令状”，层层压实责任、传导压力，确保如期实现脱贫摘帽目标。

（二）大力促进就业增收。实施就业优先战略和更加积极的就业政策，鼓励多渠道多形式就业，建立覆盖城乡全体劳动者的技能培训制度，做好高校毕业生和农村牧区转移劳动力、城镇困难人员、退役军人就业工作，实现经济发展与就业增长良性互动。推进大众创业、万众创新，完善创业扶持政策和激励机制，支持创业园区、创新工厂、创客空间等孵化平台建设，努力使人人都有干事创业、实现梦想的机会。深化收入分配制度改革，推行企业工资集体协商制度，健全最低工资调整机制，增加一线劳动者劳动报酬，完善机关事业单位工资制度，扩大中等收入者比重，形成合理有序的收入分配格局。着力促进农牧民收入较快增长，增加经营性收入和政策性收入，扩大财产性收入和工资性收入，努力缩小城乡居民收入差距。

（三）健全完善社会保障体系。实施全民参保计划，完善养老保险参保缴费和转移接续政策，整合城乡居民医保政策和经办机制，稳步提高保障待遇水平。完善城乡社会救助、法律援助体系，加强对城乡困难群体的生活保障，统筹推进扶老、助残、救孤、优抚等福利事业发展，使所有困难群众基本生活都得到保障。大力推进住房保障工作，扎实开展棚户区改造，将进城落户农牧民纳入城镇住房保障体系，帮助住房困难家庭逐步实现安居梦。通过健全完善以社会保险为主体、社会救助为托底、社会福利为补充的多层次保障体系，把我区民生保障安全网织得更密更牢。

（四）着力办好人民满意的教育。教育是富民强区的百年大计。要坚持教育优先发展战略，落实立德树人根本任务，深化教育领域综合改革，提高教育质量，促进教育公平，扩大教育开放，构建各级各类教育协调发展格局。加大统筹城乡基础教育发展力度，鼓励普惠性幼儿园发展，完成县域义务教育均衡发展目标任务，完善12年免费教育机制，扩大优质教育资源覆盖面。优先重点发展民族教育，保持民族教育国内先进水平。大力发展职业教育，为我区建设发展培养更多技能人才。提高高校教学水平和创新能力，抓住国家推进"双一流"建设机遇，建设一批具有国际水准的优势学科、特色专业和重点实验室，引领我区高等教育内涵式发展。加强继续教育、老年教育和特殊教育，支持和规范民办教育发展。

（五）全面提高人民健康水平。没有全民健康就没有全面小康。要坚持新时期卫生与健康工作方针，抓好重大疾病防控，重视重点人群健康，倡导健康文明生活方式，营造绿色安全健康环境，全方位全周期做好健康保障工作。优化基本医疗和公共卫生服务，强化医疗卫生三级网络建设，提高基层服务能力。按照保基本、强基层、建机制的要求，重点推进分级诊疗、现代医院管理、全民医保、药品供应保障、综合监管制度改革。加强蒙中医药基础设施和标准化建设，实施蒙中医药科技创新工程，促进民族医药振兴发展。坚持计划生育基本国策，提高出生人口素质，促进人口长期均衡发展。广泛开展全民健身活动，巩固发展足球改革成果，促进群众体育和竞技体育全面发展。切实保护妇女儿童合法权益，重视做好关心下一代工作，积极发展残疾人事业、红十字事业、慈善事业和老龄事业。

（六）努力建设更高水平的平安内蒙古。筑牢祖国北疆安全稳定屏障，既是重大政治责任，也是重要奋斗目标，一刻都不能放松。要把专项治理和系统治理、综合治理、依法治理、源头治理结合起来，加快立体化社会治安防控体系建设，加大重点部位、重点场所、重点人群管控力度，优化完善服务管理平台，深化基层平安创建，夯实维护社会稳定的基层基础。落实重大决策社会稳定风险评估制度，健全社会利益表达、利益协调、利益保护机制，有效预防和化解矛盾纠纷。加强社会治理创新，推动社会治理社会化、法治化、智能化、专业化，提高预测预警预防各类风险能力。健全完善公共安全体系，严密防范和依法惩治各类违法犯罪活动，严格落实安全生产责任和管理制度，深入实施质量立区战略，完善食品药品安全监管体制机制，健全突发事件应急处置机制，增强防灾减灾能力，切实维护人民群众生命财产安全。加强维稳处突力量和手段建设，严密防范、严厉打击敌对势力渗透破坏颠覆活动，牢牢掌握对敌斗争主动权。内蒙古是祖国"北大门"、首都"护城河"，有八千多里边防线，加强军民团结和军地联防具有特殊重要意义。要把支持国防建设和军队改革作为义不容辞的责任，深化双拥共建工作，推进军民融合深度发展，千方百计帮助部队解决实际问题，形成众志成城固北疆的强大合力。

我们要始终把人民放在心中最高位置，团结带领各族人民不懈奋斗，把内蒙古建设成为和谐幸福的美好家园。

七、全面加强生态文明建设

绿色是内蒙古的底色和价值，生态是内蒙古的责任和潜力。要全面推进绿色发展，像保护眼睛一样保护生态环境，像对待生命一样对待生态环境，进一步筑牢我国北方重要生态安全屏障。

（一）推进生态修复和环境保护。我区生态环境保护正处在"进则全胜、不进则退"的历史关头，必须持续用力、久久为功。要严守生态红线，坚持保护优先、自然恢复和人工恢复相结合，组织实施好京津风沙源治理、"三北"防护林建设、天然林保护、退耕还林、退牧还草、水土保持等重点生态工程，搞好重点区域植树造林，落实好草原生态保护补助奖励政策，实行好禁牧休牧和草畜平衡制度，加快呼伦湖、乌梁素海、岱海等水生态综合治理，推进荒漠化治理，扩大森林面积、提高森林质量，加强湖泊湿地保护，提高草原、沙区植被盖度，不断巩固扩大生态保护建设成果。坚持预防为主、综合治理，着力解决大气、水、土壤污染等突出环境问题，实施工业污染源全面达标排放计划，加强农业面源污染防治，加强矿山地质环境和城乡环境综合治理，加强自然保护区监督管理，为各族群众创造良好生产生活环境，为子孙后代留下可持续发展的"绿色银行"。

（二）推动形成节约资源和保护环境的空间格局、产业结构、生产方式。坚持在发展中保护、在保护中发展，促进绿色化与新型工业化、城镇化、农牧业现代化融合互动。加大主体功能区战略实施力度，严格按照主体功能区规划确定发展定位，构建科学合理的城镇化格局、农牧业发展格局、生态安全格局。加快转变资源开发利用方式，严格实行能源和水资源消耗、建设用地等总量和强度双控，严格落实节能减排约束指标，促进各类资源节约高效利用。大力推动低碳循环发展，全面推行企业循环式生产、产业循环式组合、园区循环式改造，促进生产流通消费全过程减量化、再利用、资源化。大力发展节能环保产业和林沙草产业。

（三）加强生态文明制度建设和文化培育。保护生态环境，制度是保障，文化是支撑。要深化生态文明制度改革，以强化考核奖惩、严肃责任追究、明晰资产产权、严格用途管制为重点，健全完善法规规章、管理制度、标准体系和经济政策，构建系统完整的生态文明制度体系，推动保护建设工作全面步入法治化、制度化轨道。坚持试点先行和整体推进相结合，积极探索、大胆实践，努力形成一批可复制可推广制度成果。大力培育发展生态文化，传承民族文化崇尚自然的优秀基因，倡导勤俭节约、绿色低碳、文明健康的生活方式和消费模式，形成崇尚生态文明、共促绿色发展的社会风尚。

我们一定要走好绿色发展之路，使内蒙古的草原林海、沙漠雪原、湖泊湿地成为聚宝盆，让内蒙古的天更蓝、山更绿、水更清、空气更清新、人民更开心。

八、深入推进全面从严治党

做好内蒙古工作，关键在党，关键在党要管党、从严治党。要切实履行好全面从严治党使命，坚持在党言党、在党忧党、在党为党，做到在党爱党、在党兴党、在党护党，加强和改善党的领导，不断提高我区党的建设科学化水平。

（一）坚持不懈地用习近平总书记系列重要讲话精神和治国理政新理念新思想新战略武装头脑、指导实践、推动工作。抓好思想理论建设这个根本，把深入学习贯彻习近平总书记系列重要讲话精神和治国理政新理念新思想新战略作为长期重大政治任务，发挥党委（党组）中心组示范带动作用，读原著、学原文、悟原理，不断提高思想政治觉悟和理论政策水平。毫不放松加强党性教育，持之以恒加强道德教育，教育引导广大党员、干部坚定理想信念，坚持党的基本路线，增强中国特色社会主义道路自信、理论自信、制度自信、文化自信，增强政治意识、大局意识、核心意识、看齐意识，向党中央看齐，向党的理论和路线方针政策看齐，向党中央决策部署看齐，做到党中央提倡的坚决响应、党中央决定的坚决执行、党中央禁止的坚决不做。坚持理论联系实际，完善党内教育制度机制和方式方法，增强思想政治建设的针对性和实效性，提高党员干部运用马克思主义立场观点方法分析解决问题的能力和水平。

（二）加强和规范党内政治生活。党要管党必须从党内政治生活管起，从严治党必须从党内政治生活严起。要认真落实新形势下党内政治生活若干准则，着力增强党内政治生活的政治性、时代性、原则性、战斗性，努力形成又有集中又有民主，又有纪律又有自由，又有统一意志又有个人心情舒畅生动活泼的政治局面。严明党的纪律特别是政治纪律和政治规矩，坚定不移维护党中央权威和党中央集中统一领导，始终对党忠诚、光明磊落，说老实话、办老实事、做老实人。坚持集体领导制度，认真执行党委（党组）议事规则和决策程序，实行集体领导和个人分工负责相结合。用好批评和自我批评武器，坚持实事求是，讲党性不讲私情，讲真理不讲面子。严格党的组织生活制度，坚持和完善“三会一课”、民主生活会和组织生活会、谈心谈话、民主评议党员和党性定期分析等制度，创新方式方法，增强党的组织生活活力。坚持党内民主，深入开展调查研究，广泛听取各方面意见和建议。尊重党员主体地位、保障党员民主权利，畅通党员参与讨论党内事务的途径，拓宽党员表达意见渠道，营造党内民主讨论的政治氛围。

（三）建设忠诚干净担当高素质干部队伍。坚持德才兼备、以德为先，坚持五湖四海、任人唯贤，坚持事业为上、公道正派，坚持新时期好干部标准，真正把忠诚、干净、担当的干部精心培养起来、及时发现出来、合理使用起来。选优配强“一把手”和关键岗位领导干部，强化优秀年轻干部的培养和使用，加强女干部、少数民族干部和非中共党员干部的培养选拔，加大从基层一线培养选拔干部力度，努力形成结构合理、素质优良的干部队伍。强化党组织的领导和把关作用，严格执行推进领导干部能上能下若干规定和防止干部“带病提拔”的意见，切实防范和纠正用人上的不正之风和种种偏向。建立容错纠错机制，宽容干部在工作中特别是改革创新中的失误。抓好大规模培训干部工作。加强离退休干部工作。坚持党管人才原则，深化人才发展体制机制改革，统筹抓好各类人才队伍建设，激发人才创新创造活力。

（四）全面提高基层党建工作水平。实施“北疆先锋”工程，树立大抓基层鲜明导向，扎实推进农村牧区、城镇社区、机关、国企、高校和非公有制经济组织、社会组织等领域党建工作，深入开展基层党建工作述职评议考核。强化基层组织政治功能和服务功能，加强基层党组织带头人队伍建设，坚持和改进选派优秀年轻干部和高校毕业生到嘎查村任职工作，整顿转化软弱涣散基层党组织。抓好党员发展、教育、管理和服务工作，及时处置不合格党员。推进基层党组织标准化建设，关心和爱护广大基层干部，推动基层组织建设全面过硬。

（五）持续加强作风建设。认真贯彻党的群众路线，改进和创新联系群众方法，坚持问政于民、问需于民、问计于民，保持党同人民群众的血肉联系。巩固拓展党的群众路线教育实践活动、“三严三实”专题教育和“两学一做”学习教育成果，深化“四风”整治，推动落实中央八项规定精神常态化、长效化。各级领导干部要求真务实、真抓实干，多到条件艰苦、情况复杂、矛盾突出的地方解决问题，多干打基础利长远的事情，坚决反对搞劳民伤财的“形象工程”和“政绩工程”。大力倡导雷厉风行、立决立行作风，着力整治不负责任、为官不为现象，旗帜鲜明地为敢于担当的同志担当，为敢于负责的同志负责，在全区上下营造起万众一心抓落实的良好局面。

（六）坚定不移推进党风廉政建设和反腐败斗争。反腐倡廉永远在路上，必须拧紧责任螺丝、深化标本兼治，筑牢拒腐防变的思想防线和制度防线，着力构建不敢腐、不能腐、不想腐的体制机制。严格落实党内监督条例，加强对权力运行的制约和监督，突出抓好对“一把手”和重点领域、重要岗位、关键环节的监督，建立健全监督体系，加大制度执行督察力度，把权力关进制度的笼子。发挥巡视巡察利剑作用，把握政治定位，加强政治巡视，实现巡视工作全覆盖、巡察工作全链接、监督工作无死角。严格落实廉洁自律准则和纪律处分条例，坚持纪在法前、纪严于法，用好监督执纪“四种形态”，使广大党员干部切实守好纪律底线。严格落实问责条例，促使领导干部做到有权必有责、有责要担当，用权受监督、失责必追究。坚持有腐必反、有贪必肃，坚持无禁区、全覆盖、零容忍，坚持既打“老虎”又拍“苍蝇”，着力解决干部身上的问题、群众身边的腐败，促进干部清正、政府清廉、政治清明。各级领导干部要带头践行社会主义核心价值观，带头执行廉洁自律准则，讲修养、讲道德、讲诚信、讲廉耻，自觉同特权思想和特权现象作斗争，注重家庭、家教、家风，教育管理好亲属和身边工作人员。

（七）严格落实全面从严治党主体责任。管党治党责任是最根本的政治责任。各级党组织要把抓好党建作为最大的政绩，严格执行党建工作责任制，坚持党建工作和中心工作一起谋划、一起部署、一起考核，确保管党治党责任落到实处。各级党委要认真贯彻落实党的地方委员会工作条例，充分发挥总揽全局、协调各方的领导核心作用，把方向、管大局、作决策、保落实，全面加强对经济建设、政治建设、文化建设、社会建设、生态文明建设的领导，大力支持同级人大、政府、政协和法院、检察院以及人民团体依照法律和章程独立负责、协调一致地开展工作，组织动员所属党组织和广大党员为实现党的目标任务不懈努力。

我们一定要深入推进全面从严治党，着力营造风清气正、干事创业的良好政治生态，为内蒙古各项事业发展提供坚强有力的保证。

同志们！夺取全面建成小康社会决胜阶段伟大胜利，把祖国北部边疆这道风景线打造得更加亮丽，是时代赋予我们的崇高使命。让我们高举中国特色社会主义伟大旗帜，更加紧密地团结在以习近平同志为核心的党中央周围，守望相助、团结奋斗、一往无前，不断开创决胜全面小康的新局面，把祖国北部边疆这道风景线打造得更加亮丽，以优异成绩庆祝自治区成立70周年，迎接党的十九大胜利召开，向伟大的中国共产党成立100周年献礼！

政府工作报告

Report on the Work of the Government

——内蒙古自治区第十二届人民代表大会第六次会议上

内蒙古自治区主席　布小林

现在,我代表自治区人民政府向大会报告工作,请予审议,并请自治区政协各位委员提出意见。

一、2016 年工作回顾

过去一年,面对复杂严峻的经济形势和艰巨繁重的改革发展稳定任务,在以习近平同志为核心的党中央坚强领导下,我们全面贯彻落实党中央、国务院和自治区党委的决策部署,坚持稳中求进工作总基调,主动适应经济发展新常态,全面落实新发展理念,积极应对各种困难和挑战,较好地完成了全年主要目标任务,实现了"十三五"良好开局。

一年来,全区经济社会发展总体平稳、稳中有进、稳中提质。总体平稳,主要是经济运行处于合理区间。预计全区生产总值 1.9 万亿元,增长 7.3% 左右。一般公共预算收入 2016.5 亿元,按可比口径增长 7%。一般公共预算支出 4526.3 亿元,增长 6.4%。全社会固定资产投资增长 12% 左右,社会消费品零售总额增长 9.7%,居民消费价格涨幅控制在 2% 左右,城镇登记失业率控制在 3.65% 的较低水平。稳中有进,主要是结构调整迈出新步伐。供给侧结构性改革初见成效,煤炭、火电、化工行业占规模以上工业增加值的比重下降 1.6 个百分点,新兴产业增速明显快于工业平均增速,服务业比重提高 2 个百分点。大众创业、万众创新蓬勃发展,专利申请量增长 25%,新登记市场主体 36.7 万户,增长 8.3%。稳中提质,主要是发展的质量和效益稳步提升。规模以上工业企业实现利润增长 23.4%,提高 46.8 个百分点。城乡居民人均可支配收入增长 8% 左右,高于经济增速。完成脱贫攻坚年度任务。单位生产总值能耗下降 4%,主要污染物减排达到国家要求。

这些成绩的取得,凝聚着全区各族人民的心血和汗水,坚定了我们奋力前进的信心和决心。一年来,我们主要做了以下工作:

(一)积极推进供给侧结构性改革。全面贯彻中央决策部署,认真做好"三去一降一补"工作。通过控制新增产能、减量化生产等措施,退出 330 万吨煤炭、291 万吨钢铁产能。提高棚改货币化安置比例,实施激活房地产市场的政策措施,商品房可售面积下降 13.9%。优化信贷结构,支持企业直接融资,发行政府置换债券,金融机构不良贷款率、政府债务成本均有所下降。在简政放权、减税降费、电价市场化改革等方面打出"组合拳",降低企业生产成本 280 亿元。实施补短板 9 大类 45 项重点工程,基础设施、生态环境、科技创新等薄弱领域得到加强。

(二)着力稳定经济增长。发挥投资的关键作用,加快重大项目建设。新开工亿元以上项目投资增长 25.3%,基础设施投资增长 31%。白城至乌兰浩特快速铁路今年将全线通车。呼张客专内蒙古段全线铺轨,通辽、赤峰至京沈客专连接线开工建设,京新高速公路内蒙古段主线贯通,经棚至锡林浩特高速公路建成,2200 多个行政嘎查村通了硬化路。乌兰察布机场正式通航,实现了盟市支线机场全覆盖。锡盟至山东特高压电力外送通道主体工程完工,中天合创 140 万吨煤制烯烃项目建成投产,黄河内蒙古段二期防洪等 12 项重大水利工程全面推进,呼和浩特地铁、包头地下综合管廊等市政项目加快建设。呼和浩特新机场、伊泰 200 万吨煤制油等一批重大项目获得国家批复,包头至银川、巴彦浩特至银川、锡林浩特至张家口快速铁路项目列入国家铁路"十三五"规划。创新投融资方式,设立 9 支总规模超过 200 亿元的投资基金,实施政府与社会资本合作项目 66 个,吸引社会投资 802 亿元。积极扩大消费需求,社会消费品零售总额增速提高 1.7 个百分点。出台财税金融支持实体经济、鼓励非公有制经济发展、促进民间投资等政策措施,稳定了企业生产经营,停产、半停产企业由年初的 814 户减少到 360 户。推进呼包鄂协同发展、东部盟市加快发展、乌海及周边地区产业转型升级,启动和林格尔国家级新区建设筹备工作,区域发展的协调性进一步增强。

(三)加快产业转型升级。大力发展现代农牧业,主要农作物、牲畜良种率达到 96% 以上,有机食品产量占全国的 1/3 以上,超额完成了玉米种植结构调整任务。粮食生产克服严重旱灾影响,总产量连续 4 年保持在 550 亿斤以上,牧业年度牲畜存栏 1.36 亿头只。大力发展云计算、现代装备制造、新能源、新材料等产业,启动国家大数据综合试验区建设,稀土新材料产值增长 27.9%,光伏发电量增长 46.5%,轿车产量增长 12.6%。煤电一体化比重达到 90%,提高 5 个百分点。煤电铝一体化比重达到 70%,提高 10 个百分点。旅游业总收入增长 20.3%,冬季旅游、沙漠旅游上升势头明显。金融机构人民币存款余额2.1万亿元,增长17%;贷款余额1.9万亿元,增长12%,有力支持了经济发展。互联网用户普及率达到95%,提高6.3个百分点,电子商务交易额成倍增长。发挥科技创新对产业升级的引领作用,在稀土永磁电机、高铝煤炭资源利用、蒙药制剂研究等方面取得一批重要成果,设立了稀土综合利用、特种车辆制造两个国家重点实验室,实现了国家级企业重点实验室零的突破。新增众创空间试点70家,一批创客走上创业创新之路。

(四)以改革开放激发市场活力。在经济、社会和生态领域出台84项改革方案,开展了66项改革试点。习近平总书记嘱托我区先行先试的三项改革全面推进,81%的龙头企业与农牧民建立了利益联结机制,与俄蒙通关便利化等合作机制不断深化,生态文明制度改革取得积极成效。深入推进"放管服"改革,公布了政府权力、责任等"八张清单",自治区本级下放行政权力196项,企业投资项目前置审批事项大幅缩减,非涉密项目实现在线审批,企业和群众办事更加便利。深化商事制度改革,174项工商登记前置审批事项改为后置审批,全面实施"五证合一、一照一码"改革和"双随机一公开"监管。国企国资改革步伐加快,混合所有制改革、国有资本运营公司组建等一批试点稳步推进。全面推行"营改增",累计减税降费200亿元。深化户籍制度改革,实行居住证制度,8.6万农牧民进城落户。全面实施不动产统一登记制度,开展农村牧区集体产权和土地征收制度改革试点,土地草原确权工作顺利推进。改革玉米收储制度,下达玉米生产者补贴86亿元。国有林区改革取得重大进展,基本完成企业划转和剥离办社会职能。投资价格、财税金融、社会事业等领域改革不断深化。

积极融入国家"一带一路"战略。制定参与丝绸之路经济带、中蒙俄经济走廊实施方案,满洲里综合保税区封关运营,二连浩特——扎门乌德跨境经济合作区建设取得突破。全区口岸货运量7800万吨,增长18%。鄂尔多斯航空口岸通过国家验收,阿拉善盟乌力吉公路口岸获得批复。中欧班列实现常态化运行,过货量超过8万标箱。与北京市、广东省新一轮合作全面启动,与国内高校、科研院所和金融机构的合作取得新进展。成功举办内蒙古大数据产业推介会、首届蒙商大会、内蒙古·香港重点合作项目推介会等重大活动。引进国内资金3600多亿元,增长8.8%。

(五)加强生态文明建设。实施重大生态修复工程,完成营造林1511万亩,种草3381万亩,治理水土流失760万亩,矿山地质环境治理取得积极进展。实施新一轮草原生态补奖政策,提高了禁牧和草畜平衡补贴标准。全面实施大气、水、土壤污染防治行动计划,城市空气质量优良天数比例达到86%,提高5.1个百分点。单位工业增加值能耗和用水量分别降低6.5%和4.5%。呼伦湖、乌梁素海等湖泊水质好转,乌海及周边地区环境综合治理初见成效。中央环保督察组交办我区的1800多件环境信访事项全部办结,依法严肃处理了相关责任主体。划定了基本草原和城市周边永久基本农田,开展自然资源资产离任审计试点,扩大水权、排污权市场化交易规模。制定生态保护补偿、领导干部生态环境损害责任追究等制度,全社会环境意识进一步增强。

(六)加大改善民生力度。在财政收入增长放缓的情况下,千方百计增加民生领域投入,各级财政民生支出2979亿元,占一般公共预算支出的65.8%。全力推进脱贫攻坚,全社会投入扶贫资金400多亿元,预计21万以上贫困人口稳定脱贫、12个区贫旗县摘帽。"十个全覆盖"任务基本完成,农村牧区面貌发生显著变化。启动"创业内蒙古"行动计划,城镇新增就业26.8万人,农牧民转移就业257万人。全面实施机关事业单位养老保险制度,整合城乡居民医疗保险,医保财政补助、退休人员养老金、城乡居民低保标准普遍提高。城市棚户区改造开工23.3万套,农村牧区危房改造完成32.5万户,均超额完成全年任务。加强平安内蒙古建设,依法打击各类违法犯罪活动,有力维护了公共安全,提升了人民群众的安全感。持续开展安全生产大检查,生产安全事故下降8.8%。

全面推动社会事业发展。提前一年完成第二期学前教育三年行动计划,34个旗县通过国家义务教育均衡发展验收,职业教育改革、高等教育"双一流"建设步伐加快,《民族教育条例》颁布施行。稳步推进健康内蒙古建设,深化医药卫生体制改革,自治区本级重点卫生项目和三级医疗服务体系建设加快,健康服务水平不断提高,婴幼儿和孕产妇死亡率低于全国平均水平。完善计划生育服务管理,两孩政策全面实施。食品药品安全监管体系不断完善,监管能力进一步提高。各项文化惠民工程扎实推进,文艺精品创作和文化遗产保护得到加强,《元上都遗址保护条例》颁布实施,红山文化遗址、辽上京遗址和阴山岩刻申遗工作加快推进。广播电视综合覆盖率达到99.2%。出台全民阅读中长期规划,成功举办全国图书交易博览会。足球改革发展试点取得明显成效,足球人口、场地、教练员和裁判员数量均大幅增加。竞技体育和群众体育协调发展。大力扶持少数民族聚居区和人口较少民族发展,开展民族团结进步创建活动,各民族大团结的良好局面进一步巩固。全面贯彻党的宗教方针政策,保持了宗教领域的和谐稳定。人民防空、地震气象、档案史志、参事文史、外事侨务等工作得到加强,红十字、妇女儿童、老龄和残疾人事业取得新进展。

一年来,我们努力加强政府自身建设。自觉在思想上政治上行动上同以习近平同志为核心的党中央保持高度一致,深入开展"两学一做"学习教育,持续推进作风建设。加强行政监察和审计监督,规范行政权力运行。提请自治区人大常委会审议地方性法规10件,制定、修改和废止政府规章6件,办理人大代表建议和政协提案1169件，办复率100%。建立了政府文件合法性审查机制，大力推进政务公开，完善新闻发布制度，推广电子政务和网上办事，行政效能进一步提高。

各位代表，过去一年的成绩来之不易。这是党中央、国务院坚强领导、关怀支持的结果，是自治区党委总揽全局、科学决策的结果，是全区各族干部群众守望相助、团结奋斗的结果。在此，我代表自治区人民政府，向全区各族人民，向为自治区改革开放和现代化建设作出贡献的同志们，向关心支持内蒙古发展的朋友们，表示衷心的感谢！

我们也清醒地认识到，内蒙古欠发达的基本区情没有根本改变，发展中不平衡、不协调、不可持续问题依然突出。稳增长压力较大，部分企业生产经营困难，工业投资和民间投资有所下降；产业转型任务艰巨，现代服务业和战略性新兴产业发展不足；科技创新能力不强，人才资源总量不足、结构不合理；城乡区域发展不平衡，基础设施保障支撑能力不强；对外交流合作水平有待提高，全方位开放格局尚未形成；财政收入质量不高、收支矛盾突出，一些旗县财政比较困难；城乡居民收入低于全国平均水平，农牧民收入增长放缓，脱贫攻坚任务艰巨；一些环境问题依然比较突出，安全生产还存在不少隐患。尤其令人痛心的是，去年发生了赤峰“12·3”特别重大瓦斯爆炸事故，教训极其深刻。政府工作还存在很多不足，一些部门依法行政能力不强、行政效率不高。我们要进一步增强忧患意识和担当意识，直面问题、解决问题，尽心竭力做好政府工作。

二、2017年工作安排

今年是自治区改革发展进程中具有重要意义的一年。做好政府工作，必须全面贯彻党的十八大和十八届三中、四中、五中、六中全会精神，深入贯彻习近平总书记系列重要讲话和治国理政新理念新思想新战略，认真贯彻习近平总书记考察内蒙古重要讲话精神，紧紧围绕自治区第十次党代会和十届二次全会决策部署，统筹推进“五位一体”总体布局和协调推进“四个全面”战略布局，坚持稳中求进工作总基调，牢固树立和贯彻落实新发展理念，适应把握引领经济发展新常态，以提高发展质量和效益为中心，以推进供给侧结构性改革为主线，坚决守住发展、生态、民生底线，加快推动转型升级，大力促进“五化”协同，全面深化改革开放，适度扩大总需求，强化创新驱动、投资拉动和项目带动，全力做好稳增长、促改革、调结构、惠民生、防风险各项工作，促进经济平稳健康发展和社会和谐稳定，以优异成绩庆祝自治区成立70周年，迎接党的十九大胜利召开。

主要预期目标是：地区生产总值增长7.5%左右，固定资产投资增长12%左右，社会消费品零售总额增长10%左右，一般公共预算收入按可比口径增长6%左右，城乡居民人均可支配收入分别增长8%和8.5%左右，单位地区生产总值能耗下降3%左右，城镇新增就业25万人，全面完成国家下达的各项约束性指标。

这些预期目标，统筹考虑了我们面临的形势和任务，考虑了与自治区第十次党代会和“十三五”规划目标的衔接，也考虑了各方面的支撑条件，是立足需要和可能、经过综合权衡后确定的。这样的安排，有利于调动各方面积极性，有利于实现“四个高于”的目标，有利于推动经济转型升级。

我们深知，在国内外经济形势复杂严峻、下行压力持续加大的情况下，实现这些目标并不容易，必须做好应对困难的充分准备。也要看到，国家深入实施“一带一路”、京津冀协同发展和西部大开发、新一轮东北振兴战略，为我们创造了难得发展机遇；内蒙古有良好的发展优势、发展基础和发展潜力，自治区第十次党代会和十届二次全会确定了清晰的发展思路，提出了催人奋进的发展目标和有力的发展举措，必将凝聚和激发广大干部群众干事创业的热情。我们一定要坚定信心、攻坚克难，全力完成各项目标任务。

今年要重点做好以下工作：

（一）深入推进“三去一降一补”。以满足需求为最终目的，以提高供给质量为主攻方向，以深化改革为根本途径，推动五大任务取得实质性进展。

继续化解过剩产能。坚持市场化、法治化原则，严格执行环保、能耗、质量、安全等法律法规和标准，坚决退出不合规、不达标产能。严格控制过剩行业新增产能，坚决防止已经化解的产能死灰复燃。创造条件推动企业兼并重组，做好职工安置工作，完成55万吨钢铁、120万吨煤炭产能的退出任务，并做好其他行业的去产能工作。

有序消化房地产库存。坚持分类指导，因城因地施策，对库存较多的地区，从严控制土地供应。把去库存与城镇化结合起来，完善农牧民进城购房支持政策。实施城镇棚户区改造22万户，货币化安置比例不低于60%。积极解决商业地产库存问题。支持群众改善性住房需求，抑制投机性购房，引导房地产业健康发展。

扎实做好去杠杆工作。以降低企业负债为重点，支持企业市场化债转股，盘活存量资产，加大股权融资力度，优化企业债务结构，防范企业债券违约风险。加强政府债务管理，规范政府举债行为。

着力降低企业成本。坚持标本兼治、远近结合、综合施策，进一步降低企业税费负担和融资、人工、物流、用地、用能、制度性交易成本。引导企业通过强化管理和创新，降低成本、提高效益。

统筹谋划补短板。坚持既补发展短板也补制度短板，从制约经济社会发展的重要领域和关键环节、从人民群众迫切需要解决的突出问题着手，深入实施补短板重点工程，努力在基础设施、脱贫攻坚、产业转型、科技教育、生态环境等领域取得突破。

（二）积极扩大有效需求。发挥投资的关键作用和消费的基础作用，为经济增长提供有力支撑，坚决守住发展底线。

实施精准有效投资。今年完成固定资产投资1.7万亿元以上。围绕产业转型升级，实施一批重点产业项目，完成工业投资7000亿元。加快构建铁路、公路、航空、水利、市政、能源、信息通信网络体系，完成基础设施投资3000亿元。铁路建设规模4100公里，其中高铁800公里。公路建设规模2万公里，其中高速公路3000公里、一级公路3000公里，行政嘎查村全部通硬化路。开工建设呼和浩特新机场，建成4个旗县通用机场。加快城市轨道交通、地下综合管廊建设，全面改造城市老旧地下管网。加快特高压电力外送通道建设，实施新一轮农网改造升级工程。继续推进列入国家计划的重大水利项目、重点灌区续建配套和节水改造工程。建设中国北方大数据中心和“宽带内蒙古”，用信息化引领经济社会发展。

拓宽投融资渠道。完善政府和社会资本合作模式，发挥产业基金等政府投资基金的引导作用，激发民间投资活力。加大金融支持实体经济力度，鼓励金融机构增加信贷投放，力争新增贷款2200亿元。大力发展多层次资本市场，支持企业上市融资、债券融资，扩大直接融资规模。探索资源资本化、基础设施资产证券化的有效途径。

扩大消费需求。稳定传统消费，鼓励线上线下融合发展，推动实体商业创新转型。以旅游、文化、体育、健康、养老、教育培训等领域为重点，扩大新兴服务消费。大力推进品质消费、品牌消费，实施质量强区战略和标准化三年行动计划，以提高产品质量创造消费新需求。加快发展农村牧区电子商务，挖掘农村牧区消费潜力。完善消费基础设施，健全产品质量追溯体系，营造便利、放心的消费环境。

（三）推进农牧业供给侧结构性改革。把增加绿色优质农畜产品供给放在更加突出位置，优化农牧业产业体系、生产体系和经营体系。

大力发展现代农牧业。根据消费升级趋势，调整农牧业结构，扩大绿色、有机、无公害农畜产品生产。在稳定粮食生产能力的基础上，调减玉米种植面积，发展玉米深加工产业。实施最严格的耕地保护制度，建设高标准农田，改造中低产田，发展节水灌溉。加快发展现代畜牧业，扩大青贮和优质牧草种植面积，推广家庭牧场和规模化养殖方式。推进农牧业产业化、标准化和品牌化发展，提高农畜产品精深加工水平，壮大龙头企业，培育内蒙古特色品牌。加强农牧业科技创新，推广绿色生产技术。强化动物疫病防控和农畜产品质量安全监管，严把从农田牧场到餐桌的每一道防线。

深化农村牧区产权制度改革。继续开展土地草原确权工作，推行所有权、承包权、经营权“三权分置”，促进经营权有序流转。积极培育和扶持农牧民合作社、专业大户等新型经营主体，发展多种形式的适度规模经营。改革农村牧区土地征收制度，开展集体经营性建设用地入市、宅基地制度改革试点，做好“两权”抵押贷款试点工作。深化农垦、供销社改革。推行“河长制”，开展水流产权确权试点工作。

多渠道增加农牧民收入。引导农牧民根据市场需求调整种养结构。积极发展乡村旅游、休闲农牧业等新业态，拓宽农牧民增收渠道。加强职业技能培训，促进农牧民就业增收。探索农村牧区集体经济有效实现形式，赋予农牧民更加充分的财产权利。不折不扣落实各项惠农惠牧补贴政策，提高农牧民政策性收入。

（四）推动工业迈向中高端。全面落实中央关于振兴实体经济的部署，坚持创新驱动，坚持调整存量和做优增量并举，加快工业转型升级。

改造提升传统产业。鼓励煤炭、电力、化工、冶金企业实施战略重组，构建一体化竞争新优势。进一步提高煤炭清洁利用水平，加快建设电力外送煤电基地。大力发展精细化工，延伸钢铁、有色金属产业链，提高资源转化率和产品附加值。积极推进“互联网+制造”，焕发传统装备制造业活力。实施传统产业绿色化改造，鼓励企业清洁生产，发展循环经济。

做大做强新兴产业。完善支持政策，设立重点产业发展基金，大力发展新能源、新材料、大数据、节能环保、高端装备、生物科技、蒙中医药等战略性新兴产业，积极培育新的经济增长点。高标准建设国家大数据综合试验区。推进稀土产业升级，培育国家重要的石墨（烯）新材料产业基地。加快发展新能源汽车、工业机器人、高性能医疗器械等先进制造业，支持呼包鄂申报“中国制造2025”示范城市。建设蒙中药生产加工基地，做强蒙中医药产业。

加大科技创新力度。在清洁能源、现代煤化工、有色金属、高端装备、农畜产品加工等重点领域，开展技术攻关，加快技术成果转化，建立以市场为导向、产学研结合的科技成果转化推广体系。加强重点实验室、工程研究中心等创新平台建设，积极创建呼包鄂自主创新示范区。增加科技创新投入，加大对新技术、新产品、新服务的政府采购力度。深化科技体制改革，提高科研人员研发成果转化收益比例，鼓励科研人员创新创业。制定更具吸引力的人才政策，营造全社会重视人才、关心人才的浓厚氛围，把更多资源投向人才，做到才尽其用。推进大众创业、万众创新，积极发展众创、众包、众扶、众筹等分享经济。提高公民科学素质，培育创新文化，激发全社会创新活力和创造热情。

（五）加快发展现代服务业。把发展服务业作为扩大内需、调整结构和转变发展方式的重要战略任务，打造经济增长新的引擎。

发展全域旅游、四季旅游，实施“旅游+”战略，形成全要素、全产业链旅游发展模式。把绿色发展理念融入旅游业规划、建设和管理全过程。推进文化与旅游融合发展，提升旅游品位和内涵。建立旅游投融资平台和产业发展基金。加快旅游管理体制改革，建设智慧旅游体系，提高旅游管理服务水平。实施专业化、精准化营销，让内蒙古旅游享誉国内外。

培育新型金融主体，引进区外金融机构，发展壮大地方金融，完善多层次、广覆盖的金融体系。创新金融产品和服务，大力发展绿色金融。加快发展普惠金融，着力解决小微企业贷款难、农村牧区高利贷等问题。加快保险市场体系建设，提升保险业保障服务能力。做好防控金融风险工作，完善监测预警和应急处置机制，支持金融机构依法处置不良贷款，坚决守住不发生系统性、区域性风险的底线。

发展现代物流业，建设一批大型物流园区、物流配送中心和电子商务示范城市，完善旗县、苏木乡镇、嘎查村物流体系，积极培育第三方物流企业；发展健康养老产业，推进医养结合，扩大服务供给；发展会展业，形成一批各具特色和有影响力的会展品牌；发展健身休闲、竞赛表演、场馆服务等体育产业，建设体育产业示范基地；发展科技咨询、教育培训、法律服务、家政服务等产业，满足群众多样化需求。

（六）提高城乡区域协调发展水平。坚持以城带乡，促进城乡一体化发展；坚持优化布局，形成多极支撑的区域发展格局。

统筹城乡发展。把以人为本、尊重自然、传承历史、绿色低碳等理念，融入城市规划全过程，强化规划的战略引领和刚性约束。提高城市设计水平，塑造有地域特征、民族特色和文化内涵的城市风貌。保护历史文化名城、名镇、名街，延续城市历史文脉。加强城市基础设施建设，合理布局学校、医院、文化、体育、商业等服务设施，着力解决交通拥堵、空气污染、垃圾围城等“城市病”。改革城市管理体制，提高城市治理能力，加强智慧城市建设。落实户籍制度改革措施，完善教育、医疗、社保、就业、住房保障等公共服务政策，促进农牧业转移人口市民化。培育特色产业，大力发展县域经济。推进基础设施向农村牧区延伸、公共服务向农村牧区拓展。健全投入和管护机制，巩固“十个全覆盖”建设成果。以危房改造和改善农牧民人居环境为重点，建设美丽乡村。

推动区域协调发展。做好和林格尔国家级新区申报、规划等工作，统筹基础设施、产业发展、人口集聚、生态环保和城市功能布局。加快呼包鄂协同发展，建设中心城区1小时快速铁路圈、2小时公路圈，推进基础设施互联、产业建设互补、生态环境共治、公共服务共享取得实质性进展。落实新一轮东北振兴战略，加强特色优势产业和基础设施建设，降低蒙东地区大工业用电价格，支持东部盟市加快发展。推进乌海及周边地区产业转型升级，改善区域环境质量。建设乌大张合作区，融入京津冀协同发展。

（七）全面深化改革开放。以更加坚定的决心和勇气全面深化改革，以更加宽广的视野扩大对内对外开放，不断增强经济社会发展的动力和活力。

扎实推进重点领域改革。深化“放管服”改革，营造宽松便捷的准入环境、公平有序的竞争环境和安全放心的消费环境。严格执行清单制度，各类清单及时向社会公开，以清单管理推动简政放权。完善事中事后监管，实现“双随机一公开”监管全覆盖。加快工商注册多证合一，开展“减证便民”专项行动，全面清理各种证明和手续。深化国企国资改革，稳步推进混合所有制改革试点。创新政府配置资源方式，构建科学、合理、规范的公共资源配置长效机制。坚持非禁即入、平等待遇，消除隐性壁垒，激发非公有制经济发展活力。依法加强产权保护，支持企业家安心创业。深化电力体制改革，扩大多边交易和大用户直供规模。改革财政预算管理制度，对常年安排、用途固化的支出进行清理规范。完善重点支出保障机制，扩大政府支出绩效评价范围，增强财政资金统筹能力。

全面提高开放水平。主动融入“一带一路”战略，积极推进中蒙俄经济走廊建设，加强基础设施互联互通，加快开发开放试验区、跨境经济合作区、综合保税区建设。办好第二届中蒙博览会。落实国家鼓励出口的各项政策，扩大对外贸易规模。加强国际产能合作，支持企业在境外建设产业园区。提升与京津冀、东三省、沿海发达地区以及港澳地区的交流合作水平，抓好跨地区基础设施和产业园区共建。全面深化科技、教育、文化、卫生、体育、旅游、环保等领域的开放交流合作。

（八）建设绿色内蒙古。良好的生态环境，是人民群众美好生活的一部分。我们要牢固树立“绿水青山就是金山银山”的理念，坚决守住生态底线，坚定不移走好绿色发展之路，筑牢生态安全屏障。

加强生态保护和建设。深入实施三北防护林、天然林保护、退牧还草和区域绿化等重点生态工程，完成营造林1400万亩、种草3000万亩。落实新一轮草原生态补奖政策，完善禁牧和草畜平衡制度，大力发展林、沙、草产业。加强自然保护区、生态功能区和野生动植物资源保护，积极争取设立国家草原、森林、沙漠、湿地、火山公园。保护水生态环境，推进呼伦湖、乌梁素海、岱海治理。实施大青山生态综合治理工程。承办好联合国防治荒漠化公约第十三次缔约方大会。

铁腕整治环境突出问题。加强大气、水、土壤污染防治，实施工业污染源全面达标排放计划，完成1000万千瓦火电机组超低排放改造。加强工业园区、农牧业面源污染和矿山地质环境综合治理，严禁在自然保护区内违法违规建设和开发。以钉钉子精神，抓好中央环保督察反馈意见的整改落实；以零容忍态度，严厉打击环境违法行为。高度重视环境公益诉讼。深入实施环境保护督察制度，实现自治区对盟市督察全覆盖。

加强生态文明制度建设。全面落实主体功能区规划，坚守生态保护红线。实施最严格的水资源管理制度，建设节水型社会，确保饮用水水源地安全达标。建立项目环评与规划环评联动机制，加快排污权交易市场化改革。发挥环保基金引导作用，开展环境污染第三方治理，发展生态环保产业。继续实施领导干部自然资源资产离任审计试点。深化国有林区改革，完成国有林场改革，完善集体林权制度。推进国家低碳城市试点，实施全民节能行动计划。积极培育生态文化，倡导绿色低碳的生活方式。

（九）全力保障和改善民生。“只要还有一家一户乃至一个人没有解决基本生活问题，我们都不能安之若素”。我们要牢记习近平总书记的叮嘱，坚守民生底线，增加民生福祉，让发展成果惠及全体人民。

打好脱贫攻坚战。把脱贫攻坚作为第一民生工程，因户因人精准施策，通过扶持生产、易地搬迁、生态补偿、教育扶贫、政策兜底等措施，确保20万贫困人口脱贫、14个区贫旗县、3个国贫旗县摘帽。加大金融扶贫力度，广泛动员社会力量参与扶贫开发，帮助贫困地区改善发展条件。做好健康扶贫工作，免费为贫困人口进行健康体检。各级政府要继续加大脱贫攻坚投入，自治区本级设立扶贫产业基金，各项惠民政策和民生项目向贫困地区倾斜。严格落实脱贫攻坚责任制，坚决防止虚假脱贫、数字脱贫。

抓好就业这个民生之本。实施高校毕业生就业创业促进计划。开展精准帮扶，确保零就业家庭动态清零。做好军转干部和退役士兵的接收安置工作。逐步建立终身职业技能培训制度，提高劳动者就业创业能力。完善创业扶持政策和激励机制，努力让每个人都有干事创业、实现梦想的机会。

深化收入分配制度改革，加快建立以知识价值为导向的分配政策体系。扩大企业工资集体协商覆盖面，完善机关事业单位工资制度，深化国有企业负责人薪酬制度改革。

实施全民参保计划，扩大社会保险覆盖范围。落实国家养老保险制度改革方案，继续提高基本养老金水平，推行企业年金、职业年金、商业养老保险。实行统一的城乡居民医疗保险制度，提高财政补助标准。有效衔接基本医保、大病保险、医疗救助等制度，实现城乡居民异地就医直接结算。统筹城乡低保，健全社会救助体系，做好残疾人、老龄、妇女儿童权益保护工作，大力发展红十字等慈善公益事业。

坚持教育优先发展战略，统筹各级各类教育发展。稳定增加教育投入，向基层、农村牧区和边远贫困地区倾斜，推动基本公共教育服务均等化。继续改善义务教育薄弱学校基本办学条件，解决农村牧区中小学“大通铺”和教师周转宿舍问题，落实乡村教师支持计划，努力完成县域义务教育均衡发展目标。加快公办幼儿园建设，鼓励普惠性幼儿园发展。大力发展现代职业教育，深化产教融合、校企合作。继续推进一流大学、一流学科建设，促进高等教育内涵式发展。支持和规范民办教育发展，提高继续教育、老年教育和特殊教育办学水平。

推进健康内蒙古建设。坚持新时期卫生与健康工作方针，做好全方位、全周期健康保障工作。以实现公平可及和群众受益为目标，深化医药卫生体制改革，坚持医疗、医药、医保“三医联动”，全面实施城市公立医院综合改革，完善分级诊疗制度和药品供应保障机制。做好公共卫生和重大疾病防控工作。推进自治区重点卫生项目和旗县蒙中医院建设。完善计划生育服务管理，提高出生人口素质。大力发展体育事业，促进全民健身与全民健康融合，实现旗县全民健身中心全覆盖。继续做好足球改革发展试点工作。

加强平安内蒙古建设。牢固树立安全红线意识，严格落实安全生产责任制，加强安全生产监管能力和信息化建设。强化“隐患就是事故”意识，全面排查消除安全隐患。进一步完善安全生产责任体系、法治体系、风险防控体系、教育培训体系和应急救援体系，提升安全生产水平。落实“四个最严”要求，强化食品药品安全源头治理和全程监管，确保人民群众饮食用药安全。深入排查社会矛盾，有效化解信访积案。完善社会治安防控体系，严厉打击各类违法犯罪活动。支持国防和军队改革建设，加强双拥共建，推动军民融合深度发展。

全面贯彻党的宗教工作基本方针，积极引导宗教与社会主义社会相适应，发挥宗教界人士和信教群众在促进经济社会发展中的积极作用。

（十）全面繁荣文化艺术。积极培育和践行社会主义核心价值观，深入开展中国梦、中华优秀传统文化的宣传教育，凝聚各族人民团结奋进的精神力量。深入实施全民阅读、文化信息资源共享等文化惠民工程，推进公共文化服务均等化、标准化。支持民族音乐、舞蹈、曲艺、美术和戏曲等文艺事业发展，繁荣文学创作，丰富各族群众的精神文化生活。实施重点公益文化项目，建设契丹辽博物馆、内蒙古群众艺术馆，支持民间博物馆建设。加强民族文化传承保护，推进草原文化创新发展，做好重点文化遗产申遗工作，实施长城、古建筑、岩画等文物保护工程。弘扬红色文化，加强对自治区革命史、民族团结进步史的研究、宣传，发挥好鄂尔多斯城川镇等红色革命教育基地作用，建设大青山抗日历史展馆、内蒙古革命历史博物馆。深化文化体制改革，大力发展文化产业。繁荣新闻出版和广播影视业，承办好第二十六届金鸡百花电影节。实施文化走出去战略，提高草原文化的传播力和影响力，讲好“中国故事”“内蒙古故事”。

（十一）加强政府自身建设。各级政府要牢固树立“四个意识”特别是核心意识、看齐意识，自觉践行社会主义法治理念，时刻清醒认识“我是谁”，准确把握政府的权力界限、职责所在，推进法治政府建设，严格依法行政，不失职、不越权。全面建立政府法律顾问制度，重视发挥智库作用，深入开展政府协商。依法接受人大及其常委会的监督，自觉接受人民政协民主监督，接受社会和舆论监督。

建设公开、诚信、高效、廉洁的服务型政府。坚持“以公开为常态，不公开为例外”，全面推行政务公开，完善新闻发布制度，及时回应社会关切。大力推进政务诚信建设，各级政府要言必信、行必果，新官也要理旧账。始终牢记“空谈误国，实干兴邦”，发扬“马上就办”的精神、钉钉子的精神和“蒙古马精神”，大力提高政府执行力和行政效率。加强行政监察和审计监督，持续推进政府系统党风廉政建设和反腐败工作。

我们依靠学习走到今天，也必然要依靠学习走向未来。各级政府和政府公务员要大兴学习之风，不断提高能力素质，始终站在时代前沿思考问题、推动工作，建设学习型政府、创新型政府。

（十二）努力开创民族团结进步事业新局面。各民族大团结是内蒙古的光荣传统，是自治区各项事业发展进步的基石。我们要坚定不移走中国特色解决民族问题的正确道路，全面贯彻落实党的民族政策和民族区域自治制度，进一步深化各民族交往交流交融，巩固发展平等、团结、互助、和谐的社会主义民族关系。深入开展民族团结进步创建活动。认真实施《民族教育条例》，优先重点发展民族教育。振兴民族医药，保护和发展少数民族优秀传统文化，推进蒙古语言文字规范化、标准化、信息化建设，办好第九届全区少数民族传统体育运动会。落实差别化支持政策，集中力量加快牧业旗、边境旗市、“三少民族”自治旗、民族乡和其他少数民族聚居地区发展。扎实做好城市民族工作，深入推进兴边富民行动，促进各民族共同繁荣发展。

今年是自治区成立70周年。70年来，内蒙古各族儿女不忘初心、团结奋斗，谱写了民族区域自治的光辉篇章；70年来，内蒙古走过了波澜壮阔的历程，取得了举世瞩目的成就。我们一定要全面总结70年来民族团结进步的宝贵经验，组织开展好自治区成立70周年庆祝活动，充分展示我国民族区域自治制度的巨大优越性，充分展示内蒙古的美好形象、美好前景和各族人民的精神风貌，进一步增强全区各族干部群众的自豪感和使命感，同心协力建设我们的美丽家园。

各位代表，“努力奋斗才能梦想成真”。让我们高举中国特色社会主义伟大旗帜，更加紧密地团结在以习近平同志为核心的党中央周围，守望相助、团结奋斗、一往无前，以优异成绩迎接党的十九大胜利召开和自治区成立70周年，谱写祖国北疆亮丽风景线的新篇章！

关于内蒙古自治区2016年国民经济和社会发展计划执行情况与2017年国民经济和社会发展计划草案的报告

Report on the National Economic and Social Development for 2016 and the Draft plan For 2017 in Inner Mongolia

——2017年1月14日在内蒙古自治区第十二届人民代表大会第六次会议上

内蒙古自治区发展和改革委员会

各位代表：

受自治区人民政府委托，向大会提出2016年国民经济和社会发展计划执行情况与2017年国民经济和社会发展计划草案，请予审议，并请自治区政协委员和列席会议的同志们提出意见。

一、2016年国民经济和社会发展计划执行情况

过去的一年，在自治区党委的正确领导下，全区各地全面贯彻落实中央的各项决策部署，坚持稳中求进工作总基调，牢固树立创新、协调、绿色、开放、共享发展理念，主动适应经济发展新常态，着力加强供给侧结构性改革，积极培育和扩大有效需求，经济运行总体平稳、稳中有进、稳中提质。预计全年地区生产总值增长7.3%左右，固定资产投资增长12%左右，社会消费品零售总额增长9.7%，一般公共预算收入按可比口径增长7%，城乡居民收入分别增长8%左右。

（一）产业转型升级步伐加快。农牧业生产稳中调优。玉米播种面积减少，经济作物和饲料作物播种面积进一步扩大，粮饲兼用玉米增加320万亩，全年粮食产量556亿斤。畜牧业稳定发展，牧业年度牲畜存栏达到1.36亿头（只）。工业经济平稳运行。全区规模以上工业增加值增长7.2%，快于全国平均水平。有色工业和汽车制造业增长较快，分别增长14%和16.9%；煤炭、电力和化工三个行业占比41.4%，同比下降1.6个百分点。服务业增速稳步回升。预计全年第三产业增加值增长7.8%，高于工业增加值增长率。快递、金融、旅游等行业快速发展，快递业务量和业务收入分别增长54.2%和49.2%，保险业原保险保费收入增长23.1%，金融机构人民币存贷款余额分别增长17%和12%，旅游业总收入增长20.3%。新经济持续快速增长。新产业加快发展，风力发电量增长14.1%，光伏发电量增长46.5%，稀土新材料产值增长27.9%，轿车产量增长12.6%。新业态快速成长，电子商务交易十分活跃，内蒙古煤炭电子交易中心交易量和交易额分别增长90.4%和59.7%，包头稀土产品交易所交易量和交易额分别增长154.9%和468.5%。新主体不断增加，全年新登记市场主体36.7万户，增长8.3%；注册资本6566.4亿元，增长73.6%。

（二）经济增长质量明显提高。工业企业效益大幅增长。规模以上工业企业实现利润总额1059.1亿元，增长23.4%，高于全国平均14个百分点，增速较去年同期提高46.8个百分点。煤炭企业利润增速由降转升，钢铁企业扭亏为盈，有色金属企业利润实现较大幅度增长。停产半停产企业从年初814户减少到360户，亏损额同比下降19.6%。生态环境有所好转。节能减排效果明显，单位生产总值能耗下降4%，主要污染物减排达到国家要求。重点生态工程加快建设，完成营造林建设面积1511万亩、种草3381万亩、水土流失治理面积760万亩。

（三）供给侧结构性改革取得积极进展。去产能方面，关闭煤矿10处、淘汰产能330万吨，已完成全年任务；退出钢铁产能291万吨，完成全年任务的114%。去库存方面，通过提高棚户区货币化安置、开展农牧民"安居贷"工程等措施，鼓励支持居民购房。商品房销售面积和销售额分别增长6.2%和7.7%，同比提高12.2个百分点和10.5个百分点。商品房可售面积下降13.9%。去杠杆方面，引导规范各类融资行为，优化信贷结构，扩大直接融资规模，积极化解各类债务风险。新增贷款2220亿元，企业直接融资1280亿元，新增新三板企业35家。金融机构人民币贷款加权平均利率6.77%，不良贷款率3.81%，分别比上年年底下降0.11个和0.55个百分点。降成本方面，严格落实国家各项收费清理政策，切实减轻企业负担。规模以上工业企业每百元主营业务收入成本84.07元，较年初降低0.86元，比全国平均低1.69元。补短板方面，制定出台补短板实施方案，启动实施9大类专项45项工程，加强薄弱环节建设。基础设施投资增长31%，民生支出占一般公共预算支出的比重达到65.8%。

（四）重点项目建设扎实推进。组织开展重点项目秋季集中开工行动，新开工亿元以上项目投资增长25.3%。重大项目进展顺利。通辽、赤峰至京沈客专连接线开工建设，呼准鄂铁路呼准段建成，呼张客专自治区境内全线铺轨，呼和浩特市地铁项目累计完成投资45亿元。大饭铺至龙口高速公路开工建设，丹锡高速经棚至锡林浩特段建成，京新高速内蒙古段主线贯通。乌兰察布机场正式通航。通辽扎鲁特至山东青州特高压输电通道开工建设，锡盟至山东特高压输电通道主体工程完工。中天合创140万吨煤制烯烃项目建成投产。项目前期工作取得重要进展。苏尼特右旗至化德和海拉尔至满洲里高速公路项目、呼和浩特新机场项目、包头市城市轨道交通建设规划、上海庙至山东和蒙西至天津南输电通道配套电源建设规划、呼伦湖流域生态与环境综合治理实施方案获得国家批复。包头至银川、巴彦浩特至银川、锡林浩特至张家口等7个快速铁路项目纳入《国家中长期铁路网规划》。伊泰200万吨煤炭间接液化示范项目获得国家批复，鄂尔多斯北控40亿立方米煤制气、呼伦贝尔圣山褐煤清洁高效综合利用等项目列入国家“十三五”煤炭深加工产业示范规划。

（五）人民生活持续改善。就业形势保持稳定。城镇新增就业26.8万人，城镇登记失业率3.65%。创业扶持力度加大，累计完成创业培训5.4万人，培训后创业成功4.5万人，创业带动就业15.7万人。社会保障水平稳步提高。城乡居民医保财政补助标准提高40元，退休人员基本养老金人均每月提高约171元，城乡居民低保标准每月人均提高45元和62元。重点民生工程扎实推进。脱贫攻坚力度加大，预计全年减贫21万人以上，实现12个自治区贫困旗县摘帽。保障性安居工程建设加快，全区棚户区改造开工23.3万套，开工率105.5%；农村牧区危房改造开工32.5万户，开工率162.7%。

（六）社会事业全面进步。教育条件继续改善。提前一年完成第二期学前教育三年行动计划，新建、改扩建幼儿园400所。全面改善贫困地区义务教育薄弱学校基本办学条件，实施全面改薄2084所。推进职业教育产教融合工程，高校基础能力建设得到增强。医疗卫生基础设施建设进一步加强。开工建设自治区精神卫生中心等重点卫生项目，实施旗县医院、苏木乡镇卫生院、妇幼健康和计划生育服务机构、疾病预防控制机构等项目140个，建成嘎查村标准卫生室2195个。公共文化、体育服务体系建设取得新进展。“数字文化走进蒙古包工程”持续推进，为3308个嘎查村文化室配发设备，广播电视综合覆盖率达到99.2%；建设旗县（市、区）全民健身活动中心3个、苏木乡镇小型全民健身活动中心42个。

（七）改革开放取得新突破。重点领域和关键环节改革取得重大进展。简政放权持续推进，编制完成自治区、盟市、旗县三级“权责清单”，取消和暂缓执行自治区本级审批事项6项、下放行政权力196项。商事制度改革继续深化，174项工商登记前置审批事项改为后置审批，“五证合一、一照一码”和个体工商户“两证合一、一照一码”全面实施。财税改革有序推进，全区59个矿产资源品目全部实施了资源税改革，“营改增”试点全面推开，全年累计减税降费200亿元。户籍制度改革加快推进，全面放开农牧民进城落户限制，实行“一元化”户口登记制度，实现居民身份证区内异地办理。电价改革继续推进，预计全年降低企业用电成本75亿元。国企国资改革、农村牧区综合改革、教育综合改革、医药卫生体制改革、科技体制改革等各领域改革全面推进。对外开放步伐加快。新备案境外投资企业114家，中方协议投资总额22.9亿美元，增长35.6%；新批准设立外商投资企业50家，实际利用外资39.7亿美元，增长17.8%；引进国内（区外）资金3600多亿元，增长8.8%。开放平台建设取得新进展，满洲里综合保税区通过国家验收并封关运营，二连浩特－扎门乌德中蒙跨境经济合作区中方一侧基础设施项目启动建设，二连浩特边民互市贸易区试运营，鄂尔多斯综合保税区申建通过住建部、国土部前置审批。中欧班列逐步常态化运行，经我区开行的中欧班列达到1197列。建立国际产能和装备制造委省合作机制，分别与北京市、广东省签署了全面合作框架协议。

2016年，自治区党委、政府采取了一系列稳定经济增长的政策措施，出台了财政金融支持实体经济、鼓励非公经济发展、支持新兴产业发展、促进房地产业稳步发展、降低实体经济成本等重大政策，召开了全区秋季重大项目集中开工建设动员大会、科技创新大会、促进民间投资健康发展座谈会、呼包鄂协同发展座谈会议和领导小组全体会议、新一轮东北振兴战略推进工作会议等重要会议，举办了大数据推介会、粤港招商活动周、双创活动周等重大活动，与国家有关部委开展重点工作对接座谈，为保持经济稳定增长发挥了重要作用。总体上看，目前全区经济运行态势平稳，但也存在一些突出的困难和问题，主要是：经济持续增长的基础还不稳固，下行压力仍然较大；市场有效需求不足，工业投资和民间投资下降；税收增长持续放缓，财政收支矛盾比较突出；主要农畜产品价格不同程度回落，农牧民收入增长放缓；对外贸易持续低迷，出口额呈下降态势。对于这些问题，我们将采取有效措施，逐步加以解决。

二、2017年国民经济和社会发展的主要任务

2017年自治区国民经济和社会发展的主要预期目标是：生产总值增长7.5%左右，固定资产投资增长12%左右，社会消费品零售总额增长10%左右，一般公共预算收入按可比口径增长6%左右，城乡居民人均可支配收入分别增长8%和8.5%左右，单位地区生产总值能耗下降3%左右，城镇新增就业25万人，全面完成国家下达的各项约束性指标。实现上述目标，要全面贯彻党的十八大和十八届三中、四中、五中、六中全会精神，深入贯彻习近平总书记系列重要讲话精神和治国理政新理念新思想新战略，认真贯彻习近平总书记考察内蒙古重要讲话精神，紧紧围绕自治区第十次党代会和十届二次全委会决策部署，统筹推进"五位一体"总体布局和协调推进"四个全面"战略布局，坚持稳中求进工作总基调，牢固树立和贯彻落实新发展理念，适应把握引领经济发展新常态，以提高发展质量和效益为中心，以推进供给侧结构性改革为主线，坚决守住发展、生态、民生底线，加快推动转型升级，大力促进"五化"协同，全面深化改革开放，适度扩大总需求，强化创新驱动、投资拉动和项目带动，全力做好稳增长、促改革、调结构、惠民生、防风险各项工作，促进经济平稳健康发展和社会和谐稳定，以优异成绩庆祝自治区成立70周年，迎接党的十九大胜利召开。

（一）深入推进"三去一降一补"。进一步推动落实五大任务，不断提高供给体系质量和效率。

积极稳妥去产能。严格控制产能过剩和产能利用率较低行业新增产能，严格执行国家环保、能耗、质量、安全、技术等产业政策要求，确保按期完成退出钢铁产能55万吨、煤炭120万吨的年度任务。促进产业兼并重组，推动上下游企业开展优势产能合作。切实用好奖补资金，做好退出企业职工安置和债务处置工作。

因城施策去库存。制定去库存分类指导意见，细化完善农牧民进城购房支持政策，加快已售住房产权证办理进度。继续加大棚改货币化安置力度，棚户区货币化安置比例不低于60%。扩大公租房租赁补贴保障范围。研究建立促进房地产平稳健康发展的长效机制。

防范风险去杠杆。扩大直接融资规模，支持符合条件的企业上市挂牌，鼓励企业开展债券融资，优化企业融资结构。推动企业进行债务清理和债务整合，有序开展市场化债转股，有效降低企业负债规模。盘活企业存量资产，推动企业资产证券化。积极推动不良资产处置，进一步完善金融风险监测预警和应急处置机制，防范企业债券违约风险。

多措并举降成本。细化落实自治区降成本实施方案，进一步减轻企业税费负担，清理和规范各类政府部门中介服务收费，完善电力扶持等政策措施，推动降低企业各项成本。

突出重点补短板。围绕制约经济社会发展的主要领域和关键环节，以项目为依托，积极扩大有效投资，加快实施基础设施、生态环境、社会民生、公共服务等9类45项重大工程。

（二）充分释放内需潜力。保持投资稳定增长，扩大消费需求，为经济增长提供有力支撑。

扩大有效投资规模。推动重大项目春秋两季集中开工，确保按时建成自治区迎庆献礼项目，力争全年固定资产投资规模达到1.7万亿元以上。推动实施一批产业转型升级项目，力争完成工业投资7000亿元。加强基础设施"七网"建设，力争完成投资3000亿元。铁路网方面，开工建设包头至银川、巴彦浩特至银川等快速铁路，建成呼张客专呼集段、呼准鄂铁路准鄂段等项目，全年新增铁路运营里程400公里。公路网方面，开工建设克什克腾至乌兰布统、二连浩特至赛汗塔拉等高速公路，建成棋盘井至乌海、通辽至鲁北、扎兰屯至阿荣旗等高速公路，全面完成行政村通硬化路，公路建设规模达到2万公里，其中高速公路3000公里。航空网方面，开工建设呼和浩特新机场，完成海拉尔、包头等运输机场改扩建，建成满归、陈巴尔虎旗等4个通用机场。市政网方面，加快呼和浩特市、包头市轨道交通和包头市、赤峰市城市地下综合管廊等重点项目建设，全面改造老旧地下管网。水利网方面，加快实施重大水利项目和防洪减灾工程，争取开工建设"引绰济辽"工程、东台子水库等一批重点项目。能源网方面，加快建设上海庙－山东、锡盟－江苏、扎鲁特－山东青州外送电通道，加强区内500千伏主干网架建设，推进旗县220千伏变电站建设，加快实施新一轮农网改造升级工程，积极推进陕京四线等油气管道项目建设。信息通信网方面，继续实施"宽带内蒙古"和"宽带乡村"工程，加快城镇光纤宽带网络、农村牧区宽带、移动4G网络建设，新增4G基站1万个。有序调整房地产开发节奏和规模，加快在建项目建设进度，满足居民合理住房需求，力争完成投资1300亿元左右。加强社会民生领域项目建设，全力推进脱贫攻坚、百姓安居、就业创业等民生工程建设，实施一批教育、卫生、文化、体育等社会事业领域项目，力争完成投资1400亿元左右。推进生态环保工程建设，继续实施京津风沙源治理二期、"三北"防护林五期、天然林保护二期、退牧还草、退耕还林还草等重点生态工程和大气环境治理、水环境治理、土壤环境治理等重点环境治理工程，争取完成投资450亿元左右。

激发民间投资活力。高度重视发展非公经济，加快落实自治区关于鼓励和支持非公有制经济加快发展的意见和若干规定，加强对政策落实情况的督促检查，开展优化投资环境创建活动。建立并逐步扩大重点产业、大数据、旅游文化、扶贫产业等政府投资基金规模，引导扩大社会投资规模。充分发挥中国政企内蒙古合作基金（内蒙古中政企投资基金）和自治区PPP基金（基础设施和公共服务投资引导基金）作用，构建合理投资回报机制，推动PPP示范项目落地实施。

保持消费平稳增长。增强居民消费能力。努力增加居民收入，完善促进农牧民持续增收的支持政策，提高农牧民收入水平。不断完善机关事业单位津补贴制度，逐步提高机关事业单位人员待遇水平。健全完善社会保障体系，将更多进城务工农牧民、灵活就业人员纳入职工养老保险，继续提高退休人员养老金，改善居民消费预期。推动消费加快升级。着力稳定传统消费，鼓励线上线下互动，推动实体商业创新转型。着力扩大服务消费，积极开拓教育培训、健身休闲、医养结合、健康管理等新服务市场。着力扩大中高端产品消费，适应消费升级趋势，增加高品质产品和服务供给，扩大个性化、中高端消费需求。持续优化消费市场环境。加强消费基础设施建设，加快停车场、充电桩及配送中心、快递分拨中心、冷链物流中心和农村牧区双向流通综合物流平台建设。完善产品质量追溯体系和惩罚性赔偿制度，组织开展价格收费检查，维护消费者合法权益。

（三）加快推进产业转型升级。推进传统产业提质增效，培育壮大新兴产业，促进产业向中高端迈进。

深入推进农牧业供给侧结构性改革。增强农业综合生产能力。继续开展百亿斤粮食增产工程，扩大高标准农田建设规模。加强各类节水灌溉工程建设，新增节水灌溉面积350万亩，粮食产量保持在550亿斤左右。优化种植业结构。推进耕地轮作试点，调减玉米种植面积，新增青贮玉米面积200万亩。扩大蔬菜等经济作物种植规模，设施蔬菜种植面积达到250万亩以上。大力发展牧草产业，新增高产优质人工草场160万亩。发展现代畜牧业。按照“稳羊增牛扩猪禽”的思路，调整优化畜牧业结构，加强标准化规模养殖场建设，牲畜总头数稳定在1.3亿头只以上。推动一二三产业融合发展。落实自治区关于推进农村牧区一二三产业融合发展的实施意见，在和林县、阿荣旗、五原县、宁城县4个旗县和40个苏木乡镇、400个嘎查村深入推进融合发展试点，努力提高大宗特色农畜产品加工转化增值水平。

促进工业转型升级。扩大煤炭转化规模。加快输电通道配套煤电基地建设进度，推进现代煤化工基地建设，新开工煤制油200万吨、煤制烯烃140万吨、煤制气40亿立方米。加快传统产业延伸升级。推动钢铁、有色、农畜产品加工等行业延长产业链条，提高产品附加值，新增铝后加工产能60万吨。大力发展战略性新兴产业。加快稀土、石墨（烯）等新材料产业发展，加快推进包头稀土产业转型升级试点，新增稀土磁性材料1万吨；设立内蒙古石墨（烯）新材料产业基金，组建中国北方石墨（烯）新材料产学研用创新联盟。培育发展智能制造、新能源汽车等先进制造业，力争新增新能源汽车产能8000辆。积极发展军民融合产业，推进包头市国家军民融合示范城市建设。扶持发展蒙医药产业，加快蒙中药材基地建设，完成209项蒙药标准制定工作。培育发展新能源、节能环保等绿色低碳产业，推动工业化与信息化融合发展。

大力发展现代服务业。大力发展旅游业。深入实施“旅游+”战略，发展四季旅游，推动景点景区旅游向全域旅游转变，加快国家全域旅游示范区建设。积极推进阿尔山－柴河旅游景区、赤峰阿斯哈图石林旅游区、包头五当召景区创建国家5A级景区，康巴什创建国家旅游度假区。推动文化与旅游产业深度融合，推进奥威蒙元马文化生态旅游区等项目建设。构建现代物流体系。推进鄂尔多斯铁路物流基地、乌海国际物流中心等项目建设，完善呼和浩特沙良铁路公路物流港、赤峰物流核心区等物流园区功能。建立健全现代金融体系。积极引进银行、保险、证券等各类金融机构，支持银行业金融机构向下延伸分支机构，提高金融服务覆盖率。支持金融机构进一步优化信贷结构，合理配置信贷资源，发挥金融对实体经济的支持作用。加快发展大数据云计算产业。统筹云计算数据中心和大数据应用产业园区建设，创建呼和浩特国家大数据产业集聚区。培育发展通用航空业。建设呼和浩特、呼伦贝尔、赤峰、锡林郭勒、鄂尔多斯等区域性通用航空运营基地，发展航空培训和通用飞机租赁业务。

（四）大力推进创新发展。全面落实创新发展理念，加强体制创新和科技创新，推动新旧动能加快接续转换。

深化重要领域和关键环节改革。深入推进“放管服”改革。继续推进简政放权，完善权责清单动态管理机制。探索重构行政审批主体，在呼和浩特市、乌海市、兴安盟等地启动相对集中行政许可权改革试点。开展工商登记“多证合一”改革。完善事中事后监管制度，实现“双随机一公开”监管全覆盖。进一步推进投资体制改革。探索实行投资项目承诺制和多评合一、统一评审的审批模式，开展投资项目首问负责制试点。深化国有企业改革。优化国有资本布局，在旅游、外贸等领域组建大型国有企业集团。加快建立现代企业制度，全面完成国有企业公司制改革，积极稳妥推进混合所有制改革，加强企业集中统一监管，加快剥离企业办社会职能。继续推进电力体制改革。完善电力多边交易，落实战略性新兴优势特色产业用电充分竞价政策，开展特色工业园区用电试点，推动实现蒙东电网同网同价。大力推进农村牧区综合改革。推进土地承包经营权确权登记试点，全面完成草原确权承包工作。稳妥推进农村牧区集体产权制度改革。全面完成国有林场改革，深入推进国有林区改革和农垦改革。完善生态文明制度。探索对自然生态空间进行统一确权登记，完善水权、碳排放权、用能权交易制度体系，推动环保垂直管理改革。

提高创新供给能力。加强创新平台建设。继续推进工程研究中心、工程实验室和企业技术中心建设，积极推动与国内外先进科研机构共同建设联合实验室、院士专家工作站。推动科技成果转化。制定促进科技成果转化政策，建立科技成果转化后补助制度，完善科技成果交易转移转化平台。实施高新技术企业培育行动。推进科技体制改革。扩大高校和科研院所自主权，在部分高校和科研院所开展赋予创新领军人才更大人财物支配权、技术路线决定权试点。改革科技计划管理体制，建立各类科技计划绩效评估、动态调整和终止制度。

（五）有重点推动对内对外开放。出台《关于深入实施开放带动战略 全面提升开放发展水平的决定》，联动周边，双向开放，多边合作，推进更深层次更高水平的对外开放。

扎实推进“一带一路”建设。加强基础设施互联互通，加快跨境铁路、跨境公路建设，推动二连浩特、包头等机场升级为国际机场。加快合作平台建设，扎实推进满洲里、二连浩特国家重点开发开放试验区建设，加快二连浩特－扎门乌德跨境经济合作区、满洲里和二连浩特等边境旅游实验区、策克和满都拉互市贸易区建设。

推动外贸回稳向好。落实国家鼓励出口的各项政策，制定培育出口品牌建设的实施意见。加快电子口岸建设，全面推行国际贸易“单一窗口”。发展跨境电子商务，出台跨境电子商务发展便利化措施。推动中欧班列常态化运行，加快乌兰察布（集宁）中欧班列铁路枢纽节点和二连浩特、满洲里沿边陆路口岸节点建设。加强国际产能合作，推进境外经贸合作园区建设。扩大外商投资领域，推进服务贸易开放。办好第二届中蒙国际博览会。力争全年外贸进出口总额增长3%。

进一步加强区域合作。积极融入京津冀协同发展，全面落实京蒙《关于进一步加强京蒙对口帮扶和全面合作的框架协议》，主动参与非首都功能疏解。加强与周边省区的合作，积极推进呼包银榆经济区、乌大张长城金三角合作区和辽蒙海陆开放合作区建设发展。加大招商引资力度，落实好大数据产业推介会签约项目以及与广东省签署的合作框架协议和香港招商投资合作活动成果，督促各地确实兑现招商承诺，力争全年引进区外（国内）到位资金增长8%以上。

（六）逐步优化空间发展格局。坚持区域协同、城乡统筹，推动产业布局优化，不断增强发展的整体性和协同性。

推进呼包鄂协同发展。落实《呼包鄂协同发展规划纲要（2016－2020年）》，开工建设呼和浩特至鄂尔多斯直达高速公路，推进包头至东胜高速公路扩容改造，实现呼准鄂铁路全线开通。加快推动三市固话并网升位、区号统一、资费同城，实现通信同城同网。推动实现流动就业人员医疗保险关系转移接续无缝对接、教育信息化平台互联互通、医保异地住院费用直接结算。

推进蒙东地区跨越发展。认真贯彻全区实施新一轮东北振兴战略推进工作会议精神，加强与国家各部委在项目、资金、政策等方面的对接，加快推动我区列入《国家推进东北地区等老工业基地振兴三年滚动实施方案》的重大项目建设。推进独立工矿区、城区老工业区搬迁改造工程，实施一批产业转型、基础设施和公共服务设施项目。推动资源枯竭城市转型发展，做好阿尔山资源枯竭城市转型发展试点工作。

扎实推进新型城镇化。推动农牧业人口向城镇转移落户，城镇化率提高1个百分点左右。加强城市规划管理，推进“多规合一”试点。全力争取国务院批准设立和林格尔国家级新区，启动呼和浩特周边旗县至城区的快速通道项目前期工作，设立和林格尔国家级新区建设投资基金。发展特色县域经济，加快宁城县八里罕镇、科左中旗舍伯吐镇、额尔古纳市莫尔道嘎镇等国家特色小镇建设，继续推进国家级新型城镇化综合试点工作，推动具备条件的旗县和特大镇有序建市。加强美丽乡村建设，推进农村牧区社区化管理。

优化产业布局。落实自治区《关于促进工业园区健康发展的指导意见》，出台《工业园区设立升级和扩区调位办法》、《工业园区综合发展水平考核评价办法》，加快工业园区整合，完善园区规划，提高产业集中度，培育百亿园区、千亿园区，集中建设全区35个重点工业园区。

（七）持续加强生态环境建设。正确处理发展与保护的关系，推动绿色发展。

加强生态保护修复。继续实施国土绿化行动，深入推进“三北”防护林、天然林资源保护、京津风沙源治理、退牧还草等重点生态工程和重点区域绿化工程建设，全面开展大青山生态综合治理，全年完成营造林建设1400万亩、种草3000万亩、水土保持治理650万亩。

强化环境污染防治。加强环境综合整治，推进大气、水和土壤污染防治，全面淘汰城市建成区10蒸吨及以下燃煤锅炉，完成1000万千瓦火电机组超低排放改造。继续实施呼伦湖、乌梁素海、岱海综合治理工程，实现湖泊水质逐步改善。加大中央环保督察反馈意见整改工作力度，确保问题整改落实到位。

促进资源高效利用。强化约束性指标管理，推进实施能源、水资源消耗、建设用地等总量和强度双向控制。推动绿色低碳循环发展，推进工业、交通、建筑、公共机构等重点领域节能降耗，加强产业园区循环化改造，加快低碳城市和低碳工业园区示范试点建设。

（八）努力保障和改善民生。加强重点民生工程和各项社会事业建设，确保人民群众共享改革发展成果。

加快实施重点民生工程。加大脱贫攻坚力度。坚持精准扶贫、精准脱贫，深入推进“三到村三到户”、易地扶贫搬迁、产业扶贫、金融扶贫、健康扶贫、生态补偿等重点扶贫工程，确保全年减贫20万人，实现14个自治区贫困旗县、3个国贫旗县摘帽。保持就业稳定。落实高校毕业生就业创业促进计划，拓宽农牧民工就业创业渠道，实施去产能职工“再就业帮扶行动”，强化职业技能培训，深入推进“创业内蒙古”行动，全年新增城镇就业25万人，城镇登记失业率控制在4%以内。加快百姓安居工程建设。加大棚户区改造力度，加强配套基础设施建设，实施城镇棚户区改造22万户。推进农村牧区危房改造，力争完成建档立卡贫困户危房改造任务7万户。

加强各项社会事业建设。大力发展教育事业。优先发展民族教育，加强公办幼儿园建设，推进实施基本公共教育服务保障工程，实现县域义务教育均衡发展。大力发展现代职业教育，实施产教融合发展工程。加强一流高校一流学科建设，积极筹建内蒙古蒙医药学院和北方大数据应用技术学院。推动文化事业繁荣发展。加快内蒙古群众艺术馆、内蒙古革命历史博物馆、大青山抗日历史展馆、契丹辽博物馆、乌兰牧骑艺术宫等重点文化项目建设，构建现代公共文化服务体系，创建国家级文化生态保护区和国家文化产业示范区。推进健康内蒙古建设。制定出台《"健康内蒙古2030"实施方案》，开展旗县医院和苏木乡镇卫生院标准化建设，全面推开公立医院综合改革，进一步强化食品药品安全监管。完善基本公共体育服务体系，实现旗县全民健身活动中心全覆盖。推进足球事业改革发展。加强老年宜居环境建设，实现高龄津贴全覆盖。

切实做好安全生产工作。落实企业主体责任、部门监管责任和地方党委政府领导责任，筑牢安全生产思想防线。完善常态化监管机制，加强安全监管、事故预警预测和应急救援指挥综合平台建设。加强重点行业领域专项整治，坚决防范和遏制重特大事故。

2017年是实施"十三五"规划的重要一年。要认真贯彻落实中央和自治区党委各项工作部署，坚定信心，攻坚克难，扎实工作，以优异成绩庆祝自治区成立70周年，迎接党的十九大胜利召开。

关于2016年预算执行情况和2017年预算草案的报告

Report on the Implementation of Budgets for 2016 and Draft Budgets for 2017 in Inner Mongolia

——在内蒙古自治区第十二届人民代表大会第六次会议上

内蒙古自治区财政厅

各位代表:

受自治区人民政府委托,现将2016年预算执行情况和2017年预算草案提请本次人民代表大会审查,并请自治区政协委员和列席会议的同志们提出意见。

一、2016年财政预算执行情况

2016年,面对错综复杂的经济形势和繁重艰巨的改革发展稳定任务,在自治区党委的坚强领导下,各地各部门深入学习贯彻习近平总书记系列重要讲话和考察内蒙古重要讲话精神,坚持稳中求进工作总基调,主动适应经济发展新常态,全面落实新发展理念,着力推进供给侧结构性改革,促进经济运行总体平稳、稳中有进、稳中提质,全区和自治区本级预算执行情况良好。

(一)一般公共预算执行情况。根据2016年12月31日统计数据(以下预算执行情况均为此时点数据),全区一般公共预算收入2016.5亿元,增长2.6%,剔除营改增等减税降费因素影响,同口径增长7%。加上中央补助收入2372.8亿元、地方政府一般债券收入2181.6亿元、上年结余收入364.3亿元、上年置换债券结余115.3亿元、调入预算稳定调节基金43.5亿元、调入资金38.4亿元,收入总计7132.4亿元。全区一般公共预算支出4526.3亿元,完成调整预算的92%,增长6.4%,加上上解中央支出8亿元、地方政府一般债务还本支出1799.3亿元、安排预算稳定调节基金76.4亿元、待偿债置换债券结余262.7亿元,支出总计6672.7亿元,年终结余459.7亿元。

中央财政对我区各类补助收入2372.8亿元,增长11.1%,占当年财政支出4526.3亿元的52.4%。其中,返还性收入和一般性转移支付收入1369.8亿元;专项转移支付收入1003亿元。按照中央和自治区相关转移支付分配办法,自治区财政下达盟市各类补助2039.1亿元,增长4.2%。其中,返还性和一般性转移支付1091.2亿元,专项转移支付947.9亿元。

自治区本级一般公共预算收入300亿元,完成预算的107.1%。加上中央各类补助列自治区本级收入333.7亿元、地方政府一般债券收入148.6亿元、上年结余收入113.2亿元、上年置换债券结余0.2亿元、调入预算稳定调节基金5.3亿元、调入资金6亿元、盟市上解收入14.8亿元,收入总计921.8亿元。自治区本级一般公共预算支出689.9亿元,增长15.6%,加上安排预算稳定调节基金45亿元、待偿债置换债券结余0.9亿元,支出总计735.8亿元,年终结余186亿元。

(二)政府性基金预算执行情况。全区政府性基金收入263.4亿元,完成预算的116.6%,增长5.3%。加上中央补助收入107.5亿元、地方政府专项债券收入320.6亿元、上年结余123.6亿元、上年置换债券结余24.9亿元,收入总计840亿元。全区政府性基金支出382.2亿元,完成调整预算的75.6%,下降12.2%,主要是政府住房基金转列一般公共预算。加上调出资金25.2亿元、地方政府专项债务还本支出285.8亿元、待偿债置换债券结余27亿元,支出总计720.2亿元,年终结余119.8亿元。

自治区本级政府性基金收入57.6亿元,完成预算的95.4%,增长12.2%。加上地方政府专项债券收入20亿元、上年结余收入14.7亿元、中央补助列自治区本级收入62.9亿元,收入总计155.2亿元。自治区本级政府性基金支出114.4亿元,完成调整预算的86.8%,下降20.5%,主要是中央可再生能源电价补贴减少14.5亿元,专项债券支出减少14亿元。加上调出资金3.3亿元、地方政府专项债务还本支出20亿元,支出总计137.7亿元,年终结余17.5亿元。

(三)国有资本经营预算执行情况。自治区本级国有资本经营预算收入2.9亿元,完成预算的83%。自治区本级国有资本经营预算支出1.1亿元。加上调出资金1.8亿元,支出总计2.9亿元。

(四)社会保险基金预算执行情况。初步统计,全区社会保险基金收入939.8亿元,完成预算的108.3%,增长7.9%。其中:保险费收入679.8亿元,财政补贴收入241.4亿元,利息收入等18.6亿元。全区社会保险基金支出904.8亿元,完成预算的98.1%,增长12.3%,主要用于各项社会保险待遇支出。当年收支结余35亿元,年末滚存结余954.4亿元。

自治区本级社会保险基金收入133.2亿元,完成预算的101.8%,增长1.9%。其中:保险费收入128.6亿元,基金保值增值收益、转移收入等4.6亿元。加上盟市上解工伤保险储备金、失业保险调剂金2.9亿元,收入总计136.1亿元。自治区本级社会保险基金支出137亿元,完成预算的104%,增长15.1%。加上对下调剂企业职工养老保险补助53.4亿元,支出总计190.4亿元。当年收支缺口54.3亿元,年末滚存结余245.8亿元。

上述各类收支数据,待财政部批复决算后,还会有一些变化,届时依法向自治区人大常委会报告。

2016年,各级财政部门认真贯彻落实预算法,深化财税体制改革,统筹盘活财政存量资金,加强和改进预算管理,不断提升依法理财水平。

(一)有效落实积极财政政策。一是扩大政府公共投资规模。累计争取中央基本建设、交通等领域投资321亿元,加大对保障性安居工程、铁路、公路、机场、生态环保等基础设施领域投入力度。成功发行地方政府新增债券286.5亿元,主要用于70周年大庆等重点民生工程,以及市政设施等领域的公益性项目建设。全年发行置换债券2215亿元,将政府存量债务资金成本从8%降低到3%左右,减少各级政府利息负担70亿元左右,腾出更多的资金用于经济社会发展。二是创新财政投融资机制。各级财政大力推广政府和社会资本合作模式,有818个项目纳入国家PPP项目库,总投资达6845亿元,项目数和投资额分别位居全国第五位和第七位。66个项目已经落地,带动社会投资802亿元。设立了57亿元的中政企内蒙古PPP基金、200亿元的自治区本级政府基础设施和公共服务投资引导(PPP)基金,加力激发社会资本和民间资本的投资积极性,支持自治区重点工程、重点项目建设。争取国际金融组织和外国政府贷款折合人民币45亿元。三是建立盘活财政存量资金长效机制。全区各级财政收回存量资金27.8亿元,当年全部统筹用于经济社会发展的重点领域。

(二)推进供给侧结构性改革。一是积极稳妥去产能。及时拨付去产能财政专项奖补资金5.6亿元,用于化解煤炭、钢铁行业过剩产能人员安置、矿井关闭、设备拆除等,妥善解决分流人员基本生活保障、培训再就业等。二是支持房地产去库存。调减房地产交易环节契税、营业税,大力支持货币化安置,加强对居民自住和改善性住房需求的支持。三是降低企业生产成本。全面推开营改增试点,服务业等重点行业全部实现税负只减不增的预期目标,累计减税降费200亿元。取消、停征和归并一批政府性基金,扩大相关政府性基金和18项行政事业性收费免征范围,实施电价补贴、阶段性降低社保费率、清理涉企保证金等组合政策,全年共降低企业成本280亿元。四是加大力度补短板。全区财政用于各级扶贫部门管理的扶贫资金56.4亿元,增长22.8%,易地扶贫搬迁、金融扶贫、产业扶贫等重点扶贫工程扎实推进。筹集资金133.5亿元,确保棚户区改造开工23.3万套,农村牧区危房改造开工32.5万户,全部超额完成全年任务,改善了人民群众居住条件。

(三)促进经济转型升级。一是推进农牧业现代化。全区农牧林水、粮油物资储备支出758.3亿元,增长9%。全面落实对38个产粮大县、35个产油大县的奖励扶持政策。下达资金95.7亿元,开展大豆目标价格改革试点,落实玉米生产者补贴制度。支持74个旗县发展玉米、肉羊、肉牛、蔬菜、马铃薯等优势特色产业,促进规模化、集约化发展。整合农作物良种补贴、粮食直补和农资综合补贴56亿元,用于增强农业补贴的精准性和指向性。全年通过"一卡通"发放财政涉农涉牧补贴资金389.4亿元,3500万人次受益。自治区、盟市、旗县三级财政组织成立了农业信贷担保公司,全年为从事粮食生产和农业规模经营的主体提供信贷担保14.4亿元。筹集资金95.3亿元,支持新建重点水利项目162个,解决了36.6万人的安全饮水问题。二是促进工业转型升级。调整完善节能技术改造、淘汰落后产能奖励政策,投入资金2.4亿元,提升企业节能降耗能力。筹集资金3亿元,支持现代装备制造、大数据、新能源汽车等新兴产业发展。争取国家可再生能源电价附加补助资金82.5亿元,支持风能、光伏、生物质发电规模化发展。下达资金3亿元,继续支持包头市稀土产业转型升级。三是加快发展现代服务业。规范养老产业基金管理,加快发展市场化养老服务产业。拨付资金7.9亿元,扶持重点景区乡村旅游、红色旅游等项目,打造国内外知名的旅游品牌。下达资金3.8亿元,支持外经贸发展和向北开放。争取将20个旗县列入国家电子商务进农村牧区示范县。四是支持创新驱动发展。支持基础研究、成果转化、创新平台载体等科技创新项目343个。实施稀土及新材料、高端装备制造、信息技术、生物技术、蒙中医药等领域科技重大专项51个。五是加强生态环境保护。拨付资金45.7亿元,启动新一轮草原生态保护补助奖励政策,提高禁牧和草畜平衡补贴标准,惠及534万农牧民。下达资金77.8亿元,积极推进林业重点工程建设,完成营造林1511万亩、种草3381万亩、水土流失治理面积759万亩。安排专项资金10亿元,支持呼伦湖等重点地区生态环境治理。

(四)全面落实各项惠民政策。2016年,全区各级财政民生支出2979亿元,占一般公共预算支出的65.8%。一是进一步强化社保兜底工作。全区社会保障支出642亿元,增长6.1%。进一步提高社会保障补助标准,全区城乡居民低保标准月人均提高45元和62元,分别达到542元和350元;机关事业单位和企业退休人员养老金月人均增加171元;落实和完善孤儿、高龄老人、重度残疾人等困难群体福利政策，惠及56.3万人。落实"大众创业、万众创新"政策要求，下达资金19.3亿元，支持高校毕业生、就业困难人员等重点人群就业；扶持标准化创业园和孵化基地建设，全年成功创业3.8万人，带动就业12.6万人。自治区本级财政及时拨付资金9.3亿元，帮助受灾地区农牧民开展生产生活救助。二是大力支持老少边穷地区发展。下达财力补助资金4.2亿元，支持"三少"民族自治旗经济社会发展和改善民生。建立了边民生活补助制度，对1.7万户家庭每年每户补助1000元，鼓励居民守边固边安边。三是深化医药卫生体制改革。全区医疗卫生支出285.8亿元，增长11.1%。统一城乡居民基本医疗保险，财政补助标准从每人每年380元提高至420元，住院费用报销比例达到70%以上。基本公共卫生服务项目年人均财政补助标准由40元提高至45元。进一步扩大异地就医结算范围和医疗保险基金直接支付范围。旗县级公立医院综合改革实现全覆盖。贯彻落实食品安全法，当年一次性投资4.5亿元，支持食品药品安全监管能力建设。四是积极支持教育事业发展。全区教育支出554.5亿元，增长3.4%。支持全区798所公办、民办幼儿园发展，培训幼儿教师1.1万人。统一城乡义务教育生均公用经费基准定额和"两免两补"政策。全面改善贫困地区义务教育薄弱学校基本办学条件。继续实施高中阶段学生"两免"政策，惠及64.1万名学生。完善高校经费投入保障机制，支持高等教育内涵式发展。建立了覆盖各教育阶段的家庭经济困难学生资助政策体系，全区共有116.6万名学生受益。支持255所校园足球场馆免费开放。五是促进文化繁荣发展。全区文化支出27.1亿元，增长2.3%。加强民族文化保护传承与创新发展，支持文艺精品剧目创作、草原文化研究，着力打造民族文化精品。全区1285个公益性文化体育场馆实施免费开放或低收费开放。实施特色文化产业、"互联网+智慧书城"等重点文化产业项目50个。支持成功召开首届自治区文化产业博览会。下达资金7.6亿元，支持5967个偏远行政村通宽带和升级改造。

（五）深化财税体制改革。一是深化预算管理制度改革。全面贯彻落实新《预算法》，推进政府及部门预决算、专项转移支付、"三公"经费预决算公开。严格控制一般性支出，全区财政拨款"三公经费"支出下降11.9%，其中自治区本级下降33.8%。全区12个盟市以及97个旗县圆满完成政府综合财务报告试编工作。二是落实税制改革。增值税对货物和服务全覆盖，实现了彻底的消费型增值税。全面推进资源税从价计征改革。三是支持收入分配制度改革。提高机关事业单位在职人员基本工资、离休人员离休费以及退休人员基本养老金标准；提高艰苦边远地区津贴、人民警察警衔津贴标准；落实公务交通补贴政策；做好国有企业职教幼教退休教师待遇补助资金发放工作。完善和落实事业单位分类改革财政补助政策。四是推进其他财政改革。支持司法体制改革，率先对盟市以下法院检察院财物实行统一管理。全面推进国有企业"三供一业"分离移交工作。研究国有企业剥离办社会财政支持政策。

各位代表！

在十三五开局之年取得这样的成绩，是自治区党委、政府坚强领导的结果，是自治区各级人大和各位代表依法监督的结果，是各地各部门攻坚克难、共同努力的结果。在看到成绩的同时，我们深刻认识到，当前财政运行中还面临一些不容忽视的困难和问题，主要是：财政收入增速放缓，刚性支出增长较快，财政收支矛盾更加突出，预算平衡难度加大；各地区财政发展走势进一步分化，部分盟市和旗县财政接续财源匮乏；财政支出项目形成只增不减的固化格局，结构调整难度加大，绩效管理亟待加强；政府性债务负担仍然较重，潜在风险防控任务艰巨；审计提出的预算编制不够细化、部分专项转移支付下达不及时等问题需要继续改进等。我们将高度重视这些问题，在2017年及以后年度预算安排、预算执行和预算管理中采取有力措施努力研究解决。

二、2017年预算草案

2017年财政预算安排的总体要求是：贯彻落实党的十八大、十八届三中、四中、五中、六中全会精神和自治区第十次党代会精神，按照中央经济工作会议和自治区党委十届二次全会部署，坚持稳中求进工作总基调，牢固树立新发展理念，有效实施减税降费等积极财政政策，推进供给侧结构性改革，坚决守住发展、生态和民生底线；调整优化财政支出结构，大力支持转型升级和"五化"协同，加大对财政困难地区转移支付力度，提高基层基本公共服务保障能力；深化财税体制改革，推进财政资金统筹使用；防范化解财政金融风险，促进经济平稳健康发展和社会和谐稳定。

根据预算法规定，各级财政预算由同级人民政府编制，报同级人民代表大会审查批准。下面，根据自治区人民代表大会对预算草案及报告审查的内容，重点报告自治区本级政府预算安排情况。

（一）一般公共预算安排情况。根据自治区经济增长预期、税收政策调整等，2017年，全区一般公共预算收入安排2057亿元，比2016年实际完成数增加40.5亿元，增长2%左右，同口径增长6%左右；全区一般公共预算支出安排4797亿元，比2016年实际支出数增长6%。

按照自治区与盟市收入划分政策，2017年，自治区本级一般公共预算收入安排335亿元，比2016年实际完成数增加35亿元，增长11.7%。加上中央补助收入1927.1亿元，盟市上解收入4.5亿元，从政府性基金预算和国有资本经营预算调入1.2亿元，调入预算稳定调节基金30亿元，地方政府一般债券收入50亿元，2017年自治区本级一般公共预算总财力安排2347.8亿元。

根据收支平衡的原则，2017年自治区本级一般公共预算总支出相应安排2347.8亿元，包括：①本级支出915.8亿元；②上解中央8亿元；③对盟市、旗县税收返还133亿元；④对盟市、旗县转移支付1291亿元。在本级支出中，如剔除中央专项转移支付115.3亿元后，实际可用财力为800.5亿元。

按照国务院编制2017年地方预算要求，以及自治区党委、政府重点工作部署，2017年财政预算安排遵循以下原则：一是统筹兼顾、保障重点、严控一般，守住民生底线。按照保工资、保运转、保基本民生、保自治区党委和政府重大决策部署的要求，足额落实本级机关事业单位调整工资津补贴、奖励、养老保险改革等经费，足额落实教育、医疗卫生、养老等民生政策提标，以及脱贫攻坚、城乡保障房建设、创业就业等民生项目所需资金。除中央明确要求配套资金，自治区党委、政府明确增支事项外，2017年继续从严控制部门一般性支出。二是支持经济转型升级和基础设施建设，守住发展底线。2017年优先安排70周年大庆重点项目；支持战略性新兴产业、绿色农畜产品加工、大数据云计算、旅游文化等产业加快发展；支持铁路、公路、机场、市政等网络建设；支持和林格尔国家级新区建设。三是加大财政资金统筹力度。取消排污费、水资源费以收定支、专款专用；将新增建设用地有偿使用费转列一般公共预算统筹使用；全面实施非税收入收支脱钩管理；继续盘活财政存量资金。四是清理整合专项转移支付。取消政策到期、目标实现、绩效低下的专项转移支付，对目标相似、投入类同、管理相近的项目予以整合，自治区本级专项转移支付由279项清理整合为151项，压减46%。五是创新财政资金使用方式。设立重点产业、大数据、市政建设、旅游文化、PPP项目、扶贫产业、和林格尔国家级新区建设等政府投资基金，充分发挥财政资金的撬动作用，带动更多社会资本参与投资。

下面，按照支出功能分类，重点对本级可用财力800.5亿元安排情况报告如下：

——安排一般公共服务支出50.8亿元，比上年年初预算增加9.8亿元，增长23.9%。落实机关事业单位工资、津补贴、养老保险和职业年金等相关政策；全面贯彻落实党的民族政策，支持民族体育、教育、蒙古语言文字信息化建设，巩固发展民族团结大局；加强民主政治建设，支持人大、政协、民主党派、工商联开展法律监督、政治协商和工作监督；支持工会、共青团、妇联等群团组织积极发挥桥梁纽带作用。加强街道社区嘎查村党组织建设，强化基层党组织整体功能。继续实施“草原英才”等人才培养、开发、引进政策，加强人才队伍建设。

——安排公共安全和国防支出83.8亿元，比上年年初预算增加16.1亿元，增长23.8%。保障军队、武警经费补助，推动军民融合发展；完善公共安全体系，支持政法体制改革以及社会治理创新，全面推进依法治区；落实监狱、戒毒以及法治宣传等经费，支持开展反恐、应急维稳等各种专项行动，筑牢祖国北疆安全稳定屏障。

——安排教育支出96.1亿元，比上年年初预算增加7.4亿元，增长8.3%。主要用于稳步扩大普惠性学前教育资源，继续实施学前教育三年行动计划；巩固完善城乡义务教育经费保障机制，继续实施“两免两补”政策，推动义务教育均衡发展；保障转移进城农牧民子女平等接受义务教育；支持发展民族教育、民办教育、特殊教育；推进普及高中阶段教育，完善落实“两免”和相关补助政策；继续提高高校生均综合定额，支持一流大学一流学科建设；继续完善对困难家庭学生、孤儿大学生资助政策。

——安排科技支出12.1亿元，比上年年初预算增加8260万元，增长7.3%。主要用于支持基础研究、前沿技术研究和关键共性技术研究，保障自治区重大科技专项顺利实施；健全科技创新引导奖励支持机制，促进科技型中小企业发展，支持科技人才队伍建设。

——安排文化体育与传媒支出22.2亿元，比上年年初预算增加1.2亿元，增长5.9%。主要用于扩大公益性文化设施免费开放，引导文化资源向农村牧区倾斜；支持优秀文化产品创作生产和文化人才培养，促进民族文化大区强区建设。实行体育场馆免费低收费开放，支持开展全民健身活动，巩固发展足球改革成果，促进群众体育和竞技体育全面发展。

——安排社会保障和就业支出、住房保障支出129.3亿元，比上年年初预算增加14.2亿元，增长12.3%。主要用于加大财政对城乡居民、企业职工社会养老保险补助；健全就业保障制度，鼓励大众创业、万众创新；健全优抚对象等人员抚恤和生活补助标准体系，合理确定城乡低保补助水平，使所有困难群众基本生活都得到保障；进一步落实困难残疾人生活补贴和重度残疾人护理补贴政策。加快实施农村牧区危房改造、棚户区改造工程。

——安排医疗卫生与计划生育支出33.1亿元，比上年年初预算增加3.5亿元，增长11.7%。主要用于完善城乡居民基本医疗保险筹资机制，合理提高财政补助标准，同步提高个人缴费标准；完善城乡居民大病保险制度，提高基本公共卫生服务项目年人均财政补助标准；支持蒙中医药基础设施和标准化建设，促进民族医药振兴发展；进一步深化公立医院改革，支持住院医师规范化培训工作。

——安排生态环保、国土、气象等支出20.2亿元，比上年年初预算增加2.4亿元，增长13.8%。主要用于推进生态修复和环境保护，支持重点区域植树造林及重点生态工程建设，加快呼伦湖、乌梁素海等水生态综合治理，着力解决大气、水、土壤污染等环境突出问题；完善草原生态奖补政策和机制。加强矿产资源勘查、矿山地质环境保护治理等。

——安排产业转型升级及重点产业发展等资源勘探信息

支出18.8亿元，比上年年初预算增加2.5亿元，增长15.2%。主要用于设立重点产业、大数据发展基金，促进产业结构调整升级；培育发展新能源、新材料、生物科技、蒙中医药等战略性新兴产业，促进新旧动能转化；完善去产能奖补资金政策，做好人员安置、就业培训等工作，继续积极稳妥化解煤炭、钢铁过剩产能；优化营商环境，实行企业上市奖励政策，支持企业直接融资。

——安排农林水、粮油物资储备支出109.8亿元，比上年年初预算增加16.4亿元，增长17.5%。其中：安排扶贫资金27.5亿元，比上年增加8.1亿元，增加部分用于设立扶贫产业基金。深入实施精准扶贫、精准脱贫基本方略，支持易地扶贫搬迁、生态移民、产业扶贫等扶贫开发重点工程；健全农业支持保护体系，鼓励农业适度规模经营；支持绿色、节水、高效农牧业发展，推进土地整治、中低产田改造和高标准农田建设；支持农村土地承包经营权有序流转，推进土地承包经营权确权登记颁证工作；转变畜牧业发展方式，支持规模化、标准化、集约化养殖，提升乳肉绒等优势特色产业竞争力；扶持嘎查村发展壮大集体经济，推进农林牧区公益事业建设。

——安排城乡社区、交通运输支出107.4亿元，比上年年初预算增加15.5亿元，增长16.9%。设立10亿元市政建设基金，加快新型城镇化建设。加大铁路、公路、民航机场等交通领域投入，支持基础设施网络体系建设。支持口岸发展建设。

——安排旅游、商业服务业、金融支出23亿元，比上年年初预算增加11.5亿元，增长100.5%，主要是新增安排旅游文化产业发展基金5亿元，玉米收储奖补资金3亿元；服务业发展专项增加3亿元。积极打造国际知名旅游目的地。健全普惠金融政策正向激励机制，鼓励金融企业将更多信贷资金投入实体经济。加大服务业专项投入，支持物流、商务会展、健康养老等产业加快发展、做大做强。积极培育外贸竞争新优势，全方位支持“一带一路”对外开放。

——安排预备费8亿元，与上年年初预算持平。主要用于预算执行中处置自然灾害等突发事件增加的支出以及其他难以预见的支出。

——安排其他支出74.5亿元，比上年年初预算增加29.7亿元，增长66.1%，主要是预留自治区本级行政事业单位在职、离退休人员奖励及其他补助25.7亿元；法检两院上划职工养老保险单位负担部分12.3亿元；法院检察院实行员额制5.6亿元；安排预算内基本建设投资13亿元；安排重点建设项目规划费1亿元。

——安排债务付息、发行费用支出11.4亿元，比上年年初预算增加3.5亿元，增长44.3%。

（二）政府性基金预算安排情况。2017年全区政府性基金收入安排209.3亿元。加上中央提前下达补助5.9亿元，收入总计215.2亿元。根据收支平衡原则，全区政府性基金总支出安排215.2亿元，其中：调出资金9500万元；各类专项安排214.2亿元。

2017年自治区本级政府性基金收入48.5亿元，加上中央提前下达补助5.9亿元，收入总计54.4亿元。根据收支平衡的原则，2017年自治区本级政府性基金支出安排54.4亿元，其中，补助盟市支出21.1亿元；调出资金9500万元，主要用于高速交警支队经费补助；自治区本级安排支出32.3亿元，主要用于重大水利工程、交通等支出。

（三）国有资本经营预算安排情况。2017年自治区本级国有资本经营预算收入和支出均安排1.3亿元。其中：国有资本经营预算支出安排1.1亿元，主要用于自治区能源建设投资公司和新城宾馆资本金注入等；调出资金2100万元，用于一般公共预算统筹使用。

（四）社会保险基金预算安排情况。2017年，全区八项社会保险基金预算收入1656.3亿元，其中：保险费收入1108亿元，财政补贴收入529.8亿元，利息收入13.8亿元，转移收入等4.7亿元。2017年全区社保基金预算支出1709.8亿元，主要用于各项社会保险待遇支出。全区社会保险基金当期收支缺口53.5亿元，将通过增收节支、建立各级政府分担机制、统筹地区历年结余和基金调剂等措施予以弥补。

2017年，自治区本级社会保险基金预算收入242.4亿元，主要包括：保险费收入175.3亿元，利息收入3.2亿元，财政补贴收入63.6亿元，转移收入0.3亿元。加上盟市失业保险和工伤保险基金上解收入1.8亿元，收入总计244.2亿元。基金支出预算254亿元，主要包括：社会保险待遇支出253.5亿元、转移支出等0.5亿元。加上企业职工养老保险基金对下调剂支出预计101.5亿元，支出总计355.5亿元。当期收支缺口111.3亿元，将通过增收节支、统筹以前年度基金结余予以弥补。

三、扎实做好2017年财政改革与发展重点工作

（一）助力“五化”协同和转型升级。一是持续扩大政府投资规模。充分发挥财政投融资职能和财政资金的杠杆作用，积极运用地方政府债券、政府与社会资本合作、政府投资引导基金、政府购买服务等财政政策手段，撬动社会、民间等各类资本，持续扩大有效投资规模，充分发挥投资对稳增长的关键作用。二是加强政府性投资基金管理运作。在已建立重点产业、大数据产业基金的基础上，尽快推动建立市政建设、旅游文化产业、扶贫产业等政府引导基金，引导财政资金、银行资金、社会资金、国际资金，向和林格尔国家级新区、高速铁路、高速公路、航空、市政网、大数据云计算网和水利网等七大现代基础设施网络建设增加投资，促进城乡一体化和呼包鄂及东部地区协同发展，努力把财政资源转化为经济发展的推动力。三是大力支持实体经济和区域经济发展。继续落实并完善营改增试点政策，进一步清理规范基金和收费，切实减轻企业负担。落实好东北振兴和西部大开发等各项减税降费政策。继续扩大财政支出规模,积极争取中央政策、项目和资金支持,全面盘活存量资金,充分发挥新增地方政府债券的作用,努力做大支出规模,支持基础设施建设和重点领域发展。

(二)深入推进供给侧结构性改革。一是支持完成好“三去一降一补”各项重点任务。继续支持去产能,做好职工分流安置工作,积极争取中央奖补资金,对安置职工困难较大的地区,加大转型奖补资金的支持力度。继续落实好房地产去库存的税费优惠政策。把精准脱贫作为首要政治任务,大幅度增加财政扶贫投入,扎实推进脱贫攻坚“五个一批”工程,各项惠民政策和民生项目重点向贫困地区倾斜。用好扶贫产业基金,大力开展产业扶贫,确保20万贫困人口脱贫、14个区贫旗县、3个国贫旗县摘帽。二是推进农业供给侧结构性改革。完善农业补贴制度,提高补贴政策精准性,发展壮大农业新产业新业态。发展高效节水灌溉,大规模推进高标准农田建设和土地整治。进一步支持农村环境突出问题综合治理。制定支持农牧业转移人口市民化财政政策。三是推动提高科技创新能力。落实鼓励企业创新的财税政策,支持企业加大研发投入,提升科技创新能力。尽快出台财政科研项目资金管理实施意见,进一步激发科研人员创新创造的活力和动力。全力支持大众创业、万众创新。

(三)全力保障和改善民生。一是实施就业优先战略。做好高校毕业生和农村牧区转移劳动力、城镇困难人员、退役军人就业工作,鼓励创新创业,实现经济发展与就业增长良性互动。二是健全完善社会保障体系。继续提高企业职工养老保险待遇;重度残疾人护理补贴标准从每人每年500元提高到960元;城乡居民最低生活保障财政补助标准分别提高5%和8%;城乡居民基本医疗保险财政补助标准从每人每年420元提高至460元;基本公共卫生服务项目财政补助标准从每人每年45元提高至50元。三是深化教育领域综合改革。统筹城乡基础教育均衡发展,优先重点发展民族教育。抓住国家推进“双一流”建设机遇,支持高等院校优势学科、特色专业和重点实验室建设。

(四)加快推进财税体制改革。一是完善预算管理制度改革。进一步细化预算编制,加强项目库建设,与自治区“十三五”规划和财政中期规划紧密结合,提高预算到位率。扎实推进政府、部门预决算、专项转移支付、财政民生政策的公开。实施自治区与盟市增值税收入划分过渡方案,调动各级政府增收的积极性。按照精算平衡原则,科学合理编制社会保险基金预算,加大欠费清缴力度,采取有力措施逐步缩小年度基金收支缺口。二是落实税制改革。继续落实并完善营改增试点政策,扩大减税效应。继续深化资源税改革。争取纳入国家水资源税试点范围。三是推进财政事权和支出责任改革。研究出台自治区与盟市事权和支出责任划分意见,选取部分领域率先启动改革。深入贯彻落实预算法和《法治政府建设实施纲要》,进一步深化财政“放管服”改革,提升财政法制化水平。

(五)切实提高预算执行效能。一是加强财政收入管理。进一步强化财源建设,持续加大对实体经济的支持力度,涵养税源;继续利用财政国库和社保等间歇资金开展以存促贷、促销、促税。坚持依法依规组织收入,做到应收尽收,严禁采取“空转”等方式虚增收入,坚决不收过头税、过头费。二是强化支出预算执行管理。严格执行人大批准的预算,按照规定时限及时批复下达。提高转移支付提前下达比例。进一步完善国库集中收付运行机制,动态监测预算执行情况,完善支出进度考核奖惩办法。督促各部门做好重大项目前期准备工作,财政资金下达后及时形成实物工作量。运用大数据理念管理财政资金,实现精准投入、精准支持。三是进一步盘活财政存量资金。继续按规定清理收回两年以上结转资金,同时加强对两年以内资金的清理盘活。加快安排使用收回的存量资金,避免形成二次沉淀。四是增强财政可持续性。在“保工资、保运转、保基本民生”基础上,适度调整各地自行出台的承诺过高、不可持续的支出标准或提标幅度。加强绩效目标管理,增强花钱的责任意识和效率意识。五是加大对监督检查发现问题的整改力度。对审计发现的问题以及中央和自治区的重点督查事项,建立台账,全面整改,并及时向审计部门和上级机关报告整改结果。

(六)加强地方政府债务管理。一是强化债务管理法治意识。严格地方政府债务限额和预算管理,健全地方政府债务情况随同预算公开的常态机制,自觉接受各级人大和社会的监督。加快推进融资平台公司市场化转型和融资。加大对违法举债担保行为的查处和问责力度。二是健全风险评估和预警机制。完善地方政府债务风险评估和预警办法,制定风险事件应急处置预案,指导督促高风险地区积极化解债务。建立存量债务化解激励约束机制。三是加强地方政府债券资金管理。科学制定2017年政府债券发行计划,努力推进地方政府债券发行投资主体多元化。扎实做好前期工作,加快存量债务置换进度。集中使用新增地方政府债券资金,用于重点领域和关键环节,加快资金分配拨付使用速度,提高资金使用效益。

各位代表!

2017年是全面贯彻落实自治区第十次党代会精神的第一年,并将迎来党的十九大胜利召开和自治区成立70周年。我们将全面贯彻落实自治区党委的重大决策部署,以及人大会议的有关决定、决议,团结奋进,改革创新,扎实工作,为把祖国北部边疆这道风景线打造得更加亮丽做出更大贡献。

内蒙古自治区
2016年国民经济和社会发展统计公报

Statistical Bulletin of the National Econnmic and Social Development in Inner Mongolia for 2016

内蒙古自治区统计局

（2017年2月28日）

2016年，面对复杂严峻的经济形势和艰巨繁重的改革发展稳定任务，在以习近平同志为核心的党中央坚强领导下，内蒙古自治区全面贯彻落实党中央、国务院的决策部署，坚持稳中求进工作总基调，主动适应把握引领经济发展新常态，全面落实新发展理念，扎实推进供给侧结构性改革，进一步扩大对外开放，扎实抓好保障民生和防控风险工作，全区经济运行呈现总体平稳、稳中有进、稳中提质的良好态势，经济发展的质量和效益稳步提升，人民生活持续改善，社会大局保持和谐稳定，实现了"十三五"的良好开局。

一、综 合

年末全区常住人口为2520.1万人，比上年增加9.1万人。其中，城镇人口为1542.1万人，乡村人口为978.1万人；城镇化率达61.2%，比上年提高0.9个百分点。男性人口为1302.5万人，女性人口为1217.6万人。全年出生人口为22.7万人，出生率为9.0‰；死亡人口为14.3万人，死亡率为5.7‰；人口自然增长率为3.3‰。

初步核算，全区实现地区生产总值18632.6亿元，按可比价格计算，比上年增长7.2%。其中，第一产业增加值1628.7亿元，增长3.0%；第二产业增加值9078.9亿元，增长6.9%；第三产业增加值7925.1亿元，增长8.3%；三次产业比例为8.8∶48.7∶42.5。第一、二、三产业对生产总值增长的贡献率分别为3.8%、49.0%和47.2%。人均生产总值达到74069元，比上年增长6.9%，按年均汇率计算折合为11151美元。

图1 2016年地区生产总值总量及增速（季度累计）

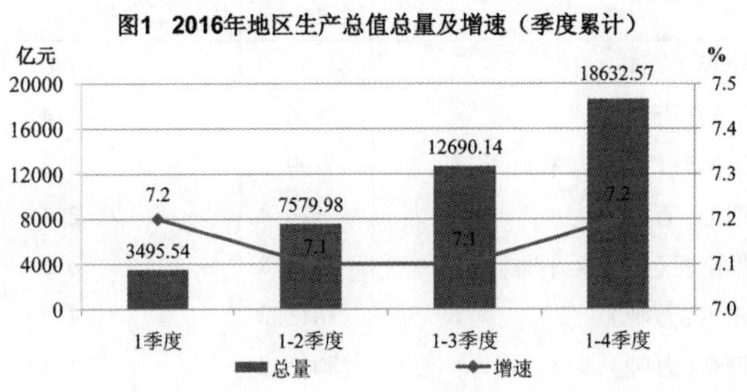

全年居民消费价格总水平比上年上涨1.2%。分城乡看，城市上涨1.2%，农村牧区上涨1.1%。分八大类消费类别看，呈现"六升一平一降"。食品烟酒价格上涨2.2%，衣着上涨1.4%，生活用品及服务上涨0.1%，教育文化和娱乐上涨0.7%，医疗保健上涨4.4%，其他用品和服务上涨1.8%；居住价格与上年持平；交通和通信下降1.1%。从工业生产者角度看，工业生产者购进价格和出厂价格分别下降2.6%和1.1%。固定资产投资价格下降0.5%，农产品生产价格下降4.9%。

图2 2016年居民消费价格指数（上年同期=100）

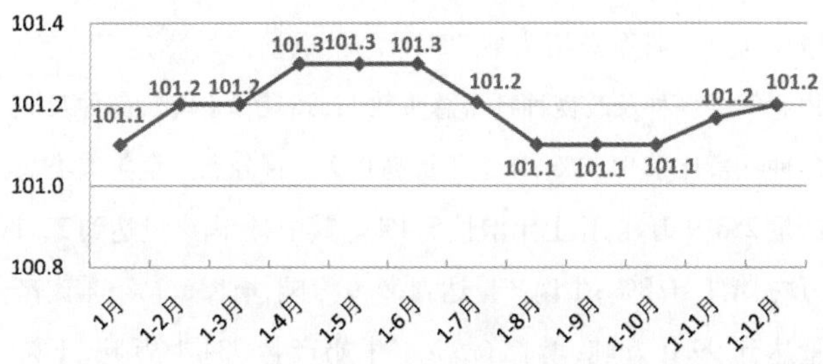

表1 居民消费价格指数表

类　别	2016年
居民消费价格指数(上年=100)	101.2
城市	101.2
农村牧区	101.1
食品烟酒	102.2
#粮食	100.8
畜肉	104.4
蛋	97.7
水产品	102.3
鲜菜	110.7
鲜果	97.5
衣着	101.4
居住	100.0
生活用品及服务	100.1
交通和通信	98.9
教育文化和娱乐	100.7
医疗保健	104.4
其他用品和服务	101.8

年末全区城镇就业人员725.4万人,其中,城镇私营个体就业人员427.5万人。年末城镇登记失业率为3.65%。全年失业人员实现再就业人数为5.8万人。

全区一般公共预算收入突破2000亿元大关,实现新跨越。全年完成一般公共预算收入2016.5亿元,比上年同口径增长7.0%;一般公共预算支出4526.3亿元,比上年增长6.4%。分旗县看,全区103个旗县市区一般公共预算收入均超过亿元,其中,一般公共预算收入超70亿元的旗县3个,超20亿元的旗县18个,超10亿元的旗县38个。全区财政用于民生方面支出达2979.4亿元,占一般公共预算支出的65.8%;财政扶贫专项资金增长22.8%。

二、农牧业

全年农作物总播种面积794.7万公顷,比上年增长5.0%。其中,粮食作物播种面积578.5万公顷,增长1.0%。粮食总产量达2780.3万吨,比上年下降1.7%;油料产量225.5万吨,增长16.5%;甜菜产量266.8万吨,增长15.9%;蔬菜产量1502.3万吨,增长3.9%;水果(含果用瓜)产量316.3万吨,增长6.6%。

全区牧业年度牲畜存栏头数达13597.9万头(只),比上年增长0.1%;牲畜总增头数7847万头(只),总增率达57.8%。牧业年度良种及改良种牲畜总头数12398万头(只),良种及改良种牲畜比重91.2%,比上年提高0.9个百分点。全年肉类总产量258.9万吨,比上年增长5.4%。其中,猪肉产量达到72.1万吨,增长1.8%;牛肉产量达到55.6万吨,增长5.1%;羊肉产量达到99.0万吨,增长6.9%。牛奶产量734.1万吨,下降8.6%;禽蛋产量58.0万吨,增长2.8%。

表2 主要农畜产品产量和牲畜存栏数

	2016年	比上年增长(%)
粮食(万吨)	2780.3	-1.7
小麦(万吨)	169.9	7.4
玉米(万吨)	2143.3	-4.8
稻谷(万吨)	63.2	18.8
大豆(万吨)	100.5	13.2
薯类(万吨)	840.0	14.3
油料(万吨)	225.5	16.5
甜菜(万吨)	266.8	15.9
水果(含果用瓜)(万吨)	316.3	6.6
蔬菜(万吨)	1502.3	3.9
牛奶(万吨)	734.1	-8.6
绵羊毛(万吨)	13.3	4.5
山羊绒(吨)	8498.2	1.4
水产品(万吨)	15.8	3.1
肉类总产量(万吨)	258.9	5.4
猪肉	72.1	1.8
牛肉	55.6	5.1
羊肉	99.0	6.9
牧业年度牲畜存栏(万头、只)	13597.9	0.1
大牲畜(除牛外)(万头)	238.0	2.4
羊(万只)	10730.5	-0.1
猪(万头)	1478.4	-0.8
牛(万头)	1151.1	2.2

年末全区农牧业机械总动力3331万千瓦,比上年同口径增长6.1%;综合机械化水平达到82.5%。

三、工业和建筑业

全年全部工业增加值7758.2亿元,比上年增长7.0%。其中,规模以上工业企业增加值增长7.2%。在规模以上工业企业中,国有控股企业增加值增长1.4%,集体企业增加值增长0.9%,股份制企业增加值增长7.2%,外商及港澳台投资企业增加值增长3.1%,其它经济类型企业增加值增长20.5%。在规模以上工业企业中,轻工业增加值增长5.9%;重工业增加值增长7.5%。

图3 2016年规模以上工业增加值累计增速

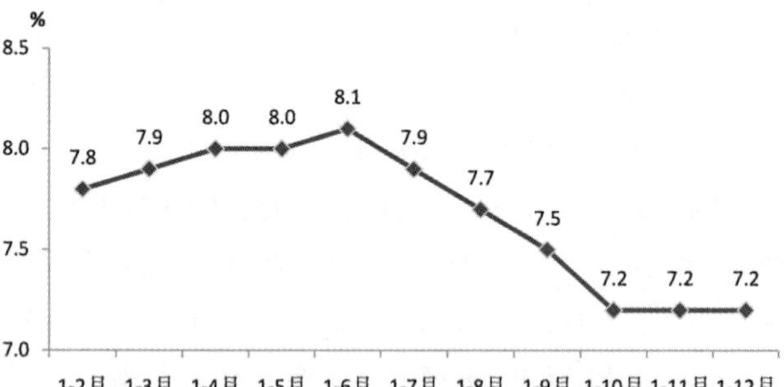

从主要工业产品产量看,全区原煤产量达84558.9万吨,比上年下降7.0%;焦炭产量2816.7万吨,下降7.4%;天然气产量299.2亿立方米,增长3.2%;发电量达到3949.8亿千瓦小时,增长0.5%,其中,风力发电量464.2亿千瓦小时,增长13.8%;钢材产量2016.8万吨,增长6.3%;铝材产量272.9万吨,增长48.4%。

表3 主要工业产品产量及增速

	2016年	比上年增长(%)
原煤(万吨)	84558.9	-7.0
焦炭(万吨)	2816.7	-7.4
天然气(亿立方米)	299.2	3.2
原油(万吨)	174.4	-2.4
发电量(亿千瓦小时)	3949.8	0.5
粗钢(万吨)	1813.2	4.5
钢材(万吨)	2016.8	6.3
电解铝(万吨)	248.5	-4.3
平板玻璃(万重量箱)	1001.2	-1.1

	2016年	比上年增长(%)
化肥(万吨)	250.2	-14.6
精甲醇(万吨)	741.4	7.8
水泥(万吨)	6313.6	8.3
乳制品(万吨)	336.5	14.6
铝材(万吨)	272.9	48.4
彩色电视机(万部)	109.6	-58.9
基本型乘用车(轿车)(辆)	93470	1.8
十种有色金属(万吨)	334.2	-1.8

全区规模以上工业企业实现主营业务收入19797.9亿元,比上年增长7.3%;实现利润1242.1亿元,增长31.0%。全年规模以上工业企业产品销售率96.4%,产成品库存额585.4亿元,下降9.2%。

全年建筑业增加值1322.5亿元,比上年增长6.9%。全区具有建筑业资质等级的建筑施工企业991个;施工企业房屋建筑施工面积6296.0万平方米,下降9.7%;竣工房屋面积2538.6万平方米,下降18.1%;房屋建筑竣工率40.3%。全年具有建筑业资质等级的建筑企业实现利润50.0亿元,比上年增长7.5%;实现税金44.7亿元,增长8.2%。

四、固定资产投资

全年全社会固定资产投资总额15469.5亿元,比上年增长11.9%。其中,500万元以上项目完成固定资产投资15283.4亿元,增长12.0%。从投资主体看,国有经济单位投资6807.1亿元,增长26.0%;集体单位投资162.2亿元,增长30.8%;个体投资248.9亿元,增长11.9%;其他经济类型单位投资8251.3亿元,增长4.2%。从三次产业投资看,第一产业投资776.3亿元,增长11.6%;第二产业投资6495.8亿元,下降1.2%,其中,工业投资6425.6亿元,下降0.4%;第三产业投资8197.4亿元,增长25.1%。按项目隶属关系分,地方项目完成投资14301.2亿元,增长9.3%;中央项目完成投资1168.3亿元,增长57.8%。

图4 2016年500万元以上项目固定资产投资累计增速

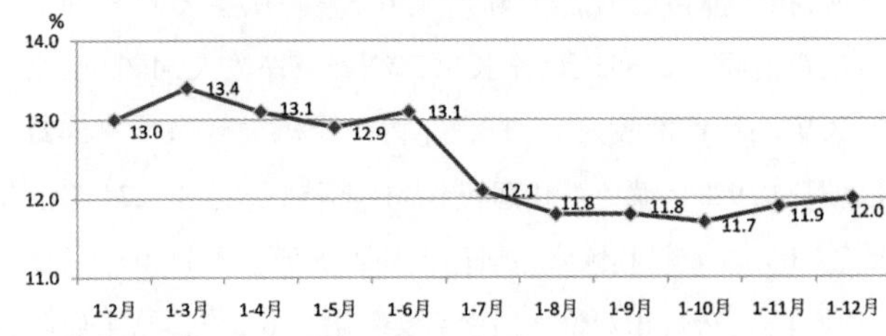

表4 分行业500万元以上固定资产投资及增速

单位:亿元

	2016年	比上年增长(%)
农林牧渔业	931.5	13.5
采矿业	959.8	-4.9
制造业	3562.4	-4.0
电力、燃气及水的生产和供应业	1903.5	9.9
建筑业	151.1	-7.3
批发和零售业	385.3	-2.9
交通运输、仓储及邮政业	1761.6	34.5
住宿和餐饮业	67.3	-32.4
信息传输、软件和信息技术服务业	126.0	49.6
水利、环境和公共设施管理	2465.3	49.3
教育	149.2	6.1
卫生和社会工作	127.6	12.4
文化、体育和娱乐业	210.5	55.4
公共管理、社会保障和社会组织	294.5	-1.5

新开工项目19665个,增长54.9%;在建项目投资总规模36955.7亿元,增长3.6%。全年房地产开发投资额1133.5亿元,增长4.9%。商品房销售面积2527.9万平方米,增长6.7%;商品房销售额1149.1亿元,增长9.2%。

五、国内贸易

全年社会消费品零售总额6700.8亿元,比上年增长9.7%。按经营单位所在地分,城镇实现社会消费品零售额6056.1亿元,占社会消费品零售总额的90.4%,增长9.5%;乡村实现社会消费品零售额644.6亿元,增长12.0%。在限额以上企业商品零售额中,粮油、食品、烟酒类完成零售额285.1亿元,增长7.4%;汽车类完成零售额514.2亿元,增长13.1%;石油及制品类完成零售额524.6亿元,下降5.8%。

表5 社会消费品零售总额表

	2016年	比上年增长(%)
社会消费品零售总额(亿元)	6700.8	9.7
城镇	6056.1	9.5
其中:城区	4785.5	9.1
乡村	644.6	12.0

六、对外经济

全年海关进出口总额772.8亿元(人民币,下同),比上年下降2.1%。其中,出口总额295.3亿元,下降15.7%;进口总额477.5亿元,增长8.7%。从主要贸易方式看,一般贸易进出口额达433.8亿元,占进出口总额的56.1%;边境小额贸易进出口额达208.3亿元;加工贸易进出口额达32.2亿元。

表6 海关进出口分项表

	单位	2016年	比上年增长(%)
海关进出口总额	亿元	772.8	-2.1
出口总额	亿元	295.3	-15.7
一般贸易	亿元	224.1	-20.2
边境小额贸易	亿元	26.3	-14.7
加工贸易	亿元	20.8	203.9
进口总额	亿元	477.5	8.7

	单位	2016 年	比上年增长(%)
一般贸易	亿元	209.7	31.4
边境小额贸易	亿元	182.0	13.3
加工贸易	亿元	11.4	37.4

全年实际使用外商直接投资额 39.7 亿美元,比上年增长 17.8%。年内全区在工商部门注册的外商投资企业 3362 家。新批准外商投资企业 50 家,比上年减少 2 家。

七、交通、邮电和旅游业

全年完成货物运输总量 20.0 亿吨,比上年增长 7.7%。完成货物运输周转量 4453.2 亿吨公里,增长 4.4%。

表 7 各种运输方式完成货物运输量、周转量及增速

	单位	2016 年	比上年增长(%)
货物运输总量	亿吨	20.0	7.7
铁路	亿吨	7.0	4.8
公路	亿吨	13.1	9.3
民航(吞吐量)	万吨	8.2	0.1
货物运输周转量	亿吨公里	4453.2	4.4
铁路	亿吨公里	2029.5	0.3
公路	亿吨公里	2423.6	8.2

全年完成旅客运输总量 17625.5 万人,比上年下降 1.1%。完成旅客运输周转量 375.2 亿人公里,增长 1.1%。

表 8 各种运输方式完成旅客运输量、周转量及增速

	单位	2016 年	比上年增长(%)
旅客运输总量	万人	17625.5	-1.1
铁路	万人	5394.0	5.4
公路	万人	10347.0	-6.1
民航(吞吐量)	万人	1884.5	11.8
旅客运输周转量	亿人公里	375.2	1.1
铁路	亿人公里	222.5	5.5
公路	亿人公里	152.8	-4.7

年末全区民用汽车保有量 439.7 万辆,比上年增长 9.9%;其中,本年新注册汽车 48.2 万辆。年末私人轿车保有量 251.1 万辆,增长 13.6%;其中,本年新注册轿车 26.3 万辆。

全年邮电业务总量(2010 年不变价)593.6 亿元,比上年增长 48.3%。其中,电信业务总量 566.3 亿元,增长 50.2%;邮政业务总量 27.3 亿元,增长 17.3%。年末本地固定电话用户 268.1 万户,下降 17.4%;移动电话用户 2470.8 万户,增长 3.9%。全区电话普及率(包括固定和移动电话)达到 110 部/百人。年末固定互联网宽带接入用户 417.2 万户,增长 14.1%,移动互联网用户 2045.2 万户,增长 9.7%。

全年实现旅游总收入 2714.7 亿元,比上年增长 20.3%。接待入境旅游人数 177.9 万人次,增长 10.7%;旅游外汇收入 11.4 亿美元,增长 18.4%。国内旅游人数 9627.4 万人次,增长 15.3%;国内旅游收入 2635.6 亿元,增长 20.1%。

八、金融

年末全区金融机构人民币存款余额 21165.6 亿元,全年新增存款 3088.0 亿元,比上年增长 17.1%。其中,住户存款余额 9960.1 亿元,比上年末增加 960.7 亿元,增长 10.7%;非金融企业存款余额 5959.2 亿元,比上年末增加 999.6 亿元,增长 20.2%;广义政府存款余额 4316.0 亿元,比上年末增加 798.3 亿元,增长 22.7%。年末全区金融机构人民币贷款余额 19361.0 亿元,全年新增贷款 2220.3 亿元,增长 13.0%。其中,住户贷款余额 4618.7 亿元,比上年末增加 395.2 亿元,增长 9.4%;非金融企业及机关团体贷款余额 14739.9 亿元,比上年末增加 1831.8 亿元,增长 14.2%。

年末全区保险机构共有 2729 家,比上年增加 362 家。全年保险业实现保费收入 486.9 亿元,增长 23.1%。全年保险业累计赔付支出 137.8 亿元,增长 10.6%。全年全区人寿保险实现保费收入 263.0 亿元,累计赔付 42.2 亿元。农业保险稳步推进,全年全区农业保险实现保费收入 32.1 亿元,累计赔付支出 17.7 亿元,支农惠农力度进一步得到加强。

九、人民生活和社会保障

全年全体居民人均可支配收入 24127 元,比上年增长 8.1%,扣除价格因素后实际增长 6.8%。全体居民人均生活消费支出 18072 元,增长 5.2%。

图5 2016年按收入构成分的全体居民人均可支配收入及占比

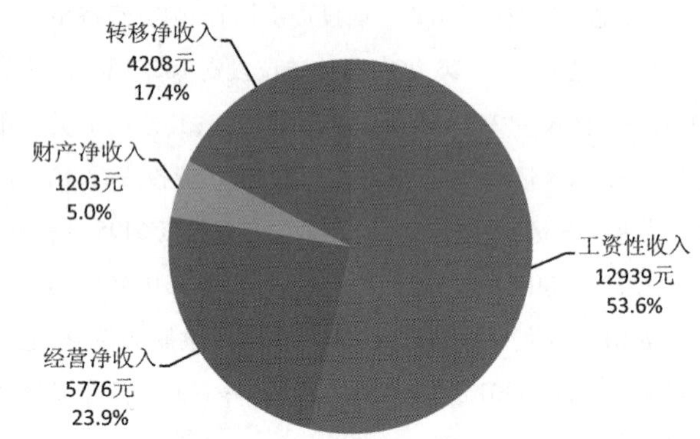

城镇常住居民人均可支配收入 32975 元,比上年增长 7.8%,扣除价格因素后实际增长 6.5%。从主要收入构成看,工资性收入 20355 元,增长 7.2%;经营净收入 5466 元,增长 13.9%;财产净收入 1733 元,下降 7.3%;转移净收入 5421 元,增长 9.9%。城镇常住居民人均生活消费支出 22744 元,增长 4.0%。农村牧区常住居民人均可支配收入 11609 元,比上年增长 7.7%,扣除价格因素后实际增长 6.5%。从主要收入构成看,工资性收入 2449 元,增长 8.9%;经营净收入 6216 元,增长 0.5%;财产净收入 453 元,增长 6.4%;转移净收入 2492 元,增长 30.1%。农村牧区常住居民人均生活消费支出 11463 元,增长 7.8%。城镇居民家庭恩格尔系数为 28.3%,农村牧区居民家庭恩格尔系数为 29.3%。

年末全区参加城镇职工基本养老保险人数 655.0 万人,

比上年增长13.1%；参加城乡居民社会养老保险人数736.1万人，增长0.3%。参加失业保险职工人数241.1万人，下降0.4%；领取失业保险金人数6.5万人，增长15.9%。参加基本养老保险的离退休人员236.5万人，增长13.6%。参加基本医疗保险人数1019.3万人，增长1.1%；参加基本医疗保险的职工人数488.3万人，增长45.2%。养老金社会化发放率100%。

十、教育、科学技术和文化体育

年末全区共有普通高等学校53所；全年招收学生13.3万人，增长4.5%；在校学生43.7万人，增长3.8%，其中，少数民族在校学生11.4万人，少数民族在校学生中有蒙古族学生9.9万人；毕业学生11.2万人，增长3.3%。年末全区有研究生培养单位10个，招收研究生6427人，增长3.7%；在校研究生1.9万人，增长3.1%，其中，少数民族在校研究生5107人，少数民族在校研究生中有蒙古族研究生4508人。年末有普通高中289所，全年招收学生14.7万人，下降0.9%；在校学生44.9万人，下降3.0%，其中，少数民族学生13.4万人，少数民族在校学生中有蒙古族学生12.2万人；毕业学生16.1万人。年末有小学1730所，招收学生22.8万人，增长1.7%；在校学生133.8万人，增长1.9%；毕业学生19.9万人，下降1.3%。全区幼儿园在园幼儿人数60.8万人，增长2.4%。全区初中阶段毛入学率98.7%，小学适龄儿童入学率100%。

全年共取得重大科技成果558项，其中，基础理论成果95项，应用技术成果460项，软科学成果3项。获得国家级奖励的科技成果1项。全年专利申请10672项，授权专利5846项。年内共签订各类技术合同数2711个。合同成交金额144.2亿元，其中，区内成交技术金额10.6亿元，向区外输出技术成交金额1.5亿元，吸纳区外技术成果金额132.1亿元。

全区共有56个有产品质量检验证书的机构，其中，国家检测中心5个。

年末全区有艺术表演团体97个，其中，乌兰牧骑71个；艺术表演场所19个。现拥有文化馆106座，公共图书馆118座，博物馆87座，档案馆139座，已开放各类档案281.1万卷。年末全区广播综合人口覆盖率99.2%，电视综合人口覆盖率99.2%。年末全区有线电视用户330.6万户。自治区和盟市两级出版报纸29601.8万份，出版各类期刊1849.7万册，出版图书6169万册。全年生产故事影片8部，蒙语译制片100部。

年内全区体育健儿在国内外重大竞赛中获奖牌241枚。其中，国外获奖牌13枚，国内获奖牌228枚。

十一、卫生和社会服务

年末全区共有卫生机构24001个，其中，医院720个，农村牧区卫生院1321个，疾病预防控制机构117个，妇幼卫生机构113个，专科疾病防治院(所)54个。年末全区医疗卫生单位拥有病床13.9万张，增长3.6%，其中，医院拥有病床10.9万张，乡镇卫生院拥有病床2万张，妇幼卫生机构拥有病床0.4万张。全区拥有卫生技术人员16.9万人，增长4.3%，其中，执业医师、助理医师6.6万人，注册护士6.6万人。农村牧区拥有村卫生室1.4万个，拥有乡村医生和卫生员1.8万人。

年末全区城镇建立各种社区服务设施3385个，比上年增长11.9%。其中，社区服务中心1000个。全区各类社会福利院床位1.8万张，各类福利院收养人数1.4万人。全年共有162.5万人得到国家最低生活保障救济。全年筹集社会福利资金16.2亿元，销售社会福利彩票58.0亿元，分别增长2.5%和8.2%。接受社会捐赠306.7万元。

十二、资源、环境

初步统计，全年完成营造林面积100.8万公顷。其中，人工造林36.7万公顷，飞播造林7.5万公顷，封山育林13.7万公顷，完成中、幼林抚育(作业)面积30万公顷。完成退耕还林和荒山荒地造林面积3.9万公顷，完成天然林资源保护工程造林面积8.1万公顷，完成京津风沙源治理工程造林面积14.2万公顷，完成“三北”防护林五期工程造林面积8.8万公顷。年末全区森林面积2487.9万公顷，森林覆盖率达21.0%。

全区确定的自然保护区182个。其中，国家级自然保护区29个，自治区级自然保护区60个。自然保护区面积1268.0万公顷。生态示范区建设试点单位25个。

初步核算，万元生产总值能耗超额完成年度下降目标和“十三五”进度目标。万元GDP能耗比上年下降4.1%，万元工业增加值能耗(1)下降5.9%。全年规模以上工业综合能源消费量(2)增长0.9%，其中，七大高耗能行业综合能源消费量增长0.8%。主要耗能工业企业(3)吨原煤生产综合能耗增长1.1%，单位电石生产综合能耗增长1.0%，吨水泥综合能耗增长1.4%，吨钢综合能耗增长0.4%。

注释：

本公报中数据均为初步统计数。部分数据因四舍五入的原因，存在着与分项合计不等的情况。

(1)规模以上工业口径，按当量值计算。

(2)规模以上工业综合能源消费量口径，按当量值计算。

(3)主要耗能工业企业是指年综合能源消费量1万吨标准煤及以上的规模以上工业企业。

2017 NEIMENGGU

第二部分

统计资料

PART TWO STATISTICS

一、行政区划和自然资源

Divisions of Administrative Areas and Natural Resources

资料整理：蔡雨成
Arranged By Cai Yucheng

1-1 自然资源

Natural Resources

项目	Item	2016
土地资源	**Land Resources**	
土地总面积(万平方公里)	Total Land Area(10 000 sq. km)	118.3
林业用地面积(万公顷)	Area of Afforestated Land(10 000 hectares)	4398.89
森林资源	**Forests Resources**	
森林面积(万公顷)	Forest Area(10 000 hectares)	2487.9
森林覆盖率(%)	Forest - Coverage Rate(%)	21.03
活立木总蓄积量(亿立方米)	Stock Volume of the Forest(100 million cu. m)	14.84
草原资源	**Prairie Resources**	
草原总面积(万公顷)	Prairie Area(10 000 hectares)	8800.0
# 可利用面积(万公顷)	Utilizable Area(10 000 hectares)	6800.0
水利资源	**Water Resources**	
水资源总量(亿立方米)	Total Water Resources Volume(100 million cu. m)	426.50
地表水资源量	Surface Water Volume	268.51
地下水资源量	Ground Water Volume	248.17
矿产资源	**Mineral Resources**	
煤保有储量(亿吨)	Coal Ensured Reserves(100 million tons)	4173.57
铁矿石保有储量(亿吨)	Iron Ore Ensured Reserves(100 million tons)	42.09
磷矿石保有储量(亿吨)	Phosphate Ore Ensured Reserves(100 million tons)	2.90
铜保有储量(万吨)	Copper Ensured Reserves(10 000 tons)	790.43
铅保有储量(万吨)	Lead Ensured Reserves(10 000 tons)	1503.81
锌保有储量(万吨)	Zinc Ensured Reserves(10 000 tons)	3163.59
盐保有储量(万吨)	Salt Ensured Reserves(10 000 tons)	10715.46

注:地表水资源量与地下水资源量之和不等于水资源总量,有重复计算部分。

a) Total Water Resources Volume is not equal to Surface Water Volume plus Ground Water Volume, there is Duplicated Measurement between Surface Water and Ground Water.

1－2 全区行政区划

地区	Region	旗县级个数（个）Number of Areas at County Level (unit)	旗县（市、区）及名称
全区合计	**Total**	**103**	**旗52个、县17个、盟（市）辖县级市11个、区23个。**
呼和浩特市	Hohhot City	9	新城区、回民区、玉泉区、赛罕区、土默特左旗、托克托县、和林格尔县、清水河县、武川县。
包　头　市	Baotou City	9	东河区、昆都仑区、青山区、石拐区、白云矿区、九原区、土默特右旗、固阳县、达尔罕茂明安联合旗。
呼伦贝尔市	Hulunbeier City	14	海拉尔区、扎赉诺尔区、阿荣旗、莫力达瓦达斡尔族自治旗、鄂伦春自治旗、鄂温克族自治旗、陈巴尔虎旗、新巴尔虎左旗、新巴尔虎右旗、满洲里市、牙克石市、扎兰屯市、额尔古纳市、根河市。
兴　安　盟	Xingan League	6	乌兰浩特市、阿尔山市、科尔沁右翼前旗、科尔沁右翼中旗、扎赉特旗、突泉县。
通　辽　市	Tongliao City	8	科尔沁区、霍林郭勒市、科尔沁左翼中旗、科尔沁左翼后旗、开鲁县、库伦旗、奈曼旗、扎鲁特旗。
赤　峰　市	Chifeng City	12	红山区、元宝山区、松山区、阿鲁科尔沁旗、巴林左旗、巴林右旗、林西县、克什克腾旗、翁牛特旗、喀喇沁旗、宁城县、敖汉旗。
锡林郭勒盟	Xilinguole League	12	二连浩特市、锡林浩特市、阿巴嘎旗、苏尼特左旗、苏尼特右旗、东乌珠穆沁旗、西乌珠穆沁旗、太仆寺旗、镶黄旗、正镶白旗、正蓝旗、多伦县。
乌兰察布市	Wulanchabu City	11	集宁区、丰镇市、卓资县、化德县、商都县、兴和县、凉城县、察哈尔右翼前旗、察哈尔右翼中旗、察哈尔右翼后旗、四子王旗。
鄂尔多斯市	Erdos City	9	东胜区、康巴什区、达拉特旗、准格尔旗、鄂托克前旗、鄂托克旗、杭锦旗、乌审旗、伊金霍洛旗。
巴彦淖尔市	Bayannaoer City	7	临河区、五原县、磴口县、乌拉特前旗、乌拉特中旗、乌拉特后旗、杭锦后旗。
乌　海　市	Wuhai City	3	海勃湾区、海南区、乌达区。
阿拉善盟	Alashan League	3	阿拉善左旗、阿拉善右旗、额济纳旗。

Divisions of Administrative Areas in Inner Mongolia

Name of Areas at County(Banner, City and District)

52 **Banners**, 17 **Counties.** 11 **Cities at County Level**, 23 **Districts under Jurisdiction of Cities.**

Xincheng District, Huimin District, Yuquan District, Saihan District, Tumotezuo Banner, Tuoketuo County, Helingeer County, Qingshuihe County, Wuchuan County.

Donghe District, Kundulun District, Qingshan District, Shiguai District, Baiyun Mineral District, Jiuyuan District, Tumoteyou Banner, Guyang County, Daerhanmaomingan Union Banner.

Hailaer District, Zhalainuoer District, Arong Banner, Molidawadawoer Nationality Autonomous Banner, Elunchun Nationality Autonomous Banner, Ewenke Nationality Autonomous Banner, Chenbaerhu Banner, Xinbaerhuzuo Banner, Xinbaerhuyou Banner, Manzhouli City, Yakeshi City, Zhalantun City, Eerguna City, Genhe City.

Wulanhaote City, Aershan City, Keerqinyouyiqian Banner, Keerqinyouyizhong Banner, Zhalaite Banner, Tuquan County.

Keerqin District, Huolinguole City, Keerqinzuoyizhong Banner, Keerqinzuoyihou Banner, Kailu County, Kulun Banner, Naiman Banner, Zhalute Banner.

Hongshan District, Yuanbaoshan District, Songshan District, Alukeerqin Banner, Balinzuo Banner, Balinyou Banner, Linxi County, Keshiketeng Banner, Wengniute Banner, Kalaqin Banner, Ningcheng County, Aohan Banner.

Erlianhaote City, Xilinhaote City, Abaga Banner, Sunitezuo Banner, Suniteyou Banner, Dongwuzhumuqin Banner, Xiwuzhumuqin Banner, Taipusi Banner, Xianghuang Banner, Zhengxiangbai Banner, Zhenglan Banner, Duolun County.

Jining District, Fengzhen City, Zhuozi County, Huade County, Shangdu County, Xinghe County, Liangcheng County, Chahaeryouyiqian Banner, Chahaeryouyizhong Banner, Chahaeryouyihou Banner, Siziwang Banner.

Dongsheng District, Kangbashi District, Dalate Banner, Zhungeer Banner, Etuokeqian Banner, Etuoke Banner, Hangjin Banner, Wushen Banner, Yijinhuoluo Banner.

Linhe District, Wuyuan County, Dengkou County, Wulateqian Banner, Wulatezhong Banner, Wulatehou Banner, Hangjinhou Banner.

Haibowan District, Hainan District, Wuda District.

Alashanzuo Banner, Alashanyou Banner, Ejina Banner.

1－3 边境、牧区、山老区旗县市

地区	Region	旗县级个数（个）Number of Areas at County Level (unit)	旗县（市、区）及名称
边境旗市	**Banners & Cities of Frontier**	**19**	
包头市	Baotou City	1	达尔罕茂明安联合旗。
呼伦贝尔市	Hulunbeier City	5	陈巴尔虎旗、满洲里市、新巴尔虎右旗、新巴尔虎左旗、额尔古纳市。
兴安盟	Xingan League	2	科尔沁右翼前旗、阿尔山市。
锡林郭勒盟	Xilinguole League	5	东乌珠穆沁旗、阿巴嘎旗、苏尼特左旗、二连浩特市、苏尼特右旗。
乌兰察布市	Wulanchabu City	1	四子王旗。
巴彦淖尔市	Bayannaoer City	2	乌拉特中旗、乌拉特后旗。
阿拉善盟	Alashan League	3	阿拉善左旗、阿拉善右旗、额济纳旗。
牧区旗市	**Banners & Cities of Pastoral Area**	**33**	
包头市	Baotou City	1	达尔罕茂明安联合旗。
呼伦贝尔市	Hulunbeier City	4	鄂温克族自治旗、新巴尔虎右旗、新巴尔虎左旗、陈巴尔虎旗。
兴安盟	Xingan League	1	科尔沁右翼中旗。
通辽市	Tongliao City	3	科尔沁左翼中旗、科尔沁左翼后旗、扎鲁特旗。
赤峰市	Chifeng City	5	阿鲁科尔沁旗、巴林左旗、巴林右旗、克什克腾旗、翁牛特旗。
锡林郭勒盟	Xilinguole League	9	锡林浩特市、阿巴嘎旗、苏尼特左旗、苏尼特右旗、东乌珠穆沁旗、西乌珠穆沁旗、镶黄旗、正镶白旗、正蓝旗。
乌兰察布市	Wulanchabu City	1	四子王旗。
鄂尔多斯市	Erdos City	4	鄂托克前旗、鄂托克旗、杭锦旗、乌审旗。
巴彦淖尔市	Bayannaoer City	2	乌拉特中旗、乌拉特后旗。
阿拉善盟	Alashan League	3	阿拉善左旗、阿拉善右旗、额济纳旗。
半牧区旗市	**Banners & Cities of Semi－Pastoral Area**	**21**	
呼伦贝尔市	Hulunbeier City	3	扎兰屯市、阿荣旗、莫力达瓦达斡尔族自治旗。
兴安盟	Xingan League	3	科尔沁右翼前旗、扎赉特旗、突泉县。
通辽市	Tongliao City	4	科尔沁区、开鲁县、库伦旗、奈曼旗。
赤峰市	Chifeng City	2	林西县、敖汉旗。
锡林郭勒盟	Xilinguole League	1	太仆寺旗。
乌兰察布市	Wulanchabu City	2	察哈尔右翼中旗、察哈尔右翼后旗。
鄂尔多斯市	Erdos City	4	东胜区、达拉特旗、准格尔旗、伊金霍洛旗。
巴彦淖尔市	Bayannaoer City	2	磴口县、乌拉特前旗。
山老区旗县	**Counties & Banners of Mountain & Old Liberated Area**	**47**	
呼和浩特市	Hohhot City	6	土默特左旗、新城区、赛罕区、武川县、和林格尔县、清水河县。
包头市	Baotou City	3	土默特右旗、固阳县、达尔罕茂明安联合旗。
呼伦贝尔市	Hulunbeier City	4	扎兰屯市、阿荣旗、满洲里市、莫力达瓦达斡尔族自治旗。
兴安盟	Xingan League	6	乌兰浩特市、阿尔山市、科尔沁右翼前旗、科尔沁右翼中旗、扎赉特旗、突泉县。
通辽市	Tongliao City	4	科尔沁左翼中旗、科尔沁左翼后旗、开鲁县、库伦旗。
赤峰市	Chifeng City	5	喀喇沁旗、宁城县、松山区、克什克腾旗、敖汉旗。
锡林郭勒盟	Xilinguole League	3	正蓝旗、多伦县、太仆寺旗。
乌兰察布市	Wulanchabu City	9	集宁区、卓资县、兴和县、丰镇市、凉城县、察哈尔右翼前旗、察哈尔右翼中旗、察哈尔右翼后旗、四子王旗。
鄂尔多斯市	Erdos City	6	达拉特旗、准格尔旗、鄂托克前旗、鄂托克旗、杭锦旗、乌审旗。
巴彦淖尔市	Bayannaoer City	1	乌拉特前旗。

Banners, Counties and Cities of Frontier, Pure Pastoral Area, Mountain Area and Old Liberated Area

Name of Areas at County(Banner, City & District)

Daerhanmaomingan Union Banner.

Chenbaerhu Banner, Manzhouli City, Xinbaerhuyou Banner, Xinbaerhuzuo Banner, Eerguna City.

Keerqinyouyiqian Banner, Aershan City.

Dongwuzhumuqin Banner, Abaga Banner, Sunitezuo Banner, Erlianhaote City, Suniteyou Banner.

Siziwang Banner.

Wulatezhong Banner, Wulatehou Banner.

Alashanzuo Banner, Alashanyou Banner, Ejina Banner.

Daerhanmaomingan Union Banner.

Ewenke Nationality Autonomous Banner, Xinbaerhuyou Banner, Xinbaerhuzuo Banner, Chenbaerhu Banner.

Keerqinyouyizhong Banner.

Keerqinzuoyizhong Banner, Keerqinzuoyihou Banner, Zhalute Banner.

Alukeerqin Banner Balinzuo, Banner, Balinyou Banner, Keshiketeng Banner, Wengniute Banner.

Xilinhaote City, Abaga Banner, Sunitezuo Banner, Suniteyou Banner, Dongwuzhumuqin Banner, Xiwuzhumuqin Banner, Xianghuang Banner, Zhengxiangbai Banner, Zhenglan Banner.

Siziwang Banner.

Etuokeqian Banner, Etuoke Banner, Hangjin Banner, Wushen Banner.

Wulatezhong Banne, Wulatehou Banner.

Alashanzuo Banner, Alashanyou Banner, Ejina Banner.

Zhalantun City, Arong Banner, Molidawadawoer Nationality Autonomous Banner.

Keerqinyouyiqian Banner, Zhalaite Banner, Tuquan County.

Keerqin District, Kailu County, Kulun Banner, Naiman Banner.

Linxi County, Aohan Banner.

Taipusi Banner.

Chahaeryouyizhong Banner, Chahaeryouyihou Banner.

Dongsheng City, Dalate Banner, Zhungeer Banner, Yijinhuoluo Banner.

Dengkou County, Wulateqian Banner.

Tumotezuo Banner, Xincheng District, Saihan District, Wuchuan County, Helingeer County, Qingshuihe County.

Tumoteyou Banner, Guyang County, Daerhanmaomingan Union Banner.

Zhalantun City, Arong Banner, Manzhouli City, Molidawadawoer Nationality Autonomous Banner.

Wulanhaote City, Aershan City, Keerqinyouyiqian Banner, Keerqinyouyizhong Banner, Zhalaite Banner, Tuquan County.

Keerqinzuoyizhong Banner, Keerqinzuoyihou Banner, Kailu County, Kulun Banner.

Kalaqin Banner, Ningcheng County, Songshan District, Keshiketeng Banner, Aohan Banner.

Zhenglan Banner, Duolun County, Taipusi Banner.

Jining District, Zhuozi County, Xinghe County, Fengzhen City, Liangcheng County, Chahaeryouyiqian Banner, Chahaeryouyizhong Banner, Chahaeryouyihou, Siziwang Banner.

Dalate Banner, Zhungeer Banner, Etuokeqian Banner, Etuoke Banner, Hangjin Banner, Wushen Banner.

Wulateqian Banner.

1-4 主要城市气温(2016年)

Monthly Average Temperature of Major Cities(2016)

单位:摄氏度 (°C)

城市	City	1月 Jan.	2月 Feb.	3月 Mar.	4月 Apr.	5月 May	6月 June	7月 July	8月 Aug.	9月 Sept.	10月 Oct.	11月 Nov.	12月 Dec.	年平均 Annual Average
呼和浩特	Hohhot	-14.2	-8.1	2.0	11.4	15.3	19.0	22.4	22.1	14.9	7.9	-1.8	-5.9	7.1
包　头	Baotou	-12.6	-7.2	2.3	12.8	16.9	20.7	23.8	22.9	16.1	8.1	-1.4	-6.0	8.0
海拉尔	Hailaer	-29.1	-21.0	-6.7	1.6	11.6	17.1	23.3	19.6	12.9	-2.9	-16.7	-20.3	-0.9
乌兰浩特	Wulanhaote	-15.7	-9.3	1.1	7.9	17.4	20.7	26.3	24.1	16.4	4.4	-8.9	-10.6	6.2
通　辽	Tongliao	-14.2	-7.1	2.8	9.8	18.2	22.8	25.5	24.2	17.7	6.9	-4.0	-7.8	7.9
赤　峰	Chifeng	-13.3	-6.9	2.7	10.3	17.6	21.2	23.8	22.2	16.0	7.4	-2.8	-5.7	7.7
锡林浩特	Xilinhaote	-23.4	-15.7	-2.5	6.9	14.1	18.2	23.5	22.6	13.5	3.4	-6.7	-12.9	3.4
集　宁	Jining	-15.5	-9.4	-0.2	8.9	13.5	17.3	20.6	20.1	13.4	6.1	-3.3	-7.8	5.3
东　胜	Dongsheng	-11.6	-6.9	2.6	11.7	14.9	18.6	21.2	21.0	15.5	8.5	0.7	-3.5	7.7
临　河	Linhe	-12.2	-7.4	3.1	12.9	16.5	21.4	24.1	23.6	16.8	8.8	0.1	-4.8	8.6
乌　海	Wuhai	-11.2	-6.2	4.6	14.1	17.9	23.1	26.0	24.9	18.7	9.9	1.0	-4.0	9.9
巴彦浩特	Bayanhaote	-9.7	-5.6	4.4	12.8	15.8	21.7	24.3	22.6	17.7	9.9	1.8	-1.7	9.5

1-5 主要城市平均相对湿度(2016年)

Monthly Average Relative Humidity of Major Cities(2016)

单位:% (%)

城市	City	1月 Jan.	2月 Feb.	3月 Mar.	4月 Apr.	5月 May	6月 June	7月 July	8月 Aug.	9月 Sept.	10月 Oct.	11月 Nov.	12月 Dec.	年平均 Annual Average
呼和浩特	Hohhot	52	47	32	26	36	53	60	58	61	60	51	52	49
包　头	Baotou	53	53	43	31	36	54	63	65	65	65	58	60	54
海拉尔	Hailaer	71	75	67	58	46	57	52	54	71	60	72	73	63
乌兰浩特	Wulanhaote	50	44	38	33	36	55	53	50	67	51	57	54	49
通　辽	Tongliao	48	42	40	39	40	58	70	67	74	61	57	54	54
赤　峰	Chifeng	46	42	32	33	33	48	61	65	68	58	51	47	49
锡林浩特	Xilinhaote	71	71	53	36	34	51	54	48	66	64	58	67	56
集　宁	Jining	51	46	33	29	36	50	62	57	57	59	52	54	49
东　胜	Dongsheng	46	46	33	27	36	53	66	67	61	60	44	50	49
临　河	Linhe	48	46	34	27	36	47	57	57	57	53	49	52	47
乌　海	Wuhai	51	46	33	26	33	41	49	56	52	55	46	55	45
巴彦浩特	Bayanhaote	46	37	32	26	30	34	42	53	42	43	30	37	38

1－6 主要城市降水量(2016 年)

Monthly Precipitation of Major Cities(2016)

单位:毫米 (millimeters)

城市	City	1 月 Jan.	2 月 Feb.	3 月 Mar.	4 月 Apr.	5 月 May	6 月 June	7 月 July	8 月 Aug.	9 月 Sept.	10 月 Oct.	11 月 Nov.	12 月 Dec.	全年 Annual Total
呼和浩特	Hohhot	0.3	3.0	0.7	3.2	34.6	108.8	140.2	115.0	74.7	48.6	0.5	1.7	531.3
包　头	Baotou		2.6	0.4	0.1	4.9	78.0	52.2	126.1	49.6	24.2		2.0	340.1
海拉尔	Hailaer	1.1	2.5	8.7	41.4	31.6	51.3	33.4	53.2	106.5	10.7	8.0	2.3	350.7
乌兰浩特	Wulanhaote		0.7	4.5	2.2	31.2	118.3	33.4	24.5	94.4	24.1	21.7		355.0
通　辽	Tongliao		1.1	10.6	16.0	67.2	69.1	99.0	68.6	40.1	22.3	5.3	0.4	399.7
赤　峰	Chifeng	2.1	2.7	1.0	14.1	52.1	60.9	182.1	160.3	46.3	23.9	11.5	1.4	558.4
锡林浩特	Xilinhaote	4.2	9.2	3.1	4.6	15.6	77.2	48.6	48.5	25.6	57.4	4.7	10.3	309.0
集　宁	Jining	0.7	2.9	1.4	11.0	46.7	57.6	142.0	65.5	74.3	62.5	7.8	1.2	473.6
东　胜	Dongsheng	2.0	17.2	4.9	2.3	30.9	86.0	171.6	172.5	52.3	49.3	0.8	2.6	592.4
临　河	Linhe		4.7	1.8		10.5	16.5	36.8	52.1	3.2	20.2			145.8
乌　海	Wuhai	0.1	4.0	4.0	2.5	8.9	12.2	33.8	33.9	6.2	14.4		0.2	120.2
巴彦浩特	Bayanhaote	2.5	9.6	15.1	17.1	22.5	19.6	52.9	101.6	17.8	12.9	0.1	0.3	272.0

1－7 主要城市有效可照时数(2016 年)

Monthly Effective Sunshine Hours of Major Cities(2016)

单位:小时 (hours)

城市	City	1 月 Jan.	2 月 Feb.	3 月 Mar.	4 月 Apr.	5 月 May	6 月 June	7 月 July	8 月 Aug.	9 月 Sept.	10 月 Oct.	11 月 Nov.	12 月 Dec.	全年 Annual Total
呼和浩特	Hohhot	298.9	311.3	372.8	401.3	449.3	450.3	454.2	421.9	369.1	339.5	293.5	286.1	4448.2
包　头	Baotou	299.9	311.8	373.0	400.9	448.5	449.3	453.2	421.2	368.8	339.7	294.2	287.2	4447.7
海拉尔	Hailaer	271.2	297.0	371.5	414.2	476.0	483.3	484.3	439.7	372.6	328.6	269.7	253.9	4462.0
乌兰浩特	Wulanhaote	282.4	302.4	371.4	408.3	464.4	469.4	472.0	432.8	371.7	333.7	280.0	267.5	4456.0
通　辽	Tongliao	290.3	306.4	371.6	404.3	456.5	459.8	463.4	427.8	370.9	337.0	287.1	276.9	4452.0
赤　峰	Chifeng	294.4	308.6	372.0	402.7	452.9	455.2	459.0	425.1	370.1	338.4	290.3	281.4	4450.1
锡林浩特	Xilinhaote	289.7	306.4	372.2	405.4	458.0	461.1	464.2	427.9	370.4	336.0	285.7	275.5	4452.5
集　宁	Jining	298.3	310.9	372.6	401.4	449.7	450.9	454.8	422.3	369.2	339.4	293.2	285.6	4448.3
东　胜	Dongsheng	301.7	312.8	373.0	400.0	446.6	447.1	451.2	420.0	368.7	340.6	295.9	289.4	4447.0
临　河	Linhe	299.5	311.8	373.2	401.4	449.2	450.0	453.7	421.3	368.6	339.3	293.6	286.5	4448.1
乌　海	Wuhai	302.0	313.1	373.3	400.2	446.7	447.0	450.9	419.7	368.4	340.4	295.8	289.5	4447.0
巴彦浩特	Bayanhaote	304.6	314.4	373.4	399.0	444.2	444.0	448.2	418.0	368.1	341.4	298.0	292.4	4445.7

主要统计指标解释

行政区划 指国家对行政区域的划分。根据宪法规定，我国的行政区域划分如下：(1)全国分为省、自治区、直辖市；(2)省、自治区分为自治州(盟)、县(旗)、自治县(旗)、市；(3)自治州分为县、自治县、市；(4)旗、县、自治县(旗)分为乡、民族乡、镇；(5)直辖市和较大的市分为区、县(旗)；(6)国家在必要时设立的特别行政区。

国土 指一个主权国家管辖下的领土、领海和领空。

气候 指地球与大气之间长期能量交换与质量交换所形成的一种自然环境状态，它是多种因素综合作用的结果。气候既是人类生活和生产的环境要素之一，又是供给人类生活和生产的重要资源。气温、降水、湿度等气象要素的多年平均值是用来描述一个地区气候状况的主要参数，而各种气象要素某年、某月的平均值(或总量)则可以反映出该时期天气气候状况的重要特征。

自然资源 指人类可以直接从自然界获得，并用于生产和生活的物质资源。自然资源一般可以分成可再生资源和非再生资源两大类。可再生资源指在较短时间内可以再生、可以循环利用的资源，包括土地资源、水资源、气候资源、生物资源和海洋资源等。非再生资源指在使用后不能再生的资源，包括矿产资源和地热能源。

土地资源 土地指陆地的表层部分，它主要由岩石、岩石的风化物和土壤构成。土地资源按利用类型可以分为农用地、建筑用地和未利用地。农用地包括耕地、园地、林地、牧草地和水面。建筑用地包括居民点及工矿用地、交通用地和水利设施用地。未利用地指农用地和建筑用地以外的土地，包括滩涂、荒漠、戈壁、冰川和石山等。

林业用地面积 指生长乔木、竹类、灌木、沿海红树林等林木的土地面积，包括有林地、灌木林、疏林地、未成林造林地、迹地、苗圃等。

草地面积 指牧区和农区用于放牧牲畜或割草，植被盖度在5%以上的草原、草坡、草山等面积。包括天然的和人工种植或改良的草地面积。

森林资源 指森林、林木、林地以及依托森林、林木、林地生存的野生动物、植物和微生物。林木指树木和竹子。森林指以乔木为主体的植物群落，是集生的乔木及与共同作用的植物、动物、微生物和土壤、气候等的总体。

活立木总蓄积量 指一定范围内土地上全部树木蓄积的总量，包括森林蓄积、疏林蓄积、散生木蓄积和四旁树蓄积。

森林面积 指由乔木树种构成，郁闭度0.2以上(含0.2)的林地或冠幅宽度10米以上的林带的面积，即有林地面积。森林面积包括天然起源和人工起源的针叶林面积、阔叶林面积、针阔混交林面积和竹林面积，不包括灌木林地面积和疏林地面积。

森林蓄积量 指一定森林面积上存在着的林木树干部分的总材积。它是反映一个国家或地区森林资源总规模和水平的基本指标之一，也是反映森林资源的丰富程度、衡量森林生态环境优劣的重要依据。

森林覆盖率 指一个国家或地区森林面积占土地面积的百分比。在计算森林覆盖率时，森林面积包括郁闭度0.2以上的乔木林地面积和竹林地面积，国家特别规定的灌木林地面积、农田林网以及四旁(村旁、路旁、水旁、宅旁)林木的覆盖面积。森林覆盖率是反映森林资源的丰富程度和生态平衡状况的重要指标。计算公式为：

森林覆盖率(%)＝森林面积/土地总面积×100%

水资源 水在自然界中以固体、液体和气态三种聚集状态存在，分布于海洋、陆地(包括土壤)以及大气之中，通过水循环形成水资源。水资源包括经人类控制并直接可供灌溉、发电、给水、航运、养殖等用途的地表水和地下水，以及江河、湖泊、井、泉、潮汐、港湾和养殖水域等。水资源是发展国民经济不可缺少的重要自然资源。

地表水和地下水 陆地上的水因空间分布不同，可以分为地表水和地下水。地表水指分别存在于河流、湖泊、沼泽、冰川和冰盖等水体中水分的总称，又称陆地水。地下水指储存在地面以下饱和岩土孔隙、裂隙及溶洞中的水。

矿产资源 矿产指由地质作用形成，富集于地壳中或出露于地表达到工农业利用要求的有用矿物。矿产是一种重要的自然资源，是社会发展的重要物质基础。从某种意义上讲，一个国家对矿产资源开发利用的广度和深度，可以作为这个国家经济发展水平的标志。

矿产保有储量 指探明的矿产储量(包括工业储量和远景储量)，扣除已开采部分和地下损失量后的年末实有储量，是反映国家矿产资源现状的重要指标。

气温 指空气的温度，我国一般以摄氏度(0C)为单位表示。气象观测的温度表是放在离地面约1.5米处通风良好的百叶箱里测量的。因此，通常说的气温指的是离地面1.5米处百叶箱中的温度。其统计计算方法为：

月平均气温是将全月各日的平均气温相加，除以该月的天数而得。

年平均气温是将12个月的月平均气温累加后除以12而得。

相对湿度 指空气中实际水气压与当时气温下的饱合水气压之比。其统计方法与气温相同。

降水量 指从天气降落到地面的液态或固态(经融化后)水，未经蒸发、渗透、流失而在地面上积聚的深度。其统计计算方法为：

月降水量是将全月各日的降水量累加而得。

年降水量是将12个月的月降水量累加而得。

日照时数 指太阳实际照射地面的时间。其统计方法与降水量相同。

Explanatory Notes on Main Statistical Indicators

Administrative Division refers to the division of administrative areas by the state. The Constitution of the People's Republic of China stipulates that the administrative areas in China are divided as: 1) The whole country is divided into provinces, autonomous regions and municipalities directly under the central government; 2) Provinces and autonomous regions are divided into autonomous prefectures (leagues), counties (banners), autonomous counties and cities; 3) Autonomous Prefectures are divided into counties, autonomous counties and cities; 4) Counties and autonomous counties are divided into townships, nationality townships and towns; 5) Municipalities and large cities are divided into districts and counties, 6) The state establish special administrative regions when necessary.

Territory refers to territorial land, sea and air space under the administration of a sovereign state.

Climate refers to the natural environmental status formed by the long - time exchange of energy and mass between the earth and the air, and is the results of interaction of many factors. Climate is both one of the environment factors and the important resources for the living and production activities of the human being. The average values across several years of meteorological factors such as temperature, rainfall and humidity are used as important parameters to describe the climate of a region, while the average values (or total values) of a given year or month of meteorological factors reflect the key characteristics of climate for that period of time.

Natural Resources refer to material resources that could be obtained from the nature by human being and used for production and living. Natural resources in general can be classified as renewable resources and non - renewable resources. Renewable resources refer to resources that could be renewed and recycled during a relatively short period of time, including land resource, water resource, climate resource, biology resource and marine resource. Non - renewable resources include resources that could not be renewed, such as minerals and geothermal resource.

Land Resource Land refers to the surface of the earth, consisting of mainly rocks and its weathering and earth. Land resource can be classified, by its utilization, as land for agriculture, land for construction and unused land. Land for agriculture includes cultivated land, plantation land, forestland, grassland and waters. Land for construction includes land for residential purpose, for manufacturing and mining, for transportation and for water conservancy projects. Unused land refers to land other than land for agriculture and construction, including beaches, deserts, Gobi, glaciers and Rock Mountains.

Area of Afforestated Land refer to land for trees, bamboo, bushes and mangrove, including forest - cover land, bush - covered land, sparse forest land, land Planned for afforestation and nurseries of young trees.

Area of Grassland refers to areas of grassland, grass - slopes and grass - covered hills with a vegetation - covering rate of over 5% that are used for animal husbandry or harvesting of grass. It includes natural, cultivated and improved grassland areas.

Forest Resource refers to forests, trees, forest land and wild animals, plants and microorganism that live on forest and trees. Trees include trees and bamboo. Forest refers to the population of clusters of trees and other plants, animals and microorganism as well as the earth and climate that have interactions with the trees.

Total Standing Stock Volume refers to the total stock volume of trees growing in land, including trees in forest, tress in sparse forest, scattered trees and trees planted by the side of farm houses and along the roads, rivers and fields.

Forest Area refers to the area of forest land where trees and bamboo grow with canopy density above 0. 2, including land of natural woods and planted woods, but excluding bush land and thin forest land. It reflects the total areas of afforestation.

Stock Volume of Forest refers to total stock volume of wood growing in forest area, which shows the total size and level of forest resources of a country or a region. It is also an important indicator illustrating the richness of forest resource and the status of forest ecological environment.

Forest Coverage Rate refers to the ratio of area of afforested land to total land area. This indicator shows the forest resources and afforestation progress of a country or a region. According to regulations of the government, in addition to afforested land, the area of bush forest, the area of forest land inside farm land and the area of trees planted by the side of farm houses and along the roads, rivers and fields should also be included in the area of afforested land in the calculation of the forest coverage - rate. The formula for calculating forest coverage rate is as follows:

Forestry coverage rate (%) =

Area of afforested Land/ Area of Total Land × 100%

Water Resource water exists in the nature in solid, liquid and gaseous states, is distributed in the ocean, land (including earth) /and air, and constitutes the water resource through the circulation of water. Water resource includes the surface water and underground water that is controlled by the human being for irrigation, power – generation, water supply, navigation and cultivation. It also includes rivers, lakes, wells, springs, tides, gulf and water area for cultivation. Water resource as an important natural resource is indispensable for the development of the national economy.

Surface Water and Underground Water water on earth can be divided into surface water and underground water according to its distribution. Surface water refers to moisture exists in rivers, lakes, swamps, glaciers, icecaps and so on. It is also called land water. The underground water refers to water deposited underground in the cranny and the hole of saturated rock soil and in the water – eroded cave.

Mineral Resources refer to useful minerals that can be used for industrial or agricultural purposes enriched in

lithosphere or on earth due to the geological process.

Ensured Mineral Reserves refer to the actual mineral reserves, which equal to the proven mineral reserves (including industrial reserves and prospective reserves) minus extracted parts and underground losses. This indicator shows the current condition of the mineral resources of a country.

Temperature refers to the air temperature. China uses centigrade (0C) as the unit. The thermometry used for weather observation is put in a breezy shutter, which is 1. 5 meters high from the ground. Therefore, the commonly used temperature refers to the temperature in the breezy shutter 1. 5 meters away from the ground. The calculation method is as follows:

Monthly average temperature is the summation of average daily temperature of one month divided by the actual days of that particular month.

Annual average temperature is the summation of monthly average of a year divided by 12 months.

Relative Humidity refers to the ratio of actual water vapor pressure to the saturation water vapor pressure under the current temperature. The calculation method is the same as that of temperature.

Volume of Precipitation refers to the deepness of liquid state or solid state (thawed) water falling from the sky to the ground that has not been evaporated, infiltrated or run off. The calculation method is as follows:

Monthly precipitation is the summation of daily precipitation of a month.

Annual precipitation is the summation of 12 months , precipitation of a year.

Sunshine Hours refer to the actual hours of sun irradiating the earth. The calculation method is the same as that of the precipitation.

2017 NEIMENGGU

二、综合

General Survey

资料整理：王艳伟　曹源源
Arranged By Wang Yanwei , Cao Yuanyuan

2-1 平均每天主要社会经济活动

Major Indicators on Average Daily Social and Economic Activities

指　　标	Item	1990	1995	2000	2005	2010	2015	2016
全区每天创造的财富	**Autonomous Regional Daily Production**							
生产总值(万元)	Gross Domestic Product(10 000 yuan)	8748	23481	42168	106987	319781	488534	510481
第一产业	Primary Industry	3084	7128	9611	16152	30008	44313	44621
第二产业	Secondary Industry	2806	8460	15961	48581	174457	246591	248736
工 业	Industry	2388	6983	13265	40490	153929	212032	212555
建筑业	Construction	418	1477	2695	8091	20528	34607	36233
第三产业	Tertiary Industry	2858	7893	16596	42254	115316	197630	217125
# 运输邮电业	Transportation, Postal & Telecommunications Services	567	1900	4807	11659	27254	35454	35547
商业饮食业	Commerce	683	2275	5353	12551	36876	64580	66335
财政收入(万元)	Government Revenue(10 000 yuan)	904	2092	4263	14695	47620	53821	55245
财政支出(万元)	Government Expenditures(10 000 yuan)	1668	2799	7152	20126	62288	116519	123636
粮食(吨)	Grain(ton)	26657	28915	34025	45540	59129	77452	76173
油料(吨)	Oil - bearing Grops(ton)	1901	1923	3189	3348	3510	5304	6028
肉类(吨)	Meat(ton)	1469	2243	3929	6299	6540	6732	7093
牛奶(吨)	Cow Milk(ton)	1012	1331	2186	18934	24799	22005	20113
水产品(吨)	Aquatic Products(ton)	83	130	198	226	312	421	434
布(万米)	Cloth(10 000 m)	29.55	23.42	9.01	22.84	26.88		
乳制品(吨)	Dairy products(ton)	60	83	182	8425	9462	8042	9220
原煤(万吨)	Coal(10 000 tons)	13.05	19.33	19.86	70.16	216.20	249.20	231.67
发电量(万千瓦小时)	Electricity(10 000 kwh)	4645	7631	12033	28948	68052	107638	108214
钢(吨)	Steel(ton)	7480	9736	11605	22068	33776	47537	49678
成品钢材(吨)	Steel Products(ton)	4807	7062	10381	20487	36751	51978	55255
水泥(吨)	Cement(ton)	6246	9569	17260	44719	149433	159747	172974
每天消费量	**Daily Consumption**							
最终消费(万元)	Final Consumption Expenditure(10 000 yuan)	5937	14778	23936	49393	125702	204187	220025
居民消费(万元)	Resident Consumption(10 000 yuan)	4652	11314	17427	32632	73790	143157	153644

注:2013 年以前,财政收入为地方财政总收入;2013 年起,财政收入为公共财政预算收入。下表同。

a) Before 2013, Government Revenue is Local Government Revenue; Form 2013, Government Revenue is General Budgetary Financial Revenue. The same as in the following tables.

2－1 续表 continued

指　　标	Item	1990	1995	2000	2005	2010	2015	2016
农村居民	Rural Residents	2368	4984	6517	8522	14428	32547	35207
城镇居民	Urban Households	2284	6330	10910	24110	59362	110610	118438
政府消费(万元)	Government Consumption Expenditure (10 000 yuan)	1285	3464	6508	16761	51913	61030	66381
能源消费量(万吨标准煤)	Energy Consumption (10 000 tons of SCE)	6.64	8.95	10.79	29.49	51.73	51.85	53.31
社会消费品零售总额(万元)	Total Retail Sales of Consumer Goods(10 000 yuan)"	3577	8083	13260	37208	92712	167334	183582
每天其他经济活动	**Other Daily Economic Activities**							
资本形成总额(万元)	Gross Capital Formation(10 000 yuan)	3416	10219	17591	77947	247134	384561	343124
固定资本形成	Fixed Capital Formation	1939	7484	12039	73568	244896	379299	339608
存货增加	Changes in Stock	1477	2735	5552	4379	2239	5262	3516
城镇新建住宅面积(万平方米)	Residential Buildings Completed in Urban Areas(10 000 sq. m)	0.96	1.65	2.78	3.40	7.07	5.02	5.51
农牧民个人新建住宅面积(万平方米)	Private Residential Building Complated in Rural Areas(10 000 sq. m)	1.36	2.65	2.36	1.40	0.99	2.41	2.63
货运量(万吨)	Freight Traffic(10 000 tons)	73.09	89.68	122.27	200.22	362.21	510.03	549.25
客运量(万人)	Passenger Traffic(10 000 persons)	28.70	50.06	64.52	87.98	66.69	46.54	45.75
进出口总额(万美元)	Total Imports and Exports(USD 10 000)	132.68	307.70	557.80	1414.22	2388.75	3502.44	3205.75
邮电业务总量(万元)	Volume of Postal and Telecoms Services(10 000 yuan)	58.07	264.50	1541.00	5471.78	5527.90	10966.88	7586.05
个人储蓄存款新增额(万元)	Outstanding Amount of savings deposits of individuals(10 000 yuan)	822	2496	2140	10129	19292		
图书出版(万册)	Books Published(10 000 copies)	21.78	17.97	20.34	24.35	16.63	17.76	16.91
杂志出版(万册)	Magazines Issued(10 000 copies)	3.46	2.84	4.34	3.79	3.94	5.70	4.70
报纸出版(万份)	Newspapers Issued(10 000 copies)	44.36	44.62	49.23	169.37	74.11	89.90	82.81
邮寄函件(万件)	Letters Delivered(10 000 pieces)	22.14	45.83	26.51	8.61	9.28	3.99	2.39
每天人口变动与婚姻	**Daily Population Changes & Marriages**							
出生(人)	Births(person)	1117	1073	645	659	628	530	622
死亡(人)	Deaths(person)	293	417	359	357	374	365	392
结婚(对)	Marriages(couple)	435	475	416	423	555	597	544
离婚(对)	Divorces(couple)	60	75	89	107	157	252	269

注:个人储蓄存款新增额2010年以前为城乡居民储蓄存款新增额。
a) Before 2010, Outstanding Amount of savings deposits of individuals is called resident saving deposit in urban & rural.

2-2 社会经济主要指标人均水平

Major per Capita Indicators on Society and Economy

指 标	Item	1990	1995	2000	2005	2010	2015	2016
生产总值(元)	**Gross Domestic Product(yuan)**	**1478**	**3772**	**6502**	**16285**	**47347**	**71101**	**74069**
财政收入(元)	**Government Revenue(yuan)**	**154**	**336**	**657**	**1397**	**7051**	**7833**	**8016**
农牧业生产	Agriculture Production							
耕地面积(公顷)	Cultivated Land(hectare)	0.23	0.24	0.31	0.31	0.29	0.37	0.37
粮食产量(千克)	Output of Grain(kg)	454.15	464.40	524.60	693.19	875.47	1127.24	1105.21
油料产量(千克)	Output of Oil-bearing Crops(kg)	32.38	30.90	49.20	50.96	51.96	77.19	87.46
甜菜产量(千克)	Output of Beet Roots(kg)	110.36	116.00	59.69	57.68	65.31	91.75	105.82
年末大牲畜(头)	Large Animals at the Year-end(head)	0.33	0.31	0.26	0.33	0.36	0.35	0.34
年 末 羊(只)	Sheep and Goats at the Year-end(head)	1.41	1.46	1.50	2.26	2.14	2.30	2.19
年末生猪(口)	Hogs at the Year-end(head)	0.24	0.34	0.31	0.29	0.28	0.26	0.25
肉类产量(千克)	Output of Meat(kg)	25.02	36.03	60.58	95.88	96.83	97.97	102.92
#牛肉产量(千克)	Output of Beef(kg)	3.99	4.10	9.23	14.01	20.17	21.09	22.10
羊肉产量(千克)	Output of Mutton(kg)	5.96	7.42	13.44	30.21	36.20	36.92	39.36
猪肉产量(千克)	Output of Pork(kg)	13.43	20.97	32.37	36.71	29.15	28.23	28.65
牛奶产量(千克)	Output of Cow Milk(kg)	17.25	21.37	33.70	288.20	367.17	320.27	291.83
羊 毛(千克)	Wool(kg)	2.87	2.64	2.89	4.27	4.87	5.48	5.69
主要工业产品产量	**Output of Major Industrial Products**							
原 煤(吨)	Coal(ton)	2.22	3.10	3.06	10.68	32.01	36.27	33.61
原 盐(吨)	Salt(ton)	0.04	0.03	0.05	0.09	0.11	0.07	0.06
发 电 量(千瓦小时)	Electricity(kwh)	791	1225	1855	4406	10684	15666	15701
糖(千克)	Sugar(kg)	7.64	7.51	5.09	6.15	4.88	26.85	28.72
乳 制 品(千克)	Dairy Products(kg)	1.03	1.33	2.81	128.25	140.09	117.05	133.77
呢 绒(米)	Woolen Fabric(m)	0.49	0.65	0.18	0.26	0.51	0.39	0.29
水 泥(吨)	Cement(ton)	0.11	0.15	0.27	0.68	2.21	2.32	2.50
钢(吨)	Steel(ton)	0.13	0.16	0.18	0.34	0.50	0.69	0.72
生 铁(吨)	Pig Iron(ton)	0.13	0.15	0.19	0.38	0.55	0.58	0.58
社会消费品零售额(元)	**Total Retail Sales of Consumer Goods(yuan)**	**610**	**1379**	**2571**	**5664**	**13727**	**24354**	**26637**
人民生活	**People's Livelihood**							
职工平均工资(元)	Average Wage of Staff & Workers(yuan)	1846	4134	6974	15985	35507	57870	61994
#国 有(元)	State-owned Units(yuan)	1971	4407	7261	16598	37602	62059	67038
集 体(元)	Urban Collective-owned Units(yuan)	1441	3001	4826	10804	29822	58679	61963
城镇常住居民人均可支配收入(元)	Per Capita Disposable Income of Urban Residents(yuan)	1155	2846	5129	9137	17698	30594	32975
城镇常住居民人均生活消费支出(元)	Expenditure of Urban Residents(yuan)	982	2482	3928	6929	13995	21876	22746
农村牧区常住居民人均可支配收入(元)	Per Capita Disposable Income of Rural Residents(yuan)	647	1300	2038	2989	5530	10776	11609
农村牧区常住居民人均生活消费支出(元)	Expenditure of Rural Residents(yuan)	539	1261	1615	2446	4461	10637	11462
住户存款余额(元)	Household deposits(yuan)	515	1804	3875	8231	18877	35884	39594

注:1.住户存款余额2010年以前为城乡居民储蓄存款余额,2011—2014年为个人储蓄存款余额,下表同。

2.2013年以后,城镇(农村牧区)常住居民人均可支配收入、城镇(农村牧区)常住居民人均生活消费支出数据为城乡一体化住户收支与生活状况调查数据。"农牧民人均纯收入"改为"农村牧区常住居民人均可支配收入"。

a) Before 2010, the Household deposits is called resident saving deposit in urban & rural. During 2011-2014, the Household deposits is called personal balance of savings deposits. The same as in the following tables.

b) From 2014, data of Per Capita Disposable Income of Urban and Rural Residents and Expenditure of Urban and Rural Residents are from integrated household income and expenditure survey including both urban and rural households. "Annual Net Income of Rural Households per Capita" has been adjusted to" Per Capita Disposable Income of Rural Residents".

2－3 国民经济和社会发展总量与速度

指 标	Item	总量指标					
		1978	1995	2000	2005	2010	2015
人口与就业	**Population and Employment**						
人口(万人)	**Population(10 000 persons)**						
年末总人口	Population at the Year－end	1823.4	2284.4	2372.4	2403.1	2472.2	2511.0
市镇人口	Urban	397.5	873.1	1001.1	1134.3	1372.9	1514.2
乡村人口	Rural	1425.9	1411.3	1371.3	1268.8	1099.3	996.9
男性人口	Male	957.8	1187.6	1227.2	1237.9	1283.9	1298.7
女性人口	Female	865.6	1096.8	1145.2	1165.2	1188.3	1212.3
就业(万人)	**Employment(10 000 persons)**						
从业人数	Employment	652.8	1029.4	1061.6	1041.1	1184.7	1463.7
# 职工人数	Staff and Workers	227.6	383.7	263.9	239.6	244.9	289.6
城镇登记失业人数	Unemployed in Urban Areas		14.0	12.7	17.8	20.8	25.9
宏观经济	**Macroeconomic Indicator**						
国民经济核算(亿元)	**National Accounting (100 million yuan)**						
生产总值	Gross Domestic Product	58.04	857.06	1539.12	3905.03	11672.00	17831.51
第一产业	Primary Industry	18.96	260.18	350.80	589.56	1095.28	1617.42
第二产业	Secondary Industry	26.37	308.78	582.57	1773.21	6367.69	9000.58
第三产业	Tertiary Industry	12.71	288.10	605.74	1542.26	4209.02	7213.51
固定资产投资(亿元)	**Investment in Fixed Assets (100 million yuan)**						
全社会固定资产投资总额	Investment in Fixed Assets		273.06	430.42	1808.31	6035.68	13824.76
# 国有单位	State－owned Units		210.00	275.06	1106.52	2819.55	5403.82
集体单位	Collective－owned Units		11.14	27.15	27.68	73.16	124.01
个体经济	Individuals		44.09	51.64	56.69	70.94	222.37
财政(亿元)	**Public Finance(100 million yuan)**						
地方财政总收入	Government Revenue	6.90	43.70	139.94	478.73	1738.14	1964.48
地方财政总支出	Government Expenditures	18.69	102.18	261.06	734.61	2273.50	4252.96
物价总指数(上年＝100)	**Price Indices(preceding year＝100)**						
商品零售价格总指数	General Retail Price Index	101.0	116.8	98.8	101.5	103.0	100.5
居民消费价格总指数	General Consumer Price Index		117.5	101.3	102.4	103.2	101.1
农产品生产者价格总指数	Price Indices of Farm Products by Category of Commodities	101.6	124.7	99.7	103.2	111.4	98.0
能源生产与消费(万吨标准煤)	**Production and Consumption of Energy(10 000 tons of SCE)**						
能源生产总量	Total Energy production	1070.63	4642.02	4701.23	19082.33	49740.18	56253.32
能源消费总量	Total Energy Consumption		3268.44	3937.54	10788.37	18882.66	18927.07

注:2011 年以后,地方财政总收支为一般公共预算收支。

Principal Aggregate Indicators on National Economic and Social Development and Their Related Indices and Growth Rates

Aggregate Data	速度指标(%)Indices and Growth Rates(%)										
2016	指数(2016 年为以下各年) Index(2016 as Percentage of the following years)						平均增长速度 Average Annual Growth Rate				
	1978	1995	2000	2005	2010	2015	1979 - 2016	1996 - 2000	2001 - 2005	2006 - 2010	2011 - 2015
2520.1	138.2	110.3	106.2	104.9	101.9	100.4	0.9	0.8	0.3	0.6	0.3
1542.1	387.9	176.6	154.0	135.9	112.3	101.8	3.6	2.8	2.5	3.9	2.0
978.1	68.6	69.3	71.3	77.1	89.0	98.1	-1.0	-0.6	-1.5	-2.8	-1.9
1302.5	136.0	109.7	106.1	105.2	101.4	100.3	0.8	0.7	0.2	0.7	0.2
1217.6	140.7	111.0	106.3	104.5	102.5	100.4	0.9	0.9	0.3	0.4	0.4
1474.0	225.8	143.2	138.8	141.6	124.4	100.7	2.2	0.6	-0.4	2.6	4.3
284.4	125.0	74.1	107.8	118.7	116.1	98.2	0.6	-7.2	-1.9	0.4	3.4
26.7		190.8	210.3	150.1	128.4	103.2		-1.9	6.9	3.2	4.5
18632.57	7233.3	1447.8	856.9	388.9	172.9	107.2	11.9	11.1	17.1	17.6	10.0
1628.65	936.4	301.3	221.1	160.9	128.6	103.0	6.1	6.4	6.6	4.6	4.5
9078.87	10391.7	2383.2	1393.3	515.5	185.0	106.9	13.0	11.3	22.0	22.8	11.6
7925.05	14280.7	1389.4	732.0	333.4	165.7	108.3	13.9	13.7	17.0	15.0	8.9
15469.50		5665.2	3594.0	855.5	256.3	111.9		9.5	44.2	27.3	18.0
6807.09		3241.5	2474.8	615.2	241.4	126.0		5.5	43.0	20.6	13.9
162.19		1455.9	597.4	585.9	221.7	130.8		19.5	8.7	21.5	11.1
251.54		570.5	487.1	443.7	354.6	113.1		3.2	10.3	4.6	25.7
2016.43								20.4	24.8	39.0	12.9
4512.71	24145.0	4416.4	1728.6	614.3	198.5	106.1	15.5	20.6	23.0	25.4	13.3
100.6	470.7	133.9	130.6	126.6	112.3	100.6	4.2	0.5	0.6	2.4	2.2
101.2		168.7	149.5	134.9	116.8	101.2		2.5	2.1	2.9	2.9
95.1		184.1	221.4	171.4	116.7	95.1		-3.6	5.3	8.0	4.2
52690.41	4921.4	1135.1	1120.8	276.1	105.9	93.7	10.8	0.3	32.3	21.1	2.5
19457.05		595.3	494.1	180.4	103.0	102.8		3.8	22.3	11.8	0.1

a) After 2011, Government Revenue and Expenditures is General Public Budget Revenue and expenditures.

2-3 续表 1

指 标	Item	总量指标					
		1978	1995	2000	2005	2010	2015
产 业	**Industry**						
农林牧渔业	**Farming, Forestry, Animal Husbandry & Fishery**						
耕地面积(万公顷)	Cultivated Areas(10 000 hectares)	532.60	549.10	731.70	735.50	714.90	916.20
从业人员(万人)	Persons Engaged in (10 000 persons)	393.80	503.00	524.30	529.18	540.53	566.40
总产值(亿元)	Gross Output(100 million yuan)	28.35	373.59	543.16	980.21	1843.57	2751.55
主要农畜产品产量	Output of Major Farm & Livestock						
粮食(万吨)	Grain(10 000 tons)	499.00	1055.40	1241.90	1662.20	2158.20	2827.01
油料(万吨)	Oil Bearing Crops(10 000 tons)	12.50	70.20	116.40	122.20	128.10	193.60
甜菜(万吨)	Beet Roots(10 000 tons)	43.10	263.50	141.30	138.30	161.00	230.10
造林面积(万公顷)	Forested Areas(10 000 hectares)	29.79	40.25	58.90	38.38	65.52	66.80
肉类(万吨)	Meat(10 000 tons)		81.89	143.40	229.91	238.71	245.71
牛奶(万吨)	Cow milk(10 000 tons)		48.57	79.80	691.08	905.15	803.20
羊毛(万吨)	Wool(10 000 tons)		5.99	6.85	10.25	12.00	13.74
羊绒(吨)	Cashmere(ton)		3114	3815	6646	8104	8380
水产品(万吨)	Aquatic Products(10 000 tons)	1.50	4.76	7.21	8.26	11.38	15.35
六月末牲畜总数(万头只)	Livestock(10 000 heads)	4162.30	6065.70	7300.47	10615.30	10798.50	13585.73
大牲畜(万头)	Large Animals(10 000 heads)	697.50	783.80	803.31	934.20	1140.10	1358.27
羊(万只)	Sheep and Goats(10 000 heads)	2860.50	4302.50	5406.23	8713.00	8408.00	10736.49
生猪(万口)	Hogs(10 000 heads)	604.30	979.40	1090.92	968.10	1250.50	1490.97
工业生产	**Industrial Production**						
工业总产值(亿元)	Gross Output(100 million yuan)	52.96	626.52	1202.85	3861.58	16020.00	23424.87
轻工业(亿元)	Light Industry(100 million yuan)	22.05	215.92	464.26	1171.70	4645.80	6793.21
重工业(亿元)	Heavy Industry(100 million yuan)	30.91	410.61	738.59	2689.88	11374.00	16631.66
工业增加值(亿元)	Value Added(100 million yuan)	21.84	254.88	484.19	1477.88	5618.40	7739.18
主要工业产品产量	Output of Industrial Products						
原煤(万吨)	Raw Coal(10 000 tons)	2194	7055	7247	25608	78913	90957
原油(万吨)	Crude Oil(10 000 tons)			90.50	146.92	182.91	178.83
原盐(万吨)	Raw Salt(10 000 tons)	65.18	76.13	126.68	215.84	278.42	164.57
发电量(亿千瓦小时)	Electricity(100 million kwh)	37.38	278.54	439.21	1056.59	2483.90	3928.77
糖(包括土糖)(万吨)	Sugar(10 000 tons)	4.23	17.07	12.04	14.75	12.04	67.33
乳制品(万吨)	Dairy Products(10 000 tons)	0.31	3.03	6.65	307.53	345.36	293.55
呢绒(万米)	Woolen Fabric(10 000 m)	336.80	1477.00	421.20	611.76	1257.94	984.20
服装(万件)	Garments(10 000 units)		4868.00	1794.70	1980.72	3676.37	5095.50
机制纸及纸板(万吨)	Machine Made Paper(10 000 tons)	4.25	19.15	12.19	25.74	28.84	12.32
水泥(万吨)	Cement(10 000 tons)	91.91	349.27	630.00	1632.25	5454.30	5830.75
钢(万吨)	Steel(10 000 tons)	99.00	355.36	423.59	805.49	1232.84	1735.11
生铁(万吨)	Pig Iron(10 000 tons)	107.00	345.78	440.83	922.69	1358.97	1461.40
成品钢材(万吨)	Steel Products(10 000 tons)	36.23	257.77	378.91	747.77	1341.41	1897.18
电视机(万台)	Television Sets(10 000 sets)	0.10	32.68	51.80	239.09	204.37	266.48
建筑业	**Construction**						
建筑业从业人数(万人)	Employed Persons(10 000 persons)		30.98	35.30	26.35	44.34	28.64
建筑企业总产值(亿元)	Gross output Value(100 million yuan)		85.52	138.80	381.30	1125.58	1123.21
施工房屋面积(万平方米)	Building Floor Space(10 000 sq. m)		1010.92	1816.94	2958.88	7577.89	6970.48
竣工房屋面积(万平方米)	Completed Floor Space(10 000 sq. m)		511.86	1130.00	1623.38	3805.24	3098.93
交通运输	**Transportation**						
货运量(万吨)	Freight Traffic(10 000 tons)	8213	32732	44629	73082	132205	186160
铁路	Railways	3861	8347	9648	22060	47040	66653
公路	Highways	4352	24384	34979	51020	85162	11950
空运	Civil Aviation		1.13	2.00	2.00	3.11	7.14
客运量(万人)	Passenger Traffic(10 000 persons)	3422	18273	23549	32114	24343	16986
铁路	Railways	1753	2909	3378	3259	4136	5117
公路	Highways	1669	15248	20061	28604	19830	11017
空运	Civil Aviation		116	110	251	377	852

注:2013 年起,铁路客(货)运量包含地方铁路数据,下同。

continued

Aggregate Data	速度指标(%)Indices and Growth Rates(%)										
2016	指数(2016 年为以下各年) Index(2016 as Percentage of the following years)						平均增长速度 Average Annual Growth Rate				
	1978	1995	2000	2005	2010	2015	1979 - 2016	1996 - 2000	2001 - 2005	2006 - 2010	2011 - 2015
925.90	173.8	168.6	126.5	125.9	129.5	101.1	1.5	5.9	0.1	-0.6	5.1
561.47	142.6	111.6	107.1	106.1	103.9	99.1	0.9	0.8	0.2	0.4	0.9
2794.22	935.7	331.5	233.0	160.5	127.3	103.1	6.1	7.3	7.7	4.7	4.3
2780.30	557.2	263.4	223.9	167.3	128.8	98.3	4.6	3.3	6.0	5.4	5.5
220.02	1760.2	313.4	189.0	180.1	171.8	113.6	7.8	10.6	1.0	0.9	8.6
266.19	617.6	101.0	188.4	192.5	165.3	115.7	4.9	-11.7	-0.4	3.1	7.4
61.84	207.6	153.6	105.0	161.1	94.4	92.6	1.9	7.9	-8.2	11.3	0.4
258.89	1239.3	316.1	180.5	112.6	108.5	105.4	6.8	11.8	9.9	0.8	0.6
734.12		1511.5	920.0	106.2	81.1	91.4		10.4	54.0	5.5	-2.4
14.31		238.9	208.9	139.6	119.3	104.1		2.7	8.4	3.2	2.7
8498.23		272.9	222.8	127.9	104.9	101.4		4.1	11.7	4.0	0.7
15.83	1055.3	332.6	219.6	191.6	139.1	103.1	6.4	8.7	2.8	6.6	6.2
13597.92	326.7	224.2	186.3	128.1	125.9	100.1	3.2	3.8	7.8	0.3	4.7
1389.01	199.1	177.2	172.9	148.7	121.8	102.3	1.8	0.5	3.1	4.1	3.6
10730.53	375.1	249.4	198.5	123.2	127.6	99.9	3.5	4.7	10.0	-0.7	5.0
1478.39	244.6	150.9	135.5	152.7	118.2	99.2	2.4	2.3	-2.4	5.3	3.6
23482.5	14132.7	2745.6	1565.8	583.4	195.9	107.2	13.9	11.9	21.8	24.4	12.8
6809.92	13374.8	2550.9	1246.7	471.1	186.7	105.9	13.8	15.4	21.5	20.3	12.0
16672.58	13038.6	2568.5	1668.2	622.5	198.0	107.5	13.7	9.0	21.8	25.7	13.0
7758.24	10975.9	2641.7	1460.3	552.4	187.6	107.0	13.2	12.6	21.5	24.1	11.9
84559	3854.1	1198.6	1166.8	330.2	107.2	93.0	10.1	0.5	28.7	25.2	3.7
174.42			192.7	118.7	95.4	97.5			10.2	4.5	-0.5
154.9	237.6	203.5	122.3	71.8	55.6	94.1	2.3	10.7	11.2	5.2	-10.0
3949.81	10566.6	1418.0	899.3	373.8	159.0	100.5	13.0	9.5	19.2	18.6	9.3
72.25	1708.0	423.3	600.1	489.8	600.1	107.3	7.8	-6.7	4.1	-4.0	41.1
336.52	108554.8	11106.3	5060.5	109.4	97.4	114.6	20.2	17.0	115.3	2.3	-3.2
738.40	219.2	50.0	175.3	120.7	58.7	75.0	2.1	-22.2	7.8	15.5	-4.8
4995.70		102.6	278.4	252.2	135.9	98.0		-18.1	2.0	13.2	6.7
12.27	288.7	64.1	100.7	47.7	42.5	99.6	2.8	-8.6	16.1	2.3	-15.6
6313.56	6869.3	1807.6	1002.2	386.8	115.8	108.3	11.8	12.5	21.0	27.3	1.3
1813.24	1831.6	510.3	428.1	225.1	147.1	104.5	8.0	3.6	13.7	8.9	6.2
1469.37	1373.2	424.9	333.3	159.2	108.1	100.5	7.1	5.0	15.9	8.1	1.5
2016.81	5566.7	782.4	532.3	269.7	150.4	106.3	11.2	8.0	14.6	12.4	9.6
109.63	109633.5	335.5	211.6	45.9	53.6	41.1	20.2	9.7	35.8	-3.1	5.5
27.06		87.3	76.7	102.7	61.0	94.5		2.6	-5.7	11.0	-8.4
1220.81		1427.5	879.5	320.2	108.5	108.7		10.2	22.4	24.2	
6296.04		622.8	346.5	212.8	83.1	90.3		12.4	10.2	20.7	-1.7
2541.01		496.4	224.9	156.5	66.8	82.0		17.2	7.5	18.6	-4.0
200475						107.7		6.4	10.6	12.6	
69855						104.8		2.9	18.0	16.4	
130613	3001.2	535.7	373.4	256.0	153.4	109.3	9.4	7.5	7.8	10.8	7.0
7.16		633.6	358.0	358.0	230.2	100.3		12.1		9.2	18.1
16697						98.3		5.2	6.4	-5.4	
5394						105.4		3.0	-0.7	4.9	
10347	620.0	67.9	51.6	36.2	52.2	93.9	4.9	5.6	7.4	-7.1	-11.1
956		824.1	869.1	380.9	253.6	112.2		-1.1	17.9	8.5	17.7

a) Since 2013, Railway Passenger(Frieight) traffic include Local railway data, Same as follow.

2-3 续表 2

指 标	Item	总量指标					
		1978	1995	2000	2005	2010	2015
邮电通信业	**Postal & Telecoms Services**						
邮电业务总量(亿元)	Total Revenue(100 million yuan)	0.42	9.66	56.25	199.72	200.69	400.29
函 件(万件)	Letters Delivered(10 000 pieces)	6658	16728	9677	3143	3389	1455
报刊期发数(万份)	Newspapers and Magazines Distributed(10 000 copies)	253	486	395	194	242	194
局用交换机容量(万门)	Capacity of office Telephone Exchange(10 000 lines)	5.08	105.92	254.30	430.45	711.47	398.46
电话机(万部)	Telephone sets(10 000 units)	9.96	85.49	322.20	1254.30	2448.09	
国内贸易	**Domestic Trade**						
社会消费品零售总额(亿元)	Total Retail Sales of Consumer Goods(100 million yuan)	36.83	313.31	608.55	1358.10	3384.00	6107.70
对外经济贸易	**Foreign Trade**						
进出口总额(亿美元)	Exp. & Imp. (USD100 million)	0.16	11.23	20.36	51.62	87.19	127.84
进口额	Imports	0.05	5.15	10.14	30.97	53.84	71.10
出口额	Exports	0.11	6.08	10.22	20.65	33.35	56.73
实际利用外资额(万美元)	Amount of Foreign Capital Actually Utilized(USD 10 000)		10838	54819	140007	355876	336629
国际旅游	**International Tourism**						
入境旅游人数(万人)	Tourists(10 000 persons)		30.09	39.19	100.16	142.80	160.78
旅游外汇收入(万美元)	Earnings (USD 10 000)		9052	12645	35207	60190	96249
金融保险	**Finance and Insurance**						
金融机构各项存款(亿元)	Deposits of Banking (100 million yuan)	16.47	566.34	1270.13	3298.15	10278.69	18077.60
金融机构各项贷款(亿元)	Loans of Banking (100 million yuan)	40.33	819.87	1340.74	2588.57	7919.47	17140.67
保险公司保险金额(亿元)	Amount Insured (100 million yuan)		1426	1624	10504	37989	95156
保险公司保费收入(亿元)	Insurance Premium (100 million yuan)		9.11	24.63	60.87	198.84	395.48
保险公司赔付支出(亿元)	Chaim and Paymen (100 million yuan)		4.87	7.92	10.76	59.45	124.54
教育、科技、文化	**Education, Sci., Tech & Culture**						
教育	**Education**						
专任教师数(人)	Full-teachers(person)						
普通高等学校	Higher Education	2949	7070	8856	16189	23332	25523
中等学校	Secondary Schools	81208	98437	101036	107704	110137	107203
小学	Primary Schools	121364	153461	129242	118988	113546	101730
在校学生数(人)	Students Enrollment(person)						
普通高等学校	Higher Education	12567	37248	71967	229354	371388	420807
中等学校	Secondary Schools	1624573	1304852	1621258	1798804	1648686	1317240
小学	Primary Schools	2917772	2343129	2015076	1596381	1430751	1313635
教育经费支出(亿元)	Expenditures(100 million yuan)		31.70	55.28	116.22	357.09	702.94
科技	**Science and Technology**						
研究与发展经费支出(万元)	Expenditures on R&D (10 000 yuan)		2023	24606	113208	637205	1360617
技术市场成交额(万元)	Transaction in Technical Markets(10 000 yuan)		25000	60287	310620	868893	1899589
文化	**Culture**						
出版数量	Publications						
图书(万册·张)	Books(10 000 copies)	3200.00	6560.00	7423.34	8888.15	6069.00	6482.46
杂志(万册)	Magazines(10 000 copies)		1036.00	1585.46	1384.00	1437.00	2080.70
报纸(万份)	Newspapers(10 000 copies)		16286.00	17967.23	61819.00	27050.00	32814.97
电视节目制作时间(小时)	Time for TV Programs(hours)		9843.00	12916.00	71091.00	64697.00	73301.00

continued

Aggregate Data	速度指标(%)Indices and Growth Rates(%)										
2016	指数(2016年为以下各年) Index(2016 as Percentage of the following years)						平均增长速度 Average Annual Growth Rate				
	1978	1995	2000	2005	2010	2015	1979－2016	1996－2000	2001－2005	2006－2010	2011－2015
								42.2	28.8	0.1	14.8
871	13.1	5.2	9.0	27.7	25.7	59.9	-5.2	-10.4	-20.1	1.5	-15.6
181	71.5	37.2	45.8	93.3	74.8	93.3	-0.9	-4.1	-13.3	4.5	-4.3
327.40	6444.9	309.1	128.7	76.1	46.0	82.2	11.6	19.1	11.1	10.6	-10.9
								30.4	31.2	14.3	
6700.76	18193.9	2138.7	1101.1	493.4	198.0	109.7	14.7	14.2	17.2	20.0	12.5
117.01	73131.3	1041.9	574.7	226.7	134.2	91.5	19.0	12.6	20.5	11.1	8.0
72.30	144600.0	1403.9	713.0	333.5	134.3	101.7	21.1	14.5	25.0	11.7	5.7
44.71	40645.5	735.4	437.5	216.5	134.1	78.8	17.1	10.9	15.1	10.1	11.2
396672		3660.0	723.6	283.3	111.5	117.8		38.3	20.6	20.5	-1.1
177.91		591.3	454.0	177.6	124.6	110.7		5.4	20.6	7.4	2.4
113903		1258.3	900.8	323.5	189.2	118.3		6.9	22.7	11.3	9.8
21165.62	128510.1	3737.3	1666.4	641.7	205.9	117.1	20.7	17.5	21.0	25.5	12.0
19361.01	48006.5	2361.5	1444.1	747.9	244.5	113.0	17.6	10.3	14.1	25.1	16.7
138953		9744.3	8556.2	1322.9	365.8	146.0		2.6	45.3	29.3	20.2
486.87		5344.3	1976.7	799.9	244.9	123.1		22.0	19.8	26.7	14.7
137.78		2829.2	1739.6	1280.5	231.8	110.6		10.2	6.3	40.8	15.9
25935	879.5	366.8	292.9	160.2	111.2	101.6	5.9	4.6	12.8	7.6	1.8
105665	130.1	107.3	104.6	98.1	95.9	98.6	0.7	0.5	1.3	0.4	-0.5
99358	81.9	64.7	76.9	83.5	87.5	97.7	-0.5	-3.4	-1.6	-0.9	-2.2
436699	3475.0	1172.4	606.8	190.4	117.6	103.8	9.8	14.1	26.1	10.1	2.5
1264042	77.8	96.9	78.0	70.3	76.7	96.0	-0.7	4.4	2.1	-1.7	-4.4
1338134	45.9	57.1	66.4	83.8	93.5	101.9	-2.0	-3.0	-4.6	-2.2	-1.7
756.27		2385.7	1368.1	650.7	211.8	107.6		11.8	16.0	25.2	14.5
1475124		72917.6	5995.0	1303.0	231.5	108.4		64.8	35.7	41.3	16.4
1441900		5767.6	2391.7	464.2	165.9	75.9		19.2	38.8	22.8	16.9
6171.66	192.9	94.1	83.1	69.4	101.7	95.2	1.7	2.5	3.7	-7.3	1.3
1713.68		165.4	108.1	123.8	119.3	82.4		8.9	-2.7	0.8	7.7
30227.34		185.6	168.2	48.9	111.7	92.1		2.0	28.0	-15.2	3.9
81356.00		826.5	629.9	114.4	125.7	111.0		5.6	40.6	-1.9	2.5

2－3 续表 3

指 标	Item	总量指标					
		1978	1995	2000	2005	2010	2015
家庭、生活、环境	**Family, Livelihood & Environment**						
家庭	**Family**						
城镇居民平均每户家庭人口(人)	Average Household Size in Urban Areas(person)		3.34	3.08	3.00	2.82	2.78
农村居民平均每户家庭人口(人)	Average Household Size in Rural Areas(person)	5.78	4.50	4.10	3.78	3.47	3.02
婚姻	**Marriages and Divorces**						
结婚数(万对)	Number of Marriages(10 000 couples)		17.35	15.20	15.45	20.26	21.79
离婚数(万对)	Number of Divorces(10 000 couples)		2.75	3.25	3.92	5.72	9.19
居住	**Housing**						
城市居民人均居住面积(平方米)	Per Capita Net Floor Space of Urban Residents(sq. m)	3.50	12.06	15.54	26.09	29.84	31.39
农村居民人均居住面积(平方米)	Per Capita Net Floor Space of Rural Residents(sq. m)		15.29	17.00	19.70	22.10	26.07
生活	**People's Livelihood**						
城镇居民人均可支配收入(元)	Per Capita Annual Income of Urban Households(yuan)	301	2846	5129	9137	17698	30594
农村牧区居民人均纯/可支配收入(元)	Per Capita Net Income of Rural Residents(yuan)	131	1300	2038	2989	5530	10776
农民人均纯/可支配收入(元)	Farmers(yuan)	126	1208	1869	2813	5222	10228
牧民人均纯/可支配收入(元)	Herdsmen(yuan)	188	1871	3355	4341	7851	14996
住户存款余额(亿元)	Household deposits(100 million yuan)	2.53	410.82	875.74	1973.60	4618.11	8999.44
工资和福利	**Wages and Welfare**						
工资总额(亿元)	Total Wages(100 million yuan)	14.98	156.12	185.96	387.73	879.80	1706.70
职工平均工资(元)	Average Wage of Staff & Workers(yuan)	712	4134	6974	15985	35507	57870
卫生	**Health Care**						
医院、卫生院(个)	Number of Hospitals(unit)	1723	2003	1988	1834	1807	2024
医生(人)	Number of Doctors(person)	26724	49345	52299	50308	54161	64239
医院、卫生院床位数(张)	Number of Hospital Beds(unit)	24079	61933	63156	64002	87882	124676
市政建设	**City Construction**						
自来水供应量(亿吨)	Tap Water Supply(100 million tons)	0.88	6.32	6.18	6.11	6.28	7.48
下水道长度(公里)	Length of Sewer Pipelines(km)		2156	2693	4505	8514	12542
城市煤气和天然气供气量(万立方米)	Volume of Coal & Natural Gas Supply in Urban Areas(10 000 cu. m)		5694	7485	16330	72560	136297
公共汽车总数(辆)	Total Number of Public Buses(unit)	425	2078	2128	3594	5771	6822
铺装道路长度(公里)	Length of Paved Roads(km)	677	2229	2771	3867	6447	9281
绿地面积(公顷)	Areas of Green Land(hectare)	2143	13394	16541	24632	38143	63090
环境、灾害	**Environment and Disaster**						
污染治理项目本年完成投资额(亿元)	Investment of Pollution Treatment in the Year(100 million yuan)			5.59	2.57	11.18	790.13
火灾发生数(起)	Number of Fire Disasters(case)			2096	5422	8741	9509
火灾损失(万元)	Fire Loss(10 000 yuan)			1365	1687	5195	12866
交通事故发生数(起)	Number of Traffic Accidents(case)			9521	8452	4780	3214
交通事故损失(万元)	Loss of Traffic Accidents(10 000 yuan)			2539	2785	2346	1587

注:污染治理项目本年完成投资额,2011 年前取自环保厅,2012 年起数据取自环保厅和城建厅。

continued

Aggregate Data	速度指标(%)Indices and Growth Rates(%)										
2016	指数(2016年为以下各年) Index(2016 as Percentage of the following years)						平均增长速度 Average Annual Growth Rate				
	1978	1995	2000	2005	2010	2015	1979 - 2016	1996 - 2000	2001 - 2005	2006 - 2010	2011 - 2015
2.75		82.3	89.3	91.7	97.5	98.9		-1.6	-0.5	-1.2	-0.3
2.99	51.7	66.4	72.9	79.1	86.2	99.0	-1.7	-1.8	-1.6	-1.7	-2.7
19.84		114.4	130.5	128.4	97.9	91.1		-2.6	0.3	5.6	1.5
9.84		357.8	302.8	251.0	172.0	107.1		3.4	3.8	7.9	9.9
32.24	921.1	267.3	207.5	123.6	108.0	102.7	6.0	5.2	10.9	2.7	1.0
27.42		179.3	161.3	139.2	124.1	105.2		2.1	3.0	2.3	3.4
32975						107.8	13.1	9.6	10.4	11.1	11.1
11609						107.7	12.4	8.3	5.2	9.7	13.2
10990						107.5		7.2	5.7	9.8	
16376						109.2		9.2	2.9	9.2	
								16.3	17.6	18.5	
1795.71	11987.4	1150.2	965.6	463.1	204.1	105.2	13.4	3.6	15.8	17.8	14.2
61994	8707.0	1499.6	888.9	387.8	174.6	107.1	12.5	11.0	18.0	17.3	10.3
2041	118.5	101.9	102.7	111.3	112.9	100.8	0.4	-0.2	-1.6	-0.3	2.3
66435	248.6	134.6	127.0	132.1	122.7	103.4	2.4	1.2	-0.8	1.5	3.5
129678	538.6	209.4	205.3	202.6	147.6	104.0	4.5	0.4	0.3	6.5	7.2
7.76	881.8	122.8	125.6	127.0	123.6	103.7	5.9	-0.4	-0.2	0.6	3.6
12971		601.6	481.7	287.9	152.3	103.4		4.5	10.8	13.6	8.1
158998		2792.4	2124.2	973.7	219.1	116.7		5.6	16.9	34.8	13.4
7542	1774.6	362.9	354.4	209.8	130.7	110.6	7.9	0.5	11.1	9.9	3.4
9709	1434.1	435.6	350.4	251.1	150.6	104.6	7.3	4.4	6.9	10.8	7.6
65552	3058.9	489.4	396.3	266.1	171.9	103.9	9.4	4.3	8.3	9.1	10.6
886.48						112.2			-14.4	34.2	134.3
8295			395.8	153.0	94.9	86.5			20.9	10.0	1.7
8153			597.3	483.3	156.9	63.4			4.3	25.2	19.9
3171			33.3	37.5	66.3	98.7			-2.4	-10.8	-7.6
1393			54.9	50.0	59.4	87.8			1.9	-3.4	-7.5

a) Investment of Pollution Treatment are from Environmental Protection Bureau before 2011, From 2012, data are from Environmental Protection Bureau and Ministry of Housing and Urban - Rural Development.

2-4 国民经济和社会发展结构

Structural Indicators on National Economic and Social Development

单位:% (%)

指 标	Item	1990	1995	2000	2005	2010	2015	2016
人口城乡结构	**Urban and Rural Structure of Population**							
城镇	Urban	36.1	38.2	42.2	47.2	55.5	60.3	61.2
乡村	Rural	63.9	61.8	57.8	52.8	44.5	39.7	38.8
人口性别结构	**Sexual Structure of Population**							
男	Male	52.1	52.0	51.7	51.5	51.9	51.7	51.7
女	Female	47.9	48.0	48.3	48.5	48.1	48.3	48.3
就业产业结构	**Industrial Structure of Employment**							
第一产业	Primary Industry	55.8	52.1	52.2	53.8	48.2	39.1	40.1
第二产业	Secondary Industry	21.8	21.9	17.1	15.6	17.4	17.1	15.9
第三产业	Tertiary Industry	22.4	26.0	30.7	30.5	34.4	43.8	44.1
生产总值三次产业结构	**Industrial Structure of GDP**							
第一产业	Primary Industry	35.3	30.4	22.8	15.1	9.4	9.1	8.8
第二产业	Secondary Industry	32.1	36.0	37.9	45.4	54.5	50.5	48.7
第三产业	Tertiary Industry	32.6	33.6	39.3	39.5	36.1	40.4	42.5
国民总支出中总投资和总消费结构	**Investment and Consumption as Percentage of National Expenditures**							
总投资	Investment	39.0	43.5	41.7	72.9	77.3	78.7	67.2
总消费	Consumption	67.9	62.9	56.8	46.2	39.3	41.8	43.1
工农业总产值中农、轻、重结构	**Structure of Gross Output Value of Agriculture, Light Industry and Heavy Industry**							
农业	Agriculture	37.3	38.2	31.1	20.2	10.3	10.5	10.6
轻工业	Light Industry	25.8	21.6	27.0	24.2	26.0	26.0	25.9
重工业	Heavy Industry	36.9	45.3	43.0	55.6	63.7	63.5	63.5
农、林、牧、渔业产值结构	**Structure of Gross Output Value of Agriculture**							
农业	Farming	65.7	62.0	56.8	48.3	48.8	51.5	50.6
林业	Forestry	4.0	3.2	4.3	4.1	4.2	3.6	3.5
牧业	Animal Husbandry	29.6	34.0	37.8	45.4	44.6	42.2	43.0
渔业	Fishery	0.7	0.8	1.1	0.7	0.9	1.1	1.2
工业总产值中轻、重工业结构	**Structure of Gross Output Value of Industry**							
轻工业	Light Industry	41.2	34.5	38.6	30.3	29.0	29.0	29.0
重工业	Heavy Industry	58.8	65.5	61.4	69.7	71.0	71.0	71.0
固定资产投资额三次产业投资结构	**Type of Industry as Percentage of Total Investment in FixedAssets Capital Construction**							
第一产业	Primary Industry	7.6	8.6	11.1	5.2	5.4	7.0	5.4
第二产业	Secondary Industry	57.3	64.8	34.3	58.9	55.2	52.0	45.3
第三产业	Tertiary Industry	35.1	26.6	54.6	35.9	39.4	41.0	49.3
教育经费占财政支出的比例	**Educational Expenses as Percentage in Financial Expenditures**	**14.1**	**16.2**	**11.6**	**10.7**	**14.2**	**12.6**	**12.3**

2－4 续表 continued

单位:%　　　　(%)

指　　标	Item	1990	1995	2000	2005	2010	2015	2016
建筑业总产值结构	**Structure of Gross Output Value of Construction Enterprises**							
土木工程建筑业	Civil Engineering Construction	96.9	90.0	90.1	94.7	94.6		
线路管道设备安装业	Line and Equipment Installation	3.1	9.5	9.3	4.5	4.5		
建筑物装修装饰业	Building Decoration		0.5	0.6	0.8	0.9		
货运量结构(按运输方式分)	**Structure of Freight Traffic by Means of Transportation**							
铁路	Railways	26.0	27.5	21.6	30.2	35.6	35.8	34.8
公路	Highways	74.0	72.5	78.4	69.8	64.4	64.2	65.2
航空	Civil Aviation							
管道	Pipelines							
社会消费品零售总额构成	**Composition of Retail Sales of Consumer Goods**							
市	Cities	55.0	58.0	60.0	66.9			
县	Counties	25.9	24.0	24.0	20.7			
县以下	Below Counties	19.1	18.0	16.0	12.4			
学校在校学生结构	**Structure of Student Enrollment**							
大学生	College and University Students	0.9	1.0	4.8	6.3	10.7	13.8	14.4
中学生	Secondary School Students	34.2	35.4	40.9	49.6	47.8	43.2	41.6
小学生	Primary School Students	64.9	63.6	54.3	44.1	41.5	43.0	44.0
科技经费内部支出结构	**Structure of Internal Expenditures on Scientific and Technological Activities**							
# 劳务费	Service Fees			44.6	19.7			
研究与发展经费支出	Expenditures of Research and Development			35.6	34.0			
城镇居民消费结构	**Consumption Structure of Urban Residents**							
食 品 类	Food	48.3	48.4	34.5	31.4	30.1	28.4	28.3
衣 着 类	Clothing	16.5	16.3	14.3	15.1	15.7	11.3	11.2
用品及其他	Articles for Daily Use and Others	35.2	29.0	42.6	43.1	44.3	43.3	42.9
居 住	Residence		6.3	8.6	10.4	9.9	17.0	17.6
农牧民消费结构	**Consumption Structure of Rural Residence**							
食 品 类	Food		59.7	44.8	43.1	37.5	29.4	29.3
衣 着 类	Clothing		7.3	6.9	6.1	7.1	7.2	7.1
用品及其他	Articles for Daily Use and Others		19.7	32.9	37.1	38.5	46.4	46.2
居 住	Residence		13.3	15.4	13.7	16.9	17.1	17.4
卫生技术人员结构	**Medical Technical Personnel**							
医生	Doctors	42.8	48.3	51.9	41.5	44.0	39.6	39.0
护师、护士	Nurses	22.9	24.1	25.6	22.3	30.6	37.7	39.0

注:2013 年起,城镇居民(农牧民)消费结构数据为城乡住户一体化调查数据。

a) From 2013, Date on Consumption Structure of Urban(Rural) Residents is the household survey data integration of urban and rural.

2-5 国民经济和社会发展比例和效益

Indicators on Proportions and Efficiency in National Economic and Social Development

指　标	Item	1990	1995	2000	2005	2010	2015	2016
人口与就业	**Population and Employment**							
人口	Population							
出生率(‰)	Birth Rate(‰)	21.2	17.2	12.1	10.1	9.3	7.7	9.0
死亡率(‰)	Death Rate(‰)	7.2	6.7	5.9	5.5	5.5	5.3	5.7
自然增长率(‰)	Natural Growth Rate(‰)	14.0	10.5	6.1	4.6	3.8	2.4	3.3
就业	Employment							
城镇就业者负担人数(人)	Dependency Rural Laborer(person)	1.89	1.86	1.92	1.91	1.94	1.76	1.81
三次产业从业者比例(以第一产业为100)	Employment Ratio by type of Industry (Employment in Primary industry = 100)							
第一产业	Primary Industry	100	100	100	100	100	100	100
第二产业	Secondary Industry	39.1	41.9	33.0	29.0	36.1	43.6	39.6
第三产业	Tertiary Industry	40.3	50.0	58.8	56.7	71.4	112.1	110.0
城镇登记失业率(%)	Unemployment Rate in Urban Areas(%)	3.49	3.17	3.34	4.26	3.90	3.65	3.65
宏观经济	**Macro Economy**							
国民经济核算	National Accounting							
三次产业增加值比例(以第一产业为100)	Ratio of Value - added by Type of Industry (Value added in Primary industry = 100)							
第一产业	Primary Industry	100	100	100	100	100	100	100
第二产业	Secondary Industry	91.0	118.7	166.1	300.8	581.4	556.5	557.4
第三产业	Tertiary Industry	92.7	110.7	172.7	260.0	384.3	446.0	486.6
人均生产总值(元)	Per Capita GDP(yuan)	1478	3772	6502	16285	47347	71101	74069
固定资产投资	Investment in Fixed Assets							
全社会固定资产投资占生产总值比例(%)	Proportion of Investment in Fixed Assets to GDP(%)	22.2	31.9	28.0	68.8	76.9	77.5	83.0
全社会房屋建筑面积竣工率(%)	Rate of Total Floor Space of Buildings Completed in Construction(%)	77.8	80.7	75.5	53.5	50.2	44.5	40.4
财政	Finance							
地方财政总收入占生产总值比例(%)	Proportion of Local Government Revenue to GDP(%)	10.3	5.1	7.2	8.6	14.9		
地方财政总支出占生产总值比例(%)	Proportion of Local Government Expenditures to GDP(%)	19.1	11.9	17.0	18.8	19.5	23.9	24.2
能源生产与消费	Production and Consumption of Energy							
能源生产弹性系数	Elasticity Ratio of Energy Production	0.66	1.61	0.27	0.94	1.59	-0.85	-0.88
能源消费弹性系数	Elasticity Ratio of Energy Consumption	1.09	1.61	0.77	1.13	0.64	0.44	0.39
每万元生产总值消耗的能源(吨标准煤)	Energy Consumption Per 10 000 yuan GDP(ton of SCE)	7.59	6.27	2.31	2.48	1.92	1.00	

2－5 续表 1 continued

指　　标	Item	1990	1995	2000	2005	2010	2015	2016
产 业	**Industrial**							
农牧业	Agriculture							
人均耕地面积(公顷)	Per Capita Cultivated Land(hectare)	0.23	0.24	0.31	0.31	0.30	0.36	0.37
每公顷耕地农业机械总动力(千瓦)	Total Power of Agricultural Machinery per Hectare of Cultivated Land(kw)	1.53	1.64	1.85	2.61	4.24	4.58	4.19
每公顷播种面积农产品产量(千克)	Output of Farm Crops per Hectare of Sown Area(kg)							
粮 食	Grain	2511	2547	2800	3800	3925	4937	4806
油 料	Oil－bearing Crops	1340	1260	1324	1759	1848	2119	2143
甜 菜	Beet Roots	24884	18821	23998	36328	43707	46147	44191
建筑业	Construction							
技术装备率(元/人)	Machinery per Laborer(yuan/person)	2434	3053	5844	11822	11379	24549	19326
产值利税率(%)	Ratio of Per－tax Profits to Gross Output Value(%)	6.2	3.6	4.2	8.3	11.6	7.8	7.5
全员劳动生产率(元/人)(按总产值计算)	Overall Labor Productivity(yuan/person) (in terms of gross output value per employee)	1369	28440	39319	81750	151321	303271	350383
交通运输业	Transportation							
铁路网密度(公里/万平方公里)	Railway Density(km/10 000 sq. km)	47	49	61	65	66	101	103
公路网密度(公里/万平方公里)	Highway Density(km/10 000 sq. km)	366	378	569	1052	1336	1482	1657
铁路货运密度(吨/公里)	Railway Freight Traffic Density(ton/km)	12338	14391	14705	29186	60300	56058	57428
公路货运密度(吨/公里)	Highway Freight Traffic Density(ton/km)	4597	5443	5194	6456	5390	6814	6662
邮电通信业	Postal & Telecommunications Services							
固定电话普及率(部/百人)	Access to Telephones(set/100 persons)	0.8	2.9	8.7	22.7	16.8	12.8	10.8
移动电话普及率(部/百人)	Access to Mobile Phones (set/100 persons)		0.1	4.9	29.9	82.5	96.6	99.2
国内贸易	Domestic Trade							
人均社会消费品零售额(元)	Per Capita Retail Sales of Consumer Goods(yuan)	610	1298	2045	5635	13833	24323	26637
对外经济贸易	Foreign Trade							
进出口总额占生产总值比例(%)	Proportion of Total Imports & Exports to GDP(%)	7.9	10.9	11.0	10.7	4.9	4.4	4.1

2－5 续表 2 continued

指标	Item	1990	1995	2000	2005	2010	2015	2016
金融保险	Finance and Insurance							
金融机构存款占生产总值比例(%)	Bank Deposits as Percentage of GDP(%)	53.2	66.1	82.5	84.5	88.1	101.4	113.6
金融机构贷款占生产总值比例(%)	Bank Loans as Percentage of GDP(%)	85.5	95.7	87.1	66.3	67.9	96.1	103.9
教育、科技、文化	**Education, Science, Tech & Culture**							
教育	Education							
学龄儿童入学率(%)	Rate of School－age Children Enrollment(%)	97.9	98.9	99.5	99.4	100.0	100.0	100.0
小学升学率(%)	Rate of Graduates of primary Schools Entering Junior Secondary Schools(%)	81.8	90.0	96.1	100.0	100.2	99.6	99.4
初中升学率(%)	Rate of Graduates of Junior Secondary Schools Entering Senior Secondary Schools(%)	42.1	48.6	60.2	73.0	91.5	95.4	98.2
学校生师比(教师人数=1)	Teacher－student Ratio(Total No. of Teachers=1)							
高等学校	Colleges and Universities	4.8	5.3	8.1	14.2	15.9	16.5	16.8
中等学校	Secondary Schools	12.7	13.2	16.1	16.7	15.0	12.3	12.0
小学学校	Primary Schools	15.2	15.3	15.6	13.4	12.6	12.9	13.5
科技	Science and Technology							
研究与开发经费支出占生产总值比例(%)	R&D Expenditures as Percentage of GDP(%)		0.09	0.16	0.29	0.55	0.76	0.79
文化	Culture							
每百万人有艺术表演团体(个)	Number of Troupes per Million Persons(unit)	5.8	5.2	4.9	4.6	4.4	3.9	3.9
每百万人有公共图书馆(个)	Number of Public Libraries per million Persons(unit)	4.9	4.7	4.6	4.6	4.6	4.7	4.7
每百万人有博物馆(个)	Number of Museums per million Persons (unit)	0.5	0.7	1.1	1.4	2.2	3.3	3.5
家庭、生活、环境	**Family, People's Livelihood & Environment**							
家庭	Family							
负担少儿系数(%)	Dependency Ratio of Children(%)	42.1	38.2	29.0	22.4	18.0	17.3	17.2
负担老年系数(%)	Dependency Ratio of the Aged(%)	5.9	6.8	7.3	8.8	9.7	11.8	12.3
卫生	Health Care							
每万人医院、卫生院数(个)	Number of Hospitals & Public health clinic per 10 000 Persons(unit)	0.9	0.9	0.9	0.8	0.7	0.8	0.8
每万人医生数(个)	Number of Doctors per 10 000 Persons(unit)	19	22	22	21	22	26	26
每万人医院、卫生院床位数(张)	Number of beds of Hospital & Public health clinic per 10 000 Persons(unit)	26.6	27.3	28.2	29.1	40.4	49.7	51.6
市政建设	City Construction							
城市自来水普及率(%)	Percentage of Households with Access to Tap Water(%)	73.4	80.7	89.1	83.9	88.0	98.5	99.0
城市用气普及率(%)	Percentage of Households with Access to Tap Gas(%)	16.8	40.5	58.6	68.2	79.3	94.1	94.9
人均公园绿地面积(平方米)	Per Capita Public Green Park(sq. m)	3.3	5.9	7.0	7.8	12.4	19.3	19.8

主要统计指标解释

可比价格　指计算各种总量指标所采用的扣除了价格变动因素的价格,可进行不同时期总量指标的对比。按可比价格计算总量指标有两种方法:一种是直接用产品产量乘某一年的不变价格计算;另一种是用价格指数进行缩减。

不变价格　指以同类产品某年的平均价格作为固定价格,用于计算各年的产品价值。按不变价格计算的产品价值消除了价格变动因素,不同时期对比可以反映生产的发展速度,新中国成立后,随着工农业产品价格水平的变化,国家统计局先后五次制定了全国统一的工业产品不变价格和农业产品不变价格。从1952年到1957年使用1952年工(农)业产品不变价格。从1957年到1970年使用1957年不变价格,从1971年到1980年使用1970年不变价格,从1981年到1990年使用1980年不变价格,从1991年开始使用1990年不变价格。

平均增长速度　我国计算平均增长速度有两种方法:一种是习惯上经常使用的"水平法",又称几何平均法,是以间隔期最后一年的水平同基期水平对比来计算平均每年增长(或下降)速度;另一种是"累计法",又称代数平均法或方程法,是以间隔期内各年水平的总和同基期水平对比来计算平均每年增长(或下降)速度。在一般正常情况下,两种方法计算的平均每年增长速度比较接近,但在经济发展不平衡、出现大起大落时,两种方法计算的结果差别较大。

本《年鉴》内所列的平均增长速度,除固定资产投资用"累计法"计算外,其余均用"水平法"计算。从某年到某年平均增长速度的年份,均不包括基期年在内。如建国四十三年的平均增长速度是以1949年为基期计算的,则写为1950－1992年平均增长速度,其余类推。

企业(单位)登记注册类型　是以在工商行政管理机关登记注册的各类企业为划分对象,以工商行政管理部门对企业登记注册的类型为依据,将企业登记注册类型分为内资企业、港澳台商投资企业和外商投资企业三大类。内资企业包括国有企业、集体企业、股份合作企业、联营企业、有限责任公司、股份有限公司、私营公司和其他企业;港澳台商投资企业和外商投资企业分别包括合资经营企业、合作经营企业、独资经营企业和股份有限公司。对不在工商行政管理部门进行登记注册的行政机关、事业单位和社会团体,主要按其经费来源和管理方式进行划分。

国有企业　指企业全部资产归国家所有,并按《中华人民共和国企业法人登记管理条例》规定登记注册的非公司制的经济组织。不包括有限责任公司中的国有独资公司。

集体企业　指企业资产归集体所有,并按《中华人民共和国企业法人登记管理条例》规定登记注册的经济组织。

股份合作企业　指以合作制为基础,由企业职工共同出资入股,吸收一定比例的社会资产投资组建,实行自主经营,自负盈亏,共同劳动,民主管理,按劳分配与按股分红相结合的一种集体经济组织。

联营企业　指两个及两个以上相同或不同所有制性质的企业法人或事业单位法人,按自愿、平等、互利的原则,共同投资组成的经济组织。联营企业包括国有联营企业、集体联营企业、国有与集体联营企业和其他联营企业。

有限责任公司　指根据《中华人民共和国公司登记管理条例》规定登记注册,由两个以上、五十个以下的股东共同出资,每个股东以其所认缴的出资额对公司承担有限责任,公司以其全部资产对其债务承担责任的经济组织。有限责任公司包括国有独资公司以及其他有限责任公司。

股份有限公司　指根据《中华人民共和国公司登记管理条例》规定登记注册,其全部注册资本由等额股份构成并通过发行股票筹集资本,股东以其认购的股份对公司承担有限责任,公司以其全部资产对其债务承担责任的经济组织。

私营企业　指由自然人投资设立或由自然人控股,以雇佣劳动为基础的营利性经济组织。包括按照《公司法》、《合伙企业法》、《私营企业暂行条例》规定登记注册的私营有限责任公司、私营股份有限公司、私营合伙企业和私营独资企业。

其他内资企业　指上述企业之外的其他内资经济组织。

与港澳台商合资经营企业　指港澳台地区投资者与内地企业依照《中华人民共和国中外合资经营企业法》及有关法律的规定,按合同规定的比例投资设立、分享利润和分担风险的企业。

与港澳台商合作经营企业　指港澳台地区投资者与内地企业依照《中华人民共和国中外合作经营企业法》及有关法律的规定,依照合作合同的约定进行投资或提供条件设立、分配利润和分担风险的企业。

港澳台商独资经营企业　指依照《中华人民共和国外资企业法》及有关法律的规定,在内地由港澳台地区投资者全额投资设立的企业。

港澳台商投资股份有限公司　指根据国家有关规定,经外经贸部依法批准设立,其中港、澳、台商的股本占公司注册资本的比例达25%以上的股份有限公司。凡其中港、澳、台商的股本占公司注册资本的比例小于25%的,属于内资企业中的股份有限公司。

中外合资经营企业　指外国企业或外国人与中国内地企业依照《中华人民共和国中外合资经营企业法》及有关法律的规定,按合同规定的比例投资设立、分享利润和分担风险的企业。

中外合作经营企业　指外国企业或外国人与中国内地企业依照《中华人民共和国中外合作经营企业法》及有关法律的规定,依照合作合同的约定进行投资或提供条件设立、分配利润和分担风险的企业。

外资企业　指依照《中华人民共和国外资企业法》及有关法律的规定,在中国内地由外国投资者全额投资设立的企业。

外商投资股份有限公司　指根据国家有关规定,经外经贸部依法批准设立,其中外资的股本占公司注册资本的比例达25%以上的股份有限公司。凡其中外资股本占公司注册资本的比例小于25%的,属于内资企业中的股份有限公司。

行政机关、事业单位和社会团体　参照企业登记注册类型,主要按其经费来源和管理方式划分。具体规定如下:

(1)行政机关:包括国家机关和政党机关,原则上均列为"国有"。但有特殊规定的,如供销社等,则列为"集体"。

(2)事业单位:包括经国家机构编制部门和有关业务主管部门批准成立的各类事业单位,不包括实行企业化管理的事业单位。事业单位的划分办法如下:

①由国家财政预算拨款或列入财政预算外资金管理以及经费主要来源于国有主管部门或国有上级单位的事业单位,列为"国有"。

②经费主要来源于集体单位的事业单位,列为"集体"。

③公民个人(或个人合伙)开办的事业单位,列为"私营"。

④上述以外的其他事业单位,如果其经费来源不明确,按管理方式进行归类。

(3)社会团体:包括经民政部门批准成立以及未纳入社会团体管理条例范围的工会、妇联等各类社会团体。社会团体的划分办法如下:

①未纳入民政部社会团体管理条例范围的工会、妇联、共青团、青联、工商联、科协、侨联等社会团体,国家拨款设立的基金会或基金管理组织以及经费主要来源于国有业务主管部门或国有上级单位的社会团体,列入"国有"。

②经费主要来源于集体单位的社会团体,列为"集体"。

③公民个人(或个人合伙)开办的社会团体,划为"私营"。

④上述以外的其他社会团体,如果其经费来源不明确,改按管理方式进行归类。

Explanatory Notes on Main Statistical Indicators

Comparable Prices refer to prices that are used to remove the factors of price change in calculating economic aggregates, so as to facilitate comparison of aggregates over time. Two methods are used for calculating economic aggregates at comparable prices: 1. Multiplying the output of products by their constant prices of certain year; 2. Deflation of data at current prices by relevant price index.

Constant Price refers to the average price of a given product in certain year, which is used for comparison of output value over time. As the output value at constant prices removes the factor of price changes, it reflects the trend of production development over time. Since 1949, with the changes in general price level, the State Statistical Bureau has issued nationally unified constant prices five times; the 1952 constant prices for 1952 - 1957; the 1957 constant prices for 1957 - 1971; the 1970 constant prices for 1971 - 1980; the 1980 constant prices for 1981 - 1990; and the 1990 constant prices have been used since 1991.

Average Annual Growth Rate Two methods for calculating average annual growth rate are applied in China, one is often called "level approach" or the method of calculating geometric average, which is derived by comparing the level of the last year of the interval with that of the beginning year; the other is called accumulative approach or algebraic average or equation method, which is derived by the summation of the actual figure of each year in the interval divided by the figure in the base year. Usually the results calculated by the two methods are fairly close, but they differed sharply when uneven economic development occurred with striking fluctuations in growth.

The average annual growth rates listed in this statistical yearbook are calculated by "level approach" except for the growth rate of investment in fixed assets. The base years are not listed when the years are listed for average annual growth rates. For instance, the average annual growth rate of 43 years since 1949 is listed as average annual growth rate of 1950 - 1992 without listing the base year 1949. And the analogy of this is also the same for the rest of the years.

Registration Status of Enterprises Enterprises are classified into 3 categories, namely domestic - funded enterprises, enterprises with investment from Hong Kong, Macao and Taiwan, and enterprises with foreign investment, in the light of the registration status of an enterprise in industrial and commercial administration agencies. Domestic funded enterprises include state owned enterprises, collective owned enterprises, cooperative enterprises, joint ownership enterprises, limited liability corporations, share holding corporations Ltd. , private enterprises and other enterprises. Included in the enterprises with investment from Hong Kong, Macao and Taiwan and enterprises with foreign investment are joint venture enterprises, cooperative enterprises, sole investment enterprises and share holding corporations Ltd. For government agencies, institutions and social organizations which are not requested to be registered in industrial and commercial administration agencies, they are classified mainly by their sources of funds and way of management.

State - owned Enterprises refer to non - corporation economic units where the entire assets are owned by the state and which have registered in accordance with the Regulation of the People's Republic of China on the Management of Registration of Corporate Enterprises. Excluded from this category are sole state funded corporations in the limited liability corporations.

Collective - owned Enterprises refer to economic units where the assets are owned collectively and which have registered in accordance with the Regulation of the People's Republic of China on the Management of Registration of Corporate Enterprises.

Cooperative Enterprises refer to a form of collective economic units (enterprises) where capitals come mainly from employees as their shares, with certain proportion of capital from the outside, where production is organized on the basis of independent operation, independent accounting for profits and losses, joint work, democratic management, and a distribution system that integrates remuneration according to work with dividend according to capital share.

Joint Ownership Enterprises refer to economic units established by two or more corporate enterprises or corporate institutions of the same or different ownership, through joint investment on the basis of equality, voluntary participation and mutual benefits. They include state joint ownership enterprises, collective joint ownership enterprises, joint state - collective enterprises, other joint ownership enterprises.

Limited Liability Corporations refer to economic units established with investment from 2 - 50 investors and registered in accordance with the Regulation of the people's Republic of China on the Management of Registration of Corporations, each investor bearing limited liability to the corporation depending on its share of investment, and the corporation bearing liability to its debt to the maximum of its total assets. Limited liability corporations include exclusive state - funded limited liability corporations and other limited liability corporations.

Share - holding Corporations Ltd refer to economic units registered in accordance with the Regulation of the People's Republic of China on the Management of Registration of Corporations, with total registered capitals divided into equal shares and raised through issuing stocks. Each investor bears limited liability to the corporation depending on the holding of shares, and the corporation bears liability to its debt to the maximum of its total assets.

Private Enterprises refer to profit - making economic units invested and established by natural persons, or controlled by natural persons using employed labour. Included in this category are private limited liability corporations, private share - holding corporations Ltd. , private partnership enterprises and private funded enterprises registered in accordance with the Corporation Law, Partnership Enterprises Law and Interim Regulations on private Enterprises.

Other Domestic - funded Enterprises refer to domestic - funded economic units other than those mentioned above.

Joint - venture Enterprises with Funds from Hong Kong, Macao and Taiwan refer to enterprises jointly established by investors from Hong Kong, Macao and Taiwan with enterprises in the mainland of China in accordance with the Law of the People's Republic of China on Sino - foreign Joint Venture Enterprises and other relevant laws, where the share of investment, profits and risks is stipulated in the contract.

Cooperative Enterprises with Funds from Hong Kong, Macao and Taiwan established by investors from Hong Kong, Macao and Taiwan with enterprises in the mainland of China in accordance with the Law of the People's Republic of China on Sino - foreign Cooperative Enterprises and other relevant laws, where the investment or provision of facilities, and the share of profits and risks is stipulated in the cooperative contract.

Enterprises with Sole (exclusive) Investment from Hong Kong, Macao and Taiwan refer to enterprises established in the mainland of China with exclusive investment from investors from Hong Kong, Macao and Taiwan in accordance with the Law of the People's Republic of China on Foreign - Funded Enterprises and other relevant laws.

Share - holding Corporations Ltd. with Investment from Hong Kong, Macao and Taiwan refer to share - holding corporations Ltd. established with the approval from the Ministry of Foreign Trade and Economic Relations in line with relevant state regulations, where the share of investment from Hong Kong, Macao or Taiwan businessmen exceeds 25% of the total registered capital of the corporation. In case the share of investment from Hong Kong, Macao or Taiwan is less than 25% of the total registered capital, the enterprise is to be classified as domestic funded share holding corporation Ltd.

Joint - venture Enterprises with Foreign Investment refer to enterprises jointly established by foreign enterprises of foreigners with enterprises in the mainland of China in accordance with the Law of the People's Republic of China on Sino - foreign Joint Venture Enterprises and other relevant laws, where the share of investment, profits and risks is stipulated in the contract.

Cooperation Enterprises with Foreign Investment refer to enterprises jointly established by foreign enterprises or foreigners with enterprises in the mainland of China in accordance with the Law of the People's Republic of China on Sino - foreign Cooperative Enterprises and other relevant laws, where the investment or provision of facilities, and the share of profits and risks is stipulated in the cooperative contract.

Enterprises with Sole (exclusive) Foreign Investment refer to enterprises established in the mainland of China with exclusive investment from foreign investors in accordance with the Law of the People's Republic of China on Foreign - Funded Enterprises and other relevant laws.

Share - holding Corporations Ltd. with Foreign Investment refer to share - holding corporations Ltd. established with the approval from the Ministry of Foreign Trade and Economic Relations in line with relevant state regulations, where the share of investment from foreign investors exceeds 25% of the total registered capital of the corporation. In case the share of foreign investment is less than 25% of the total registered capital, the enterprise is to be classified as domestic - funded share - holding corporation Ltd.

Government Agencies, Institutions and Social Organizations are classified into following categories by source of funds and way of management taking reference of the registration status of enterprises:

(1) Government agencies include state and party agencies, classified in principles as " state - owned ". There are exceptions, such as supply and marketing cooperatives which are classified as "collective".

(2) Institutions: include institutions of various types established with the approval by organization and staffing departments of the government, but exclude institutions where enterprise management system is introduced. Institutions are further classified as follows:

(a) Institutions whose main budget is listed in the Government budget appropriations or extra – budget funds, or allocated from the budget of their competent government agencies. Such institutions are classified as "state – owned".

(b) Institutions whose budget mainly comes from collective units. Such institutions are classified as "collective".

(c) Institutions Established by Individual(group of Citizen) are classified as " Private ".

(d) Institutions other than those mentioned above whose source of budget is not clear. Such institutions are classified by way of management.

(3) Social organizations: include social organizations established with the approval from the Ministry of Civil Affairs, and organizations that are not covered by social organization management regulations such as trade unions, women's federations etc. Social organizations are further classified as follows:

(a) Social organizations that are not covered by social organization management regulations of the Ministry of Civil Affairs such as trade unions, women's federations, communist youth leagues, youth associations, industrial and commerce associations, scientists associations, overseas Chinese associations, etc. , foundations and fund management organizations established with funds from the state, and social organizations whose funds mainly come from the budget of their competent government agencies. Such institutions are classified as "state – owned".

(b) Social organizations whose budget mainly comes from collective units. Such institutions are classified as "collective".

(c) Social organizations established by individual or a group of citizens, which are classified as "private".

(d) Social organizations other than those mentioned above whose source of budget is not clear. Such organizations are classified by way of management.

2017 NEIMENGGU

三、国民经济核算

National Accounts

资料整理：张文军　高　坤
Arranged By Zhang Wenjun , Gao Kun

3－1 生产总值

Gross Domestic Product

本表按当年价格计算。

Data in value terms in this table are calculated at current prices.

单位:亿元 (100 million yuan)

年 份 Year	生产总值 Gross Domestic Product	第一产业 Primary Industry	第二产业 Secondary Industry	工业 Industry	建筑业 Cons－truction	第三产业 Tertiary Industry	# 交通运输仓储邮电通讯业 Transp－ortation, Post and Telecom－munica－tions	# 批发和零售贸易餐饮业 Whole－sale, Retail & Catering Trade	人均生产总值(元) Per Capita GDP (yuan)
1952	12.16	8.64	1.37	0.99	0.38	2.15	0.41	0.59	173
1953	15.57	10.44	2.25	1.57	0.68	2.88	0.56	1.02	211
1954	19.46	12.37	3.65	2.57	1.08	3.44	0.77	1.20	249
1955	17.49	10.25	3.53	2.73	0.80	3.71	0.78	1.18	213
1956	24.60	14.11	5.43	3.95	1.48	5.06	1.05	1.57	283
1957	21.27	11.29	5.05	3.80	1.25	4.93	0.65	1.78	232
1958	28.10	12.55	9.65	7.04	2.61	5.90	1.54	2.17	292
1959	35.76	14.75	13.41	9.90	3.51	7.60	2.59	2.65	349
1960	36.56	11.80	17.11	13.17	3.94	7.65	2.17	2.81	325
1961	25.25	11.40	7.25	6.06	1.19	6.60	1.44	2.18	215
1962	25.12	12.75	6.56	5.80	0.76	5.81	1.29	1.61	215
1963	29.02	12.71	9.90	8.24	1.66	6.41	1.49	2.04	243
1964	32.55	14.04	11.43	9.37	2.06	7.08	1.67	2.30	262
1965	35.41	15.21	12.08	9.65	2.43	8.12	2.26	2.57	275
1966	38.32	17.12	13.01	10.33	2.68	8.19	2.00	2.71	289
1967	31.80	13.87	10.43	8.46	1.97	7.50	1.58	2.16	233
1968	32.96	14.87	10.54	8.49	2.05	7.55	1.57	2.11	235
1969	32.90	14.78	10.52	8.40	2.12	7.60	1.56	2.07	227
1970	39.17	17.69	12.94	9.87	3.07	8.54	2.03	2.69	263
1971	41.61	16.82	15.99	12.50	3.49	8.80	2.18	2.56	271
1972	39.36	14.56	15.54	12.12	3.42	9.26	2.13	2.66	247
1973	44.07	16.22	18.14	14.29	3.85	9.71	2.38	2.58	269
1974	43.26	15.97	17.30	13.35	3.95	9.99	2.24	2.74	256
1975	48.55	18.15	20.02	15.52	4.50	10.38	2.49	2.66	280
1976	48.09	18.51	18.77	15.11	3.66	10.81	2.49	2.69	272
1977	51.65	18.91	21.60	16.48	5.12	11.14	2.56	2.73	287
1978	58.04	18.96	26.37	21.84	4.53	12.71	2.76	2.87	317
1979	64.14	21.03	28.37	23.52	4.85	14.74	2.85	3.25	343
1980	68.40	18.03	32.26	27.30	4.96	18.11	4.12	4.01	361

3-1 续表 continued

本表按当年价格计算。

Data in value terms in this table are calculated at current prices.

单位:亿元 (100 million yuan)

年 份 Year	生产总值 Gross Domestic Product	第一产业 Primary Industry	第二产业 Secondary Industry	工业 Industry	建筑业 Cons-truction	第三产业 Tertiary Industry	# 交通运输仓储邮电通讯业 Transp-ortation, Post and Telecom-munica-tions	# 批发和零售贸易餐饮业 Whole-sale, Retail & Catering Trade	人均生产总值(元) Per Capita GDP (yuan)
1981	77.91	27.14	32.04	27.92	4.12	18.73	3.71	4.00	407
1982	93.22	33.32	37.21	32.35	4.86	22.69	5.12	5.20	480
1983	105.88	35.90	41.98	35.90	6.08	28.00	6.58	6.32	535
1984	128.20	42.98	47.74	39.04	8.70	37.48	8.28	10.34	640
1985	163.83	53.54	56.95	45.90	11.05	53.34	10.85	19.65	809
1986	181.58	54.64	61.55	49.74	11.81	65.39	12.59	24.11	888
1987	212.27	62.21	70.42	58.26	12.16	79.64	12.77	32.91	1025
1988	270.81	90.20	85.72	70.28	15.44	94.89	14.30	38.88	1291
1989	292.69	89.08	98.96	83.66	15.30	104.65	18.63	35.58	1377
1990	319.31	112.57	102.43	87.18	15.25	104.31	20.69	24.92	1478
1991	359.66	117.19	124.03	102.74	21.29	118.44	26.84	27.76	1642
1992	421.68	126.86	152.56	120.85	31.71	142.26	32.65	35.04	1906
1993	537.81	149.96	203.46	162.53	40.93	184.39	44.21	47.44	2423
1994	695.06	208.53	254.52	205.98	48.53	232.01	53.93	63.14	3094
1995	857.06	260.18	308.78	254.88	53.90	288.10	69.36	83.03	3772
1996	1023.09	312.82	364.77	304.81	59.96	345.50	89.13	103.70	4457
1997	1153.51	322.52	422.39	355.10	67.29	408.60	114.08	126.82	4980
1998	1262.54	341.62	458.86	382.44	76.42	462.06	126.06	144.96	5406
1999	1379.31	342.91	510.47	425.13	85.34	525.93	145.98	168.59	5861
2000	1539.12	350.80	582.57	484.19	98.38	605.74	175.46	195.39	6502
2001	1713.81	358.89	655.68	541.02	114.66	699.24	204.42	226.46	7210
2002	1940.94	374.69	754.78	614.89	139.89	811.47	244.28	266.54	8146
2003	2388.38	420.10	967.49	773.50	193.99	1000.79	296.80	312.12	10015
2004	3041.07	522.80	1248.27	1015.37	232.90	1270.00	360.39	382.66	12728
2005	3905.03	589.56	1773.21	1477.88	295.33	1542.26	425.57	458.10	16285
2006	4944.25	634.94	2374.96	2025.72	349.24	1934.35	507.69	585.17	20523
2007	6423.18	762.10	3193.67	2781.78	411.89	2467.41	628.50	762.22	26521
2008	8496.20	907.95	4376.19	3879.42	496.77	3212.06	793.00	1007.76	34869
2009	9740.25	929.60	5114.00	4503.33	610.67	3696.65	879.28	1177.61	39735
2010	11672.00	1095.28	6367.69	5618.40	749.29	4209.02	994.76	1345.96	47347
2011	14359.88	1306.30	8037.69	7101.60	936.09	5015.89	1174.19	1552.35	57974
2012	15880.58	1448.58	8801.50	7735.78	1065.71	5630.50	1185.30	1849.41	63886
2013	16916.50	1575.76	9104.08	7944.40	1161.77	6236.66	1465.17	2015.89	67836
2014	17770.19	1627.85	9119.79	7904.40	1217.62	7022.55	1499.92	2326.14	71046
2015	17831.51	1617.42	9000.58	7739.18	1263.16	7213.51	1294.07	2357.17	71101
2016	18632.57	1628.65	9078.87	7758.24	1322.50	7925.05	1297.46	2421.21	74069

注:1. 根据全国第三次经济普查结果对2013年数据进行了修订。

2. 从2013年开始,三次产业分类依据国家统计局2012年制定的《三次产业划分规定》执行,其中,工业中的开采辅助活动、金属制品及机械和设备修理业归入第三产业。

a) Data in 2013 are revised according to the result of the third national economic census.

b) Since 2013, the three industry classification according to the National Bureau of statistics in 2012 formulated the three industrial division, among them, Support Activities for Mining、Metal products, Machinery and Equipment Repair of Industry included in the Tertiary Industry.

3－2 生产总值构成

Composition of Gross Domestic Product

本表按当年价格计算。

Data in value terms in this table are calculated at current prices.

单位：%　　　　　　(%)

年份 Year	生产总值 Gross Domestic Product	第一产业 Primary Industry	第二产业 Secondary Industry	工业 Industry	建筑业 Cons－truction	第三产业 Tertiary Industry	#交通运输仓储邮电通讯业 Transp－ortation, Post and Telecom－munica－tions	#批发和零售贸易餐饮业 Whole－sale, Retail & Catering Trade
1952	100	71.1	11.3	8.1	3.1	17.6	3.4	4.9
1953	100	67.1	14.5	10.1	4.4	18.4	3.6	6.6
1954	100	63.6	18.8	13.2	5.5	17.6	4.0	6.2
1955	100	58.6	20.2	15.6	4.6	21.2	4.5	6.7
1956	100	57.4	22.1	16.1	6.0	20.5	4.3	6.4
1957	100	53.1	23.7	17.9	5.9	23.2	3.1	8.4
1958	100	44.7	34.3	25.1	9.3	21.0	5.5	7.7
1959	100	41.2	37.5	27.7	9.8	21.3	7.2	7.4
1960	100	32.3	46.8	36.0	10.8	20.9	5.9	7.7
1961	100	45.1	28.7	24.0	4.7	26.2	5.7	8.6
1962	100	50.8	26.1	23.1	3.0	23.1	5.1	6.4
1963	100	43.8	34.1	28.4	5.7	22.1	5.1	7.0
1964	100	43.1	35.1	28.8	6.3	21.8	5.1	7.1
1965	100	43.0	34.1	27.3	6.9	22.9	6.4	7.3
1966	100	44.7	34.0	27.0	7.0	21.3	5.2	7.1
1967	100	43.6	32.8	26.6	6.2	23.6	5.0	6.8
1968	100	45.1	32.0	25.8	6.2	22.9	4.8	6.4
1969	100	44.9	32.0	25.5	6.4	23.1	4.7	6.3
1970	100	45.2	33.0	25.2	7.8	21.8	5.2	6.9
1971	100	40.4	38.4	30.0	8.4	21.2	5.2	6.2
1972	100	37.0	39.5	30.8	8.7	23.5	5.4	6.8
1973	100	36.8	41.2	32.4	8.7	22.0	5.4	5.9
1974	100	36.9	40.0	30.9	9.1	23.1	5.2	6.3
1975	100	37.4	41.2	32.0	9.3	21.4	5.1	5.5
1976	100	38.5	39.0	31.4	7.6	22.5	5.2	5.6
1977	100	36.6	41.8	31.9	9.9	21.6	5.0	5.3
1978	100	32.7	45.4	37.6	7.8	21.9	4.8	4.9
1979	100	32.8	44.2	36.7	7.6	23.0	4.4	5.1
1980	100	26.4	47.2	39.9	7.3	26.4	6.0	5.9

3－2 续表 continued

本表按当年价格计算。

Data in value terms in this table are calculated at current prices.

单位:%　　(%)

年份 Year	生产总值 Gross Domestic Product	第一产业 Primary Industry	第二产业 Secondary Industry	工业 Industry	建筑业 Cons－truction	第三产业 Tertiary Industry	#交通运输仓储邮电通讯业 Transp－ortation, Post and Telecom－munica－tions	#批发和零售贸易餐饮业 Whole－sale, Retail & Catering Trade
1981	100	34.8	41.1	35.8	5.3	24.1	4.8	5.1
1982	100	35.8	39.9	34.7	5.2	24.3	5.5	5.6
1983	100	33.9	39.6	33.9	5.7	26.5	6.2	6.0
1984	100	33.5	37.2	30.5	6.8	29.3	6.5	8.1
1985	100	32.7	34.8	28.0	6.7	32.5	6.6	12.0
1986	100	30.1	33.9	27.4	6.5	36.0	6.9	13.3
1987	100	29.3	33.2	27.4	5.7	37.5	6.0	15.5
1988	100	33.3	31.7	26.0	5.7	35.0	5.3	14.4
1989	100	30.4	33.8	28.6	5.2	35.8	6.4	12.2
1990	100	35.3	32.1	27.3	4.8	32.6	6.5	7.8
1991	100	32.6	34.5	28.6	5.9	32.9	7.5	7.7
1992	100	30.1	36.2	28.7	7.5	33.7	7.7	8.3
1993	100	27.9	37.8	30.2	7.6	34.3	8.2	8.8
1994	100	30.0	36.6	29.6	7.0	33.4	7.8	9.1
1995	100	30.4	36.0	29.7	6.3	33.6	8.1	9.7
1996	100	30.6	35.7	29.8	5.9	33.7	8.7	10.1
1997	100	28.0	36.6	30.8	5.8	35.4	9.9	11.0
1998	100	27.1	36.3	30.3	6.0	36.6	10.0	11.5
1999	100	24.9	37.0	30.8	6.2	38.1	10.6	12.2
2000	100	22.8	37.9	31.5	6.4	39.3	11.4	12.7
2001	100	20.9	38.3	31.6	6.7	40.8	11.9	13.2
2002	100	19.3	38.9	31.7	7.2	41.8	12.6	13.7
2003	100	17.6	40.5	32.4	8.1	41.9	12.4	13.1
2004	100	17.2	41.0	33.4	7.6	41.8	11.9	12.6
2005	100	15.1	45.4	37.8	7.6	39.5	10.9	11.7
2006	100	12.8	48.1	41.0	7.1	39.1	10.3	11.8
2007	100	11.9	49.7	43.3	6.4	38.4	9.8	11.9
2008	100	10.7	51.5	45.7	5.8	37.8	9.3	11.9
2009	100	9.5	52.5	46.2	6.3	38.0	9.0	12.1
2010	100	9.4	54.5	48.1	6.4	36.1	8.5	11.5
2011	100	9.1	56.0	49.5	6.5	34.9	8.2	10.8
2012	100	9.1	55.4	48.7	6.7	35.5	7.5	11.6
2013	100	9.3	53.8	47.0	6.9	36.9	8.7	11.9
2014	100	9.2	51.3	44.5	6.9	39.5	8.4	13.1
2015	100	9.1	50.5	43.4	7.1	40.4	7.3	13.2
2016	100	8.8	48.7	41.6	7.1	42.5	7.0	13.0

3-3 生产总值指数

Indices of Gross Domestic Product

本表按可比价格计算。

The indices in this table are calculated at constant prices.

（上年＝100） (Preceding year = 100)

年 份 Year	生产总值 Gross Domestic Product	第一产业 Primary Industry	第二产业 Secondary Industry	工业 Industry	建筑业 Cons-truction	第三产业 Tertiary Industry	# 交通运输仓储邮电通讯业 Transp-ortation, Post and Telecom-munica-tions	# 批发和零售贸易餐饮业 Whole-sale, Retail & Catering Trade	人均生产总值 Per Capita GDP
1953	116.3	107.5	159.9	153.7	176.3	127.4	140.6	174.3	110.6
1954	119.4	111.3	160.4	162.3	156.1	117.6	137.8	117.1	112.8
1955	90.7	83.7	97.5	107.0	74.8	107.4	101.6	98.0	86.0
1956	138.7	136.6	152.3	143.2	183.3	131.4	133.3	133.8	131.0
1957	110.9	117.5	98.3	101.7	89.1	106.2	61.9	113.1	105.3
1958	125.3	105.3	184.0	178.6	200.5	127.1	238.5	121.9	119.4
1959	122.9	112.6	139.2	140.7	135.0	125.2	166.9	122.0	115.3
1960	95.8	77.9	126.6	132.1	111.2	86.5	84.1	106.0	87.3
1961	65.3	80.7	39.3	42.6	28.0	95.5	66.1	77.6	62.3
1962	94.7	105.2	84.3	89.1	59.9	86.5	90.4	73.7	95.5
1963	119.7	108.9	148.6	140.0	214.3	115.0	114.4	126.7	117.0
1964	113.2	111.8	117.1	115.5	125.5	111.3	112.6	112.9	108.9
1965	109.8	105.9	113.6	110.8	126.8	112.6	135.1	111.8	105.8
1966	110.0	112.4	114.4	113.7	117.4	99.7	88.4	105.6	106.8
1967	83.3	81.1	81.2	83.0	74.5	91.2	79.4	79.8	81.1
1968	99.9	98.9	102.6	102.0	105.4	98.3	99.2	97.8	96.9
1969	100.8	99.5	103.4	102.5	107.4	99.8	99.2	97.7	97.7
1970	123.3	119.7	140.2	134.0	164.8	105.6	129.6	130.0	120.0
1971	102.1	95.0	106.5	109.1	98.2	108.7	108.0	95.3	99.0
1972	107.8	117.0	97.2	97.0	97.9	110.4	93.1	99.4	104.1
1973	111.7	110.8	116.8	117.9	112.8	105.0	111.7	96.9	108.3
1974	96.2	94.3	95.4	93.5	102.6	101.8	94.0	106.1	93.3
1975	111.3	111.7	115.6	116.2	113.9	103.1	111.1	97.3	108.6
1976	99.4	101.8	94.7	98.4	82.1	103.2	100.0	100.9	97.4
1977	107.0	102.2	114.5	108.5	139.2	103.7	103.2	101.5	105.2
1978	108.0	98.8	117.2	127.3	84.6	108.9	107.7	105.2	106.3
1979	109.8	107.7	108.6	108.4	110.0	116.0	103.3	113.1	107.4
1980	101.7	76.0	113.3	116.6	97.6	122.9	144.5	123.5	100.2

3-3 续表 continued

本表按可比价格计算。

The indices in this table are calculated at constant prices.

(上年=100) (Preceding year=100)

年 份 Year	生产总值 Gross Domestic Product	第一产业 Primary Industry	第二产业 Secondary Industry	工业 Industry	建筑业 Cons-truction	第三产业 Tertiary Industry	#交通运输仓储邮电通讯业 Transp-ortation, Post and Telecom-munica-tions	#批发和零售贸易餐饮业 Whole-sale, Retail & Catering Trade	人均生产总值 Per Capita GDP
1981	110.6	141.8	96.3	98.2	85.7	103.4	90.0	99.9	109.4
1982	118.6	118.2	117.4	117.3	117.9	121.1	138.1	129.9	116.9
1983	109.8	105.0	109.9	108.5	118.8	116.7	117.4	116.1	107.8
1984	116.1	114.0	110.2	107.3	127.7	128.1	119.3	156.8	116.2
1985	117.2	114.1	108.2	105.5	121.7	133.0	129.3	175.1	114.6
1986	105.9	91.7	105.4	106.4	101.2	120.4	115.6	120.0	104.8
1987	109.0	106.8	107.0	109.3	96.5	112.5	96.2	125.6	107.7
1988	109.8	117.3	111.1	108.1	126.6	103.2	111.9	99.5	108.4
1989	102.7	95.1	104.9	107.2	94.9	106.8	121.6	102.6	101.4
1990	107.5	124.4	99.4	99.2	100.5	103.1	101.1	93.4	105.8
1991	107.5	104.0	110.8	108.2	126.0	107.9	121.4	102.5	106.0
1992	111.0	104.0	115.4	110.7	138.8	113.8	118.4	117.1	109.9
1993	111.7	105.0	113.9	112.3	120.5	115.7	119.2	120.9	111.3
1994	111.2	103.2	113.1	114.8	106.9	116.1	121.6	118.6	109.8
1995	110.1	103.9	111.0	112.7	104.2	114.1	118.8	116.4	108.9
1996	114.4	121.4	111.4	115.2	95.5	112.3	114.3	114.3	113.2
1997	110.8	102.0	114.0	114.9	109.4	114.3	119.0	117.8	109.8
1998	110.7	106.2	109.6	110.0	107.2	114.7	116.8	115.9	109.7
1999	108.8	101.0	110.0	110.7	105.9	112.7	113.5	116.3	108.0
2000	110.8	102.6	111.7	112.2	108.9	114.5	117.4	117.0	110.1
2001	110.7	102.0	110.9	110.2	114.1	115.5	116.1	115.9	110.2
2002	113.2	104.4	115.7	113.9	124.3	115.3	120.2	117.3	112.9
2003	117.9	105.9	127.7	121.8	153.3	114.5	120.3	116.2	117.8
2004	120.5	111.7	122.8	124.9	115.6	122.0	122.1	119.3	120.3
2005	123.8	109.1	134.9	138.5	121.3	118.1	117.5	117.9	123.4
2006	119.1	103.2	127.1	129.8	113.6	115.9	114.1	117.3	118.5
2007	119.2	103.9	126.0	128.3	112.7	116.0	116.2	114.2	118.6
2008	117.8	107.5	121.6	123.6	109.0	115.8	117.7	115.4	117.1
2009	116.9	102.3	121.1	120.5	125.2	115.0	109.9	116.5	116.2
2010	115.0	106.1	118.2	118.8	114.3	112.4	112.9	111.9	114.4
2011	114.3	105.9	117.1	117.3	115.6	112.4	114.8	109.0	113.8
2012	111.5	105.6	113.3	113.5	111.6	110.0	111.2	113.3	111.1
2013	109.0	105.1	110.8	111.3	106.6	107.1	106.1	108.7	108.7
2014	107.8	103.1	109.0	109.4	105.9	106.8	106.8	108.7	107.5
2015	107.7	103.0	108.0	108.2	106.7	108.1	104.6	106.8	107.4
2016	107.2	103.0	106.9	107.0	106.9	108.3	106.5	107.0	106.9

3-4 生产总值指数

Indices of Gross Domestic Product

本表按可比价格计算。

The indices in this table are calculated at comparable prices

1952 年=100 (1952=100)

年 份 Year	生产总值 Gross Domestic Product	第一产业 Primary Industry	第二产业 Secondary Industry	工业 Industry	建筑业 Cons-truction	第三产业 Tertiary Industry	#交通运输仓储邮电通讯业 Transp-ortation, Post and Telecom-munica-tions	#批发和零售贸易餐饮业 Whole-sale, Retail & Catering Trade	人均生产总值 Per Capita GDP
1952	100	100	100	100	100	100	100	100	100
1953	116.3	107.5	159.9	153.7	176.3	127.4	140.6	174.3	110.6
1954	138.9	119.6	256.6	249.5	275.2	149.8	193.8	204.1	124.8
1955	125.9	100.1	250.1	266.9	206.0	160.9	196.9	200.0	107.4
1956	174.6	136.8	380.9	382.1	377.5	211.3	262.5	267.6	140.7
1957	193.6	160.8	374.2	388.7	336.3	224.5	162.5	302.7	148.2
1958	242.6	169.3	688.6	694.0	674.2	285.4	387.5	368.9	176.9
1959	298.1	190.6	958.4	976.7	910.2	357.3	646.9	450.0	204.1
1960	285.6	148.5	1213.1	1289.8	1011.9	309.1	543.8	477.0	178.1
1961	186.4	119.9	476.5	549.9	283.7	295.1	359.4	370.3	111.0
1962	176.5	126.1	401.8	490.1	169.9	255.4	325.0	273.0	106.0
1963	211.3	137.3	597.2	685.9	364.1	293.8	371.9	345.9	124.0
1964	239.3	153.5	699.5	791.9	457.0	327.0	418.8	390.5	135.1
1965	262.7	162.5	795.0	877.1	579.3	368.3	565.6	456.8	143.0
1966	288.9	182.6	909.8	997.2	680.4	367.2	500.0	460.8	152.7
1967	240.8	148.1	739.2	827.7	506.7	334.9	396.9	367.6	123.8
1968	240.6	146.5	758.6	844.1	534.2	329.1	393.8	359.5	120.1
1969	242.6	145.7	784.6	864.9	573.6	328.3	390.6	351.4	117.3
1970	299.1	174.4	1100.0	1159.0	945.1	346.6	506.3	456.8	140.7
1971	305.3	165.7	1171.8	1264.8	927.7	376.6	546.9	435.1	139.2
1972	329.1	193.9	1138.9	1226.7	908.3	415.8	509.4	432.4	144.9
1973	367.5	214.8	1329.8	1446.2	1024.3	436.5	568.8	418.9	157.0
1974	353.7	202.6	1268.7	1351.8	1050.6	444.4	534.4	444.6	146.5
1975	393.8	226.3	1467.3	1570.2	1197.1	458.4	593.8	432.4	159.1
1976	391.2	230.4	1389.9	1544.8	983.0	473.1	593.8	436.5	155.0
1977	418.7	235.4	1591.6	1676.8	1367.9	490.7	612.5	443.2	163.1
1978	452.2	232.5	1865.3	2134.7	1157.6	534.2	659.4	466.2	173.4
1979	496.3	250.5	2026.3	2241.9	1459.9	619.5	680.9	527.1	186.3
1980	504.6	190.5	2295.8	2682.5	1280.1	761.5	983.9	651.1	186.7

3 -4 续表 continued

本表按可比价格计算。

The indices in this table are calculated at comparable prices

1952 年 = 100 (1952 = 100)

年 份 Year	生产总值 Gross Domestic Product	第一产业 Primary Industry	第二产业 Secondary Industry	工业 Industry	建筑业 Cons - truction	第三产业 Tertiary Industry	# 交通运输仓储邮电通讯业 Transp - ortation, Post and Telecom - munica - tions	# 批发和零售贸易餐饮业 Whole - sale, Retail & Catering Trade	人均生产总值 Per Capita GDP
1981	558.1	270.1	2210.8	2566.6	1276.3	787.4	886.0	650.4	204.2
1982	661.8	319.3	2595.1	3006.4	1514.7	953.9	1223.3	844.7	238.8
1983	726.9	335.4	2850.8	3166.6	2021.3	1113.2	1435.9	980.9	257.5
1984	844.4	382.4	3135.9	3613.9	1900.0	1425.5	1712.8	1538.0	299.1
1985	989.8	436.3	3399.5	3811.0	2318.8	1896.5	2215.0	2692.8	342.7
1986	1048.0	400.2	3582.7	4053.5	2345.9	2282.8	2561.1	3232.3	359.1
1987	1142.1	427.6	3832.2	4429.5	2263.1	2568.3	2463.2	4060.2	386.6
1988	1254.0	501.6	4259.3	4789.9	2865.3	2651.2	2755.3	4038.8	419.2
1989	1288.3	476.7	4470.0	5136.7	2718.9	2831.2	3351.4	4142.3	425.0
1990	1385.2	593.2	4444.5	5095.8	2733.6	2919.0	3386.7	3867.8	449.5
1991	1488.7	616.9	4926.5	5513.1	3445.2	3149.9	4111.9	3965.6	476.5
1992	1652.6	641.8	5687.2	6102.3	4780.7	3584.0	4869.8	4642.3	523.7
1993	1845.3	673.9	6480.5	6855.9	5747.0	4145.0	5804.3	5611.2	582.9
1994	2051.2	695.5	7329.5	7870.2	6143.6	4810.9	7058.0	6652.8	640.1
1995	2259.3	722.6	8133.5	8869.4	6400.8	5490.7	8387.3	7742.0	697.0
1996	2584.3	877.2	9064.7	10218.5	6110.4	6165.5	9589.8	8847.1	789.3
1997	2862.1	894.8	10333.8	11740.1	6686.7	7046.3	11414.7	10423.6	866.4
1998	3167.0	950.2	11322.7	12915.0	7169.1	8080.3	13335.9	12078.4	950.8
1999	3446.7	959.7	12452.7	14299.5	7591.5	9105.7	15130.4	14045.7	1026.8
2000	3817.3	984.7	13912.2	16045.4	8266.6	10422.5	17764.3	16427.2	1130.6
2001	4225.8	1003.9	15423.1	17681.2	9435.2	12033.7	20628.9	19032.6	1246.4
2002	4782.1	1048.1	17842.6	20135.5	11725.3	13879.9	24793.4	22329.2	1407.1
2003	5638.0	1109.9	22784.9	24520.4	17977.0	15886.5	29823.7	25944.0	1657.4
2004	6793.8	1239.8	27878.8	30625.9	20781.0	19381.5	36414.7	30963.5	1993.6
2005	8411.3	1352.7	37602.8	42417.1	25216.9	22881.4	42787.3	36506.0	2459.3
2006	10014.6	1396.1	47801.1	55065.6	28651.4	26509.5	48826.0	42837.7	2914.5
2007	11941.2	1450.3	60205.5	70628.6	32298.1	30750.5	56746.9	48918.0	3456.7
2008	14069.4	1558.9	73224.6	87266.9	35205.0	35598.2	66786.8	56459.8	4048.3
2009	16447.1	1594.7	88658.4	105174.1	44071.5	40946.4	73398.7	65775.7	4704.0
2010	18918.3	1692.7	104795.4	124895.3	50373.7	46044.1	82887.0	73598.6	5380.3
2011	21632.2	1792.6	122668.3	146443.8	58216.4	51773.5	95119.0	80193.7	6122.8
2012	24111.8	1893.0	138960.0	166213.9	64978.2	56963.1	105795.7	90890.9	6800.4
2013	26281.9	1989.5	153967.7	184996.1	69266.8	61007.5	112233.4	98833.7	7388.8
2014	28331.8	2051.2	167824.8	202385.7	73353.5	65156.0	119865.2	107432.3	7941.4
2015	30512.1	2113.7	181324.5	218975.3	78289.4	70441.1	125322.9	114696.4	8529.6
2016	32708.9	2177.1	193835.9	234303.6	83691.4	76287.7	133468.9	122725.2	9118.1

3-5 第三产业增加值

Value - added of the Tertiary Industry

本表按当年价格计算。

Data in value terms in this table are calculated at current prices.

单位:亿元 (100 million yuan)

行 业	Sector	2015	2016
总 计	**Total**	**7213.51**	**7925.05**
农、林、牧、渔服务业	Agricultural Services Industry	25.08	26.48
开采辅助活动	Support Activities for Mining		
金属制品、机械和设备修理业	Repair Service of Metal Products, Machinery and Equipment	1.77	1.87
批发和零售业	Wholesale and Retail Trade	1728.30	1841.71
交通运输、仓储和邮政业	Transportation and Postal Services	1087.32	1141.97
住宿和餐饮业	Hotel and Restaurants	628.87	682.12
信息传输、软件和信息技术服务业	Information Transmission, Software & Information Technology Services	206.75	245.90
金融业	Banking	829.20	992.14
房地产业	Real Estate	441.37	453.80
租赁和商务服务业	Leasing and Business Services	278.64	308.50
科学研究和技术服务业	Scientific Research & Technical Services	181.40	202.93
水利、环境和公共设施管理业	Water Conservancy, Environment and Public Facilities Administraion	89.58	95.86
居民服务、修理和其他服务业	Resident Services, Repairs and Other Services	393.06	437.34
教育	Education	363.42	407.00
卫生和社会工作	Health Care and Social Work	245.43	280.89
文化、体育和娱乐业	Culture, Sports and Entertainment	102.00	111.53
公共管理、社会保障和社会组织	Public Administration, Social Security and Social Organizations	611.31	695.01
国际组织	International Organizations		

3-6 第三产业增加值构成

Composition of Value - added of the Tertiary Industry

本表按当年价格计算。

Data in value terms in this table are calculated at current prices.

单位:%

(%)

行 业	Sector	2015	2016
总 计	**Total**	**100.0**	**100.0**
农、林、牧、渔服务业	Agricultural Services Industry	0.3	0.3
开采辅助活动	Support Activities for Mining		
金属制品、机械和设备修理业	Repair Service of Metal Products, Machinery and Equipment		
批发和零售业	Wholesale and Retail Trade	24.0	23.2
交通运输、仓储和邮政业	Transportation and Postal Services	15.1	14.4
住宿和餐饮业	Hotel and Restaurants	8.7	8.6
信息传输、软件和信息技术服务业	Information Transmission, Software & Information Technology Services	2.9	3.1
金融业	Banking	11.5	12.5
房地产业	Real Estate	6.1	5.7
租赁和商务服务业	Leasing and Business Services	3.9	3.9
科学研究和技术服务业	Scientific Research & Technical Services	2.5	2.6
水利、环境和公共设施管理业	Water Conservancy, Environment and Public Facilities Administraion	1.2	1.2
居民服务、修理和其他服务业	Resident Services, Repairs and Other Services	5.4	5.5
教育	Education	5.0	5.1
卫生和社会工作	Health Care and Social Work	3.4	3.5
文化、体育和娱乐业	Culture, Sports and Entertainment	1.4	1.4
公共管理、社会保障和社会组织	Public Administration, Social Security and Social Organizations	8.5	8.8
国际组织	International Organizations		

3－7 第三产业增加值指数

Indices of Value－added of the Tertiary Industry

本表按可比价格计算。

The indices in this table are calculated at comparable prices

上年＝100 (Preceding year＝100)

行 业	Sector	2015	2016
总 计	**Total**	**108.1**	**108.3**
农、林、牧、渔服务业	Agricultural Services Industry	103.0	104.7
开采辅助活动	Support Activities for Mining		
金属制品、机械和设备修理业	Repair Service of Metal Products, Machinery and Equipment	77.7	106.8
批发和零售业	Wholesale and Retail Trade	106.5	106.3
交通运输、仓储和邮政业	Transportation and Postal Services	104.2	105.0
住宿和餐饮业	Hotel and Restaurants	107.9	107.1
信息传输、软件和信息技术服务业	Information Transmission, Software & Information Technology Services	109.7	119.0
金融业	Banking	115.1	116.8
房地产业	Real Estate	102.0	103.7
租赁和商务服务业	Leasing and Business Services	109.7	109.1
科学研究和技术服务业	Scientific Research & Technical Services	111.8	107.2
水利、环境和公共设施管理业	Water Conservancy, Environment and Public Facilities Administraion	111.3	102.6
居民服务、修理和其他服务业	Resident Services, Repairs and Other Services	105.6	110.1
教育	Education	112.9	107.9
卫生和社会工作	Health Care and Social Work	113.5	110.0
文化、体育和娱乐业	Culture, Sports and Entertainment	119.4	108.2
公共管理、社会保障和社会组织	Public Administration, Social Security and Social Organizations	113.1	109.0
国际组织	International Organizations		

3-8 三次产业和主要行业贡献率

Share of the Contributions of the Three Strata of Industry and Main Sectors to the Increase of the GDP

单位:% (%)

年份 Year	生产总值 Gross Domestic Product	第一产业 Primary Industry	第二产业 Secondary Industry	工业 Industry	建筑业 Cons-truction	第三产业 Tertiary Industry	#交通运输仓储邮电通讯业 Transp-ortation, Post and Telecom-munica-tions	#批发和零售贸易餐饮业 Whole-sale, Retail & Catering Trade
1990	100	89.1	-2.4	-2.7	0.3	13.3	0.8	-9.6
1991	100	18.9	46.6	30.0	16.6	34.5	18.6	2.6
1992	100	12.4	46.5	26.7	19.7	41.1	12.2	11.6
1993	100	13.7	41.3	29.0	12.3	45.1	12.8	14.0
1994	100	8.6	41.2	36.6	4.7	50.1	16.1	14.1
1995	100	10.7	38.6	35.6	3.0	50.6	16.9	14.6
1996	100	43.7	28.5	30.4	-1.9	27.8	7.8	9.3
1997	100	6.2	48.0	43.2	4.8	45.7	14.9	16.7
1998	100	17.8	33.8	30.1	3.6	48.4	14.2	15.8
1999	100	3.4	43.1	39.6	3.5	53.5	14.8	21.0
2000	100	6.7	41.7	37.5	4.2	51.6	16.3	19.1
2001	100	4.2	38.6	30.1	8.5	57.2	17.3	18.9
2002	100	7.0	45.2	33.0	12.1	47.8	18.3	17.5
2003	100	6.4	59.9	38.3	21.5	33.8	14.4	12.4
2004	100	9.9	46.6	39.5	7.1	43.5	13.9	12.8
2005	100	6.2	62.6	54.6	8.1	31.2	9.6	10.1
2006	100	2.5	64.6	59.2	5.4	32.9	8.1	10.7
2007	100	2.6	65.4	60.6	4.8	32.0	8.8	8.5
2008	100	4.8	62.1	58.7	3.4	33.1	10.1	9.6
2009	100	1.4	65.9	56.5	9.4	32.7	6.0	10.6
2010	100	3.7	66.5	60.0	6.4	29.8	8.2	8.6
2011	100	3.9	64.9	57.9	7.0	31.3	8.8	7.2
2012	100	4.3	64.8	58.2	6.6	31.0	8.4	12.8
2013	100	4.7	67.8	63.0	4.8	27.6	5.8	10.8
2014	100	3.1	66.6	61.8	4.8	30.3	7.3	12.5
2015	100	2.9	60.8	55.2	5.5	36.3	4.9	9.9
2016	100	3.8	49.0	42.2	6.8	47.2	6.6	11.6

3-9 三次产业和主要行业对生产总值增长的拉动

Contribution of the Three Strata of Industry and Main Sectors to GDP Growth

本表按不变价格计算。

Data in this table are calculated at constant prices.

单位:百分点 (percentage points)

年 份 Year	生产总值 Gross Domestic Product	第一产业 Primary Industry	第二产业 Secondary Industry	工业 Industry	建筑业 Cons-truction	第三产业 Tertiary Industry	# 交通运输仓储邮电通讯业 Transportation, Post and Telecom-munications	# 批发和零售贸易餐饮业 Whole-sale, Retail & Catering Trade
1990	7.5	6.7	-0.2	-0.2		1.0	0.1	-0.7
1991	7.5	1.4	3.5	2.3	1.2	2.6	1.4	0.2
1992	11.0	1.4	5.1	2.9	2.2	4.5	1.3	1.3
1993	11.7	1.6	4.8	3.4	1.4	5.3	1.5	1.6
1994	11.2	1.0	4.6	4.1	0.5	5.6	1.8	1.6
1995	10.1	1.1	3.9	3.6	0.3	5.1	1.7	1.5
1996	14.4	6.3	4.1	4.4	-0.3	4.0	1.1	1.3
1997	10.8	0.7	5.2	4.6	0.5	4.9	1.6	1.8
1998	10.7	1.9	3.6	3.2	0.4	5.2	1.5	1.7
1999	8.8	0.3	3.8	3.5	0.3	4.7	1.3	1.9
2000	10.8	0.7	4.5	4.0	0.5	5.5	1.8	2.1
2001	10.7	0.4	4.1	3.2	0.9	6.1	1.9	2.0
2002	13.2	0.9	6.0	4.3	1.6	6.3	2.4	2.3
2003	17.9	1.1	10.7	6.9	3.8	6.1	2.6	2.2
2004	20.5	2.0	9.6	8.1	1.5	8.9	2.8	2.6
2005	23.8	1.5	14.9	13.0	1.9	7.4	2.3	2.4
2006	19.1	0.5	12.3	11.3	1.0	6.3	1.5	2.0
2007	19.2	0.5	12.6	11.7	0.9	6.2	1.7	1.6
2008	17.8	0.9	11.1	10.5	0.6	5.9	1.8	1.7
2009	16.9	0.2	11.1	9.5	1.6	5.5	1.0	1.8
2010	15.0	0.6	10.0	9.0	1.0	4.5	1.2	1.3
2011	14.3	0.6	9.3	8.3	1.0	4.5	1.3	1.0
2012	11.5	0.5	7.5	6.7	0.8	3.6	1.0	1.5
2013	9.0	0.4	6.1	5.7	0.4	2.5	0.5	1.0
2014	7.8	0.2	5.2	4.8	0.4	2.4	0.6	1.0
2015	7.7	0.2	4.7	4.2	0.4	2.8	0.4	0.8
2016	7.2	0.3	3.5	3.0	0.5	3.4	0.5	0.8

3-10 支出法生产总值和结构

本表按当年价格计算。

Data in value terms in this table are calculated at current prices.

年份 Year	支出法生产总值（亿元） Gross Domestic Product by Expenditure Approach (100 million yuan)	#最终消费 Final Consumption Expenditure	#资本形成总额 Gross Capital Formation	资本形成率（投资率）(%) Capital Formation Rate (%)	最终消费率（消费率）(%) Final Consumption Rate (%)	最终消费			
						绝对数（亿元） Absolute Figure (100 million yuan)			
						居民消费 Household Consumption Expenditure	农村居民 Rural House	城镇居民 Urban House	政府消费 Government Consumption Expenditure
1979	64.14	50.84	23.18	36.1	79.3	44.68	20.96	23.72	6.16
1980	68.40	62.10	18.88	27.6	90.8	55.83	28.22	27.61	6.27
1981	77.91	76.51	18.80	24.1	98.2	67.08	34.52	32.56	9.43
1982	93.22	88.01	26.10	28.0	94.4	79.07	43.66	35.41	8.94
1983	105.88	94.01	35.58	33.6	88.8	83.79	46.17	37.62	10.22
1984	128.20	106.57	45.81	35.7	83.1	89.38	48.80	40.58	17.19
1985	163.83	127.04	61.60	37.6	77.5	105.12	57.88	47.24	21.92
1986	181.58	144.84	60.22	33.2	79.8	118.22	59.54	58.68	26.62
1987	212.27	166.12	67.84	32.0	78.3	135.28	68.71	66.57	30.84
1988	270.81	184.46	110.15	40.7	68.1	149.57	77.59	71.98	34.89
1989	292.69	199.14	115.48	39.5	68.0	160.50	81.50	79.00	38.64
1990	319.31	216.70	124.68	39.0	67.9	169.79	86.44	83.35	46.91
1991	359.66	245.90	137.00	38.1	68.4	188.61	93.35	95.26	57.29
1992	421.68	271.08	196.10	46.5	64.3	208.10	101.92	106.18	62.98
1993	537.81	328.42	288.52	53.6	61.1	253.40	108.73	144.67	75.02
1994	695.06	420.89	331.11	47.6	60.6	327.89	135.91	191.98	93.00
1995	857.06	539.41	372.98	43.5	62.9	412.97	181.91	231.06	126.44
1996	1023.09	609.65	446.26	43.6	59.6	468.29	201.49	266.80	141.36
1997	1153.51	685.71	474.80	41.2	59.4	517.07	220.25	296.82	168.64
1998	1262.54	721.60	542.31	43.0	57.2	539.13	226.71	312.42	182.47
1999	1379.31	800.77	577.78	41.9	58.1	592.94	224.28	368.66	207.83
2000	1539.12	873.65	642.07	41.7	56.8	636.10	237.88	398.22	237.55
2001	1713.81	974.99	679.54	39.7	56.9	681.62	230.09	451.53	293.37
2002	1940.94	1137.21	862.20	44.4	58.6	796.02	240.12	555.90	341.19
2003	2388.38	1259.57	1339.07	56.1	52.7	850.14	257.93	592.21	409.43
2004	3041.07	1495.19	1945.29	64.0	49.2	965.77	271.44	694.33	529.42
2005	3905.03	1802.84	2845.06	72.9	46.2	1191.07	311.04	880.03	611.77
2006	4944.25	2129.59	3466.11	70.1	43.1	1384.29	353.30	1030.99	745.30
2007	6423.18	2630.87	4494.40	70.0	41.0	1693.31	402.73	1290.58	937.56
2008	8496.20	3278.65	5721.74	67.3	38.6	2035.49	439.14	1596.35	1243.16
2009	9740.25	3941.11	7495.42	77.0	40.5	2318.84	473.49	1845.35	1622.27
2010	11672.00	4588.14	9020.40	77.3	39.3	2693.33	526.62	2166.71	1894.81
2011	14359.88	5526.64	11014.63	76.7	38.5	3285.50	646.78	2638.72	2241.14
2012	15880.58	6244.16	13442.07	84.6	39.4	3777.27	748.49	3028.78	2466.89
2013	16916.50	7076.42	12039.04	71.2	41.8	4468.08	1049.72	3418.36	2608.34
2014	17770.19	7158.23	13755.20	77.4	40.3	4959.22	1132.16	3827.06	2199.01
2015	17831.51	7452.82	14036.48	78.7	41.8	5225.24	1187.98	4037.26	2227.58
2016	18632.57	8030.92	12524.02	67.2	43.1	5608.02	1285.04	4322.98	2422.90

Gross Domestic Product and Structure by Expenditure Approach

Final Consumption Expenditure				资本形成总额 Gross Capital Formation			
比重 Proportion				绝对数(亿元) Absolute Figure (100 million yuan)		比重 (资本形成总额=100) Proportion (Gross Capital Formation=100)	
最终消费=100 Final Consumption Expenditure=100		居民消费=100 Household Consumption=100					
居民消费 House-hold Consum-ption Expendi-ture	政府消费 Govern-ment Consum-ption Expendi-ture	农村居民 Rural House-holds	城镇居民 Urban House-holds	固定资本形成总额 Gross Fixed Capital Formation	存货增加 Changes in Inven-tories	固定资本形成总额 Gross Fixed Capital Formation	存货增加 Changes in Inven-tories
87.9	12.1	46.9	53.1	17.65	5.53	76.1	23.9
89.9	10.1	50.5	49.5	15.78	3.10	83.6	16.4
87.7	12.3	51.5	48.5	15.53	3.27	82.6	17.4
89.8	10.2	55.2	44.8	20.94	5.16	80.2	19.8
89.1	10.9	55.1	44.9	29.66	5.92	83.4	16.6
83.9	16.1	54.6	45.4	40.85	4.96	89.2	10.8
82.7	17.3	55.1	44.9	50.94	10.66	82.7	17.3
81.6	18.4	50.4	49.6	47.57	12.65	79.0	21.0
81.4	18.6	50.8	49.2	53.32	14.52	78.6	21.4
81.1	18.9	51.9	48.1	72.05	38.10	65.4	34.6
80.6	19.4	50.8	49.2	70.68	44.80	61.2	38.8
78.4	21.6	50.9	49.1	70.77	53.91	56.8	43.2
76.7	23.3	49.5	50.5	100.66	36.34	73.5	26.5
76.8	23.2	49.0	51.0	149.24	46.86	76.1	23.9
77.2	22.8	42.9	57.1	219.39	69.13	76.0	24.0
77.9	22.1	41.4	58.6	250.23	80.88	75.6	24.4
76.6	23.4	44.0	56.0	273.16	99.82	73.2	26.8
76.8	23.2	43.0	57.0	276.04	170.22	61.9	38.1
75.4	24.6	42.6	57.4	318.97	155.83	67.2	32.8
74.7	25.3	42.1	57.9	353.40	188.90	65.2	34.8
74.0	26.0	37.8	62.2	389.97	187.80	67.5	32.5
72.8	27.2	37.4	62.6	439.42	202.65	68.4	31.6
69.9	30.1	33.8	66.2	510.02	169.52	75.1	24.9
70.0	30.0	30.2	69.8	729.37	132.83	84.6	15.4
67.5	32.5	30.3	69.7	1228.26	110.81	91.7	8.3
64.6	35.4	28.1	71.9	1817.73	127.56	93.4	6.6
66.1	33.9	26.1	73.9	2685.22	159.84	94.4	5.6
65.0	35.0	25.5	74.5	3353.88	112.23	96.8	3.2
64.4	35.6	23.8	76.2	4356.39	138.01	96.9	3.1
62.1	37.9	21.6	78.4	5522.72	199.02	96.5	3.5
58.8	41.2	20.4	79.6	7425.16	70.26	99.1	0.9
58.7	41.3	19.6	80.4	8938.69	81.71	99.1	0.9
59.4	40.6	19.7	80.3	10837.14	177.49	98.4	1.6
60.5	39.5	19.8	80.2	12954.33	487.74	96.4	3.6
63.1	36.9	23.5	76.5	11686.49	352.55	97.1	2.9
69.3	30.7	22.8	77.2	13453.88	301.32	97.8	2.2
70.1	29.9	22.7	77.3	13844.43	192.05	98.6	1.4
69.8	30.2	22.9	77.1	12395.69	128.33	99.0	1.0

3-11 工农业总产出及指数

Gross Output of Industry and Agriculture & Related Indices

年份 Year	工农业总产出(亿元，当年价) Gross Output of Industry and Agriculture (100 million yuan, at Current prices)			指数(以1952年为100，可比价) Indices of Output of Industry & Agriculture (1952=100, at comparable Prices)		
	总计 Total	农业总产出 Gross Output of Agriculture	工业总产出 Gorss Output of Industry	工农业总产出 Gross Output of Industry & Agricluture	农业总产出 Gross Output of Agriculture	工业总产出 Gross Output of Industry
1952	13.70	12.10	1.60	100.0	100.0	100.0
1953	16.90	14.35	2.55	109.2	106.0	152.0
1954	20.54	19.77	3.77	123.9	116.2	224.7
1955	20.01	15.60	4.41	120.2	109.2	264.0
1956	25.57	19.52	6.05	151.3	135.7	356.7
1957	17.50	11.20	6.30	134.0	114.1	394.7
1958	27.63	15.60	12.03	191.4	150.9	722.7
1959	36.92	18.14	18.78	236.0	168.0	1127.3
1960	45.14	16.57	28.57	259.7	149.4	1704.7
1961	32.97	17.04	15.93	181.8	128.5	880.0
1962	31.31	17.05	14.26	164.4	120.9	734.7
1963	38.69	17.43	21.26	202.0	134.9	1080.7
1964	43.87	20.82	23.05	235.6	163.1	1186.7
1965	46.20	19.40	26.80	243.0	148.4	1482.7
1966	50.49	20.93	29.56	272.0	160.1	1738.7
1967	41.74	21.46	20.28	238.4	164.2	1210.0
1968	43.27	22.08	21.19	235.9	156.0	1284.0
1969	42.27	19.95	22.32	230.3	140.9	1401.3
1970	51.80	24.00	27.80	298.9	169.8	1990.7
1971	54.76	23.67	31.09	318.9	167.2	2306.7
1972	52.74	21.17	31.57	302.0	146.3	2342.7
1973	60.39	27.72	32.67	348.8	190.5	2424.0
1974	59.35	29.57	29.78	337.4	194.6	2210.0
1975	67.70	30.80	36.90	379.3	199.4	2737.3
1976	68.90	31.29	37.61	387.5	202.0	2819.3
1977	72.51	28.43	44.08	403.5	183.5	3286.7
1978	81.30	28.40	53.00	440.9	183.9	3810.0
1979	88.98	31.58	57.40	465.8	194.3	4024.0
1980	90.10	30.70	59.40	447.9	168.5	4110.0

3－11 续表 continued

年 份 Year	工农业总产出(亿元，当年价) Gross Output of Industry and Agriculture (100 million yuan, at Current prices)			指数(以1952年为100，可比价) Indices of Output of Industry & Agriculture (1952＝100, at comparable Prices)		
	总计 Total	农业总产出 Gross Output of Agriculture	工业总产出 Gorss Output of Industry	工农业总产出 Gross Output of Industry & Agricluture	农业总产出 Gross Output of Agriculture	工业总产出 Gross Output of Industry
1981	101.20	39.40	61.80	479.6	201.8	4120.7
1982	120.90	47.20	73.70	553.2	233.6	4741.3
1983	134.00	52.40	81.50	601.1	250.5	5196.7
1984	151.30	61.30	90.00	659.0	280.7	5617.3
1985	186.10	73.20	112.90	752.1	309.6	6552.7
1986	203.70	77.30	126.50	781.4	293.3	7178.7
1987	238.60	87.70	150.80	856.0	305.3	8072.7
1988	316.20	122.40	193.90	975.9	348.6	9197.3
1989	371.50	128.30	243.10	1056.5	347.0	10356.0
1990	420.30	156.90	263.30	1147.0	412.0	10780.7
1991	468.50	164.10	304.40	1222.3	428.4	11648.9
1992	544.00	180.30	363.70	1336.5	453.2	12965.2
1993	691.16	220.80	470.36	1487.9	484.9	14756.1
1994	831.42	309.32	522.10	1642.0	500.7	16821.9
1995	1013.72	387.20	626.52	1797.9	521.2	18840.5
1996	1210.88	465.32	745.56	2070.8	644.8	21007.2
1997	1361.73	489.43	872.30	2297.6	660.9	24158.3
1998	1476.46	534.38	942.08	2504.3	704.8	26574.1
1999	1587.44	532.31	1055.13	2707.1	712.4	29497.3
2000	1746.01	543.16	1202.85	2961.2	729.9	33036.9
2001	1903.09	555.90	1347.19	3205.9	744.3	36704.0
2002	2122.77	586.97	1535.80	3545.0	780.7	41842.6
2003	2591.05	655.94	1935.11	4246.6	826.1	52297.6
2004	3656.51	851.30	2805.21	5704.0	942.3	73380.7
2005	4841.79	980.21	3861.58	7200.8	1048.1	95923.2
2006	6259.62	1058.50	5201.12	8878.5	1084.6	123097.0
2007	8513.32	1276.45	7236.87	11148.7	1132.1	159913.3
2008	11869.72	1525.74	10343.98	13531.6	1220.8	197652.8
2009	14278.10	1570.58	12707.52	15991.3	1249.7	238322.4
2010	17863.57	1843.57	16020.00	18783.4	1326.9	283180.1
2011	22677.45	2204.50	20472.95	22095.5	1402.5	335708.1
2012	24382.63	2449.34	21933.29	23216.9	1482.5	352602.2
2013	26837.03	2699.50	24137.53	24888.5	1555.1	378694.8
2014	26600.59	2779.80	23820.79	25892.5	1602.7	394218.0
2015	26176.42	2751.55	23424.87	27989.8	1646.0	427726.5
2016	26255.20	2772.70	23482.50	28969.4	1708.5	443124.7

3-12 居民消费水平

Household Consumption

本表绝对数按当年价格计算，指数按可比价格计算。

Absolute figures in this table are calculated at current prices, while indices are calculated at comparable prices.

年份 Year	绝对数(元/人) Value(yuan/person)			指数(上年=100) Index(Preceding year=100)			指数(1952=100) Index(1952=100)		
	全部居民 All House-holde	农村居民 Agricul-tural House-holds	城镇居民 Non-agricul-tural House-holds	全部居民 All House-holde	农村居民 Agricul-tural House-holds	城镇居民 Non-agricul-tural House-holds	全部居民 All House-holde	农村居民 Agricul-tural House-holds	城镇居民 Non-agricul-tural House-holds
1952	99	88	171				100.0	100.0	100.0
1953	103	93	165	105.0	105.0	96.4	105.0	105.1	96.4
1954	106	93	173	102.8	100.1	105.0	108.0	105.2	101.3
1955	101	85	179	95.3	91.5	103.5	102.9	96.3	104.8
1956	118	98	205	116.3	114.9	114.5	119.7	110.6	120.0
1957	120	99	209	102.1	101.5	101.9	122.3	112.2	122.3
1958	125	99	228	104.0	99.9	109.2	127.1	112.1	133.5
1959	131	99	232	104.5	99.9	101.3	132.8	112.1	135.3
1960	126	93	205	96.5	93.8	88.6	128.2	105.2	119.9
1961	125	96	191	98.6	103.0	92.9	126.4	108.4	111.3
1962	121	98	187	97.5	102.8	97.9	123.3	111.4	109.0
1963	119	96	183	97.7	97.7	98.0	120.5	108.9	106.8
1964	118	96	190	99.2	99.7	103.9	119.5	108.6	111.0
1965	119	95	190	101.2	99.2	100.3	121.0	107.7	111.3
1966	131	102	212	109.7	107.6	111.1	132.7	115.9	123.6
1967	139	108	225	106.3	105.8	106.2	141.1	122.5	131.2
1968	132	100	221	94.9	92.3	98.2	134.0	113.1	128.9
1969	129	88	236	97.5	88.6	107.2	130.6	100.1	138.2
1970	139	99	241	108.0	111.7	101.9	141.0	111.8	140.8
1971	146	98	273	105.0	99.1	113.1	148.1	110.8	159.3
1972	156	97	303	106.8	99.3	111.2	158.2	110.0	177.2
1973	169	113	305	108.5	116.9	100.5	171.6	128.6	178.0
1974	170	115	310	100.3	101.1	101.6	172.2	130.1	181.0
1975	179	122	321	105.6	106.3	103.6	181.8	138.2	187.5
1976	190	128	343	106.1	105.2	107.0	192.8	145.3	200.7
1977	200	135	355	105.1	105.5	103.5	202.7	153.3	207.6
1978	207	138	370	103.4	101.8	104.2	209.7	156.1	216.4
1979	239	161	420	115.8	116.8	113.4	242.8	182.3	245.4
1980	295	213	484	123.2	132.5	115.3	299.1	241.5	282.8

3－12 续表 continued

本表绝对数按当年价格计算，指数按可比价格计算。

Absolute figures in this table are calculated at current prices, while indices are calculated at comparable prices.

年份 Year	绝对数(元/人) Value(yuan/person)			指数(上年=100) Index(Preceding year=100)			指数(1952=100) Index(1952=100)		
	全部居民 All House－holde	农村居民 Agricul－tural House－holds	城镇居民 Non－agricul－tural House－holds	全部居民 All House－holde	农村居民 Agricul－tural House－holds	城镇居民 Non－agricul－tural House－holds	全部居民 All House－holde	农村居民 Agricul－tural House－holds	城镇居民 Non－agricul－tural House－holds
1981	350	257	567	115.5	116.2	115.0	345.4	280.7	325.2
1982	407	318	619	115.7	124.1	107.9	399.5	348.2	350.9
1983	423	334	632	104.1	106.3	100.4	416.0	370.3	352.4
1984	446	349	671	100.0	99.0	101.1	416.2	366.7	356.3
1985	519	412	762	105.2	105.5	104.3	438.0	386.8	371.6
1986	578	418	942	107.9	100.5	117.2	472.6	388.9	435.5
1987	653	480	1039	105.2	107.9	101.6	497.3	419.4	442.5
1988	713	541	1086	94.1	97.7	89.4	468.1	409.7	395.4
1989	755	565	1157	92.6	89.8	95.0	433.5	368.1	375.6
1990	786	592	1189	99.3	97.0	101.3	430.5	357.0	380.4
1991	861	633	1330	107.0	107.9	105.7	460.7	385.1	402.2
1992	941	686	1461	103.1	104.2	101.6	474.9	401.4	408.7
1993	1142	779	1755	103.1	100.1	105.2	487.6	402.4	429.8
1994	1460	967	2284	103.2	100.7	104.7	503.4	405.2	450.0
1995	1817	1289	2683	105.3	111.1	100.4	529.9	450.2	451.8
1996	2040	1424	3031	104.2	102.5	104.9	552.2	461.4	474.0
1997	2232	1551	3311	105.7	105.3	105.5	583.8	485.9	500.0
1998	2309	1603	3391	103.9	103.8	103.0	606.8	504.3	515.0
1999	2520	1601	3871	110.0	100.2	115.2	667.3	505.3	593.3
2000	2687	1720	4045	105.3	106.2	103.1	702.7	536.7	611.7
2001	2868	1694	4431	106.2	98.0	108.9	746.2	525.9	666.2
2002	3341	1793	5327	113.9	100.6	118.9	849.8	529.1	792.0
2003	3565	1945	5593	104.7	105.1	103.6	889.8	556.0	820.2
2004	4042	2077	6415	110.7	103.7	111.9	985.4	576.5	917.8
2005	4967	2426	7887	110.2	114.6	106.9	1085.9	660.7	981.1
2006	5746	2816	8930	113.4	113.7	111.0	1231.4	751.2	1089.0
2007	7062	3286	10930	118.1	110.9	118.0	1454.3	833.1	1285.0
2008	8354	3673	12863	109.1	112.5	105.8	1586.6	937.2	1359.6
2009	9460	4072	14323	115.0	105.3	115.3	1824.6	986.9	1567.6
2010	10925	4692	16136	111.1	114.9	107.4	2027.2	1134.0	1683.6
2011	13264	5945	18996	114.3	117.6	111.2	2317.1	1333.5	1872.1
2012	15196	7032	21308	111.6	113.9	109.6	2585.8	1518.9	2051.8
2013	17917	10076	23543	109.9	113.7	107.7	2841.8	1727.0	2209.8
2014	19827	11070	25885	108.7	108.6	107.8	3089.0	1875.5	2382.2
2015	20835	11814	26872	104.6	105.4	103.6	3231.1	1976.8	2467.9
2016	22293	13013	28289	105.5	107.2	104.2	3408.8	2119.1	2571.6

主要统计指标解释

地区收入总值 指一个地区所有常住单位在一定时期内收入初次分配的最终结果。一地区常住单位从事生产活动所创造的增加值在初次分配中主要分配给该地区的常住单位，但也有一部分以生产税及进口税（扣除生产和进口补贴）、劳动者报酬和财产收入等形式分配给非常住单位；同时，地区外生产所创造的增加值也有一部分以生产税及进口税（扣除生产和进口补贴）、劳动者报酬和财产收入等形式分配给该地区的常住单位，从而产生了地区收入总值的概念。它等于地区生产总值加上来自地区外的净要素收入。与地区生产总值不同，地区收入总值是个收入概念，而地区生产总值是个生产概念。

地区生产总值 是按市场价格计算的地区生产总值的简称。它是一个地区所有常住单位在一定时期内生产活动的最终成果。地区生产总值有三种表现形式，即价值形态、收入形态和产品形态。从价值形态看，它是所有常住单位在一定时期内所生产的全部货物和服务价值超过同期投入的全部非固定资产货物和服务价值的差额，即所有常住单位的增加值之和；从收入形态看，它是所有常住单位在一定时期内所创造并分配给常住单位和非常住单位的初次分配收入之和；从产品形态看，它是最终使用的货物和服务减去进口货物和服务。在实际核算中，地区生产总值的三种表现形态表现为三种计算方法，即生产法、收入法和支出法。三种方法分别从不同的方面反映地区生产总值及其构成。

支出法地区生产总值 指一个地区所有常住单位在一定时期内用于最终消费、资本形成总额，以及货物和服务的净出口总额，它反映本期生产的地区生产总值的使用构成。

最终消费 指常住单位在一定时期内对于货物和服务的全部最终消费支出，也就是常住单位为满足物质、文化和精神生活的需要，从本国经济领土和国外购买的货物和服务的支出；不包括非常住单位在本国经济领土内的消费支出。最终消费分为居民消费和政府消费。

居民消费 指常住住户对货物和服务的全部最终消费支出。居民消费按市场价格计算，即按居民支付的购买者价格计算。购买者价格是购买者取得货物所支付的价格，包括购买者支付的运输和商业费用。居民消费除了直接以货币形式购买货物和服务的消费之外，还包括以其他方式获得的货物和服务的消费支出，即所谓的虚拟消费支出。居民虚拟消费支出包括以下几种类型：单位以实物报酬及实物转移的形式提供给劳动者的货物和服务；住户生产并由本住户消费了的货物和服务，其中的服务仅指住户的自有住房服务；金融机构提供的金融媒介服务；保险公司提供的保险服务。

政府消费 指政府部门为全社会提供公共服务的消费支出和免费或以较低价格向住户提供的货物和服务的净支出。前者等于政府服务的产出价值减去政府单位所获得的经营收入的价值，政府服务的产出价值等于它的经常性业务支出加上固定资产折旧；后者等于政府部门免费或以较低价格向住户提供的货物和服务的市场价值减去向住户收取的价值。

资本形成总额 指常住单位在一定时期内获得的减去处置的固定资产加存货的变动，包括固定资本形成总额和存货增加。

固定资本形成总额 指常住单位购置、转入和自产自用的固定资产，扣除固定资产的销售和转出后的价值，分有形固定资产形成总额和无形固定资产形成总额。有形固定资产形成总额包括一定时期内完成的建筑工程、安装工程和设备工器具购置（减处置）价值，以及土地改良、新增役、种、奶、毛、娱乐用牲畜和新增经济林木价值。无形固定资产形成总额包括矿藏的勘探、计算机软件、娱乐和文学艺术品原件等获得减处置。

存货增加 指常住单位存货实物量变动的市场价值，即期末价值减期初价值的差额。存货增加可以是正值，也可以是负值；正值表示存货上升，负值表示存货下降。它包括生产单位购进的原材料、燃料和储备物资等存货，以及生产单位生产的产成品、在制品等存货等。

货物和服务净出口 指货物和服务出口减货物和服务进口的差额。出口包括常住单位向非常住单位出售或无偿转让的各种货物和服务的价值；进口包括常住单位从非常住单位购买或无偿得到的各种货物和服务的价值。由于服务活动的提供与使用同时发生，因此服务的进出口业务并不发生出入境现象，一般把常住单位从国外得到的服务作为进口，非常住单位从本国得到的服务作为出口。货物的出口和进口都按离岸价格计算。

劳动者报酬 指劳动者因从事生产活动所获得的全部报酬。包括劳动者获得的各种形式的工资、奖金和津贴，既包括货币形式的，也包括实物形式的；还包括劳动者所享受的公费医疗和医药卫生费、上下班交通补贴和单位支付的社会保险费等。对于个体经济来说，其所有者所获得的劳动报酬和经营利润不易区分，这两部分统一作为劳动者报酬处理。

生产税净额 指生产税减生产补贴后的余额。生产税指政府对生产单位生产、销售和从事经营活动以及因从事生产活动使用某些生产要素（如固定资产、土地、劳动力）所征收的各种税、附加费和规费。生产补贴与生产税相反，指政府对生产单位的单方面收入转移，因此视为负生产税，包括政策亏损补贴、粮食系统价格补贴、外贸企业出口退税收入等。

固定资产折旧 指一定时期内为弥补固定资产损耗按照核定的固定资产折旧率提取的固定资产折旧，或按国民经济核算统一规定的折旧率虚拟计算的固定资产折旧。它反映了固定资产在当期生产中的转移价值。各类企业和企业化管理的事业单位的固定资产折旧是指实际计提并计入成本费中的折旧费；不计提折旧的政府机关、非企业化管理的事业单位和居民住房的固定资产折旧是按照统一规定的折旧率和固定资产原值计算的虚拟折旧。原则上，固定资产折旧应按固定资产的重置价格计算，但是目前我国尚不具备对全社会固定资产进行重估价的基础，所以暂时只能采用上述办法。

营业盈余 指常住单位创造的增加值扣除劳动者报酬、生产税净额和固定资产折旧后的余额。它相当于企业的营业利润加上生产补贴，但要扣除从利润中开支的工资和福利等。

直接消耗系数 指某一个部门生产单位总产出需要直接消耗各部门产品和服务的数量，也称为投入系数。它反映该部门与其他部门之间直接的技术经济联系和直接依赖关系。

完全消耗系数 指增加某一个部门单位总产出需要完全消耗各部门产品和服务的数量。完全消耗系数等于直接消耗系数和全部间接消耗系数之和，它是全面揭示国民经济各部门之间技术经济的全部联系和相互依赖关系的主要指标。

Explanatory Notes on Main Statistical Indicators

Gross National Product (GNP) refers to the final result of the primary distribution of the income created by all the resident units of a region during a certain period of time. The value added created by the resident units of a region engaged in production activities is mainly distributed to the resident units of that region while a part of it is distributed to the non resident units in the form of production tax and import duties (minus subsidies to production and import), remuneration for the laborers and property income. At the meantime, a part of the value added created abroad is distributed to the resident units of the region in the form of production tax and import duties (minus subsidies to production and import), remuneration for the laborers and property income. Thus the concept of gross national product is formed, which equals to gross domestic product plus net factor income from abroad. Unlike gross domestic product, which is a concept of production, gross national product is a concept of income.

Gross Domestic Product (GDP) refers to the final products of all resident units in a region during a certain period of time. Gross domestic product is expressed in three different forms, i. e. value, income, and products respectively. The form of value refers to the total value of all products and services produced by all resident units during a certain period of time minus total value of intimidate input of materials and services of the nature of non fixed assets or the summation of the value added of all resident units; the form of income includes all the income created by all resident units and distributed primarily to all resident and non resident units; the form of products refers to the value of all final goods and services for final use by all resident units plus the value of net exports of goods and services during a given period of time. In the practice of national accounting, gross domestic product is calculated with three approaches, i. e. production approach, income approach, and expenditure approach, which reflect gross domestic product and its composition from different aspects.

GDP Calculated with Expenditure Approach refers to total expenditure on final consumption, total capital formation and net export of goods and services by resident units of a region in a certain period of time. It reflects the composition of GDP by its use.

Final Consumption refers to the total expenditure of resident units on final consumption of goods and services in a certain period, namely the expenditure of the resident units for purchases of goods and services from domestic economic territory and abroad to meet the requirements of material, cultural and spiritual life. It excludes the expenditure of non – resident units on consumption in the economic territory of the country. The final consumption is classified into household consumption and government consumption.

Households Consumption refers to the total expenditure of resident households on the final consumption of goods and services. The households consumption is calculated at market prices, namely the purchaser's prices which the households pay; the purchasers' prices of goods are the prices the households pay when they obtain the goods, including the transport and commercial expenses paid by the households. In addition to the consumption of goods and services bought by the households directly with money, the expenditure on goods and services obtained by the households in other ways, i. e. the so called imputed expenditure on consumption, is also included in the households consumption. The imputation expenditure of the households on consumption includes the following types: (a) the goods and services provided to the households by the units in the form of payment in kind and transfer in kind; (b) the goods and services produced and consumed by the households themselves, in which the services refer only to the services provided by the residential buildings owned by the households; (c) the services of financial intermediary provided by the financial institutions; (d) the insurance services provided by the insurance companies.

Government Consumption refers to the expenditure on the consumption of the public services provided by the government to the whole society and the net expenditure on the goods and services provided by the government to the households at free charge or lower prices. The former equals to the output value of the government services minus the value of operating income obtained by the government departments. (The output value of the government services equals to its current operating expenditure plus depreciation of fixed assets). The latter equals to the market value of the goods and services provided by the government free of charge or at low prices to the households minus the value received by the government from the households.

Total Capital Formation refers to the fixed assets acquired minus those disposed and the change in inventory, including the total fixed assets formation and the increase in inventory.

Total Fixed Capital Formation refers to the value of fixed assets purchased, transferred in by the resident units and those produced and used by themselves deducting the value of fixed assets sold and transferred out. It can be classified into total tangible assets formation and total intangible assets formation. The total tangible assets formation include the value of the construction projects, installation projects completed and the equipment, apparatus and instruments purchased as well as the value of land improved, the value of draught animals, breeding stock, milk, wool and recreational animals and the newly increased economic forest in a certain period. The total intangible assets formation includes the prospecting of minerals, the acquisition of computer software, the originals of recreational works and works of literature and arts minus the disposal of them.

Increase in Inventory refers to the market value of the change in inventory, i. e. the difference of value between the beginning and the end of the period. The increase in inventory can be positive or negative. A positive value indicates the increase in inventory while a negative value indicates the decrease in stock. The inventory includes the raw materials, fuels and reserve materials purchased by the production units as well as the inventory of finished products, semi finished products, work in progress, etc.

Net Export of Goods and Services refers to the difference of the exports of goods and services minus the imports of goods and services. The imports include the value of various goods and services sold or gratuitously transferred by the resident units to the non – resident units. The imports include the value of various goods and services purchased or gratuitously acquired by the resident units from the non – resident units. Because the provision of services and the use of them happen simultaneously, the import and export of services do not appear to have the phenomena of crossing the border of the country. The acquisition of services by the resident units from abroad is usually treated as import while the acquisition of services by non – resident units in this country is usually treated as export. The export and import of goods are calculated at FOB.

Laborers' Remuneration refers to the whole payment of various forms earned by the laborers from the productive activities they are engaged in. It includes wages, bonuses and allowances the laborers earned in monetary form and in kind. It also includes the free medical services provided to the laborers and the medicine expenses, traffic subsidies and social insurance fee paid by the laborers , working units for them. As the individual economy is concerned, since the laborers , remuneration is not easily distinguished from the operating profit, both are treated as laborers remuneration.

Net Taxes on Production refers to the residual of the taxes on production minus the subsidies on production. The taxes on production refers to the various taxes, extra charges and fees levied on the production units on their production, sale and business activities as well as on some factors of production, such as fixed assets, land and labor force, used in the production activities they are engaged in. In contrast to the taxes on production, the subsidies on production refer to the unilateral transfer of part of the government's revenue to the production units and is therefore regarded as negative taxes on production. They include subsidies on the loss due to implementation of government policies, price subsidies to the grain institutions, foreign trade corporations receipts from drawback, etc.

Depreciation of Fixed Assets refers to the depreciation of fixed assets of a given period, drawn in accordance with the stipulated depreciation rate for the purpose of compensating the wear loss or the fixed assets or the depreciation of fixed assets calculated in a fictitious way in accordance with the stipulated unified depreciation rate in the national economic accounting system. It reflects the value of transfer of the fixed assets in the production of the current period. The depreciation of fixed assets in various enterprises and institutions managed as enterprises refers to the depreciation expenses actually drawn and calculated as part of the coast. In government agencies and institutions not managed as enterprises, which do not draw the depreciation expenses, as well as for the houses of residents, the depreciation of fixed assets is the imputed depreciation, which is calculated in accordance with the stipulated unified depreciation rate. In principle, the depreciation of fixed assets should be calculated on the basis of the re purchased value of the fixed assets. However, there is no actual condition to re – evaluate all the fixed assets in China. Therefore, the above – mentioned methods are temporarily adopted at present.

Operating Surplus refers to the balance of the value added created by the resident units deducting the labourers' remuneration, net taxes on production and the depreciation of fixed assets. It is equivalent to the business profit of the enterprises plus subsidies on production, but the wages and welfare expenses paid from the profits should be deducted.

Direct Input Coefficient refers to the volume of products and services of all sectors consumed directly by a certain sector's productive units, which are needed for their total output. It is also named as technical coefficient. It represents the direct technical economical ties and direct interdependence between the sector and other sectors.

Total Input Coefficient refers to the volume of products and services of all sectors needed for a certain sectors productive units to increase their total output. Total input coefficient is equal to the sum of direct input coefficient and total indirect input coefficient. It is a major indicator to disclose the technical economical ties and interdependence between sectors of the national economy.

四、人口

Population

资料整理：郝建航
Arranged By Hao Jianhang

4-1 历次全国人口普查内蒙古人口基本情况

Basic Statistics on All Region Population Census in 1953, 1964, 1982, 1990,2000 and 2010

单位:万人 (10 000 persons)

指标	Item	1953	1964	1982	1990	2000	2010
总人口	**Total Population**	**610.02**	**1233.41**	**1927.43**	**2145.65**	**2375.54**	**2470.63**
男	Male	343.19	669.28	1005.29	1115.57	1228.90	1283.13
女	Female	266.83	564.13	922.14	1030.08	1146.64	1187.50
总户数(万户)	**Total Number of Households (10 000 households)**	**138.70**	**261.39**	**420.00**	**529.34**	**708.16**	**847.05**
家庭户	Family Households			418.75	527.31	695.48	817.61
集体户	Non-family Households			1.25	2.03	12.68	29.44
各年龄组人口	**Population by Age**						
0-5岁	Age 0-5			237.01	246.92	151.13	134.60
6-14岁	Age 6-14			447.58	363.45	354.43	213.66
15-64岁	Age 15-64			1173.22	1449.29	1742.85	1935.56
65岁及以上	Age 65 and Over			69.62	85.99	127.13	186.81
民族人口	**Nationality Population**						
汉族	Han Nationality	512.00	1072.94	1627.76	1729.00	1882.39	1965.07
蒙古族	Mongolian Nationality	88.82	138.45	248.94	337.97	402.92	422.61
其他少数民族	other Minority Nationalities	7.24	22.00	50.73	78.67	90.23	82.95
15岁及以上人口	**Population Aged 15 and Over**			**1242.84**	**1535.28**	**1869.98**	**2122.37**
6岁及以上人口按受教育程度分组	**Population Aged 6 and Over by Educational Level**			**1690.42**	**1898.73**	**2224.41**	**2236.03**
大学本科	University				10.83	24.47	91.99
大学专科	Three Years College			11.00	20.90	65.88	160.20
中专	Specialized Secondary School				42.97	89.66	
高中	Senior Secondary School			143.68	173.07	237.22	373.69
初中	Junior Secondary School			371.99	546.55	826.65	968.93
小学	Primary School			631.58	716.68	739.60	627.99
不识字或识字很少	Illiterate and Semi-Illiterate			422.29	332.82	240.93	113.23
市镇乡村人口	**Population of Cities, Towns & Countyside**						
市镇人口	City & Town		305.10	556.14	779.69	1013.88	1372.02
乡村人口	County		928.31	1371.29	1365.96	1361.66	1098.61

注:1953、1964、1982和1990年数据为年中数(7月1日零时),2000、2010年数据为2000、2010年11月1日零时快速汇总数。

a) Data on 1953,1964,1982 and 1990 is year-middle data(at zero hour of Jul. 1). The figures from the pre liminary tabulationa,2000、2010 is Data at at zero hour of Nov. 1

4-2 年末总人口数及构成

Population and Its Composition at Year-end

单位:万人 (10 000 persons)

年 份 Year	年末总人口 Total Population (year-end)	按性别分 By sex		按农业、非农业分 By Agricultural & Non-agricultural Population		按城乡分 By Residence	
		男 Male	女 Female	农业人口 Agricultural	非农业人口 Non-agricultural	市镇人口 Urban	乡村人口 Rural
1949	608.1	334.0	274.1			75.2	532.9
1952	715.9	394.3	321.6			91.9	624.0
1957	936.0	519.3	416.7			175.4	760.6
1965	1296.4	700.1	596.3			268.3	1028.1
1970	1491.0	799.0	692.0			320.8	1170.2
1975	1737.9	918.6	819.3	1306.3	431.6	379.3	1358.6
1978	1823.4	957.8	865.6	1360.8	462.6	397.5	1425.9
1980	1876.5	981.2	895.3	1380.8	495.7	433.1	1443.4
1981	1902.9	994.9	908.0	1390.6	512.3	445.2	1457.7
1982	1941.6	996.0	945.6	1414.6	527.0	565.2	1376.4
1983	1969.8	1009.8	960.0	1431.9	537.9	573.8	1396.0
1984	1993.1	1022.7	970.4	1444.9	548.2	847.1	1146.0
1985	2015.9	1043.6	972.3	1441.2	574.7	874.1	1141.8
1986	2040.7	1058.0	982.7	1451.7	589.0	932.2	1108.5
1987	2066.4	1062.3	1004.1	1456.7	609.7	1004.5	1061.9
1988	2093.9	1083.2	1010.7	1461.9	632.0	1033.8	1060.1
1989	2122.2	1102.4	1019.8	1470.8	651.5	1055.8	1066.5
1990	2162.6	1127.6	1035.0	1496.8	665.7	781.1	1381.4
1991	2183.9	1132.8	1051.0	1506.9	677.0	807.4	1376.4
1992	2206.6	1142.1	1064.5	1519.5	687.1	817.1	1389.5
1993	2232.4	1149.8	1082.6	1525.2	707.2	831.8	1400.6
1994	2260.5	1161.5	1099.0	1534.6	725.9	849.3	1411.2
1995	2284.4	1187.6	1096.8	1541.3	743.1	873.1	1411.3
1996	2306.6	1198.0	1108.6	1546.8	759.8	887.2	1419.4
1997	2325.7	1207.5	1118.2	1549.6	776.1	905.6	1420.1
1998	2344.9	1216.7	1128.2	1552.1	792.8	936.7	1408.2
1999	2361.9	1224.6	1137.3	1553.7	808.2	967.8	1394.1
2000	2372.4	1227.2	1145.2	1535.4	837.0	1001.1	1371.3
2001	2381.4	1230.6	1150.8	1528.4	853.0	1036.8	1344.6
2002	2384.1	1231.1	1153.0	1518.0	866.1	1050.3	1333.8
2003	2385.8	1231.4	1154.3	1504.5	881.3	1067.4	1318.4
2004	2392.7	1234.2	1158.5	1477.8	915.0	1097.3	1295.4
2005	2403.1	1237.9	1165.2	1446.2	956.9	1134.3	1268.8
2006	2415.1	1243.0	1172.1	1449.3	965.8	1174.7	1240.4
2007	2428.8	1250.0	1178.8	1448.5	980.3	1218.0	1210.8
2008	2444.3	1255.9	1188.4	1455.1	989.2	1264.1	1180.2
2009	2458.2	1263.5	1194.7	1458.9	999.3	1312.7	1145.5
2010	2472.2	1283.9	1188.3	1462.0	1010.2	1372.9	1099.3
2011	2481.7	1288.0	1193.7	1469.2	1012.5	1405.2	1076.5
2012	2489.9	1291.6	1198.3	1464.6	1025.3	1437.6	1052.3
2013	2497.6	1294.4	1203.2	1466.9	1030.7	1466.3	1031.3
2014	2504.8	1296.9	1207.9	1468.9	1035.9	1490.6	1014.2
2015	2511.0	1298.7	1212.3			1514.2	996.9
2016	2520.1	1302.5	1217.6			1542.1	978.1

注:1985年之前为户籍统计数,2011年及以后年份为人口变动抽样调查推算数据,其余年份为根据历次人口普查数据调整的数据。

a) Before 1985, data were Enumeration of Census Register, In 2011, data have been estimated on the basis of the annual National Sample Surveys on Population Changes , and in other years, Data were adjusted on the basis of all previous National Population Census.

4-3 人口出生率、死亡率、自然增长率

Birth Rate, Death Rate and Natural Growth Rate

年 份 Year	出生率 Birth Rate(‰)	死亡率 Death Rate(‰)	自然增长率 Natural Growth Rate(‰)	人口机械增长率 Migratory Growth Rate(‰)
1956	29.5	7.9	21.6	40.0
1957	37.2	10.5	26.7	16.3
1958	28.4	7.9	20.5	31.7
1959	30.8	11.0	19.8	54.8
1960	29.4	9.4	20.0	94.1
1961	22.1	8.8	13.3	-37.1
1962	38.2	9.0	29.2	-21.7
1963	41.3	8.5	32.8	3.7
1964	41.9	11.8	30.1	0.9
1965	40.0	9.3	30.7	2.8
1966	36.1	8.1	28.0	-2.8
1967	34.9	7.7	27.2	3.5
1968	34.9	7.3	27.6	1.2
1969	32.5	6.8	25.7	8.4
1970	32.3	6.2	26.1	-5.1
1971	29.7	5.6	24.1	18.0
1972	30.7	6.6	24.1	6.3
1973	28.3	5.7	22.6	7.1
1974	25.9	6.1	19.8	12.4
1975	23.3	6.1	17.2	1.8
1976	20.1	5.5	14.6	3.3
1977	18.1	5.4	12.7	3.5
1978	18.5	5.2	13.3	0.6
1979	18.1	4.9	13.2	-0.3
1980	16.5	4.9	11.5	
1981	17.3	4.9	12.4	1.3
1982	21.2	5.7	15.5	-0.8
1983	20.0	5.5	14.5	
1984	18.9	5.5	13.4	-1.7
1985	17.2	5.7	11.5	-0.1
1986	19.1	5.9	13.2	-1.0
1987	19.7	6.1	13.6	-1.1
1988	19.0	5.7	13.3	-0.1
1989	19.3	5.8	13.5	-0.7
1990	21.2	7.2	14.0	-1.1
1991	16.8	7.0	9.8	-1.2
1992	17.1	6.7	10.3	-1.3
1993	18.5	6.8	11.7	-0.5
1994	19.0	6.5	12.5	-0.3
1995	17.2	6.7	10.5	-0.1
1996	16.1	6.4	9.7	0.1
1997	15.2	7.0	8.3	0.1
1998	14.4	6.2	8.2	
1999	13.3	6.1	7.2	-0.2
2000	12.1	5.9	6.1	-0.6
2001	10.8	5.8	5.0	-1.2
2002	9.6	5.9	3.7	-2.6
2003	9.2	6.2	3.1	-2.4
2004	9.5	6.0	3.6	-0.6
2005	10.1	5.5	4.6	-0.3
2006	9.9	5.9	4.0	1.0
2007	10.2	5.7	4.5	1.2
2008	9.8	5.5	4.3	2.1
2009	9.6	5.6	4.0	1.7
2010	9.3	5.5	3.8	1.9
2011	8.9	5.4	3.5	0.3
2012	9.2	5.5	3.7	-0.4
2013	9.0	5.6	3.4	-0.3
2014	9.3	5.7	3.6	-0.7
2015	7.7	5.3	2.4	0.1
2016	9.0	5.7	3.3	0.3

4-4 年末总人口及人口变动

Population and Its Changes at Year - end

项 目	Item	2015	2016	2016 年比 2015 年增长% Increase Rate in 2016 over 2015(%)
一、常住人口(万人)	**Permanet Resident Population (10 000 persons)**	**2511.04**	**2520.13**	**0.36**
按性别分	**By Sex**			
男(万人)	Male(10 000 persons)	1298.73	1302.50	0.29
女(万人)	Female(10 000 persons)	1212.31	1217.63	0.44
按城乡分	**By Residence**			
市镇人口(万人)	Urban(10 000 persons)	1514.16	1542.07	1.84
乡村人口(万人)	Rural(10 000 persons)	996.88	978.06	-1.89
二、人口自然变动	**Population Natural Changes**			
出生人口(万人)	Briths(10 000 persons)	19.36	22.72	17.36
男	Male	10.03	11.73	16.95
女	Female	9.33	10.99	17.79
死亡人口(万人)	Deaths(10 000 persons)	13.34	14.31	7.27
出生率(‰)	Birth Rate(‰)	7.72	9.03	
死亡率(‰)	Death Rate(‰)	5.32	5.69	
自然增长率(‰)	Natural Growth Rate(‰)	2.40	3.34	

注:本表数据根据人口变动调查数据推算。

a) Data in the table have been estimated on the basis of the annual Autonomoous Regional Sample Surveys on population Changes.

4-5 民族人口及构成

Population Nationality and Its Composition

单位:人 (person)

项 目	Item	2015	2016	构 成(%) Composition 2015	2016
汉 族	Han	18896524	18890601	77.42	77.25
蒙古族	Mongolian	4577684	4623940	18.75	18.91
回 族	Hui	217008	216953	0.89	0.89
满 族	Man	544851	549532	2.23	2.25
朝鲜族	Korean	23105	22990	0.09	0.09
达斡尔族	Daur	85616	86428	0.35	0.35
鄂温克族	Ewenki	32005	32484	0.13	0.13
鄂伦春族	Oroqen	4528	4571	0.02	0.02
壮 族	Zhuang	2358	2337	0.01	0.01
藏 族	Tibetan	1945	1820	0.01	0.01
锡伯族	Xibe	3472	3709	0.01	0.02
苗 族	Miao	2083	2156	0.01	0.01
土家族	Tujia	2032	2062	0.01	0.01
彝 族	Yi	1722	1831	0.01	0.01
维吾尔族	Uygur	191	196		
其他少数民族	Other Minority Nationalities	12730	12934	0.05	0.05
外国人加入中国籍	Foreigners Naturalized China	5	76		

注:本表数据为公安户籍统计数。

a) Date in the Table is Registered Statistics

4-6 年末民族人口数

Population by Nationality at Year-end

年份 Year	在人口总数中 Total Populational Including							
	汉族(万人) Han(10000 persons)	蒙古族(万人) Mongolian (10000 persons)	回族(万人) Hui(10000 persons)	满族(万人) Man(10000 persons)	朝鲜族(人) Korean (person)	达斡尔族(人) Daur (person)	鄂温克族(人) Ewenki (person)	鄂伦春族(人) Oroqen (person)
1951	589.6	87.1	4.7	1.9	6242	18060	5546	919
1952	614.4	91.2	5.0	2.0	6590	19129	5611	929
1953	649.3	98.5	5.2	2.1	6841	19480	5667	953
1954	687.6	102.7	5.4	2.2	7120	21304	5976	989
1955	725.6	105.5	5.8	2.3	7589	21883	6313	1067
1956	775.7	108.6	6.2	2.0	10213	22253	5665	1009
1957	811.2	111.6	6.7	2.1	11247	24278	6178	949
1958	857.1	114.1	7.5	2.5	12674	27656	6723	1025
1959	930.7	115.5	8.0	3.0	13209	29884	6593	1124
1960	1049.8	121.4	9.4	3.2	14056	30420	6935	1135
1961	1021.0	123.5	10.5	2.8	12457	30918	7508	1143
1962	1023.5	129.7	10.0	3.2	11934	31201	8558	1129
1963	1061.1	134.6	10.3	3.8	11827	32509	8469	1145
1964	1091.4	140.3	11.2	5.0	11328	34819	9038	1205
1965	1129.4	144.5	11.3	5.3	11412	35980	9191	1272
1966	1158.3	148.3	11.4	5.5	11513	36620	9591	1318
1971	1358.2	169.7	13.2	6.8	13884	40440	11038	1364
1972	1401.7	172.9	13.4	6.9	13426	42966	11195	1409
1973	1444.5	178.5	13.8	7.1	13864	44971	11268	1454
1974	1493.4	182.6	14.2	7.4	14400	46420	11639	1499
1975	1521.7	186.6	14.3	7.6	14862	48333	12426	1544
1976	1549.0	189.5	14.6	7.8	15750	48967	13554	1592
1977	1573.9	193.1	14.7	7.9	15420	52733	12753	1524
1978	1592.9	198.6	15.0	8.0	15403	55372	12657	1579
1979	1617.0	202.1	14.6	8.7	20881	53954	15592	1600
1980	1632.7	209.0	15.3	10.3	16193	56399	14722	1699
1981	1651.5	215.3	15.8	11.0	16062	56801	15245	1754
1982	1637.9	253.2	17.0	23.7	17337	56883	17525	2186
1983	1657.5	260.3	17.0	24.9	17800	59500	18000	2200
1984	1671.0	268.1	17.6	26.0	18400	60500	18300	2300
1985	1686.2	274.7	17.1	27.1	18600	61500	18900	2300
1986	1696.8	285.5	17.7	29.4	19485	64129	19840	2483
1987	1706.9	297.2	18.3	32.3	19743	65167	20412	2561
1988	1721.8	307.3	18.5	34.4	20152	66462	20499	2686
1989	1729.9	315.7	18.8	35.7	21147	69579	20853	2793
1990	1749.1	328.5	18.7	40.0	22380	70959	22494	2976
1991	1758.7	333.1	19.0	40.9	22047	71598	23138	3171
1992	1766.1	338.3	19.5	41.4	22161	72432	23321	3262
1993	1779.4	343.4	19.7	42.1	21963	73574	23928	3242
1994	1791.6	349.6	19.7	42.8	22735	73354	24427	3302
1995	1803.4	356.5	19.9	43.7	22741	72680	24545	3447
1996	1820.0	364.2	20.0	44.8	22772	73689	25059	3436
1997	1836.8	371.8	20.4	45.5	22759	74992	25632	3599
1998	1851.0	378.6	20.4	46.2	23068	73797	25578	3568
1999	1865.5	382.8	21.0	46.0	23825	73818	26001	3813
2000	1832.5	386.0	20.9	47.0	23278	76374	26546	3704
2001	1843.7	391.8	20.8	48.1	23841	77145	26870	3846
2002	1855.0	396.0	21.1	47.8	24009	79202	27423	3968
2003	1860.6	404.0	21.1	48.7	23863	79195	27915	3998
2004	1866.5	408.0	21.3	48.7	24117	79960	28285	4229
2005	1853.8	412.7	21.0	49.1	23503	79248	27931	4791
2006	1880.9	414.4	21.1	49.9	23800	82342	28774	4816
2007	1898.0	427.7	21.3	50.6	24117	83610	29085	5000
2008	1913.3	433.5	21.4	51.4	24353	84478	29589	5032
2009	1921.4	441.6	21.5	51.9	24318	83127	30163	4561
2010	1921.5	441.1	21.6	52.4	24184	83007	30863	4594
2011	1927.4	447.2	21.8	52.8	24017	83284	31296	4623
2012	1917.7	450.2	21.8	53.4	23784	83653	31248	4664
2013	1918.4	454.9	21.9	54.0	24172	84342	31505	4739
2014	1906.2	458.4	22.1	54.4	23809	85039	31917	4817
2015	1889.7	457.8	21.7	54.5	23105	85616	32005	4528
2016	1889.1	462.4	21.7	55.0	22990	86428	32484	4571

注:本表数据为公安户籍统计数。

a) Date in the Table is Registered Statistics

主要统计指标解释

人口数 指一定时点、一定地区范围内的有生命的个人的总和。

年度统计的年末人口数指每年 12 月 31 日 24 时的人口数。

市镇总人口和乡村总人口

其定义有两种口径：

第一种口径(按行政建制)

市人口：市管辖区域内的全部人口(含市辖镇，不含市辖县)；

镇人口：县辖镇的全部人口(不含市辖镇)；

县人口：县辖乡人口。

第二种口径(按常住人口划分)

市人口：设区的市的区人口和不设区的市所辖的街道人口；

镇人口：不设区的市所辖镇的居民委员会人口和县辖镇的居民委员会人口；

县人口：除上述两种人口以外的全部人口。

1952－1980 年数据为第一种口径的数据，1982 年以后的数据为第二种口径的数据。

出生率(又称粗出生率) 指在一定时期内(通常为一年)平均每千人所出生的人数的比率，一般用千分率表示。计算公式为：

出生率＝年出生人数/年平均人数×1000‰

式中：出生人数指活产婴儿，即胎儿脱离母体时(不管怀孕月数)，有过呼吸或其他生命现象。年平均人数指年初、年底人口数的平均数，也可用年中人口数代替。

死亡率(又称粗死亡率) 指在一定时期内(通常为一年)一定地区的死亡人数与同期平均人数(或期中人数)之比，一般用千分率表示。计算公式为：

死亡率＝年死亡人数/年平均人数×1000‰

人口自然增长率 指在一定时期内(通常为一年)人口自然增加数(出生人数减死亡人数)与该时期内平均人数(或期中人数)之比，一般用千分率表示。计算公式为：

人口自然增长率＝(本年出生人数－本年死亡人数)/年平均人数×1000‰

人口自然增长率＝人口出生率—人口死亡率

Explanatory Notes on Main Statistical Indicators

Total Population refers to the total number of people alive at a certain point of time within a given area.

The annual statistics on total population is taken at midnight, the 31st of December.

Urban Population and Rural Population There are two definitions. The first definition (according to the administrative organizational system):

City population: Total population under the jurisdiction of city (including population of the town under the jurisdiction of city. excluding the population of counties under the jurisdiction of city).

Town population: Total population of town under the jurisdiction of county (excluding the population of town under the jurisdiction of city).

County population: Total population of country under the jurisdiction of county).

The second definition (classified by the permanent population):

City population: Total population of districts under the jurisdiction of city with district establishment and the population of street under the jurisdiction of city without district establishment.

Town population: Total resident committees population of towns under the jurisdiction of city without district establishment and the resident committee's population of towns under the jurisdiction of county.

County population: Total population except city population and town population.

Data from 1952 to 1980 is the figures according to the first definition. Data since 1982 are the figure according to the second definition.

Birth Rate of (Crude Birth Rate) refers to the ratio of the number of births to the average population during a certain period of time (usually a year) which is often expressed in‰. The following formula is used:

Birth Rate = Number of Births / Average Number of Population × 1000‰

Number of births refers to live births i. e. the births when babies had showed any vital phenomena regardless of the length of pregnancy.

Annual Average Number of Population is the average of the number of population at the beginning of the year and that at the end of the year. Sometimes it is substituted for with the mid year population.

Death Rate (or Crude Death Rate) refers to the ratio of the number of deaths to the average population (or mid year population) during a certain period of time (usually a year) which is often expressed in‰. The following formula is used:

Death Rate = Number of Deaths / Annual Average Number of Population × 1000‰

Natural Growth Rate of Population refers to the ratio of natural increase in population (number of births minus number of deaths) in a certain period of time (usually a year) to the average population (or mid year population) of the same period which is often expressed in‰. The following formulas are applied:

Natural Growth of Population = (Number of Births - Number of Deaths) / Average Number of Population × 1000‰

Natural Growth Rate of Population = Birth Rate - Death Rate

2017 NEIMENGGU

五、从业人员和职工工资

Employment and Wages

资料整理：白　菲
Arranged By Bai Fei

5-1 就业基本情况

Employment

项目	Item	1995	2000	2005	2010	2015	2016
就业人员总计(万人)	**Total Number of Employed Persons(10 000 persons)**	**1029.4**	**1061.6**	**1041.1**	**1184.7**	**1463.7**	**1474.0**
第一产业	Primary Industry	536.8	553.7	560.5	571.0	572.3	590.5
第二产业	Secondary Industry	225.0	182.4	162.7	206.2	249.7	233.7
第三产业	Tertiary Industry	267.6	325.5	317.9	407.5	641.7	649.8
就业人员构成(总计=100)	**Composition of Employed Persons(total=100)**						
第一产业	Primary Industry	52.1	52.2	53.8	48.2	39.1	40.1
第二产业	Secondary Industry	21.9	17.1	15.6	17.4	17.1	15.9
第三产业	Tertiary Industry	26.0	30.7	30.5	34.4	43.8	44.1
按城乡分就业人员(万人)	**Number of Employed Persons by Urban and Rural Areas(10 000 persons)**	**1029.4**	**1061.6**	**1041.1**	**1184.7**	**1463.7**	**1474.0**
城镇就业人员	**Urban Employed Persons**	**440.0**	**430.1**	**350.3**	**465.2**	**725.7**	**720.7**
#国有单位	State-owned Units	302.3	201.1	162.0	169.4	168.0	167.8
城镇集体单位	Urban Collective-owned Units	70.8	25.6	12.4	8.9	5.9	5.8
股份合作单位	Share Holding Units	5.9	2.9	1.8	2.1	0.9	0.7
联营单位	Joint-owned Units	0.3	0.6	0.3	0.2	0.1	0.1
有限责任公司	Limited Liability Corporations		26.0	47.0	45.5	90.8	87.2
股份有限公司	Share-holding Corporations Ltd.		8.2	14.3	17.8	23.3	22.9
私营企业	Private Enterprises	7.6	28.6	47.1	103.1	168.1	176.8
港澳台商投资单位	Units Funded by Entrepreneurs from Hong Kong, Macao & Taiwan	2.0	1.7	1.6	1.6	2.5	2.4
外商投资单位	Foreign Funded Units	2.2	2.2	2.5	2.8	5.5	5.0
个体	Self-employed Individuals	36.7	88.2	60.2	113.0	259.3	250.6
乡村从业人员	**Rural Employed Persons**	**589.4**	**631.5**	**690.8**	**719.5**	**738.1**	**753.3**
职工人数(万人)	**Number of Staff and Workers(10 000 persons)**	**383.7**	**263.9**	**239.6**	**244.9**	**289.6**	**284.4**
国有单位	State-owned Units	302.3	197.3	159.7	166.7	164.4	163.7
城镇集体单位	Urban Collective-owned Units	70.8	25.4	12.2	8.6	5.6	5.7
其他单位	Units of Other Types of Ownership	10.6	41.2	67.7	69.6	119.6	115.0
城镇单位女性就业人员(万人)	**Number of Female Employment in Urban Units(10 000 persons)**	**149.9**	**102.9**	**91.8**	**91.6**	**107.7**	**107.9**
城镇登记失业人数(万人)	**Number of Registered Unemployed Persons in Urban Areas(10 000 persons)**	**13.97**	**12.65**	**17.75**	**20.81**	**25.87**	**26.71**
城镇登记失业率(%)	**Registered Unemployment Rate in Urban Areas(%)**	**3.17**	**3.34**	**4.26**	**3.90**	**3.65**	**3.65**

注:1. 1998年及以后城镇单位就业人员、职工人数统计口径有调整,详见本篇末指标解释。
2. 2003年以后全社会就业人员中不包括社会自由从业人员。

a) Statistical coverage of staff and workers employed in urban units was adjusted after 1998. Please refer to the explanatory notes at the end of this chapter.

b) Social total number of employed persons doesnt include social self-employed persons after 2003.

5-2 按三次产业划分的年末就业人员

Number of Employed Persons at Year-end by Type of Industry

年份 Year	就业人员 (万人) Total (10 000 persons)	第一产业 Primary Industry	第二产业 Secondary Industry	第三产业 Tertiary Industry	构成(合计=100) Composition in Percentage(total=100) 第一产业 Primary Industry	第二产业 Secondary Industry	第三产业 Tertiary Industry
1965	476.8	379.7	45.3	51.8	79.64	9.50	10.86
1970	524.4	405.2	63.6	55.6	77.27	12.13	10.60
1975	607.5	441.6	95.5	70.4	72.69	15.72	11.59
1978	652.8	438.0	120.5	94.3	67.10	18.45	14.45
1980	698.4	460.7	129.7	108.0	65.97	18.57	15.46
1981	731.2	478.8	136.4	116.0	65.48	18.66	15.86
1982	762.4	501.5	140.1	120.8	65.78	18.38	15.84
1983	798.8	515.8	146.7	136.3	64.57	18.37	17.06
1984	827.8	524.5	154.5	148.8	63.36	18.66	17.98
1985	856.6	517.8	174.8	164.0	60.45	20.40	19.15
1986	875.4	521.7	184.6	169.1	59.60	21.08	19.32
1987	891.0	490.3	188.0	212.7	55.03	21.10	23.87
1988	909.7	490.0	200.1	219.6	53.86	22.00	24.14
1989	910.3	491.3	199.1	219.9	53.97	21.87	24.16
1990	924.6	515.5	201.4	207.7	55.76	21.78	22.46
1991	962.9	537.9	208.8	216.2	55.86	21.68	22.45
1992	976.0	531.4	217.1	227.5	54.45	22.24	23.31
1993	1008.2	535.4	220.4	252.4	53.10	21.86	25.04
1994	1033.4	536.5	225.1	271.8	51.92	21.78	26.30
1995	1029.4	536.8	225.0	267.6	52.15	21.85	26.00
1996	1039.0	546.8	223.4	268.8	52.63	21.50	25.87
1997	1050.3	544.6	213.2	292.5	51.85	20.30	27.85
1998	1050.3	542.6	207.1	300.6	51.66	19.72	28.62
1999	1056.7	555.4	185.5	315.8	52.56	17.55	29.89
2000	1061.6	553.7	182.4	325.5	52.20	17.10	30.70
2001	1067.0	550.5	179.3	337.2	51.60	16.80	31.60
2002	1086.1	552.3	173.7	360.1	50.90	16.00	33.10
2003	1005.2	548.7	152.5	303.9	54.59	15.17	30.24
2004	1026.1	559.3	153.0	313.8	54.51	14.91	30.58
2005	1041.1	560.5	162.7	317.9	53.83	15.64	30.53
2006	1051.2	565.3	168.0	317.8	53.78	15.98	30.23
2007	1081.5	569.3	183.6	328.6	52.64	16.98	30.38
2008	1103.3	556.7	186.2	360.4	50.45	16.88	32.67
2009	1142.5	558.0	193.3	391.2	48.84	16.92	34.24
2010	1184.7	571.0	206.2	407.5	48.20	17.41	34.39
2011	1249.3	573.0	221.5	454.8	45.87	17.73	36.40
2012	1304.9	583.4	236.1	485.4	44.70	18.10	37.20
2013	1408.2	580.9	264.6	562.7	41.25	18.79	39.96
2014	1485.4	582.0	271.4	632.0	39.18	18.27	42.55
2015	1463.7	572.3	249.7	641.7	39.10	17.06	43.84
2016	1474.0	590.5	233.7	649.8	40.06	15.85	44.09

注:1. 2003年以后就业人员中不包括社会自由就业人员。

2. 2004年三次产业就业人员和构成按相关数据进行了调整。

a) Social total number of employed persons doesnt include social self-employed persons after 2003.

b) The number of employed persons in tertiary industry and its composition in 2004 is adjusted by relation data.

5-3 分行业城镇单位年末女性就业人员(2016年)

Number of Female Employed in Urban Units at Year-end by Sector(2016)

单位:人 (person)

项目	Item	合计 Total	国有单位 State-owned Units	城镇集体单位 Urban Collective-owned Units	其他单位 Units of Other Types of Ownership
总计	**Total**	**1079433**	**690030**	**25452**	**363951**
按企、事业和机关分组	**Grouped by Enterprises, Institutions and Agencies**				
企业	Enterprises	533270	154711	18728	359831
事业	Institutions	407780	398939	6709	2132
机关	Agencies & Organizations	136178	135981		197
按国民经济行业分组	**Grouped by Sector**				
农、林、牧、渔业	Farming, Forestry, Animal Husbandry and Fishery	76185	72940	112	3133
采矿业	Mining	24567	4377	199	19991
制造业	Manufacturing	127597	4793	2578	120226
电力、燃气及水的生产和供应业	Production & Supply of Electric Power, Gas and Water	41951	11308	237	30406
建筑业	Construction	27204	1602	1295	24307
批发和零售业	Wholesale and Retail Trade	43575	6147	567	36861
交通运输、仓储和邮政业	Transportation, Storage and Postal Services	56923	37740	780	18403
住宿和餐饮业	Quarters and Catering	21669	2977	240	18452
信息传输、软件和信息技术服务业	Information Transmission, Software and IT Services	24075	7570	20	16485
金融业	Banking	64279	22858	12068	29353
房地产业	Real Estate	24024	2218	39	21767
租赁和商务服务业	Leasing and Commercial Services	13769	6509	239	7021
科学研究和技术服务业	Scientific and Technical Services	19454	14339	90	5025
水利、环境和公共设施管理业	Water Conservancy, Environment and Public Facilities Administration	36529	32144	1167	3218
居民服务、修理和其他服务业	Resident Services, Repairs and Other Services	3526	2017	538	971
教育	Education	204632	200335	225	4072
卫生和社会工作	Health and Social Work	96750	88720	5047	2983
文化、体育和娱乐业	Culture, Sports & Recreational Services	17204	16095	11	1098
公共管理、社会保障和社会组织	Public Administration, Social Security and Social Organizations	155520	155341		179
国际组织	International Organizations				

5 -4 按登记注册类型和城乡划分的年末就业人员

单位:万人

年份 Year	总计 Total	城镇 合计 Sub - total	# 国有单位 State - owned Units	# 集体单位 Collective - owned Units	# 股份合作单位 Share Holding Units	# 联营单位 Joint - owned Units	# 有限责任公司 Limited Liability Corporations	# 股份有限公司 Share - holding Corporations Ltd.
1965	476.8	101.2	86.5	13.4				
1970	524.4	124.8	110.9	13.9				
1975	607.5	176.9	143.8	32.9				
1978	652.8	227.8	183.2	44.4				
1980	698.4	225.4	200.6	53.7				
1985	856.6	335.6	241.4	79.0				
1987	891.0	359.7	260.2	82.5		0.1		
1988	909.7	373.3	268.3	84.7		0.2		
1989	910.3	375.4	271.0	86.0		0.3		
1990	924.6	386.6	282.3	87.0		0.4		
1991	962.9	404.2	293.2	89.3		0.6		
1992	976.0	415.7	302.1	89.6		1.0		
1993	1008.2	434.2	301.1	87.4	1.2	0.3		
1994	1033.4	453.8	301.7	76.1	5.0	0.4		
1995	1029.4	440.0	302.3	70.8	5.9	0.3		
1996	1039.0	434.7	302.1	66.8	5.9	0.3		
1997	1050.3	444.9	291.9	59.4	7.1	0.2		
1998	1050.3	443.4	252.4	45.7	2.9	0.8	18.1	6.9
1999	1056.7	435.7	232.4	37.8	2.9	0.9	23.4	8.0
2000	1061.6	430.1	201.1	25.6	2.9	0.6	26.0	8.2
2001	1067.0	434.5	188.9	20.5	2.2	0.5	29.3	9.3
2002	1086.1	435.6	177.8	17.7	1.9	0.4	34.4	11.1
2003	1005.2	352.9	169.2	15.8	2.0	0.3	40.2	12.0
2004	1026.1	350.3	166.6	13.5	1.7	0.3	43.3	13.0
2005	1041.1	350.3	162.0	12.4	1.8	0.3	47.0	14.3
2006	1051.2	365.0	160.5	11.5	1.5	0.3	49.3	14.3
2007	1081.5	383.5	162.0	11.1	1.9	0.3	48.1	17.7
2008	1103.3	414.9	163.5	10.1	1.4	0.3	45.5	18.3
2009	1142.5	439.5	166.7	9.2	1.9	0.2	44.5	17.9
2010	1184.7	465.2	169.4	8.9	2.1	0.2	45.5	17.8
2011	1249.3	517.1	173.1	8.5	1.5	0.2	53.7	19.6
2012	1304.9	562.6	176.3	8.5	2.4	0.2	56.6	20.1
2013	1408.2	665.4	170.8	7.3	2.0	0.1	91.4	22.8
2014	1485.4	738.8	168.1	6.3	1.1	0.2	92.0	23.7
2015	1463.7	725.7	168.0	5.9	0.9	0.1	90.8	23.3
2016	1474.0	720.7	167.8	5.8	0.7	0.1	87.2	22.9

Number of Employed Persons at Year – end by Status of Registration and Residence in Urban and Rural Areas

(10 000 persons)

Urban Area				乡村 Rural Area		
# 私营企业 Private Enterprises	# 港澳台商投资单位 Economic Units Funded by Entrepreneurs from Hong Kong, Macao and Taiwan	# 外商投资单位 Foreign Funded Economic Units	# 个 体 Self – employed individuals	合 计 Sub – total	# 私营企业 Private Enterprises	# 个 体 Self – employed Individuals
			1.3	375.6		
				399.6		
			0.2	430.6		
			0.2	425.0		
			1.1	443.0		
			15.2	521.0		
			16.9	531.3		
			20.1	536.4		
			18.1	534.9		
			16.9	538.0		
			21.1	558.7		
			23.0	560.3		
3.8	1.0	1.1	28.7	574.0		
5.5	1.4	1.7	38.1	579.6		
7.6	2.0	2.2	36.7	589.4	2.5	26.6
10.8	1.9	2.7	40.7	604.3	3.2	32.9
14.0	2.1	2.8	57.9	605.4	3.7	37.1
23.0	2.3	1.7	73.2	606.9	5.9	48.8
25.1	2.0	2.1	88.0	621.0	13.6	59.7
28.6	1.7	2.2	88.2	631.5	12.8	71.5
30.4	1.7	1.8	96.2	632.5	15.2	73.7
29.0	1.8	2.0	87.9	650.5	22.8	77.6
35.7	1.7	2.5	72.8	652.3	15.6	35.6
44.2	1.1	2.7	56.1	675.8	17.0	21.8
47.1	1.6	2.5	60.2	690.8	21.1	22.1
53.3	1.3	2.7	69.0	686.2	20.3	18.8
61.8	1.5	2.7	75.2	698.0	21.1	18.4
80.4	1.4	2.8	89.6	688.4	18.0	20.1
89.2	1.5	2.9	104.5	703.0	16.2	24.4
103.1	1.6	2.8	113.0	719.5	18.4	24.4
117.4	1.7	3.1	137.3	732.2	18.2	28.6
133.5	2.4	3.1	158.3	742.3	20.1	49.4
144.8	2.2	5.4	216.7	742.8	50.9	55.0
173.2	2.4	6.3	264.1	746.6	34.7	50.7
168.1	2.5	5.5	259.3	738.1		
176.8	2.4	5.0	250.6	753.3		

5-5 分行业年末职工(2016年)

Number of Staff and Workers at Year-end by Sector(2016)

单位:人 (person)

项 目	Item	合 计 Total	国有单位 State-owned Units	城镇集体单位 Urban Collective-owned Unit	其他单位 Units of Other Types of Ownership
总 计	**National Total**	**2844206**	**1637056**	**56798**	**1150352**
按企、事业和机关分组	**Grouped by Enterprises, Institutions and Agencies**				
企业	Enterprises	1673582	487007	43668	1142907
事业	Institutions	773127	756087	13099	3941
机关	Agencies & Organizations	393742	393005		737
按国民经济行业分组	**Grouped by Sector**				
农、林、牧、渔业	**Farming, Forestry, Animal Husbandry and Fishery**	**220094**	**212642**	**565**	**6887**
农业	Farming	97928	96306	255	1367
林业	Forestry	71107	71031		76
畜牧业	Animal Husbandry	24257	19543	53	4661
渔业	Fishery	2267	2256		11
农、林、牧、渔服务业	Agricultural Services	24535	23506	257	772
采矿业	**Mining**	**162497**	**30144**	**1412**	**130941**
制造业	**Manufacturing**	**430022**	**20124**	**6194**	**403704**
电力、燃气及水的生产和供应业	**Production and Supply of Electric Power, Gas and Water**	**143232**	**40699**	**675**	**101858**
建筑业	**Construction**	**176984**	**6460**	**2990**	**167534**
房屋建筑业	Housing Construction	114716	3838	2265	108613
土木工程建筑业	Civil Engineering Construction	53447	2392	529	50526
建筑安装业	Installation of Buildings	6057	230	196	5631
建筑装饰和其他建筑业	Decoration of Buildings and Other Construction	2764			2764
批发和零售业	**Wholesale & Retail Trade**	**87153**	**16451**	**1417**	**69285**
批发业	Wholesale Trade	28650	11818	380	16452
零售业	Retail Trade	58503	4633	1037	52833
交通运输、仓储和邮政业	**Transportation, Storage and Postal Services"**	**221713**	**162587**	**5351**	**53775**
铁路运输业	Railway Transport	121133	110781	4922	5430
道路运输业	Roadway Transport	67372	30284	178	36910
水上运输业	Water transport	19	19		
航空运输业	Air Transport	4483	585		3898
管道运输业	Pipeline Transport	90			90
装卸搬运和运输代理业	Handling and transportation	2257	179	251	1827
仓储业	Storage	5297	3904		1393
邮政业	Postal Services	21062	16835		4227
住宿和餐饮业	**Quarters and Catering**	**36313**	**5099**	**470**	**30744**
住宿业	Quarters	19725	3787	278	15660
餐饮业	Catering	16588	1312	192	15084
信息传输、软件和信息技术服务业	**Information Transmission, Software and IT Services**	**47859**	**15118**	**25**	**32716**
电信、广播电视和卫星传输服务	Telecommunications, Radio and Television ,Satellite Transmission Services	45370	14607		30763
互联网和相关服务	Internet and Related Services	472	199		273
软件和信息技术服务业	Software and IT Services	2017	312	25	1680

5－5 续表 continued

单位:人 (person)

项 目	Item	合计 Total	国有单位 State－owned Units	城镇集体单位 Urban Collective－owned Unit	其他单位 Units of Other Types of Ownership
金融业	**Finance**	**103721**	**40310**	**23090**	**40321**
货币金融服务业	Monetary and Financial Services	85880	33412	23090	29378
资本市场服务业	Capital Market Services	716	306		410
保险业	Insurance	16708	6313		10395
其他金融活动	Others	417	279		138
房地产业	**Real Estate**	**53444**	**5064**	**59**	**48321**
租赁和商务服务业	**Leasing and Commercial Services**	**39497**	**14300**	**717**	**24480**
租赁业	Leasing Services	498	34		464
商务服务业	Commercial Services	38999	14266	717	24016
科学研究、技术服务业	**Scientific and Technical Services**	**57164**	**39339**	**604**	**17221**
研究与试验发展	Research and Development	5599	5253		346
专业技术服务业	Special Technical Services	43304	28288	604	14412
科技推广和应用服务业	Science and Technology Popularization and Application Services	8261	5798		2463
水利、环境和公共设施管理业	**Water Conservancy, Environment and Public Facilities Administration**	**78207**	**68146**	**2494**	**7567**
水利管理业	Water Conservancy	14424	13774	89	561
生态保护和环境治理业	Ecological Protection and Environmental Management	3774	3734		40
公共设施管理业	Public Facilities Administration	60009	50638	2405	6966
居民服务、修理和其他服务业	**Resident Services, Repairs and Other Services**	**7916**	**5014**	**957**	**1945**
居民服务业	Resident Services	4831	3660	319	852
机动车、电子产品和日用产品修理业	Motor Vehicles, Electronics and Household Goods Repair Services	361	20	13	328
其他服务业	Other Services	2724	1334	625	765
教育	**Education**	**347013**	**340284**	**380**	**6349**
卫生和社会工作	**Health and Social Work**	**151593**	**137942**	**9369**	**4282**
卫生	Health	147100	133978	9310	3812
社会工作	Social Work	4493	3964	59	470
文化、体育和娱乐业	**Culture, Sports and Recreational Services**	**34465**	**32280**	**29**	**2156**
新闻出版业	Press	7372	6956		416
广播、电视、电影和影视录音制作业	Radio, Television, Film and Video Recording Industry	10536	10063	28	445
文化艺术业	Culture and Arts	14153	13813	1	339
体育	Sports	1183	1078		105
娱乐业	Recreational Services	1221	370		851
公共管理、社会保障和社会组织	**Public Administration ,Social Security and Social Organizations**	**445319**	**445053**		**266**
中国共产党机关	Chinese Communist Party Agencies	19803	19803		
国家机构	Government Agencies	404784	404784		
人民政协、民主党派	People's Politics Consultative Conference and Democratic Parties	3405	3405		
社会保障	Social Security	5027	5027		
群众社团、社会团体和其他成员组织	Mass society, Social Organizations and Other Organizations	11996	11730		266

5－6 私营企业年末就业人员(2016 年)

Number of Employed Persons in Private Enterprises at Year－end(2016)

单位:户、人 (household)(person)

项　目	Item	合计 Total			# 城镇 Urban Areas		
		户数 Number of Enter－prises	就业人员 Number of Empl－oyed Persons	#投资者 Empl－oyers	户数 Number of Enter－prises	就业人员 Number of Empl－oyed Persons	#投资者 Empl－oyers
总 计	**Total**	**285438**	**2207676**	**516549**	**235265**	**1768113**	**452414**
农、林、牧、渔业	Farming, Forestry, Animal Husbandry and Fishery	17973	128012	32916	10825	65102	21577
采矿业	Mining	3778	59415	7773	2628	33352	5592
制造业	Manufacturing	22218	282111	48969	17262	207911	39281
电力、燃气及水的生产和供应业	Production & Supply of Electric Power, Gas and Water	2332	24999	4790	1809	19737	3902
建筑业	Construction	18394	143393	34479	16363	124686	31386
批发和零售业	Wholesale and Retail Trade	112079	800526	187057	93669	663874	167056
交通运输、仓储和邮政业	Transportation, Storage and Postal Services	10333	75649	18484	7780	58148	15973
住宿和餐饮业	Quarters and Catering	4786	45280	8379	3991	37330	7544
信息传输、软件和信息技术服务业	Information Transmission, Software and IT Services	11035	63549	18204	9888	56952	16965
金融业	Banking	3790	38308	8127	1789	25052	7627
房地产业	Real Estate	10288	79674	20857	9047	69980	19701
租赁和商务服务业	Leasing and Commercial Services	38535	261565	71816	33692	227257	66017
科学研究和技术服务业	Scientific and Technical Services	8904	61577	18408	8016	54301	17300
水利、环境和公共设施管理业	Water Conservancy, Environment and Public Facilities Administration	2048	14640	3913	1810	12012	3434
居民服务、修理和其他服务业	Resident Services, Repairs and Other Services	12546	85364	21120	10886	73283	18621
教育	Education	1526	10793	2594	1374	9659	2407
卫生和社会工作	Health and Social Work	431	5364	747	377	4790	690
文化、体育和娱乐业	Culture, Sports & Recreational Services	4396	24793	7297	4021	22023	6722
其他行业	Others	46	2664	619	38	2664	619

注:本资料由工商部门提供。

a)The Statistics are provided by the Department of Industry and Commerce.

5－7 个体年末就业人员(2016 年)

Number of Self－employed Individuals at Year－end(2016)

单位：户、人 (household)(person)

项 目	Item	合 计 Total		# 城 镇 Urban Areas	
		户 数 Number of Households	就业人员 Number of Employed Individuals	户 数 Number of Households	就业人员 Number of Employed Individuals
总 计	**Total**	**1341589**	**3044929**	**1111957**	**2506466**
农、林、牧、渔业	Farming, Forestry, Animal Husbandry and Fishery	22593	55447	9771	28283
采矿业	Mining	946	4048	460	1771
制造业	Manufacturing	54388	147129	41168	87626
电力、燃气及水的生产和供应业	Production & Supply of Electric Power, Gas and Water	125	2785	80	2685
建筑业	Construction	2036	10008	1596	8423
批发和零售业	Wholesale and Retail Trade	761650	1694361	631946	1395002
交通运输、仓储和邮政业	Transportation, Storage and Postal Services	56943	99648	48874	79229
住宿和餐饮业	Quarters and Catering	185164	497203	157590	432611
信息传输、软件和信息技术服务业	Information Transmission, Software and IT Services	11841	19128	9574	16082
金融业	Banking				
房地产业	Real Estate	909	2577	851	2491
租赁和商务服务业	Leasing and Commercial Services	13096	25175	11416	18399
科学研究和技术服务业	Scientific and Technical Services	3896	7212	3500	6578
水利、环境和公共设施管理业	Water Conservancy, Environment and Public Facilities Administration	210	553	170	366
居民服务、修理和其他服务业	Resident Services, Repairs and Other Services	209766	433514	178797	384441
教育	Education	2478	6893	2271	6284
卫生和社会工作	Health and Social Work	5625	12810	5128	11905
文化、体育和娱乐业	Culture, Sports & Recreational Services	9694	21595	8556	19501
其他行业	Others	229	4843	209	4789

注：本资料由工商部门提供。

a) The Statistics are provided by the Department of Industry and Commerce.

5-8 城镇就业及失业人数

Employment and Unemployment in Urban Areas

年份 Year	当年需要安置人数(人) Number of Need Settled down(person)	登记失业人员当年就业人数(人) Registered unemployed persons in employment this year (person)	年末城镇失业人数(人) Unemployment at year-end(person)		失业女性占城镇失业人数(%) Percentage of Female Unemployed Persons to Total Unemployed Persons In Urban Areas	登记失业率(%) Registered Unemploy-ment Rate in Urban Areas
			合计 Tota	#女性 Female		
1980	429100	202696	367280			12.62
1981	464100	344573	283181			9.39
1982	488300	202958	285369			9.11
1983	464100	179283	267539			8.18
1984	427500	198995	177568			5.34
1985	335600	178336	138773			3.97
1986	347000	207440	127726			3.51
1987	307800	161514	129753			3.48
1988	268100	140598	123579			3.69
1989	266700	116515	143681			3.78
1990	282800	124582	151916			3.49
1991	292500	140710	146319			2.68
1992	275300	154848	114894			3.49
1993	226400	107653	113405			2.62
1994	215400	88637	123660			2.86
1995	232084	87033	139713			3.17
1996	263436	86341	144107	79201	54.96	3.47
1997	258299	105927	145253	85024	58.54	3.40
1998	265256	115162	131138	70463	53.73	3.13
1999	222695	96002	123858	61124	49.35	3.10
2000	239620	106020	126478	66932	52.92	3.34
2001	274460	116527	144687	74641	51.59	3.65
2002	345500	174300	162700	83703	51.45	4.10
2003	406755	215118	175889	93556	53.19	4.50
2004	430454	245309	185118	96233	51.98	4.59
2005	451039	261359	177483	81080	45.68	4.26
2006	527624	320781	179786	88842	49.42	4.13
2007	511642	319431	184573	98785	53.52	4.00
2008	513101	314011	199167	97800	49.10	4.10
2009	492987	290897	201428	103173	51.22	4.05
2010	513615	303436	208110	85596	41.13	3.90
2011	484723	266418	218289	96117	44.03	3.80
2012	525613	294336	231277	106106	45.88	3.73
2013	479820	241773	238047	103627	43.53	3.66
2014	470258	222582	247676	116690	47.11	3.59
2015	498667	239973	258694	109340	42.27	3.65
2016	497417	230283	267134	114923	43.02	3.65

注:1.本表资料由人力资源和社会保障厅提供。

2.2011年及以前,登记失业人员当年就业人数为当年就业人数。

a) The Statistics are provided by the Bureau of human resources and social security

b) Before 2011, registered unemployed persons in employment is employed persons in that very year.

5-9 职工工资总额和指数

Total Wages of Staff and Workers and Related Index

年份 Year	工资总额(万元) Total Wages(10 000 yuan)				指数(上年=100) Index(preceding year=100)			
	总计 Total	国有单位 State-owned Units	城镇集体单位 Urban Collective-owned Units	其他单位 Units of Other Types of Ownership	总计 Total	国有单位 State-owned Units	城镇集体单位 Urban Collective owned Units	其他单位 Units of other Types of Ownership
1965	70670	63788	6882		102.7	102.7	102.7	
1970	77531	71047	6484		102.2	102.2	102.2	
1975	111072	99489	11583		100.9	100.9	101.7	
1978	149779	128019	21760		112.7	115.5	98.6	
1980	198255	164897	33358		110.0	109.0	115.0	
1981	210486	175079	35407		104.2	104.2	104.2	
1982	230005	189964	40041		107.4	106.7	111.2	
1983	247989	203182	44807		106.5	105.7	110.6	
1984	292787	234455	58332		112.5	110.0	124.1	
1985	339534	271875	67619	40	106.5	106.5	106.4	
1986	405310	324839	80423	48	113.1	113.3	112.7	113.8
1987	436260	350557	85628	75	99.2	99.5	98.1	143.2
1988	531584	429383	102028	173	104.1	104.7	101.8	196.5
1989	589385	475264	113791	330	96.2	96.0	96.7	165.4
1990	662156	540255	121270	631	110.4	111.7	104.7	187.9
1991	755609	615184	139230	1194	107.7	107.4	108.3	178.6
1992	897992	735751	160172	2069	109.3	110.0	105.8	159.3
1993	1090634	894747	185691	10196	104.3	104.5	99.6	423.4
1994	1410664	1178947	201545	30172	104.1	106.0	87.3	238.1
1995	1561199	1312079	208706	40414	94.5	95.0	88.4	114.4
1996	1758549	1483936	227478	47136	104.6	105.1	101.3	108.4
1997	1853641	1586052	210134	57455	100.8	102.2	88.3	116.5
1998	1747030	1375390	161525	210115	96.2	88.5	77.9	376.2
1999	1779688	1379154	141567	258967	101.6	100.0	87.3	122.9
2000	1859617	1442792	125315	291510	103.2	103.3	87.4	111.1
2001	2105277	1633364	121820	350093	118.3	118.4	86.1	135.2
2002	2374765	1791830	112018	470918	112.8	109.7	92.0	134.5
2003	2723285	1988162	115527	619597	114.7	111.0	103.1	131.6
2004	3230903	2339836	122021	769046	118.6	117.7	105.6	124.1
2005	3877342	2656826	136088	1084428	120.0	113.5	111.5	141.0
2006	4469480	3078254	141470	1249756	115.3	115.9	104.0	115.3
2007	5365887	3660690	159016	1546181	120.1	118.9	112.4	123.7
2008	6384902	4402592	190267	1792043	119.0	120.3	119.7	115.9
2009	7535111	5338087	227203	1969821	118.0	121.3	119.4	109.9
2010	8798003	6252755	261116	2284132	116.8	117.1	114.9	116.0
2011	11085738	7577309	322083	3186346	126.0	121.2	123.3	139.5
2012	12805461	8652112	373904	3779445	115.5	114.2	116.1	118.6
2013	15633371	9118184	359931	6155256	122.1	105.4	96.3	162.9
2014	16362974	9363412	325262	6674300	104.7	102.7	90.4	108.4
2015	17067037	10217897	327067	6522073	104.3	109.1	100.6	97.7
2016	17957142	10962539	352843	6641759	105.2	107.3	107.9	101.8

注:1998 年及以后职工工资总额为在岗职工的工资总额。

a) Data on total wages since1998 refer to wages of fully employed staff and workers.

5-10 职工平均工资及指数

Average Wages of Staff and Workers and Related Index

年份 Year	职工平均工资(元) Average Wages(yuan)				指数(上年=100) Index(preceding year=100)			
	总计 Total	国有单位 State-owned Units	城镇集体单位 Urban Collective-owned Units	其他单位 Units of Other Types of Ownership	总计 Total	国有单位 State-owned Units	城镇集体单位 Urban Collective-owned Units	其他单位 Units of other Types of Ownership
1965	728	751	544					
1970	648	671	475					
1975	667	707	495					
1978	712	749	563		100.0	105.1	102.1	
1980	796	839	635		104.8	105.4	103.4	
1981	807	851	642		99.5	99.5	99.2	
1982	826	869	669		100.6	100.4	102.5	
1983	862	903	714		103.1	102.7	105.5	
1984	986	1047	801		109.0	110.5	106.9	
1985	1095	1169	872	1023	102.0	102.5	100.0	
1986	1239	1325	982	1034	107.3	107.4	106.7	95.8
1987	1301	1410	1053	1000	96.8	98.1	98.8	89.1
1988	1548	1641	1251	1105	101.7	99.5	101.5	94.4
1989	1685	1779	1381	1451	94.4	94.0	95.7	113.9
1990	1846	1971	1441	1858	107.6	108.8	102.5	125.8
1991	2012	2148	1573	1984	102.8	102.8	103.0	100.7
1992	2339	2493	1823	2292	106.9	106.8	106.6	106.3
1993	2796	2998	2107	2940	102.7	103.2	99.3	110.2
1994	3675	3942	2667	3299	105.7	105.8	101.9	90.3
1995	4134	4407	3001	3906	96.1	95.5	96.1	101.1
1996	4716	4996	3508	4283	106.0	105.4	108.6	102.0
1997	5124	5462	3551	4687	103.9	104.5	96.8	104.6
1998	5792	5979	4184	6367	102.9	101.5	99.5	119.3
1999	6347	6580	4548	6526	109.3	109.7	108.4	102.2
2000	6974	7261	4826	6947	108.5	108.9	104.8	105.1
2001	8250	8737	5525	7579	117.6	119.6	113.8	108.4
2002	9683	10287	6431	8777	116.4	116.8	115.4	114.9
2003	11279	11929	7620	10391	114.8	114.2	116.7	116.6
2004	13324	14209	9010	11965	115.2	116.2	115.4	112.3
2005	15985	16598	10804	15514	120.0	116.8	119.9	129.7
2006	18469	19386	12469	17391	115.5	116.8	115.4	112.1
2007	21884	22822	14338	20980	118.5	117.7	115.0	120.6
2008	26114	27316	18809	24476	119.3	119.7	131.2	116.7
2009	30699	32326	24344	27750	117.6	118.3	129.4	113.4
2010	35507	37602	29822	31402	115.7	116.3	122.5	113.2
2011	41481	44143	37963	36578	116.8	117.4	127.3	116.5
2012	47053	49680	46309	42032	113.4	112.5	122.0	114.9
2013	51388	54592	52107	47243	109.2	109.9	112.5	112.4
2014	54460	56987	55159	51241	106.0	104.4	105.9	108.5
2015	57870	62059	58679	52303	106.3	108.9	106.4	102.1
2016	61994	67038	61963	55147	107.1	108.0	105.6	105.4

5-11 分行业全部在岗职工平均工资

Average Wage of All Staff and Workers Being on Duty by Sector

单位:元 (yuan)

项 目	Item	2015	2016	2016年比2015年增长(%) Increase Rate in 2016over 2015(%)
总 计	**Total**	**57870**	**61994**	**7.1**
按企、事业和机关分组	**Grouped by Enterprises, Institutions & Agencies**			
企业	Enterprises	54366	57646	6.0
事业	Institutions	63217	68047	7.6
机关	Agencies & Organizations	63557	69334	9.1
按国民经济行业分组	**Grouped by Sector**			
农、林、牧、渔业	Farming, Forestry, Animal Husbandry and Fishery	36095	38298	6.1
采矿业	Mining	69216	73073	5.6
制造业	Manufacturing	50937	54025	6.1
电力、燃气及水的生产和供应业	Production & Supply of Electric Power, Gas and Water	74525	79426	6.6
建筑业	Construction	40935	43112	5.3
批发和零售业	Wholesale and Retail Trade	46348	49255	6.3
交通运输、仓储和邮政业	Transportation, Storage and Postal Services	64820	68306	5.4
住宿和餐饮业	Quarters and Catering	36463	37695	3.4
信息传输、软件和信息技术服务业	Information Transmission, Software and IT Services	65850	67858	3.0
金融业	Banking	80364	83823	4.3
房地产业	Real Estate	42421	44271	4.4
租赁和商务服务业	Leasing and Commercial Services	47425	47418	0.0
科学研究和技术服务业	Scientific and Technical Services	63816	65861	3.2
水利、环境和公共设施管理业	Water Conservancy, Environment and Public Facilities Administration	42551	42844	0.7
居民服务、修理和其他服务业	Resident Services, Repairs and Other Services	41405	38820	-6.2
教育	Education	71844	77726	8.2
卫生和社会工作	Health and Social Work	63305	69211	9.3
文化、体育和娱乐业	Culture, Sports & Recreational Services	61421	65970	7.4
公共管理、社会保障和社会组织	Public Administration ,Social Security and Social Organizations	63075	68710	8.9
国际组织	International Organizations			

5－12 分行业职工平均工资(2016 年)

Average Wage of Staff and Workers by Sector(2016)

单位:元 (yuan)

项 目	Item	合 计 Total	国有单位 State－owned Units	城镇集体单位 Urban Collective－owned Units	其他单位 Units of Other Types of Ownership
总 计	**Total**	**61994**	**67038**	**61963**	**55147**
按企、事业和机关分组	**Grouped by Enterprises, Institutions & Agencies**				
企业	Enterprises	57646	63034	65861	55151
事业	Institutions	68047	68396	48941	64403
机关	Agencies & Organizations	69334	69424		21781
按国民经济行业分组	**Grouped by Sector**				
农、林、牧、渔业	Farming, Forestry, Animal Husbandry and Fishery	38298	38518	25288	32521
采矿业	Mining	73073	99658	42100	66925
制造业	Manufacturing	54025	76985	31493	53220
电力、燃气及水的生产和供应业	Production & Supply of Electric Power, Gas and Water	79426	77251	36778	80584
建筑业	Construction	43112	58667	26932	42886
批发和零售业	Wholesale and Retail Trade	49255	69028	32208	44887
交通运输、仓储和邮政业	Transportation, Storage and Postal Services	68306	74295	42055	52605
住宿和餐饮业	Quarters and Catering	37695	37156	28287	37929
信息传输、软件和信息技术服务业	Information Transmission, Software and IT Services	67858	60031	31267	71424
金融业	Banking	83823	78765	93014	83622
房地产业	Real Estate	44271	63297	36862	42260
租赁和商务服务业	Leasing and Commercial Services	47418	51567	52608	44787
科学研究和技术服务业	Scientific and Technical Services	65861	64900	25937	69496
水利、环境和公共设施管理业	Water Conservancy, Environment and Public Facilities Administration	42844	43014	23364	47495
居民服务、修理和其他服务业	Resident Services, Repairs and Other Services	38820	43673	21392	36114
教育	Education	77726	78263	70405	49141
卫生和社会工作	Health and Social Work	69211	70626	58801	46489
文化、体育和娱乐业	Culture, Sports & Recreational Services	65970	66648	57000	55149
公共管理、社会保障和社会组织	Public Administration ,Social Security and Social Organizations	68710	68721		50238
国际组织	International Organizations				

5-13 国有单位年末就业人员和劳动报酬(2016年)

Employed Persons at Year-end & Earnings in State-owned Units(2016)

项 目	Item	就业人员(人) Number of Employed (person)	#女性 Female	在就业人员中 In Employed Persons #在岗职工(人) Fully Employed Staff & Workers (person)	#其他从业人员(人) Other Employed Persons
总 计	**Total**	**1678313**	**690030**	**1637056**	**41257**
按企、事业和机关分组	**Grouped by Enterprises, Institutions & Agencies**				
企业	Enterprises	503188	154711	487007	16181
事业	Institutions	773188	398939	756087	17101
机关	Agencies & Organizations	400970	135981	393005	7965
按国民经济行业分组	**Grouped by Sector**				
农、林、牧、渔业	Farming, Forestry, Animal Husbandry and Fishery	220595	72940	212642	7953
采矿业	Mining	30277	4377	30144	133
制造业	Manufacturing	20361	4793	20124	237
电力、燃气及水的生产和供应业	Production & Supply of Electric Power, Gas and Water	41773	11308	40699	1074
建筑业	Construction	6694	1602	6460	234
批发和零售业	Wholesale and Retail Trade	16884	6147	16451	433
交通运输、仓储和邮政业	Transportation, Storage and Postal Services	165788	37740	162587	3201
住宿和餐饮业	Quarters and Catering	5110	2977	5099	11
信息传输、软件和信息技术服务业	Information Transmission, Software and IT Services	15463	7570	15118	345
金融业	Banking	42973	22858	40310	2663
房地产业	Real Estate	5080	2218	5064	16
租赁和商务服务业	Leasing and Commercial Services	16354	6509	14300	2054
科学研究和技术服务业	Scientific and Technical Services	39946	14339	39339	607
水利、环境和公共设施管理业	Water Conservancy, Environment and Public Facilities Administration	71966	32144	68146	3820
居民服务、修理和其他服务业	Resident Services, Repairs and Other Services	5336	2017	5014	322
教育	Education	343746	200335	340284	3462
卫生和社会工作	Health and Social Work	143168	88720	137942	5226
文化、体育和娱乐业	Culture, Sports & Recreational Services	32885	16095	32280	605
公共管理、社会保障和社会组织	Public Administration ,Social Security and Social Organizations	453914	155341	445053	8861
国际组织	International Organizations				

5-13 续表 continued

单位:万元 (10 000 yuan)

行业	Sector	单位从业人员劳动报酬 Total Remune-ration	在岗职工工资总额 Wages of Fully Employed Staff & Workers	其他从业人员劳动报酬 Remune-ration for Other Employed Persons
总 计	**Total**	**11066123**	**10962539**	**103585**
按企、事业和机关分组	**Grouped by Enterprises, Institutions & Agencies**			
企业	Enterprises	3112488	3072597	39891
事业	Institutions	5208614	5165461	43153
机关	Agencies & Organizations	2739314	2718843	20470
按国民经济行业分组	**Grouped by Sector**			
农、林、牧、渔业	Farming, Forestry, Animal Husbandry and Fishery	826654	811112	15542
采矿业	Mining	320164	319522	642
制造业	Manufacturing	157492	155948	1544
电力、燃气及水的生产和供应业	Production & Supply of Electric Power, Gas and Water	316126	313416	2710
建筑业	Construction	37939	37160	779
批发和零售业	Wholesale and Retail Trade	115719	113931	1788
交通运输、仓储和邮政业	Transportation, Storage and Postal Services	1225360	1214015	11345
住宿和餐饮业	Quarters and Catering	19276	19250	26
信息传输、软件和信息技术服务业	Information Transmission, Software and IT Services	92144	90874	1270
金融业	Banking	324133	318614	5519
房地产业	Real Estate	32164	32130	34
租赁和商务服务业	Leasing and Commercial Services	75450	74148	1302
科学研究和技术服务业	Scientific and Technical Services	256726	255355	1371
水利、环境和公共设施管理业	Water Conservancy, Environment and Public Facilities Administration	301071	294309	6761
居民服务、修理和其他服务业	Resident Services, Repairs and Other Services	20317	20002	315
教育	Education	2668872	2660137	8735
卫生和社会工作	Health and Social Work	985685	967928	17758
文化、体育和娱乐业	Culture, Sports & Recreational Services	218536	215927	2609
公共管理、社会保障和社会组织	Public Administration ,Social Security and Social Organizations	3072296	3048760	23535
国际组织	International Organizations			

5－14 城镇集体单位年末就业人员和劳动报酬(2016 年)

Employed Persons at Year－end & Earnings in Urban Collective－owned Units(2016)

项 目	Item	就业人员(人) Number of Employed (person)	# 女 性 Female	在就业人员中 In Employed Persons # 在岗职工(人) Fully Employed Staff & Workers (person)	# 其他从业人员(人) Other Employed Persons
总 计	**Total**	**57742**	**25452**	**56798**	**944**
按企、事业和机关分组	**Grouped by Enterprises, Institutions & Agencies**				
企业	Enterprises	44419	18728	43668	751
事业	Institutions	13292	6709	13099	193
机关	Agencies & Organizations				
按国民经济行业分组	**Grouped by Sector**				
农、林、牧、渔业	Farming, Forestry, Animal Husbandry and Fishery	565	112	565	
采矿业	Mining	1412	199	1412	
制造业	Manufacturing	6198	2578	6194	4
电力、燃气及水的生产和供应业	Production & Supply of Electric Power, Gas and Water	675	237	675	
建筑业	Construction	3097	1295	2990	107
批发和零售业	Wholesale and Retail Trade	1426	567	1417	9
交通运输、仓储和邮政业	Transportation, Storage and Postal Services	5351	780	5351	
住宿和餐饮业	Quarters and Catering	472	240	470	2
信息传输、软件和信息技术服务业	Information Transmission, Software and IT Services	25	20	25	
金融业	Banking	23692	12068	23090	602
房地产业	Real Estate	59	39	59	
租赁和商务服务业	Leasing and Commercial Services	720	239	717	3
科学研究和技术服务业	Scientific and Technical Services	604	90	604	
水利、环境和公共设施管理业	Water Conservancy, Environment and Public Facilities Administration	2518	1167	2494	24
居民服务、修理和其他服务业	Resident Services, Repairs and Other Services	981	538	957	24
教育	Education	381	225	380	1
卫生和社会工作	Health and Social Work	9537	5047	9369	168
文化、体育和娱乐业	Culture, Sports & Recreational Services	29	11	29	
公共管理、社会保障和社会组织	Public Administration ,Social Security and Social Organizations				
国际组织	International Organizations				

5 - 14 续表 continued

单位:万元 (10 000 yuan)

行 业	Sector	单位从业人员劳动报酬 Total Remune - ration	在岗职工工资总额 Wages of Fully Employed Staff & Workers	其他从业人员劳动报酬 Remune - ration for Other Employed Persons
总 计	**Total**	**356478**	**352843**	**3634**
按企、事业和机关分组	**Grouped by Enterprises, Institutions & Agencies**			
企业	Enterprises	291938	288808	3129
事业	Institutions	64431	63926	505
机关	Agencies & Organizations			
按国民经济行业分组	**Grouped by Sector**			
农、林、牧、渔业	Farming, Forestry, Animal Husbandry and Fishery	1431	1431	
采矿业	Mining	5831	5831	
制造业	Manufacturing	19500	19390	110
电力、燃气及水的生产和供应业	Production & Supply of Electric Power, Gas and Water	2497	2497	
建筑业	Construction	8597	8058	539
批发和零售业	Wholesale and Retail Trade	4591	4561	30
交通运输、仓储和邮政业	Transportation, Storage and Postal Services	23239	23239	
住宿和餐饮业	Quarters and Catering	1332	1330	3
信息传输、软件和信息技术服务业	Information Transmission, Software and IT Services	94	94	
金融业	Banking	217460	215132	2327
房地产业	Real Estate	240	240	
租赁和商务服务业	Leasing and Commercial Services	3947	3935	11
科学研究和技术服务业	Scientific and Technical Services	1569	1569	
水利、环境和公共设施管理业	Water Conservancy, Environment and Public Facilities Administration	5789	5745	44
居民服务、修理和其他服务业	Resident Services, Repairs and Other Services	2196	2094	102
教育	Education	2678	2675	3
卫生和社会工作	Health and Social Work	55321	54856	466
文化、体育和娱乐业	Culture, Sports & Recreational Services	165	165	
公共管理、社会保障和社会组织	Public Administration ,Social Security and Social Organizations			
国际组织	International Organizations			

5-15 其他单位年末就业人员和劳动报酬(2016 年)

Employed Persons at Year-end and Earnings in other Types of Ownership(2016)

项 目	Item	就业人员(人) Number of Employed (person)	#女性 Female	在就业人员中 In Employed Persons #在岗职工(人) Fully Employed Staff & Workers (person)	#其他从业人员(人) Other Employed Persons
总 计	**Total**	**1196366**	**363951**	**1150352**	**46014**
按企、事业和机关分组	**Grouped by Enterprises, Institutions & Agencies**				
企业	Enterprises	1188688	359831	1142907	45781
事业	Institutions	4173	2132	3941	232
机关	Agencies & Organizations	737	197	737	
按国民经济行业分组	**Grouped by Sector**				
农、林、牧、渔业	Farming, Forestry, Animal Husbandry and Fishery	7685	3133	6887	798
采矿业	Mining	134089	19991	130941	3148
制造业	Manufacturing	411958	120226	403704	8254
电力、燃气及水的生产和供应业	Production & Supply of Electric Power, Gas and Water	103045	30406	101858	1187
建筑业	Construction	179618	24307	167534	12084
批发和零售业	Wholesale and Retail Trade	70811	36861	69285	1526
交通运输、仓储和邮政业	Transportation, Storage and Postal Services	56638	18403	53775	2863
住宿和餐饮业	Quarters and Catering	31356	18452	30744	612
信息传输、软件和信息技术服务业	Information Transmission, Software and IT Services	32998	16485	32716	282
金融业	Banking	51020	29353	40321	10699
房地产业	Real Estate	49661	21767	48321	1340
租赁和商务服务业	Leasing and Commercial Services	25102	7021	24480	622
科学研究和技术服务业	Scientific and Technical Services	18473	5025	17221	1252
水利、环境和公共设施管理业	Water Conservancy, Environment and Public Facilities Administration	8259	3218	7567	692
居民服务、修理和其他服务业	Resident Services, Repairs and Other Services	2023	971	1945	78
教育	Education	6636	4072	6349	287
卫生和社会工作	Health and Social Work	4323	2983	4282	41
文化、体育和娱乐业	Culture, Sports & Recreational Services	2405	1098	2156	249
公共管理、社会保障和社会组织	Public Administration ,Social Security and Social Organizations	266	179	266	
国际组织	International Organizations				

注:本表数据口径为除国有单位、城镇集体单位、私营企业和个体以外的城镇就业人员。

a) Data in the table is the employed in Urban except from State owned Unit 、Urban Collective owned Unit、Private Enterprises and Self-employed Individuals.

5－15 续表 continued

单位:万元 (10 000 yuan)

行 业	Sector	单位从业人员劳动报酬 Total Remune－ration	在岗职工工资总额 Wages of Fully Employed Staff & Workers	其他从业人员劳动报酬 Remune－ration for Other Employed Persons
总 计	**Total**	**6859516**	**6641759**	**217757**
按企、事业和机关分组	**Grouped by Enterprises, Institutions & Agencies**			
企业	Enterprises	6818193	6600852	217342
事业	Institutions	25756	25343	413
机关	Agencies & Organizations	1618	1618	
按国民经济行业分组	**Grouped by Sector**			
农、林、牧、渔业	Farming, Forestry, Animal Husbandry and Fishery	23259	22007	1252
采矿业	Mining	897729	881196	16533
制造业	Manufacturing	2188318	2159040	29278
电力、燃气及水的生产和供应业	Production & Supply of Electric Power, Gas and Water	819928	815076	4851
建筑业	Construction	1038819	947869	90950
批发和零售业	Wholesale and Retail Trade	315265	310526	4739
交通运输、仓储和邮政业	Transportation, Storage and Postal Services	289588	279311	10277
住宿和餐饮业	Quarters and Catering	118216	116474	1742
信息传输、软件和信息技术服务业	Information Transmission, Software and IT Services	240461	239479	983
金融业	Banking	375004	335292	39711
房地产业	Real Estate	205966	201875	4091
租赁和商务服务业	Leasing and Commercial Services	109657	108147	1509
科学研究和技术服务业	Scientific and Technical Services	125809	118470	7338
水利、环境和公共设施管理业	Water Conservancy, Environment and Public Facilities Administration	39881	36999	2882
居民服务、修理和其他服务业	Resident Services, Repairs and Other Services	7049	6891	159
教育	Education	31507	30910	597
卫生和社会工作	Health and Social Work	19988	19809	179
文化、体育和娱乐业	Culture, Sports & Recreational Services	11742	11057	685
公共管理、社会保障和社会组织	Public Administration ,Social Security and Social Organizations	1331	1331	
国际组织	International Organizations			

主要统计指标解释

经济活动人口 指在16岁以上,有劳动能力,参加或要求参加社会经济活动的人口;包括从业人员和失业人员。

从业人员 指从事一定社会劳动并取得劳动报酬或经营收入的人员,包括全部职工、再就业的离退休人员、私营业主、个体户主、私营和个体从业人员、乡镇企业从业人员、农村从业人员、其他从业人员(包括民办教师、宗教职业者、现役军人等)。这一指标反映了一定时期内全部劳动力资源的实际利用情况,是研究我国基本国情国力的重要指标。

各单位的从业人员 指在各级国家机关、政党机关、社会团体及企业、事业单位中工作,取得工资或其他形式的劳动报酬的全部人员。包括在岗职工、再就业的离退休人员、民办教师以及在各单位中工作的外方人员和港澳台方人员、兼职人员、借用的外单位人员和第二职业者。不包括离开本单位仍保留劳动关系的职工。各单位的从业人员反映了各单位实际参加生产或工作的全部劳动力。

城镇私营和个体从业人员 城镇私营从业人员指在工商管理部门注册登记,其经营地址设在县城关镇(含城关镇)以上的私营企业从业人员;包括私营企业投资者和雇工。城镇个体从业人员指在工商管理部门注册登记,并持有城镇户口或在城镇长期居住,经批准从事个体工商经营的从业人员;包括个体经营者和在个体工商户劳动的家庭帮工和雇工。

城镇登记失业人员 指有非农业户口,在一定的劳动年龄内,有劳动能力,无业而要求就业,并在当地就业服务机构进行求职登记的人员。

城镇登记失业率 指城镇登记失业人数同城镇从业人数与城镇登记失业人数之和的比。计算公式为:

城镇登记失业率 = 城镇登记失业人数/(城镇从业人数 + 城镇登记失业人数) × 100%

职工 指在国有经济、城镇集体经济、联营经济、股份制经济、外商和港、澳、台投资经济、其他经济单位及其附属机构工作,并由其支付工资的各类人员,不包括返聘的离退休人员、民办教师、在国有经济单位工作的外方人员和港、澳、台人员(1998年以后的数据均为在岗职工数据,其他相关指标如职工工资总额,职工平均工资等指标也从1998年按此口径进行了相应调整)。

国有单位职工 指在国有经济单位及其附属机构工作,并由其支付工资的各类人员。

城镇集体单位职工 指在城镇集体经济单位及其管理部门工作,并由其支付工资的各类人员。

其他单位职工 指在联营经济、股份制经济、外商投资经济、港、澳、台投资经济单位工作,并由其支付工资的各类人员。

在岗职工 指在本单位工作并由单位支付工资的人员,以及有工作岗位,但由于学习、病伤产假等原因暂未工作,仍由单位支付工资的人员。

职工工资总额 指各单位在一定时期内直接支付给本单位全部职工的劳动报酬总额。工资总额的计算原则应以直接支付给职工的全部劳动报酬为根据。各单位支付给职工的劳动报酬以及其他根据有关规定支付的工资,不论是计入成本的还是不计入成本的,不论是按国家规定列入计征奖金税项目的,还是未列入计征奖金税项目的,不论是以货币形式支付的还是以实物形式支付的,均包括在工资总额内。

奖金 指支付给职工的超额劳动报酬和增收节支的劳动报酬。

津贴和补贴 指为了补偿职工特殊或额外的劳动消耗和因其他特殊原因支付给职工的津贴,以及为了保证职工工资水平不受物价影响支付给职工的物价补贴。

职工平均工资 指企业、事业、机关单位的职工在一定时期内平均每人所得的货币工资额。它表明一定时期职工工资收入的高低程度,是反映职工工资水平的主要指标。计算公式为:

职工平均工资 = 报告期实际支付的全部职工工资总额/报告期全部职工平均人数

职工平均工资指数 指报告期职工平均工资与基期职工平均工资的比率,是反映不同时期职工货币工资水平变动情况的相对数。计算公式为:

职工平均工资指数 = 报告期职工平均工资/基期职工平均工资

职工平均实际工资指数 职工平均实际工资指扣除物价变动因素后的职工平均工资。职工平均实际工资指数是反映实际工资变动情况的相对数,表明职工实际工资水平提高或降低的程度。计算公式为:

职工平均实际工资指数 = 报告期职工平均工资指数/报告期城镇居民消费价格指数 × 100%

Explanatory Notes on Main Statistical Indicators

Economically Active Population refers to the population aged 16 and over who are capable to work, are participating in or willing to participate in economic activities, including employed persons and unemployed persons.

Employees refers to the persons who are engaged in social labor and receive remuneration payment or earn business income, including: total staff and workers, re – employed retirees, employers of private enterprises, self – employed workers, employers in private and individual economy, employees in township, employed persons in the rural areas, and other employed persons (including teachers in the schools run by the local people, people engaged in religious profession and the servicemen, etc.). This indicator reflects the actual utilization of total labor force during a certain period of time and is often used for the research on China′s economic affairs and national power.

Persons Employed in Various Units refer to all the persons working in government agencies of various levels, political and party organizations, social organizations, enterprises and institutions, and receiving wages or other forms of payment. They include fully employed staff and workers, re – employed retirees, teachers in schools run by the local people, foreigners and Chinese compatriots from Hong Kong, Macao and Taiwan working in various units, part time employees, employees of other units working temporarily at current posts, and employees holding the second job, but exclude staff and workers who have left their working units while keeping their labor contract (employment relation) unchanged. This indicator reflects the total number of laborers actually engaged in production or other operations in various units.

Persons – Employed in Private Enterprises and Self Employed Individuals in Urban Areas Persons employed in private enterprises refer to the persons employed in the private enterprises which have been registered at the departments of industrial and commercial administration and are situated at a county town (i. e. a town where the county government is located) for business operation or at urban areas with the level higher than a county town. The self employed individuals in urban areas refer to persons who hold the certificates of residence in urban areas or have resided in the urban areas for a long time and have been registered at the departments of industrial and commercial administration and approved to be engaged in individual industrial or commercial business, including self – employed persons as well as helpers and hired laborers who work in the individual households engaged in industrial or commercial business.

Registered Urban Unemployed Persons The registered unemployed persons in urban areas refer to the persons who are registered as permanent residents in the urban areas engaged in non agricultural activities, aged within the range of working age, capable to labor, unemployed but desirous to be employed and have been registered at the local employment service agencies to apply for a job.

Registered Urban Unemployment Rate Registered unemployment rate in urban areas refers to the ratio of the number of the registered unemployed persons to the sum of the number of employed persons and the registered unemployed persons. The formula is as follows:

Registered urban unemployment rate = number of registered urban unemployed persons / (urban employed person number + registered urban unemployed person number) ×100%

Staff and Workers refer to the persons who work in (and receive payment there from) enterprises and institutions of state ownership, collective ownership, joint ownership, share holding, foreign ownership, and ownership by entrepreneurs from Hong Kong, Macao, and Taiwan, and other types of ownership and their affiliated units, excluding the retired persons invited to work in the units again, teachers in the schools run by the local people and foreigners and persons coming from Hong Kong, Macao, and Taiwan and working in the state owned economic units. (The figures since 1998 refer to those of fully employed staff and workers. Other relative figures since 1998, such as total wages of staff and workers, average wage of staff and workers, etc. , were adjusted according to the standard) .

Staff and Workers in State owned – Economic Units refer to the persons who work in the state owned economic units or their attached units and are listed in their payrolls.

Staff and Workers of Collective Owned Units in Urban Areas refer to the persons who work in collective owned units in urban areas and their administration departments and receive payment there from.

Staff and Workers in Units of Other types of Ownership

refer to those who work in (and receive payment there from) enterprises and institutions of joint ownership, share holding, foreign ownership, and ownership by entrepreneurs from Hong Kong, Macao, and Taiwan.

Fully Employed Staff and Workers refer to persons who work in, and receive wages from their working units, as well as persons who have their work posts, but are temporarily absent from work for reasons of study or on sick, injury or maternal leave and still receive wages from their working units.

Total Wages of Staff and Workers refer to the total remuneration payment to staff and workers in various units during a certain period of time. The calculation of total wages is based on the total remuneration payment to the staff and workers. Therefore, all the wages and salaries and other payments to staff and workers are included in the total wages regardless of their sources, category, and forms (in kind or cash).

Bonus refers to remuneration payment to workers for extra work and for increasing earnings and practicing economy.

Subsidies and Allowances refer to subsidies paid to staff and workers for compensating special or extra labor and allowances paid to staff and workers to offset the impact of inflation on real wages.

Average Wage of Staff and Workers refers to the average wage in money terms per person during a certain period of time for staff and workers in enterprises, institutions, and government agencies, which reflects the

general level of wage income during a certain period of time and is calculated as follows:

Average Wage of Staff and Workers = Total Wages of Staff and Workers in Reference Period / Average Number of Staff and Workers in Reference Period

Index of Average Wage of Staff and Worker refers to the ratio of average wage of staff and workers at the report time to that at the reference time. It reflects the relative changing degree of average wage in money terms at the several of time, which is calculated as following:

Index of Average Wage of Staff and Worker = average wage of staff and workers at the report time / average wage of staff and workers at the reference time

Index of Average Real Wage of Staff and Worker refers to the average wage which has removed the factor of price change. Index of average real wage of staff and worker reflects the relative changing degree of average real wage, and indicates the degree of the rising or declining degree of real wage of staff and worker, which is calculated as following:

Index of Average Real Wage of Staff and Worker = Index of Average Wage of Staff and Worker at the Report Time / Urban Consumer Prices Index at the Report Time × 100%

2017 NEIMENGGU

六、固定资产投资

Investment in Fixed Assets

资料整理：汪欣宇　李楠
Arranged By　Wang Xinyu，Li Nan

6-1 全社会固定资产投资

Total Investment in Fixed Assets

指标	Item	2015	2016	2016年比2015年增长% Increase Rate in 2016 over 2015(%)
投资总额(亿元)	**Total Investment(100 million yuan)**	**13824.76**	**15469.50**	**11.9**
#房地产开发	Real Estate Development	1081.05	1133.48	4.8
按登记注册类型分	Grouped by Status of Registration			
内资投资	Domistic - funded Enterprises	13528.41	15081.82	11.5
国有	State - owned Units	5403.82	6807.09	26.0
集体	Collective - owned Units	124.01	162.19	30.8
股份合作	Cooperative Units	19.50	48.62	149.3
联营	Joint - ownership Economic Units	27.93	19.13	-31.5
#国有联营	State Joint - ownership Economic Units	23.88	2.10	-91.2
集体联营	Collective Joint - ownership Enterprises	0.49	4.84	887.8
国有与集体联营	Joint State - collective	0.99	2.67	169.7
有限责任公司	Limited Liability Corporations	4716.38	4499.20	-4.6
#国有独资	Exclusive State - funded	241.90	668.11	176.2
股份有限公司	Share - holding Corporations	577.02	357.47	-38.0
私营	Private Enterprises	2332.35	2908.80	24.7
其他	Others	327.40	279.31	-14.7
港澳台商投资	Economic Units Funded by Entrepreneurs from Hong Kong. Macao and Taiwan	43.36	28.51	-34.2
外商投资	Foreign Funded Economic Units	30.61	107.63	251.6
个人投资	Individuals	222.37	251.54	13.1
#农村个人(农户)	Rural Individuals	173.07	186.05	7.5
按资金来源分	Grouped by Source of Funds			
国家预算内资金	State Budgetary Appropriation	705.84	1094.36	55.0
国内贷款	Domestic Loans	1750.89	1924.31	9.9
利用外资	Foreign Investment	6.86	1.49	-78.3
自筹资金	Fund Raising	10540.06	10433.86	-1.0
其他资金	Others	673.97	975.44	44.7
按构成分	Grouped by Use of Funds			
建筑安装工程	Construction and Installation	9802.78	11356.93	15.9
设备工器具购置	Purchase of Equipment and Instruments	3326.79	3006.15	-9.6
其他费用	Others	695.19	1106.41	59.2
房屋建筑面积(万平方米)	**Floor Space of Buildings**(10 000 sq. m)			
施工面积	Floor Space under Construction	23619.48	21071.19	-10.8
竣工面积	Floor Space Completed	4506.60	4343.55	-3.6
#住宅	Residential Buildings	2713.09	2010.32	-25.9

注:1. 按资金来源分组为财务拨款数,各项相加不等于投资总额。以下各表同。

2. 由于投资统计制度改革,从2014年起,投资统计范围由城乡计划总投资50万元及以上建设项目调整为城乡计划总投资500万元及以上建设项目,并对2002年以后数据进行了修订。以下各表同。

a) Total investment grouped by sources of finance refers to financial appropriation, and the broken down figures do not add up to the total. The same as in the following tables.

b) Since the reform of the investment system, from 2014 onwards, investment statistics by the scope of urban and rural plans a total investment of more than $ 500,000 and construction projects, adjusted for the rural and urban plans a total investment of 500 million yuan construction project and. And since 2002 data were revised. The same as in the following tables.

6-2 全社会固定资产投资(按登记注册类型和产业分)

单位:亿元

年 份 Year	投资总额 Total Investment	#住宅 Residential Buildings	按登记注册类型分 By status of Registration		
			国有及国有控股 State-owned or Controlling Share Hold Units	集体 Collective-owned Units	#城镇集体 Urban
1985	52.42	11.17	39.10	2.51	1.38
1986	47.57	7.76	37.00	2.52	1.54
1987	53.32	9.65	39.06	3.07	1.86
1988	72.05	12.61	49.23	4.44	2.43
1989	70.68	12.71	52.92	3.98	2.06
1990	70.77	13.71	56.77	3.06	1.32
1991	100.66	19.64	81.63	4.72	1.98
1992	149.24	15.38	123.61	6.52	3.29
1993	217.40	41.26	178.41	7.93	3.72
1994	250.99	47.65	200.74	8.29	2.41
1995	273.06	51.93	210.00	11.14	2.42
1996	275.54	59.47	208.10	11.96	2.87
1997	317.50	59.63	223.35	12.37	2.83
1998	350.16	77.27	225.69	14.69	2.60
1999	383.37	87.06	241.76	24.51	2.63
2000	430.42	87.38	275.06	27.15	3.61
2001	496.43	96.04	269.69	28.00	4.01
2002	687.07	94.50	356.43	26.85	7.24
2003	976.54	92.26	509.25	26.68	9.01
2004	1333.66	113.68	878.68	26.31	9.94
2005	1808.31	138.60	1106.52	27.68	9.98
2006	2291.70	251.73	1159.86	41.50	19.33
2007	2963.40	352.43	1495.03	59.61	30.58
2008	3770.67	500.32	1875.01	43.27	39.75
2009	5069.29	500.38	2488.96	47.85	41.93
2010	6035.68	645.84	2819.55	73.16	58.87
2011	7332.86	908.08	2986.35	85.10	81.08
2012	8821.13	788.53	3456.10	164.12	149.83
2013	10441.60	882.43	4395.46	86.91	62.73
2014	12074.24	1182.70	5186.18	74.55	46.97
2015	13824.76	1107.41	6244.69	124.01	
2016	15469.50	1132.06	8353.63	162.19	

Total Investment in Fixed Assets by Status of Registration and Industry

(100 millon yuan)

个体 Indivi duals	#农村个人投资(农户) Indivdual Invest – ment in Rural Areas	其他类型投资 Others	按隶属关系分 By Administrative Relationship	
			中央项目 Central Government Projects	地方项目 Local Projects
10.81	8.74		23.44	28.98
8.05	6.00		17.48	30.09
11.19	8.86		17.96	35.36
18.38	14.91		24.63	47.42
13.78	10.84		29.31	41.37
10.94	8.13		29.81	40.96
14.31	11.03		42.16	58.50
19.11	13.27		62.50	86.74
19.68	12.66	11.38	78.02	139.38
30.46	19.59	11.50	92.55	158.44
44.09	36.53	7.83	98.50	174.56
44.18	38.16	11.30	96.53	179.01
45.90	39.01	35.88	142.34	175.16
53.03	40.99	56.75	109.49	240.67
55.06	43.01	62.04	90.28	293.09
51.64	45.88	76.57	60.41	370.01
86.25	50.21	112.49	60.31	436.12
96.63	52.16	207.17	99.69	587.39
112.12	55.68	328.49	104.79	871.75
74.04	58.24	354.62	111.20	1222.46
76.99	62.05	597.12	172.00	1636.30
72.66	65.57	1017.68	277.67	2014.03
83.91	74.73	1324.84	341.25	2622.15
94.06	80.41	1758.33	544.06	3226.61
95.23	84.15	2437.25	557.87	4511.42
100.79	91.22	3042.19	627.36	5408.32
133.85	112.19	4127.56	549.77	6783.08
164.22	125.97	5036.70	573.51	8247.63
181.14	144.99	5778.09	678.22	9763.38
188.00	153.98	6625.51	754.44	11319.80
222.37	173.07	7233.69	740.43	13084.34
251.54	186.05	6702.14	1168.28	14301.21

6－2 续表 Continued

单位:亿元 (100 million yuan)

年份 Year	按三次产业分 Grouped by Type of Industry			房屋建筑面积 Floor Space of Buildings		
	第一产业 Primary Industry	第二产业 Secondary Industry	第三产业 Tertiary Industry	施工面积(万平方米) Floor space under Construction (10 000 sq. m)	竣工面积(万平方米) Floor Space Completed (10 000 sq. m)	#住宅 Residential Buildings
1985	4.85	25.69	21.88	2524.6	2064.4	1379.2
1986	3.49	23.66	20.42	1769.8	1359.5	931.6
1987	1.92	26.55	24.85	1892.3	1518.8	1023.8
1988	5.58	38.89	27.58	1953.1	1513.5	1088.9
1989	5.38	42.05	23.25	1638.0	1282.4	912.5
1990	5.39	40.55	24.83	1490.0	1159.8	844.4
1991	8.02	54.53	38.11	2122.2	1570.8	1167.8
1992	10.18	81.05	58.01	1408.0	1409.7	959.8
1993	7.62	106.17	62.35	1752.9	1885.1	1230.1
1994	11.25	132.09	60.00	2419.0	1907.2	1413.8
1995	18.95	143.34	58.84	2744.2	2216.0	1569.3
1996	16.75	128.90	70.42	2749.9	2099.7	1584.2
1997	24.15	145.14	88.59	2972.9	2476.6	1709.1
1998	29.44	131.69	111.76	3276.4	2638.7	1788.7
1999	37.27	105.85	153.19	3342.6	2555.1	1825.2
2000	38.03	117.76	187.25	3444.1	2599.9	1874.9
2001	40.79	152.86	206.74	3633.2	2618.2	1807.8
2002	77.66	235.93	278.99	3919.9	2797.5	1782.4
2003	73.30	410.57	400.40	5108.9	3239.0	2027.5
2004	81.63	678.56	459.78	5702.4	3358.7	1991.0
2005	87.11	983.84	598.76	6411.7	3274.2	1881.9
2006	115.66	1221.43	702.88	8047.1	3807.8	2274.7
2007	123.39	1495.55	992.02	10284.7	4210.1	2698.6
2008	192.93	1947.97	1129.45	12797.0	4255.1	2716.1
2009	274.29	2577.83	1716.78	14784.4	4457.4	2874.8
2010	289.70	2978.73	2121.42	18817.2	4760.8	3177.4
2011	378.93	3456.87	2588.97	23153.1	4663.8	2753.5
2012	486.97	4390.48	3155.15	25343.6	5039.0	2683.3
2013	647.91	5321.36	3589.90	26793.1	5343.3	3319.7
2014	838.17	5654.53	4398.84	23710.7	3828.7	2057.1
2015	685.72	6571.13	5460.51	23619.5	4506.6	2713.1
2016	774.76	6489.51	7073.17	21071.2	4343.5	2010.3

注:按产业划分全社会固定资产投资不含住宅投资。

a) Total Investment in Fixed Assets by Three Strata of Industry does not include Residential Buildings.

6-3 全社会固定资产投资(按资金来源和构成分)

Total Investment of Fixed Assets by Source of Finance & Use of Fund

年份 Year	按资金来源分 Grouped by Source of Finance				按构成分 Grouped by Use of Funds		
	国家预算内资金 State Budgetary Appropriations	国内贷款 Domestic Loans	利用外资 Foreign Investment	自筹和其他资金 Fund Raising and Others	建筑安装工程 Construction and Installation	设备工具器具购置 Purchase of Equipment & Instruments	其他费用 Others
投资额(万元) Investment (10 000 yuan)							
1994	190289	646675	172001	1442919	1538978	657469	278796
1995	175546	583256	232002	1617671	1609643	749927	370991
1996	150246	710872	76386	1661729	1666690	664510	424171
1997	143587	997032	79710	1880868	1937796	753100	484275
1998	266157	888211	45659	2211536	2306538	708744	486673
1999	442502	689372	144490	2442264	2627258	735037	417817
2000	435776	761680	155448	2732802	2985528	870546	448109
2001	437274	1066975	301567	2867155	3439701	939451	585138
2002	1079725	1054904	173749	3896938	4493461	1463467	913808
2003	1055992	1937600	77504	6616903	6376791	2070260	1318326
2004	999337	2336287	108036	10060888	8962178	3000729	1373667
2005	1076190	3611620	109443	13443251	12368814	3978273	1735974
2006	1092392	2812329	162697	19174972	16087736	4697985	2131281
2007	1141297	3153584	210239	25529012	20832679	6104597	2696691
2008	1632637	2733717	341715	33260225	25489733	8484009	3732964
2009	2983176	5233642	104673	44014931	34268397	11456594	4967904
2010	2621472	7800477	63938	53452449	40137303	14183859	6035685
2011	3424127	8918656	79631	67208441	51330011	16498932	5499644
2012	4294511	10362842	186718	78514866	61571521	20376821	6263006
2013	5477012	12395484	61910	89595174	74097667	22849555	7468761
2014	6849856	15298955	102030	101036972	84112256	28204785	8425372
2015	7058390	17508893	68609	112140255	98027788	33267926	6951933
2016	10943564	19243076	14852	114092992	113569330	30061505	11064116
构成(%) Percentage							
1994	7.8	26.4	7.0	58.8	62.2	26.6	11.2
1995	6.7	22.4	8.9	62.0	58.9	27.5	13.6
1996	5.8	27.3	2.9	63.9	60.5	24.1	15.4
1997	4.6	32.2	2.6	60.6	61.0	23.7	15.3
1998	7.8	26.1	1.3	64.8	65.9	20.2	13.9
1999	11.9	18.5	3.9	65.7	69.5	19.4	11.1
2000	10.7	18.6	3.8	66.9	69.4	20.2	10.4
2001	9.3	22.8	6.5	61.4	69.3	18.9	11.8
2002	17.4	17.0	2.8	62.8	65.4	21.3	13.3
2003	10.9	20.0	0.8	68.3	65.3	21.2	13.5
2004	7.4	17.3	0.8	74.5	67.2	22.5	10.3
2005	5.9	19.8	0.6	73.7	68.4	22.0	9.6
2006	4.7	12.1	0.7	82.5	70.2	20.5	9.3
2007	3.8	10.5	0.7	85.0	70.3	20.6	9.1
2008	4.3	7.2	0.9	87.6	67.6	22.5	9.9
2009	5.7	10.0	0.2	84.1	67.6	22.6	9.8
2010	4.1	12.2	0.1	83.6	66.5	23.4	10.0
2011	4.3	11.2	0.1	84.4	70.0	22.6	7.5
2012	4.6	11.1	0.2	84.1	69.8	23.1	7.1
2013	5.1	11.5	0.1	83.3	71.0	21.9	7.1
2014	5.6	12.4	0.1	82.0	69.7	23.4	7.0
2015	5.2	12.8	0.1	82.0	70.9	24.1	5.0
2016	7.6	13.3	0.0	79.1	73.4	19.4	7.2

6－4 按登记注册类型分的全社会固定资产投资(2016 年)

指 标	Item	总 计 Total	内资 国 有 State－owned Units	集 体 Collective－owned Units	股份合作 Coopeative Units
投资总额(万元)	**Total Investment(10 000 yuan)**	**154694951**	**68070891**	**1621887**	**486207**
#房地产开发	Real Estate Development	11334775	27500		
按资金来源分	Grouped by Source of Funds				
国家预算内资金	State Appropriations	10943564	9883727	279700	100
国内贷款	Domestic Loans	19243076	8834508	22046	
利用外资	Foreign Investment	14852			
自筹资金	Fund Raising	104338566	38866414	1307446	491600
其他资金	Others	9754426	4654873	19423	
按构成分	Grouped by Use of Funds				
建筑安装工程	Construction and Installation	113569330	56684523	1503196	335362
设备、工具器具购置	Purchase of Equipment & Instruments	30061505	6454918	76887	123251
其他费用	Others	11064116	4931450	41804	27594
新增固定资产(万元)	**Newly Increased Fixed Assets (10 000 yuan)**	**103951414**	**48514476**	**1599430**	**69607**
房屋建筑面积(万平方米)	**Floor Space of Buildings (10 000 sq. m)**				
施工面积	Floor Space Under Construction	21071.19	3005.55	46.07	1.09
竣工面积	Floor Space Completed	4343.55	2016.41	34.26	0.65
#住宅	Residential Buildings	2010.32	732.50	2.56	

Total Investment in Fixed Assets by Status of Registration(2016)

Domistic – funded Enterprises					港澳台投资 Economic Units Funded by Entrepreneurs from HK, Macao & Taiwan	外商投资 Foreign Funded Economic Units	个人投资 Indivi – duals	
联营经济 Joint – owned Economic Units	有限责任公司 Limited Liabibity Corp.	股份有限公司 Share – holding Corp. Ltd.	私营 Private Enter – prises	其他 Others				#个体经营 Manage by Individuals
191324	**44992032**	**3574663**	**29088023**	**2793146**	**285097**	**1076322**	**2515359**	**2284207**
	5558012	180675	5563053	1952		3583		
1385	464090	20913	54529	239120				
24900	5387828	926309	3546501	35030	28360	199886	237708	234708
	12491		361		2000			
99007	32512790	2329358	22846552	2366248	226291	1135355	2157505	1931953
62211	2649483	195774	1982019	53925	4968	39147	92603	90003
66437	28763775	2003736	19452221	2361610	164330	540099	1694041	1489757
67121	12666422	1365734	7797277	335277	95936	444594	634088	607220
57766	3561835	205193	1838525	96259	24831	91629	187230	187230
155200	**26226828**	**2602343**	**19574986**	**2260903**	**273716**	**272132**	**2401793**	**2179940**
3.19	8491.32	577.84	8803.60	86.16	3.83	34.71	17.82	17.82
3.19	1102.97	50.18	1047.62	64.72	2.23	3.81	17.49	17.49
	653.34	20.98	580.61	20.24			0.10	0.10

6-5 按各种分组的国有经济固定资产投资

Investment in Fixed Assets of State-owned Units by Group

指 标	Item	1995	2000	2005	2010	2015	2016
投资总额(万元)	**Total Investment(10 000 yuan)**	**2099845**	**2750621**	**7935361**	**23758581**	**54038245**	**68070891**
按资金来源分	Grouped by Source of Funds						
国家预算内资金	State Budgetary Appropriations	167282	375824	1077880	2768142	6649278	9883727
国内贷款	Domestic Loans	514959	509425	2196445	4141791	8344142	8834508
利用外资	Foreign Investment	207128	127053	53589	9560	18709	
自筹资金	Fund Raising	939696	1139959	3696181	16031830	34176063	38866414
其他资金	Others	153491	454853	1024076	1382371	2265035	4654873
按构成分	Grouped by Use of Funds						
建筑安装工程	Construction and Installation	1173494	1925160	6112613	17161674	43111449	56684523
设备、工具器具购置	Purchase of Equipment and Instruments	615448	554610	1037607	3859614	8161971	6454918
其他费用	Others	310903	270851	785142	2737293	2764825	4931450
按建设性质分	Grouped by Type of Construction						
# 新建	New Construction	820541	588067	4830214	17300144	37807695	50001606
扩建	Expansion	917390	1258468	1785369	3347894	8126438	6456366
改建	Reconstruction	242964	604524	1002187	2390144	6863670	10410943
按产业分	Grouped by Type of Industry						
第一产业	Primary Industry	22483	162552	540456	1665683	2987861	3674889
第二产业	Secondary Industry	1350248	774968	2626260	7413077	14607899	14102441
第三产业	Tertiary Industry	488069	1460516	4425514	13851138	34191360	48094720
按国民经济主要行业分	Grouped by Main Sector						
农业	Agriculture	22483	162552	540473	1750423	4698507	5702973
工业	Industry	1341029	767129	2612136	7068228	12791186	12826053
# 能源工业	Energy	800786	427666	2245981	5465568	6887119	7875054
运输邮电业	Transportation, Postal and Telecommunications Services	280048	866275	2464627	6361089	9596443	14186214
新增固定资产(万元)	**Newly Increased Fixed Assets(10 000 yuan)**	**1766780**	**1877577**	**5621682**	**16380523**	**43439482**	**48514476**
房屋建筑面积(万平方米)	**Floor Space of Buildings(10 000 sq. m)**						
施工面积	Floor Space Under Construction	874.36	1177.96	1456.94	2941.93	3342.80	3005.55
竣工面积	Floor Space Completed	493.23	757.69	760.68	808.00	981.16	2016.41
# 住宅	Residential Buildings	281.08	466.73	303.53	334.62	456.38	732.50

注：1. 改建投资中不含单纯建造生活设施投资。

2. 按国民经济行业分、按建设性质分和按产业分不含房地产投资和住宅投资，其他统计分组的含。

a) The investment in reconstruction includes the investment in construction of facilities simply for the improvement of residents'life.

b) The investment in the real estate development is not included in the investment grouped by main sector and by Type of Industry.

6-6 按各种分组的城镇固定资产投资

Investment in Fixed Assets in Urban Area by Group

指标	Item	2010	2011	2012	2013	2014
投资总额(万元)	**Total Investment(10 000 yuan)**	**57467622**	**69719147**	**83762814**	**98279124**	**112302430**
隶属关系分	By Administrative Relationship					
中央项目	Central Government Projects	7255566	6287790	6620786	6670502	7433155
地方项目	Local Projects	50212056	63431357	77142028	91608622	104869275
按资金来源分	Grouped by Source of Funds					
国家预算内资金	State Budgetary Appropriations	2821724	3684167	4512172	4828607	6103822
国内贷款	Domestic Loans	8604373	9900248	11445884	11999812	14233735
利用外资	Foreign Investment	40304	68683	119000	46756	79230
自筹资金	Fund Raising	45921291	56881221	66867257	77476575	86793131
其他资金	Others	3328838	5117764	5456104	6188314	6705335
按构成分	Grouped by Use of Funds					
建筑安装工程	Construction and Installation	39234923	50540304	60481768	69627943	77921542
设备、工具器具购置	Purchase of Equipment and Instruments	11575914	13516540	16747086	21467011	26406960
其他费用	Others	6656785	5662303	6533960	7184170	7973928
按产业分	Grouped by Type of Industry					
第一产业	Primary Industry	2001743	2418049	3372068	4839570	5050769
第二产业	Secondary Industry	26230813	30394355	36153076	43021456	49839537
第三产业	Tertiary Industry	21219017	26129369	31542917	35724160	41846787
按国民经济主要行业分	Grouped by Main Sector					
农业	Agriculture	2107693	2444552	3400242	4854032	5050810
工业	Industry	25689356	29863498	35494253	42341182	48871348
# 能源工业	Energy	13709906	12414003	10046870	11722494	14203223
运输邮电业	Transportation, Postal and Telecommunications Services	7825665	7461039	9063757	9639781	9999119
新增固定资产(万元)	**Newly Increased Fixed Assets(10 000 yuan)**	**37464181**	**49740676**	**56062714**	**65413779**	**82460390**
房屋建筑面积(万平方米)	**Floor Space of Buildings(10 000 sq. m)**					
施工面积	Floor Space Under Construction	17188.09	23085.30	25161.40	25749.53	23418.16
竣工面积	Floor Space Completed	3731.43	4368.28	4946.23	4570.28	3721.50
# 住宅	Residential Buildings	2244.41	2546.69	2427.99	2587.79	2015.78

注:按国民经济行业分、按产业分不含房地产投资和住宅投资,其他统计分组的含。

a) The investment in the real estate development is not included in the investment grouped by main sector and by Type of Industry.

6-7 按各种分组的固定资产投资(不含农户)

Investment in Fixed Assets(Excluding Rural Households) by Group

指 标	Item	2015	2016	2016年比2015年增长% Increase Rate in 2016 over 2015(%)
投资总额(万元)	**Total Investment(10 000 yuan)**	**136516949**	**152834450**	**12.0**
#民间投资	Non-government Investment	73589677	68835819	-6.5
隶属关系分	By Administrative Relationship			
中央项目	Central Government Projects	7404276	11682821	57.8
地方项目	Local Projects	129112673	141151629	9.3
按资金来源分	Grouped by Source of Funds			
国家预算内资金	State Budgetary Appropriations	7058390	10943564	55.0
国内贷款	Domestic Loans	17426328	19106268	9.6
利用外资	Foreign Investment	68609	14852	-78.4
自筹资金	Fund Raising	103831174	102704626	-1.1
其他资金	Others	6660948	9664673	45.1
按构成分	Grouped by Use of Funds			
建筑安装工程	Construction and Installation	96963101	112357367	15.9
设备、工具器具购置	Purchase of Equipment and Instruments	32737489	29597188	-9.6
其他费用	Others	6816359	10879895	59.6
按产业分	Grouped by Type of Industry			
第一产业	Primary Industry	6128399	6949162	13.4
第二产业	Secondary Industry	65711286	64895147	-1.2
第三产业	Tertiary Industry	54513474	70643841	29.6
按国民经济主要行业分	Grouped by Main Sector			
农业	Agriculture	8204711	9314605	13.5
工业	Industry	60320217	60604163	0.5
#能源工业	Energy	17825802	19221037	7.8
运输邮电业	Transportation, Postal and Telecommunications Services	12299509	16672332	35.6
新增固定资产(万元)	**Newly Increased Fixed Assets(10 000 yuan)**	**105468290**	**102107066**	**-3.2**
房屋建筑面积(万平方米)	**Floor Space of Buildings(10 000 sq. m)**			
施工面积	Floor Space Under Construction	22624.48	21071.08	-6.9
竣工面积	Floor Space Completed	3519.60	4343.44	23.4
#住宅	Residential Buildings	1834.09	2010.22	9.6

注:按国民经济行业分、按产业分不含房地产投资和住宅投资,其他统计分组的含。

a) The investment in the real estate development is not included in the investment grouped by main sector and by Type of Industry.

6－8 国民经济各行业按建设性质分的固定资产投资(2016 年)

Investment in Fixed Assets by Type of Construction (2016)

单位:万元 (10 000 yuan)

行业	Sector	投资额 Investmer	# 新建 New Constr－uction	# 扩建 Expa－nsion	# 改建 Recons－truction
全　区	**Autonomous Regional Total**	**141499675**	**104877989**	**14085997**	**19935314**
农、林、牧、渔业	**Farming, Forestry, Animal Husbandry & Fishery**	**9314605**	**7624127**	**929858**	**724592**
农业	Farming	2710185	2067534	391360	247391
林业	Forestry	1705206	1395872	114196	186755
畜牧业	Animal Husbandry	2524906	2195390	287169	36780
渔业	Fishery	24835	19855	4980	
农、林、牧、渔服务业	Agricultural Services	2349473	1945476	132153	253666
采矿业	**Mining**	**9597521**	**6517961**	**1788821**	**1221124**
煤炭开采和洗选业	Coal Mining & Processing	4528202	3360220	828885	279382
石油和天然气开采业	Extraction of Petroleum & Natural Gas	1712382	1078709	633673	
黑色金属矿采选业	Mining & Dressing of Ferrous Metals	964107	660054	165891	138162
有色金属矿采选业	Mining & Dressing of Nonferrous Metals	1237683	872039	83778	276916
非金属矿采选业	Mining & Dressing of Nonmetal Minerals	491373	363920	76306	51147
开采辅助活动	Support Activities for Mining	644086	163426	288	475422
其他采矿业	Mining of Other Mineral	19688	19593		95
制造业	**Manufacturing**	**35623959**	**25026820**	**4891681**	**4966435**
农副食品加工业	Processing of Agricultural Side－line Food	2953267	2207847	376414	347047
食品制造业	Food Manufacturing	1479578	725816	157973	590889
酒、饮料和精制茶制造业	Wine, Beverage and Refined Tea Manufacturing	545439	393120	87589	55767
烟草制品业	Tobacco Products	14533			6150
纺织业	Textile Industry	242658	118385	55960	45773
纺织服装、服饰业	Textile, Apparel Industry	148848	93427	43821	10012
皮革、毛皮、羽毛及其制品和制鞋业	Leather, Fur, Feathers and Their Products and Footwear	100254	93654	1200	5400
木材加工及木、竹、藤、棕、草制品业	Timber Processing, Bamboo, Cane, Palm Fiber & Straw Products	426059	362411	34988	26608
家具制造业	Furniture Manufacturing	77067	72387	4680	
造纸及纸制品业	Paper－making & Paper Products	151999	86743	47130	18126
印刷业和记录媒介的复制	Printing and Record Medium Reproduction	60700	39519		16981
文教、工美、体育和娱乐用品制造业	Manufacturing of Cultural, Educational & Arts, Crafts & Sports and Entertainment Goods	57572	54872		2700
石油加工、炼焦及核燃料加工业	Petroleum Processing , Coke Products & Processing of Nuclear Fuel	848926	704504	14600	95464
化学原料及化学制品制造业	Raw Chemical Materials & Products	4890023	3466848	784557	608563
医药制造业	Medicine Manufacturing	1377451	1191072	101657	79085
化学纤维制造业	Chemical Fiber Manufacturing	94007	94007		

注:此表未包括房地产投资和农户投资。

a) Data in this table doesnt include real estate development and Rural Individuals.

6-8 续表 1 continued

单位:万元 (10 000 yuan)

行业	Sector	投资额 Investmer	# 新建 New Constr-uction	# 扩建 Expa-nsion	# 改建 Recons-truction
橡胶和塑料制品业	Rubber and Plastic Products	939684	804557	90610	39117
非金属矿物制品业	Nonmetal Mineral Products	3800179	3018558	486538	179206
黑色金属冶炼及压延加工业	Smelting & Pressing of Ferrous Metals	1934959	611486	397129	901215
有色金属冶炼及压延加工业	Smelting & Pressing of Nonferrous Metals	5797077	3797124	1180138	815015
金属制品业	Metal Products	1250817	945717	83914	178541
通用设备制造业	Manufacturing of General Purpose Equipment	1132771	827999	90101	152729
专用设备制造业	Special Purposes Equipment Manufacturing	894058	610570	27560	138142
汽车制造业	Automotive Manufacturing	1754091	1377038	18740	225231
铁路、船舶、航空航天和其他运输设备制造业	Railroad, Ships, Aerospace and Other Transportation Equipment Manufacturing	358375	342985		4890
电气机械及器材制造业	Electric Equipment & Machinery	2580421	2019168	108626	388449
计算机、通信和其他电子设备制造业	Manufacturing of Computer, Communications and Other Electronic Equipment"	1216947	540802	658483	12769
仪器仪表制造业	Manufacturing of Instrument	28000	28000		
其他制造业	Others	150820	126687	15714	3798
废弃资源综合利用业	Comprehensive Utilization of Waste Resources	151643	122308	18959	10376
金属制品、机械和设备修理业	Metal products, Machinery and Equipment Repair	165736	149209	4600	8392
电力、燃气及水的生产和供应业	**Production & Supply of Electric Power, Gas & Water**	**19034840**	**14220689**	**1155125**	**3536243**
电力、热力的生产和供应业	Electric Power and Heating Power	15059107	10841101	967814	3151979
燃气生产和供应业	Production & Supply of Gas	724577	612852	30997	80728
水的生产和供应业	Production & Supply of Water	3251156	2766736	156314	303536
建筑业	**Construction**	**1511107**	**965388**	**193604**	**336156**
房屋建筑业	Housing Construction	706072	447872	180740	77460
土木工程建筑业	Civil Engineering Construction	419440	278205		141235
建筑安装业	Installation of Buildings	78119	24605		53514
建筑装饰和其他建筑业	Decoration of Buildings and Other Construction	307476	214706	12864	63947
批发和零售业	**Wholesale & Retail Trade**	**3853191**	**2221654**	**235877**	**1296757**
批发业	Wholesale Trade	2321371	1190421	145781	959296
零售业	Retail Trade	1531820	1031233	90096	337461
交通运输、仓储和邮政业	**Transportation, Storage & Postal**	**17615634**	**14566538**	**734852**	**2233205**
铁路运输业	Railway Transport	3854830	3589589	99511	156330
道路运输业	Roadway Transport	11812568	9232959	537721	1997376
水上运输业	Water transport	3028	528		2500
航空运输业	Air Transport	101312	70769		8289
管道运输业	Pipeline Transport	6930	6930		
装卸搬运和其他运输服务业	Handling and transportation	638799	570696	36670	29660
仓储业	Storage	1170420	1077677	50593	39050
邮政业	Postal Services	27747	17390	10357	
住宿和餐饮业	**Quarters & Catering**	**672680**	**433987**	**60382**	**171867**
住宿业	Quarters	362139	243249	39242	77519
餐饮业	Catering	310541	190738	21140	94348
信息传输、软件和信息技术服务业	**Information Transmission, Software and IT Services**	**1259616**	**798542**	**147628**	**112166**
电信、广播电视和卫星传输服务	Telecommunications, Radio and Television, Satellite Transmission Services	227118	164467	13983	47637
互联网和相关服务	Internet and Related Services	184090	161037		19053
软件和信息技术服务业	Software and IT Services	848408	473038	133645	45476

6－8 续表 2 continued

单位:万元 (10 000 yuan)

行 业	Sector	投资额 Investmer	# 新 建 New Constr－uction	# 扩 建 Expa－nsion	# 改 建 Recons－truction
金融业	**Finance**	**168194**	**116648**		**34986**
货币金融服务	Monetary and Financial Services	102060	74583		15817
资本市场服务	Capital Market Services	40596	27482		8214
保险业	Insurance	4693	4693		
其他金融活动	Others	20845	9890		10955
房地产业	**Real Estate**	**5944073**	**4628222**	**647760**	**586423**
房地产业	Real Estate	5944073	4628222	647760	586423
租赁和商务服务业	**Leasing & Commercial Services**	**1416084**	**1147038**	**66917**	**172746**
租赁业	Leasing Services	45252	14420	8651	9335
商务服务业	Commercial Services	1370832	1132618	58266	163411
科学研究、技术服务业	**Scientific and Technical Services**	**877707**	**559639**	**90892**	**188318**
研究与试验发展	Research & Development	88337	34506	38273	7946
专业技术服务业	Special Technical Services	362904	252673	23074	60811
科技推广和应用服务业	Science and Technology Popularization and Application Services	426466	272460	29545	119561
水利、环境和公共设施管理业	**Water Conservancy, Environment & Public Facilities Administration**	**26453103**	**19760335**	**2604561**	**3803322**
水利管理业	Water Conservancy	1944476	1564510	262101	116706
生态保护和环境治理业	Ecological Protection and Environmental Management	1375533	655247	153603	555122
公共设施管理业	Public Facilities Administration	23133094	17540578	2188857	3131494
居民服务、修理和其他服务业	**Resident Services, Repairs and Other Services**	**339005**	**225775**	**25850**	**58924**
居民服务业	Resident Services	200966	154199	4560	32892
机动车、电子产品和日用产品修理业	Motor Vehicles, Electronics and Household Goods Repair Services	61323	29035	9850	11608
其他服务业	Other Services	76716	42541	11440	14424
教育	**Education**	**1491537**	**1163123**	**130074**	**98719**
教育	Education	1491537	1163123	130074	98719
卫生、社会工作	**Health and Social Work**	**1276207**	**879913**	**110834**	**56465**
卫生	Health	939053	589709	83704	41445
社会工作	Social Work	337154	290204	27130	15020
文化、体育和娱乐业	**Culture, Sports & Recreational Services**	**2105362**	**1854897**	**84076**	**107274**
新闻出版业	Press	14413		4600	
广播、电视、电影和影视录音业	Radio, Television, Film and Video Recording Industry	108354	59852	3450	18720
文化艺术业	Culture & Arts	1174220	1076675	35106	44069
体育	Sports	447785	409618	23330	14837
娱乐业	Recreational Services	360590	308752	17590	29648
公共管理、社会保障和社会组织	**Public Administration ,Social Security and Social Organizations**	**2945250**	**2166693**	**187205**	**229592**
中国共产党机关	Chinese Communist Party Agencies				
国家机构	Government Agencies	2574891	1882951	158118	196122
人民政协和民主党派	People's Politics Consultative Conference & Democratic Parties	4900			
社会保障	Social Security	58030	57895	135	
群众社团、社会团体和其他成员组织	Mass society, Social Organizations and Other Organizations	111896	48476	28350	15910
基层群众自治组织	Basic Mass Autonomous Organization	195533	177371	602	17560
国际组织	**International Organizations**				
国际组织	International Organizations				

6-9 国民经济各行业固定资产投资和新增固定资产(2016 年)

Investment in Fixed Assets & Newly Increased Fixed Assets by Sector(2016)

单位:万元 (10 000 yuan)

行 业	Sector	投资额 Invest - ment	# 地方项目 Local Proiects	新增固定资产 Newly Increased Fixed Assets	# 地方项目 Local Proiects
全　　区	**Autonomous Regional Total**	**141499675**	**129968559**	**96857885**	**92997900**
农、林、牧、渔业	**Farming, Forestry, Animal Husbandry & Fishery**	**9314605**	**9180355**	**7723860**	**7590790**
农 业	Farming	2710185	2710185	2334927	2334927
林 业	Forestry	1705206	1703206	1486718	1484718
畜牧业	Animal Husbandry	2524906	2436776	2012554	1924574
渔 业	Fishery	24835	24835	21580	21580
农、林、牧、渔服务业	Agricultural Services	2349473	2305353	1868081	1824991
采矿业	**Mining**	**9597521**	**7989260**	**6315012**	**5717627**
煤炭开采和洗选业	Coal Mining & Processing	4528202	3794649	2139187	1868106
石油和天然气开采业	Extraction of Petroleum & Natural Gas	1712382	906926	1224105	969255
黑色金属矿采选业	Mining & Dressing of Ferrous Metals	964107	964107	918117	918117
有色金属矿采选业	Mining & Dressing of Nonferrous Metals	1237683	1195519	1246862	1202208
非金属矿采选业	Mining & Dressing of Nonmetal Minerals	491373	491373	449427	449427
开采辅助活动	Support Activities for Mining	644086	616998	319421	292621
其他采矿业	Mining of Other Mineral	19688	19688	17893	17893
制造业	**Manufacturing**	**35623959**	**34683850**	**21744318**	**21305804**
农副食品加工业	Processing of Agricultural Side - line Food	2953267	2943917	2060817	2056417
食品制造业	Food Manufacturing	1479578	1479578	1189017	1189017
酒、饮料和精制茶制造业	Wine, Beverage and Refined Tea Manufacturing	545439	545439	461921	461921
烟草制品业	Tobacco Products	14533		14533	
纺织业	Textile Industry	242658	242658	206752	206752
纺织服装、服饰业	Textile, Apparel Industry	148848	148848	458235	458235
皮革、毛皮、羽毛及其制品和制鞋业	Leather, Fur, Feathers and Their Products and Footwear	100254	100254	72176	72176
木材加工及木、竹、藤、棕、草制品业	Timber Processing, Bamboo, Cane, Palm Fiber & Straw Products	426059	426059	324455	324455
家具制造业	Furniture Manufacturing	77067	77067	71239	71239
造纸及纸制品业	Paper - making & Paper Products	151999	151999	63316	63316
印刷业和记录媒介的复制	Printing and Record Medium Reproduction	60700	60700	50876	50876
文教、工美、体育和娱乐用品制造业	Manufacturing of Cultural, Educational & Arts ,Crafts & Sports and Entertainment Goods	57572	57572	57199	57199
石油加工、炼焦及核燃料加工业	Petroleum Processing , Coke Products & Processing of Nuclear Fuel	848926	775026	477574	403674
化学原料及化学制品制造业	Raw Chemical Materials & Products	4890023	4444729	1592807	1556752
医药制造业	Medicine Manufacturing	1377451	1377451	915764	915764
化学纤维制造业	Chemical Fiber Manufacturing	94007	94007	11768	11768

注:此表未包括房地产投资和农户投资。

a) Data in this table doesnt include real estate development and Rural Individuals.

6－9 续表 1 continued

单位:万元 (10 000 yuan)

行业	Sector	投资额 Invest－ment	# 地方项目 Local Projects	新增固定资产 Newly Increased Fixed Assets	# 地方项目 Local Projects
橡胶和塑料制品业	Rubber and Plastic Products	939684	896194	741084	741084
非金属矿物制品业	Nonmetal Mineral Products	3800179	3773719	2775512	2746502
黑色金属冶炼及压延加工业	Smelting & Pressing of Ferrous Metals	1934959	1899722	1710056	1674819
有色金属冶炼及压延加工业	Smelting & Pressing of Nonferrous Metals	5797077	5724378	2195816	2123117
金属制品业	Metal Products	1250817	1250817	1105429	1105429
通用设备制造业	Manufacturing of General Purpose Equipment	1132771	1132771	1029714	1029714
专用设备制造业	Special Purposes Equipment Manufacturing	894058	839742	589176	589176
汽车制造业	Automotive Manufacturing	1754091	1589261	717142	544462
铁路、船舶、航空航天和其他运输设备制造业	Railroad, Ships, Aerospace and Other Transportation Equipment Manufacturing	358375	358375	234980	234980
电气机械及器材制造业	Electric Equipment & Machinery	2580421	2580421	1018401	1018401
计算机、通信和其他电子设备制造业	Manufacturing of Computer, Communications and Other Electronic Equipment	1216947	1216947	1074543	1074543
仪器仪表制造业	Manufacturing of Instrument	28000	28000	26700	26700
其他制造业	Others	150820	150820	90282	90282
废弃资源综合利用业	Comprehensive Utilization of Waste Resources	151643	151643	272141	272141
金属制品、机械和设备修理业	Metal products, Machinery and Equipment Repair	165736	165736	134893	134893
电力、燃气及水的生产和供应业	**Production & Supply of Electric Power, Gas & Water**	**19034840**	**14269971**	**12912612**	**10985882**
电力、热力的生产和供应业	Electric Power and Heating Power	15059107	10428412	9431547	7513501
燃气生产和供应业	Production & Supply of Gas	724577	721083	649353	649353
水的生产和供应业	Production & Supply of Water	3251156	3120476	2831712	2823028
建筑业	**Construction**	**1511107**	**1511093**	**1115797**	**1114397**
房屋建筑业	Housing Construction	706072	706072	507881	507881
土木工程建筑业	Civil Engineering Construction	419440	419426	405967	404567
建筑安装业	Installation of Buildings	78119	78119	75619	75619
建筑装饰和其他建筑业	Decoration of Buildings and Other Construction	307476	307476	126330	126330
批发和零售业	**Wholesale & Retail Trade**	**3853191**	**3843251**	**3423085**	**3412205**
批发业	Wholesale Trade	2321371	2319811	2128812	2127252
零售业	Retail Trade	1531820	1523440	1294273	1284953
交通运输、仓储和邮政业	**Transportation, Storage & Postal**	**17615634**	**14394624**	**9344806**	**9056364**
铁路运输业	Railway Transport	3854830	960683	1124571	1090841
道路运输业	Roadway Transport	11812568	11591818	7033735	6822067
水上运输业	Water transport	3028	3028	5500	5500
航空运输业	Air Transport	101312	81358	108167	88213
管道运输业	Pipeline Transport	6930	5071	4072	4072
装卸搬运和其他运输服务业	Handling and transportation	638799	607582	407909	403909
仓储业	Storage	1170420	1117337	639265	620175
邮政业	Postal Services	27747	27747	21587	21587
住宿和餐饮业	**Quarters & Catering**	**672680**	**672680**	**574397**	**574397**
住宿业	Quarters	362139	362139	269508	269508
餐饮业	Catering	310541	310541	304889	304889
信息传输、软件和信息技术服务业	**Information Transmission, Software and IT Services**	**1259616**	**1176958**	**1138864**	**1051935**
电信、广播电视和卫星传输服务	Telecommunications, Radio and Television, Satellite Transmission Services	227118	185334	194103	154825
互联网和相关服务	Internet and Related Services	184090	183310	177042	176262
软件和信息技术服务业	Software and IT Services	848408	808314	767719	720848

6-9 续表 2 continued

单位:万元　　　　(10 000 yuan)

行 业	Sector	投资额 Invest - ment	# 地方项目 Local Projects	新增固定资产 Newly Increased Fixed Assets	# 地方项目 Local Projects
金融业	**Finance**	**168194**	**162008**	**133991**	**128285**
货币金融服务	Monetary and Financial Services	102060	95874	74747	69041
资本市场服务	Capital Market Services	40596	40596	33706	33706
保险业	Insurance	4693	4693	4693	4693
其他金融活动	Others	20845	20845	20845	20845
房地产业	**Real Estate**	**5944073**	**5900113**	**3723194**	**3678239**
房地产业	Real Estate	5944073	5900113	3723194	3678239
租赁和商务服务业	**Leasing & Commercial Services**	**1416084**	**1407914**	**679871**	**672001**
租赁业	Leasing Services	45252	45252	45252	45252
商务服务业	Commercial Services	1370832	1362662	634619	626749
科学研究、技术服务业	**Scientific and Technical Services**	**877707**	**869507**	**721622**	**713422**
研究与试验发展	Research & Development	88337	88337	45460	45460
专业技术服务业	Special Technical Services	362904	358904	315951	311951
科技推广和应用服务业	Science and Technology Popularization and Application Services	426466	422266	360211	356011
水利、环境和公共设施管理业	**Water Conservancy, Environment & Public Facilities Administration**	**26453103**	**25867108**	**20786465**	**20558326**
水利管理业	Water Conservancy	1944476	1940876	1687828	1684228
生态保护和环境治理业	Ecological Protection and Environmental Management	1375533	996281	758207	731894
公共设施管理业	Public Facilities Administration	23133094	22929951	18340430	18142204
居民服务、修理和其他服务业	**Resident Services, Repairs and Other Services**	**339005**	**328105**	**228371**	**217471**
居民服务业	Resident Services	200966	194966	120643	114643
机动车、电子产品和日用产品修理业	Motor Vehicles, Electronics and Household Goods Repair Services	61323	56423	47170	42270
其他服务业	Other Services	76716	76716	60558	60558
教育	**Education**	**1491537**	**1489299**	**1375614**	**1372376**
教育	Education	1491537	1489299	1375614	1372376
卫生、社会工作	**Health and Social Work**	**1276207**	**1263887**	**933283**	**920963**
卫生	Health	939053	933653	685750	680350
社会工作	Social Work	337154	330234	247533	240613
文化、体育和娱乐业	**Culture, Sports & Recreational Services**	**2105362**	**2042685**	**1381342**	**1343645**
新闻出版业	Press	14413	14413	14413	14413
广播、电视、电影和影视录音业	Radio, Television, Film and Video Recording Industry	108354	105384	83983	81013
文化艺术业	Culture & Arts	1174220	1139113	730852	696125
体育	Sports	447785	423185	310742	310742
娱乐业	Recreational Services	360590	360590	241352	241352
公共管理、社会保障和社会组织	**Public Administration ,Social Security and Social Organizations**	**2945250**	**2915891**	**2601381**	**2583771**
中国共产党机关	Chinese Communist Party Agencies				
国家机构	Government Agencies	2574891	2546132	2244373	2227363
人民政协和民主党派	People's Politics Consultative Conference & Democratic Parties	4900	4900	4900	4900
社会保障	Social Security	58030	58030	51424	51424
群众社团、社会团体和其他成员组织	Mass society, Social Organizations and Other Organizations	111896	111296	102957	102357
基层群众自治组织	Basic Mass Autonomous Organization	195533	195533	197727	197727
国际组织	**International Organizations**				
国际组织	International Organizations				

6-10 按行业分固定资产投资施工、投产项目个数(2016年)

Number of Construction Projects Under Construction and Put into Use by Sector (2016)

行业	Sector	施工项目(个) Number of Projects Under Construction (unit)	#新开工项目 Started This Year	全部建成投产项目(个) Number of Projects Started This Year (unit)	项目建成投产率(%) Percentage of Projects Completed and Put into Use
全　　区	**Autonomous Regional Total**	**20734**	**18387**	**17703**	**85.4**
农、林、牧、渔业	**Farming, Forestry, Animal Husbandry & Fishery**	**2128**	**1988**	**1894**	**89.0**
农业	Farming	570	541	534	93.7
林业	Forestry	422	396	379	89.8
畜牧业	Animal Husbandry	527	488	478	90.7
渔业	Fishery	8	7	6	75.0
农、林、牧、渔服务业	Agricultural Services	601	556	497	82.7
采矿业	**Mining**	**1254**	**1130**	**1117**	**89.1**
煤炭开采和洗选业	Coal Mining & Processing	361	314	339	93.9
石油和天然气开采业	Extraction of Petroleum & Natural Gas	163	146	159	97.5
黑色金属矿采选业	Mining & Dressing of Ferrous Metals	223	183	193	86.5
有色金属矿采选业	Mining & Dressing of Nonferrous Metals	249	244	230	92.4
非金属矿采选业	Mining & Dressing of Nonmetal Minerals	126	113	111	88.1
开采辅助活动	Support Activities for Mining	127	126	82	64.6
其他采矿业	Mining of Other Mineral	5	4	3	60.0
制造业	**Manufacturing**	**3406**	**3047**	**2972**	**87.3**
农副食品加工业	Processing of Agricultural Side-line Food	427	390	390	91.3
食品制造业	Food Manufacturing	182	171	161	88.5
酒、饮料和精制茶制造业	Wine, Beverage and Refined Tea Manufacturing	103	94	90	87.4
烟草制品业	Tobacco Products	4	2	2	50.0
纺织业	Textile Industry	54	51	49	90.7
纺织服装、服饰业	Textile, Apparel Industry	47	41	42	89.4
皮革、毛皮、羽毛及其制品和制鞋业	Leather, Fur, Feathers and Their Products and Footwear	18	15	18	100.0
木材加工及木、竹、藤、棕、草制品业	Timber Processing, Bamboo, Cane, Palm Fiber & Straw Products	81	73	69	85.2
家具制造业	Furniture Manufacturing	19	14	16	84.2
造纸及纸制品业	Paper-making & Paper Products	17	16	15	88.2
印刷业和记录媒介的复制	Printing and Record Medium Reproduction	17	16	14	82.4
文教、工美、体育和娱乐用品制造业	Manufacturing of Cultural, Educational & Arts, Crafts & Sports and Entertainment Goods	15	15	15	100.0
石油加工、炼焦及核燃料加工业	Petroleum Processing, Coke Products & Processing of Nuclear Fuel	60	57	58	96.7
化学原料及化学制品制造业	Raw Chemical Materials & Products	277	258	254	91.7
医药制造业	Medicine Manufacturing	73	69	66	90.4
化学纤维制造业	Chemical Fiber Manufacturing	1	1	1	100.0

6－10 续表 1 continued

行业	Sector	施工项目（个）Number of Projects Under Construction (unit)	#新开工项目 Started This Year	全部建成投产项目（个）Number of Projects Started This Year (unit)	项目建成投产率（%）Percentage of Projects Completed and Put into Use
橡胶和塑料制品业	Rubber and Plastic Products	97	82	90	92.8
非金属矿物制品业	Nonmetal Mineral Products	697	594	598	85.8
黑色金属冶炼及压延加工业	Smelting & Pressing of Ferrous Metals	94	80	69	73.4
有色金属冶炼及压延加工业	Smelting & Pressing of Nonferrous Metals	282	275	263	93.3
金属制品业	Metal Products	234	219	214	91.5
通用设备制造业	Manufacturing of General Purpose Equipment	146	132	124	84.9
专用设备制造业	Special Purposes Equipment Manufacturing	118	106	93	78.8
汽车制造业	Automotive Manufacturing	101	69	70	69.3
铁路、船舶、航空航天和其他运输设备制造业	Railroad, Ships, Aerospace and Other Transportation Equipment Manufacturing	16	13	11	68.8
电气机械及器材制造业	Electric Equipment & Machinery	101	81	81	80.2
计算机、通信和其他电子设备制造业	Manufacturing of Computer, Communications and Other Electronic Equipment	26	24	19	73.1
仪器仪表制造业	Manufacturing of Instrument	7	6	6	85.7
其他制造业	Others	32	30	19	59.4
废弃资源综合利用业	Comprehensive Utilization of Waste Resources	23	21	21	91.3
金属制品、机械和设备修理业	Metal products, Machinery and Equipment Repair	37	32	34	91.9
电力、燃气及水的生产和供应业	**Production & Supply of Electric Power, Gas & Water**	**1919**	**1797**	**1800**	**93.8**
电力、热力的生产和供应业	Electric Power and Heating Power	1297	1212	1224	94.4
燃气生产和供应业	Production & Supply of Gas	72	68	66	91.7
水的生产和供应业	Production & Supply of Water	550	517	510	92.7
建筑业	**Construction**	**403**	**322**	**338**	**83.9**
房屋建筑业	Housing Construction	140	106	137	97.9
土木工程建筑业	Civil Engineering Construction	148	136	138	93.2
建筑安装业	Installation of Buildings	29	29	27	93.1
建筑装饰和其他建筑业	Decoration of Buildings and Other Construction	86	51	36	41.9
批发和零售业	**Wholesale & Retail Trade**	**948**	**878**	**831**	**87.7**
批发业	Wholesale Trade	650	615	588	90.5
零售业	Retail Trade	298	263	243	81.5
交通运输、仓储和邮政业	**Transportation, Storage & Postal**	**1805**	**1510**	**1438**	**79.7**
铁路运输业	Railway Transport	155	128	116	74.8
道路运输业	Roadway Transport	1444	1203	1154	79.9
水上运输业	Water transport	2	1	2	100.0
航空运输业	Air Transport	17	12	9	52.9
管道运输业	Pipeline Transport	2	1	2	100.0
装卸搬运和其他运输服务业	Handling and transportation	49	44	36	73.5
仓储业	Storage	129	116	114	88.4
邮政业	Postal Services	7	5	5	71.4
住宿和餐饮业	**Quarters & Catering**	**163**	**131**	**139**	**85.3**
住宿业	Quarters	74	63	60	81.1
餐饮业	Catering	89	68	79	88.8
信息传输、软件和信息技术服务业	**Information Transmission, Software and IT Services**	**248**	**186**	**173**	**69.8**
电信、广播电视和卫星传输服务	Telecommunications, Radio and Television, Satellite Transmission Services	68	61	55	80.9
互联网和相关服务	Internet and Related Services	43	37	40	93.0
软件和信息技术服务业	Software and IT Services	137	88	78	56.9

6－10 续表 2 continued

行 业	Sector	施工项目（个）Number of Projects Under Construction (unit)	#新开工项目 Started This Year	全部建成投产项目（个）Number of Projects Started This Year (unit)	项目建成投产率（%）Percentage of Projects Completed and Put into Use
金融业	**Finance**	**38**	**29**	**30**	**78.9**
货币金融服务	Monetary and Financial Services	27	19	20	74.1
资本市场服务	Capital Market Services	4	3	3	75.0
保险业	Insurance	2	2	2	100.0
其他金融活动	Others	5	5	5	100.0
房地产业	**Real Estate**	**963**	**789**	**798**	**82.9**
房地产业	Real Estate	963	789	798	82.9
租赁和商务服务业	**Leasing & Commercial Services**	**213**	**190**	**179**	**84.0**
租赁业	Leasing Services	13	10	10	76.9
商务服务业	Commercial Services	200	180	169	84.5
科学研究、技术服务业	**Scientific and Technical Services**	**203**	**181**	**174**	**85.7**
研究与试验发展	Research & Development	16	12	9	56.3
专业技术服务业	Special Technical Services	99	87	85	85.9
科技推广和应用服务业	Science and Technology Popularization and Application Services	88	82	80	90.9
水利、环境和公共设施管理业	**Water Conservancy, Environment & Public Facilities Administration**	**5125**	**4654**	**4365**	**85.2**
水利管理业	Water Conservancy	394	330	318	80.7
生态保护和环境治理业	Ecological Protection and Environmental Management	207	189	174	84.1
公共设施管理业	Public Facilities Administration	4524	4135	3873	85.6
居民服务、修理和其他服务业	**Resident Services, Repairs and Other Services**	**109**	**97**	**77**	**70.6**
居民服务业	Resident Services	63	59	46	73.0
机动车、电子产品和日用产品修理业	Motor Vehicles, Electronics and Household Goods Repair Services	20	16	13	65.0
其他服务业	Other Services	26	22	18	69.2
教育	**Education**	**427**	**331**	**335**	**78.5**
教育	Education	427	331	335	78.5
卫生、社会工作	**Health and Social Work**	**264**	**183**	**182**	**68.9**
卫生	Health	176	114	108	61.4
社会工作	Social Work	88	69	74	84.1
文化、体育和娱乐业	**Culture, Sports & Recreational Services**	**426**	**380**	**315**	**73.9**
新闻出版业	**Press**	**3**	**1**	**1**	**33.3**
广播、电视、电影和影视录音业	Radio, Television, Film and Video Recording Industry	32	25	23	71.9
文化艺术业	Culture & Arts	241	214	177	73.4
体育	Sports	87	81	70	80.5
娱乐业	Recreational Services	63	59	44	69.8
公共管理、社会保障和社会组织	**Public Administration, Social Security and Social Organizations**	**692**	**564**	**546**	**78.9**
中国共产党机关 国家机构	Chinese Communist Party Agencies Government Agencies	571	453	438	76.7
人民政协和民主党派	People's Politics Consultative Conference & Democratic Parties	1			0.0
社会保障	Social Security	23	22	19	82.6
群众社团、社会团体和其他成员组织	Mass society, Social Organizations and Other Organizations	43	36	35	81.4
基层群众自治组织	Basic Mass Autonomous Organization	54	53	54	100.0
国际组织	**International Organizations**				
国际组织	International Organizations				

6-11 固定资产投资新增主要生产能力

Newly Increased Productive Capacities Through Investment in Fixed Assets

指标	Item	2016
原煤开采(万吨/年)	Coal Mining (10 000 tons/year)	2838.56
焦炭(万吨/年)	Coke (10 000 tons/year)	111
天然原油开采(万吨/年)	Petroleum Extraction (10 000 tons/year)	10
天然气开采(亿立方米/年)	Extraction of Pertoleum and Natural Gas (100 million cu. m/year)	97.06
铁矿开采(原矿)(万吨/年)	Iron - ore Mining (10 000 tons/year)	1316.68
生铁(万吨/年)	Iron Smelting (10 000 tons/year)	4.89
钢材(万吨/年)	Steel (10 000 tons/year)	248.90
铜采矿(原矿)(万吨/年)	Copper Ore Mining (10 000 tons/year)	37.95
锌冶炼(吨/年)	Zinc Smelting (ton/year)	51000
镍冶炼(电解镍)(吨/年)	Nickel Smelting(ton/year)	5
氧化铝(吨/年)	Alumina (ton/year)	500000
铝加工(吨/年)	Aluminium Processing(ton/year)	536035
银选矿(银含量)(公斤/年)	Silver Ore Dressing(kg./year)	124391.20
黄金(公斤/年)	Gold (kg/year)	200.50
火力发电(万千瓦)	Thermal Power (10 000 kw)	244.20
风力发电(万千瓦)	Wind Power(10 000 kw)	134.65
太阳能发电(万千瓦)	Solar Power(10 000 kw)	231.55
其他发电(万千瓦)	Other Power (10 000 kw)	52.06
输电线路长度(11万伏及以上)(公里)	Length of Electric Cable (over 110 000 va) (km)	3340.54
水泥(万吨/年)	Cement (10 000 tons/year)	378.70

6－11 续表 continued

指标	Item	2016
氮肥(吨/年)	Nitrogen Fertlizers (ton/year)	396910
塑料树脂及共聚物(吨/年)	Plastic Resin and Copolymer (ton/year)	139000
啤酒(万吨/年)	Beer(10 000 tons/year)	4
白酒(万吨/年)	Liquor (10 000 tons/year)	2.85
其他酒(万吨/年)	Other Alcohols (10 000 tons/year)	0.46
新建铁路里程(公里)	Length of Newly Built Railway(km)	336.78
电气化铁路里程(公里)	Electrified Railway (km)	109
新建公路(公里)	Length of New Railway (km)	3473.59
#高速公路(公里)	Expressway (km)	168.10
一级公路(公里)	First Class Highway (km)	992.03
二级公路(公里)	Second Class Highway (km)	732.68
改建公路(公里)	Length of Reconstructed Highways (km)	1108.06
一级公路(公里)	First Class Highway (km)	93.40
二级公路(公里)	Second Class Highway (km)	359.76
新建独立公路桥梁(延长米)	New－built Separate Highway and Bridge (extended meter)	824
新建独立公路桥梁(座)	New－built Separate Highway and Bridge (unit)	6
新(扩)建公路客、货运站(个)	New－built or Expanded Passenger & Freight Stations(unit)	2
新(扩)建公路客、货运站(平方米)	New－built or Expanded Passenger & Freight Stations(sq. m)	16069
民航机场跑道(条)	Civil Airport Runway(line)	2
民航机场跑道(米)	Civil Airport Runway(m)	3500
候机楼(座)	Terminal Building(unit)	2
候机楼(平方米)	Terminal Building(sq. m)	2200
城市自来水供水能力(万吨/日)	Capacity of City Tap Water Supply (10 000 tons/day)	140.30
城市污水处理能力(万吨/日)	Disposal Capacity of Sewage (10 000 tons/day)	172.50

6－12 按登记注册类型分的房地产开发投资(2016 年)

指 标	Item	总 计 Total	内资 国 有 State－owned Units	内资 集 体 Collective－owned Units
企业个数(个)	**Number of Enterprises(unit)**	**1989**	**6**	
#亏损企业个数	Loss－Making Enterprises	1103	4	
本年完成投资额(万元)	**Investment Completed This Year(10 000 yuan)**	**11334775**	**27500**	
按构成分	Grouped by Use of Funds			
建筑工程	Construction Projects	9120009	25200	
安装工程	Installation Projects	943344		
设备工器具购置	Purchase of Equipment, Tools and Instruments	148090		
其他费用	Other Funds	1123332	2300	
#土地购置费	Purchase of Land	778933		
按构成用途分	Grouped by Use of Project			
住宅	Residential Buildings	7937031	19632	
# 经济适用房	Economical Houses			
别墅、高档公寓	Villa, Top Grade Flat	282725		
办公楼	Office Buildings	313486		
商业营业用房	Business Buildings	1889040	2821	
其他	Others	1195218	5047	
本年新增固定资产(万元)	**Newly Increased This Year(10 000 yuan)**	**5249181**	**30461**	
资金来源(万元)	**Finance Sources(10 000 yuan)**	**11738807**	**27500**	
国内贷款	Domestic Loans	747999	17200	
利用外资	Foreign Investment			
自筹资金	Fund Raising	8151366	10300	
#自有资金	Self－owned	2873572	10300	
其他资金来源	Others	2839442		
#定金及预收款	Fund Ordered and Pre－received	1665642		
土地开发(平方米)	**Land Development (sq. m)**			
待开发土地面积	Area of Land to be Developed	5115480		
本年购置土地面积	Area of Land Purchased This Year	2302788		
本年土地成交价款(万元)	Value of Land Transaction(10 000yuan)	325176		

Investment in Real Estate Development by Type of Registration(2016)

Domistic – funded Enterprises						港澳台投资 Economic Units Funded by Entrepreneurs from HK, Macao & Taiwan	外商投资 Foreign Funded Economic Units
股份合作 Coopeative Enterprises	联营经济 Joint – owned Economic Units	有限责任公司 Limited Liabibity Corp.	股份有限公司 Share – holding Corp. Ltd.	私营 Private Enter – prises	其他 Others		
		928	**77**	**971**	**2**	**3**	**2**
		495	40	560	1	1	2
		5943999	**124166**	**5231836**	**1945**	**1746**	**3583**
		4864951	93499	4130735	1000	1746	2878
		338564	24176	578954	945		705
		66901	260	80929			
		673583	6231	441218			
		510875	3713	264345			
		4166814	78050	3667172	480	1300	3583
		207060	47	75618			
		74776	6381	231729	600		
		975748	34130	875771	570		
		726661	5605	457164	295	446	
		3224400	**96171**	**1878349**	**18000**		**1800**
		6124236	**246594**	**5297639**	**1945**	**1746**	**39147**
		541151	37370	152278			
		4061152	73126	4003097	1945	1746	
		1472453	26235	1364584			
		1521933	136098	1142264			39147
		1015420	51707	578087			20428
		2727363	71465	2316652			
		1290404	47644	964740			
		155503	3629	166044			

6-13 房地产开发情况

Main Indicators of Real Estate Development

指 标	Item	2015	2016
企业个数(个)	**Number of Enterprises(unit)**	**2048**	**1989**
内资	Domestic Funded	2043	1984
# 国有	State - owned Enterprises	7	6
集体	Collective - owned Enterprises	1	
股份有限公司	Share - holding Corporations Ltd.	84	77
私营	Private Enterprises	1017	971
港、澳、台投资	Funded by Entrepreneurs From H. K, Macao & Taiwan	2	3
外商投资	Foreign Funded	3	2
平均从业人员(人)	**Average Number of Employed Persons(person)**	**44813**	**42219**
内资	Domestic Funded	44643	42078
# 国有	State - owned Enterprises	209	190
集体	Collective - owned Enterprises	11	
股份有限公司	Share - holding Corporations Ltd.	1619	1575
私营	Private Enterprises	21219	19268
港、澳、台投资	Funded by Entrepreneurs From H. K, Macao & Taiwan	9	24
外商投资	Foreign Funded	161	117
土地开发及购置	**Land Development and Purchase**		
土地购置费用(万元)	Land Space Purchased Costs(10 000 yuan)	876202	778933
待开发的土地面积(万平方米)	Land Space Needed to Development(10 000 sq. m)	468.63	511.55
本年土地购置面积(万平方米)	Land Space Purchased This Year(10 000 sq. m)	316.27	230.28
房地产开发建设投资总规模及完成投资(万元)	**General Scale of & Actually Completed Investment in Real Estate Development(10 000 yuan)**		
实际需要总投资	Total Investment Actually Needed	81471735	85802879
自开始建设至本年底累计完成投资	Accumulative Investment Actually Made Since Starting of Construction up to the End This Year	54492258	58185761
# 本年完成投资	Investment Made This Year	10810542	11334775
全部建成尚需投资	Further Investment for the Completion of Construction	26979477	27617118
按用途分的房地产开发完成投资额(万元)	**Actually Completed Investment of Enterprises for Real Estate Development by Use(10 000 yuan)**		
本年完成投资额	Investment Made This Year	10810542	11334775
住宅	Residential Buildings	7585091	7937031
# 别墅、高档公寓	Villas and Good Apartments	180848	282725
办公楼	Office Buildings	396813	313486
商业营业用房	Houses for Business Use	1874974	1889040
其他	Others	953664	1195218

6－13 续表 continued

指 标	Item	2015	2016
房屋建筑面积（万平方米）	**Floor Space of Buildings(10 000 sq. m)**		
施工面积	Floor Space under Construction	17641.28	16906.28
竣工面积	Floor Space Completed	1697.16	1664.02
＃住宅	Residential Buildings	1281.45	1203.26
竣工房屋价值(万元)	Value of Buildings Completed(10 000 yuan)	4598212	4153751
按用途分新开工房屋面积（万平方米）	**Floor Space Started by Use(10 000 sq. m)**		
本年新开工房屋面积	Floor Space of Selling House	2341.67	2563.70
住 宅	Residential Buildings	1683.29	1742.40
＃别墅、高档公寓	Villas and Good Apartments	26.07	32.11
办公楼	Office Buildings	29.85	20.14
商业营业用 房	Houses for Business Use	359.09	525.00
其 他	Others	269.44	276.17
商品房屋销售情况	**Selling of Commercial Houses**		
房屋销售面积(万平方米)	Floor Space of Selling House(10 000 sq. m)	2369.37	2527.85
＃住宅	Residential Buildings	1944.92	2073.36
商品房销售额(万元)	Total Sales Of Commercial House (10 000 yuan)	10521821	11490820
＃住宅	Residential Buildings	7660638	8380757
房地产开发企业资产负债（万元）	**Asset Balance of Enterprises (10 000 yuan)**		
实收资本合计	Total Capital Hold	7653861	6947634
＃国家资本金	State Capital		
资产总计	Total Assets	70623873	73592597
累计折旧	Total Depreciation	329732	316501
＃本年折旧	Depreciation This Year	59672	59782
负债总计	Total Liabilities	61200509	63279583
所有者权益	Creditors Equity	9423363	10313014
资产负债率(%)	Ratio of Liabilities to Assets	86.7	86.0
经营总收入（万元）	**Total Revenue(10 000 yuan)**	**6633108**	**8291913**
＃土地转让收入	Land Transferred	12771	7613
资金来源（万元）	**Source of Funds(10 000 yuan)**	**11960665**	**11738807**
＃国内贷款	Domestical Loans	975050	747999
利用外资	Foreign Investment		
自筹资金	Fund Raising	8384682	8151366
其他资金来源	Others	2600933	2839442

6－14 农村个人固定资产投资和建房

Individual Investment in Fixed Assets & Building Construction in Rural Areas

年份 Year	投资总额 （万元） Total Investment （10 000 yuan）	# 竣工房屋投资 Investment in Buildings Completed		施工房屋建筑面积 （万平方米） Floor Space of Buildings Under Construction （10 000 sq. m）	竣工房屋建筑面积 （万平方米） Floor Space of Buildings Completed （10 000 sq. m）		竣工房屋造价 （元/平方米） Cost of Buildings Completed （yuan/sq. m）	
		小 计 Subtotal	# 住宅 Residential Buildings		总 计 Total	# 住宅 Residential Buildings	总 计 Total	# 住宅 Residential Buildings
1985	87369	48929	35718	1112	1112	812		44.0
1986	59978		17787	636	590	549		32.4
1987	88573		31132	749	719	613		50.8
1988	149132		38671	696	684	635		60.9
1989	108402		45730	692	668	572		79.9
1990	81263	45120	42971	552	552	495	81.7	86.8
1991	110319	74186	66180	1010	910	782	81.5	84.6
1992	132675	74766	56356	813	770	656	97.1	85.8
1993	126581	62776	53630	1258	900	629	99.8	85.3
1994	195856	109418	102269	1007	967	789	113.2	129.6
1995	365345	193582	177824	1239	1221	967	158.5	183.9
1996	381618	239963	208326	1238	1224	1020	196.0	204.2
1997	390141	230023	174965	1344	1344	1018	171.1	171.9
1998	409854	207169	179393	1382	1216	875	170.4	205.0
1999	430084	231832	196678	1173	1051	863	220.6	227.9
2000	458815	220926	200248	1092	985	860	224.3	232.8
2001	502098	253278	229572	1151	1079	916	234.6	250.6
2002	521562	223103	199163	1117	1047	869	213.1	229.2
2003	556773	220324	195820	1109	1018	848	207.0	221.6
2004	582376	188669	163294	923	880	728	214.4	224.3
2005	620529	207046	170065	738	710	510	291.6	333.5
2006	655749	252738	211770	780	769	583	328.7	363.2
2007	747324	284341	238955	814	794	596	358.1	400.9
2008	804120	334000	304610	905	813	621	410.8	490.5
2009	841470	365019	332142	468	433	394	843.0	843.0
2010	912153	385681	252380	507	469	360	822.3	701.1
2011	1121948	363719	267181	616	582	428	624.9	624.3
2012	1259708	277796	263127	460	401	359	692.8	732.9
2013	1449900	807878	728063	914	890	783	907.7	929.8
2014	1539794	881044	781886	903	872	710	1010.4	1101.2
2015	1730698	945271	904343	995	987	879	957.7	1028.8
2016	1860501	1042362	948299	1096	1103	959	945.1	988.4

主要统计指标解释

全社会固定资产投资 固定资产投资是社会固定资产再生产的主要手段。通过建造和购置固定资产的活动，国民经济不断采用先进技术装备，建立新兴部门，进一步调整经济结构和生产力的地区分布，增强经济实力，为改善人民物质文化生活创造物质条件。这对我国的社会主义现代化建设具有重要意义。

固定资产投资额 是以货币表现的建造和购置固定资产活动的工作量，它是反映固定资产投资规模、速度、比例关系和使用方向的综合性指标。全社会固定资产投资按经济类型可分为国有、集体、个体、联营、股份制、外商、港澳台商、其他等。

城镇固定资产投资 指城镇各种登记注册类型的企业、事业、行政单位及个体户进行的计划总投资(或实际需要总投资)50万元及50万元以上的建设项目投资、房地产开发投资、城镇和工矿区私人建房投资。县城及以上区域内发生的投资，县及县以上各级政府及主管部门直接领导、管理的建设项目和企业事业单位的投资均为城镇固定资产投资。

房地产开发投资 指房地产开发公司、商品房建设公司及其他房地产开发法人单位和附属于其他法人单位实际从事房地产开发或经营的活动单位统一开发的包括统代建、拆迁还建的住宅、厂房、仓库、饭店、宾馆、度假村、写字楼、办公楼等房屋建筑物和配套的服务设施，土地开发工程(如道路、给水、排水、供电、供热、通讯、平整场地等基础设施工程)的投资；不包括单纯的土地交易活动。

农村投资 包括在农村区域范围内进行固定资产投资活动的企业、事业、行政单位及农村个人投资。

建设总规模 是指在报告期内所有施工项目的计划总投资。这个指标和施工项目相对应。

在建总规模 是指在报告期末所有在建项目的计划总投资。

在建净规模 是指报告期末所有在建项目建成投产尚需的投资总量。

在建净规模=在建总规模-累计完成投资。

固定资产投资的资金来源 根据固定资产投资的资金来源不同，分为国家预算内资金、国内贷款、利用外资、自筹资金和其他资金来源。

(1)国家预算内资金：指中央财政和地方财政中由国家统筹安排的基本建设拨款和更新改造拨款，以及中央财政安排的专项拨款中用于基本建设的资金和基本建设拨款改贷款的资金等。

(2)国内贷款：指报告期内企、事业单位向银行及非银行金融机构借入的用于固定资产投资的各种国内借款。包括银行利用自有资金及吸收的存款发放的贷款、上级主管部门拨入的国内贷款、国家专项贷款(包括煤代油贷款、劳改煤矿专项贷款等。)、地方财政专项资金安排的贷款、国内储备贷款、周转贷款等。

(3)利用外资：指报告期内收到的用于固定资产投资的国外资金，包括统借统还、自借自还的国外贷款，中外合资项目中的外资，以及对外发行债券和股票等。国家统借统还的外资指由我国政府出面同外国政府、团体或金融组织签订贷款协议、并负责偿还本息的国外贷款。

(4)自筹资金：指建设单位报告期内收到的，用于进行固定资产投资的上级主管部门、地方和企、事业单位自筹资金。

(5)其他资金来源：指报告期内收到的除以上各种拨款、借款、自筹资金之外，其他用于固定资产投资的资金。

固定资产投资按国民经济行业分 建设项目归哪个行业，按其建成投产后的主要产品或主要用途及社会经济活动性质来确定。基本建设按建设项目划分国民经济行业，更新改造、国有单位其他固定资产投资及城镇集体投资根据整个企业、事业单位所属的行业来划分。一般情况下，一个建设项目或一个企业、事业单位只属于一种国民经济行业。为了更准确地反映国民经济各行业之间的比例关系，联合企业(总厂)所属分厂属于不同行业的，原则上按分厂划分行业。

固定资产投资按建设性质分 建设项目的性质一般分为新建、扩建、改建、迁建、恢复。基本建设按建设项目划分建设性质，更新改造、国有单位其他固定资产投资及城镇集体投资等按整个企业、事业单位的建设情况确定建设性质，房地产开发单位、农村投资、城镇工矿区私人建房等投资不划分建设性质。

(1)新建：一般是指从无到有、"平地起家"新开始建设的单位。有的单位原有的基础很小，经过建设后其新增加的固定资产价值超过原有固定资产价值(原值)三倍以上的也算新建。

(2)扩建：一般是指为扩大原有产品的生产能力，在厂内或其他地点增建主要生产车间(或主要工程)、独立的生产线或分厂的企业；事业单位和行政单位在原单位增建业务用房(如学校增建教学用房、医院增建门诊部或病床用房、行政机关增建办公楼等)也作为扩建。

(3)改建：一般是指现有企业、事业单位为了技术进步，提高产品质量，增加花色品种，促进产品升级换代，降低消耗和成本，加强资源综合利用和三废治理、劳保安全等，采用新技术、新工艺、新设备、新材料等对现有设施、工艺条件进行技术改造或更新(包括相应配套的辅助性生产、生活福利设施)。有的企业为充分发挥现有生产能力，进行填平补齐而增建不增加本单位主要产品生产能力的车间等,也属于改建。

固定资产投资按构成分 固定资产投资活动按其工作内容和实现方式分为建筑安装工程,设备、工具、器具购置,其他费用三个部门。

(1)建筑安装工程(建筑安装工作量):指各种房屋、建筑物的建造工程和各种设备、装置的安装工程。包括各种房屋建造工程,各种用途设备基础和各种工业窑炉的砌筑工程;为施工而进行的各种准备工作和临时工程以及完工后的清理工作等;铁路、道路的铺设,矿井的开凿及石油管道的架设等;水利工程;防空地下建筑等特殊工程;以及各机械设备的安装工程;为测定安装工程质量,对设备进行的试运工作。在安装工程中,不包括被安装设备本身的价值;

(2)设备、工具、器具购置:指购置或自制达到固定资产标准的设备、工具、器具的价值,固定资产的标准按财务部门规定。新建单位、扩建单位的新建车间按照设计和计划要求购置或自制的全部设备、工具、器具,不论是否达到固定资产标准均计入"设备、工具、器具购置"中。

(3)其他费用:指在固定资产建造和购置过程中发生的,除建筑安装工程和设备、工具、器具购置以外的各种应摊入固定资产的费用。

施工项目 指报告期内曾进行建筑或安装工程施工活动的建设项目,包括报告期内新开工项目、报告期以前开工跨人报告期继续施工的项目以及报告期施过工并在报告期内全部建成投产或停缓建的项目。

全部建成投产项目 工业项目是指设计文件规定形成生产能力的主体工业及其相应配套的辅助设施全部建成,经负荷试运转,证明具备生产设计规定合格产品的条件,并经过验收鉴定合格或达到竣工验收标准,与生产性工程配套的生活福利设施可以满足近期正常生产的需要,正式移交生产的建设项目。非工业项目是指设计文件规定的主体工程和相应的配套工程全部建成,能够发挥设计规定的全部效益,经验收鉴定合格或达到竣工验收标准,正式移交作用的建设项目。

新增生产能力 指通过固定资投资活动而增加的设计能力或工程效益,它是用实物形态表示的固定资产投资的成果,也是考核投资经济效果的重要依据。新增生产能力的计算,是以能独立发挥生产能力或工程效益的单项工程(或项目)为对象。当单项工程(或项目)建成,经有关部门鉴定合格,正式移交投入生产,即可算新增生产能力。

新增生产能力或工程效益有以下几种表现形式:

(1)用产品数量表示,以工程在单位时间内(一般是一年)所能生产的产品数量(即年产量)表示。如原煤开采用万吨/年表示。

(2)用单位时间内所能处理的原料数量表示,以工程每天(或小时)所能处理原料的数量表示。

(3)以新增的主要设备数量或容量表示,如棉纺锭数、发电机组容量等。

(4)以节约的原材料、燃料、动力实物量表示,适用于反映更新改造节约项目的效益。

(5)以建筑物容积、容量、面积或长度表示,是非工业项目或工程新增效益的一种表现形式。如水库容量、铁路公路里程等。

根据工程的特点,有时需要用两种或两种以上的复合计量单位表示新增生产能力(或工程效益),如新增内燃机生产能力同时用年产台数、千瓦数表示等。

房屋建筑面积 指从房屋外墙线算起的各层平面面积的总和,包括可供使用的有效面积和房屋结构(如柱、墙)占用的面积。多层建筑按各层(包括地下室)面积总和计算。

住宅建筑面积 指施工和竣工房屋建筑面积中供居住用的施工和竣工房屋建筑面积。

施工面积 指报告期内施工的全部房屋建筑面积。包括本期新开工的面积、上期跨入本期继续施工的房屋面积、上期停缓建在本期恢复施工的房屋面积、本期竣工的房屋面积及本期施工后又停缓建的房屋面积。

竣工面积 指在报告期内房屋建筑按照设计要求已全部完工,达到住人和使用条件,经验收鉴定合格,正式移交使用单位的建筑面积。

房屋建筑面积竣工率 批一定时期内房屋竣工面积占同期房屋施面积的比率。它是从房屋建筑施工速度的角度反映投资效果和建筑业经济效益的指标。

新增固定资产 指通过投资活动所形成的新的固定资产价值,包括已经建成投入生产或交付使用的工程价值和达到固定资产标准的设备、工具、器具的价值及有关应摊入的费用。它是以价值形式表示的固定资产投资成果的综合性指标,可以综合反映不同时期、不同部门、不同地区的固定资产投资成果。

建设项目投产率 指一定时期内全部建成投入生产项目个数与同期正式施工项目个数的比率。它是从项目建设速度的角度反映投资效果的指标。

商品房销售面积 指报告期内出售商品房屋的合同总面积(即双方签署的正式买卖合同中所确定的建筑面积)。由现房销售建筑面积和期房销售建筑面积两部分组成。

商品房销售额 指报告期内出售商品房屋的合同总价款(即双方签署的正式买卖合同中所确定的合同总价)。该指标与商品房销售面积同口径,由现房销售额和期房销售额两部分组成。

固定资产交付使用率 指一定时期新增固定资产与同期完成投资额的比率。它是反映各个时期固定资产动用速度,衡量建设过程中投资效果的一个综合性指标。

Explanatory Notes on Main Statistical Indicators

Total Investment in Fixed Assets in the Whole Country Investment in fixed assets is the essential means for Social reproduction of fixed assets. By means of construction and purchase of fixed assets, more advanced technologies and equipment are adopted in the national economy, and new sectors are established, which promote the adjustment of economic structure and the regional distribution of productive forces and enhance the economic strengths so as to provide the material conditions for improving people's livelihood. This is significant for speeding up the drive of socialist modernization in China.

Amount of investment in fixed assets refers to the volume of activities in construction and purchases of fixed assets in monetary terms. It is a comprehensive indicator which shows the size, pace, proportional relations and use orientation of the investment in fixed assets. Total investment in fixed assets in the whole country includes, by status of economic ownership, the investment by the state owned units, collective units, individuals, joint ownership units, share holding units, as well as investment by businessmen from foreign countries and from Hong Kong, Macao and Taiwan, and by other units.

Urban Investment in Fixed Assets refers to construction projects involving a total planned (or required) investment of 500,000 yuan and over by urban enterprises and institutions of various types of ownership, by administrative units and by individuals, investment in real estate development, and housing investment by individuals in urban areas and in industrial and mining areas. In other words, all investments that take place in county towns and urban areas, investment in construction projects under the direct leadership and management of government agencies at and above county levels and investments by enterprises and institutions at and above county levels are covered in urban investment in fixed assets.

Investment in Real Estate Development It includes the investment by the real estate development companies, commercial buildings construction companies and other real estate development units of various types of ownership in the construction of house buildings, such as residential buildings, factory buildings, warehouses, hotels, guesthouses, holiday villages, office buildings, and the complementary service facilities and land development projects, such as roads, water supply, water drainage, power supply, heating, telecommunications, land leveling and other projects of infrastructure. It excludes the activities in simple land transactions.

Investment in Rural Areas refers to investment in fixed assets by enterprises, institutions and individuals in rural areas.

Total Size of Construction refers to the planned total investment for all construction projects during the reference period.

Total Size of Investment in Projects under Construction refers to the planned total investment of all projects under construction at the end of the reference period.

Net Size of Investment in Projects under Construction refers to the required investment of all projects under construction at the end of the reference period.

Net Size of Investment = Total Size of Investment – accumulated completed investment

Sources of funds for Investment in Fixed Assets State budgetary appropriation, domestic loans, foreign investment, self raised funds, and others.

(1) State budgetary appropriation refers to appropriation in the budget of the central and local governments earmarked for capital construction and for innovation projects, and the special appropriation from the budget of the central government for capital construction and for the transfer fund to banks to be issued as loans for capital construction projects.

(2) Domestic loans refer to various funds borrowed by enterprises and institutions from banks and non bank financial institutions during the reference period for the purpose of investment in fixed assets, including loans issued by banks from their self owned funds and deposit, loans appropriated by higher responsible authorities, special loans by government (including loan for replacing petroleum with coal, special loan for reform through labor coal mines), loans arranged by local government from special funds, domestic reserve loan, and working loan, etc..

(3) Foreign Investment refers to foreign funds received during the reference period for the purpose of investment in fixed assets, including foreign funds borrowed and managed by the government, by individual units, foreign fund in joint venture program, and issue of bonds and stocks at the international financial markets. The foreign funds borrowed and managed by the government refer to foreign loans borrowed by the government from foreign governments, organizations, or financial institutions under official agreements signed by both parties, under which government is responsible for the repayment of both the principal and interests of the foreign loans.

(4) Self – raised funds refer to funds received by construction enterprises from their higher responsible authorities, local governments, or raised by enterprises or institutions them-

selves for the purpose of investment in fixed assets during the reference period.

(5) Others refer to funds received during the reference period which are not included in the above mentioned sources.

Investment in Fixed Assets by Sector The classification of construction projects by sector is determined by the major products or the purpose of the projects when they are put into production or use, and by the nature of their social economic activities. The investment in capital construction is classified by construction projects, while investment in innovation, other investment by state owned units and urban collective units are classified according to the sector which the whole enterprise or institution belongs to. In general, one project or one enterprise or institution can only belong to one sector. In order to reflect more accurately the proportions among various sectors, the branch factories of integrated complex are classified into different sectors according to their economic activities.

Investment in Fixes by Type of Construction The construction projects in general can be classified by the type of construction into new construction, expansion, reconstruction and moving away. In capital construction, the type of construction is determined by the condition of the project. In investment in innovation, in other investment by state owned units and investment by collective owned units, the type of construction is determined by the condition of the whole enterprise or institutions. Investment by type of construction is not applied to investment by real estate development units, investment in rural areas and investment in housing by urban individuals.

(1) New construction in general refers to newly constructed units. In the case in which the value of the original fixed assets is quite small, and the value of newly added fixed assets exceeds the original ones by three times, the expansion construction is considered as new construction.

(2) Expansion refers to construction of new major production workshop or independent production line within a factory or in other locations, or construction of a branch factory so as to increase the production capacity of the original products. Newly constructed business houses in institutions and administrative organizations (such as the newly constructed teaching buildings in schools, clinics or bed building in hospitals, and office buildings in administrative agencies, etc.) Are also classified as expansion.

(3) Reconstruction refers to technical innovation and transformation of the existing equipment and technical conditions undertaken by enterprises and institutions for the purposes of technological advancement, improvement in product quality, enlarging variety of products, promoting new generation of products, reducing production consumption and cost, promoting comprehensive utilization of resources, strengthening treatment of waste gas, waste water and solid wastes, and safety in production, etc. through application of new technologies and techniques, use of new equipment and new materials (including accessory facilities for production or for living and welfare purposes). Construction of new workshops for improving existing production capacity rather than increasing production capacity is also considered as reconstruction.

Investment in Fixed Assets by Structure refers to the three major parts of investment activities, i. e. construction and installation, purchase of equipment and instrument, and other expenses.

(1) Construction and installation (work volume of construction and installation) refers to the construction of various houses and buildings and installation of various kinds of equipment and instruments, including construction of various houses, equipment foundations and industrial kilns and stoves, preparation works for project construction, and clearing up works post project construction, pavement of railways and roads, drilling of mines and putting up of oil pipes, construction of projects of water conservancy, construction of underground air raid shelters and construction of other special projects, installation of various machinery the quality of installation projects, The value of equipment installed is not included in the value of installation projects.

(2) Purchase of equipment and instruments refers to the total value of equipment, tools, and vessels purchased or self produced which come up to standards for fixed assets. Equipment, tools and vessels purchased or self produced for new work shops by newly established or expanded units are categorized as" purchase of equipment and instruments" no matter whether they come up to the standards for fixed assets or not.

(3) Other expenses refer to expenses occurring during the construction or purchase of fixed assets other than construction, installation or purchase of equipment and instruments.

Projects Under Construction refer to projects having construction and installation activities undertaken in the reference period, including projects started in the reference period, or continued from the previous period, or completed and put into production or suspended in the reference period.

Projects Completed and Put into Use Industrial projects refer to the major projects and accessory facilities completed which result in forming production capacity and have been checked and accepted while the living and welfare facilities have been completed and can ensure normal production and formally put into production. Non – industrial projects refer to the major projects and accessory facilities completed which possess the designed capacity and have been checked, accepted and formally put into production.

Newly Increased Production Capacity refers to the increase of designed capacity and project efficiency through investment in fixed assets, which reflects the accomplishment of investment in fixed assets in kind. The calculation of newly increased production capacity is based on individual project which operates independently and efficiently. When an individual project is completed and checked and accepted and put into production, it is counted as newly increased production capacity.

The newly increased production capacity and project efficiency are usually expressed in one of the following forms:

(1) output of products, i. e. the output that the project can produce during a given period (usually a year). For instance, the capacity in coal mining is expressed in 10, 000 tons/year, etc;

(2) raw materials processing capacity, i. e. the volume of raw materials that could be processed by the project per day (or per hour), such as tons of materials processed per day by a sugar refining project or edible vegetable oil project, or tons of urban sewage processed per day;

(3) number or capacity of major equipment increased, such as number of cotton or silk looms increased, wool spindles increased, or capacity (in kilowatt s) of power generators increased;

(4) saved raw materials, fuels or power, which are mainly used for the efficiency of innovation and transformation projects; and

(5) physical measures (volume, capacity, area, and length) of construction, which is typical for non industrial projects, for instance, the length of new railways, etc.

Features of projects sometimes call for combined use of two or more measurement to reflect the increased production capacity (or project efficiency), for instance, the new capacity for the production of internal combustion engines are expressed in sets per year and kilowatts per year simultaneously.

Floor Space of Buildings under Construction and Completed refers to total floor space in each story of buildings calculated from the outside line of building walls, including both usable space and the space occupied by constructions like pillars or walls. The floor space of multi story buildings includes the total floor space of each story (including basement).

Floor Space of Residential Buildings refers to the floor space of the residential buildings under construction and completed among the total space of buildings under construction and completed.

Floor Space Under Construction refers to total floor space of all buildings under construction during the reference period, including floor space of newly started buildings during the reference period, floor space of construction extended from the previous period to the current period, floor space of construction suspended during the previous period and resumed in the current period, floor space of construction completed in the current period, and floor space of construction started and then suspended in the current period.

Floor Space of Buildings Completed refers to the floor space of buildings completed in the reference period, which have come up to the designed standards and have been put into use.

Completion Rate of Floor Space of Buildings refers to the ratio of the floor space of buildings completed in certain period of time to the floor space of buildings under construction in the same period, which reflects the investment result and economic efficiency of the construction industry from the angle of the speed of project construction.

Newly Increased Fixed Assets refer to the newly increased value of fixed assets through investment, including the value of projects completed and put into production, the value of equipment, tools, and vessels considered as fixed assets, as well as the relevant expenses as investment in fixed assets. This is a comprehensive indicator of investment in fixed assets, reflecting the achievements of investment in fixed assets in different periods, different sectors, and different regions.

Rate of Construction Projects Completed and put into Use refers to the ratio of the number of construction projects completed and put into use in certain period of time to the number of projects under construction in the same period, this reflects the investment efficiency from

the angle of the speed of projects construction.

Area of Commercial Housing Sold refers to total contracted area of commercial housing (i. e. area of floor space as designated in the formal contracts signed by both sides) during the reference time. It constitutes floor space of completed housing and floor space of future housing.

Value of Commercial Housing Sold refer to total value of contracts (i. e. value of sales/purchase for selling/purchase of commercial housing as designated in the contracts signed by both sides) during the reference time. It has the same coverage as the area of commercial housing sold, constituting completed housing and floor space of future housing

Rate of Projects of Fixed Assets Completed and Put into Operation refers to the ratio of the newly increased fixed assets to the total investment made in the same period. This is a comprehensive indicator, reflecting the speed of the employment of fixed assets and the investment efficiency.

2017 NEIMENGGU

七、能源和环境

Energy and Environment

资料整理：王晓妍　朱大玮　闫霁云　朱丽娅
Arranged By Wang Xiaoyan , Zhu Dawei , Yan Jiyun , Zhu Liya

7－1 能源生产总量及构成

Total Production of Energy and Its Composition

年 份 Year	能源生产总量 （万吨标准煤） Total Energy Production （10 000 tons of SCE）	占能源生产总量的比重（%）As Percentage of Total Energy Production（%）			
		原 煤 Raw Coal	原 油 Crude Oil	天然气 Natural Gas	水电、核电和其他能源 Hydro Power, Nuclear Power and Other Energy
1978	1070.63	99.83			
1980	1078.94	99.81			
1985	2027.75	99.99			
1986	2007.72	99.85			
1987	2092.12	99.82			
1988	2252.60	99.88			
1989	2688.70	99.90			
1990	2821.61	99.81			
1991	3069.14	99.81			
1992	3221.65	95.43			
1993	3647.44	94.05	3.96		
1994	3994.00	94.27	5.69		
1995	4642.02	94.55	5.41		
1996	4767.47	95.48	4.49		
1997	5354.63	96.46	3.53		
1998	5019.91	96.28	3.66		
1999	4566.42	96.34	3.59		
2000	4701.23	95.90	2.75		
2001	6047.84	96.40	2.01	1.41	
2002	8428.61	97.21	1.40	1.22	
2003	10814.13	97.14	1.22	1.30	
2004	15586.70	97.32	1.04	1.34	
2005	19082.33	95.86	1.10	2.69	0.36
2006	22298.37	95.33	1.10	3.17	0.40
2007	26725.88	94.71	0.89	3.51	0.88
2008	33440.86	94.52	0.75	4.00	0.74
2009	40185.85	92.87	0.67	4.84	1.62
2010	49740.18	92.35	0.53	5.42	1.70
2011	59738.06	92.50	0.49	5.55	1.47
2012	64027.06	92.44	0.44	5.38	1.73
2013	58554.29	91.25	0.47	6.15	2.14
2014	60205.75	91.04	0.46	6.21	2.29
2015	56253.32	89.81	0.45	6.88	2.86
2016	52690.41	89.21	0.47	6.86	3.45

注：1. 水电、核电和其它能源发电折算标准煤系数根据当年平均火力发电煤耗计算。

2. 根据全国第三次经济普查结果，对2013、2014年能源生产总量和比重数据进行了调整。

a) The coefficient for conversion of Hydropower, nuclear power and other power into SCE(standard coal equivalent) is calculated on the basic of the average thermal coal in the same year.

b) According to the results of the third national economic census, the total energy production and the proportion of energy production in 2014 and 2013 were adjusted.

7－2 能源消费总量及构成

Total Consumption of Energy and Its Composition

年 份 Year	能源消费总量 (万吨标准煤) Total Energy Consumption (10 000 tons of SCE)	占能源消费总量的比重(%) As Percentage of Total Energy Consumption(%)			
		煤 炭 Coal	石 油 Petroleum	天然气 Natural Gas	水电、核电和其他能源 Hydro Power, Nuclear Power and Other Energy
1985	1870.66				
1986	1856.66				
1987	1967.11				
1988	2035.52				
1989	2250.36				
1990	2423.51				
1991	2505.19				
1992	2554.99				
1993	2676.11				
1994	2812.19				
1995	3268.44				
1996	3144.36				
1997	3708.95				
1998	3440.06				
1999	3634.88				
2000	3937.54				
2001	4453.48				
2002	5190.12				
2003	6612.77				
2004	8601.81				
2005	10788.37	90.44	8.60	0.78	0.17
2006	12835.27	89.67	8.64	1.49	0.20
2007	14703.32	88.79	8.35	2.40	0.46
2008	16407.63	88.09	8.99	2.47	0.44
2009	17473.68	86.36	9.10	3.37	1.17
2010	18882.66	86.60	8.96	3.02	1.42
2011	21148.52	87.08	9.15	2.34	1.43
2012	22103.30	87.59	8.36	2.30	1.75
2013	17681.37	81.44	8.19	3.30	7.07
2014	18309.06	81.73	7.48	3.27	7.52
2015	18927.07	82.92	6.50	2.09	8.49
2016	19457.05	82.36	6.48	1.81	9.35

注:1. 根据全国第三次经济普查结果,对2013、2014年能源消费总量和比重进行了调整。

2. 从2013年开始,能源消费量采用等价值数据。

a) According to the results of the third national economic census, the total energy consumption and the proportion of energy consumption in 2014 and 2013 were adjusted.

b) Starting in 2013, energy consumption data using the equivalent value.

7 -3 综合能源平衡表

Overall Energy Balance

单位:万吨标准煤 (10 000 tons of SCE)

项 目	Item	1995	2000	2005	2010	2015	2016
可供消费的能源总量	**Total Energy Available for Consumption**	**2922.20**	**3996.41**	**9493.38**	**16736.97**	**18927.07**	**19457.05**
一次能源生产量	Primary Energy Output	4642.02	4701.23	19082.33	49740.18	56253.32	52690.41
外省(区、市)调入量	Transfer From Other Province (Region、City)					2061.74	2176.23
境内飞机、轮船在境外加油量	Oil - charge Overseas of Plane & Ships in Country						0.16
进口量	Imports	4.56		228.02	1160.11	1059.77	1781.15
本省(区、市)调出量(-)	Transfer to Other Province (Region、City)(-)					-40109.15	-37998.05
出口量(-)	Exports(-)	-48.38	-141.96	-11.21	-390.77	-99.98	-38.38
境外飞机、轮船在境内加油量	Oil - charge Inland of Plane & Ships Out of the Country						-0.68
年初年末库存差额	Stock Changes in the Year	-61.74	47.81	416.06	-2445.33	-238.64	846.21
能源消费总量	**Total Energy Consumption**	**3268.44**	**3937.54**	**9666.11**	**16820.30**	**18927.07**	**19457.05**
在总量中:	Consumption by Sector						
1.农、林、牧、渔业	1. Farming, Forestry, Animal Husbandry & Fishery	100.09	128.62	319.53	514.21	561.39	566.92
2.工业	2. Industry	1338.90	2059.93	6936.80	11501.76	13728.80	14539.64
3.建筑业	3. Construction	35.69	57.57	105.80	287.21	302.36	367.70
4.交通运输、仓储及邮电通信业	4. Transportation, Storage, Post & Telecommunications Services	154.58	151.07	688.87	1322.92	1178.66	913.51
5.批发、零售业和住宿餐饮业	5. Wholesale, Retail Trade, Quarters & Catering	73.44	92.87	308.58	983.90	801.66	684.31
6.其他	6. Others	128.19	80.27	277.08	472.03	816.98	707.33
7.生活消费	7. Residential Consumption	155.45	225.40	1022.10	1738.27	1537.23	1677.63
在总量中:	Consumption by Usage						
(一)终端消费	(Ⅰ) Final Consumption	1986.38	2795.70	8831.74	14767.89	17942.32	18402.91
# 工业	Industry	1338.90	2059.93	6109.78	9449.35	12744.05	13485.51
(二)加工转换损失量	(Ⅱ) Losses in Processing & Transformation	905.20	1119.59	827.02	2052.42	984.75	1053.84
# 炼焦	Coking	36.52	16.30	255.60	302.94	398.14	362.89
炼油及煤制油损失	Petroleum Refining & CTL losses	1.11	24.69	4.12	46.15	138.72	155.09
(三)损失量	(Ⅲ) Other Losses	376.86	22.25	7.34			0.30
平衡差额	**Balance**	**-346.24**	**58.87**	**-172.73**	**-83.34**		

7-4 石油平衡表

Petroleum Balance

单位:万吨 (10 000 tons)

项 目	Item	2015	2016
可供量	**Total Energy Available for Consumption**	**869.24**	**895.58**
生产量	**Output**	**178.83**	**174.42**
外省(区、市)调入量	Transfer From Other Province(Region、City)	880.98	810.11
进口量	Imports	77.48	16.90
境内飞机、轮船在境外加油量	Oil-charge Overseas of Plane & Ships in Country		0.11
本省(区、市)调出量(-)	Transfer to Other Province(Region、City)(-)	-248.59	-144.48
出口量(-)	Exports(-)	-10.15	-2.04
境外飞机、轮船在境内加油量	Oil-charge Inland of Plane & Ships Out of the Country		-0.46
年初年末库存差额	Stock Changes in the Year	-9.30	41.02
消费量	**Total Energy Consumption**	**869.24**	**895.58**
在消费总量中:	Consumption by Sector		
1.农、林、牧、渔业	1. Farming, Forestry, Animal Husbandry and Fishery	73.04	67.38
2.工业	2. Industry	66.77	51.12
3.建筑业	3. Construction	126.03	152.63
4.交通运输、仓储及邮电通信业	4. Transportation, Storage, Post and Telecommunications Services	376.11	362.97
5.批发、零售业和住宿餐饮业	5. Wholesale, Retail Trade, Quarters and Catering	15.33	18.61
6.其他	6. Others	92.82	103.48
7.生活消费	7. Residential Consumption	119.15	139.39
在消费总量中:	Consumption by Usage		
(一)终端消费	(Ⅰ)Final Consumption	990.50	1056.06
# 工业	Industry	188.03	211.60
(二)中间消费	(Ⅱ)Intermediate Consumption		
(用于加工转换)	(Consumed in Transformation)	8.96	0.81
发电	Power Generation	8.91	0.76
供热	Heating	0.05	0.05
(三)炼油损失量	(Ⅲ)Losses in Petroleum Refining	-130.22	-161.29
(四)损失量	(Ⅳ)Other Losses		
平衡差额	**Balance**		

注:生产量为原油产量。

a) Data on output refer to the output of crude oil.

7-5 煤炭平衡表

Coal Balance Sheet

单位:万吨 (10 000 tons)

项 目	Item	2015	2016
可供量	**Total Energy supply**	**36499.76**	**36675.32**
生产量	Output	90957.05	84558.88
外省(区、市)调入量	Transfer From Other Province(Region、City)	1050.84	1336.79
进口量	Imports	1402.90	2550.37
本省(区、市)调出量(-)	Transfer to Other Province(Region、City)(-)	-56422.44	-52696.23
出口量(-)	Exports(-)	-118.21	
年初年末库存差额	Stock Changes in the Year	-370.38	925.51
消费量	**Total Energy Consumption**	**36499.76**	**36675.32**
在消费总量中:	Consumption by Sector		
1.农、林、牧、渔业	1. Farming, Forestry, Animal Husbandry & Fishery	501.57	491.74
2.工业	2. Industry	33416.24	34392.94
3.建筑业	3. Construction	143.91	173.47
4.交通运输、仓储及邮电通信业	4. Transport, Storage, Post & Telecomm Services	719.53	297.46
5.批发、零售业和住宿餐饮业	5. Wholesale, Retail Trade, Quarters & Catering	812.48	633.08
6.其他	6. Others	596.93	395.60
7.生活消费	7. Residential Consumption	309.10	291.03
在消费总量中:	Consumption by Usage		
(一)终端消费	(Ⅰ)Final Consumption	7543.02	7650.05
# 工业	Industry	4459.50	5367.67
(二)中间消费	(Ⅱ)Intermediate Consumption		
(用于加工转换)	(Consumed in Transformation)	28956.74	29025.27
#发电	Power Generation	19131.53	19037.71
供热	Heating	2563.88	2858.95
洗选损耗	Losses in Coal Washing and Dressing	2106.63	2243.95
炼焦	Coking	4444.40	4004.02
炼油及煤制油	Petroleum Refineries and Coal-to-liquids	347.51	396.46
制气	Gas Production	362.79	484.18
平衡差额	**Balance**		

注:生产量为原煤产量。

a) Data on output refer to the output of raw coal.

7-6 电力平衡表

Electricity Balance Sheet

单位:亿千瓦小时 (100 million kwh)

项 目	Item	2015	2016
可供量	**Total Energy supply**	**2542.86**	**2605.13**
生产量	Output	3923.20	3949.81
# 火电	Thermal Power	3421.93	3374.88
风电	Wind power	407.88	464.18
水电	Hydro - power	36.41	27.48
外省(区、市)调入量	Transfer From Other Province(Region、City)	15.72	12.60
进口量	Imports		
本省(区、市)调出量(-)	Transfer to Other Province(Region、City)(-)	-1385.06	-1346.20
出口量(-)	Exports(-)	-11.00	-11.09
消费量	**Total Energy Consumption**	**2542.86**	**2605.13**
在消费总量中:	Consumption by Sector		
1. 农、林、牧、渔业	1. Farming, estry, Animal Husbandry & Fishery	41.36	41.96
2. 工业	2. Industry	2245.56	2286.41
3. 建筑业	3. Construction	9.92	10.83
4. 交通运输、仓储及邮电通信业	4. Transportation, Storage, Post & Telecommunications Services	23.02	24.73
5. 批发、零售业和住宿餐饮业	5. Wholesale, Retail Trade, Quarters & Catering	45.49	49.14
6. 其他	6. Others	49.37	53.57
7. 生活消费	7. Residential Consumption	128.14	138.48
在消费总量中:	Consumption by Usage		
(一)终端消费	(Ⅰ) Final Consumption	2542.86	2605.03
# 工业	Industry	2245.56	2286.32
(二)输配电损失量	(Ⅱ) Losses in Transmission		0.10

7－7 规模以上工业分行业综合能源消费

Consumption of Overall Energy by Industrial Branch above Designated

单位：万吨标准煤 (10 000 tons of SCE)

行 业	Sector	2015	2016
总计	**Total**	**14853.08**	**15217.50**
按工业行业门类分	**By Industrial Branch**		
轻工业	**Light Industry**	**498.95**	**534.42**
重工业	**Heavy Industry**	**14354.12**	**14683.08**
采矿业	**Mining**	**853.81**	**898.28**
煤炭开采和洗选业	Coal Mining & Processing	655.74	707.24
石油和天然气开采业	Petroleum & Natural Gas Pumped	19.34	25.68
黑色金属矿采选业	Mining & Dressing of Ferrous Metals	102.09	87.56
有色金属矿采选业	Mining & Dressing of Nonferrous Metals	54.52	51.41
非金属矿采选业	Mining & Dressing of Nonmetal Minerals	20.62	24.53
开采辅助活动	Support Activities for Mining		
其他采矿业	Mining of Other Mineral	1.50	1.86
制造业	**Manufacturing**	**8671.65**	**9033.66**
农副食品加工业	Processing of Agricultural Side－Line Food	138.15	137.17
食品制造业	Food Manufacturing	126.60	193.37
酒、饮料和精制茶制造业	Wine, Beverage and Refined Tea Manufacturing	32.38	32.70
烟草制品业	Tobacco Products	1.26	1.21
纺织业	Textile Industry	8.20	9.50
纺织服装、服饰业	Textile, Apparel Industry	3.22	2.73
皮革、毛皮、羽毛及其制品和制鞋业	Leather, Fur, Feathers and Their Products and Footwear	0.85	0.93
木材加工和木、竹、藤、棕、草制品业	Timber Processing, Bamboo, Cane, Palm Fiber & Straw Products	21.15	14.14
家具制造业	Furniture Manufacturing	2.70	2.77
造纸及纸制品业	Paper－making & Paper Products	13.75	12.18
印刷和记录媒介复制业	Printing and Record Medium Reproduction	0.86	0.87

7－7 续表 continued

单位:万吨标准煤 (10 000 tons of SCE)

行 业	Sector	2015	2016
文教、工美、体育和娱乐用品制造业	Manufacturing of Cultural, Educational & Arts, Crafts & Sports and Entertainment Goods	0.20	0.18
石油加工、炼焦和核燃料加工业	Petroleum Processing ,Coke Products & Processing of Nuclear Fuel	1040.98	986.53
化学原料和化学制品制造业	Raw Chemical Materials & Chemical Products	3192.74	3364.62
医药制造业	Medicine Manufacturing	142.60	110.90
化学纤维制造业	Chemical Fiber Manufacturing	0.03	0.02
橡胶和塑料制品业	Rubber and Plastic Products	5.74	4.62
非金属矿物制品业	Nonmetal Mineral Products	435.77	483.96
黑色金属冶炼和压延加工业	Smelting & Pressing of Ferrous Metals	2003.66	2073.31
有色金属冶炼和压延加工业	Smelting & Pressing of Nonferrous Metals	1450.21	1559.09
金属制品业	Metal Products	9.93	8.02
通用设备制造业	Manufacturing of General – Purpose Equipment	6.10	5.11
专用设备制造业	Special Purposes Equipment Manufacturing	5.42	5.13
汽车制造业	Automotive Manufacturing	5.21	5.45
铁路、船舶、航空航天和其他运输设备制造业	Railroad, Ships, Aerospace and Other Transportation Equipment Manufacturing	0.83	0.84
电气机械和器材制造业	Electric Equipment & Machinery	8.07	8.59
计算机、通信和其他电子设备制造业	Manufacturing of Computer , Communications and Other Electronic Equipment	11.58	5.59
仪器仪表制造业	Manufacturing of Instrument	0.04	0.03
其他制造业	Others	0.14	0.13
废弃资源综合利用业	Comprehensive Utilization of Waste Resources	3.07	3.83
金属制品、机械和设备修理业	Metal products, Machinery and Equipment Repair	0.21	0.13
电力、燃气及水的生产和供应业	**Production & Supply of Electric Power, Gas & Water**	**5327.62**	**5285.57**
电力、热力生产和供应业	Production & Supply of Electric Power & Heating Power	5257.08	5179.76
燃气生产和供应业	Production & Supply of Gas	60.28	94.71
水的生产和供应业	Production & Supply of Water	10.26	11.10

7－8 分行业能源消费总量和主要能源品种消费量(2016年)

Consumption of Total Energy & Its Main Varieties by Sector(2016)

行 业	Sector	能源消费总量(万吨标准煤) Total Energy Consu－mption (10 000 tons of SCE)	煤炭消费量(万吨) Coal Consu－mption (10 000 tons)	焦炭消费量(万吨) Coke Consu－mption (10 000 tons)	原油消费量(万吨) Crude Oil Consu－mption (10 000 tons)	汽油消费量(万吨) Gasoline Consu－mption (10 000 tons)
消费总量	**Total Consumption**	**19457.05**	**36675.32**	**1635.40**	**419.55**	**353.24**
农、林、牧、渔业	**Farming, Forestry, Animal Husbandry & Fishery**	**566.92**	**491.74**			**7.96**
工业	**Industry**	**14539.64**	**34392.94**	**1635.40**	**419.55**	**13.47**
采矿业	**Mining**	**1106.37**	**2547.27**	**61.82**	**5.07**	**4.09**
煤炭开采和洗选业	Coal Mining & Processing	749.96	2399.45	61.82		1.18
石油和天然气开采业	Petroleum & Natural Gas Pumped	45.12	0.38		5.07	0.20
黑色金属矿采选业	Mining & Dressing of Ferrous Metals	155.37	88.68			0.36
有色金属矿采选业	Mining & Dressing of Nonferrous Metals	112.15	35.45			1.96
非金属矿采选业	Mining & Dressing of Nonmetal Minerals	40.83	21.15			0.29
开采辅助活动	Support Activities for Mining					
其他采矿业	Mining of Other Mineral	2.93	2.16			0.11
制造业	**Manufacturing**	**12087.03**	**14534.55**	**1573.58**	**414.48**	**7.83**
农副食品加工业	Processing of Agricultural Side－Line Food	209.62	230.72	0.56		3.00
食品制造业	Food Manufacturing	237.32	433.09	0.04		0.18
酒、饮料和精制茶制造业	Wine, Beverage and Refined Tea Manufacturing	45.85	41.10			0.25
烟草制品业	Tobacco Products	2.00	0.80			0.01
纺织业	Textile Industry	14.72	14.30			0.10
纺织服装、服饰业	Textile, Apparel Industry	4.05	2.36			0.06
皮革、毛皮、羽毛及其制品和制鞋业	Leather, Fur, Feathers and Their Products and Footwear	1.42	0.81			0.20
木材加工和木、竹、藤、棕、草制品业	Timber Processing, Bamboo, Cane, Palm Fiber & Straw Products	22.09	13.30			0.18
家具制造业	Furniture Manufacturing	3.57	2.68			0.01
造纸及纸制品业	Paper－making & Paper Products	19.17	17.74			0.03
印刷和记录媒介复制业	Printing and Record Medium Reproduction	1.67	0.14			0.01
文教、工美、体育和娱乐用品制造业	Manufacturing of Cultural, Educational & Arts , Crafts & Sports and Entertainment Goods	0.46	0.04			0.03

7－8 续表 1 continued

行业	Sector	煤油消费量（万吨）Kerosene Consum－ption (10 000 tons)	柴油消费量（万吨）Diesel Oil Consum－ption (10 000 tons)	燃料油消费量（万吨）Fuel Oil Consum－ption (10 000 tons)	天然气消费量（亿立方米）Natural Gas Con－sumption (100 million cu. m)	电力消费量（亿千瓦小时）Electri－city Consum－ption (100 million kwh)
消费总量	**Total Consumption**	**34.96**	**426.62**	**3.27**	**33.18**	**2605.13**
农、林、牧、渔业	**Farming, Forestry, Animal Husbandry & Fishery**		**59.42**			**41.96**
工业	**Industry**	**0.19**	**99.30**	**3.24**	**22.90**	**2286.41**
采矿业	**Mining**	**0.01**	**75.60**	**0.41**	**0.30**	**148.67**
煤炭开采和洗选业	Coal Mining & Processing	0.01	60.33	0.41		76.37
石油和天然气开采业	Petroleum & Natural Gas Pumped		0.83		0.29	10.05
黑色金属矿采选业	Mining & Dressing of Ferrous Metals		7.65		0.01	28.21
有色金属矿采选业	Mining & Dressing of Nonferrous Metals		3.86			27.04
非金属矿采选业	Mining & Dressing of Nonmetal Minerals		2.90			6.59
开采辅助活动	Support Activities for Mining					
其他采矿业	Mining of Other Mineral		0.03			0.40
制造业	**Manufacturing**	**0.17**	**17.71**	**2.62**	**18.01**	**1853.02**
农副食品加工业	Processing of Agricultural Side－Line Food	0.01	0.90		0.06	23.18
食品制造业	Food Manufacturing		0.43	0.14	0.09	30.62
酒、饮料和精制茶制造业	Wine, Beverage and Refined Tea Manufacturing		0.26		0.08	4.17
烟草制品业	Tobacco Products		0.01		0.05	0.27
纺织业	Textile Industry		0.06			2.42
纺织服装、服饰业	Textile, Apparel Industry		0.01		0.04	0.57
皮革、毛皮、羽毛及其制品和制鞋业	Leather, Fur, Feathers and Their Products and Footwear					0.16
木材加工和木、竹、藤、棕、草制品业	Timber Processing, Bamboo, Cane, Palm Fiber & Straw Products		0.20			3.44
家具制造业	Furniture Manufacturing		0.32			0.37
造纸及纸制品业	Paper－making & Paper Products		0.08		0.05	2.42
印刷和记录媒介复制业	Printing and Record Medium Reproduction		0.01			0.34
文教、工美、体育和娱乐用品制造业	Manufacturing of Cultural, Educational & Arts, Crafts & Sports and Entertainment Goods					0.12

7－8 续表 2 continued

行 业	Sector	能源消费总量（万吨标准煤）Total Energy Consum－ption (10 000 tons of SCE)	煤炭消费量（万吨）Coal Cons－umption (10 000 tons)	焦炭消费量（万吨）Coke Consu－mption (10 000 tons)	原油消费量（万吨）Crude Oil Consu－mption (10 000 tons)	汽油消费量（万吨）Gasoline Consu－mption (10 000 tons)
石油加工、炼焦和核燃料加工业	Petroleum Processing ,Coke Products & Processing of Nuclear Fuel	814.60	3840.17	8.60	414.48	0.07
化学原料和化学制品制造业	Raw Chemical Materials & Chemical Products	4628.50	4805.71	515.17		1.11
医药制造业	Medicine Manufacturing	137.67	194.00			0.17
化学纤维制造业	Chemical Fiber Manufacturing	0.07				
橡胶和塑料制品业	Rubber and Plastic Products	10.62	1.35			0.20
非金属矿物制品业	Nonmetal Mineral Products	757.87	547.40	0.39		0.84
黑色金属冶炼和压延加工业	Smelting & Pressing of Ferrous Metals	2918.44	1659.33	1023.79		0.35
有色金属冶炼和压延加工业	Smelting & Pressing of Nonferrous Metals	2158.05	2715.24	24.89		0.21
金属制品业	Metal Products	20.41	3.89			0.05
通用设备制造业	Manufacturing of General－Purpose Equipment	11.93	0.84			0.07
专用设备制造业	Special Purposes Equipment Manufacturing	9.35	4.26			0.09
汽车制造业	Automotive Manufacturing	9.72	1.42			0.32
铁路、船舶、航空航天和其他运输设备制造业	Railroad,Ships, Aerospace and Other Transportation Equipment Manufacturing	1.49				
电气机械和器材制造业	Electric Equipment & Machinery	22.07	0.95			0.28
计算机、通信和其他电子设备制造业	Manufacturing of Computer , Communications and Other Electronic Equipment	15.35				0.01
仪器仪表制造业	Manufacturing of Instrument	0.09				
其他制造业	Others	0.24	0.11			
废弃资源综合利用业	Comprehensive Utilization of Waste Resources	8.44	2.79	0.14		0.01
金属制品、机械和设备修理业	Metal products, Machinery and Equipment Repair	0.17				
电力、燃气及水的生产和供应业	**Production & Supply of Electric Power,Gas & Water**	**1346.25**	**17311.12**			**1.55**
电力、热力生产和供应业	Production & Supply of Electric Power & Heating Power	1157.49	16877.79			1.37
燃气生产和供应业	Production & Supply of Gas	160.03	430.12			0.04
水的生产和供应业	Production & Supply of Water	28.72	3.21			0.14
建筑业	**Construction**	**367.70**	**173.47**			**9.08**
交通运输、仓储及邮电通信业	**Transportation,Storage, Postal & Telecommunications Services**	**913.51**	**297.46**			**178.71**
批发、零售业和住宿、餐饮业	**Wholesale,Retail Trade, Quarters & Catering**	**684.31**	**633.08**			**9.02**
其他	**Others**	**707.33**	**395.60**			**59.84**
生活消费	**Residential Consumption**	**1677.63**	**291.03**			**75.16**

7－8 续表 3 continued

行 业	Sector	煤油消费量(万吨) Kerosene Consum－ption (10 000 tons)	柴油消费量(万吨) Diesel Oil Consum－ption (10 000 tons)	燃料油消费量(万吨) Fuel Oil Consum－ption (10 000 tons)	天然气消费量(亿立方米) Natural Gas Consum－ption (100 million cu. m)	电力消费量(亿千瓦小时) Electricity Consumption (100 million kwh)
石油加工、炼焦和核燃料加工业	Petroleum Processing, Coke Products & Processing of Nuclear Fuel		0.43		0.69	44.27
化学原料和化学制品制造业	Raw Chemical Materials & Chemical Products		2.05	0.03	12.07	518.14
医药制造业	Medicine Manufacturing		0.03		0.04	15.00
化学纤维制造业	Chemical Fiber Manufacturing					0.02
橡胶和塑料制品业	Rubber and Plastic Products		0.06			2.73
非金属矿物制品业	Nonmetal Mineral Products		3.87	2.32	1.47	62.92
黑色金属冶炼和压延加工业	Smelting & Pressing of Ferrous Metals	0.01	6.55		0.77	481.01
有色金属冶炼和压延加工业	Smelting & Pressing of Nonferrous Metals	0.14	2.20	0.13	2.19	635.80
金属制品业	Metal Products		0.04		0.10	4.13
通用设备制造业	Manufacturing of General－Purpose Equipment		0.01		0.05	3.35
专用设备制造业	Special Purposes Equipment Manufacturing		0.08		0.01	1.95
汽车制造业	Automotive Manufacturing		0.08		0.14	2.00
铁路、船舶、航空航天和其他运输设备制造业	Railroad, Ships, Aerospace and Other Transportation Equipment Manufacturing					0.19
电气机械和器材制造业	Electric Equipment & Machinery		0.01		0.10	6.25
计算机、通信和其他电子设备制造业	Manufacturing of Computer, Communications and Other Electronic Equipment				0.02	4.90
仪器仪表制造业	Manufacturing of Instrument					0.03
其他制造业	Others					0.05
废弃资源综合利用业	Comprehensive Utilization of Waste Resources		0.02			2.21
金属制品、机械和设备修理业	Metal products, Machinery and Equipment Repair					0.01
电力、燃气及水的生产和供应业	**Production & Supply of Electric Power, Gas & Water**	**0.01**	**5.99**	**0.21**	**4.59**	**284.72**
电力、热力的生产和供应业	Production & Supply of Electric Power & Heating Power	0.01	5.94	0.21	0.57	264.92
燃气生产和供应业	Production & Supply of Gas		0.03		4.01	11.38
水的生产和供应业	Production & Supply of Water		0.02		0.01	8.42
建筑业	**Construction**		**17.89**			**10.83**
交通运输、仓储及邮电通信业	**Transportation, Storage, Postal & Telecommunications Services**	**34.77**	**148.67**	**0.03**	**4.42**	**24.73**
批发、零售业和住宿、餐饮业	**Wholesale, Retail Trade, Quarters & Catering**		**7.12**		**0.76**	**49.14**
其他	**Others**		**42.67**		**0.65**	**53.57**
生活消费	**Residential Consumption**		**51.55**		**4.44**	**138.48**

7-9 能源生产弹性系数

Elasticity Ratio of Energy Production

年份 Year	能源生产比上年增长(%) Growth Rate of Energy Production over Preceding Year (%)	电力生产比上年增长(%) Growth Rate of Electricity Production over Preceding Year (%)	生产总值比上年增长(%) Growth Rate of Gross Domestic Product(GDP) over Preceding Year (%)	能源生产弹性系数 Elasticity Ratio of Energy Production	电力生产弹性系数 Elasticity Ratio of Electricity Production
1984	10.15	14.35	16.4	0.62	0.89
1985	20.49	15.69	18.2	1.15	0.91
1986	-0.99	39.54	5.9	-0.17	6.30
1987	4.20	13.76	9.0	0.47	1.53
1988	7.67	9.33	9.8	0.78	0.95
1989	19.36	11.12	2.7	7.17	4.12
1990	4.94	10.51	7.5	0.66	1.40
1991	8.77	11.31	7.5	1.17	1.51
1992	4.97	17.63	11.0	0.45	1.60
1993	13.22	5.82	11.7	1.13	0.50
1994	9.50	11.07	11.2	0.85	0.99
1995	16.22	6.61	10.1	1.61	0.65
1996	2.70	16.32	14.4	0.19	1.13
1997	12.32	5.62	10.8	1.14	0.52
1998	-6.25	2.39	10.7	-0.58	0.22
1999	-9.03	8.62	8.8	-1.03	0.98
2000	2.95	16.87	10.8	0.27	1.56
2001	28.64	5.98	10.6	2.68	0.56
2002	39.37	11.27	13.2	2.98	0.85
2003	27.99	25.05	17.6	1.59	1.42
2004	44.13	26.09	20.9	2.11	1.25
2005	22.43	31.01	23.8	0.94	1.30
2006	18.96	38.13	19.1	0.99	2.00
2007	19.86	30.36	19.2	1.03	1.58
2008	25.13	11.45	17.8	1.41	0.64
2009	20.17	4.96	16.9	1.19	0.29
2010	23.78	14.30	15.0	1.59	0.95
2011	20.10	19.48	14.3	1.41	1.36
2012	7.18	7.63	11.5	0.62	0.66
2013	-2.76	5.37	9.0	-0.31	0.60
2014	2.82	8.15	7.8	0.36	1.04
2015	-6.56	1.62	7.7	-0.85	0.21
2016	-6.33	0.68	7.2	-0.88	0.09

注:能源生产增长速度按等价值计算。

a) The growth rate of energy production by equivalent value.

7-10 能源消费弹性系数

Elasticity Ratio of Energy Consumption

年份 Year	能源消费比上年增长% Growth Rate of Energy Consumption over Preceding Year (%)	电力消费比上年增长% Growth Rate of Electricity Consumption over Preceding Year (%)	生产总值比上年增长% Growth Rate of Gross Domestic Product(GDP) over Preceding Year (%)	能源消费弹性系数 Elasticity Ratio of Energy Consumption	电力消费弹性系数 Elasticity Ratio of Electricity Consumption
986	1.97	7.94	5.9	0.33	1.35
1987	5.95	9.70	9.0	0.66	1.08
1988	3.48	14.15	9.8	0.36	1.44
1989	10.03	13.95	2.7	3.71	5.17
1990	8.21	13.55	7.5	1.09	1.81
1991	3.37	3.87	7.5	0.45	0.52
1992	1.98	10.65	11.0	0.18	0.97
1993	4.74	39.43	11.7	0.41	3.37
1994	5.08	-17.23	11.2	0.45	-1.54
1995	16.22	-18.43	10.1	1.61	-1.82
1996	-3.80	49.76	14.4	-0.26	3.46
1997	17.96	4.68	10.8	1.66	0.43
1998	-7.25	-10.42	10.7	-0.68	-0.97
1999	5.66	24.91	8.8	0.64	2.83
2000	8.33	8.15	10.8	0.77	0.75
2001	13.10	9.22	10.6	1.24	0.87
2002	16.54	14.57	13.2	1.25	1.10
2003	27.41	26.89	17.6	1.56	1.53
2004	30.08	31.72	20.9	1.44	1.52
2005	26.81	24.67	23.8	1.13	1.04
2006	16.08	32.48	19.1	0.84	1.70
2007	13.87	31.11	19.2	0.72	1.62
2008	10.36	5.20	17.8	0.58	0.29
2009	8.82	5.52	16.9	0.52	0.33
2010	9.62	19.33	15.0	0.64	1.29
2011	11.39	19.31	14.3	0.80	1.35
2012	5.60	8.19	11.5	0.49	0.71
2013	4.04	8.19	9.0	0.45	0.91
2014	3.55	10.76	7.8	0.46	1.38
2015	3.38	5.22	7.7	0.44	0.68
2016	2.80	2.44	7.2	0.39	0.34

注:能源消费增长速度按等价值计算。

a) The growth rate of energy consumption by equivalent value.

7-11 废水、废气排放及处理情况

Discharge and Treatment of Waste Water、Waste Gas

指标	Item	2015	2016
废水排放及处理情况	**Discharge and Treatment of Waste Water**		
废水排放总量(亿吨)	Total Waste Water Discharged (100 million tons)	11.09	10.47
工业废水排放量	Industrial Waste Water	3.58	2.42
城镇生活污水排放量	Urban Living Waste Water Discharged	7.51	8.04
集中式治理设施污水排放量	Centralized Pollution Control Facilities	37.61	40.24
化学需氧量(COD)排放量(万吨)	COD Discharged(10 000 tons)	83.56	16.41
工业废水中 COD 排放量	Industrial COD	9.74	2.89
农业 COD 排放量	Agriculture COD	59.12	0.02
城镇生活污水中 COD 排放量	Living COD	14.47	13.26
集中式治理设施 COD 排放量	Centralized Pollution Control Facilities	0.23	0.24
氨氮排放量(万吨)	Ammonia Nitrogen Discharged(10 000 tons)	4.69	2.13
工业废水中氨氮排放量	Industrial Ammonia Nitrogen	1.06	0.23
农业氨氮排放量	Agriculture Ammonia Nitrogen	1.13	0.003
生活污水中氨氮排放量	Living Ammonia Nitrogen	2.49	1.88
集中式治理设施氨氮排放量	Centralized Pollution Control Facilities	0.02	0.02
工业废水治理设施数(套)	Number Of Industrial Waste Water Treatment Facilities(set)	1170	1005
工业废水治理设施处理能力(万吨/日)	Capacity of Industrial Waste Water Treatment Facilities (10 000 tons/day)	499.61	471.46
工业废水处理量(万吨)	Industrial Waste Water Treated(10 000 tons)	70141.39	80816.55
废气排放及处理情况	**Emission and Treatment of Waste Gas**		
二氧化硫(SO2)排放量(万吨)	Sulphur Dioxide Emission(10 000 tons)	123.09	62.57
工业 SO2 排放量	Volume of Industrial Sulphur Dioxide Emission	106.10	43.07
城镇生活 SO2 排放量	Volume of Sulphur Dioxide Emission by Consumption	16.99	19.50
氮氧化物排放量(万吨)	Nitrogen Oxides(10 000 tons)	113.90	41.32
工业氮氧化物排放量	Volume of Industrial Sulphur Dioxide Emission	86.46	37.41
城镇生活氮氧化物排放量	Volume of Nitrogen Dioxide Emission by Consumption	3.75	3.91
机动车氮氧化物排放量	Volume of Nitrogen Oxides Emission by Motor Vehicle	23.69	
烟(粉)尘排放量(万吨)	Smoke and Dust(10 000 tons)	87.88	57.11
工业烟(粉)尘排放量	Volume of Industrial Sulphur Dioxide Emission	65.67	39.39
城镇生活烟尘排放量	Volume of Consumption Soot Emission	19.29	17.72
机动车烟尘排放量	Volume of Consumption Soot Emission by Motor Vehicle	2.91	
工业废气排放量(亿立方米)	Volume of Industrial Waste Gas Emission(100 million cu. m)	35855.41	30319.50
工业废气治理设施数(套)	Industrial Waste Gas Treatment Facilities(set)	10070	8550
工业废气治理设施处理能力(亿立方米/时)	Capacity of Industrial Waste Gas Treatment Facilities (100 million cu. m/hour)	10.99	9.90

7－12 固体废物、危险废物产生及综合利用情况

Generation, Discharge and Utilization of Solid Wastes、Hzardous Wastes

指　　标	Item	2015	2016
固体废物	**Solid Wastes**		
一般工业固体废物产生量(万吨)	Common Industrial Solid Wastes Produced (10 000 tons)	26668.53	24761.81
一般工业固体废物综合利用量(万吨)	Common Industrial Solid Wastes Comprehensively Utilized(10 000 tons)	12305.52	11359.05
综合利用往年贮存量	Stock of Comprehensively Utilized in former years	60.93	153.76
一般工业固体废物综合利用率(%)	Ratio of Industrial Solid Wastes Utilized(%)	45.91	45.59
一般工业固体废物处置量(万吨)	Common Industrial Solid Wastes Disposed (10 000 tons)	7554.11	6245.25
处置往年贮存量	Stock of Disposed in former years	53.79	19.20
一般工业固体废物处置率(%)	Ratio of Industrial Solid Wastes Disposed(%)	28.12	25.20
一般工业固体废物贮存量(万吨)	Stock of Common Industrial Solid Wastes (10 000 tons)	6921.20	7328.67
一般工业固体废物倾倒丢弃量(万吨)	Common Industrial Solid Wastes Discharged (10 000 tons)	2.43	1.81
危险废物	**Hazardous Wastes**		
危险废物产生量(万吨)	Hazardous Wastes Produced(10 000 tons)	155.32	235.53
危险废物综合利用量(万吨)	Hazardous Wastes Utilized(10 000 tons)	90.75	68.21
综合利用往年贮存量	Stock of Comprehensively Utilized in former years	0.87	1.12
危险废物综合利用率(%)	Ratio of Industrial Hazardous Wastes Utilized(%)	57.86	28.82
危险废物处置量(万吨)	Hazardous Wastes Disposed(10 000 tons)	49.92	136.72
处置往年贮存量	Stock of Disposed in former years	0.82	59.71
危险废物处置率(%)	Ratio of Industrial Hazardous Wastes Disposed(%)	31.61	46.31
危险废物贮存量(万吨)	Stock of Hazardous Wastes(10 000 tons)	16.35	91.43

7-13 生态环境、自然灾害及供水用水情况

Natural Ecology, Natural Disasters, Water Supply and Use

指　标	Item	2015	2016
森林面积(万公顷)	Forest Area(10 000 hectares)	2488	2488
其中:人工林	Man-made Forest	1086.67	1086.67
活立木总蓄积量(万立方米)	Total Standing Forest Stock(10 000 cu. m)	148400	148400
森林蓄积量(万立方米)	Stock Volume of Forest(10 000 cu. m)	134530	134530
湿地面积(万公顷)	Area of Wetlands(10 000 hectares)	601.06	601.1
其中:自然湿地	Natural Wetlands	587.88	587.9
累计水土流失治理面积(千公顷)	Area of Soil Erosion under Control (1 000 hectares)	12597.24	13083.28
累计除涝面积(千公顷)	Area with Flood Prevention Measures (1 000 hectares)	277	277
地质灾害次数(次)	Number of Geological Disasters(time)	70	5
地质灾害直接经济损失(万元)	Direct Economic Loss(10 000 yuan)	3411.16	2127.00
森林火灾次数(次)	Number of Forest Fires(time)	123	163
森林火灾受害森林面积(公顷)	Forest Fires Destructed Forest Area(hectare)	3254.00	14770.60
林业有害生物防治率(%)	Prevention Rate of Forest Biological Disasters(%)	54.00	54.00
突发环境事件次数(次)	Number of Environmental Emergencies(time)		
供水总量(亿立方米)	Water Supply(100 million cu. m)	185.78	190.29
地表水	Surface Water	95.19	98.27
地下水	Groundwater	88.29	88.83
其　他	Others	2.31	3.19
用水总量(亿立方米)	Water Use(100 million cu. m)	185.78	190.29
农业	Agriculture	140.19	139.20
工业	Industry	18.75	17.38
生活	Consumption	10.41	10.64
生态环境补水	Ecological Protection	16.43	23.07
人均用水量(立方米/人)	Per Capita Water Use(cu. m/person)	740.77	756.45
人均水资源量(立方米/人)	Per Capita Water Resources(cu. m/person)	2141.09	1695.44

7－14 环境污染治理及林业投资情况

Investment in the Treatment of Environmental Pollution and Forestry Investment

指　　标	Item	2015	2016
环境污染治理投资总额(亿元)	Total Investment in the Treatment of Environmental Pollution (100 million yuan)	790.13	886.48
城镇环境基础设施建设投资	Investment in Urban Environmental Infrastructure	513.03	640.51
#燃气	Gas Supply	16.23	16.33
集中供热	Centralized Heating	43.45	77.32
排水	Drainage Works	41.09	41.33
园林绿化	Gardening and Greening	118.05	127.13
市容环境卫生	Environmental Sanitation	2.00	36.82
工业企业污染防治投资	Investment Completed in the Treatment of Industrial Pollution	43.89	40.62
治理废水	Treatment of Waste Water	3.96	4.00
治理废气	Treatment of Waste Gas	36.76	32.08
治理固体废物	Treatment of Solid Waste	1.34	1.46
治理噪声	Treatment of Noise Pollution	0.03	0.02
治理其他	Treatment of Other Pollution	1.81	1.49
完成环保验收项目环保投资	Environmental Investment of Project of nvironmental Protection Acceptance Completed	233.20	205.35
环境污染治理投资占 GDP 比重(%)	Total Investment in the Treatment of Environmental Pollution as Percent of GDP(%)	4.38	4.76
工业废气治理设施运行费用(亿元)	Expenditure of Industrial Wastegas Treatment Facilities(100 million yuan)	84.18	15.98
工业废水治理设施运行费用(亿元)	Expenditure of Industrial Wastewater Treatment Facilities(100 million yuan)	15.96	78.93
排污费解缴入库户数(户)	Numbers of charges for disposing pollutants(households)	6165	3092
排污费解缴入库金额(亿元)	Charges for disposing pollutants (100 million yuan)	10.55	8.47
本年林业投资完成额(亿元)	Investment Completed During the Year (100 million yuan)	160.42	162.76
生态建设与保护	Ecological Construction	125.33	121.43
林业支撑与保障	Forestry Support	8.82	25.74
林业产业发展	Forestry Development	3.78	0.35
林业民生工程	Forestry Project for People's Livelihood	5.79	
其他	Other Investment	16.71	15.23

主要统计指标解释

能源生产总量　指一定时期内全区一次能源生产量的总和，是观察全区能源生产水平、规模、构成和发展速度的总量指标。一次能源生产量包括原煤、原油、天然气、水电、核能及其他动力能（如风能、地热能等）发电量，不包括低热值燃料生产量、生物质能、太阳能等的利用和由一次能源加工转换而成的二次能源产量。

能源消费总量　指一定时期内全区物质生产部门、非物质生产部门和生活消费的各种能源的总和，是观察能源消费水平、构成和增长速度的总量指标。能源消费总量包括原煤和原油及其制品、天然气、电力，不包括低热值燃料、生物质能和太阳能等的利用。能源消费总量分为终端能源消费量、能源加工转换损失量和损失量三部分。

（1）终端能源消费量：指一定时期内全区生产和生活消费的各种能源在扣除了用于加工转换二次能源消费量和损失量以后的数量。

（2）能源加工转换损失量：指一定时期内全区投入加工转换的各种能源数量之和与产出各种能源产品之和的差额，是观察能源在加工转换过程中损失量变化的指标。

（3）能源损失量：指一定时期内能源在输送、分配、储存过程中发生的损失和由客观原因造成的各种损失量，不包括各种气体能源放空、放散量。

能源生产弹性系数　是研究能源生产增长速度与国民经济增长速度之间关系的指标。计算分式为：

能源生产弹性系数＝能源生产总量年平均增长速度/国民经济年平均增长速度

国民经济年平均增长速度，可根据不同的目的或需要，用地区收入总值、地区生产总值等指标来计算，本年鉴是采用国内生产总值指标计算的。

电力生产弹性系数　是研究电力生产增长速度与国民经济增长速度之间关系的指标。一般来说，电力的发展应当快于国民经济的发展，也就是说电力应超前发展。计算公式为：

电力生产弹性系数＝电力生产量年平均增长速度/国民经济年平均增长速度

能源消费弹性系数　是反映能源消费增长速度与国民经济增长速度之间比例关系的指标。计算公式为：

能源消费弹性系数＝能源消费量年平均增长速度/国民经济年平均增长速度

电力消费弹性系数　反映电力消费增长速度与国民经济增长速度之间比例关系的指标。计算公式为：

电力消费弹性系数＝电力消费量年平均增长速度/国民经济年平均增长速度

能源加工转换效率　指一定时期内能源经过加工、转换后，产出的各种能源产品的数量与同期内投入加工转换的各种能源数量的比率。它是观察能源加工转换装置和生产工艺先进与落后、管理水平高低等的重要指标。计算公式为：

能源加工转换效率＝能源加工、转换产出量/能源加工、转换投入量×100%

单位生产总值能耗　是指某地区总能耗与生产总值之比，也就是每产生万元生产总值所消耗的能源消费量。它是衡量能源利用水平和效率的综合性指标。计算公式是：

万元生产总值能耗＝能源消费量（吨标准煤）/地区生产总值（万元）。

工业废水排放量　指经过企业厂区所有排放口排到企业外部的工业废水量。包括生产废水、外排的直接冷却水、超标排放的矿井地下水和与工业废水混排的厂区生活污水，不包括外排的间接冷却水（清污不分流的间接冷却水应计算在内）。

工业废气排放量　指企业厂区内燃料燃烧和生产工艺过程中产生的各种排入空气的含有污染物的气体总量，按标准状态[273K，101325pa]计算。

工业二氧化硫排放量　指企业在燃料燃烧和生产工艺过程中排入大气的二氧化硫数量。烟尘排放量 指企业厂区内燃料燃烧产生的烟气中夹带的颗粒物数量。

工业粉尘排放量　指企业在生产工艺过程中排放的颗粒物重量，如钢铁企业的耐火材料粉尘、焦化企业的筛焦系统粉尘、烧结机的粉尘、石灰窑的粉尘、建材企业的水泥粉尘等。不包括电厂排入大气的烟尘。

工业固体废物产生量　指企业在生产过程中产生的固体状、半固体状和高浓度液体状废弃物的总量，包括危险废物、冶炼废渣、粉煤灰、炉渣、煤矸石、尾矿、放射性废物和其他废物等；不包括矿山开采的剥离废石和掘进废石（煤矸石和呈酸性或碱性的废石除外）。酸性或碱性废石指采掘的废石其流经水、雨淋水的PH值小于4或PH值大于10.5者。

工业固体废物综合利用量　指通过回收、加工、循环、交换等方式，从固体废物中提取或者使其转化为可以利用的资源、能源和其他原材料的固体废物量（包括当年利用往年的工业固体废物累计贮存量），如用作农业肥料、生产建筑材料、筑路等。综合利用量由原产生固体废物的单位统计。

工业固体废物贮存量　指以综合利用或处置为目的，将固体废物暂时贮存或堆存在专设的贮存设施或专设的集中堆存场所内的数量。专设的固体废物贮存场所或贮存设施必须有防扩散、防流失、防渗漏、防止污染大气、水体的措施。

工业固体废物处置量　指将固体废物焚烧或者最终置于符合环境保护规定要求的场所，并不再回取的工业固体废物量（包括当年处置往年的工业固体废物累计贮存量）。处置方法有填埋（其中危险废物应安全填埋）、焚烧、专业贮存场（库）封场处理、深层灌注、回填矿井等。

工业固体废物排放量　指将所产生的固体废物排到固体废物污染防治设施、场所以外的数量，不包括矿山开采的剥离废石和掘进废石（煤矸石和呈酸性或碱性的废石除外）。

Explanatory Notes on Main Statistical Indicators

Total Energy Production refers to the total production of primary energy by all energy producing enterprises in the autonomous region in a given period of time. It is a comprehensive indicator to show the capacity, scale, composition and development of energy production of the country. The production of primary energy includes that of coal, crude oil, natural gas, hydropower and elect recite generated by nuclear energy and other means such as wind power and geothermal power. However, it excludes the production of fuels of low calorific value, bio – energy, solar – energy and the secondary energy converted from the primary energy.

Total Domestic Energy Consumption refers to the total consumption of energy of various kinds by material production sectors, nonmaterial production sectors and households in the autonomous region in a given period of time. It is a comprehensive indicator to show the scale, composition and development of energy consumption. The total energy consumption includes that of coal, crude oil and their products, natural gas and electricity. However, it excludes the consumption of fuel of low calorific value, bio – energy and solar energy. Total domestic energy consumption can be divided into three parts:

(1) Final Energy Consumption: It refers to the total energy consumption by material production sectors. Non material production sectors and households in the autonomous region in a given period of time, but excludes the consumption in conversion o f the primary energy into the secondary energy and the loss in the process of energy conversion.

(2) Loss During the Process of Energy Conversion: It refers to the total input of various kinds of energy for conversion, minus the total output of various kinds of energy in the autonomous region in a given period of time. It is an indicator to show the loss that occurs during the process of energy conversion.

(3) Loss: It refers to the total of the loss of energy during the course of energy transport, distribution and storage and the loss caused by any objective reason in a given period of time. The loss of various kinds of gas due to gas discharges and stocktaking is excluded.

Elasticity Ratio of Energy Production is an indicator to show the relationship between the growth rate of energy production and the growth rat e of the national economy. The formula is:

Elasticity Ratio of Energy Production = Average Annual Growth Rate of Energy Production ÷ Average Annual Growth Rate of National Economy

The average annual growth rate of the national economy can be shown by the gross national product, gross domestic product and other indicators, depending upon the purposes or needs. The gross domestic product is used in calculation of the ratio in this chapter.

Elasticity Ratio of Electricity Production is an indicator to show the relations hip between the growth rate of electricity production and the growth rate of the national economy. Generally speaking, the growth rate of electricity production should be higher than that of the national economy. Its formula is:

Elasticity Ratio of Electricity Production = Average Annual Growth Rate of Electricity Production ÷ Average Annual Growth Rate of National Economy

Elasticity Ratio of Energy Consumption is an indicator to show the relationship between the growth rate of energy consumption and the growth r ate of the national economy. The formula is:

Elasticity Ratio of Energy Consumption = Average Annual Growth Rate of Energy Consumption ÷ Average Annual Growth Rate of National Economy

Elasticity Ratio of Electricity Consumption is an indicator to show the relation ship between the growth rate of electricity consumption and the growth rate of t he national economy. The formula is:

Elasticity Ratio of Electricity Consumption = Average Annual Growth Rate of Electricity ÷ Average Annual Growth Rate of National Economy

Efficiency of Energy Processing and Conversion refers to the ratio of the total output of energy products of various kinds after processing and conversion and the total input of energy of various kinds for processing and conversion in the same reference period. It is an important indicator to show the current conditions of energy processing and conversion equipment, production technique and management. The formula is:

Efficiency of Energy Processing and Conversion = Output of Energy After Processing and Conversion ÷ Input of Energy for Processing and Conversion × 100%

Energy Consumption of 10 000 **yuan GDP** refers to the ratio of the bobal energy consumption to GDP, means to produce per – 10 000 yuan of GDP consuming how much energy. It is a general indicator to show the relationship between utiltity and efficiency of energy . the formula is:

Energy Consumption of 10 000 yuan GDP = Total Energy Consumption (ton of SCE)/GDP (10 000 yuan)

Volume of Industrial Waste Water Discharged refers to the volume of industrial waste water discharged, through all outlets, to the outside of industrial enterprises, including waste water produced, direct cooling water, underground water from mines that does not meet the standard of discharge, and the domestic sewage mixed up with industrial waste water when discharged, but excluding discharged indirect cooling water.

Volume of Waste Industrial Gas Emission refers to waste gas emitted from burning of fuels and from production process in the area of the factory, and is measured by 10000 standard cubic meters each year under normal condition.

Industrial Dust Discharged refers to the total weight of solid dust discharged by industrial enterprises in the production process, such as dust of refractory materials from iron plants, dust from coke screening system or from sintering machines of coking plants, dust from lime kilns, cement dust from building material enterprises, etc. but excluding smoke and dust discharged by power plants.

Volume of Industrial Solid Wastes Produced refers to the total volume of solid, semi solid or high concentration liquid residue produced by industrial enterprises in their production process, including dangerous wastes, residues from melting, slag, powdered coal ash, gangue, chemical residues, tailings, radio active residues and other residues, but excluding stripped or dug stones in mining (except gangue and acid or alkali stones which are stones washed or soaked by water with a pH value smaller than 4 or larger than 10. 5)

Volume of Industrial Solid Wastes Utilized in a Comprehensive Way refers to the volume of solid wastes from which useful materials can be extracted or which can be changed to be utilizable resources, energy or other materials, including the volume of industrial solid wastes stored up in the previous years and utilized in the current year, such as the solid wastes utilized as fertilizers, building materials, for making roads or for other purpose. Statistical data on utilization of industrial solid wastes are collected by solid wastes producing units.

Volume of Industrial Stored up Solid Wastes refers to the volume of industrial solid wastes temporarily stored up or piled with special facilities or piled in the special sites for purpose of utilization or treatment in future. The special facilities or special sites for the storing up solid wastes should have the measures against spreading or being washed away to other places, permeating the soil or causing air pollution or water contamination.

Volume of Industrial Solid Wastes Treated refers to solid wastes disposed of in a non recoverable place that meet the requirement of environmental protection, such as burying (The dangerous wastes should be buried safely) , burning, piling in designated sites, pouring water into the deep strata, filling of old mines, etc. (including treatment of solid wastes piled up in the previous years) .

Volume of Industrial Solid Wastes Discharged refers to the volume of industrial solid wastes produced and discharged at the places outside the special facilities

2017 NEIMENGGU

八、财政

Government Finance

资料整理：王艳伟
Arranged By Wang Yanwei

8－1 地方财政收支总额及增长速度

Local Government Revenue and Expenditures and Their Increase Rate

年 份 Year	地方财政总收入（万元） Local Government Revenue (10 000 yuan)	地方财政总支出（万元） Local Government Expenditures (10 000 yuan)	增长速度(％) Incease Rate(％)	
			地方财政总收入 Local Government Revenue	地方财政总支出 Local Government Expenditures
1948	110	262	1122.2	571.8
1949	739	786	571.8	200.0
1950	5347	4562	623.5	480.4
1951	5376	6025	0.5	32.1
1952	13335	10280	148.0	70.6
1953	8657	13997	－35.1	36.2
1954	18503	18045	113.7	28.9
1955	21090	17489	14.0	－3.1
1956	27597	29032	30.9	66.0
1957	31385	26771	13.7	－7.8
1958	42764	64432	36.3	140.7
1959	70269	99357	64.3	54.2
1960	89917	122162	28.0	23.0
1961	49529	56471	－44.9	－53.8
1962	33590	37641	－32.2	－33.3
1963	38345	39952	14.2	6.1
1964	43219	49683	12.7	24.4
1965	45967	51808	6.4	4.3
1966	48455	59224	5.4	14.3
1967	40232	47949	－17.0	－19.0
1968	38882	41477	－3.4	－13.5
1969	27680	61706	－28.8	48.8
1970	44088	78582	59.3	27.3
1971	36543	90915	－17.1	15.7
1972	31314	97994	－14.3	7.8
1973	34123	114983	9.0	17.3
1974	26863	124842	－21.3	8.6
1975	27375	129157	1.9	3.5
1976	26587	138332	－2.9	7.1
1977	29339	140470	10.4	1.5
1978	69046	186888	135.3	33.0
1979	45553	210416	－34.0	12.6
1980	41284	183721	－9.4	－12.7

8－1 续表 continued

年 份 Year	地方财政总收入 (万元) Local Government Revenue (10 000 yuan)	地方财政总支出 (万元) Local Government Expenditures (10 000 yuan)	增长速度(%) Incease Rate(%)	
			地方财政总收入 Local Government Revenue	地方财政总支出 Local Government Expenditures
1981	41585	163506	0.7	-11.0
1982	51842	203074	24.7	24.2
1983	69891	228273	34.8	12.4
1984	84556	308604	21.0	35.2
1985	131789	341832	55.9	10.8
1986	160206	438955	21.6	28.4
1987	194326	455597	21.3	3.8
1988	241343	510137	24.2	12.0
1989	286679	558124	18.8	9.4
1990	329763	609023	15.0	9.1
1991	393966	666190	19.5	9.4
1992	390775	720731	-0.8	8.2
1993	561177	882773	43.6	22.5
1994	682167	928235	-35.3	5.1
1995	763458	1021780	20.4	10.1
1996	932401	1263825	31.0	23.7
1997	1041750	1429118	27.8	13.1
1998	1191237	1817593	22.7	27.2
1999	1294373	2128369	12.3	17.1
2000	1399410	2610629	9.8	22.7
2001	1498119	3359808	6.1	28.7
2002	1867550	4133327	13.2	23.0
2003	2340265	4710924	22.4	14.0
2004	3231515	6027524	46.4	27.9
2005	4787260	7346079	40.6	21.9
2006	5945906	9149716	77.4	24.6
2007	8354929	10823054	40.5	18.3
2008	11072572	14545732	32.5	34.4
2009	13777018	19268365	24.4	32.5
2010	17381353	22735046	26.2	18.0
2011	22618058	29892052	30.1	31.5
2012	24972839	34259895	10.4	14.6

注:1. 从2013年起,根据自治区财政厅要求,不再公布地方财政总收支数据。以下各表同。

2. 数据来自于自治区财政厅年度总决算报表,以下各表同。

a) Since 2013, according to the autonomous region financial department, No longer published Local Government Revenue and Expenditures. The same as in the following tables.

b) Date are from final accounts report form of provincial finance department . The same as in the following tables.

8－2 地方财政总收入占生产总值的比重

Local Government Revenue as Percentage to Gross Domestic Product

年 份 Year	地方财政总收入 （亿元） Local Government Revenue （100 million yuan）	生产总值 （亿元） Gross Domestic Products （100 million yuan）	地方财政总收入占生产总值的比重（%） Percentage of Local Government Revenue to GDP（%）
1953	0.87	15.57	5.6
1957	3.14	21.27	14.8
1962	3.36	25.12	13.4
1965	4.60	35.41	13.0
1970	4.41	39.17	11.3
1975	2.74	48.55	5.6
1978	6.90	58.04	11.9
1979	4.56	64.14	7.1
1980	4.13	68.40	6.0
1981	4.16	77.91	5.3
1982	5.18	93.22	5.6
1983	6.99	105.88	6.6
1984	8.46	128.20	6.6
1985	13.18	163.83	8.0
1986	16.02	181.58	8.8
1987	19.43	212.27	9.2
1988	24.13	270.81	8.9
1989	28.67	292.69	9.8
1990	32.98	319.31	10.3
1991	39.40	359.66	11.0
1992	39.08	421.68	9.3
1993	56.12	537.81	10.4
1994	36.30	695.06	5.2
1995	43.70	857.06	5.1
1996	57.26	1023.09	5.6
1997	73.18	1153.51	6.3
1998	89.77	1262.54	7.1
1999	100.82	1379.31	7.3
2000	110.68	1539.12	7.2
2001	117.38	1713.81	6.8
2002	132.91	1940.94	6.8
2003	162.72	2388.38	6.8
2004	238.28	3041.07	7.8
2005	335.09	3905.03	8.6
2006	594.59	4944.25	12.0
2007	835.49	6423.18	13.0
2008	1107.27	8496.20	13.0
2009	1377.70	9740.25	14.1
2010	1738.14	11672.00	14.9
2011	2261.81	14359.88	15.8
2012	2497.28	15880.58	15.7

8-3 地方财政分项收入
Local Government Revenue by Source

单位:万元 (10 000 yuan)

年份 Year	地方财政总收入 Local Government Revenue	一般公共预算收入 General Public Budget Revenue	#工商税收 Industrial and Commercial Tax	#契税和耕地占用税 Contract Tax and Tax on The Occupancy of Cultuvated Land	#企业所得税 Income Tax of Enterprises	#国有资本经营收入 Operation Income of State - owned Assets Enterprises
1947	9	9			1	
1948	110	110			20	
1949	739	739	149		196	
1950	5347	5347	1852		1568	
1951	5376	5376	2266		1306	
1952	13335	13335	3744		5049	
1953	8657	8657	4507		2550	
1954	18503	18503	7725		5260	
1955	21090	21090	8549		6324	
1956	27597	27597	11797		9328	
1957	31385	31385	12535		9409	
1958	42764	42764	15174		17065	
1959	70269	70269	19237		39150	
1960	89917	89917	24690		52872	
1961	49529	49529	16531		24238	
1962	33590	33590	18027		7788	
1963	38345	38345	19929		9734	
1964	43219	43219	20196		12499	
1965	45967	45967	22577		13144	
1966	48455	48455	21712		16086	
1967	40232	40232	20303		9058	
1968	38882	38882	20537		7549	
1969	27680	27680	20168		1509	
1970	44088	44088	27399		6076	
1971	36543	36543	29455		-1820	
1972	31314	31314	31085		-5822	
1973	34123	34123	34954		-9309	
1974	26863	26863	34257		-16136	
1975	27375	27375	40295		-21044	
1976	26587	26587	43142		-25703	
1977	29339	29339	49579		-29193	
1978	69046	69046	54486		3234	
1979	45553	45553	54648		-20749	
1980	41284	41284	58537		-26724	

8－3 续表 continued

单位:万元 (10 000 yuan)

年 份 Year	地 方 财政总收入 Local Government Revenue	一般公共预算收入 General Public Budget Revenue	#工商税收 Industrial and Commercial Tax	#契税和耕地占用税 Contract Tax and Tax on The Occupancy of Cultuvated Land	#企业所得税 Income Tax of Enterprises	#国有资本经营收入 Operation Income of State－owned Assets Enterprises
1981	41585	41585	62493		－32579	
1982	51842	51842	71540		－35624	
1983	69891	69891	78370		－25171	
1984	84556	84556	86862		－20618	
1985	131789	131789	119871		36495	7429
1986	160206	160206	145866		37092	706
1987	194326	194326	176890		35797	9344
1988	241343	241343	214128		41206	11050
1989	286679	286679	261270		40045	3193
1990	329763	329763	278480		40954	17895
1991	393966	393966	299621		39320	16833
1992	390775	390775	335490		38992	12382
1993	561177	561177	511777		37311	9745
1994	682167	362969	261719		43005	4900
1995	763458	437028	278344		62222	4070
1996	932401	572572	339614		56853	5230
1997	1041750	660777	415328		60554	5964
1998	1191237	776654	492585		50815	12083
1999	1294373	865714	502477		80821	13766
2000	1399410	950320	546435		105983	12815
2001	1498119	994313	571829		151985	19489
2002	1867550	1128546	673679		90287	40610
2003	2340265	1387157	857381		71615	60521
2004	3231515	1967589	1220909		86995	147494
2005	4787260	2774553	1768690		193550	147758
2006	5945906	3433774	2183213	148893	272831	188849
2007	8354929	4923615	3342205	134741	419186	234394
2008	11072572	6506764	4401399	241064	592789	415549
2009	13777018	8508588	5263903	502465	748129	707123
2010	17381337	10699776	6869595	594367	1016492	589245
2011	22618058	13566701	9100923	675788	1561016	512220
2012	24972839	15527453	10077812	1008121	1798497	460204
2013		17209843	10619291	1400299	1552566	590800
2014		18436736	9896184	2470558	1096419	1038577
2015		19644820	9857091	3190394	1017711	780747
2016		20164334	10078729	3104470	969304	873475

注：1. 1984 年以前企业所得税包括国有企业上缴利润和国有企业亏损补贴；

2. 1994 年以来地方财政收入为分税制财政体制统计口径。

a) Before 1984, Enterprises income tax including payed profits and planned subsidies for the losses of the state－owned enterprises;
b) Since 1994, Revenue of the local governments has been counted by the classification of the structure of the government finance.

8-4 一般公共预算支出及主要支出项目

General Public Budget Expenditures by Accounting Item

单位:万元 (10 000 yuan)

项目	Item	2015	2016
一般公共预算支出	**General Public Budget Expenditure**	**42529613**	**45127075**
一般公共服务	General Public Services	2991356	3246961
外交	Foreign Affairs	305	347
国防	National Defense	53986	40433
公共安全	Public Security	1883671	2221689
教育	Education	5365328	5549649
科学技术	Science and Technology	357221	323832
文化体育与传媒	Operating Expenses of Culture , Sports and Media	958087	892493
# 文化	Culture	264910	267919
新闻出版广播影视	News Published,Radio Film and Television	288697	269443
社会保障和就业	Social Security and Employment	6052610	6425355
# 社会福利	Social Welfare	143897	149359
医疗卫生	Public Health	2571480	2846288
节能环保	Energy saving and environmental protection	1752452	1593894
城乡社区事务	City and Countryside Community Business	5601971	5923340
农林水事务	Expenses of Agriculture,Forestry,Water	6755767	7290174
交通运输	Transportation	2927772	2994311
其他支出	Others	5257607	5778309

8－5 财政用于科学技术的支出

Government Expenditure for Scientific and Technological

单位:万元 (10 000 yuan)

项目	Item	2015	2016
合计	**Total**	**357221**	**323832**
科学技术管理事务	Administrative Affairs of Scientific and Technological	21212	21624
基础研究	Basic Research	8703	8062
应用研究	Applied Research	23146	20450
技术研究与开发	Technological Research and Development	119086	131364
科技条件与服务	Condition and Service of Scientific and Technological	8238	7837
社会科学	Social Sciences	8601	9605
科学技术普及	Scientific and Technological Popularization	42468	25991
科技交流与合作	Scientific and Technological International Exchange and Cooperation	1599	2765
其他	Others	124168	96134

8－6 财政用于教育支出

Government Expenditure for Education

单位:万元 (10 000 yuan)

项目	Item	2015	2016
合计	**Total**	**5365328**	**5549649**
教育管理事务	Administrative Affairs of Education	95828	95313
普通教育	General Education	4201736	4421074
职业教育	Vocational Education	572948	584729
成人教育	Adult Education	282	305
广播电视教育	Radio and Television Education	7489	11084
特殊教育	Special Education	18873	20644
进修及培训	Further Education and Train	75259	76302
教育费附加安排的支出	The expenditure of education surtax arrangementsrge	263456	262333
其他	Others	129457	77865

8－7 财政用于社会保障和就业的支出

Government Expenditure for Social Security and Employment

单位:万元 (10 000 yuan)

项目	Item	2015	2016
合计	**Total**	**6052610**	**6425355**
人力资源和社会保障管理事务	Human Resources and Social Security Management Services	138952	155044
民政管理事务	Administrative Affairs of Civil Affairs	99379	96606
财政对社会保险基金的补助	Subsidy of Social Insurance Fund from Government Finance	1801676	1976277
行政事业单位离退休	Expenditure for Retired Persons in Administrative Department	2270953	2448003
企业改革补助	Subsidy of Enterprise Reform	6543	8041
就业补助	Subsidy of Employment	242164	223980
抚恤	Pensions for Disable and Bereaved Families	144873	161046
退役安置	Retirement Places	89964	83903
社会福利	Social Welfare	143897	149359
残疾人事业	Disabled Persons Enterprise	69850	67664
自然灾害生活救助	Life Salvation of Natural Disaster	42154	57433
红十字事业	Red Cross	11533	12599
最低生活保障	Receiving Minimum Living Allowance	663821	622810
其他	Others	326851	362590

8-8 财政用于农林水事务支出

Government Expenditure for Agriculture, Forestry and Water Conservation

单位:万元 (10 000 yuan)

项目	Item	2015	2016
合计	**Total**	**6755767**	**7290174**
农业	Agriculture	3138585	3487095
林业	Forestry	936155	915154
水利	Water Conservation	1173100	1065115
扶贫	Poverty Alleviation	458809	568459
农业综合开发	Comprehensive Agricultural Development	285163	273237
农村综合改革	Comprehensive rural reform	463722	409857
其他	Others	300233	571257

8-9 财政用于文化体育与传媒支出

Government Expenditure for Culture, Physical Education and Media

单位:万元 (10 000 yuan)

项目	Item	2015	2016
合计	**Total**	**958087**	**892493**
文化	Culture	264910	267919
文物	Qntiquity	71517	63438
体育	Physical Education	177156	141546
新闻出版广播影视	News Published, Radio Film and Television	288697	269443
其他	Other	155807	150147

8-10 各项税收收入

Government Tax Revenue

单位:万元　　(10 000 yuan)

年 份 Year	税收总额 Total Tax	地方税收 Local Government Tax	工商税收 Industrial and Commercial Tax	农业各税 Agricultural and Related	企业所得税 Income Tax of Enterprises	税收总额占地方财政总收入比重(%) Percentage of Government Tax Revenue to Government Revenue(%)
1947	4	4	4		1	44.4
1948	69	69	26	43	20	62.7
1949	431	431	149	282	196	58.3
1950	3588	3588	1908	1680	1568	67.1
1951	2871	2871	2361	510	1306	53.4
1952	6544	6544	3856	2700	5049	49.1
1953	4981	4981	4546	450	2550	57.5
1954	12373	12373	7867	4544	5260	66.9
1955	14249	14249	8904	5370	6324	67.6
1956	17834	17834	12334	5512	9328	64.6
1957	21579	21579	16209	5550	9409	68.8
1958	25331	25331	19733	5598	17065	59.2
1959	29277	29277	22771	6506	39150	41.7
1960	34050	34050	27640	6410	52872	37.9
1961	23348	23348	18421	4297	24238	47.1
1962	24442	24442	19442	5000	7788	72.8
1963	27163	27163	21167	5996	9734	70.8
1964	29705	29705	22205	7500	12499	68.7
1965	31784	31784	25656	6128	13144	69.1
1966	31722	31722	24744	6978	16086	65.5
1967	30754	30754	23235	7519	9058	76.4
1968	30590	30590	23954	6636	7549	78.7
1969	25668	25668	20403	5265	1509	92.7
1970	37427	37427	27800	9627	6076	84.9
1971	37573	37573	29830	7743	-1820	102.8
1972	36369	36369	31524	4845	-5822	116.1
1973	42897	42897	35397	7500	-9309	125.7
1974	42330	42330	34726	7604	-16136	157.6
1975	47743	47743	40849	6894	-21044	174.4
1976	51665	51665	43677	7988	-25703	194.3
1977	57440	57440	50169	7271	-29193	195.8
1978	60750	60750	55111	5639	3234	88.0
1979	63755	63755	57597	6158	-20749	140.0
1980	64858	64858	61190	3668	-26724	157.1

8-10 续表 continued

单位:万元 (10 000 yuan)

年 份 Year	税收总额 Total Tax	地方税收 Local Government Tax	工商税收 Industrial and Commercial Tax	农业各税 Agricultural and Related	企业所得税 Income Tax of Enterprises	税收总额占地方财政总收入比重(%) Percentage of Government Tax Revenue to Government Revenue(%)
1981	71049	71049	65071	6022	-32579	170.9
1982	81872	81872	75171	6701	-35624	157.9
1983	89833	89833	82205	7628	-25171	128.5
1984	99926	99926	91152	8774	-20618	118.2
1985	130558	130558	119865	10688	36495	99.1
1986	155167	155167	145866	9432	37092	96.9
1987	187130	187130	176890	10483	35797	96.3
1988	228758	228758	214128	15117	41206	94.8
1989	317150	317150	261270	16397	40045	110.6
1990	342192	342192	278480	23565	40954	103.8
1991	355665	355665	299621	23181	39320	90.3
1992	363571	363571	335490	29712	38992	93.0
1993	540247	540247	511777	29736	37311	96.3
1994	631630	312432	261719	58722	43005	174.0
1995	672614	346184	278344	66469	60801	153.9
1996	870713	510884	339614	113751	57519	152.1
1997	988192	607219	415328	130023	61868	135.0
1998	1085216	670633	492585	127233	50815	120.9
1999	1144680	716021	502477	134371	80821	113.5
2000	1226549	777459	546435	126444	105983	110.8
2001	1315328	811744	571829	105819	151985	112.1
2002	1624794	885794	673679	121828	90287	122.2
2003	2018522	1065414	857381	136418	71615	124.0
2004	2704290	1440390	1220909	132486	86995	113.5
2005	4082530	2069822	1768690	107582	193550	121.8
2006	5118845	2606745	2183213	148893	272831	86.1
2007	6910357	3479057	3342205	134741	419186	82.7
2008	9210300	4644481	4401399	241064	592789	83.2
2009	11036736	5768306	5263903	502465	748129	80.1
2010	14209706	7528129	6869595	594367	1016492	81.8
2011	18908284	9856927	9100923	675788	1561016	83.6
2012	20644006	11198651	10077812	1008121	1798497	82.7
2013	21540773	12151973	10619291	1400299	1552566	
2014	20514412	12510723	9896184	2470558	1096419	
2015	21131143	13207461	9857091	3190394	1017711	
2016	19389057	13358808	10078729	3104470	969304	

注：1. 农业各税包括农业税、牧业税、耕地占用税、农业特产税和契税。从2006年，农业各税不包括农业税、牧业税和农业特产税。

2. 企业所得税中1985-1993年包括国有企业调节税，1994年以后包括地方金融企业所得税。

a) The agricultural and retail taxes include the agricultural tax, the animal husbandry tax, the tax on the use of cultivated land, the tax on special agricultural products and the contract tax. Since2006, the agricultural and retail taxes do not include the agricultural tax, the animal husbandry tax and the tax on special agricultural products

b) During the Years 1985 to 1993, the income tax levied on state-owned enterprises included the tax for adjusting income. Since 1994, it has also included the income tax levied on banking institutions.

主要统计指标解释

财政收入　指国家财政参与社会产品分配所取得的收入，是实现国家职能的财力保证。财政收入所包括的内容几经变化，目前主要包括：

（1）各项税收：包括增值税、营业税、消费税、土地增值税、城市维护建设税、资源税、城市土地使用税、印花税、个人所得税、企业所得税、关税、农牧业税和耕地占用税等。

（2）专项收入：包括征收排污费收入、征收城市水资源费收入、教育费附加收入等。

（3）其他收入：包括基本建设贷款归还收入、基本建设收入、捐赠收入等。

（4）国有企业计划亏损补贴：这项为负收入，冲减财政收入。

财政支出　国家财政将筹集起来的资金进行分配使用，以满足经济建设和各项事业的需要，主要包括：

（1）基本建设支出：指按国家有关规定，属于基本建设范围内的基本建设有偿使用、拨款、资本金支出以及经国家批准对专项和政策性基建投资贷款，在部门的基建投资额中统筹支付的贴息支出。

（2）企业挖潜改造资金：指国家预算内拨给的用于企业挖潜、革新和改造方面的资金。包括各部门企业挖潜改造资金和企业挖潜改造贷款资金，为农业服务的县办“五小”企业技术改造补助，挖潜改造贷款利息支出。

（3）地质勘探费用：指国家预算用于地质勘探单位的勘探工作费用，包括地质勘探管理机构及其事业单位经费、地质勘探经费。

（4）科技三项费用：指国家预算用于科技支出的费用，包括新产品试制费、中间试验费、重要科学研究补助费。

（5）支援农村生产支出：指国家财政支援农村集体（户）各项生产的支出。包括对农村举办的小型农田水利和打井、喷灌等的补助费，对农村水土保持措施的补助费，对农村举办的小水电站的补助费，特大抗旱的补助费，农村开荒补助费，扶持乡镇企业资金，农村农技推广和植保补助费，农村草场和畜禽保护补助费，农村造林和林木保护补助费，农村水产补助费，发展粮食生产专项资金。

（6）农林水利气象等部门的事业费用：指国家财政用于农垦、农场、农业、畜牧、农机、林业、森工、水利、水产、气象、乡镇企业的技术推广、良种推广（示范）、动植物（畜禽、森林）保护、水质监测、勘探设计、资源调查、干部训练等项费用，园艺特产场补助费，中等专业学校经费，飞播牧草试验补助费，营林机构、气象机构经费，渔政费以及农业管理事业费等。

（7）工业交通商业等部门的事业费：指国家预算支付给工交商各部门用于事业发展的经费，包括勘探设计费、中等专业学校经费、技术学校经费、干部训练费。

（8）文教科学卫生事业费：指国家预算用于文化、出版、文物、教育、卫生、中医、公费医疗、体育、档案、地震、海洋、通讯、电影电视、计划生育、党政群干部训练、自然科学、社会科学、科协等项事业的经费支出和高技术研究专项经费。主要包括工资、补助工资、福利费、离退休费、助学金、公务费、设备购置费、修缮费、业务费、差额补助费。

（9）抚恤和社会福利救济费：指国家预算用于抚恤和社会福利救济事业的经费。包括由民政部门开支的烈士家属和牺牲病残人员家属的一次性、定期抚恤金，革命伤残人员的抚恤金，各种伤残补助费，烈军属、复员退伍军人生活补助费，退伍军人安置费，优抚事业单位经费，烈士纪念建筑物管理、维修费，自然灾害救济事业费和特大自然灾害灾后重建补助费等。

（10）行政事业单位离退休支出：指实行归口管理的行政事业单位离退休经费。

（11）社会保障补助支出：指国家预算用于社会保障的补助支出，包括对社会保障基金的补助、促进就业补助、国有企业下岗职工补助、补充全国社会保障基金等。

（12）国防支出：指国家预算用于国防建设和保卫国家安全的支出，包括国防费、国防科研事业费、民兵建设以及专项工程支出等。

（13）行政管理费：包括行政管理支出，党派团体补助支出，外交支出、公安安全支出，司法支出、法院支出，检察院支出和公检法办案费用补助。

（14）政策性补贴支出：指经国家批准，由国家财政拨给的政策性补贴支出。主要包括粮、棉、油差价补贴，平抑物价和储备糖补贴，农业生产资料价差补贴，粮食风险基金，副食品风险基金，地方煤炭风险基金等。

（15）债务利息支出：指国家预算中用于偿还国内外债务利息的支出。

中央财政收入和地方财政收入　指按财政体制划分的中央本级收入和地方本级收入。1994 年分税制财政体制以后，属于中央财政的收入包括关税、海关代征消费税和增值税，消费税，中央企业所得税，地方银行和外资银行及非银行金融企业所得税，铁道、银行总行、保险总公司等集中缴纳的营业税、所得税、利润和城市维护建设税，增值税的 75% 部分，证券交易税（印花税）94% 部分和海洋石油资源税。属于地方财政的收入包括营业税，地方企业所得税，个人所得税，城镇土地使用税，固定资产投资方向调节税，城镇维护建设税，房产税，车船使用税，印花税、屠宰税，农牧业税，农业特产税，耕地占用税，契税，增值税25%部分，证券交易税(印花税)6%部分和除海洋石油资源税以外的其他资源税。

中央财政支出和地方财政支出 指根据政府在经济和社会活动中的不同职责，划分中央和地方政府的责权，按照政府的责权划分确定的支出。中央财政支出包括国防支出，武装警察部队支出，中央级行政管理费和各项事业费，重点建设支出以及中央政府调整国民经济结构、协调地区发展、实施宏观调控的支出。地方财政支出主要包括地方行政管理和各项事业费，地方统筹的基本建设、技术改造支出，支援农村生产支出，城市维护和建设经费，价格补贴支出等。

预算外资金收支 预算外资金指国家机关、事业单位和社会团体为履行或代行政府职能，依据国家法律、法规和具有法律效力的规章而收取、提取和安排使用的未纳入国家预算管理的各种财政性资金。其范围主要包括:法律、法规规定的行政事业性收费、基金和附加收入等;国务院或省级人民政府及其财政、计划(物价)部门审批的行政事业性收费;国务院及财政部审批建立的基金、附加收入等;主管部门所属单位集中上缴资金;用于乡镇政府开支的乡自筹和乡统筹资金;其他未纳入预算管理的财政性资金。社会保障基金在国家财政尚未建立社会保障预算制度以前，先按预算外资金管理制度进行管理，专款专用。财政部门在银行开设统一的专户，用于预算外资金收入和支出管理。部门和单位的预算外收入必须上缴同级财政专户，支出由同级财政按预算外资金收支计划和单位财务收支计划统筹安排，从财政专户中拨付，实行收支两条线管理。

Explanatory Notes on Main Statistical Indicators

Government Revenue refers to the revenue of the government finance by means of participating in the distribution of the social products, which are the financial resources for ensuring the government to function. The contents of government revenue have been changed several times. Now it includes the following main items:

(1) Various tax revenues, including value added tax, business tax, consumption tax, land value added tax, tax on city maintenance and construction, resources tax, tax on use of urban land, stamp tax, personal income tax, enterprise income tax, tariff, tax on agriculture and animal husbandry and tax on occupancy of cultivated l and, etc.

(2) Special revenues, including revenue collected from imposing fee on sewage treatment, revenue collected from imposing fee on urban water resources, and extra charges for education, etc.

(3) Other revenues, including revenue from the repayment of capital construction l loan, revenue from capital construction projects, and donations and grants.

(4) Planned subsidies for the losses of the state owned enterprises. This is s an item of negative revenue, used to eat up part of the government revenue.

Government Expenditure refers to the distribution and use of the funds the government finance has raise d, so as to meet the needs of economic construction and various causes. It include s the following main items:

(1) Expenditure for capital construction: It refers to the non gratuitous use and appropriation of funds for capital construction in the range of capital construction, outlay of capital as well as the loans on capital construction approved by the government for special purpose or policy purpose and the expenditure with discount paid in an overall way within the amount of the funds appropriated to the departments for capital construction.

(2) Innovation funds of the enterprises: They refer to the funds appropriated from the government budget for the enterprises to tap the latent power, upgrade the technology and carry out innovation, including the innovation fund of the departments, loan of the enterprises for innovation, subsidies on the innovation of the small fertilizer plant, small cement plant, small coal mines, small machinery plant and small steel plant, the expenditure of interest for the loan for innovation.

(3) Geological prospecting expenses: They refer to the expenses appropriated from the government budget to the geological prospecting units for the expenditure of the prospecting work, including the expenditures of the administrative agencies for geological prospecting and their institutional units as well as the geologic al prospecting expenditure.

(4) Expenditures for science and technology promotion: They refer to the expense s appropriated from the government budget for the scientific and technological expenditure, including new products development expenditure, expenditure for intermediate trial and subsidies on important scientific researches.

(5) Expenditure for supporting rural production: It refers to the expenditures appropriated from the government budget for supporting the various expenditures of the rural collective units or households for production, including the subsidies to the small water conservancy projects and well drilling, sprinkling irrigation projects run by the villages; subsidies on the rural water and soil conserving measures; subsidies to the small power stations run by the villages; subsidies to the expenditure for fighting against particularly severe draughts; subsidies on the rural was the land exclamation; fund for supporting the township enterprises; subsidies to the expenditure for popularization of the agricultural technologies and plant protection in the rural areas; subsidies to the expenditure for the protection of grasslands and cattle and fowls; subsidies on afforestation and forest protection in rural areas; subsidies on the rural aquatic products industry; special fund for developing grain production.

(6) Operating expenses of the departments of farming, forestry, water conservancy and meteorology etc. : They refer to the expenses appropriated from the government budget for the expenditures of agricultural exclamation, farms, agriculture, animal husbandry, agricultural machinery, forestry, timber industry, water conservancy, aqua tic products industry, meteorology, technology popularization in township enterprises, popularization (demonstration) of improved varieties, plant (cattle and fowls, forest) protection, water quality monitoring, prospecting and designing, resources investigation, cadres training, subsidies to horticulture gardens, expenditure of specialized secondary schools, subsidies on the experiments of sowing herbage seeds by flights, expendi-

tures of afforestation agencies and meteorology agencies, expenses for fishery administration and operating expenses for agricultural administration, etc.

(7) Operating expenses of the departments of industry, transport and commerce: They refer to the expenses appropriated from the government budget to the departments of industry, transport and commerce for the expenditure of business development, including expenses for prospecting and designing, expenditures of specialized secondary schools, expenditures of the technical training schools and expenditures or cadres training, etc.

(8) Operating expenses of the departments of culture, education, science and public health: They refer to the expenses appropriated from the government budget for t he expenditures of the causes of culture, publication, cultural relics, education, public health, traditional Chinese medical science, free medical services, sports, archives, earthquake, ocean, communications, broadcasting, film and television, family planning; expenditure for training of cadres of government, party and mass organization; expenditures for natural sciences, social sciences, associations for science and technology and the special expenditure for the high tech researches. They include mainly wages, extra wages, welfare funds, pension for the retirees, stipend, expenses for official business, expenses for equipment purchases, expenses for repairs, business expenses and subsidies to the un its which are unable to support their expenditures by their own earnings.

(9) Pension for the disabled or for the families of the bereaved and relief funds for social welfare: They refer to the funds appropriated from the government bud get for the expenditures of pension for the disabled or for the families of the bereaved and relief funds for social welfare, including the lump sum or regular pension paid by the departments of civil affairs to the members of martyrs families and families of those who died for the public interest, pension to the revolutionary disabled, subsidies for permanent disability of various kinds, subsidies to the military martyrs dependents and the demobilized servicemen, expenditure for settling down the demobilized servicemen, operating expenses of the consoling institutions, expenses for management and repair of the commemorative buildings for the martyrs, the expenses managed by the departments of civil affairs for the retirees and those who have quitted their work, expenses for social relief in rural and urban areas, operating expenses for providing relief to the areas of natural calamity and subsidies on the reconstruction after the particularly severe natural calamities, etc.

(10) Expenditures on retiree : It refers to the expenditures of government agencies and institutions that covered by the state budget.

(11) Expenditures on subsidies to social security system: It refers to expenditure from the state budget for subsidies to the social insurance fund, subsidies to promoting employment, subsidies to laid - off workers of state - owner enterprises, supplement to national social security funds, etc.

(12) Expenditures for national defence: They refer to the funds appropriated from the government budget for the expenditures for building up national defence and safeguarding national security, including expenses of national defence, expenses o f scientific researches on national defence, expenses for building up people's militia and expenditure for special projects, etc.

(13) Administrative expenses: They include expenditure for administration, subsidies to the parties and mass organizations, diplomatic expenditure, expenditure for public security, judicial expenditure, law court expenditure, procuratorial expenditure and subsidies to the expenses for treating the cases by the public security departments, procuratorial organs and law courts.

(14) Expenditure for price subsidies: It refers to the expenditure appropriated, with the approval of the government, from the government budget for the policy subsidies to price adjustment, including the fund for the increase of grain prices, the subsidies to the difference between the selling prices and purchasing prices o f grains, cotton and edible oil, awards in addition to the purchasing prices of cotton, risk fund for non staple food, subsidies on the prices of meat and meat products, subsidies on the price difference for curbing the high market prices of meat, meat products and vegetables and the subsidies approved by the government on the prices of textbooks and newsprint of newspapers and periodicals.

(15) Expenditure on interest of debts: It refers to expenses from the state budget on paying interest of domestic and foreign debts.

Revenue of the central government and revenue of the local governments In accordance with the classification of the structure of the government finance in 1994 on the basis of the classification of channels for collection of tax revenues, the revenue of the central government and the revenue of the local governments have different coverage. The revenue of the central government includes tariff, consumption tax and value added tax levied by the customs, consumption tax, income tax of the enterprises subordinate to the central government, income taxes of the local banks, foreign funded banks and non bank financial institutions, business tax, income tax and profits of railways, head offices of banks, head office of insurance company, which are handed over to the government in a centralized way, tax on city maintenance and construction, 75% of the value added tax, tax on ocean petroleum resources, 94% of the tax on stock dealing (stamp tax). The revenue of the local governments includes business tax, income tax of the enterprises subordinate to the local government, personal income tax, tax on the use of urban land, tax on the adjustment of the investment in fixed assets, tax on town maintenance and construction, tax on real estates, tax on the use of vehicles and ships, stamp tax, slaughter tax, tax on agriculture and animal husbandry, tax on special agricultural products, tax on the occupancy of cultivated land, contract tax, 25% of the value added tax, 6% of the tax on stock dealing(stamp tax) and tax on resources other than the ocean petroleum resources.

Expenditure of the central government and expenditure of the local governments according to the different functions of the central government and local governments in the economic and social activities, the rights of affairs administration are classified between the central government and local governments; and the classification of the expenditure between the central government and local governments are made on the basis of the classification of the rights of affairs administration between them. The expenditure of the central government includes the expenditure for national defence, expenditure for armed police forces, the administrative expenses and various operating expenses at the level of central government, expenditure for key projects and the expenditure of the central government for adjusting the national economic structure, coordinating the development among different regions and exercising the macro economic regulation and control. The expenditure of the local governments includes mainly the administrative expenses and various operating expenses at the level of local governments, the expenditure for capital construction and technological innovation with the funds raised by the local government, expenditure for supporting rural production, expenditure for city maintenance and construction and expenditure for price subsidies, etc.

Extra – budgetary revenue and expenditure Extra – budgetary fund refers to financial fund of various types not covered by the regular government budgetary management, which is collected, allocated or arranged by government agencies, institutions and social organizations while performing duties delegated to them or on behalf o f the government in accordance with laws, rules and regulations. It mainly covers following items: administrative and institutional fees, funds and extra charges that are stipulated by laws and regulations; administrative and institutional fees approved by the State Council and provincial governments and their financial and planning (price management) departments; funds and extra charges established by the State Council and the Ministry of Finance; funds turned over to competent departments by their subordinate institutions; self raised and collected funds by township governments for their own expenditure; and other financial funds that a re not covered in budgetary management. Social security funds are treated as extra budget fund and managed for its exclusive use, given the circumstance that separate government budgetary system for social security is yet to be designed. Special accounts are opened by the financial departments in banks for the management of revenue and expenditure of extra budgetary fund. Extra budgetary revenue and expenditure is managed separately, namely, revenue of institutions and departments must enter into the special accounts of the financial department s at the same administrative level, and their extra budgetary expenditure is arranged in line with the extra budget plans and appropriated from these accounts.

九、物价指数

Price Indices

资料整理：郭松　郑海兰　胡艳春　方玲　张宝明　杨少文　刘世友
Arranged By Guo Song , Zheng Hailan , Hu Yanchun , Fang Ling
Zhang Baoming , Yang Shaowen , Liu Shiyou

9－1 各种价格总指数

General Price Indices

（上年＝100） (preceding year＝100)

年 份 Year	居民消费价格指数 General Consumer Price Index	城市居民消费价格指数 Urban Areas	农村居民消费价格指数 Rural Areas	商品零售价格指数 General Retail Price Index	农产品收购价格指数 General Purchasing Price Index of Farm Products	农村工业品零售价格指数 General Rural Retail Price Index of Industrial Products	工农业商品综合比价指数 General Price Parity Index of Industrial & Farm Products
1962		104.9		108.2	101.7	107.9	106.1
1965		98.6		99.6	99.1	98.1	99.0
1970		100.4		100.1	101.1	100.4	99.3
1975		101.4		100.7	101.8	99.5	98.0
1978		101.5		101.0	101.6	100.0	98.8
1979		102.3		101.9	120.2	99.6	82.9
1980		106.1		105.5	112.0	100.4	89.6
1981		101.9		101.8	106.3	100.9	94.9
1982		101.7		101.7	99.9	101.4	101.5
1983		101.2		101.0	101.6	100.9	99.3
1984	104.0	104.9	102.2	104.4	106.9	103.6	96.9
1985	109.3	108.9	110.0	108.5	113.5	103.9	91.5
1986	105.2	105.5	104.5	105.0	114.1	103.1	90.4
1987	107.8	108.5	106.0	108.1	118.6	105.7	89.1
1988	116.3	117.0	115.0	116.3	124.6	114.3	91.7
1989	115.3	114.2	118.3	115.9	105.1	117.9	112.2
1990	102.3	101.8	103.4	102.9	95.2	107.0	112.4
1991	104.6	106.0	102.5	104.5	95.0	103.4	108.8
1992	107.4	108.7	103.9	106.8	104.0	102.4	98.5
1993	114.1	114.7	112.5	112.5	115.5	110.5	95.7
1994	122.9	124.3	121.3	119.3	144.6	116.7	80.7
1995	117.5	117.1	118.0	116.8	124.7	112.8	90.5
1996	107.6	107.5	107.7	105.8	96.3	105.8	109.9
1997	104.5	104.6	104.3	102.3	94.9	102.7	108.2
1998	99.3	99.3	99.2	98.1	97.3	99.0	101.7
1999	99.8	100.3	99.1	97.7	93.8	97.3	103.7
2000	101.3	101.3	101.2	98.8	99.7	99.6	99.9
2001	100.6	100.6	100.5	100.0	105.7	99.4	94.0
2002	100.2	99.3	101.9	99.4	99.0	99.3	100.3
2003	102.2	101.5	103.5	99.6			
2004	102.9	102.5	103.9	102.7			
2005	102.4	102.0	103.3	101.5			
2006	101.5	101.3	102.0	101.9			
2007	104.6	104.3	105.2	103.6			
2008	105.7	105.4	106.3	104.7			
2009	99.7	99.7	99.8	99.5			
2010	103.2	103.0	103.5	103.0			
2011	105.6	105.5	105.7	104.9			
2012	103.1	103.3	102.5	102.5			
2013	103.2	103.4	102.8	102.6			
2014	101.6	101.7	101.2	100.7			
2015	101.1	101.1	101.1	100.5			
2016	101.2	101.2	101.1	100.6			

注：工农业商品综合比价指数是以农产品收购价格指数为100，下表同。

a) The general purchasing price index of farm products is taken as 100 in calculating the general price parity index of industrial and farm products. The same as in the following table.

9－2 居民消费价格分类指数(2016 年)

Consumer Price Indices by Category(2016)

(上年＝100) (preceding year＝100)

项目	Item	全区 Autonomous Regional Indices	城市 Urban Indices	农村 Rural Indices
居民消费价格总指数	**General Consumer Price Index**	**101.2**	**101.2**	**101.1**
非食品烟酒价格指数	Non－food、Tobacco and Liquor Price Index	100.8	100.8	100.7
服务项目价格指数	Service Index	101.1	101.1	101.2
扣除鲜菜鲜果价格指数	General Index Except Fresh Vegetables & Fruits	101.0	101.0	101.0
扣除食品和能源价格指数	General Index Except Food & Energy	101.0	101.0	101.0
消费品价格指数	Consumer Goods Price Index	101.2	101.3	101.0
食品烟酒	**Food Tobacco and Liquor**	**102.2**	**102.2**	**102.1**
食品	Food	102.6	102.9	101.8
粮食	Grain	100.8	102.0	99.1
# 大米	Rice	102.3	103.9	100.1
面粉	Flour	101.1	102.3	99.7
薯类	Potato	116.5	116.8	115.8
豆类	Beans	101.1	100.6	102.6
# 干豆	Dried Bean	99.7	99.9	99.0
豆制品	Bean Products	101.9	100.9	104.3
食用油	Oil	103.4	103.5	103.2
# 食用植物油	Edible Vegetable Oil	100.4	100.9	99.6
菜	Vegetables	110.1	111.9	105.4
# 鲜　菜	Fresh Vegetables	110.7	112.6	106.0
畜肉类	Meat of Animal	104.4	104.7	103.4
# 猪　肉	Pork	115.4	117.2	111.5
牛　肉	Beef	98.1	97.8	99.0
羊　肉	Mutton	93.4	93.4	93.4
禽肉类	Poultry Meat	100.9	100.5	102.4
# 鸡	Chicken	100.4	99.7	102.3
鸭	Duck	102.0	100.9	104.8
水产品	Aquatic Products	102.3	102.7	101.1
淡 水 鱼	Freshwater Fish	97.9	99.1	94.5
海 水 鱼	Marine Fish	108.5	109.0	106.4
虾 蟹 类	Shrimp Crap	106.5	104.1	116.3
其他水产品及制品	Other Aquatic Products	101.5	101.6	100.4
蛋类	Eggs	97.7	96.2	101.5
奶类	Milk	100.4	100.7	99.7
# 鲜　奶	Fresh Milk	100.1	100.4	99.0
干鲜瓜果类	Dried and Fresh Melon and Fruits	98.1	97.7	99.4

9－2 续表 1 continued

（上年＝100） (preceding year＝100)

项目	Item	全区 Autonomous Regional Indices	城市 Urban Indices	农村 Rural Indices
#鲜瓜果	Fresh Fruits	97.5	96.9	99.6
糖果糕点类	Candy and Cake	100.3	100.2	100.8
调味品	Flavoring	100.9	100.9	101.1
#食用盐	Salt	101.8	103.9	100.0
其他食品类	Other Food	98.3	96.8	101.3
茶及饮料	Tea and Beverages	100.0	99.9	100.4
#茶叶	Tea	99.9	100.1	99.3
烟酒	Tobacco and Liquor	101.7	101.4	102.2
烟草	Tobacco	102.9	103.3	102.4
酒类	Liquor	100.3	99.2	102.0
在外餐饮	Dining Out	101.2	100.7	103.7
衣着	**Clothing**	**101.4**	**101.7**	**100.3**
服装	Garments	101.2	101.5	99.7
男式服装	Men's Garment	101.0	101.3	99.7
女式服装	Women's Garment	101.0	101.5	98.9
儿童服装	Children's Garment	102.2	102.3	102.0
服装材料	Clothing Material	101.1	101.1	101.0
其他衣着及配件	Other Clothing and Accessories	102.0	101.3	106.3
衣着加工服务费	Service Charges of Clothing Processing	103.1	103.3	101.4
鞋类	Shoes	101.9	102.1	101.1
居住	**Residence**	**100.0**	**100.0**	**100.0**
租赁房房租	Rental Housing	99.3	99.4	98.7
住房保养维修及管理	Maintenance and Management of Housing	100.1	100.3	99.7
住房装潢材料	Housing Decoration Material	100.1	100.3	99.6
物业管理费	Property Management Fee	100.8	100.8	100.2
住房装潢维修	Housing Decoration Maintenance	99.8	99.9	99.7
水电燃料	Water, Electricity and Fuels	100.7	100.7	100.7
水	Water	112.1	115.6	100.1
电	Electricity	100.0	100.0	100.0
燃气	Fuel Gas	97.4	97.2	98.4
取暖费	Heating Fee	100.0	100.0	99.7
其他燃料	Other Fuels	101.1	99.7	102.0
自有住房	Home Ownership	99.7	99.6	99.8

9-2 续表 2 continued

(上年=100) (preceding year=100)

项目	Item	全区 Autonomous Regional Indices	城市 Urban Indices	农村 Rural Indices
生活用品及服务	**Supplies and Services**	**100.1**	**100.2**	**99.7**
家具及室内装饰品	Furniture and Household Facilities	99.8	99.9	99.6
家具	Furniture	99.9	99.9	99.6
室内装饰品	Household Facilities	99.4	99.4	99.6
家用器具	Home Appliances	99.2	99.6	98.1
大型家用器具	Large Home Appliances	99.4	99.7	98.1
小家电	Small Home Appliances	98.7	99.0	98.1
家用纺织品	Home Textile	99.8	99.8	99.8
床上用品	Bed Articles	99.7	99.8	99.6
窗帘门帘	Curtain	100.2	100.2	100.3
其他家用纺织品	Other Home Textile	99.3	99.2	99.9
家庭日用杂品	Daily Use Household Articles	100.0	100.0	100.2
洗涤卫生用品	Cleaning Supplies	100.0	100.1	99.9
厨具餐具茶具	Kitchen ware Tableware and Tea Set	100.4	100.2	101.5
家用手工工具	Home Hand Tools	100.1	100.3	99.6
其他家庭日用杂品	Others	99.7	99.5	100.3
个人护理用品	Personal - care Supply	100.6	100.6	100.9
化妆品	Cosmetics	100.8	100.9	100.7
其他护理用品类	Others	100.1	99.9	101.2
家庭服务	Household Services	103.9	104.9	100.7
交通和通信	**Transportation and Communication**	**98.9**	**98.8**	**99.2**
交通	Transportation	98.5	98.4	98.9
# 交通工具	Means of Transportation	98.8	98.7	99.2
交通费	Transportation Fee	100.0	99.9	100.2
通信	Communication	99.8	99.8	99.7
# 通信服务	Service of Communication	99.8	99.9	99.8
邮递服务	Postal Service	99.9	99.9	99.9
教育文化和娱乐	**Education, Culture and Recreation**	**100.7**	**100.8**	**100.1**
教育	Education	101.1	101.4	100.4
教育用品	Education Supplies	100.3	100.6	100.1
教育服务	Education Services	101.2	101.4	100.5
文化娱乐	Cultural and Recreational	100.0	100.1	99.3
文娱耐用消费品	Cultural and Recreational Durable Consumer Goods	99.2	99.5	98.0
其他文娱用品	Other Cultural and Recreational Articles	100.1	100.2	99.9
文化娱乐服务	Cultural and Recreational Services	100.8	100.9	100.3
旅游	Tourism	99.8	99.8	100.1

9－2 续表 3 continued

（上年＝100） （preceding year＝100）

项目	Item	全区 Autonomous Regional Indices	城市 Urban Indices	农村 Rural Indices
医疗保健	**Health Care**	**104.4**	**104.6**	**103.9**
药品及医疗器具	Drug and Medical Instrument	102.2	102.6	100.9
中药	Traditional Chinese Medicine	102.6	103.2	100.7
西药	Western Medicine	102.7	103.3	100.6
滋补保健品	Nourishing Health Care Products	102.0	101.9	102.3
医疗卫生器具	Medical Appliance	100.5	100.2	101.6
保健器具	Health Care Appliance	99.6	99.6	100.2
医疗服务	Medical Service	106.0	106.4	105.3
综合医疗类	Synthetic Medicine	110.0	111.1	107.3
诊断类	Diagnosis	100.0	100.3	99.5
治疗类	Treatment	111.2	111.0	111.5
康复类	Recovery	100.8	100.6	101.5
中医医疗服务类	Traditional Chinese Medicine Medical Service	111.9	117.8	103.1
#中医治疗	Chinese Traditional Treatment	111.9	117.8	103.1
其他医疗服务	Others	94.0	90.5	100.0
其他用品和服务	**Other Supplies and Services**	**101.8**	**101.7**	**102.0**
其他用品类	Other Supplies	102.5	102.5	102.9
首饰手表	Jewellery Watches	103.6	103.3	106.5
#金饰品	Gold Jewellery	109.4	109.6	108.6
手　表	Watches	100.6	100.0	106.1
其他杂项用品	Other Miscellaneous Items	100.1	100.1	100.0
其他服务类	Other Services	101.1	101.1	101.3
旅馆住宿	Hotel Accommodation	101.6	101.6	101.9
美容美发洗浴	Beauty Hairdressing and Bath	104.1	103.5	108.1
#美　容	Beauty	104.6	104.2	107.6
美　发	Hairdressing	104.0	103.3	107.4
养老服务	Service for the Aged	100.5	100.8	99.8
金融保险	Banking and Insurance	100.1	100.1	100.0
金融服务	Insurance Service	99.9	100.0	99.7
车辆保险	Vehicle Insurance	100.0	100.0	100.0
旅行保险	Travel Insurance	100.0	100.0	100.0
其他保险	Others	100.2	100.3	100.0
其他服务类	Other Services	100.1	100.0	100.5
中介服务	Intermediary Services	100.7	100.9	100.0
其他服务	Others	99.3	98.7	100.9

9－3 商品零售价格分类指数(2016 年)

Retail Price Indices by Category of Commodities(2016)

(上年＝100)　　(preceding year＝100)

项 目	Item	全 区 Autonomous Regional Indices	城 市 Urban Indices	农 村 Rural Indices
商品零售价格指数	**General Retail Price Index**	**100.6**	**100.6**	**100.4**
食品	**Food**	**102.7**	**102.8**	**101.6**
粮食	Grain	101.4	102.0	99.1
薯类	Potato	115.4	116.2	109.3
豆类	Beans	101.1	100.9	102.4
食用油	Oil	102.3	102.2	103.0
菜	Vegetables	111.9	112.8	104.7
畜肉类	Meat of Animal	104.2	104.3	103.5
禽肉类	Poultry Meat	100.6	100.1	103.2
水产品	Aquatic Products	102.7	103.0	100.6
蛋类	Eggs	96.8	96.1	100.4
奶类	Milk	100.8	100.9	99.7
干鲜瓜果类	Dried and Fresh Melon and Fruits	97.9	97.8	98.4
糖果糕点类	Candy and Cake	100.4	100.4	100.7
调味品	Flavoring	101.0	100.9	101.2
其他食品类	Other Food	98.7	98.4	100.4
在外餐饮	Dining Out	101.2	101.1	102.5
饮料烟酒	**Beverages, Tobacco and Liquor**	**101.5**	**101.4**	**102.0**
茶及饮料	Tea and Beverages	100.0	99.9	100.8
烟草	Tobacco	103.1	103.2	102.4
酒	Liquor	99.5	99.1	101.6
服装鞋帽	**Garments, Shoes and Hats**	**101.6**	**101.7**	**101.1**
服装	Garments	101.6	101.7	100.9
鞋袜帽	Shoes, Sock and Cap	101.8	101.8	101.6
其他	Others	100.0	100.0	100.4
纺织品	**Textiled**	**100.3**	**100.4**	**99.9**
服装材料	Clothing Material	102.0	102.6	99.7
床上用品	Bedding	100.0	100.0	99.9
家用电器及音像器材	**Household Appliances**	**98.6**	**98.7**	**97.4**
文化办公用品	**Cultural and Office Goods**	**101.1**	**101.1**	**101.1**
日用品	**Articles for Daily Use**	**100.0**	**99.9**	**100.3**
体育娱乐用品	**Sports Entertainment Goods**	**99.9**	**99.7**	**101.0**
交通通信用品	**Transportation and communication**	**99.3**	**99.2**	**100.0**
家　具	**Furniture**	**100.1**	**100.3**	**98.5**
化妆品	**Cosmetics**	**101.1**	**101.2**	**100.3**
金银饰品	**Jewellery**	**105.0**	**104.9**	**106.0**
中西药品及医疗保健用品	**Traditional Chinese and Western Medicines**	**102.7**	**102.9**	**101.6**
医疗卫生器具	Medical Instrument	100.6	100.4	101.2
中药	Traditional Chinese Medicine	103.0	103.1	102.4
西药	Western Medicines	103.0	103.4	101.3
保健器具及用品	Health Care Appliances and Articles	101.3	101.3	101.2
书报杂志及电子出版物	**Newspapers, Magazines and Electronic Publications**	**100.6**	**100.7**	**100.0**
燃料	**Fuels**	**96.5**	**96.3**	**98.2**
建筑材料及五金电料	**Building Materials and Hardwares**	**99.5**	**99.5**	**99.7**

9－4 主要农产品生产价格指数

Yielding Price Indices of Main Farm Products

（上年＝100） (preceding year＝100)

项 目	Item	2015	2016
总指数	**General Index**	**98.0**	**95.1**
农业产品	**Farm Products**	**100.3**	**91.4**
谷物(原粮)	Grain(Primary Grain)	98.3	87.1
小麦	Wheat	106.3	94.7
稻谷	Rice	104.6	100.3
玉米	Corn	97.5	85.7
谷子	Millet	94.7	75.8
高粱	Sorghum	94.7	94.3
荞麦	Buckwheat	97.1	96.8
马铃薯	Potatos	96.8	107.8
豆类	Legume	94.2	98.3
#大豆	Soybean	91.9	98.3
油料	Edible Oil	98.6	95.5
甜菜	Sugar Beet	108.0	99.1
牧草	Herbage	129.6	100.0
蔬菜	Vegetables	100.4	102.6
水果	Fruits	134.8	82.2
中药材	Raw Material of Traditional Chinese Medicine	106.2	77.5
林业产品	**Forest Products**	**98.5**	**91.8**
畜牧业产品	**Livestock Products**	**95.5**	**98.9**
牛	Cattles	96.4	96.4
羊	Sheep and Goats	89.5	91.7
猪	Hogs	104.0	116.6
肉禽	Poultry	99.9	100.7
禽蛋	Poultry's egg	98.0	94.5
牛奶	Milk	96.1	93.6
绵羊毛	Sheep's wool	95.7	62.0
山羊绒	Cashmere	74.0	100.6
渔业产品	**Fishing Products**	**97.6**	**99.8**

9－5 农业生产资料价格分类指数

Price Indices of Agricultural Means of production by Category

（上年＝100） (preceding year＝100)

项目	Item	2016
总指数	**General Index**	**96.4**
农用手工工具	Agricultural hand tools	99.4
饲料	Forage	84.7
仔畜幼禽及产品畜	Newborn animal and Commodity Animals	100.6
半机械化农具	Semi－mechanized farm	98.6
机械化农具	Mechanized farm	99.2
化学肥料	Chemical fertilizers	96.4
农药及农药器械	Pesticides and pesticide equipment	97.2
化学农药	Chemical pesticides	96.1
农药器械	Pesticide equipment	102.9
农用机油	Oil for Farm Machinery	95.3
其他农业生产资料	Other agricultural production materials	96.8
农业生产服务	Agricultural production and services	101.2

9－6 工业生产者出厂价格分类指数

Factory Price Indices of Industrial Producer Sub－index

（上年＝100） (preceding year＝100)

项目	Item	2011	2012	2013	2014	2015	2016
全部工业品	**Total Industry Products**	**107.8**	**100.2**	**97.0**	**97.3**	**94.0**	**98.9**
生产资料	**Means of Production**	**108.1**	**99.6**	**95.8**	**96.3**	**93.0**	**98.6**
采掘工业	Mining & Quarrying Industry	113.0	99.5	92.4	94.8	90.0	97.3
原材料工业	Raw Materials Industry	107.3	100.9	97.1	97.1	94.9	98.8
加工工业	Manufacturing Industry	105.0	98.1	97.1	96.7	93.3	99.5
生活资料	**Consumer Goods**	**106.4**	**103.3**	**102.5**	**102.1**	**98.8**	**100.3**
食品类	Food	108.1	103.4	102.8	102.6	98.8	98.6
衣着类	Clothing	98.6	105.1	101.7	100.1	97.5	111.0
一般日用品	Articles for Daily Uses	100.9	100.0	101.6	100.5	100.0	100.9
耐用消费品	Durable Consumer Goods	101.5	102.5	98.4	99.1	99.4	99.8

9－7 工业生产者购进价格指数

Purchase Price Indices of Industrial Producer

(上年＝100)　　(preceding year＝100)

项 目	Item	2011	2012	2013	2014	2015	2016
工业生产者购进价格总指数	**General price index of Industrial producer purchasing**	**106.1**	**102.0**	**99.3**	**98.4**	**95.9**	**97.4**
燃料、动力	Fuels and Energy	103.5	103.4	97.5	97.4	95.8	99.6
黑色金属材料	Ferrous Metals	107.3	101.3	98.4	98.1	94.9	91.5
＃钢 材	Steel Products	108.2	101.7	97.2	97.7	94.4	94.6
有色金属材料和电线	Nonferrous Metals and Wires	107.2	96.9	95.1	97.2	96.0	96.1
化工原料	Chemical Raw Materials	105.3	96.6	99.4	98.7	98.0	101.9
木材及纸浆	Wood and Paper Pulps	105.3	102.9	99.2	100.3	100.0	100.1
建筑材料类及非金属矿	Construction Materials	104.1	99.8	99.5	98.6	98.3	96.8
其它工业原材料类及半成品	Other Industrial Raw Materials and Semi－products	107.2	105.0	102.3	98.1	93.5	98.1
农副产品类	Farm and Sideline Products	108.3	102.4	103.2	101.4	99.3	97.1
纺织原料类	Textile Raw Materials	105.9	100.3	98.9	100.6	97.3	96.8

9－8 固定资产投资价格指数

Price Indices of Investment in Fixed Assets

(上年＝100)　　(preceding year＝100)

项 目	Item	2011	2012	2013	2014	2015	2016
固定资产投资	**Investment in Fixed Assets**	**106.3**	**101.6**	**99.6**	**99.8**	**98.0**	**99.5**
建筑安装工程	Construction and Installation	108.1	101.0	99.6	99.8	97.3	99.6
设备、工器具购置	Purchase of Equipment, Tools & Instruments	101.9	103.1	99.0	99.7	99.3	98.9
其他费用	Others	103.7	102.2	100.8	100.9	100.6	100.6

主要统计指标解释

商品零售价格指数 是反映城乡商品零售价格变动趋势的一种经济指数。零售物价的调整变动直接影响到城乡居民的生活支出和国家的财政收入,影响居民购买力和市场供需平衡,影响消费与积累的比例。因此,计算零售价格指数,可以从一个侧面对上述经济活动进行观察和分析。

居民消费价格指数 是反映一定时期内城乡居民所购买的生活消费品价格和服务项目价格变动趋势和程度的相对数,是对城市居民消费价格指数和农村居民消费价格指数进行综合汇总计算的结果。利用居民消费价格指数,可以观察和分析消费品的零售价格和服务价格变动对城乡居民实际生活费支出的影响程度。

城市居民消费价格指数 是反映城市居民家庭所购买的生活消费品价格和服务项目价格变动趋势和程度的相对数。城市居民消费价格指数可以观察和分析消费品的零售价格和服务项目价格变动对职工货币工资的影响,作为研究职工生活和确立工资政策的依据。

农村居民消费价格指数 是反映农村居民家庭所购买的生活消费品价格和服务项目价格变动趋势和程度的相对数。农村居民消费价格指数可以观察农村消费品零售价格和服务项目价格变动对农村居民生活消费支出的影响,直接反映农民生活水平的实际变化情况,为分析和研究农村居民生活问题提供依据。

工业生产者出厂价格指数 是反映全部工业产品出厂价格总水平变动趋势和程度的相对数,包括工业企业售给本企业以外所有单位各种产品和直接售给居民用于生 活消费的产品。通过工业品出厂价格指数能观察出厂价格变动对工业总产值的影响。

固定资产投资价格指数 是反映固定资产投资额价格变动趋势和程度的相对数。固定资产投资额是由建筑安装工程投资完成额、设备、工器具购置投资完成额和其他费用投资完成额三部分组成的。编制固定资产投资价格指数应首先分别编制上述三部分投资的价格指数,然后采用加权算术平均法求出固定资产投资价格总指数。

编制固定资产投资价格指数可以准确地反映固定资产投资中涉及的各类商品和取费项目价格变动趋势和变动幅度,消除按现价计算的固定资产投资指标中的价格变动因素,真实地反映固定资产投资的规模、速度、结构和效益,为国家科学地制定、检查固定资产投资计划并提高宏观调控水平,为完善国民经济核算体系提供科学的、可靠的依据。

Explanatory Notes on Main Statistical Indicators

Retail Price Index reflects the general change in retail prices of commodities. The change and adjustment in retail prices directly affect the living expenditure of urban and rural residents, government revenue, purchasing power of residents and the equilibrium of market supply and demand, and the ratio of consumption to accumulation. Therefore, the calculation of retail p rice index is useful to analyze the changes of the above economic activities.

Consumer Price Index reflects the trend and degree of changes in prices of consumer goods and services purchased by urban and rural residents, and is a composite index derived from the urban consumer price index and the rural consumer price index. Consumer price index can be used to analyze the impact of consumer price change on actual expenditure for living cost of urban and rural residents.

Urban Consumer Price Index reflects the trend and degree of changes in prices of consumer goods and services purchased by urban households. It can be used to observe and analyze the impact of price changes in consumer goods and services on money wages of staff and workers, and provide basis for policy making concerning t he living cost and wages of staff and workers.

Rural Consumer Price Index reflects the trend and degree of changes in prices of consumer goods and services purchased by rural households. It can be used to observe the impact of change in retail prices of consumer goods and service prices in rural areas on living expenditure of rural households, and t o show the changes in the living standard of peasants. It provides basis for analysis and research on condition of life in rural areas.

Price Index of Industrial Products reflects the trend and degree of changes in general ex factory prices of all industrial products, including sales of industrial products by an industrial enterprise to all units outside the enterprise, as well as sales of consumer goods to residents. It can be used to analyze the impact of ex – factory prices on gross industrial output value.

Price Index of Investment in Fixed Assets reflects the trend and degree of changes in prices of investment in fixed assets. The investment in fixed assets consists of three components, namely the investment in construction and installation, the investment in Purchases of equipment and instrument, and the investment in other items. Price index of investment in fixed assets is calculated as the weighted arithmetic mean of the price indices of the three components of investment in fixed assets. Removing the factor of price change in the aggregates of investment at current prices, this indicator shows the changes in the pr ices of commodities and fees involved in the investment of fixed assets, and can be used to observe the actual size, growth, structure, and efficiency of investment in fixed assets and provides reliable and scientific data for government planning, management, decision making, and further improving the current national accounting system.

2017 NEIMENGGU

十、人民生活

People's Livelihood

资料整理：周建芬　刘军
Arranged By Zhou Jianfen , Liu Jun

10－1 人民物质文化生活情况

People's Material & Cultural Life

项 目	Item	1995	2000	2005	2010	2015	2016
就 业	**Employment**						
每一农村劳动力负担人数(人)	Dependents per Rural Laborer(person)	1.55	1.48	1.42	1.35	1.37	1.36
每一城镇就业者负担人数(人)	Dependents per Urban Employee(person)	1.86	1.92	1.91	1.94	1.76	1.81
城镇登记失业率(%)	Urban Unemployment Rate(%)	3.17	3.34	4.26	3.90	3.65	3.65
收 入	**Income of Rural & Urban Residents**						
农村牧区人均纯收入(元)	Per Capita Net Income of Rural(yuan)	1300	2038	2989	5530		
农民人均纯收入	Peasants	1208	1869	2813	5222		
牧民人均纯收入	Herdermen	1871	3355	4341	7851		
农村牧区居民家庭人均纯收入指数(1978=100)	Index of Per Capita Net Income of Rural Residents(1978=100)	274.0	408.7	526.1	834.5		
城镇居民人均可支配收入(元)	Per Capita Disposable Income of Urban Residents(yuan)	2846	5129	9137	17698		
城镇居民人均可支配收入指数(1978=100)	Index of Annual Per Capita Disposable Income of Urban Residents(1978=100)	244.1	385.8	632.3	1071.5		
职工年平均工资(元)	Average Wages of Staff & Workers (yuan)	4134	6974	15985	35507	57870	61994
消 费	**Consumption**						
农村牧区居民人均消费支出(元)	Expenditure of Rural Residents(yuan)	1261	1615	2446	4461	10637	11462
农民人均消费支出	Peasants	1181	1442	2244	4115	10193	10965
牧民人均消费支出	Herdsmen	1762	2959	4006	7067	14055	15296
城镇居民人均消费支出(元)	Expenditure of Urban Residents(yuan)	2482	3928	6929	13995	21876	22746
恩格尔系数(%)	Engel Coefficient(%)						
城镇居民	Urban Residerts	48.4	34.5	31.4	30.1	28.4	28.3
农民家庭	Households of Peasant	59.7	47.7	45.1	38.8	29.3	29.3
牧民家庭	Households of Herdsman	48.1	33.8	34.3	32.0	29.5	29.3
储 蓄	**Savings**						
住户存款余额(亿元)	Household deposits(100 million yuan)	410	876	1974	4618	8999	9960
人均住户存款余额(元)	Per capita Household deposits(yuan)	1804	3875	8274	18877	35884	39594
住房面积(平方米)	**Per Capita Floor Space(sq. m)**						
农村牧区平均每人居住	Rural Areas	15.3	17.0	19.7	22.1	26.07	27.42
城市平均每人居住	Urban Areas	12.06	15.54	26.09	29.84	31.39	32.24
城市公用事业	**Public Utilities in Urban Areas**						
自来水普及率(%)	Rate of Access to Tap Water(%)	80.7	89.1	83.9	88.0	98.5	99.0
燃气普及率(%)	Rate of Access to Gas(%)	40.5	58.6	68.2	79.3	94.1	94.9
每万人拥有绿地面积(公顷)	Green Area per 10 000 Persons(hectare)	5.9	7.0	7.8	12.4	19.3	19.4
文 化	**Culture**						
城镇每百户有彩色电视机(台)	Number of Color TV Set per 100 Households in Urban Areas(unit)	84.22	106.66	113.34	110.18	102.38	101.48
农村每百户有彩色电视机(台)	Color TV Sets per 100 Households in Rural Areas(unit)	84.89	96.07	102.00	103.00	104.58	105.77
广播综合人口覆盖率(%)	Broadcast Covering Rate (%)		85.6	92.6	96.6	99.1	99.2
电视综合人口覆盖率(%)	TV Covering Rate of Population(%)		81.4	90.2	95.4	99.1	99.2
每人每年拥有报纸(份)	Newspapers per Capita(copy)	7.17	7.56	25.92	10.97	13.08	13.04
每人每年拥有图书杂志(册)	Books & Magazines per capita(copy)	3.34	3.79	4.31	3.04	3.41	3.13
教 育	**Education**						
学龄儿童入学率(%)	Enrollment Ratio of School Age Children(%)	98.90	99.50	99.40	99.99	100.00	100.00
每万人口中在校大学生数(人)	Number of University Students per 10 000 Persons(person)	16.39	29.60	96.15	150.65	167.79	173.60
卫 生	**Public Health**						
每万人有医院、卫生院病床(张)	Number of Hospital Beds per 10000Persons(unit)	27.25	28.24	26.83	35.65	49.71	51.56
每万人有卫生机构数(个)	Number of Health institutions per 10 000 Persons(unit)	2.16	1.87	1.58	3.32	9.51	9.52
每万人有医生数(人)	Doctors per 10 000 Persons(person)	22	22	21	22	26	26

注:1.(人均)住户存款余额2010年以前为(人均)城乡居民储蓄存款余额,2011—2014年为(人均)个人储蓄存款余额。

2. 从2013年起,国家统计局开展了城乡一体化住户收支与生活状况调查,10－3以后各表数据来源于此调查样本,与2013年前的数据在调查范围、调查方法、指标口径有所不同。2013年以后,10－1、2两表城乡收入旧口径数据将不再公布。

a) Before 2010, (per capita) the Household deposits is called (per capita) resident saving deposit in urban & rural. During 2011－2014, (per capita) the Household deposits is called (per capita) personal balance of savings deposits.

b) The NBS started an integrated household income and expenditure survey in 2013, including both urban and rural households. The data shown in Tables 10－3 after are compiled on the basis of the survey. The coverage, methodology and definitions used in the survey are different from those used for the separate urban and rural household surveys prior to 2013. After 2013, 10－1、2 tables no longer publish the data of the old caliber of urban and rural residents.

10－2 城乡居民家庭人均收入及指数

年 份 Year	农牧民人均纯收入 Annual Net Income of Rural Households per Capita			
	农牧民 Peasant and Herdsman		农 民 Peasant	
	绝对数(元) Value(yuan)	指数(1978＝100) Index	绝对数(元) Value(yuan)	指数(1978＝100) Index
1978	131	100.0	126	100.0
1979	164	115.8	156	114.9
1980	192	123.9	181	121.6
1981	241	146.1	228	144.0
1982	288	163.8	273	162.0
1983	325	174.1	294	163.6
1984	368	189.0	336	179.6
1985	400	192.3	360	180.0
1986	382	171.3	340	157.7
1987	426	185.7	389	175.8
1988	547	219.3	500	209.4
1989	553	214.5	478	179.9
1990	647	224.3	607	208.1
1991	651	242.1	618	208.7
1992	719	251.8	672	222.3
1993	829	254.1	778	225.2
1994	1062	266.2	970	228.6
1995	1300	274.0	1208	240.2
1996	1602	314.5	1552	288.7
1997	1780	335.9	1705	304.6
1998	1982	379.2	1911	341.5
1999	2003	403.5	1903	350.3
2000	2038	408.7	1869	340.8
2001	1973	393.2	1784	323.4
2002	2086	411.7	1948	350.3
2003	2268	436.5	2133	373.1
2004	2606	474.0	2465	406.9
2005	2989	526.1	2813	449.6
2006	3342	578.7	3188	501.4
2007	3953	655.0	3750	564.2
2008	4656	725.7	4457	631.3
2009	4938	771.3	4656	660.7
2010	5530	834.5	5222	716.0
2011	6642	948.2	6299	817.0
2012	7611	1060.4	6968	882.0
2013	8596	1165.0	8032	989.0

Per Capita Annual Income of Urban and Rural Household and Related Index

牧 民 Herdsman		城镇居民可支配收入 Annual Disposable Income of Urban Residents per Capita	
绝对数(元) Value(yuan)	指数(1978=100) Index	绝对数(元) Value(yuan)	指数(1978=100) Index
188	100.0	301.0	100.0
236	116.8	350.1	115.5
265	118.8	407.1	124.7
326	137.2	418.3	124.7
387	153.0	452.7	133.6
530	199.5	474.2	138.5
573	206.5	548.8	152.8
650	219.9	666.0	173.0
649	205.1	773.6	187.4
662	203.3	819.7	183.0
850	233.4	915.8	174.8
1038	249.0	1052.8	175.9
906	244.8	1155.0	189.6
868	230.8	1294.7	200.5
1022	264.1	1478.9	210.7
1164	262.5	1883.3	235.2
1664	314.5	2503.0	251.5
1871	292.1	2845.7	244.1
1951	278.1	3431.8	273.9
2345	321.8	3944.7	300.9
2516	345.2	4353.0	334.5
2698	370.5	4770.5	365.5
3354	454.2	5129.1	385.8
3277	441.0	5535.9	411.9
3052	403.9	6051.0	446.7
3201	418.0	7012.9	509.6
3571	444.2	8123.1	575.9
4341	522.8	9136.8	632.3
4502	532.7	10358.0	708.2
5510	624.9	12378.0	811.6
6194	660.5	14433.0	897.6
7071	755.3	15849.2	988.3
7851	810.3	17698.2	1071.5
9109	889.4	20407.6	1170.9
12257	1168.0	23150.3	1285.9
12668	1174.3	25496.7	1369.7

10－3 全体居民人均收支情况

Per Capita Income and Expenditure of All Residents

单位:元 (yuan)

项 目	Item	2015	2016	2016 年比上年增长% Increase Rate in 2016Over 2015(%)
可支配收入	**Disposable income**	**22310**	**24127**	**8.1**
工资性收入	Income of wage	11992	12939	7.9
经营净收入	Operational income	5380	5776	7.4
第一产业净收入	Net income of primary industry	2537	2570	1.3
农业净收入	Net income of agriculture	1710	1697	-0.8
牧业净收入	Net income of animal – husbandry	810	840	3.7
第二产业净收入	Net income of secondary industry	348	349	0.3
第三产业净收入	Net income of third industry	2495	2857	14.5
财产净收入	Net income of property	1266	1203	-5.0
转移净收入	Net income of transfer	3672	4208	14.6
消费性支出	**Consumer spending**	**17179**	**18073**	**5.2**
食品烟酒	Food Tobacco and Liquor	4920	5169	5.1
衣着	Clothing	1760	1827	3.8
居住	Residence	2919	3174	8.7
生活用品及服务	Articles for daily use and service	1031	1127	9.3
交通和通讯	Transportation and Communications	2569	2526	-1.7
交通	Transportation	1777	1692	-4.8
通信	Communications	792	834	5.3
教育文化娱乐	Education, Culturaland Entertainment	2067	2166	4.8
教育	Education	1239	1315	6.1
文化娱乐	Culturaland Entertainment	828	851	2.8
医疗保健	Medicine and Medical Service	1384	1570	13.4
其它用品和服务	Other Commodities and Services	529	514	-2.8

10－4 城镇常住居民人均收支情况

Per Capita Income and Expenditure of Urban Permanent Residents

单位:元 (yuan)

项 目	Item	2015	2016	2016 年比上年增长% Increase Rate in 2016Over 2015(%)
可支配收入	**Disposable income**	**30594**	**32975**	**7.8**
工资性收入	Income of wage	18989	20355	7.2
经营净收入	Operational income	4801	5466	13.9
第一产业净收入	Net income of primary industry	410	516	25.9
农业净收入	Net income of agriculture	354	444	25.4
牧业净收入	Net income of animal－husbandry	75	70	－6.7
第二产业净收入	Net income of secondary industry	562	563	0.2
第三产业净收入	Net income of third industry	3830	4387	14.5
财产净收入	Net income of property	1870	1733	－7.3
转移净收入	Net income of transfer	4934	5421	9.9
消费性支出	**Consumer spending**	**21876**	**22746**	**4.0**
食品烟酒	Food Tobacco and Liquor	6210	6446	3.8
衣着	Clothing	2474	2543	2.8
居住	Residence	3710	4007	8.0
生活用品及服务	Articles for daily use and service	1430	1566	9.4
交通和通讯	Transportation and Communications	3231	3045	－5.8
交通	Transportation	2236	2024	－9.5
通信	Communications	995	1021	2.6
教育文化娱乐	Education, Culturaland Entertainment	2505	2599	3.8
教育	Education	1264	1322	4.6
文化娱乐	Culturaland Entertainment	1241	1277	2.9
医疗保健	Medicine and Medical Service	1576	1840	16.8
其它用品和服务	Other Commodities and Services	740	700	－5.4

10－5 农村牧区常住居民人均收支情况

Per Capita Income and Expenditure of Residents In Rural Areas

单位:元 (yuan)

项 目	Item	2015	2016	2016年比上年增长% Increase Rate in 2016Over 2015(%)
可支配收入	**Disposable income**	**10776**	**11609**	**7.7**
工资性收入	Income of wage	2250	2449	8.8
经营净收入	Operational income	6185	6216	0.5
第一产业净收入	Net income of primary industry	5500	5477	-0.4
农业净收入	Net income of agriculture	3598	3469	-3.6
牧业净收入	Net income of animal－husbandry	1833	1930	5.3
第二产业净收入	Net income of secondary industry	50	47	-6.0
第三产业净收入	Net income of third industry	636	692	8.8
财产净收入	Net income of property	425	453	6.6
转移净收入	Net income of transfer	1916	2492	30.1
消费性支出	**Consumer spending**	**10637**	**11462**	**7.8**
食品烟酒	Food Tobacco and Liquor	3123	3363	7.7
衣着	Clothing	765	814	6.4
居住	Residence	1817	1996	9.9
生活用品及服务	Articles for daily use and service	475	507	6.7
交通和通讯	Transportation and Communications	1647	1790	8.7
交通	Transportation	1138	1220	7.2
通信	Communications	509	570	12.0
教育文化娱乐	Education,Culturaland Entertainment	1458	1553	6.5
教育	Education	1204	1295	7.6
文化娱乐	Culturaland Entertainment	254	258	1.6
医疗保健	Medicine and Medical Service	1118	1188	6.3
其它用品和服务	Other Commodities and Services	235	252	7.2

10－6 农民人均收支情况

Per Capita Income and Expenditure of Farmer

单位:元 (yuan)

项 目	Item	2015	2016	2016年比上年增长% Increase Rate in 2016Over 2015(%)
可支配收入	**Disposable income**	**10228**	**10990**	**7.5**
工资性收入	Income of wage	2339	2553	9.1
经营净收入	Operational income	5755	5708	-0.8
第一产业净收入	Net income of primary industry	5024	4918	-2.1
农业净收入	Net income of agriculture	3844	3710	-3.5
牧业净收入	Net income of animal－husbandry	1110	1142	2.9
第二产业净收入	Net income of secondary industry	55	52	-5.5
第三产业净收入	Net income of third industry	677	738	9.0
财产净收入	Net income of property	399	426	6.8
转移净收入	Net income of transfer	1734	2304	32.9
消费性支出	**Consumer spending**	**10193**	**10965**	**7.6**
食品烟酒	Food Tobacco and Liquor	2990	3217	7.6
衣着	Clothing	710	762	7.3
居住	Residence	1787	1955	9.4
生活用品及服务	Articles for daily use and service	452	475	5.1
交通和通讯	Transportation and Communications	1495	1635	9.4
交通	Transportation	1011	1085	7.3
通信	Communications	484	551	13.8
教育文化娱乐	Education,Culturaland Entertainment	1449	1540	6.3
教育	Education	1188	1278	7.6
文化娱乐	Culturaland Entertainment	260	262	0.8
医疗保健	Medicine and Medical Service	1078	1130	4.8
其它用品和服务	Other Commodities and Services	235	250	6.4

10－7 牧民人均收支情况

Per Capita Income and Expenditure of Herdsmen

单位:元 (yuan)

项 目	Item	2015	2016	2016 年比上年增长% Increase Rate in 2016Over 2015(%)
可支配收入	**Disposable income**	**14996**	**16376**	**9.2**
工资性收入	Income of wage	1568	1648	5.1
经营净收入	Operational income	9491	10124	6.7
第一产业净收入	Net income of primary industry	9160	9781	6.8
农业净收入	Net income of agriculture	1699	1612	-5.1
牧业净收入	Net income of animal－husbandry	7397	7996	8.1
第二产业净收入	Net income of secondary industry	8	8	0.0
第三产业净收入	Net income of third industry	323	336	4.0
财产净收入	Net income of property	623	663	6.4
转移净收入	Net income of transfer	3314	3941	18.9
消费性支出	**Consumer spending**	**14055**	**15296**	**8.8**
食品烟酒	Food Tobacco and Liquor	4150	4484	8.0
衣着	Clothing	1190	1217	2.3
居住	Residence	2050	2308	12.6
生活用品及服务	Articles for daily use and service	656	755	15.1
交通和通讯	Transportation and Communications	2817	2979	5.8
交通	Transportation	2117	2267	7.1
通信	Communications	700	712	1.7
教育文化娱乐	Education,Culturaland Entertainment	1530	1656	8.2
教育	Education	1327	1423	7.2
文化娱乐	Culturaland Entertainment	203	233	14.8
医疗保健	Medicine and Medical Service	1426	1631	14.4
其它用品和服务	Other Commodities and Services	236	267	13.1

10－8 农村牧区常住居民家庭住房基本情况

Housing Conditions of Rural Resident Households

项目	Item	2016
年末使用房屋	**Rooms Used at the End of Year**	
居住面积(平方米/人)	Per Capita Floor Space(sq. m/person)	27.42
砖木结构(%)	Brick and Wood Structure	55.93
钢筋混凝土结构(%)	Reinforced Concrete Structures	3.18
自建住房(%)	Self－built housing	92.04
购买商品房(%)	Buy real estate	2.50
房屋价值(万元/户)	Value per Room(10 000 yuan/household)	9.87
本年新建房屋面积(平方米/户)	**Rooms Newly Built Within the Year Per Capita Floor Space of Houses(sq. m/household)**	**2.05**
每平方米价值(元)	Value per Square Meter(yuan)	863.30

注:本表为农村抽样调查资料。

a) Data in this table are obtained from the sample surveys on rural households.

10－9 城镇常住居民家庭基本情况(2016 年)

项 目	Item	全 区 All Regional Cities and County Towns	低收入 Low Income	更低收入 Lower Income
调查户数(户)	**Number of Households Surveyed(household)**	**2829**	**566**	**284**
平均每户家庭人口(人)	Average Household Size(person)	2.75	3.10	3.19
平均每户就业人口(人)	Average Number of Employees per Household(person)	1.51	1.44	1.40
平均每户就业面(%)	Percentage of Employed Persons per Household(%)	55.17	46.38	43.92
平均每一就业者负担人数(包括就业者本人)(人)	Number of Persons Supported by Each Employee (including the employee himsel for herself)(person)	1.81	2.16	2.28
平均每人全部年收入(元)	Per Capita Annual Income(yuan)	36406	14172	10795
平均每人可支配收入(元)	Per Capita Disposable Income(yuan)	32975	12079	8839
平均每人消费性支出(元)	Per Capita Annual Living Expenditure(yuan)	22746	11751	10040

10－10 按收入等级分的城镇常住居民家庭平均每人全年收入(2016 年)

项 目	Item	全 区 All Regional Cities and County Towns	低收入 Low Income	更低收入 Lower Income
可支配收入	**Disposable Income**	**32974.95**	**12078.79**	**8839.50**
工资性收入	Income of wage	20354.92	7427.12	5349.60
经营净收入	Operational income	5465.90	2166.72	1311.36
财产性净收入	Net income of property	1732.91	627.06	449.81
利息	Interest	35.18	10.61	-8.00
红利	Bonus	89.55		
转移性净收入	Net income of transfer	5421.23	1857.88	1728.73
养老金或离退休金	Pension	5811.27	1381.23	1080.73
社会救济和补助	Social relief and subsidies	113.07	374.14	466.02
借贷收入	**Loan Income**	**425.21**	**435.56**	**405.10**
提取储蓄存款	Withdraw Saving Deposit	147.61	135.64	81.43
收回借出款	Paid back Loan	73.99	24.19	34.44
收回储蓄性保险本金	Withdraw Saving Premium	2.60		
为购置房屋从银行贷款	Loan from Bank for Buying Housing	2.37		
其它借贷收入	Other Loan Income	29.25	42.56	81.52

Basic Conditions of Urban Resident Households(2016)

按收入等级分 Grouped by Percentile of Households

最低收入 Lowest Income	中低收入 Lower Middle Income	中等收入 Middle Income	中高收入 Upper Medium Income	高收入 High Income	更高收入 Higher Income	最高收入 Highest Income
142	**566**	**566**	**565**	**566**	**283**	**141**
3.16	2.91	2.69	2.65	2.38	2.38	2.39
1.35	1.57	1.51	1.53	1.52	1.57	1.63
42.86	54.09	56.32	57.64	63.85	65.95	67.99
2.33	1.85	1.78	1.73	1.57	1.52	1.47
9538	24626	34046	43656	74272	91878	112405
6253	22574	31382	40709	66014	79834	96156
9770	17250	21344	27175	40398	47898	55137

Per Capita Annual Cash Income of Urban Resident Households by Level of Income(2016)

按收入等级分 Grouped by Percentile of Households

最低收入 Lowest Income	中低收入 Lower Middle Income	中等收入 Middle Income	中高收入 Upper Medium Income	高收入 High Income	更高收入 Higher Income	最高收入 Highest Income
6253.18	**22574.17**	**31382.31**	**40709.17**	**66014.05**	**79834.39**	**96156.28**
3463.79	15471.20	19555.59	26919.23	36713.89	41867.99	47329.59
1099.68	3444.77	4166.04	4331.32	14944.85	21207.01	29743.90
401.29	1013.73	1446.37	1915.96	4166.95	5272.39	6359.72
-2.62	-23.12	1.90	65.90	141.71	193.29	326.84
	0.98	2.64	14.27	495.69	818.24	1209.10
1288.42	2644.46	6214.30	7542.65	10188.36	11487.00	12723.06
744.58	3233.09	6816.48	8407.94	10693.95	11502.26	12299.12
492.47	58.37	52.16	27.16	5.03	7.55	15.02
601.82	**265.77**	**389.83**	**253.64**	**837.06**	**1432.89**	**1331.68**
91.98	34.58	112.50	175.45	309.89	393.78	358.28
40.69	21.01	99.39	16.82	238.25	467.74	772.97
			12.59	0.96	1.91	3.80
	9.50		1.84			
166.50	80.51	13.17				

10－11 城镇常住居民家庭平均每人全年消费性支出及构成(2016年)

项 目	Item	全区 All Regional Cities and County Towns	低收入 Low Income	更低收入 Lower Income
消费性支出	**Total Living Expenditures**	**22746.45**	**11751.02**	**10039.64**
食品烟酒	Food Tobacco and Liquor	6446.30	3578.97	3163.43
#谷物	Cereals	576.00	492.03	473.85
肉禽及其制品	Meat, Poultry and Related Products	1456.95	861.46	778.24
蛋 类	Eggs	298.12	161.09	144.14
水产品	Aquatic Products	144.33	64.44	56.79
奶及奶制品	Milk and Dairy Products	298.12	161.09	144.14
衣 着	Clothing	2543.27	1058.31	887.09
#服 装	Garments	1975.59	788.13	651.50
居 住	Residence	4007.11	2226.16	1807.91
生活用品及服务	Articles for daily use and service	1565.72	678.74	550.31
交通和通讯	Transportation and Communications	3045.23	1394.35	1124.59
教育文化娱乐	Education, Culturaland Entertainment	2598.98	1499.59	1417.25
#文娱用耐用消费品	Durable Consumer Goods for Recreational Use	177.20	53.89	51.99
医疗保健	Medicine ard Medical Service	1840.03	1060.41	873.77
其他用品和服务	Other Commodities and Services	699.81	254.49	215.29

10－12 农村牧区常住居民家庭基本情况(2016年)

项 目	Item	全区 All Regional Cities and County Towns	低收入 Low Income	更低收入 Lower Income
调查户数(户)	**Number of Households Surveyed(household)**	**1711**	**342**	**171**
平均每户家庭人口(人)	Average Household Size(person)	2.99	3.12	3.15
平均每户整半劳力(人)	Average Number of Able－bodied and Semi－able－bodied Laborers per Household(person)	2.20	2.21	2.21
平均每户就业人口(人)	Average Number of Employees per Household(person)	2.08	2.07	2.06
平均每户就业面(%)	Percentage of Employed Persons per Household(%)	69.45	66.32	65.59
平均每一就业者负担人数(包括就业者本人)(人)	Number of Persons Supported by Each Employee (including the employee himsel for herself)(person)	1.44	1.51	1.52
平均每人全部年收入(元)	Per Capita Annual Income(yuan)	19640	11136	12083
平均每人可支配收入(元)	Per Capita Disposable Income(yuan)	11609	1540	－1680
平均每人消费性支出(元)	Per Capita Annual Living Expenditure(yuan)	11462	9148	9814

Pev Capita Annual Living Expenditure of Urban Resident Households ancl its Composition(2016)

按收入等级分 Grouped by Percentile of Households						
最低收入 Lowest Income	中低收入 Lower Middle Income	中等收入 Middle Income	中高收入 Upper Medium Income	高收入 High Income	更高收入 Higher Income	最高收入 Highest Income
9770.44	**17249.60**	**21344.01**	**27175.12**	**40398.34**	**47898.21**	**55137.11**
3113.85	5317.51	6603.72	7908.05	9746.45	10762.07	11868.66
471.04	541.17	565.99	603.78	707.99	668.95	665.46
794.18	1273.03	1602.00	1781.78	1930.36	2051.41	2122.90
146.42	253.53	308.35	342.89	469.25	513.53	494.88
52.12	114.55	162.43	178.04	226.55	262.39	311.18
146.42	253.53	308.35	342.89	469.25	513.53	494.88
798.62	1869.25	2385.33	3213.17	4728.45	5407.60	6323.18
588.12	1428.64	1839.09	2518.79	3735.87	4256.40	4980.55
1818.19	3081.85	4128.05	4562.24	6696.61	7717.37	8833.45
575.63	1052.96	1308.70	1959.48	3196.03	3739.03	4569.03
951.93	2187.43	2368.12	3563.14	6424.66	8648.86	9397.13
1408.84	2097.60	2514.84	2860.10	4443.66	5357.96	6494.87
79.97	124.31	162.74	173.28	422.60	487.31	767.13
936.97	1231.46	1453.82	2202.87	3628.01	4391.84	5337.35
166.41	411.53	581.43	906.07	1534.48	1873.48	2313.44

Basic Conditions of Urban Resident Households(2016)

按收入等级分 Grouped by Percentile of Households						
最低收入 Lowest Income	中低收入 Lower Middle Income	中等收入 Middle Income	中高收入 Upper Medium Income	高收入 High Income	更高收入 Higher Income	最高收入 Highest Income
85	**342**	**343**	**342**	**342**	**172**	**86**
3.08	3.12	3.12	2.90	2.68	2.64	2.51
2.13	2.21	2.23	2.21	2.17	2.17	2.15
2.00	2.08	2.13	2.07	2.02	2.00	1.96
64.74	66.63	68.31	71.57	75.36	75.74	78.19
1.54	1.50	1.46	1.40	1.33	1.32	1.28
15358	13242	16547	22017	37945	47660	59861
-5733	7321	10261	14665	26507	32976	41011
11161	9476	10558	12711	16155	18069	18915

10－13 按收入等级分的农村牧区常住居民家庭平均每人全年收入(2016年)

项 目	Item	全 区 All Regional Cities and County Towns	低收入 Low Income	更低收入 Lower Income
可支配收入	**Disposable Income**	**11609.00**	**1540.24**	**－1680.19**
工资性收入	Income of wage	2448.94	767.31	663.07
经营净收入	Operational income	6215.74	－598.42	－3656.60
第一产业经营收入	Primary industry	5476.65	－710.58	－3473.39
# 农业	Agriculture	3468.78	633.28	－872.86
牧业	Animal－husbandry	1930.20	－1382.38	－2664.04
第二产业经营收入	Secondary industry	46.87	2.17	
第三产业经营收入	Third industry	692.22	109.99	－183.21
财产性净收入	Net income of property	452.57	86.07	50.53
转移性净收入	Net income of transfer	2491.75	1285.29	1262.81
借贷收入	**Loan Income**	**2173.34**	**1766.46**	**1917.49**
# 提取储蓄存款	Withdraw Saving Deposit	285.42	124.32	109.48
收回借出款	Paid back Loan	98.63	38.62	62.91
其它借贷收入	Other Loan Income	912.04	407.87	588.39

10－14 按收入等级分的农村牧区常住居民家庭平均每人全年消费性支出(2016年)

项 目	Item	全 区 All Regional Cities and County Towns	低收入 Low Income	更低收入 Lower Income
消费性支出	**Total Living Expenditures**	**11462.45**	**9148.37**	**9813.83**
食品烟酒	Food Tobacco and Liquor	3362.88	2806.88	2901.20
# 谷物	Cereals	537.24	553.98	549.20
肉禽及其制品	Meat, Poultry and Related Products	790.71	561.19	553.48
水产品	Aquatic Products	44.25	46.40	49.86
蛋 类	Eggs	70.42	65.26	55.17
奶及奶制品	Milk and Dairy Products	131.02	110.98	119.06
衣 着	Clothing	814.02	671.48	722.58
# 服 装	Garments	609.26	494.17	530.64
居 住	Residence	1995.72	1316.68	1412.63
# 住房维修及管理	Housing maintenance and management	516.32	354.21	443.39
生活用品及服务	Articles for daily use and service	506.80	422.53	465.65
交通和通讯	Transportation and Communications	1790.28	1408.63	1505.87
教育文化娱乐	Education, Culturaland Entertainment	1553.00	1331.85	1477.48
# 文娱用耐用消费品	Durable Consumer Goods for Recreational Use	94.36	71.01	67.20
医疗保健	Medicine and Medical Services	1187.67	1014.21	1112.50
其他用品和服务	Other Commodities and Services	252.08	176.11	215.92

Per Capita Annual Cash Income of Rural Resident Households by Level of Income(2016)

按收入等级分 Grouped by Percentile of Households

最低收入 Lowest Income	中低收入 Lower Middle Income	中等收入 Middle Income	中高收入 Upper Medium Income	高收入 High Income	更高收入 Higher Income	最高收入 Highest Income
-5733.18	**7320.62**	**10260.65**	**14664.69**	**26506.67**	**32976.40**	**41011.04**
644.71	1608.70	2361.54	3958.50	3845.50	3995.33	3979.66
-7553.76	3686.35	5859.39	7850.05	15682.92	19906.58	24794.45
-7091.99	3211.79	5170.44	6583.81	14421.03	18337.63	23318.73
-2355.55	2809.82	3278.50	3943.83	7220.43	8513.39	10176.94
-4831.52	344.52	1844.33	2536.10	7047.38	9708.10	12906.03
	2.21	13.50	66.01	168.71	274.04	459.98
-461.77	472.35	675.45	1200.23	1093.18	1294.91	1015.74
37.09	182.18	135.52	387.40	1629.84	2599.15	4363.21
1138.78	1843.38	1904.20	2468.73	5348.42	6475.34	7873.72
2719.40	**1817.46**	**1949.83**	**1850.33**	**3664.98**	**4405.99**	**4804.78**
194.24	213.77	394.20	230.38	487.18	409.02	30.73
	123.20	118.06	55.35	163.31	250.87	227.26
759.39	535.59	1042.77	846.09	1850.46	2082.52	2778.14

Per Capita Annual Living Expenditure of Rural Resident Households by Level of Income(2016)

按收入等级分 Grouped by Percentile of Households

最低收入 Lowest Income	中低收入 Lower Middle Income	中等收入 Middle Income	中高收入 Upper Medium Income	高收入 High Income	更高收入 Higher Income	最高收入 Highest Income
11160.70	**9475.73**	**10558.30**	**12710.60**	**16155.20**	**18069.17**	**18914.82**
3206.02	2760.16	3033.80	3802.69	4615.96	4939.62	5519.84
580.82	498.12	508.15	533.39	601.39	645.84	783.47
629.27	626.44	744.20	917.89	1164.11	1282.68	1449.38
50.18	44.89	35.70	47.65	47.33	51.90	50.85
53.60	67.43	70.96	75.98	73.24	73.20	77.51
125.08	88.97	111.73	170.77	182.73	218.59	263.32
905.39	668.30	738.60	917.60	1124.47	1395.84	1505.25
687.18	510.38	561.99	676.90	839.42	1060.15	1157.23
1530.05	1713.61	1704.34	2356.75	3059.08	3254.15	2800.26
482.96	407.32	380.22	603.85	894.73	926.24	564.31
567.46	435.74	419.34	607.06	680.81	716.82	894.76
1872.12	1486.91	1583.11	2021.14	2576.78	3218.03	3227.99
1905.73	1397.63	1780.50	1565.83	1709.99	1722.19	1417.45
80.81	90.84	95.73	107.52	109.65	128.05	147.17
880.57	835.82	1086.40	1110.35	1998.17	2359.60	3085.02
293.36	177.56	212.22	329.18	389.96	462.92	464.25

10－15 城镇居民家庭平均每人全年购买的主要商品数量

Per Capita Annual Purchases of Major Commodities in Urban Households

项 目	Item	1990	1995	2000	2005	2010	2015	2016
粮　　食(千克)	Grain(kg)	134.98	101.17	77.72	80.99	91.47	99.74	92.78
薯　　类(千克)	Starches & Tubers(kg)						23.60	24.43
豆　　类(千克)	Beans and the Products(kg)						8.53	8.98
食用植物油(千克)	Edible Vegetable Oil(kg)	4.45	5.82	5.56	6.14	6.28	9.62	9.80
猪　　肉(千克)	Pork(kg)	11.43	11.82	11.59	11.61	12.16	15.93	16.00
牛 羊 肉(千克)	Beef and Mutton(kg)	6.39	5.02	6.61	8.33	10.23	15.69	16.84
家　　禽(千克)	Poultry(kg)	0.59	1.77	3.25	3.82	5.01	5.85	6.52
水 产 品(千克)	Aquatic Products(kg)		3.44	4.30	4.29	5.19	6.47	6.73
鲜　　蛋(千克)	Fresh Eggs(kg)	2.31	7.92	9.67	8.71	8.23	10.41	10.58
鲜　　菜(千克)	Fresh Vegetables(kg)	162.03	125.87	107.45	103.85	98.92	100.90	106.17
食　　糖(千克)	Sugar(kg)	1.44	1.14	1.08	0.90		1.30	1.65
卷　　烟(盒)	Cigarettes(pack)	38.06	29.71	26.13	21.69		27.81	27.53
白　　酒(千克)	Strong White Spirit(kg)	3.77	3.78	3.17	2.75	3.43	4.42	4.52
啤　　酒(千克)	Beer(kg)	3.91	6.31	4.95	6.25	5.60	6.78	6.31
茶　　叶(千克)	Tea(kg)					0.29	0.32	0.43
鲜 瓜 果(千克)	Fresh Melons and Fruits(kg)	41.50	42.77	63.11	61.19	55.34	58.48	61.35
鲜　　奶(千克)	Fresh Milk(kg)	2.80	5.83	12.58	20.71	16.64	21.70	21.99
鞋　　类(双)	Shoes(pair)						3.09	3.11
移动电话机(部)	Mobile phones(set)						0.17	0.16
煤　　炭(千克)	Coal(kg)	480.64		205.07	224.54	169.16	235.49	205.85
液化石油气(千克)	Liquefied Gas(kg)	2.17		8.27	12.53	8.84	13.23	11.42
汽　　油(升)	Gasoline/petrol(L)						76.72	93.26

10－16 按收入等级分的城镇居民家庭平均每人全年购买商品数量(2016 年)

Per Capita Annual Purchases of Major Commodities of Urban Households by Level of Income(2016)

项目	Item	总平均 Average	低收入 Low Income	更低收入 Lower Income	最低收入 Lowest Income	中低收入 Lower Middle Income	中等收入 Middle Income	中高收入 Upper Medium Income	高收入 High Income	更高收入 Higher Income	最高收入 Highest Income
面粉(千克)	Flour(kg)	32.22	34.94	35.99	33.87	32.47	33.92	28.23	32.29	33.48	30.88
大米(千克)	Rice(kg)	33.67	36.39	36.81	35.75	33.69	32.72	32.50	33.32	35.03	31.69
薯类(千克)	Starches & Tubers(kg)	24.43	22.72	23.00	24.23	25.31	25.14	22.10	25.40	25.05	23.38
食用植物油(千克)	Edible Vegetable Oil(kg)	9.80	7.03	6.89	7.81	10.07	10.87	10.38	10.24	10.99	10.47
猪肉(千克)	Pork(kg)	16.00	12.68	13.58	13.12	16.30	16.68	16.69	17.83	18.06	18.58
牛肉(千克)	Beef(kg)	5.86	2.35	2.33	2.68	4.21	7.34	7.92	8.03	8.12	7.51
羊肉(千克)	Mutton(kg)	10.98	4.27	4.43	5.35	9.76	11.95	14.18	15.13	16.18	15.68
家禽(千克)	Poultry(kg)	6.52	5.62	6.07	5.23	6.84	6.66	6.77	7.36	7.27	7.03
鸡(千克)	Chicken(kg)	4.82	4.55	5.02	4.05	5.15	4.73	4.87	5.49	5.41	5.19
禽制品(千克)	Products of Poultry(kg)	1.41	0.88	0.84	1.01	1.37	1.56	1.57	1.60	1.58	1.57
鲜蛋(千克)	Fresh Eggs(kg)	10.58	7.68	7.99	8.03	11.12	11.01	11.68	11.56	12.31	12.36
鱼(千克)	Fish(kg)	5.12	3.20	3.03	3.25	4.69	6.17	5.71	6.23	6.05	5.61
虾(千克)	Shrimp(kg)	0.64	0.15	0.16	0.24	0.55	0.79	0.81	0.91	1.00	1.02
水产制品(千克)	Aquatic Products(kg)	0.70	0.26	0.20	0.36	0.61	0.76	0.80	1.07	1.31	1.68
鲜菜(千克)	Fresh Vegetables(kg)	106.17	78.86	77.65	84.21	106.31	116.49	112.85	115.44	120.04	114.22
干菜及菜制品(千克)	Dried Vegetables(kg)	1.90	1.25	1.03	1.49	2.47	1.73	1.98	1.84	1.74	2.05
啤酒(千克)	Beer(kg)	6.31	4.11	4.19	5.57	7.27	6.38	6.34	5.99	6.58	6.37
白酒(千克)	liquor(kg)	4.52	3.40	3.34	3.65	4.32	4.29	4.90	5.74	6.32	6.58
果酒(千克)	Fruit Wine(kg)	0.10	0.01	0.00	0.02	0.07	0.10	0.15	0.17	0.20	0.29
鲜瓜果(千克)	Fresh Fruits(kg)	61.35	39.34	38.51	41.05	58.32	64.16	71.43	77.03	79.85	76.24
糕点(千克)	Cake(kg)	5.04	3.12	3.69	3.04	4.65	5.28	6.14	6.63	6.90	7.03
鲜奶(千克)	Fresh Dairy Products(kg)	21.99	11.63	12.41	12.25	19.30	25.18	25.40	30.52	32.42	29.89
酸奶(千克)	Milk Powder(kg)	4.97	2.07	2.19	2.21	4.28	5.20	6.44	7.53	7.63	7.51
奶粉(千克)	Yogurt Milk(kg)	0.34	0.25	0.28	0.27	0.36	0.31	0.27	0.49	0.52	0.64
鞋类(双)	Shoes(pair)	3.11	2.30	2.06	2.38	2.97	3.10	3.46	3.83	4.03	4.16

10－17 按收入等级分的城镇居民家庭平均每百户耐用消费品年末拥有量(2016 年)

Number of Durable Consumer Goods Owned Per 100 Urban Households at Year－end by Level of Income(2016)

项目	Item	总平均 Average	低收入 Low Income	更低收入 Lower Income	最低收入 Lowest Income	中低收入 Lower Middle Income	中等收入 Middle Income	中高收入 Upper Medium Income	高收入 High Income	更高收入 Higher Income	最高收入 Highest Income
家用汽车(辆)	Automobile	38.48	19.56	16.99	13.20	28.84	34.99	49.45	59.52	64.41	69.15
摩托车(辆)	Motorcycle	19.29	26.74	27.40	30.49	24.47	19.42	14.44	11.38	12.86	10.66
助力车(辆)	Moped	49.71	61.34	55.53	59.10	61.43	48.34	44.15	33.31	30.36	30.10
洗衣机(台)	Washing Machine	95.65	90.72	89.67	90.80	96.98	97.34	97.77	95.43	98.35	99.20
电冰箱(柜)(台)	Refrigerator	97.23	89.23	86.69	87.04	94.90	98.18	100.49	103.32	106.84	107.99
微波炉(台)	Microwave	37.12	12.39	7.98	7.02	26.64	41.39	48.96	56.14	55.49	61.71
彩色电视机(台)	Color TV Set	101.48	100.29	99.24	98.05	100.53	100.95	102.74	102.88	108.41	110.53
#接入有线电视	Access Cable TV	87.32	78.08	72.80	68.67	85.72	89.17	90.51	93.12	96.78	103.45
空调器(台)	Air Conditioner	12.78	2.46	0.66	0.83	7.04	10.92	17.68	25.77	28.91	28.84
淋浴热水器(台)	Shower	59.65	33.48	25.53	26.68	48.97	61.06	75.59	79.12	84.36	81.12
#太阳能热水器	Solar water heaters	17.50	12.88	9.15	8.61	19.43	17.55	20.44	17.20	18.64	14.85
消毒碗柜(台)	Sterilized Cupboard	2.80	1.35	1.88	2.82	1.61	1.54	3.15	6.33	8.01	8.34
洗碗机(台)	Washing－up Machine	1.32	0.22	0.45	0.52	0.90	1.63	1.59	2.27	3.03	5.29
排油烟机(台)	Kitchen Ventilator	63.71	39.94	34.03	35.56	56.15	67.46	75.40	79.57	81.93	86.08
固定电话(部)	Fixed telephone	25.45	17.96	14.86	15.70	22.17	30.58	27.64	28.88	25.64	28.07
移动电话(部)	Mobile Telephone	222.21	229.36	230.13	222.51	228.21	220.40	219.30	213.78	214.26	212.97
#接入互联网	Internet access	113.53	104.42	95.21	100.56	112.28	113.26	115.31	122.38	121.81	117.17
家用电脑(台)	Computer	61.56	38.19	35.22	31.22	56.83	64.32	71.07	77.34	81.53	82.02
#接入互联网	Internet access	50.02	29.06	24.78	26.13	43.48	55.49	57.36	64.65	67.17	69.21
摄相机(架)	Pickup Camera	6.81	2.15	1.85	1.15	3.29	4.71	10.96	12.95	15.35	15.62
照相机(架)	Camera	23.15	7.00	4.31	4.16	13.88	22.07	32.65	40.11	39.63	38.01
中高档乐器(件)	Other High Grade Music Instrument	2.90	0.82	1.08	1.13	2.14	1.99	4.52	5.00	5.04	4.49
健身器材(件)	Healthy Equipment	2.68	0.78	0.57	1.15	0.79	1.82	4.45	5.54	4.91	6.55
组合音响(套)	Hi－Fi Stereo Com－ponent System	3.17	1.35	0.86	1.74	1.20	1.86	4.23	7.21	4.65	5.42

10－18 农村牧区常住居民家庭平均每人主要消费品消费量

Per Capita Consumption of Major Consumer Goods in Rural Resident Households

项 目	Item	2015	2016
粮食(千克)	Grain(kg)	170.41	169.88
蔬菜(千克)	Fresh Vegetables(kg)	69.38	83.75
食油(千克)	Edible Oil(kg)	5.70	8.76
猪牛羊肉(千克)	Pork, Beef and Mutton(kg)	26.71	28.65
家禽(千克)	Poultry(kg)	3.87	4.90
蛋及制品(千克)	Eggs and Related Products(kg)	7.34	6.85
水产品(千克)	Fish and Shrimp(kg)	2.64	2.95
食糖(千克)	Sugar(kg)	1.21	1.27
酒(千克)	Liquor(kg)	17.86	18.97
#白酒（千克)	Spirit(kg)	6.72	6.57

10－19 农村牧区常住居民家庭平均每百户耐用消费品年末拥有量

Number of Durable Consumer Goods Owned Per 100 Rural Resident Households at Year－end

项目	Item	2015	2016
家用汽车(辆)	Automobile(unit)	23.08	27.29
摩托车(辆)	Motorcycle(unit)	75.19	72.97
移动电话(部)	Telephone(unit)	220.58	231.53
洗衣机(台)	Washing Machine(unit)	85.70	90.54
家用电冰箱(台)	Refrigerator(unit)	89.57	97.08
热水器(台)	Water Heater(unit)	16.66	21.36
彩色电视机(台)	Color TV Set(unit)	104.58	105.77
计算机(台)	Computer(set)	20.84	22.91
其中:接入互联网	Access to the Internet	14.06	15.75

主要统计指标解释

全体居民收入　内蒙古调查系统自2012年开始，实施城乡住户一体化调查改革。按照国家统计局制订的统一调查方案、抽样方法、指标名称、分类标准和计算方法，将过去独立开展的城镇住户调查和农村住户调查合而为一，建立了科学统一的城乡一体化住户调查体系。通过实际调查，准确地获得了内蒙古自治区全体居民人均收入和支出、城镇居民人均收入和支出、农牧民人均收入和支出。

住户成员　指居住在一个住宅内，所有与本住户分享生活开支或收入的人员。还包括：①由本住户供养的在外学生（包括大中专学生和研究生）；②未分家的农村外出从业人员和随迁家属，无论其外出时间长短；③轮流居住的老人；④因探亲访友、旅游、住医院、培训或出差等原因临时外出的人员。

常住成员　指住户成员中，经常在家居住、或者调查期内居住时间超过一半的人员，以及本住户供养的学生。常住成员是住户收支的调查对象。

总收入　是调查期内全部收入的总和，其中未扣除为获得收入所发生的支出（生产费用）。包括工资性收入、经营性收入、财产性收入、转移性收入、非收入所得、借贷性所得

可支配收入　指调查户在调查期内获得的、可用于最终消费支出和储蓄的总和，即调查户可以用来自由支配的收入。可支配收入既包括现金，也包括实物收入。按照收入的来源，可支配收入包含：工资性收入、经营净收入、财产净收入、转移净收入

工资性收入　指就业人员通过各种途径得到的全部劳动报酬和各种福利，包括受雇于单位或个人、从事各种自由职业、兼职和零星劳动得到的全部劳动报酬和福利。

经营净收入　指住户或住户成员从事生产经营活动所获得的净收入，是全部经营收入中扣除经营费用、生产性固定资产折旧和生产税净额（生产税减去生产补贴）之后得到的净收入。计算公式具体为：经营净收入＝经营收入－经营费用－生产性固定资产折旧－生产税净额（生产税－生产补贴）

财产净收入　指住户或住户成员将其所拥有的金融资产和自然资源交由其他机构单位、住户或个人支配而获得的回报并扣除相关的费用之后得到的净收入。财产净收入包括利息净收入、红利收入、储蓄性保险净收益和转让承包土地经营权租金净收入等。

转移净收入　指国家、单位、社会团体对住户的各种经常性转移支付和住户之间的经常性收入转移，并扣除相关的支出和费用之后得到的净收入。包括政府、非行政事业单位、社会团体对居民转移的养老金或退休金、社会救济和补助、政策性生活补贴、救灾款、经常性捐赠和赔偿以及报销医疗费等；住户之间的赡养收入、经常性捐赠和赔偿以及农村地区（村委会）在外（含国外）工作的本住户非常住成员寄回带回的收入等。

总支出　指住户用于生产、生活和再分配的全部支出。包括消费支出、生产经营费用支出、财产性支出、转移性支出、购置资产及非经常性转移支出、借贷性支出。

消费支出　指住户用于满足家庭日常生活消费需要的全部支出，包括用于消费品的支出和用于服务性消费的支出。根据用途不同，消费支出可划分为食品烟酒、衣着、居住、生活用品及服务、交通通信、教育文化娱乐、医疗保健、其他用品及服务八大类。根据来源不同，消费支出可划分为现金消费支出、实物消费支出（含自产自用、来自单位、来自政府和其他社会组织）。

Explanatory Notes on Main Statistical Indicators

All the residents income Since 2012, Inner Mongolia survey system implement the reform of urban – rural integration of household surveys. According to the National Bureau of investigation, the uniform Protocol, sampling methods, index names, classification criteria and calculation methods would separate rural and urban household survey carried out in the past household surveys are combined into one, the establishment of a unified scientific system of urban – rural integration of household surveys. Through actual investigations, accurate access to residents of the Inner Mongolia autonomous region, all expenditures, per capita income and expenditure of urban residents and per capita income, per capita income of farmers and herdsmen, and expenses.

A member of the household Refers to Live in a House, all personnel and tenants share living expenses or income. Also included: ①the students out of household support (including college students and graduate students); ② going out is not the separation of rural practitioners and the accompanying family members, regardless of the length of their out of ③ alternated between old ;④By visiting friends and relatives, travel, hospital, training or business reasons such as temporarily absent persons.

The permanent members Refers to members in the household, often at home , or lived for more than half of the officers in the period of investigation, as well as the household dependent student. Permanent member are the investigation object of householdincome and expenditure.

General income Refers to the sum of total income in thesurvey period, before deduction for income/expenditure incurred (production costs). Income includes wages, business – income, property – income, ransfer – income, not income – gains, loan proceeds.

Disposable income Refers to the households received in the survey period for the sum of final consumption expenditure and savings that investigation can be used for discretionary income. Disposable income including cash, including income in kind. According to the source of income, disposable income includes wage, business – income, property – income, transfer – income.

Income from wage Refers to employed persons by various means to get the total remuneration and benefits, including employed by units or individuals, engaged in freelance, part – time and sporadic Labor's total remuneration and benefits.

Net income from operations Refers to members of households or households engaged in production and operating activities net income gained, is deducted from the total operating income operating expenses, of productive fixed assets depreciation and net taxes on production (taxes on production less subsidies) received after net income. Formula in particular to: Net – operations income = operating revenue – operating expenses – productive fixed assets depreciation, net taxes on production (taxes on production – production subsidies)

Net income from Property Refers to household or the household member to its own financial assets and natural resources considered by the other establishments, household or personal gain reward and after deduction of the expenses related to the net income. Assets net income including net interest income, dividend income, net income, savings, insurance and the transfer of contracted land operation right rentals net income, and so on.

Net income from transfer Refers to countries, organizations, social organizations, current transfers between households and for households of the regular transfer of income and the net income after deduction of the expenses and costs related to the get. Including Government, non – administrative public institutions, social groups and the residents of the old – age pension or pensions, social assistance and benefits, policy – related subsidies, disaster relief, regular donations and reimbursed for medical expenses and compensation; maintenance of incomes between households, recurring donation and compensation, as well as in rural areas (village) (including foreign) returned back to the tenants who are living members of earnings.

Total expenditure Refers to household production, living and redistribution of all expenditures. Includes consumer spending, production and operating expenses, property expenditure, transfer expenditures, acquire assets and non – recurring expenses, loan payments.

Consumption expenditure Refers to households to meet the daily consumption needs of all expenditure, including expenditure on consumer goods and spending on services. According to different uses, consumer spending can be divided into food and alcoholic drinks and tobacco, clothing, housing, daily necessities and services, transport and communications, education, culture and entertainment, healthcare, other supplies and services. According to different sources, Consumption expenditure can be divided into cash consumption expenditure and real consumption expenditure (self – produced, from units, from Government and other social organizations).

Explanatory Notes on Main Statistical Indicators

十一、城市概况

General Survey of Cities

资料整理：杨力英
Arranged By Yang Liying

11－1 城市社会经济指标

Main Social and Economic Indicators of Cities

指 标	Item	2016
年末户籍人口(万人)	**The Registered Population Year－end(10 000 persons)**	**896.91**
#城镇人口	Urban	670.80
全社会从业者人数(万人)	**Number of Employed Persons(10 000 persons)**	**566.72**
#单位职工人数	Staff and Workers	166.39
按产业分的从业人员	Grouped by Industry	
第一产业	Primary Industry	101.49
第二产业	Secondary Industry	126.86
第三产业	Tertiary Industry	338.37
土地面积(万平方公里)	**Total Area (10 000 sq. km)**	**15.1**
生产总值(亿元)	**Gross Domestic Product (100 million yuan)**	**11532.36**
第一产业	Primary Industry	394.96
第二产业	Secondary Indutry	4614.06
#工业	Industry	3905.36
第三产业	Tertiary Industry	6523.34
生产总值指数(上年＝100)	Indices of Gross Domestic Product (Preceding year＝100)	107.6
农林牧渔业总产值(当年价格,亿元)	**Gross Agricultural Output Value (at current prices) (100 million yuan)**	**673.45**
主要农产品产量	**Output of Major Agricultural Products**	
粮食产量(万吨)	Gain (10 000 tons)	577.94
猪牛羊肉产量(万吨)	Pork, Beef and Mutton (10 000 tons)	51.46
水 果(万吨)	Fruits (10 000 tons)	33.92
水产品(万吨)	Aquatic Products (10 000 tons)	1.85
规模以上工业	**Industry of All State－owned & Non－state－owned Industrial Enterprises above Designated Size**	
工业总产值(当年价格,亿元)	Gross Output Value (at current prices) (100 million yuan)	8079.28
主营业务收入(亿元)	Revenues of Main Business (100 millon yuan)	8032.38
工业利润总额(亿元)	Total Profits(100 million yuan)	298.27
运输邮电	**Transportation, Postal and Telecom**	
客运量(发送)(亿人)	Passenger Traffic (100 million persons)	1.34
货运量(发送)(亿吨)	Freight Traffic (100 million tons)	18.57

注:本表除运输邮电外的指标为不包括市辖县统计数。

a) Data in this table don't include the data of county directly under the city, except transportation and postal and telecom.

11－1 续表 continued

指 标	Item	2016
邮电业务总量(亿元)	Revenud of Postal and Telecommunications Services (100 million yuan)	324.79
固定资产投资额(亿元)	**Total Investment in Fixed Assets (100 million yuan)**	**6722.64**
社会消费品零售总额(亿元)	**Total Retail Sales of Consumer Goods (100 million yuan)**	**4614.77**
实际利用外资金额(亿美元)	**Amount of Foreign Capital Actually Utilized (USD 100 million)**	**26.60**
在校学生数(万人)	**Student Enrollment (10 000 persons)**	
普通高等学校	Number of Regular Institutes of Higher Education	20.97
中等专业学校	Number of Specialized Secondary Schools	9.78
普通中学	Number of Regular Secondary Schools	53.37
小 学	Number of Primary Schools	61.04
成人高等学校	Noumber of Schools Higher Education for Aduals	1.92
医院、卫生院数(个)	**Number of Hospitals (unit)**	**698**
医院、卫生院床位数(万张)	**Number of Beds in Hospitals (10 000 units)**	**7.88**
卫生技术人员数(万人)	**Number of Medical Technical Personnel in Hospitals (10 000 persons)**	**8.62**
专业技术人员数(万人)	**Number of Technical Personnel (10 000 persons)**	**27.77**
在岗职工工资总额(亿元)	**Total Wages of Fully Emploged Staff and Workers (100 million yuan)**	**979.95**
住户存款余额(亿元)	**The Balance of Savings Deposits of Households (100 million yuan)**	**4849.46**
一般公共预算收入(亿元)	**General Public Budget Revenue(100 million yuan)**	**785.03**

11－2 城市主要经济指标(2016 年)

Main Economic Indicators of Cities(2016)

城市名称	City	土地面积(万平方公里) Total Area (10 000 Sq. km)	年末户籍人口(万人) The Registered Population Year－end (10 000 persons)	户籍城镇人口(万人) Urban (10 000 persons)	生产总值(不包括市辖县)(亿元) Gross Domestic Product (100 million yuan)
合 计	**Total**	**68.46**	**2216.75**	**1005.76**	**11532.36**
呼和浩特市	Hohhot City	1.72	240.97	150.26	2365.75
包头市	Baotou City	2.78	223.70	149.38	3485.06
呼伦贝尔市	Hulunbeier City	25.34	259.15	167.45	303.62
通辽市	Tongliao City	5.89	318.90	94.52	729.68
赤峰市	Chifeng City	9.00	463.01	142.73	847.84
乌兰察布市	Wulanchabu City	5.45	273.51	89.92	187.85
鄂尔多斯市	Erdos City	8.69	159.44	55.33	1026.71
巴彦淖尔市	Bayannaoer City	6.44	174.95	65.95	297.27
乌海市	Wuhai City	0.18	44.46	40.76	572.23
满洲里市	Manzhouli City	0.07	17.21	17.21	241.55
扎兰屯市	Zhalantun City	1.68	41.20	17.80	187.92
牙克石市	Yakeshi City	2.78	33.58	30.54	230.10
根河市	Genhe City	2.00	14.01	12.97	43.00
额尔古纳市	Eerguna City	2.90	8.10	5.89	47.77
乌兰浩特市	Wulanhaote City	0.27	32.16	25.59	168.34
阿尔山市	Aershan City	0.74	4.60	4.60	17.48
霍林郭勒市	Huolinguole City	0.06	8.21	8.21	296.17
二连浩特市	Erlianhaote City	0.40	3.22	3.03	109.66
锡林浩特市	Xilinhaote City	1.58	18.69	16.24	228.14
丰镇市	Fengzhen City	0.27	31.67	11.96	146.22

11－2 续表 1 continued

城市名称	City	农业总产值（亿元）Gross Agricu－ltural Output Value（100 million yuan）	不包括市辖县 Counties Excluded	工业总产值（亿元）Gross Industrial Output Value（100 million yuan）	不包括市辖县 Counties Excluded	客运总量（万人）Total Passenger Traffic（10 000 persons）	货运总量（万吨）Total Freight Traffic（10 000 tons）	固定资产投资（亿元）Investment in Fixed Assets（10000 million yuan）	不包括市辖县 Counties Excluded
合 计	**Total**	**2467.39**	**673.45**	**18854.68**	**8079.28**	**13375**	**185746**	**13812.15**	**6722.64**
呼和浩特市	Hohhot City	199.81	43.01	1730.86	572.08	466	16887	1849.17	976.87
包头市	Baotou City	169.36	54.48	3440.91	2588.08	1552	36145	2955.82	2309.57
呼伦贝尔市	Hulunbeier City	419.61	13.67	1309.31	198.11	2530	17793	1034.83	208.03
通辽市	Tongliao City	446.58	98.08	2690.06	949.93	2359	14032	1488.31	641.12
赤峰市	Chifeng City	497.82	119.72	2111.00	776.22	2791	13539	1480.04	591.66
乌兰察布市	Wulanchabu City	223.14	6.63	1035.65	133.03	343	6384	661.40	76.19
鄂尔多斯市	Erdos City	182.87	2.62	4875.22	564.99	937	47216	3058.58	505.69
巴彦淖尔市	Bayannaoer City	269.62	73.50	926.22	322.90	1368	8885	734.70	176.03
乌海市	Wuhai City	8.63	8.63	363.71	363.71	296	7249	165.12	165.12
满洲里市	Manzhouli City	5.52	5.52	112.27	112.27	154	3051	125.00	125.00
扎兰屯市	Zhalantun City	67.71	67.71	267.61	267.61	339	598	130.26	130.26
牙克石市	Yakeshi City	58.74	58.74	207.59	207.59	646	5290	82.40	82.40
根河市	Genhe City	16.16	16.16	13.65	13.65	63	172	19.18	19.18
额尔古纳市	Eerguna City	23.70	23.70	32.08	32.08	24		32.62	32.62
乌兰浩特市	Wulanhaote City	17.64	17.64	150.76	150.76	142	1496	117.00	117.00
阿尔山市	Aershan City	4.36	4.36	0.65	0.65	8	33	43.70	43.70
霍林郭勒市	Huolinguole City	5.93	5.93	406.69	406.69	89	8150	218.91	218.91
二连浩特市	Erlianhaote City	1.12	1.12	77.46	77.46	133	2906	42.08	42.08
锡林浩特市	Xilinhaote City	26.84	26.84	142.88	142.88	451	13180	181.41	181.41
丰镇市	Fengzhen City	25.40	25.40	198.59	198.59	87	679	79.80	79.80

注：工业总产值为规模以上工业企业。

a) The gross industrial output value is covered all state－owned and Non－state－owned industrial enterprises above designated size.

11 -2 续表 2 continued

城市名称	City	一般公共预算收入（亿元）General Public Budget Revenue(100 million yuan)	不包括市辖县 Counties Excluded	住户存款余额（亿元）The Balance of Savings Deposits of Households (100 million yuan)	在岗职工人数（万人）Number of Fully - empolyec Staff and Workers (10 000 persons)	不包括市辖县 Counties Excluded	在岗职工工资总额（亿元）Total Wages of Fully - empolyed Staff and Workers (100 million yuan)	不包括市辖县 Counties Excluded
合 计	**Total**	**1590.41**	**785.03**	**9426.71**	**248.49**	**166.39**	**1558.61**	**979.95**
呼和浩特市	Hohhot City	269.65	128.18	1866.01	40.35	33.37	234.24	196.11
包头市	Baotou City	271.21	229.07	1371.31	36.53	33.06	237.32	215.89
呼伦贝尔市	Hulunbeier City	106.03	17.03	839.37	28.77	5.48	181.25	35.55
通辽市	Tongliao City	128.34	46.52	599.55	28.80	12.12	164.94	62.66
赤峰市	Chifeng City	111.78	48.96	1169.19	32.98	14.20	197.20	86.11
乌兰察布市	Wulanchabu City	56.66	17.95	686.43	15.07	5.80	98.64	36.79
鄂尔多斯市	Erdos City	451.03	83.33	1574.77	30.53	17.80	233.00	70.00
巴彦淖尔市	Bayannaoer City	69.95	22.28	610.73	14.48	6.98	80.59	39.31
乌海市	Wuhai City	81.56	81.56	349.31	9.30	9.30	55.29	55.29
满洲里市	Manzhouli City	12.93	12.93	127.50	3.32	3.32	21.10	21.10
扎兰屯市	Zhalantun City	5.20	5.20	84.23	3.11	3.11	21.95	21.95
牙克石市	Yakeshi City	6.74	6.74	122.31	3.42	3.42	18.05	18.05
根河市	Genhe City	1.22	1.22	54.64	1.04	1.04	6.79	6.79
额尔古纳市	Eerguna City	2.60	2.60	29.50	1.43	1.43	8.27	8.27
乌兰浩特市	Wulanhaote City	7.86	7.86	143.71	4.29	4.29	28.54	28.54
阿尔山市	Aershan City	1.12	1.12	16.96	0.62	0.62	3.90	3.90
霍林郭勒市	Huolinguole City	31.72	31.72	49.42	2.73	2.73	19.69	19.69
二连浩特市	Erlianhaote City	5.81	5.81	45.11	0.74	0.74	5.20	5.20
锡林浩特市	Xilinhaote City	29.42	29.42	154.25	6.03	6.03	38.49	38.49
丰镇市	Fengzhen City	5.54	5.54	62.58	1.55	1.55	10.25	10.25

11-3 城市公用事业基本情况

Basic Statistics on Urban Public Utilities

项 目	Item	2015	2016
城市建设	**Cities Areas and Floor Space of Buildings**		
城区面积(平方公里)	Urban Area (sq. km)	5372.72	4871.72
建成区面积(平方公里)	Area of Built Districts(sq. km)	1225.21	1241.59
城市建设用地面积(平方公里)	Area of Land Used for Urban Construction(sq. km)	1164.76	1174.59
城市人口密度(人/平方公里)	Population Density of Urban Districts(person/sq. km)	1629.00	1822.00
供水、供气及供热	**Water Supply, Gas Supply and Heating**		
自来水年供水量(万吨)	Annual Supply of Tap Water(10 000 tons)	74788.02	77591.71
#生活用水量	Water Consumption for Residentialuse	33577.32	33163.45
平均每人日生活用水(升)	Per Capita Water Consumption for Residential use(liter)	106.71	103.44
用水普及率(%)	Percentage of Population with Access to Tap Water(%)	98.47	98.98
煤气供气量(万立方米)	Coal Gas Supply(10 000 cu. m)	3090.00	6800.00
#家庭用量	Consumption of Coal Gas for Residential Use	2240.00	6200.00
天然气供气量(万立方米)	Natural Gas Supply(10 000 cu. m)	133207.34	152198.01
#家庭用量	Consumption of Natural Gas for Residedtial Use	22595.34	36505.41
液化石油气供气量(吨)	Liquefied Petroleum Gas(ton)	57950.05	69198.18
#家庭用量(吨)	Consumption of Liquefied Gas for Residential use(ton)	53755.19	58289.06
燃气普及率(%)	Percentage of Population with Access to Gas(%)	94.09	94.90
集中供热面积(万平方米)	Heated Area(10 000 sq. m)	44869.08	50537.49
市政工程	**Municipal Engineering**		
铺装道路长度(公里)	Length of Paved Roads(km)	9281.14	9708.52
平均每万人拥有道路长度(公里)	Length of Paved Roads per 10000 Population(km)	10.60	10.94
铺装道路面积(万平方米)	Area of Paved Roads(10 000 sq. m)	19793.10	20664.46
人均城市道路面积(平方米)	Area of Paved Roads per Population(sq. m)	22.61	23.29
排水管道长度(公里)	Length of Sewer Pipelines(km)	12542	12971
公共交通	**Public Traffic**		
公共汽车总数(辆)	Number of Public Transportation Vehicles(unit)	6822	7542
平均每万人拥有(辆)	Number of Public Transportation Vehicles Per 10 000 Population(unit)	7.79	8.50
出租汽车(辆)	Taxi(unit)	39309	43039
城市绿化	**Afforestation in Cities**		
园林绿地面积(公顷)	Area of Green Land(hectare)	63090	65552
人均公园绿地面积(平方米)	Per Capita Area of Parks and Green Land(sq. m)	19.28	19.77
公园个数(个)	Number of Parks(unit)	254	265
公园面积(公顷)	Area of Parks(hectare)	13725	13821
建成区绿化覆盖率(%)	Green Covered Area as % of Completed Area(%)	39.18	39.85
环境卫生	**Environmental Sanitation**		
污水处理厂集中处理率(%)	Centralized Treatment Rate of Waste - water Treatment Plants (%)	93.14	94.48
生活垃圾无害化处理率(%)	Domestic Garbage Harmless Treatment Rate(%)	97.72	98.87
清运垃圾(万吨)	Volume of Garbage Disposal(10 000 tons)	329.12	345.27
清运粪便(万吨)	Disposal of Excrement and Urine(10 000 tons)	37.81	60.04
每万人有公厕(座)	Public Lavatories per 10 000 Population(unit)	4.76	4.69

注:人均和普及率指标均按城区人口与城区暂住人口之和计算,以公安部门的户籍统计和暂住人口统计为准。

a) Per capita data and coverage rate are calculated on the basis of the sum of districts area population and temporarily residing population, which are provided by the Ministry of Public Security.

11 -4 城市建设情况(2016 年)

Statistics on City Construction (2016)

地 区	Region	建成区面积(平方公里) Deve - loped Areas (sq. km)	征用土地面积(平方公里) Land Put in Requisition for State Constru - ction Projects (sq. km)	市区人口密度(人/平方公里) Population Density of Urban Districts (person/sq. km)	城区面积(平方公里) Urban Area (sq. km)	城市建设用地面积(平方公里) Area of Land Used for Urban Construction (sq. km)
合 计	**Total**	**1241.59**	**28.38**	**1822**	**4871.72**	**1174.59**
呼和浩特市	Hohhot City	260.00	6.10	7339	265.05	232.95
包头市	Baotou City	201.35		2140	885.00	195.79
呼伦贝尔市	Hulunbeier City	59.46		1394	252.00	59.46
通辽市	Tongliao City	61.20		5976	75.63	61.20
赤峰市	Chifeng City	106.07		1784	560.00	81.56
乌兰察布市	Wulanchabu City	60.00	4.81	4965	60.00	52.18
鄂尔多斯市	Erdos City	116.42		2712	199.42	116.42
巴彦淖尔市	Bayannaoer City	51.00		4842	80.51	61.09
乌海市	Wuhai City	62.30		8188	67.17	41.60
满洲里市	Manzhouli City	27.06		290	732.44	27.00
扎兰屯市	Zhalantun City	19.20	1.02	348	385.00	18.25
牙克石市	Yakeshi City	27.70	8.70	3400	39.00	25.21
根河市	Genhe City	17.50		193	350.00	12.83
额尔古纳市	Eerguna City	10.38		121	303.00	10.38
乌兰浩特市	Wulanhaote City	38.50	0.98	3204	86.10	37.75
阿尔山市	Aershan City	11.40		3104	15.40	11.40
霍林郭勒市	Huolinguole City	17.00	1.23	3538	36.04	16.81
二连浩特市	Erlianhaote City	27.00		1599	45.96	45.96
锡林浩特市	Xilinhaote City	43.05	5.54	514	409.00	43.05
丰镇市	Fengzhen City	25.00		5464	25.00	23.70

11 -5 城市自来水(2016 年)

Basic Statistics on Tap Water Supply in Cities(2016)

地 区	Region	年末自来水生产能力(万吨/日) Production Capacity of Tap Water (year-end) (10 000 tons/day)	年末供水管道长度(公里) Length of Water Supply Pipelines (year-end) (km)	全年供水总量(万吨) Total Annual Volume of Water Supply (10 000 tons)	# 生活用水 For Residential Use	# 生产用水 For Productive Use	用水人口(万人) Number of Residents with Access to Tap Water (10 000 persons)	人均日生活用水量(升) Per Capita Daily Con-sumption of Tap Water for Residedtial Use(litre)
合 计	**Total**	**422.79**	**9486**	**77592**	**33163**	**26135**	**878.41**	**103.44**
呼和浩特市	Hohhot City	55.55	817	14819	6292	2987	194.45	88.65
包头市	Baotou City	103.80	1776	17979	5328	8611	188.50	77.44
呼伦贝尔市	Hulunbeier City	8.00	382	2905	2012	672	34.26	160.88
通辽市	Tongliao City	45.80	580	5332	2391	1630	44.25	148.06
赤峰市	Chifeng City	46.60	1333	11699	4082	6460	98.49	113.56
乌兰察布市	Wulanchabu City	9.01	347	1935	1159	319	29.02	109.40
鄂尔多斯市	Erdos City	19.80	813	3753	2517	392	53.98	127.75
巴彦淖尔市	Bayannaoer City	14.40	463	3008	1488	816	38.00	107.27
乌海市	Wuhai City	38.40	442	4907	2450	526	55.00	122.05
满洲里市	Manzhouli City	9.50	473	1196	710	145	21.00	92.63
扎兰屯市	Zhalantun City	8.04	112	1911	315	1336	13.02	66.24
牙克石市	Yakeshi City	3.60	115	1195	564	546	12.90	119.78
根河市	Genhe City	7.10	34	315	258	43	6.36	111.14
额尔古纳市	Eerguna City	1.00	70	145	124	9	3.51	96.79
乌兰浩特市	Wulanhaote City	21.50	291	2401	1174	693	27.38	117.47
阿尔山市	Aershan City	2.15	77	51	31		4.70	18.07
霍林郭勒市	Huolinguole City	7.10	375	1410	850	400	12.68	183.66
二连浩特市	Erlianhaote City	5.00	186	453	154	123	7.30	57.80
锡林浩特市	Xilinhaote City	8.45	608	1309	835	196	20.62	110.92
丰镇市	Fengzhen City	7.99	194	869	429	230	12.99	90.46

11－6 城市煤气、液化石油气、天然气(2016年)

Basic Statistics on Supply of Gas, Liquefied Petroleum Gas and Natural Gas in Cities(2016)

地 区	Region	人工煤气生产能力(万立方米/日) Production Capacity of Coal Gas(10 000 cu. m/day)	管道长度(公里) Length of Gas Pipelines(km)		全年供气总量 Total Gas Supply			用气人口(万人) Population with Access to Gas(10 000 persons)		
			人工煤气 Coal Gas	天然气 Natural Gas	人工煤气(万立方米) Coal Gas (10 000 cu. m)	液化石油气(吨) Liquefied Petroleum Gas(ton)	天然气(万立方米) Natural Gas (10 000 cu. m)	人工煤气 Coal Gas	液化石油气 Lique－fied Petro－leum Gas	天然气 Natural Gas
合 计	**Total**		**520**	**8863**	**6800**	**69198**	**152198**	**15.83**	**239.26**	**587.06**
呼和浩特市	Hohhot City			2717			52972			192.31
包头市	Baotou City		520	2151	6800	10500	68000	15.83	16.43	150.89
呼伦贝尔市	Hulunbeier City			17		4420	591		22.94	9.30
通辽市	Tongliao City			741		555	2000		4.80	38.99
赤峰市	Chifeng City			354		15876	2364		74.36	23.13
乌兰察布市	Wulanchabu City			281		3500	2988		9.60	16.00
鄂尔多斯市	Erdos City			1077		2160	9706		5.00	46.56
巴彦淖尔市	Bayannaoer City			99			3759			35.34
乌海市	Wuhai City			908			5014			51.04
满洲里市	Manzhouli City			179		6874	334		18.02	1.32
扎兰屯市	Zhalantun City			61		3078	326		10.94	1.19
牙克石市	Yakeshi City			20		1754	105		9.74	2.11
根河市	Genhe City					982			5.81	
额尔古纳市	Eerguna City					722			3.47	
乌兰浩特市	Wulanhaote City			69		5328	1003		21.65	2.20
阿尔山市	Aershan City					800			4.02	
霍林郭勒市	Huolinguole City					8138			12.11	
二连浩特市	Erlianhaote City					860	511		3.60	3.20
锡林浩特市	Xilinhaote City			118		2700	2082		13.77	6.50
丰镇市	Fengzhen City			71		952	444		3.00	6.98

11－7 城市集中供热(2016年)

Basic Statistics on Heating in Cities(2016)

地 区	Region	供应能力 Heating Capacity		供热总量 Volume Supplied		管道长度(公里) Length of Pipelines(km)		供热面积(万平方米) Heated Area (10 000 sq. m)
		蒸汽(吨/小时) Steam (ton/hour)	热水(兆瓦) Hot Water (mw)	蒸汽(万吉焦) Steam (10 000 gigajouies)	热水(万吉焦) Hot Water (10 000 gigajoules)	蒸汽 Steam	热水 Hot Water	
合 计	**Total**	**341.7**	**41988**	**184**	**30638**	**28**	**10718**	**50537.5**
呼和浩特市	Hohhot City		9335		9821		2395	13895.0
包头市	Baotou City		8014		3770		884	8795.0
呼伦贝尔市	Hulunbeier City		1939		1719		368	1713.6
通辽市	Tongliao City		1250		827		594	2736.0
赤峰市	Chifeng City	271.7	3612	148	2693	8	1593	4558.0
乌兰察布市	Wulanchabu City		1990		1041		234	2180.0
鄂尔多斯市	Erdos City		5100		3052		1056	4937.3
巴彦淖尔市	Bayannaoer City		1311		1140		1048	1731.0
乌海市	Wuhai City		2104		1300		436	2229.6
满洲里市	Manzhouli City		998		939		370	1369.3
扎兰屯市	Zhalantun City		269		363		81	545.0
牙克石市	Yakeshi City		471		576		201	720.0
根河市	Genhe City		130		299		34	174.0
额尔古纳市	Eerguna City		221		190		49	210.0
乌兰浩特市	Wulanhaote City		1589		648		578	1135.6
阿尔山市	Aershan City	70.0	90	36	47	20	55	129.0
霍林郭勒市	Huolinguole City		1242		401		120	572.2
二连浩特市	Erlianhaote City		366		276		256	506.1
锡林浩特市	Xilinhaote City		1529		1166		298	1665.0
丰镇市	Fengzhen City		428		370		67	736.1

11－8 城市市政工程(2016 年)

Basic Statistics on Municipal Engineering in Cities(2016)

地 区	Region	年末实有铺装道路长度（公里）Length of Paved Roads (year－end) (km)	年末实有铺装道路面积（万平方米）Area of Paved Roads (year－end) (10 000 sq. m)	城市桥梁（座）Number of Bridges (unit)	城市排水管道长度（公里）Length of Sewer Pipelines (km)	城市污水日处理能力（万吨）Daily Disposal Capacity of Sewage (10 000 tons)	城市路灯（千盏）Number of Street Lights (1000 units)
合 计	**Total**	**9709**	**20664**	**379**	**12971**	**245.5**	**755.8**
呼和浩特市	Hohhot City	950	2731	103	1997	48.0	258.4
包头市	Baotou City	1564	2921	44	2282	45.2	113.0
呼伦贝尔市	Hulunbeier City	376	1005	9	510	12.0	21.9
通辽市	Tongliao City	539	1226	16	741	20.0	30.0
赤峰市	Chifeng City	861	2420	41	982	36.6	39.2
乌兰察布市	Wulanchabu City	416	902	18	330	7.8	56.5
鄂尔多斯市	Erdos City	1204	2984	17	2173	15.5	67.8
巴彦淖尔市	Bayannaoer City	659	1050	9	1215	20.0	24.8
乌海市	Wuhai City	1002	1425	10	324	9.0	17.4
满洲里市	Manzhouli City	468	794	11	292	2.0	26.0
扎兰屯市	Zhalantun City	167	383	30	143	4.0	16.4
牙克石市	Yakeshi City	94	316	4	127	3.4	5.8
根河市	Genhe City	53	120	6	30	1.5	1.3
额尔古纳市	Eerguna City	105	92	3	75	1.0	2.5
乌兰浩特市	Wulanhaote City	280	529	10	397	6.0	14.0
阿尔山市	Aershan City	87	120	10	63	1.0	1.9
霍林郭勒市	Huolinguole City	164	415	13	395	5.0	7.8
二连浩特市	Erlianhaote City	159	269	2	172	1.5	12.3
锡林浩特市	Xilinhaote City	320	615	5	482	4.0	31.9
丰镇市	Fengzhen City	240	347	18	244	2.0	6.9

11-9 城市公共汽车、出租汽车(2016年)

Basic Statistics on Buses and Taxis in Cities(2016)

地 区	Region	年末实有公共汽车(辆) Public Transportation Vehicles(year-end) (unit)	运客总数 (万人次) Number of Passengers Carried (10 000 Person times)	出租汽车 (辆) Number of Taxis (unit)
合 计	**Total**	**7542**	**110269**	**43039**
呼和浩特市	Hohhot City	1769	41474	6568
包头市	Baotou City	1565	22535	5827
呼伦贝尔市	Hulunbeier City	324	1987	2131
通辽市	Tongliao City	429	3974	3059
赤峰市	Chifeng City	651	12516	3784
乌兰察布市	Wulanchabu City	329	3500	2177
鄂尔多斯市	Erdos City	877	7822	6093
巴彦淖尔市	Bayannaoer City	163	1587	1238
乌海市	Wuhai City	413	4500	1054
满洲里市	Manzhouli City	253	2052	1073
扎兰屯市	Zhalantun City	60	777	1089
牙克石市	Yakeshi City	64	421	1949
根河市	Genhe City	32	308	309
额尔古纳市	Eerguna City	15	58	724
乌兰浩特市	Wulanhaote City	150	2840	2211
阿尔山市	Aershan City	14	77	316
霍林郭勒市	Huolinguole City	200	1500	537
二连浩特市	Erlianhaote City	49	217	492
锡林浩特市	Xilinhaote City	104	1604	1784
丰镇市	Fengzhen City	81	520	624

11－10 城市园林绿化(2016 年)

Basic Statistics on Parks, Gardens and Green Areas in Cities(2016)

地 区	Region	园林绿地面积(公顷) Area of Green Land(hectare)	公园绿地面积(公顷) Park Green Area(hectare)	公 园(个) Number of Parks (unit)	公园面积(公顷) Area of Parks (hectare)
合 计	**Total**	**65552**	**17541**	**265**	**13821**
呼和浩特市	Hohhot City	14416	3831	41	2923
包头市	Baotou City	9085	2608	28	2721
呼伦贝尔市	Hulunbeier City	2010	713	7	518
通辽市	Tongliao City	2485	958	7	788
赤峰市	Chifeng City	3721	1735	31	414
乌兰察布市	Wulanchabu City	5868	1206	17	2227
鄂尔多斯市	Erdos City	11753	1830	56	1466
巴彦淖尔市	Bayannaoer City	2136	879	7	211
乌海市	Wuhai City	2571	1103	14	696
满洲里市	Manzhouli City	870	274	4	48
扎兰屯市	Zhalantun City	2387	194	1	68
牙克石市	Yakeshi City	1005	223	1	10
根河市	Genhe City	564	119	1	73
额尔古纳市	Eerguna City	432	59	3	23
乌兰浩特市	Wulanhaote City	1456	501	11	500
阿尔山市	Aershan City	491	149	11	236
霍林郭勒市	Huolinguole City	926	222	7	142
二连浩特市	Erlianhaote City	964	158	6	272
锡林浩特市	Xilinhaote City	1507	372	6	317
丰镇市	Fengzhen City	904	408	6	167

11－11 城市公共卫生(2016年)

Basic Statistics on Urban Sanitation in Cities(2016)

地 区	Region	清扫面积(万平方米) Area Under Cleaning Program (10 000 sq. m)	生活垃圾清运量(万吨) Volume of Garbage Disposal (10 000tons)	粪便清运量(万吨) Volume of Excrement and Urine Disposal (10 000 tons)	市容环卫专用车辆设备总数(台) Number of Special Vehicles for Environment (unit)	公共厕所(座) Number of Public Lavatories (unit)
合 计	**Total**	**21383**	**345.3**	**60.0**	**4038**	**4163**
呼和浩特市	Hohhot City	3128	60.4	15.7	444	302
包头市	Baotou City	3606	56.4	12.0	464	295
呼伦贝尔市	Hulunbeier City	948	13.7	1.8	178	214
通辽市	Tongliao City	1426	14.7	1.5	1074	307
赤峰市	Chifeng City	1791	45.4	11.2	214	283
乌兰察布市	Wulanchabu City	663	10.1	1.2	206	339
鄂尔多斯市	Erdos City	3787	17.7	5.8	258	357
巴彦淖尔市	Bayannaoer City	790	14.6	3.0	101	314
乌海市	Wuhai City	1214	27.4	2.9	234	315
满洲里市	Manzhouli City	955	6.8	0.4	77	442
扎兰屯市	Zhalantun City	418	5.9		240	248
牙克石市	Yakeshi City	280	11.7	0.3	54	52
根河市	Genhe City	93	3.1		23	19
额尔古纳市	Eerguna City	90	3.6	0.1	44	16
乌兰浩特市	Wulanhaote City	510	16.0	1.4	86	140
阿尔山市	Aershan City	59	2.8	0.2	40	12
霍林郭勒市	Huolinguole City	461	9.9	0.8	65	27
二连浩特市	Erlianhaote City	337	7.5		63	60
锡林浩特市	Xilinhaote City	660	8.6	0.2	99	126
丰镇市	Fengzhen City	167	9.2	1.5	74	295

11－12 城市设施水平(2016 年)

Level of Public Facilities in Cities(2016)

地 区	Region	城市人口用水普及率(%) Percentage of Population with Access to Tap Water(%)	城市燃气普及率(%) Percentage of Population with Access to Gas(%)	每万人拥有公共汽车辆(标台) Number of Public Buses per 10 000 Persons (st. set)	人均城市道路面积(平方米) Per Capita Area of Paved Roads (sq. m)	人均公园绿地面积(平方米) Per Capita Area of Parks and Green Land (sq. m)	每万人拥有公共厕所(座) Number of Public Lavatories per 10 000 Population (unit)
全 区	**All Region**	**98.98**	**94.90**	**8.50**	**23.29**	**19.77**	**4.69**
呼和浩特市	Hohhot City	99.96	98.86	9.09	14.04	19.69	1.55
包头市	Baotou City	99.55	96.72	8.26	15.42	13.77	1.56
呼伦贝尔市	Hulunbeier City	97.52	91.77	9.22	28.62	20.30	6.09
通辽市	Tongliao City	97.90	96.88	9.49	27.12	21.18	6.79
赤峰市	Chifeng City	98.60	97.60	6.52	24.23	17.37	2.83
乌兰察布市	Wulanchabu City	97.42	85.93	11.04	30.29	40.49	11.38
鄂尔多斯市	Erdos City	99.82	95.34	16.22	55.18	33.84	6.60
巴彦淖尔市	Bayannaoer City	97.49	90.66	4.18	26.95	22.56	8.06
乌海市	Wuhai City	100.00	92.80	7.51	25.90	20.06	5.73
满洲里市	Manzhouli City	98.96	91.14	11.92	37.39	12.89	20.83
扎兰屯市	Zhalantun City	97.16	90.52	4.48	28.59	14.50	18.51
牙克石市	Yakeshi City	97.29	89.37	4.83	23.83	16.82	3.92
根河市	Genhe City	94.22	86.07	4.74	17.78	17.63	2.81
额尔古纳市	Eerguna City	95.38	94.29	4.08	24.99	16.03	4.35
乌兰浩特市	Wulanhaote City	99.24	86.44	5.44	19.17	18.16	5.07
阿尔山市	Aershan City	98.33	84.10	2.93	25.10	31.17	2.51
霍林郭勒市	Huolinguole City	99.45	94.98	15.69	32.55	17.39	2.12
二连浩特市	Erlianhaote City	99.32	92.52	6.67	36.65	21.50	8.16
锡林浩特市	Xilinhaote City	98.10	96.43	4.95	29.26	17.70	5.99
丰镇市	Fengzhen City	95.10	73.06	5.93	25.38	29.84	21.60

主要统计指标解释

年末自来水生产能力 指年底城建部门管理的自来水厂和自备水源的社会单位取水、净化、送水、出厂输水干管等环节的实际生产能力。

年末供水管道长度 指从送水泵到用户水表之间所有管道的长度。全年供水总量指公用自来水厂和自备水源的社会单位全年的供水总量,包括有效供水量及损失水量。

年末供水总量 指报告期供水企业(单位)供出的全部水量,包括有效供水量及损失水量。

生活用水量 指居民日常生活与公共福利设施的用水量,包括居民、饮食店、旅馆、医院、理发店、浴池、洗衣店、游泳池、商店、学校、机关、部队等单位的用水量。

城市人口用水普及率 指城市用水的非农业人口数(不包括临时人口和流动人口)与城市非农业人口总数之比。计算公式为:

用水普及率 = 城市用水的非农业人口数/城市非农业人口数 × 100%

人工煤气生产能力 指城市煤气厂制气、净化、输送等环节的综合实际生产能力。

输气管道长度 指由压缩机、鼓风机、储气罐的出口到用户煤气表之间的全部管道长度。

全年供气总量 指全年售给各类用户的全部煤气量,包括工业用量、家庭用量和其他用量。

城市用气普及率 指使用煤气(包括人工煤气、液化石油气、天然气)的城市非农业人口数(不包括临时人口和流动人口)与城市非农业人口总数之比。计算公式为:

城市煤气普及率 = 城市用气的非农业人口数/城市非农业人口总数 × 100%

城市供热能力 指热电厂、热力公司和达到标准的集中采暖锅炉房和城市输送的供热源的设计能力,即每小时向城市输送蒸汽、热水的能力。

城市供热总量 指热电厂、热力公司和达到标准的集中采暖锅炉房向城市输送的全部蒸汽、热水量。

城市供热管道长度 指热电厂、热力公司和达到标准的集中采暖锅炉房管理的集中供热热源到用户之间的全部供气、供热水的管道长度。

年底实有铺装道路长度 指除土路外,路面经过铺装宽度在3.5米以上的道路,包括高级、次高级道路和普通道路。

城市桥梁 指城市范围内,修建在河道上的桥梁和道路与道路立交、道路跨越铁路的立交桥及人行天桥。包括永久性桥和半永久性桥,不包括临时性桥、铁路桥、涵洞。

城市排水管道总长度 指所有排水总管、干管、支管及暗渠、检查井、连接井进出水口等长度之和。

城市污水日处理能力 指污水处理厂每昼夜处理污水量的设计能力。

年末实有公共汽车 指年底可参加营运的全部车辆数,包括营运车辆数和库存查封未参加营运的车辆。不包括非营运车辆,如架线车、油罐车、工程车、货车及其他专用车辆和借入的客运车辆。

城市园林绿地面积 指城市公共绿地、专用绿地、生产绿地、防护绿地、郊区风景名胜区的全部面积。

Explanatory Notes on Main Statistical Indicators

Production Capacity of Tap Water at the Year – end refers to the actual comprehensive production capacity of the waterworks administered by the urban construction department and those owned by enterprises or institutions, taking the capacity of the main links, such as water inflow, purification, conveyance and outflow of the trunk pipelines into account.

Length of Water Supply Pipelines at the Year – end refers to the total length of all the pipelines between the water pumps and the users water meters.

Annual Volume of Water Supply refers to the total volume of water supplied by the public water works and those owned by individual enterprises and institutions during the whole year, including both the effective water supply and loss during the water supply.

Consumption of Water for Residential Use refers to the water consumption of households for daily life and the water consumption of public welfare facilities, including the consumption of restaurants, hotels, hospitals, barber shops, public bathhouses, laundries, swimming pools, shops, schools, institutions, army units and other units.

Percentage of Urban Population with Access to Tap Water refers to the ratio of the urban non – agricultural population (excluding temporary and mobile population) with access to tap water to the total urban non – agricultural population. The formula is:

Percentage of Population with Access to Tap Water = Urban Non – agricultural Population with Access to Tap Water ÷ Urban Non – agricultural Population × 100%

Production Capacity of Gasworks Gas refers to the actual comprehensive production capacity of the urban gasworks in gas generation, purification and delivery.

Length of Gas Pipelines refers to the total length of pipelines between the outlet of the compressor, blower or gas tank and the gas meters of users.

Volume of Gas Supply refers to the total volume of gas sold to users in a year, including the volume for industrial use, residential use and other uses.

Percentage of Urban Population with Access to the Gas refers to ratio of the urban non – agricultural population with access to gas (including gas, liquefied petroleum gas and natural gas) to the urban non agricultural population (excluding temporary and mobile population). The formula is:

Percentage of Population with Access to Gas = Urban Non – agricultural Population with Access to Gas ÷

Urban Non – agricultural Population × 100%

Heating Capacity in Urban Area refers to the capacity of hourly supply of steam and hot water to cities by thermal power plants, heating corporations and centralized heating boiler rooms which meet certain standard.

Heating Volume in Urban Area refers to the total volume of steam and hot water supplied to cities every year by thermal power plants, heating corporations and centralized heating boiler rooms which meet certain standard.

Length of Heating Pipelines refers to the total length of pipelines for centralized supply of steam and hot water from the thermal power plants, heating corporations and centralized heating boiler rooms which meet certain standard to the users.

Length of Paved Roads at the Year – end refers to the length of roads with a paved surface, and with a width of more than 3.5 meters, including high quality, medium quality and ordinary roads.

Urban Bridges refer to bridges over river courses, great separated junctions and overpasses in urban areas. Permanent bridges and semi permanent bridges are included. Temporary bridges, railway bridges and culverts are excluded.

Length of Urban Sewage Pipes refers to the total length of general drainage, trunks. Branch and blind drainage, inspection wells, connection wells, inlets and outlets, etc.

Daily Disposal Capacity of Urban Sewage refers to the designed 24 – hour capacity of sewage disposal at the sewage treatment works.

Number of Public Vehicles at the Year – end refers to the total number of operational buses available at the year – end, including the year – end operational vehicles and vehicles in stock. Non – operational vehicles such astringing cars, tank cars, machine shop cars, trucks and other special vehicles and the borrowed passenger vehicles are excluded.

Area of Urban Gardens and Green Areas refers to the total area of urban public green land, special green land, production green land, protection green land and suburban scenic spots.

2017 NEIMENGGU

十二、农业

Agriculture

资料整理：顾文军　赵　燕　贾德峰　阿茹娜
李艳丽　许　伟　秦文彬
Arranged By Gu Wenjun , Zhao Yan , Jia Defeng , A Runa ,
Li Yanli , Xu Wei , Qin Wenbin

12－1 农村牧区基层组织和农牧业基本情况(2016年)

Basic Conditions of Rural Grassroots Units, Farming &Animal Husbandry(2016)

指 标	Item	总 计 Total	农村 Farm Area	牧区 Pastoral Area
农村牧区基层组织情况	**Basic Conditions of Rural Grassroots Units**			
乡镇(苏木)(个)	Number of Township &Town Governments(unit)	775	527	248
#镇(个)	Number of Town Governments(unit)	503	402	101
村委会(嘎查)(个)	Number of Villages´Committees(unit)	11078	8419	2659
农村牧区社会基础设施	**Rural Fundamental Facilities of Society**			
自来水受益村(个)	Number of Benefiting from Pipewater Villages (unit)	8488	7205	1283
通有线电视村(个)	Number of Cable TV Villages(unit)	8631	6952	1679
通宽带村(个)	Number of Internet Villages (unit)	7564	6454	1110
农村牧区人口与从业人口	**Rural Population &Employment**			
乡村户数(万户)	Number of Rural Households(10 000 households)	434.93	374.26	60.67
乡村人口(万人)	Rural Population(10 000 persons)	1355.29	1170.31	184.98
乡村劳动力资源(万人)	Resource of Rural Laborers(10 000 persons)	836.74	724.13	112.61
乡村从业人员(万人)	Number of Rural Employed Persons(10 000 persons)	753.26	655.29	97.97
男(万人)	Male(10 000 persons)	417.28	363.33	53.95
女(万人)	Female(10 000 persons)	335.99	291.97	44.02
按行业分乡村劳动力	**Rural Employed Persons by Sector**			
农林牧渔业从业人员(万人)	Number of Rural Employee of Farming, Foresting, Animal Husbandry & Fishery(10 000 persons)	561.47	478.22	83.24
#农业从业人员(万人)	Farming(10 000 persons)	422.28	390.40	31.88
牧业从业人员(万人)	Animal Husbandry(10 000 persons)	97.66	49.82	47.85
工业从业人员(万人)	Employed Persons of Industry(10 000 persons)	38.01	35.96	2.05
建筑业从业人员(万人)	Employed Persons of Construction(10 000 persons)	53.67	50.89	2.79
交通运输仓储业和邮政业从业人员(万人)	Employed Persons of Transportation, Storage & Postal (10 000 persons)	18.08	16.88	1.20
信息传输计算机服务和软件业从业人员(万人)	Employed Persons of Information Transmission, Software and IT Services(10 000 persons)	4.56	4.21	0.35
批发和零售业从业人员(万人)	Employed Persons of Wholesale & Retail Trade (10 000 persons)	31.73	29.23	2.50
住宿和餐饮业从业人员(万人)	Employed Persons of Quarters & Catering (10 000 persons)	21.76	19.05	2.72
其他非农行业人员(万人)	Employed Persons of Other Non－agricultural Trades(10 000 persons)	23.98	20.86	3.13
农牧业生产条件	**Productive Condition of Farming & Animal Husbandry**			
农作物总播种面积(万公顷)	Total Sown Areas(10 000 hectares)	792.19		
年末草场面积(万公顷)	Areas of Grassland at Year－end(10 000 hectares)	8800.00		
有效灌溉面积(万公顷)	Irrigated Areas(10 000 hectares)	313.15		
农牧业机械总动力(万千瓦)	Total Power of Machinery for Farming &Animal Husbandry(10 000 kw)	3331.09		
化肥施用量(折纯)(万吨)	Consumption of Chemical Fertilizers(10 000 tons)	234.64		
农村牧区用电量(亿千瓦小时)	Electricity Consumed in Rural Area &Pastoral Area(100 million kwh)	71.09		
主要农牧业生产情况	**Output of Farming &Animal Husbandry**			
粮食总产量(万吨)	Gross Yield of Grain(10 000 tons)	2780.30		
牲畜总增头数(万头只)	Total Number of Livestocks Added(10 000 heads)	7847.01		
肉类总产量(万吨)	Gross Output of Meat(10 000 tons)	258.89		
蔬菜总产量(万吨)	Gross Output of Vegetables(10 000 tons)	1502.25		

注:"乡镇(苏木)(个)"、"#镇(个)"和"村委会(嘎查)(个)"三个指标为国家反馈数,其中农村和牧区的数据按照上报比例核算。

a) Data of Township &Town Governments Units is from the Department of Civil Affairs, Villages´Committees Units is from the total of region.

12－2 农林牧渔业总产值

Gross Output Value of Farming, Forestry, Animal Husbandry and Fishery

单位：万元 (10 000 yuan)

年份 Year	农林牧渔业总产值 Total	#农业 Farming	#种植业 Plant Products Industry	#林业 Forestry	#畜牧业 Animal Husbandry	#渔业 Fishery
1957	112000	82992	25712	1792	26992	224
1962	170500	116281	100084	2387	50639	1193
1965	194000	129980	109998	4656	58200	1164
1970	240000	158160	140160	9360	72000	480
1975	308300	198545	169256	8016	101122	617
1978	283500	187961	173786	10490	84200	849
1979	315800	206533	189796	11369	97266	632
1980	306844	197403	181340	13460	95199	782
1981	394274	255550	232657	22848	114744	1132
1982	471608	307328	274780	31393	131391	1496
1983	524301	347389	299604	38108	136887	1917
1984	612772	408789	341956	44356	157230	2397
1985	731955	465638	401175	48284	214048	3985
1986	772500	483567	402848	43670	239908	5355
1987	877426	544449	450608	36254	290178	6545
1988	1223765	729359	614262	38582	447432	8392
1989	1267208	763517	639781	39968	453357	10366
1990	1569192	1031256	888314	62298	464131	11507
1991	1640837	1066021	918894	66705	494474	13637
1992	1802705	1156550	1005362	78040	552787	15328
1993	2208047	1420784	1265080	91549	677461	18253
1994	3093195	1892180	1682500	103350	1070005	27659
1995	3735936	2311734	2080477	121176	1271609	31417
1996	4653285	2995270	2731580	139653	1485617	32745
1997	5043396	3142026	2833824	152632	1712322	36416
1998	5343765	3353206	3032350	168785	1773911	47863
1999	5323166	3187204	2852798	210062	1871452	54448
2000	5431645	3083645	2725199	236071	2054581	57349
2001	5559041	3075703	2706529	260696	2162426	60216
2002	5869716	3321447	3043459	288371	2205642	54256
2003	6663815	3359567	2640337	479357	2671028	49373
2004	8513045	4115399	3334515	465808	3746932	59527
2005	9802098	4738918	3837514	397888	4445801	72420
2006	10584953	5422303	4338302	490057	4392499	91053
2007	12764437	6204176	4752347	636860	5596517	109486
2008	15257369	7166075	5683542	727163	6996335	117788
2009	15705841	7319020	5281536	782452	7214442	127069
2010	18435705	9004465	6569414	765727	8224208	158585
2011	22045061	10578457	7878996	931636	9983126	235197
2012	24493357	11719727	8764535	977552	11188550	260801
2013	26994991	13280732	9660572	961409	12084853	290411
2014	27798064	14084377	9741571	964358	12056515	290686
2015	27515527	14183052	10150729	994184	11608538	307518
2016	27942174	14150737	9967205	986357	12029041	330299

注：本表绝对数按当年价格计算。

a) Data value terms in this table are calculated at current prices.

12 - 3 主要年份农林牧渔业总产值指数

Indices of Gross Output Value of Farming, Forestry, Animal Husbandry and Fishery

(上年 = 100) (preceding year = 100)

年份 Year	农林牧渔业总产值 Total	# 农业 Farming	# 种植业 Plant Products Industry	# 林业 Forestry	# 畜牧业 Animal Husbandry	# 渔业 Fishery
1980	87.1	81.4	96.3	87.1	96.9	96.3
1981	120.2	123.2	123.2	151.9	112.2	131.1
1982	115.8	115.2	115.2	113.8	111.9	101.6
1983	107.2	106.8	106.8	120.4	99.6	109.7
1984	112.1	110.1	110.1	113.3	105.1	106.7
1985	110.3	113.0	113.0	104.2	113.6	129.5
1986	94.7	88.9	88.9	85.8	104.1	121.6
1987	104.1	103.3	103.3	83.2	104.6	105.6
1988	114.2	120.2	120.2	95.6	109.0	109.6
1989	98.3	91.9	91.9	101.5	108.5	121.6
1990	120.2	133.7	133.7	114.1	102.4	100.8
1991	104.0	101.3	101.3	104.3	108.8	112.8
1992	105.8	106.8	106.7	113.0	105.2	110.0
1993	107.1	123.4	109.1	111.4	104.3	115.7
1994	103.3	99.3	96.7	104.7	108.4	124.7
1995	103.5	99.9	98.1	106.7	110.9	111.7
1996	123.7	131.4	136.0	103.8	114.9	99.7
1997	104.0	98.7	98.0	110.1	112.7	103.9
1998	106.5	108.5	108.8	105.3	103.1	126.2
1999	101.3	97.4	96.7	111.6	106.3	113.6
2000	102.5	100.3	99.9	115.0	104.1	104.8
2001	102.0	99.3	98.7	109.5	104.9	105.5
2002	104.9	106.5	114.1	110.8	102.0	102.2
2003	106.2	94.8	91.6	110.1	122.0	87.2
2004	114.9	109.4	110.5	93.0	126.0	107.4
2005	111.2	110.6	110.2	82.6	115.2	116.0
2006	103.7	107.9	106.1	112.8	97.5	116.1
2007	104.0	100.7	96.3	117.1	106.0	117.9
2008	107.6	108.6	110.9	106.1	106.6	104.1
2009	102.4	97.4	93.0	105.1	107.0	107.9
2010	106.2	106.9	107.6	95.1	106.5	111.1
2011	105.7	108.7	109.7	105.3	102.3	108.2
2012	105.7	105.8	106.6	104.9	105.7	103.6
2013	104.7	109.7	109.5	102.2	99.5	107.0
2014	103.1	102.7	98.4	100.1	103.6	105.0
2015	102.4	106.0	110.4	103.5	97.9	104.4
2016	103.1	102.8	103.5	100.3	103.6	102.8

注：按可比价格计算。

a) Indices are calculated at comparable prices.

12－4 年末主要农牧业机械拥有量

Major Machinery for Farming & Animal Husbandry at Year－end

项 目	Item	2015	2016
农牧业机械原值(万元)	Original Value of Machinery for Farming and Animal Husbandry(10 000 yuan)	4415758	4856096
农牧业机械净值(万元)	Net Value of Machinery for Farming & Animal Husbandry (10 000 yuan)	3214003	3575530
农牧业机械总动力(万千瓦)	Total Power of Machinery for Farming & Animal Husbandry (10 000 kw)	3805	3331
大中型农用拖拉机(混合台)	Large & Medium Agricultural Tractors (mixed unit)	723780	767383
大中型农用拖拉机(万千瓦)	Large & Medium Agricultural Tractors(10 000 kw)	1721	1880
小型拖拉机(台)	Mini －Tractors (unit)	382093	366670
小型拖拉机(万千瓦)	Mini －Tractors (10 000 kw)	447	429
联合收割机(台)	Combine Harvesters (unit)	30093	32836
联合收割机(万千瓦)	Combine Harvesters (10 000 kw)	192	215
农用运输车(万辆)	Trucks for Agricultural Use (10 000 units)	40.45	
农用运输车(万千瓦)	Trucks for Agricultural Use (10 000 kw)	667	
排灌用电动机(台)	Electric Motor for Irrigating & Draining (unit)	182889	184763
排灌用电动机(万千瓦)	Electric Motor for Irrigating & Draining (10 000 kw)	164	167
排灌用柴油机(台)	Diesel Engine for Irrigating & Draining (unit)	218014	234337
排灌用柴油机(万千瓦)	Diesel Engine for Irrigating & Draining (10 000 kw)	232	234
大中型拖拉机配套农具(部)	Number of Large & Medium Agricultural Tractor Towing Farm Machinery (unit)	1167365	1257316
小型拖拉机配套农具(部)	Number of Mini－tractor Towing Farm Machinery (unit)	866423	846364
机动脱粒机(台)	Motorized Threshing Machines (unit)	113058	118967
机动割晒机(台)	Motorized Harvesters (unit)	29879	29680
机引牧草收割机(部)	Towed Harvesters for Grass (unit)	105073	109246
饲料粉碎机(部)	Smashing Machines for Feed (unit)	138872	142380
机动剪毛机(台)	Motorized Sheepshears (unit)	6011	8980
农 用 水 泵(万台)	Water Pumps for Agricultural Use (10 000 units)	39.09	39.30

注：本表数据取自于农牧业厅农机局。

a) Data in this table are obtained from Agricultural Machinery Bureau.

12－5 灌溉、化肥施用量、农村牧区用电、水库和治理水土情况

Irrigation, Consumption of Chemical Fertilizers, Electricity Consumption of Rural Area, Number of Reservoirs and Areas of Soil Erosion under Control

项 目	Item	2015	2016
有效灌溉面积(万公顷)	Effective Irrigated Areas(10 000 hectares)	308.69	313.15
# 灌区有效灌溉面积(万公顷)	Effective Irrigated Areas in Irrigation Area(10 000 hectares)	145.93	146.06
节水灌溉面积(万公顷)	Watersaving Irrigated Areas(10 000 hectares)	247.48	263.87
喷灌和滴灌(万公顷)	Jetting Irrigation Dropping Irrigatation(10000 hectares)	112.24	125.88
渠道防渗节水面积(万公顷)	Pipeline Anti－seepage Water Areas(10 000 hectares)	79.75	77.21
化肥施用量(万吨)	Consumption of Chemical Fertilizers(10 000 tons)	229.35	234.64
氮肥(万吨)	Nitrogenous Fertilizer(10 000 tons)	98.68	98.43
磷肥(万吨)	Phosphate Fertilizer(10 000 tons)	41.40	42.90
钾肥(万吨)	Potash Fertilizer(10 000 tons)	19.31	19.15
复合肥(万吨)	Compound Fertilizer(10 000 tons)	69.96	74.17
农村牧区用电量(万千瓦时)	Electricity Consumption in Rural Area&Pastoral Area(10 000 kwh)	722611	710918
水库个数(座)	Number of Reservoirs(unit)	613	615
大型水库(座)	Large(unit)	15	15
中型水库(座)	Medium－sized(unit)	89	89
小型水库(座)	Small(unit)	509	511
水库容量(亿立方米)	Capacity of Reservoirs(100 million cu. m)	103.15	103.45
大型水库(亿立方米)	Large(100 million cu. m)	61.18	61.17
中型水库(亿立方米)	Medium－Sized(100 million cu. m)	31.28	31.62
小型水库(亿立方米)	Small(100 million cu. m)	10.69	10.66
治理水土面积(万公顷)	Areas of Soil Erosion under Control(10 000 hectares)	1259.72	1308.33

注：本表“化肥施用量”及其中项、“农村用电量”为国家统计局反馈数，其他指标均取自于水利厅。

a) Consumption of Chemical Fertilizers and Electricity Consumed in Rural Area are from the feedback of the National Bureau of statistics, others are from Department of Water Resources.

12-6 农牧民家庭平均每户年末固定资产原价

Original Value of Fixed Assets Owned Per Rural Household (End of Year)

单位：元 (yuan)

项 目	Item	2016
年末生产性固定资产原价	**Original Value of Productive Fixed Assets at year-end**	**48898.22**
农业生产性固定资产原价	Original Value of Agriculture Productive Fixed Assets	43184.28
生产用房	Building for Productive Purpose	10421.53
农业设施	Agricultural facilities	1284.55
农业机械	Agricultural Machinery	9409.42
役畜	Draught Animals	1122.08
产品畜	Commodity Animals	18877.83
非农产业固定资产原价	Original Value of Nonagricultural	5713.93

12-7 农牧民家庭平均每百户年末拥有固定资产数量

Number of Fixed Assets Owned Per 100 Rural Households (End of Year)

项 目	Item	2016
生产性用房及建筑物(平方米)	Production houses and buildings(sq. m)	5078.53
大中型农用拖拉机(台)	Large and Medium Tractors(unit)	10.37
小型农用拖拉机(台)	Mini - tractors and Walking Tractors(unit)	61.67
农用排灌动力机械(台)	Drainage and Irrigation Machinery(unit)	2.41
插秧机(台)	Rice Transplanter(unit)	0.45
收割机(台)	Harvesters(unit)	4.19
脱粒机(台)	Thresher(unit)	9.28
役畜(头)	Draught Animals(head)	19.55
产品畜(头)	Commodity Animals(head)	934.89

12 –8 农业机械化 、电气化情况

Basic Statistics on Agricultural Mechanization and Electrification

项 目	Item	2015	2016
农业机械化程度	**Level of Agricultural Mechanization**		
机耕地面积(万公顷)	Areas of Tractor Plowing(10 000 hectares)	645.12	611.55
占耕地面积的比重(%)	Percentage to Cultivated Areas(%)	92.20	92.60
机械播种面积(万公顷)	Areas of Mechine Sowing(10 000 hectares)	722.03	688.22
占农作物总播种面积的比重(%)	Percentage to Total Sown Areas(%)	86.99	86.60
机械收割面积(万公顷)	Areas of Machine Harvesting(10 000 hectares)	508.62	516.48
占农作物总播种面积的比重(%)	Percentage to Total Sown Areas(%)	61.28	64.99
每公顷耕地拥有农业机械总动力(瓦特)	Total Power of Machinery for Per Hectare(w)	4584.34	4191.68
农业电气化情况	**Level of Agricultural Electrification**		
农村牧区用电量(亿千瓦小时)	Electricity Consumption by Rural Area and Pastoral Areas (100 million kwh)	72.26	71.09
乡村(嘎查)及村以下办水电站个数(个)	Number of Hydroelectric Stations Run by Villiges and Lower Level (unit)	40	40
发 电 量(万千瓦小时)	Number of Generating Electricity(10 000 kwh)	16868.00	19700.00

注:本表数据取自于农牧业厅农机局与水利厅。
a) Data in this table are obtained from Agricultural Machinery Bureau and Department of Water Resources.

12 –9 草原建设及利用情况

Basic Statistics on Construction and Utilization of Grasslands

项 目	Item	2015	2016
草场面积(万公顷)	**Areas of Grasslands(10 000 hectares)**	**8800.00**	**8800.00**
# 承包到户面积(万公顷)	Areas Contracted with Households (10 000 hectares)	6940.00	6940.00
草库伦面积(围栏草场面积)(万公顷)	**Areas of Fenced Grasslands(10 000 hectares)**	**3158.84**	**3070.80**
# 当年新增面积(万公顷)	Annual Newly Increased Areas (10 000 hectares)	55.30	55.40
人工种草保有面积(万公顷)	**Areas of Grasslands Planted and Surviving (10 000 hectares)**	**379.30**	**385.80**
# 当年种草面积(万公顷)	Annual Areas of Planted Grasslands (10 000 hectares)	218.66	182.85
飞机播种面积(万公顷)	Aircraft Sowing(10 000 hectares)	0.68	2.25
天然草原冷季可食牧草储量(万吨)	**Cool – season Grasses Edible Natural Grassland Reserves(10 000 units)**	**1350.04**	**1263.34**
畜棚面积(万平方米)	Areas of Animal Sheds(10 000 sq. m)	14262.79	15019.51
每平米畜棚拥有牲畜数(只/平方米)	Number of Animals per Square meter in Sheds(head/sq. m)	1.23	1.18
畜圈面积(万平方米)	Areas of Animal Corrals(10 000 sq. m)	15624.43	16483.10
每平米畜圈拥有牲畜数(只/平方米)	Number of Animals per Square meter in Corrals(head/sq. m)	1.12	1.07

注:每平方米畜棚、畜圈拥有牲畜及草原载畜量均按标准羊单位计算;草原载畜量为每万公顷草场饲养牲畜数量。
a) Number of Animals per S. m in Sheds, Number of Animals per S. m Corrals and Animal Loading Capacity of Grasslands are Calculated at standardized sheep; Animal Loading Capacity of Grasslands is the number of animals which per 10000 hectares grassland can load.

12－10 耕地面积、造林面积和播种面积

Cultivated Areas, Afforested Areas and Sown Areas

单位：万公顷 (10 000 hectares)

年 份 Year	年末实有耕地面积 Cultivated Areas at Year end	水 田 Paddy Fields	旱 地 Dry Fields	# 水浇地 Irrigated Fields	当年造林面积 Annual Afforested Hilly Areas	总播种面积 Total Sown Areas	粮食作物播种面积 Sown Areas of Grain Crops	经济作物播种面积 Sown Areas of Industrial Crops
1947	396.7	0.8	395.9	29.5		347.9	318.9	20.4
1948	417.0	0.9	416.1	31.6		372.7	337.2	27.1
1949	433.1	1.4	431.7	32.1		389.6	352.8	28.0
1950	472.6	2.0	470.6	33.5	0.53	423.8	388.8	28.3
1951	506.3	1.8	504.5	39.8	1.66	469.7	416.0	46.2
1952	517.4	1.5	515.9	52.9	4.43	494.9	436.0	49.7
1953	531.9	1.6	530.3	54.3	3.68	477.6	428.7	40.5
1954	531.6	1.1	530.5	55.5	3.93	484.9	437.8	36.6
1955	542.3	1.4	540.9	57.9	3.73	488.6	435.8	41.9
1956	569.9	3.3	566.6	68.0	12.79	531.0	472.9	42.8
1957	571.5	4.3	567.2	64.5	8.27	527.9	463.2	48.6
1958	555.3	9.4	545.9	104.1	37.13	505.5	445.2	40.9
1959	539.3	9.7	529.6	100.1	31.93	487.0	414.2	56.6
1960	602.0	9.8	592.2	108.3	39.10	575.0	486.2	56.1
1961	609.7	7.0	602.7	78.3	7.41	580.0	503.1	43.8
1962	586.7	4.0	582.7	55.4	4.73	544.6	484.7	39.0
1963	554.2	3.6	550.6	56.3	5.23	526.1	471.6	36.4
1964	561.4	3.1	558.3	67.4	15.86	534.2	478.4	39.5
1965	561.5	1.9	559.6	86.9	20.00	528.1	470.9	37.9
1966	548.0	1.7	546.3	110.7	16.32	510.0	449.4	33.7
1967	540.3	1.7	538.6	99.4	15.55	510.2	448.5	35.9
1968	531.2	2.3	528.9	91.5	11.10	497.1	443.4	34.0
1969	534.3	2.9	531.4	87.0	9.61	499.3	445.7	35.7
1970	545.0	2.8	542.2	93.6	11.71	508.4	453.5	35.3
1971	544.1	1.9	542.2	95.1	16.33	503.5	451.0	32.2
1972	542.7	2.1	540.6	100.5	16.20	499.8	444.1	33.9
1973	541.2	1.7	539.5	107.0	18.77	498.9	441.0	35.5
1974	537.7	1.5	536.2	113.1	20.59	496.3	436.1	36.4
1975	534.1	1.5	532.6	124.7	23.68	490.9	429.0	37.7
1976	526.7	2.0	524.7	130.3	26.19	480.7	410.1	42.9
1977	525.1	2.7	522.4	122.8	34.52	478.1	406.5	44.7
1978	532.6	1.7	530.9	120.9	29.79	482.4	409.4	44.9
1979	534.7	1.7	533.0	115.2	30.47	488.1	404.2	52.8
1980	525.2	1.5	523.7	106.0	29.81	479.7	388.2	61.1

12－10 续表 continued

单位:万公顷 (10 000 hectares)

年 份 Year	年末实有耕地面积 Cultivated Areas at Year end	水 田 Paddy Fields	旱 地 Dry Fields	# 水浇地 Irrigated Fields	当年造林面积 Annual Afforested Hilly Areas	总播种面积 Total Sown Areas	粮食作物播种面积 Sown Areas of Grain Crops	经济作物播种面积 Sown Areas of Industrial Crops
1981	518.6	1.7	516.9	103.2	38.12	466.2	385.4	55.6
1982	510.9	1.6	509.3	101.1	51.65	464.1	384.3	58.2
1983	506.5	1.7	504.8	100.5	60.94	463.1	383.7	58.5
1984	500.6	1.9	498.7	96.1	69.91	463.1	376.2	63.9
1985	493.0	2.3	490.7	94.2	70.41	454.9	342.2	91.4
1986	489.5	2.7	486.8	97.9	22.63	455.6	358.1	71.6
1987	485.1	2.8	482.3	101.0	24.83	447.4	355.6	64.3
1988	487.1	3.6	483.5	104.3	26.60	455.9	363.6	66.8
1989	491.2	5.1	486.1	110.2	23.70	457.6	372.1	61.9
1990	496.6	7.6	489.0	117.3	29.80	472.2	387.5	62.6
1991	500.5	8.7	491.8	123.6	41.08	476.8	387.9	68.9
1992	508.1	9.5	498.6	127.3	51.82	485.4	392.5	72.4
1993	517.1	7.4	509.7	130.8	39.68	486.8	398.7	67.3
1994	531.0	6.5	524.5	132.1	37.19	492.5	402.7	66.3
1995	549.1	8.4	540.7	135.8	40.25	507.9	414.3	71.3
1996	592.4	9.1	583.3	146.5	43.59	529.1	442.4	64.9
1997	746.3	11.3	735.0	173.5	46.44	583.8	490.6	80.4
1998	722.4	11.3	711.0	171.7	47.78	602.7	503.1	85.9
1999	752.4	11.6	740.8	191.9	53.40	607.7	495.1	97.2
2000	731.7	12.1	719.6	194.6	59.00	591.4	443.6	122.9
2001	709.1	11.1	698.0	195.5	73.19	570.7	438.3	92.4
2002	709.1	11.6	697.5	202.1	90.74	588.7	434.3	104.0
2003	686.3	10.1	676.3	207.9	83.60	574.9	405.1	103.6
2004	711.5	10.9	700.6	244.7	63.09	592.4	418.1	100.0
2005	735.5	9.3	726.2	249.4	38.38	621.6	437.4	104.0
2006	713.3	8.3	525.9	179.1	47.98	659.0	493.7	87.8
2007	714.8	8.3	526.6	179.9	59.01	676.2	510.2	85.7
2008	714.9	8.4	514.4	192.1	71.86	686.1	525.4	110.6
2009	714.9	8.4	514.4	192.1	86.19	692.8	542.4	109.0
2010	714.9	8.4	514.4	192.1	62.52	700.3	549.9	108.8
2011	714.9	8.4	514.4	192.1	73.18	711.0	556.2	112.8
2012	910.9	8.7	621.8	280.4	78.16	715.4	558.9	156.5
2013	912.2	8.7	621.9	281.7	80.52	721.1	561.7	159.4
2014	915.5	8.7	622.7	284.1	55.63	735.6	565.1	170.5
2015	916.2	8.7	623.1	284.4	66.80	756.8	572.7	184.1
2016	925.9	8.7	631.4	285.9	61.84	792.2	578.5	213.7

注:1. 2006 年以后耕地面积为国土资源厅提供的数据;且耕地面积＝水田＋旱地＋水浇地。

2. 自 2012 年始,总播面积＝粮食作物播种面积＋经济作物播种面积。

a) The Culitiaved Areas after 2006 are Provided by the Bureau of Land and Resource, Culitaved Area = Paddy Field + Dry Field + Irrigated Field.

b) from 2012, Total Sown Areas = Sown Areas of Grain + Sown Areas of Industrial Crops

12－11 主要粮食作物播种面积

Sown Areas of Major Grain Crops

单位:万公顷　　　　(10 000 hectares)

年 份 Year	农作物总播种面积 Total Sown Area	粮食作物播种面积 Sown Areas of Grain Crops	谷 物 Cereal	小 麦 Wheat	玉 米 Corn	稻 谷 Rice	谷 子 Millet	莜 麦 Sweet－oats	糜 黍 Broom Corn Millet	薯 类 Tubers	豆 类 Beans	#大 豆 Soybean
1947	347.9	318.9		22.6	19.1	0.8	61.0	32.0	42.0	15.1		14.7
1948	372.7	337.2		25.0	20.1	0.9	63.8	33.1	46.0	16.2		14.9
1949	389.6	352.8		26.7	22.4	1.4	65.7	35.3	46.7	16.6		16.5
1950	423.8	388.8		29.6	24.7	2.0	73.3	40.3	49.3	17.1		11.7
1951	469.7	416.0		33.9	19.1	1.6	73.5	52.7	56.5	21.8		11.1
1952	494.9	436.0		43.9	22.9	1.5	79.8	60.8	71.5	22.1		15.8
1953	477.6	428.7		47.6	24.4	0.8	77.0	62.0	69.1	21.1		21.7
1954	484.9	437.8		58.0	26.4	1.0	73.3	60.4	70.4	20.6		22.7
1955	488.6	435.8		60.2	31.9	1.4	71.9	64.7	68.8	19.8		26.9
1956	531.0	472.9		60.1	50.6	2.9	88.7	59.6	71.9	21.9		24.2
1957	527.9	463.2		64.0	36.2	4.0	84.7	64.2	68.1	22.4		26.8
1958	505.5	445.2		57.9	57.6	8.9	81.8	55.5	48.1	39.4		21.2
1959	487.0	414.2		59.7	35.1	8.9	68.2	61.4	53.6	27.1		20.5
1960	575.0	486.2		73.7	52.2	8.9	79.1	63.2	66.6	29.6		23.0
1961	580.0	503.1		80.8	48.7	6.3	73.0	67.8	73.2	31.2		23.1
1962	544.6	484.7		67.1	50.1	3.9	79.7	69.7	68.8	26.7		23.5
1963	526.1	471.6		67.1	45.0	3.5	76.8	70.7	66.0	27.1		
1964	534.2	478.4		71.4	47.7	3.4	83.1	71.3	63.4	26.0		26.6
1965	528.1	470.9		72.5	50.1	1.8	85.3	66.3	63.9	24.2		24.4
1966	510.1	449.4		71.4	66.4	1.6	80.3	62.2	55.9	32.2		21.7
1967	510.2	448.5		74.1	62.3		82.2	63.3	52.4	24.4		
1968	497.1	443.4		72.3	56.2		78.1	61.7	55.1	23.7		
1969	499.3	445.7		78.3	53.3		81.1	64.2	45.7	22.5		
1970	508.4	453.5		84.8	52.4		82.1	65.2	53.7	21.8		
1971	503.5	451.0		85.7	63.5		79.7	58.7	50.3	22.9		
1972	499.8	444.1		83.8	61.6		72.3	54.8	53.1	23.6		
1973	498.9	441.0		86.9	59.7		78.0	50.5	51.1	25.6		
1974	496.3	436.1		87.0	66.5		74.7	48.6	45.0	25.6		
1975	490.9	429.0		92.1	70.9		68.5	47.3	40.3	26.9		
1976	480.7	410.1		105.5	70.7		57.2	39.1	34.7	25.3		
1977	478.1	406.5		108.4	65.2		55.9	40.4	31.2	26.6		
1978	482.4	409.4		108.6	66.8		56.7	38.6	29.6	29.2		
1979	488.1	404.2		95.2	67.0	1.6	56.4	45.4	37.6	27.7		18.3
1980	479.7	388.2		95.7	65.3	1.5	50.2	47.4	36.0	25.2		17.1

12－11 续表 continued

单位:万公顷 (10 000 hectares)

年份 Year	农作物总播种面积 Total Sown Area	粮食作物播种面积 Sown Areas of Grain Crops	谷物 Cereal	小麦 Wheat	玉米 Corn	稻谷 Rice	谷子 Millet	莜麦 Sweet－oats	糜黍 Broom Corn Millet	薯类 Tubers	豆类 Beans	#大豆 Soybean
1981	466.2	385.4		90.3	59.2	1.6	53.4	43.8	41.5	23.2		19.4
1982	464.1	384.3		87.8	50.5	1.6	57.0	44.4	39.7	24.3		23.9
1983	463.1	383.7		91.1	49.4	1.7	55.9	45.0	38.2	25.4		21.9
1984	463.1	376.3		93.2	46.4	1.8	51.9	41.4	40.9	24.6		19.3
1985	454.9	342.2		92.7	43.4	2.4	46.3	36.5	31.1	22.7		21.9
1986	455.6	358.1		93.7	54.8	2.7	41.4	34.0	32.4	22.5		26.4
1987	447.4	355.7		92.1	66.0	2.8	38.7	33.8	26.8	22.9		27.5
1988	455.9	363.6		97.4	66.9	3.5	38.5	28.9	26.8	25.3		31.1
1989	457.6	372.1		100.8	69.6	5.3	37.4	26.8	13.0	24.7		31.8
1990	472.2	387.5		115.4	77.4	7.9	35.7	26.5	11.7	24.6		30.1
1991	476.8	387.9		119.2	81.2	8.8	33.4	25.2	11.0	23.9		30.1
1992	485.4	392.5	318.8	133.4	77.5	9.4	28.5	18.7	9.8	25.0	48.7	35.6
1993	486.8	398.7	293.6	118.9	76.2	7.3	25.8	17.2	7.9	26.3	78.8	57.1
1994	492.5	402.7	292.1	103.4	83.7	6.8	23.3	16.9	8.5	25.3	85.3	60.4
1995	507.9	414.3	300.9	101.7	99.2	7.9	23.7	13.7	8.2	35.5	77.9	55.7
1996	529.1	442.4	323.2	109.4	111.6	9.0	25.2	13.0	17.1	41.6	77.6	55.5
1997	583.8	490.6	339.0	116.5	127.9	12.2	25.7	11.3	20.7	46.4	105.2	75.8
1998	602.7	503.1	340.5	109.3	147.1	11.8	22.4	10.2	14.9	50.1	112.5	77.1
1999	607.7	495.1	330.9	93.8	157.2	11.7	20.7	9.3	12.4	58.2	106.0	73.7
2000	591.4	443.6	264.8	61.7	129.8	11.8	16.4	6.2	12.8	65.0	113.7	79.4
2001	570.7	438.3	263.8	51.6	151.9	8.6	17.6	3.3	11.5	56.7	117.9	75.5
2002	588.7	434.3	271.8	46.5	156.2	9.0	17.7	4.5	10.0	58.0	104.6	59.6
2003	574.9	405.1	243.4	31.8	159.1	6.7	14.2	4.4	8.1	53.6	108.2	69.7
2004	592.4	418.1	258.3	41.9	167.6	8.1	12.6	3.8	7.4	52.8	107.0	75.3
2005	621.6	437.4	273.4	46.1	180.6	8.4	12.5	3.9	6.1	56.2	107.7	79.7
2006	659.0	493.7	302.4	48.4	191.6	9.1	14.3	5.0	6.9	59.5	131.8	97.3
2007	676.2	510.2	330.3	56.8	201.2	10.8	13.7	6.4	6.8	62.2	117.6	74.7
2008	686.1	525.4	351.8	45.2	234.0	9.8	14.4	5.8	5.5	69.9	103.7	66.8
2009	692.8	542.4	363.2	52.8	245.1	10.2	15.0	5.0	4.8	66.7	112.5	84.0
2010	700.3	549.9	370.8	56.6	248.6	9.2	17.4	4.2	4.3	69.1	110.0	81.2
2011	711.0	556.2	381.9	56.8	267.0	9.0	13.7	4.0	4.0	72.0	102.3	68.8
2012	715.4	558.9	406.8	61.0	283.4	8.9	14.2	6.2	3.1	68.1	84.0	61.7
2013	721.1	561.7	425.0	57.1	317.1	7.6	12.6	3.6	3.0	61.2	75.5	56.4
2014	735.6	565.1	445.6	56.3	337.2	7.8	16.7	4.4	2.8	54.2	65.3	50.4
2015	756.8	572.7	452.4	56.4	340.7	7.9	19.8	4.9	3.2	51.3	69.0	53.0
2016	792.2	578.5	444.7	59.3	320.9	9.8	21.0	9.4	4.0	54.7	79.1	61.6

12－12 主要经济作物播种面积

Sown Areas of Major Industrial Crops

单位:万公顷　　　　(10 000 hectares)

年 份 Year	经济作物播种面积 Sown Areas of Indus－trial Crops	油料 Oil bearing Crops	葵花籽 Sunflo－wer Seeds	胡麻籽 Flax Seeds	油菜籽 Rape Seeds	甜菜 Beet－roots	烟叶 Tob－acco	麻类 Fiber Crops	蔬菜 Vege－table	果用瓜 Melons (use on Fruit)	其它作物播种面积 Sown Areas of other Crops	# 青饲料 Green fodder
1947	20.4	18.7		7.8	2.3		0.2	0.8	2.3		8.6	
1948	27.1	25.0		8.5	2.4		0.2	1.0	4.7		8.4	
1949	28.0	25.8		9.2	1.9		0.2	1.0	5.0		8.8	
1950	28.3	25.0		9.4	3.4		0.1	0.8	3.7		6.6	
1951	46.2	36.4		14.3	5.0		0.2	0.9	4.2		7.5	
1952	49.7	46.6		17.7	6.9		0.2	1.5	5.1		9.3	
1953	40.5	38.4		17.2	6.0		0.2	1.2	4.7		8.3	
1954	36.7	34.9		17.3	4.8		0.2	0.9	5.6		10.4	
1955	41.9	39.6		21.5	4.8	0.8	0.3	0.9	6.0		11.0	
1956	42.8	39.8		21.6	5.6	1.0	0.3	0.9	6.3		15.3	
1957	48.6	43.1		22.7	5.4	1.4	0.3	1.7	6.6		16.1	
1958	40.9	35.9		18.9	4.6	1.6	0.3	1.6	7.4		19.4	
1959	56.6	48.6		23.8	5.8	2.4	0.4	2.1	8.8		16.1	
1960	56.1	48.1		21.8	8.1	3.7	0.3	2.0	15.2		32.7	
1961	43.8	38.3		16.6	7.3	1.9	0.5	1.9	19.1		33.1	
1962	39.0	34.4		14.3	6.3	0.7	0.5	2.1	12.2		20.8	
1963	36.4	31.8		14.9	4.5	0.8	0.4	2.1	9.5		18.1	
1964	39.5	33.5		14.8	5.1	1.5	0.4	1.9	8.1		16.3	
1965	37.9	31.4		14.7	4.7	1.9	0.3	1.8	7.9		19.3	
1966	33.7	27.8		13.1	4.1	2.2	0.3	1.6	8.2		26.9	
1967	35.9	28.9				2.8					25.8	
1968	34.0	27.4				2.8					19.7	
1969	35.7	38.3				3.1					17.9	
1970	35.3	28.9				2.9					19.6	
1971	32.2	26.7				2.4					20.3	
1972	33.9	27.2				3.6					21.8	
1973	35.5	27.2				4.6					22.4	
1974	36.4	28.4				4.1					23.8	
1975	37.7	28.8				4.7					24.2	
1976	42.9	32.4				5.7					27.7	
1977	44.7	34.2				5.3					26.9	
1978	44.9	34.8				4.8					28.1	
1979	52.8	41.9	5.7	19.1	7.1	4.5	0.4	1.6	8.9	2.0	31.1	15.3
1980	61.1	52.0	16.3	18.9	7.9	5.6	0.3	1.2	8.5	1.4	30.4	14.0

12－12 续表 continued

单位:万公顷　　　　(10 000 hectares)

年份 Year	经济作物播种面积 Sown Areas of Indus－trial Crops	油料 Oil bearing Crops	葵花籽 Sunflo－wer Seeds	胡麻籽 Flax Seeds	油菜籽 Rape Seeds	甜菜 Beet－roots	烟叶 Tob－acco	麻类 Fiber Crops	蔬菜 Vege－table	果用瓜 Melons (use on Fruit)	其它作物播种面积 Sown Areas of other Crops	# 青饲料 Green fodder
1981	55.6	46.9	14.3	14.6	8.1	5.7	0.4	0.9	7.3	1.6	25.2	10.4
1982	58.2	49.3	15.0	16.4	7.8	6.1	0.5	0.4	6.8	1.5	21.6	9.7
1983	58.5	49.0	15.4	16.3	6.8	6.1	0.2	0.3	6.7	1.3	20.9	9.6
1984	63.9	54.3	21.5	15.4	6.9	6.1	0.2	0.2	6.1	1.7	23.0	11.8
1985	91.4	76.6	30.1	18.3	8.8	10.0	0.4	0.3	5.8	2.0	21.4	11.4
1986	71.6	60.4	25.8	15.6	6.7	7.5	0.4	0.3	5.7	2.0	26.0	14.4
1987	64.3	54.6	22.3	16.6	6.6	7.5	0.3	0.1	6.4	1.6	27.4	16.7
1988	66.8	53.7	19.0	17.4	7.3	10.3	0.5	0.1	6.1	1.7	25.6	14.6
1989	61.9	51.1	17.7	16.4	4.9	8.2	0.7	0.1	6.3	1.2	23.6	13.0
1990	62.6	51.8	17.2	16.8	6.0	9.5	0.5	0.3	6.4	0.9	22.2	12.4
1991	68.9	55.1	19.7	17.2	7.5	11.9	0.7	0.4	5.9	0.9	20.1	11.2
1992	72.4	58.2	22.6	16.9	9.1	10.8	0.4	0.5	7.8	1.5	20.5	9.8
1993	67.3	50.3	18.3	15.2	7.9	10.9	0.4	0.1	8.2	1.5	20.9	9.5
1994	66.3	53.1	20.7	15.2	10.8	11.8	0.2	0.4	7.1	1.3	23.5	10.6
1995	71.3	55.7	20.7	15.1	13.5	14.0	3.0	0.8	1.3	1.3	22.3	
1996	64.9	50.6	18.9	14.6	11.8	12.7	0.8	0.4	8.8	1.5	21.8	8.4
1997	78.8	49.9	21.6	13.5	11.7	12.6	1.6	0.4	11.8	1.8	14.4	9.8
1998	84.3	56.7	27.1	11.5	15.6	11.7	0.6	0.3	11.5	2.6	15.3	9.3
1999	97.2	68.0	35.1	10.5	17.5	6.6	0.7	0.6	16.4	4.1	15.4	9.0
2000	122.9	87.9	36.3	10.1	29.5	5.9	0.8	0.1	20.9	4.8	25.0	13.1
2001	92.4	60.8	32.0	3.8	19.9	5.8	0.6	0.3	18.2	3.5	40.0	33.3
2002	104.0	68.9	34.5	7.6	22.5	7.1	0.5	0.4	20.8	3.6	50.4	43.8
2003	103.6	72.3	32.8	6.8	28.0	3.7	0.7	0.5	19.2	3.8	66.2	56.5
2004	100.0	67.1	29.5	5.9	27.8	3.6	0.6	0.8	20.4	3.5	74.3	65.5
2005	104.0	69.5	35.6	5.6	25.6	3.8	0.8	1.0	22.1	3.9	80.2	72.2
2006	87.8	59.2	25.7	4.9	23.0	3.0	0.4	0.7	17.2	5.3	77.5	62.4
2007	85.7	53.3	26.3	3.8	15.2	3.0	0.3	0.4	21.8	4.7	80.3	60.1
2008	110.6	70.5	40.8	4.8	22.1	4.9	0.5	0.3	26.0	5.3	50.1	39.0
2009	109.0	70.2	40.2	4.9	21.9	3.3	0.4	0.1	26.9	5.3	41.4	31.9
2010	108.8	69.4	39.5	4.8	22.3	3.7	0.4		26.4	6.3	41.6	31.0
2011	112.8	71.7	41.2	5.6	21.9	3.9	0.4		27.1	6.6	42.0	22.5
2012	156.5	76.5	39.9	5.9	27.1	4.4	0.4		28.8	6.3	37.2	23.1
2013	159.4	81.2	42.9	6.1	29.0	4.6	0.3		26.6	6.3	37.4	25.7
2014	170.5	86.2	46.3	6.3	31.3	4.0	0.3		28.2	6.9	40.2	23.6
2015	184.1	91.3	51.8	6.0	31.6	5.0	0.3		27.7	5.8	47.9	26.4
2016	213.7	102.7	64.0	6.0	30.4	6.0	0.3		29.2	6.4	60.0	34.6

注:2011 年前,经济作物播种面积不包含其它作物播种面积。

a) Before 2011, sown areas of industrial crops not include sown areas of other crops.

12－13 主要年份主要农产品产量

Yield of Major Farm Crops in Major Years

单位:万吨 (10 000 tons)

年份 Year	粮食 Grain	谷物 Cereal	小麦 Wheat	玉米 Corn	稻谷 Rice	谷子 Millet	莜麦 Sweet－oats	糜子 Broom Corn Millet	薯类 Tubers	豆类 Beans	#大豆 Soybean
1957	302.5		52.5	34.5	4.2	51.0	32.7	33.8	29.2		14.6
1965	382.0		59.5	81.0	2.8	64.0	35.9	34.6	22.2		16.0
1970	469.5		66.0	101.0		95.0	46.5	42.0	25.0		
1975	519.5		93.5	157.0		71.5	34.0	36.0	37.5		
1978	499.0		88.0	173.5	3.6	60.0	25.0	26.5	42.0		
1980	396.5		82.7	139.2	4.1	39.7	21.3	19.0	30.0		12.4
1981	510.0		99.8	142.6	4.0	59.9	37.8	36.3	37.6		19.3
1982	530.0		126.7	105.9	4.7	71.2	37.2	23.3	41.6		24.3
1983	560.2		120.9	142.9	4.2	79.2	20.9	26.4	41.9		24.3
1984	594.4		144.2	148.3	6.0	73.6	32.5	26.4	49.9		24.3
1985	604.1		148.5	159.8	7.8	78.6	28.6	18.1	48.2		28.8
1986	528.5		130.8	192.7	8.3	38.3	15.9	12.3	36.4		41.0
1987	607.0		125.7	273.3	7.7	52.1	7.3	10.1	33.7		36.7
1988	738.3		163.4	305.5	12.0	46.4	20.9	15.5	61.2		47.5
1989	677.9		187.5	285.1	19.2	31.3	9.0	10.0	42.5		36.9
1990	973.0		261.7	393.1	31.1	59.4	25.3	13.6	61.3		47.7
1991	958.5		280.2	413.7	35.2	45.1	17.0	9.3	46.5		45.1
1992	1046.8	937.4	330.3	435.4	41.4	44.3	13.3	12.4	58.7	50.7	40.0
1993	1108.3	930.9	298.5	453.9	33.0	48.4	12.1	9.2	63.8	113.6	90.1
1994	1083.5	910.4	234.8	482.3	30.5	41.4	10.0	10.7	55.3	117.8	94.0
1995	1055.4	914.1	262.2	518.4	39.6	23.9	8.8	7.3	74.3	67.0	52.5
1996	1535.3	1301.7	318.9	751.5	51.0	49.3	13.4	11.4	124.0	109.6	83.4
1997	1421.0	1188.0	307.9	677.9	70.6	41.1	7.6	11.0	114.4	118.7	97.4
1998	1575.4	1319.9	282.7	839.8	60.3	44.3	10.0	10.8	127.0	128.5	93.8
1999	1428.5	1210.6	273.1	771.4	68.8	29.2	6.4	5.5	110.7	107.2	82.5
2000	1241.9	947.9	181.8	629.2	72.2	15.0	2.7	5.3	184.3	109.7	85.8
2001	1239.1	1016.5	127.1	757.0	56.7	25.7	1.3	5.1	108.8	113.8	83.4
2002	1406.1	1097.7	121.5	821.5	56.0	30.3	3.9	5.3	168.5	139.9	96.4
2003	1360.7	1092.3	79.0	888.7	45.0	21.4	5.9	5.5	174.5	93.9	53.6
2004	1505.4	1180.4	110.5	948.0	54.5	19.9	5.6	5.1	189.8	135.1	103.1
2005	1662.2	1342.1	143.6	1066.2	62.1	23.4	2.8	4.5	156.0	164.1	130.9
2006	1806.7	1486.0	172.2	1134.6	65.3	26.6	7.0	2.9	178.6	142.1	103.7
2007	1811.1	1528.0	175.9	1161.4	81.4	23.1	2.1	5.4	153.9	129.1	85.7
2008	2131.3	1780.0	154.0	1410.7	70.5	30.3	2.6	3.9	195.7	155.7	106.1
2009	1981.7	1677.2	171.2	1341.3	64.8	14.4	1.7	2.5	161.3	143.2	114.4
2010	2158.2	1821.2	165.2	1465.7	74.8	25.9	1.7	2.4	171.0	166.0	133.4
2011	2387.5	2012.2	170.9	1632.1	77.9	27.8	2.1	2.4	204.0	171.3	137.2
2012	2528.5	2180.9	188.4	1784.4	73.3	40.8	11.1	2.6	184.7	162.9	122.0
2013	2773.0	2433.6	180.4	2069.7	56.0	28.9	4.5	2.0	201.1	138.3	119.7
2014	2753.0	2493.1	153.9	2186.1	52.4	33.1	3.6	1.4	161.4	98.5	81.9
2015	2827.0	2577.0	158.3	2250.8	53.2	43.8	4.9	1.8	147.0	103.0	88.8
2016	2780.3	2492.3	169.9	2139.8	63.2	48.9	5.1	1.6	168.0	120.0	100.5

12－13 续表 continued

单位:万吨　　　　(10 000 tons)

年 份 Year	油 料 Oil－bearing Crops				甜 菜 Beet－roots	烟 叶 Tobacco	麻 类 Fiber Crops	蔬 菜 Veget－ables	果用瓜 Melons (Use on Fruit)
		葵花籽 Sunflower Seeds	胡麻籽 Flax Seeds	油菜籽 Rape－seeds					
1957	13.0		7.5	1.5	22.1	0.2	0.6	66.4	
1965	9.0		4.7	0.9	20.9	0.2	0.5	110.7	
1970	10.5				34.0				
1975	10.5				37.1				
1978	12.5				43.1				
1980	25.0	16.5	4.6	1.8	81.2	0.2	0.4	157.6	9.7
1981	36.5	23.7	4.7	2.2	82.3	0.6	0.4	147.1	17.5
1982	49.0	32.0	8.2	3.0	115.2	0.9	0.2	156.8	16.3
1983	54.0	38.7	5.7	1.5	135.1	0.3	0.1	199.0	19.4
1984	60.0	42.1	8.4	3.0	141.0	0.3	0.1	158.5	23.3
1985	79.5	49.5	10.8	4.6	254.2	0.6	0.3	182.7	33.4
1986	66.0	48.4	7.6	2.2	159.0	0.6	0.2	220.9	36.9
1987	54.0	38.6	6.4	2.2	167.8	0.4	0.1	195.4	34.1
1988	56.5	35.0	10.3	3.2	219.0	0.8	0.1	203.0	36.3
1989	48.6	33.8	6.0	1.7	177.6	0.9	0.1	226.8	30.0
1990	69.4	41.7	11.5	4.4	236.4	0.8	0.7	243.3	22.8
1991	71.8	50.1	10.8	3.3	302.8	1.2	0.8	220.5	27.9
1992	81.4	56.8	11.1	5.5	260.1	0.8	1.4	271.2	50.9
1993	72.6	49.8	9.6	5.7	278.6	1.3	0.2	327.6	44.5
1994	65.0	44.5	8.7	8.3	233.6	0.9	0.9	267.9	121.8
1995	70.2	47.2	8.0	9.5	263.5	0.5	1.5	308.3	40.5
1996	81.4	53.9	11.2	10.5	320.7	1.8	1.0	365.4	49.6
1997	73.1	53.5	8.5	8.9	306.4	4.1	0.6	420.4	61.9
1998	90.3	59.4	10.6	14.1	259.2	1.3	0.3	433.4	84.4
1999	100.9	71.6	7.2	18.5	136.8	1.6		594.9	121.8
2000	116.4	69.1	6.5	30.5	141.3	1.4	0.1	759.9	161.7
2001	80.6	61.0	1.9	13.0	133.1	1.0	0.4	768.7	106.9
2002	108.9	70.4	6.5	28.2	195.0	1.0	1.0	755.3	120.8
2003	102.3	62.6	6.9	25.3	99.4	1.6	1.2	846.8	103.2
2004	103.7	58.9	7.3	31.3	96.3	1.3	1.9	872.8	109.6
2005	122.2	85.3	4.6	28.3	138.3	2.0	2.5	1009.1	156.8
2006	101.1	56.7	5.6	23.5	105.5	2.6	1.7	1171.4	190.8
2007	79.4	48.7	2.5	12.8	118.5	1.6	1.4	1277.5	181.1
2008	117.5	75.6	3.4	20.2	170.0	1.4	2.1	1360.8	210.6
2009	119.6	90.0	2.9	22.4	109.6	1.2	1.0	1380.6	179.2
2010	128.1	99.2	2.9	22.4	161.0	1.5	0.1	1350.9	240.9
2011	133.9	103.0	3.2	24.0	157.7	1.5		1440.2	254.6
2012	145.1	107.1	3.7	30.7	167.9	1.4		1476.3	228.1
2013	158.1	116.1	4.2	33.7	181.4	1.3		1421.1	231.3
2014	170.3	121.5	4.1	39.6	160.2	1.1		1472.7	257.7
2015	193.6	141.8	5.2	41.7	230.1	1.2		1445.3	230.7
2016	220.0	166.2	6.9	41.5	266.2	1.0	0.2	1502.3	255.3

12－14 主要农产品产量及单位面积产量

Yield of Major Farm Crops and Yield of Major Farm Crops Per Hectare

年 份	Item	2015		2016	
		总产量（万吨）Total Yield（10000 tons）	单位面积产量（公斤/公顷）Yield Per Hectare（kg/hectare）	总产量（万吨）Total Yield（10000 tons）	单位面积产量（公斤/公顷）Yield Per Hectare（kg/hectare）
粮 食	**Grain**	**2827.0**	**4937**	**2780.3**	**4806**
谷 物	Cereal	2577.0	5697	2492.3	5605
#稻 谷	Rice	53.2	6736	63.2	6415
小 麦	Wheat	158.3	2806	169.9	2863
玉 米	Corn	2250.8	6606	2139.8	6669
高 粱	Sorghum	39.6	4561	42.5	4459
谷 子	Millet	43.8	2217	48.9	2321
莜 麦	Sweet Oats	4.9	993	5.1	537
糜 子	Broom Corn Millet	1.8	1441	1.6	1285
荞 麦	Buckwheat	6.4	960	5.5	759
豆 类	Beans	103.0	1494	120.0	1516
#大 豆	Soybean	88.8	1675	100.5	1633
薯 类	Tubers	147.0	2863	168.0	3072
油 料	**Oil bearing Crops**	**193.6**	**2119**	**220.0**	**2143**
#葵花籽	Sunflower Seeds	141.8	2736	166.2	2597
油菜籽	Rape seeds	41.7	1323	41.5	1362
胡麻籽	Flax Seeds	5.2	868	6.9	1158
甜 菜	**Beetroots**	**230.1**	**46147**	**266.2**	**44191**
棉 花	**Cotton**	**0.02**	**1493**	**0.02**	**1493**
麻 类	**Fiber Crops**			**0.2**	**6616**
蔬 菜	**Vegetables**	**1445.3**	**52127**	**1502.3**	**51515**
瓜类(果用瓜)	**Melons (Use on Fruit)**	**230.7**	**39816**	**255.3**	**39895**
园林水果	**Garden fruits**	**66.0**	**8713**	**61.0**	**8040**

12 - 15 自然灾害面积

Areas Covered by Natural Disaster

单位:万公顷 (10 000 hectares)

项 目	Item	2015	2016
农作物受灾面积	**Areas Covered**	**270.09**	**362.99**
#旱 灾	Drought	217.17	277.05
洪涝灾	Flood	18.52	25.62
风雹灾	Windstorm and Hail	30.20	41.87
低温冷冻灾	Freeze Injury	4.20	18.45
农作物绝收面积	**Areas Without Output**	**31.50**	**54.74**
#旱 灾	Drought	25.40	48.94
洪涝灾	Flood	2.12	1.47
风雹灾	Windstorm and Hail	3.79	2.31
低温冷冻灾	Freeze Injury	0.19	2.03

12 - 16 林业基本情况

Basic Statistics on Forestry

单位:万公顷、个 (10 000 hectares、unit)

项 目	Item	2015	2016
营造林面积	**Total Area of Afforestation**		**123.85**
造林面积	Areas of Afforesting	66.80	61.84
人工造林	Artificial Afforestation	36.09	31.10
飞播造林	Afforestation by Plane	7.94	7.41
当年封山育林面积	Area of Closing Hill for Afforestation this Year	22.77	13.60
退化林分修复及人工更新	Restoration of Degraded Forest and Artificial Regeneration		9.73
森林抚育	Tending of woods		62.01
按六大林业重点工程分	**Classified by Six Key Projects**		
天然林资源保护工程造林、封山育林	Afforestation of Protection of Natural Forest and Closing Hill for Afforestation	10.82	58.99
退耕还林工程造林、封山育林	Afforestation of Returning Land for Farming to Forestry and Closing Hill for Afforestation	1.89	4.77
#退耕地造林	Afforesting on the Returned Farmland	0.33	3.66
京津风沙源治理工程造林、封山育林	Afforestation & Closing Hill for Afforestation of Controlling Sand Sround Beijing & Tianjin	12.45	13.16
"三北"五期防护林工程造林、封山育林	Afforestation & Closing Hill for Afforestation of the Fifth Stage of The Three North Shelter Forest Project	15.09	8.83
自然保护区个数	Number of Nature Reserve	143	144
#国家级	National Nature Reserve	24	27
自然保护区面积	Area of Nature Reserve	994.18	935.74
造林面积按经济成份分	**Afforestation by Sector of the Economy**		
#公有经济造林	Aforestation by Publicily - owned	47.04	34.47
国有经济造林	Aforestation by State - owned	21.07	11.34
集体经济造林	Aforestation by Collective - owned	25.97	23.14
非公有经济造林	Aforestation by Non - publicily - owned	19.76	17.17
造林面积按林种分	**Areas of Afforestation classified by sorts of forests**		
#用材林	Timber Forest	0.97	0.94
经济林	Economic Forest	1.34	1.48
防护林	Shelter Forest	64.47	49.15
薪炭林	Firewood Forest		
其他林	Others	0.02	0.07
森林覆盖率(%)	**Forest Cover Rate(%)**	**21.03**	**21.03**

12 - 17 牲畜总头数和总增头数

Total Number of Livestock and Livestock Added

单位:万头(只)　　(10 000 heads)

项 目	Item	2015 总头数 年中数 Year - middle	2015 总头数 年末数 Year - end	2015 总增头数 Total Number Added of Live - stocks	2016 总头数 年中数 Year - middle	2016 总头数 年末数 Year - end	2016 总增头数 Total Number Added of Live - stocks
大牲畜和羊合计	**Total Number of Large Animals, Sheep and Goats**	**12094.76**	**6662.38**	**6604.67**	**12119.53**	**6361.14**	**6825.82**
大牲畜	Large Animals	1358.27	884.58	460.30	1389.01	854.90	479.74
牛	Cattles	1125.97	670.96	398.86	1151.06	654.86	413.65
#良种及改良种乳牛	Fine Breed and Improved Milk Cows	296.18	237.68	117.22	256.03	215.31	105.72
马	Horses	86.79	87.69	23.11	93.48	80.46	25.33
驴	Donkeys	106.87	88.54	32.20	108.59	83.22	34.52
骡	Mules	20.84	22.48	2.01	17.88	20.45	2.00
骆 驼	Camels	17.80	14.91	4.13	17.99	15.91	4.23
羊	Sheep and Goats	10736.49	5777.80	6144.37	10730.53	5506.24	6346.08
绵 羊	Sheep	8266.80	4274.19	5011.32	8345.21	4009.67	5241.23
#细毛羊及改良羊	Nap Sheep or Improved Sheep	2280.06	993.59		2143.10	1109.68	
半细毛羊及改良羊	Semi - nap Sheep or Improved Sheep	921.10	375.03		837.51	350.33	
山 羊	Goats	2469.69	1503.61	1133.05	2385.32	1496.57	1104.86
猪	**Hogs**	**1490.97**	**645.34**	**1007.72**	**1478.39**	**640.00**	**1021.19**

注:总增头数是指牧业年度繁殖成活仔畜头数减去期内成幼畜死亡头数。

a) Total Number of Livestoks Added refers to survival number of newborn livestocks in the period subtract death livestocks.

12－18 牲畜总头数

Total Number of Livestock

单位：万头(只) (10 000 heads)

年份 Year	年中数 Year－middle				年末数 Year－end			
	合计 Total	大牲畜 Large Animals	羊 Sheep & Goats	猪 Hogs	合计 Total	大牲畜 Large Animals	羊 Sheep & Goats	猪 Hogs
1947	931.9	271.0	570.8	90.1	851.8	262.9	510.8	78.1
1948	949.9	286.5	571.6	91.8	869.1	277.9	511.6	79.6
1949	1058.6	313.7	642.6	102.3	968.6	304.3	575.6	88.7
1950	1191.4	343.1	731.8	116.5	1068.4	331.1	636.3	101.0
1951	1418.1	388.0	902.0	128.1	1278.6	372.5	795.0	111.1
1952	1749.9	450.6	1143.2	156.1	1467.6	430.3	902.0	135.3
1953	2105.2	504.5	1434.4	166.3	1844.7	442.5	1235.0	167.2
1954	2428.6	558.4	1672.2	198.0	1959.0	494.7	1292.6	171.7
1955	2501.3	586.9	1724.4	190.0	1912.3	514.7	1232.9	164.7
1956	2635.2	591.6	1874.9	168.7	2094.4	496.9	1451.2	146.3
1957	2438.9	552.7	1713.9	172.3	1809.9	450.5	1210.0	149.4
1958	2674.0	550.7	1879.7	243.6	2184.9	468.1	1505.6	211.2
1959	3070.8	589.0	2244.2	237.6	2576.7	537.2	1833.5	206.0
1960	3315.5	612.9	2431.7	270.9	2709.4	553.5	1921.0	234.9
1961	3305.4	623.4	2494.8	187.2	2671.2	550.5	1958.4	162.3
1962	3497.3	643.3	2621.0	233.0	2801.4	568.1	2031.3	202.0
1963	3981.7	699.7	3005.5	276.5	3242.4	628.3	2374.4	239.7
1964	4282.5	750.1	3242.1	290.3	3315.5	664.6	2399.2	251.7
1965	4488.4	787.9	3388.3	312.2	3606.1	716.2	2619.2	270.7
1966	4012.8	748.5	2969.0	295.3	3231.4	680.4	2295.0	256.0
1967	4164.6	730.0	3140.6	294.0	3469.4	680.9	2531.0	257.5
1968	4150.7	750.2	3067.6	332.9	3288.2	679.8	2349.0	259.4
1969	3844.5	721.7	2823.1	299.7	3213.0	665.1	2311.2	236.7
1970	3865.2	726.4	2840.3	298.5	3319.6	689.1	2356.4	274.1
1971	4032.5	754.3	2922.0	356.2	3419.7	712.2	2363.4	344.1
1972	4197.2	775.6	2985.5	436.1	3478.5	717.2	2372.3	389.0
1973	4317.2	781.3	3092.7	443.2	3654.6	738.2	2519.4	397.0
1974	4425.5	805.8	3160.3	459.4	3707.0	752.3	2532.6	422.1
1975	4628.5	820.3	3307.9	500.3	3757.6	766.8	2638.1	352.7
1976	4465.4	808.4	3058.0	599.0	3649.0	748.7	2397.8	502.5
1977	4428.6	784.1	3056.4	588.1	3643.4	715.3	2394.6	533.5
1978	4162.3	697.5	2860.5	604.3	3586.5	659.3	2378.1	549.1
1979	4513.4	724.6	3177.6	611.2	3873.1	685.3	2633.2	554.6
1980	4656.8	741.3	3317.0	598.5	3753.3	681.3	2553.4	518.6

12－18 续表 continued

单位:万头(只)　　　　(10 000 heads)

年份 Year	年中数 Year－middle				年末数 Year－end			
	合计 Total	大牲畜 Large Animals	羊 Sheep & Goats	猪 Hogs	合计 Total	大牲畜 Large Animals	羊 Sheep & Goats	猪 Hogs
1981	4565.6	723.2	3307.2	535.2	3817.2	678.9	2670.0	468.3
1982	4721.9	744.3	3474.0	503.6	3903.9	708.0	2735.0	460.9
1983	4413.6	739.9	3177.9	495.8	3539.8	694.7	2418.0	427.1
1984	4259.5	740.9	3053.7	464.9	3488.3	698.2	2377.3	412.8
1985	4341.8	775.3	3060.7	505.8	3667.4	736.6	2468.4	462.4
1986	4434.5	799.5	3082.7	552.3	3734.5	751.3	2502.2	481.0
1987	4555.2	811.5	3219.9	523.8	3731.0	730.8	2544.7	455.5
1988	4685.9	792.3	3408.8	484.8	4093.8	734.6	2892.8	466.4
1989	5301.5	812.7	3945.0	543.8	4215.4	718.6	3009.5	487.3
1990	5307.5	784.9	3955.2	567.4	4254.4	707.5	3023.9	523.0
1991	5568.2	783.8	4160.0	624.4	4220.5	699.8	2960.9	559.8
1992	5558.0	774.4	4067.4	716.2	4168.4	690.2	2856.7	621.5
1993	5577.9	771.8	3942.1	864.0	4231.9	685.7	2860.3	685.9
1994	5711.3	756.6	4038.9	915.8	4450.7	682.4	3028.1	740.2
1995	6065.7	783.8	4302.5	979.4	4795.0	708.3	3321.0	765.7
1996	6697.7	825.5	4804.3	1067.9	5066.8	734.9	3561.8	770.1
1997	7112.4	840.8	5164.8	1106.8	5180.4	714.0	3656.7	809.7
1998	7387.2	817.8	5383.5	1185.9	5206.3	677.3	3712.9	816.1
1999	7436.2	802.8	5491.6	1141.7	5147.6	667.4	3702.6	777.6
2000	7300.5	803.3	5406.2	1090.9	4912.0	622.1	3551.6	738.3
2001	7135.0	702.3	5427.8	1004.9	4817.6	536.3	3515.9	765.4
2002	7260.1	652.0	5675.2	932.9	5176.9	543.4	3951.7	681.8
2003	7987.6	718.1	6396.1	873.5	5713.3	615.4	4450.1	647.7
2004	9274.4	814.5	7514.7	945.2	6722.9	718.2	5318.5	686.2
2005	10615.3	934.2	8713.0	968.1	6903.5	783.2	5420.0	700.3
2006	11050.5	986.8	9002.6	1061.1	6508.8	786.2	5102.5	620.1
2007	10854.4	1039.4	8774.6	1040.5	6524.3	822.7	5064.2	637.4
2008	10677.7	1063.8	8442.9	1170.5	6695.8	895.2	5125.3	675.3
2009	10858.5	1084.6	8512.2	1261.7	6749.8	868.9	5197.2	683.7
2010	10798.5	1140.1	8408.0	1250.5	6845.7	883.4	5277.2	684.4
2011	10762.6	1176.7	8347.5	1238.4	6806.2	846.5	5276.0	684.2
2012	11263.0	1238.7	8605.4	1418.9	6677.1	839.2	5144.0	693.8
2013	11819.8	1266.5	9024.7	1528.5	6743.3	819.6	5239.2	684.5
2014	12915.8	1308.5	10091.0	1516.3	7078.6	839.9	5569.3	669.4
2015	13585.7	1358.3	10736.5	1491.0	7307.7	884.6	5777.8	645.3
2016	13597.9	1389.0	10730.5	1478.4	7001.1	854.9	5506.2	640.0

12－19 大牲畜和羊(年中数)

Total Number of Large Animals, Sheep and Goats(Year－middle)

单位:万头(只) (10 000 heads)

年份 Year	合计 Total	牛 Cattles	马 Horses	驴 Donkeys	骡 Mules	骆驼 Camels	绵羊 Sheep	山羊 Goats
1947	841.8	174.6	48.7	33.7	3.0	11.0	342.6	228.2
1948	858.1	186.7	48.1	37.6	3.2	10.9	348.0	223.6
1949	956.3	208.5	45.3	44.9	3.2	11.8	403.8	238.8
1950	1074.9	232.1	45.0	94.1	3.7	13.2	457.3	274.5
1951	1290.1	262.6	50.5	56.3	4.3	14.3	550.2	351.9
1952	1593.8	307.1	59.7	63.6	4.9	15.3	692.4	450.8
1953	1938.9	348.9	67.0	66.4	5.4	16.8	853.7	580.7
1954	2230.6	385.6	73.8	74.7	6.2	18.1	991.3	680.9
1955	2311.3	394.2	83.5	81.2	7.8	20.2	1030.6	693.8
1956	2466.5	389.0	90.9	82.1	8.5	21.2	1098.8	776.1
1957	2266.6	353.2	94.5	74.6	8.1	22.3	992.5	721.4
1958	2430.4	346.9	95.9	77.5	8.2	22.2	1097.9	781.8
1959	2833.2	380.7	103.1	73.5	8.5	23.2	1281.0	963.2
1960	3044.6	402.8	109.5	66.0	9.0	25.6	1379.0	1052.7
1961	3118.2	415.7	116.3	57.1	8.9	25.4	1417.8	1077.0
1962	3264.3	421.2	125.3	61.1	8.9	26.8	1453.3	1167.7
1963	3705.2	454.2	140.4	68.6	9.3	27.2	1696.3	1309.2
1964	3992.2	476.7	155.6	78.7	10.4	28.7	1875.7	1366.4
1965	4176.2	493.2	166.9	85.3	11.6	30.9	2017.4	1370.9
1966	3717.5	454.3	165.9	88.6	13.4	26.3	1844.2	1124.8
1967	3870.6	436.7	163.0	88.8	16.0	25.5	1952.8	1187.8
1968	3817.8	427.5	180.7	92.2	19.2	30.6	1935.8	1131.8
1969	3544.8	396.9	184.9	86.0	22.4	31.5	1755.1	1068.0
1970	3566.7	390.5	196.7	86.7	23.2	29.3	1815.4	1024.9
1971	3676.3	400.2	205.5	88.8	27.2	32.6	1887.8	1034.2
1972	3761.1	409.8	212.7	90.9	28.8	33.4	1974.6	1010.9
1973	3874.0	410.2	218.9	90.6	30.6	31.0	2119.0	973.7
1974	3966.1	418.1	231.4	93.1	32.3	30.9	2186.8	973.5
1975	4128.2	422.7	239.0	91.2	34.2	33.2	2304.2	1003.7
1976	3866.4	423.2	231.2	84.4	35.2	34.4	2162.4	895.6
1977	3840.5	412.3	224.9	76.3	34.7	35.9	2183.5	872.9
1978	3558.0	358.5	192.8	75.9	34.4	35.9	1986.7	873.8
1979	3902.2	376.2	198.2	78.0	34.1	38.2	2212.4	965.2
1980	4058.3	391.1	196.3	80.9	34.1	38.9	2354.7	962.3

12－19 续表 continued

单位:万头(只) (10 000 heads)

年份 Year	合计 Total	牛 Cattles	马 Horses	驴 Donkeys	骡 Mules	骆驼 Camels	绵羊 Sheep	山羊 Goats
1981	4030.4	381.6	187.7	79.8	33.9	40.2	2408.7	898.5
1982	4218.3	404.2	189.1	75.2	35.0	40.8	2543.8	930.2
1983	3917.8	407.4	185.1	74.3	37.6	35.6	2394.8	783.1
1984	3794.6	404.0	184.2	78.1	40.8	33.8	2273.4	780.3
1985	3836.0	424.0	189.4	85.2	44.6	32.2	2263.2	797.5
1986	3882.2	437.3	192.3	90.8	48.5	30.6	2255.5	827.2
1987	4031.4	445.2	194.2	93.2	51.9	27.0	2365.3	854.6
1988	4201.1	438.4	184.1	91.4	53.8	24.6	2454.1	954.7
1989	4757.7	457.8	180.9	92.1	56.5	25.4	2776.0	1169.0
1990	4740.1	439.8	169.2	93.0	58.2	24.7	2734.3	1220.9
1991	4943.8	434.9	166.8	96.7	61.8	23.6	2847.4	1312.6
1992	4841.9	426.4	164.1	97.6	65.3	21.0	2779.8	1287.7
1993	4713.8	424.2	161.9	100.1	68.0	17.7	2652.3	1289.8
1994	4795.5	415.4	158.2	96.8	69.7	16.6	2694.6	1344.3
1995	5086.3	442.7	158.0	97.6	69.4	16.1	2779.6	1522.9
1996	5629.8	477.2	161.5	100.4	70.1	16.3	3083.4	1720.9
1997	6005.6	488.0	161.3	102.9	72.2	16.5	3285.0	1879.9
1998	6201.3	478.6	149.9	101.8	71.8	15.7	3419.0	1964.5
1999	6294.5	475.2	140.4	100.9	71.6	14.8	3544.0	1947.6
2000	6209.6	490.2	130.5	99.5	69.5	13.6	3537.4	1868.8
2001	6130.1	431.4	108.4	87.9	62.3	12.3	3408.1	2019.7
2002	6327.2	419.6	87.6	80.4	55.5	8.9	3476.8	2198.4
2003	7114.1	499.3	79.2	81.1	49.4	9.1	3974.0	2422.1
2004	8329.2	600.0	74.6	82.9	47.0	10.1	4936.7	2578.0
2005	9647.2	721.9	74.5	84.3	43.0	10.6	5904.3	2808.7
2006	9989.4	780.1	73.5	80.1	41.9	11.2	6054.3	2948.3
2007	9814.0	820.1	75.9	91.3	40.7	11.4	5724.1	3050.5
2008	9506.7	838.9	78.7	96.3	38.7	11.3	5441.0	3001.9
2009	9596.8	881.8	70.9	88.2	32.1	11.6	5552.5	2959.7
2010	9548.1	929.4	70.3	97.2	30.7	12.1	5782.0	2626.0
2011	9524.2	956.3	77.0	102.1	28.7	12.6	5885.6	2461.9
2012	9844.1	1015.8	79.4	102.4	26.1	14.9	6245.8	2359.6
2013	10291.3	1047.4	74.7	103.9	25.0	15.5	6668.7	2356.0
2014	11399.5	1078.5	80.8	110.5	23.2	15.5	7716.8	2374.3
2015	12094.8	1126.0	86.8	106.9	20.8	17.8	8266.8	2469.7
2016	12119.5	1151.1	93.5	108.6	17.9	18.0	8345.2	2385.3

12－20 牲畜增减变化情况(2016年，年末数)

Number of Newly Increased and Decreased Livestock(End of 2016)

单位: 万头(只) (10 000 heads)

项 目	Item	繁殖仔畜 New Born Stocks	成活仔畜 Survival New Born Stocks		成幼畜死亡 Death Number of Young and Adult Stocks	
			头数 Number	成活率 (%) Survival Rate	头数 Number	死亡率 (%) Death Rate
大牲畜和羊合计	**Total Number of Large Animals, Sheep and Goats**	**5754.33**	**5596.14**	**97.25**	**92.31**	**1.38**
大牲畜	Large Animals	392.12	380.67	97.08	6.98	0.79
牛	Cattles	322.70	312.76	96.92	5.51	0.82
# 良种及改良种乳牛	Fine Breed and Improved Milk Cows	100.91	98.75	97.86	1.23	0.48
马	Horses	30.83	29.97	97.23	0.96	1.09
驴	Donkeys	32.42	31.94	98.50	0.35	0.39
骡	Mules	2.33	2.29	98.11	0.05	0.24
骆 驼	Camels	3.84	3.71	96.45	0.11	0.77
羊	Sheep and Goats	5362.21	5215.47	97.26	85.33	1.47
绵 羊	Sheep	4384.52	4268.29	97.35	64.12	1.55
山 羊	Goats	977.69	947.19	96.88	21.21	1.29
猪	**Hogs**	**787.63**	**758.70**	**96.33**	**12.64**	**1.96**

12－20 续表 continued

单位: 万头(只) (10 000 heads)

项 目	Item	自宰自食 killed for Self－use	出卖 Selling	#出卖肉畜 Sold Meat Stocks	出栏率 (%) Slaughter Rate	商品率 (%) Commodity Rate
大牲畜和羊合计	**Total Number of Large Animals, Sheep and Goats**	**367.44**	**7212.91**	**6044.63**	**95.92**	**107.90**
大牲畜	Large Animals	21.11	582.00	419.70	49.83	65.79
牛	Cattles	16.34	461.75	323.41	50.64	68.82
马	Horses	1.13	48.81	41.16	48.23	55.67
驴	Donkeys	2.88	58.28	45.97	55.17	65.82
骡	Mules	0.45	9.85	6.21	29.66	43.82
骆 驼	Camels	0.31	3.31	2.95	21.86	22.22
羊	Sheep and Goats	346.32	6630.91	5624.93	102.95	114.32
绵 羊	Sheep	225.85	5402.05	4709.82	118.93	130.17
山 羊	Goats	120.47	1228.86	915.10	62.76	74.47
猪	**Hogs**	**209.18**	**975.71**	**700.06**	**140.89**	**151.19**

12-21 牲畜总增情况(年中数)

Total Number of Newly Increased Livestock(Middle of Year)

单位：万头(只) (10 000 heads)

项 目	Item	总增头数 Total Number of Livestocks Added		总增率(%) Growth Rate	
		2015	2016	2015	2016
大牲畜和羊合计	**Total Number of Large Animals, Sheep and Goats**	**6604.67**	**6825.82**	**57.94**	**56.44**
大牲畜	Large Animals	460.30	479.74	35.18	35.32
牛	Cattles	398.86	413.65	36.98	36.74
#良种及改良种乳牛	Fine Breed and Improved Milk Cows	117.22	105.72	39.30	35.69
马	Horses	23.11	25.33	28.61	29.18
驴	Donkeys	32.20	34.52	29.14	32.30
骡	Mules	2.01	2.00	8.68	9.61
骆驼	Camels	4.13	4.23	26.88	23.77
羊	Sheep and Goats	6144.37	6346.08	60.89	59.11
绵羊	Sheep	5011.32	5241.23	64.94	63.40
山羊	Goats	1133.05	1104.86	47.73	44.74
猪	**Hogs**	**1007.72**	**1021.19**	**66.46**	**68.49**

12-22 牲畜增减变化情况(2016年，年中数)

Number of Newly Increased and Decreased Livestock(Middle of 2016)

单位：万头(只) (10 000 heads)

项 目	Item	繁殖成活仔畜 New Born Stocks And Survival New Born Stocks				成幼畜死亡 Death Number of Stocks	
		繁殖仔畜 New Born Stocks	成活仔畜 Survival New Born Stocks	成活率(%) Surv-ival Rate	繁成率(%) Rate of Breeding and Surviving	头数 Number	死亡率(%) Death Rate
大牲畜和羊合计	**Total Number of Large Animals, Sheep and Goats**	**7167.01**	**6961.09**	**97.13**	**152.82**	**135.27**	**1.12**
大牲畜	Large Animals	497.37	487.37	97.99	94.58	7.64	0.56
牛	Cattles	427.67	419.75	98.15	98.33	6.10	0.54
#良种及改良种乳牛	Fine Breed and Improved Milk Cows	109.77	107.13	97.59	68.62	1.41	0.48
马	Horses	27.30	26.20	95.96	66.66	0.87	1.00
驴	Donkeys	35.69	34.98	98.02	81.40	0.46	0.43
骡	Mules	2.17	2.07	95.58		0.07	0.33
骆驼	Camels	4.55	4.37	95.97	70.74	0.14	0.78
羊	Sheep and Goats	6669.63	6473.72	97.06	160.24	127.64	1.19
绵羊	Sheep	5500.72	5340.56	97.09	178.38	99.34	1.20
山羊	Goats	1168.92	1133.16	96.94	108.34	28.30	1.15
猪	**Hogs**	**1069.80**	**1039.38**	**97.16**	**1078.97**	**18.19**	**1.22**

12－23 能繁殖母畜、耕畜及改良畜(2016年，年中数)

Female Parent Stocks, Plow Stocks and Improved Stock(Middle of 2016)

单位: 万头(只) (10 000 heads)

项 目	Item	能繁殖母畜 Female Parent Stocks	耕 畜 Plow Stocks	良种牲畜 Fine Breed Stocks	改良种牲畜 Improved Stocks
大牲畜和羊合计	**Total Number of Large Animals, Sheep and Goats**	**6906.16**	**75.70**	**4372.55**	**6730.06**
大牲畜	Large Animals	688.30	75.70	391.29	779.95
牛	Cattles	588.38	18.62	330.25	686.90
#良种及改良种乳牛	Fine Breed and Improved Milk Cows	144.00			
马	Horses	41.49	10.35	21.80	35.77
驴	Donkeys	49.87	36.06	28.65	56.87
骡	Mules		10.49		
骆驼	Camels	8.57	0.17	10.58	0.40
羊	Sheep and Goats	6217.86		3981.26	5950.12
绵羊	Sheep	4863.13		2975.45	4722.91
#细毛羊及改良羊	Nap Sheep or Improved Sheep	904.96			
半细毛羊及改良羊	Semi nap Sheep or Improved Sheep	362.87			
山羊	Goats	1354.73		1005.80	1227.21
猪	**Hogs**	**167.25**		**415.77**	**879.62**

12－24 能繁殖母畜、耕畜及改良畜(2016年，年末数)

Female Parent Stocks, Plow Stocks and Improved Stock(End of 2016)

单位: 万头(只) (10 000 heads)

项 目	Item	能繁殖母畜 Female Parent Stocks	耕 畜 Plow Stocks	良种牲畜 Fine Breed Stocks	改良种牲畜 Improved Stocks
大牲畜和羊合计	**Total Number of Large Animals, Sheep and Goats**	**4255.07**	**61.30**	**2457.31**	**3263.83**
大牲畜	Large Animals	487.15	61.30	290.93	442.98
牛	Cattles	403.83	10.74	236.61	359.60
马	Horses	36.21	9.85	22.96	29.50
驴	Donkeys	39.95	28.26	21.76	53.50
骡	Mules		12.32		
骆驼	Camels	7.16	0.13	9.60	0.38
羊	Sheep and Goats	3767.92		2166.39	2820.85
绵羊	Sheep	2797.02		1498.40	2108.29
山羊	Goats	970.90		667.98	712.56
猪	**Hogs**	**94.92**		**223.55**	**380.79**

12－25 主要畜禽产品产量

Output of Major Livestock and Poultry

项 目	Item	2015	2016
当年出栏肉猪头数(万头)	Annual Number of Sold Fatten Hogs (10 000head)	898.45	909.24
当年出栏和自宰的肉用牛(万头)	Annual Number of Sold and Killed Meat Cattles (10 000head)	326.37	339.75
当年出售和自宰的肉用羊(万只)	Annual Numberof Sold and Killed Mutton Goats and Sheep (10 000head)	5596.30	5971.25
当年肉类总产量(吨)	Annual Output of Meat (ton)	2457061	2588939
# 猪肉产量(吨)	Pork (ton)	708078	720823
牛肉产量(吨)	Beef (ton)	528950	555926
羊肉产量(吨)	Mutton (ton)	925918	989806
奶类产品(吨)	Milks (ton)	8122382	7377086
# 牛 奶(吨)	Cow Millk (ton)	8032000	7341248
山羊毛产量(吨)	Goat Wool (ton)	18643	18691
山羊粗毛(吨)	Goat Wool (ton)	10262	10193
山羊绒产量(吨)	Cashmere (ton)	8380	8498
绵羊毛产量(吨)	Sheep Wool (ton)	127187	132925
蜂蜜产量(吨)	Honey (ton)	4395	5124
禽蛋产量(吨)	Poultry Eggs (ton)	564000	580000
年末实有家禽(万只)	Number of Poultry at Yearend (10 000 heads)	4580.70	4850.96
年内牛皮产量(万张)	Annual Output of Cattle Skin (10 000 units)	314.40	340.85
绵羊皮产量(万张)	Output of Sheep Skin (10 000 units)	4383.39	4860.45
山羊皮产量(万张)	Output of Goat Skin (10 000 units)	1160.86	1142.74
驼绒产量(吨)	Output of Fine Hair of Camel (ton)	460	526
出售肉类总量(吨)	Products of Sold Meat (ton)	2264740	2412786
# 出售猪肉(吨)	Pork (ton)	610518	633101
出售牛肉(吨)	Beef (ton)	515984	535942
出售羊肉(吨)	Mutton (ton)	848954	950344
出售牛羊奶数量(吨)	Products of Sold Milk (ton)	8021084	6840317
出售羊毛数量(吨)	Products of Sold Wool of Sheep and Goats (ton)	133495	127239
出售家禽只数(万只)	Number of Sold Poultry (10 000 heads)	10749	11049
水 产 品(吨)	Aquatic Products (ton)	153525	158298

主要统计指标解释

农林牧渔业总产值 指以货币表现的农、林、牧、渔业全部产品的总量，它反映一定时期内农业生产总规模和总成果。农业总产值的计算方法通常是按农林牧渔业产品及其副产品的产量分别乘以各自单位产品价格求得；少数生产周期较长，当年没有产品或产品产量不易统计的，则采用间接方法匡算其产值；然后将四业产品产值相加即为农业总产值。

粮食产量 指全社会的产量。包括国有经济经营的、集体统一经营的和农民家庭经营的粮食产量，还包括工矿企业办的农场和其他生产单位的产量。粮食除包括稻谷、小麦、玉米、高粱、谷子及其他杂粮外，还包括薯类和豆类。其产量计算方法，豆类按去豆荚后的干豆计算；薯类(包括甘薯和马铃薯，不包括芋头和木薯)1963年以前按每4公斤鲜薯折1公斤粮食计算，从1964年开始改为按5公斤鲜薯折1公斤粮食计算。城市郊区作为蔬菜的薯类(如马铃薯等)按鲜品计算，并且不作粮食统计。其他粮食一律按脱粒后的原粮计算。

油料产量 指全部油料作物的生产量。包括花生、油菜籽、芝麻、向日葵籽、胡麻籽(亚麻籽)和其他油料。不包括大豆，木本油料和野生油料。花生以带壳干花生计算。

水产品产量 指人工养殖的水产品和天然生长的水产品的捕捞量。包括海水的鱼类、虾蟹类、贝类和藻类以及内陆水域的鱼类、虾蟹类和贝类，不包括淡水生植物。

猪、牛、羊肉产量 指当年出栏并已屠宰、除去头蹄下水后带骨肉(即胴体重)的重量。

牲畜总增头数 是反映牲畜的总体增长情况、牲畜头数增殖情况和死亡损失情况的一项数量指标，以大畜、小畜和猪分畜种计算。

总增头数=期内繁殖成活仔畜头数—期内成幼畜死亡头数

期末牲畜存栏头数 指调查期末农村各种合作经济组织和国营农场，农民个人，机关、团体、学校、工矿企业，部队等单位以及城镇居民饲养的大牲畜、猪、羊的存栏头数。

耕地面积 指可以用来种植农作物、经常进行耕锄的田地，包括熟地、当年新开荒地、连续撂荒未满三年的耕地和当年的休闲地(轮歇地)，还包括以种植农作物为主并附带种植桑树、茶树、果树和其他林木的土地，以及沿海、沿湖地区已围垦利用的“海涂”、“湖田”等面积。不包括属于专业性的桑园、茶园、果园、果木苗圃、林地、芦苇地、天然或人工草地面积。

农作物播种面积 指实际播种或移植有农作物的面积。凡是实际种植有农作物的面积，不论种植在耕地上还是种植在非耕地上，均包括在农作物播种面积中。在播种季节基本结束后，因遭灾而重新改种和补种的农作物面积，也包括在内。

有效灌溉面积 指具有一定的水源，地块比较平整，灌溉工程或设备已经配套，在一般年景下当年能够进行正常灌溉的耕地面积。

农用化肥施用量 指本年内实际用于农业生产的化肥数量，包括氮肥、磷肥、钾肥和复合肥。化肥施用量要求按折纯量计算数量。折纯量是把氮肥、磷肥、钾肥分别按含氮、含五氧化二磷、含氧化钾的百分之一百成份进行折算后的数量。复合肥按其所含主要成分折算。

农业机械总动力 指主要用于农、林、牧、渔业的各种动力机械的动力总和。包括耕作机械、排灌机械、收获机械、农用运输机械、植物保护机械、牧业机械、林业机械、渔业机械和其他农业机械[内燃机按引擎马力折成瓦(特)计算、电动机按功率折成瓦(特)计算]。不包括专门用于乡、镇、村、组办工业、基本建设、非农业运输、科学试验和教学等非农业生产方面用的动力机械与作业机械。

农林牧渔业劳动力 指全社会直接参加农林牧渔业生产活动的劳动力。

Explanatory Notes on Main Statistical Indicators

Gross Output Value of Farming, Forestry, Animal Husbandry and Fishery refers to the total value of products of farming, forestry, animal husbandry and fishery, which reflects the total scale and result of agricultural production during a given period. Gross output value of agriculture is obtained by first multiplying the output of each product or by product by its price, resulting in the output value of each single item. For a small number of products, annual output of which is not available or difficult to get due to the long production growing process involved, the output value is estimated through an indirect approach. The sum of output value of all products of farming, forestry, animal husbandry, and fishery is then equal to the gross output value of agriculture.

Grain Yield refers to the yield in the whole country including grains produced by state farms, collective units, industrial enterprises and mines. Grain includes rice, wheat, corn, sorghum, millet and other miscellaneous grains as well as tubers and beans. Output of beans refers to dry beans without pods. The output of tubers (sweet potatoes and potatoes, not including taros and cassava) was converted into that of grain at the ratio 4:1, i. e. 4 kilograms of fresh tubers was equivalent to 1 kilogram of grain up to 1963. Since 1964 the ratio for conversion has been 5:1. Tubers supplied as vegetables (such as potatoes) in cities and suburbs are calculated as fresh vegetables and their output is not included in the output of grain . Output of all other grains refers to husked grain.

Yield of Oil – bearing Crops refers to the total yield of oil bearing crops of various kinds, including peanuts, (dry, in shell) rape seeds, sesame, sunflower seeds, flax seeds, and other oil bearing crops, Soybeans, oil bearing woody plants, and wild oil bearing crops are not included.

Output of Aquatic Products refers to catches of both artificially cultured and naturally grown aquatic products, including fish, shrimps, crabs and shellfish in sea and inland water as well as seaweed. Freshwater plants are not included.

Output of pork, Beef, and Mutton refers to the meat of slaughtered hogs, cattle, sheep and goats with head, feet, and offal taken away.

Total Number of Livestock Added is a kind of numeral index which reflects the total statistics of increase, breeding and death of livestock, it is calculated at different kinds of livestock.

Total Number of Livestock Added = Survival Number of Newborn Livestock in the given Period – Death Number of Livestock

Number of Livestock in stock at Beginning(or End) refers to the total number of large animals, pigs, sheep, etc. raised by rural cooperative organizations, state farms, rural individuals, government agencies, schools, industrial and mining enterprises, army, and urban residents at the beginning(or end) of the reference period.

Cultivated Area (Area under cultivation) refers to farmland which is plowed constantly for growing crops, including cultivated land, newly cultivated land in the current year, farmland left without cultivation for less than three years and fallow land in the current year, rotation land, rotation land of grass and crops, farmland with some fruit trees, mulberry trees and other trees and cultivated seashore land, lake land and etc. The land of mulberry fields, tea plantations, orchards, nurseries of young plants, forestland, reed land, natural and manmade grassland and other land are not included in cultivated land.

Sown Area of Crops refers to area of land sown or transplanted with crops regardless of being in cultivated area or non – cultivated area. Area of land re sown due to natural disasters is also included.

Irrigated Area refers to areas that are effectively irrigated, i. e. level land which has water source and complete sets of irrigation facilities to lift and move adequate water for irrigation purpose under normal conditions.

Consumption of Chemical Fertilizers in Agriculture refers to the quantity of chemical fertilizers applied in agriculture in the year, including nitrogenous fertilizer, phosphate fertilizer, potash fertilizer, and compound fertilizer. The consumption of chemical fertilizers is required in calculation to convert the gross weight into weight containing 100% effective component. Compound fertilizer is converted with its major component.

Total Power of Farm Machinery refers to total mechanical power of machinery used in farming, forestry, animal husbandry, and fishery, including ploughing, irrigation and drainage, harvesting, transport, plant protection, stock breeding, forestry and fishery. The power of internal combustion engines is required to convert horsepower into watts and the power of electric motors is required to be converted into watts. Machinery employed for non – agricultural purposes, such as the machines used in township run and village run industry, construction, non agricultural transport, scientific experiments and teaching, is excluded.

Labour Force Engaged in Farming, Forestry, Animal Husbandry and Fishery refers to the total laborers who are directly engaged in production of farming, forestry, animal husbandry and fishery.

十三、工业

Industry

资料整理：张恩铭　马芸芸　侯琰文　张路
Arranged By Zhang Enming , Ma Yunyun , Hou Yanwen , Zhang Lu

13-1 工业企业单位数和工业总产值

Number of Industrial Enterprises and Gross Industrial Output Value by Ownership

项 目	Item	2000	2005	2010	2014
企业单位数(个)	**Number of Industrial Enterprises(unit)**	**147769**	**130898**	**122718**	**119659**
在总计中:	Of the Total:				
国有及国有控股企业	State-owned Enterprises(including enterprises with controlling share hold by the state)	757	525	517	661
在总计中:	Of the Total:				
轻工业	Light Industry	97464	81391	75631	73629
重工业	Heavy Industry	50305	49507	47087	46030
在总计中:	Of the Total:				
国有企业	State-owned Enterprises	545	353	228	129
集体企业	Collective-owned Enterprises	3874	1207	1933	1835
个体企业	Individual-owned Enterprises	133421	119446	104305	
其他经济类型企业	Enterprises of Other Types of Ownership	9929	9892	16252	
#股份制经济	Share-holding Corporations	371	2382	2762	2627
外商及港澳台商投资企业	Enterprises Funded by Foreigners or by Entrepreneurs from Hong Kong, Macao and Taiwan	90	245	221	172
工业总产值(亿元)	**Gross Industrial Output Value (100 million yuan)**	**1202.85**	**3861.58**	**16020.00**	**23820.79**
在总计中:	Of the Total:				
国有及国有控股企业	State-owned Enterprises(including enterprises with controlling share hold by the state)	636.95	1684.26	4455.52	6327.41
在总计中:	Of the Total:				
轻工业	Light Industry	464.26	1171.70	4645.80	6908.03
重工业	Heavy Industry	738.59	2689.88	11374.20	16912.76
在总计中:	Of the Total:				
国有企业	State-owned Enterprises	245.68	415.17	1393.64	805.31
集体企业	Collective-owned Enterprises	65.64	60.94	206.59	280.56
个体企业	Individual-owned Enterprises	245.29	405.69	1269.10	
其他经济类型企业	Enterprises of Other Types of Ownership	646.24	2979.78	13150.67	
#股份制经济	Share-holding Corporations	410.35	1927.37	9264.92	12804.84
外商及港澳台商投资企业	Enterprises Funded by Foreigners or by Entrepreneurs from Hong Kong, Macao and Taiwan	58.10	358.39	1180.70	1247.36

注:工业总产值按核算口径工业总产出计算。

a) The gross industrial output value is calculated at gross industrial output of national accounts.

13 -2 工业总产值

Gross Industrial Output Value

本表按当年价计算。

Data in this table are calculated at current prices.

单位:亿元 (100 million yuan)

年份 Year	工业 总产值 Total Industry	按轻重工业分 Grouped by Light & Heavy Industry		按经济类型分 Grouped by Ownership			
		轻工业 Light Industry	重工业 Heavy Industry	国有及国有控股企业 State - owned or Controlling Share Hold Industry	集体企业 Collective - owned Industry	个体企业 Individual - Owned Industry	其他经济类型企业 Industry of Other Types of Ownership
1965	26.79	9.61	17.18	24.15	2.60	0.03	
1970	27.80	8.85	18.95	25.16	2.64		
1975	36.89	15.28	21.61	30.22	6.67		
1978	52.96	22.05	30.91	40.89	10.78		
1979	57.40	23.90	33.50	44.32	11.68		
1980	59.39	24.58	34.81	46.23	13.13	0.02	0.01
1981	61.76	28.41	33.35	49.10	12.60	0.04	0.02
1982	73.73	31.45	42.28				
1983	81.53	34.06	47.47	65.76	15.62	0.13	0.03
1984	90.02	36.99	53.03	75.57	17.09	0.35	0.02
1985	112.93	45.78	67.15	91.86	20.38	0.65	0.04
1986	126.46	52.69	73.77	97.87	25.67	2.84	0.07
1987	150.84	64.10	86.74	115.86	30.93	3.94	0.11
1988	193.86	86.41	107.45	144.60	42.21	6.76	0.28
1989	243.13	105.31	137.82	178.22	55.03	9.20	0.68
1990	263.33	108.51	154.82	193.14	57.69	11.55	0.94
1991	304.43	108.98	195.45	233.55	55.15	13.03	2.70
1992	363.72	128.81	234.91	276.33	67.11	15.98	4.30
1993	470.36	141.87	328.49	371.91	70.25	20.77	7.42
1994	522.10	169.98	352.12	392.39	94.14	24.44	11.13
1995	626.52	215.92	410.61	389.89	121.40	63.86	51.37
1996	745.56	293.21	452.35	454.64	145.67	78.81	66.45
1997	872.30	347.20	525.10	505.74	162.26	116.68	87.62
1998	942.08	371.08	571.00	472.70	162.87	176.56	129.95
1999	1055.13	383.65	671.48	559.69	87.03	206.43	201.97
2000	1202.85	464.26	738.59	636.95	65.64	245.29	254.97
2001	1347.19	536.76	810.43	689.16	53.92	269.87	334.24
2002	1535.80	614.38	921.42	767.98	61.46	307.63	398.73
2003	1935.11	754.71	1180.40	849.26	77.44	387.60	620.81
2004	2805.21	893.21	1912.00	1182.28	52.38	358.06	1212.50
2005	3861.58	1171.70	2689.88	1684.26	60.94	405.69	1710.69
2006	5201.12	1506.72	3694.40	1972.38	67.07	477.35	2684.32
2007	7143.37	2069.37	5074.00	2708.92	92.12	655.61	3686.72
2008	9894.76	2869.48	7025.28	3858.96	127.60	908.18	5000.02
2009	12707.52	3685.18	9022.34	4955.94	163.87	1166.35	6421.36
2010	16020.00	4645.80	11374.20	4455.52	206.59	1269.10	10088.79
2011	20472.95	6141.89	14331.06	5659.20	270.54	1494.99	13048.22
2012	21933.29	6579.99	15353.30	6102.94	285.13	1591.13	13954.09
2013	24137.53	6951.61	17185.92	6505.30	301.20	1690.49	15640.54
2014	23820.79	6908.03	16912.76	6327.41	280.56		
2015	23424.87	6793.21	16631.66	5623.66	275.90		
2016	23482.50	6809.92	16672.58	5750.84	276.58		

注:工业总产值按核算口径工业总产出计算。

a) The gross industrial output value is calculated at gross industrial output of national accounts.

13-3 工业总产值指数

Indices of Gross Industrial Output Value

(上年=100) (preceding year = 100)

年份 Year	工业总产值 Total Industry	按轻重工业分 Grouped by Light & Heavy Industry		按经济类型分 Grouped by Ownership			
		轻工业 Light Industry	重工业 Heavy Industry	国有及国有控股企业 State-owned or Controlling Share Hold Industry	集体企业 Collective-owned Industry	个体企业 Individual-Owned Industry	其他经济类型企业 Industry of Other Types of Ownership
1979	106.7	101.5	110.3	108.4	112.9		
1980	104.8	112.3	99.9	104.0	107.5		
1981	100.6	110.9	92.9	102.7	92.8	191.7	300.0
1982	115.1	107.9	121.1	114.9	115.5	200.5	96.7
1983	109.6	108.4	110.5	110.3	106.3	173.2	120.0
1984	108.1	107.4	108.6	108.0	107.1	252.9	87.0
1985	116.6	116.8	116.6	113.9	93.6	444.7	157.5
1986	109.6	112.8	107.2	107.7	146.0	168.3	188.7
1987	112.5	115.6	110.0	111.5	113.5	130.8	136.2
1988	113.9	116.1	112.2	110.7	121.1	152.1	229.2
1989	112.6	107.7	116.7	110.7	117.0	122.1	217.9
1990	104.1	102.8	105.0	104.1	100.7	120.7	134.0
1991	108.1	108.1	108.0	106.4	107.8	138.4	156.1
1992	111.3	108.0	113.5	107.9	118.4	133.8	148.5
1993	113.8	106.0	117.2	105.1	124.5	143.9	272.5
1994	114.0	118.0	113.2	103.7	122.1	142.0	295.0
1995	112.0	115.5	111.0	107.2	97.0	186.8	126.3
1996	111.5	112.5	110.1	101.6	124.6	158.9	161.1
1997	115.0	117.2	112.0	101.5	118.0	127.4	140.0
1998	110.0	109.7	110.4	106.5	86.6	114.8	145.3
1999	111.0	117.2	105.9	109.6	91.3	111.1	123.6
2000	112.0	120.7	106.8	106.7	67.2	125.5	135.6
2001	111.1	114.1	108.6	106.3	76.6	110.3	125.4
2002	114.0	116.8	112.5	115.1	108.4	112.4	137.4
2003	125.0	123.6	125.9	109.1	119.9	108.3	146.1
2004	129.7	127.5	130.8	126.2	68.0	93.1	149.6
2005	130.7	126.0	133.2	134.7	113.4	111.0	133.6
2006	132.1	126.1	134.7	122.6	126.9	115.4	153.9
2007	127.8	122.3	130.1	125.0	129.6	129.9	141.1
2008	123.1	113.7	125.5	117.0	133.5	125.7	136.9
2009	120.6	123.4	119.8	113.5	118.7	131.8	121.9
2010	118.8	116.6	119.3	119.6	114.3	128.5	118.9
2011	119.0	112.5	120.5	112.6	115.7	128.9	119.1
2012	114.8	114.4	114.9	112.4	120.0	125.3	115.2
2013	112.0	111.3	112.2	110.6	110.3	123.2	114.7
2014	110.0	110.6	109.8	103.7	97.2	112.1	110.6
2015	108.6	111.3	108.0	103.2	107.2	110.5	109.4
2016	107.2	105.9	107.5	101.4	100.9	109.8	108.6

注:本表按可比价格计算,以上年为100。

a) Data in this table are calculated at comparable prices, preceding year = 100.

13－4 规模以上工业企业分行业职工人数

Number of Staff & Workers of Industrial Enterprises above Designated Size by Industrial Branch

单位:万人　　　　(10 000 persons)

项 目	Item	2016
总 计	**Total**	**112.90**
按登记注册类型分	**Grouped by Ownership**	
国有	State－owned	5.73
集体	Collective－owned	0.34
其他	Other Ownership	106.83
按行业分	**Grouped by Sector**	
采矿业	**Mining**	**28.61**
煤炭开采和洗选业	Coal Mining & Processing	20.03
石油和天然气开采业	Petroleum & Natural Gas Pumped	0.62
黑色金属矿采选业	Mining & Dressing of Ferrous Metals	2.72
有色金属矿采选业	Mining & Dressing of Nonferrous Metals	3.60
非金属矿采选业	Mining & Dressing of Nonmetal Minerals	1.56
开采辅助活动	Support Activities for Mining	
其他采矿业	Mining of Other Mineral	0.08
制造业	**Manufacturing**	**71.66**
农副食品加工业	Processing of Agricultural Side－Line Food	7.29
食品制造业	Food Manufacturing	5.02
酒、饮料和精制茶制造业	Wine, Beverage and Refined Tea Manufacturing	2.79
烟草制品业	Tobacco Products	0.28
纺织业	Textile Industry	2.49
纺织服装、服饰业	Textile, Apparel Industry	1.06
皮革、毛皮、羽毛及其制品和制鞋业	Leather, Fur, Feathers and Their Products and Footwear	0.26
木材加工和木、竹、藤、棕、草制品业	Timber Processing, Bamboo, Cane, Palm Fiber & Straw Products	1.37
家具制造业	Furniture Manufacturing	0.11
造纸及纸制品业	Paper－making & Paper Products	0.47
印刷和记录媒介复制业	Printing and Record Medium Reproduction	0.26
文教、工美、体育和娱乐用品制造业	Manufacturing of Cultural, Educational & Arts, Crafts & Sports and Entertainment Goods	0.15
石油加工、炼焦和核燃料加工业	Petroleum Processing ,Coke Products & Processing of Nuclear Fuel	4.73
化学原料和化学制品制造业	Raw Chemical Materials & Chemical Products	9.56
医药制造业	Medicine Manufacturing	2.99
化学纤维制造业	Chemical Fiber Manufacturing	0.01
橡胶和塑料制品业	Rubber and Plastic Products	1.09
非金属矿物制品业	Nonmetal Mineral Products	4.80
黑色金属冶炼和压延加工业	Smelting & Pressing of Ferrous Metals	10.26
有色金属冶炼和压延加工业	Smelting & Pressing of Nonferrous Metals	7.01
金属制品业	Metal Products	3.74
通用设备制造业	Manufacturing of General－Purpose Equipment	1.45
专用设备制造业	Special Purposes Equipment Manufacturing	1.11
汽车制造业	Automotive Manufacturing	1.17
铁路、船舶、航空航天和其他运输设备制造业	Railroad,Ships, Aerospace and Other Transportation Equipment Manufacturing	0.21
电气机械和器材制造业	Electric Equipment & Machinery	1.19
计算机、通信和其他电子设备制造业	Manufacturing of Computer , Communications and Other Electronic Equipment	0.50
仪器仪表制造业	Manufacturing of Instrument	0.02
其他制造业	Others	0.01
废弃资源综合利用业	Comprehensive Utilization of Waste Resources	0.18
金属制品、机械和设备修理业	Metal products, Machinery and Equipment Repair	0.08
电力、燃气及水的生产和供应业	**Production & Supply of Electric Power,Gas & Water**	**12.63**
电力、热力生产和供应业	Production & Supply of Electric Power & Heating Power	10.16
燃气生产和供应业	Production & Supply of Gas	1.01
水的生产和供应业	Production & Supply of Water	1.46

注:规模以上工业是指全部年主营业务收入2000万元及以上的工业法人企业(下同)。

a) Industrial enterprises above designated size refer to the industiral enterprises with an annual operating income of over 20 million yuan (The next table is the same).

13－5 规模以上工业企业工业总产值

Gross Industrial Output Value of Industrial Enterprises above Designated Size

单位:万元 (10 000 yuan)

行 业	Item	2016 年工业总产值(现价) Gross Industrial Output Value in 2016 (at current prices)
总 计	**Total**	**207193265**
按经济类型分	**Grouped by Ownership**	
在总计中:	Of the Total:	
国有及国有控股企业	State－owned Enterprises(including with controlling share hold by the state)	57508410
在总计中:	Of the Total:	
集体企业	Collective－owned Enterprises	493654
股份有限公司	Share－holding Corporation	31662922
外商投资企业	Foreign Funded Enterprises	8990270
港澳台商投资企业	Enterprises Funded by Entrepreneurs from Hong Kong, Macao and Taiwan	3788176
按轻重工业分	**Grouped by Light & Heavy Industry**	
轻工业	Light Industry	42990855
重工业	Heavy Industry	164202410
按企业规模分	**Grouped by Size of Enterprises**	
大型企业	Large	56783712
中型企业	Medium－sized	66085850
小型企业	Small	81064911
微型企业	Tiny	3258793
按行业分	**Grouped by Sector**	
煤炭开采和洗选业	Coal Mining & Processing	34007303
石油和天然气开采业	Petroleum & Natural Gas Pumped	7500116
黑色金属矿采选业	Mining & Dressing of Ferrous Metals	6335507
有色金属矿采选业	Mining & Dressing of Nonferrous Metals	6421218
非金属矿采选业	Mining & Dressing of Nonmetal Minerals	2574585
开采辅助活动	Support Activities for Mining	
其他采矿业	Mining of Other Mineral	121520
农副食品加工业	Processing of Agricultural Side－Line Food	18209307
食品制造业	Food Manufacturing	7345986

13－5 续表 1 continued

单位:万元 (10 000 yuan)

行 业	Item	2016 年工业总产值(现价) Gross Industrial Output Value in 2016 (at current prices)
酒、饮料和精制茶制造业	Wine, Beverage and Refined Tea Manufacturing	3332788
烟草制品业	Tobacco Products	979062
纺织业	Textile Industry	4211619
纺织服装、服饰业	Textile, Apparel Industry	958278
皮革、毛皮、羽毛及其制品和制鞋业	Leather, Fur, Feathers and Their Products and Footwear	267418
木材加工和木、竹、藤、棕、草制品业	Timber Processing, Bamboo, Cane, Palm Fiber & Straw Products	2468575
家具制造业	Furniture Manufacturing	235932
造纸和纸制品业	Paper－making & Paper Products	1029124
印刷和记录媒介复制业	Printing and Record Medium Reproduction	235484
文教、工美、体育和娱乐用品制造业	Manufacturing of Cultural, Educational & Arts, Crafts & Sports and Entertainment Goods	420277
石油加工、炼焦和核燃料加工业	Petroleum Processing ,Coke Products & Processing of Nuclear Fuel	6305257
化学原料和化学制品制造业	Raw Chemical Materials & Chemical Products	16280693
医药制造业	Medicine Manufacturing	3411664
化学纤维制造业	Chemical Fiber Manufacturing	7896
橡胶和塑料制品业	Rubber and Plastic Products	1982230
非金属矿物制品业	Nonmetal Mineral Products	8187431
黑色金属冶炼和压延加工业	Smelting & Pressing of Ferrous Metals	16201592

13－5 续表 2 continued

单位:万元 (10 000 yuan)

行 业	Item	2016 年工业总产值(现价) Gross Industrial Output Value in 2016 (at current prices)
有色金属冶炼和压延加工业	Smelting & Pressing of Nonferrous Metals	16762017
金属制品业	Metal Products	5018678
通用设备制造业	Manufacturing of General－Purpose Equipment	2748110
专用设备制造业	Special Purposes Equipment Manufacturing	2291344
汽车制造业	Automotive Manufacturing	1705301
铁路、船舶、航空航天和其他运输设备制造业	Railroad, Ships, Aerospace and Other Transportation Equipment Manufacturing	205963
电气机械和器材制造业	Electric Equipment & Machinery	3378581
计算机、通信和其他电子设备制造业	Manufacturing of Computer, Communications and Other Electronic Equipment	642924
仪器仪表制造业	Manufacturing of Instrument	95363
其他制造业	Others	117479
废弃资源综合利用业	Comprehensive Utilization of Waste Resources	371100
金属制品、机械和设备修理业	Metal products, Machinery and Equipment Repair	17437
电力、热力生产和供应业	Production & Supply of Electric Power & Heating Power	19839529
燃气生产和供应业	Production & Supply of Gas	4524688
水的生产和供应业	Production & Supply of Water	443890

13－6 规模以上工业企业主要经济指标(2016 年)

单位：万元

项 目	Item	企业单位数(个) Number of Enterprises (unit)	工业总产值(现价) Gross Industrial Output Value (at current prices)
总 计	**Total**	**4293**	**207193265**
在总计中：	Of the Total:		
亏损企业	Enterprises at Lose	862	24953698
按轻重分	**Grouped by Light & Heavy Industry**		
轻工业	Light Industry	1244	42990855
重工业	Heavy Industry	3049	164202410
按行业分	**Grouped by Sector**		
采矿业	Mining	757	56960249
制造业	Manufacturing	2943	125424909
电力、燃气及水的生产和供应业	Production & Supply of Electric Power, Gas & Water	593	24808107
按企业规模分	**Grouped by Size of Enterprises**		
大型企业	Large	135	56783712
中型企业	Medium sized	625	66085850
小型企业	Small	3165	81064911
微型企业	tiny	368	3258793
按登记注册类型分组	**Grouped by Registration Status**		
内资企业	Domestic－funded Enterprise	4138	194414819
国有企业	State－owned Enterprises	72	5792257
中央企业	Central Enterprises	22	4069018
地方企业	Local Enterprises	50	1723239
集体企业	Collective－owned Enterprises	26	493654
股份合作企业	Cooperative Enterprises	4	86154
联营企业	Joint Ownership Enterprises		
国有联营企业	State joint Ownership Enterprises		
集体联营企业	Collective Joint Ownership Enterprises		
国有与集体联营企业	Joint State Collective Enterprises		
其他联营企业	Other Joint Ownership Enterprises		
有限责任公司	Limited Liability Corporations	2102	103562942
国有独资公司	Exclusive State－funded Limited Liability Corporations	172	19255417
股份有限公司	Share－holding Corporations Ltd.	182	26514387
私营企业	Private Enterprises	1740	57186032
其他企业	Other Enterprises	12	779393
港澳台商投资企业	Enterprises Funded by Entrepreneurs from Hong Kong, Macao and Taiwan	66	3788176
外商投资企业	Enterprises Funded by Foreigners	89	8990270

Main Indicators of Industrial Enterprises above Designated Size(2016)

(10 000 yuan)

资产合计 Total Assets	流动资产合计 Circulating Funds	固定资产原价 Original Value of Fixed Assets	流动负债合计 Liquid Liabilities	非流动负债合计 Non – Liquid Liabilities
308057998	**100671331**	**202484553**	**119400546**	**61733580**
86793814	26502751	49641567	43507445	21994136
32898272	13875930	19224154	12966103	2788916
275159727	86795401	183260400	106434443	58944664
79518254	27419335	43635025	23287306	15846915
149820254	55502591	88314982	68106909	19895348
78719490	17749405	70534546	28006331	25991317
127854956	41562000	82376490	51327923	26229233
97406185	31983298	61482398	36666620	20368183
71354934	24609105	53641856	28119749	11956886
11441924	2516927	4983809	3286254	3179278
280169670	92523312	185104149	110441976	55762478
19271341	5069149	10689185	4860745	4583557
15824316	3907998	8740676	3987744	3661861
3447025	1161151	1948509	873002	921696
173390	89337	88117	73655	2366
103034	8235	2507	3613	
174329145	55483668	124327855	71091815	40184741
46383255	15420599	38460432	17853127	15099060
45934797	14519141	25648019	17007519	7227895
40040476	17216582	24258312	17347769	3749786
317487	137199	90155	56860	14134
7316760	1982347	5215722	2508025	1124516
20571569	6165671	12164682	6450546	4846586

13－6 续表

单位：万元

项 目	Item	所有者权益 Creditors Equity	实收资本 Total Capital Hold
总 计	**Total**	**114849534**	**80818586**
在总计中：	Of the Total:		
亏损企业	Enterprises at Lose	16989513	29363629
按轻重分	**Grouped by Light & Heavy Industry**		
轻工业	Light Industry	16193926	5626281
重工业	Heavy Industry	98655608	75192305
按行业分	**Grouped by Sector**		
采矿业	Mining	38096008	11323753
制造业	Manufacturing	54373026	42106468
电力、燃气及水的生产和供应业	Production & Supply of Electric Power, Gas & Water	22380500	27388365
按企业规模分	**Grouped by Size of Enterprises**		
大型企业	Large	49716191	25187146
中型企业	Medium－sized	34807922	17002111
小型企业	Small	27590688	27093064
微型企业	tiny	2734733	11536265
按登记注册类型分组	**Grouped by Registration Status**		
内资企业	Domestic funded Enterprise	103301039	75901645
国有企业	State－owned Enterprises	7639487	3109931
中央企业	Central Enterprises	6390450	2563210
地方企业	Local Enterprises	1249037	546721
集体企业	Collective－owned Enterprises	83748	36102
股份合作企业	Cooperative Enterprises	94340	14019
联营企业	Joint Ownership Enterprises		
国有联营企业	State joint Ownership Enterprises		
集体联营企业	Collective Joint Ownership Enterprises		
国有与集体联营企业	Joint State Collective Enterprises		
其他联营企业	Other Joint Ownership Enterprises		
有限责任公司	Limited Liability Corporations	57624680	56645548
国有独资公司	Exclusive State－funded Limited Liability Corporations	12627047	9394157
股份有限公司	Share－holding Corporations Ltd.	21031858	8902409
私营企业	Private Enterprises	16604227	7117682
其他企业	Other Enterprises	222700	75955
港澳台商投资企业	Enterprises Funded by Entrepreneurs from Hong Kong, Macao and Taiwan	2588233	2128494
外商投资企业	Enterprises Funded by Foreigners	8960262	2788447

continued

(10 000 yuan)

主营业务收入 Revenues of Main Business	主营业务成本 Cost of Main Business	利润总额 Total Profits	营业利润 Business prifits
200552706	**167099455**	**12448973**	**13582237**
22859788	22440186	-4471654	-4221277
42679352	35065520	3077106	3574549
157873354	132033934	9371867	10007688
55651000	42783782	6510816	6806617
120877194	102819379	5246341	6383301
24024512	21496294	691816	392319
57460369	46369756	3154849	3103632
63147406	53058863	4312750	4439504
76899111	65206315	4704852	5740755
3045821	2464520	276522	298346
185406198	155203707	11274338	12339164
5330071	4698811	-315391	-321317
3662746	3448617	-486443	-495311
1667325	1250194	171052	173995
447535	381685	27816	36503
83024	65599	9231	9260
96447527	81074198	4918545	5287944
16472997	14362220	259357	37471
27140152	21698541	2761133	2579830
55167595	46688702	3739782	4613489
790294	596171	133223	133454
3335088	2707278	216493	239346
11811420	9188469	958141	1003728

13－7 国有及国有控股工业企业主要经济指标（2016 年）

单位：万元

项 目	Item	企业单位数(个) Number of Enterprises (unit)	工业总产值(现价) Gross Industrial Output Value (at curent prices)
总 计	**Total**	**678**	**57508410**
在总计中:亏损企业	Of the Total:Enterprises at Lose	213	10929746
在总计中:轻工业	Of the Total:Light Industry	77	2996339
重工业	Heavy Industry	601	54512071
在总计中:	Of the Total:		
采矿业	Mining	87	13320966
制造业	Manufacturing	232	25420006
电力、燃气及水的生产和供应业	Production & Supply of Electric Power, Gas & Water	359	18767438
在总计中:	Of the Total:		
大型企业	Large	70	28973943
中型企业	Medium－sized	192	19339296
小型企业	Small	323	8603168
微型企业	Tiny	93	592003

13－7 续表

单位:万元

项 目	Item	所有者权益 Creditors Equity	实收资本 Total Capital Hold
总 计	**Total**	**51801793**	**34191908**
在总计中:亏损企业	Of the Total:Enterprises at Lose	9583435	11384472
在总计中:轻工业	Of the Total:Light Industry	2012391	925686
重工业	Heavy Industry	49789402	33266222
在总计中:	Of the Total:		
采矿业	Mining	16592149	5411427
制造业	Manufacturing	17433149	15148901
电力、燃气及水的生产和供应业	Production & Supply of Electric Power, Gas & Water	17776495	13631579
在总计中:	Of the Total:		
大型企业	Large	27869579	16881788
中型企业	Medium－sized	14308771	9249717
小型企业	Small	8195222	6204850
微型企业	Tiny	1428221	1855553

Main Indicators on Economic Benefit of State - owned and State Holding Majority Shares Industrial Enterprises(2016)

(10 000 yuan)

资产合计 Total Assets	流动资产合计 Circulating Funds	固定资产原价 Original Value of Fixed Assets	流动负债合计 Liquid Liabilities	非流动负债合计 Non - Liquid Liabilities
158891486	**43486318**	**116417301**	**63604839**	**38621406**
55842549	14432228	36426190	27492690	16706933
4168321	2063942	2198927	1442444	692795
154723165	41422376	114218374	62162395	37928611
31268174	9218911	17775366	9367669	4892149
62227160	20141412	36646765	30957986	11051600
65396152	14125995	61995169	23279185	22677657
75763033	23687098	52802054	33171320	14361133
50704898	13497429	37568347	19750237	14484457
24772541	5117548	22779057	8647585	7330683
7651014	1184244	3267843	2035697	2445133

continued

(10 000 yuan)

主营业务收入 Revenues of Main Business	主营业务成本 Cost of Main Business	利润总额 Total Profits	营业利润 Business prifits
53216739	**44805824**	**658087**	**455971**
10254190	10606944	-3583179	-3468110
2740479	1691738	176564	159047
50476259	43114086	481523	296924
11036173	8188161	842467	909474
24124889	20316093	-500142	-526639
18055677	16301570	315763	73136
26598344	21500517	370188	343851
18066418	16370263	-339518	-465950
8054925	6608428	559141	488340
497052	326616	68276	89730

13－8 规模以上工业企业分行业主要经济指标(2016 年)

单位：万元

项 目	Item	企业单位数(个) Number of Enterprises (unit)	工业总产值(现价) Gross Industrial Output Value (at curent prices)
总计	**Total**	**4293**	**207193265**
采矿业	**Mining**	**757**	**56960249**
煤炭开采和洗选业	Coal Mining & Processing	373	34007303
石油和天然气开采业	Petroleum & Natural Gas Pumped	13	7500116
黑色金属矿采选业	Mining & Dressing of Ferrous Metals	142	6335507
有色金属矿采选业	Mining & Dressing of Nonferrous Metals	107	6421218
非金属矿采选业	Mining & Dressing of Nonmetal Minerals	117	2574585
开采辅助活动	Support Activities for Mining		
其他采矿业	Mining of Other Mineral	5	121520
制造业	**Manufacturing**	**2943**	**125424909**
农副食品加工业	Processing of Agricultural Side－Line Food	594	18209307
食品制造业	Food Manufacturing	129	7345986
酒、饮料和精制茶制造业	Wine, Beverage and Refined Tea Manufacturing	121	3332788
烟草制品业	Tobacco Products	2	979062
纺织业	Textile Industry	106	4211619
纺织服装、服饰业	Textile, Apparel Industry	47	958278
皮革、毛皮、羽毛及其制品和制鞋业	Leather, Fur, Feathers and Their Products and Footwear	12	267418
木材加工和木、竹、藤、棕、草制品业	Timber Processing, Bamboo, Cane, Palm Fiber & Straw Products	104	2468575
家具制造业	Furniture Manufacturing	7	235932
造纸及纸制品业	Paper－making & Paper Products	25	1029124
印刷和记录媒介复制业	Printing and Record Medium Reproduction	21	235484
文教、工美、体育和娱乐用品制造业	Manufacturing of Cultural, Educational & Arts, Crafts & Sports and Entertainment Goods	6	420277
石油加工、炼焦和核燃料加工业	Petroleum Processing ,Coke Products & Processing of Nuclear Fuel	44	6305257
化学原料和化学制品制造业	Raw Chemical Materials & Chemical Products	314	16280693
医药制造业	Medicine Manufacturing	75	3411664
化学纤维制造业	Chemical Fiber Manufacturing	1	7896
橡胶和塑料制品业	Rubber and Plastic Products	96	1982230
非金属矿物制品业	Nonmetal Mineral Products	393	8187431
黑色金属冶炼和压延加工业	Smelting & Pressing of Ferrous Metals	233	16201592
有色金属冶炼和压延加工业	Smelting & Pressing of Nonferrous Metals	173	16762017
金属制品业	Metal Products	105	5018678
通用设备制造业	Manufacturing of General－Purpose Equipment	89	2748110
专用设备制造业	Special Purposes Equipment Manufacturing	81	2291344
汽车制造业	Automotive Manufacturing	35	1705301
铁路、船舶、航空航天和其他运输设备制造业	Railroad,Ships, Aerospace and Other Transportation Equipment Manufacturing	7	205963
电气机械和器材制造业	Electric Equipment & Machinery	84	3378581
计算机、通信和其他电子设备制造业	Manufacturing of Computer , Communications and Other Electronic Equipment	14	642924
仪器仪表制造业	Manufacturing of Instrument	4	95363
其他制造业	Others	4	117479
废弃资源综合利用业	Comprehensive Utilization of Waste Resources	15	371100
金属制品、机械和设备修理业	Metal products, Machinery and Equipment Repair	2	17437
电力、燃气及水的生产和供应业	**Production & Supply of Electric Power,Gas & Water**	**593**	**24808107**
电力、热力生产和供应业	Production & Supply of Electric Power & Heating Power	505	19839529
燃气生产和供应业	Production & Supply of Gas	47	4524688
水的生产和供应业	Production & Supply of Water	41	443890

Main Indicators of Industrial Enterprises above Designated Size by Industrial Branch(2016)

(10 000 yuan)

资产合计 Total Assets	流动资产合计 Circulating Funds	固定资产原价 Original Value of Fixed Assets	流动负债合计 Liquid Liabilities	非流动负债合计 Non - Liquid Liabilities
308057998	**100671331**	**202484553**	**119400546**	**61733580**
79518254	**27419335**	**43635025**	**23287306**	**15846915**
65081707	22298968	32330127	18542399	14401185
2796718	905935	2074935	238834	386112
4670219	1957223	4956673	1994364	311840
5630273	1763051	3214076	1952572	602687
1279395	479025	1024422	543502	145066
59942	15133	34793	15636	25
149820254	**55502591**	**88314982**	**68106909**	**19895348**
7378977	3097724	5463062	2359741	470449
9714114	3944369	3502621	4272405	515894
2792326	1183003	1606450	1056133	244416
723910	544370	295727	187967	689
4055898	1582031	3158710	1632261	631643
483658	324329	340433	227948	21005
90663	41272	90381	23109	172
1046452	592214	811439	320239	11173
68385	18921	65042	26769	
502920	300491	462971	254968	1375
144163	57909	89717	42154	2329
56803	35214	16100	12727	1343
9855678	3250491	6875789	4277448	2877733
32719650	8130002	20593935	12554605	7462828
3632187	1386674	2421514	1822131	197091
3666	1970	1441	610	2406
1076910	461531	737095	312881	11023
8161648	3535511	5124542	4576773	462287
31883562	11235298	16554430	17453845	2957632
16568422	6185576	11827154	7568567	2281598
4993054	2967185	1988894	2503128	729141
1471022	817292	774150	754615	20160
1741744	945721	904622	618498	27956
3999919	1859200	1530222	2921020	559214
421567	281648	124187	149598	30
2273651	1336690	934891	1235884	62849
3801820	1302237	1125532	849421	342256
12570	8594	3916	3536	657
8972	6617	3602	4286	
93231	38686	877141	53227	
42713	29821	9272	30418	
78719490	**17749405**	**70534546**	**28006331**	**25991317**
70199856	15633960	65438570	23574960	24508820
5958728	1135596	3687963	3626874	731501
2560905	979849	1408013	804498	750996

13-8 续表

单位:万元

行 业	Item	所有者权益 Creditors Equity	实收资本 Total Capital Hold
总计	**Total**	**114849534**	**80818586**
采矿业	**Mining**	**38096008**	**11323753**
煤炭开采和洗选业	Coal Mining & Processing	30420628	8145279
石油和天然气开采业	Petroleum & Natural Gas Pumped	2114973	1150508
黑色金属矿采选业	Mining & Dressing of Ferrous Metals	2122819	783935
有色金属矿采选业	Mining & Dressing of Nonferrous Metals	2849612	1054856
非金属矿采选业	Mining & Dressing of Nonmetal Minerals	544481	173421
开采辅助活动	Support Activities for Mining		
其他采矿业	Mining of Other Mineral	43497	15754
制造业	**Manufacturing**	**54373026**	**42106468**
农副食品加工业	Processing of Agricultural Side - Line Food	4146439	1404348
食品制造业	Food Manufacturing	4803144	1481986
酒、饮料和精制茶制造业	Wine, Beverage and Refined Tea Manufacturing	1373285	624486
烟草制品业	Tobacco Products	535255	134616
纺织业	Textile Industry	1693423	295163
纺织服装、服饰业	Textile, Apparel Industry	213681	115238
皮革、毛皮、羽毛及其制品和制鞋业	Leather, Fur, Feathers and Their Products and Footwear	62529	26024
木材加工和木、竹、藤、棕、草制品业	Timber Processing, Bamboo, Cane, Palm Fiber & Straw Products	703815	144867
家具制造业	Furniture Manufacturing	41616	6997
造纸及纸制品业	Paper - making & Paper Products	232921	109468
印刷和记录媒介复制业	Printing and Record Medium Reproduction	84058	17660
文教、工美、体育和娱乐用品制造业	Manufacturing of Cultural, Educational & Arts, Crafts & Sports and Entertainment Goods	42647	5263
石油加工、炼焦和核燃料加工业	Petroleum Processing ,Coke Products & Processing of Nuclear Fuel	1739570	2142692
化学原料和化学制品制造业	Raw Chemical Materials & Chemical Products	10172919	8542925
医药制造业	Medicine Manufacturing	1551743	836562
化学纤维制造业	Chemical Fiber Manufacturing	650	235
橡胶和塑料制品业	Rubber and Plastic Products	723337	255879
非金属矿物制品业	Nonmetal Mineral Products	2617995	1548459
黑色金属冶炼和压延加工业	Smelting & Pressing of Ferrous Metals	10436431	6731685
有色金属冶炼和压延加工业	Smelting & Pressing of Nonferrous Metals	5707862	13890639
金属制品业	Metal Products	1652522	851409
通用设备制造业	Manufacturing of General - Purpose Equipment	612426	302355
专用设备制造业	Special Purposes Equipment Manufacturing	1018934	298321
汽车制造业	Automotive Manufacturing	416827	544708
铁路、船舶、航空航天和其他运输设备制造业	Railroad, Ships, Aerospace and Other Transportation Equipment Manufacturing	268710	101972
电气机械和器材制造业	Electric Equipment & Machinery	895011	347371
计算机、通信和其他电子设备制造业	Manufacturing of Computer, Communications and Other Electronic Equipment	2591560	1309747
仪器仪表制造业	Manufacturing of Instrument	8287	6919
其他制造业	Others	4686	4956
废弃资源综合利用业	Comprehensive Utilization of Waste Resources	8449	17856
金属制品、机械和设备修理业	Metal products, Machinery and Equipment Repair	12295	5661
电力、燃气及水的生产和供应业	**Production & Supply of Electric Power, Gas & Water**	**22380500**	**27388365**
电力、热力生产和供应业	Production & Supply of Electric Power & Heating Power	19984727	24238132
燃气生产和供应业	Production & Supply of Gas	1503106	2659687
水的生产和供应业	Production & Supply of Water	892668	490547

continued

(10 000 yuan)

主营业务收入 Revenues of Main Business	主营业务成本 Cost of Main Business	利润总额 Total Profits	营业利润 Business prifits
200552706	**167099455**	**12448973**	**13582237**
55651000	**42783782**	**6510816**	**6806617**
33577843	23987286	4670957	4792246
7610405	6770450	727396	729002
5992651	5220066	366604	402763
5945564	4721254	600335	663360
2410603	2000763	139248	212346
113935	83964	6276	6899
120877194	**102819379**	**5246341**	**6383301**
16779866	14573250	898697	1202921
10005010	7935374	959039	938342
3049448	2440030	174576	273728
990794	316240	78257	80263
3916754	3387943	319182	336327
902629	740148	66905	87799
265090	221483	12778	18417
2276256	1841967	267864	307991
219679	181576	15232	15232
890434	695426	108201	128487
229779	189474	19096	22434
410477	311376	89956	92102
6068130	4569090	17109	15198
14608795	12190840	314845	378674
2763259	2178736	237749	235962
7051	6349	101	101
1944630	1572566	147426	175171
8083927	6745459	396350	524795
15789896	14707239	121859	47869
16216957	14661867	605277	640576
4939124	4428850	141907	188766
2594701	2328874	63841	130104
2144333	1710093	134044	196315
1528649	1238691	-111132	98682
260865	223918	6696	9206
3012618	2562835	157359	223837
439038	360399	-5037	-11041
93381	70580	1786	18461
115630	114654	-4	-14
312559	298555	6157	6490
17437	15498	227	107
24024512	**21496294**	**691816**	**392319**
18999413	16819564	689552	410336
4584938	4351674	-8570	-13373
440161	325055	10833	-4644

13-9 国有及国有控股工业企业分行业主要经济指标(2016年)

单位:万元

项目	Item	企业单位数(个) Number of Enterprises (unit)	工业总产值(现价) Gross Industrial Output Value (at curent prices)
总计	**Total**	**678**	**57508410**
采矿业	**Mining**	**87**	**13320966**
煤炭开采和洗选业	Coal Mining & Processing	53	10517000
石油和天然气开采业	Petroleum & Natural Gas Pumped	4	485821
黑色金属矿采选业	Mining & Dressing of Ferrous Metals	8	817957
有色金属矿采选业	Mining & Dressing of Nonferrous Metals	16	1369812
非金属矿采选业	Mining & Dressing of Nonmetal Minerals	5	121017
开采辅助活动	Support Activities for Mining		
其他采矿业	Mining of Other Mineral	1	9359
制造业	**Manufacturing**	**232**	**25420006**
农副食品加工业	Processing of Agricultural Side-Line Food	12	490311
食品制造业	Food Manufacturing	11	462816
酒、饮料和精制茶制造业	Wine, Beverage and Refined Tea Manufacturing	12	198070
烟草制品业	Tobacco Products	2	979062
纺织业	Textile Industry		
纺织服装、服饰业	Textile, Apparel Industry	2	62930
皮革、毛皮、羽毛及其制品和制鞋业	Leather, Fur, Feathers and Their Products and Footwear		
木材加工和木、竹、藤、棕、草制品业	Timber Processing, Bamboo, Cane, Palm Fiber & Straw Products		
家具制造业	Furniture Manufacturing		
造纸及纸制品业	Paper-making & Paper Products	2	90764
印刷和记录媒介复制业	Printing and Record Medium Reproduction	2	2645
文教、工美、体育和娱乐用品制造业	Manufacturing of Cultural, Educational & Arts, Crafts & Sports and Entertainment Goods		
石油加工、炼焦和核燃料加工业	Petroleum Processing, Coke Products & Processing of Nuclear Fuel	9	3068572
化学原料和化学制品制造业	Raw Chemical Materials & Chemical Products	29	3619834
医药制造业	Medicine Manufacturing	7	385997
化学纤维制造业	Chemical Fiber Manufacturing	1	7896
橡胶和塑料制品业	Rubber and Plastic Products	3	27729
非金属矿物制品业	Nonmetal Mineral Products	27	795938
黑色金属冶炼和压延加工业	Smelting & Pressing of Ferrous Metals	14	3180884
有色金属冶炼和压延加工业	Smelting & Pressing of Nonferrous Metals	37	6737438
金属制品业	Metal Products	9	2157269
通用设备制造业	Manufacturing of General-Purpose Equipment	14	456797
专用设备制造业	Special Purposes Equipment Manufacturing	14	203523
汽车制造业	Automotive Manufacturing	10	980151
铁路、船舶、航空航天和其他运输设备制造业	Railroad, Ships, Aerospace and Other Transportation Equipment Manufacturing	2	106868
电气机械和器材制造业	Electric Equipment & Machinery	11	964182
计算机、通信和其他电子设备制造业	Manufacturing of Computer, Communications and Other Electronic Equipment	1	426390
仪器仪表制造业	Manufacturing of Instrument		
其他制造业	Others		
废弃资源综合利用业	Comprehensive Utilization of Waste Resources		
金属制品、机械和设备修理业	Metal products, Machinery and Equipment Repair	1	13940
电力、燃气及水的生产和供应业	**Production & Supply of Electric Power, Gas & Water**	**359**	**18767438**
电力、热力生产和供应业	Production & Supply of Electric Power & Heating Power	325	18002712
燃气生产和供应业	Production & Supply of Gas	8	460153
水的生产和供应业	Production & Supply of Water	26	304572

Main Indicators on Economic Benefit of State - owned and State Holding Majority Shares Industrial Enterprises by Industrial Branch(2016)

(10 000 yuan)

资产合计 Total Assets	流动资产合计 Circulating Funds	固定资产原价 Original Value of Fixed Assets	流动负债合计 Liquid Liabilities	非流动负债合计 Non - Liquid Liabilities
158891486	**43486318**	**116417301**	**63604839**	**38621406**
31268174	**9218911**	**17775366**	**9367669**	**4892149**
25890960	7347757	13724397	7886417	4303945
1882705	738817	1638659	72367	313064
1626078	704372	1191665	570899	136628
1760425	386437	1166341	784572	135247
83493	36084	39500	41294	3265
24514	5444	14805	12119	
62227160	**20141412**	**36646765**	**30957986**	**11051600**
386456	207447	178907	163035	70979
241773	120499	297554	99479	11768
623596	243566	270691	246119	-896
723910	544370	295727	187967	689
42879	23835	68018	11695	4532
62407	30621	48123	33471	105
18496	8245	17507	7246	8
3591334	734208	3889608	1741246	2037433
13437268	1853539	9778804	4648242	3503994
359629	143816	124235	118105	43482
3666	1970	1441	610	2406
25825	17454	7643	11963	600
1412570	467206	1310033	1313984	63889
21874041	6979371	9840585	12234577	2344607
8246098	2745003	6381706	3669891	1502018
4159884	2621649	1486627	2259010	711309
645435	424604	262118	403844	3505
323085	228475	61228	198507	3957
2689810	1396433	967669	2247514	394210
344903	237752	104566	106450	30
696716	449594	232563	437661	12908
2276541	633581	1012494	788341	340067
40839	28175	8920	29029	
65396152	**14125995**	**61995169**	**23279185**	**22677657**
60469072	13187601	58896412	20457625	21805635
3202298	201033	2136888	2248518	312300
1724782	737360	961870	573043	559722

13－9 续表

单位：万元

行 业	Item	所有者权益 Creditors Equity
总计	**Total**	**51801793**
采矿业	**Mining**	**16592149**
煤炭开采和洗选业	Coal Mining & Processing	13325248
石油和天然气开采业	Petroleum & Natural Gas Pumped	1497274
黑色金属矿采选业	Mining & Dressing of Ferrous Metals	895718
有色金属矿采选业	Mining & Dressing of Nonferrous Metals	822580
非金属矿采选业	Mining & Dressing of Nonmetal Minerals	38934
开采辅助活动	Support Activities for Mining	
其他采矿业	Mining of Other Mineral	12395
制造业	**Manufacturing**	**17433149**
农副食品加工业	Processing of Agricultural Side－Line Food	148841
食品制造业	Food Manufacturing	130525
酒、饮料和精制茶制造业	Wine, Beverage and Refined Tea Manufacturing	378053
烟草制品业	Tobacco Products	535255
纺织业	Textile Industry	
纺织服装、服饰业	Textile, Apparel Industry	25384
皮革、毛皮、羽毛及其制品和制鞋业	Leather, Fur, Feathers and Their Products and Footwear	
木材加工和木、竹、藤、棕、草制品业	Timber Processing, Bamboo, Cane, Palm Fiber & Straw Products	
家具制造业	Furniture Manufacturing	
造纸及纸制品业	Paper－making & Paper Products	28831
印刷和记录媒介复制业	Printing and Record Medium Reproduction	11242
文教、工美、体育和娱乐用品制造业	Manufacturing of Cultural, Educational & Arts, Crafts & Sports and Entertainment Goods	
石油加工、炼焦和核燃料加工业	Petroleum Processing ,Coke Products & Processing of Nuclear Fuel	－196533
化学原料和化学制品制造业	Raw Chemical Materials & Chemical Products	2971154
医药制造业	Medicine Manufacturing	198043
化学纤维制造业	Chemical Fiber Manufacturing	650
橡胶和塑料制品业	Rubber and Plastic Products	13262
非金属矿物制品业	Nonmetal Mineral Products	26724
黑色金属冶炼和压延加工业	Smelting & Pressing of Ferrous Metals	7293638
有色金属冶炼和压延加工业	Smelting & Pressing of Nonferrous Metals	2746820
金属制品业	Metal Products	1187541
通用设备制造业	Manufacturing of General－Purpose Equipment	203306
专用设备制造业	Special Purposes Equipment Manufacturing	59650
汽车制造业	Automotive Manufacturing	26636
铁路、船舶、航空航天和其他运输设备制造业	Railroad,Ships, Aerospace and Other Transportation Equipment Manufacturing	238424
电气机械和器材制造业	Electric Equipment & Machinery	245761
计算机、通信和其他电子设备制造业	Manufacturing of Computer , Communications and Other Electronic Equipment	1148133
仪器仪表制造业	Manufacturing of Instrument	
其他制造业	Others	
废弃资源综合利用业	Comprehensive Utilization of Waste Resources	
金属制品、机械和设备修理业	Metal products, Machinery and Equipment Repair	11810
电力、燃气及水的生产和供应业	**Production & Supply of Electric Power,Gas & Water**	**17776495**
电力、热力生产和供应业	Production & Supply of Electric Power & Heating Power	16601001
燃气生产和供应业	Production & Supply of Gas	640638
水的生产和供应业	Production & Supply of Water	534856

continued

(10 000 yuan)

实收资本 Total Capital Hold	主营业务收入 Revenues of Main Business	主营业务成本 Cost of Main Business	利润总额 Total Profits	营业利润 Business prifits
34191908	**53216739**	**44805824**	**658087**	**455971**
5411427	**11036173**	**8188161**	**842467**	**909474**
3901300	8531082	5866156	874120	944546
1011584	485371	599497	-150520	-148939
186544	790320	793042	-54128	-61470
298897	1100112	827800	161150	163484
12103	119910	95792	10213	10218
1000	9378	5876	1631	1635
15148901	**24124889**	**20316093**	**-500142**	**-526639**
67273	493624	429718	38644	38154
69503	450414	355326	39027	36034
245205	170270	107349	3750	3479
134616	990794	316240	78257	80263
10800	63828	53909	5160	4816
22902	86930	80890	1152	767
7164	7630	5522	264	-73
931106	3028504	1934682	-90957	-91387
3836115	3292937	2939359	-368679	-360798
62649	173553	109083	25338	21207
235	7051	6349	101	101
9068	26511	24614	-485	-482
320867	809988	706273	-25169	-28155
4782177	3203289	3194854	-296586	-434563
1766210	6516730	5843803	162676	123929
730593	2152558	1950382	34794	7388
148982	413861	395928	-8905	-12623
120266	198272	165229	7565	5739
472214	846510	640354	-111475	76906
84719	161348	141815	-1010	-1934
140338	788479	729269	17343	19569
1180400	227869	172842	-11150	-15066
5501	13940	12304	201	91
13631579	**18055677**	**16301570**	**315763**	**73136**
12742968	17233524	15543314	424545	194387
593117	533546	535055	-90413	-90896
295494	288607	223202	-18370	-30355

13-10 主要工业产品产量

年 份 Year	原 煤（万吨）Coal (10000 tons)	原 盐（万吨）Salt (10000 tons)	发电量（亿千瓦小时）Electricity (100 million kwh)	钢（万吨）Steel (10000 tons)	成品钢材（万吨）Steel Products (10000 tons)	生 铁（万吨）Pig Iron (10000 tons)	水 泥（万吨）Cement (10000 tons)	木 材（万立方米）Timber (10000 cu · m)	平板玻璃（万重量箱）Plate Glass (10000 Weight cases)	小型拖拉机（台）Small Tractors (unit)
1957	217	43.89	0.92			0.02		186.67		
1965	806	8.16	12.55	34	1.76	51.00	3.06	391.36		
1970	1215	63.58	22.01	81	16.02	66.00	11.14	244.43		
1975	1699	38.03	28.26	49	27.44	50.00	57.64	378.65	6.74	361
1978	2194	65.18	37.78	99	36.23	107.00	91.91	378.17	11.83	193
1980	2211	43.00	49.05	133	41.32	138.00	109.85	414.55	23.66	537
1981	2180	45.53	54.50	132	37.71	137.00	104.40	427.15	23.99	370
1982	2382	48.79	58.40	129	54.94	137.00	124.43	448.71	40.75	1365
1983	2487	61.61	60.82	134	60.47	151.00	145.88	480.48	121.60	6196
1984	2740	62.74	69.55	149	74.80	160.00	151.40	478.47	175.53	12118
1985	3204	66.34	80.46	170	100.14	182.00	185.11	502.07	112.84	16025
1986	3292	99.13	111.24	186	106.85	214.00	207.97	626.99	154.54	12045
1987	3410	97.29	126.54	216	130.53	257.00	218.84	596.00	157.41	17073
1988	3734	86.88	138.47	221	137.70	227.00	239.62	594.74	118.82	23780
1989	4382	109.97	153.72	242	157.27	255.00	250.55	527.89	235.32	12488
1990	4762	93.28	169.54	273	175.47	281.00	227.97	525.96	250.20	12464
1991	4923	100.66	189.04	269	179.69	271.00	270.60	483.87	254.92	14520
1992	5039	116.05	222.29	309	210.97	302.00	319.61	494.19	163.64	12852
1993	5514	111.93	235.23	346.11	244.58	329.95	371.50	500.02	341.07	3700
1994	6052	107.09	261.27	335.75	267.11	328.88	312.00	500.00	393.55	4522
1995	7055	76.13	278.54	355.36	257.77	345.78	349.27	504.35	445.42	7903
1996	7317	83.22	324.01	431.95	291.44	428.12	399.84	540.73	388.14	3948
1997	8303	100.00	342.23	453.32	339.94	450.84	465.76	524.15	399.77	5070
1998	7769	148.28	350.41	404.36	342.10	408.74	486.82	486.86	339.49	2881
1999	7071	132.07	380.61	416.30	365.80	424.86	549.70	379.23	390.93	5809
2000	7247	126.68	439.22	423.60	378.91	440.84	630.00	321.65	371.58	8419
2001	8163	136.75	465.50	453.75	388.39	476.06	698.00	280.72	464.33	5266
2002	11471	149.18	517.98	515.58	484.71	556.12	787.22	274.61	752.61	4175
2003	14707	148.72	647.73	576.83	560.36	606.90	947.86	255.35	852.49	1335
2004	21235	161.82	816.75	626.54	604.62	678.46	1282.83	377.75	1074.45	572
2005	25608	215.84	1056.59	805.49	747.77	922.69	1632.25	340.96	1144.59	
2006	29760	206.45	1416.00	861.86	823.97	1108.33	2215.59	350.52	999.52	
2007	35438	246.45	1931.95	1040.36	912.32	1260.09	2871.17	416.66	1395.72	16730
2008	47270	236.81	2136.00	1211.03	1047.34	1256.55	3424.06	342.39	1458.32	17750
2009	60375	216.98	2242.57	1261.94	1294.87	1437.07	4333.75	393.23	1564.89	11750
2010	78913	278.42	2483.90	1232.84	1341.41	1358.97	5454.30	320.55	1214.12	1080
2011	98441	310.99	2972.85	1669.75	1417.32	1431.07	6499.28	217.88	1259.53	816
2012	106603	253.46	3116.89	1734.14	1661.82	1326.43	5872.06	208.83	549.07	2559
2013	99055	243.02	3567.14	1978.56	1797.74	1367.23	6497.96	196.22	521.63	2430
2014	99391	193.67	3857.81	1661.48	1763.16	1330.72	6310.12	187.29	629.31	2450
2015	90957	164.57	3928.77	1735.11	1897.18	1461.4	5830.75	142.62	1014.00	2230
2016	84559	154.90	3949.81	1813.24	2016.81	1469.37	6313.56	81.70	1001.23	2186

注:1979 年以后化肥产量按折合100%计算。

Output of Major Industrial Products

化肥 (万吨) Chemical Fertilizer (10000 tons)	机制纸及纸板 (万吨) Machine – made Paper and Paperboards (10000 tons)	合成洗涤剂 (吨) Synthetic Detergents (ton)	糖 (万吨) Sugar (10000 tons)	电视机 (台) Television Sets (unit)	彩色电视机 (台) Color Television Sets (unit)	自行车 (辆) Bicycle (unit)	纱 (吨) Yarn (ton)	布 (万米) Cloth (10000 m)
0.49	0.69		1.83				104	37
0.88	1.83		4.17				706	238
2.91	1.88		5.80				10267	5562
8.19	3.08	1352	3.28	150			8559	4741
16.65	4.25	2042	4.23	1020			14278	7604
4.00	4.24	2646	6.92	13803		1121	14814	7950
6.22	4.02	2641	10.93	26736		18189	15328	8270
9.54	4.67	3322	9.58	41360		13559	14884	8448
10.16	2.50	4851	12.87	52992	3000	6206	13475	8202
10.81	7.16	6417	17.28	100111	8676	15317	12851	7168
9.81	9.53	7898	17.88	175087	66889	25074	14951	7104
10.16	10.70	8261	20.60	155047	84448	62038	16860	8109
12.13	10.92	11919	17.15	220168	108858	61500	19334	8814
12.84	11.73	19354	15.22	276936	135286	51276	21612	10313
12.18	13.02	16353	19.76	342102	134548	44004	22581	10548
13.48	13.59	11936	16.37	384451	157331	19110	23950	10785
12.50	15.05	9530	23.54	286128	170647	7732	24090	10826
13.44	15.64	10454	29.23	293761	213085	10552	20912	9537
13.03	14.45	11686	26.43	333600	229200	5000	17742	8782
17.92	14.90	13130	18.34	410000	305285	10000	19343	9232
17.35	19.15	17326	17.07	326833	270907	600	19105	8548
20.95	20.14	10588	27.21	228718	170210	2524	18921	8728
16.87	16.03	7730	26.70	156560	115779	1955	19782	8271
21.12	13.76	4240	20.12	34307	34307	1548	18241	7197
43.72	14.27	2252	11.95	127796	125396	1627	18312	6191
35.54	12.19	1929	12.04	518000	518000	504	15718	3287
39.58	14.33	1064	19.67	961388	961388		20523	4078
48.70	18.59	127	18.77	1267016	1267016		23814	5275
50.93	18.92	329	14.74	1342993	1342993		22560	4685
57.87	25.17		10.67	2374871	2374871		22171	4203
65.58	25.74		14.75	2390900	2390900		32194	8337
68.95	19.73	1994	25.88	3337425	3337425		14512	13576
84.30	25.88	263	19.46	8302633	8302633		45580	14810
89.05	35.53		22.37	8667513	8667513		16762	5537
259.13	77.97		15.42	2174236	2174236		20250	8030
180.82	28.84		12.04	2043662	2043662		20629	9813
126.06	30.91		18.00	2610853	2610853		20340	10192
123.03	14.97		31.14	3832302	3832302		10929	4153
113.69	11.91		42.35	3737574	3737574		3466	3
126.08	29.06		51.11	3497783	3497783		4267	
292.96	12.32		67.33	2664795	2664795		5167	
250.19	12.27		72.25	1096335	1096335		4949	

a) The output of chemical fertilizer is calculated on the basis of 100% effective content since 1979.

13 - 11 主要工业产品产量

Output of Major Industrial Products

项　目	Item	2015	2016
原 煤(万吨)	Coal(10 000 tons)	90957.05	84558.88
汽 油(万吨)	Gasoline(10 000 tons)	147.91	176.62
柴 油(万吨)	Diesel Oil(10 000 tons)	177.29	177.58
天然气(亿立方米)	Natural Gas(100 million cu. m)	290.00	299.22
原 油(万吨)	Crude Oil(10 000 tons)	178.83	174.42
发电量(亿千瓦小时)	Electricity(100 million kwh)	3928.77	3949.81
食用植物油(万吨)	Edible Vegetable Oil(10 000 tons)	57.88	61.21
罐 头(万吨)	Canned Food(10 000 tons)	0.13	0.15
乳 制 品(万吨)	Dairy Products(10000 tons)	293.55	336.52
液体乳(万吨)	Liquid Dairy(10 000 tons)	276.37	313.84
啤 酒(千升)	Beer(1000 litres)	1040850.30	998267.20
白 酒(千升)	Liquor(1000 litres)	689950.70	751397.20
卷 烟(万支)	Cigarettes(10000 pcs)	3550000.00	3295000.00
呢 绒(万米)	Woolen Piece Goods(10 000 m)	984.20	738.40
服 装(万件)	Garments(10 000 pcs)	5095.50	4995.70
中成药(万吨)	Traditional Chinese Medicine(10 000 tons)	1.37	1.58
化学原料药(万吨)	Chemical Medicine(10 000 tons)	3.44	6.18
胶合板(万立方米)	Plywood(10 000cu · m)	140.35	142.60
纤 维 板(万立方米)	Fiberboard(10 000cu · m)	54.83	56.79
焦 炭(万吨)	Coke(10 000 tons)	3040.99	2816.72
硫 酸(万吨)	Sulfuric Acid(10 000 tons)	277.76	300.40
烧碱(氢氧化钠)(万吨)	Caustic Soda(10 000 tons)	265.11	297.34
纯碱(无水碳酸钠)(万吨)	Soda Ash(10 000 tons)	51.67	55.35
农用化学肥料(万吨)	Chemical Fertilizer(10 000 tons)	292.96	250.19
氮 肥(万吨)	Nitrogen Fertilizers(10 000 tons)	276.30	235.14
磷 肥(万吨)	Phosphate Fertlizers(10 000 tons)	14.61	6.55

注:生产量包括规模以下工业企业工业产品产量。

a) The output of products includes the products of industrial enterprises below designated size.

13－11 续表 continued

项　　目	Item	2015	2016
合 成 氨(万吨)	Synthetic Ammonia(10 000 tons)	124.03	68.71
水 泥(万吨)	Cement(10 000 tons)	5830.75	6313.56
平板玻璃(万重量箱)	Plate Glass(10 000 weight cases)	1014.00	1001.23
铝(万吨)	Aluminum(10 000 tons)	259.64	248.53
生 铁(万吨)	Pig Iron(10 000 tons)	1461.40	1469.37
钢(万吨)	Steel(10 000 tons)	1735.11	1813.24
成品钢材(万吨)	Steel Products(10 000 tons)	1897.18	2016.81
载货汽车(辆)	Trucks(unit)	9719	7566.00
铁路货车(万辆)	Railway Freight Coaches(10 000 units)	0.10	0.12
彩色电视机(万台)	Color Television Sets(10 000 sets)	266.48	109.63
铁合金(万吨)	Ferroalloy(10 000 tons)	600.58	698.72
精甲醇(万吨)	Purified Carbinol(10 000 tons)	684.88	741.39
化学农药原药(万吨)	Original Chemical Peoticide(10 000 tons)	7.77	6.41
碳化钙(电石)(万吨)	Calcium Carbide(10 000 tons)	860.91	940.16
铁矿石原矿量(万吨)	Crudeiron Ore(10 000 tons)	8156.23	7713.19
洗煤(万吨)	Washed Coal(10 000 tons)	8258.01	7667.91
硫铁矿石(万吨)	Pyritel Ore(10 000 tons)	64.31	47.85
配混合饲料(万吨)	Forage(10 000 tons)	480.95	527.09
精炼铜(万吨)	Refined Copper(10 000 tons)	17.40	17.29

13－12 主要工业产品生产能力

Production Capacity of Major Industrial Products

产品名称	Item	2016
原煤(万吨)	Coal(10 000 tons)	114880.60
焦炭(万吨)	Coke(10 000 tons)	5031.00
天然原油(万吨)	Crude Oil(10 000 tons)	307.9
碳化钙(电石)(万吨)	Calcium Carbide (10 000 tons)	991.45
发电设备容量总计(万千瓦)	Capacity Of Generator (10 000 kw)	10036.2
卷烟(万支)	Cigarettes(10 000 pieces)	4758400.00
农用氮磷钾化学肥料(万吨)	Chemical Fertilizer(10 000 tons)	407
棉布织机(万台)	Looms(10 000 sets)	
原铝(万吨)	Aluminum(10 000 tons)	351.7
水泥(万吨)	Cement(10 000 tons)	10855
平板玻璃(万重量箱)	Plate Glass(10 000 weight cases)	1080.00
生铁(万吨)	Pig Iron(10 000 tons)	2008
钢(万吨)	Steel(10 000 tons)	2906.00
钢材(万吨)	Rolled Steel(10 000 tons)	2891.4
铁合金(万吨)	Ferroalloy(10 000 tons)	903.68
汽车(辆)	Vehicle(unit)	157000.00
电视机(万台)	Television Sets(10 000 sets)	350.00
#彩色电视机(万台)	Color TV Sets(10 000 sets)	350.00

主要统计指标解释

工业 指从事自然资源的开采，对采掘品和农产品进行加工和再加工的物质生产部门。具体包括：(1)对自然资源的开采，如采矿、晒盐、森林采伐等(但不包括禽兽捕猎和水产捕捞)(2)对农副产品的加工、再加工，如粮油加工、食品加工、轧花、缫丝、纺织、制革等；(3)对采掘品的加工、再加工，如炼铁、炼钢、化工生产、石油加工、机器制造、木材加工等，以及电力、自来水、煤气的生产和供应等；(4)对工业品的修理、翻新，如机器设备的修理，交通运输工具(包括小卧车)的修理等。

工业统计调查单位 工业统计调查单位分为两类：独立核算法人工业企业和工业活动单位。

(1)独立核算法人工业企业 是指从事工业生产经营活动的单位。独立核算法人工业企业应同时具备以下条件：①依法成立，有自己的名称、组织机构和场所，能够承担民事责任；②独立拥有和使用资产，承担负债，有权与其他单位签订合同；③独立核算盈亏，并能够编制资产负债表。

(2)工业活动单位 是指在一个场所从事一种或主要从事一种工业生产活动的经济单位。它包括独立核算工业企业按主营业务活动(即工业生产活动)划分的主营业务活动单位和非工业企业所属的工业生产活动单位(即原非独立核算工业生产单位)。工业活动单位，一般应同时具备以下三个条件：①具有一个场所，从事一种或主要从事一种工业活动；②单独组织工业生产、经营或业务活动；③单独核算收入和支出。

轻工业 指主要提供生活消费品和制作手工工具的工业。按其所使用的原料不同，可分为两大类：(1)以农产品为原料的轻工业，是指直接或间接以农产品为基本原料的轻工业。主要包括食品制造、饮料制造、烟草加工、纺织、缝纫、皮革和毛皮制作、造纸以及印刷等工业；(2)以非农产品为原料的轻工业，是指以工业品为原料的轻工业。主要包括文教体育用品、化学药品制造、合成纤维制造、日用化学制品、日用玻璃制品、日用金属制品、手工工具制造、医疗器械制造、文化和办公用机械制造等工业。

重工业 是指为国民经济各部门提供物质技术基础的主要生产资料的工业。按其生产性质和产品用途，可以分为下列三类：(1)采掘(伐)工业，是指对自然资源的开采，包括石油开采、煤炭开采、金属矿开采、非金属矿开采和木材采伐等工业；(2)原材料工业，指向国民经济各部门提供基本材料、动力和燃料的工业。包括金属冶炼及加工、炼焦及焦炭、化学、化工原料、水泥、人造板以及电力、石油和煤炭加工等工业；(3)加工工业，是指对工业原材料进行再加工制造的工业。包括装备国民经济各部门的机械设备制造工业、金属结构、水泥制品等工业，以及为农业提供的生产资料如化肥、农药等工业。

根据上述划分原则，修理业中以重工业产品为修理作业对象的划为重工业，反之划为轻工业。

工业总产值 是以货币表现的工业企业在一定时期内生产的已出售或可供出售工业产品总量，它反映一定时间内工业生产的总规模和总水平。它包括：在本企业内不再进行加工，经检验、包装入库(规定不需包装的产品除外)的成品价值，对外加工费收入，自制半成品、在产品期末期初差额价值。工业总产值采用“工厂法”计算，即以工业企业作为一个整体，按企业工业生产活动的最终成果来计算，企业内部不允许重复计算，不能把企业内部各个车间(分厂)生产的成果相加。但在企业之间、行业之间、地区之间存在着重复计算。

工业增加值 是指工业行业在报告期内以货币表现的工业生产活动的最终成果。

实收资本 指企业实际收到的投资人投入的资本。按投资主体可分为国家资本、集体资本、法人资本、个人资本、港澳台资本和外商资本等。

资产合计 指企业拥有或控制的能以货币计量的经济资源。包括各种财产、债权和其他权利。资产按其流动性划分为流动资产、长期投资、固定资产、无形及递延资产和其他资产。

(1)流动资产 指企业可以在一年内或者超过一年的一个生产周期内变现或耗用的资产合计。包括现金及各种存款、短期投资、应收及预付款项、存货等。

(2)固定资产 指企业固定资产净值、固定资产清理、在建工程、待处理固定资产损失所占用的资金合计。

(3)无形资产 指企业长期使用而没有实物形态的资产。包括专利权、非专利技术、商标权、著作权、土地使用权、商誉等。

负债合计 指企业承担的能以货币计量，将以资产或劳务偿付的债务。负债一般按偿还期长短分为流动负债和长期负债、递延税项等。

(1)流动负债 指企业在一年内或者超过一年的一个营业周期内需要偿还的债务合计，其中包括短期借款、应付及预收款项、应付工资、应交税金和应交利润等。

(2)长期负债 指企业在一年以上或者超过一年的一个营业周期以上需要偿还的债务合计，其中包括长期借款、应付债务、长期应付款项等。

所有者权益 指企业投资人对企业净资产的所有权。企业净资产等于企业全部资产减去全部负债后的余额,其中包括投资者对企业的最初投入,以及资本公积金、盈余公积金和未分配利润,对股份制企业即为股东权益。

固定资产原价 指企业在建造、购置、安装、改建、扩建、技术改造某项固定资产时所支出的全部货币总额。它一般包括买价、包装费、运杂费和安装费等。

固定资产净值 是指固定资产原价减去历年已提折旧额后的净额。

流动资产 是指可以在一年或者超过一年的一个营业周期内变现或者耗用的资产,包括现金及各种存款、短期投资、应收及预付货款、存货等。

产品销售收入 指企业销售产品和提供劳务等主要经营业务取得的业务总额。

产品销售成本 指企业销售产品和提供劳务等主要经营业务的实际成本。

产品销售税金及附加 指企业销售产品和提供工业性劳务等主要经营业务应负担的城市维护建设税、消费税、资源税和教育费附加。

产品销售利润 指企业销售产品和提供工业性劳务等主要经营业务收入扣除其成本、费用、税金后的利润。

利润总额 指企业实现的利润。

应交增值税 指企业在报告期内应交纳的增值税额。

总资产贡献率 反映企业全部资产的获利能力,是企业经营业绩和管理水平的集中体现,是评价和考核企业盈利能力的核心指标。计算公式为:

总资产贡献率(%)=(利润总额+税金总额+利息支出)/平均资产总额×100%

资产负债率 该指标既反映企业经营风险的大小,也反映企业利用债权人提供的资金从事经营活动的能力。计算公式为:

总资产负债率(%)=负债总额/资产总额×100%

工业成本费用利润率 指在一定时期内实现的利润与成本费用之比,是反映工业生产成本及费用投入的经济效益指标,同时也是反映降低成本的经济效益的指标。

计算公式为:

工业成本费用利润率(%)=利润总额/成本费用总额×100%

工业增加值率 指在一定时期内工业增加值占同期工业总产值的比重,反映降低中间消耗的经济效益。计算公式为:

工业增加值率(%)=工业增加值(现价)/工业总产值(现价)×100%

流动资金周转次数 指在一定时期内流动资产完成的周转次数,反映流动资产的周转速度。计算公式为:

流动资金周转次数=产品销售收入/全部流动资产平均余额

产品销售率 指报告期工业销售产值与同期全部工业总产值之比,是反映工业产品已实现销售的程度,分析工业产销衔接情况,研究工业产品满足社会需求程度的指标。计算公式为:

产品销售率(%)=工业销售产值/工业总产值(现价)×100%

全员劳动生产率 指根据产品的价值量指标计算的平均每一个从业人员在单位时间内的产品生产量。是考核企业经济活动的重要指标,是企业生产技术水平、经营管理水平、职工技术熟练程度和劳动积极性的综合表现。目前我国的全员劳动生产率是将工业企业的工业增加值除以同一时期全部从业人员的平均人数来计算的。计算公式为:

全员劳动生产率=工业增加值/全部从业人员平均人数

为了使各年度的全员劳动生产率数字可以比较,1990 年以前各年的全员劳动生产率均按指数换算成 1990 年不变价格。

Explanatory Notes on Main Statistical Indicators

Industry refers to the material production sector which is engaged in extraction of natural resources and processing and reprocessing of minerals and agricultural products, including (1) extraction of natural resources, such as mining, salt production, logging (but not including hunting and fishing); (2) processing and reprocessing of farm and sideline produces, such as rice husking, flour milling, wine making, oil pressing, cotton ginning, silk reeling, spinning and weaving, and leather making; (3) manufacture of industrial products, such as steel making, iron smelting, chemicals manufacturing, petroleum processing, machine building, timber processing; water and gas production and electricity generation and supply; (4) repairing of industrial products such as the repairing of machinery and means of transport(including cars).

Units of Industrial Statistics and Inquiry They are classified into two categories (1) corporate industrial enterprises with independent accounting system (2) industrial establishments.

(1) Corporate industrial enterprises with independent accounting system refer to enterprises engaging in industrial production activities, which meet the following requirements: ①They are established legally, having their own names, organizations, location, able to take civil liability; ②They possess and use their assets independently, assume liabilities, and are entitled to sign contracts with other units; ③They are financially independent and compile their own balance sheets.

(2) Industrial establishments refer to economic units which located in one single place and engaged entirely or primarily in one kind of industrial activity, including financially independent industrial enterprises and units engaged in industrial activities under the non industrial enterprises (or financially dependent). Industrial establishments generally meet the following requirements: ①They have each one location and are engaged in one kind of industrial activity each; ②They operate and manage their industrial production activities separately; ③They have accounts of income and expenditures separately.

Light Industry refers to the industry that produces consumer goods and hand tools. It consists of two categories, depending on the materials used:

(1) Industries using farm products as raw materials. These are branches of light industry which directly or indirectly use farm products as basic raw materials, including the manufacture of food and beverages, tobacco processing, textile, clothing, fur and leather manufacturing, paper making printing, etc.

(2) Industries using non - farm products as raw materials. These are branches of light industry which use manufactured goods as raw materials, including the manufacture of cultural, educational articles and sports goods, chemicals, synthetic fiber, chemical products for daily use, glass products for daily use, metal products for daily use, hand tools, medical apparatus and instruments, and the manufacture of cultural and clerical machinery

Heavy Industry refers to the industry which produces capital goods, and provides various sectors of the national economy with necessary material and technical basis. It consists of the following three branches according to the purpose of production or the use of products:

(1) Mining, quarrying and logging industry refers to the industry that extracts natural resources, including extraction of petroleum, coal, metal and non metal and logging.

(2) Raw materials industry refers to the industry that provides various sectors of the national economy with raw materials, fuels and power. It includes smelting and processing of metals, coking and coke chemistry, chemical materials and building materials such as cement, plywood, and power, petroleum refining and coal dressing.

(3) Manufacturing industry refers to the industry that processes raw materials. It includes machine building industry which equips sectors of the national economy, industries of metal structure and cement products, industries producing means of agricultural production, such as chemical fertilizers and pesticides. According to the above principle of classification, the repairing trades which are engaged primarily in repairing products of heavy industry are classified into heavy industry while these engaged in repairing products of light industry are classified into light industry.

Gross Industrial Output Value is the total volume of industrial products sold or available for sale in value terms which reflects the total achievements and overall scale of industrial production during a given period. It includes the value of the finished products, which are not to be further processed in the enterprises and have been inspected, packed and put in storage, the value of industrial services rendered to other units, and the changes in the value of the semi finished products and products in process between the beginning and closing of the period. The gross industrial output value is calculated with "factory method". No double calculations are to be made within the same enterprise. However, double counting does occur among different enterprises.

Value - added of Industry refers to the final results of industrial production of the industrial trade in money terms during the reference period.

Capital Obtained refers to capital actually received by the enterprise from investors. It can be further classified by investors as state capital, collective capital, corporate capital, individual capital, capital from Hong Kong, Macao and Taiwan and foreign capital.

Total Assets refer to all economic resources, owned or controlled by enterprises that could be measured in monetary terms, including properties, creditors equity and other economic rights of all forms. Classified by the degree of equitability, total assets include circulating assets, long term investment, fixed assets, intangible assets and deferred assets, and other assets.

(1) Circulating assets (working capital) refer to assets which can be cashed in or spent or consumed in an operating cycle of one year or over one year, including cash, all kinds of deposits, short term investment, receivables, advance payment, stock, etc.

(2) Fixed assets refer to the net value of fixed assets, clearance of fixed assets, project under construction, fixed assets losses in suspense. These are corporations, fund holdings.

(3) Intangible assets refer to the assets without material form used by enterprises over a long time, such as patents, non patent technologies, trade marks, copyright, land use right, business reputation, etc.

Total Liabilities refer to the debts, measured in monetary terms, that enterprises are responsible for repayment in the form of cash, assets or labour. Classified by terms of repayment, liability includes liquid liabilities and long - term liabilities.

(1) Liquid liabilities (also called quick liabilities or immediate liabilities) refer to enterprises' total debt payable within an operating cycle of one year or over one year, including short term loans, payables and advance payments, wages payable, taxes payable and profit payable, etc.

(2) Long term liabilities refers to total debt payable within an operating cycle of one year or over one year, including long term loans, payable liabilities, long term payables, etc.

Creditors' Equity refers to investors' ownership of net assets of the enterprise. It is equal to the total assets of the enterprise minus its total liabilities, including the primary input from investors, capital accumulation fund, surplus accumulation fund and undistributed profit. It is the shareholder's equity in shareholding companies.

Original Value of Fixed Assets refers to the original value of all fixed assets owned by industrial enterprises, calculated at the cost paid at the time of purchase, installation, reconstruction, expansion, and technical innovation and transformation of the said assets, which includes expenses on purchase, package, transportation, and installation, etc.

Net Value of Fixed Assets is obtained by deducting depreciation over years from the original value of fixed assets.

Working Capital (Circulating Assets) refers to assets which can be cashed in or spent or consumed in an operating cycle of one year or over one year, which includes cash, various deposits, short term investment, and receivable payments, and advance payments, stock, etc.

Sales Revenue of Industrial Products refers to the revenue from the sales of products by industrial enterprises and the revenue from services provided and etc.

Sales Cost of Industrial Products refers to the actual cost of products of industrial enterprises and industrial services provided, etc. .

Tax and Extra Charges on Sales of Products refer to the tax on city maintenance and construction, consumption tax, resources tax and extra charges for education, which should be borne by the enterprises in selling products and providing industrial services.

Sales Profit of Products refers to the profit gained by the enterprises by deducting cost, charges and taxes from the business income of the enterprises obtained in selling products and providing industrial services.

Total Profits refer to the profits gained by the enterprises.

Value - added Tax Payable refers to the amount of the value added tax which should be paid by the enterprises in the reporting period.

Ratio of Profits, Taxes and Interests to Average Assets reflects the profit making capability of all assets of the enterprise and is a key indicator manifesting the performance and management and evaluating the profit making potential of the enterprise. It is calculated as follows:

Ratio of profits, taxes and interests to average assets(%) =

[(Total profits + total Taxes + interest payment) ÷ average assets] × 100%

Ratio of Debts to Assets reflect both the operation risk and the capability of the enterprise in making use of the capital from the creditors. It is calculated as follows:

Ratio of debts to assets (%) = (Total debts ÷ total assets) × 100%

Ratio of Profits to Total Industrial Costs refers to the ratio of profits realized in a given period to the total costs in the same period, which reflects the economic efficiency of input cost and is calculated as follows:

Ratio of Profits to Total Industrial Cost(%) = (Total Profits ÷ Total Costs) × 100%

Value – added Rate of Industry refers to the ratio of value added of industry in a given period to the gross output value in the same period, which reflects the economic efficiency of cutting down the intermediate input and is calculated as follows:

Value added Rate of Industry(%) = [Value added of Industry(at current prices)] ÷ [Gross Output Value(at Current Prices)] × 100%

Turnover of Working Capital refers to the number of times of turnover of working capital in a given period of time, which reflects the speed of the turnover of working capital and is calculated as follows:

Turnover of Working Capital (%) = (Sales Revenue of Products) ÷ (Average Balance of Total Working Capital) × 100%

Ratio of Sales to Gross Output Value refers to the sales of industrial products to the gross industrial output value during the reference period, and is important in

reflecting the linkage between production and sales and the extent of the needs of the society that has been met by the supply of industrial products. It is calculated as follows:

Ratio of Sales to Gross Output Value = Industrial sales ÷ Gross industrial output value (at current prices) × 100%

Overall Labour Productivity of Industrial Enterprises refers to the average output per employed person in industrial enterprises in value terms. At present, the value added and the average number of staff and workers of an industrial enterprise in a given period are used to calculate the overall labour productivity. The formula used is:

Overall Labour Productivity = (Value Added of Industry) ÷ (Average Number of Staff and Workers)

For the purpose of comparison of the overall labour productivity among different years, the data on the overall labour productivity of the years prior to 1990 have been adjusted on the basis of 1990 constant prices.

2017 NEIMENGGU

十四、建筑业

Construction

资料整理：范莉蕾
Arranged By Fan Lilei

14－1 建筑业企业基本情况

Basic Statistics on Construction Enterprises

年份 Year	总计 Total	国有 State－owned	城镇集体 Urban Collective－owned	其他经济 Others
企业单位数(个) **Number of Enterprises(unit)**				
2002	726	56	67	603
2003	674	39	31	604
2004	674	18	9	647
2005	676	20	14	642
2006	703	17	7	679
2007	734	18	11	705
2008	790	14	7	769
2009	820	14	9	797
2010	873	16	8	849
2011	896	14	5	877
2012	917	11	4	902
2013	951	6	1	944
2014	960	5	1	954
2015	955	7	1	947
2016	991	3	1	987
年末从业人员(万人) **Number of Persons Engaged(10 000 persons)**				
2002	27.68	5.00	1.88	20.80
2003	26.63	2.10	0.67	23.86
2004	27.53	1.69	0.15	25.69
2005	26.35	1.57	0.32	24.46
2006	29.62	2.84	0.14	26.64
2007	38.62	3.88	0.22	34.52
2008	42.80	4.74	0.24	37.82
2009	49.89	4.83	0.37	44.69
2010	44.34	1.87	0.18	42.30
2011	41.05	1.35	0.05	39.65
2012	36.89	1.06	0.03	35.80
2013	39.58	0.33		39.25
2014	33.70	0.26		33.44
2015	28.64	0.25		28.39
2016	27.06	0.21		26.85
建筑业总产值(亿元) **Gross Output Value (100 million yuan)**				
2002	220.02	50.53	13.68	155.81
2003	257.66	36.34	9.92	211.40
2004	354.51	29.42	2.44	322.65
2005	381.30	38.78	3.10	339.42
2006	467.00	38.17	2.74	426.09
2007	681.10	76.64	2.53	601.93
2008	780.05	69.90	4.13	706.02
2009	964.73	66.60	6.21	891.91
2010	1125.58	72.71	4.52	1048.35
2011	1394.68	50.85	0.40	1343.43
2012	1441.00	50.48	0.54	1389.97
2013	1571.16	13.05	0.04	1558.07
2014	1401.91	8.98	0.02	1392.91
2015	1123.21	7.69	0.02	1115.51
2016	1220.81	4.26		1216.55

14－2 建筑业企业主要经济指标

Main Economic Indicators on Construction Enterprices

指 标	Item	2015	2016
建筑业企业个数(个)	Number of Construction Enterprises(unit)	955	991
签订的合同额(万元)	Value of Contracts(10 000 yuan)	19982822	21132477
建筑业总产值(万元)	Gross Output Value(10 000 yuan)	11232125	12208089
其中:装饰装修产值	Output of Decoration	277672	292020
其中:在外省完成的产值	Output Value Outside the Province	570045	703131
竣工产值(万元)	Output of Buildings Completed(10 000 yuan)	7625289	6954467
房屋建筑施工面积(万平方米)	Floor Space of Constructing(10 000 sq. m)	6970.48	6296.04
房屋建筑竣工面积(万平方米)	Floor Space of Buildings Completed(10 000 sq. m)	3098.93	2541.01
房屋建筑面积竣工率(%)	Rate of Floor Space of Buildings Completed(%)	44.5	40.4
自有机械设备净价(万元)	Machinery & Equipment Owned (net valued)(10 000 yuan)	703183	522918
自有机械设备台数(万台)	Machinery and Equipment Owned(10 000 sets)	8.78	8.05
自有机械设备总功率(万千瓦)	Total Power of Machinery and Equipment Owned(10 000 kw)	189.86	200.53
技术装备率(元/人)	Value of Machines per Laborer(yuan/person)	24549	19326
动力装备率(千瓦/人)	Power of Machines per Laborer(kw/person)	6.63	7.41
按总产值计算的劳动生产率(元/人)	Overall Labor Productivity by Gross Output Value(yuan/person)	303271	350383
年末从业人员(万人)	Number of Persons Engaged(10 000 persons)	28.64	27.06
其中:工程技术人员	Engineering Techinal Personel	5.29	5.14
其中:一级建造师	First Construction Engineer	0.30	0.37
利润总额(万元)	Total Profits(10 000 yuan)	464846	609534
税金总额(万元)	Total Tax(10 000 yuan)	413332	300536
产值利润率(%)	Ratio of Profit to Gross Output Value(%)	4.1	5.0
产值利税率(%)	Ratio of Pre－tax Profit to Gross Output Value(%)	7.8	7.5

14－3 劳务分包建筑业企业主要经济指标(2016年)

Main Economic Indicators on Constructional Labour Subcontractors(2016)

项 目	Item	企业个数(个) Enterprises (unit)	建筑业总产值(万元) Gross Output (10 000 yuan)	期末从业人数(人) Engaged Persons (person)
总 计	**Total**	**102**	**35536**	**3968**
按企业登记注册类型分	**Grouped by Type Registered**			
内资企业	Domestic Investment	102	35536	3968
国有企业	State－owned			
集体企业	Collective－owned			
股份合作企业	Share Holding Cooperative			
联营企业	Joint－owned			
有限责任公司	Limited－liability Company	30	10564	1510
股份有限公司	Share Holding Company	2	143	8
私营企业	Private	70	24828	2450
其他企业	Others			
港、澳、台商投资企业	Hong kong, Macao & Taiwan Funded			
外商投资企业	Foreign Funded			
按行业类别分	**Grouped by Sector**			
房屋建筑业	Housing Construction Industry	37	5477	1660
土木工程建筑业	Civil Engineering Industry	8	955	40
建筑安装业	Construction and Installation Industry	10	5825	539
建筑装饰业和其他建筑业	Construction and Decoration Industry and Other Construction Industries	47	23278	1729
按企业资质等级分	**Grouped by Intelligent Grade**			
一 级	First	77	32344	3404
二 级	Second	17	2025	469
三 级及以下	Third and below	8	1166	95

14-4 建筑施工企业主要生产指标(2016年)

项 目	Item	建筑业企业个数(个) Enterprises (persons)	签订的合同额(万元) Value of Contracts (10 000 yuan)		
				上年结转合同额 Signed in Last year	本年新签合同额 Signed in this Year
总 计	**Total**	**991**	**21132477**	**8801939**	**12330538**
按企业登记注册类型分	**Grouped by Type Registered**				
内资企业	Domestic Investment	991	21132477	8801939	12330538
国有企业	State - owned	3	68497	42513	25984
集体企业	Collective - owned	1	10		10
股份合作企业	Share Holding Cooperative	5	163379	349	163030
联营企业	Joint - owned				
有限责任公司	Limited - liability Company	516	12701170	4889207	7811964
股份有限公司	Share Holding Company	36	2276272	781620	1494653
私营企业	Private	430	5923149	3088250	2834898
其他企业	Others				
港、澳、台商投资企业	Hong kong, Macao & Taiwan Funded				
外商投资企业	Foreign Funded				
按行业类别分	**Grouped by Sector**				
房屋建筑业	Housing Construction Industry	560	13321498	5562845	7758653
土木工程建筑业	Civil Engineering Industry	275	7096610	3021152	4075458
建筑安装业	Construction and Installation Industry	89	538023	179413	358610
建筑装饰业和其他建筑业	Construction and Decoration Industry and Other Construction Industries	67	176346	38529	137817
按企业资质等级分	**Grouped by Intelligent Grade**				
施工总承包	General Contractors	800	20068083	8360906	11707177
#特 级	Special Grade	1	2220505	799324	1421181
一 级	First	80	8566806	4044791	4522015
二 级	Second	250	5203338	2287034	2916304
三 级	Third	469	4077434	1229757	2847677
专业承包	Professional Contractors	191	1064394	441032	623362
一 级	First	16	385585	175141	210444
二 级	Second	65	306129	66399	239730
三 级	Third	109	372413	199492	172921
其他	Others	1	267		267

Main Production Indicators on Construction Enterprises(2016)

建筑业总产值(万元) Gross Output Value (10 000 yuan)	其中:装饰装修产值 Decoration	其中:在外省完成的产值 Outside the Province	建筑业总产值按构成分 By Composition of Gross Value of Construction		
			建筑工程产值 Building	安装工程产值 Installation	其他产值 Others
12208089	**292020**	**703131**	**9946273**	**1043170**	**1218647**
12208089	292020	703131	9946273	1043170	1218647
42628			35184		7444
10			10		
162902			147565	1361	13977
7463851	156668	446493	5964888	778399	720564
1143661	20601	14188	859754	42278	241629
3395038	114751	242450	2938871	221132	235034
7508481	264640	336677	6709132	313860	485489
4136332	65	313843	3004745	452475	679112
417144	3840	50705	158369	250707	8068
146133	23476	1905	74027	26128	45978
11434546	265554	649353	9581590	661650	1191306
320028	33445	91724	306024	14004	
4952580	132819	360020	4077408	452330	422843
3254807	81720	195165	2749461	105014	400332
2907131	17571	2444	2448697	90302	368132
773544	26466	53778	364683	381520	27341
253238	2856	1820	138099	110342	4797
248033	18737	47684	60848	182663	4522
272006	4872	4274	165735	88249	18022
267				267	

14-4 续表

项 目	Item	竣工产值（万元）Output of Buildings Completed (10 000 yuan)	房屋建筑施工面积（万平方米）Floor Space Constructing Buildins (10 000 sq. m)	实行投标承包面积 Bidding Contracting Space
总 计	**Total**	**6954467**	**6296.0**	**4727.3**
按企业登记注册类型分	**Grouped by Type Registered**			
内资企业	Domestic Investment	6954467	6296.0	4727.3
国有企业	State - owned	41932		
集体企业	Collective - owned	20		
股份合作企业	Share Holding Cooperative	162708	98.8	52.8
联营企业	Joint - owned			
有限责任公司	Limited - liability Company	4018155	3899.4	2880.4
股份有限公司	Share Holding Company	452855	335.4	287.3
私营企业	Private	2278798	1962.4	1506.8
其他企业	Others			
港、澳、台商投资企业	Hong kong, Macao & Taiwan Funded			
外商投资企业	Foreign Funded			
按行业类别分	**Grouped by Sector**			
房屋建筑业	Housing Construction Industry	4826794	6151.3	4611.1
土木工程建筑业	Civil Engineering Industry	1823014	69.8	58.7
建筑安装业	Construction and Installation Industry	211020	75.0	57.5
建筑装饰业和其他建筑业	Construction and Decoration Industry and Other Construction Industries	93639		
按企业资质等级分	**Grouped by Intelligent Grade**			
施工总承包	General Contractors	6533969	6281.6	4712.8
# 特 级	Special Grade	77470	374.5	374.5
一 级	First	2053978	2388.6	1811.3
二 级	Second	2383388	1936.0	1463.1
三 级	Third	2019133	1582.5	1063.9
专业承包	Professional Contractors	420498	14.5	14.5
一 级	First	45168		
二 级	Second	226129	13.2	13.2
三 级	Third	149201	1.3	1.3
其他	Others			

continued

房屋建筑竣工面积（万平方米）Buildings Completed (10 000 sq. m)	自有机械设备 Machinery & Equipment Owned			期末从业人数（万人）Engaged Persons (10 000 persons)		
	净价（万元）net valued (10 000 yuan)	台数（万台）Number (10 000 yuan)	总功率（万千瓦）Numbers (10 000 kw)		其中:工程技术人员 Engineer	其中:一级建造师 First Engineer
2541.0	**522918**	**8.05**	**200.53**	**27.06**	**5.14**	**0.37**
2541.0	522918	8.05	200.53	27.06	5.14	0.37
2.3	23960	0.08	15.10	0.21	0.05	
	4		0.01			
98.5	4545	0.36	2.25	0.34	0.06	
1526.3	300448	5.28	131.49	15.27	3.07	0.21
117.4	19697	0.39	11.44	2.57	0.38	0.04
796.5	174264	1.96	40.23	8.67	1.58	0.12
2446.4	306205	6.51	124.39	18.41	2.96	0.19
26.3	196176	1.06	68.81	7.04	1.80	0.15
68.3	10618	0.43	5.26	1.04	0.29	0.02
	9920	0.05	2.07	0.57	0.08	0.01
2500.8	498244	7.56	191.48	24.89	4.72	0.34
27.6	19887	0.33	9.38	0.39	0.04	0.01
550.2	185873	3.07	75.35	9.08	1.71	0.16
944.1	173079	2.23	72.74	9.14	1.71	0.07
978.8	119404	1.93	34.01	6.28	1.25	0.09
40.3	24674	0.50	9.04	2.16	0.42	0.04
	2752	0.16	2.94	0.61	0.14	0.01
39.0	15008	0.25	2.51	0.71	0.17	0.02
1.3	6914	0.09	3.60	0.85	0.11	0.01

14－5 建筑施工企业主要财务指标(2016 年)

单位:万元

项 目	Item	资产合计 Total Assets	流动资产合计 Total Circul－ating Assets	#存 货 Stock	长期投资 Longterm Invest－ment
总 计	**Total**	**20290201**	**16142866**	**2415942**	
按企业登记注册类型分	**Grouped by Type Registered**				
内资企业	Domestic Investment	20290201	16142866	2415942	
国有企业	State－owned	197097	135776	36959	
集体企业	Collective－owned	1228	406	20	
股份合作企业	Share Holding Cooperative	20968	10684	543	
联营企业	Joint－owned				
有限责任公司	Limited－liability Company	10647519	8572979	1624281	
股份有限公司	Share Holding Company	1656013	1333687	94136	
私营企业	Private	7767375	6089334	660003	
其他企业	Others				
港、澳、台商投资企业	Hong kong, Macao & Taiwan Funded				
外商投资企业	Foreign Funded				
按行业类别分	**Grouped by Sector**				
房屋建筑业	Housing Construction Industry	9663388	7906701	1244915	
土木工程建筑业	Civil Engineering Industry	9645050	7406236	1055326	
建筑安装业	Construction and Installation Industry	676031	573708	87314	
建筑装饰业和其他建筑业	Construction and Decoration Industry and Other Construction Industries	305732	256221	28387	
按企业资质等级分	**Grouped by Intelligent Grade**				
施工总承包	General Contractors	18767659	15107004	2287038	
#特 级	Special Grade	849068	691971	203850	
一 级	First	7647766	6467840	754094	
二 级	Second	6149580	4745896	712691	
三 级	Third	4121247	3201297	616403	
专业承包	Professional Contractors	1522541	1035861	128904	
#一 级	First	553966	282332	19284	
二 级	Second	425614	347930	58973	
三 级	Third	542207	404846	49918	

Main Financial Indicators on Construction Enterprises with Independent Accounting System (2016)

(10 000 yuan)

固定资产合计 Total Fixed Assets	固定资产原价合计 Original Value of Fixed Assets	# 生产经营用 for Production Use	累计折旧 Accumulative Depreciation	# 本年折旧 Of this Year	在建工程 Under Construction	无形及递延资产合计 Intangible & Deffered Assets	# 无形资产 Intangible	其它资产 others
1870116	**2653003**		**1072511**	**117116**	**204121**			
1870116	2653003		1072511	117116	204121			
56710	87198		30488	14214				
185	93		12	12	92			
10199	12645		2456	122				
1071157	1496204		622389	55895	134001			
80215	124569		49594	6629	2625			
651650	932294		367572	40244	67404			
854834	1120497		429933	34999	135690			
931942	1395369		570546	75780	67264			
40361	61530		37254	1583	631			
42979	75607		34777	4755	536			
1719032	2411471		953850	105428	195124			
86104	99738		33420	5559	19786			
466104	803588		356387	41396	6515			
700293	903585		357544	31204	134483			
466531	604561		206498	27270	34340			
151084	241532		118661	11688	8997			
26483	70178		45177	1572	72			
47620	61014		29488	5444	1443			
76981	110341		43996	4672	7482			

14－5 续表 1

单位:万元

项 目	Item	负债合计 Total Liability	流动负债合计 Total Circulating Liability	长期负债合计 Total Longterm Liability	所有者权益合计 Owner－ship Interest
总 计	**Total**	**12691668**	**11879190**	**414670**	**7598533**
按企业登记注册类型分	**Grouped by Type Registered**				
内资企业	Domestic Investment	12691668	11879190	414670	7598533
国有企业	State－owned	61143	61143		135954
集体企业	Collective－owned	1102	970		126
股份合作企业	Share Holding Cooperative	5177	4147	1030	15791
联营企业	Joint－owned				
有限责任公司	Limited－liability Company	6482764	6114546	154677	4164756
股份有限公司	Share Holding Company	1122743	1040009	69311	533271
私营企业	Private	5018739	4658374	189652	2748635
其他企业	Others				
港、澳、台商投资企业	Hong kong, Macao & Taiwan Funded				
外商投资企业	Foreign Funded				
按行业类别分	**Grouped by Sector**				
房屋建筑业	Housing Construction Industry	5990434	5615401	112344	3672954
土木工程建筑业	Civil Engineering Industry	6046475	5631729	301052	3598575
建筑安装业	Construction and Installation Industry	461532	443054	71	214499
建筑装饰业和其他建筑业	Construction and Decoration Industry and Other Construction Industries	193228	189006	1204	112505
按企业资质等级分	**Grouped by Intelligent Grade**				
施工总承包	General Contractors	11873004	11113915	409929	6894655
# 特 级	Special Grade	742859	699050	43809	106209
一 级	First	5207201	4885224	284062	2440565
二 级	Second	3925622	3748570	33623	2223957
三 级	Third	1997322	1781071	48434	2123925
专业承包	Professional Contractors	818664	765275	4742	703877
# 一 级	First	235628	202617	18	318338
二 级	Second	251238	240750	4286	174376
三 级	Third	331044	321909	438	211163

continued

(10 000 yuan)

实收资本 Contrib - uted Capita	国家资本 State	集体资本 Collective	法人资本 Institu - tionnal Units	个人资本 Indivi - duals	港澳台资本 Hong kong, Macao & Taiwan	外商资本 Foreign	工程结算收入 Revenue of Settlement of Projects
3921216	**796172**	**113298**	**967953**	**2043794**			**12007072**
3921216	796172	113298	967953	2043794			12007072
124066	124066						42628
68		68					296
12656		3042	5755	3859			162902
2178167	665478	87021	593209	832459			7531890
291917	3143	8670	81616	198487			1103533
1314343	3486	14496	287373	1008988			3165823
1688291	138662	58690	359609	1131330			7373622
2041233	626251	42323	537066	835593			4010492
115242	25839	11986	34327	43090			470065
76450	5419	300	36951	33781			152894
3680554	751450	90898	909527	1928680			11147783
77929	77929						422411
1263160	264541	26469	451881	520269			4711573
1105260	74530	33816	244549	752366			3231654
1234205	334451	30613	213096	656045			2782145
240662	44721	22401	58426	115114			859289
63139	23676	6000	2288	31176			266023
87146	11208	10879	26463	38596			297412
90377	9838	5521	29676	45343			295828

14－5 续表 2

单位:万元

项 目	Item	工程结算成本 Cost of Settlement of Projects	工程结算税金及附加 Tax and Extra Charges of Settlement of Projects	工程结算利润 Profits of Settlement of Projects
总 计	**Total**	**10440820**	**276698**	
按企业登记注册类型分	**Grouped by Type Registered**			
内资企业	Domestic Investment	10440820	276698	
国有企业	State－owned	38096	1340	
集体企业	Collective－owned	256	1	
股份合作企业	Share Holding Cooperative	132620	6296	
联营企业	Joint－owned			
有限责任公司	Limited－liability Company	6604763	167914	
股份有限公司	Share Holding Company	986468	15648	
私营企业	Private	2678618	85498	
其他企业	Others			
港、澳、台商投资企业	Hong kong, Macao & Taiwan Funded			
外商投资企业	Foreign Funded			
按行业类别分	**Grouped by Sector**			
房屋建筑业	Housing Construction Industry	6466052	189244	
土木工程建筑业	Civil Engineering Industry	3458882	73724	
建筑安装业	Construction and Installation Industry	396446	11370	
建筑装饰业和其他建筑业	Construction and Decoration Industry and Other Construction Industries	119439	2360	
按企业资质等级分	**Grouped by Intelligent Grade**			
施工总承包	General Contractors	9722204	259560	
# 特 级	Special Grade	374040	3238	
一 级	First	4272256	85977	
二 级	Second	2782628	94129	
三 级	Third	2293280	76217	
专业承包	Professional Contractors	718616	17138	
# 一 级	First	238188	3959	
二 级	Second	241038	4908	
三 级	Third	239365	8271	

continued

(10 000 yuan)

其他业务收入 Revenue of Other Business	其他业务利润 Profits of Other Business	管理费用 Manage－ment Expenses	#税 金 Taxes	#财产保险费 Premium of Property	财务费用 Financial Expense	# 利息支出 Interest Expendi－ture	营业利润 Operating Profits	利润总额 Total Profits
	11202	**514388**	**23838**		**143811**	**112184**	**589651**	**609534**
	11202	514388	23838		143811	112184	589651	609534
		2681	16		410		102	102
		11	1		10	10	1	1
		1744	65		779	630	21464	21466
	7828	332858	15490		59277	41062	333549	343517
	1267	40121	805		7589	8243	46043	47413
	2107	136973	7461		75747	62239	188493	197036
	5038	240567	12130		62135	42689	382919	384220
	5593	225344	9404		77555	67427	162927	181267
	572	33086	1016		956	602	32341	32767
		15390	1289		3164	1467	11464	11280
	9272	442599	21028		140426	110666	546671	567607
	40	18327	988		19709	19499	－973	1243
	1996	177071	7699		46951	37207	146217	170297
	3630	128796	5718		50693	35431	159793	156672
	3606	118405	6623		23074	18529	241633	239396
	1930	71789	2810		3384	1519	42980	41927
	134	11021	177		1701	874	12067	11565
	792	29298	729		648	414	16792	16945
	1004	31436	1904		1035	231	14155	13451

14－5 续表 3

单位:万元

项 目	Item	应交所得税 Income Tax Payable	应付利润 Profits Payable	劳动待业保险费 Premium for Employment
总 计	**Total**	**125212**		
按企业登记注册类型分	**Grouped by Type Registered**			
内资企业	Domestic Investment	125212		
国有企业	State－owned	32		
集体企业	Collective－owned			
股份合作企业	Share Holding Cooperative	5263		
联营企业	Joint－owned			
有限责任公司	Limited－liability Company	61920		
股份有限公司	Share Holding Company	11481		
私营企业	Private	46517		
其他企业	Others			
港、澳、台商投资企业	Hong kong, Macao & Taiwan Funded			
外商投资企业	Foreign Funded			
按行业类别分	**Grouped by Sector**			
房屋建筑业	Housing Construction Industry	74674		
土木工程建筑业	Civil Engineering Industry	41498		
建筑安装业	Construction and Installation Industry	6683		
建筑装饰业和其他建筑业	Construction and Decoration Industry and Other Construction Industries	2358		
按企业资质等级分	**Grouped by Intelligent Grade**			
施工总承包	General Contractors	115605		
#特 级	Special Grade	－1487		
一 级	First	39123		
二 级	Second	39796		
三 级	Third	38173		
专业承包	Professional Contractors	9607		
#一 级	First	1740		
二 级	Second	3871		
三 级	Third	3995		

continued

(10 000 yuan)

本年应付工资总额 Total Wages Payable in the Year	# 主营业务应付工资 Wage Payable of Major Business	本年应付福利费总额 Welfares Payable in the Year	# 主营业务应付 of Major Business	建筑业增加值 Value Added of Construction
1460401				**2467704**
1460401				2467704
6103				21775
40				55
13250				41197
894789				1467637
156235				225360
389984				711680
1048058				1667350
329518				651353
57269				103579
25557				45425
1356591				2289278
33981				42793
569405				850694
411238				702082
341967				693710
103810				178426
39805				57580
29732				57605
34207				63209

主要统计指标解释

建筑业统计单位 指从事房屋、构筑物建造和设备安装活动的法人企业。建筑业法人企业应同时具备的条件是:①依法成立,有自己的名称、组织机构和场所,能够承担民事责任;②独立拥有和使用资产,承担负债,有权与其他单位签订合同;③独立核算盈亏,能够编制资产负债表。

建筑业总产值(即自行完成施工产值) 是以货币表现的建筑安装企业在一定时期内生产的建筑业产品的总和。建筑业总产值包括:

(1)建筑工程产值:指列入建筑工程预算内的各种工程价值。

(2)安装工程产值:指设备安装工程价值,不包括被安装设备本身价值。

(3)其他产值:建筑业总产值中,除建筑工程、安装工程以外的产值。包括房屋、构筑物修理产值、非标准设备制造产值、总包企业向分包企业收取的管理费以及不能明确划分的施工活动所完成的产值。

a 房屋、构筑物修理产值:指房屋、构筑物修理所完成的价值,但不包括被修理房屋、构筑物本身的价值和生产设备的修理价值。

b 非标准设备制造产值:指加工制造没有定型的、非标准的生产设备的加工费和原材料价值,以及附属加工厂为本企业承建工程制作的非标准设备的价值。

建筑业增加值 指建筑业企业在报告期内以货币表现的建筑业生产经营活动的最终成果。目前建筑业增加值采用分配法(收入法)计算,即从收入的角度出发,根据生产要素在生产过程中应得的收入份额计算。具体计算公式为:

建筑业增加值 = 本年提取的固定资产折旧 + 主营业务应付工资 + 主营业务应付福利费 + 管理费用中的劳动待业保险金、税金 + 工程结算税金及附加 + 工程结算利润

房屋建筑施工面积 指在报告期内施工的全部房屋建筑面积、包括本期新开工的房屋面积、上期施工跨入本期继续施工的房屋面积、上期停缓建在本期恢复施工的房屋面积、本期竣工的房屋面积及本期施工后又停缓建的房屋面积。

房屋建筑竣工面积 指在报告期内房屋建筑按照设计要求全部完工,达到了住人和使用条件,经验收鉴定合格,正式移交使用单位的房屋建筑面积。

自有机械设备年末总台数 指归本企业所有,属于本企业固定资产的生产性机械设备年末总台数。包括施工机械、生产设备、运输设备以及其他设备。

自有机械设备年末总功率 指本企业自有施工机械、生产设备、运输设备以及其他设备等列为在册固定资产的生产性机械设备年末总功率,按设定能力或查定能力计算。包括机械本身的动力和为该机械服务的单独动力设备,如电动机等。计算单位用千瓦,动力换算可按 1 马力 = 0.735 千瓦折合成千瓦数。电焊机、变压器、锅炉不计算动力。

工程结算收入 指企业承包工程实现的工程价款结算收入,以及向发包单位收取的除工程价款以外的按规定列作营业收入的各种款项,如临时设施费、劳动保险费、施工机械调迁费等以及向发包单位收取的各种索赔款。

工程结算利润 指已结算工程实现的利润,如亏损以"-"号表示。计算公式为:

工程结算利润 = 工程结算收入 - 工程结算成本 - 工程结算税金及附加

企业总收入 指与企业生产经营直接有关的各项收入,包括工程结算收入和其他业务收入。计算公式为:

企业总收入 = 工程结算收入 + 其他业务收入

Explanatory Notes on Main Statistical Indicators

Statistical Unit in Construction refers to corporate enterprise engaged in the construction of buildings and structures and in the installation of equipment. A corporate construction enterprise should meet the following requirements: ①being set up in line with relevant legal basis, having its full name, organization and location, and capable of taking civil liabilities; ②independently possessing and using its assets and assuming its liabilities, and entitled to sign contracts with other institutions; ③ making independent accounts of its profits and losses, and capable of compiling its own balance sheet.

Gross Output Value of Construction (Output Value of Projects Under Construction) refers to total of construction products, expressed in money terms, completed by construction and installation enterprises during a given period of time. It includes:

(1) Output value of construction projects, that is the value of projects covered by the project budgets;

(2) Output value of installation projects, that is the value of the installation of equipment, (excluding the value of the equipment to be installed) ;

(3) Other Output value:

a. Output value of repair of buildings and structures, that is the value created through the repairs of buildings or structures, but does not include the value of buildings or structures being repaired and the value of the repair of production equipment;

b. Output value of manufactured nonstandard equipment, that is the value of nonstandard production equipment which including raw materials and manufacturing cost made for the construction project, and the equipment manufactured by subsidiary workshops.

Value added of Construction refers to the final result of the activities of production and management of construction in monetary terms in the reference period. At present, the value added of construction is calculated with the income approach. In other words, it is the sum of income of various production factors in the production process. The formula is as follows:

Value added of construction = depreciation of fixed assets in the year + wages payable of the major operation + welfare expenses payable of the major operation + insurance premium and tax for waiting for employment in the administrative expenses + taxes and surcharges on project settlement + profit gained from Project settlement.

Floor Space of Buildings Under Construction refers to floor space of buildings under construction during the reference period, including newly started buildings, buildings started earlier and continued during the reference period, and buildings suspended earlier but restarted during the reference period, buildings completed during the reference period, and buildings under construction , and then suspended during the reference period.

Floor Space of Buildings Completed refers to the floor space of buildings that are completed in the reference period in accordance with the requirements of the design, up to the standard for putting them into use, and have been checked and accepted by concerned departments as qualified ones.

Total Number of Machinery and Equipment Owned by the End of Year refers to the number of machines and equipment owned by the enterprises, and listed as the fixed assets of the enterprises by the end of the year, including machinery and equipment for construction, production and transportation.

Total Power of Machinery and Equipment Owned by the End of Year refers to the total power of machinery and equipment owned by the enterprises, and listed as the fixed assets of the enterprises by the end of the year, including machinery and equipment for construction, production and transportation. The power of the machinery is calculated on basis of the designed or verified capacity, covering the power of the machinery/equipment and the separate power equipment serving the machinery/equipment(such as electric motors) , but excluding welders, transformers and boilers. The unit used for the calculation of power is kilowatt, with horsepower converted to kilowatt by 1 horse power = 0. 735 kilowatt.

Income from Settlement of Projects refers to the income received by the construction enterprise from the contracted project through settlement procedures, and other charges to the contractoree as operational costs in addition to the value of the project, such as temporary facility fee, labour insurance premium, moving cost of construction equipment, as well as various types of claims to the contractee.

Profit from Settlement of Projects refers to profit realized through settled projects. It is calculated with the following formula:

Profit from Settlement of Projects = Income from Settlement of Projects – Cost – Taxes and Other Cost

Total Revenue of Enterprises refers to the sum of income from production and operation of enterprises, including income from settlement of projects and other operational income, namely:

Total Revenue of Enterprises = Income from Settlement of Projects + Other Operational Income

2017 NEIMENGGU

十五、运输和邮电

Transportation,Postal and Telecommumications Services

资料整理：杜勇慧

Arranged By Du Yonghui

15－1 交通运输业基本情况

Basic Conditions of Transportation

指 标	Item	2015	2016
运输线路长度(公里)	**Length of Transportation Routes(km)**	**189667**	**210628**
国家铁路营业里程	National Railways	10611	10885
地方铁路营业里程	Local Railways	1279	1279
公路	Highways	175374	196061
内河	Navigable Inland Waterways	2403	2403
客运量总计(万人)	**Total Passenger Traffic(10 000 persons)**	**16986**	**16697**
国家铁路	National Railways	5108	5387
地方铁路	Local Railways	9	7
公路	Highways	11017	10347
民用航空	Civil Aviation	852	956
旅客周转量总计(亿人公里)	**Total Passenger Kilometers(100 million passenger－km)**	**371.27**	**375.21**
国家铁路	National Railways	210.80	222.35
地方铁路	Local Railways	0.13	0.11
公路	Highways	160.34	152.75
货运量总计(万吨)	**Total Freight Traffic(10 000 tons)**	**186160**	**200475**
国家铁路	National Railways	31942	32338
地方铁路	Local Railways	34711	37517
公路	Highways	119500	130613
民用航空	Civil Aviation	7.14	7.16
货物周转量总计(亿吨公里)	**Total Freight Ton－kilometers(100 million ton－km)**	**4263.86**	**4453.18**
国家铁路	National Railways	1604.19	1612.56
地方铁路	Local Railways	419.71	416.98
公路	Highways	2239.96	2423.64
民用汽车拥有量(辆)	**Number of Civil Motor Vehicles Owned(unit)**	**4000927**	**4396893**
#私人汽车拥有量(辆)	Number of Motor Vehicles Owned by Individuals(unit)	3573203	3983348
载客汽车辆数(辆)	Number of Buses and Cars(unit)	3220350	3646836
#私人	Private－owned	2982795	3417850
载货汽车辆数(辆)	Number of Trucks(unit)	492265	514168
#私人	Private－owned	356784	371777
民用运输船舶拥有量(艘)	**Number of Civil Transport Vessels(unit)**	**903**	**832**

注:1. 公路部门营运汽车统计口径为全社会营运汽车。
2. 表中民用航空客(货)运量为机场旅客(货邮行)发运量,下同。
3. 2015 年起,公路客(货)运量、周转量采用新的统计调查方法,下同。

a) The statistical coverage of number of motor vehicles owned by highway departments has extended to motor vehicles of all society.
b) Passenger(Freight) traffic of Civil Aviation in this table is The Passenger(Freight) shipments of Airport. same as follow.
c) Since 2015, Highways passenger(freight) traffic and passenger(freight) kilometers adopt a new survey method, same as follow.

15－2 主要交通运输工具和线路里程

Major Tools and Length of Transports

年 份 Year	载货汽车 (辆) Trucks (unit)	载客汽车 (辆) Buses and Cars (unit)	铁 路 Railways		飞 机 (架) Number of Civil Aircraft(unit)	铁路正线延展里程(公里) Extention Length of the Trunk Lines(km)	公路线路里程 (公里) Total Length of Highways (km)
			机车(台) Locomotives (unit)	客车(辆) Passenger Coaches (unit)			
1947	76	18				1557	1974
1948	81	25				1557	1872
1949	89	25				1557	2394
1950	227	53				1557	3259
1951	343	78				1557	4037
1952	344	101				1574	4821
1953	617	173				1574	5495
1954	1066	269				1912	6253
1955	1750	391				1912	8325
1956	2459	496				2106	11501
1957	2828	641				2404	13020
1958	3492	797				2644	18020
1959	4100	996				3091	18752
1960	5198	1061				3222	21131
1961	5446	970				3219	21131
1962	5595	1003				3222	22804
1963	5398	1033				3190	22195
1964	5871	1000				3299	22103
1965	6335	1348				3541	25688
1966	7335	1718				3635	25180
1967	6905	1605				3496	24407
1968	7110	1669				3496	25234
1969	7007	1781				3590	25676
1970	8174	2027				3593	27605
1971	9140	2316				3491	31355
1972	11061	2852				3537	34676
1973	14388	3733				3747	29043
1974	15496	4237				3747	30308
1975	19611	5172				3747	31362
1976	23281	6046				3697	33414
1977	25001	6448				3755	36471

15－2 续表 continued

年 份 Year	载货汽车（辆）Trucks（unit）	载客汽车（辆）Buses and Cars（unit）	铁 路 Railways		飞 机（架）Number of Civil Aircraft（unit）	铁路线路里程（公里）Length of the Railway Lines（km）	公路线路里程（公里）Total Length of Highways（km）	民航通航里程（公里）Length of Civil Aviation Routes（km）
			机车（台）Locomotives（unit）	客车（辆）Passenger Coaches（unit）				
1978	29027	7669				3803	37535	
1979	33011	8476				3760	23769	
1980	38647	9969				4361	35016	3734
1981	42482	11842	341	601	16	4379	35856	3734
1982	47125	13254	500	910	16	4360	36828	2933
1983	49674	14087	507	955	18	4360	37939	2933
1984	51663	15405	562	1003	18	4355	37456	7565
1985	57354	19078	532	838	21	4364	38198	7565
1986	66258	23409	627	1121	21	4416	40380	8824
1987	68618	24883	667	1282	19	4832	41984	10005
1988	71856	29940	706	1275	18	4836	42800	23193
1989	77909	32634	691	1339	19	4916	43080	21745
1990	87161	35763	676	1471	19	5001	43274	21431
1991	95489	41081	686	1522	21	5001	43396	20506
1992	103757	47958	661	1473	20	5034	43704	22496
1993	115807	58084	641	1561	19	5034	43789	38976
1994	118985	65374	668	1661	19	4991	44202	51951
1995	131055	85825	759	1802	18	5935	44753	48136
1996	111675	94187	789	1802	18	6027	45744	76116
1997	130350	118978	650	1771	19	6049	49992	66532
1998	142255	144216	745	1694	19	6049	58430	61199
1999	157377	169241	838	1595	13	6140	63824	64426
2000	167004	188154	883	1818	9	5967	67346	40469
2001	180481	241364	865	1886	11	6027	70408	51476
2002	182971	237719	898	1903	11	6191	72673	56890
2003	202306	286481	912	1757	10	6204	74135	78705
2004	240591	341371	892	1753	13	6108	75976	76725
2005	248809	384575	892	1753	15	6373	124465	55218
2006	284285	513375	980	1492	15	6525	128762	20656
2007	305163	643648	1123	1324	15	6006	138610	7528200
2008	338015	811922	1715	2033	11	7222	147288	2968910
2009	421962	1061527	837	1391	12	7630	150756	3987710
2010	485141	1371936	700	1528	8	9175	157994	3904050
2011	545221	1761036	726	1678	4	8745	160995	
2012	477214	2159439	831	1692	4	9788	163763	
2013	499608	2544640	1410	1693	20	10411	167515	
2014	511683	2886157	1362	1747	16	10423	172167	
2015	492265	3220350	1227	1956	22	11890	175374	
2016	514168	3646836	1335	2052	21	12164	196061	

注:1. 2013 年起,铁路机车数、线路里程包含地方铁路数据,下同。

2. 2013 年起,飞机架数为驻港航空公司(国航和天津航空公司)驻内蒙古地区飞机数。

3. 1981 年起,铁路线路里程为铁路营业里程。

a) Since 2013, Railways locomotives and Length of the railwaiy lines include local railwaiys data. Same as follow.

b) Since 2013, Number of civil Aircrafts are number of airlines(CIA and Tianjin airlines) stationed in Inner Mongolia.

c) Since1981, Railway line mileage is bussiness mileage.

15－3 运输线路长度

Length of Transports Routes

单位:公里 (km)

指 标	Item	2015	2016
国家铁路(含合资)	**National Railways (Including Joint Ventures)**		
正线延展里程	Extention Length of the Trunk Lines	16710	17309
呼铁局	Huhhot Railway Bureau	10705	11254
哈铁局(内蒙地段)	Harbin Railway Bureau(Section of Inner Mongolia)	2583	2582
沈铁局(内蒙地段)	Shengyang Railway Bureau(Section of Inner Mongolia)	3331	3331
兰州铁路局(内蒙地段)	Lanzhou Railway Bureau(Section of Inner Mongolia)	92	142
营业里程	Length of Railways in Operations	10611	10885
呼铁局	Huhhot Railway Bureau	6135	6409
哈铁局(内蒙地段)	Harbin Railway Bureau(Section of Inner Mongolia)	1987	1987
沈铁局(内蒙地段)	Shengyang Railway Bureau(Section of Inner Mongolia)	2401	2401
兰州铁路局(内蒙地段)	Lanzhou Railway Bureau(Section of Inner Mongolia)	88	88
地方铁路	**Local Railways**		
正线延展里程	Extention Length of the Trunk Lines	1729	1729
营业里程	Length of Railways in Operations	1279	1279
公路	**Highways**		
公路里程	Total Length of Highways	175374	196061
等级公路	Expressway and Class I to IV Highway	163767	188340
# 高速公路	Expressway	5016	5153
一级公路	First Class	6010	6682
二级公路	Second Class	14607	16913
等外路	Highway Below Class IV	11607	7721
内河	**Inland Rivers**		
航道里程	Length of Navigabe Inland Waterways	2403	2403

15 -4 民用车辆船舶年末拥有量

Figure of Civil Vehicles and Shipping at Year - end

项 目	Item	2015		2016	
		合计 Total	# 私人 Private - owned	合计 Total	# 私人 Private - owned
铁路运输工具	**Tool of Railway Transport**				
中央铁路:机车(台)	Central Railways:Locomotives(unit)	1055		1168	
客车(辆)	Passenger Coaches(unit)	1948		2044	
民用汽车(辆)	**Number of Civil Motor Vehicles(unit)**	**4000927**	**3573203**	**4396893**	**3983348**
载货汽车(辆)	Number of Trucks(unit)	492265	356784	514168	371777
载客汽车(辆)	Buses and Cars(unit)	3220350	2982795	3646836	3417850
轮胎式拖拉机(台)	**Type Tractors(unit)**	**1105883**	**1105883**	**1134053**	**1134053**
摩托车(辆)	**Motors(unit)**	**1103800**	**1098442**	**633998**	**630732**
# 两轮摩托车	Two - wheel Motors	949800	945302	532103	529364
载货车挂车(辆)	**Trailer(unit)**	**68635**	**22827**	**75342**	**24809**
民用运输船(艘)	**Civil Transport Vessels(unit)**	**903**		**832**	
机动运输船(艘)	Motor Vessels(unit)	592		623	
非机动船(艘)	Non - motor Vessels(unit)	269		171	
挂浆船(艘)	Vessels with Oar(unit)	42		38	
民航飞机(架)	**Civil Aircraft(unit)**	**22**		**21**	
# 通用飞机	General Aircraft	22		21	

15-5 客货运输量

Passenger Traffic and Freight Traffic

年份 Year	客运量（万人）Passenger Traffic (10 000 persons)	铁路 Railways	公路 Highways	货运量（万吨）Freight Traffic (10 000 tons)	铁路 Railways	公路 Highways
1949			0.6		0.2	0.2
1950			0.8	0.2		0.2
1951			3.0	396	391	5
1952			16	447	417	30
1953			39	755	526	229
1954			58	1168	694	474
1955			87	1433	496	937
1956			131	2093	622	1471
1957			189	2224	739	1485
1958			181	3390	1039	2351
1959	1238	993	245	6911	2657	4254
1960	1754	1456	298	5986	3289	2697
1961	2022	1723	299	3749	2355	1394
1962	1869	1585	284	2729	1754	975
1963	1416	1118	298	2235	1434	801
1964	1268	914	354	2759	1640	1116
1965	1320	852	468	3614	2060	1554
1966	1463	836	627	4160	2425	1735
1967	1688	978	710	4409	2881	1528
1968	1651	990	661	3284	1889	1395
1969	1546	1046	500	3200	1792	1408
1970	1688	1016	672	4625	2882	1743
1971	1865	1080	785	4964	2749	2215
1972	2223	1164	1059	5387	2859	2528
1973	2338	1199	1139	5477	2668	2709
1974	2364	1161	1203	5453	2604	2849
1975	2599	1324	1275	6325	3190	3135
1976	2588	1300	1288	6487	3114	3373
1977	3017	1564	1453	7399	3529	3870

15－5 续表 continued

年 份 Year	客运量 （万人） Passenger Traffic （10 000 persons）	铁 路 Railways	公 路 Highways	航空 Civil Aviation	货运量 （万吨） Freight Traffic （10 000 tons）	铁 路 Railways	公 路 Highways	航空 Civil Aviation
1978	3422	1753	1669		8213	3861	4352	
1979	3470	1689	1781		8046	3924	4122	
1980	4162	1994	2164	4	7653	4142	3511	0.05
1981	4250	2071	2176	3	7305	3989	3316	0.05
1982	4926	2288	2635	3	8314	4317	3997	0.04
1983	5703	2556	3145	2	9103	4542	4561	0.04
1984	6313	2738	3573	2	10149	4957	5192	0.03
1985	6673	2784	3884	5	11588	5510	6078	0.13
1986	7612	2833	4775	4	15348	5638	9710	0.06
1987	8493	2965	5509	19	16979	6065	10914	0.06
1988	9518	3242	6242	34	18533	5296	13237	0.06
1989	9411	2997	6405	9	22515	6678	15837	0.06
1990	10475	2433	8012	30	26676	6909	19767	0.17
1991	9148	2565	6543	40	25678	7027	18651	0.24
1992	10406	2801	7567	38	29126	7198	21928	0.34
1993	11165	3014	8108	43	31708	7587	24121	0.41
1994	15294	3042	12162	90	31386	7812	23573	0.90
1995	18273	2909	15248	116	32732	8347	24384	1.13
1996	18099	2563	15418	118	34321	9435	24885	1.15
1997	19148	2735	16287	126	39008	9960	29047	1.27
1998	20205	2542	17552	111	39564	8227	31336	1.17
1999	21498	2824	18576	98	41652	8747	32903	1.90
2000	23549	3378	20061	110	44629	9648	34979	2.00
2001	24133	2956	21041	136	45970	9816	36145	0.90
2002	25376	2824	22421	132	47879	10639	37239	1.00
2003	23521	2552	20831	138	50046	11513	38532	1.10
2004	28954	3235	25510	209	61259	18560	42697	1.60
2005	32114	3259	28604	251	73082	22060	51020	2.00
2006	35512	3437	31817	258	84137	25157	58978	1.98
2007	38781	3489	35039	253	102907	29605	73300	1.79
2008	20259	3876	16207	176	100012	39070	60941	1.07
2009	22259	4093	17998	168	116508	45675	70832	1.00
2010	24343	4136	19830	377	132205	47040	85162	3.11
2011	26420	4156	21807	457	146589	42934	103651	3.63
2012	28188	4273	23310	605	168078	42813	125260	4.68
2013	21751	4866	16184	701	173913	76849	97058	5.49
2014	19034	4797	13495	742	204303	77593	126704	5.88
2015	16986	5117	11017	852	186160	66653	119500	7.14
2016	16697	5394	10347	956	200475	69855	130613	7.16

注：2013 年起，铁路客（货）运量包含地方铁路数据，下同。

a) Since 2013, Railway Passenger (Frieight) traffic include Local railway data, Same as follow.

15－6 客货周转量

Passenger－kilometers and Freight Ton－kilometers

年 份 Year	旅客周转量 （亿人公里） Passenger－kilometers （100 million passenger－km）	铁 路 Railways	公 路 Highways	货物周转量 （亿吨公里） Freight Ton－kilometers （100 milion ton km）	# 铁 路 Railways	# 公 路 Highways
1980	43.19	31.84	11.35	174.92	164.78	10.14
1981	45.70	34.33	11.22	252.36	243.98	8.38
1982	52.06	37.50	14.40	299.40	288.62	10.78
1983	61.41	43.92	17.36	348.97	335.57	13.40
1984	70.76	50.29	20.34	391.94	376.45	15.49
1985	82.53	58.34	23.86	442.51	424.30	18.20
1986	90.85	62.57	28.03	470.56	449.30	21.26
1987	100.92	65.55	33.78	492.62	469.12	23.50
1988	115.69	74.49	37.58	491.93	466.08	25.85
1989	111.29	68.18	39.84	579.63	501.93	77.70
1990	99.01	57.54	38.07	621.90	519.41	102.49
1991	104.90	60.64	40.06	608.08	505.15	102.93
1992	113.60	69.24	40.26	655.89	515.18	137.56
1993	152.95	74.44	74.03	697.86	546.50	151.36
1994	174.86	75.09	89.55	734.25	586.94	143.85
1995	173.58	71.97	89.85	785.12	625.56	159.56
1996	167.10	63.79	90.68	832.66	658.96	170.11
1997	180.27	69.14	97.69	881.49	695.86	182.18
1998	187.91	76.13	100.44	844.35	657.08	187.27
1999	205.50	88.00	108.18	898.80	701.00	197.75
2000	219.10	92.30	116.30	1041.20	828.60	211.80
2001	225.30	89.70	121.90	1090.10	869.70	220.30
2002	236.80	92.70	130.70	1132.00	900.50	231.40
2003	222.06	85.74	122.14	1218.22	976.18	241.91
2004	290.24	108.63	155.28	1441.39	1171.39	269.84
2005	323.12	113.22	178.98	1604.31	1280.75	323.35
2006	354.24	122.20	199.47	1798.35	1414.03	384.12
2007	377.11	134.75	219.46	2121.40	1629.40	492.00
2008	351.43	154.77	179.66	3548.36	1911.00	1637.36
2009	377.29	161.84	198.38	3963.12	2077.87	1885.25
2010	387.74	169.54	218.20	3949.24	1688.12	2261.12
2011	409.37	168.21	241.16	5138.15	2400.55	2737.60
2012	435.00	171.00	264.00	5582.00	2283.00	3299.00
2013	371.12	197.67	173.45	4514.15	2641.44	1872.71
2014	363.25	201.85	161.40	4550.29	2446.82	2103.47
2015	371.27	210.93	160.34	4263.86	2023.90	2239.96
2016	375.21	222.46	152.75	4453.18	2029.54	2423.64

注:2013 年起,旅客(货物)周转量包含地方铁路数据,下同。

a) Since 2013, Passenger(Freight) kilometers include Local railway data, Same as follow.

15 –7 邮电业务基本情况

Basic Conditions of Post and Telecommunications Services

指 标	Item	2015	2016
邮电业务总量(万元)	Business Volume of Post and Telecommunications Service(10 000 yuan)	4002912	2768907
邮政业务总量	Business Volume of Post Service	232307	272479
电信业务总量	Business Volume of Telecommunications Service	3770605	2496428
函件(万件)	Number of Letters(10 000 pcs)	1455	871
包件(万件)	Number of Parcels(10 000 pcs)	34	26
特快专递(万件)	Pieces of Express Mail Services(10 000 pcs)	5410	8471
报刊期发数(万份)	Number of Newspapers and Magazines Circulation(10 000 copies)	194	181
长途电话通话时长(万分钟)	Length of Long – distance Calls (10 000 minutes)	53424	42315
#国内长途电话通话时长	Length of Domestic Long – distance Calls	53311	42226
固定电话年末用户(万户)	Access to Telephone Subscribers (10 000 subscribers)	320.5	268.1
城市电话用户(万户)	Number of Urban Telephone Subscribers (10 000 subscribers)	273.6	233.0
# 住宅电话用户	Residential Telephone Subscribers	141.3	107.1
农村电话用户(万户)	Number of Rural Telephones Subscribers at Year – end (10 000 subscribers)	47.0	35.1
年末移动电话用户(万户)	Number of Mobile Telephones Subscribers at Year – end (10 000 subscribers)	2425.3	2470.8
移动短信业务量(万条)	Short Message Services (10 000 messages)	1060980.0	833294.0
年末互联网用户(万户)	Number of Subscribers of Internet Service at Year – end (10 000 subscribers)	2208.2	2462.4
邮电局所(处)	Number of Post &Telecommunications Offices(unit)	1505	1541
邮路总长度(公里)	Length of Postal Routes (km)	76350	72980
# 汽车邮路	Highway Routes	72941	70207
铁路邮路	Railway Routes	2720	2316
局用交换机容量(万门)	Capacity of Office Telephone Exchanges(10 000 lines)	398.46	327.40

15－8 城乡邮电局所和电话机数

Number of Post and Telecommunications Office and Telephones

年份 Year	邮电局所（处）Number of Telecommun－ications Offices (unit)	城市 Urban	乡村 Rural	每万人口中邮电局所（处）Number of Post and Telecoms Offices per 10 000 Person (unit)	固定电话机部数（万部）Number of Telephone Access to (10 000 sets)	城市 Urban	乡村 Rural	每万人口中电话机数（部）Number of Telephones per 10 000 persons (set)
1957	563	149	414	0.60	1.03	0.90	0.13	18.71
1958	799	308	481	0.82	1.31	1.17	0.14	25.69
1965	951	161	790	0.73	3.33	2.23	1.10	13.88
1970	1111	216	895	0.75	2.07	1.49	0.58	15.13
1975	835	151	684	0.48	2.66	1.98	0.68	14.59
1978	857	163	694	0.48	3.10	2.36	0.74	17.00
1979	1513	206	1307	0.82	5.87	4.16	1.71	31.70
1980	1515	212	1303	0.81	6.04	4.34	1.70	32.19
1981	1519	212	1307	0.80	6.13	4.57	1.56	32.21
1982	1520	218	1302	0.78	6.47	4.97	1.50	33.32
1983	1517	216	1301	0.77	6.98	5.46	1.52	35.44
1984	1545	232	1313	0.78	7.63	6.14	1.49	38.28
1985	1603	232	1371	0.80	8.51	7.00	1.51	42.21
1986	1634	254	1380	0.80	9.07	7.56	1.51	44.45
1987	1615	229	1386	0.78	10.31	8.71	1.60	49.89
1988	1632	236	1396	0.78	12.67	10.98	1.69	60.51
1989	1636	232	1404	0.77	14.70	12.81	1.89	69.27
1990	1638	225	1413	0.76	16.83	14.80	2.03	77.82
1991	1645	230	1415	0.75	18.48	16.34	2.14	84.62
1992	1648	228	1420	0.75	21.18	18.66	2.52	95.98
1993	1651	233	1418	0.74	28.05	25.08	2.97	125.65
1994	1765	247	1518	0.78	62.47	59.51	2.96	276.35
1995	1804	419	1385	0.79	65.86	63.59	2.26	289.94
1996	1831	424	1407	0.80	85.98	85.07	0.91	374.60
1997	1837	407	1430	0.79	105.64	89.44	16.20	454.23
1998	1815	414	1401	1.20	150.08	128.66	21.42	640.05
1999	1739	413	1326	0.74				657.35
2000	1728	417	1311	0.73				872.11
2001	1671	446	1215	0.70				1087.51
2002	1671	521	1150	0.70				1308.64
2003	1678	551	1127	0.71				1807.19
2004	1672	559	1113	0.70				2107.30
2005	1743	600	1143	0.73				2270.78
2006	1711	615	1096	0.72				2260.49
2007	1702	617	1085	0.71				2183.85
2008	1570	516	1054	0.65				1914.05
2009	1599	561	1038	0.66				1824.93
2010	1588	549	1039	0.64				1679.38
2011	1483	506	977	0.60				1534.15
2012	1509	572	937	0.61				1481.23
2013	1479	557	922	0.59				1510.32
2014	1506	523	983	0.60				1473.84
2015	1505	505	1000	0.60				
2016	1541	494	1047	0.61				

15－9 邮电业务量

Telecommunications Services

年 份 Year	邮电业务总量（万元）Business Volume of post & Tele－communications (10 000 yuan)	邮政业务总量 Business Volume of Post	电信业务总量 Business Volume of Telecommu－nications	邮电业务总量指数（1978 年＝100）Index of Bus－iness Volume of Post & Te－lecommunica－tions(1978＝100)	函 件（万件）Number of Letters (10 000 pcs)	特快专递（万件）Pieces of Express Mail Services (10 000 pcs)	报刊期发数（万份）Newspapers & Magazines Circulation (10 000 copies)
1980	8216			109	7146		329
1985	11471			153	9416		605
1986	11953			159	9589		507
1987	14436			192	9778		596
1988	17119			228	9946	1	515
1989	18652			248	8637	1	342
1990	21194	7373	13821	282	8080		
1991	25096	8126	16970	334	7782	3	419
1992	32195	10093	22102	428	8001	9	412
1993	46809	11866	34943	623	9539	28	560
1994	69688	15317	54371	927	10858	55	567
1995	96552	19031	77521	1284	16728	95	486
1996	128846	21677	107169	1714	10277	153	625
1997	174001	25413	148588	2314	9479	157	650
1998	247762	29003	218759	3295	8521	115	408
1999	391291	34591	356700	5204	8332	100	341
2000	562463	39463	523000	7481	9677	111	395
2001	580521	76007	504515	10956	12249	147	268
2002	903848	80448	823400	17058	14002	167	249
2003	1085474	85115	1000359	20486	22066	205	249
2004	1566250	86250	1480000	20842	6229	230	218
2005	1997246	89351	1907895	26577	3143	251	194
2006	2545460	98860	2446600	33872	4273	272	215
2007	3640097	107785	3532312	48438	4270	322	246
2008	4576036	118798	4457238	60892	4186	410	224
2009	5538489	116468	5422021	73699	3675	579	233
2010	2006940	119844	1887096	89913	3389	401	242
2011	2413465	99580	2313885	108126	3031	405	285
2012	2702939	112076	2590863	121094	2433	406	230
2013	3112277	175177	2937100	139433	1865	2839	248
2014	3378447	194664	3183783	151358	1639	4364	262
2015	4002912	232307	3770605	179335	1455	5410	194
2016	2768907	272479	2496428	265923	871	8471	181

注:1. 邮电业务总量 2000 年及以前按 1990 年不变价格计算,2001－2009 年按 2000 年价格计算,2010－2015 年按 2010 年价格计算。2016 年,电信业务总量按 2015 年不变价格计算,邮政业务总量按 2010 年不变价格计算。

2. 自 2013 年起,邮政业务总量,特快专递数据来源于邮政管理局,包含内蒙古邮政公司及其他快递公司的数据。

a) Business Volume of Post and telecommunications before 2000 is calculated at 1990 constant Prices, and 2001－2009 it is calculated at 2000 constant Prices, and 2010－2015 is calculated at 2010 constant Prices. In 2016, Business Volume of Telecommunications is caculated at constant Price. of 2015, business volume of post is caculateel at constant prices of 2010.

b) Since 2013, the data of Business Volume of post and Pieces of Express Mail services is provided of post office, includes Inner Mongolia Post Company and other Courier Companies.

15－9 续表 1 continued

年 份 Year	集邮业务 (万元) Philately (10 000 yuan)	长途电话 (万次) Number of Long Distance Telephone Calls(10 000 times)	无线寻呼用户 (户) Number of Subscribers of Pageing Service (subscriber)	移动电话用户 (户) Number of Mobile Telephone Subscribers (subscriber)	#3G 移动电话用户 3GMobile Phone Subscribers	#4G 移动电话用户 4GMobile Phone Subscribers	国际互联网络用户 (户) Number of Subscribers of Internet Service (subscriber)
1980		495					
1985		792					
1986		856					
1987		923	175				
1988	287	1100	558				
1989		1071	1120				
1990	1373	1257	1747				
1991	2149	1722	3799	70			
1992	3959	2615	8246	636			
1993	4829	4856	24549	2298			
1994	4944	7623	52794	8351			
1995	4935	10422	102653	21852			
1996	6248	14349	179383	52388			25
1997	10173	15686	300692	127630			382
1998	11158	17429	420108	258881			1454
1999	10024	19101	530011	533000			10306
2000	7830	21088	780008	1153000			56556
2001	11768	22160	430000	2090000			161420
2002	12527	23358	315000	3172000			330133
2003	7095	23696	104000	4790500			547046
2004	4833	51408	51500	5945700			824000
2005	4996	49600	3000	7123000			1061143
2006	2759	34500	1467	8741300			1432319
2007	5301	77033		10469307			1417322
2008	11303	33071		13444000			1390000
2009	8901			16160000	38430		1760000
2010	12693			20340000	1459409		1910000
2011	15985			23161610	2509687		14982141
2012	18990			25501300	4512665		18260800
2013	19713			26906162	4743279		18322255
2014	10611			26346056	8714770	1359818	19892147
2015	10172			24253440	7427838	6277048	22081983
2016	10292			24707776	3382779	13179402	24623386

注:本表中国际互联网络用户 2010 年以前不包括移动互联网用户。

a) Before 2010, Number of Subscribers of Internet Service did not include mobile Internet users.

15－9 续表 2 continued

年 份 Year	固定电话年末用户（户） Number of Subscribers of Local Telephone at Year－end (subscriber)	城市电话用户 Number of Urban Telephone Subscribers	# 住宅电话 Residential Telephone Subscribers	乡村电话用户 Rural Telephone Subscribers	# 住宅电话 Residential Telephone Subscribers	#公用电话（户） Public Telephone (subscriber)
1980	60483	43435		17048		95
1985	86230	71101	733	15129	87	317
1986	97947	82004	2096	15943	156	386
1987	110409	93869	3047	16540	366	436
1988	127372	109781	6484	17591	484	467
1989	147108	128187	24732	18921	398	391
1990	168328	147964	32003	20364	518	278
1991	184856	163414	41193	21442	1785	376
1992	211796	186574	64151	25222	3319	679
1993	280512	250772	118788	29740	6139	1480
1994	440361	409220	265776	31141	10482	2958
1995	658577	635945	441383	22632	10586	6887
1996	859754	850652	615126	9102	3349	11759
1997	1056355	894372	697425	161983	118986	20400
1998	1254391	1040109	845015	214282	172736	32451
1999	1552582	1276323	1027119	276259	236006	41271
2000	2069000	1664000	1339000	405000	358000	48039
2001	2580000	2030000	1620000	550000	490000	70000
2002	3112000	2426000	1884000	686000	616000	74000
2003	4300400	3450900	2607300	849500	765400	168063
2004	5019600	3998600	3223000	1021000	823300	268800
2005	5419000	4339800	3455000	1079200	824000	382600
2006	5408300	4259700	3341200	1148600	1066500	430500
2007	5252301	4113873	3224093	1138428	1050367	408798
2008	4624600	3883200	3431200	741400	670000	350000
2009	4415923	3728456	2642711	687467	614185	334758
2010	4140000	3540000	2377786	600000	520000	300000
2011	3795159	3188791	1886621	606367	488398	279091
2012	3682000	3107000	1840900	575000	461500	255254
2013	3772185	3176934	1917926	595251	477898	248404
2014	3590789	3013493	1735678	577295	463494	235862
2015	3205263	2735731	1412999	469532	377220	191804
2016	2680993	2330275	1071413	350718	271845	

15－10 年末邮电局所数及邮递线路

Postal and Telecommunications Services Facilities(Year－end)

年 份 Year	邮电局所(处) Number of Post and Telecommunica－tions Offices (unit)	信筒信箱 (处) Number of Post Boxes (unit)	邮路总长度 (公里) Length of Postal Routes (km)	# 汽车邮路 Highway Routes	# 铁路邮路 Railway Routes	农村投递线路 (公里) Rural Delivery Routes (km)
1980	1515	3220	70944	35115	5740	
1985	1603	3557	59292	36174	6726	117800
1986	1634	3554	60831	37480	7023	110363
1987	1615	3671	60591	36485	7174	111786
1988	1632	3721	59203	35843	7024	110093
1989	1636	3637	63017	36037	7025	116686
1990	1638	3549	64495	36666	6802	109926
1991	1645	3600	67048	37235	6772	108231
1992	1648	3496	66966	37230	6772	107295
1993	1651	3590	66139	36401	6772	105501
1994	1765	3561	67551	39339	7050	101706
1995	1804	3576	68751	41030	6929	102757
1996	1831	3641	68873	43729	6929	104694
1997	1837	3616	71006	45955	6623	103991
1998	1815	3471	69261	44286	5936	107262
1999	1739	3059	64183	43747	5173	107280
2000	1728	3096	63759	43232	5514	106539
2001	1671	4502	72499	42969	5838	111394
2002	1671	3478	62307	42558	5764	111395
2003	1678	3022	62344	42799	5764	111636
2004	1672	5541	57762	43074	5699	110812
2005	1743	8630	60713	43895	6196	109398
2006	1711	8767	58523	44027	5946	109635
2007	1702	2567	61900	43851	5946	111007
2008	1570	2565	67905	43746	5836	111911
2009	1599	2521	72245	46726	6403	112612
2010	1588	2455	58391	44277	6205	114545
2011	1483	2368	59125	49983	5720	112903
2012	1509	2397	64421	58624	4066	109253
2013	1479	2361	65695	61496	2718	109302
2014	1506	2174	75186	70809	2718	115219
2015	1505	1229	76350	72941	2720	114098
2016	1541	1381	72980	70207	2316	114414

15－11 年末电信电路及电信线路

Line of Telecommunications Facilities(Year－end)

年 份 Year	长话业务电路（路/2M） Long Distance Telephone Lines(line/2M)	# 数字电路 Digital Lines	光缆线路长度（公里） Length of Optical Cable Lines(km)	长途光缆线路长度（公里） Length of Long Distance Optical Cable Lines(km)
1992	3191	881		309
1993	6593	2154		950
1994	10043	1658		3274
1995	11669	8578		8074
1996	17174	15920		9282
1997	19199	18833		9846
1998	30569	30559		11416
1999	26053	26053		11625
2000	48309	48309		16420
2001	84036	84036		15890
2002	166749	166749		25018
2003	247110	247110		28597
2004	213030	213030		31114
2005	364200	364200		35400
2006	451770	451770	103700	38031
2007	2837160	2837160	106300	34416
2008	3993105	3993105	154300	48146
2009	14542350	14542350	174784	42626
2010	21284190	21284190	204179	46831
2011	559741		271019	55514
2012			310453	56775
2013			338832	57600
2014			386759	66400
2015			432981	68583
2016			586797	77483

注：从 2011 年起，长话业务电路单位由路改为 2M。
a) From 2011, the long distance telephone Lines'unit has changed from line to 2M.

15－12 邮电通信水平

Level of Postal and Telecommunications Services

指 标	Item	1995	2000	2005	2010	2015	2016
全区邮电通信水平	**Autonomous Regional Level**						
平均每人每年发函件数（件）	Annual Average Number of Letters Mailed per Capita(piece)	4.72	4.09	1.32	1.37	0.58	0.35
平均每百人每年订报刊数（份）	Annual Average Number of Newspaper and Magazine Subscribed per 100 Persons(copy)	21.39	16.69	8.13	9.82	13.9	13.47
平均每百人拥有本地网电话机部数（部）	Number of Local Telephone Sets Owned per 100 Persons(set)	2.90	8.75	22.70	16.80		
农村邮电通信水平	**Rural Level**						
设有邮电局、所的乡（镇）比重（%）	Percentage of Townships with Post and Telephone Communications Offices(%)		82	88	92	93	100
通电话的乡（镇）比重（%）	Percentage of Townships with Telephone Communication(%)	94.20	100	100	100	100	100
进入长话自动网的乡（镇）比重（%）	Percentage of Townships with Connected Autoexchange Net of Long Distance Call(%)	37.60	100	100	100	100	100

15－13 电信设备年末拥有量

Telecommunications Facilities at Year－end

年 份 Year	长途自动交换机容量（路端）Capacity of Long－distance Telehone Exchanges（circuit）	本地电话局用交换机容量（门）Capacity of Local－office Telehone Exchanges（line）	# 中央国有 Central State－owned	电话机（部）Number of Telephone（set）	# 中央国有 Central State－owned
1980		104050	60450	106473	74235
1985		156280	108230	156929	128360
1986		163960	113930	181936	149191
1987		179070	128820	164123	129670
1988	200	193155	141190	232159	194589
1989	1560	222675	169540	266627	226723
1990	1560	241305	188020	296601	253525
1991	2249	268605	212950	329689	283773
1992	5342	351793	251230	363537	312632
1993	9906	449154	358984	454013	398342
1994	25895	682979	618964	624729	595081
1995	68127	1059151	1029828	854869	838265
1996	70336	1284301	1260288	1100640	1088151
1997	81050	1554614	1226356	1313097	1063609
1998	92200	1889691	1508344	1500674	1200539
1999	94200	2119776	1769500	2086000	1748959
2000	96320	2543000	2122789	3222000	2577600
2001	110000	3034400	3034400	4670000	4670000
2002	137060	3463000	3463000	6284000	6284000
2003	68640	3705538	3705538	9090500	9090500
2004	74000	7224000	7224000	10966000	10966000
2005	79211	4304500	4304500	12543000	12543000
2006	158974	4277900	4277900	14149600	14149600
2007	339509	7230000	7230000	15721608	15721608
2008	344765	7290000	7290000	18064000	18064000
2009	248814	7137435	7137435	20575837	20575837
2010	202524	7114721	7114721	24480903	24480903
2011	202524	6826400	6826400	26957000	26957000
2012	202524	8635286	8635286	29183000	29183000
2013	220734	8085838	8085838	30678347	30678347
2014	221574	6673726	6673726	29936845	29936845
2015	127944	3984618			
2016	100800	3274000			

主要统计指标解释

铁路营业里程 又称营业长度(包括正式营业和临时营业里程),指办理客货运输业务的铁路正线总长度。凡是全线或部分建成双线及以上的线路,以第一线的实际长度计算;复线、站线、段管线、岔线和特殊用途线以及不计算运费的联络线都不计算营业里程。铁路营业里程是反映铁路运输业基础设施发展水平的重要指标,也是计算客货周转量、运输密度和机车车辆运用效率等指标的基础资料。

铁路正线延展里程 指正线第一线、第二线、第三线和其他正线建筑里程之和,不包括站线、段管线、岔线及特殊用途线的延展里程。它是作为计算铁路上钢轨、枕木及路基砂石需要量的主要依据。

公路里程 指在一定时期内实际达到《公路工程技术标准 JTJ01-88》规定的等级公路,并经公路主管部门正式验收交付使用的公路里程数。包括大中城市的郊区公路以及通过小城镇街道部分的公路里程和桥梁、渡口的长度,不包括大中城市的街道、厂矿、林区生产用道和农业生产用道的里程。两条或多条公路共同经由同一路段,只计算一次,不得重复计算里程长度。它是反映公路建设发展规模的重要指标,也是计算运输网密度等指标的基础资料。

内河航道里程 也称内河通航里程,指在一定时期内,能通航运输船舶及排筏的天然河流、湖泊水库、运河及通航渠道的长度。包括全年季节性通航累计三个月以上的航道,不包括仅供零散流放竹、木排的河道。它是内河水运网规模、水平和发展情况的主要指标。

民用航空线里程 指民航运输定期班机飞行的航线长度的总和。航线长度按机场之间的距离计算,通常有两种计算方法:一是将每条航线长度相加称为重复计算航线里程;二是将两线或两条以上航线经过同一区段里程,只计算一次航线长度称为不重复计算航线里程,一般常用的是后者,它能确切反映民航运输网的规模,是表明民航事业为国民经济服务和方便人民生活程度的主要指标。

货(客)运量 指在一定时期内,各种运输工具实际运送的货物(旅客)数量。它是反映运输业为国民经济和人民生活服务的数量指标,也是制定和检查运输生产计划、研究运输发展规模和速度的重要指标。货运按吨计算,客运按人计算。货物不论运输距离长短、货物类别,均按实际重量统计。旅客不论行程远近或票价多少,均按一人一次客运量统计;半价票、小孩票也按一人统计。

货(客)运密度 指在一定时期内某种运输方式在营运线路的某一区段平均每公里线路通过的货物(旅客)运输周转量。计算公式为:

货(客)运密度 = 货物(旅客)周转量/营业线路长度

货(客)运密度是反映交通运输线路上货物(旅客)运输量运输繁忙程度的主要指标,是平衡运输线路运输能力和通过能力,规划线路建设及改造、配备技术设备,研究运输网布局的重要依据。

货物(旅客)周转量 指在一定时期内,由各种运输工具运送的货物(旅客)数量与其相应运输距离的乘积之总和。它是反映运输业生产总成果的重要指标,也是编制和检查运输生产计划,计算运输效率、劳动生产率以及核算运输单位成本的主要基础资料。计算货物周转量通常按发出站与到达站之间的最短距离,也就是计费距离计算。计算公式为:

货物(旅客)周转量 = ∑货物(旅客)运输量 × 运输距离

邮电业务总量 指以货币形式表现的邮电通信企业为社会提供各类邮电通信服务的总数量。计算方法为各类邮电通信服务业务的实物量分别乘以相应的不变单价,求出各类业务的货币量后加总求得。该指标反映了一定时期邮电通信业务发展的总成果,是观察邮电通信业务发展变化总趋势的综合性指标,分别按邮政业务总量和电信业务总量统计。计算公式为:

邮电业务总量 = ∑(各类邮电业务量 × 不变单价) + 出租代维及其他业务收入

固定电话用户 指在电信企业登记注册,且在报告期末实际已经接入电信企业固定电话网(包括局用电话交换机、接入网设备、软交换用户接入设备、无线市话设备)上的全部电话用户。包括普通电话用户、无线接入电话用户、公用电话用户、窄带综合业务数字网(N-ISDN)用户、集中用户交换机(CENTREX)用户、模拟中继线用户等。

移动电话用户 指在移动电话营业部门登记,通过移动电话交换机进入电话网、占有移动电话号码的电话用户。用户数量以实际办理登记手续进入邮电部门移动电话网的户数进行计算,一部或一台移动电话统计为一户。

城市电话用户 指话机安装地的行政区划属于中央直辖市、省辖市、地级市、县级市的市区、市郊区及县城区范围内的固定电话用户,还包括分布在农村地区的县团级以上建制的独立工矿区、林区、驻军的电话用户。

农村电话用户 指话机安装地的行政区划属于城市范围以外的乡(镇)、村的固定电话用户。

住宅电话用户 指私人付费或安装在居民住宅并按照住宅电话用户登记注册和收费的各类电话用户。不包括安装在居民住宅,属于经营性的电话用户。住宅电话用户按行政区划分为城市住宅电话用户和农村住宅电话用户。

长途光缆线路长度 指用以实现光信号传输的长途光缆线路的实际长度。架空的光缆按实际杆路长度统计;埋设于地下、管道、水底、海底的光缆按沟长统计。

局用交换机容量 指安装在电信企业内用于接续本地固定电话的交换机容量,不含接入网设备容量。

函件 指邮政企业为用户传递以书面信息为主的邮件,包括信件、印刷品和邮送广告等。

包裹 指符合准寄范围,按一般时限规定传递处理的物品。

Explanatory Notes on Main Statistical Indicators

Length of Railways in Operation refers to the total length of the trunk line for passenger and freight transportation (including both full operation and temporary operation) . The calculation is based on the actual length of the first line even if this line has a full or partial double track or more tracks, excluding double tracks, station sidings, tracks under the charge of station, branch lines, special purpose lines and the non payable connecting lines, The length of railways in operation is an important indicator to show the development of the infrastructure for the railway transport, and also the essential data to calculate volume of passenger freight transport, traffic density and utilization efficiency of the locomotives and carriages.

Extenuation Length of Trunk Lines refers to the sum of the first, the second, the third lines and other constructed length of the trunk railways, excluding the extenuation length of the station lines, lines under the jurisdiction of depots, sidings and lines for special purpose. It provides important information for the calculation of the needs for rails, sleepers, sand and stone for the construction of railways.

Length of Highways refers to the length of highways which are built in conformity with the grades specified by the highway engineering standard formulated by the Ministry of Communications, and have been formally checked and accepted by departments of highways and put into use. The length of highways includes that of the suburb highways at large and medium sized cities, highways passing through streets at small cities and towns, and also the length of bridges and ferries. It does not include the length of streets in big and medium sized cities and highways built for the production purpose at factories, mines, forest areas and agricultural areas. If two or more highways go the same section of the way, the length of the section is only calculated for once and no duplication is allowed. The length of highways is an important indicator to show the development of the highway construction and to provide essential information to calculate the transport network density.

Length of Navigable Inland Waterways refers to the length of natural rivers, lakes, reservoirs and canals and ditches that are open to navigation for ships and rafts during a given period. It includes the channels open tonavigation for more than 3 months in a year,yet this does not include the river courses which are only used to float odd logs and bamboo rafts.

Length of Civil Aviation Routes refers to the length of all routes for regular civil aviation flights. There are usually two ways to calculate the distance between airports connected by the route length: One is to put the length of all air routes together, called duplicated calculation of the length of the routes, the other is not to allow the duplication in calculation when two or more routes passing the same section of aviation routes. The latter is usually used, as it can precisely show the size of the civil aviation network and indicate the extent of civil aviation serving the national economy and the people.

Freight (Passenger) Traffic refers to the weight of freight (number of passenger) transported with various means within a specific period of time. This indicator reflects the service of the transport industry towards the national economy and people' s living conditions, as well as an important indicator used in formulating and monitoring transport production plans and research into the scale and pace of transport development. Freight transport is calculated in tons and passenger traffic is calculated in terms of number of persons. Freight transport is calculated in terms of the actual weight of the goods and takes no account of the type of freight and distance of travel. Passenger traffic is calculated by the principle that one person can be counted only once in one trip and takes no account of the travelling distance and ticket price. The passengers who travel with a half price ticket or a child' s ticket is also calculated as one person.

Freight (Passenger) Traffic Density refers to the freight (passenger) traffic volume carried by a particular means of transportation during a given period through one kilometre of a specific section of transportation route. The formula is as follows:

Freight (Passenger) Traffic Density = [Freight Ton – kilometers (Passenger – kilometers)] ÷ (Length of Route in Operation)

Freight (passenger) traffic density reflects how busy freight (passenger) traffic is on transportation routes. It provides an important basis for balancing transport capability and throughput capability, planning construction and upgrading of transport routes, installing technical facilities and studying the distribution of transport networks.

Freight Ton – kilometres (Passenger – kilometres) refers to the sum of the product of the volume of transported cargo (passengers) multiplied by the transport distance. It is an important indicator to reflect the achievement of the transportation industry. This is an important indicator to show the total results of the transport industry; to prepare and examine the transport plan; and to serve as the main basic data for calculating the efficiency, labour productivity and unit cost of transport. Normally, the shortest distance between the departure station and the destination station (i. e., the payable distance) is the basis in calculating the freight ton – kilometres. The formula is as follows:

Freight Ton – kilometers (Passenger – kilometers) = {Freight (Passenger) Traffic × Distance of Transportation}

Business Volume of Post and Telecommunications refers to the total amount of postal and telecommunication services, expressed in value terms, provided by the post and telecommunications departments for society. Calculation methods for all types of post and telecommunications services in kind amounts are multiplied by the corresponding constant price, after obtaining various services plus total amount of money obtained. This indicator reflects the overall results development of postal and telecommunications services, it is to observe the development and changes in business trends in post and telecommunications total comprehensive index, respectively, according to the total business volume of post and telecommunications services statistics.

The formula is follows:

Business Volume of Post and Telecommunications

= ∑ (Transaction of Post and Telecommunication Service × Constant Price) + Income from Leasing, Maintenance and other Services

Local telephone subscribers refer to all subscribers who have gone through registration , procedures in the operation points of enterprises engaged in telecommunications ,and in the reporting period have access to the actual telecommunications business fixed telephone network (including central office telephone switches, access equipment, Softswitch subscriber access equipment, PHS device) on all phone users. Included are general subscribers, wireless local telephone subscribers, public telephones subscribers, N – ISDN subscribers ,centralized user switch (CENTREX) users, analog trunk users. and intelligent network terminal subscribers.

Mobile Telephone Subscribers refer to persons who have gone through registration procedures in the operation points of enterprises engaged in telecommunications and are hence connected with the mobile telephone communication network through the mobile telephone switchboards and occupy mobile phone numbers. The number of subscribers is calculated only when the subscribers who have gone through all the register formalities and entered into the mobile telephone network. One mobile telephone is treated as a subscriber.

Urban Telephone subscribers refer to the number of telephone subscribers, located at the municipalities directly under the Central Government, cities under the jurisdiction of province, cities at prefecture level, downtown and suburb of city at county level town and county towns according to the administrative division, including subscribers in rural mineral area, forest area, military area that are at or above county level.

Rural Telephone subscribers refer to telephone subscribers, located at the towns and villages outside the coverage of urban areas according to the administrative division.

Household Telephone Subscribers refer to all kinds of subscribers with telephone sets paid privately or installed in the dwelling units of residents, and registered as private subscribers or residence subscribers for payment. Installation is not included in the residential, pertaining to the operation of phone users. Residential telephone subscribers by administrative divided into urban residential telephone users and rural residential telephone users.

Long – distance fiber optic line length refers to the actual length of the optical signal transmission to achieve long – distance optical cable lines. Overhead cable length according to the actual path length of the lever statistics; buried in the ground, pipes, underwater, undersea cable channel length according to the statistics.

Capacity of Office Telephone Exchanges refers to the capacity (measured in gate) of telephone exchanges installed in the offices of telecommunication service providers for communication between fixed telephones. It is not includes the capacity of access network equipment .

Letter refers to postal companies passed in writing information to the user's mail, including letters, printed and mailed advertising.

Package refers to send prospective range,as stipulated in the General limit of delivery service items.

2017 NEIMENGGU

十六、国内贸易

Domestic Trade

资料整理：沙仁高娃　柳美玲　赵　孔
Arranged By Sha Rengaowa , Liu Meiling , Zhao Kong

16－1 社会消费品零售总额（按销售单位所在地和行业分）

Total Retail Sale of Consumer Goods by Location of Retailers and by Sector

单位:万元 (10 000 yuan)

年 份 Year	社会消费品零售总额 Total Retail Sales of Consumer Goods	市 City	县 County	县以下 Under County Level
1978	368336	109765	173880	84691
1979	396306	115097	212109	69100
1980	443085	134370	234472	74243
1981	473558	151209	220104	102245
1982	521169	168509	184330	168330
1983	576479	213026	190936	172517
1984	682854	272508	219274	191072
1985	827012	379587	242756	204669
1986	926482	459731	255630	211121
1987	1054027	539840	281796	232391
1988	1304955	675461	350485	279009
1989	1385861	743528	367718	274615
1990	1462149	804703	378731	278715
1991	1631688	950829	424749	256109
1992	1865604	1082284	465677	317643
1993	2222885	1274436	520515	427934
1994	2656752	1556018	612519	488215
1995	3133114	1787351	764355	581408
1996	3644208	2046368	935855	661985
1997	4171634	2494448	987127	690059
1998	4699727	2834462	1093481	771784
1999	5326021	3274132	1212618	839271
2000	6085451	3782591	1382488	920372
2001	6959858	4408005	1549876	1001977
2002	8253061	5255468	1805237	1192356
2003	9561995	6208135	2036284	1317576
2004	11607118	7720880	2398047	1488191
2005	13581000	9086000	2813000	1682000
2006	16286000	11052000	3328000	1906000
2007	19640000	13436000	3916000	2288000
2008	24630000	16957000	4844000	2829000
2009	28553067	19546789	5625019	3381259

16－1 续表 continued

单位:万元　　　　(10 000 yuan)

年份 Year	批发零售贸易业 Wholesale and Retail Sale Trade	住宿餐饮业 Hotels and Catering	制造业 Manufacturing	农业生产者 Agriculture	其他行业 Others
1978	324557	9176	18424	4500	11679
1979	349203	9873	19823	4806	12601
1980	377210	12425	26812	11745	14893
1981	395242	13436	32747	12613	19520
1982	429129	15383	40642	16000	20015
1983	468060	17180	49112	18419	23708
1984	540456	21996	64587	28201	27614
1985	639621	26309	83076	43560	34446
1986	717482	31180	83815	51319	42686
1987	822095	37134	84602	60161	50035
1988	1022036	45026	110832	72734	54327
1989	1097906	44454	121209	81943	40349
1990	1154732	46081	126464	93257	41615
1991	1277458	54716	138160	111773	49581
1992	1424440	61275	166494	138677	74718
1993	1812421	274859			135605
1994	2182469	326337			147946
1995	2558304	396339			178471
1996	2972167	472720			199321
1997	3400261	563531			207842
1998	3807265	658848			233614
1999	4284513	786023			255485
2000	4875210	941049			269192
2001	5569681	1102355			287822
2002	6609147	1348192			295722
2003	7640622	1601569			319804
2004	9207247	2026590			373281
2005	10780965	2364654			435381
2006	12890755	2899876			495369
2007	15486890	3682236			470874
2008	21081856	3028123			520021
2009	24307808	3604645			640614

16-2 社会消费品零售总额(按销售单位所在地和消费形态分)

Total Retail Sale of Consumer Goods by Location of Retailers and by Consumption Patterns

单位:万元 (10 000 yuan)

年份 Year	社会消费品零售总额 Total Retail Sale of Consumer Goods	按销售单位所在地分 Grouped by Location of Retailers				按消费形态分 Grouped by consumption patterns	
		城镇 Cities	城区 City	镇区 Towns	乡村 Village	商品零售收入 Revenue from Commodities	餐费收入 Revenue from Meals
2010	33840040	29612820	22487335	7125485	4227220	29465115	4374925
2011	39917091	34949210	27031440	7917770	4967881	34953080	4964011
2012	45725464	40059900	31217663	8842237	5665564	40036406	5689058
2013	51142643	44752893	34297614	10455279	6389750	44830519	6312124
2014	56576427	49494081	37413524	12080557	7082346	49503293	7073134
2015	61077027	53429831	40388145	13041686	7647196	51704586	9372441
2016	67007606	58553978	44218712	14335266	8453628	56734208	10273398

16-3 社会消费品销售额

Total Sales Volume Grand of Consumer Goods

单位:万元 (10 000 yuan)

指标	Item	2015	2016
销售额(营业额)总计	**Sales volume (turnover) grand total**	**164209660**	**185505584**
销售额	**Sales volume**	**151699856**	**171103101**
批发业	Whole - sale Trade	83257170	93331288
零售业	Retail Sale Trade	68442686	77771813
营业额	**Turnover**	**12509804**	**14402483**
住宿业	Hotels Trade	2007544	2283930
餐饮业	Catering Trade	10502260	12118553

16－4 限额以上住宿业企业及个体户经营情况(2016 年)

Above Designated Size Hotel Enterprises and Self－Employed Trade(2016)

单位:万元 (10 000 yuan)

指标	Item	营业额 Business Revenue	#客房收入 Revenue from Hotel Rooms	#餐费收入 Revenue from Meals	#商品销售收入 Revenue from Commodities
总　计	**Total**	**479711**	**245866**	**204284**	**3151**
旅游饭店	Tourist Hotel	318167	141505	152274	1692
一般旅馆	General Hotel	146432	97444	45365	795
其他住宿服务	Others	15112	6917	6645	664

16－5 限额以上餐饮业企业及个体户经营情况(2016 年)

Above Designated Size Catering Enterprises and Self－Employed Trade(2016)

单位:万元 (10 000 yuan)

指标	Item	营业收入 Business Revenue	# 商品零售额 Retail Sales of Commodities
总 计	**Total**	**1057349**	**910828**
正餐服务	Dinner Services	1013159	867503
快餐服务	Fast Food Services	37203	36872
饮料及冷饮服务	Cold/Ice drink, and Services	1968	1968
其他餐饮服务	Others	5020	4485

16－6 亿元以上商品交易市场情况(2016 年)

Statistics on Commodity Exchange Markets of Transaction Value Over 100 Million Yuan(2016)

指标	Item	市场数（个）Markets (unit)	总摊位数（个）Booths (unit)	年末出租摊位（个）Rent Booths At Year－end (unit)	成交额（万元）Turn Over (10000 yuan)
总 计	**Total**	**70**	**37788**	**35746**	**5703391**
综合市场	**Integrated Markets**	**10**	**9843**	**8588**	**1103909**
生产资料	Productions Markets	1	40	40	33680
工业消费品	Industrial Markets	2	3402	3358	97628
农产品	Farm Produce Markets	4	2356	1330	558382
其他	Others	3	4045	3860	414219
专业市场	**Special Markets**	**60**	**27945**	**27158**	**4599482**
生产资料	Productions Markets	12	2711	2711	1374426
农业生产用具	Agricultural implements	2	61	61	63050
农用生产资料	Agricultural Productions	2	175	175	68190
煤炭	Coal and Charcoal	1	15	15	156900
木材	Wood	1	134	134	169890
建材	Building Materials	3	768	768	214145
化工材料及制品	Chemical Materials				
金属材料	Metal Materials	2	330	330	186231
机械设备	Mechanical Equipment				
其他生产资料	Others	1	1228	1228	516020
农产品	Farm Produce Markets	23	8942	8760	1134540
粮油	Grain & Oil	5	322	322	155145
肉禽蛋	Meat,Poultry & Eggs	3	684	591	65760
水产品	Aquatic Products				
蔬菜	Vegetables	5	4990	4960	365189
干鲜果品	Dried & Fresh Fruits				
棉麻土畜、烟叶	Local & lives tocks	3	734	734	124000
其他农产品	Others	7	2212	2153	424446
食品、饮料及烟酒	Food,Beverages,Tobacco & Liquor				
纺织、服装、鞋帽	Textile,Garments,Footwear & Hat Wear	12	8202	7765	353688
日用品及文化用品	Commodity & Cultural Articles				
黄金、珠宝、玉器等首饰	Jewelry	2	2335	2335	138947
电器、通讯器材、电子设备	Electrical Equipment				
医药、医疗用品及器材	Medicament	1	174	135	33723
家具、五金及装饰材料	Furniture,Hardware,Decorating	4	1128	1118	155291
汽车、摩托车及零配件	Autocar,Accessories	1	43	24	45367
花、鸟、鱼、虫	Flower,Bird,Fish & Insect				
旧货	Second Hand				
其他专业市场	Others	5	4410	4310	1363500

16－7 限额以上批发和零售业、住宿和餐饮业企业及个体户基本情况（2016 年，按登记注册类型分）

Basic Conditions of Enterprises above Designated Size of Wholesale , Retail Sale, Hotels ,Catering Trades and Self－employed by Registration(2016)

指 标	Item	法人企业（个）Number of Corporation Unit (unit)	产业活动单位数及个体户(个) Number of Active Unit and Self－Employed (unit)	从业人数(人) Persons Engaged (person)
总 计	**Total**	**2717**	**1395**	**234214**
一、批发业合计	**Wholesale Trade**	**697**	**42**	**39871**
内资企业	**Domestic Funded Enterprises**	**693**	**9**	**35380**
国有企业	State－owned Enterprises	47	5	7707
集体企业	Collective－owned Enterprises	4		127
股份合作企业	Cooperative Enterprises			
联营企业	Joint Ownership Enterprises			
国有联营公司	State Joint Ownership Enterprises			
集体联营企业	Collective Joint Ownership Enterprises			
国有与集体联营企业	Joint State collective Enterprises			
其他联营企业	Other Joint Ownership Enterprises			
有限责任公司	Limited Liability Corporations	250	2	11158
国有独资企业	State funded Corporations	22		2135
其他有限责任公司	Other Limited Liability Corporations	228	2	9023
股份有限公司	Share－holding Corporations Ltd.	33	1	5347
私营企业	Private Enterprises	359		11034
私营独资企业	Private－funded Enterprises	1		12
私营合伙企业	Private Partnership Enterprises			
私营有限责任公司	Private Limited Liability Corporations	343		10270
私营股份有限公司	Private Share－holding Corporations Ltd.	15		752
其他企业	Other Enterprises		1	7
港、澳、台商投资企业	**Enterprises with Investment from Hong Kong, Macao & Taiwan**	**4**	**1**	**200**
港澳台资合资经营	Joint－venture Enterprises	1		158
港澳台资合作经营	Cooperative Enterprises			
港澳台商独资企业	Sole Investment	3	1	42
港澳台商投资股份有限公司	Share－holding Co. ,Ltd			
其它港澳台投资	Others			
外商投资企业	**Enterprises With Foreign Investment**			
中外合资经营	Joint venture Enterprises			
中外合作经营	Cooperation Enterprises			
外资企业	Enterprises with Sole			
外商投资股份有限公司	Share－holding Co. , Ltd.			
其它外商投资	Others			
个体工商户	**Self－employed Individuals**		**32**	**4291**
二、零售业合计	**Retail Trade**	**1337**	**523**	**112367**
内资企业	**Domestic Funded Enterprises**	**1328**	**10**	**96458**
国有企业	State－owned Enterprises	14	4	889
集体企业	Collective－owned Enterprises	9		192
股份合作企业	Cooperative Enterprises	3		58
联营企业	Joint Ownership Enterprises			
国有联营公司	State Joint Ownership Enterprises			
集体联营企业	Collective Joint Ownership Enterprises			
国有与集体联营企业	Joint－State－collective Enterprises			
其他联营企业	Other Joint Ownership Enterprises			
有限责任公司	Limited Liability Corporations	539	3	44267
国有独资企业	State funded Corporations	13		2554
其他有限责任公司	Other Limited Liability Corporations	526	3	41713
股份有限公司	Share－holding Corporations Ltd.	59	1	13839

16－7 续表 1 continued

指 标	Item	法人企业（个）Number of Corporation Unit（unit）	产业活动单位数及个体户（个）Number of Active Unit and Self－Employed（unit）	从业人数（人）Persons Engaged（person）
私营企业	Private Enterprises	694	2	36828
私营独资企业	Private funded Enterprises	35	1	1141
私营合伙企业	Private Partnership Enterprises	1		6
私营有限责任公司	Private Limited Liability Corporations	638	1	31415
私营股份有限公司	Private Share holding Corporations Ltd.	20		4266
其他企业	Other Enterprises	10		385
港、澳、台商投资企业	**Enterprises with Investment from Hong Kong, Macao & Taiwan**	**8**	**4**	**1290**
港澳台资合资经营	Joint－venture Enterprises	5		286
港澳台资合作经营	Cooperative Enterprises			
港澳台商独资企业	Sole Investment	3	3	908
港澳台商投资股份有限公司	Share－holding Co.，Ltd. from		1	96
其它港澳台投资	Others			
外商投资企业	**Enterprises With Foreign Investment**	**1**	**3**	**670**
中外合资经营企业	Joint venture Enterprises		1	20
中外合作经营企业	Cooperation Enterprises			
外资企业	Enterprises with Sole Foreign Investment	1	2	650
外商投资股份有限公司	Share－holding Co.，Ltd.			
其它外商投资	Others			
个体工商户	**Self－employed Individuals**		**506**	**13949**
三、住宿业合计	**Hotels**	**314**	**155**	**31735**
内资企业	**Domestic Funded Enterprises**	**309**	**19**	**27123**
国有企业	State owned Enterprises	27	5	2609
集体企业	Collective owned Enterprises	2		128
股份合作企业	Cooperative Enterprises	1		80
联营企业	Joint Ownership Enterprises	1		57
国有联营公司	State Joint Ownership Enterprises			
集体联营企业	Collective Joint Ownership Enterprises	1		57
国有与集体联营企业	Joint State collective Enterprises			
其他联营企业	Other Joint Ownership Enterprises			
有限责任公司	Limited Liability Corporations	133	8	14637
国有独资企业	State funded Corporations	5		1581
其他有限责任公司	Other Limited Liability Corporations	128	8	13056
股份有限公司	Share holding Corporations Ltd.	13	1	973
私营企业	Private Enterprises	126	4	8238
私营独资企业	Private funded Enterprises	12		462
私营合伙企业	Private Partnership Enterprises			
私营有限责任公司	Private Limited Liability Corporations	111	4	7676
私营股份有限公司	Private Share holding Corporations Ltd.	3		100
其他企业	Other Enterprises	6	1	401
港、澳、台商投资企业	**Enterprises with Investment from Hong Kong，Macao Taiwan**	**4**		**945**
港澳台资合资经营	Joint－venture Enterprises			
港澳台资合作经营	Cooperative Enterprises			
港澳台商独资企业	Sole Investment	2		758
港澳台商投资股份有限公司	Share－holding Co.，Ltd.	1		169
其它港澳台投资	Others	1		18
外商投资企业	**Enterprises With Foreign Investment**	**1**	**1**	**47**
中外合资经营企业	Joint venture Enterprises			
中外合作经营企业	Cooperation Enterprises			
外资企业	Enterprises with Sole Foreign Investment	1	1	47
外商投资股份有限公司	Share－holding Co.，Ltd.			
其它外商投资	Others			
个体工商户	**Self－employed Individuals**		**135**	**3620**

16－7 续表 2 continued

指 标	Item	法人企业(个) Number of Corporation Unit (unit)	产业活动单位数及个体户(个) Number of Active Unit and Self－Employed (unit)	从业人数(人) Persons Engaged (person)
四、餐饮业合计	**Catering Trade**	**369**	**675**	**50241**
内资企业	**Domestic Funded Enterprises**	**366**	**23**	**29391**
国有企业	State owned Enterprises	10	1	1260
集体企业	Collective owned Enterprises	2		115
股份合作企业	Cooperative Enterprises			
联营企业	Joint Ownership Enterprises			
国有联营公司	State Joint Ownership Enterprises			
集体联营企业	Collective Joint Ownership Enterprises			
国有与集体联营企业	Joint State collective Enterprises			
其他联营企业	Other Joint Ownership Enterprises			
有限责任公司	Limited Liability Corporations	162	8	13001
国有独资企业	State funded Corporations	2		184
其他有限责任公司	Other Limited Liability Corporations	168		12817
股份有限公司	Share holding Corporations Ltd.	16	1	2521
私营企业	Private Enterprises	170	13	12130
私营独资企业	Private funded Enterprises	20	3	1113
私营合伙企业	Private Partnership Enterprises	2	2	69
私营有限责任公司	Private Limited Liability Corporations	143	8	10487
私营股份有限公司	Private Share holding Corporations Ltd.	5		461
其他企业	Other Enterprises	6		364
港、澳、台商投资企业	**Enterprises with Investment from Hong Kong, Macao Taiwan**	**1**		**196**
港澳台资合资经营	Joint－venture Enterprises			
港澳台资合作经营	Cooperative Enterprises			
港澳台商独资企业	Sole Investment	1		196
港澳台商投资股份有限公司	Share－holding Co. ,Ltd.			
其它港澳台投资	Others			
外商投资企业	**Enterprises With Foreign Investment**	**2**		**69**
中外合资经营企业	Joint venture Enterprises	1		69
中外合作经营企业	Cooperation Enterprises			
外资企业	Enterprises with Sole Foreign Investment	1		
外商投资股份有限公司	Share－holding Co. , Ltd.			
其它外商投资	Others			
个体工商户	**Self－employed Individuals**		**652**	**20585**

16－8 限额以上批发、零售贸易业企业及个体户商品销售总额（2016 年，按行业分）

Total Sales of Enterprise above Designated Size in Wholesale, Retail Trade and Self－employed by Sector(2016)

单位：万元 (10 000 yuan)

指 标	Item	销售总额 Total Sales	批 发 Whole sale	零 售 Retail
总 计	**Total**	**44516413**	**24122934**	**20393479**
批发业合计	**Wholesale Trade**	**25614790**	**22603978**	**3010812**
农、林、牧产品	Agriculture, Forestry, Husbandry Products	2381673	1558270	823404
# 谷物、豆及薯类	Cereal, Beans & Tubers	482730	453076	29655
食品、饮料及烟草制品	Food, Beverages & Tobaccos	4626008	3768183	857825
# 米、面制品及食用油	Grains & Edible Oil	106355	94870	11484
果品、蔬菜	Fruits & Vegetables	1080887	659417	421470
肉、禽、蛋、奶及水产品	Meat, poultry, eggs, milk and aquatic	269848	165330	104518
纺织、服装及家庭用品	Textile, Clothing and Household Goods	412184	332088	80096
# 纺织品、针织品及原料	Textile, Kintwear	21472	20791	681
服装	Garment	282871	205270	77600
文化、体育用品及器材	Cultural, Sports & Equipment	117464	117278	186
医药及医疗器材	Medicines & Medical Appliances	918756	799764	118992
矿产品、建材及化工产品	Minerals, Building & Chemicals	16418634	15436142	982492
# 煤炭及制品	Coal & Related Products	8882352	8573502	308850
石油及制品	Petroleum & Related Products	3035293	2513514	521779
化肥	Chemical Materials	433917	427165	6752
机械设备、五金产品及电子产品	Machinery, Metal and Electronic Products	543170	399826	143344
# 农业机械	Agricultural Machinery	137375	114754	22620
贸易经纪与代理	Trading Brokerage & Agency	179240	179240	
其他	Others	17662	13188	4474
零售业合计	**Retail Trade**	**18901623**	**1518956**	**17382667**
综合零售	Comprehensive Retail	3333358	24001	3309358
# 百货	Consumer Goods	2676283	20512	2655771
食品、饮料及烟草制品	Food, Drink & Tobaccos	852948	136830	716118
# 粮油	Grains & Edible Oil	219837	54765	165071
纺织、服装及日用品	Textile , Garment & Household	841803	34174	807629
# 纺织品及针织品	Textile & Kintwear Products	9405	1815	7590
服装	Garments	649045	30360	618686
鞋帽	Shoes & Hats	34392		34392
文化、体育用品及器材	Cultural, Sports Goods	320392	11175	309217
# 文具用品	Cultural Goods	37626		37626
体育用品及器材	Sporting Goods and Equipment	25305		25305
图书、报刊	Books, Newspapers and Magazines	59812	4287	55525
医药及医疗器材	Medicines & Medical Appliances	406209	123433	282776
汽车、摩托车、燃料及零配件	Auto, Motorbikes, Fuel & Accessory	10812789	997960	9814830
# 汽车	Automobile	4740917	128221	4612695
家用电器及电子产品	Electronic Products	924214	114410	809804
# 计算机、软件及辅助设备	Computers, Software	167489	9427	158062
五金、家具及室内装修材料	Hardware, Furniture & Home Decoration Material	815821	29653	786167
货摊、无店铺及其他零售	Stall, NOn－Shop and Other Retails	594090	47322	546768

16 - 9 限额以上批发零售贸易业商品分类销售额

Total Sales of Enterprises above Designated Size in Wholesale and Retail Sale by Category of Main Commodities

单位:万元 (10 000 yuan)

项 目	Item	合 计 Total		批 发 Wholesale		零 售 Retail Sale	
		2015	2016	2015	2016	2015	2016
粮油食品类	Foodstuffs	4120649	4572430	2118263	2324986	2002386	2247444
# 肉禽蛋类	Meat, Poultry and Eggs	519031	549333	224950	235558	294081	313775
饮料类	Beverages	251416	313737	91744	89808	159672	223929
烟酒类	Tobacco and Liquor	3053704	3039660	2759298	2660514	294406	379146
服装、鞋帽类	Garments, Footwear and Hats	2014373	2382594	89818	260325	1924555	2122270
针、纺织品类	Knitwear and Textiles	441673	277193	245804	44774	195869	232419
化妆品类	Cosmetics	215454	305868	1812	1925	213641	303943
金银珠宝类	Gold, Silver and Jewelry	388109	453471	31481	33127	356628	420343
日用品类	Articles for Daily Use	356505	465153	42074	46801	314431	418352
# 洗涤用品类	Washing Articles						
五金、电料类	Hardware and Electrical Materials	93974	169876	16208	15119	77767	154757
体育、娱乐用品类	Sports and Recreation Articles	40847	62786	26	22	40821	62764
书报杂志类	Newspapers and Magazines	125899	149491	75188	92203	50710	57288
电子出版物及音像制品类	E journal and Video Products	4229	7902			4229	7902
家用电器和音像器材类	Household Appliances and Video Appliances	896505	998030	181232	157108	715273	840922
中西药品类	Traditional Chinese and Western Medicines	990978	1225662	693201	831461	297777	394201
文化、办公用品类	Cultural and Official Goods	187672	221891	54117	41118	133555	180772
家具类	Furniture	468101	554505	71	336	468030	554170
通讯器材类	Communication Appliances	214170	316361	112809	194660	101361	121701
煤炭及制品类	Coal and Related Product	8315386	9425214	7566573	8883352	748813	541862
木材及制品类	Wood and Wooden Product	603443	523289	603443	523289		
石油及制品类	Petroleum and Related Product	8391070	8276472	2750467	3030105	5640603	5246367
化工材料类	Raw Chemical Materials	1638372	1437750	1638372	1437750		
黑色金属材料类	Ferrous Metals Materials						
有色金属材料类	Nonferrous Metals						
建筑及装潢材料类	Building and Decoration Materials	686582	603345	421537	286371	265045	316974
机电产品设备类	Mechanical and Electrical Products	408505	369782	166630	221583	241875	148198
# 农机类	Agricultural Machinery	132078	114476	132078	114476		
种子饲料类	Seed and Feedstuff	62308	86831	62308	86831		
棉麻、土畜类	Cotton, Hemp and Local livestock	2	16			2	16

16－10 限额以上批发零售贸易企业资产及负债（2016年，按登记注册类型分）

Assets and Liability of Enterprises above Designated Size in Whole sale and Retail Sale by Registration(2016)

单位：万元 (10 000 yuan)

指 标	Item	资产合计 Total Assets	# 流动资产 Circula－ting Funds	# 固定资产 Fixed Asset	负债合计 Total Liabi－lities
总 计	**Total**	**25998970**	**17857495**	**3397851**	**19789386**
一、批发业合计	**Wholesale Trade**	**17550110**	**12454861**	**1784380**	**13119414**
内资企业	**Domestic－Funded Enterprises**	**17524968**	**12438621**	**1784366**	**13105103**
国有企业	State－owned	4239255	3911255	224337	3374767
集体企业	Collective owned	23013	19299	2341	9214
股份合作企业	Cooperative				
联营企业	Joint Ownership				
国有联营公司	State Joint Ownership				
集体联营企业	Collective Joint Ownership				
国有与集体联营企业	Joint State collective				
其他联营企业	Other Joint Ownership				
有限责任公司	Limited Liability Co.	7111079	4208631	593314	5148935
国有独资企业	State funded	1928833	1197315	189885	1664538
其他有限责任公司	Other Limited Liability Co.	5182247	3011316	403429	3484398
股份有限公司	Share holding Co. Ltd.	1100548	563602	201235	798164
私营企业	Private Enterprises	5051073	3735834	763139	3774024
私营独资企业	Private funded	4755	2432	2323	987
私营合伙企业	Private Partnership				
私营有限责任公司	Private Limited Liability Co.	4925204	3676118	721427	3696813
私营股份有限公司	Private Share holding Co. Ltd.	121114	57283	39388	76223
其他企业	Other Enterprises				
港、澳、台商投资企业	**Enterprises with Investment from Hong Kong, Macao & Taiwan**	**25142**	**16240**	**14**	**14311**
港澳台资合资经营	Joint－venture	1732	1661	6	1732
港澳台资合作经营	Cooperative				
港澳台商独资企业	Sole Investment	23409	14578	8	12579
港澳台商投资股份有限公司	Share－holding Co. Ltd.				
其它港澳台投资	Others				
外商投资企业	**Enterprises With Foreign Investment**				
中外合资经营企业	Joint venture				
中外合作经营企业	Cooperation				
外资企业	Enterprises with Sole				
外商投资股份有限公司	Share－holding Co. Ltd.				
其它外商投资	Others				

16－10 续表 continued

单位:万元 (10 000 yuan)

指 标	Item	资产合计 Total Assets	# 流动资产 Circula－ting Funds	# 固定资产 Fixed Asset	负债合计 Total Liabi－lities
二、零售业合计	**Retail Trade**	**8448860**	**5402634**	**1613471**	**6669972**
内资企业	**Domestic Funded Enterprises**	**8058592**	**5172003**	**1545349**	**6315735**
国有企业	State owned	40306	23651	14213	30062
集体企业	Collective owned	17935	9495	8105	7578
股份合作企业	Cooperative	1092	465	317	498
联营企业	Joint Ownership				
国有联营公司	State Joint Ownership				
集体联营企业	Collective Joint Ownership				
国有与集体联营企业	Joint State collective				
其他联营企业	Other Joint Ownership				
有限责任公司	Limited Liability Co.	3903371	2376052	838807	3053576
国有独资企业	State funded	417521	187007	136310	351979
其他有限责任公司	Other Limited Liability Co.	3485850	2189045	702497	2701597
股份有限公司	Share holding Co. Ltd.	931922	394136	310501	839072
私营企业	Private Enterprises	3146129	2355763	369118	2375991
私营独资企业	Private funded	23727	17322	1867	11762
私营合伙企业	Private Partnership	225	103	4	199
私营有限责任公司	Private Limited Liability Co.	3024136	2262972	349280	2303158
私营股份有限公司	Private Share holding Co. Ltd.	98041	75365	17968	60871
其他企业	Other Enterprises	17838	12441	4287	8958
港、澳、台商投资企业	**Enterprises with Investment from Hong Kong, Macao & Taiwan**	**381221**	**226545**	**64570**	**339509**
港澳台资合资经营	Joint－venture	316638	209888	23486	302659
港澳台资合作经营	Cooperative				
港澳台商独资企业	Sole Investment	64582	16657	41084	36850
港澳台商投资股份有限公司	Share－holding Co. Ltd.				
其它港澳台投资	Others				
外商投资企业	**Enterprises With Foreign Investment**	**9047**	**4086**	**3552**	**14728**
中外合资经营企业	Joint venture				
中外合作经营企业	Cooperation				
外资企业	Enterprises with Sole	9047	4086	3552	14728
外商投资股份有限公司	Share－holding Co. Ltd.				
其它外商投资	Others				

16－11 限额以上批发、零售贸易企业资产及负债（2016 年，按行业分）

Assets and Liability of Enterprises above Designated Size in Wholesale and Retail by Sector(2016)

单位：万元 (10 000 yuan)

指 标	Item	资产合计 Total Assets	# 流动资产 Circula－ting Funds	# 固定资产 Fixed Asset	负债合计 Total Liabi－lities
总 计	**Total**	**25998970**	**17857495**	**3397851**	**19789386**
批发业合计	**Wholesale Trade**	**17550110**	**12454861**	**1784380**	**13119414**
农、林、牧产品	Agriculture, Forestry, Husbandry Products	4893858	4116832	659963	3952418
# 谷物、豆及薯类	Cereal, Beans & Tubers	4582125	3964616	560396	3834162
食品、饮料及烟草制品	Food, drink & Tobaccos	1764604	1363460	230276	893050
# 米、面制品及食用油	Grains & Edible Oil	320551	284098	27797	294683
果品、蔬菜	Fruits & Vegetables	152739	25435	71541	111409
肉、禽、蛋、奶及水产品	Meat, poultry, eggs, milk and aquatic	48899	38112	3449	38443
纺织、服装及家庭用品	Textile, Clothing and Household Goods	229100	178633	25697	197433
# 纺织品、针织品及原料	Textile, Kintwear & Material	36891	36131	20	38170
服装	Garment	163028	114449	25076	141664
文化、体育用品及器材	Cultural, Sports Goods & Equipment	171888	70935	18286	113420
医药及医疗器材	Medicines & Medical Appliances	576905	526987	29698	464917
矿产品、建材及化工产品	Minerals, Building Materials & Chemicals	9627471	5955441	796930	7290599
# 煤炭及制品	Coal & Related Products	5237644	3213688	645780	4158178
石油及制品	Petroleum & Related Products	454375	252412	98968	365022
化肥	Chemical Materials	509776	425963	5494	464329
机械设备、五金产品及电子产品	Machinery, Metal and Electronic Products	250938	211934	22173	181673
# 农业机械	Agricultural Machinery	103092	82592	14257	70807
贸易经纪与代理	Trading Brokerage & Agency	1453	1450	3	1151
其他	Others	33894	29189	1356	24755
零售业合计	**Retail Trade**	**8448860**	**5402634**	**1613471**	**6669972**
综合零售	Comprehensive Retail	1572895	934309	362740	1284046
# 百货	Consumer Goods	1255063	720681	302762	999320
食品、饮料及烟草制品	Food, Drink & Tobaccos	323040	184078	97408	201268
# 粮油	Grains & Edible Oil	123417	82795	23527	79038
纺织、服装及日用品	Textile , Garment & Household	263952	191694	42959	206351
# 纺织品及针织品	Textile & Kintwear Products	10674	6976	3699	5463
服装	Garments	224990	166430	36190	182251
鞋帽	Shoes & Hats	9734	5472	1821	7252
文化、体育用品及器材	Cultural, Sports Goods	171674	118512	19686	110202
# 文具用品	Cultural Goods	3870	2205	575	3455
体育用品及器材	Sporting Goods and Equipment	10104	9207	133	8715
图书、报刊	Books, Newspapers and Magazines	70072	53504	12073	54394
医药及医疗器材	Medicines & Medical Appliances	209607	172903	15837	163437
汽车、摩托车、燃料及零配件	Auto, Motorbikes, Fuel & Accessory	4468665	2798093	826096	3711823
# 汽车	Automobile	3057510	2285572	327205	2474038
家用电器及电子产品	Electronic Products	733446	542271	85468	506488
# 计算机、软件及辅助设备	Computers, Software	62953	52264	2099	34571
五金、家具及室内装修材料	Hardware, Furniture & Home Decoration Material	297040	227692	50769	198955
货摊、无店铺及其他零售	Stall, NOn－Shop and Other Retails	408541	233083	112509	287403

16－12 限额以上住宿企业资产及负债（2016 年，按登记注册类型和行业分）

Assets and Liability of Enterprises above Designated Size in Hotel by Registration and by Sector(2016)

单位：万元 (10 000 yuan)

指 标	Item	资产合计 Total Assets	# 流动资产 Circula－ting Funds	# 固定资产 Fixed Asset	负债合计 Total Liabi－lities
总 计	**Total**	**1214227**	**377751**	**600287**	**831021**
按登记注册类型分	**By Status of Registration**				
内资企业	**Domestic Funded Enterprises**	**1087713**	**366985**	**493199**	**755462**
国有企业	State owned	72445	19116	46372	36930
集体企业	Collective owned	831	111	720	368
股份合作企业	Cooperative	369	195	174	207
联营企业	Joint Ownership	927	147	440	2511
国有联营公司	State Joint Ownership				
集体联营企业	Collective Joint Ownership	927	147	440	2511
国有与集体联营企业	Joint State collective				
其他联营企业	Other Joint Ownership				
有限责任公司	Limited Liability Co.	594988	170527	291387	414695
国有独资企业	State funded Co.	87287	23079	58537	65513
其他有限责任公司	Other Limited Liability Co.	507701	147449	232850	349183
股份有限公司	Share holding Co. Ltd.	42045	14639	23765	16907
私营企业	Private Enterprises	368816	160733	124803	280217
私营独资企业	Private funded	15873	4103	10459	12059
私营合伙企业	Private Partnership				
私营有限责任公司	Private Limited Liability Co.	348574	154148	112589	265904
私营股份有限公司	Private Share holding Co. Ltd.	4369	2482	1756	2253
其他企业	Other Enterprises	7293	1517	5538	3627
港、澳、台商投资企业	**Enterprises with Investment from HK , Macao & Taiwan**	**126419**	**10746**	**107013**	**75424**
港澳台资合资经营	Joint－venture Enterprises (HK,Macao & Taiwan)				
港澳台资合作经营	Cooperative Enterprises (HK,Macao & Taiwan)				
港澳台商独资企业	Sole Investment from HK, Macao & Taiwan	78015	7163	63134	55100
港澳台商投资股份有限公司	Share－holding Co. ,Ltd. from HK, Macao & Ttaiwan	48324	3542	43840	20282
其它港澳台投资	Others	80	40	40	43
外商投资企业	**Enterprises With Foreign Investment**	**95**	**21**	**74**	**135**
中外合资经营企业	Joint venture				
中外合作经营企业	Cooperation				
外资企业	Enterprises with Sole Foreign Investment	95	21	74	135
外商投资股份有限公司	Share－holding Co. Ltd. with Foreign Investment				
其它外商投资	Others				
按国民经济行业分	**By sector**				
旅游饭店	Tourist Hotel	976771	296303	497649	650710
一般旅馆	General Hotel	228682	76554	99203	173024
其他住宿业	Others	8774	4895	3435	7287

16－13 限额以上餐饮企业资产及负债（2016 年，按登记注册类型和行业分）

Assets and Liability of Enterprises above Designated Size in Catering Trades by Registration and by Sector(2016)

单位：万元　　　　(10 000 yuan)

指 标	Item	资产合计 Total Assets	# 流动资产 Circula－ting Funds	# 固定资产 Fixed Asset	负债合计 Total Liabi－lities
总 计	**Total**	**1249367**	**487401**	**461164**	**949408**
按登记注册类型分	**By Status of Registration**				
内资企业	**Domestic Funded Enterprises**	**1174829**	**438526**	**447914**	**906943**
国有企业	State owned	110826	31532	38105	30732
集体企业	Collective owned	690	530	27	1158
股份合作企业	Cooperative				
联营企业	Joint Ownership				
国有联营公司	State Joint Ownership				
集体联营企业	Collective Joint Ownership				
国有与集体联营企业	Joint State collective				
其他联营企业	Other Joint Ownership				
有限责任公司	Limited Liability Co.	540333	198838	208950	517106
国有独资企业	State funded Co.	12270	1185	11085	502
其他有限责任公司	Other Limited Liability Co.	528063	197654	197864	516605
股份有限公司	Share holding Co. Ltd.	111610	49224	35072	52214
私营企业	Private Enterprises	405751	157896	162889	301751
私营独资企业	Private funded	39632	14544	8685	32944
私营合伙企业	Private Partnership	2853	1354	455	51
私营有限责任公司	Private Limited Liability Co.	350270	136498	149669	264054
私营股份有限公司	Private Share holding Co. Ltd.	12996	5501	4080	4703
其他企业	Other. Enterprises	5619	505	2872	3981
港、澳、台商投资企业	**Enterprises with Investment from HK , Macao & Taiwan**	**1965**	**1350**	**288**	**505**
港澳台资合资经营	Joint－venture Enterprises (HK, Macao & Taiwan)				
港澳台资合作经营	Cooperative Enterprises (HK, Macao & Taiwan)				
港澳台商独资企业	Sole Investment from HK, Macao & Taiwan	1965	1350	288	505
港澳台商投资股份有限公司	Share－holding Co. ,Ltd. from HK, Macao & Ttaiwan				
其它港澳台投资	Others				
外商投资企业	**Enterprises With Foreign Investment**	**72572**	**47525**	**12962**	**41960**
中外合资经营企业	Joint venture	7280	2591	4689	7398
中外合作经营企业	Cooperation				
外资企业	Enterprises with Sole Foreign Investment	65292	44934	8273	34562
外商投资股份有限公司	Share－holding Co. Ltd. with Foreign Investment				
其它外商投资	Others				
按服务业分	**By Business Categories**				
正餐服务	Dinner Services	1202381	445788	456941	902578
快餐服务	Fast Food Services	43501	38373	4002	41943
饮料及冷饮服务	Cold drink Services				
其他餐饮服务	Others	3485	3239	221	4887

16－14 限额以上批发零售贸易企业主要财务指标（2016 年，按登记注册类型分）

Main Financial Indicators of Enterprises above Designated Size in Wholesale and Retail Sale by Registration (2016)

单位：万元 (10 000 yuan)

指 标	Item	商品销售收入 Sales Revenue	商品销售成本 Cost of Sales	商品销售税金及附加 Sales Tax and Extra Changes	销售费用 selling expenses	营业利润 Operating profit
批发零售贸易业总计	**Total**	**37631090**	**34399290**	**505422**	**1290543**	**479037**
一、批发业合计	**Wholesale Trades**	**21699303**	**19963887**	**395794**	**536525**	**260590**
内资企业	**Domestic Funded Enterprises**	**21638844**	**19906149**	**395743**	**533926**	**261033**
国有企业	State owned	2534186	1901554	294827	79833	45857
集体企业	Collective owned	164408	153301	169	4246	1867
股份合作企业	Cooperative					
联营企业	Joint Ownership					
国有联营公司	State Joint Ownership					
集体联营企业	Collective Joint Ownership					
国有与集体联营企业	Joint State collective					
其他联营企业	Other Joint Ownership					
有限责任公司	Limited Liability Co.	10646940	10053774	52815	211352	99519
国有独资企业	State funded Co.	5150527	5025277	16986	23605	10936
其他有限责任公司	Other Limited Liability Co.	5496413	5028496	35829	187746	88583
股份有限公司	Share holding Corporations Ltd.	2880990	2821217	17076	57325	51835
私营企业	Private	5412320	4976303	30858	181170	61955
私营独资企业	Private funded	4936	4825	30	7	65
私营合伙企业	Private Partnership					
私营有限责任公司	Private Limited Liability Co.	4410973	4000416	30325	176545	51031
私营股份有限公司	Private Share holding Co. Ltd.	996412	971063	502	4619	10859
其他企业	Other Enterprises					
港、澳、台商企业	**Enterprises from HK, Macao & Taiwan**	**60459**	**57738**	**51**	**2599**	**－442**
港澳台资合资经营	Joint－venture Enterprises (HK, Macao & Taiwan)	8202	7607	9	1653	－1069
港澳台资合作经营	Cooperative Enterprises (HK, Macao & Taiwan)					
港澳台商独资企业	Sole Investment from HK, Macao & Taiwan	52257	50132	42	946	627
港澳台商投资股份有限公司	Share－holding Co., Ltd. from HK, Macao & Ttaiwan					
其它港澳台投资	Others					
外商企业	**Enterprises Foreign Investment**					
中外合资经营企业	Joint venture					
中外合作经营企业	Cooperation					
外资企业	Sole Foreign Investment					
外商投资股份有限公司	Share－holding Co. Ltd. with Foreign Investment					
其它外商投资	Others					

16－14 续表 continued

单位:万元 (10 000 yuan)

指 标	Item	商品销售收入 Sales Revenue	商品销售成本 Cost of Sales	商品销售税金及附加 Sales Tax and Extra Changes	销售费用 selling expenses	营业利润 Operating profit
二、零售企业合计	**Retail Sale Trades**	**15931787**	**14435404**	**109628**	**754019**	**218447**
内资企业	**Domestic Funded Enterprises**	**15758937**	**14285794**	**108610**	**741122**	**222365**
国有企业	State owned	52505	45715	285	4107	－1726
集体企业	Collective owned	120707	117416	91	831	1702
股份合作企业	Cooperative	3581	3225	9	153	3
联营企业	Joint Ownership					
国有联营公司	State Joint Ownership					
集体联营企业	Collective Joint Ownership					
国有与集体联营企业	Joint State collective					
其他联营企业	Other Joint Ownership					
有限责任公司	Limited Liability Co.	7737864	6957180	58122	358969	161862
国有独资企业	State funded Co.	1540542	1509876	1486	45147	－26737
其他有限责任公司	Other Limited Liability Co.	6197322	5447303	56636	313823	188599
股份有限公司	Share holding Corporations Ltd.	3292966	3095457	7688	181671	－20299
私营企业	Private	4533109	4052669	42152	194143	79511
私营独资企业	Private funded	65489	57334	934	2286	1610
私营合伙企业	Private Partnership	511	475	1		4
私营有限责任公司	Private Limited Liability Co.	4296274	3853484	40185	177033	68423
私营股份有限公司	Private Share holding Co. Ltd.	170835	141377	1031	14825	9474
其他企业	Other Enterprises	18207	14133	264	1247	1312
港、澳、台商投资企业	**Enterprises with Investment from Hong Kong, Macao & Taiwan**	**171213**	**148140**	**1017**	**12545**	**－3692**
港澳台资合资经营	Joint－venture Enterprises (HK,Macao & Taiwan)	101334	94627	657	3552	－9806
港澳台资合作经营	Cooperative Enterprises (HK,Macao & Taiwan)					
港澳台商独资企业	Sole Investment from HK, Macao & Taiwan	69879	53513	361	8994	6114
港澳台商投资股份有限公司	Share－holding Co. ,Ltd. from HK, Macao & Ttaiwan					
其它港澳台投资	Others					
外商投资企业	**Enterprises With Foreign Investment**	**1636**	**1469**		**351**	**－225**
中外合资经营企业	Joint venture					
中外合作经营企业	Cooperation					
外资企业	Sole Foreign Investment	1636	1469		351	－225
外商投资股份有限公司	Share－holding Co. Ltd. with Foreign Investment					
其它外商投资	Others					

16－15 限额以上批发、零售贸易企业主要财务指标（2016年，按行业分）

Main Financial Indicators of Enterprises above Designated Size in Wholesale and Retail Sale by Sector(2016)

单位：万元　　(10 000 yuan)

指 标	Item	商品销售收入 Sales Revenue	商品销售成本 Cost of Sales
总 计	**Total**	**37631090**	**34399290**
批发业合计	**Wholesale Trade**	**21699303**	**19963887**
农、林、牧产品	Agriculture, Forestry, Husbandry Products	1941742	1849533
#谷物、豆及薯类	Cereal, Beans & Tubers	505889	498965
食品、饮料及烟草制品	Food, Beverages & Tobaccos	3812897	2873798
#米、面制品及食用油	Grains & Edible Oil	75712	79900
果品、蔬菜	Fruits & Vegetables	618972	518534
肉、禽、蛋、奶及水产品	Meat, poultry, eggs, milk and aquatic	264507	208499
纺织、服装及家庭用品	Textile, Clothing and Household Goods	394032	351988
#纺织品、针织品及原料	Textile, Kintwear	18880	17419
服装	Garment	279353	245357
文化、体育用品及器材	Cultural, Sports & Equipment	95095	86163
医药及医疗器材	Medicines & Medical Appliances	837655	765127
矿产品、建材及化工产品	Minerals, Building & Chemicals	14007249	13466097
#煤炭及制品	Coal & Related Products	8275105	7888990
石油及制品	Petroleum & Related Products	2604179	2606234
化肥	Chemical Materials	408577	388209
机械设备、五金产品及电子产品	Machinery, Metal and Electronic Products	414297	379206
#农业机械	Agricultural Machinery	112081	101273
贸易经纪与代理	Trading Brokerage & Agency	179240	179178
其他	Others	17097	12798
零售业合计	**Retail Trade**	**15931787**	**14435404**
综合零售	Comprehensive Retail	2543399	2268203
#百货	Consumer Goods	2130457	1907599
食品、饮料及烟草制品	Food, Drink & Tobaccos	693085	613536
#粮油	Grains & Edible Oil	146731	142742
纺织、服装及日用品	Textile , Garment & Household	559697	455273
#纺织品及针织品	Textile & Kintwear Products	6240	5245
服装	Garments	434502	345196
鞋帽	Shoes & Hats	11086	10408
文化、体育用品及器材	Cultural, Sports Goods	174944	146909
#文具用品	Cultural Goods	36634	34871
体育用品及器材	Sporting Goods and Equipment	15356	12631
图书、报刊	Books, Newspapers and Magazines	46324	33982
医药及医疗器材	Medicines & Medical Appliances	332375	276348
汽车、摩托车、燃料及零配件	Auto, Motorbikes, Fuel & Accessory	9732475	9098071
#汽车	Automobile	4397898	4017470
家用电器及电子产品	Electronic Products	841366	736211
#计算机、软件及辅助设备	Computers, Software	147499	122790
五金、家具及室内装修材料	Hardware, Furniture & Home Decoration Material	593607	443075
货摊、无店铺及其他零售	Stall, NOn－Shop and Other Retails	460837	397779

16－15 续表 continued

单位:万元 (10 000 yuan)

指 标	Item	商品销售税金及附加 Sales Tax and Extra Changes	销售费用 Management Cost	营业利润 Total Profits
总 计	**Total**	**505422**	**1290543**	**479037**
批发业合计	**Wholesale Trade**	**395794**	**536525**	**260590**
农、林、牧产品	Agriculture, Forestry, Husbandry Products	12145	71459	－154946
＃谷物、豆及薯类	Cereal, Beans & Tubers	807	50735	－179929
食品、饮料及烟草制品	Food, Beverages & Tobaccos	344859	114529	298025
＃米、面制品及食用油	Grains & Edible Oil	4	4118	－24167
果品、蔬菜	Fruits & Vegetables	18078	32223	15087
肉、禽、蛋、奶及水产品	Meat, poultry, eggs, milk and aquatic	5024	6100	37517
纺织、服装及家庭用品	Textile, Clothing and Household Goods	3990	17326	10752
＃纺织品、针织品及原料	Textile, Kintwear	1	947	36
服装	Garment	3882	12201	9242
文化、体育用品及器材	Cultural, Sports & Equipment	105	2722	5312
医药及医疗器材	Medicines & Medical Appliances	1654	30826	12896
矿产品、建材及化工产品	Minerals, Building & Chemicals	31878	279016	86485
＃煤炭及制品	Coal & Related Products	23514	154801	12881
石油及制品	Petroleum & Related Products	3444	52245	37886
化肥	Chemical Materials	1296	6440	2687
机械设备、五金产品及电子产品	Machinery, Metal and Electronic Products	1097	18113	2717
＃农业机械	Agricultural Machinery	393	4936	1855
贸易经纪与代理	Trading Brokerage & Agency	1	27	16
其他	Others	64	2507	－666
零售业合计	**Retail Trade**	**109628**	**754019**	**218447**
综合零售	Comprehensive Retail	23079	141277	44304
＃百货	Consumer Goods	20449	96264	40122
食品、饮料及烟草制品	Food, Drink & Tobaccos	9849	21895	18534
＃粮油	Grains & Edible Oil	251	5113	－9290
纺织、服装及日用品	Textile , Garment & Household	14863	30483	33976
＃纺织品及针织品	Textile & Kintwear Products	5	410	139
服装	Garments	14043	22928	30086
鞋帽	Shoes & Hats	70	413	35
文化、体育用品及器材	Cultural, Sports Goods	2221	11288	3899
＃文具用品	Cultural Goods	357	369	674
体育用品及器材	Sporting Goods and Equipment	88	2662	314
图书、报刊	Books, Newspapers and Magazines	416	5147	1372
医药及医疗器材	Medicines & Medical Appliances	1584	33000	4998
汽车、摩托车、燃料及零配件	Auto, Motorbikes, Fuel & Accessory	28554	425388	8
＃汽车	Automobile	20995	166520	37863
家用电器及电子产品	Electronic Products	4102	47528	14571
＃计算机、软件及辅助设备	Computers, Software	2178	5579	9915
五金、家具及室内装修材料	Hardware, Furniture & Home Decoration Material	9442	30668	84079
货摊、无店铺及其他零售	Stall, NOn－Shop and Other Retails	15934	12490	14078

16－16 限额以上住宿企业主要财务指标（2016 年，按登记注册类型和行业分）

Main Financial Indicators of Enterprises above Designated Size in Hotel by Registration and by Sector(2016)

单位：万元　　(10 000 yuan)

指 标	Item	营业收入 Operating income	营业成本 Operating costs	营业税金及附加 Business tax and surcharges	销售费用 selling expenses	营业利润 Operating profit
总 计	**Total**	**363058**	**161426**	**9884**	**106519**	**－29758**
按登记注册类型分	**By Status of Registration**					
内资企业	**Domestic Funded Enterprises**	**338458**	**145657**	**9450**	**101621**	**－20049**
国有企业	State owned	25280	17663	1461	5418	－2417
集体企业	Collective owned	644	206	29	235	－33
股份合作企业	Cooperative	304	112	17	67	12
联营企业	Joint Ownership	716	369	14	306	－90
国有联营公司	State Joint Ownership					
集体联营企业	Collective Joint Ownership	716	369	14	306	－90
国有与集体联营企业	Joint State collective					
其他联营企业	Other Joint Ownership					
有限责任公司	Limited Liability Co.	183150	74404	4996	57270	－13451
国有独资企业	State funded Co.	23537	11008	435	6210	－3529
其他有限责任公司	Other Limited Liability Co.	159613	63397	4561	51060	－9922
股份有限公司	Share holding Co. Ltd.	13505	6255	237	5098	－1920
私营企业	Private Enterprises	110823	44597	2507	32262	－2231
私营独资企业	Private funded	6535	4044	183	1367	－157
私营合伙企业	Private Partnership					
私营有限责任公司	Private Limited Liability Co.	103260	40162	2295	30635	－2004
私营股份有限公司	Private Share holding Co. Ltd.	1028	391	29	259	－71
其他企业	Other Enterprises	4035	2052	190	966	81
港、澳、台商投资企业	**Enterprises with Investment from HK , Macao & Taiwan**	**23874**	**15722**	**418**	**4250**	**－9436**
港澳台资合资经营	Joint－venture Enterprises (HK, Macao & Taiwan)					
港澳台资合作经营	Cooperative Enterprises (HK, Macao & Taiwan)					
港澳台商独资企业	Sole Investment from HK, Macao & Taiwan	19381	13606	352	1075	－6002
港澳台商投资股份有限公司	Share－holding Co. ,Ltd. from HK, Macao & Ttaiwan	4419	2084	59	3166	－3438
其它港澳台投资	Others	74	32	7	9	3
外商投资企业	**With Foreign Investment**	**727**	**47**	**16**	**648**	**－272**
中外合资经营企业	Joint venture					
中外合作经营企业	Cooperation					
外资企业	Sole Foreign Investment	727	47	16	648	－272
外商投资股份有限公司	Share－holding Co. Ltd. with Foreign Investment					
其它外商投资	Others					
按国民经济行业分	**By Sector**					
旅游饭店	Tourist Hotel	268769	122000	7418	79826	－31479
一般旅馆	General Hotel	89214	36759	2361	25628	1963
其他住宿服务	Others	5075	2667	105	1066	－242

16－17 限额以上餐饮企业主要财务指标（2016年，按登记注册类型和行业分）

Main Financial Indicators of Enterprises above Designated Size in Catering Trades by Registration and by Sector(2016)

单位：万元　　　　　　　　　　　　　　　　　　　　　　　　(10 000 yuan)

指 标	Item	营业收入 Operating income	营业成本 Operating costs	营业税金及附加 Business tax and surcharges	销售费用 selling expenses	营业利润 Operating profit
总 计	**Total**	**569215**	**332945**	**10643**	**122593**	**－16169**
按登记注册类型分	**By Status of Registration**					
内资企业	**Domestic Funded Enterprises**	**535465**	**313191**	**10221**	**115979**	**－6652**
国有企业	State owned	10665	5400	271	4723	－5069
集体企业	Collective owned	610	266	22	171	－68
股份合作企业	Cooperative					
联营企业	Joint Ownership					
国有联营公司	State Joint Ownership					
集体联营企业	Collective Joint Ownership					
国有与集体联营企业	Joint State collective					
其他联营企业	Other Joint Ownership					
有限责任公司	Limited Liability Co.	150355	72794	3865	48673	－25317
国有独资企业	State funded Co.	2210	780	185	472	－297
其他有限责任公司	Other Limited Liability Co.	148145	72014	3680	48201	－25020
股份有限公司	Share holding Co. Ltd.	178771	137819	1147	13314	17799
私营企业	Private Enterprises	192557	95447	4817	48718	5827
私营独资企业	Private funded	18426	10769	802	1856	3227
私营合伙企业	Private Partnership	132	2	4	169	－140
私营有限责任公司	Private Limited Liability Co.	163583	78026	3973	44408	2184
私营股份有限公司	Private Share holding Co. Ltd.	10416	6650	39	2286	556
其他企业	Other Enterprises	2508	1465	100	380	176
港、澳、台商投资企业	**Enterprises with Investment from HK , Macao & Taiwan**	**3435**	**1170**	**57**	**1889**	**55**
港澳台资合资经营	Joint－venture Enterprises (HK, Macao & Taiwan)					
港澳台资合作经营	Cooperative Enterprises (HK, Macao & Taiwan)					
港澳台商独资企业	Sole Investment from HK, Macao & Taiwan	3435	1170	57	1889	55
港澳台商投资股份有限公司	Share－holding Co. , Ltd. from HK, Macao & Ttaiwan					
其它港澳台投资	Others					
外商投资企业	**Enterprises With Foreign Investment**	**30316**	**18583**	**365**	**4725**	**－9572**
中外合资经营企业	Joint venture	2237	1118	9	15	863
中外合作经营企业	Cooperation					
外资企业	Sole Foreign Investment	28079	17465	356	4710	－10435
外商投资股份有限公司	Share－holding Co. Ltd. with Foreign Investment					
其它外商投资	Others					
按国民经济行业分	**By Sector**					
正餐服务	Dinner Services	554318	323946	10379	118739	－15287
快餐服务	Fast Food Services	11961	6762	205	3585	－615
饮料及冷饮服务	Cold drink Services					
其他餐饮服务	Others	2936	2236	60	270	－266

主要统计指标解释

社会消费品零售总额　指国民经济各行业直接售给城乡居民和社会集团的消费品总额。它是反映各行业通过多种商品流通渠道向居民和社会集团供应的生活消费品总量，是研究国内零售市场变动情况、反映经济景气程度的重要指标。

社会消费品零售总额包括：(1)售给城乡居民作为生活用的商品和修建房屋用的建筑材料；(2)售给社会集团的各种办公用品和公用消费品；(3)售给机关、团体、学校、部队、企业、事业单位的职工食堂和旅店(招待所)附设专门供本店旅客食用，不对外营业的食堂的各种食品、燃料；企业、单位和国营农场直接售给本单位职工和职工食堂的自己生产的产品；(4)售给部队干部、战士生活用的粮食、副食品、衣着品、日用品、燃料；(5)售给来华的外国人、华侨、港澳台同胞的消费品；(6)居民自费购买的中、西药品、中药材及医疗用品；(7)报社、出版社直接售给居民和社会集团的报纸、图书、杂志，集邮公司出售的新、旧纪念邮票、特种邮票、首日封、集邮册、集邮工具等；(8)旧货寄售商店自购、自销部分的商品；(9)煤气公司、液化石油气站售给居民和社会集团的煤气灶具和罐装液化石油气；(10)农民售给非农业居民和社会集团的商品。不包括售给国民经济各部门企业、事业单位(包括国有经济的农场)生产经营用的各种原材料、燃料、设备、工具等和售给批发零售贸易业、餐饮业作为转卖用的商品，旧货寄售商店受托寄售卖出的商品，服务业的营业收入，邮局出售邮票的收入，自来水、电力、煤气生产(供应)单位的产品供应收入，也不包括农民之间的商品销售。

批发零售贸易业商品购、销、存总额　指各种登记注册类型的批发、零售贸易业(不包括个体)企业(单位)以本企业(单位)为总体的商品购进、销售、库存总额。

商品购进总额　指从本企业(单位)以外的单位和个人购进(包括从境外直接进口)作为转卖或加工后转卖的商品总额。它反映批发零售贸易业从国内、国外市场上购进商品的总量。商品购进总额包括：(1)从工农业生产者购进的商品；(2)从出版社、报社的出版发行部门购进的图书、杂志和报纸；(3)从各种登记注册类型的批发零售贸易企业(单位)购进的商品；(4)从其他单位购进的商品，如从机关、团体、企业等单位购进的剩余物资，从餐饮业、服务业购进的商品，从海关、市场管理部门购进的缉私和没收的商品，从居民手中收购的废旧商品等；(5)从国(境)外直接进口的商品。不包括企业(单位)为自身经营用和未通过买卖行为而收入的商品以及销售退回、商品升溢等。

商品销售总额　指对本企业(单位)以外的单位和个人出售(包括对境外直接出口)的商品总额。它反映批发零售贸易业在国内市场上销售商品以及出口商品的总量。商品销售总额包括：(1)售给城乡居民和社会集团消费用的商品；(2)售给工业、农业、建筑业、运输邮电业、批发零售贸易业、餐饮业、服务业等作为生产、经营使用的商品；(3)售给批发零售贸易业作为转卖或加工后转卖的商品；(4)对国(境)外直接出口的商品。不包括出售本企业(单位)自用的废旧包装用品；未通过买卖行为付出的商品；经本单位介绍，由买卖双方直接结算，本单位只收取手续费的业务；购货退出的商品以及商品损耗和损失等。

批发零售贸易业库存　指报告期末各种登记注册类型的批发零售贸易企业(单位)已取得所有权的商品。它反映批发零售贸易企业(单位)的商品库存情况和对市场商品供应的保证程度。期末库存包括：(1)存放在批发零售贸易业经营单位(如门市部、批发站、经营处)仓库、货场、货柜和货架中的商品；(2)挑选、整理、包装中的商品；(3)已记入购进而尚未运到本单位的商品，即发货单或银行承兑凭证已到而货未到的部分，(4)寄放他处的商品，如因购货方拒绝承付而暂时存放在购货方的商品和已办完加工成品收回手续而未提回的商品；(5)委托其他单位代销(未作销售或调出)尚未售出的商品；(6)代其他单位购进尚未交付的商品。不包括所有权不属于本单位的商品、拨付除批发零售贸易业以外的其他行业所属独立核算加工厂等加工生产尚未收回成品的商品、代国家物资储备部门保管的商品等。

库存总额采用的计算价格是：农副产品采购单位按购进价计算；批发单位按进货价计算；零售单位按核算价格计算，即按什么价格核算就按什么价格计算。

餐饮业营业收入　指餐饮企业、活动单位或个体户的全部营业额，包括商品零售额和其他服务性收入。其主要反映餐饮企业、活动单位或个体户的经营情况及发展变化趋势。

餐饮业商品零售额　指餐饮企业、活动单位或个体户直接对居民和社会集团零售的各种商品。包括：(1)经烹饪、调制加工后出售的各种食品，如主食、炒菜、凉拌菜等；(2)不经加工直接转卖的各种外购商品，如卷烟、酒、饮料、熟食、水果等；(3)附设非独立核算的销售商品的小卖部出售的各种食品及其他商品。

消费品市场成交额　指从事消费品交易的商品市场的全部商品成交金额。消费品市场包括农副产品市场和工业消费品市场。

Explanatory Notes on Main Statistical Indicators

Total Retail Sales of Consumer Goods refer to the sum of retail sales of consumer goods sold by all sectors of the national economy to urban and rural residents and social groups. This indicator is used to show the supply of consumer goods through various channels to households and institutions, and is very important for the study on changes at the domestic retail market, and on economic cycles

The retail sales of consumer goods include: (1) commodities sold to urban and rural residents for their daily use and building materials sold to them for the construction or repair of houses; (2) office appliances and supplies sold to institutions; (3) food and fuels sold to canteens of institutions, enterprises, schools, military units and to canteens of hotels and hostels that only serve their guests, and commodities produced by enterprises, institutions or state farms and sold directly to their employees or their canteens; (4) grain and non staple food, clothing, daily articles and fuels sold to military personnel; (5) consumer goods sold to foreigners, overseas Chinese, and Chinese compatriots from Taiwan, Hong Kong and Macao during their stay in the mainland of China; (6) Chinese and western medicines, herbs and medical facilities purchased by residents; (7) newspapers, books and magazines directly sold to residents and social groups by publishers, new and old commemorative stamps, special stamps, first day covers, stamp albums and other stamp collection articles sold by stamp companies; (8) consumer goods purchased and then sold by second hand shops; (9) stoves and other heating facilities and liquefied gas sold by gas companies to households and institutions; and (10) commodities sold by farmers to non agricultural residents and social groups . Excluded under this heading are: raw materials, fuels, equipment, tools sold to enterprises, institutions and state farms for production purpose; commodities sold to trade establishments for reselling; commissioned sales at second hand shops; operational income of urban public utilities; stamps sold at post offices; income of water, power, gas production and supply establishments from the supply of their products; and sales of commodities among farmers.

Purchase, Sales and Stock of Commodities by Wholesale and Retail Trade refer to the purchase, sales and stock of commodities by wholesale and retail establishments of different status of registration (excluding individual sellers) .

Total Purchases of Commodities refer to the total value of purchases of commodities by the establishments from other establishments or individuals (including direct import from abroad) for the purpose of re selling, either with or without further processing of the commodities purchased. This indicator is used to show the total value of purchases of commodities by wholesale and retail establishments from domestic and overseas markets. The total purchases include: (1) agricultural and industrial products purchased from producers; (2) books, magazines and newspapers purchased from distribution departments of the publishers; (3) commodities purchased from wholesale and retail establishments of different status of registration; (4) commodities purchased from other units, such as surplus materials purchased from government agencies, enterprises or institutions, commodities purchased from catering and service establishments, confiscated goods purchased from customs authorities or market management agencies, second hand goods and wastes purchased from residents; and (5) commodities directly imported from abroad. Excluded are commodities purchased by establishments (units) for use in their own business operation, commodities obtained without buying or selling procedures, rejected commodities, etc.

Total Sales of Commodities refer to value of commodities sold by the establishments to other establishments and individuals (including direct export) . This indicator is used to show the total value of sales of commodities at domestic markets and export. The total sales include: (1) commodities sold to urban and rural residents and social groups for their consumption; (2) commodities sold to establishments in industry, agriculture, construction, transportation, post and telecommunications, wholesale and retail trades, catering trade and public utility for their production and operation; (3) commodities sold to wholesale and retail establishments for re selling, with or without further processing; and (4) commodities for direct export to other countries. Excluded are selling of waste packaging materials used by the establishments (units) themselves, commodities transferred without buying or selling procedures, commission income from brokerage in transactions whose settlement is directly handled by buyers and sellers, rejected commodities in the purchase, loss in commodities, etc.

Commodity Stock of Wholesale and Retail Enterprises refers to total commodities possessed by wholesale and retail enterprises (units) of various types of registration status at the end of the reference period, which reflects the commodity stock level of various wholesale and retail enterprises and the potential for market supply. It includes: (1) commodities located in storage, garages, counters, and shelves of operating units (such as sale stores, wholesale centers, and operating offices) of wholesale and retail enterprises; (2) commodities in the process of selecting, sorting, and packing; (3) commodities not arrived but recorded as purchase in the account, i. e. . commodities not arrived but payment receipts for the commodities from the sellers or the banks arrived; (4) commodities deposited in other places rather than places mentioned above, for instance: commodities in the hold of purchasers temporarily due to the refusal of payment and commodities not taken back after going through the formalities; (5) commodities entrusted to other units to sell but not sold yet; (6) commodities purchased for other units but not delivered yet. Commodities not included as stock are those not owned by the enterprises (units) , those allocated to financially independent factories rather than wholesale and retail enterprises for processing but not taken back yet, and finally those put in stock by wholesale and retail enterprises on behalf of the state material reserves units.

For the calculation of the value of commodities stock, the value is calculated at purchasing prices in agricultural goods purchasing units and wholesale units, and at the accounting prices in retail units.

Business Income of Catering Industry refer to the total turnover of catering businesses, establishments or individuals, including retail sales and other services income. It reflects the operational and managerial conditions and development trend of catering businesses, establishment s and individuals in t his sector.

Retail Sales of Commodities in Catering Indus try refer to retail sales to residents and social groups by catering enterprises, establishments and individual, including: (1) various food sold after cooking and processing, such as: staple food, cooked dishes, cold and dressed dishes and so on. (2) re – selling commodities without further processing, such as: cigarettes, liquor, beverage, cooked food, fruit s and son on. (3) various food and other commodities sold in and ascent buffets with dependant accounting system.

Volume of Transaction at Free Markets for Consumer Goods refers to the value of transaction or all goods at the free trade markets for consumer goods, where markets include both free markets for farm and sideline products and for manufactured consumer goods.

十七、对外经济贸易

Foreign Trade and Economic Cooperation

资料整理：柏 丽
Arranged By Bai Li

17－1 对外经济贸易

Foreign Trade and Economic Cooperation

指 标	Item	2000	2005	2010	2015	2016
进出口总额(万元人民币)	**Total Imports and Exports (RMB10 000 yuan)**	**1687811**	**4165757**	**5774292**	**7925407**	**7727800**
出口总额	Total Exports	847114	1666408	2208571	3515123	2952600
进口总额	Total Imports	840697	2499349	3565721	4410284	4775300
进出口总额(万美元)	**Total Imports and Exports(USD 10 000)**	**203596**	**516190**	**871894**	**1278391**	**1170100**
出口总额	Total Exports	102185	206489	333485	567344	447100
进口总额	Total Imports	101411	309701	538409	711047	723000
外商投资企业进出口额(万美元)	**Total Imports and Exports of** Foreign－funded Enterprises(USD 10 000)	13597	82872	161034	132100	100500
出口总额	Total Exports	11535	41547	96009	70500	49100
进口总额	Total Imports	2062	41325	65025	61600	51400
对外签订利用外资协议(合同)项目(个)	**Number of Projects for Utilization of Foreign Capital in the Signed Agreements & Contracts(unit)**	**127**	**209**	**71**	**52**	**50**
对外借款	Foreign Loans	32	12			
外商直接投资	Foreign Direct Investments	95	197	71	52	50
对外签订利用外资协议(合同)金额(万美元)	**Total Amount of Foreign Capital to Be Utilized in the Signed Agreements & Contracts(USD 10 000)**	**51273**	**161700**			
对外借款	Foreign Loans	25475	23369			
外商直接投资	Foreign Direct Investments	25798	138331			
外商其他投资	Other Foreign Investments					
实际利用外资额(万美元)	**Total Amount of Foreign Capital Actually Used(USD 10 000)**	**54819**	**140007**	**355876**	**336629**	**396672**
境外筹资转贷款	Overseas Financing transferred loans	43583	21430	17420		
外商直接投资	Foreign Direct Investments	11236	118577	338456	336629	396672
外商其他投资	Other Foreign Investments					
外商投资企业基本情况	**Registered Foreign－funded Enterprises**					
年底登记户数(户)	Number of Registered Enterprises(unit)	874	914	3693	2967	3362
投资总额(万美元)	Total Investment(USD 10 000)	253634	1264645	2324266	3514212	4108003
注册资本(万美元)	Registered Capital(USD 10 000)	171773	627138	1223998	1730106	1969527
# 外方	Capital from Foreign Partners	84084	407333	910119	1061594	1258559
国外经济合作(万美元)	**Foreign Economic Cooperation(USD 10 000)**					
对外承包工程、设计咨询	Foreign Contracted Projects, Design and Consultation					
# 新签合同额	New Contract Amount				703	1704
完成营业额	The Turnover				656	300
对外劳务合作	Foreign Labor Cooperation					
# 新签劳务人员合同工资总额	Total Contract Wages of Newly Signed Labor Service Personnel				531	3184
劳务人员实际收入总额	Total Real Income of Labor Service Personnel				83	2607

注:1. 境外筹资转贷款为2011年修改指标,2010年以前为外债余额。

2. 国外经济合作分项指标为2011年商务厅改后指标。

a) Lending of overseas financing is the revised index of the 2011, Before 2010 was the balance of foreign debts.

b) Item index of Foreign economic cooperation is the revised index of bureau of Commerce of the 2011.

17－2 外贸进出口贸易总额

Total Imports and Exports

年 份 Year	按人民币计算(万元) RMB 10 000 Yuan			按美元计算(万美元) USD 10 000		
	进出口总额 Total Imports & Exports	出口总额 Total Exports	进口总额 Total Imports	进出口总额 Total Imports & Exports	出口总额 Total Exports	进口总额 Total Imports
1965				333		333
1970				554	158	396
1975				925	394	531
1978	2674	1768	906	1552	1026	526
1980	6555	3970	2585	4397	2663	1734
1981	10676	8100	2576	6008	4558	1450
1982	15733	13881	1852	8173	7211	962
1983	17615	11176	6439	9001	5711	3290
1984	28557	20661	7896	10912	7895	3017
1985	59053	43880	15173	18448	13708	4740
1986	89086	63656	25430	23937	17104	6833
1987	113130	84310	28820	30398	22654	7744
1988	141303	109390	31913	37968	29393	8575
1989	161191	125158	36033	43312	33630	9682
1990	252898	169483	83415	48430	32456	15974
1991	321692	224597	97095	59964	41865	18099
1992	507068	319168	187901	93555	58887	34668
1993	1041650	561843	479807	120283	64878	55405
1994	914685	513373	401312	106128	59565	46563
1995	937671	506785	430886	112310	60840	51470
1996	1038914	569132	469782	124981	68590	56391
1997	1086188	609458	476730	131027	73519	57508
1998	1147173	681635	465538	138581	82343	56238
1999	1330986	750028	580958	160786	90605	70181
2000	1687811	847114	840697	203596	102185	101411
2001	2109035	943996	1165039	254819	114056	140763
2002	2487279	1134776	1352503	300494	137095	163399
2003	2576975	1192581	1384394	311353	144089	167264
2004	3350865	1391710	1959155	404865	168152	236713
2005	4165757	1666408	2499349	516190	206489	309701
2006	4643967	1672155	2971812	594717	214140	380577
2007	5657121	2152965	3504156	774460	294741	479719
2008	6105451	2446445	3659006	893315	357950	535365
2009	4618493	1581088	3037405	676395	231556	444839
2010	5774292	2208571	3565721	871894	333485	538409
2011	7522708	2953377	4569331	1193910	468723	725187
2012	7074817	2495428	4579389	1125667	397045	728622
2013	7311689	2495199	4816490	1199247	409257	789990
2014	8940400	3928200	5012200	1455400	639500	815900
2015	7925407	3515123	4410284	1278391	567344	711047
2016	7727800	2952600	4775300	1170100	447100	723000

注:本表2003年以后数据由呼和浩特海关提供(下同)。

a) Data after 2003 in this table were obtained from the Hohhot Customs statistics. The same as in the following table.

17-3 我区同“一带一路”主要沿线国家海关进出口总额(2016年)

My Area with “The Belt and Road” Along the Main National Customs Import and Export Volume(2016)

单位：万美元 (USD 10 000)

项目	Item	进出口总额 Total Imports & Exports	出口总额 Total Exports	进口总额 Total Imports
总 计	**Total**	**724250.73**	**242438.72**	**481812.01**
蒙古	Mongolia	280700.00	40900.00	239800.00
俄罗斯	Russia	277300.00	62800.00	214500.00
伊朗	Iran	22900.00	22400.00	600.00
越南	Vietnam	20600.00	20600.00	100.00
印度	India	18534.84	16311.75	2223.09
泰国	Thailand	14846.49	10470.88	4375.61
菲律宾	Philippines	9441.04	7425.98	2015.05
马来西亚	Malaysia	8674.16	7960.33	713.83
印度尼西亚	Indonesia	8665.00	6017.30	2647.70
乌克兰	Ukraine	8452.93	1207.64	7245.29
伊拉克	Iraq	5359.40	5359.40	
柬埔寨	Cambodia	4956.49	4903.77	52.72
埃及	Egypt	4584.63	4584.63	
新加坡	Singapore	4177.94	3994.80	183.13
沙特阿拉伯	Saudi Arabia	3975.91	3172.94	802.98
缅甸	Myanmar	3899.28	3899.28	
阿联酋	United Arab Emirates	3896.28	3896.28	
巴基斯坦	Pakistan	3759.98	3698.25	61.73
孟加拉国	Bangladesh	3344.57	3344.57	
土耳其	Turkey	3305.52	2237.88	1067.64
哈萨克斯坦	Kazakhstan	1862.51	565.29	1297.22
以色列	Israel	1659.05	511.15	1147.90
立陶宛	Lithuania	1485.74	1481.19	4.55
阿曼	Oman	1440.62	220.09	1220.53
波兰	Poland	1139.74	1001.48	138.26
罗马尼亚	Romania	600.82	163.61	437.21
斯洛文尼亚	Slovenia	539.74	531.87	7.87
格鲁吉亚	Georgia	373.53	311.65	61.88
黎巴嫩	Lebanon	326.28	326.28	
斯里兰卡	Sri Lanka	298.19	297.37	0.81
斯洛伐克	Slovakia	272.49	5.01	267.48
土库曼斯坦	Turkmenistan	272.38	272.38	

17－4 按主要国别（地区）分海关进出口总额（2016 年）

Total Value of Imports and Exports by Main Country (Region) (2016)

单位：万美元　　　　(USD 10 000)

项目	Item	进出口总额 Total Imports & Exports	出口总额 Total Exports	进口总额 Total Imports
总 计	**Total**	**1170100.00**	**447100.00**	**723000.00**
蒙古	Mongolia	280700.00	40900.00	239800.00
俄 罗 斯	Russia	277300.00	62800.00	214500.00
日本	Japan	60700.00	16500.00	44200.00
韩国	South Korea	56400.00	33700.00	22700.00
美国	United States	53200.00	29000.00	24200.00
澳大利亚	Australia	28600.00	4000.00	24600.00
台湾	Taiwai	24900.00	5800.00	19200.00
伊朗	Iran	22900.00	22400.00	600.00
越南	Vietnam	20600.00	20600.00	100.00
秘鲁	Peru	19900.00	1900.00	18000.00
智利	Chile	18596.30	2356.06	16240.24
印度	India	18534.84	16311.75	2223.09
中国香港	Hong Kong, China	17197.54	17161.97	35.56
德国	Germany	15926.64	6718.58	9208.06
泰国	Thailand	14846.49	10470.88	4375.61
英国	United Kingdom	14179.90	8988.85	5191.06
新西兰	New Zealand	14160.87	441.10	13719.77
瑞典	Sweden	13301.46	265.23	13036.23
墨西哥	Mexico	10723.07	7526.38	3196.70
巴西	Brazil	10673.06	4224.92	6448.14
荷兰	Netherlands	9913.95	8865.38	1048.56
菲律宾	Philippines	9441.04	7425.98	2015.05
意大利	Italy	8711.08	7734.02	977.06
马来西亚	Malaysia	8674.16	7960.33	713.83
印度尼西亚	Indonesia	8665.00	6017.30	2647.70
乌克兰	Ukraine	8452.93	1207.64	7245.29
毛里塔尼亚	Mauritania	7818.13	22.90	7795.23
加拿大	Canada	5741.29	3041.67	2699.62
伊拉克	Iraq	5359.40	5359.40	
西班牙	Spain	5311.80	5018.60	293.20
法国	France	5255.38	3804.63	1450.75
柬埔寨	Cambodia	4956.49	4903.77	52.72

17－5 进出口货物分类金额(2016 年)

Value of Imports and Exports of Goods by HS Section and Division(2016)

单位：万美元 (USD 10 000)

项目	Item	出口 Exports	进口 Imports
商品类别	**Category of Commodities**		
活动物;动物产品	Live Animals;Animal Products	2994.64	19337.69
植物产品	Vegetable Products	52298.13	18833.07
动植物油脂及分解产品;精制食用油脂;动植物蜡	Animal or Vegetable Fats and Oils and their Cleavage Products; Prepared Edible Fats; Animal or Vegetable Waxes	208.06	2750.87
食品;饮料、酒及醋;烟草、烟草及烟草代用品的制品	Prepared Foodstuffs; Beverages, Spirits And Vinegar; Tobacco and Manufactured Tobacco Substitutes	18760.94	2362.36
矿产品	Mineral Products	13933.58	335234.66
化学工业及其相关工业的产品	Products of The Chemical or Industries Allied	111856.83	26297.07
塑料及其制品;橡胶及其制品	Plastics and Articles Thereof Rubber and Articles Thereof	25973.96	12776.71
生皮、皮革、毛皮及制品;鞍具挽具;旅行用品、手提包及类似物品;动物肠线制品	Raw Hides and Skins, Leather, Fur Skins and Articles-Thereof; Saddlery and Harness; Travel Goods, Handbags and Similar Containers; Articles of Animal Gut	3767.36	1437.05
木及木制品;木炭;软木及制品;稻草、秸杆、针茅或其他编结材料制品;篮筐及柳条编结品	Wood and Articles of Wood; Wood Charcoal; Cork and Articles of Cork; Manufactures of Straw, of Esparto or of Other Plaiting Materials; Basket Ware and Wickerwork	2819.47	162263.26
木浆及其他纤维状纤维素浆;纸及纸板的废碎品;纸、纸板及其制品	Pulp of Wood or of Other Fibrous Cellulosic Material; Waste and Scrap of Paper or Paperboard; Paper and Paperboard and Articles Thereof	2539.69	23198.19
纺织原料及纺织制品	Textiles and Textile Articles	66342.85	7815.67
鞋、帽、伞、杖、鞭及其零件;已加工的羽毛及其制品;人造花;人发制品	Footwear, Headgear, Umbrellas, Sun Umbrellas, Walking－Sticks, Seat－Sticks, Whips, Riding－Crops and Parts Thereof; Prepared Feathers and Articles Made Therewith; Artificial Flowers; Articles of Human Hair	6605.72	6.01
石料、石膏、水泥、石棉、云母及类似材料的制品;陶瓷产品;玻璃及其制品	Articles of Stone, Plaster, Cement, Asbestos, Mica or Similar Materials; Ceramic Products; Glass and Glassware	5254.95	2762.25
天然或养殖珍珠、宝石或半宝石、贵金属、包贵金属及其制品,仿首饰;硬币	Natural or Cultured Pearls, Precious or Semi－Precious Stones, Precious Metals, Metals Clad With Precious Metal and Stones, Precious Metals, Metals Clad With Precious Metal and Articles Thereof; Imitation Jewellery; Coin	52.51	34.02
贱金属及其制品	Base Metals and Articles of Base Metal	72077.08	5879.14
机器、机械器具、电气设备及零件;录音机及放声机、电视图象、声音的录制和重放设备及其零件、附件	Machinery and Mechanical Appliances; Electrical Equipment; Parts Thereof; Sound Recorders and Reproducers, Television Image and Sound Recorders and Reproducers; and Parts and Accessories of Recorders and Reproducers; and Parts and Accessories of Such Artic	21277.47	87185.90
车辆、航空器、船舶及有关运输设备	Vehicles, Aircraft, Vessels And Associated Transport Equipment	14431.20	2276.60
光学、照相、电影、计量、检验、医疗或外科用仪器及设备、精密仪器及设备;钟表;乐器;上述物品的零件、附件	Optical, Photographic, Cinematographic, Measuring, Checking, Precision, Medical or Surgical Instruments and Apparatus; Clocks And Watches; Musical Instruments; Parts and Accessories Thereof	3569.02	12070.98
武器、弹药及其零件、附件	Arms and Ammunition; Parts and Accessories Thereof		
杂项制品	Miscellaneous Manufactured Articles	13087.35	112.58
艺术品、收藏品及古物	Works of Art, Collectors´Pieces and Antiques	51.07	
特殊交易品及未分类商品	Commodities and Transactions not Classified According to Kind	7.75	1496.51

17－6 利用外资

Utilization of Foreign Capital

单位:万美元 (USD 10 000)

年 份 Year	实际利用外资额 Total Amount of Foreign Capital Actually Used	境外筹资转贷款 Overseas Financing transferred loans	外商直接投资 Direct Foreign Investments	外商其他投资额 Other Foreign Investments
1984	178	178		
1985	530			530
1986	664	230	136	298
1987	1120	468	109	543
1988	961	491	337	133
1989	3050	2415	42	593
1990	2530	1199	1064	267
1991	5532	5422	110	
1992	7910	7300	610	
1993	19213	10713	8093	407
1994	29086	17484	11602	
1995	61801	37696	10605	13500
1996	38355	32931	5424	
1997	44209	29076	8433	6700
1998	44253	31771	9082	3400
1999	40133	30683	9450	
2000	54819	43583	11236	
2001	47342	36466	10876	
2002	58211	35410	22801	
2003	66529	29724	36805	
2004	89664	26921	62743	
2005	140007	21430	118577	
2006	196863	22797	174066	
2007	238780	23891	214889	
2008	285556	20482	265074	
2009	318019	19634	298385	
2010	355876	17420	338456	
2011	404125	20298	383827	
2012	417665	23346	394319	
2013	484258	19802	464456	
2014	417182	19434	397748	
2015	336629		336629	
2016	396672		396672	

注:境外筹资转贷款为2011年修改指标,2010年以前为外债余额。

a) Lending of overseas financing is the revised index of the 2011, Before 2010 was the balance of foreign debts.

17－7 按国别(地区)分实际利用外资额(2016年)

Total Amount of Foreign Investment Actually Utilized By Country (Region) (2016)

单位: 万美元 (USD 10 000)

项 目	Item	实际利用外资额 Total Amount of Foreign Investment Actually Utilized
总 计	**Total**	**396672**
中国香港	Hong Kong, China	273024
韩国	South Korea	8061
毛里求斯	Mauritius	13343
开曼群岛	Cayman Is.	6800
日本	Japan	2348
德国	Germany	3500
丹麦	Denmark	3100
美国	United States	16100
英属维尔京群岛	Virgin Islands, British	6120
新加坡	Singapore	3685
台湾	Taiwai	4002
英国	United Kingdom	9243
加拿大	Canada	1257
投资性公司	Investment Company	46089

17－8 外商实际直接投资额(2016年)

Actually Used Amount of Foreign Direct Investment (2016)

单位:万美元 (USD 10 000)

行 业	Sector	2016
总 计	**Total**	**396672**
按登记注册类型分	**By Status of Registration**	
合资经营企业	Joint Ventures Enterprises	148410
合作经营企业	Cooperative Operation Enterprises	4158
外资企业	Foreign Investment Enterprises	99788
外商投资股份制企业	Foreign Investment Share Enterprises	144316
合作开发	Cooperative Development	
其 他	Others	
按国民经济行业分	**By Sector**	
农、林、牧、渔业	Farming, Forestry, Animal Husbandry and Fishery	58509
采矿业	Mining	108354
制造业	Manufacturing	171728
电力、燃气及水的生产和供应业	Production & Supply of Electric Power, Gas and Water	20502
建筑业	Construction	
批发和零售业	Wholesale and Retail Trade	3274
交通运输、仓储和邮政业	Transportation, Storage and Postal Services	2398
住宿和餐饮业	Quarters and Catering	
信息传输、软件和信息技术服务业	Information Transmission, Software and IT Services	
金融业	Banking	2577
房地产业	Real Estate	
租赁和商务服务业	Leasing and Commercial Services	
科学研究和技术服务业	Scientific and Technical Services	9027
水利、环境和公共设施管理业	Water Conservancy, Environment and Public Facilities Administration	622
居民服务、修理和其他服务业	Resident Services, Repairs and Other Services	19681
教育	Education	
卫生和社会工作	Health and Social Work	
文化、体育和娱乐业	Culture, Sports & Recreational Services	
公共管理、社会保障和社会组织	Public Administration ,Social Security and Social Organizations	
国际组织	International Organizations	

17－9 年末登记外商投资企业行业分布(2016 年)

Sector Distribution Registered of Foreign－Funded Enterprises(2016)

行 业	Sector	企业数(户) Number of Registered Enterprises (unit)	投资总额(万美元) Total Investment (USD 10 000)	注册资本(万美元) Registeres Capital (USD 10 000)	# 外 方 Capital Invested by Foreign Partner
总 计	**Total**	**3362**	**4108003**	**1969527**	**1258559**
农、林、牧、渔业	Farming, Forestry, Animal Husbandry and Fishery"	67	450093	221241	167291
采矿业	Mining	63	146224	103048	71819
制造业	Manufacturing	313	1073642	499115	364228
电力、燃气及水的生产和供应业	Production & Supply of Electric Power, Gas and Water	88	1567565	752166	343879
建筑业	Construction	13	9806	5336	4863
批发和零售业	Wholesale and Retail Trade	437	268656	118491	94828
交通运输、仓储和邮政业	Transportation, Storage and Postal Services	54	134912	50018	38120
住宿和餐饮业	Quarters and Catering	180	53531	30921	27467
信息传输、软件和信息技术服务业	Information Transmission, Software and IT Services	1744	405	405	243
金融业	Banking	90	4515	2088	1653
房地产业	Real Estate	24	36258	20932	13330
租赁和商务服务业	Leasing and Commercial Services	173	229764	112568	87803
科学研究和技术服务业	Scientific and Technical Services	57	69505	29433	20299
水利、环境和公共设施管理业	Water Conservancy, Environment and Public Facilities Administration	14	60069	22043	21539
居民服务、修理和其他服务业	Resident Services, Repairs and Other Services	35	1078	552	552
教育	Education	1			
卫生和社会工作	Health and Social Work	2	309	309	108
文化、体育和娱乐业	Culture, Sports & Recreational Services	6	1671	861	537
公共管理、社会保障和社会组织	Public Administration ,Social Security and Social Organizations				
其他行业	Others	1			

17-10 对外经济合作

Economic Cooperation with Foreign Countries or Territories

年份 Year	合同数 (份) Number of Contracts (copy)	合同金额 (万美元) Contracted Value (USD 10 000)	完成营业额 (万美元) Value of Business Fulfilled (USD 10 000)	派出劳务人员 (人) Dispatched Labor (Person)
1976 - 1988	2	613	337	
1989	32	11772	6150	
1990	99	5572	2787	
1991	72	2636	1450	
1992	242	8245	4536	
1993	143	12281	6755	
1994	124	6047	2176	
1995	151	6258	4281	
1996	164	8532	4636	
1997	100	2943	1853	
1998	103	4540	2393	
1999	102	5298	3173	
2000	80	5157	2549	
2001	84	5403	2511	
2002	110	7440	5092	
2003	120	7510	2742	
2004	120	55958	6082	
2005	92	18017	6100	
2006	109	19800	6710	
2007	129	22131	8032	
2008	120	18232	7110	
2009	41	3889	4776	
2010	19	2356	4511	
2011				1539
2012		8500	857	4641
2013		84500	4510	2139
2014			1653	1641
2015		703	656	685
2016		1704	300	1252

17 – 10 续表 continued

年 份 Year	对外承包工程 Contracted Projects			对外劳务合作 Labor Cooperation		
	合 同 数 (份) Number of Contracts (copy)	合同金额 (万美元) Contracted Value (USD 10 000)	完成营业额 (万美元) Value of Business Fulfilled (USD 10 000)	合 同 数 (份) Number of Contracts (copy)	合同金额 (万美元) Contracted Value (USD 10 000)	完成营业额 (万美元) Value of Business Fulfilled (USD 10 000)
1976 – 1988			2	613	337	
1989	5	938	191	27	10834	5959
1990	30	2070	1064	60	3507	1723
1991	3	220	121	69	2416	1329
1992	4	1003	694	238	7242	3842
1993	1	3360	1848	142	8921	4907
1994	3	2296	287	121	3751	1889
1995	5	756	1083	146	5502	3198
1996	14	1459	1182	150	7073	3454
1997	5	434	688	95	2509	1175
1998	25	1362	718	78	3178	1675
1999	21	2119	1269	81	3178	1903
2000	9	1730	404	71	3427	2145
2001	10	3630	1561	74	1773	950
2002	24	5040	2622	86	2400	2470
2003	16	3366	1385	104	4144	1357
2004	2	21	735	118	55937	5347
2005	8	4613	1986	84	13404	4114
2006	15	13595	4177	94	6205	2533
2007	3	13645	5057	126	8486	2975
2008	9	5233	4481	111	12999	2629
2009	2	701	3126	39	3188	1650
2010	3	681	3495	16	1675	1016
2011						
2012		8500	857			
2013		84500	4510			
2014			1653			
2015		703	656			
2016		1704	300			

主要统计指标解释

进出口总额　海关进出口总额指实际进出我国国境的货物总金额。包括对外贸易实际进出口货物,来料加工装配进出口货物,国家间、联合国及国际组织无偿援助物资和赠送品,华侨、港澳台同胞和外籍华人捐赠品,租赁期满归承租人所有的租赁货物,进料加工进出口货物,边境地方贸易及边境地区小额贸易进出口货物(边民互市贸易除外),中外合资经营企业、中外合作经营企业、外商独资企业进出口货物和公用物品,到日离岸价格在规定限额以上的进出口货样和广告品(无商业价值、无使用价值和免费提供出口的除外),从保税仓库提取在中国境内销售的进口货物,以及其他进出口货物。进出口总额用以观察一个国家在对外贸易方面的总规模。我国规定出口货物按离岸价格统计,进口货物按到岸价格统计。

商品经营单位所在地进、出口额　指所在地海关注册登记的有进出口经营权的企业实际进、出口额。

利用外资　指我国各级政府、部门、企业和其他经济组织通过对外 借款、吸收外商直接投资以及用其他方式筹措的境外现汇、设备、技术等。

对外借款　是我国利用外资的重要部分。指通过对外正式签订借款 协议,从境外筹措的资金 ,包括外国政府贷款、国际金融组织贷款、外国银行商业贷款、出口信贷以及对外发行债券等。1996 年及以前还包括对外发行股票。

外商直接投资　指外国企业和经济组织或个人(包括华侨、港澳台胞以及我国在境外注册的企业)按我国有关政策、法规,用现汇、实物、技术等在我国境内开办外商独资企业、与我国境内的企业或经济组织共同举办中外合资经营企业,合作经营企业或合作开发资源的投资(包括外商投资收益的再投资),以及经政府有关部门批准的项目投资总额内企业从境外借入的资金。

外商其他投资　指除对外借款和外商直接投资以外的各种利用外资的形式。包括企业在境内外股票市场公开发行的以外币计价的股票(目前主要是在香港证券市场发行的 H 股和在境内证券市场发行的 B 股)发行价总额,国际租赁进口设备的应付款,补偿贸易中外商提供的进口设备、技术、物料的价款,加工装配贸易中外商提供的进口设备、物料的价款。

对外承包工程　指各对外承包公司以招标议标承包方式承揽的下列业务:(1)承包国外工程建设项目,(2)承包我国对外经援项目,(3)承包我国驻外机构的工程建设项目,(4)承包我国境内利用外资进行建设的工程项目,(5)与外国承包公司合营或联合承包工程项目时我国公司分包部分,(6)对外承包兼营的房屋开发业务。对外承包工程的营业额是以货币表现的本期内完成的对外承包工程的工作量,包括以前年度签订的合同和本年度新签订的合同在报告期内完成的工作量。

对外劳务合作　指以收取工资的形式向业主或承包商提供技术和劳动服务的活动。我国对外承包公司在境外开办的合营企业,中国公司同时又提供劳务的,其劳务部分也纳入劳务合作统计。劳务合作营业额按报告期向雇主提交的结算数(包括工资、加班费和奖金等)统计。

对外设计咨询　指以服务成果向业主收费的技术服务项目。包括承担地形地貌测绘,地质资源勘探与普查,建设区域规划,提供设计文件、图纸、生产工艺技术资料和工程技术经济咨询,工程项目的可行性考察、研究和评估,进行技术指导和培训人员等;也包括承担国(境)内利用外资进行建设的工程项目的上述规定的设计咨询项目的收取外币部分。

Explanatory Notes on Main Statistical Indicators

Total Imports and Exports at Customs refer to the value of commodities imported into and exported from the boundary of China. They include the actual imports and exports through foreign trade, imported and exported goods under the processing and assembling trades and materials, supplies and gifts as aid given gratis between governments and by the United Nation and other international organizations, and contributions donated by over seas Chinese, compatriots in Hong Kong and Macao and Chinese with foreign citizenship, leasing commodities owned by tenant at the expiration of leasing period, the imported and exported commodities processed with imported materials, commodities trading in border areas(excluding mutual exchange goods) , the imported and exported commodities and articles for public use of the Sino foreign joint ventures, cooperative enterprises and ventures exclusively with foreign own investment. Also included are import or export of samples and advertising goods for whose CIF or FOB value are beyond the permitted ceiling (excluding goods of no trading or use value and free commodities for export) , imported goods sold in China from bonded warehouses and other imported or exported goods. The indicator of the total imports and exports at customs can be used to ob serve the total size of external trade in a country. In accordance with the stipulation of the Chinese government, imports are calculated at CIF, while exports are calculated at FOB

Import and Export Value by Location of China's Foreign Trade Managing Units refers to actual value of imports and exports carried out by corporations which have been registered by the local customhouse and are vested with right to run import export business.

Utilization of Foreign Capital refers to remittance, equipment and technology financed from abroad, by loans, foreign direct investment and other forms undertaken by the Chinese governments at all levels by various departments, enterprises and other economic units.

Foreign Borrowings an important part of China's utilization of foreign capital, it refers to funds borrowed from abroad through formal signing o f borrowing agreements with foreign institutions, including loans of foreign governments, loans of international financial institutions, commercial loans of foreign banks, export credit, and funds raised by Chinese bonds (and shares before 1996) issued abroad.

Direct Investment by Foreign Entrepreneurs refers to the investments inside China by foreign enterprises and economic organizations or individuals (including overseas Chinese, compatriots from Hong Kong and Macao, and Chinese enterprises registered abroad) , following the relevant policies and laws of China, for the establishment of ventures exclusively with foreign own investment, Sino – foreign joint ventures and cooperative enterprises or for co operative exploration of resources with enterprises or economic organizations in China. It includes the re investment of the foreign entrepreneurs with the profits gained fro m the investment an d the funds that enterprises borrow from abroad in the total investment of projects which are approved by the relevant department of the government.

Other Investment by Foreign Entrepreneurs refers to all forms of utilization of foreign capitals other than foreign borrowings and foreign direct investment. It includes the total value of stock shares in foreign currencies issued by enterprises at domestic or foreign stock exchanges (now mainly consisting of H shares issued at Hong Kong Security Market and B shares issued at domestic security markets) , rent payable for the imported equipment through international leasing arrangement, cost of imported equipment, technology and materials provided by foreign counterparts in compensation trade and processing and assembly trade.

Contracted Projects with Foreign Countries refer to projects undertaken by Chine se contractors (project contracting companies) through bidding process. They include:(1) overseas civil engineering construction projects financed by foreign investors;(2) overseas projects financed by the Chinese government through its foreign aid programs;(3) construction projects of Chinese diplomatic missions, trade offices and other institutions stationed abroad;(4) construction projects in China financed by foreign investment;(5) subcontracted projects to be taken by Chinese contractors through a joint umbrella project with foreign contractor;(6) housing development projects. The business income from international contracted projects is the work volume of contracted projects completed during the reference period, expressed in monetary terms, including completed work on projects signed in previous years.

Service Cooperation with Foreign Countries refers to the activities of providing technology and labour services to employers or contractors in the forms of receiving salaries and wages. Labour services providing by contractual joint venture s of Chinese international contracting corporations should be included in the statistics of service cooperation with foreign countries. The business income of labour service co – operation is the income in the form of wages and salaries, over time pay, bonuses and other remuneration received from the employers during the reference period.

Overseas Design and Consultation Service refers to projects wit h charges for technical services from overseas operators. It includes geographic and topographic mapping, geological resource prospecting and survey, planning of construction areas, provision of design documents, blueprints, materials on production process and techniques, as well as engineering, technical and economic consultation, and feasibility study, research and evaluation of projects. Also included under this category are the abovementioned services of foreign financed projects in China that are paid in foreign currencies.

2017 NEIMENGGU

十八、旅游

Tourism

资料整理：王亦兵
Arranged By Wang Yibing

18-1 旅游业基本情况

Basic Statistics on Tourism

指 标	Item	2000	2005	2010	2015	2016
旅行社总数(个)	**Total Number of Agencies(unit)**	**88**	**404**	**716**	**969**	**976**
#组团社	Travel agents	1	10	23	76	85
边境社	Border community	10	13	15	41	41
旅行社分社	Travel agencies bureaus			31	163	220
旅行社职工人数(人)	**Number of Staff and Workers of Travel Agencies(person)**	**1075**	**2051**	**6309**	**7050**	**6856**
组团社	Travel agents	82	780	920	2460	2815
星级宾馆个数(个)	**Total Number of Stars Hotel(unit)**	**54**	**202**	**263**	**318**	**318**
入境旅游人数(人次)	**Total Number of International Tourists Inbound (person-times)**	**391970**	**1001635**	**1428015**	**1607816**	**1779121**
外国人	Foreigners	384000	995007	1400197	1533523	1682875
华 侨	Overseas Chinese					
港澳同胞	Compatriots from Hong Kong and Macao	2814	5550	17823	45176	60958
台湾同胞	Compatriots from Taiwan	5156	1078	9995	29117	35288
旅行社组织出境旅游总人数(人次)	**Number of outbound tourism of Travel Agency(person-times)**	**19425**	**25808**	**31100**	**147433**	**205713**
国内旅游人数(万人次)	**Number of Domestic Tourism (10 000 person times)**	**735**	**2062**	**4478**	**8352**	**9627**
旅游总收入(亿元人民币)	**Income of Tourism(100 million yuan)**	**42.72**	**208.09**	**732.70**	**2257.10**	**2714.70**
国际旅游外汇收入(万美元)	Earnings from International Tourism (USD 10 000)	12645	35207	60190	96249	113903
国内旅游收入(万元人民币)	Earnings from Domestic Tourism (10 000 yuan)	322300	1797200	6929200	21937700	26355600
国内旅游人均花费(元/天)	Per Capita Spending of Domestic Tourism (yuan/day)	272	363	520	799	822

18－2 接待外国旅游人数

Number of Foreign Tourists by Country

国别(地区)	country(district)	2015	2016
入境旅游人数总计(人次)	**Total Number of Entry Tourists(person times)**	**1607816**	**1779121**
外国人(包括外籍华人)	Foreigners(Including Chinese owning foreign nationality)	1533523	1682875
日 本	Japan	36409	27382
菲 律 宾	Philippines	4094	1091
新 加 坡	Sigapore	4499	6590
美 国	United States	20220	14425
加 拿 大	Canada	4255	5259
英 国	United Kingdom	7420	6132
德 国	Federal Republic of Germany	7002	4947
法 国	France	5993	7305
意 大 利	Italy	1981	2024
瑞 士	Switzerland	1253	1851
荷 兰	Netherlands	2534	2295
澳 大 利 亚	Australia	6782	4049
新 西 兰	New Zealand		
俄 罗 斯	Russia	514148	600102
蒙 古	Mongolia	817319	880912
华 侨	Overseas Chinese		
港澳台同胞	Chinese Compatriots from Hong Kong, Macao and Taiwan	74293	96246
入境旅游者平均逗留天数(天)	**Average Days of Entry Tourist Staying(day)**	**3.33**	**3.33**
外国人(包括外籍华人)	Foreigners(Including Chinese owing foreign nationality)	3.30	3.22
华 侨	Overseas Chinese		
港澳台同胞	Chinese Compatriots from Hong Kong, Macao and Taiwan	4.18	4.25

18-3 入境旅游外汇收入
Foreign Exchange Earnings

项目	Item	2015	2016
旅游外汇收入总额(万美元)	**Foreign Exchange Earnings (USD 10000)**	**96249**	**113903**
长途交通费	Long Distance Transportation	23463	30070
#飞 机	Air	16348	22894
火 车	Railway	1702	3644
汽 车	Highway	5413	3532
住 宿	Accommodation	9912	9908
餐 饮	Cater	7308	6492
景区游览	Visiting	3551	3986
娱 乐	Entertainment	5101	5353
购 物	Shopping	32098	40890
市内交通	Local Transportation	2705	2278
邮电通讯	Postal and Communication	2406	1939
其 他	Other	9707	12987

18-4 入境旅游情况
Condition of International Tourism

项目	Item	2015	2016
入境旅游总人数(万人次)	**Overseas Visitor Arrivals (10 000 person-times)**	**160.78**	**177.91**
#满洲里	Manzhouli City	43.20	52.48
二连浩特	Erlianhaote City	62.53	64.51
入境旅游创汇(万美元)	**Foreign Exchange Earning (USD 10 000)**	**96249**	**113903**
#满洲里	Manzhouli City	25839	34113
二连浩特	Erlianhaote City	24518	25093

18 - 5 旅游事业发展情况

Development of International Tourism

年份 Year	旅行社总数(个) Total Number of Agencies (unit)	旅游接待人数(万人次) Number of tourist reception(10 000 person - times)			旅游总收入 Income of Tourism(100 million yuan)		
		合计 Total	接待入境旅游者人数 Total Number of International Tourists Inbound	国内旅游人数 Number of Domestic Tourism	合计 (亿元人民币) Total (billion yuan)	国际旅游外汇收入 (万美元) Earnings from International Tourism (USD 10 000)	国内旅游收入 (亿元人民币) Earnings from Domestic Tourism (billion yuan)
1980		0.98	0.98		0.04	50	
1981		1.05	1.05		0.05	55	
1982		1.02	1.02		0.05	64	
1983		1.06	1.06		0.05	61	
1984		1.03	1.03		0.06	70	
1985		1.43	1.43		0.07	82	
1986		1.20	1.20		0.06	73	
1987		1.93	1.93		0.09	108	
1988		1.71	1.71		0.12	141	
1989		0.78	0.78		0.06	68	
1990		1.23	1.23		0.11	137	
1991		146.11	6.11	140	2.21	1220	1.20
1992		220.13	10.13	210	3.78	2026	2.10
1993		338.87	18.87	320	6.13	3773	3.00
1994		381.65	31.65	350	11.76	8750	4.50
1995	23	410.09	30.09	380	13.21	9052	5.70
1996	31	431.48	31.48	400	13.76	9350	6.00
1997	39	514.84	34.84	480	16.88	10700	8.00
1998	27	616.89	36.89	580	20.42	12550	10.00
1999	41	687.15	37.15	650	21.98	12027	12.00
2000	88	774.19	39.19	735	42.72	12645	33.23
2001	141	947.99	39.99	908	62.60	13740	51.33
2002	149	1196.94	43.94	1153	82.20	14935	70.04
2003	220	1035.36	41.36	994	94.74	13836	83.29
2004	293	1590.98	79.98	1511	145.01	25313	124.09
2005	404	2162.20	100.20	2062	208.09	35207	179.72
2006	501	2574.95	123.25	2452	279.70	40379	248.24
2007	589	3057.45	149.45	2908	390.77	54500	351.01
2008	652	3352.93	154.93	3198	468.85	57700	429.50
2009	616	4008.96	128.96	3880	611.35	55831	573.22
2010	716	4620.80	142.80	4478	732.70	60190	692.92
2011	786	5329.52	151.52	5178	889.55	67097	847.28
2012	833	6046.17	159.17	5887	1128.51	77196	1080.65
2013	879	6774.61	161.61	6613	1403.46	96229	1343.73
2014	897	7582.12	167.12	7415	1805.29	100295	1744.97
2015	969	8512.78	160.78	8352	2257.10	96249	2193.77
2016	976	9805.32	177.91	9627.41	2714.70	113903	2635.56

主要统计指标解释

旅游人数 包括入境国际旅游者人数、出境居民人数和国内旅游者人数。

(1)入境国际旅游者人数:指来中国参观、访问、旅行、探亲、访友、休养、考察、参加会议和从事经济、科技、文化、教育、宗教等活动的外国人、华侨、港澳同胞和台湾同胞的人数。不包括外国在我国的常驻机构,如使领馆、通讯社、企业办事处的工作人员;来我国常住的外国专家、留学生以及在岸逗留不过夜人员。

(2)出境居民人数:指大陆居民因公务活动或私人事务短期出境的人数。公务活动出境居民人数包括在国际交通工具上的中国服务员工,因私出境居民人数不包括在国际交通工具上的中国服务员工。

(3)国内旅游者人数:指我国大陆居民和在我国常住1年以上的外国人、华侨、港澳台同胞离开常住地在境内其他地方的旅游设施内至少停留一夜,最长不超过6个月的人数。

国际旅游(外汇)收入 指入境旅游的外国人、华侨、港澳同胞和台湾同胞在中国大陆旅游过程中发生的一切旅游支出,对于国家来说就是国际旅游(外汇)收入。

国际旅行社 指经营对外招徕并接待外国人、华侨、港澳同胞和台湾同胞来中国、归国或回内地旅游业务的旅行社。

国内旅行社 指负责经营招徕、组团、接待国内旅客的旅游业务,以及不对外招徕,负责经营接待国际旅行社或其它涉外部门组织的外国人、华侨、港澳同胞和台湾同胞来中国、归国或回内地的旅游业务的旅行社。

星级饭店 指已评定星级的饭店。

Explanatory Notes on Main Statistical Indicators

Number of Tourists Include international tourists entering into China, Chinese residents going abroad and domestic tourists.

(1) International tourists refer to foreigners, overseas Chinese, Chinese compatriots from Hong Kong, Macao and Taiwan coming to China for sightseeing, visits, tours, family reunions, vacations, study tours, conferences and other activities of a business, scientific and technological, cultural, educational and religious nature. It does not include representatives and employees of resident institutions of foreign countries in China such as embassies, consulates, news agencies and offices of foreign companies and organizations, nor does it include long term foreign experts or students residing in China, or persons in transition without spending a night in China.

(2) Chinese residents going abroad refer to Chinese residents going abroad for short terms for either public business or private purposes. Chinese employees working on international transport carriers are included in those going abroad for public business purpose, not in those for private purpose.

(3) Domestic tourists refer to residents of the mainland of China who stay for one night at least, but no more than 6 months at tourist facilities in other places

than their permanent residence within the territory of the mainland China, including foreigners, overseas Chinese and Chinese compatriots from Hong Kong, Macao and Taiwan who have resided in China for over one year.

Foreign Exchange Earnings from International Tourism refer to the total expenditures of foreigners, overseas Chinese, Chinese compatriots from Hong Kong, Macao and Taiwan during their stay in the mainland of China, which are earnings of foreign exchange from international tourism from the point of view from China.

International Travel Agencies refer to travel agencies engaged in the promotion, solicitation, organization and reception of tours to the mainland of China by foreigners, overseas Chinese, Chinese compatriots from Hong Kong, Macao and Taiwan.

Domestic Travel Agencies refer to travel agencies engaged in the promotion, solicitation, organization and reception of domestic tourists, and in the reception of foreigners, overseas Chinese, Chinese compatriots from Hong Kong, Macao and Taiwan organized by international travel agencies or other departments concerned, without their own promotion and solicitation programs.

Star - hotels refer to hotels rated with stars.

2017 NEIMENGGU

十九、金融和保险

Banking and Insurance

资料整理：曹源源

Arranged By Cao Yuanyuan

19－1 银行业金融机构、人员数(2016年末)

Number of Institutions and Persons Engaged in Finance System(End of 2016)

项 目	Item	机构数(个) Number of Institutions (unit)	年末人数(人) Number of Staff and Workers (person)
总计	**Total**	**5877**	**101972**
政策性银行	**Policy－related Bank**	**87**	**2112**
国家开发银行	State Development Bank	1	159
进出口银行	Export－import Bank	1	32
中国农业发展银行	Agricultural Development Bank of China	85	1921
国有商业银行	**State－owned Commercial Bank**	**1603**	**41893**
中国工商银行	Industrial and Commercial Bank of China	382	11881
中国农业银行	Agricultural Bank of China	581	14321
中国银行	Bank of China	270	6430
中国建设银行	Construction Bank of China	335	8441
交通银行	Bank of Communications	35	820
股份制商业银行	**Joint－stock Commercial Bank**	**200**	**4654**
中信银行	China Citic Bank	38	957
中国光大银行	China Everbright Bank	18	538
华夏银行	Hua Xia Bank	16	565
招商银行	China Merchants Bcmk	21	606
上海浦东发展银行	Shanghai pudong Development Bank	28	557
兴业银行	Industrial Bank	46	953
民生银行	Min Sheng Bank	31	354
渤海银行	China Commercial Bank	2	124
城市商业银行	**City Commercial Bank**	**540**	**12446**
农村合作金融机构	**Rural Cooperative Financial Institutions**	**2624**	**30941**
农村信用社	Rural Credit Cooperatives	1578	16505
农村商业银行	Rural Commercial Bank	786	9765
农村合作银行	Rural Coopeyation Bank	70	771
村镇银行	Rural and Taon Bank	188	3886
贷款公司	Loan Corporation		
农村资金互助社	Rural Fund Cooperation Society	2	14
非银行金融机构	**Non－bank Finance Institutions**	**8**	**511**
企业集团财务公司	Corporate Finance Companies	6	151
信托公司	Trust Corporation	2	360
邮政储蓄银行	**Postal Savings Bank**	**810**	**9215**
资产管理公司	**Asset Management Corporation**	**3**	**154**
消费金融公司	**Consumer Financial Company**	**1**	**39**
外资金融机构	**Foreign Financial Institutions**	**1**	**7**

19-2 金融机构人民币存、贷款年末余额

Saving Deposits and Loans of Financial Institutions at Year-end

单位:万元 (10 000 yuan)

年 份 Year	各项存款余额合计 Depoits	# 企业存款 Depoits of Enterprises	# 城乡储蓄存款 Urban and Rural Savings Deposits	各项贷款余额合计 Loans	# 工业贷款 Loans to Industrial Enterprises	# 商业贷款 Loans to Commercial Enterprises	# 农业贷款 Agricultural Loans
1949	140	120		195	92	91	12
1950	1525	635	119	767	75	459	233
1951	4227	1619	219	3312	402	2163	747
1952	9034	3161	397	7089	593	5017	1479
1953	9937	3543	590	16492	1367	13360	1765
1954	12477	4223	1256	33777	2146	29908	1723
1955	17259	4126	1235	40223	2445	36242	1536
1956	15456	6427	2426	40576	3745	30496	6330
1957	19212	5527	3456	45042	3536	36810	4696
1958	50202	14707	5481	66279	12923	48083	5273
1959	62204	11976	7776	140589	49725	86119	4745
1960	83174	14756	10272	177063	85910	84703	6450
1961	76297	19608	5616	173300	59865	105884	7551
1962	66097	31248	3708	140530	37211	93696	9623
1963	63565	27446	4144	107154	25294	73514	8346
1964	86304	19796	5885	98027	25451	72465	111
1965	76946	22060	6913	102246	24133	77336	777
1966	91036	29410	7386	134554	30299	92977	11278
1967	85323	29687	7814	146590	44634	89084	12872
1968	94204	34411	8380	154190	51580	89045	13565
1969	84049	33112	7068	174312	61467	97906	14939
1970	98931	35109	7844	233001	68242	150137	14622
1971	105614	39136	9504	268530	82034	172315	14181
1972	102931	40288	11994	260678	77738	165836	17104
1973	127154	51746	14163	279108	88418	167532	23158
1974	123097	50332	15959	292432	91734	174258	26440
1975	148439	68452	17464	318410	92559	196711	29140
1976	153865	70737	18552	345268	95167	216124	33977
1977	162209	67821	21908	367586	97370	231722	38494

19－2 续表 continued

单位:万元 (10 000 yuan)

年份 Year	各项存款余额合计 Deposits	#企业存款 Deposits of Enterp－rises	#城乡储蓄存款 Urban & Rural Savings Deposits	各项贷款余额合计 Loans	#工业贷款 Loans to Industrial Enterprises	#商业贷款 Loans to Commercial Enterprises	#农业贷款 Agricu－ltural Loans	#基建贷款 Loans for Capital Constr－uction	#技改贷款 Loans for Technical Innovation
1978	164678	67214	25307	403314	110930	246495	45889		
1979	206997	75522	33092	436393	120396	256689	52236		
1980	231227	82688	48642	492949	129636	289980	67516		5677
1981	296065	103970	63106	558697	141810	330354	68239		14667
1982	364613	114791	84452	620194	148745	355038	73375	15587	26437
1983	442119	121952	112569	710563	175272	402264	75706	24778	28525
1984	500609	169826	155599	809114	219008	434714	86724	24767	32332
1985	560822	165393	210077	905412	275658	490451	89030	22465	42905
1986	782114	291284	290738	1291351	373446	590163	99373	48935	82523
1987	971166	337985	389691	1520239	436267	689530	114882	93458	188982
1988	1198527	401268	508287	1802119	537013	819194	126932	66132	119188
1989	1360860	382088	679584	2127588	681802	944070	139861	78510	139794
1990	1697712	424678	934355	2729173	869405	1272231	158545	109050	158675
1991	2057796	483906	1193618	3268535	1017327	1447576	188438	229244	201602
1992	2628246	783031	1497165	3951616	1153695	1683779	229783	353655	275853
1993	3505394	773581	2321390	5297191	1379014	2033053	427737	603560	327876
1994	4577562	1135970	3183199	6743662	1617514	2290203	229180	1054354	382402
1995	5663419	1303563	4108239	8198675	1879398	2566713	428884	1535360	466283
1996	7037693	1651490	5053804	10029833	2215841	3025593	510457	2011886	547128
1997	8455291	1993334	6050130	11721737	2518926	3467961	582678	2565495	587911
1998	9966107	2233337	7075160	13187511	2813556	3764324	533490	2885535	652933
1999	10923695	2512228	7976283	13641685	2649791	3794411	614282	3005261	636275
2000	12701349	3041165	8757399	13407383	2313181	3565930	692289	2513615	577427
2001	14987869	3750596	9867305	14707493	2570704	3437091	874092	3041254	594685
2002	17352559	4227073	11381038	16497795	2795982	3402539	1041324	4280175	139797
2003	20909846	5442363	13556610	19241312	3264636	3121745	1136558	5342779	222438
2004	25763691	6900717	16038752	22397621	3330576	2956277	1412981	6897652	302228
2005	32981538	8448175	19735996	25885704	3216173	3465313	1750056	8841665	358323
2006	40365605	10326769	22713442	32051943	4561123	3548955	1921286	11503692	259640
2007	49537024	13645713	25419224	37677360	4953807	3763969	2294291	13216458	188389
2008	63410312	17526198	32116628	45278595	5447082	4196462	3138133	15953891	410905
2009	83736999	26590936	39139510	62925233	6408156	4908094	4514951	23102340	668800
2010	102786934	31072851	46181090	79194745					

19 - 3 金融机构人民币信贷收支年末余额

Sources and Uses of Credit Funds of Financial Institutions At Year - end

单位：万元 (10 000 yuan)

项 目	Item	2016
各项存款	**Deposits**	**211656150.66**
境内存款	**In - country Deposit**	**211602877.69**
住户存款	Household	99601300.94
活期存款	Demand	48366013.35
定期及其他存款	Time Deposit and others	51235287.60
非金融企业存款	Deposit of Non - financial Enterprises	59591721.95
活期存款	Demand	38412731.92
定期及其他存款	Time Deposit and others	21178990.02
广义政府存款	The General Government Deposits	43159590.57
财政性存款	Fiscal Deposit	8741670.76
机关团体存款	Deposits of Government Departments&Organizations	34417919.80
非银行业金融机构存款	Non - banking Finacial Institutions Deposits	9250264.23
境外存款	**Overseas Deposit**	**53272.97**
各项贷款	**Loans**	**193610137.62**
境内贷款	**Domestic Loans**	**193586705.72**
住户贷款	Household Loans	46187377.72
短期贷款	Short - term Loans	22082964.99
消费贷款	Consumer Loans	5523016.21
经营贷款	Business Loans	16559948.78
中长期贷款	Medium - term & Long - term Loans	24104412.74
消费贷款	Consumer Loans	17353684.54
经营贷款	Business Loans	6750728.19
非金融企业及机关团体贷款	Non - financial Enterprises and Organizations Loans	147399327.99
短期贷款	Short - term Loans	49199470.54
中长期贷款	Medium - term&Long - term Loans	90521158.41
票据融资	Circulated Fund by Bills	7141230.93
融资租赁	Renting by Circulated Fund	19500.00
各项垫款	Money Advanced	517968.11
非银行业金融机构贷款	Non - banking Finacial Institutions Loans	
境外贷款	**Overseas Loans**	**23431.90**

19-4 大型商业银行人民币信贷收支年末余额

Sources and Uses of Credit Funds of Large Commercial Banks At Year-end

单位:万元 (10 000 yuan)

项 目	Item	2016
各项存款	**Deposits**	**105301119.51**
境内存款	**In-country Deposit**	**105255090.50**
个人存款	Individual Deposit	56295194.43
# 活期储蓄存款	Demand	29713453.55
定期储蓄存款	Time	17999458.96
结构性存款	Structured Deposits	922196.37
单位存款	Corporate Deposit	47349684.73
# 活期存款	Demand	33816281.61
定期存款	Time	5795156.00
保证金存款	Margin Deposit	1458281.96
结构性存款	Structured Deposits	494334.00
国库定期存款	Treasury Deposit	300000.00
非存款类金融机构存款	Non-deposit Finacial Institutions Deposit	1310211.34
境外存款	**Overseas Deposit**	**46029.01**
各项贷款	**Loans**	**105112825.01**
境内贷款	**Domestic Loans**	**105110535.08**
短期贷款	Short-term Loans	20046853.26
个人贷款及透支	Personal Loans & Overdraw	4102407.25
#个人消费贷款	Personal Consumption Loans	2499953.05
单位贷款及透支	Unit Loans & Overdraw	15944446.02
经营贷款及透支	Business Loans& Overdraw	15361942.48
固定资产贷款	Fixed Assets Loans	89965.38
并购贷款	M&A Loans	
贸易融资	Trade Financing	492538.16
非存款类金融机构贷款	Non-deposit Finacial Institutions Loans	
中长期贷款	Medium-term & Long-term Loans	82297675.96
个人贷款	Personal Loans & Overdraw	14906431.50
#个人消费贷款	Personal Consumption Loans	13040963.27
单位贷款	Unit Loans & Overdraw	67391244.46
经营贷款	Business Loans	5418143.37
固定资产贷款	Fixed Assets Loans	61643916.16
并购贷款	M&A Loans	329184.93
贸易融资	Trade Financing	
非存款类金融机构贷款	Non-deposit Finacial Institutions Loans	
票据融资	Circulated Fund by Bills	2724734.91
融资租赁	Renting by Circulated Fund	
各项垫款	Money Advanced	41270.94
境外贷款	**Overseas Loans**	**2289.93**

19－5 金融机构人民币存款基准利率

Legal Interest Rates on Deposits of Financial Institutions

单位:年利率%　　　　(annual interest rate%)

项 目	Item	2014 年 11 月 22 日 Nov. 22,2014	2015 年 3 月 1 日 Mar. 1,2015	2015 年 5 月 11 日 May. 11,2015	2015 年 6 月 28 日 June. 28,2015	2015 年 8 月 26 日 Aug. 26,2015	2015 年 10 月 24 日 Oct. 24,2015
活期存款	**Demand**	**0.35**	**0.35**	**0.35**	**0.35**	**0.35**	**0.35**
定期存款	**Time**						
#整存整取	Lump－sum time						
三个月	3Months	2.35	2.10	1.85	1.60	1.35	1.10
半年	6Months	2.55	2.30	2.05	1.80	1.55	1.30
一年	1Year	2.75	2.50	2.25	2.00	1.75	1.50
二年	2Years	3.35	3.10	2.85	2.60	2.35	2.10
三年	3Years	4.00	3.75	3.50	3.25	3.00	2.75
#零存整取、整存零取、存本取息	Installment fixed deposits admission is the entire deposit						
一年	1Year	2.35	2.10	1.85	1.60	1.35	1.10
三年	3Years	2.55	2.30	2.05	1.80	1.55	1.30
五年	5Years	2.75	2.50				
#定活两便	Time－demand Deposit	一年内定期整存整取同档次利率打六折					
协定存款	**Negotiated Deposit**	**1.15**	**1.15**	**1.15**	**1.15**	**1.15**	**1.15**
通知存款	**Call Deposit**						
一天	1day	0.80	0.80	0.80	0.80	0.80	0.80
七天	7days	1.35	1.35	1.35	1.35	1.35	1.35

19－6 金融机构人民币法定贷款基准利率

Legal Interest Rates on Loans of Financial Institutions

单位:年利率%　　　　(annual interest rate%)

项 目	Item	2014年11月12日 Nov. 12,2014	2015年3月1日 Mar. 1,2015	2015年5月11日 May. 11,2015	2015年6月28日 June. 28,2015	2015年8月26日 Aug. 26,2015	2015年10月24日 Oct. 24,2015
短期贷款	**Short－term Loans**						
一年以内（含一年）	Less than one year	5.60	5.35	5.10	4.85	4.60	4.35
中长期贷款	**Medium－term & Long－term Loans**						
一至五年（含五年）	1 to 5 years	6.00	5.75	5.50	5.25	5.00	4.75
五年以上	More than 5 years	6.15	5.90	5.65	5.40	5.15	4.90
贴现	**Discounting**	**以再贴现利率为下限加点确定**					
个人住房公积金贷款	**Personal HousingAccumulation Fund Loan**						
五年以下（含五年）	Less than 5 years	3.75	3.50	3.25	3.00	2.75	2.75
五年以上	More than 5 years	4.25	4.00	3.75	3.50	3.25	3.25

19－7 上市公司情况

Summary for Number of Listed Companies

单位:个　　　　(unit)

年 份 Year	全区合计 All Region	上交所 Shanghai Stock Exchange	深交所 Shenzhen Stock Exchange	#仅发A股公司 A share Only	#仅发B股公司 B share Only	H股 H share	增发A股公司 A Share Add
1995	1	1			1		
1996	4	1	3	4			
1997	5	3	2	4	1		
1998	2	2		2			
1999	1	1		1			
2000	5	5		5			
2001	1	1		1			1
2002							2
2003							
2004	2	1		1		1	
2005	1	1		1			
2006							
2007	1		1	1			
2008							
2009							
2010	1		1	1			
2011	2	1	1	2			
2012	2		2	2			
2013	1	1		1			
2014							4
2015							8
2016							7

19 - 8 新上市公司股票发行筹资情况

Issuing Summary for Stocks of New Listed Companies

年 份 Year	股票发行量（万股） Amount Issued (10 000 shares)	A 股 A share	B 股 B share	A、B 股配股 A & B Shares Rights Issued	H 股 H share	股票筹资额（亿元） Raised Capital (100 million yuan)	A 股 A share	B 股 B share	A、B 股配股 A & B Shares Rights Issued	H 股 H share
1989	1820	1820				0.5	0.5			
1994	5000	5000				1.95	1.95			
1995	11000		11000			4.38	4.38			
1996	6520	5020		1500		3.46	2.86		0.60	
1997	51800	22200	16600	13000		25.36	10.83	5.61	8.92	
1998	32852	13100	19752	22.72		8.37		14.35		
1999	13095			13095		9.71		9.71		
2000	38230	30800		7430		32.58	24.10		8.48	
2001	44720	43000		1720		33.84	31.57		2.27	
2002	15896	15896				17.95	17.95			
2003	1258			1258		7.84			7.84	
2004	40000	5000			35000	17.78	3.49			14.29
2005	14000	14000				4.68	4.68			
2006										
2007	7800	7800				7.64	7.64			
2008						57.21	57.21			
2009						47.88	47.88			
2010	1900	1900				5.50	5.50			
2011	13900	13900				31.71	31.71			
2012	6159	6159				8.95	8.95			
2013	2500	2500				2.27	2.27			

19-9 保险公司主要指标(2016年)

Main Indicators of Insurance Companies Funded(2016)

项目	Item	原保险保费收入(万元) Premium (10 000 yuan)	赔付支出(万元) Claim and Payment (10 000 yuan)
总计	**Total**	**4868744.11**	**1377781.08**
财产保险公司	**Property Insurance**	**1713959.88**	**843911.68**
企业财产保险	Enterprise Property Insurance	69990.06	31842.65
家庭财产保险	Family Property Insurance	5929.23	3870.88
机动车辆保险	Motor Vehicle Insurance	1111709.58	541839.36
工程保险	Construction and Installation Projects	20304.85	6029.05
责任保险	Liability Insurance	43052.82	16747.94
信用保险	Credit Insurance	9379.08	5042.99
保证保险	Guarantee Insurance	39865.53	4315.06
船舶保险	Ship Insurance	25.98	11.62
货物运输保险	Freight Transport Insurance	4746.28	1254.46
特殊风险保险	Other Property Insurance	630.81	86.09
农业保险	Agriculture Insurance	320635.23	177224.81
健康保险	Health Insurance	52523.21	43611.44
意外伤害保险	Unforeseen Human Injury Insurance	34106.25	11226.72
其他保险	Other Insurance	1060.97	808.61
人身保险公司	**Life Insurance**	**3154784.23**	**533869.40**
人寿保险	Life Insurance	2630028.51	421847.62
健康保险	Health Insurance	466010.92	98790.49
意外伤害保险	Unforeseen Human Injury Insurance	58744.80	13231.29

19－10 财产保险公司主要业务指标(2016 年)

Main Indicators of property Insurance (2016)

项 目	Item	保险金额(亿元) Amount Insured (100 million yuan)	签单数量(万件) Number Sign (10 000 items)	已决赔款(万元) Indrmnity (10 000 yuan)	未决赔款(万元) Loss Assessment of Unsrttled Claims (10 000 yuan)
财产保险	**Property Insurance**	**103451.95**	**1902.03**	**789564.06**	**397063.48**
企业财产险	Enterprise Property	15090.06	2.55	29934.43	38653.59
家庭财产险	Family Property	928.93	38.59	3562.22	753.88
机动车辆险	Motor Vehicle Insurance	19434.68	650.79	514713.98	178122.31
货物运输保险	Freight Transport Insurance	675.70	17.89	1148.51	614.34
责任险	Liability Insurance	7333.07	17.40	15745.24	13717.80
产品责任险	Products Liability Insurance	35.70	0.01	31.43	52.74
雇主责任险	Employers Liability Insurance	975.89	0.67	3621.65	2728.16
公众责任险	Public Liability Insurance	5907.72	14.52	9088.64	9091.10
其他责任险	Other Liability Insurance	413.76	2.20	3003.52	1845.80
保证保险	Guarantee Insurance	98.01	6.00	5649.79	1638.10
农业保险	Agriculture Insurance	3076.66	4.33	158003.64	151123.51
种植险	Planting Insurance	2974.31	3.72	128154.32	148521.34
养殖险	Animal Husbandry Insurance	102.34	0.61	29849.32	2602.17
其他保险	Other Insurance	56814.84	1164.48	60806.25	12439.95

19－11 人身保险公司主要业务指标(2016 年)

Main Indicators of Life Insurance (2016)

项 目	Item	期末有效承保人次(万人) New Person of Insurance (10 000 persons)	保险金额(亿元) Premiums (100 million yuan)	赔款支出(万元) Claim (10 000 yuan)	死伤医疗给付(万元) Death and Injury Payment (10 000 yuan)	满期给付(万元) Value of Expiration Payment (10 000 yuan)
总 计	**Total**	**4955.14**	**35501.34**	**59905.49**	**103561.02**	**247231.75**
寿险	Life Insurance	968.28	4998.04		51543.84	247132.64
普通寿险	Ordinary Life Insurance	554.07	3014.70		30482.68	75540.62
分红寿险	Share out Bonus Products	269.11	1132.88		11835.67	169186.69
投资连接保险	Products Link to Insvestment	0.50	5.72		2.23	143.38
万能保险	All－purpose Products	144.60	844.74		9223.27	2261.94
意外伤害保险	Unforeseen Human Injury Insurance	1588.81	15209.31	13231.29		
一年期以内	Less than one Year	166.73	2580.66	257.70		
一年期及以上	One Year(More than one Year)	1422.08	12628.66	12973.60		
健康保险	Health Insurance	2398.05	15293.99	46674.20	52017.18	99.11
一年期及以内	One Year(Less than one Year)	1864.02	12731.28	46674.20		
一年期以上	Over One Year	534.03	2562.70		52017.18	99.11

19-12 银行卡业务基本情况

Basic Conditions of Bank card business

项 目	Item	2015	2016
银行卡累计发放量(万张)	**Total Payment Amount of Bank Card(10 000 pieces)**	**12210.07**	**13772.29**
借记卡	Debit Card	11220.21	12658.82
#银联标准卡	Standard Bank Card	9459.04	10722.72
信用卡	Credit Card	989.86	1113.47
#银联标准卡	Standard Bank Card	722.45	815.87
银行卡受理商户、机具	**Accepting Bank Card Business, Equipment**		
特约商户(户)	Special Merchant(enterprise)	324530	434487
销售终端(台)	POS(set)	438612	481758
自动柜员机(台)	ATM(set)	20558	25187
银行卡跨行交易量(本年累计)	**Volume of Inter Bank Trading**		
清算笔数(万笔)	Settlement Amount(10 000 items)	21602.21	26408.46
ATM 交易量	Volume of ATM	6921.74	7006.58
POS 机交易量	Volume of POS	14448.34	18974.32
非传统渠道交易量	Volume of Non traditional channel	232.13	427.56
清算金额(亿元)	Amount of Settlement(100 million yuan)	7274.24	8024.18
ATM 交易量	Volume of ATM	1426.63	1472.45
POS 机交易量	Volume of POS	5586.18	6204.86
非传统渠道交易量	Volume of Non traditional channel	261.43	346.87

主要统计指标解释

信贷资金　指金融机构以信用方式积聚和分配的货币资金。金融机构信贷资金的来源有各项存款、对国际金融机构负债、流通中货币、银行自有资金及当年结益等；信贷资金的运用有各项贷款、黄金占款、外汇占款、财政借款及在国际金融机构中的资产等。

存款　指企业、机关、团体或居民根据资金必须收回的原则，把货币资金存入银行或其他信用机构保管并取得一定利息的一种信用活动形式。根据存款对象的不同可划分为企业存款、财政存款、机关团体存款、基本建设存款、城镇储蓄存款、农村存款等科目。它是银行信贷资金的主要来源。

贷款　指银行或其他信用机构根据资金必须归还的原则，按一定利率，为企业、个人等提供资金的一种信用活动形式。我国银行贷款分为流动资金贷款、固定资产贷款、城乡个体工商户贷款以及农业贷款等科目。

中资保险公司　指中国公民、法人或其他组织出资（含外资参股）设立的保险公司。

保险金额　指保险人承担赔偿或者给付保险金责任的最高限额。

保费　指投保人为取得保险人在约定范围内所承担赔偿责任而支付给保险人的费用。

赔款　指保险人根据保险合同的规定，向被保险人支付的赔偿保险责任损失的金额。

给付　包括死伤医疗给付和满期给付。死伤医疗给付是指保险人根据人寿保险及长期健康保险合同的规定，因被保险人在保险期内发生保险责任范围内的保险事故支付给被保险人（或受益人）的金额。满期给付是指被保险人生存期满，保险人按人寿保险合同规定支付给被保险人的满期保险金额。

Explanatory Notes on Main Statistical Indicators

Credit Funds refer to the funds issued as loans by banking institutions. The sources of credit funds of the banking institutions included deposits, Liabilities to international financial institutions, currency in circulation, self – owned funds and current retained profits, etc. The credit funds can be used in forms of loans, gold, foreign exchange, government debt and assets in the international financial institutions.

Deposit is a form of credit by which enterprises, institutions, organizations or households can put money into banks and other credit institutions for safekeeping and interest earning under the principle of free withdrawal. According to different depositors, deposits are divided into enterprise deposits, treasury deposits, deposits of government agencies and organizations, capital construction deposits, urban savings deposits, rural deposits and other deposits. Deposits are major sources of the credit funds of banks.

Loan is a form of credit by which banks and other credit institutions provide funds at certain interest rate to enterprises and individuals in the light of the principle of unconditional repayment. Loans from Chinese banks include circulating capital loans, fixed assets loans, loans to urban and rural individuals engaged in industrial and commercial business and agricultural loans.

Insurance Companies Funded with Chinese Capital refer to insurance companies established with capitals from Chinese citizens, corporate institutions or other organizations (including companies with shares from foreign capital) .

Amount Insured refers to the maximum that the insurant will get for the claim of the case insured.

Premium is the fee paid by the insurant to the insurer to obtain the obligation of compensation from the insurance within the agreed terms.

Settled Claim is the compensation paid by the insurer to the insurant in accordance with the insurance contract.

Payment includes payment for death, injury or medical treatment and mature payment. Payment for death, injury or medical treatment refers to the money paid to the insurant (or the beneficiary) in accordance with the life or health insurance contract when the insurant encounters accidents within the insured period covered in the contract. Mature payment refers to the mature payment to the insurant in accordance with the life insurance contract at the end of the insured period.

2017 NEIMENGGU

二十、教育、科技和文化

Education Technology and Culture

资料整理：王琳　程旭嵘
Arranged By Wang Lin, Cheng Xurong

20－1 教育事业基本情况

Basic Statistics on Education

项 目	Item	2015	2016
学校数(所)	**Number of Schools(unit)**	**6717**	**6730**
普通高等学校	Regular Institutions of Higher Education	53	53
普通中等学校	Secondary Schools	1250	1229
# 中等专业学校	Specialized Secondary Schools	134	136
中等技术学校	Technical Secondary Schools	73	75
中等师范学校	Teacher Secondary Schools		
普通中学	Regular Secondary Schools	1000	982
职业中学	Vocational Secondary Schools	116	111
小 学	Primary Schools	1853	1730
幼儿园	Kindergartens	3516	3672
特殊教育	Special Schools	45	46
专任教师(人)	**Number of Full time Teachers(person)**	**272965**	**271904**
普通高等学校	Regular Instiutions of Higher Education	25523	25935
普通中等学校	Secondary Schools	107203	105665
# 中等专业学校	Specialized Secondary Schools	5491	5611
中等技术学校	Technical Secondary Schools	3746	3892
中等师范学校	Teacher Secondary Schools		
普通中学	Regular Secondary Schools	93211	91892
职业中学	Vocational Secondary Schools	8501	8162
小 学	Primary Schools	101730	99358
幼儿园	Kindergartens	37250	39633
特殊教育	Special Schools	1259	1313
招生数(人)	**New Student Enrollment(person)**	**1022960**	**1013417**
普通高等学校	Regular Institutions of Higher Education	127536	133153
普通中等学校	Secondary Schools	424829	416092
# 中等专业学校	Specialized Secondary Schools	45088	41755
中等技术学校	Technical Secondary Schools	38134	37730
中等师范学校	Teacher Secondary Schools		
普通中学	Regular Secondary Schools	348670	344285
职业中学	Vocational Secondary Schools	31071	30052
小 学	Primary Schools	223680	227594
幼儿园	Kindergartens	246060	236023
特殊教育	Special Schools	855	555
在校学生(人)	**Student Enrollment(person)**	**3648837**	**3650513**
普通高等学校	Regular Institutions of Higher Education	420807	436699
普通中等学校	Secondary Schools	1317240	1264042
# 中等专业学校	Specialized Secondary Schools	123766	115902
中等技术学校	Technical Secondary Schools	110071	110176
中等师范学校	Teacher Secondary Schools		
普通中学	Regular Secondary Schools	1102685	1061370
高 中	Senior Secondary Schools	463037	448994
初 中	Junior Secondary Schools	639648	612376
职业中学	Vocational Secondary Schools	90789	86770
小 学	Primary Schools	1313635	1338134
幼儿园	Kindergartens	593392	607529
特殊教育	Special Schools	3763	4109
毕业生数(人)	**Graduates(person)**	**989608**	**971949**
普通高等学校	Regular Institutions of Higher Education	107863	111516
普通中等学校	Secondary Schools	471273	449601
# 中等专业学校	Specialized Secondary Schools	52181	39665
中等技术学校	Technical Secondary Schools	43104	32306
中等师范学校	Teacher Secondary Schools		
普通中学	Regular Secondary Schools	388335	380485
高 中	Senior Secondary Schools	165936	160737
初 中	Junior Secondary Schools	222399	219748
职业中学	Vocational Secondary Schools	30757	29451
小 学	Primary Schools	201145	198507
幼儿园	Kindergartens	208990	212124
特殊教育	Special Schools	337	201

注:1. 普通中学的高中学校数包括高级中学和完全中学。

2. 毕业生数、招生数、在校学生数不包括成人高校附设普通班学生数。

a) Number of senior secondary schools in regular secondary schools include senior secondary schools & whole secondary schools.

b) The number of graduates, new student enrollment and student enrollment studing in general class except adult university.

20－2 在校学生民族构成

Composition of Student Enrollment by Nationality

单位：人 (person)

项 目	Item	2015	2016
普通高等教育	**Regular Institutions of Higher Education**	**420807**	**436699**
蒙古族	Mongolian	95420	98537
其他少数民族	Other Minority Nationality	14926	15134
高等教育中研究生	Postgradate Students Enrollment	17962	18520
蒙古族	Mongolian	4587	4508
其他少数民族	Other Minority Nationality	606	599
中等专业学校	**Specialized Secondary Schools**	**110071**	**110176**
中等技术学校	Technical Schools	110071	110176
蒙古族	Mongolian	17638	18067
其他少数民族	Other Minority Nationality	3465	3229
中等师范学校	Teacher Training Schools Secondary		
蒙古族	Mongolian		
其他少数民族	Other Minority Nationality		
普通中学	**Rogular Secondary Schools**	**1102685**	**1061370**
高中	Senior	463037	448994
蒙古族	Mongolian	123400	122417
其他少数民族	Other Minority Nationality	12480	11704
初中	Junior	639648	612376
蒙古族	Mongolian	156838	155958
其他少数民族	Other Minority Nationality	17899	17456
职业中学	**Vocational Secondary Schools**	**90789**	**86770**
蒙古族	Mongalian	22145	15789
其他少数民族	Other Minority Nationality	4163	2943
小学	**Primary Schools**	**1313635**	**1338134**
蒙古族	Mongolian	339506	350926
其他少数民族	Other Minority Nationality	38794	40864

注：1. 普通高等教育指普通本专科。

2. 本表中中等专业学校不含成人中专。

a) Ordinary higher education refers to Undergraduate and specialist.

b) Secondary specialized school does not contain adult technical secondary school.

20－3 普通高等学校分类情况(2016 年)

Basic Statistics of Colleges and Universities by Different Types(2016)

项 目	Item	学校数(所) Number (unit)	毕业生数(人) Graduates (person)	招生数(人) New Student Enrollment (person)	在校学生(人) Student Enrollment (person)
普通高校	**Colleges and Universities**	**53**	**111516**	**133153**	**436699**
综合大学	Comprehensive Universities	22	48413	57710	196435
理工院校	Science and Engineering	16	29793	37351	110815
农业大学	Agricultural Universities	1	8017	8574	31482
医药院校	Medicinal Universities	2	4380	4806	16526
师范院校	Normal Universities	3	11060	13095	44436
语文院校	Language Colleges	1	72	160	337
财经院校	Economics and Finance	3	9071	9301	32341
政法院校	Law Universities	1	307	450	1285
体育院校	Physical Universities	1	148	209	442
艺术院校	Arts Universities	3	255	1497	2600

注:毕业生、在校生数不含成人高校附设普通班学生数。

a)The number of student does not include the number of student who as studing in general class belonging to adult university.

20－3 续表 continued

项 目	Item	教职工合计(人) Number of Staff and Workers (person)	# 专任教师 Teachers	正、副教授 Professors and Asso. Prof.	讲 师 Lecturers	助教、教员 Assistants and Instructors
普通高校	**Universities and Colleges**	**39263**	**25935**	**11016**	**10131**	**4788**
综合大学	Comprehensive Universities	19068	12343	5571	4523	2249
理工院校	Science and Engineering	9009	6425	2244	2789	1392
农业大学	Agricultural Universities	2650	1551	773	540	238
医药院校	Medicinal Universities	1785	1134	536	286	312
师范院校	Normal Universities	3201	2118	919	956	243
语文院校	Language Colleges	125	81	3	69	9
财经院校	Economics & Finance	2129	1348	628	586	134
政法院校	Law Universities	233	138	78	41	19
体育院校	Physical Universities	139	93	15	36	42
艺术院校	Arts Universities	924	704	249	305	150

20 -4 普通高等院校基本情况(2016 年)

Basic Statistics of Colleges and Universities(2016)

项　目	Item	毕业生数(人) Graduates (person)	招生数(人) New Student Enrollment (person)	在校生数(人) Student Enrollment (person)
内蒙古大学	Inner Mongolia University	5280	4518	20859
内蒙古科技大学	Inner Mongolia Sci. & Tech. University	10718	11678	45073
内蒙古工业大学	Inner Mongolia Eng. University	5491	5950	22815
内蒙古农业大学	Inner Mongolia Agriculture University	8017	8574	31482
内蒙古医科大学	Inner Mongolia Medical University	3290	3426	13029
内蒙古师范大学	Inner Mongolia Normal University	7937	8524	31436
内蒙古民族大学	Inner Mongolia Nationality University	4691	5317	21200
赤峰学院	Chifeng College	3075	3522	12498
内蒙古财经大学	Inner Mongolia Finance University	5332	5697	20611
呼伦贝尔学院	Hulunbeier College	3075	3423	12817
内蒙古建筑职业技术学院	Inner Mongolia Pro. And Tech. College	2500	3001	9036
集宁师范学院	Jining Teacher Training Academy	2828	3442	11047
内蒙古丰州职业学院	Inner Mongolia Fengzhou College	498	910	2451
河套学院	Hetao College	2517	3250	10064
呼和浩特民族学院	Inner Mongolia Nationality Academy	1757	2416	8140
包头职业技术学院	Baotou Pro. & Tech. College	2491	3151	9724
兴安职业技术学院	Xingan Pro. & Tech. College	1411	2092	5160
呼和浩特职业学院	Hohhot Vocational College	4410	4065	12408
包头轻工职业技术学院	Baotou Light Industry Professional and Technical College	2642	3444	9484
内蒙古电子信息职业技术学院	Inner Mongolia Electronics College	3158	3631	10206
内蒙古机电职业技术学院	Inner Mongolia Machinery & Electronics Professional and Technical College	3286	3250	9699
内蒙古化工职业学院	Inner Mongolia Chemical Eng. College	2432	2901	8945
内蒙古商贸职业学院	Inner Mongolia Trade College	3129	3370	10027
锡林郭勒职业学院	Xilingguole Vocational College	2523	3223	8353
内蒙古警察职业学院	Inner Mongolia Police College	307	450	1285
内蒙古体育职业学院	Inner Mongolia Sport College	148	209	442
乌兰察布职业学院	Wulanchabu Vocational College	1507	2152	5455
通辽职业学院	Tongliao Vocational College	1959	2394	6620
科尔沁艺术职业学院	Keerqin Arts Vocational College	155	290	708
内蒙古交通职业技术学院	Inner Mongolia Transport Tech College	2347	2774	7157
包头钢铁职业技术学院	Baotou Iron and Steel Vocational College	1429	1484	4799
乌海职业技术学院	Wuhai Vocational College	791	1692	4353
内蒙古科技职业学院	Inner Mongolia Technical and Vocational College	241	548	1457
内蒙古北方职业技术学院	Inner Mongolia North Tech College	673	978	2628
赤峰职业技术学院	Chifeng Vocational College			
内蒙古经贸外语职业学院	Inner Mongolia Trade & Language College	610	234	1703
包头铁道职业技术学院	Baotou Railway Vocational & Tech College	1659	2606	6025
内蒙古大学创业学院	Pioneer College of Inner Mongolia University	1303	2005	7478
内蒙古师范大学鸿德学院	Honder of Inner Mongolia Normal University	1633	2382	8642
乌兰察布医学高等专科学校	Wulanchabu Medicine Academy	1090	1380	3497
鄂尔多斯职业学院	Erdos Vocational College	465	1077	2805
内蒙古工业职业学院	Inner Mongolia Gongye Vocational College	430		17
呼伦贝尔职业技术学院	Hulunbeier Pro. And Tech College	830	1607	3467
满洲里俄语职业学院	Manlouli Russian College	72	160	337
内蒙古能源职业学院	Inner Mongolia Energy Vocational College	491	527	1588
赤峰工业职业技术学院	Chifeng College of Industry Technology	370	932	2077
阿拉善职业技术学院	Alashan Pro. And Tech College	123	458	1038
内蒙古美术职业学院	Inner Mongolia Vocational College of Fine Arts	100	227	542
内蒙古民族幼儿师范高等专科学校	Inner Mongolia National Kindergarten Teachers College	295	1129	1953
鄂尔多斯生态环境职业学院	Erdos Ecological Environment of Career Academy		383	645
内蒙古艺术学院	Inner Mongolia University of Arts		980	1350
鄂尔多斯应用技术学院	Ordos College,Inner Mongolia University		761	1254
扎兰屯职业学院	Zhalantun Vocational College		559	813

注:学生数中不含成人高校附设普通班学生数。

a) The number of student does not include the number of student who was studing in general class belonging toadult university.

20－4 续表 continued

项 目	Item	教职工总数（人）Number of Staff & Workers (person)	#专任教师 Teacher	#中级职称以上教师 Medium over Professional Certification
内蒙古大学	Inner Mongolia University	1971	1132	1118
内蒙古科技大学	Inner Mongolia Sci. & Tech. University	3625	2629	2307
内蒙古工业大学	Inner Mongolia Eng. University	2014	1417	1320
内蒙古农业大学	Inner Mongolia Agriculture University	2650	1551	1313
内蒙古医科大学	Inner Mongolia Medical	1440	926	713
内蒙古师范大学	Inner Mongolia Normal University	2189	1378	1286
内蒙古民族大学	Inner Mongolia Nationality University	1739	1181	1063
赤峰学院	Chifeng College	1699	1032	928
内蒙古财经大学	Inner Mongolia Finance University	1468	933	853
呼伦贝尔学院	Hulunbeier College	1164	683	598
内蒙古建筑职业技术学院	Inner Mongolia Pro. And Tech. College	579	448	373
集宁师范学院	Jining Teacher Training Academy	801	559	468
内蒙古丰州职业学院	Inner Mongolia Fengzhou College	138	96	64
河套学院	Hetao College	998	583	497
呼和浩特民族学院	Inner Mongolia Nationality Academy	579	349	266
包头职业技术学院	Baotou Pro. & Tech. College	808	496	412
兴安职业技术学院	Xingan Pro. & Tech. College	596	374	279
呼和浩特职业学院	Hohhot Vocational College	1148	747	626
包头轻工职业技术学院	Baotou Light Industry Professional and Technical College	816	569	454
内蒙古电子信息职业技术学院	Inner Mongolia Electronics College	550	381	235
内蒙古机电职业技术学院	Inner Mongolia Machinery & Electronics Professional and Technical College	555	387	260
内蒙古化工职业学院	Inner Mongolia Chemical Eng. College	494	344	312
内蒙古商贸职业学院	Inner Mongolia Trade College	595	377	347
锡林郭勒职业学院	Xilingguole Vocational College	1333	632	319
内蒙古警察职业学院	Inner Mongolia Police College	233	138	119
内蒙古体育职业学院	Inner Mongolia Sport College	139	93	51
乌兰察布职业学院	Wulanchabu Vocational College	491	365	275
通辽职业学院	Tongliao Vocational College	663	484	308
科尔沁艺术职业学院	Keerqin Arts Vocational College	256	198	114
内蒙古交通职业技术学院	Inner Mongolia Transport Tech College	568	448	297
包头钢铁职业技术学院	Baotou Iron and Steel Vocational College	527	302	249
乌海职业技术学院	Wuhai Vocational College	257	233	220
内蒙古科技职业学院	Inner Mongolia Technical and Vocational College	153	100	64
内蒙古北方职业技术学院	Inner Mongolia North Tech College	145	77	41
赤峰职业技术学院	Chifeng Vocational College	53	18	17
内蒙古经贸外语职业学院	Inner Mongolia Trade & Language College	66	38	14
包头铁道职业技术学院	Baotou Railway Vocational & Tech College	626	488	247
内蒙古大学创业学院	Pioneer College of Inner Mongolia University	285	216	149
内蒙古师范大学鸿德学院	Honder of Inner Mongolia Normal University	467	360	241
乌兰察布医学高等专科学校	Wulanchabu Medicine Academy	345	208	109
鄂尔多斯职业学院	Erdos Vocational College	242	185	140
内蒙古工业职业学院	Inner Mongolia Gongye Vocational College	27	4	4
呼伦贝尔职业技术学院	Hulunbeier Pro. And Tech College	717	502	327
满洲里俄语职业学院	Manlouli Russian College	125	81	72
内蒙古能源职业学院	Inner Mongolia Energy Vocational College	82	49	14
赤峰工业职业技术学院	Chifeng College of Industry Technology	493	384	282
阿拉善职业技术学院	Alashan Pro. And Tech College	409	277	190
内蒙古美术职业学院	Inner Mongolia Vocational College of Fine Arts	91	69	55
内蒙古民族幼儿师范高等专科学校	Inner Mongolia National Kindergarten Teachers College	211	181	121
鄂尔多斯生态环境职业学院	Erdos Ecological Environment of Career Academy	245	194	154
内蒙古艺术学院	Inner Mongolia University of Arts	577	437	385
鄂尔多斯应用技术学院	Ordos College, Inner Mongolia University	402	297	200
扎兰屯职业学院	Zhalantun Vocational College	419	305	277

20－5 科技活动基本情况

Basic Statistics on Scientific and Technological Activities

项 目	Item	2016
科技活动	**Scientific and Technological Activities**	
科技活动人员(人)	Number of Persons Engaged in Scientific and Technological Activities(person)	97263
# 大学本科及以上学历	Undergraduate college and above	66470
研究与试验发展折合全时人员(人年)	Number of Full－time Persons in Research and Developmeut Activities(man－year)	39480
# 研究人员	Researchers	17972
研究与试验发展经费内部支出(万元)	Research and Development Expenses(10 000 yuan)	1475124
# 基础研究	Fundamental Research	30113
应用研究	Applied Research	104524
试验发展	Experimental Development	1340487
研究与试验发展经费支出占生产总值比重(%)	Proportion of Research and Development Expenses to GDP(%)	0.79
技术成果和国家奖励	**Achievements in Scientific and Technological Research and National Prizes Won**	
自治区科技进步奖(项)	Number of Major Achievements in Science and Technology(item)	
国家发明奖(项)	Number of National Invention Prizes Awarded(item)	
国家科学技术进步奖(项)	Number of National Scientific and Technological Progress Prizes Awarded(item)	1
技术市场成交额(万元)	Transaction Value in Technical Market(10 000 yuan)	1441900
专 利	**Patent**	
申请受理量(件)	Accepted(piece)	10672
发明	Creation and Inventions	2878
实用新型	Utility Models	6401
外观设计	Designs	1393
授权量(件)	Granted(piece)	5846
发明	Creation and Inventions	871
实用新型	Utility Models	3981
外观设计	Designs	994

20－6 地方国有单位各类专业技术人员

Special Technical Personnel of State－owned Units

单位：人 （person）

年份 Year	合计 Total	#工程技术人员 Engineering	#农业技术人员 Agriculture	#科学研究人员 Scientific Research	#卫生技术人员 Health Care	#教学人员 Teaching
1986	298360	50544	16026	1561	43130	137854
1987	344667	58353	17665	1794	44962	166079
1988	385181	66901	18436	1646	47332	158905
1989	428612	71848	18649	1845	49311	175621
1990	442659	75686	19644	1803	51184	180408
1991	453193	78705	20168	1839	53585	184784
1992	461901	79224	20710	2174	54257	187739
1993	454591	77474	18534	2043	54236	192023
1994	463501	77624	19096	2026	54873	199488
1995	471197	78640	18781	1877	56045	205952
1996	476610	78450	18946	1832	56854	214200
1997	477411	77127	19010	1792	60806	218651
1998	476012	74538	18499	1762	60990	223704
1999	504045	78903	19246	1992	65578	242551
2000	509470	77348	19076	2002	68954	250740
2001	497202	69548	18979	2084	69156	257165
2002	486215	64635	18288	1927	68725	260445
2003	514746	68669	22202	2029	72508	274565
2004	532891	65362	26978	2631	80287	286581
2005	534906	62700	27393	2401	81181	291842
2006	536071	59529	27465	1985	81658	300322
2007	553733	70527	27645	2160	82346	303470
2008	559013	67777	32659	2431	86965	302841
2009	556413	64790	32144	2205	88058	305803
2010	543015	60725	27792	1864	87458	304574
2011	559597	63173	33396	2346	90276	306684
2012	559502	65166	31234	2883	92393	308157
2013	553400	63919	28404	3183	90202	311647
2014	545108	64970	24058	3166	89489	302635
2015	540633	62363	25537	3539	90166	301568
2016	546717	65784	24839	3362	91353	301504

20－7 政府属研究机构、人员、经费(2016 年)

Number of State－owned Research and Development Institutions, Persons and Funds(2016)

项 目	Item	政府属研究机构合计 State－Owend R&D Institu－tions	自然科学与技术领域 Natural Sciences and Techonology	社会与人文科学领域 Social Sciences & Humanities	科技信息与文献机构 Scientific Technological Information & Literature Institutions
机构数(个)	Institutions(unit)	93	71	11	11
从业人员数(人)	Staff & workers(person)	8095	7394	493	208
#从事科技活动人员	Scientific & Tech Activities	6328	5669	463	196
#大学本科及以上学历	Scientists & Engineers	4500	3948	414	138
科技经费筹集总额(万元)	Funds For Science and Technology (10 000 yuan)	157909	131980	22767	3162
#政府资金	Government Funds	146910	121344	22404	3162
科技经费内部支出总额(万元)	Intramural Expenditures (10 000 yuan)	170287	145178	22195	2914
#R&D 经费支出额	Fands of R&D	73586	54955	18080	551
资产性支出(万元)	Asset Expenditures(10 000 yuan)	45518	34493	10439	586
科技活动课题数(个)	Number of Science and Technology Topics(unit)	931	773	138	20
科技活动课题经费内部支出(万元)	Science and Technology Activities Subject Intramural Expenditures(10 000 yuan)	53983	47944	5348	691
#R&D 课题经费支出	Funds of R&D Subject	39657	34181	5254	222
课题投入人员(人年)	Persons of Topics(man－year)	2433	2095	276	62
#R&D 课题投入	R&D of Topics	1712	1420	272	20
专利申请受理数(件)	Number of Patent Applications Accepted(piece)	121	121		
专利申请授权数(件)	Number of Patent Applications Granted(piece)	101	101		
科技论文(篇)	Science Papers(piece)	1452	1006	434	12

注:R&D 为研究与发展(Research and Development)的缩写。

a) R&D is abridge of Research and Development.

20－8 政府属自然科学与技术领域研究机构、人员、经费(2016 年)

Number of State－Owned Natural Scientific and Technological Institutions, Staff and Expenditure (2016)

项 目	Item	机构数(个) Institutions (unit)	从业人数(人) Staff & workers (person)	# 从事科技活动 Science & Technology	R&D 人员 R&D
总 计	**Total**	**71**	**7394**	**5669**	**2642**
按隶属关系分	**Grouped by Level**				
中央部门属	Central Departments	3	468	423	286
自治区属	Autonomous Region	19	2259	1991	1037
盟市属	Leaguesand Cities	49	4667	3255	1319
按行政地域分	**Grouped by Region**				
呼和浩特市	Hohhot City	27	3496	2623	1425
包 头 市	Baotou City	3	174	129	77
呼伦贝尔市	Hulunbeier City	8	361	298	144
兴 安 盟	Xingan League	5	83	63	34
通 辽 市	Tongliao City	4	359	221	130
赤 峰 市	Chifeng City	2	299	284	211
锡林郭勒盟	Xilinguole League	2	997	864	129
乌兰察布市	Wulanchabu City	4	238	188	53
鄂尔多斯市	Erdos City	6	479	398	108
巴彦淖尔市	Bayannaoer City	6	530	517	288
乌 海 市	Wuhai City	1	23	23	
阿拉善盟	Alashan League	3	355	61	43

20－8 续表 continued

单位:万元 (10 000 yuan)

项 目	Item	科技经费筹集总额 Funds For Science and Technology	# 政府资金 Government Funds	科技经费内部支出 Intramural Expenditures	R&D 经费内部支出 Fands of R&D	资产性支出 Asset Expenditures	课题经费支出 Funds of Topics	# 政府资金 Government Funds
总 计	**Total**	**131980**	**121344**	**145178**	**54955**	**34493**	**47944**	**42967**
按隶属关系分	**Grouped by Level**							
中央部门属	Central Departments	15149	13883	14770	9112	1504	8620	8005
自治区属	Autonomous Region	56548	50337	62228	26106	17461	23104	20543
盟市属	Leaguesand Cities	60284	57125	68179	19738	15528	16219	14418
按行政地域分	**Grouped by Region**							
呼和浩特市	Hohhot City	72803	65326	83465	35695	24419	32168	27782
包 头 市	Baotou City	7699	7699	5242	3235	2826	1067	1067
呼伦贝尔市	Hulunbeier City	5715	5715	6192	2227	107	2153	2088
兴 安 盟	Xingan League	1590	1537	1278	595	430	410	410
通 辽 市	Tongliao City	5990	5990	6535	2654	1218	2389	2389
赤 峰 市	Chifeng City	4877	4108	3889	2203	200	2691	2691
锡林郭勒盟	Xilinguole League	14190	12546	16948	2029	4195	1111	1111
乌兰察布市	Wulanchabu City	2531	2531	2030	462	27	220	220
鄂尔多斯市	Erdos City	6421	6136	9917	1356	411	1292	967
巴彦淖尔市	Bayannaoer City	8589	8268	7932	3463	595	3669	3468
乌 海 市	Wuhai City	348	348	346			183	183
阿拉善盟	Alashan League	1229	1144	1404	1036	67	591	591

20－9 大中型工业企业科技活动基本情况

Basic Statistics on Scientific and Technological Activities of Large and Medium－sized Industrial Enterprises

项　目	Item	2015	2016
单位数(个)	**Number of units(unit)**	**764**	**765**
#有 R&D 活动单位数	Units Having Activities of R&D	157	191
R&D 人员(人)	**Persons in R&D(person)**	**29916**	**31871**
R&D 人员全时当量(人年)	**Persons in R&D into Full－time(man－year)**	**25614**	**25235**
# 研究人员	Researchers	9308	9847
按活动类型分	According to active type		
基础研究	Fundamental Research	10	37
应用研究	Applied Research	201	1281
试验发展	Experiment and Development	25404	23917
R&D 经费内部支出(万元)	**Inter Expenditures of Funds of R&D(10 000 yuan)**	**927154**	**1003491**
按活动类型分	According to active type		
基础研究	Fundamental Research	61	198
应用研究	Applied Research	8483	39079
试验发展	Experiment and Development	918609	964214
按支出用途分	According to disbursement and use		
日常性支出	Quotidienne	805045	842541
#人员劳务费	Labor Expenses	205647	218418
资产性支出	Capital Nature	122109	160950
#仪器和设备	Equipment and Facilities	119959	157182

20－10 高等学校科技活动基本情况

Basic Statistics on Scientific and Technological Activities of Colleges and Universities

项　目	Item	2015	2016
单位数(个)	**Number of units(unit)**	**65**	**98**
#有 R&D 活动单位数	Units Having Activities of R&D	54	68
科技活动人员(人)	**Persons Engaged in Sci. & Tech. Activities(person)**	**22481**	**27634**
# 大学本科及以上学历	Undergraduate college and above	21042	25760
R&D 人员全时当量(人年)	**Persons in R&D into Full－time(man－year)**	**3255**	**3328**
# 研究人员	Researchers	2815	2954
按活动类型分	According to active type		
基础研究	Fundamental Research	1138	1277
应用研究	Applied Research	1608	1714
试验发展	Experiment and Development	509	337
R&D 经费内部支出(万元)	**Inter Expenditures of Funds of R&D(10 000 yuan)**	**32707**	**38646**
按活动类型分	According to active type		
基础研究	Fundamental Research	8609	10610
应用研究	Applied Research	18775	21233
试验发展	Experiment and Development	5324	6803
按支出用途分	According to disbursement and use		
日常性支出	Quotidienne	31063	35544
#人员劳务费	Labor Expenses	3921	4800
资产性支出	Capital Nature	1644	3101
#仪器和设备	Equipment and Facilities	1644	3101

20－11 科技成果获奖

Number of Achievements in Scientific and Technological Research and National Prizes Won

单位:项 (item)

年 份 Year	国家发明奖 Number of National Invention Prizes Awarded	国家科技进步奖 Number of National Scientific & Technological Prizes Awarded	国家自然科学奖 Number of National Natural Sciences Prizes Awarded	自治区科技进步奖 Number of Autonomous Regional Scientific & Technological Prizes Awarded	一等奖 First Class Prize	二等奖 Second Class Prize	三等奖 Third Class Prize
1985	1	4		167	12	36	119
1986				96	8	20	68
1987			1	121	12	35	74
1988	2	3		103	3	22	78
1989		4		102	7	20	75
1990		3		103	5	20	78
1991		2	1	130	6	14	110
1992		4		105	3	15	87
1993	1	3		123	3	18	102
1994				104	4	14	86
1995	1	2		124	7	22	95
1996		3		129	5	21	103
1997		2		115	3	25	87
1998		1		123	4	22	97
1999	1	3	2	142	4	20	118
2000		1		89	5	16	68
2001		1		100	5	20	75
2002				93	4	20	69
2003		1		80	5	18	57
2004		1		83	7	21	55
2005		1		100	8	23	69
2006		1		98	8	24	66
2007		1		100	12	26	62
2008		1		107	14	22	71
2009		1		91	8	21	62
2010		2		100	6	23	71
2011				104	9	25	70
2012		1		101	10	25	66
2013		1		93	8	29	56
2014				102	9	23	70
2015		1		85	9	27	49
2016		1					

注:此表2016年自治区获奖结果尚未评出。

a) The table data was not annouced in 2016.

20－12 三种专利申请受理量及授权量

Three Types of Patent Applications Accepted and Granted

单位:件 (piece)

年份 Year	申请受理量合计 Number of Patent Applications Examined	发明 Inventions	实用新型 Utility Models	外观设计 Designs	批准量合计 Number of Patent Applications Granted	发明 Inventions	实用新型 Utility Models	外观设计 Designs
1986	90	31	48	11	17		16	1
1987	154	39	108	7	48	3	36	9
1988	228	46	176	6	63	7	53	3
1989	231	43	179	9	128	10	110	8
1990	347	54	270	23	170	5	158	7
1991	431	86	310	35	153	6	130	17
1992	510	102	366	42	242	14	212	16
1993	601	137	438	26	438	14	381	43
1994	731	124	474	133	337	7	296	34
1995	647	117	449	81	415	8	293	114
1996	859	215	507	137	326	6	265	55
1997	940	244	534	162	372	11	264	97
1998	785	125	519	141	523	12	375	136
1999	971	198	557	216	723	17	521	185
2000	1138	234	602	302	775	60	530	185
2001	1089	185	664	240	743	73	440	230
2002	1202	233	643	326	679	53	428	198
2003	1394	242	716	436	816	82	419	315
2004	1457	286	699	472	831	108	437	286
2005	1455	307	708	440	845	98	452	295
2006	1946	430	915	601	978	108	543	327
2007	2015	565	966	484	1313	120	788	405
2008	2221	695	980	546	1328	140	866	322
2009	2484	719	1266	499	1494	178	762	554
2010	2912	932	1406	574	2096	262	1276	558
2011	3841	1267	2034	540	2262	364	1415	483
2012	4732	1492	2566	674	3090	570	1900	620
2013	6388	1935	3213	1240	3836	549	2494	793
2014	6359	1924	3562	873	4031	458	2908	665
2015	8876	2254	5609	1013	5522	797	3757	968
2016	10672	2878	6401	1393	5846	871	3981	994

20－13 文化艺术和文物事业机构、人员(2016年)

Number of Institutions and Personnel in Culture, Art and Cultural Relics(2016)

机构类别	Category of Institution	机构数(个) Number of Institutions (unit)	从业人数(人) Number of Persons Engaged (person)
文化事业合计	**Culture**	**1633**	**14871**
艺术事业	Art Institutions	117	5745
艺术表演团体	Art Performance Troupes	97	5499
话剧、儿童剧、滑稽剧团	Drama, Children Plays ,Comedy	1	80
歌舞音乐类	Song and Dance ,Music	16	1293
乌兰牧骑	Ulanmuchi	71	2581
地方戏曲类	Local Opera	3	156
京剧类	Local Beijing Opera Troupes		
曲杂类	QuYi		
综合性艺术表演团体	Comprehensive performing arts	6	1389
艺术表演场所	Art Centers	20	246
剧场、影剧院	Theaters and Music Halls	20	246
书场、曲艺场	Storytelling Places, Recitation and Ballad Places		
杂技、马戏场	Acrobatics, Circus Places		
音乐厅	Concert Halls		
图书馆事业	Libraries	117	1944
群众文化事业	Mass Culture	1226	5016
群众艺术馆	Mass Art Centers	13	560
文化馆	Cultural Centers	107	1476
文化站	Cultural Stations	1106	2980
# 乡镇文化站	Township Cultural Stations	894	2476
艺术教育事业	Culture and Education	4	391
其他文化事业	Other Cultural Units	169	1775
艺术创作机构	Art Creation Institutions	5	22
艺术研究机构	Art Research Institutions	11	138
艺术展览机构	Art Exhibition Institutions	29	250
# 美术馆	Art Gallery	25	235
其他	Others	124	1365
文物事业合计	**Cultural Relics**	**187**	**2429**
文物保护管理机构	Agency of Historical Relics Preservation	90	684
文物科研机构	Scientific and Research Historical Relics	2	59
其他文物机构	Other Historical Relics Agency	7	55
博物馆	Museums	87	1625
综合性博物馆	Comprehensive Museum	67	1343
历史类博物馆	Special Museum	18	271
自然科技类博物馆	Nature Science and Technology Museum		
其他博物馆	Memorial Museum	2	11
文物商店	Cultural Relics Agencies	1	6

20－14 图书、杂志、报纸出版
Books, Magazines and Newspapers Published

项 目	Item	2015	2016
图 书	**Books Published**		
种 数(种)	Number of Publications(kind)	3289	3249
# 蒙 文(种)	Mongol(kind)		
新 出(种)	New Books(kind)	1574	1791
重 印(种)	Republication(kind)	1715	1458
总印数(万册)	Total Printed Copies(10 000 copies)	6482.46	6171.66
总印张数(万印张)	Printed Sheets(10 000 sheets)	48981.67	50371.13
定价总金额(万元)	Total of Fixed Price(10 000 yuan)	63083.77	75861.69
杂 志	**Magazines Publised**		
种 数(种)	Number of Publications(kind)	146	146
# 蒙 文(种)	Mongol(kind)	46	
总印数(万册)	Total Printed Copies(10 000 copies)	2080.70	1713.68
总印张数(万印张)	Printed Sheets(10 000 sheets)	10772.31	9021.70
定价总金额(万元)	Total of Fixed Price(10 000 yuan)	13128.03	10723.36
报 纸	**Newspapers Publised**		
种 数(种)	Number of News Published(kind)	58	58
# 蒙 文(种)	Mongol(kind)	16	
总印数(万份)	Total Printed Copies(10 000 copies)	32814.97	30227.34
总印张数(万印张)	Printed Signatures(10 000 sheets)	75291.47	69181.87
定价总金额(万元)	Total of Fixed Price(10 000 yuan)	31648.62	29828.68

20－15 广 播 电 视 事 业

Statistics on Broadcasting and Television Stations

项 目	Item	2015	2016
广 播	**Broadcasting**		
广播电台(座)	Number of Broadcasting Stations(set)	1	
调频转播发射台座数(座)	Transmission Stations of Frequency Modulation(set)	799	800
中短波转播发射台座数(座)	Transmission Stations of Short and medium Wave(set)	58	58
广播人口覆盖率(%)	Listener Rating(%)	99.05	99.21
节目套数(套)	Number of Programs(set)	126	126
广播节目全年播出情况	**Annual Statistics on Broadcasting**	**683782:46**	**665279:16**
新闻资讯类(小时:分)	News Programs(hour:minute)	118026:59	126561:10
专题服务类(小时:分)	Special Subject Programs(hour:minute)	161799:51	159580:13
综艺类(小时:分)	Programs of Entertainment(hour:minute)	217654:56	191363:20
广播剧类(小时:分)	Radio Play(hour:minute)	43440:45	44727:30
广告类(小时:分)	Programs of Advertisment(hour:minute)	43902:30	42419:45
其他类(小时:分)	Other Programs(hour:minute)	98957:45	100627:18
广播节目全年制作情况	**Annual Statistics on Production of Broadcasting**	**244138:19**	**250845:12**
新闻资讯类(小时:分)	News Programs(hour:minute)	39687:28	41614:49
专题服务类(小时:分)	Special Subject Programs(hour:minute)	86053:56	85258:05
综艺类(小时:分)	Programs of Entertainment(hour:minute)	76251:50	80082:05
广播剧类(小时:分)	Radio Play(hour:minute)	5986:25	5284:00
广告类(小时:分)	Programs of Advertisment(hour:minute)	24464:50	23185:18
其他类(小时:分)	Other Programs(hour:minute)	11693:50	15420:55
电 视	**Television**		
电视台(座)	Number of Television Stations(set)	2	
电视转播发射台座数(座)	Transmission and Relaying Stations(set)	799	800
卫星地球站(座)	Satellits Television Station(set)	1	1
电视人口覆盖率(%)	Viewer Rating(%)	99.10	99.18
节目套数(套)	Number of Programs(set)	120	119
电视节目全年播出情况	**Annual Statistics on Dissemination of TV Programs**	**646632:30**	**634066:51**
新闻资讯类(小时:分)	News Programs(hour:minute)	84771:24	85042:59
专题服务类(小时:分)	Special Subject Programs(hour:minute)	67242:30	69524:30
综艺益智类(小时:分)	Programs of Entertainment(hour:minute)	57234:50	57953:45
影视剧类(小时:分)	Programs of Film and TV Play (hour:minute)	301378:18	295334:35
广告类(小时:分)	Programs of Advertisment(hour:minute)	66515:33	59120:05
其他类(小时:分)	Other Programs(hour:minute)	69489:55	67090:57
电视节目全年制作情况	**Annual Statistics on Production of TV Programs**	**73301:48**	**81356:53**
新闻资讯类(小时:分)	News Programs(hour:minute)	24908:08	32216:14
专题服务类(小时:分)	Special Subject Programs(hour:minute)	19120:05	20873:21
综艺益智类(小时:分)	Programs of Entertainment(hour:minute)	9532:54	10236:54
影视剧类(小时:分)	Programs of Film and TV Play (hour:minute)	19:43	19:00
广告类(小时:分)	Programs of Advertisment(hour:minute)	14689:33	11980:24
其他类(小时:分)	Other Programs(hour:minute)	5031:25	60311:00
广播电视台(座)	**Number of Broadcasting and Television Stations(set)**	**88**	**87**

主要统计指标解释

普通高等学校 指按照国家规定的设置标准和审批程序批准举办，通过国家统一招生考试，招收高中毕业生为主要培养对象，实施高等教育的全日制大学、独立设置的学院和高等专科学校、短期职业大学。

成人高等学校 指按照国家有关规定审批，招收通过全国成人高教统一招生考试的具有高中毕业或同等学历的在职从业人员，利用脱产、半脱产、业余或函授等多种形式对其实施高等学历教育，培养高等教育专科或本科毕业水平的专门人才，修业年限，课程设置和总学时数均按高等学历教育要求付诸实施的学校。包括广播电视大学、职工高等学校、农民高等学校、管理干部学院、教育学院、独立设备的函授学院等。

小学学龄儿童入学率 指调查范围内已入小学学习的学龄儿童占校内外学龄儿童总数（包括弱智儿童，不包括盲聋哑儿童）的比重。计算公式为：

小学学龄儿童入学率＝已入学的小学学龄儿童数/校内外小学学龄儿童总数×100%

科技活动 指在自然科学、农业科学、医药科学、工程与技术科学、人文与社会科学领域（简称科学技术领域）中，与科技知识的产生、发展、传播和应用密切相关的有组织的活动。可分为研究与试验发展（R&D）、研究与试验发展成果应用及相关的科技服务三类活动。该定义是联合国教科文组织考虑成员国特别是发展中国家开展科技统计工作的需要，而对科技活动所作的统计界定。

科技活动人员 指直接从事科技活动、以及专门从事科技活动管理和为科技活动提供直接服务，累计的实际工作时间占全年制度工作时间10%及以上的人员。（1）直接从事科技活动的人员包括：在独立核算的科学研究与技术开发机构、高等学校、各类企业及其他事业单位内设的研究室、实验室、技术开发中心及中试车间（基地）等机构中从事科技活动的研究人员、工程技术人员、技术工人及其它人员；虽不在上述机构工作，但编入科技活动项目（课题）组的人员；科技信息与文献机构中的专业技术人员；从事论文设计的研究生等。（2）专门从事科技活动管理和为科技活动提供直接服务的人员，包括：独立核算的科学研究与技术开发机构、科技信息与文献机构、高等学校、各类企业及其他事业单位主管科技工作的负责人，专门从事科技活动的计划、行政、人事、财务、物资供应、设备维护、图书资料管理等工作的各类人员，但不包括保卫、医疗保健人员、司机、食堂人员、茶炉工、水暖工、清洁工等为科技活动提供间接服务的人员。该指标用来反映投入科技活动人力的规模。

科学家与工程师 指科技活动人员中具有高、中级技术职称（职务）的人员和不具有高、中级技术职称（职务）的大学本科及以上学历人员。该指标用来反映投入科技活动人力的素质。

专业技术人员 指从事专业技术工作和专业技术管理工作的人员，即企事业单位中已经聘任专业技术职务从事专业技术工作和专业技术管理工作的人员，以及未聘任专业技术职务，现在专业技术岗位上工作的人员。包括工程技术人员，农业技术人员，科学研究人员，卫生技术人员，教学人员，经济人员，会计人员，统计人员，翻译人员，图书资料、档案、文博人员，新闻出版人员，律师、公证人员，广播电视播音人员，工艺美术人员，体育人员，艺术人员及企业政治思想工作人员，共十七个专业技术职务类别。用来反映科技人力资源情况。

研究与试验发展（R&D） 指在科学技术领域，为增加知识总量、以及运用这些知识去创造新的应用进行的系统的创造性的活动，包括基础研究、应用研究、试验发展三类活动。国际上通常采用R&D活动的规模和强度指标反映一国的科技实力和核心竞争力。

科技活动经费筹集 指从各种渠道筹集到的计划用于科技活动的经费，包括政府资金、企业资金、事业单位资金、金融机构贷款、国外资金和其他资金等。反映各社会经济主体对促进科技进步所做的努力。

专利 是专利权的简称，是对发明人的发明创造经审查合格后，由专利局依据专利法授予发明人和设计人对该项发明创造享有的专有权。包括发明、实用新型和外观设计。反映拥有自主知识产权的科技和设计成果情况。

发明 是专利法及其实施细则所称的发明，指对有关产品、方法或其改进所提出的新的技术方案。

实用新型 是专利法及其实施细则所称的实用新型，指对产品的形状、构造或者其结合所提出的适于实用的新的技术方案。

外观设计 是专利法及其实施细则所称的外观设计，指对产品的形状、图案、色彩或者其结合所作出的富有美感并适于工业上应用的新设计。

文化事业机构 指从事专业文化工作和为专业文化工作服务的独立建制的单位。不包括这些单位另外举办独立核算的其他机构和各部门的业余文化组织。

艺术表演团体 指从事戏曲、音乐、舞蹈、杂技等专业艺术表演，有独立帐户的单位，不包括半工半艺、半农半艺和民间职业剧团。

电影放映单位 指具有放映机器设备、固定或不固定的放映场所与专职或兼职的放映技术人员，经有关部门登记批准，经常为一定的观众对象放映电影的机构。

艺术表演观众人数（人次） 指售票、包场演出或民族地区免费演出的艺术表演观众人次数，不包括彩排审查和内部观摩演出的观看人次数。

Explanatory on Main Statistical Indicators

Regular Institutions of Higher Learning refer to educational establishments set up according to the government evaluation and approval procedures, enrolling graduates from senior secondary schools and providing higher education courses and training for senior professionals. They include fulltime universities, colleges, high professional schools and short – term professional universities.

Institutions of Higher Learning for Adults refer to educational establishments, set up in line with relevant rules approved by the government, enrolling staff and workers with senior secondary school or equivalent education, and providing higher education courses in many forms of full time, pray time, spare time, or correspondence for adults. Professionals thus trained receive a qualification equivalent to graduates studying regular courses at regular universities, colleges and professional colleges. Institutions of higher learning for adults include Radio and TV universities, schools of high education for staff and workers and peasants, colleges for management cadres, pedagogical colleges, independent correspondence colleges.

Enrollment Rate of Primary School age Children refers to the proportion of school age children enrolled at schools to the total number of school age children both in and outside schools (including retarded children, but excluding blind, deaf and mute children). The formula is: Enrollment Rate of Primary School age Children = (Total Primary School age Children at Schools) ÷ (Total Primary School age Children Both at and Outside Schools) × 100%

Scientific and Technological Activities (S&T Activities) refer to organized activities which are closely related with the creation, development, dissemination and application of the scientific and technical knowledge in t he fields of natural sciences, agricultural science, medical science, engineering and technological science, humanities and social sciences (referred to as scientific and technological fields). S&T activities can be classified in to 3 categories: research and development (R&D) activities, application of R&D results, and related S&T services. This statistical definition is made by UNICHIEF for scientific and technological activities to meet the need of carrying out statistical work in this field for its member countries in particular those developing countries.

Personnel Engaged in S&T Activities refer to personnel directly engaged in S&T activities, in the management of S&T activities, and in providing direct service to S&T activities, who spend over 10% of the total working hours in a year in S&T activities. (1) Personnel directly engaged in S&T activities include researchers, engineers, technicians and other related personnel engaged in S&T activities in independent – accounting R&D institutions, institutions of higher learning, and in research institutes, laboratories, technology development centers and central experiment workshops under enterprises and institutions. Also included are people working in S&T research project teams, professional and technical personnel working in S&T information archiving institutes, and graduate students working on the design of their thesis. (2) Personnel engaged in the management of S&T activities and in providing direct service to S&T activities include senior management people responsible for S&T activities in independent – accounting R&D institutions, S&T information archiving institutes, institutions of higher learning, and in enterprises and institutions where S&T activities are undertaken. Also included are people responsible for the planning, administration, personnel management, financial management, logistics supply, equipment maintenance, information and library management that are related with S&T activities. People providing indirect services are excluded, such as security, medical service, drivers, plumbers, cleaners and those providing catering and related service. This indicator reflects the size of personnel engaged in S&T activities.

Scientists and Engineers refer to persons engaged in S&T activities who have obtained titles of senior and middle level professional positions, and those without such position but have completed university or higher education. This indicator reflects the quality of personnel engaged in S&T activities.

Professional and Technical Personnel refer to persons engaged in professional and technical work or in the management of professional and technical activities, i. e. , people with professional or technical posit ions who are engaged in professional and technical work or in the management of professional and technical activities, and people without professional or technical positions but are working on professional or technical posts. They include professionals and technicians working in 17 categories of technical occupations including engineering, agriculture, scientific researches, medical service, teaching, economic research and application, accounting, statistics, translation, libraries, archives, cultural and museum service, journalism and publication, lawyers, notarization service, radio and television broadcasting, handicraft and fine arts, sports, performing art, and political workers in enterprises. This indicator reflects the condition of human resources in S&T.

Research and Development (**R&D**) refers to systematic and creative activities in the field of science and technology aiming at increasing the knowledge and using the knowledge for new application. R&D includes 3 categories of activities: basic research, applied research and experiments and development. The scale and intensity of R&D are widely us ed internationally to reflect the strength of S&T and the core competitiveness of a country in the world.

Funding for S&T Activities refers to funds obtained from various sources for S&T activities, including government funds, self – raised funds by enterprises, self – raised funds by institutions, loans from financial institutions, foreign funds and other funds . This indicator reflects the efforts made by various social economic entities in promoting the development of S&T.

Patent is an abbreviation for the patent right and refers to the exclusive right of ownership by the inventors or designers for the creation or inventions, given from the patent offices after due process of assessment and approval in accordance wit h the Patent Law. Patents are grant ed for inventions, utility model sand designs. This indicator reflects the achievements of S&T and design with in dependent intellectual property.

Inventions refer to the inventions as specified by the patent law and its detailed rules and regulations for implementation. They refer to the new technical proposals to the products or methods or their modifications.

Utility Models refer to the utility models as specified by the patent law and its detailed rules and regulations for implementation. They refer to the practical and new technical proposals on the shape and structure of the product or the combination of both.

Designs refer to the designs as specified by the Patent law and its detailed rules and regulation for implementation. They refer to the aesthetics and industry applicable new designs for the shape, pattern and color of the product, or their combinations.

Cultural Institutions refer to units which have their own organizational system and independent accounting system and specialize in or serve cultural development. They exclude other establishments run by these cultural institutions and amateur cultural groups established by various departments.

Art Troupe refers to the troupe which is engaged in drama, opera, music, dance, acrobatics or other art performance, opens independent accounts with banks and has self supporting accounting system; excluding the troupes which are engaged partly in industrial or agricultural activities, partly in art performance and the professional troupes organized by the people.

Film Projection Units refer to units with film projection equipment, full or part time projectionists, permanent or non permanent places, approved by related administrative departments to show films regularly for certain groups of audience, including those film projection units which have been approved to give commercial shows and run business with independent accounting system as well as those film renting units of the military system.
Number of Spectators at Art performance refers to the number of attendants at commercial shows, completely booked shows or free shows given in minority national areas, and does not include the number of spectators at rehearsals for examination and internal shows for study.

2017 NEIMENGGU

二十一、体育、卫生、社会福利和其它

Sports,Pudlic Health, Social Welfare and Others

资料整理：程旭嵘
Arranged By Cheng Xurong

21－1 等级运动员分项发展情况(2016年)

Development of Athletes in Grade By Type of Sports(2016)

单位:人 (person)

项 目	Item	合 计 Total	国际级健将 International Master of Sports	国家级运动健将 National Master of Sports	一 级 First Grade Sportsmen	二 级 Second Grade Sportsmen
总 计	**Total**	**1553**	**2**	**63**	**331**	**1157**
田 径	Track and Field	269	1	3	24	241
游 泳	Swimming	12				12
跳 水	Diving					
体 操	Gymnastics					
举 重	Weightlifting	5		2	1	2
拳 击	Boxing	53		4	14	35
摔 跤	Wrestling	73		8	27	38
中国式摔跤	Chinese – style Wrestling	60		16	12	32
跆拳道	Tackwonde	49		1	17	31
柔 道	Judo	53		15	8	30
射 击	Shooting	18	1		7	10
射 箭	Archery	20		1	2	17
足 球	Football	227		1	51	175
篮 球	Basketball	165			12	153
排 球	Volleyball	143		3	49	91
乒乓球	Table Tennis	65			25	40
羽毛球	Badminton	1				1
台 球	Billiards					
网 球	Tennis	70				70
软式网球	Soft Tennis					
曲棍球	Hockey	63			14	49
速度滑冰	Speed Skating	21		4	8	9
短道速滑	Short Track Speed Skating	13			6	7
航空模型	Model airplane	2			2	
武 术	Wu Shu	78		1	5	72
马 术	Horsemanship	8		2	3	3
橄榄球	Rugby	36			36	
国际象棋	Chess					
象 棋	Chinese Chess					
击 剑	Fencing					
健美操	Aerobics					
蹦床	Trampoline					
自行车	Bicycle	3			1	2
单板滑雪	Snowboarding					
围棋	Weiqi					
攀岩	Climbing					
越野滑雪	Cross – country skiing	18			2	16
冬季两项	Biathlon	5		1	3	1
高尔夫球	Golf	21		1		20
现代五项	Modern pentathlon	2			2	

21－2 运动员获奖牌情况(2016年)

Medals Won by Athletes(2016)

单位:枚 (piece)

项 目	Item	金 牌 Gold Medal	银 牌 Silver Medal	铜 牌 Copper Medal
总 计	**Total**	**70**	**76**	**95**
国际比赛	International Race	6	2	5
国内比赛	National Race	64	74	90

21－3 等级裁判员分项发展情况(2016 年)

Development of Referees in Grades by Type of Sports(2016)

单位：人　　　　(person)

项 目	Item	合 计 Total	国际裁判 International Referees	国家级 National Referees	一 级 First Grade Referees	二 级 Second Grade Referees
总 计	**Total**	**976**				**976**
田 径	Track and Field	135				135
游 泳	Swimming	6				6
体 操	Gymnastics					
举 重	Weightlifting	4				4
拳 击	Boxing	6				6
摔 跤	Wrestling	34				34
中国式摔跤	Chinese Wrestling					
跆拳道	Tackwonde	6				6
柔 道	Judo	4				4
射 击	Shooting					
射 箭	Archery					
足 球	Football	308				308
篮 球	Basketball	86				86
排 球	Volleyball	41				41
乒乓球	Table Tennis	117				117
羽毛球	Badminton	137				137
网 球	Tennis	13				13
曲棍球	Soft Tennis					
速度滑冰	Speed Skating	4				4
短道速滑	Short Track Speed Skating	2				2
越野滑雪	Cross－country skiing					
冬季两项	Biathlon					
健美操	Aerobics					
武 术	Wu Shu					
马 术	Horsemanship					
自行车	Bicycle	12				12
围 棋	Weiqi					
国际象棋	Chess					
中国象棋	Chinese Chess	1				1
铁人三项	Triathlon					
钓 鱼	Fishing					
航空模型	Ariation Model					
台 球	Billiards	9				9
藤 球	Sepaktakraw					
毽 球	Shuttlecock					
门 球	Doorball	35				35
信 鸽	Pigeon					
健身气功	Fitness Qigong					
保龄球	Bowling					
风 筝	Kite					
帆船	Yacht					
自由式滑雪	Freestyle Skiing	2				2
武术	Wu Shu	2				2
沙滩排球	Beach Volleyball	12				12

21－4 医疗卫生事业

Basic Statistics of Public Health

项 目	Item	2015	2016
卫生机构（个）	**Health Institutions（unit）**	**23885**	**23998**
# 医院	Hospitals	702	720
乡镇卫生院	Health Center at Town	1322	1321
社区卫生服务中心（站）	Health Service Center for Community	1193	1194
疗养院、所	Sanatoriums	6	5
门诊部	Clinics	246	285
妇幼保健所、站	Maternity and Child Care Centers	114	113
疾病预防控制机构	CDC（Center for Disease Control）	119	117
专科疾病防治院（所、站）	Disease Prevention Specialist Hospital	53	54
诊所、医务室、卫生所及护理站	Clinics，clinic，clinics and nursing stations	6014	6173
床位（张）	**Beds（unit）**	**133892**	**139190**
# 医院	Hospitals	105185	109695
乡镇卫生院	Health Center at Town	19491	19983
社区卫生服务中心（站）	Health Service Center for Community	4275	4533
疗养院、所	Sanatoriums	844	516
妇幼保健所、站	Maternity and Child Care Centers	3474	3848
专科疾病防治院（所、站）	Disease Prevention Specialist Hospital	354	393
职工人数（人）	**Persons Engaged in Health Institution（person）**	**212500**	**221338**
# 卫生技术人员	Medical Technical Personnel	162328	170466
# 执业医师	Permitted Doctors	54863	57030
执业助理医师	Practicing Physician Assistant	9376	9405
注册护师、护士	Registered Senior and Junior Nurses	61224	66461
药剂人员	Pharmacists	10271	10430
检验人员	Laboratory Technical	5768	6010
其他技术人员	Other Technical Personnel	8788	9147
管理人员	Managerical Personnel	10040	10224
工勤人员	Logistics Workers	13066	13368

注：本表中数据包含村卫生室数据。

a）Data in the table includes the village clinics.

21－5 卫生机构

Number of Health Care Institutions

单位:个 (unit)

年 份 Year	总 计 Total	医 院、卫生院 Hospitals & Public Health Clinic	疗养院所 Sanat－oriums	专科防治所站 Specialized Prevention & Treatment Centers or Stations	疾病预防控制中心 CDC	妇幼保健所站 Maternity & Child Care Centers	每万人口拥有卫生机构数 Number of Health Institutions Per 10000 Population
1952	538	103	9	14	5	93	0.75
1957	2152	136	3	28	59	234	2.30
1965	3820	436	16	18	116	116	2.95
1970	4952	1582	4	4	88	50	3.32
1975	3621	1612	9	8	113	110	2.08
1978	4000	1723	8	26	118	117	2.19
1979	4146	1743	8	34	117	116	2.24
1980	4350	1760	9	39	126	118	2.32
1981	4630	1794	12	42	136	120	2.43
1982	4660	1796	14	43	138	121	2.41
1983	4632	1819	14	45	135	120	2.37
1984	4711	1841	14	53	139	121	2.37
1985	4749	1763	14	55	141	120	2.37
1986	4905	1770	13	57	140	122	2.42
1987	4991	1780	12	60	143	123	2.42
1988	5120	1787	13	61	144	123	2.45
1989	5152	1810	11	62	150	118	2.43
1990	5161	1856	12	64	153	122	2.39
1991	5172	1927	12	66	155	122	2.37
1992	5253	1928	12	61	157	120	2.38
1993	4932	1987	11	64	190	119	2.21
1994	4918	2000	11	65	189	119	2.18
1995	4915	2003	11	64	188	117	2.16
1996	5037	2016	11	53	143	107	2.19
1997	4863	1991	11	63	183	113	2.10
1998	4641	1991	11	63	182	110	1.99
1999	4468	1982	11	63	183	108	1.89
2000	4427	1988	11	63	185	108	1.87
2001	4296	1892	11	61	187	107	1.85
2002	3768	1857	10	58	147	118	1.58
2003	3595	1819	9	57	146	117	1.51
2004	3715	1831	9	54	147	117	1.56
2005	3774	1834	9	54	146	116	1.58
2006	3693	1820	8	51	140	113	1.54
2007	7853	1815	8	54	140	114	3.30
2008	7423	1799	6	54	137	115	3.09
2009	7919	1803	6	50	133	116	3.29
2010	8052	1807	6	50	127	117	3.32
2011	22931	1818	6	50	121	117	9.24
2012	23046	1848	6	52	119	117	9.26
2013	23264	1898	6	53	119	116	9.31
2014	23426	1974	6	53	119	117	9.35
2015	23885	2024	6	53	119	114	9.51
2016	23998	2041	5	54	117	113	9.52

注:卫生机构2010年以前不包含村卫生室,下表同。

a) Number of Health Care Institutions does not include the village clinics before 2010, Same in the following tables.

21-6 卫生机构床位

Number of Beds in Health Institutions

单位:张 (unit)

年 份 Year	总 计 Total	医 院、卫生院 Hospitals & Public Health Clinic	疗养院所 Sanat - oriums	专科防治所站 Specialized Prevention & Treatment Centers or Stations	疾病预防控制中心 CDC	妇幼保健所站 Maternity & Child Care Centers	每万人口卫生机构床位数 Number of Public Health Orgon Beds Per 10 000 Population
1949	726	639	70				1.05
1952	2890	1274	1567				1.78
1957	7733	5700	194				6.09
1965	23241	15820	1669				12.20
1970	25614	24833	280				16.66
1975	22198	21089	500				21.87
1978	25023	24079	500				24.23
1979	48769	46495	1290				25.11
1980	49630	47271	1295				25.19
1981	51319	47942	1948				25.19
1982	51002	47339	2270				24.44
1983	52436	48739	2217				24.92
1984	52911	49307	2274				24.84
1985	53572	50567	2194				25.20
1986	54726	51566	2053			344	25.41
1987	57651	54354	1933	6		401	26.30
1988	59414	55867	2143	36		421	26.68
1989	60090	56776	1863	88		402	26.75
1990	60727	57558	1871	87		404	26.62
1991	62929	59268	2182	66	4	452	27.14
1992	64446	60730	2182	66	4	514	27.52
1993	65221	60893	2062	97	12	584	27.28
1994	65464	61425	2007	65		500	27.17
1995	66515	61933	2124	144	15	574	27.25
1996	65247	61667	2260	105	4	716	26.86
1997	65387	61918	2260	123		749	26.73
1998	65794	62499	2080	83		766	26.76
1999	66367	62832	2102	147		740	28.10
2000	66903	63156	1984	176		1000	28.24
2001	66682	63071	1884	191	25	1580	28.75
2002	64742	61909	1773	409	54	1944	27.30
2003	65072	60438	1768	224	26	1920	27.37
2004	66699	61155	1757	174	95	2269	28.00
2005	69440	64002	1554	234	77	2422	29.10
2006	70284	64816	1397	253	150	2388	29.38
2007	73830	65780	1217	202		2441	30.76
2008	81407	73205	670	201	24	2600	33.85
2009	87321	77702	910	246		2921	36.05
2010	97811	87882	640	250		2716	40.38
2011	100805	89954	640	227		2895	40.80
2012	110788	99761	640	286		3075	44.50
2013	120065	109474	640	304		3272	48.07
2014	129011	118010	690	340		3471	51.51
2015	133892	124676	844	354		3474	53.32
2016	139190	129678	516	393		3848	55.23

注:医院、卫生院2002年以前为医院口径。

a) The Data about Hospitals and Public Health Clinic Refer to Date of Hospitals before 2002.

21－7 卫生机构人员

Number of Persons Engaged in Health Institutions

单位：人 (person)

年份 Year	总计 Total	卫生技术人员 Medical Technical Personnel	#医生 Doctors	#执业医师 Certified Doctors	#执业助理医师 Practicing physician assistant	#注册护师、护士 Registered Senior and Junior Nurses	每万人口医生数 Number of Doctors per 10 000 Population
1952	12233	10727	6097			552	9
1957	21848	18290	10556			1977	11
1965	40695	33215	18027			4664	14
1970	42097	33333	17101			6490	11
1975	60529	47845	22114			7932	13
1978	75123	59277	26724			8225	15
1979	82855	65615	28417			7949	16
1980	88188	70022	31068			9129	17
1981	98165	77647	32184			10426	17
1982	101637	80450	32975			10969	17
1983	104446	82873	33456			11768	17
1984	107234	85185	34903			12264	18
1985	109210	87130	36467			12598	18
1986	112011	89257	38103			13427	19
1987	115164	91437	37781			14458	18
1988	117779	94095	42794			18605	20
1989	119044	94969	44579			21310	21
1990	121443	96764	41453			22123	19
1991	123935	97984	42520			22797	19
1992	126859	100365	46612			23157	21
1993	127494	99878	47171			23425	21
1994	129101	102220	48962			24575	22
1995	129483	102187	49345			24617	22
1996	130368	103606	50263			25313	22
1997	129306	102983	52438			25953	22
1998	129765	104890	56384			26163	24
1999	125632	101312	51602			25766	22
2000	124362	100688	52299			25726	22
2001	131931	109147	53021			26755	22
2002	120628	100665	48866	39901	8965	25740	21
2003	120264	101073	49304	40241	9063	25555	21
2004	120253	101730	50177	41252	8925	26517	21
2005	121180	102587	50308	41646	8662	27052	21
2006	120571	102336	50409	42116	8293	27601	21
2007	126155	105790	48403	40398	8005	29732	20
2008	131879	110042	49806	41990	7816	31652	21
2009	139488	117197	51947	43964	7983	34895	22
2010	146610	123232	54161	46148	8013	37765	22
2011	175563	131806	57214	48399	8815	42522	23
2012	183875	139876	59528	50100	9428	46774	24
2013	195943	148176	62055	52500	9555	52358	25
2014	202999	154483	62182	52624	9558	56723	25
2015	212500	162328	64239	54863	9376	61224	26
2016	221338	170466	66435	57030	9405	66461	26

21－8 社会保障基本情况

Basic Statistics on Social Security

项目	Item	2015	2016
一、最低生活保障	**Minimum Standard of Living for Residents**		
城市居民(万人)	Residents in Urban Area(10 000 persons)	60.27	49.14
城市居民(万户)	Housholds in Urban Area(10 000 households)	36.41	30.45
农村居民(万人)	Residents in Rural Area(10 000 persons)	116.42	112.76
农村居民(万户)	Housholds in Rural Area(10 000 households)	90.70	87.29
二、社会福利事业	**Social Welfare**		
收养性单位(个)	Adopting Social Welfare Institutions(unit)	671	718
优抚类单位	Adopting Institution of Social Special Relief	32	31
福利类单位	Adopting Institution of Social Welfare	64	70
城市养老服务机构	Urban Institutions for the Aged	272	307
农村养老服务机构	Rural Institutions for the Aged	301	308
其他社会福利机构	Others	2	2
收养性单位床位数(张)	Adopting Social Welfare Instiutions(bed)	86963	89975
优抚类单位	Adopting Institution of Social Special Relief	2636	2671
福利类单位	Adopting Institution of Social Welfare	13931	13965
城市养老服务机构	Urban Institutions for the Aged	40452	42973
农村养老服务机构	Rural Institutions for the Aged	29734	29825
其他社会福利机构	Others	210	541
年末收养人数(人)	Persons Adopted at the year－end(person)	45264	46471
优抚类单位	Adopting Institution of Social Special Relief	1586	3091
福利类单位	Adopting Institution of Social Welfare	6215	6449
城市养老服务机构	Urban Institutions for the Aged	21759	22791
农村养老服务机构	Rural Institutions for the Aged	15546	13903
其他社会福利机构	Others	158	237
社会福利事业支出(万元)	Expenditure for Social Welfare(10 000 yuan)	1410122	1400525
# 抚恤、离退休和社会福利救济	Pensions and Relief Funds for Social Welfare	1127386	1128036
自然灾害生活救助	Life Salvation of Natural Calamity	45547	57931
三、社区服务	**Community Service**		
城镇社区服务设施(个)	Number of Urban Welfare Facilities(unit)	3754	4159
城镇便民利民服务网点(个)	Number of Urban Service Points for Civilian(unit)	6721	381

21－8 续表 continued

项目	Item	2015	2016
四、社会保障	**Social Security**		
基本养老保险	**Basic Pension Insurance**		
城镇职工基本养老保险参保人数(万人)	Persons joined(10 000 persons)	579	655
#参加基本养老保险离退休人数(万人)	Retirees joined(10 000 persons)	208	237
城乡居民养老保险参保人数(万人)	Contributors of Urban(10 000 persons)	734	736
城镇职工基本养老保险基金当年支出额(亿元)	Expenses of Insurance Fund(100 million yuan)	780.89	819.80
城乡居民养老保险基金当年支出额(亿元)	Expenses of Insurance Fund(100 million yuan)	39.76	40.89
失业保险	**Unemployment Insurance**		
参加失业保险人数(万人)	Persons joined(10 000 persons)	242.06	241.13
累计领取失业金人数(万人)	Beneficiaries(10 000 persons)	5.61	6.50
失业保险基金当年支出额(亿元)	Expenses of Insurance Fund(100 million yuan)	12.44	16.27
医疗保险	**Basic Medical Insurance**		
参加基本医疗保险人数(万人)	Persons joined(10 000 persons)	1008.05	1019.34
#参加大病统筹的人数(万人)	Contributors of Comprehensive Arrangement for Serious Disease(10 000 persons)	465.77	488.79
#城镇居民参加基本医疗保险人数(万人)	Persons joined(10 000 persons)	530.61	531.02
城镇职工基本医疗保险基金当年支出额(亿元)	Expenses of Insurance Fund(100 million yuan)	133.43	150.95
城镇居民基本医疗保险基金当年支出额(亿元)	Expenses of Insurance Fund(100 million yuan)	20.82	22.46
农村新型合作医疗参合人数(万人)	Persons joined(10 000 persons)	1285.00	1265.11
农村新型合作医疗收入额(亿元)	Revenue of Medical Insurance in Rural(100 million yuan)	64.07	72.24
农村新型合作医疗支出额(亿元)	Expenses of Medical Insurance in Rural(100 million yuan)	57.98	70.59
农村新型合作医疗参合率(%)	Rate of Medical Insurance in Rural(%)	97.88	98.50
工伤保险	**Work Injury Insurance**		
参加工伤保险人数(万人)	Persons joined(10 000 persons)	297.00	303.13
#参加工伤保险的农牧民人数(万人)	Farmers and Herdsmen(10 000 persons)		
工伤保险基金当年支出额(亿元)	Expenses of Insurance Fund(100 million yuan)	9.94	12.17
生育保险	**Maternity Insurance**		
参加生育保险人数(万人)	Persons joined(10 000 persons)	303.00	305.24
生育保险基金当年支出额(亿元)	Expenses of Insurance Fund(100 million yuan)	5.32	5.88
社会保险基金收支情况			
养老、失业、医疗、工伤、生育保险基金收入(亿元)	Revenue of Pension, Unemployment, Medical, Work injury, Maternity insurance Fun(100 million yuan)	1064.10	1117.61
养老、失业、医疗、工伤、生育保险基金支出(亿元)	Expenses of Pension, Unemployment, Medical, Work injury, Maternity insurance Fun(100 million yuan)	1002.61	1068.40
养老、失业、医疗、工伤、生育保险基金累计节余(亿元)	Balance of Pension, Unemployment, Medical, Work injury, Maternity insurance Fun(100 million yuan)	894.38	943.61

注:1.社会保险基金收支情况包含城乡居民养老、医疗保险基金情况。

2.2016年起城镇便民利民服务网点数统计口径变化,与以前年度不可比,下表同。

a) The balance of social insurance funds including pension, medical insurance fund for urban and rural residents.

b) Since 2016, number of urban service Points for Civilian in table are not compared. The following table is the same.

21－9 社会服务机构基本情况

Basic Statistics on Social Service Institutions

项　目	Item	机构(个) Number of Institutions or Enterprises(unit)		工作人员(人) Number of Persons Engaged(person)	
		2015	2016	2015	2016
社会服务	**Social**	**31553**	**32389**	**184972**	**193245**
社会工作	**Social Work**	**4691**	**5133**	**34942**	**36265**
提供住宿的社会服务机构	Social Welfare Institutions with Accommodations	735	784	8065	8607
老年人与残疾人服务机构	Institutions for the Aged and Disabled	674	714	6657	7158
智障与精神疾病服务机构	Social Welfare Institutions for Mental Retardation and Meental Diseases	7	7	538	534
儿童收养救助服务机构	Social Welfare Institutions for Children	8	8	345	339
其他提供住宿的服务机构	Other Social Welfare Institutions with Accommodations	46	55	525	576
不提供住宿的社会服务机构	Social Welfare Institutions without Accommodations	3956	4349	26877	27658
成员组织和其他社会服务机构	**Membership Organizations and Othet Social Service**	**26842**	**27235**	**149693**	**156754**
其他	**Others**	**20**	**21**	**337**	**226**

21－10 收养性社会福利事业单位基本情况(2016年)

Basic Statistics on Social Welfare Institutions(2016)

项　目	Item	院数(个) Homes (unit)	工作人员(人) Staff and Workers (person)	床位(张) Beds (unit)	年末收养人数(人) Persons Housed year－end (person)
全区总计	**Autonomous Regional Total**	**718**	**8260**	**89975**	**46471**
优抚类收养性单位	Adopting Institutions of the special care	31	565	2671	3091
荣誉军人康复医院	Disable Veteran Hospital	1	72	100	20
复员军人疗养院	Sanatorium of Demobilized Soldier	1	5	120	15
复退军人精神病院	Psychiatric Hospital of Veteran	2	196	752	669
光荣院	Homes for Disabled Veterans	27	292	1699	2387
福利类收养性单位	Adopting Institutions of the welfare	70	1984	13965	6449
社会福利院	Social Welfare Homes	49	864	10001	4139
儿童福利机构	Baby Welfare Homes	16	782	2606	1271
社会福利医院	Social Welfare Hospitals	5	338	1358	1039
城市养老服务福利机构	The urban old－age service welfare agencies	307	3979	42973	22791
农村养老福利机构	Rural old－age welfare institutions	308	1706	29825	13903
其他社会福利机构	Others	2	26	541	237

21－11 享受补助、救济人员情况
Persons Receiving Subsidies or Relief Funds

单位：人、户、人次 (person)(household)(person－time)

项　目	Item	2016
传统救济人数	**Number of Persons Receiving Traditional Relief Funds**	**20453**
城市社会救济情况	**Social Relief in Urban Area**	
城市居民最低生活保障人数	Number of Persons Receiving Lowest Cost－of－Living in Urban Area	491401
城市居民最低生活保障家庭数	Number of Households Receiving Lowest Cost－of－Living in Urban Area	304482
城市临时救助家庭户次数	Number of Urban Households Interim Relief	
农村社会救济情况	**Social Relief in Rural Area**	
农村居民最低生活保障人数	Number of Persons Receiving Lowest Cost－of－Living in Rural Area	1127626
农村居民最低生活保障家庭数	Number of Housholds Receiving Lowest Cost－of－Living in Rural Area	872911
农村五保救济人数	Number of Persons of Rural Guaranteed Five Aspects	86349
农村临时救助家庭人次数	Number of Rural Households Interim Relief	

21－12 城镇社区服务设施
Statistics on Urban Community Service Facilities

单位：个 (unit)

项　目	Item	2015	2016
社区服务机构数	Number of Urban Welfare Facilities	3754	4159
社区服务指导中心数	Number of Community Service Facilities	3	2
社区服务中心数	Community Service Guidance Centers	834	852
社区服务站数	Community Service Stations	880	1013
其他社区服务机构	Other Community Service Facilities	2037	2292
便民利民网点数	Number of Convenience Networks	6721	381
社区服务机构覆盖率(%)	Coverage Rate of Community Service Facilities(%)	27.9	31.0

21－13 火灾、交通事故情况(2016 年)

Basic Statistics on Fires and Traffic Accidents(2016)

项　目	Item	发生(起) Accured (case)	死亡(人) Death (person)	受伤(人) Injuries (person)	财产损失(万元) Property Loss (10 000 yuan)
一、火灾事故情况	**Fires**	**8295**	**34**	**15**	**8153.1**
特大	Extraordinarily				
重大	Serious				
较大	Larger	2	6		8.8
一般	Ordinary	8293	28	15	8144.3
二、交通事故情况	**Traffic Accidents**	**3171**	**972**	**3297**	**1392.6**
死亡事故	Deaths	878	972	614	833.3
伤人事故	Injuries	2130		2683	489.0
财产损失事故	Property Loss	163			70.3

21－14 民间组织管理情况

Statistics on Non Governmental Organizations

单位:个、人　　(unit)(person)

项 目	Item	2016
社团管理	**Mass Organizations**	
年末实有社团数	The Number of Mass Organizations at Year－end	8168
社团负责人	The Number of Leaders of Mass Organizations	49008
# 女性	Female	9802
民办非企业单位	**Nonbusinesses Run by Local People**	
年末实有民办非企业单位	Nonbusinesses Run by Local People at Year－end	6331
民办非企业单位负责人	Leaders of Nonbusinesses	12662
# 女性	Female	3800

主要统计指标解释

等级运动员人数　指经考核正式批准授予等级运动员称号的人数。运动员等级分为国际级运动健将,运动健将、一级运动员、二级运动员、三级运动员、少年级运动员。

等级裁判员人数　指经考核正式批准授予等级裁判员称号的人数。裁判员等级分为国际裁判、国家级裁判、一级裁判、二级裁判、三级裁判。

体育场　指有400米跑道(中心含足球场),有固定道牙,跑道6条以上,并有固定看台的室外田径场地。体育场按看台容纳观众人数分为:甲级25000人以上,乙级15000－25000人,丙级5000－15000人,丁级5000人以下。

体育馆　指有固定看台,可供篮球、排球、羽毛球、乒乓球、体操等项目训练比赛活动用的室内运动场地。体育馆按看台容纳观众人数分为:甲级6000人以上,乙级4000－6000人,丙级2000－4000人,丁级2000人以下。

卫生机构　包括医疗机构、疾病预防控制中心(防疫站)、采供血机构、卫生监督及监测(检验)机构、医学科研和在职培训机构、健康教育所等。医疗机构包括医院、社区卫生服务中心(站)、疗养院、卫生院、门诊部、诊所(卫生所、医务室)、妇幼保健院(所、站)、专科疾病防治院(所、站)、急救中心(站)和临床检验中心。医疗机构分为非赢利性医疗机构和赢利性医疗机构。

医院　包括综合医院、中医医院、中西医结合医院、民族医院、各类专科医院和护理院。

卫生技术人员　指卫生机构中医生、护理人员、药剂人员、检验人员等卫生技术人员。

医生　指在医疗、预防保健机构工作且取得《执业医师证书》的执业医师和执业助理医师。

社会福利事业单位　指集中收养社会孤老、残、幼的机构,包括由民政部门管理的社会福利院、儿童福利院、精神病人福利院和城镇集体举办的福利院及农村集体举办的敬老院以及优抚医院和具有收养能力的社区服务中心等。该指标主要反映我国在社会福利性单位投入的水平。

社会福利事业单位收养人数　包括民政部门管理和城镇、农村集体举办的社会福利事业单位中收养的老人、少年儿童、缺乏生活自理能力的残疾人员和精神病人。

社会福利企业单位　指以安置城镇有一定劳动能力的盲、聋、哑和肢体残疾人员就业为目的,享受国家减免税待遇的国有或集体企业。包括福利工厂、福利商业和服务业、假肢厂和安置农场等单位。

农村五保户　指农村中既无劳动能力,又无经济来源的老、弱、孤、残的农民,其生活由集体供养,实行保吃、保穿、保住、保医、保葬(孤儿保教),简称“五保”。享受五保待遇的家庭叫五保户。

基本养老保险

1. 参加保险人数:指报告期末按照国家法律、法规和有关政策规定参加基本养老保险的职工人数。包括不能正常缴费、已中断缴费但未终止保险关系的职工人数。

2. 社会统筹基金收入:指根据国家规定,由纳入基本养老保险范围的单位,按照国家规定的缴费基数和缴费比例缴纳的社会统筹基金,以及通过其他方式取得的形成基金来源的收入,包括:单位缴纳的社会统筹基金收入、财政补贴收入、利息收入、其他收入。

3. 社会统筹基金支出:指按照国家政策规定的开支范围和开支标准从社会统筹基金中支付给参加基本养老保险的离休、退休、退职人员个人的养老金、丧葬抚恤补助,以及由于保险关系转移、上下级之间调剂资金等原因而发生的支出。包括:基础性养老金、过渡性养老金、离休金、退休金、退职金、补贴、丧葬抚恤补助、其他支出。

4. 社会统筹基金结余:指截止报告期末基本养老保险的社会统筹基金结余金额。包括银行存款、财政专户、债券投资和其他。

基本医疗保险

1. 参加保险人数:指报告期末按国家有关规定参加基本医疗保险的人数。包括参加保险的职工人数和退休人员人数。

2. 社会统筹基金收入:指根据国家有关规定,由纳入基本医疗保险范围的缴费单位,按国家规定的缴费基数和缴费比例缴纳的社会统筹基金,以及通过其他方式取得的形成基金来源的款项,包括:单位缴纳的社会统筹基金收入、财政补贴收入、利息收入、其他收入。

3. 社会统筹基金支出:指按照国家政策规定的开支范围和开支标准从社会统筹基金中支付给参加基本医疗保险的职工和退休人员的医疗保险待遇支出及其他支出。包括:住院医疗费用支出、门急诊医疗费用支出、其他支出。

4. 社会统筹基金结余:指截止报告期末基本医疗保险的社会统筹基金结余金额。包括银行存款、财政专户、债券投资和其他。

失业保险

1. 参加保险人数:指报告期末按照国家法律、法规和有关政策规定参加了失业保险的城镇企业事业单位的职工及地方政府规定参加失业保险的其他人员的人数。

2. 失业保险金：指为保障失业人员的基本生活而按规定支付的失业保险金金额。保险福利费用总额指各单位在工资以外支付给职工和离休、退休、退职人员个人和用于集体的保险福利费用，不包括用于职工的劳动保护费用，由保险福利费用开支的医务人员工资，集体福利机构工作人员和病伤休息期满6个月以上人员的工资。

保险福利费用总额　指各单位在工资以外支付给职工和离休、退休、退职人员、个人和集体的保险福利费用，不包括用于职工的劳动保护费用，由保险福利费用开支的医务人员工资，具体福利机构工作人员和病伤休息期满6个月以上人员的工资。

离休、退休、退职人员　指正式办理了离休、退休、退职手续，并享受相应的离休、退休、退职待遇的人员。

离休、退休、退职人员保险福利费用 包括：

1. 离休金：指发给离休干部的工资和按1982年国务院《关于老干部离职休养制度的几项规定的通知》发给符合规定的离休干部相当于一至两个月标准工资的生活补贴及1988年增发的生活补贴。

2. 退休金：指按照国家有关规定发给退休职工的退休费和1988年增发的生活补贴。

3. 退职生活费：指按照1978年国务院《关于工人退休、退职的暂行办法》发给退职人员的生活费用和1988年增发的生活补贴。

以上离退休、退职人员的离退休金、退职生活费还应包括发给离退休、退职人员的生活补贴和物价补贴。

4. 医疗卫生费：指离休、退休、退职人员的医疗费、住院费以及住院伙食补助等费用。

5. 其他：指上述费用以外的其他保险福利费用，如丧葬抚恤救济费、交通费补贴、冬季取暖补贴等。

Explanatory Notes on Main Statistical Indicators

Number of Athletes in Grades refers to the number of athletes who have been given titles through examination. The titles of athletes include international masters of sports, masters of sports, first grade, second grade and third grade sportsmen and young athletes.

Number of Referees in Grades refers to the number of referees who have been given titles after examination. They are classified as international referees, national referees and referees of the first, second and third grades.

Stadiums refer to stadiums for track and field events with six lane 400 meter tracks around soccer fields, permanent track marks and permanent bleachers. Stadiums are classified according to seating capacity. They include: Class A stadiums seating 25000 people each. Class B stadiums seating 15000 to 25000 people each. Class C stadiums seating 5000 to 15000 people each, and Class D stadiums seating fewer than 5000 people.

Gymnasiums refer to indoor sports grounds with permanent seats in which basketball, volleyball. Badminton, table tennis and gymnastics competitions can be held. Gymnasiums are classified according to seating capacity. They include Class A gymnasiums seating over 6000 people. Class B gymnasiums seating 4000 to 6000 people. Class C gymnasiums seating 2000 to 4000 people, and Class D gymnasiums seating fewer than 2000 people.

Medical Organizations include: hospitals, health service centers (stations) of communities, nursing homes, health centers, clinics, clinics (health stations and infirmaries), maternity and child care agencies (centers and stations), special disease prevention and curing agencies (centers and stations), first aid centers (stations) and clinical inspection centers. Medical organizations are grouped by two types: profit – making and non – profit – making medical organizations.

Hospitals include: polyclinics, traditional Chinese medical hospitals, hospitals integrated with traditional Chinese therapeutics and western therapeutics, ethical hospitals, various specialties hospitals and nursing hospitals.

Medical Technical Personnel refers to doctors, assistant nurses, pharmacists, and laboratory technicians working in medical institutions.

Doctors refer to certified physicians and certified assistant physicians with certifications working in medical and health care and prevention agencies.

Social Welfare Institutions refer to institutions taking care of old pople without children, handicapped people and orphans. They include social welfare institutions run by civil affairs departments, children welfare institutions, social welfare institutions for mental patients, collective – owned old peoples homes in rural areas, convalescent homes and community service centers with the capaCity of receiving those people. This indicator reflects the input in social welfare institutions.

Number of People Taken in by Social Welfare Institutions refers to the number of old people, children, totally dependent handicapped people and mental patients taken in by social welfare institutions run by civil affairs departments and those run by collective units in urban and rural areas.

Social Welfare Enterprises are collective – owned enterprises which employ the blind, deaf mute, and other handicapped people who are able to work in cities and towns and enjoy exemption from state taxes, including welfare plants, welfare commercial services, artificial limb plants and farms, etc.

Rural Households with Livelihood Guaranteed in Five Aspects refer to the households in which there are old people without child, orphans and handicapped people who are unable to work and without financial resources in rural areas. They are taken care of by the collective units and their food, clothing, housing, medical care, funeral expenses (or schooling for orphans) are guaranteed to be provided for.

Households in the Poor Household Support Program refer to the households of martyrs and disabled servicemen, and poor households, who are able to work but in poor conditions, receiving government or collective relief funds. In this way, the households can get to work and make them break away from poverty.

Basic Endowment Insurance

1. Number of people participating in the insurance program: by the end of reference period, number of staff and workers participating in the insurance program in line with national laws, regulations and related policies, including those who can not make regular payment or interrupt payment but not terminate the insurance program.

2. Revenue of social comprehensive funds: according to na-

tional provision, payments made by units covered in basic endowment insurance program, and income from other resources, including: income of social comprehensive funds paid by unites, financial subsidies, interest income and others.

3. Expenditure of social comprehensive funds: refer to payment made to those retired and resigned people covered in endowment insurance program in terms of pens ion or compensation within the expenditure scope and standards according to related national policies, and the expenditure occurred due to shift of the insurance relationship or adjustment funds among agencies, including: basic pension, transitional pension, pension for resigned people, pension for retired people, pension for people quitting jobs, subsidies, funeral subsidies and other expenditure.

4. Balance of social comprehensive funds: refer to the balance of basic endowment insurance of social comprehensive funds at the end of the reference period, including: bank savings, special fiscal account, investment in bonds and others.

Basic Medical Care Insurance:

1. Number of people participated in the insurance program: refer to number of people participated in the basic medical care insurance program according to related regulation by the end of reference period, including: number of staff and workers and retired persons participated in this insurance program.

2. Revenue of social comprehensive funds: according to national provision, payments made by units covered in basic medical care insurance program, and income from other resources, including: income of social comprehensive funds paid by unites, financial subsidies, interest income and others.

3. Expenditure of social comprehensive funds: refer to payment made to those retired and resigned people covered in basic medical care insurance within the expenditure scope and standards according to related national policies, including: expenditure on fee – for – service in hospital, expenditure on fee – for – service in clinic and other expenditure.

4. Balance of social comprehensive funds: refer to the balance of medical care insurance of social comprehensive funds at the end of the reference period, including: bank savings, special fiscal account, investment in bonds and others.

Unemployment Insurance

1. Number of people participated in unemployment insurance program: number of staff and workers in urban enterprises or institutions and other people according to local government regulations participated in unemployment insurance program in line with national law, regulations and related policies by the end of the reference period.

2. Sum of Unemployment Insurance: refer to total amount of insurance paid to un – employees to guarantee their basic lives according to related regulations.

Insurance and Welfare Funds refers to labor insurance and welfare fund paid by enterprises, organizations and institutions to their staff and workers as well as retired and resigned persons in addition to their wages and salaries excluding labor protection fees, wages paid to medical workers from insurance and welfare fund and wages paid to staff members working in collective welfare agencies and to people with over 6 months of sick – leave.

Retired or Resigned Personnel refers to the persons who have formally gone through the formalities for their retirement or quitting work and enjoy the corresponding treatments.

Insurance and Welfare Funds for Retired and Resigned Staff and Workers

1. Pensions for retired veteran cadres: They refer to pensions, other subsidies, and additional allowances paid to retired in line with relevant government documents.

2. Pensions for Retirement: They refer to living allowance; other subsidies and additional allowances paid to retired staff and workers in line with the relevant government documents.

3. Resignation Allowances for Living Expenses: They refer to living allowance, and additional allowances subsidies paid to resigned staff and workers in line with relevant government instructions.

It also includes living subsidies and prices subsidies paid to retired and resigned staff and workers.

4. Medical Care Allowance: refer to fee – for – service, cost of medical care and per diem subsidies during hospitalizations of retired and resigned staff and workers.

5. Others: They refer to other expenses, including other types of insurance and welfare fund, fees for funerals, traveling subsidies and heating subsidies during the winter time.

2017 NEIMENGGU

二十二、盟市资料

Statistics of Leagues and Cities

资料整理：于 瑾
Arranged By Yu Jin

22－1 各盟市行政区域土地面积和城市建设(2016年)

Administrative Areas and Construction in Cities by Region(2016)

地 区	Region	行政区域土地面积(万平方公里) Gross Area (10 000 sq. km)	城市面积(平方公里) Areas of City (sq. km)	城市建成区面积(平方公里) Urban Developed Area (sq. km)	公园个数(个) Parks (unit)	公园面积(公顷) Area of Parks (hectare)	建成区绿化覆盖面积(公顷) Green Coverage Developed Area(hectare)
总 计	**Total**	**118.30**	**4871.72**	**1241.59**	**265**	**13821**	**49480**
呼和浩特市	Hohhot City	1.72	265.05	260.00	41	2923	9958
包 头 市	Baotou City	2.77	885.00	201.35	28	2721	8871
呼伦贝尔市	Hulunbeier City	25.30	2061.44	161.30	17	740	5821
兴 安 盟	Xingan League	5.98	101.50	49.90	22	736	2058
通 辽 市	Tongliao City	5.95	111.67	78.20	14	930	3305
赤 峰 市	Chifeng City	9.00	560.00	106.07	31	414	4068
锡林郭勒盟	Xilinguole League	20.26	454.96	70.05	12	589	2503
乌兰察布市	Wulanchabu City	5.50	85.00	85.00	23	2394	3347
鄂尔多斯市	Erdos City	8.68	199.42	116.42	56	1466	4935
巴彦淖尔市	Bayannaoer City	6.44	80.51	51.00	7	211	1973
乌 海 市	Wuhai City	0.17	67.17	62.30	14	696	2642
阿拉善盟	Alashan League	27.02					

22－2 各盟市年末常住人口(2016年)

Number of Population at Year－end by Region(2016)

单位:万人 (10 000 persons)

地 区	Region	年末常住人口 Total Population	#男 Male	女 Female	#市镇人口 Urban	乡村人口 Rural
呼和浩特市	Hohhot City	308.87	157.45	151.42	210.65	98.22
包 头 市	Baotou City	285.75	146.93	138.82	237.09	48.66
呼伦贝尔市	Hulunbeier City	252.76	129.51	123.25	180.77	71.99
兴 安 盟	Xingan League	160.14	81.75	78.39	75.87	84.27
通 辽 市	Tongliao City	312.48	158.56	153.92	148.55	163.93
赤 峰 市	Chifeng City	430.52	220.63	209.89	207.90	222.62
锡林郭勒盟	Xilinguole League	104.69	54.21	50.48	67.57	37.12
乌兰察布市	Wulanchabu City	210.67	107.22	103.45	100.81	109.86
鄂尔多斯市	Erdos City	205.53	115.36	90.17	151.15	54.38
巴彦淖尔市	Bayannaoer City	168.32	88.52	79.80	89.93	78.39
乌 海 市	Wuhai City	55.83	29.19	26.64	52.83	3.00
阿拉善盟	Alashan League	24.57	13.17	11.40	18.96	5.61

22－3 各盟市生产总值（2016 年）

Gross Domestic Product by Region（2016）

单位：亿元 （100 million yuan）

地 区	Region	生产总值 Gross Domestic Product	第一产业 Primary Industry	第二产业 Secondary Industry			第三产业 Tertiary Industry	人均生产总值（元） Per Capita GDP（yuan）
					工 业 Industry	建筑业 Construc－tion		
呼和浩特市	Hohhot City	3173.59	113.49	884.43	679.30	205.13	2175.67	103235
包 头 市	Baotou City	3867.63	95.04	1822.15	1586.79	235.95	1950.44	136021
呼伦贝尔市	Hulunbeier City	1620.86	248.43	724.02	616.70	110.90	648.40	64140
兴 安 盟	Xingan League	522.46	125.61	207.46	165.26	42.22	189.39	32649
通 辽 市	Tongliao City	1949.38	262.64	977.68	889.95	100.40	709.06	62424
赤 峰 市	Chifeng City	1933.28	292.41	908.57	761.36	147.21	732.30	44936
锡林郭勒盟	Xilinguole League	1045.51	115.30	613.71	540.77	72.94	316.50	100073
乌兰察布市	Wulanchabu City	938.87	127.92	460.28	405.62	54.66	350.67	44517
鄂尔多斯市	Erdos City	4417.93	107.60	2461.38	2180.04	291.90	1848.95	215488
巴彦淖尔市	Bayannaoer City	915.38	158.14	463.41	388.72	74.69	293.83	54480
乌 海 市	Wuhai City	572.23	4.88	323.76	280.86	42.90	243.58	102725
阿拉善盟	Alashan League	342.32	12.67	227.16	203.84	23.32	102.49	139951

注：本表按当年价格计算。
a) Data in value terms in this table are calculated at current prices.

22－4 各盟市生产总值指数（2016 年）

Indices of Gross Domestic Product by Region（2016）

（上年＝100） （preceding year＝100）

地 区	Region	生产总值 Gross Domestic Product	第一产业 Primary Industry	第二产业 Secondary Industry			第三产业 Tertiary Industry	人均生产总值（元） Per Capita GDP（yuan）
					工 业 Industry	建筑业 Construc－tion		
呼和浩特市	Hohhot City	107.7	103.0	108.7	108.5	109.3	107.7	106.7
包 头 市	Baotou City	107.6	103.6	108.1	108.2	107.1	107.5	106.5
呼伦贝尔市	Hulunbeier City	107.0	103.5	105.7	106.3	102.3	109.9	107.0
兴 安 盟	Xingan League	108.0	104.0	109.6	109.5	1010.0	109.2	108.0
通 辽 市	Tongliao City	107.4	103.6	108.4	108.6	106.2	107.7	107.4
赤 峰 市	Chifeng City	107.3	103.7	107.1	107.0	108.7	108.9	107.3
锡林郭勒盟	Xilinguole League	107.2	103.9	106.7	106.9	105.1	109.3	106.9
乌兰察布市	Wulanchabu City	106.8	103.3	105.9	106.4	102.2	109.2	107.0
鄂尔多斯市	Erdos City	107.3	103.2	107.5	107.8	105.0	107.5	106.8
巴彦淖尔市	Bayannaoer City	107.0	103.8	107.0	107.2	105.9	108.8	106.6
乌 海 市	Wuhai City	106.8	103.7	104.5	105.0	101.5	109.9	106.4
阿拉善盟	Alashan League	107.8	103.8	108.1	108.0	109.3	107.7	106.8

注：本表按可比价格计算。
a) The indices in this table are calculated at comparable prices.

22－5 各盟市按三次产业分的年末就业人员(2016 年)

Number of Employed Persons at Year－end by Type of Industry and by Region(2016)

地 区	Region	就业人员(万人) Number of Employed Persons (10 000 persons)			构 成(合计＝100) Composition in Percentage(total＝100)		
			第一产业 Primary Industry	第二产业 Secondary Industry	第三产业 Tertiary Industry	第一产业 Primary Industry	第二产业 Secondary Industry	第三产业 Tertiary Industry
呼和浩特市	Hohhot City	178.80	36.20	54.30	88.30	20.2	30.4	49.4
包 头 市	Baotou City	159.53	21.46	41.95	96.12	13.5	26.3	60.3
呼伦贝尔市	Hulunbeier City	153.36	60.63	19.19	73.54	39.5	12.5	48.0
兴 安 盟	Xingan League	89.01	51.44	9.30	28.27	57.8	10.4	31.8
通 辽 市	Tongliao City	189.68	103.25	26.33	60.09	54.4	13.9	31.7
赤 峰 市	Chifeng City	260.37	136.05	49.83	74.49	52.3	19.1	28.6
锡林郭勒盟	Xilinguole League	61.73	25.41	9.60	26.72	41.2	15.5	43.3
乌兰察布市	Wulanchabu City	113.80	64.30	14.20	35.30	56.5	12.5	31.0
鄂尔多斯市	Erdos City	109.45	28.72	30.51	50.22	26.2	27.9	45.9
巴彦淖尔市	Bayannaoer City	90.90	52.30	11.50	27.10	57.5	12.7	29.8
乌 海 市	Wuhai City	33.31	1.14	8.81	23.36	3.4	26.4	70.1
阿拉善盟	Alashan League	18.63	4.25	4.97	9.41	22.8	26.7	50.5

22－6 各盟市城镇年末就业人员(2016 年)

Number of Employed Persons at Year－end in Urban Areas by Region(2016)

单位:人 (person)

地 区	Region	合 计 Total	国有单位 State－owned Units	集体单位 Collective－owned Units	其他单位 Units of Other Types of Ownership
呼和浩特市	Hohhot City	1247509	196428	8422	206585
包 头 市	Baotou City	1110481	125095	11200	252301
呼伦贝尔市	Hulunbeier City	768972	194211	3869	102682
兴 安 盟	Xingan League	279647	99813	2670	29462
通 辽 市	Tongliao City	546383	198872	6055	87038
赤 峰 市	Chifeng City	698158	197377	9317	128259
锡林郭勒盟	Xilinguole League	401673	90212	2811	48520
乌兰察布市	Wulanchabu City	369879	114885	2062	40742
鄂尔多斯市	Erdos City	684773	148622	3140	161165
巴彦淖尔市	Bayannaoer City	582710	99454	2619	44596
乌 海 市	Wuhai City	211439	27231	21	65862
阿拉善盟	Alashan League	139799	26641	638	29121
直报单位	Units of Direct Reporting	165577	159472	4918	33

22 -6 续表 continued

单位:人 (person)

地 区	Region	# 港澳台商投资单位 Economic Units Funded by Entrepreneurs from H. K, Macao and Taiwan	# 外商投资单位 Foreign Funded Units	私营企业 Private Enterprises	个 体 Self - employed Individuals
呼和浩特市	Hohhot City	7883	14875	301892	534182
包 头 市	Baotou City	3408	5175	476657	245228
呼伦贝尔市	Hulunbeier City	1393	1076	100265	367945
兴 安 盟	Xingan League	419	1123	39860	107842
通 辽 市	Tongliao City	4677	6305	74507	179911
赤 峰 市	Chifeng City	1298	3679	178819	184386
锡林郭勒盟	Xilinguole League	169	207	109751	150379
乌兰察布市	Wulanchabu City	1108	412	87303	124887
鄂尔多斯市	Erdos City	2455	16217	168015	203831
巴彦淖尔市	Bayannaoer City	179	553	108637	327404
乌 海 市	Wuhai City	624	611	69685	48640
阿拉善盟	Alashan League	481	70	51568	31831
直报单位	Units of Direct Reporting			1154	

22 -7 各盟市按登记注册类型分年末职工人数(2016 年)

Number of Staff and Workers at Year - end by Status of Registration and by Region(2016)

单位:人 (person)

地 区	Region	合 计 Total	国有单位 State - owned Units	城镇集体单位 Urban Collective - owned Units	其他单位 Units of Other Types of Ownership
呼和浩特市	Hohhot City	403481	195403	8405	199673
包 头 市	Baotou City	365297	120685	11005	233607
呼伦贝尔市	Hulunbeier City	287685	184548	3776	99361
兴 安 盟	Xingan League	122305	93418	2647	26240
通 辽 市	Tongliao City	287983	197046	5968	84969
赤 峰 市	Chifeng City	329803	195429	9190	125184
锡林郭勒盟	Xilinguole League	136022	86242	2700	47080
乌兰察布市	Wulanchabu City	150724	109683	2026	39015
鄂尔多斯市	Erdos City	305338	145326	2996	157016
巴彦淖尔市	Bayannaoer City	144840	98640	2521	43679
乌 海 市	Wuhai City	92996	27226	21	65749
阿拉善盟	Alashan League	55389	26018	625	28746
直报单位	Units of Direct Reporting	162343	157392	4918	33

22－8 各盟市按登记注册类型分女性年末就业人员(2016 年)

Number of Female Employed by Registration Status and by Region at Year－end(2016)

单位:人 (person)

地 区	Region	合 计 Total	国有单位 State－owned Units	城镇集体单位 Urban Collective－owned Units	其他单位 Units of Other Types of Ownership
呼和浩特市	Hohhot City	169923	86974	4127	78822
包 头 市	Baotou City	143331	61429	4758	77144
呼伦贝尔市	Hulunbeier City	112519	84694	1753	26072
兴 安 盟	Xingan League	53090	42567	1285	9238
通 辽 市	Tongliao City	109606	82857	2927	23822
赤 峰 市	Chifeng City	124710	87521	4294	32895
锡林郭勒盟	Xilinguole League	55395	38452	1278	15665
乌兰察布市	Wulanchabu City	60049	44164	925	14960
鄂尔多斯市	Erdos City	109940	62902	1714	45324
巴彦淖尔市	Bayannaoer City	62319	45954	1404	14961
乌 海 市	Wuhai City	30542	13385	10	17147
阿拉善盟	Alashan League	20749	12586	300	7863
直报单位	Units of Direct Reporting	27237	26545	677	15

22－9 各盟市私营企业年末就业人员(2016 年)

Number of Employed Persons in Private Enterprises at the Year－end by Region(2016)

单位:户、人 (enterprise, person)

地 区	Region	合 计 Total			城 镇 Urban Areas			乡 村 Rural Areas		
		户 数 Enter－prises	就业人数 Employed Persons	# 投资者 Empl－oyers	户 数 Enter－prises	就业人数 Employed Persons	# 投资者 Empl－oyers	户 数 Enter－prises	就业人数 Employed Persons	# 投资者 Empl－oyers
总 计	**Total**	**285438**	**2207676**	**516549**	**235265**	**1768113**	**452414**	**50173**	**439563**	**64135**
自治区本级	**Autonomous Region**	**157**	**1221**	**1067**	**147**	**1154**	**1033**	**10**	**67**	**34**
呼和浩特市	Hohhot City	58237	357338	115960	52206	301892	107700	6031	55446	8260
包 头 市	Baotou City	39727	554971	78246	34513	476657	72472	5214	78314	5774
呼伦贝尔市	Hulunbeier City	20108	143872	40848	14905	100265	29601	5203	43607	11247
兴 安 盟	Xingan League	8463	51742	14048	6384	39860	11436	2079	11882	2612
通 辽 市	Tongliao City	22060	101224	33694	17192	74507	29744	4868	26717	3950
赤 峰 市	Chifeng City	35497	244752	53048	26129	178819	43011	9368	65933	10037
锡林郭勒盟	Xilinguole League	16656	124311	26432	14742	109751	24913	1914	14560	1519
乌兰察布市	Wulanchabu City	17545	134355	31269	13437	87303	26346	4108	47052	4923
鄂尔多斯市	Erdos City	38585	240844	72221	30752	168015	59381	7833	72829	12840
巴彦淖尔市	Bayannaoer City	15124	121293	26636	12725	108637	24055	2399	12656	2581
乌 海 市	Wuhai City	8389	72111	14907	7971	69685	14867	418	2426	40
阿拉善盟	Alashan League	4890	59642	8173	4162	51568	7855	728	8074	318

注:数据来自自治区工商行政管理局。

a) Data from the Inner Mongolia Administration For Indllstry & Commerce.

22－10 各盟市年末个体就业人员(2016年)

Number of Self－Employed Individuals at Year－end by Region(2016)

单位:户、人 (enterprise, person)

地 区	Region	合 计 Total		城 镇 Urban Areas		乡 村 Rural Areas	
		户 数 Number of Households	就业人数 Number of Employed Individuals	户 数 Number of Households	就业人数 Number of Employed Individuals	户 数 Number of Households	就业人数 Number of Employed Individuals
总 计	**Total**	**1341589**	**3044929**	**1111957**	**2506466**	**229632**	**538463**
呼和浩特市	Hohhot City	156489	685571	141675	534182	14814	151389
包 头 市	Baotou City	138611	286615	125924	245228	12687	41387
呼伦贝尔市	Hulunbeier City	176567	403425	150062	367945	26505	35480
兴 安 盟	Xingan League	83038	131136	66404	107842	16634	23294
通 辽 市	Tongliao City	161464	240965	117019	179911	44445	61054
赤 峰 市	Chifeng City	183549	271673	130986	184386	52563	87287
锡林郭勒盟	Xilinguole League	96243	177932	81439	150379	14804	27553
乌兰察布市	Wulanchabu City	77126	171901	69405	124887	7721	47014
鄂尔多斯市	Erdos City	130670	244481	109396	203831	21274	40650
巴彦淖尔市	Bayannaoer City	89831	345406	75153	327404	14678	18002
乌 海 市	Wuhai City	27346	48882	26897	48640	449	242
阿拉善盟	Alashan League	20655	36942	17597	31831	3058	5111

注:本资料由工商部门提供。
a) The Statistics are provided by the Department of Industry and Commerce.

22－11 各盟市城镇年末实有登记失业人数

Number of Registered Unemployed Persons at the Year－end in Urban Areas by Region

单位:人 (person)

地 区	Region	1995	2000	2005	2010	2015	2016
总 计	**Total**	**139713**	**126478**	**177483**	**208110**	**258694**	**267134**
呼和浩特市	Hohhot City	11781	13120	24465	29749	38355	40686
包 头 市	Baotou City	27205	20412	31972	39203	51253	53763
呼伦贝尔市	Hulunbeier City	25887	29283	24601	27855	30368	31058
兴 安 盟	Xingan League	4079	5564	8539	11345	11719	12204
通 辽 市	Tongliao City	12559	8696	15027	16503	17554	18149
赤 峰 市	Chifeng City	14266	14374	21000	25050	28558	28575
锡林郭勒盟	Xilinguole League	4783	4943	7809	9550	12239	13501
乌兰察布市	Wulanchabu City	11337	9155	14271	17039	20379	20765
鄂尔多斯市	Erdos City	5900	3653	9620	7901	22831	22690
巴彦淖尔市	Bayannaoer City	11511	9562	11074	13150	14728	14486
乌 海 市	Wuhai City	8359	5715	6860	7915	7613	8412
阿拉善盟	Alashan League	2046	2001	2245	2850	3097	2845

22－12 各盟市城镇登记失业率

Registered Unemployment Rate in Urban Areas by Region

单位:%　　(%)

地 区	Region	1995	2000	2005	2010	2011	2012	2013	2014	2015	2016
总 计	**Total**	**3.17**	**3.34**	**4.26**	**3.90**	**3.80**	**3.73**	**3.66**	**3.59**	**3.65**	**3.65**
呼和浩特市	Hohhot City	2.41	3.01	4.29	3.90	3.70	3.63	3.85	3.54	3.56	3.66
包 头 市	Baotou City	3.81	3.44	4.14	3.83	3.87	3.87	3.87	3.87	3.88	3.89
呼伦贝尔市	Hulunbeier City	4.83	4.24	4.36	4.10	4.08	3.86	3.85	3.84	3.81	3.80
兴 安 盟	Xingan League	1.88	2.48	4.30	4.33	4.05	4.10	4.05	4.01	3.93	4.00
通 辽 市	Tongliao City	3.14	2.46	4.20	3.93	3.89	3.80	3.60	3.54	3.61	3.70
赤 峰 市	Chifeng City	3.13	2.90	4.22	4.18	4.17	3.88	3.87	3.96	3.98	3.99
锡林郭勒盟	Xilinguole League	2.77	3.25	4.65	3.70	3.42	3.51	3.24	3.20	2.87	2.98
乌兰察布市	Wulanchabu City	3.63	4.01	4.40	4.10	4.10	3.98	3.87	3.94	3.94	3.86
鄂尔多斯市	Erdos City	3.13	2.07	3.97	2.21	2.21	2.55	2.74	2.61	3.11	2.89
巴彦淖尔市	Bayannaoer City	4.49	3.84	4.25	4.10	3.90	3.77	3.65	3.50	3.88	3.81
乌 海 市	Wuhai City	5.12	4.40	4.50	4.30	4.30	4.20	3.60	3.25	3.39	3.46
阿拉善盟	Alashan League	4.00	3.46	4.12	3.95	3.77	3.44	3.40	3.26	3.16	2.80

22－13 各盟市职工工资总额和指数(2016 年)

Total Wages of Staff and Workers and Related Index by Region(2016)

地 区	Region	工资总额(万元) Total Wages(10 000 yuan)				指 数(上年＝100) Index(preceding year＝100)			
		合 计 Total	国有单位 State－owned Units	城镇集体单位 Urban Collect－iveowned Units	其他单位 Units of Other Types of Owner ship	合 计 Total	国有单位 State－owned Units	城镇集体单位 Urban Collect－iveowned Units	其他单位 Units of Other Types of Owner ship
呼和浩特市	Hohhot City	2342433	1191019	39621	1111794	105.2	108.4	102.4	102.0
包 头 市	Baotou City	2373214	951729	51019	1370466	104.1	108.5	106.8	101.1
呼伦贝尔市	Hulunbeier City	1812455	1140711	37507	634238	106.0	109.8	101.1	100.2
兴 安 盟	Xingan League	715969	551882	19294	144793	105.9	104.7	111.2	110.0
通 辽 市	Tongliao City	1649441	1145850	41442	462149	106.7	106.4	107.3	107.6
赤 峰 市	Chifeng City	1972002	1318065	61357	592580	105.8	108.5	105.8	100.2
锡林郭勒盟	Xilinguole League	905448	623641	25998	255809	107.1	108.8	104.6	103.4
乌兰察布市	Wulanchabu City	986355	733415	13118	239822	112.5	113.2	92.5	111.8
鄂尔多斯市	Erdos City	2330410	1251473	20917	1058019	105.6	111.5	105.3	99.3
巴彦淖尔市	Bayannaoer City	805874	553155	15700	237019	104.0	99.4	106.7	116.3
乌 海 市	Wuhai City	552935	172923	117	379895	94.2	102.9	83.7	90.7
阿拉善盟	Alashan League	368483	208786	4739	154958	103.3	98.9	99.7	109.9

22－14 各盟市职工平均工资及指数(2016 年)

Average Wage of Staff and Workers and Related Indices by Region(2016)

地 区	Region	平均货币工资(元) Average Money Wage(yuan)				指数(上年=100) Indices (preceding year=100)			
		合 计 Total	国有单位 State－owned Units	城镇集体单位 Urban Collect－iveowned Units	其他单位 Units of Other Types of Owner ship	合 计 Total	国有单位 State－owned Units	城镇集体单位 Urban Collect－iveowned Units	其他单位 Units of Other Types of Owner ship
呼和浩特市	Hohhot City	56213	61010	47319	52169	104.7	105.9	105.9	103.1
包 头 市	Baotou City	63987	79008	46483	57233	107.4	109.8	110.0	105.4
呼伦贝尔市	Hulunbeier City	59167	62345	98937	53044	108.1	110.9	109.6	103.3
兴 安 盟	Xingan League	58778	59150	73922	55909	107.1	106.4	111.4	109.5
通 辽 市	Tongliao City	57029	58276	69850	53323	107.4	106.8	107.4	108.8
赤 峰 市	Chifeng City	59602	67679	66054	46725	107.6	107.9	106.4	105.5
锡林郭勒盟	Xilinguole League	66949	72645	95126	54819	107.6	108.3	105.1	105.8
乌兰察布市	Wulanchabu City	65280	66817	64523	61023	115.5	115.3	109.6	116.3
鄂尔多斯市	Erdos City	74496	85107	71781	64964	105.5	106.1	106.2	103.6
巴彦淖尔市	Bayannaoer City	54427	56077	62302	50535	106.4	104.7	106.5	111.6
乌 海 市	Wuhai City	58301	63284	55857	56284	104.9	104.2	95.7	104.7
阿拉善盟	Alashan League	65132	79299	72683	52361	107.6	105.5	102.4	112.1

22－15 各盟市固定资产投资(2016 年)

Total Investment in Fixed Assets by Region(2016)

单位:万元 (10 000 yuan)

地 区	Region	总 计 Total	按登记注册类型分 By status of Registration			
			国有及国有控股 State－owned or Controlling Share Hold Units	集体 Collective－owned Units	个体 Indivi duals	其他类型投资 Others
呼和浩特市	Hohhot City	18001736	10719278	307165	16424	6958869
包 头 市	Baotou City	29558162	11803050	196735	3250	17555127
呼伦贝尔市	Hulunbeier City	9521870	5397820	65630	4238	4054182
兴 安 盟	Xingan League	5108388	3516576	3210		1588602
通 辽 市	Tongliao City	14883138	7797399	4758	4900	7076081
赤 峰 市	Chifeng City	14657846	6017797	1034369	149522	7456158
锡林郭勒盟	Xilinguole League	7134055	4840525		227498	2066032
乌兰察布市	Wulanchabu City	6613780	3954520	8533		2650727
鄂尔多斯市	Erdos City	30585757	18618454	627	249026	11717650
巴彦淖尔市	Bayannaoer City	7346863	4008406	860		3337597
乌 海 市	Wuhai City	1651212	787310			863902
阿拉善盟	Alashan League	4250792	2554339			1696453

注:此表未包括农户投资。

a) Data in this table doesnt include Rural Individuals.

22－16 各盟市按建设性质分的固定资产投资(2016年)

Investment in Fixed Assets by Type of Construction by Region(2016)

单位:万元 (10 000 yuan)

地区	Region	投资额 Investment	#新建 New Construction	#扩建 Expansion	#改建 Reconstruction
呼和浩特市	Hohhot City	12796571	6616681	3338580	1943638
包头市	Baotou City	27712434	18910173	1369242	6472766
呼伦贝尔市	Hulunbeier City	8644285	7521840	424564	623516
兴安盟	Xingan League	4693403	3950520	76801	655562
通辽市	Tongliao City	14394655	9004163	2190465	3052807
赤峰市	Chifeng City	13558633	11723634	1191124	545892
锡林郭勒盟	Xilinguole League	7004859	5912572	632810	379865
乌兰察布市	Wulanchabu City	6455252	5656828	461935	242889
鄂尔多斯市	Erdos City	29997311	24568343	2985620	2398007
巴彦淖尔市	Bayannaoer City	7050987	3188098	1213817	2505481
乌海市	Wuhai City	1430221	1177243	40937	161823
阿拉善盟	Alashan League	4240213	3673579	105552	461082

注:此表未包括房地产投资和农户投资。

a) Data in this table doesnt include real estate development and Rural Individuals.

22－17 各盟市固定资产投资施工、投产项目和新增固定资产(2016年)

Number of Construction Projects under Construction and Put into Use and Newly Increased Fixed Assets by Region(2016)

地区	Region	施工项目(个) Number of Projects under Construction (unit)	全部建成投产项目(个) Number of Projects Completed & Put into Use (unit)	项目建成投产率(%) Rate of Projects Completed and Put into Use(%)	新增固定资产(万元) Newly Increased Fixed Assets (10 000 yuan)	固定资产交付使用率(%) Rate of Fixed Assets Put into Use(%)
呼和浩特市	Hohhot City	1903	1678	88.18	10145000	79.28
包头市	Baotou City	4401	3624	82.34	18563642	66.99
呼伦贝尔市	Hulunbeier City	1671	1187	71.04	7063718	81.72
兴安盟	Xingan League	848	626	73.82	2749613	58.58
通辽市	Tongliao City	2058	1791	87.03	9727688	67.58
赤峰市	Chifeng City	2919	2518	86.26	11361509	83.80
锡林郭勒盟	Xilinguole League	1325	1080	81.51	4194854	59.88
乌兰察布市	Wulanchabu City	961	864	89.91	5562746	86.17
鄂尔多斯市	Erdos City	4617	3683	79.77	17800824	59.34
巴彦淖尔市	Bayannaoer City	1479	1299	87.83	5427609	76.98
乌海市	Wuhai City	241	135	56.02	1508451	105.47
阿拉善盟	Alashan League	373	253	67.83	2411029	56.86

22－18 各盟市固定资产投资房屋建筑面积(2016 年)

Investment in Fixed Assets of Floor Space of Buildings by Region(2016)

单位:万平方米 (10 000 sq. m)

地 区	Region	施工面积 Floor Space of Buildings Under Construction	#住 宅 Residential Buildings	竣工面积 Floor Space of Buildings Completed	#住 宅 Residential Buildings
呼和浩特市	Hohhot City	478.82	141.76	210.45	108.08
包 头 市	Baotou City	548.33	157.75	242.09	8.09
呼伦贝尔市	Hulunbeier City	500.85	243.10	380.77	200.48
兴 安 盟	Xingan League	387.08	248.40	282.87	221.03
通 辽 市	Tongliao City	501.15	176.83	271.38	137.77
赤 峰 市	Chifeng City	713.26	156.11	505.14	28.35
锡林郭勒盟	Xilinguole League	215.14	61.06	187.00	57.37
乌兰察布市	Wulanchabu City	178.87	15.02	138.00	1.01
鄂尔多斯市	Erdos City	217.64	35.90	113.16	0.07
巴彦淖尔市	Bayannaoer City	154.10	31.33	115.54	31.23
乌 海 市	Wuhai City	49.92	13.45	40.97	13.45
阿拉善盟	Alashan League	10.31	2.88		

注:本表数字不含商品房。

a) Data in this doesnt include commercial house.

22－19 各盟市按构成分的固定资产投资(2016 年)

Investment in Fixed Assets by Composition of Funds by Region(2016)

单位:万元 (10 000 yuan)

地 区	Region	投资额 Investment	建筑工程 Construction Projects	安装工程 Installation Projects	设备工器具购置 Purchase of Equipment and Instruments	其他费用 Others
呼和浩特市	Hohhot City	12796571	8130027	379174	2488897	1798473
包 头 市	Baotou City	27712434	14414922	4209948	6613496	2474068
呼伦贝尔市	Hulunbeier City	8644285	7224498	328039	860572	231176
兴 安 盟	Xingan League	4693403	3606822	105693	580349	400539
通 辽 市	Tongliao City	14394655	8520806	1208977	3782168	882704
赤 峰 市	Chifeng City	13558633	9824838	1234738	1972842	526215
锡林郭勒盟	Xilinguole League	7004859	3788360	659854	2047072	509573
乌兰察布市	Wulanchabu City	6455252	4553076	441938	1150303	309935
鄂尔多斯市	Erdos City	29997311	17338694	2491150	8389172	1778295
巴彦淖尔市	Bayannaoer City	7050987	5593779	314687	826935	315586
乌 海 市	Wuhai City	1430221	942461	100120	274559	113081
阿拉善盟	Alashan League	4240213	3146119	717639	353753	22702

注:此表未包括房地产投资和农户投资。

a) Data in this table doesnt include real estate development and Rural Individuals.

22－20 各盟市按资金来源分的固定资产投资(2016 年)

Investment of Fixed Assets by Source of Finance by Region(2016)

单位: 万元　　　　(10000 yuan)

地 区	Region	国家预算内资金 State Budgetary	国内贷款 Domestic Loans	利用外资 Foreign Investment	自筹资金 Fund Raising	其他资金 Others
呼和浩特市	Hohhot City	2195689	618913	8441	7371591	557446
包 头 市	Baotou City	428567	4911148		20250446	1540530
呼伦贝尔市	Hulunbeier City	628903	265357		6847720	400231
兴 安 盟	Xingan League	769258	466554		2799929	243965
通 辽 市	Tongliao City	1528110	1940055		8990456	1055566
赤 峰 市	Chifeng City	1871124	440147	2000	9838238	836692
锡林郭勒盟	Xilinguole League	488452	604533	3050	4467736	208509
乌兰察布市	Wulanchabu City	233783	654725	1361	4850784	445625
鄂尔多斯市	Erdos City	1103130	5652050		20450669	684554
巴彦淖尔市	Bayannaoer City	950857	136950		5160948	653771
乌 海 市	Wuhai City	259180	291555		609149	1899
阿拉善盟	Alashan League	477221	2116922		1467922	159210

22－21 各盟市房地产开发企业(单位)个数(2016 年)

Number of Enterprises for Real Estate Development by Region(2016)

单位:个　　　　(unit)

地 区	Region	企业个数 Number of Enterprises	内资企业 Domestic Funded Enterprises	# 国 有 State－owned Enterprises	# 集 体 Collective Owned Enterprises	港、澳、台投资企业 Funded by Entrepreneurs from Hong Kong Macao & Taiwan	外商投资企业 Foreign Funded Enterprises
呼和浩特市	Hohhot City	249	248	1			1
包 头 市	Baotou City	345	342	4		2	1
呼伦贝尔市	Hulunbeier City	228	227			1	
兴 安 盟	Xingan League	104	104	1			
通 辽 市	Tongliao City	160	160				
赤 峰 市	Chifeng City	234	234				
锡林郭勒盟	Xilinguole League	128	128				
乌兰察布市	Wulanchabu City	87	87				
鄂尔多斯市	Erdos City	202	202				
巴彦淖尔市	Bayannaoer City	96	96				
乌 海 市	Wuhai City	121	121				
阿拉善盟	Alashan League	35	35				

22－22 各盟市房地产开发企业(单位)年底从业人员(2016 年)

Number of Employed Persons in Enterprises for Real Estate Development by Region(end of 2016)

单位:人 (person)

地 区	Region	年末从业人数 Number of Employed Persons	内资企业 Domestic Funded Enterprises	# 国有 State－owned Enterprises	# 集体 Collective Owned Enterprises	港、澳、台投资企业 Funded by Entrepreneurs from Hong Kong Macao & Taiwan	外商投资企业 Foreign Funded Enterprises
呼和浩特市	Hohhot City	7239	7209	81			30
包 头 市	Baotou City	8446	8350	110		9	87
呼伦贝尔市	Hulunbeier City	4124	4109			15	
兴 安 盟	Xingan League	1291	1291	9			
通 辽 市	Tongliao City	3632	3632				
赤 峰 市	Chifeng City	4024	4024				
锡林郭勒盟	Xilinguole League	1914	1914				
乌兰察布市	Wulanchabu City	1304	1304				
鄂尔多斯市	Erdos City	5164	5164				
巴彦淖尔市	Bayannaoer City	2191	2191				
乌 海 市	Wuhai City	1819	1819				
阿拉善盟	Alashan League	530	530				

22－23 各盟市按用途分的房地产开发企业(单位)完成投资额(2016 年)

Actually Completed Investment of Enterprises for Real Estate Development by Region and by Use(2016)

单位:万元 (10 000 yuan)

地 区	Region	本年完成投资额 Investment Made This Year	住 宅 Residential Buildings	办公楼 Office Buildings	商业营业用房 Houses for Business Use	其他 Others
呼和浩特市	Hohhot City	5205165	3706921	205800	795059	497385
包 头 市	Baotou City	1845728	1235309	36837	403240	170342
呼伦贝尔市	Hulunbeier City	877585	513496	13386	146247	204456
兴 安 盟	Xingan League	414985	251623	71	121906	41385
通 辽 市	Tongliao City	488483	368344	5215	74724	40200
赤 峰 市	Chifeng City	1099213	834273	19416	129377	116147
锡林郭勒盟	Xilinguole League	129196	100983	2188	18804	7221
乌兰察布市	Wulanchabu City	158528	107880	2610	43306	4732
鄂尔多斯市	Erdos City	588446	429413	20791	82615	55627
巴彦淖尔市	Bayannaoer City	295876	212630	2544	48874	31828
乌 海 市	Wuhai City	220991	169239	4628	21969	25155
阿拉善盟	Alashan League	10579	6920		2919	740

22-24 各盟市商品房建筑面积和造价(2016年)

Floor Space of Buildings and Cost in Commercial House by Region(2016)

地 区	Region	施工房屋面积(万平方米) Floor Space of Buildings under Construction (10 000 sq. m)	竣工房屋面积(万平方米) Floor Space of Buildings Completed (10 000 sq. m)	房屋建筑面积竣工率(%) Rate of Floor Space of Buildings Completed (%)	竣工房屋价值(万元) Value of Buildings Completed (10 000 yuan)	竣工房屋造价(元/平方米) Cost of Buildings Completed (yuan/sq. m)
呼和浩特市	Hohhot City	5133.32	333.36	6.49	1202682	3607.76
包 头 市	Baotou City	2332.99	290.33	12.44	718680	2475.39
呼伦贝尔市	Hulunbeier City	1232.96	179.97	14.60	290811	1615.89
兴 安 盟	Xingan League	530.05	79.67	15.03	141867	1780.68
通 辽 市	Tongliao City	809.05	173.16	21.40	407017	2350.53
赤 峰 市	Chifeng City	1000.66	159.65	15.95	381682	2390.74
锡林郭勒盟	Xilinguole League	505.48	127.82	25.29	222778	1742.90
乌兰察布市	Wulanchabu City	663.49	55.05	8.30	94698	1720.22
鄂尔多斯市	Erdos City	2830.41	81.51	2.88	171371	2102.45
巴彦淖尔市	Bayannaoer City	1133.69	41.75	3.68	92931	2225.89
乌 海 市	Wuhai City	625.55	135.91	21.73	420191	3091.69
阿拉善盟	Alashan League	108.64	5.84	5.38	9043	1548.46

22-25 各盟市商品房屋销售情况(2016年)

Selling of Commercial Houses by Region(2016)

地 区	Region	房屋销售面积(万平方米) Floor Space of Selling House (10 000 sq. m)	#住宅 Residential Buildings	商品房销售额(万元) Total Sales of Commerical Houses (10 000 yuan)	#住宅 Residential Buildings
呼和浩特市	Hohhot City	425.49	344.8	2733598	1791509
包 头 市	Baotou City	459.65	404.7	2190042	1846792
呼伦贝尔市	Hulunbeier City	426.61	301.48	1550952	860372
兴 安 盟	Xingan League	195.32	174.08	625198	504219
通 辽 市	Tongliao City	186.12	150.98	754405	531240
赤 峰 市	Chifeng City	288.96	222.82	1445192	1066802
锡林郭勒盟	Xilinguole League	67.24	46.47	211624	127219
乌兰察布市	Wulanchabu City	23.07	19.79	58059	46996
鄂尔多斯市	Erdos City	213.27	196.35	879515	795914
巴彦淖尔市	Bayannaoer City	121.60	111.11	518749	455041
乌 海 市	Wuhai City	113.07	93.6	506631	338531
阿拉善盟	Alashan League	7.44	7.18	16855	16122

22-26 各盟市一般公共预算收支(2016年)

General Public Budget Revenue and Expenditure by Region(2016)

单位:万元 (10 000 yuan)

地区	Region	一般公共预算收入 General Public Budget Revenue	一般公共预算支出 General Public Budget Expenditure
呼和浩特市	Hohhot City	2696530	4199738
包头市	Baotou City	2712122	4143569
呼伦贝尔市	Hulunbeier City	1060263	4127288
兴安盟	Xingan League	301519	2170223
通辽市	Tongliao City	1283365	3580764
赤峰市	Chifeng City	1117777	4388482
锡林郭勒盟	Xilinguole League	1050501	2441999
乌兰察布市	Wulanchabu City	566632	3032985
鄂尔多斯市	Erdos City	4510263	5616384
巴彦淖尔市	Bayannaoer City	699542	2360418
乌海市	Wuhai City	815552	1290413
阿拉善盟	Alashan League	350212	916305

22-27 各盟市一般公共预算收入(2016年)

General Public Budget Revenue by Region(2016)

单位:万元 (10 000 yuan)

地区	Region	收入合计 Total Revenue	# 增值税 Value-added Tax	# 营业税 Operation Tax	# 企业所得税 Enterprises Income Tax	#契税和耕地占用税 Contract Tax and Tax on The Occupancy of Cultuvated Land
呼和浩特市	Hohhot City	2696530	425621	286903	178302	326282
包头市	Baotou City	2712122	237925	235872	100287	595947
呼伦贝尔市	Hulunbeier City	1060263	135629	110097	52927	248670
兴安盟	Xingan League	301519	44128	43463	18085	34257
通辽市	Tongliao City	1283365	118418	81812	37466	205758
赤峰市	Chifeng City	1117777	162587	153838	65422	146616
锡林郭勒盟	Xilinguole League	1050501	106186	46244	35370	305324
乌兰察布市	Wulanchabu City	566632	93456	95897	29288	74098
鄂尔多斯市	Erdos City	4510263	651414	224026	97910	908886
巴彦淖尔市	Bayannaoer City	699542	87874	70297	38508	131807
乌海市	Wuhai City	815552	70968	42723	19803	97961
阿拉善盟	Alashan League	350212	45525	41423	12393	28864

22－28 各盟市一般公共预算支出(2016年)

General Public Budget Expenditure by Region(2016)

单位:万元 (10 000 yuan)

地 区	Region	支出合计 Total Expenditure	# 一般公共服务 General Public Services	# 教育支出 Expenditure for Education	#科学技术 Science and Technology
呼和浩特市	Hohhot City	4199738	276027	527952	42768
包 头 市	Baotou City	4143569	295908	534160	58364
呼伦贝尔市	Hulunbeier City	4127288	319094	501899	34328
兴 安 盟	Xingan League	2170223	151276	315599	6803
通 辽 市	Tongliao City	3580764	239235	524338	13200
赤 峰 市	Chifeng City	4388482	323325	830157	13924
锡林郭勒盟	Xilinguole League	2441999	239859	308440	9177
乌兰察布市	Wulanchabu City	3032985	250994	382209	6565
鄂尔多斯市	Erdos City	5616384	394196	567046	20642
巴彦淖尔市	Bayannaoer City	2360418	176141	289950	8585
乌 海 市	Wuhai City	1290413	76650	141618	19380
阿拉善盟	Alashan League	916305	87343	78867	13796

22－28 续表 continued

单位:万元 (10 000 yuan)

地 区	Region	#社会保障和就业 Social Security and Employment	# 医疗卫生支出 Expenditure for Medical treatment and Health	#节能环保 Energy saving and environmental protection	# 农林水事务 Expenses of Agriculture, Forestry and Water
呼和浩特市	Hohhot City	397773	241784	83943	372593
包 头 市	Baotou City	732734	237067	186051	296016
呼伦贝尔市	Hulunbeier City	923834	308924	140200	648618
兴 安 盟	Xingan League	371209	156790	49468	417228
通 辽 市	Tongliao City	634302	297417	112082	535750
赤 峰 市	Chifeng City	819456	382238	124830	735418
锡林郭勒盟	Xilinguole League	291387	165918	79130	458567
乌兰察布市	Wulanchabu City	724351	254539	98490	409062
鄂尔多斯市	Erdos City	506024	289305	158668	544817
巴彦淖尔市	Bayannaoer City	406553	174887	75167	497907
乌 海 市	Wuhai City	175108	84692	59404	192027
阿拉善盟	Alashan League	66815	54816	35466	194295

22－29 各盟市金融机构人民币存、贷款余额(2016 年末)

Saving Deposits and loans of Financial Institutions by Region(end of 2016)

单位:亿元 (100 million yuan)

地区	Region	金融机构存款 Deposits	#非金融企业存款 Deposit of Non－financial Enterprises	活期 Demand	定期及其他 Time Deposit and others	#住户存款 Household Deposit	活期 Demand	定期及其他 Time Deposit and others
呼和浩特市	Hohhot City	6178.83	2535.82	1643.93	891.89	1866.01	895.83	970.18
包头市	Baotou City	3236.00	915.01	433.43	481.58	1371.31	667.04	704.27
呼伦贝尔市	Hulunbeier City	1473.64	287.58	218.36	69.22	839.37	387.06	452.31
兴安盟	Xingan League	575.78	136.34	101.31	35.03	287.04	168.73	118.31
通辽市	Tongliao City	985.87	172.19	108.64	63.55	599.55	354.85	244.70
赤峰市	Chifeng City	1842.57	400.09	340.86	59.23	1169.19	547.74	621.45
锡林郭勒盟	Xilinguole League	700.30	123.69	96.24	27.45	416.31	247.09	169.21
乌兰察布市	Wulanchabu City	1059.95	194.08	167.17	26.91	686.43	321.08	365.35
鄂尔多斯市	Erdos City	3118.18	770.69	426.14	344.55	1574.77	646.84	927.93
巴彦淖尔市	Bayannaoer City	937.14	142.18	113.61	28.57	610.73	373.95	236.78
乌海市	Wuhai City	702.79	194.76	122.84	71.92	349.31	154.78	194.53
阿拉善盟	Alashan League	354.53	86.71	68.71	18.00	190.10	71.61	118.49

22－29 续表 continued

单位:亿元 (100 million yuan)

地区	Region	金融机构贷款 Loans	#住户贷款 Household Loans	短期贷款 Short－term Loans	中长期贷款 Medium－term & Long－term Loans	#非金融企业及机关团体贷款 Non－financial Enterprises and Organizations Loans	短期贷款 Short－term Loans	中长期贷款 Medium－term & Long－term Loans
呼和浩特市	Hohhot City	7051.84	997.44	324.00	673.44	6054.35	1066.01	4714.04
包头市	Baotou City	2403.05	776.66	331.07	445.59	1624.35	824.51	676.32
呼伦贝尔市	Hulunbeier City	1074.98	281.16	143.53	137.63	793.81	460.81	330.12
兴安盟	Xingan League	645.14	168.12	98.09	70.03	477.02	333.15	134.35
通辽市	Tongliao City	991.71	299.60	144.99	154.61	692.11	466.29	221.83
赤峰市	Chifeng City	1381.50	665.38	320.37	345.01	716.11	259.58	437.18
锡林郭勒盟	Xilinguole League	627.08	209.91	116.02	93.89	416.96	108.07	297.80
乌兰察布市	Wulanchabu City	613.70	254.43	155.31	99.12	359.27	77.16	265.70
鄂尔多斯市	Erdos City	2909.76	405.57	217.86	187.71	2504.16	794.72	1573.32
巴彦淖尔市	Bayannaoer City	759.41	399.62	274.17	125.45	359.79	203.41	144.06
乌海市	Wuhai City	533.89	97.72	39.61	58.11	436.17	156.14	126.34
阿拉善盟	Alashan League	368.95	63.12	43.29	19.83	305.83	170.07	131.04

22－30 各盟市保险公司主要指标(2016 年)

Main Indicators of Insurance Companies Funded by Region(2016)

单位:亿元　　　　(100 million yuan)

地 区	Region	保险金额 Amount Insured	财产保险公司 Property Insurance Co	人身保险公司 Accident in Insurance Co	原保险保费收入 Premium	财产保险公司 Property Insurance Co	人身保险公司 Accident in Insurance Co
呼和浩特市	Hohhot City	36808.95	26881.24	9927.71	99.04	34.81	64.22
包 头 市	Baotou City	12460.42	8380.33	4080.09	65.31	19.03	46.28
呼伦贝尔市	Hulunbeier City	12541.05	9699.04	2842.01	46.66	16.48	30.18
兴 安 盟	Xingan League	6811.90	2358.84	4453.06	21.92	9.41	12.51
通 辽 市	Tongliao City	16277.87	14530.78	1747.09	39.58	17.90	21.68
赤 峰 市	Chifeng City	19639.46	16665.25	2974.21	62.63	23.18	39.45
锡林郭勒盟	Xilinguole League	4352.20	3089.96	1262.24	17.41	6.88	10.53
乌兰察布市	Wulanchabu City	4114.46	3398.95	715.51	21.11	9.09	12.02
鄂尔多斯市	Erdos City	14667.28	12312.45	2354.83	49.08	17.31	31.77
巴彦淖尔市	Bayannaoer City	7065.48	3442.02	3623.46	40.11	9.84	30.27
乌 海 市	Wuhai City	2636.02	1364.37	1271.65	16.77	3.97	12.80
阿拉善盟	Alashan League	1578.20	1328.72	249.48	7.26	3.50	3.77

22－30 续表 continued

地 区	Region	赔款及给付 Claim and Payment	财产保险公司 Property Insurance Co	人身保险公司 Accident in Insurance Co	机构数(个) Number of Institution (unit)	财产保险公司 Property Insurance Co	人身保险公司 Accident in Insurance Co
呼和浩特市	Hohhot City	26.76	15.75	11.01	306	173	133
包 头 市	Baotou City	16.35	8.85	7.50	260	178	82
呼伦贝尔市	Hulunbeier City	14.24	8.02	6.22	332	206	126
兴 安 盟	Xingan League	6.80	4.12	2.68	138	89	49
通 辽 市	Tongliao City	13.20	9.31	3.89	267	152	115
赤 峰 市	Chifeng City	19.65	12.36	7.29	396	210	186
锡林郭勒盟	Xilinguole League	5.02	3.22	1.81	182	135	47
乌兰察布市	Wulanchabu City	7.19	4.29	2.90	219	148	71
鄂尔多斯市	Erdos City	12.86	8.99	3.87	276	191	85
巴彦淖尔市	Bayannaoer City	9.16	5.50	3.67	234	134	100
乌 海 市	Wuhai City	4.03	2.24	1.80	73	46	27
阿拉善盟	Alashan League	2.50	1.75	0.75	47	32	15

22－31 各盟市财产保险业务收入与赔付(2016年)

Insurance Business Income of Property and Claim & Payment by Region(2016)

单位:万元 (10 000 yuan)

地 区	Region	原保险保费收入合计 Total Premium	# 企业财产保险 Enterprise Property Insurance	机动车辆保险 Motor Vehicle Insurance	货物运输保险 Freight Transport Insurance	责任保险 Insurance of Duty	农业保险 Agriculture Insurance
呼和浩特市	Hohhot City	348149.61	22047.71	238870.12	1599.84	9634.91	26444.45
包 头 市	Baotou City	190281.47	10025.32	147954.34	670.51	5368.71	8932.56
呼伦贝尔市	Hulunbeier City	164789.50	6552.14	72056.61	311.50	3432.63	73836.90
兴 安 盟	Xingan League	94097.53	1185.09	49122.92	91.41	1680.00	37657.07
通 辽 市	Tongliao City	179038.38	2656.34	107964.50	416.96	2509.03	47721.25
赤 峰 市	Chifeng City	231806.27	6752.01	154158.49	272.25	5128.72	42881.33
锡林郭勒盟	Xilinguole League	68781.91	2214.40	46868.10	172.43	2625.57	10578.13
乌兰察布市	Wulanchabu City	90898.32	2378.66	59760.87	124.18	2210.21	20230.83
鄂尔多斯市	Erdos City	173061.50	10263.11	119082.68	222.60	5372.38	22020.75
巴彦淖尔市	Bayannaoer City	98437.04	1801.68	64219.36	434.00	2840.26	22105.33
乌 海 市	Wuhai City	39661.78	1602.40	32165.20	21.10	960.51	491.26
阿拉善盟	Alashan League	34955.79	2511.20	19486.39	409.48	1289.88	7735.37

22－31 续表 continued

单位:万元 (10 000 yuan)

地 区	Region	赔付支出合计 Claim and Payment	# 企业财产保险 Enterprise Property Insurance	机动车辆保险 Motor Vehicle Insurance	货物运输保险 Freight Transport Insurance	责任保险 Insurance of Duty	农业保险 Agriculture Insurance
呼和浩特市	Hohhot City	157456.19	10364.81	119930.63	682.89	4093.59	12327.86
包 头 市	Baotou City	88542.24	3607.85	69844.96	80.78	2046.18	4081.84
呼伦贝尔市	Hulunbeier City	80152.60	2380.67	36691.53	29.60	1787.10	34481.47
兴 安 盟	Xingan League	41187.89	621.67	25863.32	4.01	830.49	10259.58
通 辽 市	Tongliao City	93053.43	1001.12	52290.59	39.86	1134.78	27065.18
赤 峰 市	Chifeng City	123632.61	2614.52	82164.96	108.65	1566.96	29903.09
锡林郭勒盟	Xilinguole League	32186.12	1667.62	19497.78	11.29	953.88	6282.59
乌兰察布市	Wulanchabu City	42898.85	642.18	28551.12	39.85	817.70	11198.85
鄂尔多斯市	Erdos City	89925.68	6016.71	53264.94	91.42	1736.89	16689.55
巴彦淖尔市	Bayannaoer City	54961.34	611.23	29301.17	64.89	904.68	20064.88
乌 海 市	Wuhai City	22385.59	724.49	15642.15	13.95	338.70	168.97
阿拉善盟	Alashan League	17529.13	1589.79	8796.22	87.26	536.99	4700.96

22－32 各盟市人身保险业务收入与赔付(2016年)

Insurance Business Income and Settled Claim & Payment of Accident in Insurance by Region(2016)

单位:万元　　(10 000 yuan)

地 区	Region	原保险保费收入 Remium	寿险 Life Insurance Business	意外伤害险 Personal Insurance Accident	健康险 Health Insurance
呼和浩特市	Hohhot City	642214.19	531724.43	13928.80	96560.95
包 头 市	Baotou City	462796.02	393879.97	6642.38	62273.68
呼伦贝尔市	Hulunbeier City	301837.19	250965.16	6141.35	44730.68
兴 安 盟	Xingan League	125112.62	96013.46	2758.18	26340.98
通 辽 市	Tongliao City	216751.18	172433.86	5901.78	38415.54
赤 峰 市	Chifeng City	394461.95	334362.64	8013.79	52085.52
锡林郭勒盟	Xilinguole League	105278.56	87630.08	1993.17	15655.31
乌兰察布市	Wulanchabu City	120183.91	104796.25	2118.31	13269.34
鄂尔多斯市	Erdos City	317731.23	274722.25	4805.11	38203.87
巴彦淖尔市	Bayannaoer City	302712.16	241540.65	4490.74	56680.78
乌 海 市	Wuhai City	128036.63	110548.57	1431.60	16056.46
阿拉善盟	Alashan League	37668.59	31411.20	519.60	5737.80

22－32 续表 continued

单位:万元　　(10 000 yuan)

地 区	Region	赔付支出合计 Benefit Paidand Expenditare of Payment	寿险 Life Insurance Business	意外伤害险 Personal Insurance Accident	健康险 Health Insurance
呼和浩特市	Hohhot City	110119.04	81067.59	1620.24	27431.21
包 头 市	Baotou City	74997.69	61744.43	1235.60	12017.65
呼伦贝尔市	Hulunbeier City	62249.41	50558.94	1795.44	9895.02
兴 安 盟	Xingan League	26849.15	16508.68	764.95	9575.52
通 辽 市	Tongliao City	38918.01	30440.90	1549.77	6927.34
赤 峰 市	Chifeng City	72882.30	58742.24	2279.51	11860.54
锡林郭勒盟	Xilinguole League	18061.20	14808.35	619.06	2633.80
乌兰察布市	Wulanchabu City	29020.85	25836.50	563.06	2621.29
鄂尔多斯市	Erdos City	38696.48	32135.44	845.46	5715.58
巴彦淖尔市	Bayannaoer City	36660.15	28012.88	1463.70	7183.57
乌 海 市	Wuhai City	17950.98	15088.11	363.94	2498.93
阿拉善盟	Alashan League	7464.14	6903.56	130.54	430.04

22－33 各盟市银行卡跨行交易情况(2016年)

Inter－bank Bank card transactions by Region(2016)

地区	Region	银行卡跨行清算笔数(万笔) Inter－bank liquidation items(10000 items)		银行卡跨行清算金额(亿元) The amount of Inter－bank liquidation(100 milllion yuan)	
		自动柜员机 ATM	销售终端 POS	自动柜员机 ATM	销售终端 POS
总 计	**Total**	**7006.58**	**18974.32**	**1472.45**	**6204.86**
呼和浩特市	Hohhot City	1673.64	6254.09	296.49	2272.84
包 头 市	Baotou City	934.36	3629.38	174.10	1078.88
呼伦贝尔市	Hulunbeier City	522.85	883.00	107.52	218.71
兴 安 盟	Xingan League	312.39	338.61	75.72	140.67
通 辽 市	Tongliao City	607.93	861.56	123.25	308.07
赤 峰 市	Chifeng City	771.35	1550.49	144.31	431.04
锡林郭勒盟	Xilinguole League	305.27	844.62	76.48	219.06
乌兰察布市	Wulanchabu City	336.20	887.66	85.33	276.38
鄂尔多斯市	Erdos City	748.09	1914.69	167.72	653.22
巴彦淖尔市	Bayannaoer City	427.33	943.36	105.64	332.98
乌 海 市	Wuhai City	217.15	594.86	77.47	181.83
阿拉善盟	Alashan League	150.03	271.99	38.40	91.17

22－34 各盟市全体居民人均收入情况(2016年)

Per Capita Income of All Residents by Region(2016)

单位:元 (yuan)

地区	Region	可支配收入 Disposable income	工资性收入 Income of wage	经营净收入 Operational income	第一产业净收入 Net income of primary industry	农业净收入 Net income of agriculture	牧业净收入 Net income of animal－husbandry
全 区	**Autonomous Regional Total**	**24127**	**12939**	**5776**	**2570**	**1697**	**840**
呼和浩特市	Hohhot City	30527	15119	7777	1085	842	225
包 头 市	Baotou City	35759	19489	4720	729	576	145
呼伦贝尔市	Hulunbeier City	24280	12605	5916	2898	2220	669
兴 安 盟	Xingan League	15468	6688	4645	3113	2346	763
通 辽 市	Tongliao City	18415	7396	6670	4815	4099	668
赤 峰 市	Chifeng City	17737	9332	5130	2914	2126	727
锡林郭勒盟	Xilinguole League	25554	12718	7036	2867	446	2386
乌兰察布市	Wulanchabu City	17373	8070	5159	2867	1990	861
鄂尔多斯市	Erdos City	32860	19489	7010	2356	1256	998
巴彦淖尔市	Bayannaoer City	21010	8382	8589	6348	4759	1503
乌 海 市	Wuhai City	35566	27151	3031	87	3	83
阿拉善盟	Alashan League	30569	15840	8316	3053	1128	1916

22－34 续表 Continued

单位:元 (yuan)

地 区	Region	第二产业净收入 Net income of secondary industry	第三产业净收入 Net income of third industry	财产净收入 Net income of property	转移净收入 Net income of transfer
全 区	**Autonomous Regional Total**	**349**	**2857**	**1203**	**4208**
呼和浩特市	Hohhot City	518	6174	2728	4903
包 头 市	Baotou City	824	3167	3290	8260
呼伦贝尔市	Hulunbeier City	193	2825	816	4943
兴 安 盟	Xingan League	186	1346	515	3620
通 辽 市	Tongliao City	44	1811	711	3638
赤 峰 市	Chifeng City	294	1922	661	2614
锡林郭勒盟	Xilinguole League	76	4093	1043	4757
乌兰察布市	Wulanchabu City	209	2083	569	3575
鄂尔多斯市	Erdos City	553	4101	3914	2447
巴彦淖尔市	Bayannaoer City	484	1756	901	3138
乌 海 市	Wuhai City	317	2627	1407	3977
阿拉善盟	Alashan League	471	4792	1680	4733

22－35 各盟市全体居民人均消费支出情况(2016 年)

Per Capita Expenditure of All Residents by Region(2016)

单位:元 (yuan)

地区	Region	消费支出 Consumer spending	食品烟酒 Food Tobacco and Liquor	衣着 Clothing	居住 Residence	生活用品及服务 Articles for daily use and service	交通和通讯 Transportation and Communications	交通 Transportation
全 区	**Autonomous Regional Total**	**18073**	**5169**	**1827**	**3174**	**1127**	**2526**	**1692**
呼和浩特市	Hohhot City	23553	5893	2603	4787	1420	3283	2363
包 头 市	Baotou City	25485	7759	3158	4057	2296	2299	1599
呼伦贝尔市	Hulunbeier City	17136	5164	1990	2704	1300	2236	1373
兴 安 盟	Xingan League	10991	3302	1011	2413	545	1544	1047
通 辽 市	Tongliao City	13457	3594	1342	2372	836	2136	1385
赤 峰 市	Chifeng City	12179	3420	990	2213	752	1769	1145
锡林郭勒盟	Xilinguole League	21845	7643	2352	3390	1464	2855	1974
乌兰察布市	Wulanchabu City	11503	4264	1080	1986	507	1132	728
鄂尔多斯市	Erdos City	23304	5511	2237	4810	1513	4692	3401
巴彦淖尔市	Bayannaoer City	15294	4522	1610	2918	930	1822	1201
乌 海 市	Wuhai City	26872	7432	4024	3633	1936	4252	2765
阿拉善盟	Alashan League	24421	6477	2204	4275	1401	4896	3849

22-35 续表 Continued

单位:元 (yuan)

地区	Region	通讯 Communications	教育文化娱乐 Education, Cultural and Entertainment	教育 Education	文化娱乐 Cultural and Entertainment	医疗保健 Medicine and Medical Service	其它用品和服务 Other Commodities and Services
全 区	**Autonomous Regional Total**	**834**	**2166**	**1315**	**851**	**1570**	**514**
呼和浩特市	Hohhot City	920	2696	1573	1123	2011	860
包 头 市	Baotou City	700	2713	928	1785	2405	798
呼伦贝尔市	Hulunbeier City	863	1720	1207	513	1474	548
兴 安 盟	Xingan League	497	1130	818	312	844	202
通 辽 市	Tongliao City	751	1551	1071	480	1274	352
赤 峰 市	Chifeng City	624	1553	1121	432	1244	238
锡林郭勒盟	Xilinguole League	881	1891	971	920	1559	691
乌兰察布市	Wulanchabu City	404	1207	871	336	1157	169
鄂尔多斯市	Erdos City	1291	2250	1367	882	1589	702
巴彦淖尔市	Bayannaoer City	621	1476	1047	429	1605	411
乌 海 市	Wuhai City	1487	3527	1371	2156	1234	834
阿拉善盟	Alashan League	1047	2356	1392	964	1909	903

22-36 各盟市城镇常住居民人均收入情况(2016年)

Per Capita Income of Urban Permanent residents by Region(2016)

单位:元 (yuan)

地区	Region	可支配收入 Disposable income	工资性收入 Income of wage	经营净收入 Operational income	第一产业净收入 Net income of primary industry	农业净收入 Net income of agriculture	牧业净收入 Net income of animal-husbandry
全 区	**Autonomous Regional Total**	**32975**	**20355**	**5466**	**516**	**444**	**70**
呼和浩特市	Hohhot City	40220	20710	9038	145	105	40
包 头 市	Baotou City	40955	25801	4505	105	101	2
呼伦贝尔市	Hulunbeier City	28885	17849	4376	166	110	53
兴 安 盟	Xingan League	24279	14574	3745	401	233	108
通 辽 市	Tongliao City	27444	15138	6006	2491	2317	142
赤 峰 市	Chifeng City	27336	16550	5721	1492	1089	385
锡林郭勒盟	Xilinguole League	32903	19061	6533	277	150	127
乌兰察布市	Wulanchabu City	26565	15996	4840	377	368	10
鄂尔多斯市	Erdos City	40221	26619	6289	463	320	144
巴彦淖尔市	Bayannaoer City	26259	15362	5506	1176	966	221
乌 海 市	Wuhai City	36515	28121	2961			
阿拉善盟	Alashan League	34737	21306	7396	1205	87	1102

22－36 续表 Continued

单位:元 (yuan)

地 区	Region	第二产业净收入 Net income of secondary industry	第三产业净收入 Net income of third industry	财产净收入 Net income of property	转移净收入 Net income of transfer
全 区	**Autonomous Regional Total**	**563**	**4387**	**1733**	**5421**
呼和浩特市	Hohhot City	679	8214	3962	6510
包 头 市	Baotou City	987	3413	4055	6594
呼伦贝尔市	Hulunbeier City	273	3937	845	5815
兴 安 盟	Xingan League	396	2948	858	5102
通 辽 市	Tongliao City	60	3455	1069	5231
赤 峰 市	Chifeng City	600	3629	1287	3778
锡林郭勒盟	Xilinguole League	113	6142	1404	5905
乌兰察布市	Wulanchabu City	364	4099	962	4767
鄂尔多斯市	Erdos City	802	5024	4473	2840
巴彦淖尔市	Bayannaoer City	1009	3321	1417	3974
乌 海 市	Wuhai City	323	2638	1433	3999
阿拉善盟	Alashan League	729	5463	1808	4227

22－37 各盟市城镇常住居民人均消费支出情况(2016 年)

Per Capita Expenditure of Urban Pernanent Residents by Region(2016)

单位:元 (yuan)

地区	Region	消费支出 Consumer spending	食品烟酒 Food Tobacco and Liquor	衣着 Clothing	居住 Residence	生活用品及服务 Articles for daily use and service	交通和通讯 Transportation and Communications	交通 Transportation
全 区	**Autonomous Regional Total**	**22746**	**6446**	**2543**	**4007**	**1566**	**3045**	**2024**
呼和浩特市	Hohhot City	28352	7199	2866	5315	1905	4146	3056
包 头 市	Baotou City	28632	8106	3244	4757	2224	3944	2787
呼伦贝尔市	Hulunbeier City	19066	5899	2433	2947	1453	2464	1511
兴 安 盟	Xingan League	15408	4905	1568	2833	889	1914	1149
通 辽 市	Tongliao City	17879	4366	2083	3207	1238	2567	1534
赤 峰 市	Chifeng City	15517	4249	1411	3143	1067	2048	1285
锡林郭勒盟	Xilinguole League	26797	9272	2881	4295	2037	3250	2165
乌兰察布市	Wulanchabu City	16300	5643	2072	2644	948	1536	1019
鄂尔多斯市	Erdos City	26486	6326	2774	5256	1799	5402	3889
巴彦淖尔市	Bayannaoer City	17093	4862	2124	3076	1178	1856	1166
乌 海 市	Wuhai City	27578	7615	4191	3684	1999	4378	2848
阿拉善盟	Alashan League	26870	7332	2669	4231	1610	5402	4231

22－37 续表 Continued

单位:元 (yuan)

地区	Region	通讯 Communications	教育文化娱乐 Education, Cultural and Entertainment	教育 Education	文化娱乐 Cultural and Entertainment	医疗保健 Medicine and Medical Service	其它用品和服务 Other Commodities and Services
全 区	**Autonomous Regional Total**	**1021**	**2599**	**1322**	**1277**	**1840**	**700**
呼和浩特市	Hohhot City	1090	3246	1683	1563	2646	1029
包 头 市	Baotou City	1157	3365	1084	2281	1999	993
呼伦贝尔市	Hulunbeier City	953	1701	1045	656	1520	649
兴 安 盟	Xingan League	765	1571	1015	556	1390	338
通 辽 市	Tongliao City	1033	2237	1510	727	1662	519
赤 峰 市	Chifeng City	763	1717	1144	573	1541	342
锡林郭勒盟	Xilinguole League	1085	2474	1123	1351	1668	920
乌兰察布市	Wulanchabu City	517	1785	1107	678	1350	322
鄂尔多斯市	Erdos City	1513	2543	1407	1136	1522	864
巴彦淖尔市	Bayannaoer City	690	1654	1090	564	1764	579
乌 海 市	Wuhai City	1530	3608	1366	2242	1259	845
阿拉善盟	Alashan League	1171	2702	1622	1080	2006	918

22－38 各盟市农村牧区常住居民人均收入情况(2016年)

Per Capita Income of Rural and Pastoral Areas Residents by Region(2016)

单位:元 (yuan)

地区	Region	可支配收入 Disposable income	工资性收入 Income of wage	经营净收入 Operational income	第一产业净收入 Net income of primary industry	农业净收入 Net income of agriculture	牧业净收入 Net income of animal－husbandry
全 区	**Autonomous Regional Total**	**11609**	**2449**	**6216**	**5477**	**3469**	**1930**
呼和浩特市	Hohhot City	14517	6919	4856	2454	1907	502
包 头 市	Baotou City	14692	4820	8252	4647	3572	1027
呼伦贝尔市	Hulunbeier City	12540	2210	6927	6269	4827	1426
兴 安 盟	Xingan League	8533	1102	5138	4522	3244	1218
通 辽 市	Tongliao City	11585	1740	6968	6616	5408	1145
赤 峰 市	Chifeng City	9517	3149	4623	4132	3014	1020
锡林郭勒盟	Xilinguole League	13188	2047	7882	7226	945	6185
乌兰察布市	Wulanchabu City	9085	1785	4831	4465	3175	1258
鄂尔多斯市	Erdos City	15480	3225	8350	5651	3337	2011
巴彦淖尔市	Bayannaoer City	14476	1550	10501	10183	7562	2458
乌 海 市	Wuhai City	15475	7808	3861	1557	61	1447
阿拉善盟	Alashan League	16746	1952	8041	6115	3271	2829

22－38 续表 Continued

单位:元 (yuan)

地 区	Region	第二产业净收入 Net income of secondary industry	第三产业净收入 Net income of third industry	财产净收入 Net income of property	转移净收入 Net income of transfer
全 区	**Autonomous Regional Total**	**47**	**692**	**453**	**2492**
呼和浩特市	Hohhot City	277	2125	1059	1683
包 头 市	Baotou City	297	3308	621	999
呼伦贝尔市	Hulunbeier City	36	622	754	2649
兴 安 盟	Xingan League	154	462	512	1781
通 辽 市	Tongliao City	31	321	401	2476
赤 峰 市	Chifeng City	31	461	126	1618
锡林郭勒盟	Xilinguole League	13	643	435	2824
乌兰察布市	Wulanchabu City	15	351	116	2353
鄂尔多斯市	Erdos City	260	2439	2346	1559
巴彦淖尔市	Bayannaoer City	7	311	230	2195
乌 海 市	Wuhai City	244	2060	800	3006
阿拉善盟	Alashan League		1926	996	5757

22－39 各盟市农村牧区常住居民人均消费支出情况(2016年)

Per Capita Expenditure of rural and pastoral areas permanent residents by Region(2016)

单位:元 (yuan)

地区	Region	消费支出 Consumer spending	食品烟酒 Food Tobacco and Liquor	衣着 Clothing	居住 Residence	生活用品及服务 Articles for daily use and service	交通和通讯 Transportation and Communications	交通 Transportation
全 区	**Autonomous Regional Total**	**11462**	**3363**	**814**	**1996**	**507**	**1790**	**1220**
呼和浩特市	Hohhot City	14353	3941	1035	3497	694	1993	1328
包 头 市	Baotou City	11014	3499	961	2477	548	1462	852
呼伦贝尔市	Hulunbeier City	12476	3465	1029	2087	934	1674	1031
兴 安 盟	Xingan League	7378	2417	544	1504	302	1235	924
通 辽 市	Tongliao City	10056	3077	701	1837	488	1839	1343
赤 峰 市	Chifeng City	9476	2749	649	1459	498	1544	1032
锡林郭勒盟	Xilinguole League	13090	4764	1418	1791	450	2156	1636
乌兰察布市	Wulanchabu City	7764	3213	429	1173	221	810	479
鄂尔多斯市	Erdos City	14571	3278	793	3561	739	2755	2042
巴彦淖尔市	Bayannaoer City	13647	4059	1021	3153	634	1817	1260
乌 海 市	Wuhai City	14537	4218	1154	2719	887	2037	1307
阿拉善盟	Alashan League	15863	4085	1165	2606	753	3693	3044

22－39 续表 continued

单位:元 (yuan)

地区	Region	通讯 Communications	教育文化娱乐 Education, Cultural and Entertainment	教育 Education	文化娱乐 Cultural and Entertainment	医疗保健 Medicine and Medical Service	其它用品和服务 Other Commodities and Services
全 区	**Autonomous Regional Total**	**570**	**1553**	**1295**	**258**	**1188**	**252**
呼和浩特市	Hohhot City	665	1874	1409	465	1061	258
包 头 市	Baotou City	610	989	599	390	888	190
呼伦贝尔市	Hulunbeier City	643	1659	1452	207	1304	324
兴 安 盟	Xingan League	311	673	579	94	578	125
通 辽 市	Tongliao City	496	959	703	256	938	217
赤 峰 市	Chifeng City	512	1419	1101	318	1003	155
锡林郭勒盟	Xilinguole League	520	859	700	159	1367	285
乌兰察布市	Wulanchabu City	331	808	714	94	1040	70
鄂尔多斯市	Erdos City	713	1443	1145	298	1736	266
巴彦淖尔市	Bayannaoer City	557	1296	1021	275	1358	309
乌 海 市	Wuhai City	731	2077	1419	658	796	648
阿拉善盟	Alashan League	649	1329	802	527	1803	429

22－40 各盟市农村基层组织情况(2016 年)

Basic Conditions of Rural Grassroots Units by Region(2016)

地 区	Region	乡镇数(个) Number of Township & Town Govern－ments (unit)	#镇数 Town Gover－nments	村民委员会(个) Number of Villagers′ Committees (unit)	乡村户数(万户) Number of Households (10 000 households)	乡村人口数(万人) Rural Population (10 000 persons)	乡村从业人员(万人) Number of Rural Employers (10 000 persons)	男 Male	女 Fe－male
呼和浩特市	Hohhot City	40	24	962	36.74	110.71	61.43	34.63	26.80
包 头 市	Baotou City	39	29	520	20.21	54.15	31.79	18.20	13.59
呼伦贝尔市	Hulunbeier City	96	58	794	37.42	112.67	62.33	35.25	27.08
兴 安 盟	Xingan League	55	34	865	34.59	115.70	60.73	34.39	26.34
通 辽 市	Tongliao City	85	56	2092	68.18	238.26	126.26	69.85	56.41
赤 峰 市	Chifeng City	124	80	2057	118.42	357.53	189.56	103.78	85.77
锡林郭勒盟	Xilinguole League	61	25	846	15.25	46.81	29.42	15.38	14.03
乌兰察布市	Wulanchabu City	85	41	1331	47.08	142.35	82.10	46.57	35.53
鄂尔多斯市	Erdos City	43	34	735	21.49	58.63	42.67	23.00	19.67
巴彦淖尔市	Bayannaoer City	53	40	650	32.06	109.10	60.91	32.96	27.95
乌 海 市	Wuhai City	5	5	13	0.79	2.14	1.42	0.84	0.58
阿拉善盟	Alashan League	30	15	198	2.70	7.23	4.65	2.44	2.21

注:本表中各盟市乡镇个数不包括城关镇、城市街道办事处、工矿区。

a)The number of Township in This Table are not including County seats、Street agencies、Mining areas。

22－41 各盟市乡村年末从业人员(2016 年)

Rural Employers Force by Sector at Year－end by Region(2016)

单位:人 (person)

地 区	Region	农林牧渔业 Farming Forestry Animal Husbandry and Fishery	工 业 Industry	建 筑 业 Construc－tion	交通运输仓储业和邮政业 Transportation, Storage and Postal Services	信息传输、计算机服务和软件业 Information Transmission, Computer Service & Computer Software	批发与零售业 Wholesale & Retail Trade	住宿和餐饮业 Quarters and Catering	其他行业 Others
呼和浩特市	Hohhot City	345209	45335	81100	30143	6159	41641	34925	29775
包 头 市	Baotou City	205188	23670	23419	13806	1819	22726	14519	12793
呼伦贝尔市	Hulunbeier City	491297	26022	23679	13987	3861	28381	18997	17034
兴 安 盟	Xingan League	489081	22804	25695	6487	7926	19810	15488	19964
通 辽 市	Tongliao City	964139	58938	82937	19166	8815	50101	38856	39683
赤 峰 市	Chifeng City	1336474	132776	187402	42628	10093	81421	41361	63410
锡林郭勒盟	Xilinguole League	248657	4474	10550	4349	652	6751	8111	10619
乌兰察布市	Wulanchabu City	635703	24547	72179	18202	2214	20043	16211	31874
鄂尔多斯市	Erdos City	328213	20238	16107	20754	2519	19415	16379	3061
巴彦淖尔市	Bayannaoer City	523104	19372	11310	9286	1404	25663	10499	8469
乌 海 市	Wuhai City	8740	1444	1925	653	29	489	578	384
阿拉善盟	Alashan League	38857	485	432	1313	64	893	1688	2771

22－42 各盟市农林牧渔业总产值(2016 年)

Gross Output Value of Farming, Forestry, Animal Husbandry and Fishery by Region(2016)

单位: 万元 (10 000 yuan)

地 区	Region	农林牧渔业总产值 Total	农 业 Farming	林 业 Forestry	牧 业 Animal Husbandry	渔 业 Fishery	农林牧渔服务业 Agricultural Services
呼和浩特市	Hohhot City	1998065	788193	29534	1124808	29867	25664
包 头 市	Baotou City	1693605	616394	9464	1031364	12654	23729
呼伦贝尔市	Hulunbeier City	4196071	2167053	296007	1551931	113609	67470
兴 安 盟	Xingan League	2137203	1156436	74914	857701	18828	29324
通 辽 市	Tongliao City	4465828	2459538	123987	1807197	22334	52773
赤 峰 市	Chifeng City	4978215	2703171	192032	1979174	28692	75146
锡林郭勒盟	Xilinguole League	2086787	610610	23938	1419255	3111	29873
乌兰察布市	Wulanchabu City	2231413	1057807	71730	1037799	10784	53292
鄂尔多斯市	Erdos City	1828663	1023933	73450	670412	24941	35928
巴彦淖尔市	Bayannaoer City	2696245	1461719	77554	1065585	46775	44612
乌 海 市	Wuhai City	86312	35051	3087	45143	830	2200
阿拉善盟	Alashan League	214953	124879	11752	70241	2351	5730

注:本表绝对数按当年价格计算。

a) Data in value terms in this table are calculated at current prices.

22－43 各盟市营造林面积(2016 年)

Total Area of Afforestation by Region(2016)

单位:万公顷 (10 000 hectares)

地 区	Region	营造林面积 Total Area of Afforestation	造林面积 Area of Afforestation	人工造林 Artificial Afforestation	飞播造林 Afforestation by Plane	封山育林 Closing Hill for Afforestation	退化林分修复及人工更新 Restoration of Degraded Forest and Artificial Regeneration	森林抚育 Tending of woods
总　　计	**Total**	**123.85**	**61.84**	**31.10**	**7.41**	**13.60**	**9.73**	**62.01**
呼和浩特市	Hohhot City	3.00	2.67	1.79		0.21	0.67	0.33
包 头 市	Baotou City	3.80	3.47	1.96		0.85	0.67	0.33
呼伦贝尔市	Hulunbeier City	14.35	2.57	1.47		0.63	0.48	11.78
兴 安 盟	Xingan League	9.50	4.75	3.58	0.33	0.43	0.40	4.75
通 辽 市	Tongliao City	10.98	6.97	3.62	0.20	2.55	0.59	4.01
赤 峰 市	Chifeng City	8.96	6.96	3.36	0.67	2.23	0.70	2.00
锡林郭勒盟	Xilinguole League	5.67	5.00	1.67	1.33	0.67	1.33	0.67
乌兰察布市	Wulanchabu City	6.95	6.29	3.65		1.30	1.33	0.67
鄂尔多斯市	Erdos City	6.84	6.78	4.32	1.14	0.56	0.76	0.07
巴彦淖尔市	Bayannaoer City	6.00	5.67	1.75	1.33	1.92	0.67	0.33
乌 海 市	Wuhai City	0.20	0.20	0.20				
阿拉善盟	Alashan League	8.48	8.14	3.39	2.40	2.03	0.33	0.33
满洲里市	Manzhouli City	0.02	0.02	0.01			0.01	
二连浩特市	Erlianhaote City	0.24	0.24			0.23		
内蒙古森工集团	Inner Mongolia Forest Group	38.86	2.12	0.32			1.80	36.74

22－44 各盟市农作物播种面积及农业生产条件(2016 年)

Sown Area Crops and Basic Conditions of Agricultural Production by Region(2016)

地 区	Region	农作物总播种面积(千公倾) Total Sown Area (1000 hectares)	# 粮食作物播种面积 Sown Area of Grain Crops	# 经济作物播种面积 Sown Area of Industrial Crops	有效灌溉面积(千公倾) Irrigated Area (1000 hectares)	农业机械总动力(万千瓦) Total Power of Agricultural Machinery (10 000 kw)	农村用电量(万千瓦小时) Electricity Consumed in Rural Area (10 000 kwh)	农药使用量(吨) Consumption of Pesticide (ton)	化肥施用量(折纯量)(吨) Consumption of Chemical Fertilizer (ton)
呼和浩特市	Hohhot City	459.56	312.05	147.51	213.2	216.49	51043	458	126928
包 头 市	Baotou City	330.59	212.31	118.28	128.48	115.93	35861	835	77189
呼伦贝尔市	Hulunbeier City	1665.86	1388.91	276.95	278.84	461.98	34587	9495	270535
兴 安 盟	Xingan League	909.49	777.22	132.27	336.23	415.35	33156	4496	292347
通 辽 市	Tongliao City	1209.00	964.95	244.05	644.43	593.89	104630	7775	684404
赤 峰 市	Chifeng City	1266.60	933.78	332.82	413.67	470.50	248379	4230	358339
锡林郭勒盟	Xilinguole League	242.90	158.88	84.02	36.21	136.66	10753	546	19407
乌兰察布市	Wulanchabu City	659.76	482.44	177.32	174.77	190.96	37308	1068	98360
鄂尔多斯市	Erdos City	437.15	251.89	185.26	245.92	215.95	84710	1573	123685
巴彦淖尔市	Bayannaoer City	672.50	282.06	390.44	652.72	480.76	47856	1520	272512
乌 海 市	Wuhai City	7.15	4.57	2.58	7.06	5.86	3381	29	3780
阿拉善盟	Alashan League	61.34	15.72	45.62		26.76	19254	314	18941

22－45 各盟市主要农产品产量(2016年)

Yield of Major Farm Crops by Region(2016)

单位:万吨 (10 000 tons)

地 区	Region	粮食 Grain	谷物 Cereal	#小麦 Wheat	#玉米 Corn	豆类 Beans	薯类 Tubers	油料 Oil－bearing Crops
呼和浩特市	Hohhot City	130.82	108.62	4.96	94.50	2.01	20.18	13.25
包 头 市	Baotou City	106.37	96.30	10.12	80.75	0.03	10.05	10.67
呼伦贝尔市	Hulunbeier City	603.70	475.40	107.29	340.50	103.00	25.30	31.08
兴 安 盟	Xingan League	450.49	433.99	15.50	363.00	14.80	1.70	19.17
通 辽 市	Tongliao City	695.81	687.17	3.20	633.49	6.18	2.46	11.95
赤 峰 市	Chifeng City	503.25	481.09	12.66	381.10	6.16	16.00	17.38
锡林郭勒盟	Xilinguole League	36.85	11.70	5.49	3.60	0.35	24.80	2.44
乌兰察布市	Wulanchabu City	105.20	44.45	8.89	27.71	1.96	58.80	20.15
鄂尔多斯市	Erdos City	147.95	135.13	3.88	128.00	0.78	12.04	12.15
巴彦淖尔市	Bayannaoer City	218.28	217.47	29.18	188.00	0.19	0.61	79.63
乌 海 市	Wuhai City	4.16	4.14	0.27	3.69		0.01	0.22
阿拉善盟	Alashan League	15.65	15.58	0.76	14.70		0.07	1.92

22－46 各盟市大牲畜年中数(2016年)

Number of Large Animals at the Middle of Year by Region(2016)

单位:万头 (10 000 heads)

地 区	Region	大牲畜 Large Animals	牛 Cattle and Buffalos	马 Horses	驴 Donkeys	骡 Mules	骆驼 Camels
呼和浩特市	Hohhot City	38.80	36.07	0.16	1.62	0.92	0.02
包 头 市	Baotou City	20.99	17.67	1.46	1.32	0.32	0.22
呼伦贝尔市	Hulunbeier City	230.56	201.68	27.39	1.00	0.18	0.31
兴 安 盟	Xingan League	79.80	70.45	6.48	2.86	0.02	
通 辽 市	Tongliao City	371.76	326.64	18.22	22.75	4.12	0.03
赤 峰 市	Chifeng City	344.51	252.65	12.67	71.52	7.51	0.16
锡林郭勒盟	Xilinguole League	177.84	153.90	21.87	0.44	0.01	1.62
乌兰察布市	Wulanchabu City	41.41	34.09	1.91	2.83	1.43	1.14
鄂尔多斯市	Erdos City	39.74	33.97	1.52	2.09	1.41	0.75
巴彦淖尔市	Bayannaoer City	27.86	20.27	1.53	1.94	1.94	2.18
乌 海 市	Wuhai City	0.48	0.38	0.05	0.04		0.01
阿拉善盟	Alashan League	15.26	3.29	0.24	0.18	0.01	11.54

22－47 各盟市大牲畜年末数(2016 年)

Number of Large Animals at Year－end by Region(2016)

单位:万头 (10 000 heads)

地 区	Region	大牲畜 Large Animals	牛 Cattle and Buffalos	马 Horses	驴 Donkeys	骡 Mules	骆驼 Camels
呼和浩特市	Hohhot City	37.80	35.26	0.15	1.63	0.73	0.02
包 头 市	Baotou City	22.33	19.91	1.61	0.53	0.13	0.16
呼伦贝尔市	Hulunbeier City	115.57	93.37	20.73	0.93	0.22	0.30
兴 安 盟	Xingan League	59.78	51.38	4.95	3.43	0.03	
通 辽 市	Tongliao City	207.88	164.61	22.69	15.06	5.49	0.03
赤 峰 市	Chifeng City	204.06	125.73	13.92	54.82	9.48	0.11
锡林郭勒盟	Xilinguole League	102.41	88.38	12.36	0.44	0.01	1.23
乌兰察布市	Wulanchabu City	38.17	31.92	1.24	2.45	1.22	1.33
鄂尔多斯市	Erdos City	28.12	23.89	1.00	1.59	1.23	0.41
巴彦淖尔市	Bayannaoer City	24.20	16.69	1.54	2.01	1.90	2.07
乌 海 市	Wuhai City	0.49	0.40	0.04	0.04		0.01
阿拉善盟	Alashan League	14.08	3.30	0.21	0.30	0.01	10.26

22－48 各盟市羊和猪年中数(2016 年)

Number of Sheep, Goats and Hogs at the Middle of Year by Region(2016)

单位:万只(头) (10 000 heads)

地 区	Region	羊 Sheep and Goats	绵羊 Sheep	山羊 Goats	生猪 Hogs
呼和浩特市	Hohhot City	274.58	190.08	84.50	14.01
包 头 市	Baotou City	386.14	272.27	113.87	31.17
呼伦贝尔市	Hulunbeier City	1747.42	1557.60	189.82	198.28
兴 安 盟	Xingan League	1160.42	999.28	161.15	77.24
通 辽 市	Tongliao City	1277.36	804.33	473.03	553.54
赤 峰 市	Chifeng City	1521.34	1274.25	247.08	366.11
锡林郭勒盟	Xilinguole League	1445.76	1362.01	83.75	6.57
乌兰察布市	Wulanchabu City	655.46	611.61	43.84	69.56
鄂尔多斯市	Erdos City	1115.19	483.23	631.96	104.09
巴彦淖尔市	Bayannaoer City	976.31	729.22	247.09	52.32
乌 海 市	Wuhai City	11.59	5.25	6.34	3.83
阿拉善盟	Alashan League	158.95	56.08	102.87	1.67

22－49 各盟市羊和猪年末数(2016年)

Number of Sheep, Goats and Hogs at Year－end by Region(2016)

单位:万只(头) (10 000 heads)

地区	Region	羊 Sheep and Goats	绵羊 Sheep	山羊 Goats	生猪 Hogs	肉猪出栏头数 Slaughtered Fattened Hogs
呼和浩特市	Hohhot City	170.80	118.13	52.67	15.98	37.60
包头市	Baotou City	205.39	138.89	66.50	23.78	56.12
呼伦贝尔市	Hulunbeier City	738.06	649.40	88.66	33.20	51.16
兴安盟	Xingan League	532.46	426.85	105.61	68.53	106.59
通辽市	Tongliao City	656.34	365.19	291.14	253.00	330.77
赤峰市	Chifeng City	664.06	521.14	142.93	120.92	168.63
锡林郭勒盟	Xilinguole League	580.70	545.52	35.18	4.70	10.41
乌兰察布市	Wulanchabu City	446.74	420.25	26.49	34.11	54.97
鄂尔多斯市	Erdos City	680.78	266.50	414.28	41.33	73.43
巴彦淖尔市	Bayannaoer City	710.56	516.21	194.35	40.23	39.36
乌海市	Wuhai City	8.72	3.29	5.43	2.63	10.97
阿拉善盟	Alashan League	111.63	38.31	73.32	1.59	1.80

22－50 各盟市主要畜产品产量(2016年)

Output of Major Livestock Products by Region(2016)

地区	Region	肉类产量(吨) Output of Meat (ton)	#猪牛羊肉 Output of Pork, Beef and Mutton	猪肉 Pork	牛肉 Beef	羊肉 Mutton	奶类(吨) Milk (ton)	#牛奶 Cow Milk
呼和浩特市	Hohhot City	106578	98576	28156	34854	35566	1964775	1964570
包头市	Baotou City	168505	160428	46755	41798	71875	902626	902517
呼伦贝尔市	Hulunbeier City	296238	276321	39608	104158	132555	1188183	1180605
兴安盟	Xingan League	220207	202042	87711	24680	89651	422450	422450
通辽市	Tongliao City	539008	456075	263880	111816	80379	435133	398743
赤峰市	Chifeng City	491674	336786	132459	102079	102248	404519	404517
锡林郭勒盟	Xilinguole League	313278	293793	8748	123393	161652	618366	615876
乌兰察布市	Wulanchabu City	231789	214251	45932	28586	139733	608812	608762
鄂尔多斯市	Erdos City	165097	158813	56527	15322	86964	159482	134164
巴彦淖尔市	Bayannaoer City	227060	214578	33379	8981	172218	626787	626787
乌海市	Wuhai City	14285	13348	9723	550	3075	2095	2095
阿拉善盟	Alashan League	15482	12931	1609	708	10614	43858	43798

22-50 续表 continued

地 区	Region	绵羊毛（吨） Sheep Wool (ton)	山羊毛（吨） Goat Wool (ton)	#山羊绒（吨） Cashmere (ton)	牛皮（万张） Cattle hide (10 000 pieces)	羊皮（万张） Sheep skin (10 000 pieces)	禽蛋（吨） Poultry Eggs (ton)
呼和浩特市	Hohhot City	4586	747	319	20.52	222.16	34684
包头市	Baotou City	3703	552	263	25.13	430.01	26874
呼伦贝尔市	Hulunbeier City	25955	1518	656	51.80	775.11	42607
兴安盟	Xingan League	9716	2295	783	12.35	486.25	22393
通辽市	Tongliao City	11921	5397	1206	69.70	238.30	61758
赤峰市	Chifeng City	31492	2022	1077	68.91	493.26	353281
锡林郭勒盟	Xilinguole League	15516	275	248	57.59	1011.54	5188
乌兰察布市	Wulanchabu City	8213	99	85	19.47	868.09	15295
鄂尔多斯市	Erdos City	12284	4411	2829	9.15	439.47	7279
巴彦淖尔市	Bayannaoer City	8886	797	732	5.62	985.81	8915
乌海市	Wuhai City	61	105	13	0.32	9.31	3214
阿拉善盟	Alashan League	592	474	288	0.30	43.87	256

22-51 各盟市规模以上工业企业单位数和工业总产值（2016年）
Number of above Designated Size Industrial Enterprises and Their Gross Output Value by Region (2016)

单位：个、万元　　(unit) (10 000 yuan)

地 区	Region	规模以上企业 Enterprises above Designated Size		# 国有及国有控股企业 State-owned Enterprises	
		企业单位数 Number of Enterprises	总产值（当年价格） Gross Output Value (At Current Prices)	企业单位数 Number of Enterprises	总产值（当年价格） Gross Output Value (At Current Prices)
呼和浩特市	Hohhot City	265	17308578	58	8164910
包头市	Baotou City	677	34409058	103	9571382
呼伦贝尔市	Hulunbeier City	391	13093146	76	3863195
兴安盟	Xingan League	225	4629576	26	699365
通辽市	Tongliao City	590	26900585	64	3769823
赤峰市	Chifeng City	525	21110040	70	6088913
锡林郭勒盟	Xilinguole League	394	9768872	72	3221484
乌兰察布市	Wulanchabu City	312	10356489	57	2836195
鄂尔多斯市	Erdos City	379	48752162	71	12436950
巴彦淖尔市	Bayannaoer City	283	9262157	41	1705129
乌海市	Wuhai City	144	3637117	19	1220359
阿拉善盟	Alashan League	106	5401661	19	1131551

22－51 续表 1 continued

单位:个、万元　　　　(unit)(10 000 yuan)

地 区	Region	轻工业 Enterprises of Light Industry		重工业 Enterprises of Heavy Industry	
		企业单位数 Number of Enterprises	总产值(当年价格) Gross Output Value (At Current Prices)	企业单位数 Number of Enterprises	总产值(当年价格) Gross Output Value (At Current Prices)
呼和浩特市	Hohhot City	121	7948642	144	9359936
包 头 市	Baotou City	84	2243873	593	32165185
呼伦贝尔市	Hulunbeier City	160	4758768	231	8334378
兴 安 盟	Xingan League	104	2471807	121	2157770
通 辽 市	Tongliao City	210	10265158	380	16635427
赤 峰 市	Chifeng City	172	4764624	353	16345416
锡林郭勒盟	Xilinguole League	161	2571855	233	7197017
乌兰察布市	Wulanchabu City	68	1893274	244	8463215
鄂尔多斯市	Erdos City	34	1702466	345	47049696
巴彦淖尔市	Bayannaoer City	116	4065558	167	5196598
乌 海 市	Wuhai City	5	38674	139	3598444
阿拉善盟	Alashan League	9	266156	97	5135504

22－51 续表 2 continued

单位:个、万元　　　　(unit)(10 000 yuan)

地 区	Region	大型企业 Large Enterprises		中型企业 Medium－sized Enterprises		小型企业 Small Enterprises	
		企业单位数 Number of Enterprises	总产值(当年价格) Gross Output Value (At Current Prices)	企业单位数 Number of Enterprises	总产值(当年价格) Gross Output Value (At Current Prices)	企业单位数 Number of Enterprises	总产值(当年价格) Gross Output Value (At Current Prices)
呼和浩特市	Hohhot City	15	8339386	49	5100166	179	3242131
包 头 市	Baotou City	26	10608267	114	9572608	484	13530891
呼伦贝尔市	Hulunbeier City	9	2574898	47	3443614	316	6910222
兴 安 盟	Xingan League	1	300222	22	1190536	177	2989347
通 辽 市	Tongliao City	12	4708373	72	7208598	485	14756946
赤 峰 市	Chifeng City	18	6918297	78	5990340	405	8037417
锡林郭勒盟	Xilinguole League	7	1466250	36	2254778	282	5573545
乌兰察布市	Wulanchabu City	6	1708715	33	2242221	235	6021149
鄂尔多斯市	Erdos City	32	17721372	80	16753763	250	13906045
巴彦淖尔市	Bayannaoer City	3	810746	34	3131192	200	4539643
乌 海 市	Wuhai City	6	1166003	31	1381286	92	817883
阿拉善盟	Alashan League	4	2132131	28	2331227	60	739694

22－52 各盟市规模以上工业企业主要指标(2016年)

Main Indicators of Industrial Enterprises above Designed Size by Region(2016)

单位:万元 (10 000 yuan)

地 区	Region	资产合计 Total Assets	负债合计 Total Liabilities	主营业务收入 Revenue of main business	利润总额 Total Profits
呼和浩特市	Hohhot City	26847856	17113469	17245649	998389
包 头 市	Baotou City	54913665	35619010	34499480	1124819
呼伦贝尔市	Hulunbeier City	18427433	12648047	12172623	537171
兴 安 盟	Xingan League	4854748	3056517	4236854	339327
通 辽 市	Tongliao City	20843709	8998526	26325738	1701305
赤 峰 市	Chifeng City	20443638	13804629	19945360	607167
锡林郭勒盟	Xilinguole League	17168897	12631994	9067251	140257
乌兰察布市	Wulanchabu City	14113664	10416501	9558922	832439
鄂尔多斯市	Erdos City	88379141	50086060	47206854	6344629
巴彦淖尔市	Bayannaoer City	12217962	8168673	7858740	251362
乌 海 市	Wuhai City	13933630	10720803	3866911	160327
阿拉善盟	Alashan League	8585409	5836918	4924959	379784

22－53 各盟市规模以上工业企业主要指标(2016年)

Main Indicators of Industrial Enterprises above Designed Size by Region(2016)

单位:万元 (10 000 yuan)

地 区	Region	所有者权益 Creditors Equity	营业利润 Operating prifits	流动资产合计 Circulating Funds	固定资产合计 Total Fixed Assets
呼和浩特市	Hohhot City	9731830	878255	9708680	7558410
包 头 市	Baotou City	18516100	1419958	21143662	17540611
呼伦贝尔市	Hulunbeier City	5779383	558290	5425966	10917314
兴 安 盟	Xingan League	1787412	512986	1534305	2699135
通 辽 市	Tongliao City	11842751	2625782	5608381	12953940
赤 峰 市	Chifeng City	6595022	574054	6235037	10417804
锡林郭勒盟	Xilinguole League	4529763	213198	3392763	9800277
乌兰察布市	Wulanchabu City	3693740	868049	3942867	8181563
鄂尔多斯市	Erdos City	38293078	6289762	26736995	34594470
巴彦淖尔市	Bayannaoer City	4049393	236599	4105640	6562334
乌 海 市	Wuhai City	3212826	138624	5401156	4266126
阿拉善盟	Alashan League	2748490	373474	3007665	4328941

22－54 各盟市规模以上工业增加值增速（2016 年）

Value－added Growth of Above－scale Industry by Region（2016）

单位：%　　　　　　　　　　　　　　　　　　　　　　　　　　　　（%）

地　区	Region	规模以上工业增加值增速 Value－added Growth of Above－scale Industry				
			#轻工业 Light Industry	重工业 Heavy Industry	#国有及国有控股企业 State－owned or Controlling Share Hold Industry	#大中型企业 Large and Medium sized enterprises
全　区	**Autonomous Regional Total**	**7.2**	**5.9**	**7.5**	**1.4**	**3.9**
呼和浩特市	Hohhot City	9.1	8.4	9.4	6.8	6.8
包 头 市	Baotou City	8.9	9.5	8.8	－4.5	2.6
呼伦贝尔市	Hulunbeier City	5.5	5.1	8.3	－1.2	3.5
兴 安 盟	Xingan League	9.9	6.0	14.7	0.2	4.2
通 辽 市	Tongliao City	9.3	10.2	8.8	6.0	9.9
赤 峰 市	Chifeng City	7.0	3.7	7.7	4.4	8.8
锡林郭勒盟	Xilinguole League	7.1	13.2	5.8	1.3	3.3
乌兰察布市	Wulanchabu City	6.5	4.7	6.9	0.9	1.0
鄂尔多斯市	Erdos City	8.9	－27.1	10.1	1.2	4.3
巴彦淖尔市	Bayannaoer City	7.1	10.9	4.4	15.6	6.3
乌 海 市	Wuhai City	4.5	－2.0	4.6	－1.7	5.0
阿拉善盟	Alashan League	8.9	28.2	7.7	－0.7	8.9

22－55 各盟市主要工业产品产量（2016 年）

Output of Major Industrial Products by Region（2016）

地　区	Region	白酒（千升） Liquor（1000 litres）	糖（吨） Sugar（ton）	液体乳（万吨） Milk（10000 tons）	机制纸及纸板（吨） Machine－made Paper and Paperboards（ton）	原 油（万吨） Crude Oil（10 000 tons）	原 煤（万吨） Coal（10 000 tons）	发电量（亿千瓦小时） Electricity（100 million kwh）
呼和浩特市	Hohhot City	957.00		205.35	57656		292.18	437.59
包 头 市	Baotou City	8695.00		20.31	9779		1974.43	460.50
呼伦贝尔市	Hulunbeier City	175209.70		0.69	55236	40.05	8040.22	306.12
兴 安 盟	Xingan League	62091.00	36690	9.99			110.73	52.50
通 辽 市	Tongliao City	299955.00	402430	7.87			4671.62	425.01
赤 峰 市	Chifeng City	91340.20	159860	8.51			1768.59	235.53
锡林郭勒盟	Xilinguole League	32794.80		5.88		121.67	8137.10	347.31
乌兰察布市	Wulanchabu City	35679.00	123542	19.60				498.24
鄂尔多斯市	Erdos City	26822.60					57423.42	762.04
巴彦淖尔市	Bayannaoer City	17852.80		35.63		12.70		163.23
乌 海 市	Wuhai City						1077.16	186.85
阿拉善盟	Alashan League						1063.43	73.08

注：各盟市发电量为 6000 千瓦以上机组发电量。

Electricity generation is 6000－kilowatt above by Region.

22－55 续表 continued

地 区	Region	焦 炭（万吨）Coke（10 000 tons）	钢（万吨）Steel（10 000 tons）	生 铁（万吨）Pig Iron（10 000 tons）	成品钢材（万吨）Steel Products（10 000 tons）	水 泥（万吨）Cement（10 000 tons）	化 肥（万吨）Chemical Fertilizer（10 000 tons）
呼和浩特市	Hohhot City	11.12				647.42	20.29
包 头 市	Baotou City	539.55	1513.59	1386.40	1535.26	347.42	
呼伦贝尔市	Hulunbeier City		1.42			584.18	36.19
兴 安 盟	Xingan League		67.09	69.17	65.23	340.75	3.37
通 辽 市	Tongliao City					1210.15	
赤 峰 市	Chifeng City	136.55	231.14		328.52	678.60	17.73
锡林郭勒盟	Xilinguole League					528.60	
乌兰察布市	Wulanchabu City					1018.63	
鄂尔多斯市	Erdos City	831.49		13.62	44.00	511.07	167.11
巴彦淖尔市	Bayannaoer City	198.96			43.80	131.80	5.49
乌 海 市	Wuhai City	856.61		0.18		173.63	
阿拉善盟	Alashan League	242.45				141.30	

22－56 各盟市建筑业企业情况（2016 年）
Main Indicators on Construction Enterprises by Region（2016）

地 区	Region	企业单位数（个）Enter－prises（unit）	# 国有 State－owned	# 集体 Colle－ctive owned	从业人员（人）Persons Employed（person）	# 国有 State－owned	# 集体 Colle－ctive owned	建筑业总产值（万元）Gross Output Value（10 000 yuan）	# 国有 State－owned	# 集体 Colle－ctive owned
呼和浩特市	Hohhot City	171	2		51616	1370		2574932	14415	
包 头 市	Baotou City	114			42915			2015111		
呼伦贝尔市	Hulunbeier City	78			17549			1228947		
兴 安 盟	Xingan League	36			7615			582046		
通 辽 市	Tongliao City	60	1		15082	697		518053	28213	
赤 峰 市	Chifeng City	147		1	58963		22	1766071		
锡林郭勒盟	Xilinguole League	34			3552			154680		
乌兰察布市	Wulanchabu City	40			10224			443706		
鄂尔多斯市	Erdos City	195			29885			1708525		
巴彦淖尔市	Bayannaoer City	57			12048			512323		
乌 海 市	Wuhai City	43			19236			600646		
阿拉善盟	Alashan League	16			1896			103051		

22－57 各盟市房屋建筑面积(2016 年)

Floor Space of Building by Region(2016)

单位:万平方米 (10 000 sq. m)

地区	Region	房屋建筑面积 Floor Space of Building Construction			#国有 State－owned		#集体 Collective－owned	
		施工面积 Floor Space Under Constru－ction	竣工面积 Floor Space Compl－eted	#住宅 Resid－ential Buildings	施工面积 Floor Space Under Constru－ction	竣工面积 Floor Space Compl－eted	施工面积 Floor Space Under Constru－ction	竣工面积 Floor Space Compl－eted
呼和浩特市	Hohhot City	1170.74	238.54	156.92		2.35		
包头市	Baotou City	1333.17	417.18	305.25				
呼伦贝尔市	Hulunbeier City	592.95	435.48	329.66				
兴安盟	Xingan League	289.52	189.36	112.36				
通辽市	Tongliao City	359.13	209.36	175.88				
赤峰市	Chifeng City	1042.03	423.42	320.21				
锡林郭勒盟	Xilinguole League	95.94	72.06	46.19				
乌兰察布市	Wulanchabu City	566.81	199.07	150.94				
鄂尔多斯市	Erdos City	253.00	131.36	61.81				
巴彦淖尔市	Bayannaoer City	316.09	132.75	119.91				
乌海市	Wuhai City	255.14	72.71	58.05				
阿拉善盟	Alashan League	21.52	19.72	12.80				

22－58 各盟市城镇自来水情况(2016 年)

Basic Statistics on Tap Water Supply in Towns and Cities by Region(2016)

地区	Region	年末供水管道长度(公里) Length of Water Supply Pipelines (year－end)(km)	全年供水总量(万吨) Total Annual Volume of Water Supply (10 000 tons)	#生产运营用水 For Productive Use	#生活用水 For Residential Use	用水人口(万人) Number of Residents with Access to Tap water (10 000 persons)
总计	**Total**	**9486**	**77592**	**26135**	**33163**	**878.41**
呼和浩特市	Hohhot City	817	14819	2987	6292	194.45
包头市	Baotou City	1776	17979	8611	5328	188.50
呼伦贝尔市	Hulunbeier City	1185	7667	2751	3983	91.05
兴安盟	Xingan League	368	2452	693	1205	32.08
通辽市	Tongliao City	955	6741	2030	3241	56.93
赤峰市	Chifeng City	1333	11699	6460	4082	98.49
锡林郭勒盟	Xilinguole League	793	1762	319	989	27.92
乌兰察布市	Wulanchabu City	541	2804	549	1588	42.01
鄂尔多斯市	Erdos City	813	3753	392	2517	53.98
巴彦淖尔市	Bayannaoer City	463	3008	816	1488	38.00
乌海市	Wuhai City	442	4907	526	2450	55.00
阿拉善盟	Alashan League					

22－59 各盟市城镇煤气、液化石油气、天然气(2016年)

Basic Statistics on Supply of Gas, Liquefied Petroleum Gas and Natural Gas in Towns and Cities by Region(2016)

地 区	Region	煤气供气量（万立方米）Coal Gas Supply (10 000 cu. m)	# 家庭用量 For Residential Use	天然气供气量（万立方米）Natural Gas Supply (10 000 cu. m)	# 家庭用量 For Residential Use	液化石油气供气量（吨）Liquefied Petroleum Gas Supply (ton)	# 家庭用量 For Residential Use
总计	**Total**	**6800**	**6200**	**152198**	**36505**	**69198**	**58289**
呼和浩特市	Hohhot City			52972	7210		
包 头 市	Baotou City	6800	6200	68000	20000	10500	9880
呼伦贝尔市	Hulunbeier City			1356	831	17829	16772
兴 安 盟	Xingan League			1003	52	6128	6128
通 辽 市	Tongliao City			2000	751	8693	3030
赤 峰 市	Chifeng City			2364	1570	15876	14275
锡林郭勒盟	Xilinguole League			2593	90	3560	3370
乌兰察布市	Wulanchabu City			3432	621	4452	3970
鄂尔多斯市	Erdos City			9706	2252	2160	864
巴彦淖尔市	Bayannaoer City			3759	1122		
乌 海 市	Wuhai City			5014	2006		
阿拉善盟	Alashan League						

22－60 各盟市城镇市政工程(2016年)

Basic Statistics on Municipal Engineering in Towns and Cities by Region(2016)

地 区	Region	污水排放量（万吨）Volume of Waste Water Discharged (10 000 tons)	城市污水日处理能力（万吨）Daily Disposal Capacity of Sewage (10 000 tons)	排水管道长度（公里）Length of Sewer Pipelines (km)	生活垃圾清运量（万吨）Volume of Garbage Disposal (10 000 tons)	生活垃圾无害化处理量（万吨）Volume of Garbage Treated (10 000 tons)
总 计	**Total**	**63261**	**245.5**	**12971**	**345.3**	**341.4**
呼和浩特市	Hohhot City	14060	48.0	1997	60.4	60.4
包 头 市	Baotou City	11070	45.2	2282	56.4	55.3
呼伦贝尔市	Hulunbeier City	6442	23.9	1176	44.6	44.1
兴 安 盟	Xingan League	1970	7.0	460	18.8	18.5
通 辽 市	Tongliao City	6717	25.0	1135	24.6	24.2
赤 峰 市	Chifeng City	9370	36.6	982	45.4	45.4
锡林郭勒盟	Xilinguole League	1361	5.5	653	16.1	16.1
乌兰察布市	Wulanchabu City	2331	9.8	574	19.3	18.4
鄂尔多斯市	Erdos City	3111	15.5	2173	17.7	17.3
巴彦淖尔市	Bayannaoer City	2884	20.0	1215	14.6	14.6
乌 海 市	Wuhai City	3945	9.0	324	27.4	27.1
阿拉善盟	Alashan League					

22－61 各盟市年末公路运输线路长度和运量(2016 年)

Length of Highways for Transportation Routes and Traffic by Region(End of 2016)

地 区	Region	公路里程（公里）Total Length of Highways (km)	等级路 Expre－ssway & Class I to IV Highway	等外路 Highway Below Class IV	客运量（万人）Passenger Traffic (10 000 persons)	旅客周转量（万人公里）Passenger－Kilometers (10 000 passenger－km)	货运量（万吨）Freight Traffic (10 000 tons)	货物周转量（万吨公里）Freight Ton－Kilometers (10 000 ton－km)
呼和浩特市	Hohhot City	7696	7482	214	466	128958	16887	3258271
包 头 市	Baotou City	8948	8448	500	657	108883	29803	5597407
呼伦贝尔市	Hulunbeier City	27173	26491	683	1468	167724	10078	1971164
兴 安 盟	Xingan League	13018	12900	118	417	84764	3610	726263
通 辽 市	Tongliao City	21029	19901	1128	1628	206435	9292	1791295
赤 峰 市	Chifeng City	26936	26776	160	2791	300364	13539	2769053
锡林郭勒盟	Xilinguole League	19518	19455	63	383	151063	4235	779122
乌兰察布市	Wulanchabu City	16132	16132		343	48820	6384	1348475
鄂尔多斯市	Erdos City	22640	22028	612	647	143101	17426	2225062
巴彦淖尔市	Bayannaoer City	22623	18379	4244	1368	143878	8885	2009169
乌 海 市	Wuhai City	1103	1103		111	21596	5880	825443
阿拉善盟	Alashan League	9244	9244		69	21914	4594	935686

22－62 各盟市邮政业务基本情况(2016 年)

Basic Conditions of Post Services by Region(2016)

地 区	Region	邮政业务总量（万元）Business Volume of Post Service (10 000 yuan)	函 件（万件）Number of Letters (10 000 Pcs)	报刊期发数（万份）Newspapers and Magazines Circulation (10 000 copies)	邮政局所总数（处）Number of Post and Telecommunications Offices (unit)
呼和浩特市	Hohhot City	87687	471	29	118
包 头 市	Baotou City	29164	39	17	109
呼伦贝尔市	Hulunbeier City	21903	99	17	188
兴 安 盟	Xingan League	9314	12	8	109
通 辽 市	Tongliao City	18113	23	17	128
赤 峰 市	Chifeng City	38025	62	27	298
锡林郭勒盟	Xilinguole League	9857	79	14	125
乌兰察布市	Wulanchabu City	13414	23	11	163
鄂尔多斯市	Erdos City	17807	39	16	106
巴彦淖尔市	Bayannaoer City	16618	13	15	131
乌 海 市	Wuhai City	7294	11	5	29
阿拉善盟	Alashan League	3285	2	5	37

22-63 各盟市社会消费品零售总额（2016年，按销售单位所在地分）

Total Retail Sale of Consumer Goods by Location of Retailers by Region(2016)

单位:万元 (10 000 yuan)

地 区	Region	社会消费品零售总额 Total Retail Sales of Consumer Goods	城镇 Cities and towns			乡村 Villages
				城区 Cities	镇区 Towns	
呼和浩特市	Hohhot City	14814578	13479046	12366633	1112413	1335532
包 头 市	Baotou City	14002176	13646670	11993915	1652755	355506
呼伦贝尔市	Hulunbeier City	6002670	5447969	4525211	922759	554700
兴 安 盟	Xingan League	2305716	1838170	1179737	658432	467547
通 辽 市	Tongliao City	5153418	3583609	2041458	1542152	1569808
赤 峰 市	Chifeng City	7002480	5702794	3558676	2144118	1299686
锡林郭勒盟	Xilinguole League	2446974	2003827	965845	1037983	443147
乌兰察布市	Wulanchabu City	3171070	2424235	1125937	1298298	746835
鄂尔多斯市	Erdos City	7268069	6076559	3047762	3028797	1191509
巴彦淖尔市	Bayannaoer City	2576784	2245053	1084704	1160350	331731
乌 海 市	Wuhai City	1519317	1519317	1291043	228274	
阿拉善盟	Alashan League	744355	671513	387270	284242	72843

22-64 各盟市商品销售额(营业额)(2016年，按行业分)

Sale of Commodities Goods(Turnover) by Sector by Region(2016)

单位:万元 (10 000 yuan)

地 区	Region	批发业 Whole-sale Trade	零售业 Retail Sale Trade	住宿业 Hotels Trade	餐饮业 Catering Trade
呼和浩特市	Hohhot City	33675436	18242260	600894	2521816
包 头 市	Baotou City	19439450	20585252	424535	2621552
呼伦贝尔市	Hulunbeier City	5830928	5863045	247974	1170130
兴 安 盟	Xingan League	824637	2248409	34314	234581
通 辽 市	Tongliao City	4329506	4845742	116962	856523
赤 峰 市	Chifeng City	7977855	6886716	234019	944048
锡林郭勒盟	Xilinguole League	2435687	2695981	102722	319862
乌兰察布市	Wulanchabu City	2521683	2842348	83131	544809
鄂尔多斯市	Erdos City	12553529	9322935	280768	2093317
巴彦淖尔市	Bayannaoer City	2135559	2311887	25221	412806
乌 海 市	Wuhai City	1020127	1007911	77973	172570
阿拉善盟	Alashan League	586891	919325	55417	226539

22－65 各盟市限额以上批发零售贸易、住宿餐饮业法人企业（2016年）

Number of Corporation Units above Designated Size in Wholesale and Retail Sale, Catering Trades (2016)

单位：个　　(unit)

地区	Region	合计 Total	批发业 Wholesale Trade	零售业 Retail Trade	住宿业 Hotels	餐饮业 Catering Trade
呼和浩特市	Hohhot City	529	115	284	59	71
包头市	Baotou City	389	87	198	40	64
呼伦贝尔市	Hulunbeier City	332	119	130	47	36
兴安盟	Xingan League	68	21	33	7	7
通辽市	Tongliao City	275	86	152	25	12
赤峰市	Chifeng City	193	56	80	30	27
锡林郭勒盟	Xilinguole League	145	37	55	34	19
乌兰察布市	Wulanchabu City	87	10	43	14	20
鄂尔多斯市	Erdos City	401	58	228	29	86
巴彦淖尔市	Bayannaoer City	89	35	38	2	14
乌海市	Wuhai City	161	64	77	15	5
阿拉善盟	Alashan League	48	9	19	12	8

22－66 各盟市限额以上批发零售贸易、住宿餐饮业产业活动单位及个体户（2016年）

Number of Active Units above Designated Size in Wholesale, Retail Sale, Catering and Trades and Self－Employed (2016)

单位：个　　(unit)

地区	Region	合计 Total	批发业 Wholesale Trade	零售业 Retail Trade	住宿业 Hotels	餐饮业 Catering Trade
呼和浩特市	Hohhot City	135	4	39	11	81
包头市	Baotou City	203	4	30	20	149
呼伦贝尔市	Hulunbeier City	251	9	85	38	119
兴安盟	Xingan League	11		5	3	3
通辽市	Tongliao City	197		109	17	71
赤峰市	Chifeng City	146	20	62	14	50
锡林郭勒盟	Xilinguole League	82	1	38	15	28
乌兰察布市	Wulanchabu City	47	1	17	3	26
鄂尔多斯市	Erdos City	246		126	23	97
巴彦淖尔市	Bayannaoer City	10				10
乌海市	Wuhai City	58	2	9	10	37
阿拉善盟	Alashan League	9	1	3	1	4

22－67 各盟市限额以上批发零售贸易、住宿餐饮业企业及个体户从业人员(2016年)

Number of Persons Engaged in Enterprises above Designated Size in Wholesale ,Retail Sale and Self－Employed Catering Trades (2016)

单位:人 (person)

地 区	Region	合 计 Total	批发业 Wholesale Trade	零售业 Retail Trade	住宿业 Hotels	餐饮业 Catering Trade
呼和浩特市	Hohhot City	60207	10494	31247	8883	9583
包 头 市	Baotou City	32942	3701	15104	4443	9694
呼伦贝尔市	Hulunbeier City	20797	3607	8338	4028	4824
兴 安 盟	Xingan League	5024	1280	2453	738	553
通 辽 市	Tongliao City	17526	2998	9411	2681	2436
赤 峰 市	Chifeng City	27782	7045	14216	3065	3456
锡林郭勒盟	Xilinguole League	9870	1104	4825	2058	1883
乌兰察布市	Wulanchabu City	12453	1044	7002	1371	3036
鄂尔多斯市	Erdos City	28048	3337	11855	1884	10972
巴彦淖尔市	Bayannaoer City	8963	3317	3412	111	2123
乌 海 市	Wuhai City	6779	1150	3203	1228	1198
阿拉善盟	Alashan League	3823	794	1301	1245	483

22－68 各盟市限额以上批发零售贸易业企业及个体户商品销售总额(2016年)

Total Sales of Enterprise above Designated Size in Wholesale ,Retail Sale Trades Self－Employed(2016)

单位:万元 (10 000 yuan)

地 区	Region	销售总额 Total Sales	批发 Wholesale Trade	零售 Retail Trade
呼和浩特市	Hohhot City	11922736	5693978	6228758
包 头 市	Baotou City	8635994	4956079	3679915
呼伦贝尔市	Hulunbeier City	2693371	1566804	1126567
兴 安 盟	Xingan League	713896	267091	446805
通 辽 市	Tongliao City	2067294	651586	1415708
赤 峰 市	Chifeng City	3209293	1634231	1575063
锡林郭勒盟	Xilinguole League	1640021	1151094	488927
乌兰察布市	Wulanchabu City	851405	427994	423412
鄂尔多斯市	Erdos City	9476584	5876282	3600302
巴彦淖尔市	Bayannaoer City	1541367	1020766	520601
乌 海 市	Wuhai City	1143019	446681	696339
阿拉善盟	Alashan League	621433	430349	191084

22-69 各盟市限额以上批发零售贸易企业主要财务指标(2016年)

Main Financial Indicators of Enterprises above Designated Size in Wholesale and Retail by Region(2016)

单位:万元 (10 000 yuan)

地区	Region	商品销售收入 Sales Revenue	商品销售成本 Cost of Sales	商品销售税金及附加 Sales Tax and Extra Changes	销售费用 selling expenses	营业利润 Operating profit
呼和浩特市	Hohhot City	10290049	9283248	160092	306947	359066
包头市	Baotou City	6474958	5921921	75877	219064	82464
呼伦贝尔市	Hulunbeier City	2317722	2113123	32758	115557	561
兴安盟	Xingan League	642106	594595	16748	43408	-121970
通辽市	Tongliao City	1839787	1688302	7800	85732	16111
赤峰市	Chifeng City	2081084	1886170	42916	95727	7508
锡林郭勒盟	Xilinguole League	1502104	1383346	19674	51426	20152
乌兰察布市	Wulanchabu City	610939	527932	28113	31099	-5378
鄂尔多斯市	Erdos City	8831561	8291833	77087	215979	64243
巴彦淖尔市	Bayannaoer City	1390829	1219523	26929	59757	35793
乌海市	Wuhai City	1089406	976334	12199	40253	28481
阿拉善盟	Alashan League	560545	512965	5229	25595	-7995

22-70 各盟市限额以上住宿和餐饮企业主要财务指标(2016年)

Main Financial Indicators of Enterprises above Designated Size in Catering Trade by Region(2016)

单位:万元 (10 000 yuan)

地区	Region	营业收入 Sales Revenue	营业成本 Cost of Sales	营业税金及附加 Business Tax and Surcharges	销售费用 Selling Expenses	营业利润 Operating Profit
呼和浩特市	Hohhot City	207550	86658	5581	63285	-8600
包头市	Baotou City	316939	212747	3697	50254	1831
呼伦贝尔市	Hulunbeier City	82151	33849	2286	26230	-4626
兴安盟	Xingan League	10594	4899	289	4045	-1340
通辽市	Tongliao City	33150	20496	1007	6248	-2493
赤峰市	Chifeng City	46463	22544	1686	11902	-2526
锡林郭勒盟	Xilinguole League	27745	12730	877	8541	-2876
乌兰察布市	Wulanchabu City	26561	11988	786	6990	-2593
鄂尔多斯市	Erdos City	127221	62109	2718	34280	-15063
巴彦淖尔市	Bayannaoer City	18263	8076	490	7065	-1956
乌海市	Wuhai City	13504	6251	510	5860	-4522
阿拉善盟	Alashan League	22132	12024	602	4412	-1163

22-71 各盟市海关进出口总值(2016年)

Total Imports & Exports by Region(2016)

地区	Region	按人民币计算(亿元)(RMB 100 million yuan)			按美元计算(亿美元)(USD 100 million)		
		进出口总额 Total Imports & Exports	出口总额 Total Exports	进口总额 Total Imports	进出口总额 Total Imports & Exports	出口总额 Total Exports	进口总额 Total Imports
呼和浩特市	Hohhot City	86.34	45.00	41.34	13.09	6.82	6.27
包头市	Baotou City	114.07	81.59	32.48	17.21	12.31	4.9
呼伦贝尔市	Hulunbeier City	18.67	13.09	5.58	2.83	1.98	0.85
兴安盟	Xingan League	0.71	0.47	0.24	0.11	0.07	0.04
通辽市	Tongliao City	27.23	19.40	7.83	4.13	2.95	1.18
赤峰市	Chifeng City	56.54	13.88	42.66	8.56	2.11	6.45
锡林郭勒盟	Xilinguole League	2.39	0.70	1.70	0.37	0.11	0.26
乌兰察布市	Wulanchabu City	5.12	2.13	2.99	0.77	0.32	0.45
鄂尔多斯市	Erdos City	84.14	29.03	55.11	12.77	4.42	8.35
巴彦淖尔市	Bayannaoer City	131.53	25.09	106.45	19.94	3.81	16.13
乌海市	Wuhai City	5.88	5.84	0.04	0.9	0.89	0.01
阿拉善盟	Alashan League	27.99	5.55	22.44	4.22	0.84	3.38

22-72 各盟市入境旅游人数和外汇收入(2016年)

Number of Foreign Tourists and Foreign Exchange Earnings by Region(2016)

地区	Region	入境旅游人数(人次) Total Number of International Tourists Inbound (person-times)	#外国人 Foreigners	旅游外汇收入(万美元) Earnings from International Tourism(USD 10 000)
呼和浩特市	Hohhot City	138611	96974	16336
包头市	Baotou City	39816	32446	4543
呼伦贝尔市	Hulunbeier City	672953	662833	45117
兴安盟	Xingan League	1539	1479	124
通辽市	Tongliao City	26572	16254	2225
赤峰市	Chifeng City	45250	39380	3650
锡林郭勒盟	Xilinguole League	687810	687271	28538
乌兰察布市	Wulanchabu City	42215	29423	3518
鄂尔多斯市	Erdos City	34725	28788	2723
巴彦淖尔市	Bayannaoer City	38773	38276	2985
乌海市	Wuhai City	1903	1030	152
阿拉善盟	Alashan League	48954	48721	3992

22－73 各地区旅行社单位数和国内旅游情况(2016 年末)

Number of Travel Agencies and Domestic Tourism by Region(End of 2016)

地 区	Region	旅行社数(个) Total Number of Travel Agencies (unit)	国内旅游人数(万人次) Number of Tourists (10 000 person times)	国内旅游收入(亿元) Earnings (100 million yuan)
全 区	**Autonomous Regional Total**	**976**	**9627.41**	**2635.56**
呼和浩特市	Hohhot City	226	1621.23	564.07
包 头 市	Baotou City	93	1209.25	398.44
呼伦贝尔市	Hulunbeier City	283	1486.32	478.99
兴 安 盟	Xingan League	58	290.15	45.91
通 辽 市	Tongliao City	27	540.80	132.01
赤 峰 市	Chifeng City	73	865.90	209.88
锡林郭勒盟	Xilinguole League	50	1381.70	313.53
乌兰察布市	Wulanchabu City	35	550.72	68.49
鄂尔多斯市	Erdos City	76	1037.10	300.38
巴彦淖尔市	Bayannaoer City	25	228.40	40.33
乌 海 市	Wuhai City	14	209.64	39.77
阿拉善盟	Alashan League	16	206.20	43.76

22－74 各地区星级宾馆个数(2016 年末)

Number of Stars Hotels by Region(End of 2016)

单位:个 (unit)

地 区	Region	星级宾馆个数 Total Number of Stars Hotels	五星级 Five Stars	四星级 Four Stars	三星级 Three Stars	二星级 Two Stars	一星级 One Stars
全 区	**Autonomous Regional Total**	**318**	**10**	**39**	**137**	**132**	
呼和浩特市	Hohhot City	32	5	8	10	9	
包 头 市	Baotou City	23	2	5	13	3	
呼伦贝尔市	Hulunbeier City	51	1	4	30	16	
兴 安 盟	Xingan League	29		1	10	18	
通 辽 市	Tongliao City	28		2	12	14	
赤 峰 市	Chifeng City	34		6	12	16	
锡林郭勒盟	Xilinguole League	22	1	1	10	10	
乌兰察布市	Wulanchabu City	19		1	5	13	
鄂尔多斯市	Erdos City	32	1	7	19	5	
巴彦淖尔市	Bayannaoer City	22		1	7	14	
乌 海 市	Wuhai City	9		1	2	6	
阿拉善盟	Alashan League	17		2	7	8	

22 – 75 各盟市普通高等学校基本情况(2016 年)

Basic Statistics on Higher Education by Region(2016)

地 区	Region	学校数(所) Number of Schools (unit)	毕业生数(人) Number of Graduates (person)	招生数(人) New Student Enrollment (person)	在校学生数(人) Student Enrollment (person)	教职工数(人) Number of Staff and Teachers (person)	# 专任教师 Full – time Teachers
总 计	**Total**	**53**	**111516**	**133153**	**436699**	**39263**	**25935**
呼和浩特市	Hohhot City	24	62353	68546	237734	18544	11978
包 头 市	Baotou City	5	18939	22363	75105	6402	4484
呼伦贝尔市	Hulunbeier City	4	3977	5749	17434	2425	1571
兴 安 盟	Xingan League	1	1411	2092	5160	596	374
通 辽 市	Tongliao City	3	6805	8001	28528	2658	1863
赤 峰 市	Chifeng City	4	5792	7228	21732	2813	1882
锡林郭勒盟	Xilinguole League	1	2523	3223	8353	1333	632
乌兰察布市	Wulanchabu City	3	5425	6974	19999	1637	1132
鄂尔多斯市	Erdos City	4	760	3350	6657	1100	857
巴彦淖尔市	Bayannaoer City	2	2617	3477	10606	1089	652
乌 海 市	Wuhai City	1	791	1692	4353	257	233
阿拉善盟	Alashan League	1	123	458	1038	409	277

注:毕业生数、招生数、在校学生数不包括成人高校附设普通班学生数。

a) The number of graduates, new student enrollment and student enrollment studing in general class except adult university.

22 – 76 各盟市成人高等学校基本情况(2016 年)

Basic Statistics on Adult Education by Region(2016)

地 区	Region	学校数(所) Number of Schools (unit)	毕业生数(人) Number of Graduates (person)	招生数(人) New Student Enrollment (person)	在校学生数(人) Student Enrollment (person)	教职工数(人) Number of Staff and Teachers (person)	# 专任教师 Full – time Teachers
总 计	**Total**	**1**	**47891**	**8979**	**31080**	**403**	**197**
呼和浩特市	Hohhot City	1	21776	4371	15740	403	197
包 头 市	Baotou City		8736	762	5141		
呼伦贝尔市	Hulunbeier City		2583	614	2274		
兴 安 盟	Xingan League		74	11	48		
通 辽 市	Tongliao City		6503	664	1969		
赤 峰 市	Chifeng City		5603	2022	3838		
锡林郭勒盟	Xilinguole League		330	124	367		
乌兰察布市	Wulanchabu City		1625	81	1055		
鄂尔多斯市	Erdos City						
巴彦淖尔市	Bayannaoer City		443	330	548		
乌 海 市	Wuhai City		136		100		
阿拉善盟	Alashan League		82				

注:毕业生数、招生数,在校学生数中包含普通高校附设成人班学生数。

a) Number of graduates and new student enrollment and student enrodment include the number of students of ordinary classes attached adult colleges.

22－77 各盟市中等专业学校基本情况(2016 年)

Basic Statistics on Specialized Secondary Schools by Region(2016)

地 区	Region	学校数(所) Number of Schools (unit)	毕业生数(人) Number of Graduates (person)	招生数(人) New Student Enrollment (person)	在校学生数(人) Student Enrollment (person)	教职工数(人) Number of Staff and Teachers (person)	# 专任教师 Full－time Teachers
总 计	**Total**	**75**	**32306**	**37730**	**110176**	**5725**	**3892**
呼和浩特市	Hohhot City	40	10333	11558	34084	1995	1157
包 头 市	Baotou City	14	7007	7686	23462	1560	1151
呼伦贝尔市	Hulunbeier City	3	2560	2579	7717	301	186
兴 安 盟	Xingan League	2	723	1014	2294	61	37
通 辽 市	Tongliao City	4	820	1421	4011	161	124
赤 峰 市	Chifeng City	2	2669	4097	11472	371	249
锡林郭勒盟	Xilinguole League		1818	3135	7533		
乌兰察布市	Wulanchabu City	3	1077	671	3276	262	181
鄂尔多斯市	Erdos City	3	2496	2539	7731	429	339
巴彦淖尔市	Bayannaoer City	3	1266	886	3259	367	290
乌 海 市	Wuhai City	1	842	1771	4028	218	178
阿拉善盟	Alashan League		695	373	1309		

注:本表数据不包含成人中专。

a) Date in the Table doesn't include Adult secondary schools.

22－78 各盟市普通中学基本情况(2016 年)

Basic Statistics on Regular Secondary Schools by Region(2016)

地 区	Region	学校数(所) Number of Schools (unit)	毕业生数(人) Number of Graduates (person)			招生数(人) New Student Enrollment (person)		
				初 中 Junior Secondary Schools	高 中 Senior Secondary Schools		初 中 Junior Secondary Schools	高 中 Senior Secondary Schools
总 计	**Total**	**982**	**380485**	**219748**	**160737**	**344285**	**197323**	**146962**
呼和浩特市	Hohhot City	108	49880	29766	20114	44819	25047	19772
包 头 市	Baotou City	94	42245	24217	18028	33410	18340	15070
呼伦贝尔市	Hulunbeier City	159	32201	17894	14307	29502	17974	11528
兴 安 盟	Xingan League	76	21304	12119	9185	21989	13456	8533
通 辽 市	Tongliao City	136	52092	30518	21574	53096	29912	23184
赤 峰 市	Chifeng City	148	71297	39722	31575	68774	41235	27539
锡林郭勒盟	Xilinguole League	39	18178	10749	7429	16047	8767	7280
乌兰察布市	Wulanchabu City	68	28092	15322	12770	22370	11881	10489
鄂尔多斯市	Erdos City	68	27319	16643	10676	24317	13751	10566
巴彦淖尔市	Bayannaoer City	48	24995	15135	9860	19320	11427	7893
乌 海 市	Wuhai City	21	9030	5365	3665	7122	3623	3499
阿拉善盟	Alashan League	17	3852	2298	1554	3519	1910	1609

22－78 续表 continued

地 区	Region	在校学生数(人) Student Enrollment (person)	初中 Junior Secondary Schools	高中 Senior Secondary Schools	教职工数(人) Number of Staff and Teachers (person)	# 专任教师 Full－time Teacher
总 计	**Total**	**1061370**	**612376**	**448994**	**130833**	**91892**
呼和浩特市	Hohhot City	139731	82598	57133	14696	9741
包 头 市	Baotou City	108469	62245	46224	12748	10110
呼伦贝尔市	Hulunbeier City	89862	53084	36778	16110	9844
兴 安 盟	Xingan League	58954	37678	21276	9356	5463
通 辽 市	Tongliao City	155509	87562	67947	16364	11913
赤 峰 市	Chifeng City	204581	118297	86284	23105	17221
锡林郭勒盟	Xilinguole League	53662	27741	25921	5486	5097
乌兰察布市	Wulanchabu City	75039	41195	33844	10048	6472
鄂尔多斯市	Erdos City	79984	47266	32718	10439	7828
巴彦淖尔市	Bayannaoer City	61962	36080	25882	7601	4771
乌 海 市	Wuhai City	23288	12856	10432	3161	2224
阿拉善盟	Alashan League	10329	5774	4555	1719	1208

22－79 各盟市职业中学基本情况(2016年)

Basic Statistics on Vocational Secondary Schools by Region(2016)

地 区	Region	学校数(所) Number of Schools (unit)	毕业生数(人) Number of Graduates (person)	招生数(人) New Student Enrollment (person)	在校学生数(人) Student Enrollment (person)	教职工数(人) Number of Staff and Teachers (person)	# 专任教师 Full－time Teachers
总 计	**Total**	**111**	**29451**	**30052**	**86770**	**10435**	**8162**
呼和浩特市	Hohhot City	14	2847	2913	8060	1186	810
包 头 市	Baotou City	2	1178	1164	3670	197	171
呼伦贝尔市	Hulunbeier City	12	1809	2537	6141	841	668
兴 安 盟	Xingan League	8	1741	2051	5450	706	546
通 辽 市	Tongliao City	12	2679	2317	7644	778	638
赤 峰 市	Chifeng City	30	9254	7664	23177	2434	2004
锡林郭勒盟	Xilinguole League	9	660	703	2005	915	696
乌兰察布市	Wulanchabu City	10	1949	2218	6651	1194	967
鄂尔多斯市	Erdos City	7	3034	3426	9009	1065	847
巴彦淖尔市	Bayannaoer City	5	4217	4975	14772	1070	769
乌 海 市	Wuhai City		60	51	110		
阿拉善盟	Alashan League	2	23	33	81	49	46

注:本表中职业中学指职业高中。

a) In the table Vocational Secondary Schools refer to Vocational high schools.

22－80 各盟市小学基本情况(2016年)

Basic Statistics on Primary Schools by Region(2016)

地 区	Region	学校数(所) Number of Schools (unit)	毕业生数(人) Number of Graduates (person)	招生数(人) New Student Enrollment (person)	在校学生数(人) Student Enrollment (person)	教职工数(人) Number of Staff and Teachers (person)	# 专任教师 Full－time Teachers
总 计	**Total**	**1730**	**198507**	**227594**	**1338134**	**117997**	**99358**
呼和浩特市	Hohhot City	208	24073	30198	175025	11299	10059
包 头 市	Baotou City	136	18516	24476	138601	9135	8888
呼伦贝尔市	Hulunbeier City	138	18132	17932	106284	10960	9980
兴 安 盟	Xingan League	120	13429	14248	86640	9325	8041
通 辽 市	Tongliao City	298	30421	29041	183056	16257	14857
赤 峰 市	Chifeng City	379	41303	42407	253387	24904	18980
锡林郭勒盟	Xilinguole League	69	9090	9891	58746	5742	4555
乌兰察布市	Wulanchabu City	122	12238	13774	85394	10165	6850
鄂尔多斯市	Erdos City	131	13984	27124	135326	10084	8541
巴彦淖尔市	Bayannaoer City	89	11495	12109	74341	7277	5356
乌 海 市	Wuhai City	24	3874	4584	29633	1972	2137
阿拉善盟	Alashan League	16	1952	1810	11701	877	1114

22－81 各盟市幼儿园基本情况(2016年)

Basic Statistics on Kindergartens by Region(2016)

地 区	Region	园 数(所) Number of Kindergartens (unit)	幼儿数(人) Student Enrollment (person)	教职工数(人) Number of Staff and Teachers (person)	# 教 师 Teachers
总 计	**Total**	**3672**	**607529**	**63994**	**39633**
呼和浩特市	Hohhot City	348	66555	8665	4745
包 头 市	Baotou City	312	58036	7581	4648
呼伦贝尔市	Hulunbeier City	349	49573	5413	3333
兴 安 盟	Xingan League	301	35906	3328	2003
通 辽 市	Tongliao City	620	82879	7433	4550
赤 峰 市	Chifeng City	964	117663	10805	6606
锡林郭勒盟	Xilinguole League	112	23181	2590	1646
乌兰察布市	Wulanchabu City	136	26993	2694	1649
鄂尔多斯市	Erdos City	319	87427	10137	7298
巴彦淖尔市	Bayannaoer City	129	39024	2751	1511
乌 海 市	Wuhai City	52	13242	1705	1013
阿拉善盟	Alashan League	30	7050	892	631

22－82 各盟市文化艺术、文物事业单位数(2016年)

Number of Institutions for Culture, Art and Cultural Relics by Region(2016)

单位:个 (unit)

地区	Region	艺术表演团体 Art Performance Troupes	艺术表演场所 Art Performance Places	文化馆 Cultural Centers	公共图书馆 Public Libraries	博物馆 Museums
总计	**Total**	**97**	**20**	**107**	**117**	**87**
呼和浩特市	Hohhot City	5	1	9	10	4
包头市	Baotou City	5	3	11	10	3
呼伦贝尔市	Hulunbeier City	13	1	14	15	20
兴安盟	Xingan League	6	2	6	7	3
通辽市	Tongliao City	9		8	9	5
赤峰市	Chifeng City	10		12	14	11
锡林郭勒盟	Xilinguole League	13	1	13	14	12
乌兰察布市	Wulanchabu City	14	4	12	12	8
鄂尔多斯市	Erdos City	9	4	9	9	6
巴彦淖尔市	Bayannaoer City	7	2	7	8	7
乌海市	Wuhai City	1	1	3	4	3
阿拉善盟	Alashan League	4	1	3	4	4
自治区直属	Units Attached to Autonomous Region	1			1	1

22－83 各盟市县以上政府属研究机构及科技信息与文献机构、人员(2016年)

State－owned R & D and Information Literature Institutions at Above County Level & Persons Engaged by Region(2016)

地区	Region	合计 Total Number			自然科学技术领域研究机构 Field of Natural Sciences & Technology		
		机构(个) Institutions (unit)	从业人员(人) Employees (person)	#科技活动人员 S&T personnel	机构(个) Institutions (unit)	从业人员(人) Employees (person)	#科技活动人员 S&T personnel
总计	**Total**	**93**	**8095**	**6328**	**71**	**7394**	**5669**
呼和浩特市	Hohhot City	38	4010	3105	27	3496	2623
包头市	Baotou City	4	194	149	3	174	129
呼伦贝尔市	Hulunbeier City	9	372	309	8	361	298
兴安盟	Xingan League	6	98	76	5	83	63
通辽市	Tongliao City	6	384	244	4	359	221
赤峰市	Chifeng City	2	299	284	2	299	284
锡林郭勒盟	Xilinguole League	2	997	864	2	997	864
乌兰察布市	Wulanchabu City	5	267	215	4	238	188
鄂尔多斯市	Erdos City	8	526	441	6	479	398
巴彦淖尔市	Bayannaoer City	7	552	539	6	530	517
乌海市	Wuhai City	2	30	30	1	23	23
阿拉善盟	Alashan League	4	366	72	3	355	61

22－83 续表 continued

地 区	Region	社会、人文科学技术领域 Field of Social Sciences & Humanities			科技信息和文献机构 Technical Information & Literature Institutions		
		机构（个） Institutions (unit)	从业人员（人） Employees (person)	# 科技活动人员 S&T personnel	机构（个） Institutions (unit)	从业人员（人） Employees (person)	# 科技活动人员 S&T personnel
总 计	**Total**	**11**	**493**	**463**	**11**	**208**	**196**
呼和浩特市	Hohhot City	9	449	420	2	65	62
包 头 市	Baotou City				1	20	20
呼伦贝尔市	Hulunbeier City				1	11	11
兴 安 盟	Xingan League				1	15	13
通 辽 市	Tongliao City	1	8	8	1	17	15
赤 峰 市	Chifeng City						
锡林郭勒盟	Xilinguole League						
乌兰察布市	Wulanchabu City				1	29	27
鄂尔多斯市	Erdos City	1	36	35	1	11	8
巴彦淖尔市	Bayannaoer City				1	22	22
乌 海 市	Wuhai City				1	7	7
阿拉善盟	Alashan League				1	11	11

22－84 各盟市旗县以上政府属研究机构及科技信息与文献机构科技活动收入和科技经费支出总额(2016 年)

Total Funds & Expenditures of State－Owned Research & Technical Information and Literature Institutions above County Level by Region(2016)

单位:万元 (10 000 yuan)

地 区	Region	合计 Total				自然科学技术领域研究机构 Field of Natural Sciences & Tech & Trasformed Institution			
		科技经费筹集总额 Funds For Science and Technology	# 政府资金 Government Funds	科技经费内部支出总额 Intramural Expenditures	R&D 经费支出 Funds of R&D	科技经费筹集总额 Funds For Science and Technology	# 政府资金 Government Funds	科技经费内部支出总额 Intramural Expenditures	R&D 经费支出 Funds of R&D
总 计	**Total**	**157909**	**146910**	**170287**	**73586**	**131980**	**121344**	**145178**	**54955**
呼和浩特市	Hohhot City	95879	88039	106067	54326	72803	65326	83465	35695
包 头 市	Baotou City	8037	8037	5474	3235	7699	7699	5242	3235
呼伦贝尔市	Hulunbeier City	5956	5956	6381	2227	5715	5715	6192	2227
兴 安 盟	Xingan League	1701	1648	1428	595	1590	1537	1278	595
通 辽 市	Tongliao City	6368	6368	6844	2654	5990	5990	6535	2654
赤 峰 市	Chifeng City	4877	4108	3889	2203	4877	4108	3889	2203
锡林郭勒盟	Xilinguole League	14190	12546	16948	2029	14190	12546	16948	2029
乌兰察布市	Wulanchabu City	2834	2834	2327	462	2531	2531	2030	462
鄂尔多斯市	Erdos City	7369	7084	10760	1356	6421	6136	9917	1356
巴彦淖尔市	Bayannaoer City	8805	8484	8154	3463	8589	8268	7932	3463
乌 海 市	Wuhai City	492	492	476		348	348	346	
阿拉善盟	Alashan League	1400	1315	1540	1036	1229	1144	1404	1036

22－84 续表 continued

单位：万元 (10 000 yuan)

地 区	Region	社会、人文科学技术领域 Field of Social Sciences and Humanities				科技信息和文献机构 Scientific Technical Information and Literature Institutions			
		科技经费筹集总额 Funds For Science and Technology	# 政府资金 Government Funds	科技经费内部支出总额 Intramural Expenditures	R&D 经费支出 Funds of R&D	科技经费筹集总额 Funds For Science and Technology	# 政府资金 Government Funds	科技经费内部支出总额 Intramural Expenditures	R&D 经费支出 Funds of R&D
总 计	**Total**	**22767**	**22404**	**22195**	**18080**	**3162**	**3162**	**2914**	**551**
呼和浩特市	Hohhot City	21715	21352	21263	18080	1361	1361	1339	551
包 头 市	Baotou City					339	339	232	
呼伦贝尔市	Hulunbeier City					242	242	189	
兴 安 盟	Xingan League					111	111	149	
通 辽 市	Tongliao City	289	289	230		89	89	79	
赤 峰 市	Chifeng City								
锡林郭勒盟	Xilinguole League								
乌兰察布市	Wulanchabu City					304	304	298	
鄂尔多斯市	Erdos City	763	763	702		185	185	141	
巴彦淖尔市	Bayannaoer City					216	216	222	
乌 海 市	Wuhai City					144	144	130	
阿拉善盟	Alashan League					171	171	136	

22－85 各盟市卫生机构、床位(2016年)

Number of Health Institutions, Beds by Region(2016)

地 区	Region	机构数(个) Health Institutions (unit)	# 医院、卫生院 Hospital	#疾病预防控制中心 CDC	# 妇幼保健所、站 Maternity and Child Care Centers	床位合计(张) Beds Total (unit)	# 医院、卫生院 Hospital
总 计	**Total**	**23998**	**2041**	**117**	**113**	**139190**	**129678**
呼和浩特市	Hohhot City	2017	185	12	11	18776	17775
包 头 市	Baotou City	1742	137	11	10	17334	15825
呼伦贝尔市	Hulunbeier City	1995	221	16	15	14267	13606
兴 安 盟	Xingan League	1699	120	6	6	7617	7153
通 辽 市	Tongliao City	4560	241	10	9	16396	15354
赤 峰 市	Chifeng City	4580	326	11	13	25301	23899
锡林郭勒盟	Xilinguole League	1336	166	14	14	4904	4619
乌兰察布市	Wulanchabu City	2109	227	12	12	8100	7465
鄂尔多斯市	Erdos City	1651	173	9	9	11441	10878
巴彦淖尔市	Bayannaoer City	1659	163	8	8	10174	8865
乌 海 市	Wuhai City	313	28	4	3	3751	3203
阿拉善盟	Alashan League	337	54	4	3	1129	1036

22-86 各盟市卫生机构人员(2016 年)

Number of Persons Engaged in Health Institutions by Region(2016)

单位:人 (person)

地 区	Region	卫生机构人员 Total	卫生技术人员 Medical Technical Personnel	执业医师、执业助理医师 Doctors	# 执业医师 Physician	注册护师、护士 Registered Senior and Junior Nurses
总 计	**Total**	**221338**	**170466**	**66435**	**57030**	**66461**
呼和浩特市	Hohhot City	31947	24563	9461	8521	10690
包 头 市	Baotou City	27685	22668	8264	7614	10237
呼伦贝尔市	Hulunbeier City	25646	20138	7544	6304	8086
兴 安 盟	Xingan League	12919	9674	3644	2846	3397
通 辽 市	Tongliao City	24636	16913	6873	5716	5903
赤 峰 市	Chifeng City	37490	28444	11494	9524	10601
锡林郭勒盟	Xilinguole League	9542	7574	3224	2766	2562
乌兰察布市	Wulanchabu City	12940	9005	3681	2944	3049
鄂尔多斯市	Erdos City	16176	13308	5109	4573	4971
巴彦淖尔市	Bayannaoer City	14093	11464	4592	3952	4351
乌 海 市	Wuhai City	5580	4626	1646	1504	1896
阿拉善盟	Alashan League	2684	2089	903	766	718

注:本表数据包含村卫生室数。
a) Date in the Table include the Village clinics.

22-87 各盟市交通事故(2016 年)

Basic Statistics on Traffic Accidents by Region(2016)

地 区	Region	发生数(起) Number of Traffic Accidents (case)	死亡人数(人) Number of Deaths (person)	受伤人数(人) Number of Injuries (person)	直接经济损失(万元) Direct Losses (10000yuan)
总 计	**Total**	**3171**	**972**	**3297**	**1392.6**
呼和浩特市	Hohhot City	671	104	695	251.1
包 头 市	Baotou City	973	87	1106	120.3
呼伦贝尔市	Hulunbeier City	130	105	81	54.6
兴 安 盟	Xingan League	75	53	61	61.6
通 辽 市	Tongliao City	487	113	493	127.4
赤 峰 市	Chifeng City	146	149	106	67.7
锡林郭勒盟	Xilinguole League	69	48	93	102.9
乌兰察布市	Wulanchabu City	110	61	106	28.4
鄂尔多斯市	Erdos City	230	115	231	136.6
巴彦淖尔市	Bayannaoer City	63	56	36	11.1
乌 海 市	Wuhai City	47	30	79	31.5
阿拉善盟	Alashan League	104	18	124	55.2
高速公路支队	Expressway Detachment	66	33	86	344.1

22－88 各盟市火灾事故(2016 年)

Basic Statistics on Fires by Region(2016)

地 区	Region	发生数(起) Number of Traffic Accidents (case)	死亡人数(人) Number of Deaths (person)	受伤人数(人) Number of Injuries (person)	直接经济损失(万元) Direct Losses (10000yuan)
总 计	**Total**	**8295**	**34**	**15**	**8153.06**
呼和浩特市	Hohhot City	2353	13	1	710.67
包 头 市	Baotou City	811	1	3	496.92
呼伦贝尔市	Hulunbeier City	1065	4	4	2066.76
兴 安 盟	Xingan League	115	2	2	416.53
通 辽 市	Tongliao City	517	1	3	558.97
赤 峰 市	Chifeng City	965	8	2	999.69
锡林郭勒盟	Xilinguole League	323	3		496.46
乌兰察布市	Wulanchabu City	327			1207.56
鄂尔多斯市	Erdos City	439	1		334.85
巴彦淖尔市	Bayannaoer City	703			501.02
乌 海 市	Wuhai City	609	1		141.96
阿拉善盟	Alashan League	53			193.67
内蒙古森工集团	Inner Mongolia Forest Industry Group	15			28.00

22－89 各盟市能源消费(2016 年)

Consumption of Energy By Region(2016)

地 区	Region	能源消费总量(万吨标准煤) Total Consumption of Energy (10 000 tons of SCE)	能源消费比上年增长(%) Growth Rate of Energy Consumption over Preceding Year (%)	单位 GDP 能耗变化率(±%) Change rate of Energy Consumption Per Unit of GDP (±%)
呼和浩特市	Hohhot City	1542.54	0.71	-6.53
包 头 市	Baotou City	4154.06	2.34	-4.92
呼伦贝尔市	Hulunbeier City	1281.91	2.24	-4.42
兴 安 盟	Xingan League	381.60	8.85	0.74
通 辽 市	Tongliao City	1900.33	6.25	-1.10
赤 峰 市	Chifeng City	1679.48	1.21	-5.69
锡林郭勒盟	Xilinguole League	832.45	-3.16	-9.62
乌兰察布市	Wulanchabu City	1452.53	5.68	-1.00
鄂尔多斯市	Erdos City	3514.20	3.64	-3.45
巴彦淖尔市	Bayannaoer City	940.96	1.75	-4.86
乌 海 市	Wuhai City	1614.27	3.31	-3.26
阿拉善盟	Alashan League	649.36	0.56	-6.74

注:各盟市单位 GDP 能耗采用 2015 年不变价 GDP 计算。

a) The Energy Consumption Per Unit of GDP is calculated at 2015 constant prices.

2017 NEIMENGGU

二十三、旗县区资料

Statistics of Banners,Counties and Districts

资料整理：张利珍　于瑾
Arranged By　Zhang Lizhen , Yu Jin

23－1 各旗县(区)按年末总人口排序(2016年)

Banners, Counties and Districts Ranked by Population (Year end of 2016)

单位:人 (person)

位次 Order	旗县(区)名称	Name of Banners, Counties and Districts	年末户籍人口 The Registered Population Year－end
1	通辽市科尔沁区	Keerqin District in Tongliao City	843274
2	赤峰市宁城县	Ningcheng County in Chifeng City	614562
3	赤峰市敖汉旗	Aohan Banner in Chifeng City	609451
4	赤峰市松山区	Songshan District in Chifeng City	586568
5	通辽市科尔沁左翼中旗	Keerqinzuoyizhong Banner in Tongliao City	529064
6	巴彦淖尔市临河区	Linhe District in Bayannaoer City	521376
7	包头市昆都仑区	Kundulun District in Baotou City	515107
8	呼和浩特市赛罕区	Saihan District in Hohhot City	484800
9	赤峰市翁牛特旗	Wengniute Banner in Chifeng City	481297
10	通辽市奈曼旗	Naiman Banner in Tongliao City	447502
11	包头市东河区	Donghe District in Baotou City	417407
12	呼伦贝尔市扎兰屯市	Zhalantun City in Hulunbeier City	412011
13	通辽市科尔沁左翼后旗	Keerqinzuoyihou Banner in Tongliao City	405455
14	呼和浩特市新城区	Xincheng District in Hohhot City	398028
15	通辽市开鲁县	Kailu County in Tongliao City	396388
16	兴安盟扎赉特旗	Zhalaite Banner in Xingan League	390877
17	包头市青山区	Qingshan District in Baotou City	389568
18	鄂尔多斯市达拉特旗	Dalate Banner in Erdos City	369306
19	呼和浩特市土默特左旗	Tumotezuo Banner in Hohhot City	365925
20	包头市土默特右旗	Tumoteyou Banner in Baotou City	365616
21	赤峰市红山区	Hongshan District in Chifeng City	354204
22	赤峰市喀喇沁旗	Kalaqin Banner in Chifeng City	347452
23	赤峰市巴林左旗	Balinzuo Banner in Chifeng City	347079
24	呼伦贝尔市牙克石市	Yakeshi City in Hulunbeier City	335827
25	巴彦淖尔市乌拉特前旗	Wulateqian Banner in Bayannaoer City	333653
26	乌兰察布市商都县	Shangdu County in Wulanchabu City	332999
27	兴安盟科尔沁右翼前旗	Keerqinyouyiqian Banner in Xingan League	332815
28	鄂尔多斯市准格尔旗	Zhungeer Banner in Erdos City	326516
29	赤峰市元宝山区	Yuanbaoshan District in Chifeng City	323063
30	兴安盟乌兰浩特市	Wulanhaote City in Xingan League	321581
31	呼伦贝尔市阿荣旗	Arong Banner in Hulunbeier City	320766
32	乌兰察布市兴和县	Xinghe County in Wulanchabu City	320005
33	呼伦贝尔市莫力达瓦达斡尔族自治旗	Molidawadawoer National Autonomous Banner in Hulunbeier City	319345
34	乌兰察布市集宁区	Jining District in Wulanchabu City	316975

23－1 续表 1 Continued

单位：人 (person)

位次 Order	旗县(区)名称	Name of Banners, Counties and Districts	年末户籍人口 The Registered Population Year－end
35	乌兰察布市丰镇市	Fengzhen City in Wulanchabu City	316723
36	通辽市扎鲁特旗	Zhalute Banner in Tongliao City	306149
37	兴安盟突泉县	Tuquan County in Xingan League	303694
38	赤峰市阿鲁科尔沁旗	Alukeerqin Banner in Chifeng City	297765
39	巴彦淖尔市杭锦后旗	Hangjinhou Banner in Bayannaoer City	295918
40	呼伦贝尔市海拉尔区	Hailaer District in Hulunbeier City	282726
41	巴彦淖尔市五原县	Wuyuan County in Bayannaoer City	281315
42	鄂尔多斯市东胜区	Dongsheng District in Erdos City	262941
43	兴安盟科尔沁右翼中旗	Keerqinyouyizhong Banner in Xingan League	255494
44	呼伦贝尔市鄂伦春自治旗	Elunchun National Autonomous Banner in Hulunbeier City	254566
45	赤峰市克什克腾旗	Keshiketeng Banner in Chifeng City	249757
46	乌海市海勃湾区	Haibowan District in Wuhai City	237034
47	乌兰察布市凉城县	Liangcheng County in Wulanchabu City	236592
48	呼和浩特市回民区	Huimin District in Hohhot City	236162
49	赤峰市林西县	Linxi County in Chifeng City	234284
50	乌兰察布市察哈尔右翼前旗	Chahaeryouyiqian Banner in Wulanchabu City	216558
51	乌兰察布市四子王旗	Siziwang Banner in Wulanchabu City	213129
52	锡林郭勒盟太仆寺旗	Taipusi Banner in Xilinguole League	210041
53	乌兰察布市察哈尔右翼后旗	Chahaeryouyihou Banner in Wulanchabu City	209411
54	乌兰察布市察哈尔右翼中旗	Chahaeryouyizhong Banner in Wulanchabu City	204556
55	呼和浩特市托克托县	Tuoketuo County in Hohhot City	203936
56	乌兰察布市卓资县	Zhuozi County in Wulanchabu City	203646
57	呼和浩特市玉泉区	Yuquan District in Hohhot City	202564
58	呼和浩特市和林格尔县	Helingeer County in Hohhot City	202240
59	包头市固阳县	Guyang County in Baotou City	200435
60	锡林郭勒盟锡林浩特市	Xilinhaote City in Xilinguole League	186930
61	赤峰市巴林右旗	Balinyou Banner in Chifeng City	184603
62	通辽市库伦旗	Kulun Banner in Tongliao City	179094
63	鄂尔多斯市伊金霍洛旗	Yijinhuoluo Banner in Erdos City	174850
64	呼和浩特市武川县	Wuchuan County in Hohhot City	173552
65	呼伦贝尔市满洲里市	Manzhouli City in Hulunbeier City	172137
66	包头市九原区	Jiuyuan District in Baotou City	167840
67	乌兰察布市化德县	Huade County in Wulanchabu City	164542
68	阿拉善盟阿拉善左旗	Alashanzuo Banner in Alashan League	143690

23－1 续表 2 Continued

单位：人 (person)

位 次 Order	旗县(区)名称	Name of Banners, Counties and Districts	年末户籍人口 The Registered Population Year－end
69	鄂尔多斯市杭锦旗	Hangjin Banner in Erdos City	143540
70	巴彦淖尔市乌拉特中旗	Wulatezhong Banner in Bayannaoer City	142617
71	呼和浩特市清水河县	Qingshuihe County in Hohhot City	142482
72	呼伦贝尔市根河市	Genhe City in Hulunbeier City	140056
73	呼伦贝尔市鄂温克族自治旗	Ewenke National Autonomous Banner in Hulunbeier City	139403
74	乌海市乌达区	Wuda District in Wuhai City	119556
75	巴彦淖尔市磴口县	Dengkou County in Bayannaoer City	115872
76	鄂尔多斯市乌审旗	Wushen Banner in Erdos City	113377
77	包头市达尔罕茂明安联合旗	Daerhanmaomingan Union Banner in Baotou City	111846
78	锡林郭勒盟多伦县	Duolun County in Xilinguole League	110516
79	鄂尔多斯市鄂托克旗	Etuoke Banner in Erdos City	97910
80	乌海市海南区	Hainan District in Wuhai City	87975
81	呼伦贝尔市满洲里扎赉诺尔区	Zhalainuoer District of Manzhouli City in Hulunbeier City	87649
82	锡林郭勒盟正蓝旗	Zhenglan Banner in Xilinguole League	83951
83	通辽市霍林郭勒市	Huolinguole City in Tongliao City	82102
84	锡林郭勒盟东乌珠穆沁旗	Dongwuzhumuqin Banner in Xilinguole League	81438
85	呼伦贝尔市额尔古纳市	Eerguna City in Hulunbeier City	80991
86	锡林郭勒盟西乌珠穆沁旗	xiwuzhumuqin Banner in Xilinguole League	80220
87	鄂尔多斯市鄂托克前旗	Etuokeqian Banner in Erdos City	79556
88	锡林郭勒盟正镶白旗	Zhengxiangbai Banner in Xilinguole League	72319
89	锡林郭勒盟苏尼特右旗	Suniteyou Banner in Xilinguole League	68102
90	巴彦淖尔市乌拉特后旗	Wulatehou Banner in Bayannaoer City	58717
91	呼伦贝尔市陈巴尔虎旗	Chenbaerhu Banner in Hulunbeier City	56400
92	包头市石拐区	Shiguai District in Baotou City	52114
93	兴安盟阿尔山市	Aershan City in Xingan League	45951
94	锡林郭勒盟阿巴嘎旗	Abaga Banner in Xilinguole League	44440
95	呼伦贝尔市新巴尔虎左旗	Xinbaerhuzuo Banner in Hulunbeier City	42093
96	呼伦贝尔市新巴尔虎右旗	Xinbaerhuyou Banner in Hulunbeier City	35138
97	锡林郭勒盟苏尼特左旗	Sunitezuo Banner in Xilinguole League	34620
98	锡林郭勒盟二连浩特市	Erlianhaote City in Xilinguole League	32189
99	锡林郭勒盟镶黄旗	Xianghuang Banner in Xilinguole League	31516
100	鄂尔多斯市康巴什区	Kangbashi District in Erdos City	26400
101	阿拉善盟阿拉善右旗	Alashanyou Banner in Alashan League	25050
102	阿拉善盟额济纳旗	Ejina Banner in Alashan League	18332
103	包头市白云矿区	Baiyun Mineral District in Baotou City	17095

23-2 各旗县(区)按生产总值排序(2016年)

Banners, Counties and Districts Ranked by Gross Domestic Product(2016)

单位:万元 (10 000 yuan)

位次 Order	旗县(区)名称	Name of Banners, Counties and Districts	生产总值 GDP
1	鄂尔多斯市准格尔旗	Zhungeer Banner in Erdos City	11432000
2	包头市昆都仑区	Kundulun District in Baotou City	11357950
3	鄂尔多斯市东胜区	Dongsheng District in Erdos City	9427200
4	包头市青山区	Qingshan District in Baotou City	9186929
5	呼和浩特市新城区	Xincheng District in Hohhot City	7777650
6	通辽市科尔沁区	Keerqin District in Tongliao City	7296811
7	鄂尔多斯市伊金霍洛旗	Yijinhuoluo Banner in Erdos City	6814200
8	呼和浩特市赛罕区	Saihan District in Hohhot City	6572066
9	包头市东河区	Donghe District in Baotou City	5349975
10	鄂尔多斯市达拉特旗	Dalate Banner in Erdos City	4908000
11	鄂尔多斯市鄂托克旗	Etuoke Banner in Erdos City	4534600
12	呼和浩特市回民区	Huimin District in Hohhot City	4245525
13	鄂尔多斯市乌审旗	Wushen Banner in Erdos City	4124600
14	包头市土默特右旗	Tumoteyou Banner in Baotou City	3539314
15	包头市九原区	Jiuyuan District in Baotou City	3506383
16	呼和浩特市玉泉区	Yuquan District in Hohhot City	3279562
17	赤峰市红山区	Hongshan District in Chifeng City	3269626
18	呼伦贝尔市海拉尔区	Hailaer District in Hulunbeier City	3036194
19	巴彦淖尔市临河区	Linhe District in Bayannaoer City	2972700
20	通辽市霍林郭勒市	Huolinguole City in Tongliao City	2961674
21	赤峰市松山区	Songshan District in Chifeng City	2701375
22	阿拉善盟阿拉善左旗	Alashanzuo Banner in Alashan League	2695200
23	赤峰市元宝山区	Yuanbaoshan District in Chifeng City	2507440
24	呼和浩特市托克托县	Tuoketuo County in Hohhot City	2495512
25	呼和浩特市土默特左旗	Tumotezuo Banner in Hohhot City	2433205
26	乌海市海勃湾区	Haibowan District in Wuhai City	2417437
27	呼伦贝尔市满洲里市	Manzhouli City in Hulunbeier City	2415531
28	呼伦贝尔市牙克石市	Yakeshi City in Hulunbeier City	2300927
29	锡林郭勒盟锡林浩特市	Xilinhaote City in Xilinguole League	2281409
30	通辽市开鲁县	Kailu County in Tongliao City	2226878
31	包头市达尔罕茂明安联合旗	Daerhanmaomingan Union Banner in Baotou City	2128304
32	通辽市扎鲁特旗	Zhalute Banner in Tongliao City	2063555
33	呼伦贝尔市扎兰屯市	Zhalantun City in Hulunbeier City	1879193
34	乌兰察布市集宁区	Jining District in Wulanchabu City	1878503

23－2 续表 1 Continued

单位:万元 (10 000 yuan)

位次 Order	旗县(区)名称	Name of Banners, Counties and Districts	生产总值 GDP
35	赤峰市宁城县	Ningcheng County in Chifeng City	1826569
36	赤峰市敖汉旗	Aohan Banner in Chifeng City	1768574
37	乌海市乌达区	Wuda District in Wuhai City	1707132
38	通辽市科尔沁左翼后旗	Keerqinzuoyihou Banner in Tongliao City	1704874
39	兴安盟乌兰浩特市	Wulanhaote City in Xingan League	1683433
40	通辽市科尔沁左翼中旗	Keerqinzuoyizhong Banner in Tongliao City	1682138
41	呼伦贝尔市阿荣旗	Arong Banner in Hulunbeier City	1641498
42	乌海市海南区	Hainan District in Wuhai City	1608505
43	赤峰市克什克腾旗	Keshiketeng Banner in Chifeng City	1579122
44	通辽市奈曼旗	Naiman Banner in Tongliao City	1578494
45	呼和浩特市和林格尔县	Helingeer County in Hohhot City	1575379
46	赤峰市翁牛特旗	Wengniute Banner in Chifeng City	1539689
47	巴彦淖尔市乌拉特前旗	Wulateqian Banner in Bayannaoer City	1462297
48	乌兰察布市丰镇市	Fengzhen City in Wulanchabu City	1462225
49	巴彦淖尔市杭锦后旗	Hangjinhou Banner in Bayannaoer City	1390100
50	锡林郭勒盟东乌珠穆沁旗	Dongwuzhumuqin Banner in Xilinguole League	1376278
51	鄂尔多斯市鄂托克前旗	Etuokeqian Banner in Erdos City	1364200
52	赤峰市巴林左旗	Balinzuo Banner in Chifeng City	1304941
53	包头市固阳县	Guyang County in Baotou City	1199384
54	锡林郭勒盟西乌珠穆沁旗	xiwuzhumuqin Banner in Xilinguole League	1185420
55	赤峰市阿鲁科尔沁旗	Alukeerqin Banner in Chifeng City	1174009
56	呼伦贝尔市鄂温克族自治旗	Ewenke National Autonomous Banner in Hulunbeier City	1156879
57	巴彦淖尔市五原县	Wuyuan County in Bayannaoer City	1139500
58	锡林郭勒盟二连浩特市	Erlianhaote City in Xilinguole League	1096575
59	呼伦贝尔市莫力达瓦达斡尔族自治旗	Molidawadawoer National Autonomous Banner in Hulunbeier City	1064971
60	包头市石拐区	Shiguai District in Baotou City	1036292
61	巴彦淖尔市乌拉特中旗	Wulatezhong Banner in Bayannaoer City	1017600
62	兴安盟科尔沁右翼前旗	Keerqinyouyiqian Banner in Xingan League	1004706
63	鄂尔多斯市杭锦旗	Hangjin Banner in Erdos City	1002300
64	呼伦贝尔市陈巴尔虎旗	Chenbaerhu Banner in Hulunbeier City	942445
65	兴安盟扎赉特旗	Zhalaite Banner in Xingan League	934825
66	乌兰察布市察哈尔右翼前旗	Chahaeryouyiqian Banner in Wulanchabu City	921747
67	呼和浩特市武川县	Wuchuan County in Hohhot City	855531
68	鄂尔多斯市康巴什区	Kangbashi District in Erdos City	839900

23－2 续表 2 Continued

单位：万元 (10 000 yuan)

位 次 Order	旗县(区)名称	Name of Banners, Counties and Districts	生产总值 GDP
69	锡林郭勒盟多伦县	Duolun County in Xilinguole League	837141
70	赤峰市林西县	Linxi County in Chifeng City	832112
71	赤峰市巴林右旗	Balinyou Banner in Chifeng City	830837
72	呼伦贝尔市新巴尔虎右旗	Xinbaerhuyou Banner in Hulunbeier City	807686
73	乌兰察布市凉城县	Liangcheng County in Wulanchabu City	781030
74	兴安盟突泉县	Tuquan County in Xingan League	763543
75	赤峰市喀喇沁旗	Kalaqin Banner in Chifeng City	756724
76	乌兰察布市察哈尔右翼后旗	Chahaeryouyihou Banner in Wulanchabu City	733021
77	通辽市库伦旗	Kulun Banner in Tongliao City	720695
78	呼和浩特市清水河县	Qingshuihe County in Hohhot City	718800
79	呼伦贝尔市鄂伦春自治旗	Elunchun National Autonomous Banner in Hulunbeier City	696130
80	锡林郭勒盟正蓝旗	Zhenglan Banner in Xilinguole League	675194
81	兴安盟科尔沁右翼中旗	Keerqinyouyizhong Banner in Xingan League	659619
82	乌兰察布市兴和县	Xinghe County in Wulanchabu City	659396
83	乌兰察布市卓资县	Zhuozi County in Wulanchabu City	658172
84	呼伦贝尔市满洲里扎赉诺尔区	Zhalainuoer District of Manzhouli City in Hulunbeier City	653426
85	锡林郭勒盟苏尼特右旗	Suniteyou Banner in Xilinguole League	650036
86	巴彦淖尔市乌拉特后旗	Wulatehou Banner in Bayannaoer City	645800
87	锡林郭勒盟阿巴嘎旗	Abaga Banner in Xilinguole League	643017
88	乌兰察布市商都县	Shangdu County in Wulanchabu City	612002
89	乌兰察布市察哈尔右翼中旗	Chahaeryouyizhong Banner in Wulanchabu City	577174
90	乌兰察布市四子王旗	Siziwang Banner in Wulanchabu City	573952
91	锡林郭勒盟镶黄旗	Xianghuang Banner in Xilinguole League	540809
92	锡林郭勒盟太仆寺旗	Taipusi Banner in Xilinguole League	540263
93	乌兰察布市化德县	Huade County in Wulanchabu City	531471
94	巴彦淖尔市磴口县	Dengkou County in Bayannaoer City	527800
95	锡林郭勒盟苏尼特左旗	Sunitezuo Banner in Xilinguole League	497809
96	呼伦贝尔市额尔古纳市	Eerguna City in Hulunbeier City	477728
97	阿拉善盟额济纳旗	Ejina Banner in Alashan League	439078
98	呼伦贝尔市根河市	Genhe City in Hulunbeier City	429977
99	包头市白云矿区	Baiyun Mineral District in Baotou City	411300
100	锡林郭勒盟正镶白旗	Zhengxiangbai Banner in Xilinguole League	341012
101	阿拉善盟阿拉善右旗	Alashanyou Banner in Alashan League	292140
102	呼伦贝尔市新巴尔虎左旗	Xinbaerhuzuo Banner in Hulunbeier City	286764
103	兴安盟阿尔山市	Aershan City in Xingan League	174836

23－3 各旗县(区)按人均生产总值排序(2016 年)

Banners, Counties and Districts Ranked by Per Capita GDP (2016)

单位:元 (yuan)

位次 Order	旗县(区)名称	Name of Banners, Counties and Districts	人均生产总值 Per Capita GDP
1	鄂尔多斯市伊金霍洛旗	Yijinhuoluo Banner in Erdos City	329029
2	鄂尔多斯市乌审旗	Wushen Banner in Erdos City	310004
3	鄂尔多斯市准格尔旗	Zhungeer Banner in Erdos City	307023
4	通辽市霍林郭勒市	Huolinguole City in Tongliao City	285600
5	鄂尔多斯市鄂托克旗	Etuoke Banner in Erdos City	282090
6	包头市石拐区	Shiguai District in Baotou City	270926
7	呼伦贝尔市新巴尔虎右旗	Xinbaerhuyou Banner in Hulunbeier City	230356
8	包头市达尔罕茂明安联合旗	Daerhanmaomingan Union Banner in Baotou City	219187
9	鄂尔多斯市鄂托克前旗	Etuokeqian Banner in Erdos City	191871
10	锡林郭勒盟镶黄旗	Xianghuang Banner in Xilinguole League	186808
11	鄂尔多斯市东胜区	Dongsheng District in Erdos City	185886
12	包头市青山区	Qingshan District in Baotou City	178283
13	呼伦贝尔市陈巴尔虎旗	Chenbaerhu Banner in Hulunbeier City	166557
14	阿拉善盟额济纳旗	Ejina Banner in Alashan League	160646
15	包头市九原区	Jiuyuan District in Baotou City	157202
16	锡林郭勒盟苏尼特左旗	Sunitezuo Banner in Xilinguole League	152937
17	锡林郭勒盟阿巴嘎旗	Abaga Banner in Xilinguole League	152374
18	锡林郭勒盟二连浩特市	Erlianhaote City in Xilinguole League	150732
19	乌海市海南区	Hainan District in Wuhai City	150117
20	包头市白云矿区	Baiyun Mineral District in Baotou City	148752
21	鄂尔多斯市达拉特旗	Dalate Banner in Erdos City	147809
22	包头市昆都仑区	Kundulun District in Baotou City	145363
23	锡林郭勒盟东乌珠穆沁旗	Dongwuzhumuqin Banner in Xilinguole League	144719
24	阿拉善盟阿拉善左旗	Alashanzuo Banner in Alashan League	135002
25	锡林郭勒盟西乌珠穆沁旗	xiwuzhumuqin Banner in Xilinguole League	128362
26	呼和浩特市新城区	Xincheng District in Hohhot City	125385
27	乌海市乌达区	Wuda District in Wuhai City	124745
28	包头市土默特右旗	Tumoteyou Banner in Baotou City	119672
29	呼和浩特市托克托县	Tuoketuo County in Hohhot City	119146
30	阿拉善盟阿拉善右旗	Alashanyou Banner in Alashan League	109910
31	呼伦贝尔市海拉尔区	Hailaer District in Hulunbeier City	107837
32	巴彦淖尔市乌拉特后旗	Wulatehou Banner in Bayannaoer City	99354
33	包头市东河区	Donghe District in Baotou City	97859
34	呼和浩特市回民区	Huimin District in Hohhot City	97565

23－3 续表 1 Continued

单位:元 (yuan)

位 次 Order	旗县(区)名称	Name of Banners, Counties and Districts	人均生产总值 Per Capita GDP
35	呼伦贝尔市满洲里市	Manzhouli City in Hulunbeier City	97400
36	呼和浩特市赛罕区	Saihan District in Hohhot City	94392
37	锡林郭勒盟苏尼特右旗	Suniteyou Banner in Xilinguole League	93195
38	呼和浩特市和林格尔县	Helingeer County in Hohhot City	88879
39	鄂尔多斯市杭锦旗	Hangjin Banner in Erdos City	88582
40	锡林郭勒盟锡林浩特市	Xilinhaote City in Xilinguole League	86384
41	锡林郭勒盟多伦县	Duolun County in Xilinguole League	83009
42	呼伦贝尔市鄂温克族自治旗	Ewenke National Autonomous Banner in Hulunbeier City	82880
43	锡林郭勒盟正蓝旗	Zhenglan Banner in Xilinguole League	81545
44	呼和浩特市武川县	Wuchuan County in Hohhot City	80787
45	赤峰市克什克腾旗	Keshiketeng Banner in Chifeng City	79283
46	通辽市科尔沁区	Keerqin District in Tongliao City	78948
47	呼和浩特市玉泉区	Yuquan District in Hohhot City	78722
48	呼和浩特市清水河县	Qingshuihe County in Hohhot City	78088
49	呼伦贝尔市满洲里扎赉诺尔区	Zhalainuoer District of Manzhouli City in Hulunbeier City	77881
50	乌海市海勃湾区	Haibowan District in Wuhai City	77222
51	通辽市扎鲁特旗	Zhalute Banner in Tongliao City	76048
52	呼和浩特市土默特左旗	Tumotezuo Banner in Hohhot City	75754
53	赤峰市元宝山区	Yuanbaoshan District in Chifeng City	74985
54	巴彦淖尔市乌拉特中旗	Wulatezhong Banner in Bayannaoer City	72686
55	赤峰市红山区	Hongshan District in Chifeng City	70925
56	包头市固阳县	Guyang County in Baotou City	70552
57	呼伦贝尔市新巴尔虎左旗	Xinbaerhuzuo Banner in Hulunbeier City	68159
58	呼伦贝尔市牙克石市	Yakeshi City in Hulunbeier City	68150
59	锡林郭勒盟正镶白旗	Zhengxiangbai Banner in Xilinguole League	64708
60	乌兰察布市集宁区	Jining District in Wulanchabu City	59263
61	呼伦贝尔市额尔古纳市	Eerguna City in Hulunbeier City	58922
62	通辽市开鲁县	Kailu County in Tongliao City	56823
63	鄂尔多斯市康巴什区	Kangbashi District in Erdos City	54717
64	巴彦淖尔市杭锦后旗	Hangjinhou Banner in Bayannaoer City	53901
65	巴彦淖尔市临河区	Linhe District in Bayannaoer City	53810
66	呼伦贝尔市阿荣旗	Arong Banner in Hulunbeier City	51268
67	兴安盟乌兰浩特市	Wulanhaote City in Xingan League	50782
68	巴彦淖尔市乌拉特前旗	Wulateqian Banner in Bayannaoer City	49385

23－3 续表 2 Continued

单位:元 (yuan)

位 次 Order	旗县(区)名称	Name of Banners, Counties and Districts	人均生产总值 Per Capita GDP
69	锡林郭勒盟太仆寺旗	Taipusi Banner in Xilinguole League	48826
70	赤峰市巴林右旗	Balinyou Banner in Chifeng City	48204
71	乌兰察布市丰镇市	Fengzhen City in Wulanchabu City	46167
72	通辽市科尔沁左翼后旗	Keerqinzuoyihou Banner in Tongliao City	46034
73	呼伦贝尔市扎兰屯市	Zhalantun City in Hulunbeier City	45661
74	巴彦淖尔市磴口县	Dengkou County in Bayannaoer City	45422
75	赤峰市松山区	Songshan District in Chifeng City	45028
76	赤峰市阿鲁科尔沁旗	Alukeerqin Banner in Chifeng City	44299
77	通辽市库伦旗	Kulun Banner in Tongliao City	44201
78	乌兰察布市察哈尔右翼前旗	Chahaeryouyiqian Banner in Wulanchabu City	42563
79	巴彦淖尔市五原县	Wuyuan County in Bayannaoer City	42040
80	赤峰市林西县	Linxi County in Chifeng City	42020
81	赤峰市巴林左旗	Balinzuo Banner in Chifeng City	41146
82	通辽市奈曼旗	Naiman Banner in Tongliao City	38908
83	赤峰市翁牛特旗	Wengniute Banner in Chifeng City	36859
84	乌兰察布市察哈尔右翼后旗	Chahaeryouyihou Banner in Wulanchabu City	35003
85	赤峰市宁城县	Ningcheng County in Chifeng City	34353
86	通辽市科尔沁左翼中旗	Keerqinzuoyizhong Banner in Tongliao City	34155
87	兴安盟科尔沁右翼前旗	Keerqinyouyiqian Banner in Xingan League	33908
88	呼伦贝尔市莫力达瓦达斡尔族自治旗	Molidawadawoer National Autonomous Banner in Hulunbeier City	33362
89	赤峰市敖汉旗	Aohan Banner in Chifeng City	33360
90	乌兰察布市凉城县	Liangcheng County in Wulanchabu City	33011
91	乌兰察布市卓资县	Zhuozi County in Wulanchabu City	32319
92	乌兰察布市化德县	Huade County in Wulanchabu City	32300
93	呼伦贝尔市根河市	Genhe City in Hulunbeier City	30486
94	兴安盟突泉县	Tuquan County in Xingan League	28576
95	乌兰察布市察哈尔右翼中旗	Chahaeryouyizhong Banner in Wulanchabu City	28215
96	赤峰市喀喇沁旗	Kalaqin Banner in Chifeng City	27442
97	呼伦贝尔市鄂伦春自治旗	Elunchun National Autonomous Banner in Hulunbeier City	27305
98	乌兰察布市四子王旗	Siziwang Banner in Wulanchabu City	26929
99	兴安盟科尔沁右翼中旗	Keerqinyouyizhong Banner in Xingan League	26576
100	兴安盟阿尔山市	Aershan City in Xingan League	25749
101	兴安盟扎赉特旗	Zhalaite Banner in Xingan League	24019
102	乌兰察布市兴和县	Xinghe County in Wulanchabu City	20606
103	乌兰察布市商都县	Shangdu County in Wulanchabu City	18378

23－4 各旗县（区）按粮食产量排序（2016年）

Banners, Counties and Districts Ranked by Output of Grain (2016)

单位：吨 (ton)

位次 Order	旗县（区）名称	Name of Banners, Counties and Districts	粮食产量 Output of Grain
1	通辽市科尔沁左翼中旗	Keerqinzuoyizhong Banner in Tongliao City	1802500
2	呼伦贝尔市莫力达瓦达斡尔族自治旗	Molidawadawoer National Autonomous Banner in Hulunbeier City	1641300
3	呼伦贝尔市阿荣旗	Arong Banner in Hulunbeier City	1514060
4	兴安盟扎赉特旗	Zhalaite Banner in Xingan League	1260000
5	通辽市科尔沁区	Keerqin District in Tongliao City	1177920
6	兴安盟科尔沁右翼前旗	Keerqinyouyiqian Banner in Xingan League	1104500
7	通辽市开鲁县	Kailu County in Tongliao City	1086160
8	兴安盟突泉县	Tuquan County in Xingan League	1056500
9	呼伦贝尔市扎兰屯市	Zhalantun City in Hulunbeier City	1052220
10	通辽市科尔沁左翼后旗	Keerqinzuoyihou Banner in Tongliao City	1034500
11	通辽市奈曼旗	Naiman Banner in Tongliao City	775500
12	赤峰市松山区	Songshan District in Chifeng City	773000
13	巴彦淖尔市临河区	Linhe District in Bayannaoer City	772788
14	赤峰市敖汉旗	Aohan Banner in Chifeng City	760500
15	包头市土默特右旗	Tumoteyou Banner in Baotou City	755500
16	兴安盟科尔沁右翼中旗	Keerqinyouyizhong Banner in Xingan League	755000
17	赤峰市宁城县	Ningcheng County in Chifeng City	750500
18	赤峰市翁牛特旗	Wengniute Banner in Chifeng City	700000
19	巴彦淖尔市乌拉特前旗	Wulateqian Banner in Bayannaoer City	675427
20	鄂尔多斯市达拉特旗	Dalate Banner in Erdos City	583180
21	呼伦贝尔市鄂伦春自治旗	Elunchun National Autonomous Banner in Hulunbeier City	572000
22	呼伦贝尔市牙克石市	Yakeshi City in Hulunbeier City	561820
23	通辽市库伦旗	Kulun Banner in Tongliao City	548100
24	通辽市扎鲁特旗	Zhalute Banner in Tongliao City	522440
25	呼和浩特市土默特左旗	Tumotezuo Banner in Hohhot City	516231
26	巴彦淖尔市杭锦后旗	Hangjinhou Banner in Bayannaoer City	514165
27	赤峰市阿鲁科尔沁旗	Alukeerqin Banner in Chifeng City	503500
28	赤峰市巴林左旗	Balinzuo Banner in Chifeng City	444240
29	呼伦贝尔市额尔古纳市	Eerguna City in Hulunbeier City	431878
30	巴彦淖尔市五原县	Wuyuan County in Bayannaoer City	417425
31	巴彦淖尔市乌拉特中旗	Wulatezhong Banner in Bayannaoer City	391221
32	鄂尔多斯市杭锦旗	Hangjin Banner in Erdos City	386036
33	赤峰市喀喇沁旗	Kalaqin Banner in Chifeng City	311000
34	巴彦淖尔市磴口县	Dengkou County in Bayannaoer City	282900

23－4 续表 1 Continued

单位:吨 (ton)

位次 Order	旗县(区)名称	Name of Banners, Counties and Districts	粮食产量 Output of Grain
35	兴安盟乌兰浩特市	Wulanhaote City in Xingan League	264862
36	呼和浩特市托克托县	Tuoketuo County in Hohhot City	253869
37	乌兰察布市凉城县	Liangcheng County in Wulanchabu City	251123
38	赤峰市林西县	Linxi County in Chifeng City	242700
39	锡林郭勒盟太仆寺旗	Taipusi Banner in Xilinguole League	194857
40	呼和浩特市和林格尔县	Helingeer County in Hohhot City	189200
41	呼和浩特市武川县	Wuchuan County in Hohhot City	187120
42	赤峰市克什克腾旗	Keshiketeng Banner in Chifeng City	167500
43	赤峰市巴林右旗	Balinyou Banner in Chifeng City	165941
44	赤峰市元宝山区	Yuanbaoshan District in Chifeng City	161000
45	阿拉善盟阿拉善左旗	Alashanzuo Banner in Alashan League	144454
46	鄂尔多斯市乌审旗	Wushen Banner in Erdos City	124747
47	呼伦贝尔市陈巴尔虎旗	Chenbaerhu Banner in Hulunbeier City	120566
48	乌兰察布市四子王旗	Siziwang Banner in Wulanchabu City	117034
49	乌兰察布市察哈尔右翼中旗	Chahaeryouyizhong Banner in Wulanchabu City	114236
50	鄂尔多斯市鄂托克旗	Etuoke Banner in Erdos City	99515
51	乌兰察布市察哈尔右翼后旗	Chahaeryouyihou Banner in Wulanchabu City	98102
52	鄂尔多斯市准格尔旗	Zhungeer Banner in Erdos City	96086
53	包头市固阳县	Guyang County in Baotou City	94491
54	鄂尔多斯市鄂托克前旗	Etuokeqian Banner in Erdos City	93852
55	包头市达尔罕茂明安联合旗	Daerhanmaomingan Union Banner in Baotou City	88564
56	乌兰察布市察哈尔右翼前旗	Chahaeryouyiqian Banner in Wulanchabu City	88316
57	乌兰察布市丰镇市	Fengzhen City in Wulanchabu City	85238
58	鄂尔多斯市伊金霍洛旗	Yijinhuoluo Banner in Erdos City	84194
59	乌兰察布市商都县	Shangdu County in Wulanchabu City	82314
60	乌兰察布市兴和县	Xinghe County in Wulanchabu City	82045
61	巴彦淖尔市乌拉特后旗	Wulatehou Banner in Bayannaoer City	80673
62	乌兰察布市卓资县	Zhuozi County in Wulanchabu City	73176
63	呼和浩特市清水河县	Qingshuihe County in Hohhot City	68564
64	兴安盟阿尔山市	Aershan City in Xingan League	63999
65	包头市九原区	Jiuyuan District in Baotou City	63704
66	呼和浩特市赛罕区	Saihan District in Hohhot City	61589
67	呼伦贝尔市新巴尔虎左旗	Xinbaerhuzuo Banner in Hulunbeier City	57612
68	锡林郭勒盟多伦县	Duolun County in Xilinguole League	57114

23－4 续表 2 Continued

单位:吨 (ton)

位次 Order	旗县(区)名称	Name of Banners, Counties and Districts	粮食产量 Output of Grain
69	乌兰察布市化德县	Huade County in Wulanchabu City	53271
70	赤峰市红山区	Hongshan District in Chifeng City	52570
71	呼伦贝尔市海拉尔区	Hailaer District in Hulunbeier City	45909
72	锡林郭勒盟东乌珠穆沁旗	Dongwuzhumuqin Banner in Xilinguole League	45828
73	包头市东河区	Donghe District in Baotou City	38766
74	锡林郭勒盟锡林浩特市	Xilinhaote City in Xilinguole League	35700
75	呼伦贝尔市鄂温克族自治旗	Ewenke National Autonomous Banner in Hulunbeier City	31699
76	锡林郭勒盟正蓝旗	Zhenglan Banner in Xilinguole League	29472
77	呼和浩特市玉泉区	Yuquan District in Hohhot City	27565
78	乌海市海南区	Hainan District in Wuhai City	24975
79	乌海市海勃湾区	Haibowan District in Wuhai City	13026
80	鄂尔多斯市东胜区	Dongsheng District in Erdos City	11900
81	包头市昆都仑区	Kundulun District in Baotou City	11365
82	阿拉善盟阿拉善右旗	Alashanyou Banner in Alashan League	11310
83	乌兰察布市集宁区	Jining District in Wulanchabu City	11000
84	通辽市霍林郭勒市	Huolinguole City in Tongliao City	10949
85	呼伦贝尔市新巴尔虎右旗	Xinbaerhuyou Banner in Hulunbeier City	7600
86	包头市石拐区	Shiguai District in Baotou City	6090
87	锡林郭勒盟正镶白旗	Zhengxiangbai Banner in Xilinguole League	4987
88	呼伦贝尔市根河市	Genhe City in Hulunbeier City	4600
89	乌海市乌达区	Wuda District in Wuhai City	3608
90	呼和浩特市回民区	Huimin District in Hohhot City	2130
91	呼伦贝尔市满洲里市	Manzhouli City in Hulunbeier City	2052
92	呼和浩特市新城区	Xincheng District in Hohhot City	1892
93	包头市青山区	Qingshan District in Baotou City	1475
94	阿拉善盟额济纳旗	Ejina Banner in Alashan League	783
95	锡林郭勒盟苏尼特右旗	Suniteyou Banner in Xilinguole League	300
96	呼伦贝尔市满洲里扎赉诺尔区	Zhalainuoer District of Manzhouli City in Hulunbeier City	112
97	锡林郭勒盟镶黄旗	Xianghuang Banner in Xilinguole League	97
98	锡林郭勒盟西乌珠穆沁旗	xiwuzhumuqin Banner in Xilinguole League	75
99	包头市白云矿区	Baiyun Mineral District in Baotou City	
100	锡林郭勒盟二连浩特市	Erlianhaote City in Xilinguole League	
101	锡林郭勒盟阿巴嘎旗	Abaga Banner in Xilinguole League	
102	锡林郭勒盟苏尼特左旗	Sunitezuo Banner in Xilinguole League	
103	鄂尔多斯市康巴什区	Kangbashi District in Erdos City	

23－5 各旗县(区)按年末牲畜存栏头数排序(2016年)

Banners, Counties and Districts Ranked by Number of Livestock (Year end of 2016)

单位:万头(只) (10 000 heads)

位次 Order	旗县(区)名称	Name of Banners, Counties and Districts	年末牲畜存栏头数 Number of Livestock at the Year－end
1	通辽市扎鲁特旗	Zhalute Banner in Tongliao City	240.69
2	兴安盟科尔沁右翼前旗	Keerqinyouyiqian Banner in Xingan League	236.26
3	锡林郭勒盟东乌珠穆沁旗	Dongwuzhumuqin Banner in Xilinguole League	206.71
4	鄂尔多斯市达拉特旗	Dalate Banner in Erdos City	197.86
5	通辽市开鲁县	Kailu County in Tongliao City	196.31
6	巴彦淖尔市临河区	Linhe District in Bayannaoer City	184.17
7	呼伦贝尔市阿荣旗	Arong Banner in Hulunbeier City	178.74
8	通辽市科尔沁左翼中旗	Keerqinzuoyizhong Banner in Tongliao City	177.08
9	兴安盟科尔沁右翼中旗	Keerqinyouyizhong Banner in Xingan League	164.92
10	通辽市科尔沁区	Keerqin District in Tongliao City	163.01
11	兴安盟扎赉特旗	Zhalaite Banner in Xingan League	161.44
12	赤峰市阿鲁科尔沁旗	Alukeerqin Banner in Chifeng City	143.70
13	赤峰市敖汉旗	Aohan Banner in Chifeng City	143.04
14	鄂尔多斯市杭锦旗	Hangjin Banner in Erdos City	139.61
15	巴彦淖尔市五原县	Wuyuan County in Bayannaoer City	138.22
16	巴彦淖尔市乌拉特中旗	Wulatezhong Banner in Bayannaoer City	136.78
17	巴彦淖尔市乌拉特前旗	Wulateqian Banner in Bayannaoer City	136.00
18	赤峰市翁牛特旗	Wengniute Banner in Chifeng City	130.54
19	呼伦贝尔市莫力达瓦达斡尔族自治旗	Molidawadawoer National Autonomous Banner in Hulunbeier City	127.86
20	呼伦贝尔市扎兰屯市	Zhalantun City in Hulunbeier City	124.71
21	呼伦贝尔市新巴尔虎右旗	Xinbaerhuyou Banner in Hulunbeier City	124.30
22	通辽市奈曼旗	Naiman Banner in Tongliao City	123.86
23	锡林郭勒盟阿巴嘎旗	Abaga Banner in Xilinguole League	122.94
24	通辽市科尔沁左翼后旗	Keerqinzuoyihou Banner in Tongliao City	118.91
25	鄂尔多斯市鄂托克旗	Etuoke Banner in Erdos City	111.80
26	鄂尔多斯市乌审旗	Wushen Banner in Erdos City	110.83
27	巴彦淖尔市杭锦后旗	Hangjinhou Banner in Bayannaoer City	110.06
28	赤峰市巴林左旗	Balinzuo Banner in Chifeng City	108.80
29	赤峰市巴林右旗	Balinyou Banner in Chifeng City	107.74
30	包头市土默特右旗	Tumoteyou Banner in Baotou City	104.82
31	赤峰市克什克腾旗	Keshiketeng Banner in Chifeng City	101.28
32	阿拉善盟阿拉善左旗	Alashanzuo Banner in Alashan League	95.58
33	锡林郭勒盟西乌珠穆沁旗	xiwuzhumuqin Banner in Xilinguole League	95.50
34	鄂尔多斯市鄂托克前旗	Etuokeqian Banner in Erdos City	91.69

23 - 5 续表 1 Continued

单位:万头(只) (10 000 heads)

位次 Order	旗县(区)名称	Name of Banners, Counties and Districts	年末牲畜存栏头数 Number of Livestock at the Year - end
35	乌兰察布市四子王旗	Siziwang Banner in Wulanchabu City	90.36
36	赤峰市松山区	Songshan District in Chifeng City	87.20
37	呼伦贝尔市新巴尔虎左旗	Xinbaerhuzuo Banner in Hulunbeier City	85.16
38	锡林郭勒盟锡林浩特市	Xilinhaote City in Xilinguole League	83.78
39	通辽市库伦旗	Kulun Banner in Tongliao City	81.83
40	乌兰察布市察哈尔右翼后旗	Chahaeryouyihou Banner in Wulanchabu City	76.28
41	锡林郭勒盟苏尼特右旗	Suniteyou Banner in Xilinguole League	75.02
42	呼伦贝尔市陈巴尔虎旗	Chenbaerhu Banner in Hulunbeier City	70.20
43	呼和浩特市土默特左旗	Tumotezuo Banner in Hohhot City	68.60
44	呼伦贝尔市鄂温克族自治旗	Ewenke National Autonomous Banner in Hulunbeier City	65.85
45	锡林郭勒盟苏尼特左旗	Sunitezuo Banner in Xilinguole League	65.85
46	赤峰市林西县	Linxi County in Chifeng City	59.88
47	兴安盟突泉县	Tuquan County in Xingan League	58.32
48	乌兰察布市兴和县	Xinghe County in Wulanchabu City	57.21
49	乌兰察布市察哈尔右翼中旗	Chahaeryouyizhong Banner in Wulanchabu City	56.24
50	包头市固阳县	Guyang County in Baotou City	53.83
51	包头市达尔罕茂明安联合旗	Daerhanmaomingan Union Banner in Baotou City	52.27
52	乌兰察布市丰镇市	Fengzhen City in Wulanchabu City	51.08
53	呼和浩特市和林格尔县	Helingeer County in Hohhot City	48.42
54	赤峰市宁城县	Ningcheng County in Chifeng City	48.29
55	乌兰察布市察哈尔右翼前旗	Chahaeryouyiqian Banner in Wulanchabu City	48.06
56	鄂尔多斯市准格尔旗	Zhungeer Banner in Erdos City	47.63
57	乌兰察布市商都县	Shangdu County in Wulanchabu City	46.25
58	乌兰察布市凉城县	Liangcheng County in Wulanchabu City	44.36
59	巴彦淖尔市乌拉特后旗	Wulatehou Banner in Bayannaoer City	42.83
60	锡林郭勒盟正蓝旗	Zhenglan Banner in Xilinguole League	41.68
61	鄂尔多斯市伊金霍洛旗	Yijinhuoluo Banner in Erdos City	41.05
62	巴彦淖尔市磴口县	Dengkou County in Bayannaoer City	39.89
63	赤峰市喀喇沁旗	Kalaqin Banner in Chifeng City	38.84
64	乌兰察布市卓资县	Zhuozi County in Wulanchabu City	38.06
65	呼伦贝尔市鄂伦春自治旗	Elunchun National Autonomous Banner in Hulunbeier City	35.93
66	呼和浩特市托克托县	Tuoketuo County in Hohhot City	34.33
67	呼伦贝尔市额尔古纳市	Eerguna City in Hulunbeier City	32.46
68	呼伦贝尔市牙克石市	Yakeshi City in Hulunbeier City	29.95

23 - 5 续表 2 Continued

单位:万头(只) (10 000 heads)

位次 Order	旗县(区)名称	Name of Banners, Counties and Districts	年末牲畜存栏头数 Number of Livestock at the Year - end
69	呼和浩特市武川县	Wuchuan County in Hohhot City	28.37
70	锡林郭勒盟镶黄旗	Xianghuang Banner in Xilinguole League	27.82
71	锡林郭勒盟正镶白旗	Zhengxiangbai Banner in Xilinguole League	25.68
72	乌兰察布市化德县	Huade County in Wulanchabu City	24.31
73	呼和浩特市清水河县	Qingshuihe County in Hohhot City	23.87
74	兴安盟乌兰浩特市	Wulanhaote City in Xingan League	23.34
75	锡林郭勒盟太仆寺旗	Taipusi Banner in Xilinguole League	22.59
76	包头市九原区	Jiuyuan District in Baotou City	22.26
77	锡林郭勒盟多伦县	Duolun County in Xilinguole League	21.52
78	阿拉善盟阿拉善右旗	Alashanyou Banner in Alashan League	21.18
79	兴安盟阿尔山市	Aershan City in Xingan League	16.50
80	通辽市霍林郭勒市	Huolinguole City in Tongliao City	15.54
81	赤峰市元宝山区	Yuanbaoshan District in Chifeng City	14.01
82	呼和浩特市赛罕区	Saihan District in Hohhot City	13.20
83	阿拉善盟额济纳旗	Ejina Banner in Alashan League	10.54
84	呼伦贝尔市海拉尔区	Hailaer District in Hulunbeier City	10.39
85	鄂尔多斯市东胜区	Dongsheng District in Erdos City	9.61
86	乌海市海南区	Hainan District in Wuhai City	6.29
87	包头市东河区	Donghe District in Baotou City	6.01
88	呼伦贝尔市满洲里市	Manzhouli City in Hulunbeier City	5.73
89	赤峰市红山区	Hongshan District in Chifeng City	5.66
90	锡林郭勒盟二连浩特市	Erlianhaote City in Xilinguole League	5.41
91	呼和浩特市玉泉区	Yuquan District in Hohhot City	5.18
92	乌兰察布市集宁区	Jining District in Wulanchabu City	4.61
93	乌海市海勃湾区	Haibowan District in Wuhai City	4.32
94	呼伦贝尔市满洲里扎赉诺尔区	Zhalainuoer District of Manzhouli City in Hulunbeier City	3.71
95	包头市昆都仑区	Kundulun District in Baotou City	3.66
96	包头市青山区	Qingshan District in Baotou City	3.35
97	包头市石拐区	Shiguai District in Baotou City	3.28
98	呼和浩特市新城区	Xincheng District in Hohhot City	2.06
99	呼伦贝尔市根河市	Genhe City in Hulunbeier City	1.91
100	乌海市乌达区	Wuda District in Wuhai City	1.23
101	呼和浩特市回民区	Huimin District in Hohhot City	0.53
102	包头市白云矿区	Baiyun Mineral District in Baotou City	0.17
103	鄂尔多斯市康巴什区	Kangbashi District in Erdos City	0.15

23-6 各旗县(区)按城镇常住居民人均可支配收入排序(2016年)

Banners, Counties and Districts Ranked by The per capita disposable income of urban permanent residents (2016)

单位:元 (yuan)

位次 Order	旗县(区)名称	Name of Banners, Counties and Districts	城镇常住居民人均可支配收入 The per capita disposable income of urban permanent residents
1	呼和浩特市新城区	Xincheng District in Hohhot City	45445
2	呼和浩特市赛罕区	Saihan District in Hohhot City	44056
3	包头市昆都仑区	Kundulun District in Baotou City	43922
3	包头市青山区	Qingshan District in Baotou City	43922
5	包头市白云矿区	Baiyun Mineral District in Baotou City	43902
6	包头市九原区	Jiuyuan District in Baotou City	42385
7	鄂尔多斯市东胜区	Dongsheng District in Erdos City	41679
8	鄂尔多斯市康巴什区	Kangbashi District in Erdos City	41523
9	鄂尔多斯市准格尔旗	Zhungeer Banner in Erdos City	41523
10	鄂尔多斯市伊金霍洛旗	Yijinhuoluo Banner in Erdos City	41514
11	锡林郭勒盟二连浩特市	Erlianhaote City in Xilinguole League	41210
12	呼和浩特市回民区	Huimin District in Hohhot City	40119
13	鄂尔多斯市鄂托克旗	Etuoke Banner in Erdos City	39668
14	锡林郭勒盟锡林浩特市	Xilinhaote City in Xilinguole League	39390
15	呼和浩特市玉泉区	Yuquan District in Hohhot City	38892
16	鄂尔多斯市乌审旗	Wushen Banner in Erdos City	38431
17	鄂尔多斯市鄂托克前旗	Etuokeqian Banner in Erdos City	38318
18	通辽市霍林郭勒市	Huolinguole City in Tongliao City	38213
19	乌海市海勃湾区	Haibowan District in Wuhai City	37456
20	包头市东河区	Donghe District in Baotou City	37302
21	鄂尔多斯市达拉特旗	Dalate Banner in Erdos City	36403
22	鄂尔多斯市杭锦旗	Hangjin Banner in Erdos City	36144
23	包头市石拐区	Shiguai District in Baotou City	35722
24	阿拉善盟额济纳旗	Ejina Banner in Alashan League	35515
25	阿拉善盟阿拉善右旗	Alashanyou Banner in Alashan League	35476
26	乌海市海南区	Hainan District in Wuhai City	35287
27	乌海市乌达区	Wuda District in Wuhai City	35168
28	阿拉善盟阿拉善左旗	Alashanzuo Banner in Alashan League	34504
29	包头市达尔罕茂明安联合旗	Daerhanmaomingan Union Banner in Baotou City	34370
30	锡林郭勒盟西乌珠穆沁旗	xiwuzhumuqin Banner in Xilinguole League	33537
31	锡林郭勒盟东乌珠穆沁旗	Dongwuzhumuqin Banner in Xilinguole League	33399
32	锡林郭勒盟镶黄旗	Xianghuang Banner in Xilinguole League	33127
33	锡林郭勒盟多伦县	Duolun County in Xilinguole League	33011
34	呼伦贝尔市海拉尔区	Hailaer District in Hulunbeier City	32943

23－6 续表 1 Continued

单位:元 (yuan)

位次 Order	旗县(区)名称	Name of Banners, Counties and Districts	城镇常住居民人均可支配收入 The per capita disposable income of urban permanent residents
35	呼和浩特市托克托县	Tuoketuo County in Hohhot City	32855
36	锡林郭勒盟苏尼特左旗	Sunitezuo Banner in Xilinguole League	32711
37	锡林郭勒盟阿巴嘎旗	Abaga Banner in Xilinguole League	32372
38	锡林郭勒盟正蓝旗	Zhenglan Banner in Xilinguole League	32358
39	呼伦贝尔市满洲里市	Manzhouli City in Hulunbeier City	31975
40	锡林郭勒盟苏尼特右旗	Suniteyou Banner in Xilinguole League	31943
41	包头市土默特右旗	Tumoteyou Banner in Baotou City	31888
42	呼和浩特市和林格尔县	Helingeer County in Hohhot City	31490
43	呼和浩特市土默特左旗	Tumotezuo Banner in Hohhot City	31138
44	赤峰市红山区	Hongshan District in Chifeng City	30520
45	锡林郭勒盟太仆寺旗	Taipusi Banner in Xilinguole League	30418
46	通辽市科尔沁区	Keerqin District in Tongliao City	30312
47	赤峰市元宝山区	Yuanbaoshan District in Chifeng City	29822
48	锡林郭勒盟正镶白旗	Zhengxiangbai Banner in Xilinguole League	29772
49	呼伦贝尔市满洲里扎赉诺尔区	Zhalainuoer District of Manzhouli City in Hulunbeier City	29391
50	呼伦贝尔市扎兰屯市	Zhalantun City in Hulunbeier City	29255
51	赤峰市松山区	Songshan District in Chifeng City	28873
52	乌兰察布市集宁区	Jining District in Wulanchabu City	28488
53	呼伦贝尔市牙克石市	Yakeshi City in Hulunbeier City	28153
54	呼伦贝尔市陈巴尔虎旗	Chenbaerhu Banner in Hulunbeier City	27542
55	包头市固阳县	Guyang County in Baotou City	27232
56	巴彦淖尔市临河区	Linhe District in Bayannaoer City	27040
57	呼伦贝尔市阿荣旗	Arong Banner in Hulunbeier City	26984
58	呼伦贝尔市鄂温克族自治旗	Ewenke National Autonomous Banner in Hulunbeier City	26964
59	巴彦淖尔市乌拉特中旗	Wulatezhong Banner in Bayannaoer City	26938
60	巴彦淖尔市乌拉特后旗	Wulatehou Banner in Bayannaoer City	26762
61	兴安盟乌兰浩特市	Wulanhaote City in Xingan League	26659
62	乌兰察布市化德县	Huade County in Wulanchabu City	26556
63	呼伦贝尔市新巴尔虎右旗	Xinbaerhuyou Banner in Hulunbeier City	26511
64	赤峰市宁城县	Ningcheng County in Chifeng City	26459
65	巴彦淖尔市杭锦后旗	Hangjinhou Banner in Bayannaoer City	26328
66	巴彦淖尔市五原县	Wuyuan County in Bayannaoer City	26089
67	乌兰察布市卓资县	Zhuozi County in Wulanchabu City	25998
68	巴彦淖尔市乌拉特前旗	Wulateqian Banner in Bayannaoer City	25705

23－6 续表 2 Continued

单位:元 (yuan)

位 次 Order	旗县(区)名称	Name of Banners, Counties and Districts	城镇常住居民人均可支配收入 The per capita disposable income of urban permanent residents
69	乌兰察布市凉城县	Liangcheng County in Wulanchabu City	25660
70	巴彦淖尔市磴口县	Dengkou County in Bayannaoer City	25625
71	乌兰察布市丰镇市	Fengzhen City in Wulanchabu City	25360
72	乌兰察布市察哈尔右翼后旗	Chahaeryouyihou Banner in Wulanchabu City	25353
73	乌兰察布市察哈尔右翼前旗	Chahaeryouyiqian Banner in Wulanchabu City	25244
74	乌兰察布市察哈尔右翼中旗	Chahaeryouyizhong Banner in Wulanchabu City	25080
75	通辽市开鲁县	Kailu County in Tongliao City	24970
76	呼伦贝尔市额尔古纳市	Eerguna City in Hulunbeier City	24825
77	乌兰察布市四子王旗	Siziwang Banner in Wulanchabu City	24763
78	赤峰市克什克腾旗	Keshiketeng Banner in Chifeng City	24649
79	通辽市扎鲁特旗	Zhalute Banner in Tongliao City	24585
80	赤峰市喀喇沁旗	Kalaqin Banner in Chifeng City	24196
81	赤峰市敖汉旗	Aohan Banner in Chifeng City	24195
82	赤峰市巴林左旗	Balinzuo Banner in Chifeng City	24192
83	兴安盟阿尔山市	Aershan City in Xingan League	23989
84	赤峰市翁牛特旗	Wengniute Banner in Chifeng City	23987
85	赤峰市林西县	Linxi County in Chifeng City	23953
86	乌兰察布市商都县	Shangdu County in Wulanchabu City	23769
87	呼和浩特市清水河县	Qingshuihe County in Hohhot City	23675
88	乌兰察布市兴和县	Xinghe County in Wulanchabu City	23514
89	呼和浩特市武川县	Wuchuan County in Hohhot City	23166
90	呼伦贝尔市根河市	Genhe City in Hulunbeier City	23100
91	通辽市科尔沁左翼后旗	Keerqinzuoyihou Banner in Tongliao City	23059
92	通辽市奈曼旗	Naiman Banner in Tongliao City	22929
93	呼伦贝尔市新巴尔虎左旗	Xinbaerhuzuo Banner in Hulunbeier City	22876
94	通辽市科尔沁左翼中旗	Keerqinzuoyizhong Banner in Tongliao City	22756
95	兴安盟扎赉特旗	Zhalaite Banner in Xingan League	22741
96	兴安盟科尔沁右翼前旗	Keerqinyouyiqian Banner in Xingan League	22696
97	赤峰市阿鲁科尔沁旗	Alukeerqin Banner in Chifeng City	22604
98	赤峰市巴林右旗	Balinyou Banner in Chifeng City	22603
99	兴安盟突泉县	Tuquan County in Xingan League	22135
100	呼伦贝尔市鄂伦春自治旗	Elunchun National Autonomous Banner in Hulunbeier City	22075
101	通辽市库伦旗	Kulun Banner in Tongliao City	22011
102	兴安盟科尔沁右翼中旗	Keerqinyouyizhong Banner in Xingan League	21700
103	呼伦贝尔市莫力达瓦达斡尔族自治旗	Molidawadawoer National Autonomous Banner in Hulunbeier City	20287

23－7 各旗县(区)按农村牧区常住居民人均可支配收入排序(2016年)

Banners, Counties and Districts Ranked by The per capita disposable income of permanent residents of rural and pastoral areas (2016)

单位:元 (yuan)

位次 Order	旗县(区)名称	Name of Banners, Counties and Districts	农村牧区常住居民人均可支配收入 The per capita disposable income of permanent residents of rural and pastoral areas
1	锡林郭勒盟东乌珠穆沁旗	Dongwuzhumuqin Banner in Xilinguole League	25655
2	呼伦贝尔市海拉尔区	Hailaer District in Hulunbeier City	23830
3	锡林郭勒盟锡林浩特市	Xilinhaote City in Xilinguole League	22245
4	呼伦贝尔市额尔古纳市	Eerguna City in Hulunbeier City	21926
5	锡林郭勒盟西乌珠穆沁旗	xiwuzhumuqin Banner in Xilinguole League	21889
6	锡林郭勒盟阿巴嘎旗	Abaga Banner in Xilinguole League	21681
7	阿拉善盟额济纳旗	Ejina Banner in Alashan League	19379
8	包头市东河区	Donghe District in Baotou City	18990
9	呼伦贝尔市鄂温克族自治旗	Ewenke National Autonomous Banner in Hulunbeier City	18969
10	呼伦贝尔市陈巴尔虎旗	Chenbaerhu Banner in Hulunbeier City	18440
11	阿拉善盟阿拉善右旗	Alashanyou Banner in Alashan League	18430
12	呼和浩特市回民区	Huimin District in Hohhot City	18266
13	呼伦贝尔市新巴尔虎右旗	Xinbaerhuyou Banner in Hulunbeier City	18194
14	呼伦贝尔市新巴尔虎左旗	Xinbaerhuzuo Banner in Hulunbeier City	18110
15	包头市九原区	Jiuyuan District in Baotou City	17876
16	呼和浩特市新城区	Xincheng District in Hohhot City	17526
17	呼和浩特市玉泉区	Yuquan District in Hohhot City	17453
18	乌海市海勃湾区	Haibowan District in Wuhai City	16921
19	呼和浩特市赛罕区	Saihan District in Hohhot City	16531
20	赤峰市红山区	Hongshan District in Chifeng City	16147
21	赤峰市元宝山区	Yuanbaoshan District in Chifeng City	15961
22	阿拉善盟阿拉善左旗	Alashanzuo Banner in Alashan League	15953
23	通辽市科尔沁区	Keerqin District in Tongliao City	15826
24	鄂尔多斯市鄂托克前旗	Etuokeqian Banner in Erdos City	15603
25	鄂尔多斯市准格尔旗	Zhungeer Banner in Erdos City	15500
26	鄂尔多斯市伊金霍洛旗	Yijinhuoluo Banner in Erdos City	15488
26	鄂尔多斯市鄂托克旗	Etuoke Banner in Erdos City	15485
28	鄂尔多斯市乌审旗	Wushen Banner in Erdos City	15471
29	鄂尔多斯市达拉特旗	Dalate Banner in Erdos City	15359
30	鄂尔多斯市杭锦旗	Hangjin Banner in Erdos City	15354
31	巴彦淖尔市五原县	Wuyuan County in Bayannaoer City	15345
32	巴彦淖尔市临河区	Linhe District in Bayannaoer City	15340
33	巴彦淖尔市杭锦后旗	Hangjinhou Banner in Bayannaoer City	15285
34	呼伦贝尔市阿荣旗	Arong Banner in Hulunbeier City	15165

23-7 续表 1 Continued

单位:元 (yuan)

位次 Order	旗县(区)名称	Name of Banners, Counties and Districts	农村牧区常住居民人均可支配收入 The per capita disposable income of permanent residents of rural and pastoral areas
35	巴彦淖尔市磴口县	Dengkou County in Bayannaoer City	14837
36	包头市土默特右旗	Tumoteyou Banner in Baotou City	14829
37	锡林郭勒盟正蓝旗	Zhenglan Banner in Xilinguole League	14730
38	乌海市海南区	Hainan District in Wuhai City	14642
39	巴彦淖尔市乌拉特前旗	Wulateqian Banner in Bayannaoer City	14385
40	呼伦贝尔市扎兰屯市	Zhalantun City in Hulunbeier City	14210
41	呼和浩特市土默特左旗	Tumotezuo Banner in Hohhot City	14154
42	巴彦淖尔市乌拉特中旗	Wulatezhong Banner in Bayannaoer City	14059
43	呼和浩特市托克托县	Tuoketuo County in Hohhot City	13751
44	乌兰察布市集宁区	Jining District in Wulanchabu City	13668
45	包头市石拐区	Shiguai District in Baotou City	13429
46	通辽市开鲁县	Kailu County in Tongliao City	12979
47	锡林郭勒盟苏尼特左旗	Sunitezuo Banner in Xilinguole League	12736
48	包头市达尔罕茂明安联合旗	Daerhanmaomingan Union Banner in Baotou City	12691
49	巴彦淖尔市乌拉特后旗	Wulatehou Banner in Bayannaoer City	12662
50	通辽市扎鲁特旗	Zhalute Banner in Tongliao City	12642
51	兴安盟乌兰浩特市	Wulanhaote City in Xingan League	12469
52	赤峰市松山区	Songshan District in Chifeng City	12428
53	锡林郭勒盟镶黄旗	Xianghuang Banner in Xilinguole League	12166
54	锡林郭勒盟多伦县	Duolun County in Xilinguole League	11891
55	呼伦贝尔市根河市	Genhe City in Hulunbeier City	11691
56	包头市固阳县	Guyang County in Baotou City	11560
57	呼和浩特市和林格尔县	Helingeer County in Hohhot City	11045
58	乌兰察布市丰镇市	Fengzhen City in Wulanchabu City	10726
59	通辽市科尔沁左翼后旗	Keerqinzuoyihou Banner in Tongliao City	10242
60	乌兰察布市凉城县	Liangcheng County in Wulanchabu City	10205
61	锡林郭勒盟太仆寺旗	Taipusi Banner in Xilinguole League	9771
62	通辽市科尔沁左翼中旗	Keerqinzuoyizhong Banner in Tongliao City	9704
63	乌兰察布市察哈尔右翼后旗	Chahaeryouyihou Banner in Wulanchabu City	9490
64	乌兰察布市察哈尔右翼前旗	Chahaeryouyiqian Banner in Wulanchabu City	9440
65	通辽市奈曼旗	Naiman Banner in Tongliao City	9429
66	赤峰市克什克腾旗	Keshiketeng Banner in Chifeng City	9400
67	赤峰市敖汉旗	Aohan Banner in Chifeng City	9394
68	赤峰市喀喇沁旗	Kalaqin Banner in Chifeng City	9380

23－7 续表 2 Continued

单位:元 (yuan)

位次 Order	旗县(区)名称	Name of Banners, Counties and Districts	农村牧区常住居民人均可支配收入 The per capita disposable income of permanent residents of rural and pastoral areas
69	赤峰市宁城县	Ningcheng County in Chifeng City	9216
70	乌兰察布市卓资县	Zhuozi County in Wulanchabu City	9191
71	通辽市库伦旗	Kulun Banner in Tongliao City	9170
72	乌兰察布市四子王旗	Siziwang Banner in Wulanchabu City	9159
73	锡林郭勒盟苏尼特右旗	Suniteyou Banner in Xilinguole League	9069
74	锡林郭勒盟正镶白旗	Zhengxiangbai Banner in Xilinguole League	8912
75	赤峰市巴林右旗	Balinyou Banner in Chifeng City	8714
76	赤峰市翁牛特旗	Wengniute Banner in Chifeng City	8680
77	呼伦贝尔市莫力达瓦达斡尔族自治旗	Molidawadawoer National Autonomous Banner in Hulunbeier City	8678
78	乌兰察布市商都县	Shangdu County in Wulanchabu City	8549
79	兴安盟阿尔山市	Aershan City in Xingan League	8538
80	兴安盟科尔沁右翼前旗	Keerqinyouyiqian Banner in Xingan League	8523
81	赤峰市巴林左旗	Balinzuo Banner in Chifeng City	8484
82	兴安盟扎赉特旗	Zhalaite Banner in Xingan League	8447
83	乌兰察布市兴和县	Xinghe County in Wulanchabu City	8203
84	兴安盟突泉县	Tuquan County in Xingan League	8193
85	呼伦贝尔市鄂伦春自治旗	Elunchun National Autonomous Banner in Hulunbeier City	8069
86	赤峰市林西县	Linxi County in Chifeng City	7969
87	赤峰市阿鲁科尔沁旗	Alukeerqin Banner in Chifeng City	7968
88	兴安盟科尔沁右翼中旗	Keerqinyouyizhong Banner in Xingan League	7904
89	乌兰察布市化德县	Huade County in Wulanchabu City	7661
90	乌兰察布市察哈尔右翼中旗	Chahaeryouyizhong Banner in Wulanchabu City	7508
91	呼和浩特市清水河县	Qingshuihe County in Hohhot City	7178
92	呼和浩特市武川县	Wuchuan County in Hohhot City	6931
93	包头市昆都仑区	Kundulun District in Baotou City	
94	包头市青山区	Qingshan District in Baotou City	
95	包头市白云矿区	Baiyun Mineral District in Baotou City	
96	呼伦贝尔市满洲里扎赉诺尔区	Zhalainuoer District of Manzhouli City in Hulunbeier City	
97	呼伦贝尔市满洲里市	Manzhouli City in Hulunbeier City	
98	呼伦贝尔市牙克石市	Yakeshi City in Hulunbeier City	
99	通辽市霍林郭勒市	Huolinguole City in Tongliao City	
100	锡林郭勒盟二连浩特市	Erlianhaote City in Xilinguole League	
101	鄂尔多斯市东胜区	Dongsheng District in Erdos City	
102	鄂尔多斯市康巴什区	Kangbashi District in Erdos City	
103	乌海市乌达区	Wuda District in Wuhai City	

23－8 各旗县(区)按在岗职工平均工资排序(2016 年)

Banners, Counties and Districts Ranked by Average Wage of Staff and Workers Employed in(2016)

单位:元 (yuan)

位 次 Order	旗县(区)名称	Name of Banners, Counties and Districts	职工平均工资 Average Wage
1	鄂尔多斯市康巴什区	Kangbashi District in Erdos City	95683
2	鄂尔多斯市准格尔旗	Zhungeer Banner in Erdos City	85838
3	锡林郭勒盟多伦县	Duolun County in Xilinguole League	83137
4	乌兰察布市察哈尔右翼中旗	Chahaeryouyizhong Banner in Wulanchabu City	81872
5	鄂尔多斯市伊金霍洛旗	Yijinhuoluo Banner in Erdos City	80266
6	包头市石拐区	Shiguai District in Baotou City	79230
7	乌兰察布市凉城县	Liangcheng County in Wulanchabu City	78189
8	呼伦贝尔市陈巴尔虎旗	Chenbaerhu Banner in Hulunbeier City	74995
9	锡林郭勒盟阿巴嘎旗	Abaga Banner in Xilinguole League	74726
10	锡林郭勒盟苏尼特左旗	Sunitezuo Banner in Xilinguole League	73937
11	鄂尔多斯市杭锦旗	Hangjin Banner in Erdos City	73849
12	呼伦贝尔市鄂温克族自治旗	Ewenke National Autonomous Banner in Hulunbeier City	73033
13	锡林郭勒盟苏尼特右旗	Suniteyou Banner in Xilinguole League	72619
14	鄂尔多斯市东胜区	Dongsheng District in Erdos City	72046
15	鄂尔多斯市鄂托克前旗	Etuokeqian Banner in Erdos City	72040
16	包头市白云矿区	Baiyun Mineral District in Baotou City	71847
17	锡林郭勒盟镶黄旗	Xianghuang Banner in Xilinguole League	71566
18	乌兰察布市商都县	Shangdu County in Wulanchabu City	71463
19	锡林郭勒盟西乌珠穆沁旗	xiwuzhumuqin Banner in Xilinguole League	71023
20	锡林郭勒盟二连浩特市	Erlianhaote City in Xilinguole League	70866
21	锡林郭勒盟正镶白旗	Zhengxiangbai Banner in Xilinguole League	70295
22	包头市九原区	Jiuyuan District in Baotou City	69919
23	乌兰察布市四子王旗	Siziwang Banner in Wulanchabu City	68260
24	乌兰察布市卓资县	Zhuozi County in Wulanchabu City	68106
25	乌海市海南区	Hainan District in Wuhai City	67637
26	包头市达尔罕茂明安联合旗	Daerhanmaomingan Union Banner in Baotou City	67631
27	包头市青山区	Qingshan District in Baotou City	67365
28	通辽市霍林郭勒市	Huolinguole City in Tongliao City	67167
29	鄂尔多斯市乌审旗	Wushen Banner in Erdos City	67010
30	呼伦贝尔市海拉尔区	Hailaer District in Hulunbeier City	66448
31	乌兰察布市察哈尔右翼前旗	Chahaeryouyiqian Banner in Wulanchabu City	66282
32	呼伦贝尔市根河市	Genhe City in Hulunbeier City	66259
33	乌兰察布市丰镇市	Fengzhen City in Wulanchabu City	66195
34	兴安盟乌兰浩特市	Wulanhaote City in Xingan League	66064

23－8 续表 1 Continued

单位:元 (yuan)

位次 Order	旗县(区)名称	Name of Banners, Counties and Districts	职工平均工资 Average Wage
35	阿拉善盟阿拉善左旗	Alashanzuo Banner in Alashan League	65978
36	阿拉善盟额济纳旗	Ejina Banner in Alashan League	65621
37	锡林郭勒盟正蓝旗	Zhenglan Banner in Xilinguole League	65451
38	呼伦贝尔市新巴尔虎左旗	Xinbaerhuzuo Banner in Hulunbeier City	64735
39	锡林郭勒盟东乌珠穆沁旗	Dongwuzhumuqin Banner in Xilinguole League	64677
40	鄂尔多斯市达拉特旗	Dalate Banner in Erdos City	64431
41	赤峰市元宝山区	Yuanbaoshan District in Chifeng City	64039
42	呼伦贝尔市新巴尔虎右旗	Xinbaerhuyou Banner in Hulunbeier City	64006
43	赤峰市克什克腾旗	Keshiketeng Banner in Chifeng City	64002
44	兴安盟阿尔山市	Aershan City in Xingan League	63786
45	锡林郭勒盟锡林浩特市	Xilinhaote City in Xilinguole League	63594
46	乌兰察布市集宁区	Jining District in Wulanchabu City	63215
47	包头市昆都仑区	Kundulun District in Baotou City	62246
48	呼和浩特市赛罕区	Saihan District in Hohhot City	62200
49	呼伦贝尔市满洲里市	Manzhouli City in Hulunbeier City	61874
50	包头市土默特右旗	Tumoteyou Banner in Baotou City	61873
51	包头市东河区	Donghe District in Baotou City	61630
52	通辽市扎鲁特旗	Zhalute Banner in Tongliao City	61434
53	赤峰市巴林左旗	Balinzuo Banner in Chifeng City	61175
54	乌海市乌达区	Wuda District in Wuhai City	60940
55	赤峰市松山区	Songshan District in Chifeng City	60297
56	赤峰市敖汉旗	Aohan Banner in Chifeng City	59952
57	乌兰察布市察哈尔右翼后旗	Chahaeryouyihou Banner in Wulanchabu City	59765
58	赤峰市林西县	Linxi County in Chifeng City	59344
59	阿拉善盟阿拉善右旗	Alashanyou Banner in Alashan League	59262
60	通辽市奈曼旗	Naiman Banner in Tongliao City	59056
61	呼伦贝尔市满洲里扎赉诺尔区	Zhalainuoer District of Manzhouli City in Hulunbeier City	59009
62	赤峰市巴林右旗	Balinyou Banner in Chifeng City	58948
63	通辽市科尔沁区	Keerqin District in Tongliao City	58883
64	呼和浩特市托克托县	Tuoketuo County in Hohhot City	58853
65	呼伦贝尔市额尔古纳市	Eerguna City in Hulunbeier City	58723
66	兴安盟突泉县	Tuquan County in Xingan League	58504
67	巴彦淖尔市乌拉特中旗	Wulatezhong Banner in Bayannaoer City	58286
68	赤峰市宁城县	Ningcheng County in Chifeng City	58197

23－8 续表 2 Continued

单位:元 (yuan)

位次 Order	旗县(区)名称	Name of Banners, Counties and Districts	职工平均工资 Average Wage
69	呼和浩特市玉泉区	Yuquan District in Hohhot City	57926
70	乌兰察布市化德县	Huade County in Wulanchabu City	57911
71	锡林郭勒盟太仆寺旗	Taipusi Banner in Xilinguole League	57718
72	赤峰市红山区	Hongshan District in Chifeng City	57669
73	赤峰市阿鲁科尔沁旗	Alukeerqin Banner in Chifeng City	57536
74	鄂尔多斯市鄂托克旗	Etuoke Banner in Erdos City	57430
75	巴彦淖尔市乌拉特后旗	Wulatehou Banner in Bayannaoer City	57148
76	乌海市海勃湾区	Haibowan District in Wuhai City	57099
77	兴安盟扎赉特旗	Zhalaite Banner in Xingan League	57078
78	巴彦淖尔市临河区	Linhe District in Bayannaoer City	56701
79	呼伦贝尔市牙克石市	Yakeshi City in Hulunbeier City	56440
80	赤峰市翁牛特旗	Wengniute Banner in Chifeng City	56389
81	呼伦贝尔市鄂伦春自治旗	Elunchun National Autonomous Banner in Hulunbeier City	56007
82	赤峰市喀喇沁旗	Kalaqin Banner in Chifeng City	55767
83	通辽市开鲁县	Kailu County in Tongliao City	54163
84	通辽市库伦旗	Kulun Banner in Tongliao City	54107
85	呼和浩特市和林格尔县	Helingeer County in Hohhot City	53995
86	呼和浩特市土默特左旗	Tumotezuo Banner in Hohhot City	53910
87	通辽市科尔沁左翼中旗	Keerqinzuoyizhong Banner in Tongliao City	53861
88	通辽市科尔沁左翼后旗	Keerqinzuoyihou Banner in Tongliao City	53777
89	乌兰察布市兴和县	Xinghe County in Wulanchabu City	53731
90	兴安盟科尔沁右翼前旗	Keerqinyouyiqian Banner in Xingan League	53048
91	呼和浩特市清水河县	Qingshuihe County in Hohhot City	52976
92	呼和浩特市新城区	Xincheng District in Hohhot City	52600
93	巴彦淖尔市乌拉特前旗	Wulateqian Banner in Bayannaoer City	52545
94	巴彦淖尔市磴口县	Dengkou County in Bayannaoer City	52458
95	巴彦淖尔市杭锦后旗	Hangjinhou Banner in Bayannaoer City	51104
96	呼和浩特市回民区	Huimin District in Hohhot City	50867
97	呼伦贝尔市阿荣旗	Arong Banner in Hulunbeier City	50322
98	包头市固阳县	Guyang County in Baotou City	49915
99	呼伦贝尔市扎兰屯市	Zhalantun City in Hulunbeier City	49267
100	兴安盟科尔沁右翼中旗	Keerqinyouyizhong Banner in Xingan League	48757
101	呼和浩特市武川县	Wuchuan County in Hohhot City	47358
102	呼伦贝尔市莫力达瓦达斡尔族自治旗	Molidawadawoer National Autonomous Banner in Hulunbeier City	45274
103	巴彦淖尔市五原县	Wuyuan County in Bayannaoer City	44889

23-9 各旗县(区)按一般公共预算收入排序(2016年)

Banners, Counties and Districts Ranked by General Public Budget Revenue(2016)

单位:万元 (10 000 yuan)

位次 Order	旗县(区)名称	Name of Banners, Counties and Districts	一般公共预算收入 General Public Budget Revenue
1	鄂尔多斯市东胜区	Dongsheng District in Erdos City	934563
2	鄂尔多斯市准格尔旗	Zhungeer Banner in Erdos City	818330
3	鄂尔多斯市伊金霍洛旗	Yijinhuoluo Banner in Erdos City	795078
4	呼和浩特市赛罕区	Saihan District in Hohhot City	477685
5	包头市昆都仑区	Kundulun District in Baotou City	466429
6	呼和浩特市新城区	Xincheng District in Hohhot City	454432
7	包头市青山区	Qingshan District in Baotou City	439074
8	鄂尔多斯市鄂托克旗	Etuoke Banner in Erdos City	379846
9	鄂尔多斯市乌审旗	Wushen Banner in Erdos City	336900
10	通辽市霍林郭勒市	Huolinguole City in Tongliao City	317170
11	锡林郭勒盟锡林浩特市	Xilinhaote City in Xilinguole League	294162
12	乌海市海勃湾区	Haibowan District in Wuhai City	291901
13	通辽市科尔沁区	Keerqin District in Tongliao City	258993
14	赤峰市红山区	Hongshan District in Chifeng City	231335
15	鄂尔多斯市达拉特旗	Dalate Banner in Erdos City	222750
16	包头市土默特右旗	Tumoteyou Banner in Baotou City	222588
17	锡林郭勒盟西乌珠穆沁旗	xiwuzhumuqin Banner in Xilinguole League	207158
18	包头市九原区	Jiuyuan District in Baotou City	203127
19	巴彦淖尔市临河区	Linhe District in Bayannaoer City	198553
20	呼和浩特市土默特左旗	Tumotezuo Banner in Hohhot City	190762
21	呼和浩特市玉泉区	Yuquan District in Hohhot City	187481
22	鄂尔多斯市鄂托克前旗	Etuokeqian Banner in Erdos City	181013
23	乌兰察布市集宁区	Jining District in Wulanchabu City	179479
24	呼伦贝尔市海拉尔区	Hailaer District in Hulunbeier City	170277
25	阿拉善盟阿拉善左旗	Alashanzuo Banner in Alashan League	167607
26	包头市达尔罕茂明安联合旗	Daerhanmaomingan Union Banner in Baotou City	165859
27	通辽市扎鲁特旗	Zhalute Banner in Tongliao City	164632
28	包头市东河区	Donghe District in Baotou City	164213
29	呼和浩特市回民区	Huimin District in Hohhot City	162229
30	乌海市海南区	Hainan District in Wuhai City	140911
31	呼和浩特市托克托县	Tuoketuo County in Hohhot City	137568
32	赤峰市松山区	Songshan District in Chifeng City	130267
33	呼伦贝尔市满洲里市	Manzhouli City in Hulunbeier City	129306
34	赤峰市元宝山区	Yuanbaoshan District in Chifeng City	128000

23－9 续表 1 Continued

单位:万元 (10 000 yuan)

位次 Order	旗县(区)名称	Name of Banners, Counties and Districts	一般公共预算收入 General Public Budget Revenue
35	鄂尔多斯市杭锦旗	Hangjin Banner in Erdos City	123000
36	呼和浩特市和林格尔县	Helingeer County in Hohhot City	120816
37	乌海市乌达区	Wuda District in Wuhai City	110826
38	鄂尔多斯市康巴什区	Kangbashi District in Erdos City	101228
39	巴彦淖尔市乌拉特前旗	Wulateqian Banner in Bayannaoer City	94468
40	巴彦淖尔市乌拉特中旗	Wulatezhong Banner in Bayannaoer City	88061
41	锡林郭勒盟东乌珠穆沁旗	Dongwuzhumuqin Banner in Xilinguole League	82153
42	巴彦淖尔市乌拉特后旗	Wulatehou Banner in Bayannaoer City	81040
43	赤峰市克什克腾旗	Keshiketeng Banner in Chifeng City	80500
44	兴安盟乌兰浩特市	Wulanhaote City in Xingan League	78550
45	呼伦贝尔市鄂温克族自治旗	Ewenke National Autonomous Banner in Hulunbeier City	77822
46	赤峰市宁城县	Ningcheng County in Chifeng City	71200
47	呼伦贝尔市牙克石市	Yakeshi City in Hulunbeier City	67366
48	呼伦贝尔市阿荣旗	Arong Banner in Hulunbeier City	63486
49	巴彦淖尔市杭锦后旗	Hangjinhou Banner in Bayannaoer City	63427
50	赤峰市敖汉旗	Aohan Banner in Chifeng City	59600
51	锡林郭勒盟二连浩特市	Erlianhaote City in Xilinguole League	58101
52	锡林郭勒盟正蓝旗	Zhenglan Banner in Xilinguole League	55906
53	赤峰市巴林左旗	Balinzuo Banner in Chifeng City	55630
54	乌兰察布市丰镇市	Fengzhen City in Wulanchabu City	55352
55	呼伦贝尔市新巴尔虎右旗	Xinbaerhuyou Banner in Hulunbeier City	55215
56	呼伦贝尔市扎兰屯市	Zhalantun City in Hulunbeier City	51990
57	赤峰市喀喇沁旗	Kalaqin Banner in Chifeng City	47704
58	通辽市开鲁县	Kailu County in Tongliao City	47469
59	赤峰市翁牛特旗	Wengniute Banner in Chifeng City	46981
60	阿拉善盟额济纳旗	Ejina Banner in Alashan League	45563
61	呼伦贝尔市陈巴尔虎旗	Chenbaerhu Banner in Hulunbeier City	45536
62	赤峰市巴林右旗	Balinyou Banner in Chifeng City	44162
63	乌兰察布市凉城县	Liangcheng County in Wulanchabu City	42651
64	通辽市科尔沁左翼后旗	Keerqinzuoyihou Banner in Tongliao City	42452
65	通辽市奈曼旗	Naiman Banner in Tongliao City	41869
66	巴彦淖尔市五原县	Wuyuan County in Bayannaoer City	41299
67	乌兰察布市察哈尔右翼前旗	Chahaeryouyiqian Banner in Wulanchabu City	41267
68	包头市石拐区	Shiguai District in Baotou City	39634

23－9 续表 2 Continued

单位：万元 (10 000 yuan)

位次 Order	旗县(区)名称	Name of Banners, Counties and Districts	一般公共预算收入 General Public Budget Revenue
69	赤峰市林西县	Linxi County in Chifeng City	38307
70	赤峰市阿鲁科尔沁旗	Alukeerqin Banner in Chifeng City	37150
71	通辽市科尔沁左翼中旗	Keerqinzuoyizhong Banner in Tongliao City	36244
72	兴安盟扎赉特旗	Zhalaite Banner in Xingan League	36037
73	锡林郭勒盟多伦县	Duolun County in Xilinguole League	36032
74	乌兰察布市兴和县	Xinghe County in Wulanchabu City	35445
75	包头市白云矿区	Baiyun Mineral District in Baotou City	35077
76	通辽市库伦旗	Kulun Banner in Tongliao City	34932
77	锡林郭勒盟苏尼特右旗	Suniteyou Banner in Xilinguole League	33418
78	包头市固阳县	Guyang County in Baotou City	32939
79	兴安盟科尔沁右翼前旗	Keerqinyouyiqian Banner in Xingan League	32008
80	乌兰察布市卓资县	Zhuozi County in Wulanchabu City	31153
81	呼伦贝尔市满洲里扎赉诺尔区	Zhalainuoer District of Manzhouli City in Hulunbeier City	30803
82	巴彦淖尔市磴口县	Dengkou County in Bayannaoer City	26994
83	呼伦贝尔市莫力达瓦达斡尔族自治旗	Molidawadawoer National Autonomous Banner in Hulunbeier City	26629
84	乌兰察布市察哈尔右翼后旗	Chahaeryouyihou Banner in Wulanchabu City	26250
85	锡林郭勒盟苏尼特左旗	Sunitezuo Banner in Xilinguole League	26155
86	呼伦贝尔市额尔古纳市	Eerguna City in Hulunbeier City	26030
87	锡林郭勒盟镶黄旗	Xianghuang Banner in Xilinguole League	25674
88	兴安盟科尔沁右翼中旗	Keerqinyouyizhong Banner in Xingan League	23218
89	锡林郭勒盟阿巴嘎旗	Abaga Banner in Xilinguole League	21980
90	乌兰察布市四子王旗	Siziwang Banner in Wulanchabu City	21736
91	呼和浩特市武川县	Wuchuan County in Hohhot City	21466
92	呼和浩特市清水河县	Qingshuihe County in Hohhot City	21160
93	乌兰察布市商都县	Shangdu County in Wulanchabu City	20165
94	呼伦贝尔市鄂伦春自治旗	Elunchun National Autonomous Banner in Hulunbeier City	19028
95	乌兰察布市化德县	Huade County in Wulanchabu City	18610
96	兴安盟突泉县	Tuquan County in Xingan League	16496
97	乌兰察布市察哈尔右翼中旗	Chahaeryouyizhong Banner in Wulanchabu City	15814
98	锡林郭勒盟太仆寺旗	Taipusi Banner in Xilinguole League	14148
99	锡林郭勒盟正镶白旗	Zhengxiangbai Banner in Xilinguole League	13643
100	阿拉善盟阿拉善右旗	Alashanyou Banner in Alashan League	12325
101	呼伦贝尔市根河市	Genhe City in Hulunbeier City	12240
102	兴安盟阿尔山市	Aershan City in Xingan League	11201
103	呼伦贝尔市新巴尔虎左旗	Xinbaerhuzuo Banner in Hulunbeier City	9564

23－10 呼和浩特市新城区

指　　标	Item	2015	2016	2016 年比上年增长% Increase Rate in 2016 Over 2015(%)
行政区域土地面积(平方公里)	**Area of Administration(Sq. km)**	**661**	**661**	**0.0**
人口和就业	**Population & Employment**			
年末户籍人口(人)	The Registered Population Year－end(person)	393124	398028	1.2
#男性(人)	Male(person)	193795	195915	1.1
#乡村人口(人)	Rural(person)	15266	15127	-0.9
年末常住人口(人)	Permanet Resident Population Year－end(person)	617200	623400	1.0
#男性(人)	Male(person)	312400	316800	1.4
年末总户数(户)	Total Number of Households at the Year－end(Household)	145271	147375	1.4
#乡村户数(户)	Number of Rural Household(Household)	20164	20369	1.0
出生人口(人)	Births(person)	3866	4153	7.4
死亡人口(人)	Deaths(person)	1994	1875	-6.0
全社会就业人员(人)	Employment(person)	328042	331650	1.1
第一产业(人)	Primary Industry(person)	11903	10892	-8.5
第二产业(人)	Secondary Industry(person)	88714	89335	0.7
第三产业(人)	Tertiary Industry(person)	227425	231423	1.8
在岗职工人数(人)	Number of Staff & Workers Employed in(person)	111670	111338	-0.3
乡村劳动力(人)	Number of Rural Laborers(person)	37903	38836	2.5
#农林牧渔业(人)	Farming,Forestry,Animal Husbandry & Fishery(person)	11903	10892	-8.5
国民经济综合指标	**Summary Item on the National Economy**			
生产总值(万元)	Gross Domestic Product(10 000 yuan)	7288349	7777650	8.2
第一产业(万元)	Primary Industry(10 000 yuan)	22422	19678	0.7
第二产业(万元)	Secondary Industry(10 000 yuan)	752105	784994	6.9
#工业(万元)	Industry(10 000 yuan)	339431	340132	5.2
第三产业(万元)	Tertiary Industry(10 000 yuan)	6513822	6972977	8.4
人均生产总值(元)	Per Capita GDP(yuan)	118693	125385	7.1
全社会固定资产投资(万元)	Total Investment in Fixed Assets(10 000 yuan)	2330315	2658289	14.1
按登记注册类型分	Grouped by Registered Type			
#国有(万元)	State－owned Enterprises(10 000 yuan)	1257324	882440	-29.8
集体(万元)	Collective－owned Enterprises(10 000 yuan)			
有限责任公司(万元)	Limited Liability Corporations(10 000 yuan)	828016	755164	-8.8
股份有限公司(万元)	Share Holding Enterprises(10 000 yuan)	100505	16413	-83.7
私营企业(万元)	Private Enterprises(10 000 yuan)	144470	525086	263.5
外商及港澳台投资企业(万元)	Funds from HK,Macao,Taiwan & Foreign(10 000 yuan)			
一般公共预算收入(万元)	General Public Budget Revenue(10 000 yuan)	430430	454432	5.6
一般公共预算支出(万元)	General Public Budget Expenditure(10 000 yuan)	248436	430583	73.3
住户存款余额(万元)	The balance of savings deposits of Households(10 000yuan)			
在岗职工工资总额(万元)	Total Wages of Staff & Workers Employed in(10 000 yuan)	609002	616557	1.2
在岗职工平均工资(元)	Average Wage of Staff & Workers Employed in(yuan)	52766	52600	-0.3
全体居民人均可支配收入(元)	The per capita disposable income of all residents(yuan)	35378	38208	8.0
城镇常住居民人均可支配收入(元)	The per capita disposable income of urban permanent residents(yuan)	42196	45445	7.7
农村牧区常住居民人均可支配收入(元)	The per capita disposable income of permanent residents of rural and pastoral areas(yuan)	16319	17526	7.4
农村牧区经济	**Economic Development in Rural & Pastoral Area**			
农作物总播种面积(公顷)	Total Sown Area(hectare)	1825	1201	-34.2
#粮食作物播种面积(公顷)	Sown Area of Grain Crops(hectare)	1430	735	-48.6
农牧业机械总动力(万千瓦)	Total Power of Agricultural Machinery(10 000 kw)	4.00	3.10	-22.5
化肥施用折纯量(吨)	Consumption of Chemical Fertilizer(ton)	137	126	-8.0
农村用电量(万千瓦小时)	Electricity Consumed in Rural Area(10 000 kwh)	1740	1836	5.5
农林牧渔业总产值(万元)	Gross Output of Farming,Forestry,Animal Husbandry & Fishery(10 000 yuan)	40882	35457	0.9
粮食产量(吨)	Yield of Grain(ton)	1858	1892	1.8
油料产量(吨)	Yield of Oil－bearing Grops(ton)	50	209	318.0
甜菜产量(吨)	Yield of Beetroots(ton)			
猪牛羊肉产量(吨)	Output of Pork, Beef & Mutton(ton)	2360	2361	0.0
#猪肉产量(吨)	Output of Pork(ton)	1579	1527	-3.3
牛肉产量(吨)	Output of Beef(ton)	254	217	-14.6
羊肉产量(吨)	Output of Mutton(ton)	527	617	17.1
羊毛产量(吨)	Output of Wool(ton)	84	80	-4.8

23 – 10 Xincheng District in Hohhot City

指　　标	Item	2015	2016	2016 年比上年增长% Increase Rate in 2016 Over 2015(%)
年末牲畜存栏头数(万头只)	Total Livestock at the Year – end(10 000 heads)	5.77	2.06	-64.3
# 大牲畜(万头只)	Large Animals(10 000 heads)	0.42	0.07	-83.5
羊(万只)	Sheep & Goats(10 000 heads)	4.34	1.79	-58.8
猪(万头)	Hogs(10 000 heads)	1.01	0.20	-80.2
规模以上工业	**Industrial Enterprises above Designated size**			
工业企业单位数(个)	Number of Industrial Enterprises(unit)	25	20	-20.0
# 内资企业(个)	Civil Funded Enterprises(unit)	25	20	-20.0
工业总产值(万元)	Gross Industrial Output Value(10 000 yuan)	823191	556682	-32.4
内资企业(万元)	Civil Funded Enterprises(10 000 yuan)	823191	556682	-32.4
国有企业(万元)	State – owned Enterprises(10 000 yuan)			
集体企业(万元)	Collective – owned Enterprises(10 000 yuan)			
股份合作企业(万元)	Share Holding Enterprises(10 000 yuan)			
联营企业(万元)	Joint Owned Enterprises(10 000 yuan)			
有限责任公司(万元)	Limited Company(10 000 yuan)	513077	487783	-4.9
股份有限公司(万元)	Share Holding Limited Company(10 000 yuan)	250928	19000	-92.4
私营企业(万元)	Privately Owned Enterprises(10 000 yuan)	59186	49899	-15.7
其他企业(万元)	Enterprises of Other Ownership(10 000 yuan)			
港澳台商投资企业(万元)	Funds from HK, Macao & Taiwan(10 000 yuan)			
外商投资企业(万元)	Foreign Funded Enterprises(10 000 yuan)			
工业企业增加值(万元)	Value Added of Industrial Enterprises(10 000 yuan)			5.2
工业企业资产总计(万元)	Total Assets of Industrial Enterprises(10 000 yuan)	888786	827753	-6.9
工业企业负债合计(万元)	Total Liabilities of Industrial Enterprises(10 000 yuan)	780109	738197	-5.4
工业企业营业收入(万元)	Sales of Revenue Industrial Enterprises(10 000 yuan)	820243	562419	-31.4
工业企业利润总额(万元)	Total Profits of Industrial Enterprises(10 000 yuan)	308627	353162	14.4
建筑业	**Construction**			
建筑企业单位数(个)	Number of Construction Enterprises(unit)	64	64	0.0
建筑企业从业人员(人)	Number of Employee in Construction Enterprises(person)	13975	14292	2.3
建筑业总产值(万元)	Gross Construction Output Value(10 000 yuan)	573083	681064	18.8
交通运输邮电通信业	**Transportation, Post & Telecommunications**			
公路里程(公里)	Total Length of Highways(km)			
邮电业务总量(万元)	Business Volume of Post & Telecoms(10 000 yuan)			
本地电话用户(户)	Number of Subscribers of Local Telephone(Household)			
国内贸易	**Domestic Trade**			
社会消费品零售总额(万元)	Total Retail Sales of Consumer Goods(10 000 yuan)	4012680	4389872	9.4
城镇(万元)	Town(10 000 yuan)	3658355	3992936	9.1
乡村(万元)	Village(10 000 yuan)	354325	396936	12.0
科技教育卫生	**Science, Education & Public Health**			
各类专业技术人员(人)	Special Technical Personnel(person)	6514	8597	32.0
幼儿园数(所)	Number of Kindergartens(unit)	45	48	6.7
学龄儿童入学率(%)	Percentage of School – Age Children Enrolled(%)	100.0	100.0	0.0
小学学校数(所)	Number of Primary Schools(unit)	37	41	10.8
小学专任教师数(人)	Number of Full – time Teachers of Primary Schools(person)	2239	2098	-6.3
小学在校学生数(人)	Number of Student Enrollment of Primary Schools(person)	39229	40546	3.4
普通中学学校数(所)	Number of Regular Secondary Schools(unit)	13	17	30.8
普通中学专任教师数(人)	Number of Teachers of Secondary Shools(person)	1292	2431	88.2
初中在校学生数(人)	Number of Student in Junior Secondary Schools(person)	21996	20450	-7.0
高中在校学生数(人)	Number of Student in Senior Secondary Schools(person)	11610	10932	-5.8
卫生机构数(所)	Number of Health Institutions(unit)	17	27	58.8
# 医院(所)	Hospitals(unit)	15	25	66.7
卫生院(所)	Township Hospitals(unit)	2	2	0.0
床位数(张)	Number of Beds(unit)	2616	2945	12.6
# 医院(张)	Hospitals(unit)	2487	2796	12.4
卫生院(张)	Township Hospitals(unit)	70	90	28.6
卫生技术人员(人)	Medical Technical Presonnel(person)	2840	3510	23.6
# 医院(人)	Hospitals(person)	1669	2342	40.3
卫生院(人)	Township Hospitals(person)	57	79	38.6

23－11 呼和浩特市回民区

指　　标	Item	2015	2016	2016 年比上年增长% Increase Rate in 2016 Over 2015(%)
行政区域土地面积(平方公里)	**Area of Administration(Sq. km)**	**194**	**194**	**0.0**
人口和就业	**Population & Employment**			
年末户籍人口(人)	The Registered Population Year－end(person)	237135	236162	－0.4
#男性(人)	Male(person)	117925	117287	－0.5
#乡村人口(人)	Rural(person)	31191		
年末常住人口(人)	Permanet Resident Population Year－end(person)	432500	437800	1.2
#男性(人)	Male(person)	214700	217700	1.4
年末总户数(户)	Total Number of Households at the Year－end(Household)	90640	91353	0.8
#乡村户数(户)	Number of Rural Household(Household)	16484		
出生人口(人)	Births(person)	1753	1973	12.5
死亡人口(人)	Deaths(person)	1633	1481	－9.3
全社会就业人员(人)	Employment(person)	196686	202782	3.1
第一产业(人)	Primary Industry(person)	3950	2592	－34.4
第二产业(人)	Secondary Industry(person)	41528	40241	－3.1
第三产业(人)	Tertiary Industry(person)	151208	159950	5.8
在岗职工人数(人)	Number of Staff & Workers Employed in(person)	46735	45305	－3.1
乡村劳动力(人)	Number of Rural Laborers(person)	26850	27302	1.7
#农林牧渔业(人)	Farming,Forestry,Animal Husbandry & Fishery(person)	3935	2653	－32.6
国民经济综合指标	**Summary Item on the National Economy**			
生产总值(万元)	Gross Domestic Product(10 000 yuan)	3999501	4245525	7.1
第一产业(万元)	Primary Industry(10 000 yuan)	5437	4740	0.6
第二产业(万元)	Secondary Industry(10 000 yuan)	422728	436132	5.6
#工业(万元)	Industry(10 000 yuan)	182833	182323	4.7
第三产业(万元)	Tertiary Industry(10 000 yuan)	3571335	3804652	7.3
人均生产总值(元)	Per Capita GDP(yuan)	93087	97565	5.7
全社会固定资产投资(万元)	Total Investment in Fixed Assets(10 000 yuan)	1300471	1472775	13.2
按登记注册类型分	Grouped by Registered Type			
#国有(万元)	State－owned Enterprises(10 000 yuan)	311445	97356	－68.7
集体(万元)	Collective－owned Enterprises(10 000 yuan)	33145	7150	－78.4
有限责任公司(万元)	Limited Liability Corporations(10 000 yuan)	519924	649054	24.8
股份有限公司(万元)	Share Holding Enterprises(10 000 yuan)	22260		
私营企业(万元)	Private Enterprises(10 000 yuan)	374076	510836	36.6
外商及港澳台投资企业(万元)	Funds from HK,Macao,Taiwan & Foreign(10 000 yuan)	39621	14255	－64.0
一般公共预算收入(万元)	General Public Budget Revenue(10 000 yuan)	159471	162229	1.7
一般公共预算支出(万元)	General Public Budget Expenditure(10 000 yuan)	127123	163638	28.7
住户存款余额(万元)	The balance of savings deposits of Households(10 000yuan)			
在岗职工工资总额(万元)	Total Wages of Staff & Workers Employed in(10 000 yuan)	240775	251696	4.5
在岗职工平均工资(元)	Average Wage of Staff & Workers Employed in(yuan)	51231	50867	－0.7
全体居民人均可支配收入(元)	The per capita disposable income of all residents(yuan)	34326	37038	7.9
城镇常住居民人均可支配收入(元)	The per capita disposable income of urban permanent residents(yuan)	37285	40119	7.6
农村牧区常住居民人均可支配收入(元)	The per capita disposable income of permanent residents of rural and pastoral areas(yuan)	17056	18266	7.1
农村牧区经济	**Economic Development in Rural & Pastoral Area**			
农作物总播种面积(公顷)	Total Sown Area(hectare)	473	466	－1.5
#粮食作物播种面积(公顷)	Sown Area of Grain Crops(hectare)	433	426	－1.6
农牧业机械总动力(万千瓦)	Total Power of Agricultural Machinery(10 000 kw)	0.73	0.65	－11.0
化肥施用折纯量(吨)	Consumption of Chemical Fertilizer(ton)	63	134	111.7
农村用电量(万千瓦小时)	Electricity Consumed in Rural Area(10 000 kwh)	452	178	－60.6
农林牧渔业总产值(万元)	Gross Output of Farming,Forestry,Animal Husbandry & Fishery(10 000 yuan)	10209	8847	0.8
粮食产量(吨)	Yield of Grain(ton)	2200	2130	－3.2
油料产量(吨)	Yield of Oil－bearing Grops(ton)			
甜菜产量(吨)	Yield of Beetroots(ton)			
猪牛羊肉产量(吨)	Output of Pork, Beef & Mutton(ton)	548	203	－63.0
#猪肉产量(吨)	Output of Pork(ton)	460	149	－67.6
牛肉产量(吨)	Output of Beef(ton)	13	2	－84.6
羊肉产量(吨)	Output of Mutton(ton)	75	52	－30.7
羊毛产量(吨)	Output of Wool(ton)			

23 – 11 Huimin District in Hohhot City

指　　标	Item	2015	2016	2016 年比上年增长% Increase Rate in 2016 Over 2015(%)
年末牲畜存栏头数(万头只)	Total Livestock at the Year – end(10 000 heads)	0.98	0.53	-45.9
#大牲畜(万头只)	Large Animals(10 000 heads)	0.01	0.01	0.0
羊(万只)	Sheep & Goats(10 000 heads)	0.49	0.42	-14.3
猪(万头)	Hogs(10 000 heads)	0.48	0.10	-79.2
规模以上工业	**Industrial Enterprises above Designated size**			
工业企业单位数(个)	Number of Industrial Enterprises(unit)	14	9	-35.7
#内资企业(个)	Civil Funded Enterprises(unit)	11	7	-36.4
工业总产值(万元)	Gross Industrial Output Value(10 000 yuan)	333229	306520	-8.0
内资企业(万元)	Civil Funded Enterprises(10 000 yuan)	169400	143828	-15.1
国有企业(万元)	State – owned Enterprises(10 000 yuan)			
集体企业(万元)	Collective – owned Enterprises(10 000 yuan)			
股份合作企业(万元)	Share Holding Enterprises(10 000 yuan)			
联营企业(万元)	Joint Owned Enterprises(10 000 yuan)			
有限责任公司(万元)	Limited Company(10 000 yuan)	119955	88232	-26.4
股份有限公司(万元)	Share Holding Limited Company(10 000 yuan)			
私营企业(万元)	Privately Owned Enterprises(10 000 yuan)	49446	55596	12.4
其他企业(万元)	Enterprises of Other Ownership(10 000 yuan)			
港澳台商投资企业(万元)	Funds from HK, Macao & Taiwan(10 000 yuan)	161629	162692	0.7
外商投资企业(万元)	Foreign Funded Enterprises(10 000 yuan)	2200		
工业企业增加值(万元)	Value Added of Industrial Enterprises(10 000 yuan)			4.6
工业企业资产总计(万元)	Total Assets of Industrial Enterprises(10 000 yuan)	997136	952931	-4.4
工业企业负债合计(万元)	Total Liabilities of Industrial Enterprises(10 000 yuan)	883702	865732	-2.0
工业企业产品销售收入(万元)	Sales of Revenue Industrial Enterprises(10 000 yuan)	314809	290483	-7.7
工业企业利润总额(万元)	Total Profits of Industrial Enterprises(10 000 yuan)	10932	-2374	
建筑业	**Construction**			
建筑企业单位数(个)	Number of Construction Enterprises(unit)	37	37	0.0
建筑企业从业人员(人)	Number of Employee in Construction Enterprises(person)	7556	7883	4.3
建筑业总产值(万元)	Gross Construction Output Value(10 000 yuan)	397783	438194	10.2
交通运输邮电通信业	**Transportation, Post & Telecommunications**			
公路里程(公里)	Total Length of Highways(km)			
邮电业务总量(万元)	Business Volume of Post & Telecoms(10 000 yuan)			
本地电话用户(户)	Number of Subscribers of Local Telephone(Household)			
国内贸易	**Domestic Trade**			
社会消费品零售总额(万元)	Total Retail Sales of Consumer Goods(10 000 yuan)	4164154	4559748	9.5
城镇(万元)	Town(10 000 yuan)	4080871	4470631	9.6
乡村(万元)	Village(10 000 yuan)	83283	89117	7.0
科技教育卫生	**Science, Education & Public Health**			
各类专业技术人员(人)	Special Technical Personnel(person)	9011	9865	9.5
幼儿园数(所)	Number of Kindergartens(unit)	62	64	3.2
学龄儿童入学率(%)	Percentage of School – Age Children Enrolled(%)	100.0	100.0	0.0
小学学校数(所)	Number of Primary Schools(unit)	31	31	0.0
小学专任教师数(人)	Number of Full – time Teachers of Primary Schools(person)	952	1103	15.9
小学在校学生数(人)	Number of Student Enrollment of Primary Schools(person)	23776	24401	2.6
普通中学学校数(所)	Number of Regular Secondary Schools(unit)	21	21	0.0
普通中学专任教师数(人)	Number of Teachers of Secondary Shools(person)	1849	1914	3.5
初中在校学生数(人)	Number of Student in Junior Secondary Schools(person)	15865	14484	-8.7
高中在校学生数(人)	Number of Student in Senior Secondary Schools(person)	12694	12667	-0.2
卫生机构数(所)	Number of Health Institutions(unit)	249	258	3.6
#医院(所)	Hospitals(unit)	23	23	0.0
卫生院(所)	Township Hospitals(unit)	1	1	0.0
床位数(张)	Number of Beds(unit)	4772	4792	0.4
#医院(张)	Hospitals(unit)	4421	4441	0.5
卫生院(张)	Township Hospitals(unit)	20	20	0.0
卫生技术人员(人)	Medical Technical Presonnel(person)	6210	6848	10.3
#医院(人)	Hospitals(person)	4997	5598	12.0
卫生院(人)	Township Hospitals(person)	20	22	10.0

23－12 呼和浩特市玉泉区

指　标	Item	2015	2016	2016 年比上年增长% Increase Rate in 2016 Over 2015(%)
行政区域土地面积(平方公里)	**Area of Administration(Sq. km)**	**207**	**207**	**0.0**
人口和就业	**Population & Employment**			
年末户籍人口(人)	The Registered Population Year－end(person)	202159	202564	0.2
#男性(人)	Male(person)	100835	100900	0.1
#乡村人口(人)	Rural(person)	41097	43844	6.7
年末常住人口(人)	Permanet Resident Population Year－end(person)	414700	418500	0.9
#男性(人)	Male(person)	213300	215200	0.9
年末总户数(户)	Total Number of Households at the Year－end(Household)	84728	85586	1.0
#乡村户数(户)	Number of Rural Household(Household)	16279	16170	－0.7
出生人口(人)	Births(person)	1769	1984	12.2
死亡人口(人)	Deaths(person)	1184	1006	－15.0
全社会就业人员(人)	Employment(person)	99207	99865	0.7
第一产业(人)	Primary Industry(person)	11015	9808	－11.0
第二产业(人)	Secondary Industry(person)	25216	24131	－4.3
第三产业(人)	Tertiary Industry(person)	62976	65926	4.7
在岗职工人数(人)	Number of Staff & Workers Employed in(person)	25516	25577	0.2
乡村劳动力(人)	Number of Rural Laborers(person)	20860	23043	10.5
#农林牧渔业(人)	Farming, Forestry, Animal Husbandry & Fishery(person)	11015	9808	－11.0
国民经济综合指标	**Summary Item on the National Economy**			
生产总值(万元)	Gross Domestic Product(10 000 yuan)	3095032	3279562	7.5
第一产业(万元)	Primary Industry(10 000 yuan)	32017	30153	8.0
第二产业(万元)	Secondary Industry(10 000 yuan)	821387	852266	7.7
#工业(万元)	Industry(10 000 yuan)	614818	633509	8.2
第三产业(万元)	Tertiary Industry(10 000 yuan)	2241629	2397142	7.4
人均生产总值(元)	Per Capita GDP(yuan)	75122	78722	6.3
全社会固定资产投资(万元)	Total Investment in Fixed Assets(10 000 yuan)	1460177	1660043	13.7
按登记注册类型分	Grouped by Registered Type			
#国有(万元)	State－owned Enterprises(10 000 yuan)	463138	703916	52.0
集体(万元)	Collective－owned Enterprises(10 000 yuan)			
有限责任公司(万元)	Limited Liability Corporations(10 000 yuan)	907133	103282	－88.6
股份有限公司(万元)	Share Holding Enterprises(10 000 yuan)		16740	
私营企业(万元)	Private Enterprises(10 000 yuan)	75491	836105	1007.6
外商及港澳台投资企业(万元)	Funds from HK, Macao, Taiwan & Foreign(10 000 yuan)			
一般公共预算收入(万元)	General Public Budget Revenue(10 000 yuan)	177322	187481	5.7
一般公共预算支出(万元)	General Public Budget Expenditure(10 000 yuan)	129258	146019	13.0
住户存款余额(万元)	The balance of savings deposits of Households(10 000 yuan)			
在岗职工工资总额(万元)	Total Wages of Staff & Workers Employed in(10 000 yuan)	139515	164760	18.1
在岗职工平均工资(元)	Average Wage of Staff & Workers Employed in(yuan)	49519	57926	16.9
全体居民人均可支配收入(元)	The per capita disposable income of all residents(yuan)	31861	34410	8.0
城镇常住居民人均可支配收入(元)	The per capita disposable income of urban permanent residents(yuan)	36145	38892	7.6
农村牧区常住居民人均可支配收入(元)	The per capita disposable income of permanent residents of rural and pastoral areas(yuan)	16266	17453	7.3
农村牧区经济	**Economic Development in Rural & Pastoral Area**			
农作物总播种面积(公顷)	Total Sown Area(hectare)	4753	4766	0.3
#粮食作物播种面积(公顷)	Sown Area of Grain Crops(hectare)	3875	3920	1.2
农牧业机械总动力(万千瓦)	Total Power of Agricultural Machinery(10 000 kw)	7.68	7.37	－4.0
化肥施用折纯量(吨)	Consumption of Chemical Fertilizer(ton)	2763	2721	－1.5
农村用电量(万千瓦小时)	Electricity Consumed in Rural Area(10 000 kwh)	1200	1100	－8.3
农林牧渔业总产值(万元)	Gross Output of Farming, Forestry, Animal Husbandry & Fishery(10 000 yuan)	56114	52282	8.4
粮食产量(吨)	Yield of Grain(ton)	27555	27565	0.0
油料产量(吨)	Yield of Oil－bearing Grops(ton)	73	47	－35.6
甜菜产量(吨)	Yield of Beetroots(ton)			
猪牛羊肉产量(吨)	Output of Pork, Beef & Mutton(ton)	2373	1724	－27.3
#猪肉产量(吨)	Output of Pork(ton)	1163	784	－32.6
牛肉产量(吨)	Output of Beef(ton)	846	621	－26.6
羊肉产量(吨)	Output of Mutton(ton)	364	319	－12.4
羊毛产量(吨)	Output of Wool(ton)	54	93	72.2

23－12 Yuquan District in Hohhot City

指　　标	Item	2015	2016	2016 年比上年增长% Increase Rate in 2016 Over 2015(%)
年末牲畜存栏头数(万头只)	Total Livestock at the Year－end(10 000 heads)	5.98	5.18	－13.4
#大牲畜(万头只)	Large Animals(10 000 heads)	0.98	0.74	－24.5
羊(万只)	Sheep & Goats(10 000 heads)	3.40	3.56	4.7
猪(万头)	Hogs(10 000 heads)	1.60	0.88	－45.0
规模以上工业	**Industrial Enterprises above Designated size**			
工业企业单位数(个)	Number of Industrial Enterprises(unit)	18	20	11.1
#内资企业(个)	Civil Funded Enterprises(unit)	18	20	11.1
工业总产值(万元)	Gross Industrial Output Value(10 000 yuan)	194200	239345	23.2
内资企业(万元)	Civil Funded Enterprises(10 000 yuan)	194200	239345	23.2
国有企业(万元)	State－owned Enterprises(10 000 yuan)			
集体企业(万元)	Collective－owned Enterprises(10 000 yuan)			
股份合作企业(万元)	Share Holding Enterprises(10 000 yuan)			
联营企业(万元)	Joint Owned Enterprises(10 000 yuan)			
有限责任公司(万元)	Limited Company(10 000 yuan)	8206	7179	－12.5
股份有限公司(万元)	Share Holding Limited Company(10 000 yuan)	122288	152559	24.8
私营企业(万元)	Privately Owned Enterprises(10 000 yuan)	63707	79607	25.0
其他企业(万元)	Enterprises of Other Ownership(10 000 yuan)			
港澳台商投资企业(万元)	Funds from HK,Macao & Taiwan(10 000 yuan)			
外商投资企业(万元)	Foreign Funded Enterprises(10 000 yuan)			
工业企业增加值(万元)	Value Added of Industrial Enterprises(10 000 yuan)			8.7
工业企业资产总计(万元)	Total Assets of Industrial Enterprises(10 000 yuan)	223245	376395	68.6
工业企业负债合计(万元)	Total Liabilities of Industrial Enterprises(10 000 yuan)	82903	94728	14.3
工业企业产品销售收入(万元)	Sales of Revenue Industrial Enterprises(10 000 yuan)	194175	230279	18.6
工业企业利润总额(万元)	Total Profits of Industrial Enterprises(10 000 yuan)	71214	82312	15.6
建筑业	**Construction**			
建筑企业单位数(个)	Number of Construction Enterprises(unit)	28	25	－10.7
建筑企业从业人员(人)	Number of Employee in Construction Enterprises(person)	5958	4546	－23.7
建筑业总产值(万元)	Gross Construction Output Value(10 000 yuan)	184584	172827	－6.4
交通运输邮电通信业	**Transportation,Post & Telecommunications**			
公路里程(公里)	Total Length of Highways(km)			
邮电业务总量(万元)	Business Volume of Post & Telecoms(10 000 yuan)			
本地电话用户(户)	Number of Subscribers of Local Telephone(Household)			
国内贸易	**Domestic Trade**			
社会消费品零售总额(万元)	Total Retail Sales of Consumer Goods(10 000 yuan)	2131023	2334962	9.6
城镇(万元)	Town(10 000 yuan)	2039228	2234926	9.6
乡村(万元)	Village(10 000 yuan)	91795	100036	9.0
科技教育卫生	**Science,Education & Public Health**			
各类专业技术人员(人)	Special Technical Personnel(person)	6471	7576	17.1
幼儿园数(所)	Number of Kindergartens(unit)	32	32	0.0
学龄儿童入学率(%)	Percentage of School－Age Children Enrolled(%)	100.0	100.0	0.0
小学学校数(所)	Number of Primary Schools(unit)	35	35	0.0
小学专任教师数(人)	Number of Full－time Teachers of Primary Schools(person)	1119	1229	9.8
小学在校学生数(人)	Number of Student Enrollment of Primary Schools(person)	23281	24532	5.4
普通中学学校数(所)	Number of Regular Secondary Schools(unit)	10	10	0.0
普通中学专任教师数(人)	Number of Teachers of Secondary Shools(person)	758	781	3.0
初中在校学生数(人)	Number of Student in Junior Secondary Schools(person)	7474	6989	－6.5
高中在校学生数(人)	Number of Student in Senior Secondary Schools(person)	4025	4216	4.7
卫生机构数(所)	Number of Health Institutions(unit)	267	277	3.7
#医院(所)	Hospitals(unit)	25	27	8.0
卫生院(所)	Township Hospitals(unit)	2	2	0.0
床位数(张)	Number of Beds(unit)	2280	2388	4.7
#医院(张)	Hospitals(unit)	2210	2050	－7.2
卫生院(张)	Township Hospitals(unit)	50	50	0.0
卫生技术人员(人)	Medical Technical Presonnel(person)	3312	4245	28.2
#医院(人)	Hospitals(person)	2238	2552	14.0
卫生院(人)	Township Hospitals(person)	47	58	23.4

23－13 呼和浩特市赛罕区

指　　标	Item	2015	2016	2016 年比上年增长% Increase Rate in 2016 Over 2015(%)
行政区域土地面积(平方公里)	**Area of Administration(Sq. km)**	**1025**	**1025**	**0.0**
人口和就业	**Population & Employment**			
年末户籍人口(人)	The Registered Population Year－end(person)	468536	484800	3.5
#男性(人)	Male(person)	233378	240616	3.1
#乡村人口(人)	Rural(person)	112939		
年末常住人口(人)	Permanet Resident Population Year－end(person)	692400	700100	1.1
#男性(人)	Male(person)	352600	356700	1.2
年末总户数(户)	Total Number of Households at the Year－end(Household)	176458	184502	4.6
#乡村户数(户)	Number of Rural Household(Household)	45129		
出生人口(人)	Births(person)	5711	5993	4.9
死亡人口(人)	Deaths(person)	1941	1843	-5.0
全社会就业人员(人)	Employment(person)	180124	182188	1.1
第一产业(人)	Primary Industry(person)	47412	47373	-0.1
第二产业(人)	Secondary Industry(person)	31567	31814	0.8
第三产业(人)	Tertiary Industry(person)	101145	103001	1.8
在岗职工人数(人)	Number of Staff & Workers Employed in(person)	133635	132461	-0.9
乡村劳动力(人)	Number of Rural Laborers(person)	89499	90091	0.6
#农林牧渔业(人)	Farming,Forestry,Animal Husbandry & Fishery(person)	47273	47373	0.2
国民经济综合指标	**Summary Item on the National Economy**			
生产总值(万元)	Gross Domestic Product(10 000 yuan)	6165652	6572066	8.1
第一产业(万元)	Primary Industry(10 000 yuan)	207381	185942	2.7
第二产业(万元)	Secondary Industry(10 000 yuan)	1598558	1718883	11.4
#工业(万元)	Industry(10 000 yuan)	1153536	1203327	9.5
第三产业(万元)	Tertiary Industry(10 000 yuan)	4359713	4667241	7.2
人均生产总值(元)	Per Capita GDP(yuan)	89493	94392	7.0
全社会固定资产投资(万元)	Total Investment in Fixed Assets(10 000 yuan)	3512662	3977622	13.2
按登记注册类型分	Grouped by Registered Type			
#国有(万元)	State－owned Enterprises(10 000 yuan)	1090841	1168781	7.1
集体(万元)	Collective－owned Enterprises(10 000 yuan)	350800	298377	-14.9
有限责任公司(万元)	Limited Liability Corporations(10 000 yuan)	1926711	1074905	-44.2
股份有限公司(万元)	Share Holding Enterprises(10 000 yuan)	67014	42574	-36.5
私营企业(万元)	Private Enterprises(10 000 yuan)	18025	1353710	7410.2
外商及港澳台投资企业(万元)	Funds from HK,Macao,Taiwan & Foreign(10 000 yuan)	5000	28409	468.2
一般公共预算收入(万元)	General Public Budget Revenue(10 000 yuan)	451216	477685	5.9
一般公共预算支出(万元)	General Public Budget Expenditure(10 000 yuan)	397987	386506	-2.9
住户存款余额(万元)	The balance of savings deposits of Households(10 000 yuan)			
在岗职工工资总额(万元)	Total Wages of Staff & Workers Employed in(10 000 yuan)	778659	821334	5.5
在岗职工平均工资(元)	Average Wage of Staff & Workers Employed in(yuan)	58051	62200	7.1
全体居民人均可支配收入(元)	The per capita disposable income of all residents(yuan)	32818	35247	7.4
城镇常住居民人均可支配收入(元)	The per capita disposable income of urban permanent residents(yuan)	41155	44056	7.0
农村牧区常住居民人均可支配收入(元)	The per capita disposable income of permanent residents of rural and pastoral areas(yuan)	15407	16531	7.3
农村牧区经济	**Economic Development in Rural & Pastoral Area**			
农作物总播种面积(公顷)	Total Sown Area(hectare)	32310	32296	0.0
#粮食作物播种面积(公顷)	Sown Area of Grain Crops(hectare)	24832	25630	3.2
农牧业机械总动力(万千瓦)	Total Power of Agricultural Machinery(10 000 kw)	31.28	27.32	-12.7
化肥施用折纯量(吨)	Consumption of Chemical Fertilizer(ton)	11047	11096	0.4
农村用电量(万千瓦小时)	Electricity Consumed in Rural Area(10 000 kwh)	11433	11750	2.8
农林牧渔业总产值(万元)	Gross Output of Farming,Forestry,Animal Husbandry & Fishery(10 000 yuan)	378274	333502	2.6
粮食产量(吨)	Yield of Grain(ton)	61504	61589	0.1
油料产量(吨)	Yield of Oil－bearing Grops(ton)	1231	939	-23.7
甜菜产量(吨)	Yield of Beetroots(ton)	200	25	-87.5
猪牛羊肉产量(吨)	Output of Pork, Beef & Mutton(ton)	14217	14702	3.4
#猪肉产量(吨)	Output of Pork(ton)	5232	4280	-18.2
牛肉产量(吨)	Output of Beef(ton)	7715	8784	13.9
羊肉产量(吨)	Output of Mutton(ton)	1270	1638	29.0
羊毛产量(吨)	Output of Wool(ton)	120	120	0.0

23 – 13 Saihan District in Hohhot City

指 标	Item	2015	2016	2016 年比上年增长% Increase Rate in 2016 Over 2015(%)
年末牲畜存栏头数(万头只)	Total Livestock at the Year – end(10 000 heads)	22.19	13.20	-40.5
# 大牲畜(万头只)	Large Animals(10 000 heads)	11.76	2.60	-77.9
羊(万只)	Sheep & Goats(10 000 heads)	5.86	6.06	3.4
猪(万头)	Hogs(10 000 heads)	4.57	4.54	-0.7
规模以上工业	**Industrial Enterprises above Designated size**			
工业企业单位数(个)	Number of Industrial Enterprises(unit)	30	28	-6.7
# 内资企业(个)	Civil Funded Enterprises(unit)	26	26	0.0
工业总产值(万元)	Gross Industrial Output Value(10 000 yuan)	4480508	4618209	3.1
内资企业(万元)	Civil Funded Enterprises(10 000 yuan)	4244333	4263663	0.5
国有企业(万元)	State – owned Enterprises(10 000 yuan)	864285	748789	-13.4
集体企业(万元)	Collective – owned Enterprises(10 000 yuan)			
股份合作企业(万元)	Share Holding Enterprises(10 000 yuan)			
联营企业(万元)	Joint Owned Enterprises(10 000 yuan)			
有限责任公司(万元)	Limited Company(10 000 yuan)	848042	876301	3.3
股份有限公司(万元)	Share Holding Limited Company(10 000 yuan)	2427374	2543413	4.8
私营企业(万元)	Privately Owned Enterprises(10 000 yuan)	104633	95160	-9.1
其他企业(万元)	Enterprises of Other Ownership(10 000 yuan)			
港澳台商投资企业(万元)	Funds from HK, Macao & Taiwan(10 000 yuan)	170585	300028	75.9
外商投资企业(万元)	Foreign Funded Enterprises(10 000 yuan)	65590	54519	-16.9
工业企业增加值(万元)	Value Added of Industrial Enterprises(10 000 yuan)			10.0
工业企业资产总计(万元)	Total Assets of Industrial Enterprises(10 000 yuan)	7363765	8051012	9.3
工业企业负债合计(万元)	Total Liabilities of Industrial Enterprises(10 000 yuan)	4895485	5248790	7.2
工业企业产品销售收入(万元)	Sales of Revenue Industrial Enterprises(10 000 yuan)	4415910	4425425	0.2
工业企业利润总额(万元)	Total Profits of Industrial Enterprises(10 000 yuan)	-484374	-375151	
建筑业	**Construction**			
建筑企业单位数(个)	Number of Construction Enterprises(unit)	52	48	-7.7
建筑企业从业人员(人)	Number of Employee in Construction Enterprises(person)	17899	24277	35.6
建筑业总产值(万元)	Gross Construction Output Value(10 000 yuan)	632249	1013846	60.4
交通运输邮电通信业	**Transportation, Post & Telecommunications**			
公路里程(公里)	Total Length of Highways(km)			
邮电业务总量(万元)	Business Volume of Post & Telecoms(10 000 yuan)			
本地电话用户(户)	Number of Subscribers of Local Telephone(Household)			
国内贸易	**Domestic Trade**			
社会消费品零售总额(万元)	Total Retail Sales of Consumer Goods(10 000 yuan)	1872527	2048544	9.4
城镇(万元)	Town(10 000 yuan)	1665671	1828262	9.8
乡村(万元)	Village(10 000 yuan)	206855	220282	6.5
科技教育卫生	**Science, Education & Public Health**			
各类专业技术人员(人)	Special Technical Personnel(person)	35632	37854	6.2
幼儿园数(所)	Number of Kindergartens(unit)	57	63	10.5
学龄儿童入学率(%)	Percentage of School – Age Children Enrolled(%)	100.0	100.0	0.0
小学学校数(所)	Number of Primary Schools(unit)	39	40	2.6
小学专任教师数(人)	Number of Full – time Teachers of Primary Schools(person)	1878	2308	22.9
小学在校学生数(人)	Number of Student Enrollment of Primary Schools(person)	39816	42222	6.0
普通中学学校数(所)	Number of Regular Secondary Schools(unit)	22	22	0.0
普通中学专任教师数(人)	Number of Teachers of Secondary Shools(person)	2089	2171	3.9
初中在校学生数(人)	Number of Student in Junior Secondary Schools(person)	21760	19366	-11.0
高中在校学生数(人)	Number of Student in Senior Secondary Schools(person)	13039	13043	0.0
卫生机构数(所)	Number of Health Institutions(unit)	440	485	10.2
# 医院(所)	Hospitals(unit)	26	28	7.7
卫生院(所)	Township Hospitals(unit)	7	7	0.0
床位数(张)	Number of Beds(unit)	5859	5986	2.2
# 医院(张)	Hospitals(unit)	5568	5630	1.1
卫生院(张)	Township Hospitals(unit)	218	234	7.3
卫生技术人员(人)	Medical Technical Presonnel(person)	7827	8571	9.5
# 医院(人)	Hospitals(person)	5782	6302	9.0
卫生院(人)	Township Hospitals(person)	127	124	-2.4

23－14 呼和浩特市土默特左旗

指　标	Item	2015	2016	2016 年比上年增长% Increase Rate in 2016 Over 2015(%)
行政区域土地面积(平方公里)	**Area of Administration(Sq. km)**	**2765**	**2765**	**0.0**
人口和就业	**Population & Employment**			
年末户籍人口(人)	The Registered Population Year－end(person)	365819	365925	0.0
＃男性(人)	Male(person)	190073	189942	－0.1
＃乡村人口(人)	Rural(person)	312333	265230	－15.1
年末常住人口(人)	Permanet Resident Population Year－end(person)	319900	322500	0.8
＃男性(人)	Male(person)	166000	167300	0.8
年末总户数(户)	Total Number of Households at the Year－end(Household)	143639	147188	2.5
＃乡村户数(户)	Number of Rural Household(Household)	96552	99344	2.9
出生人口(人)	Births(person)	3657	3334	－8.8
死亡人口(人)	Deaths(person)	1594	1518	－4.8
全社会就业人员(人)	Employment(person)	186500	186253	－0.1
第一产业(人)	Primary Industry(person)	80998	79163	－2.3
第二产业(人)	Secondary Industry(person)	52163	52943	1.5
第三产业(人)	Tertiary Industry(person)	53339	54147	1.5
在岗职工人数(人)	Number of Staff & Workers Employed in(person)	18190	17687	－2.8
乡村劳动力(人)	Number of Rural Laborers(person)	186053	189073	1.6
＃农林牧渔业(人)	Farming, Forestry, Animal Husbandry & Fishery(person)	80165	75441	－5.9
国民经济综合指标	**Summary Item on the National Economy**			
生产总值(万元)	Gross Domestic Product(10 000 yuan)	2372750	2433205	6.8
第一产业(万元)	Primary Industry(10 000 yuan)	390422	344647	1.2
第二产业(万元)	Secondary Industry(10 000 yuan)	803092	821949	6.7
＃工业(万元)	Industry(10 000 yuan)	680488	695667	7.3
第三产业(万元)	Tertiary Industry(10 000 yuan)	1179235	1266609	8.7
人均生产总值(元)	Per Capita GDP(yuan)	74404	75754	6.0
全社会固定资产投资(万元)	Total Investment in Fixed Assets(10 000 yuan)	809346	933593	15.4
按登记注册类型分	Grouped by Registered Type			
＃国有(万元)	State－owned Enterprises(10 000 yuan)	485005	559858	15.4
集体(万元)	Collective－owned Enterprises(10 000 yuan)			
有限责任公司(万元)	Limited Liability Corporations(10 000 yuan)	274299	276623	0.8
股份有限公司(万元)	Share Holding Enterprises(10 000 yuan)	5800	36550	530.2
私营企业(万元)	Private Enterprises(10 000 yuan)	10461	60562	478.9
外商及港澳台投资企业(万元)	Funds from HK, Macao, Taiwan & Foreign(10 000 yuan)			
一般公共预算收入(万元)	General Public Budget Revenue(10 000 yuan)	133987	190762	42.4
一般公共预算支出(万元)	General Public Budget Expenditure(10 000 yuan)	300675	370767	23.3
住户存款余额(万元)	The balance of savings deposits of Households(10 000 yuan)	592962	680287	14.7
在岗职工工资总额(万元)	Total Wages of Staff & Workers Employed in(10 000 yuan)	94476	95362	0.9
在岗职工平均工资(元)	Average Wage of Staff & Workers Employed in(yuan)	51742	53910	4.2
全体居民人均可支配收入(元)	The per capita disposable income of all residents(yuan)	17219	18579	7.9
城镇常住居民人均可支配收入(元)	The per capita disposable income of urban permanent residents(yuan)	28646	31138	8.7
农村牧区常住居民人均可支配收入(元)	The per capita disposable income of permanent residents of rural and pastoral areas(yuan)	13160	14154	7.6
农村牧区经济	**Economic Development in Rural & Pastoral Area**			
农作物总播种面积(公顷)	Total Sown Area(hectare)	105288	105516	0.2
＃粮食作物播种面积(公顷)	Sown Area of Grain Crops(hectare)	65707	68715	4.6
农牧业机械总动力(万千瓦)	Total Power of Agricultural Machinery(10 000 kw)	73.51	59.86	－18.6
化肥施用折纯量(吨)	Consumption of Chemical Fertilizer(ton)	33586	33772	0.6
农村用电量(万千瓦小时)	Electricity Consumed in Rural Area(10 000 kwh)	13164	13358	1.5
农林牧渔业总产值(万元)	Gross Output of Farming, Forestry, Animal Husbandry & Fishery(10 000 yuan)	704467	613451	1.3
粮食产量(吨)	Yield of Grain(ton)	514237	516231	0.4
油料产量(吨)	Yield of Oil－bearing Grops(ton)	28683	37170	29.6
甜菜产量(吨)	Yield of Beetroots(ton)	4258	6426	50.9
猪牛羊肉产量(吨)	Output of Pork, Beef & Mutton(ton)	30636	30663	0.1
＃猪肉产量(吨)	Output of Pork(ton)	10484	11390	8.6
牛肉产量(吨)	Output of Beef(ton)	10748	8586	－20.1
羊肉产量(吨)	Output of Mutton(ton)	9404	10687	13.6
羊毛产量(吨)	Output of Wool(ton)	1422	1590	11.8

23 – 14 Tumotezuo Banner in Hohhot City

指　　标	Item	2015	2016	2016年比上年增长% Increase Rate in 2016 Over 2015(%)
年末牲畜存栏头数(万头只)	Total Livestock at the Year – end(10 000 heads)	79.00	68.60	-13.2
#大牲畜(万头只)	Large Animals(10 000 heads)	24.26	16.20	-33.2
羊(万只)	Sheep & Goats(10 000 heads)	46.21	48.53	5.0
猪(万头)	Hogs(10 000 heads)	8.53	3.87	-54.6
规模以上工业	**Industrial Enterprises above Designated size**			
工业企业单位数(个)	Number of Industrial Enterprises(unit)	38	35	-7.9
#内资企业(个)	Civil Funded Enterprises(unit)	34	33	-2.9
工业总产值(万元)	Gross Industrial Output Value(10 000 yuan)	737202	668045	-9.4
内资企业(万元)	Civil Funded Enterprises(10 000 yuan)	662368	644318	-2.7
国有企业(万元)	State – owned Enterprises(10 000 yuan)			
集体企业(万元)	Collective – owned Enterprises(10 000 yuan)			
股份合作企业(万元)	Share Holding Enterprises(10 000 yuan)			
联营企业(万元)	Joint Owned Enterprises(10 000 yuan)			
有限责任公司(万元)	Limited Company(10 000 yuan)	527790	540603	2.4
股份有限公司(万元)	Share Holding Limited Company(10 000 yuan)	10844	10000	-7.8
私营企业(万元)	Privately Owned Enterprises(10 000 yuan)	123734	93716	-24.3
其他企业(万元)	Enterprises of Other Ownership(10 000 yuan)			
港澳台商投资企业(万元)	Funds from HK, Macao & Taiwan(10 000 yuan)			
外商投资企业(万元)	Foreign Funded Enterprises(10 000 yuan)	74835	23727	-68.3
工业企业增加值(万元)	Value Added of Industrial Enterprises(10 000 yuan)			7.0
工业企业资产总计(万元)	Total Assets of Industrial Enterprises(10 000 yuan)	1773202	1163784	-34.4
工业企业负债合计(万元)	Total Liabilities of Industrial Enterprises(10 000 yuan)	1106240	826940	-25.2
工业企业产品销售收入(万元)	Sales of Revenue Industrial Enterprises(10 000 yuan)	759545	669959	-11.8
工业企业利润总额(万元)	Total Profits of Industrial Enterprises(10 000 yuan)	34319	20917	-39.1
建筑业	**Construction**			
建筑企业单位数(个)	Number of Construction Enterprises(unit)	2	2	0.0
建筑企业从业人员(人)	Number of Employee in Construction Enterprises(person)	1447	846	-41.5
建筑业总产值(万元)	Gross Construction Output Value(10 000 yuan)	30562	17959	-41.2
交通运输邮电通信业	**Transportation, Post & Telecommunications**			
公路里程(公里)	Total Length of Highways(km)	1375	1408	2.4
邮电业务总量(万元)	Business Volume of Post & Telecoms(10 000 yuan)	12728	11293	-11.3
本地电话用户(户)	Number of Subscribers of Local Telephone(Household)	14100	10338	-26.7
国内贸易	**Domestic Trade**			
社会消费品零售总额(万元)	Total Retail Sales of Consumer Goods(10 000 yuan)	373528	406025	8.7
城镇(万元)	Town(10 000 yuan)	317499	345538	8.8
乡村(万元)	Village(10 000 yuan)	56029	60487	8.0
科技教育卫生	**Science, Education & Public Health**			
各类专业技术人员(人)	Special Technical Personnel(person)	3894	3955	1.6
幼儿园数(所)	Number of Kindergartens(unit)	53	65	22.6
学龄儿童入学率(%)	Percentage of School – Age Children Enrolled(%)	100.0	100.0	0.0
小学学校数(所)	Number of Primary Schools(unit)	27	27	0.0
小学专任教师数(人)	Number of Full – time Teachers of Primary Schools(person)	1277	801	-37.3
小学在校学生数(人)	Number of Student Enrollment of Primary Schools(person)	12739	10501	-17.6
普通中学学校数(所)	Number of Regular Secondary Schools(unit)	13	11	-15.4
普通中学专任教师数(人)	Number of Teachers of Secondary Shools(person)	749	915	22.2
初中在校学生数(人)	Number of Student in Junior Secondary Schools(person)	5754	7164	24.5
高中在校学生数(人)	Number of Student in Senior Secondary Schools(person)	4222	5130	21.5
卫生机构数(所)	Number of Health Institutions(unit)	330	332	0.6
#医院(所)	Hospitals(unit)	2	2	0.0
卫生院(所)	Township Hospitals(unit)	16	16	0.0
床位数(张)	Number of Beds(unit)	629	715	13.7
#医院(张)	Hospitals(unit)	360	360	0.0
卫生院(张)	Township Hospitals(unit)	259	355	37.1
卫生技术人员(人)	Medical Technical Presonnel(person)	661	712	7.7
#医院(人)	Hospitals(person)	365	378	3.6
卫生院(人)	Township Hospitals(person)	189	196	3.7

23－15 呼和浩特市托克托县

指　　标	Item	2015	2016	2016 年比上年增长% Increase Rate in 2016 Over 2015(%)
行政区域土地面积(平方公里)	**Area of Administration(Sq. km)**	**1408**	**1408**	**0.0**
人口和就业	**Population & Employment**			
年末户籍人口(人)	The Registered Population Year－end(person)	203144	203936	0.4
＃男性(人)	Male(person)	103627	103903	0.3
＃乡村人口(人)	Rural(person)	146716	147714	0.7
年末常住人口(人)	Permanet Resident Population Year－end(person)	208300	210600	1.1
＃男性(人)	Male(person)	108500	108600	0.1
年末总户数(户)	Total Number of Households at the Year－end(Household)	87566	89570	2.3
＃乡村户数(户)	Number of Rural Household(Household)	42022	43381	3.2
出生人口(人)	Births(person)	1998	1838	－8.0
死亡人口(人)	Deaths(person)	676	384	－43.2
全社会就业人员(人)	Employment(person)	106069	106114	0.0
第一产业(人)	Primary Industry(person)	53816	53819	0.0
第二产业(人)	Secondary Industry(person)	33404	30253	－9.4
第三产业(人)	Tertiary Industry(person)	18849	22042	16.9
在岗职工人数(人)	Number of Staff & Workers Employed in(person)	11755	13005	10.6
乡村劳动力(人)	Number of Rural Laborers(person)	100990	101239	0.2
＃农林牧渔业(人)	Farming, Forestry, Animal Husbandry & Fishery(person)	53861	53819	－0.1
国民经济综合指标	**Summary Item on the National Economy**			
生产总值(万元)	Gross Domestic Product(10 000 yuan)	2424539	2495512	7.6
第一产业(万元)	Primary Industry(10 000 yuan)	211616	192179	3.9
第二产业(万元)	Secondary Industry(10 000 yuan)	1670577	1729094	8.4
＃工业(万元)	Industry(10 000 yuan)	1566174	1617905	8.5
第三产业(万元)	Tertiary Industry(10 000 yuan)	542347	574240	6.7
人均生产总值(元)	Per Capita GDP(yuan)	116930	119146	6.5
全社会固定资产投资(万元)	Total Investment in Fixed Assets(10 000 yuan)	860111	1101965	28.1
按登记注册类型分	Grouped by Registered Type			
＃国有(万元)	State－owned Enterprises(10 000 yuan)	232571	394755	69.7
集体(万元)	Collective－owned Enterprises(10 000 yuan)			
有限责任公司(万元)	Limited Liability Corporations(10 000 yuan)	380216	652210	71.5
股份有限公司(万元)	Share Holding Enterprises(10 000 yuan)	7302	13800	89.0
私营企业(万元)	Private Enterprises(10 000 yuan)	17749	16007	－9.8
外商及港澳台投资企业(万元)	Funds from HK, Macao, Taiwan & Foreign(10 000 yuan)	12488	17295	38.5
一般公共预算收入(万元)	General Public Budget Revenue(10 000 yuan)	131019	137568	5.0
一般公共预算支出(万元)	General Public Budget Expenditure(10 000 yuan)	236426	258781	9.5
住户存款余额(万元)	The balance of savings deposits of Households(10 000 yuan)	430411	499174	16.0
在岗职工工资总额(万元)	Total Wages of Staff & Workers Employed in(10 000 yuan)	69462	79082	13.8
在岗职工平均工资(元)	Average Wage of Staff & Workers Employed in(yuan)	56731	58853	13.8
全体居民人均可支配收入(元)	The per capita disposable income of all residents(yuan)	18172	20209	3.7
城镇常住居民人均可支配收入(元)	The per capita disposable income of urban permanent residents(yuan)	30338	32855	8.3
农村牧区常住居民人均可支配收入(元)	The per capita disposable income of permanent residents of rural and pastoral areas(yuan)	12773	13751	7.7
农村牧区经济	**Economic Development in Rural & Pastoral Area**			
农作物总播种面积(公顷)	Total Sown Area(hectare)	57359	60104	4.8
＃粮食作物播种面积(公顷)	Sown Area of Grain Crops(hectare)	39009	44873	15.0
农牧业机械总动力(万千瓦)	Total Power of Agricultural Machinery(10 000 kw)	47.75	42.68	－10.6
化肥施用折纯量(吨)	Consumption of Chemical Fertilizer(ton)	37029	37534	1.4
农村用电量(万千瓦小时)	Electricity Consumed in Rural Area(10 000 kwh)	6874	7027	2.2
农林牧渔业总产值(万元)	Gross Output of Farming, Forestry, Animal Husbandry & Fishery(10 000 yuan)	376639	336437	3.9
粮食产量(吨)	Yield of Grain(ton)	251506	253869	0.9
油料产量(吨)	Yield of Oil－bearing Grops(ton)	3802	3306	－13.0
甜菜产量(吨)	Yield of Beetroots(ton)	4742	9875	108.2
猪牛羊肉产量(吨)	Output of Pork, Beef & Mutton(ton)	12513	13733	9.7
＃猪肉产量(吨)	Output of Pork(ton)	2817	3197	13.5
牛肉产量(吨)	Output of Beef(ton)	4951	5369	8.4
羊肉产量(吨)	Output of Mutton(ton)	4745	5167	8.9
羊毛产量(吨)	Output of Wool(ton)	1195	1236	3.4

23－15 Tuoketuo County in Hohhot City

指　　标	Item	2015	2016	2016 年比上年增长% Increase Rate in 2016 Over 2015(%)
年末牲畜存栏头数(万头只)	Total Livestock at the Year－end(10 000 heads)	42.95	34.33	－20.1
#大牲畜(万头只)	Large Animals(10 000 heads)	10.47	5.40	－48.4
羊(万只)	Sheep & Goats(10 000 heads)	29.91	27.36	－8.5
猪(万头)	Hogs(10 000 heads)	2.57	1.57	－38.9
规模以上工业	**Industrial Enterprises above Designated size**			
工业企业单位数(个)	Number of Industrial Enterprises(unit)	37	40	8.1
#内资企业(个)	Civil Funded Enterprises(unit)	34	37	8.8
工业总产值(万元)	Gross Industrial Output Value(10 000 yuan)	3892885	4683006	20.3
内资企业(万元)	Civil Funded Enterprises(10 000 yuan)	3309402	4156440	25.6
国有企业(万元)	State－owned Enterprises(10 000 yuan)			
集体企业(万元)	Collective－owned Enterprises(10 000 yuan)			
股份合作企业(万元)	Share Holding Enterprises(10 000 yuan)	11463	11725	2.3
联营企业(万元)	Joint Owned Enterprises(10 000 yuan)			
有限责任公司(万元)	Limited Company(10 000 yuan)	2053915	2908600	41.6
股份有限公司(万元)	Share Holding Limited Company(10 000 yuan)	61611	64117	4.1
私营企业(万元)	Privately Owned Enterprises(10 000 yuan)	1182413	1171998	－0.9
其他企业(万元)	Enterprises of Other Ownership(10 000 yuan)			
港澳台商投资企业(万元)	Funds from HK, Macao & Taiwan(10 000 yuan)	583483	526566	－9.8
外商投资企业(万元)	Foreign Funded Enterprises(10 000 yuan)			
工业企业增加值(万元)	Value Added of Industrial Enterprises(10 000 yuan)			9.5
工业企业资产总计(万元)	Total Assets of Industrial Enterprises(10 000 yuan)	3744960	4035182	7.7
工业企业负债合计(万元)	Total Liabilities of Industrial Enterprises(10 000 yuan)	2596722	2794186	7.6
工业企业产品销售收入(万元)	Sales of Revenue Industrial Enterprises(10 000 yuan)	2834465	3095135	9.2
工业企业利润总额(万元)	Total Profits of Industrial Enterprises(10 000 yuan)	290399	286453	－1.4
建筑业	**Construction**			
建筑企业单位数(个)	Number of Construction Enterprises(unit)	9	9	0.0
建筑企业从业人员(人)	Number of Employee in Construction Enterprises(person)	823	1125	36.7
建筑业总产值(万元)	Gross Construction Output Value(10 000 yuan)	47268	50474	6.8
交通运输邮电通信业	**Transportation, Post & Telecommunications**			
公路里程(公里)	Total Length of Highways(km)	964	964	0.0
邮电业务总量(万元)	Business Volume of Post & Telecoms(10 000 yuan)	12030	15650	30.1
本地电话用户(户)	Number of Subscribers of Local Telephone(Household)	23190	23500	1.3
国内贸易	**Domestic Trade**			
社会消费品零售总额(万元)	Total Retail Sales of Consumer Goods(10 000 yuan)	292216	317347	8.6
城镇(万元)	Town(10 000 yuan)	187018	206011	10.2
乡村(万元)	Village(10 000 yuan)	105198	111336	5.8
科技教育卫生	**Science, Education & Public Health**			
各类专业技术人员(人)	Special Technical Personnel(person)	3166	3175	0.3
幼儿园数(所)	Number of Kindergartens(unit)	35	35	0.0
学龄儿童入学率(%)	Percentage of School－Age Children Enrolled(%)	100.0	100.0	0.0
小学学校数(所)	Number of Primary Schools(unit)	18	18	0.0
小学专任教师数(人)	Number of Full－time Teachers of Primary Schools(person)	728	654	－10.2
小学在校学生数(人)	Number of Student Enrollment of Primary Schools(person)	11576	11542	－0.3
普通中学学校数(所)	Number of Regular Secondary Schools(unit)	6	7	16.7
普通中学专任教师数(人)	Number of Teachers of Secondary Shools(person)	675	659	－2.4
初中在校学生数(人)	Number of Student in Junior Secondary Schools(person)	6183	5975	－3.4
高中在校学生数(人)	Number of Student in Senior Secondary Schools(person)	3910	3927	0.4
卫生机构数(所)	Number of Health Institutions(unit)	163	279	71.2
#医院(所)	Hospitals(unit)	2	2	0.0
卫生院(所)	Township Hospitals(unit)	10	10	0.0
床位数(张)	Number of Beds(unit)	646	564	－12.7
#医院(张)	Hospitals(unit)	559	430	－23.1
卫生院(张)	Township Hospitals(unit)	87	89	2.3
卫生技术人员(人)	Medical Technical Presonnel(person)	580	903	55.7
#医院(人)	Hospitals(person)	266	360	35.3
卫生院(人)	Township Hospitals(person)	157	162	3.2

23 - 16 呼和浩特市和林格尔县

指　标	Item	2015	2016	2016 年比上年增长% Increase Rate in 2016 Over 2015(%)
行政区域土地面积(平方公里)	**Area of Administration(Sq. km)**	**3448**	**3448**	**0.0**
人口和就业	**Population & Employment**			
年末户籍人口(人)	The Registered Population Year - end(person)	200883	202240	0.7
#男性(人)	Male(person)	104504	105017	0.5
#乡村人口(人)	Rural(person)	170940	172505	0.9
年末常住人口(人)	Permanet Resident Population Year - end(person)	176300	178200	1.1
#男性(人)	Male(person)	89600	89900	0.3
年末总户数(户)	Total Number of Households at the Year - end(Household)	84380	85497	1.3
#乡村户数(户)	Number of Rural Household(Household)	44926	45586	1.5
出生人口(人)	Births(person)	2192	2021	7.8
死亡人口(人)	Deaths(person)	739	470	36.4
全社会就业人员(人)	Employment(person)	121837	121963	0.1
第一产业(人)	Primary Industry(person)	61047	59287	2.9
第二产业(人)	Secondary Industry(person)	25218	25487	1.1
第三产业(人)	Tertiary Industry(person)	35572	37189	4.5
在岗职工人数(人)	Number of Staff & Workers Employed in(person)	23274	23649	1.6
乡村劳动力(人)	Number of Rural Laborers(person)	79640	76671	3.7
#农林牧渔业(人)	Farming, Forestry, Animal Husbandry & Fishery(person)	61047	59287	2.9
国民经济综合指标	**Summary Item on the National Economy**			
生产总值(万元)	Gross Domestic Product(10 000 yuan)	1531266	1575379	7.0
第一产业(万元)	Primary Industry(10 000 yuan)	225039	201962	2.9
第二产业(万元)	Secondary Industry(10 000 yuan)	692336	724702	7.7
#工业(万元)	Industry(10 000 yuan)	563541	583027	7.1
第三产业(万元)	Tertiary Industry(10 000 yuan)	613891	648715	7.7
人均生产总值(元)	Per Capita GDP(yuan)	75492	88879	5.9
全社会固定资产投资(万元)	Total Investment in Fixed Assets(10 000 yuan)	1165086	1346110	15.5
按登记注册类型分	Grouped by Registered Type			
#国有(万元)	State - owned Enterprises(10 000 yuan)	999786	853016	-14.7
集体(万元)	Collective - owned Enterprises(10 000 yuan)			
有限责任公司(万元)	Limited Liability Corporations(10 000 yuan)	134248	133291	-0.7
股份有限公司(万元)	Share Holding Enterprises(10 000 yuan)		232297	
私营企业(万元)	Private Enterprises(10 000 yuan)		52605	
外商及港澳台投资企业(万元)	Funds from HK, Macao, Taiwan & Foreign(10 000 yuan)	31052	74901	141.2
一般公共预算收入(万元)	General Public Budget Revenue(10 000 yuan)	112972	120816	6.9
一般公共预算支出(万元)	General Public Budget Expenditure(10 000 yuan)	203868	227653	11.7
住户存款余额(万元)	The balance of savings deposits of Households(10 000 yuan)	370909	426411	15.0
在岗职工工资总额(万元)	Total Wages of Staff & Workers Employed in(10 000 yuan)	117811	129092	9.6
在岗职工平均工资(元)	Average Wage of Staff & Workers Employed in(yuan)	50487	53995	6.9
全体居民人均可支配收入(元)	The per capita disposable income of all residents(yuan)	16505	17809	7.9
城镇常住居民人均可支配收入(元)	The per capita disposable income of urban permanent residents(yuan)	29104	31490	8.2
农村牧区常住居民人均可支配收入(元)	The per capita disposable income of permanent residents of rural and pastoral areas(yuan)	10274	11045	7.5
农村牧区经济	**Economic Development in Rural & Pastoral Area**			
农作物总播种面积(公顷)	Total Sown Area(hectare)	68482	70057	2.3
#粮食作物播种面积(公顷)	Sown Area of Grain Crops(hectare)	51467	57155	11.1
农牧业机械总动力(万千瓦)	Total Power of Agricultural Machinery(10 000 kw)	40.54	30.77	-24.1
化肥施用折纯量(吨)	Consumption of Chemical Fertilizer(ton)	9788	9943	1.6
农村用电量(万千瓦小时)	Electricity Consumed in Rural Area(10 000 kwh)	11288	11425	1.2
农林牧渔业总产值(万元)	Gross Output of Farming, Forestry, Animal Husbandry & Fishery(10 000 yuan)	413583	364653	2.6
粮食产量(吨)	Yield of Grain(ton)	174133	189200	8.7
油料产量(吨)	Yield of Oil - bearing Grops(ton)	2571	3932	52.9
甜菜产量(吨)	Yield of Beetroots(ton)	1725	15942	824.2
猪牛羊肉产量(吨)	Output of Pork, Beef & Mutton(ton)	21021	24639	17.2
#猪肉产量(吨)	Output of Pork(ton)	3422	3856	12.7
牛肉产量(吨)	Output of Beef(ton)	7764	10823	39.4
羊肉产量(吨)	Output of Mutton(ton)	9835	9960	1.3
羊毛产量(吨)	Output of Wool(ton)	1042	1130	8.4

23 - 16 Helingeer County in Hohhot City

指　　标	Item	2015	2016	2016 年比上年增长% Increase Rate in 2016 Over 2015(%)
年末牲畜存栏头数(万头只)	Total Livestock at the Year - end(10 000 heads)	55.62	48.42	-12.9
# 大牲畜(万头只)	Large Animals(10 000 heads)	13.61	10.37	-23.8
羊(万只)	Sheep & Goats(10 000 heads)	38.08	35.45	-6.9
猪(万头)	Hogs(10 000 heads)	3.94	2.60	-34.0
规模以上工业	**Industrial Enterprises above Designated size**			
工业企业单位数(个)	Number of Industrial Enterprises(unit)	43	44	2.3
# 内资企业(个)	Civil Funded Enterprises(unit)	37	38	2.7
工业总产值(万元)	Gross Industrial Output Value(10 000 yuan)	1979356	2008852	1.5
内资企业(万元)	Civil Funded Enterprises(10 000 yuan)	674683	710344	5.3
国有企业(万元)	State - owned Enterprises(10 000 yuan)			
集体企业(万元)	Collective - owned Enterprises(10 000 yuan)			
股份合作企业(万元)	Share Holding Enterprises(10 000 yuan)			
联营企业(万元)	Joint Owned Enterprises(10 000 yuan)			
有限责任公司(万元)	Limited Company(10 000 yuan)	349107	398226	14.1
股份有限公司(万元)	Share Holding Limited Company(10 000 yuan)	199337	194227	-2.6
私营企业(万元)	Privately Owned Enterprises(10 000 yuan)	126239	117890	-6.6
其他企业(万元)	Enterprises of Other Ownership(10 000 yuan)			
港澳台商投资企业(万元)	Funds from HK, Macao & Taiwan(10 000 yuan)	109750	103445	-5.7
外商投资企业(万元)	Foreign Funded Enterprises(10 000 yuan)	1194923	1195063	0.0
工业企业增加值(万元)	Value Added of Industrial Enterprises(10 000 yuan)			7.2
工业企业资产总计(万元)	Total Assets of Industrial Enterprises(10 000 yuan)	3214155	3817231	18.8
工业企业负债合计(万元)	Total Liabilities of Industrial Enterprises(10 000 yuan)	1769320	2091476	18.2
工业企业产品销售收入(万元)	Sales of Revenue Industrial Enterprises(10 000 yuan)	4261368	4562265	7.1
工业企业利润总额(万元)	Total Profits of Industrial Enterprises(10 000 yuan)	303421	230586	-24.0
建筑业	**Construction**			
建筑企业单位数(个)	Number of Construction Enterprises(unit)	4	4	0.0
建筑企业从业人员(人)	Number of Employee in Construction Enterprises(person)	941	672	-28.6
建筑业总产值(万元)	Gross Construction Output Value(10 000 yuan)	112492	164762	46.5
交通运输邮电通信业	**Transportation, Post & Telecommunications**			
公路里程(公里)	Total Length of Highways(km)	1045	1045	0.0
邮电业务总量(万元)	Business Volume of Post & Telecoms(10 000 yuan)	14212	14155	-0.4
本地电话用户(户)	Number of Subscribers of Local Telephone(Household)	12040	13000	8.0
国内贸易	**Domestic Trade**			
社会消费品零售总额(万元)	Total Retail Sales of Consumer Goods(10 000 yuan)	261700	285303	9.0
城镇(万元)	Town(10 000 yuan)	233000	254645	9.3
乡村(万元)	Village(10 000 yuan)	28700	30658	6.8
科技教育卫生	**Science, Education & Public Health**			
各类专业技术人员(人)	Special Technical Personnel(person)	2580	2580	0.0
幼儿园数(所)	Number of Kindergartens(unit)	20	20	0.0
学龄儿童入学率(%)	Percentage of School - Age Children Enrolled(%)	100.0	100.0	0.0
小学学校数(所)	Number of Primary Schools(unit)	16	16	0.0
小学专任教师数(人)	Number of Full - time Teachers of Primary Schools(person)	550	606	10.2
小学在校学生数(人)	Number of Student Enrollment of Primary Schools(person)	8337	8643	3.7
普通中学学校数(所)	Number of Regular Secondary Schools(unit)	6	6	0.0
普通中学专任教师数(人)	Number of Teachers of Secondary Shools(person)	684	640	-6.4
初中在校学生数(人)	Number of Student in Junior Secondary Schools(person)	5034	4665	-7.3
高中在校学生数(人)	Number of Student in Senior Secondary Schools(person)	3905	3896	-0.2
卫生机构数(所)	Number of Health Institutions(unit)	189	190	0.5
# 医院(所)	Hospitals(unit)	1	2	100.0
卫生院(所)	Township Hospitals(unit)	13	14	7.7
床位数(张)	Number of Beds(unit)	403	413	2.5
# 医院(张)	Hospitals(unit)	200	200	0.0
卫生院(张)	Township Hospitals(unit)	174	204	17.2
卫生技术人员(人)	Medical Technical Presonnel(person)	438	404	-7.8
# 医院(人)	Hospitals(person)	138	133	-3.6
卫生院(人)	Township Hospitals(person)	96	80	-16.7

23－17 呼和浩特市清水河县

指　　标	Item	2015	2016	2016年比上年增长% Increase Rate in 2016 Over 2015(%)
行政区域土地面积(平方公里)	**Area of Administration(Sq. km)**	**2818**	**2818**	**0.0**
人口和就业	**Population & Employment**			
年末户籍人口(人)	The Registered Population Year－end(person)	142047	142482	0.3
#男性(人)	Male(person)	74054	74265	0.3
#乡村人口(人)	Rural(person)	111182	122080	9.8
年末常住人口(人)	Permanet Resident Population Year－end(person)	92200	91900	－0.3
#男性(人)	Male(person)	47900	47700	－0.4
年末总户数(户)	Total Number of Households at the Year－end(Household)	60397	60814	0.7
#乡村户数(户)	Number of Rural Household(Household)	24439	24485	0.2
出生人口(人)	Births(person)	1412	1330	－5.8
死亡人口(人)	Deaths(person)	668	385	－42.4
全社会就业人员(人)	Employment(person)	50727	51836	2.5
第一产业(人)	Primary Industry(person)	30123	28958	－3.9
第二产业(人)	Secondary Industry(person)	7804	8463	8.4
第三产业(人)	Tertiary Industry(person)	12800	14415	12.6
在岗职工人数(人)	Number of Staff & Workers Employed in(person)	7124	6899	－3.2
乡村劳动力(人)	Number of Rural Laborers(person)	47798	43373	－9.3
#农林牧渔业(人)	Farming,Forestry,Animal Husbandry & Fishery(person)	29783	28650	－3.8
国民经济综合指标	**Summary Item on the National Economy**			
生产总值(万元)	Gross Domestic Product(10 000 yuan)	700855	718800	6.8
第一产业(万元)	Primary Industry(10 000 yuan)	71657	65737	5.1
第二产业(万元)	Secondary Industry(10 000 yuan)	291734	296430	5.8
#工业(万元)	Industry(10 000 yuan)	238141	241766	6.6
第三产业(万元)	Tertiary Industry(10 000 yuan)	337464	356633	8.0
人均生产总值(元)	Per Capita GDP(yuan)	75850	78088	7.2
全社会固定资产投资(万元)	Total Investment in Fixed Assets(10 000 yuan)	380191	426209	12.1
按登记注册类型分	Grouped by Registered Type			
#国有(万元)	State－owned Enterprises(10 000 yuan)	234203	288233	23.1
集体(万元)	Collective－owned Enterprises(10 000 yuan)			
有限责任公司(万元)	Limited Liability Corporations(10 000 yuan)	115603	131721	13.9
股份有限公司(万元)	Share Holding Enterprises(10 000 yuan)	2059		
私营企业(万元)	Private Enterprises(10 000 yuan)	28155	6255	－77.8
外商及港澳台投资企业(万元)	Funds from HK,Macao,Taiwan & Foreign(10 000 yuan)			
一般公共预算收入(万元)	General Public Budget Revenue(10 000 yuan)	19150	21160	10.5
一般公共预算支出(万元)	General Public Budget Expenditure(10 000 yuan)	118801	135104	13.7
住户存款余额(万元)	The balance of savings deposits of Households(10 000 yuan)	266503	313030	17.5
在岗职工工资总额(万元)	Total Wages of Staff & Workers Employed in(10 000 yuan)	36112	36794	1.9
在岗职工平均工资(元)	Average Wage of Staff & Workers Employed in(yuan)	50197	52976	5.5
全体居民人均可支配收入(元)	The per capita disposable income of all residents(yuan)	14539	15644	7.6
城镇常住居民人均可支配收入(元)	The per capita disposable income of urban permanent residents(yuan)	22188	23675	6.7
农村牧区常住居民人均可支配收入(元)	The per capita disposable income of permanent residents of rural and pastoral areas(yuan)	6562	7178	9.4
农村牧区经济	**Economic Development in Rural & Pastoral Area**			
农作物总播种面积(公顷)	Total Sown Area(hectare)	54481	51827	－4.9
#粮食作物播种面积(公顷)	Sown Area of Grain Crops(hectare)	42401	40729	－3.9
农牧业机械总动力(万千瓦)	Total Power of Agricultural Machinery(10 000 kw)	18.73	15.06	－19.6
化肥施用折纯量(吨)	Consumption of Chemical Fertilizer(ton)	10902	13224	21.3
农村用电量(万千瓦小时)	Electricity Consumed in Rural Area(10 000 kwh)	1219	1343	10.2
农林牧渔业总产值(万元)	Gross Output of Farming,Forestry,Animal Husbandry & Fishery(10 000 yuan)	118755	108790	6.6
粮食产量(吨)	Yield of Grain(ton)	68464	68564	0.1
油料产量(吨)	Yield of Oil－bearing Grops(ton)	6773	12273	81.2
甜菜产量(吨)	Yield of Beetroots(ton)			
猪牛羊肉产量(吨)	Output of Pork, Beef & Mutton(ton)	7697	6453	－16.2
#猪肉产量(吨)	Output of Pork(ton)	1650	2077	25.9
牛肉产量(吨)	Output of Beef(ton)	428	255	－40.4
羊肉产量(吨)	Output of Mutton(ton)	5619	4121	－26.7
羊毛产量(吨)	Output of Wool(ton)	459	448	－2.4

23－17 Qingshuihe County in Hohhot City

指　　标	Item	2015	2016	2016 年比上年增长% Increase Rate in 2016 Over 2015(%)
年末牲畜存栏头数(万头只)	Total Livestock at the Year－end(10 000 heads)	25.24	23.87	－5.4
#大牲畜(万头只)	Large Animals(10 000 heads)	2.14	1.73	－19.2
羊(万只)	Sheep & Goats(10 000 heads)	20.68	20.57	－0.5
猪(万头)	Hogs(10 000 heads)	2.42	1.57	－35.1
规模以上工业	**Industrial Enterprises above Designated size**			
工业企业单位数(个)	Number of Industrial Enterprises(unit)	15	15	0.0
#内资企业(个)	Civil Funded Enterprises(unit)	15	15	0.0
工业总产值(万元)	Gross Industrial Output Value(10 000 yuan)	242735	239860	－1.2
内资企业(万元)	Civil Funded Enterprises(10 000 yuan)	242735	239860	－1.2
国有企业(万元)	State－owned Enterprises(10 000 yuan)			
集体企业(万元)	Collective－owned Enterprises(10 000 yuan)			
股份合作企业(万元)	Share Holding Enterprises(10 000 yuan)			
联营企业(万元)	Joint Owned Enterprises(10 000 yuan)			
有限责任公司(万元)	Limited Company(10 000 yuan)	119512	170774	42.9
股份有限公司(万元)	Share Holding Limited Company(10 000 yuan)	81524	28065	－65.6
私营企业(万元)	Privately Owned Enterprises(10 000 yuan)	41700	41021	－1.6
其他企业(万元)	Enterprises of Other Ownership(10 000 yuan)			
港澳台商投资企业(万元)	Funds from HK,Macao & Taiwan(10 000 yuan)			
外商投资企业(万元)	Foreign Funded Enterprises(10 000 yuan)			
工业企业增加值(万元)	Value Added of Industrial Enterprises(10 000 yuan)			6.5
工业企业资产总计(万元)	Total Assets of Industrial Enterprises(10 000 yuan)	447772	404922	－9.6
工业企业负债合计(万元)	Total Liabilities of Industrial Enterprises(10 000 yuan)	301509	259885	－13.8
工业企业产品销售收入(万元)	Sales of Revenue Industrial Enterprises(10 000 yuan)	226528	225604	－0.4
工业企业利润总额(万元)	Total Profits of Industrial Enterprises(10 000 yuan)	－5457	3968	
建筑业	**Construction**			
建筑企业单位数(个)	Number of Construction Enterprises(unit)	1	1	0.0
建筑企业从业人员(人)	Number of Employee in Construction Enterprises(person)	40	352	780.0
建筑业总产值(万元)	Gross Construction Output Value(10 000 yuan)	3339	5413	62.1
交通运输邮电通信业	**Transportation,Post & Telecommunications**			
公路里程(公里)	Total Length of Highways(km)	1162	1719	47.9
邮电业务总量(万元)	Business Volume of Post & Telecoms(10 000 yuan)	7830	7925	1.2
本地电话用户(户)	Number of Subscribers of Local Telephone(Household)	6450	4028	－37.6
国内贸易	**Domestic Trade**			
社会消费品零售总额(万元)	Total Retail Sales of Consumer Goods(10 000 yuan)	77375	84494	9.2
城镇(万元)	Town(10 000 yuan)	55710	60755	9.1
乡村(万元)	Village(10 000 yuan)	21665	23739	9.6
科技教育卫生	**Science,Education & Public Health**			
各类专业技术人员(人)	Special Technical Personnel(person)	1772	1761	－0.6
幼儿园数(所)	Number of Kindergartens(unit)	8	8	0.0
学龄儿童入学率(%)	Percentage of School－Age Children Enrolled(%)	100.0	100.0	0.0
小学学校数(所)	Number of Primary Schools(unit)	19	19	0.0
小学专任教师数(人)	Number of Full－time Teachers of Primary Schools(person)	527	495	－6.1
小学在校学生数(人)	Number of Student Enrollment of Primary Schools(person)	5068	5078	0.2
普通中学学校数(所)	Number of Regular Secondary Schools(unit)	4	4	0.0
普通中学专任教师数(人)	Number of Teachers of Secondary Shools(person)	468	441	－5.8
初中在校学生数(人)	Number of Student in Junior Secondary Schools(person)	2459	2292	－6.8
高中在校学生数(人)	Number of Student in Senior Secondary Schools(person)	2748	2203	－19.8
卫生机构数(所)	Number of Health Institutions(unit)	116	116	0.0
#医院(所)	Hospitals(unit)	1	1	0.0
卫生院(所)	Township Hospitals(unit)	14	14	0.0
床位数(张)	Number of Beds(unit)	342	342	0.0
#医院(张)	Hospitals(unit)	200	200	0.0
卫生院(张)	Township Hospitals(unit)	142	142	0.0
卫生技术人员(人)	Medical Technical Presonnel(person)	395	433	9.6
#医院(人)	Hospitals(person)	109	104	－4.6
卫生院(人)	Township Hospitals(person)	77	108	40.3

23－18 呼和浩特市武川县

指　　标	Item	2015	2016	2016 年比上年增长% Increase Rate in 2016 Over 2015(%)
行政区域土地面积(平方公里)	**Area of Administration(Sq. km)**	**4682**	**4682**	**0.0**
人口和就业	**Population & Employment**			
年末户籍人口(人)	The Registered Population Year－end(person)	172985	173552	0.3
＃男性(人)	Male(person)	90916	91026	0.1
＃乡村人口(人)	Rural(person)	136954	140638	2.7
年末常住人口(人)	Permanet Resident Population Year－end(person)	106100	105700	－0.4
＃男性(人)	Male(person)	54900	54700	－0.4
年末总户数(户)	Total Number of Households at the Year－end(Household)	73031	75107	2.8
＃乡村户数(户)	Number of Rural Household(Household)	52559	57022	8.5
出生人口(人)	Births(person)	1356	1374	1.3
死亡人口(人)	Deaths(person)	552	422	－23.6
全社会就业人员(人)	Employment(person)	93341	92440	－1.0
第一产业(人)	Primary Industry(person)	58257	57286	－1.7
第二产业(人)	Secondary Industry(person)	12580	12598	0.1
第三产业(人)	Tertiary Industry(person)	22504	22556	0.2
在岗职工人数(人)	Number of Staff & Workers Employed in(person)	8645	8550	－1.1
乡村劳动力(人)	Number of Rural Laborers(person)	86377	86004	－0.4
＃农林牧渔业(人)	Farming, Forestry, Animal Husbandry & Fishery(person)	58257	57286	－1.7
国民经济综合指标	**Summary Item on the National Economy**			
生产总值(万元)	Gross Domestic Product(10 000 yuan)	836637	855531	7.2
第一产业(万元)	Primary Industry(10 000 yuan)	96313	89900	6.8
第二产业(万元)	Secondary Industry(10 000 yuan)	437070	447419	7.9
＃工业(万元)	Industry(10 000 yuan)	367330	377679	9.4
第三产业(万元)	Tertiary Industry(10 000 yuan)	303253	318212	6.3
人均生产总值(元)	Per Capita GDP(yuan)	78631	80787	7.7
全社会固定资产投资(万元)	Total Investment in Fixed Assets(10 000 yuan)	520193	580415	11.6
按登记注册类型分	Grouped by Registered Type			
＃国有(万元)	State－owned Enterprises(10 000 yuan)	210919	435507	106.5
集体(万元)	Collective－owned Enterprises(10 000 yuan)	16673	1638	－90.2
有限责任公司(万元)	Limited Liability Corporations(10 000 yuan)	188291	83770	－55.5
股份有限公司(万元)	Share Holding Enterprises(10 000 yuan)	9600	5500	－42.7
私营企业(万元)	Private Enterprises(10 000 yuan)	66388	49300	－25.7
外商及港澳台投资企业(万元)	Funds from HK, Macao, Taiwan & Foreign(10 000 yuan)			
一般公共预算收入(万元)	General Public Budget Revenue(10 000 yuan)	19446	21466	10.4
一般公共预算支出(万元)	General Public Budget Expenditure(10 000 yuan)	160160	171620	7.2
住户存款余额(万元)	The balance of savings deposits of Households(10 000 yuan)	315961	371438	17.6
在岗职工工资总额(万元)	Total Wages of Staff & Workers Employed in(10 000 yuan)	38960	40591	4.2
在岗职工平均工资(元)	Average Wage of Staff & Workers Employed in(yuan)	45072	47358	5.1
全体居民人均可支配收入(元)	The per capita disposable income of all residents(yuan)	13650	14892	9.1
城镇常住居民人均可支配收入(元)	The per capita disposable income of urban permanent residents(yuan)	21332	23166	8.6
农村牧区常住居民人均可支配收入(元)	The per capita disposable income of permanent residents of rural and pastoral areas(yuan)	6325	6931	9.6
农村牧区经济	**Economic Development in Rural & Pastoral Area**			
农作物总播种面积(公顷)	Total Sown Area(hectare)	136552	133324	－2.4
＃粮食作物播种面积(公顷)	Sown Area of Grain Crops(hectare)	98727	69869	－29.2
农牧业机械总动力(万千瓦)	Total Power of Agricultural Machinery(10 000 kw)	35.17	29.70	－15.6
化肥施用折纯量(吨)	Consumption of Chemical Fertilizer(ton)	17387	18378	5.7
农村用电量(万千瓦小时)	Electricity Consumed in Rural Area(10 000 kwh)	3024	3026	0.1
农林牧渔业总产值(万元)	Gross Output of Farming, Forestry, Animal Husbandry & Fishery(10 000 yuan)	153848	144645	9.4
粮食产量(吨)	Yield of Grain(ton)	201043	187120	－6.9
油料产量(吨)	Yield of Oil－bearing Grops(ton)	49539	74656	50.7
甜菜产量(吨)	Yield of Beetroots(ton)			
猪牛羊肉产量(吨)	Output of Pork, Beef & Mutton(ton)	4792	4098	－14.5
＃猪肉产量(吨)	Output of Pork(ton)	1183	896	－24.3
牛肉产量(吨)	Output of Beef(ton)	415	197	－52.5
羊肉产量(吨)	Output of Mutton(ton)	3194	3005	－5.9
羊毛产量(吨)	Output of Wool(ton)	645	636	－1.4

23 – 18 Wuchuan County in Hohhot City

指　　标	Item	2015	2016	2016 年比上年增长% Increase Rate in 2016 Over 2015(%)
年末牲畜存栏头数(万头只)	Total Livestock at the Year – end(10 000 heads)	31.86	28.37	–11.0
# 大牲畜(万头只)	Large Animals(10 000 heads)	0.37	0.67	81.1
羊(万只)	Sheep & Goats(10 000 heads)	30.43	27.08	–11.0
猪(万头)	Hogs(10 000 heads)	1.05	0.63	–40.0
规模以上工业	**Industrial Enterprises above Designated size**			
工业企业单位数(个)	Number of Industrial Enterprises unit)	13	12	–7.7
# 内资企业(个)	Civil Funded Enterprises unit)	13	12	–7.7
工业总产值(万元)	Gross Industrial Output Value(10 000 Yuan)	217706	196240	–9.9
内资企业(万元)	Civil Funded Enterprises(10 000 Yuan)	217706	196240	–9.9
国有企业(万元)	State – owned Enterprises(10 000 Yuan)			
集体企业(万元)	Collective – owned Enterprises(10 000 Yuan)			
股份合作企业(万元)	Share Holding Enterprises(10 000 Yuan)			
联营企业(万元)	Joint Owned Enterprises(10 000 Yuan)			
有限责任公司(万元)	Limited Company(10 000 Yuan)	116760	181814	55.7
股份有限公司(万元)	Share Holding Limited Company(10 000 Yuan)			
私营企业(万元)	Privately Owned Enterprises(10 000 Yuan)	100947	14426	–85.7
其他企业(万元)	Enterprises of Other Ownership(10 000 Yuan)			
港澳台商投资企业(万元)	Funds from HK,Macao & Taiwan(10 000 yuan)			
外商投资企业(万元)	Foreign Funded Enterprises(10 000 yuan)			
工业企业增加值(万元)	Value Added of Industrial Enterprises(10 000 yuan)			10.1
工业企业资产总计(万元)	Total Assets of Industrial Enterprises(10 000 yuan)	1909200	1302214	–31.8
工业企业负债合计(万元)	Total Liabilities of Industrial Enterprises(10 000 yuan)	1372415	986311	–28.1
工业企业产品销售收入(万元)	Sales of Revenue Industrial Enterprises(10 000 yuan)	219848	154382	–29.8
工业企业利润总额(万元)	Total Profits of Industrial Enterprises(10 000 yuan)	–30513	9260	
建筑业	**Construction**			
建筑企业单位数(个)	Number of Construction Enterprises(unit)	1	1	0.0
建筑企业从业人员(人)	Number of Employee in Construction Enterprises(person)	25	25	0.0
建筑业总产值(万元)	Gross Construction Output Value(10 000 yuan)			
交通运输邮电通信业	**Transportation,Post & Telecommunications**			
公路里程(公里)	Total Length of Highways(km)	1017	1031	1.4
邮电业务总量(万元)	Business Volume of Post & Telecoms(10 000 yuan)	5268	5632	6.9
本地电话用户(户)	Number of Subscribers of Local Telephone(Household)	5466	4903	–10.3
国内贸易	**Domestic Trade**			
社会消费品零售总额(万元)	Total Retail Sales of Consumer Goods(10 000 yuan)	115941	126143	8.8
城镇(万元)	Town(10 000 yuan)	82897	90340	9.0
乡村(万元)	Village(10 000 yuan)	33044	35803	8.4
科技教育卫生	**Science,Education & Public Health**			
各类专业技术人员(人)	Special Technical Personnel(person)	2580	2560	–0.8
幼儿园数(所)	Number of Kindergartens(unit)	15	15	0.0
学龄儿童入学率(%)	Percentage of School – Age Children Enrolled(%)	100.0	100.0	0.0
小学学校数(所)	Number of Primary Schools(unit)	12	6	–50.0
小学专任教师数(人)	Number of Full – time Teachers of Primary Schools(person)	501	432	–13.8
小学在校学生数(人)	Number of Student Enrollment of Primary Schools(person)	5038	4974	–1.3
普通中学学校数(所)	Number of Regular Secondary Schools(unit)	4	2	–50.0
普通中学专任教师数(人)	Number of Teachers of Secondary Shools(person)	330	287	–13.0
初中在校学生数(人)	Number of Student in Junior Secondary Schools(person)	2751	2364	–14.1
高中在校学生数(人)	Number of Student in Senior Secondary Schools(person)	2291	1952	–14.8
卫生机构数(所)	Number of Health Institutions(unit)	150	154	2.7
# 医院(所)	Hospitals(unit)	2	2	0.0
卫生院(所)	Township Hospitals(unit)	19	19	0.0
床位数(张)	Number of Beds(unit)	400	444	11.0
# 医院(张)	Hospitals(unit)	250	298	19.2
卫生院(张)	Township Hospitals(unit)	150	146	–2.7
卫生技术人员(人)	Medical Technical Presonnel(person)	596	693	16.3
# 医院(人)	Hospitals(person)	165	163	–1.2
卫生院(人)	Township Hospitals(person)	290	306	5.5

23－19 包头市东河区

指　　标	Item	2015	2016	2016 年比上年增长% Increase Rate in 2016 Over 2015(%)
行政区域土地面积(平方公里)	**Area of Administration(Sq. km)**	**470**	**470**	**0.0**
人口和就业	**Population & Employment**			
年末户籍人口(人)	The Registered Population Year－end(person)	424117	417407	－1.6
#男性(人)	Male(person)	210843	207336	－1.7
#乡村人口(人)	Rural(person)	49624	68145	37.3
年末常住人口(人)	Permanet Resident Population Year－end(person)	545100	548300	0.6
#男性(人)	Male(person)	276500	278000	0.5
年末总户数(户)	Total Number of Households at the Year－end(Household)	206480	207690	0.6
#乡村户数(户)	Number of Rural Household(Household)	19852	18524	－6.7
出生人口(人)	Births(person)	2441	3747	53.5
死亡人口(人)	Deaths(person)	1166	1724	47.9
全社会就业人员(人)	Employment(person)	278001	277551	－0.2
第一产业(人)	Primary Industry(person)	9325	9367	0.5
第二产业(人)	Secondary Industry(person)	52200	51899	－0.6
第三产业(人)	Tertiary Industry(person)	216476	216285	－0.1
在岗职工人数(人)	Number of Staff & Workers Employed in(person)	45983	39802	－13.4
乡村劳动力(人)	Number of Rural Laborers(person)	38738	38010	－1.9
#农林牧渔业(人)	Farming,Forestry,Animal Husbandry & Fishery(person)	10954	10243	－6.5
国民经济综合指标	**Summary Item on the National Economy**			
生产总值(万元)	Gross Domestic Product(10 000 yuan)	5105300	5349975	7.6
第一产业(万元)	Primary Industry(10 000 yuan)	71500	67282	3.7
第二产业(万元)	Secondary Industry(10 000 yuan)	1677200	1703453	7.6
#工业(万元)	Industry(10 000 yuan)	1257200	1258953	8.0
第三产业(万元)	Tertiary Industry(10 000 yuan)	3356600	3579240	7.7
人均生产总值(元)	Per Capita GDP(yuan)	93986	97859	6.9
全社会固定资产投资(万元)	Total Investment in Fixed Assets(10 000 yuan)	3475049	3976846	14.4
按登记注册类型分	Grouped by Registered Type			
#国有(万元)	State－owned Enterprises(10 000 yuan)	1636164	1580268	－3.4
集体(万元)	Collective－owned Enterprises(10 000 yuan)	103490	92600	－10.5
有限责任公司(万元)	Limited Liability Corporations(10 000 yuan)	1248229	1207940	－3.2
股份有限公司(万元)	Share Holding Enterprises(10 000 yuan)	22727	31462	38.4
私营企业(万元)	Private Enterprises(10 000 yuan)	417792	999216	139.2
外商及港澳台投资企业(万元)	Funds from HK,Macao,Taiwan & Foreign(10 000 yuan)	903		
一般公共预算收入(万元)	General Public Budget Revenue(10 000 yuan)	152697	164213	7.5
一般公共预算支出(万元)	General Public Budget Expenditure(10 000 yuan)	195018	222682	5.4
住户存款余额(万元)	The balance of savings deposits of Households(10 000 yuan)			
在岗职工工资总额(万元)	Total Wages of Staff & Workers Employed in(10 000 yuan)	235772	254235	7.8
在岗职工平均工资(元)	Average Wage of Staff & Workers Employed in(yuan)	48924	61630	26.0
全体居民人均可支配收入(元)	The per capita disposable income of all residents(yuan)	33146	35599	7.4
城镇常住居民人均可支配收入(元)	The per capita disposable income of urban permanent residents(yuan)	34829	37302	7.1
农村牧区常住居民人均可支配收入(元)	The per capita disposable income of permanent residents of rural and pastoral areas(yuan)	17731	18990	7.1
农村牧区经济	**Economic Development in Rural & Pastoral Area**			
农作物总播种面积(公顷)	Total Sown Area(hectare)	9926	9043	－8.9
#粮食作物播种面积(公顷)	Sown Area of Grain Crops(hectare)	6085	5167	－15.1
农牧业机械总动力(万千瓦)	Total Power of Agricultural Machinery(10 000 kw)	21.00	20.76	－1.1
化肥施用折纯量(吨)	Consumption of Chemical Fertilizer(ton)	3854	3772	－2.1
农村用电量(万千瓦小时)	Electricity Consumed in Rural Area(10 000 kwh)	3658	3556	－2.8
农林牧渔业总产值(万元)	Gross Output of Farming,Forestry,Animal Husbandry & Fishery(10 000 yuan)	122762	119770	3.7
粮食产量(吨)	Yield of Grain(ton)	43026	38766	－9.9
油料产量(吨)	Yield of Oil－bearing Grops(ton)	179	201	12.3
甜菜产量(吨)	Yield of Beetroots(ton)			
猪牛羊肉产量(吨)	Output of Pork, Beef & Mutton(ton)	2479	2252	－9.2
#猪肉产量(吨)	Output of Pork(ton)	1216	1180	－3.0
牛肉产量(吨)	Output of Beef(ton)	858	636	－25.9
羊肉产量(吨)	Output of Mutton(ton)	405	436	7.7
羊毛产量(吨)	Output of Wool(ton)	38	39	2.6

23－19 Donghe District in Baotou City

指　　标	Item	2015	2016	2016年比上年增长% Increase Rate in 2016 Over 2015(%)
年末牲畜存栏头数(万头只)	Total Livestock at the Year－end(10 000 heads)	6.28	6.01	－4.3
#大牲畜(万头只)	Large Animals(10 000 heads)	0.69	0.52	－24.6
羊(万只)	Sheep & Goats(10 000 heads)	4.78	4.63	－3.1
猪(万头)	Hogs(10 000 heads)	0.81	0.86	6.2
规模以上工业	**Industrial Enterprises above Designated size**			
工业企业单位数(个)	Number of Industrial Enterprises(unit)	82	80	－2.4
#内资企业(个)	Civil Funded Enterprises(unit)	78	77	－1.3
工业总产值(万元)	Gross Industrial Output Value(10 000 yuan)	3321917	3554711	7.0
内资企业(万元)	Civil Funded Enterprises(10 000 yuan)	3191087	3427066	7.4
国有企业(万元)	State－owned Enterprises(10 000 yuan)	6098	5904	－3.2
集体企业(万元)	Collective－owned Enterprises(10 000 yuan)	48915	48799	－0.2
股份合作企业(万元)	Share Holding Enterprises(10 000 yuan)			
联营企业(万元)	Joint Owned Enterprises(10 000 yuan)			
有限责任公司(万元)	Limited Company(10 000 yuan)	667591	654332	－2.0
股份有限公司(万元)	Share Holding Limited Company(10 000 yuan)	653163	694764	6.4
私营企业(万元)	Privately Owned Enterprises(10 000 yuan)	1815321	2023267	11.5
其他企业(万元)	Enterprises of Other Ownership(10 000 yuan)			
港澳台商投资企业(万元)	Funds from HK,Macao & Taiwan(10 000 yuan)	39688	30841	－22.3
外商投资企业(万元)	Foreign Funded Enterprises(10 000 yuan)	91142	96804	6.2
工业企业增加值(万元)	Value Added of Industrial Enterprises(10 000 yuan)			8.9
工业企业资产总计(万元)	Total Assets of Industrial Enterprises(10 000 yuan)	2908115	3119108	7.3
工业企业负债合计(万元)	Total Liabilities of Industrial Enterprises(10 000 yuan)	1420603	1487226	4.7
工业企业产品销售收入(万元)	Sales of Revenue Industrial Enterprises(10 000 yuan)	3277726	3479575	6.2
工业企业利润总额(万元)	Total Profits of Industrial Enterprises(10 000 yuan)	384066	342823	－10.7
建筑业	**Construction**			
建筑企业单位数(个)	Number of Construction Enterprises(unit)	16	17	6.3
建筑企业从业人员(人)	Number of Employee in Construction Enterprises(person)	9257	7874	－14.9
建筑业总产值(万元)	Gross Construction Output Value(10 000 yuan)	353681	384472	8.7
交通运输邮电通信业	**Transportation,Post & Telecommunications**			
公路里程(公里)	Total Length of Highways(km)	176	176	0.0
邮电业务总量(万元)	Business Volume of Post & Telecoms(10 000 yuan)	41560	55650	33.9
本地电话用户(户)	Number of Subscribers of Local Telephone(Household)	40500	31200	－23.0
国内贸易	**Domestic Trade**			
社会消费品零售总额(万元)	Total Retail Sales of Consumer Goods(10 000 yuan)	2594764	2843861	9.6
城镇(万元)	Town(10 000 yuan)	2594764	2843861	9.6
乡村(万元)	Village(10 000 yuan)			
科技教育卫生	**Science,Education & Public Health**			
各类专业技术人员(人)	Special Technical Personnel(person)	12149	12178	0.2
幼儿园数(所)	Number of Kindergartens(unit)	41	43	4.9
学龄儿童入学率(%)	Percentage of School－Age Children Enrolled(%)	100.0	100.0	0.0
小学学校数(所)	Number of Primary Schools(unit)	24	23	－4.2
小学专任教师数(人)	Number of Full－time Teachers of Primary Schools(person)	1513	1278	－15.5
小学在校学生数(人)	Number of Student Enrollment of Primary Schools(person)	21764	22625	4.0
普通中学学校数(所)	Number of Regular Secondary Schools(unit)	20	20	0.0
普通中学专任教师数(人)	Number of Teachers of Secondary Shools(person)	2092	2109	0.8
初中在校学生数(人)	Number of Student in Junior Secondary Schools(person)	12572	11201	－10.9
高中在校学生数(人)	Number of Student in Senior Secondary Schools(person)	10864	10331	－4.9
卫生机构数(所)	Number of Health Institutions(unit)	321	323	0.6
#医院(所)	Hospitals(unit)	11	10	－9.1
卫生院(所)	Township Hospitals(unit)	3	3	0.0
床位数(张)	Number of Beds(unit)	4192	4562	8.8
#医院(张)	Hospitals(unit)	3713	4023	8.3
卫生院(张)	Township Hospitals(unit)	78	110	41.0
卫生技术人员(人)	Medical Technical Presonnel(person)	5027	5578	11.0
#医院(人)	Hospitals(person)	3917	4453	13.7
卫生院(人)	Township Hospitals(person)	99	96	－3.0

23－20 包头市昆都仑区

指　　标	Item	2015	2016	2016 年比上年增长% Increase Rate in 2016 Over 2015(%)
行政区域土地面积(平方公里)	**Area of Administration(Sq. km)**	**301**	**301**	**0.0**
人口和就业	**Population & Employment**			
年末户籍人口(人)	The Registered Population Year－end(person)	510318	515107	0.9
#男性(人)	Male(person)	253404	255372	0.8
#乡村人口(人)	Rural(person)	18969	16248	－14.3
年末常住人口(人)	Permanet Resident Population Year－end(person)	776600	786100	1.2
#男性(人)	Male(person)	401000	405700	1.2
年末总户数(户)	Total Number of Households at the Year－end(Household)	294170	297770	1.2
#乡村户数(户)	Number of Rural Household(Household)	8106	8182	0.9
出生人口(人)	Births(person)	4254	5098	19.8
死亡人口(人)	Deaths(person)	1597	1710	7.1
全社会就业人员(人)	Employment(person)	466209	468074	0.4
第一产业(人)	Primary Industry(person)	13017	12917	－0.8
第二产业(人)	Secondary Industry(person)	101486	96472	－4.9
第三产业(人)	Tertiary Industry(person)	351706	358685	2.0
在岗职工人数(人)	Number of Staff & Workers Employed in(person)	112992	109065	－3.5
乡村劳动力(人)	Number of Rural Laborers(person)	24618	24588	－0.1
#农林牧渔业(人)	Farming,Forestry,Animal Husbandry & Fishery(person)	3747	3737	－0.3
国民经济综合指标	**Summary Item on the National Economy**			
生产总值(万元)	Gross Domestic Product(10 000 yuan)	10894200	11357950	7.8
第一产业(万元)	Primary Industry(10 000 yuan)	32000	29990	3.3
第二产业(万元)	Secondary Industry(10 000 yuan)	4381600	4416610	7.9
#工业(万元)	Industry(10 000 yuan)	4133000	4153610	8.3
第三产业(万元)	Tertiary Industry(10 000 yuan)	6480600	6911350	7.7
人均生产总值(元)	Per Capita GDP(yuan)	141071	145363	6.5
全社会固定资产投资(万元)	Total Investment in Fixed Assets(10 000 yuan)	4573949	5236714	14.5
按登记注册类型分	Grouped by Registered Type			
#国有(万元)	State－owned Enterprises(10 000 yuan)	177761	574407	223.1
集体(万元)	Collective－owned Enterprises(10 000 yuan)	125230	5953	－95.2
有限责任公司(万元)	Limited Liability Corporations(10 000 yuan)	3774828	2837482	－24.8
股份有限公司(万元)	Share Holding Enterprises(10 000 yuan)	87134	1029072	1081.0
私营企业(万元)	Private Enterprises(10 000 yuan)	408996	619849	51.6
外商及港澳台投资企业(万元)	Funds from HK,Macao,Taiwan & Foreign(10 000 yuan)			
一般公共预算收入(万元)	General Public Budget Revenue(10 000 yuan)	444566	466429	4.9
一般公共预算支出(万元)	General Public Budget Expenditure(10 000 yuan)	438410	489087	11.6
住户存款余额(万元)	The balance of savings deposits of Households(10 000 yuan)			
在岗职工工资总额(万元)	Total Wages of Staff & Workers Employed in(10 000 yuan)	666283	680438	2.1
在岗职工平均工资(元)	Average Wage of Staff & Workers Employed in(yuan)	59204	62246	5.1
全体居民人均可支配收入(元)	The per capita disposable income of all residents(yuan)	40934	43922	7.3
城镇常住居民人均可支配收入(元)	The per capita disposable income of urban permanent residents(yuan)	40934	43922	7.3
农村牧区常住居民人均可支配收入(元)	The per capita disposable income of permanent residents of rural and pastoral areas(yuan)			
农村牧区经济	**Economic Development in Rural & Pastoral Area**			
农作物总播种面积(公顷)	Total Sown Area(hectare)	1603	1813	13.1
#粮食作物播种面积(公顷)	Sown Area of Grain Crops(hectare)	1440	1691	17.4
农牧业机械总动力(万千瓦)	Total Power of Agricultural Machinery(10 000 kw)	1.45	1.46	0.7
化肥施用折纯量(吨)	Consumption of Chemical Fertilizer(ton)	1102	1070	－2.9
农村用电量(万千瓦小时)	Electricity Consumed in Rural Area(10 000 kwh)	2316	2311	－0.2
农林牧渔业总产值(万元)	Gross Output of Farming,Forestry,Animal Husbandry & Fishery(10 000 yuan)	50991	49910	3.3
粮食产量(吨)	Yield of Grain(ton)	11200	11365	1.5
油料产量(吨)	Yield of Oil－bearing Grops(ton)	18	21	16.7
甜菜产量(吨)	Yield of Beetroots(ton)			
猪牛羊肉产量(吨)	Output of Pork, Beef & Mutton(ton)	1338	1070	－20.0
#猪肉产量(吨)	Output of Pork(ton)	529	545	3.0
牛肉产量(吨)	Output of Beef(ton)	243	120	－50.6
羊肉产量(吨)	Output of Mutton(ton)	566	405	－28.4
羊毛产量(吨)	Output of Wool(ton)	5	5	0.0

23 – 20 Kundulun District in Baotou City

指　　标	Item	2015	2016	2016 年比上年增长% Increase Rate in 2016 Over 2015(%)
年末牲畜存栏头数(万头只)	Total Livestock at the Year – end(10 000 heads)	4.13	3.66	–11.4
# 大牲畜(万头只)	Large Animals(10 000 heads)	0.24	0.16	–33.3
羊(万只)	Sheep & Goats(10 000 heads)	2.91	2.81	–3.4
猪(万头)	Hogs(10 000 heads)	0.98	0.69	–29.6
规模以上工业	**Industrial Enterprises above Designated size**			
工业企业单位数(个)	Number of Industrial Enterprises(unit)	83	79	–4.8
# 内资企业(个)	Civil Funded Enterprises(unit)	78	75	–3.8
工业总产值(万元)	Gross Industrial Output Value(10 000 yuan)	5907180	6141274	4.0
内资企业(万元)	Civil Funded Enterprises(10 000 yuan)	5512584	5688085	3.2
国有企业(万元)	State – owned Enterprises(10 000 yuan)	29523	105915	258.8
集体企业(万元)	Collective – owned Enterprises(10 000 yuan)	17244	16762	–2.8
股份合作企业(万元)	Share Holding Enterprises(10 000 yuan)			
联营企业(万元)	Joint Owned Enterprises(10 000 yuan)			
有限责任公司(万元)	Limited Company(10 000 yuan)	1763046	1775051	0.7
股份有限公司(万元)	Share Holding Limited Company(10 000 yuan)	3344962	3304491	–1.2
私营企业(万元)	Privately Owned Enterprises(10 000 yuan)	357810	485866	35.8
其他企业(万元)	Enterprises of Other Ownership(10 000 yuan)			
港澳台商投资企业(万元)	Funds from HK, Macao & Taiwan(10 000 yuan)			
外商投资企业(万元)	Foreign Funded Enterprises(10 000 yuan)	394595	453189	14.8
工业企业增加值(万元)	Value Added of Industrial Enterprises(10 000 yuan)			8.8
工业企业资产总计(万元)	Total Assets of Industrial Enterprises(10 000 yuan)	24594619	24358729	–1.0
工业企业负债合计(万元)	Total Liabilities of Industrial Enterprises(10 000 yuan)	15809680	16462533	4.1
工业企业产品销售收入(万元)	Sales of Revenue Industrial Enterprises(10 000 yuan)	5377662	6198548	15.3
工业企业利润总额(万元)	Total Profits of Industrial Enterprises(10 000 yuan)	–692899	–239843	
建筑业	**Construction**			
建筑企业单位数(个)	Number of Construction Enterprises(unit)	30	33	10.0
建筑企业从业人员(人)	Number of Employee in Construction Enterprises(person)	10263	10500	2.3
建筑业总产值(万元)	Gross Construction Output Value(10 000 yuan)	290477	235950	–18.8
交通运输邮电通信业	**Transportation, Post & Telecommunications**			
公路里程(公里)	Total Length of Highways(km)	462	496	7.4
邮电业务总量(万元)	Business Volume of Post & Telecoms(10 000 yuan)	244230	332500	36.1
本地电话用户(户)	Number of Subscribers of Local Telephone(Household)	88800	70469	–20.6
国内贸易	**Domestic Trade**			
社会消费品零售总额(万元)	Total Retail Sales of Consumer Goods(10 000 yuan)	4233508	4647139	9.8
城镇(万元)	Town(10 000 yuan)	4233508	4647139	9.8
乡村(万元)	Village(10 000 yuan)			
科技教育卫生	**Science, Education & Public Health**			
各类专业技术人员(人)	Special Technical Personnel(person)	30879	30972	0.3
幼儿园数(所)	Number of Kindergartens(unit)	61	61	0.0
学龄儿童入学率(%)	Percentage of School – Age Children Enrolled(%)	100.0	100.0	0.0
小学学校数(所)	Number of Primary Schools(unit)	35	34	–2.9
小学专任教师数(人)	Number of Full – time Teachers of Primary Schools(person)	2182	2210	1.3
小学在校学生数(人)	Number of Student Enrollment of Primary Schools(person)	45005	46531	3.4
普通中学学校数(所)	Number of Regular Secondary Schools(unit)	26	26	0.0
普通中学专任教师数(人)	Number of Teachers of Secondary Shools(person)	2958	3095	4.6
初中在校学生数(人)	Number of Student in Junior Secondary Schools(person)	22254	20216	–9.2
高中在校学生数(人)	Number of Student in Senior Secondary Schools(person)	14585	13558	–7.0
卫生机构数(所)	Number of Health Institutions(unit)	418	415	–0.7
# 医院(所)	Hospitals(unit)	13	18	38.5
卫生院(所)	Township Hospitals(unit)	3	3	0.0
床位数(张)	Number of Beds(unit)	4968	5353	7.7
# 医院(张)	Hospitals(unit)	4548	4898	7.7
卫生院(张)	Township Hospitals(unit)	78	78	0.0
卫生技术人员(人)	Medical Technical Presonnel(person)	6819	7308	7.2
# 医院(人)	Hospitals(person)	5022	5192	3.4
卫生院(人)	Township Hospitals(person)	43	46	7.0

23－21 包头市青山区

指　标	Item	2015	2016	2016 年比上年增长% Increase Rate in 2016 Over 2015(%)
行政区域土地面积(平方公里)	**Area of Administration(Sq. km)**	**280**	**280**	**0.0**
人口和就业	**Population & Employment**			
年末户籍人口(人)	The Registered Population Year－end(person)	384224	389568	1.4
＃男性(人)	Male(person)	190876	193359	1.3
＃乡村人口(人)	Rural(person)	8915	8982	0.8
年末常住人口(人)	Permanet Resident Population Year－end(person)	513500	517100	0.7
＃男性(人)	Male(person)	262100	263800	0.6
年末总户数(户)	Total Number of Households at the Year－end(Household)	200590	201990	0.7
＃乡村户数(户)	Number of Rural Household(Household)	3423	3412	－0.3
出生人口(人)	Births(person)	2516	3338	32.7
死亡人口(人)	Deaths(person)	1550	2407	55.3
全社会就业人员(人)	Employment(person)	276667	278880	0.8
第一产业(人)	Primary Industry(person)	6980	6995	0.2
第二产业(人)	Secondary Industry(person)	111678	112236	0.5
第三产业(人)	Tertiary Industry(person)	158009	159649	1.0
在岗职工人数(人)	Number of Staff & Workers Employed in(person)	106806	101283	－5.2
乡村劳动力(人)	Number of Rural Laborers(person)	11402	13041	14.4
＃农林牧渔业(人)	Farming,Forestry,Animal Husbandry & Fishery(person)	4935	2096	－57.5
国民经济综合指标	**Summary Item on the National Economy**			
生产总值(万元)	Gross Domestic Product(10 000 yuan)	8737500	9186929	8.2
第一产业(万元)	Primary Industry(10 000 yuan)	33300	31174	3.3
第二产业(万元)	Secondary Industry(10 000 yuan)	3645600	3716998	8.9
＃工业(万元)	Industry(10 000 yuan)	3194400	3216998	8.6
第三产业(万元)	Tertiary Industry(10 000 yuan)	5058600	5438757	7.8
人均生产总值(元)	Per Capita GDP(yuan)	170771	178283	7.5
全社会固定资产投资(万元)	Total Investment in Fixed Assets(10 000 yuan)	4286458	4906280	14.5
按登记注册类型分	Grouped by Registered Type			
＃国有(万元)	State－owned Enterprises(10 000 yuan)	1009428	1149441	13.9
集体(万元)	Collective－owned Enterprises(10 000 yuan)	121397	1500	－98.8
有限责任公司(万元)	Limited Liability Corporations(10 000 yuan)	494362	1765612	257.1
股份有限公司(万元)	Share Holding Enterprises(10 000 yuan)	200071	262354	31.1
私营企业(万元)	Private Enterprises(10 000 yuan)	2297061	1456831	－36.6
外商及港澳台投资企业(万元)	Funds from HK,Macao,Taiwan & Foreign(10 000 yuan)	29778	13582	－54.4
一般公共预算收入(万元)	General Public Budget Revenue(10 000 yuan)	419466	439074	4.7
一般公共预算支出(万元)	General Public Budget Expenditure(10 000 yuan)	413468	408097	－1.3
住户存款余额(万元)	The balance of savings deposits of Households(10 000 yuan)			
在岗职工工资总额(万元)	Total Wages of Staff & Workers Employed in(10 000 yuan)	690520	697561	1.0
在岗职工平均工资(元)	Average Wage of Staff & Workers Employed in(yuan)	63574	67365	6.0
全体居民人均可支配收入(元)	The per capita disposable income of all residents(yuan)	40934	43922	7.3
城镇常住居民人均可支配收入(元)	The per capita disposable income of urban permanent residents (yuan)	40934	43922	7.3
农村牧区常住居民人均可支配收入(元)	The per capita disposable income of permanent residents of rural and pastoral areas(yuan)			
农村牧区经济	**Economic Development in Rural & Pastoral Area**			
农作物总播种面积(公顷)	Total Sown Area(hectare)	368	199	－45.9
＃粮食作物播种面积(公顷)	Sown Area of Grain Crops(hectare)	325	163	－49.8
农牧业机械总动力(万千瓦)	Total Power of Agricultural Machinery(10 000 kw)	0.37	0.36	－2.7
化肥施用折纯量(吨)	Consumption of Chemical Fertilizer(ton)	246	49	－80.1
农村用电量(万千瓦小时)	Electricity Consumed in Rural Area(10 000 kwh)	1622	1472	－9.2
农林牧渔业总产值(万元)	Gross Output of Farming,Forestry,Animal Husbandry & Fishery(10 000 yuan)	51742	51044	3.4
粮食产量(吨)	Yield of Grain(ton)	2619	1475	－43.7
油料产量(吨)	Yield of Oil－bearing Grops(ton)		1	
甜菜产量(吨)	Yield of Beetroots(ton)			
猪牛羊肉产量(吨)	Output of Pork, Beef & Mutton(ton)	486	679	39.7
＃猪肉产量(吨)	Output of Pork(ton)	114	130	14.0
牛肉产量(吨)	Output of Beef(ton)	52	78	50.0
羊肉产量(吨)	Output of Mutton(ton)	320	471	47.2
羊毛产量(吨)	Output of Wool(ton)	54	80	48.1

23－21 Qingshan District in Baotou City

指 标	Item	2015	2016	2016 年比上年增长% Increase Rate in 2016 Over 2015(%)
年末牲畜存栏头数(万头只)	Total Livestock at the Year－end(10 000 heads)	3.36	3.35	－0.3
# 大牲畜(万头只)	Large Animals(10 000 heads)	0.11	0.09	－18.2
羊(万只)	Sheep & Goats(10 000 heads)	3.11	3.01	－3.2
猪(万头)	Hogs(10 000 heads)	0.14	0.25	78.6
规模以上工业	**Industrial Enterprises above Designated size**			
工业企业单位数(个)	Number of Industrial Enterprises(unit)	101	103	2.0
# 内资企业(个)	Civil Funded Enterprises(unit)	100	102	2.0
工业总产值(万元)	Gross Industrial Output Value(10 000 yuan)	7451229	7563303	1.5
内资企业(万元)	Civil Funded Enterprises(10 000 yuan)	7363736	7474353	1.5
国有企业(万元)	State－owned Enterprises(10 000 yuan)	167874	153936	－8.3
集体企业(万元)	Collective－owned Enterprises(10 000 yuan)	4703	6513	38.5
股份合作企业(万元)	Share Holding Enterprises(10 000 yuan)			
联营企业(万元)	Joint Owned Enterprises(10 000 yuan)			
有限责任公司(万元)	Limited Company(10 000 yuan)	5790011	5693593	－1.7
股份有限公司(万元)	Share Holding Limited Company(10 000 yuan)	130553	145800	11.7
私营企业(万元)	Privately Owned Enterprises(10 000 yuan)	1220681	1424927	16.7
其他企业(万元)	Enterprises of Other Ownership(10 000 yuan)	49914	49585	－0.7
港澳台商投资企业(万元)	Funds from HK, Macao & Taiwan(10 000 yuan)			
外商投资企业(万元)	Foreign Funded Enterprises(10 000 yuan)	87493	88950	1.7
工业企业增加值(万元)	Value Added of Industrial Enterprises(10 000 yuan)			8.5
工业企业资产总计(万元)	Total Assets of Industrial Enterprises(10 000 yuan)	7000185	7438975	6.3
工业企业负债合计(万元)	Total Liabilities of Industrial Enterprises(10 000 yuan)	5897885	6012692	1.9
工业企业产品销售收入(万元)	Sales of Revenue Industrial Enterprises(10 000 yuan)	6698627	6414290	－4.2
工业企业利润总额(万元)	Total Profits of Industrial Enterprises(10 000 yuan)	16334	－63230	
建筑业	**Construction**			
建筑企业单位数(个)	Number of Construction Enterprises(unit)	29	31	6.9
建筑企业从业人员(人)	Number of Employee in Construction Enterprises(person)	19389	22247	14.7
建筑业总产值(万元)	Gross Construction Output Value(10 000 yuan)	598593	671919	12.2
交通运输邮电通信业	**Transportation, Post & Telecommunications**			
公路里程(公里)	Total Length of Highways(km)	294	310	5.4
邮电业务总量(万元)	Business Volume of Post & Telecoms(10 000 yuan)	40351	56320	39.6
本地电话用户(户)	Number of Subscribers of Local Telephone(Household)	37737	29840	－20.9
国内贸易	**Domestic Trade**			
社会消费品零售总额(万元)	Total Retail Sales of Consumer Goods(10 000 yuan)	3501411	3840198	9.7
城镇(万元)	Town(10 000 yuan)	3501411	3840198	9.7
乡村(万元)	Village(10 000 yuan)			
科技教育卫生	**Science, Education & Public Health**			
各类专业技术人员(人)	Special Technical Personnel(person)	42952	43596	1.5
幼儿园数(所)	Number of Kindergartens(unit)	64	61	－4.7
学龄儿童入学率(%)	Percentage of School－Age Children Enrolled(%)	100.0	100.0	0.0
小学学校数(所)	Number of Primary Schools(unit)	20	20	0.0
小学专任教师数(人)	Number of Full－time Teachers of Primary Schools(person)	1400	1352	－3.4
小学在校学生数(人)	Number of Student Enrollment of Primary Schools(person)	25439	26662	4.8
普通中学学校数(所)	Number of Regular Secondary Schools(unit)	18	18	0.0
普通中学专任教师数(人)	Number of Teachers of Secondary Shools(person)	2028	2026	－0.1
初中在校学生数(人)	Number of Student in Junior Secondary Schools(person)	13597	12581	－7.5
高中在校学生数(人)	Number of Student in Senior Secondary Schools(person)	13307	11878	－10.7
卫生机构数(所)	Number of Health Institutions(unit)	362	363	0.3
# 医院(所)	Hospitals(unit)	15	19	26.7
卫生院(所)	Township Hospitals(unit)	2	2	0.0
床位数(张)	Number of Beds(unit)	3967	3986	0.5
# 医院(张)	Hospitals(unit)	3783	3806	0.6
卫生院(张)	Township Hospitals(unit)	5	5	0.0
卫生技术人员(人)	Medical Technical Presonnel(person)	5459	5876	7.6
# 医院(人)	Hospitals(person)	4171	4392	5.3
卫生院(人)	Township Hospitals(person)	6	8	33.3

23-22 包头市九原区

指 标	Item	2015	2016	2016年比上年增长% Increase Rate in 2016 Over 2015(%)
行政区域土地面积(平方公里)	**Area of Administration(Sq. km)**	**734**	**734**	**0.0**
人口和就业	**Population & Employment**			
年末户籍人口(人)	The Registered Population Year-end(person)	164248	167840	2.2
#男性(人)	Male(person)	81859	83497	2.0
#乡村人口(人)	Rural(person)	97239	76962	-20.9
年末常住人口(人)	Permanet Resident Population Year-end(person)	220800	225300	2.0
#男性(人)	Male(person)	113700	116000	2.0
年末总户数(户)	Total Number of Households at the Year-end(Household)	83320	85020	2.0
#乡村户数(户)	Number of Rural Household(Household)	24349	24238	-0.5
出生人口(人)	Births(person)	1595	1989	24.7
死亡人口(人)	Deaths(person)	409	451	10.3
全社会就业人员(人)	Employment(person)	136700	139600	2.1
第一产业(人)	Primary Industry(person)	43300	43200	-0.2
第二产业(人)	Secondary Industry(person)	35300	36100	2.3
第三产业(人)	Tertiary Industry(person)	58100	60300	3.8
在岗职工人数(人)	Number of Staff & Workers Employed in(person)	14941	16884	13.0
乡村劳动力(人)	Number of Rural Laborers(person)	43745	43343	-0.9
#农林牧渔业(人)	Farming, Forestry, Animal Husbandry & Fishery(person)	26569	26365	-0.8
国民经济综合指标	**Summary Item on the National Economy**			
生产总值(万元)	Gross Domestic Product(10 000 yuan)	3379900	3506383	8.1
第一产业(万元)	Primary Industry(10 000 yuan)	130800	122788	3.5
第二产业(万元)	Secondary Industry(10 000 yuan)	1856900	1892298	9.1
#工业(万元)	Industry(10 000 yuan)	1676898	1682298	8.2
第三产业(万元)	Tertiary Industry(10 000 yuan)	1392200	1491297	7.4
人均生产总值(元)	Per Capita GDP(yuan)	154722	157202	5.9
全社会固定资产投资(万元)	Total Investment in Fixed Assets(10 000 yuan)	1960873	2249121	14.7
按登记注册类型分	Grouped by Registered Type			
#国有(万元)	State-owned Enterprises(10 000 yuan)	1026206	520625	-49.3
集体(万元)	Collective-owned Enterprises(10 000 yuan)	2000	1000	-50.0
有限责任公司(万元)	Limited Liability Corporations(10 000 yuan)	177522	859109	383.9
股份有限公司(万元)	Share Holding Enterprises(10 000 yuan)	22000	34850	58.4
私营企业(万元)	Private Enterprises(10 000 yuan)	714145	784240	9.8
外商及港澳台投资企业(万元)	Funds from HK, Macao, Taiwan & Foreign(10 000 yuan)	19000		
一般公共预算收入(万元)	General Public Budget Revenue(10 000 yuan)	187533	203127	8.3
一般公共预算支出(万元)	General Public Budget Expenditure(10 000 yuan)	225564	237532	5.3
住户存款余额(万元)	The balance of savings deposits of Households(10 000 yuan)			
在岗职工工资总额(万元)	Total Wages of Staff & Workers Employed in(10 000 yuan)	102115	119464	17.0
在岗职工平均工资(元)	Average Wage of Staff & Workers Employed in(yuan)	67199	69919	4.0
全体居民人均可支配收入(元)	The per capita disposable income of all residents(yuan)	32899	35498	7.9
城镇常住居民人均可支配收入(元)	The per capita disposable income of urban permanent residents(yuan)	39391	42385	7.6
农村牧区常住居民人均可支配收入(元)	The per capita disposable income of permanent residents of rural and pastoral areas(yuan)	16629	17876	7.5
农村牧区经济	**Economic Development in Rural & Pastoral Area**			
农作物总播种面积(公顷)	Total Sown Area(hectare)	19409	20094	3.5
#粮食作物播种面积(公顷)	Sown Area of Grain Crops(hectare)	12336	12986	5.3
农牧业机械总动力(万千瓦)	Total Power of Agricultural Machinery(10 000 kw)	19	13	-31.4
化肥施用折纯量(吨)	Consumption of Chemical Fertilizer(ton)	5015	5022	0.1
农村用电量(万千瓦小时)	Electricity Consumed in Rural Area(10 000 kwh)	6595	6615	0.3
农林牧渔业总产值(万元)	Gross Output of Farming, Forestry, Animal Husbandry & Fishery(10 000 yuan)	239092	220943	3.5
粮食产量(吨)	Yield of Grain(ton)	69718	63704	-8.6
油料产量(吨)	Yield of Oil-bearing Grops(ton)	1694	1698	0.2
甜菜产量(吨)	Yield of Beetroots(ton)	364	363	-0.3
猪牛羊肉产量(吨)	Output of Pork, Beef & Mutton(ton)	26344	27593	4.7
#猪肉产量(吨)	Output of Pork(ton)	7421	7508	1.2
牛肉产量(吨)	Output of Beef(ton)	13592	14684	8.0
羊肉产量(吨)	Output of Mutton(ton)	5331	5401	1.3
羊毛产量(吨)	Output of Wool(ton)	374	371	-0.8

23－22 Jiuyuan District in Baotou City

指　　标	Item	2015	2016	2016 年比上年增长% Increase Rate in 2016 Over 2015(%)
年末牲畜存栏头数(万头只)	Total Livestock at the Year－end(10 000 heads)	23.26	22.26	-4.3
#大牲畜(万头只)	Large Animals(10 000 heads)	6.80	6.11	-10.1
羊(万只)	Sheep & Goats(10 000 heads)	11.20	10.84	-3.2
猪(万头)	Hogs(10 000 heads)	5.26	5.31	1.0
规模以上工业	**Industrial Enterprises above Designated size**			
工业企业单位数(个)	Number of Industrial Enterprises(unit)	42	45	7.1
#内资企业(个)	Civil Funded Enterprises(unit)	40	43	7.5
工业总产值(万元)	Gross Industrial Output Value(10 000 yuan)	1796026	2049727	14.1
内资企业(万元)	Civil Funded Enterprises(10 000 yuan)	1700383	1948913	14.6
国有企业(万元)	State－owned Enterprises(10 000 yuan)	509442		
集体企业(万元)	Collective－owned Enterprises(10 000 yuan)			
股份合作企业(万元)	Share Holding Enterprises(10 000 yuan)			
联营企业(万元)	Joint Owned Enterprises(10 000 yuan)			
有限责任公司(万元)	Limited Company(10 000 yuan)	815289	1330679	63.2
股份有限公司(万元)	Share Holding Limited Company(10 000 yuan)	18146	6002	-66.9
私营企业(万元)	Privately Owned Enterprises(10 000 yuan)	357506	612232	71.3
其他企业(万元)	Enterprises of Other Ownership(10 000 yuan)			
港澳台商投资企业(万元)	Funds from HK, Macao & Taiwan(10 000 yuan)	93054	93271	0.2
外商投资企业(万元)	Foreign Funded Enterprises(10 000 yuan)	2589	7543	191.3
工业企业增加值(万元)	Value Added of Industrial Enterprises(10 000 yuan)			9.9
工业企业资产总计(万元)	Total Assets of Industrial Enterprises(10 000 yuan)	3185522	4470086	40.3
工业企业负债合计(万元)	Total Liabilities of Industrial Enterprises(10 000 yuan)	1937042	2472722	27.7
工业企业产品销售收入(万元)	Sales of Revenue Industrial Enterprises(10 000 yuan)	1833726	2051628	11.9
工业企业利润总额(万元)	Total Profits of Industrial Enterprises(10 000 yuan)	97767	70232	-28.2
建筑业	**Construction**			
建筑企业单位数(个)	Number of Construction Enterprises(unit)	5	9	80.0
建筑企业从业人员(人)	Number of Employee in Construction Enterprises(person)	1270	2562	101.7
建筑业总产值(万元)	Gross Construction Output Value(10 000 yuan)	29519	101154	242.7
交通运输邮电通信业	**Transportation, Post & Telecommunications**			
公路里程(公里)	Total Length of Highways(km)	465	465	0.0
邮电业务总量(万元)	Business Volume of Post & Telecoms(10 000 yuan)	21475	29488	37.3
本地电话用户(户)	Number of Subscribers of Local Telephone(Household)	24700	18820	-23.8
国内贸易	**Domestic Trade**			
社会消费品零售总额(万元)	Total Retail Sales of Consumer Goods(10 000 yuan)	632113	693112	9.7
城镇(万元)	Town(10 000 yuan)	620514	680098	9.6
乡村(万元)	Village(10 000 yuan)	11599	13014	12.2
科技教育卫生	**Science, Education & Public Health**			
各类专业技术人员(人)	Special Technical Personnel(person)	2111	2595	22.9
幼儿园数(所)	Number of Kindergartens(unit)	53	55	3.8
学龄儿童入学率(%)	Percentage of School－Age Children Enrolled(%)	100.0	100.0	0.0
小学学校数(所)	Number of Primary Schools(unit)	16	16	0.0
小学专任教师数(人)	Number of Full－time Teachers of Primary Schools(person)	843	784	-7.0
小学在校学生数(人)	Number of Student Enrollment of Primary Schools(person)	11965	12567	5.0
普通中学学校数(所)	Number of Regular Secondary Schools(unit)	6	7	16.7
普通中学专任教师数(人)	Number of Teachers of Secondary Shools(person)	771	879	14.0
初中在校学生数(人)	Number of Student in Junior Secondary Schools(person)	4772	4376	-8.3
高中在校学生数(人)	Number of Student in Senior Secondary Schools(person)	2381	2229	-6.4
卫生机构数(所)	Number of Health Institutions(unit)	110	109	-0.9
#医院(所)	Hospitals(unit)	8	8	0.0
卫生院(所)	Township Hospitals(unit)	5	5	0.0
床位数(张)	Number of Beds(unit)	1035	1098	6.1
#医院(张)	Hospitals(unit)	796	819	2.9
卫生院(张)	Township Hospitals(unit)	135	155	14.8
卫生技术人员(人)	Medical Technical Presonnel(person)	1249	1273	1.9
#医院(人)	Hospitals(person)	802	816	1.7
卫生院(人)	Township Hospitals(person)	100	97	-3.0

23-23 包头市石拐区

指　标	Item	2015	2016	2016年比上年增长% Increase Rate in 2016 Over 2015(%)
行政区域土地面积(平方公里)	**Area of Administration(Sq. km)**	**761**	**761**	**0.0**
人口和就业	**Population & Employment**			
年末户籍人口(人)	The Registered Population Year-end(person)	55671	52114	-6.4
#男性(人)	Male(person)	28329	26552	-6.3
#农业人口(人)	Agriculture(person)	20449	25361	24.0
年末常住人口(人)	Permanet Resident Population Year-end(person)	38600	37900	-1.8
#男性(人)	Male(person)	20200	19800	-2.0
年末总户数(户)	Total Number of Households at the Year-end(Household)	16780	16480	-1.8
#乡村户数(户)	Number of Rural Household(Household)	3085	3013	-2.3
出生人口(人)	Births(person)	126	95	-24.6
死亡人口(人)	Deaths(person)	102	105	2.9
全社会就业人员(人)	Employment(person)	25689	26630	3.7
第一产业(人)	Primary Industry(person)	5739	6587	14.8
第二产业(人)	Secondary Industry(person)	13015	12900	-0.9
第三产业(人)	Tertiary Industry(person)	6935	7143	3.0
在岗职工人数(人)	Number of Staff & Workers Employed in(person)	7425	7109	-4.3
乡村劳动力(人)	Number of Rural Laborers(person)	11081	10780	-2.7
#农林牧渔业(人)	Farming, Forestry, Animal Husbandry & Fishery(person)	5739	7005	22.1
国民经济综合指标	**Summary Item on the National Economy**			
生产总值(万元)	Gross Domestic Product(10 000 yuan)	1026100	1036292	7.5
第一产业(万元)	Primary Industry(10 000 yuan)	8700	8096	3.5
第二产业(万元)	Secondary Industry(10 000 yuan)	863200	865761	7.9
#工业(万元)	Industry(10 000 yuan)	837200	837761	7.9
第三产业(万元)	Tertiary Industry(10 000 yuan)	154200	162435	5.6
人均生产总值(元)	Per Capita GDP(yuan)	267562	270926	7.8
全社会固定资产投资(万元)	Total Investment in Fixed Assets(10 000 yuan)	649803	743505	14.4
按登记注册类型分	Grouped by Registered Type			
#国有(万元)	State-owned Enterprises(10 000 yuan)	286300	285691	-0.2
集体(万元)	Collective-owned Enterprises(10 000 yuan)			
有限责任公司(万元)	Limited Liability Corporations(10 000 yuan)	191298	242890	27.0
股份有限公司(万元)	Share Holding Enterprises(10 000 yuan)	2729	2757	1.0
私营企业(万元)	Private Enterprises(10 000 yuan)	130546	198808	52.3
外商及港澳台投资企业(万元)	Funds from HK, Macao, Taiwan & Foreign(10 000 yuan)			
一般公共预算收入(万元)	General Public Budget Revenue(10 000 yuan)	36617	39634	8.2
一般公共预算支出(万元)	General Public Budget Expenditure(10 000 yuan)	94963	76228	-19.7
住户存款余额(万元)	The balance of savings deposits of Households(10 000 yuan)			
在岗职工工资总额(万元)	Total Wages of Staff & Workers Employed in(10 000 yuan)	52536	56744	8.0
在岗职工平均工资(元)	Average Wage of Staff & Workers Employed in(yuan)	70651	79230	12.1
全体居民人均可支配收入(元)	The per capita disposable income of all residents(yuan)	28183	30438	8.0
城镇常住居民人均可支配收入(元)	The per capita disposable income of urban permanent residents(yuan)	33199	35722	7.6
农村牧区常住居民人均可支配收入(元)	The per capita disposable income of permanent residents of rural and pastoral areas(yuan)	12469	13429	7.7
农村牧区经济	**Economic Development in Rural & Pastoral Area**			
农作物总播种面积(公顷)	Total Sown Area(hectare)	2822	2937	4.1
#粮食作物播种面积(公顷)	Sown Area of Grain Crops(hectare)	2504	2605	4.0
农牧业机械总动力(万千瓦)	Total Power of Agricultural Machinery(10 000 kw)	1.90	1.86	-2.0
化肥施用折纯量(吨)	Consumption of Chemical Fertilizer(ton)	1245	1200	-3.6
农村用电量(万千瓦小时)	Electricity Consumed in Rural Area(10 000 kwh)	541	542	0.2
农林牧渔业总产值(万元)	Gross Output of Farming, Forestry, Animal Husbandry & Fishery(10 000 yuan)	14252	14147	3.2
粮食产量(吨)	Yield of Grain(ton)	6070	6090	0.3
油料产量(吨)	Yield of Oil-bearing Grops(ton)	81	95	17.3
甜菜产量(吨)	Yield of Beetroots(ton)			
猪牛羊肉产量(吨)	Output of Pork, Beef & Mutton(ton)	495	499	0.8
#猪肉产量(吨)	Output of Pork(ton)	178	180	1.1
牛肉产量(吨)	Output of Beef(ton)	58	59	1.7
羊肉产量(吨)	Output of Mutton(ton)	259	260	0.4
羊毛产量(吨)	Output of Wool(ton)	27	26	-3.0

23 – 23 Shiguai District in Baotou City

指　　标	Item	2015	2016	2016 年比上年增长% Increase Rate in 2016 Over 2015(%)
年末牲畜存栏头数(万头只)	Total Livestock at the Year – end(10 000 heads)	3.56	3.28	-7.9
#大牲畜(万头只)	Large Animals(10 000 heads)	0.14	0.10	-28.6
羊(万只)	Sheep & Goats(10 000 heads)	3.19	3.08	-3.4
猪(万头)	Hogs(10 000 heads)	0.24	0.10	-58.2
规模以上工业	**Industrial Enterprises above Designated size**			
工业企业单位数(个)	Number of Industrial Enterprises(unit)	66	67	1.5
#内资企业(个)	Civil Funded Enterprises(unit)	65	66	1.5
工业总产值(万元)	Gross Industrial Output Value(10 000 yuan)	1606829	1877151	16.8
内资企业(万元)	Civil Funded Enterprises(10 000 yuan)	1604429	1875151	16.9
国有企业(万元)	State – owned Enterprises(10 000 yuan)	113317	201494	77.8
集体企业(万元)	Collective – owned Enterprises(10 000 yuan)			
股份合作企业(万元)	Share Holding Enterprises(10 000 yuan)			
联营企业(万元)	Joint Owned Enterprises(10 000 yuan)			
有限责任公司(万元)	Limited Company(10 000 yuan)	92677	100255	8.2
股份有限公司(万元)	Share Holding Limited Company(10 000 yuan)			
私营企业(万元)	Privately Owned Enterprises(10 000 yuan)	1398436	1573402	12.5
其他企业(万元)	Enterprises of Other Ownership(10 000 yuan)			
港澳台商投资企业(万元)	Funds from HK, Macao & Taiwan(10 000 yuan)			
外商投资企业(万元)	Foreign Funded Enterprises(10 000 yuan)	2400	2000	-16.7
工业企业增加值(万元)	Value Added of Industrial Enterprises(10 000 yuan)			8.5
工业企业资产总计(万元)	Total Assets of Industrial Enterprises(10 000 yuan)	1062354	1152871	8.5
工业企业负债合计(万元)	Total Liabilities of Industrial Enterprises(10 000 yuan)	618727	623187	0.7
工业企业产品销售收入(万元)	Sales of Revenue Industrial Enterprises(10 000 yuan)	1674219	1837614	9.8
工业企业利润总额(万元)	Total Profits of Industrial Enterprises(10 000 yuan)	-83206	20079	
建筑业	**Construction**			
建筑企业单位数(个)	Number of Construction Enterprises(unit)	1	1	0.0
建筑企业从业人员(人)	Number of Employee in Construction Enterprises(person)	375	378	0.8
建筑业总产值(万元)	Gross Construction Output Value(10 000 yuan)	720	1925	167.4
交通运输邮电通信业	**Transportation, Post & Telecommunications**			
公路里程(公里)	Total Length of Highways(km)	339	339	
邮电业务总量(万元)	Business Volume of Post & Telecoms(10 000 yuan)	850	1050	23.5
本地电话用户(户)	Number of Subscribers of Local Telephone(Household)	2100	1760	-16.2
国内贸易	**Domestic Trade**			
社会消费品零售总额(万元)	Total Retail Sales of Consumer Goods(10 000 yuan)	58013	63443	9.4
城镇(万元)	Town(10 000 yuan)	58013	63443	9.4
乡村(万元)	Village(10 000 yuan)			
科技教育卫生	**Science, Education & Public Health**			
各类专业技术人员(人)	Special Technical Personnel(person)	1380	1380	0.0
幼儿园数(所)	Number of Kindergartens(unit)	2	2	0.0
学龄儿童入学率(%)	Percentage of School – Age Children Enrolled(%)	100.0	100.0	0.0
小学学校数(所)	Number of Primary Schools(unit)	2	2	0.0
小学专任教师数(人)	Number of Full – time Teachers of Primary Schools(person)	66	66	0.0
小学在校学生数(人)	Number of Student Enrollment of Primary Schools(person)	436	447	2.5
普通中学学校数(所)	Number of Regular Secondary Schools(unit)	2	2	0.0
普通中学专任教师数(人)	Number of Teachers of Secondary Shools(person)	93	93	0.0
初中在校学生数(人)	Number of Student in Junior Secondary Schools(person)	255	248	-2.7
高中在校学生数(人)	Number of Student in Senior Secondary Schools(person)	523	519	-0.8
卫生机构数(所)	Number of Health Institutions(unit)	21	19	-9.5
#医院(所)	Hospitals(unit)			
卫生院(所)	Township Hospitals(unit)	2	2	0.0
床位数(张)	Number of Beds(unit)	46	51	10.9
#医院(张)	Hospitals(unit)			
卫生院(张)	Township Hospitals(unit)	13	18	38.5
卫生技术人员(人)	Medical Technical Presonnel(person)	68	63	-7.4
#医院(人)	Hospitals(person)			
卫生院(人)	Township Hospitals(person)	16	15	-6.3

23－24 包头市白云矿区

指　　标	Item	2015	2016	2016 年比上年增长% Increase Rate in 2016 Over 2015(%)
行政区域土地面积(平方公里)	**Area of Administration(Sq. km)**	**303**	**329**	**8.5**
人口和就业	**Population & Employment**			
年末户籍人口(人)	The Registered Population Year－end(person)	17638	17095	－3.1
#男性(人)	Male(person)	9227	8975	－2.7
#乡村人口(人)	Rural(person)			
年末常住人口(人)	Permanet Resident Population Year－end(person)	27600	27700	0.4
#男性(人)	Male(person)	14600	14600	0.0
年末总户数(户)	Total Number of Households at the Year－end(Household)	11040	11080	0.4
#乡村户数(户)	Number of Rural Household(Household)			
出生人口(人)	Births(person)	127	208	63.8
死亡人口(人)	Deaths(person)	63	21	－66.7
全社会就业人员(人)	Employment(person)	13518	11975	－11.4
第一产业(人)	Primary Industry(person)	95	89	－6.3
第二产业(人)	Secondary Industry(person)	7796	7168	－8.1
第三产业(人)	Tertiary Industry(person)	5627	4718	－16.2
在岗职工人数(人)	Number of Staff & Workers Employed in(person)	7788	8419	8.1
乡村劳动力(人)	Number of Rural Laborers(person)			
#农林牧渔业(人)	Farming, Forestry, Animal Husbandry & Fishery(person)			
国民经济综合指标	**Summary Item on the National Economy**			
生产总值(万元)	Gross Domestic Product(10 000 yuan)	401700	411300	7.7
第一产业(万元)	Primary Industry(10 000 yuan)	600	500	2.5
第二产业(万元)	Secondary Industry(10 000 yuan)	306700	309800	7.9
#工业(万元)	Industry(10 000 yuan)	294900	297800	8.1
第三产业(万元)	Tertiary Industry(10 000 yuan)	94400	101000	7.0
人均生产总值(元)	Per Capita GDP(yuan)	146339	148752	6.9
全社会固定资产投资(万元)	Total Investment in Fixed Assets(10 000 yuan)	359245	411120	14.4
按登记注册类型分	Grouped by Registered Type			
#国有(万元)	State－owned Enterprises(10 000 yuan)	261938	265935	1.5
集体(万元)	Collective－owned Enterprises(10 000 yuan)			
有限责任公司(万元)	Limited Liability Corporations(10 000 yuan)	51347	95648	86.3
股份有限公司(万元)	Share Holding Enterprises(10 000 yuan)	18279	28999	58.6
私营企业(万元)	Private Enterprises(10 000 yuan)	28436	20538	－27.8
外商及港澳台投资企业(万元)	Funds from HK, Macao, Taiwan & Foreign(10 000 yuan)			
一般公共预算收入(万元)	General Public Budget Revenue(10 000 yuan)	32477	35077	8.0
一般公共预算支出(万元)	General Public Budget Expenditure(10 000 yuan)	53797	61792	14.9
住户存款余额(万元)	The balance of savings deposits of Households(10 000 yuan)			
在岗职工工资总额(万元)	Total Wages of Staff & Workers Employed in(10 000 yuan)	54574	58448	7.1
在岗职工平均工资(元)	Average Wage of Staff & Workers Employed in(yuan)	70038	71847	2.6
全体居民人均可支配收入(元)	The per capita disposable income of all residents(yuan)	40915	43902	7.3
城镇常住居民人均可支配收入(元)	The per capita disposable income of urban permanent residents(yuan)	40915	43902	7.3
农村牧区常住居民人均可支配收入(元)	The per capita disposable income of permanent residents of rural and pastoral areas(yuan)			
农村牧区经济	**Economic Development in Rural & Pastoral Area**			
农作物总播种面积(公顷)	Total Sown Area(hectare)			
#粮食作物播种面积(公顷)	Sown Area of Grain Crops(hectare)			
农牧业机械总动力(万千瓦)	Total Power of Agricultural Machinery(10 000 kw)			
化肥施用折纯量(吨)	Consumption of Chemical Fertilizer(ton)			
农村用电量(万千瓦小时)	Electricity Consumed in Rural Area(10 000 kwh)			
农林牧渔业总产值(万元)	Gross Output of Farming, Forestry, Animal Husbandry & Fishery(10 000 yuan)	978	882	3.7
粮食产量(吨)	Yield of Grain(ton)			
油料产量(吨)	Yield of Oil－bearing Grops(ton)			
甜菜产量(吨)	Yield of Beetroots(ton)			
猪牛羊肉产量(吨)	Output of Pork, Beef & Mutton(ton)	127	132	3.9
#猪肉产量(吨)	Output of Pork(ton)	118	121	2.5
牛肉产量(吨)	Output of Beef(ton)	7	8	14.3
羊肉产量(吨)	Output of Mutton(ton)	2	3	50.0
羊毛产量(吨)	Output of Wool(ton)	1	1	0.0

23－24 Baiyun Mineral District in Baotou City

指　　标	Item	2015	2016	2016 年比上年增长% Increase Rate in 2016 Over 2015(%)
年末牲畜存栏头数(万头只)	Total Livestock at the Year－end(10 000 heads)	0.16	0.17	6.3
＃大牲畜(万头只)	Large Animals(10 000 heads)	0.01	0.01	0.0
羊(万只)	Sheep & Goats(10 000 heads)	0.04	0.04	0.0
猪(万头)	Hogs(10 000 heads)	0.11	0.12	9.1
规模以上工业	**Industrial Enterprises above Designated size**			
工业企业单位数(个)	Number of Industrial Enterprises(unit)	11	12	9.1
＃内资企业(个)	Civil Funded Enterprises(unit)	11	12	9.1
工业总产值(万元)	Gross Industrial Output Value(10 000 yuan)	211163	240249	13.8
内资企业(万元)	Civil Funded Enterprises(10 000 yuan)	211163	240249	13.8
国有企业(万元)	State－owned Enterprises(10 000 yuan)			
集体企业(万元)	Collective－owned Enterprises(10 000 yuan)			
股份合作企业(万元)	Share Holding Enterprises(10 000 yuan)			
联营企业(万元)	Joint Owned Enterprises(10 000 yuan)			
有限责任公司(万元)	Limited Company(10 000 yuan)	189529	235805	24.4
股份有限公司(万元)	Share Holding Limited Company(10 000 yuan)	10091	2443	－75.8
私营企业(万元)	Privately Owned Enterprises(10 000 yuan)	11544	2001	－82.7
其他企业(万元)	Enterprises of Other Ownership(10 000 yuan)			
港澳台商投资企业(万元)	Funds from HK, Macao & Taiwan(10 000 yuan)			
外商投资企业(万元)	Foreign Funded Enterprises(10 000 yuan)			
工业企业增加值(万元)	Value Added of Industrial Enterprises(10 000 yuan)			10.8
工业企业资产总计(万元)	Total Assets of Industrial Enterprises(10 000 yuan)	266112	711936	167.5
工业企业负债合计(万元)	Total Liabilities of Industrial Enterprises(10 000 yuan)	177731	449762	153.1
工业企业产品销售收入(万元)	Sales of Revenue Industrial Enterprises(10 000 yuan)	211476	236940	12.0
工业企业利润总额(万元)	Total Profits of Industrial Enterprises(10 000 yuan)	2545	10877	327.3
建筑业	**Construction**			
建筑企业单位数(个)	Number of Construction Enterprises(unit)			
建筑企业从业人员(人)	Number of Employee in Construction Enterprises(person)			
建筑业总产值(万元)	Gross Construction Output Value(10 000 yuan)			
交通运输邮电通信业	**Transportation, Post & Telecommunications**			
公路里程(公里)	Total Length of Highways(km)	79	79	0.0
邮电业务总量(万元)	Business Volume of Post & Telecoms(10 000 yuan)	1511	1860	23.1
本地电话用户(户)	Number of Subscribers of Local Telephone(Household)	35051	30100	－14.1
国内贸易	**Domestic Trade**			
社会消费品零售总额(万元)	Total Retail Sales of Consumer Goods(10 000 yuan)	72217	79078	9.5
城镇(万元)	Town(10 000 yuan)	72217	79078	9.5
乡村(万元)	Village(10 000 yuan)			
科技教育卫生	**Science, Education & Public Health**			
各类专业技术人员(人)	Special Technical Personnel(person)	1418	1395	－1.6
幼儿园数(所)	Number of Kindergartens(unit)	2	2	0.0
学龄儿童入学率(%)	Percentage of School－Age Children Enrolled(%)	100.0	100.0	0.0
小学学校数(所)	Number of Primary Schools(unit)	3	3	0.0
小学专任教师数(人)	Number of Full－time Teachers of Primary Schools(person)	140	134	－4.3
小学在校学生数(人)	Number of Student Enrollment of Primary Schools(person)	1149	1003	－12.7
普通中学学校数(所)	Number of Regular Secondary Schools(unit)	2	2	0.0
普通中学专任教师数(人)	Number of Teachers of Secondary Shools(person)	132	136	3.0
初中在校学生数(人)	Number of Student in Junior Secondary Schools(person)	540	460	－14.8
高中在校学生数(人)	Number of Student in Senior Secondary Schools(person)	375	344	－8.3
卫生机构数(所)	Number of Health Institutions(unit)	13	14	7.7
＃医院(所)	Hospitals(unit)	2	2	0.0
卫生院(所)	Township Hospitals(unit)			
床位数(张)	Number of Beds(unit)	110	110	0.0
＃医院(张)	Hospitals(unit)	110	110	0.0
卫生院(张)	Township Hospitals(unit)			
卫生技术人员(人)	Medical Technical Presonnel(person)	165	167	1.2
＃医院(人)	Hospitals(person)	137	137	0.0
卫生院(人)	Township Hospitals(person)			

23－25 包头市土默特右旗

指　　标	Item	2015	2016	2016年比上年增长% Increase Rate in 2016 Over 2015(%)
行政区域土地面积(平方公里)	**Area of Administration(Sq. km)**	**2368**	**2368**	**0.0**
人口和就业	**Population & Employment**			
年末户籍人口(人)	The Registered Population Year－end(person)	364536	365616	0.3
＃男性(人)	Male(person)	187890	188247	0.2
＃乡村人口(人)	Rural(person)	265856	298173	12.2
年末常住人口(人)	Permanet Resident Population Year－end(person)	293000	298500	1.9
＃男性(人)	Male(person)	153900	156800	1.9
年末总户数(户)	Total Number of Households at the Year－end(Household)	112260	114370	1.9
＃乡村户数(户)	Number of Rural Household(Household)	62121	62880	1.2
出生人口(人)	Births(person)	2626	3051	16.2
死亡人口(人)	Deaths(person)	1370	1358	－0.9
全社会就业人员(人)	Employment(person)	242475	243528	0.4
第一产业(人)	Primary Industry(person)	104168	104608	0.4
第二产业(人)	Secondary Industry(person)	56624	56875	0.4
第三产业(人)	Tertiary Industry(person)	81683	82045	0.4
在岗职工人数(人)	Number of Staff & Workers Employed in(person)	16420	17284	5.3
乡村劳动力(人)	Number of Rural Laborers(person)	123920	131755	6.3
＃农林牧渔业(人)	Farming, Forestry, Animal Husbandry & Fishery(person)	85923	86388	0.5
国民经济综合指标	**Summary Item on the National Economy**			
生产总值(万元)	Gross Domestic Product(10 000 yuan)	3463400	3539314	7.7
第一产业(万元)	Primary Industry(10 000 yuan)	405300	380088	3.5
第二产业(万元)	Secondary Industry(10 000 yuan)	1997400	2030317	9.0
＃工业(万元)	Industry(10 000 yuan)	1814400	1832317	9.1
第三产业(万元)	Tertiary Industry(10 000 yuan)	1060700	1128909	6.7
人均生产总值(元)	Per Capita GDP(yuan)	119531	119672	5.5
全社会固定资产投资(万元)	Total Investment in Fixed Assets(10 000 yuan)	2515840	2881895	14.6
按登记注册类型分	Grouped by Registered Type			
＃国有(万元)	State－owned Enterprises(10 000 yuan)	1219645	1472445	20.7
集体(万元)	Collective－owned Enterprises(10 000 yuan)		2570	
有限责任公司(万元)	Limited Liability Corporations(10 000 yuan)	256894	805588	213.6
股份有限公司(万元)	Share Holding Enterprises(10 000 yuan)			
私营企业(万元)	Private Enterprises(10 000 yuan)	981770	565042	－42.4
外商及港澳台投资企业(万元)	Funds from HK, Macao, Taiwan & Foreign(10 000 yuan)			
一般公共预算收入(万元)	General Public Budget Revenue(10 000 yuan)	206689	222588	7.7
一般公共预算支出(万元)	General Public Budget Expenditure(10 000 yuan)	311711	325309	4.4
住户存款余额(万元)	The balance of savings deposits of Households(10 000 yuan)	720374	812500	12.8
在岗职工工资总额(万元)	Total Wages of Staff & Workers Employed in(10 000 yuan)	99391	112461	13.2
在岗职工平均工资(元)	Average Wage of Staff & Workers Employed in(yuan)	57735	61873	7.2
全体居民人均可支配收入(元)	The per capita disposable income of all residents(yuan)	20530	22152	7.9
城镇常住居民人均可支配收入(元)	The per capita disposable income of urban permanent residents(yuan)	29608	31888	7.7
农村牧区常住居民人均可支配收入(元)	The per capita disposable income of permanent residents of rural and pastoral areas(yuan)	13794	14829	7.5
农村牧区经济	**Economic Development in Rural & Pastoral Area**			
农作物总播种面积(公顷)	Total Sown Area(hectare)	106700	110394	3.5
＃粮食作物播种面积(公顷)	Sown Area of Grain Crops(hectare)	85715	87670	2.3
农牧业机械总动力(万千瓦)	Total Power of Agricultural Machinery(10 000 kw)	59.89	63.00	5.2
化肥施用折纯量(吨)	Consumption of Chemical Fertilizer(ton)	39285	39798	1.3
农村用电量(万千瓦小时)	Electricity Consumed in Rural Area(10 000 kwh)	9645	9758	1.2
农林牧渔业总产值(万元)	Gross Output of Farming, Forestry, Animal Husbandry & Fishery(10 000 yuan)	733428	678532	3.5
粮食产量(吨)	Yield of Grain(ton)	750502	755500	0.7
油料产量(吨)	Yield of Oil－bearing Grops(ton)	22811	27666	21.3
甜菜产量(吨)	Yield of Beetroots(ton)			
猪牛羊肉产量(吨)	Output of Pork, Beef & Mutton(ton)	68192	68890	1.0
＃猪肉产量(吨)	Output of Pork(ton)	21557	21735	0.8
牛肉产量(吨)	Output of Beef(ton)	13685	13893	1.5
羊肉产量(吨)	Output of Mutton(ton)	32950	33262	0.9
羊毛产量(吨)	Output of Wool(ton)	1094	1258	15.0

23 – 25 Tumoteyou Banner in Baotou City

指　　标	Item	2015	2016	2016 年比上年增长% Increase Rate in 2016 Over 2015(%)
年末牲畜存栏头数(万头只)	Total Livestock at the Year – end(10 000 heads)	110.83	104.82	-5.4
# 大牲畜(万头只)	Large Animals(10 000 heads)	11.08	8.62	-22.2
羊(万只)	Sheep & Goats(10 000 heads)	88.63	85.79	-3.2
猪(万头)	Hogs(10 000 heads)	11.12	10.41	-6.4
规模以上工业	**Industrial Enterprises above Designated size**			
工业企业单位数(个)	Number of Industrial Enterprises(unit)	51	62	21.6
# 内资企业(个)	Civil Funded Enterprises(unit)	49	61	24.5
工业总产值(万元)	Gross Industrial Output Value(10 000 yuan)	3296868	3870473	17.4
内资企业(万元)	Civil Funded Enterprises(10 000 yuan)	3258987	3839674	17.8
国有企业(万元)	State – owned Enterprises(10 000 yuan)		31885	
集体企业(万元)	Collective – owned Enterprises(10 000 yuan)			
股份合作企业(万元)	Share Holding Enterprises(10 000 yuan)			
联营企业(万元)	Joint Owned Enterprises(10 000 yuan)			
有限责任公司(万元)	Limited Company(10 000 yuan)	528964	764989	44.6
股份有限公司(万元)	Share Holding Limited Company(10 000 yuan)		841	
私营企业(万元)	Privately Owned Enterprises(10 000 yuan)	2730023	3041959	11.4
其他企业(万元)	Enterprises of Other Ownership(10 000 yuan)			
港澳台商投资企业(万元)	Funds from HK, Macao & Taiwan(10 000 yuan)	30123	30799	2.2
外商投资企业(万元)	Foreign Funded Enterprises(10 000 yuan)	7758		
工业企业增加值(万元)	Value Added of Industrial Enterprises(10 000 yuan)			9.8
工业企业资产总计(万元)	Total Assets of Industrial Enterprises(10 000 yuan)	2637983	3316490	25.7
工业企业负债合计(万元)	Total Liabilities of Industrial Enterprises(10 000 yuan)	1601088	2222299	38.8
工业企业产品销售收入(万元)	Sales of Revenue Industrial Enterprises(10 000 yuan)	3333832	3840866	15.2
工业企业利润总额(万元)	Total Profits of Industrial Enterprises(10 000 yuan)	427571	445001	4.1
建筑业	**Construction**			
建筑企业单位数(个)	Number of Construction Enterprises(unit)	6	6	0.0
建筑企业从业人员(人)	Number of Employee in Construction Enterprises(person)	7546	7581	0.5
建筑业总产值(万元)	Gross Construction Output Value(10 000 yuan)	78491	89491	14.0
交通运输邮电通信业	**Transportation, Post & Telecommunications**			
公路里程(公里)	Total Length of Highways(km)	2142	2142	0.0
邮电业务总量(万元)	Business Volume of Post & Telecoms(10 000 yuan)	9973	12260	22.9
本地电话用户(户)	Number of Subscribers of Local Telephone(Household)	8931	7063	-20.9
国内贸易	**Domestic Trade**			
社会消费品零售总额(万元)	Total Retail Sales of Consumer Goods(10 000 yuan)	433020	474590	9.6
城镇(万元)	Town(10 000 yuan)	310708	337477	8.6
乡村(万元)	Village(10 000 yuan)	122313	137113	12.1
科技教育卫生	**Science, Education & Public Health**			
各类专业技术人员(人)	Special Technical Personnel(person)	4552	4596	1.0
幼儿园数(所)	Number of Kindergartens(unit)	36	35	-2.8
学龄儿童入学率(%)	Percentage of School – Age Children Enrolled(%)	100.0	100.0	0.0
小学学校数(所)	Number of Primary Schools(unit)	21	21	0.0
小学专任教师数(人)	Number of Full – time Teachers of Primary Schools(person)	1094	1024	-6.4
小学在校学生数(人)	Number of Student Enrollment of Primary Schools(person)	12250	12833	4.8
普通中学学校数(所)	Number of Regular Secondary Schools(unit)	7	7	0.0
普通中学专任教师数(人)	Number of Teachers of Secondary Shools(person)	829	810	-2.3
初中在校学生数(人)	Number of Student in Junior Secondary Schools(person)	6290	5744	-8.7
高中在校学生数(人)	Number of Student in Senior Secondary Schools(person)	2634	2665	1.2
卫生机构数(所)	Number of Health Institutions(unit)	273	285	4.4
# 医院(所)	Hospitals(unit)	3	5	66.7
卫生院(所)	Township Hospitals(unit)	20	20	0.0
床位数(张)	Number of Beds(unit)	713	844	18.4
# 医院(张)	Hospitals(unit)	266	371	39.5
卫生院(张)	Township Hospitals(unit)	389	415	6.7
卫生技术人员(人)	Medical Technical Presonnel(person)	813	953	17.2
# 医院(人)	Hospitals(person)	387	504	30.2
卫生院(人)	Township Hospitals(person)	236	229	-3.0

23-26 包头市固阳县

指　标	Item	2015	2016	2016年比上年增长% Increase Rate in 2016 Over 2015(%)
行政区域土地面积(平方公里)	**Area of Administration(Sq. km)**	**5025**	**5025**	**0.0**
人口和就业	**Population & Employment**			
年末户籍人口(人)	The Registered Population Year - end(person)	205102	200435	-2.3
#男性(人)	Male(person)	107287	105021	-2.1
#乡村人口(人)	Rural(person)	157799	170936	8.3
年末常住人口(人)	Permanet Resident Population Year - end(person)	170100	169900	-0.1
#男性(人)	Male(person)	88900	88800	-0.1
年末总户数(户)	Total Number of Households at the Year - end(Household)	58660	58590	-0.1
#乡村户数(户)	Number of Rural Household(Household)	37356	36847	-1.4
出生人口(人)	Births(person)	651	714	9.7
死亡人口(人)	Deaths(person)	218	386	77.1
全社会就业人员(人)	Employment(person)	114757	115880	1.0
第一产业(人)	Primary Industry(person)	63347	64187	1.3
第二产业(人)	Secondary Industry(person)	31079	31283	0.7
第三产业(人)	Tertiary Industry(person)	20331	20410	0.4
在岗职工人数(人)	Number of Staff & Workers Employed in(person)	8341	9239	10.8
乡村劳动力(人)	Number of Rural Laborers(person)	68564	63305	-7.7
#农林牧渔业(人)	Farming, Forestry, Animal Husbandry & Fishery(person)	48863	45130	-7.6
国民经济综合指标	**Summary Item on the National Economy**			
生产总值(万元)	Gross Domestic Product(10 000 yuan)	1185900	1199384	7.2
第一产业(万元)	Primary Industry(10 000 yuan)	141500	133267	3.8
第二产业(万元)	Secondary Industry(10 000 yuan)	816800	823113	7.8
#工业(万元)	Industry(10 000 yuan)	726770	732113	8.6
第三产业(万元)	Tertiary Industry(10 000 yuan)	227600	243004	7.0
人均生产总值(元)	Per Capita GDP(yuan)	69636	70552	7.4
全社会固定资产投资(万元)	Total Investment in Fixed Assets(10 000 yuan)	1182614	1351728	14.3
按登记注册类型分	Grouped by Registered Type			
#国有(万元)	State - owned Enterprises(10 000 yuan)	36315	251515	592.6
集体(万元)	Collective - owned Enterprises(10 000 yuan)	51905		
有限责任公司(万元)	Limited Liability Corporations(10 000 yuan)	33619	42147	25.4
股份有限公司(万元)	Share Holding Enterprises(10 000 yuan)	46900		
私营企业(万元)	Private Enterprises(10 000 yuan)	999356	1036097	3.7
外商及港澳台投资企业(万元)	Funds from HK, Macao, Taiwan & Foreign(10 000 yuan)	2992	21200	608.6
一般公共预算收入(万元)	General Public Budget Revenue(10 000 yuan)	30083	32939	9.5
一般公共预算支出(万元)	General Public Budget Expenditure(10 000 yuan)	162469	153497	-5.5
住户存款余额(万元)	The balance of savings deposits of Households(10 000 yuan)	281827	319876	13.5
在岗职工工资总额(万元)	Total Wages of Staff & Workers Employed in(10 000 yuan)	45527	46950	3.1
在岗职工平均工资(元)	Average Wage of Staff & Workers Employed in(yuan)	51741	49915	-3.5
全体居民人均可支配收入(元)	The per capita disposable income of all residents(yuan)	15880	17119	7.8
城镇常住居民人均可支配收入(元)	The per capita disposable income of urban permanent residents(yuan)	25332	27232	7.5
农村牧区常住居民人均可支配收入(元)	The per capita disposable income of permanent residents of rural and pastoral areas(yuan)	10724	11560	7.8
农村牧区经济	**Economic Development in Rural & Pastoral Area**			
农作物总播种面积(公顷)	Total Sown Area(hectare)	117623	129144	9.8
#粮食作物播种面积(公顷)	Sown Area of Grain Crops(hectare)	71082	66823	-6.0
农牧业机械总动力(万千瓦)	Total Power of Agricultural Machinery(10 000 kw)	32.07	33.39	4.1
化肥施用折纯量(吨)	Consumption of Chemical Fertilizer(ton)	17284	17461	1.0
农村用电量(万千瓦小时)	Electricity Consumed in Rural Area(10 000 kwh)	7710	7866	2.0
农林牧渔业总产值(万元)	Gross Output of Farming, Forestry, Animal Husbandry & Fishery(10 000 yuan)	255816	239794	3.8
粮食产量(吨)	Yield of Grain(ton)	79029	94491	19.6
油料产量(吨)	Yield of Oil - bearing Grops(ton)	17525	55583	217.2
甜菜产量(吨)	Yield of Beetroots(ton)			
猪牛羊肉产量(吨)	Output of Pork, Beef & Mutton(ton)	32611	35276	8.2
#猪肉产量(吨)	Output of Pork(ton)	13027	13160	1.0
牛肉产量(吨)	Output of Beef(ton)	2520	3800	50.8
羊肉产量(吨)	Output of Mutton(ton)	17064	18316	7.3
羊毛产量(吨)	Output of Wool(ton)	1187	1194	0.6

23－26 Guyang County in Baotou City

指　　标	Item	2015	2016	2016年比上年增长% Increase Rate in 2016 Over 2015(%)
年末牲畜存栏头数(万头只)	Total Livestock at the Year - end(10 000 heads)	55.97	53.83	-3.8
#大牲畜(万头只)	Large Animals(10 000 heads)	1.47	0.78	-46.9
羊(万只)	Sheep & Goats(10 000 heads)	50.40	48.74	-3.3
猪(万头)	Hogs(10 000 heads)	4.10	4.31	5.1
规模以上工业	**Industrial Enterprises above Designated size**			
工业企业单位数(个)	Number of Industrial Enterprises(unit)	41	38	-7.3
#内资企业(个)	Civil Funded Enterprises(unit)	41	38	-7.3
工业总产值(万元)	Gross Industrial Output Value(10 000 yuan)	1217240	1381922	13.5
内资企业(万元)	Civil Funded Enterprises(10 000 yuan)	1217240	1381922	13.5
国有企业(万元)	State - owned Enterprises(10 000 yuan)			
集体企业(万元)	Collective - owned Enterprises(10 000 yuan)			
股份合作企业(万元)	Share Holding Enterprises(10 000 yuan)			
联营企业(万元)	Joint Owned Enterprises(10 000 yuan)			
有限责任公司(万元)	Limited Company(10 000 yuan)	1072430	1209915	12.8
股份有限公司(万元)	Share Holding Limited Company(10 000 yuan)	10031	16432	63.8
私营企业(万元)	Privately Owned Enterprises(10 000 yuan)	134779	155575	15.4
其他企业(万元)	Enterprises of Other Ownership(10 000 yuan)			
港澳台商投资企业(万元)	Funds from HK,Macao & Taiwan(10 000 yuan)			
外商投资企业(万元)	Foreign Funded Enterprises(10 000 yuan)			
工业企业增加值(万元)	Value Added of Industrial Enterprises(10 000 yuan)			8.7
工业企业资产总计(万元)	Total Assets of Industrial Enterprises(10 000 yuan)	638120	631909	-1.0
工业企业负债合计(万元)	Total Liabilities of Industrial Enterprises(10 000 yuan)	477181	481679	0.9
工业企业产品销售收入(万元)	Sales of Revenue Industrial Enterprises(10 000 yuan)	1215828	1350575	11.1
工业企业利润总额(万元)	Total Profits of Industrial Enterprises(10 000 yuan)	2694	-9703	
建筑业	**Construction**			
建筑企业单位数(个)	Number of Construction Enterprises(unit)	1	1	0.0
建筑企业从业人员(人)	Number of Employee in Construction Enterprises(person)	2135	1496	-29.9
建筑业总产值(万元)	Gross Construction Output Value(10 000 yuan)	34303	34646	1.0
交通运输邮电通信业	**Transportation,Post & Telecommunications**			
公路里程(公里)	Total Length of Highways(km)	1260	1260	0.0
邮电业务总量(万元)	Business Volume of Post & Telecoms(10 000 yuan)	3490	4210	20.6
本地电话用户(户)	Number of Subscribers of Local Telephone(Household)	5100	3955	-22.5
国内贸易	**Domestic Trade**			
社会消费品零售总额(万元)	Total Retail Sales of Consumer Goods(10 000 yuan)	194232	212684	9.5
城镇(万元)	Town(10 000 yuan)	152853	166421	8.9
乡村(万元)	Village(10 000 yuan)	41380	46263	11.8
科技教育卫生	**Science,Education & Public Health**			
各类专业技术人员(人)	Special Technical Personnel(person)	3231	3243	0.4
幼儿园数(所)	Number of Kindergartens(unit)	13	13	0.0
学龄儿童入学率(%)	Percentage of School - Age Children Enrolled(%)	100.0	100.0	0.0
小学学校数(所)	Number of Primary Schools(unit)	5	5	0.0
小学专任教师数(人)	Number of Full - time Teachers of Primary Schools(person)	640	625	-2.3
小学在校学生数(人)	Number of Student Enrollment of Primary Schools(person)	5274	5430	3.0
普通中学学校数(所)	Number of Regular Secondary Schools(unit)	3	3	0.0
普通中学专任教师数(人)	Number of Teachers of Secondary Shools(person)	531	502	-5.5
初中在校学生数(人)	Number of Student in Junior Secondary Schools(person)	2651	2294	-13.5
高中在校学生数(人)	Number of Student in Senior Secondary Schools(person)	1800	1639	-8.9
卫生机构数(所)	Number of Health Institutions(unit)	116	116	0.0
#医院(所)	Hospitals(unit)	3	3	0.0
卫生院(所)	Township Hospitals(unit)	11	11	0.0
床位数(张)	Number of Beds(unit)	422	422	0.0
#医院(张)	Hospitals(unit)	235	235	0.0
卫生院(张)	Township Hospitals(unit)	187	177	-5.3
卫生技术人员(人)	Medical Technical Presonnel(person)	478	512	7.1
#医院(人)	Hospitals(person)	180	204	13.3
卫生院(人)	Township Hospitals(person)	148	153	3.4

23－27 包头市达尔罕茂明安联合旗

指　　标	Item	2015	2016	2016 年比上年增长% Increase Rate in 2016 Over 2015(%)
行政区域土地面积(平方公里)	**Area of Administration(Sq. km)**	**17410**	**17410**	**0.0**
人口和就业	**Population & Employment**			
年末户籍人口(人)	The Registered Population Year－end(person)	112788	111846	－0.8
# 男性(人)	Male(person)	57800	57221	－1.0
# 乡村人口(人)	Rural(person)	51990	78401	50.8
年末常住人口(人)	Permanet Resident Population Year－end(person)	97200	97000	－0.2
# 男性(人)	Male(person)	50700	50600	－0.2
年末总户数(户)	Total Number of Households at the Year－end(Household)	36000	35930	－0.2
# 乡村户数(户)	Number of Rural Household(Household)	16258	16032	－1.4
出生人口(人)	Births(person)	503	526	4.6
死亡人口(人)	Deaths(person)	180	254	41.1
全社会就业人员(人)	Employment(person)	60103	60080	－0.04
第一产业(人)	Primary Industry(person)	31325	31313	－0.04
第二产业(人)	Secondary Industry(person)	8533	8530	－0.04
第三产业(人)	Tertiary Industry(person)	20245	20237	－0.04
在岗职工人数(人)	Number of Staff & Workers Employed in(person)	8066	8636	7.1
乡村劳动力(人)	Number of Rural Laborers(person)	40429	38256	－5.4
# 农林牧渔业(人)	Farming, Forestry, Animal Husbandry & Fishery(person)	21916	20483	－6.5
国民经济综合指标	**Summary Item on the National Economy**			
生产总值(万元)	Gross Domestic Product(10 000 yuan)	2087800	2128304	7.3
第一产业(万元)	Primary Industry(10 000 yuan)	153800	144788	3.8
第二产业(万元)	Secondary Industry(10 000 yuan)	1279100	1286064	8.0
# 工业(万元)	Industry(10 000 yuan)	1124100	1128065	8.8
第三产业(万元)	Tertiary Industry(10 000 yuan)	654900	697452	6.7
人均生产总值(元)	Per Capita GDP(yuan)	214133	219187	7.7
全社会固定资产投资(万元)	Total Investment in Fixed Assets(10 000 yuan)	1944742	2228869	14.6
按登记注册类型分	Grouped by Registered Type			
# 国有(万元)	State－owned Enterprises(10 000 yuan)	721417	906501	25.7
集体(万元)	Collective－owned Enterprises(10 000 yuan)	11200	6950	－37.9
有限责任公司(万元)	Limited Liability Corporations(10 000 yuan)	239750	586788	144.7
股份有限公司(万元)	Share Holding Enterprises(10 000 yuan)	272316	3938	－98.6
私营企业(万元)	Private Enterprises(10 000 yuan)	628060	724692	15.4
外商及港澳台投资企业(万元)	Funds from HK, Macao, Taiwan & Foreign(10 000 yuan)			
一般公共预算收入(万元)	General Public Budget Revenue(10 000 yuan)	154249	165859	7.5
一般公共预算支出(万元)	General Public Budget Expenditure(10 000 yuan)	270753	271321	0.2
住户存款余额(万元)	The balance of savings deposits of Households(10 000 yuan)	247859	280787	13.3
在岗职工工资总额(万元)	Total Wages of Staff & Workers Employed in(10 000 yuan)	50715	58156	14.7
在岗职工平均工资(元)	Average Wage of Staff & Workers Employed in(yuan)	65061	67631	4.0
全体居民人均可支配收入(元)	The per capita disposable income of all residents(yuan)	22749	24569	8.0
城镇常住居民人均可支配收入(元)	The per capita disposable income of urban permanent residents(yuan)	31913	34370	7.7
农村牧区常住居民人均可支配收入(元)	The per capita disposable income of permanent residents of rural and pastoral areas(yuan)	11784	12691	7.7
农村牧区经济	**Economic Development in Rural & Pastoral Area**			
农作物总播种面积(公顷)	Total Sown Area(hectare)	60845	55380	－9.0
# 粮食作物播种面积(公顷)	Sown Area of Grain Crops(hectare)	43013	34490	－19.8
农牧业机械总动力(万千瓦)	Total Power of Agricultural Machinery(10 000 kw)	26.76	28.63	7.0
化肥施用折纯量(吨)	Consumption of Chemical Fertilizer(ton)	8626	8339	－3.3
农村用电量(万千瓦小时)	Electricity Consumed in Rural Area(10 000 kwh)	2288	2311	1.0
农林牧渔业总产值(万元)	Gross Output of Farming, Forestry, Animal Husbandry & Fishery(10 000 yuan)	274264	260505	3.8
粮食产量(吨)	Yield of Grain(ton)	90529	88564	－2.2
油料产量(吨)	Yield of Oil－bearing Grops(ton)	17454	21283	21.9
甜菜产量(吨)	Yield of Beetroots(ton)			
猪牛羊肉产量(吨)	Output of Pork, Beef & Mutton(ton)	22823	23712	3.9
# 猪肉产量(吨)	Output of Pork(ton)	2101	2104	0.1
牛肉产量(吨)	Output of Beef(ton)	8369	8469	1.2
羊肉产量(吨)	Output of Mutton(ton)	12353	13139	6.4
羊毛产量(吨)	Output of Wool(ton)	1256	1262	0.5

23-27 Daerhanmaomingan Union Banner in Baotou City

指　标	Item	2015	2016	2016年比上年增长% Increase Rate in 2016 Over 2015(%)
年末牲畜存栏头数(万头只)	Total Livestock at the Year-end(10 000 heads)	56.21	52.27	-7.0
#大牲畜(万头只)	Large Animals(10 000 heads)	7.38	5.68	-23.0
羊(万只)	Sheep & Goats(10 000 heads)	46.56	45.08	-3.2
猪(万头)	Hogs(10 000 heads)	2.27	1.51	-33.5
规模以上工业	**Industrial Enterprises above Designated size**			
工业企业单位数(个)	Number of Industrial Enterprises(unit)	44	49	11.4
#内资企业(个)	Civil Funded Enterprises(unit)	42	47	11.9
工业总产值(万元)	Gross Industrial Output Value(10 000 yuan)	2660866	3275875	23.1
内资企业(万元)	Civil Funded Enterprises(10 000 yuan)	2634084	3256547	23.6
国有企业(万元)	State-owned Enterprises(10 000 yuan)	10246	14432	40.9
集体企业(万元)	Collective-owned Enterprises(10 000 yuan)			
股份合作企业(万元)	Share Holding Enterprises(10 000 yuan)			
联营企业(万元)	Joint Owned Enterprises(10 000 yuan)			
有限责任公司(万元)	Limited Company(10 000 yuan)	909527	1065218	17.1
股份有限公司(万元)	Share Holding Limited Company(10 000 yuan)	6645	178434	2585.2
私营企业(万元)	Privately Owned Enterprises(10 000 yuan)	1707667	1998463	17.0
其他企业(万元)	Enterprises of Other Ownership(10 000 yuan)			
港澳台商投资企业(万元)	Funds from HK, Macao & Taiwan(10 000 yuan)	10782	8514	-21.0
外商投资企业(万元)	Foreign Funded Enterprises(10 000 yuan)	15999	10814	-32.4
工业企业增加值(万元)	Value Added of Industrial Enterprises(10 000 yuan)			8.9
工业企业资产总计(万元)	Total Assets of Industrial Enterprises(10 000 yuan)	3052900	3303922	8.2
工业企业负债合计(万元)	Total Liabilities of Industrial Enterprises(10 000 yuan)	1718469	1891417	10.1
工业企业产品销售收入(万元)	Sales of Revenue Industrial Enterprises(10 000 yuan)	2712504	3305537	21.9
工业企业利润总额(万元)	Total Profits of Industrial Enterprises(10 000 yuan)	256576	252595	-1.6
建筑业	**Construction**			
建筑企业单位数(个)	Number of Construction Enterprises(unit)	1	1	0.0
建筑企业从业人员(人)	Number of Employee in Construction Enterprises(person)	274	248	-9.5
建筑业总产值(万元)	Gross Construction Output Value(10 000 yuan)	13563	13988	3.1
交通运输邮电通信业	**Transportation, Post & Telecommunications**			
公路里程(公里)	Total Length of Highways(km)	2308	2793	21.0
邮电业务总量(万元)	Business Volume of Post & Telecoms(10 000 yuan)	1012	1390	37.4
本地电话用户(户)	Number of Subscribers of Local Telephone(Household)	3360	2600	-22.6
国内贸易	**Domestic Trade**			
社会消费品零售总额(万元)	Total Retail Sales of Consumer Goods(10 000 yuan)	211608	231817	9.6
城镇(万元)	Town(10 000 yuan)	155729	169295	8.7
乡村(万元)	Village(10 000 yuan)	55879	62522	11.9
科技教育卫生	**Science, Education & Public Health**			
各类专业技术人员(人)	Special Technical Personnel(person)	2077	1986	-4.4
幼儿园数(所)	Number of Kindergartens(unit)	11	11	0.0
学龄儿童入学率(%)	Percentage of School-Age Children Enrolled(%)	100.0	100.0	0.0
小学学校数(所)	Number of Primary Schools(unit)	5	5	0.0
小学专任教师数(人)	Number of Full-time Teachers of Primary Schools(person)	329	257	-21.9
小学在校学生数(人)	Number of Student Enrollment of Primary Schools(person)	3195	3204	0.3
普通中学学校数(所)	Number of Regular Secondary Schools(unit)	3	3	0.0
普通中学专任教师数(人)	Number of Teachers of Secondary Shools(person)	316	310	-1.9
初中在校学生数(人)	Number of Student in Junior Secondary Schools(person)	1604	1305	-18.6
高中在校学生数(人)	Number of Student in Senior Secondary Schools(person)	464	468	0.9
卫生机构数(所)	Number of Health Institutions(unit)	96	98	2.1
#医院(所)	Hospitals(unit)	2	2	0.0
卫生院(所)	Township Hospitals(unit)	21	21	0.0
床位数(张)	Number of Beds(unit)	416	459	10.3
#医院(张)	Hospitals(unit)	200	250	25.0
卫生院(张)	Township Hospitals(unit)	176	164	-6.8
卫生技术人员(人)	Medical Technical Presonnel(person)	465	540	16.1
#医院(人)	Hospitals(person)	202	272	34.7
卫生院(人)	Township Hospitals(person)	106	108	1.9

23－28 呼伦贝尔市海拉尔区

指　　标	Item	2015	2016	2016 年比上年增长% Increase Rate in 2016 Over 2015(%)
行政区域土地面积(平方公里)	**Area of Administration(Sq. km)**	**1440**	**1440**	**0.0**
人口和就业	**Population & Employment**			
年末户籍人口(人)	The Registered Population Year－end(person)	280382	282726	0.8
#男性(人)	Male(person)	136440	137360	0.7
#乡村人口(人)	Rural(person)	9979	9959	－0.2
年末常住人口(人)	Permanet Resident Population Year－end(person)			
#男性(人)	Male(person)			
年末总户数(户)	Total Number of Households at the Year－end(Household)	103861	105555	1.6
#乡村户数(户)	Number of Rural Household(Household)	6845	6904	0.9
出生人口(人)	Births(person)	2004	2758	37.6
死亡人口(人)	Deaths(person)	1878	1615	－14.0
全社会就业人员(人)	Employment(person)	184746	187736	1.6
第一产业(人)	Primary Industry(person)	9894	8625	－12.8
第二产业(人)	Secondary Industry(person)	21745	19125	－12.0
第三产业(人)	Tertiary Industry(person)	153107	159989	4.5
在岗职工人数(人)	Number of Staff & Workers Employed in(person)	62858	54770	－12.9
乡村劳动力(人)	Number of Rural Laborers(person)	10442	10225	－2.1
#农林牧渔业(人)	Farming,Forestry,Animal Husbandry & Fishery(person)	6872	7048	2.6
国民经济综合指标	**Summary Item on the National Economy**			
生产总值(万元)	Gross Domestic Product(10 000 yuan)	2878539	3036194	7.2
第一产业(万元)	Primary Industry(10 000 yuan)	82238	77016	2.7
第二产业(万元)	Secondary Industry(10 000 yuan)	1375417	1409135	6.9
#工业(万元)	Industry(10 000 yuan)	1210426	1240515	7.5
第三产业(万元)	Tertiary Industry(10 000 yuan)	1420884	1550042	7.7
人均生产总值(元)	Per Capita GDP(yuan)	102497	107837	6.9
全社会固定资产投资(万元)	Total Investment in Fixed Assets(10 000 yuan)	2305852	2080303	－9.8
按登记注册类型分	Grouped by Registered Type			
#国有(万元)	State－owned Enterprises(10 000 yuan)	513429	469607	－8.5
集体(万元)	Collective－owned Enterprises(10 000 yuan)			
有限责任公司(万元)	Limited Liability Corporations(10 000 yuan)	1341105	233368	－82.6
股份有限公司(万元)	Share Holding Enterprises(10 000 yuan)	42279	5514	－87.0
私营企业(万元)	Private Enterprises(10 000 yuan)	180301	908921	404.1
外商及港澳台投资企业(万元)	Funds from HK,Macao,Taiwan & Foreign(10 000 yuan)	3000	5385	79.5
一般公共预算收入(万元)	General Public Budget Revenue(10 000 yuan)	150662	170277	13.0
一般公共预算支出(万元)	General Public Budget Expenditure(10 000 yuan)	290858	355514	22.2
住户存款余额(万元)	The balance of savings deposits of Households(10 000 yuan)	1960233	2103017	7.3
在岗职工工资总额(万元)	Total Wages of Staff & Workers Employed in(10 000 yuan)	380193	365014	－4.0
在岗职工平均工资(元)	Average Wage of Staff & Workers Employed in(yuan)	61321	66448	8.4
全体居民人均可支配收入(元)	The per capita disposable income of all residents(yuan)	30038	32351	7.7
城镇常住居民人均可支配收入(元)	The per capita disposable income of urban permanent residents(yuan)	30788	32943	7.0
农村牧区常住居民人均可支配收入(元)	The per capita disposable income of permanent residents of rural and pastoral areas(yuan)	22250	23830	7.1
农村牧区经济	**Economic Development in Rural & Pastoral Area**			
农作物总播种面积(公顷)	Total Sown Area(hectare)	29439	25893	－12.1
#粮食作物播种面积(公顷)	Sown Area of Grain Crops(hectare)	14650	14654	0.0
农牧业机械总动力(万千瓦)	Total Power of Agricultural Machinery(10 000 kw)	12.00	12.01	0.1
化肥施用折纯量(吨)	Consumption of Chemical Fertilizer(ton)	5070	3734	－26.4
农村用电量(万千瓦小时)	Electricity Consumed in Rural Area(10 000 kwh)	1216	1204	－1.0
农林牧渔业总产值(万元)	Gross Output of Farming,Forestry,Animal Husbandry & Fishery(10 000 yuan)	144500	136656	2.5
粮食产量(吨)	Yield of Grain(ton)	70427	45909	－34.8
油料产量(吨)	Yield of Oil－bearing Grops(ton)	14001	4212	－69.9
甜菜产量(吨)	Yield of Beetroots(ton)			
猪牛羊肉产量(吨)	Output of Pork, Beef & Mutton(ton)	5880	6835	16.2
#猪肉产量(吨)	Output of Pork(ton)	1654	1275	－22.9
牛肉产量(吨)	Output of Beef(ton)	3473	4730	36.2
羊肉产量(吨)	Output of Mutton(ton)	753	830	10.2
羊毛产量(吨)	Output of Wool(ton)	190	186	－2.1

23-28 Hailaer District in Hulunbeier City

指　　标	Item	2015	2016	2016年比上年增长% Increase Rate in 2016 Over 2015(%)
年末牲畜存栏头数(万头只)	Total Livestock at the Year-end(10 000 heads)	12.59	10.39	-17.5
#大牲畜(万头只)	Large Animals(10 000 heads)	4.92	3.29	-33.1
羊(万只)	Sheep & Goats(10 000 heads)	6.58	6.08	-7.6
猪(万头)	Hogs(10 000 heads)	1.08	1.02	-5.6
规模以上工业	**Industrial Enterprises above Designated size**			
工业企业单位数(个)	Number of Industrial Enterprises(unit)	62	51	-17.7
#内资企业(个)	Civil Funded Enterprises(unit)	59	48	-18.6
工业总产值(万元)	Gross Industrial Output Value(10 000 yuan)	1882597	1981093	5.2
内资企业(万元)	Civil Funded Enterprises(10 000 yuan)	1820194	1918881	5.4
国有企业(万元)	State-owned Enterprises(10 000 yuan)	359853	505081	40.4
集体企业(万元)	Collective-owned Enterprises(10 000 yuan)			
股份合作企业(万元)	Share Holding Enterprises(10 000 yuan)			
联营企业(万元)	Joint Owned Enterprises(10 000 yuan)			
有限责任公司(万元)	Limited Company(10 000 yuan)	1460342	1413800	-3.2
股份有限公司(万元)	Share Holding Limited Company(10 000 yuan)			
私营企业(万元)	Privately Owned Enterprises(10 000 yuan)			
其他企业(万元)	Enterprises of Other Ownership(10 000 yuan)			
港澳台商投资企业(万元)	Funds from HK, Macao & Taiwan(10 000 yuan)			
外商投资企业(万元)	Foreign Funded Enterprises(10 000 yuan)	62403	62212	-0.3
工业企业增加值(万元)	Value Added of Industrial Enterprises(10 000 yuan)			8.0
工业企业资产总计(万元)	Total Assets of Industrial Enterprises(10 000 yuan)	3123074	4238515	35.7
工业企业负债合计(万元)	Total Liabilities of Industrial Enterprises(10 000 yuan)	2342945	3273435	39.7
工业企业产品销售收入(万元)	Sales of Revenue Industrial Enterprises(10 000 yuan)	1814317	1924502	6.1
工业企业利润总额(万元)	Total Profits of Industrial Enterprises(10 000 yuan)	146667	18043	-87.7
建筑业	**Construction**			
建筑企业单位数(个)	Number of Construction Enterprises(unit)	31	34	9.7
建筑企业从业人员(人)	Number of Employee in Construction Enterprises(person)	4890	3068	-37.3
建筑业总产值(万元)	Gross Construction Output Value(10 000 yuan)	335043	253168	-24.4
交通运输邮电通信业	**Transportation, Post & Telecommunications**			
公路里程(公里)	Total Length of Highways(km)	550	538	-2.2
邮电业务总量(万元)	Business Volume of Post & Telecoms(10 000 yuan)	49990	48230	-3.5
本地电话用户(户)	Number of Subscribers of Local Telephone(Household)	727816	734476	0.9
国内贸易	**Domestic Trade**			
社会消费品零售总额(万元)	Total Retail Sales of Consumer Goods(10 000 yuan)	1363156	1491974	9.5
城镇(万元)	Town(10 000 yuan)	1363156	1491974	9.5
乡村(万元)	Village(10 000 yuan)			
科技教育卫生	**Science, Education & Public Health**			
各类专业技术人员(人)	Special Technical Personnel(person)	3621	3800	4.9
幼儿园数(所)	Number of Kindergartens(unit)	6	6	0.0
学龄儿童入学率(%)	Percentage of School-Age Children Enrolled(%)	100.0	100.0	0.0
小学学校数(所)	Number of Primary Schools(unit)	15	15	0.0
小学专任教师数(人)	Number of Full-time Teachers of Primary Schools(person)	891	880	-1.2
小学在校学生数(人)	Number of Student Enrollment of Primary Schools(person)	12653	13042	3.1
普通中学学校数(所)	Number of Regular Secondary Schools(unit)	18	18	0.0
普通中学专任教师数(人)	Number of Teachers of Secondary Shools(person)	1619	1637	1.1
初中在校学生数(人)	Number of Student in Junior Secondary Schools(person)	8051	7345	-8.8
高中在校学生数(人)	Number of Student in Senior Secondary Schools(person)	10459	10079	-3.6
卫生机构数(所)	Number of Health Institutions(unit)	144	158	9.7
#医院(所)	Hospitals(unit)	18	17	-5.6
卫生院(所)	Township Hospitals(unit)	27	26	-3.7
床位数(张)	Number of Beds(unit)	3036	3421	12.7
#医院(张)	Hospitals(unit)	2898	3296	13.7
卫生院(张)	Township Hospitals(unit)	63	63	0.0
卫生技术人员(人)	Medical Technical Presonnel(person)	4306	4419	2.6
#医院(人)	Hospitals(person)	3564	3531	-0.9
卫生院(人)	Township Hospitals(person)	251	248	-1.2

23－29 呼伦贝尔市满洲里扎赉诺尔区

指　　标	Item	2015	2016	2016 年比上年增长% Increase Rate in 2016 Over 2015(%)
行政区域土地面积(平方公里)	**Area of Administration(Sq. km)**	**312**	**312**	**0.0**
人口和就业	**Population & Employment**			
年末户籍人口(人)	The Registered Population Year－end(person)	89808	87649	－2.4
# 男性(人)	Male(person)	45065	43867	－2.7
# 乡村人口(人)	Rural(person)			
年末常住人口(人)	Permanet Resident Population Year－end(person)			
# 男性(人)	Male(person)			
年末总户数(户)	Total Number of Households at the Year－end(Household)	40288	40283	0.0
# 乡村户数(户)	Number of Rural Household(Household)			
出生人口(人)	Births(person)	351	478	36.2
死亡人口(人)	Deaths(person)	659	477	－27.6
全社会就业人员(人)	Employment(person)	28371	28124	－0.9
第一产业(人)	Primary Industry(person)	739	633	－14.3
第二产业(人)	Secondary Industry(person)	13778	13146	－4.6
第三产业(人)	Tertiary Industry(person)	13854	14345	3.5
在岗职工人数(人)	Number of Staff & Workers Employed in(person)	17370	15803	－9.0
乡村劳动力(人)	Number of Rural Laborers(person)			
# 农林牧渔业(人)	Farming, Forestry, Animal Husbandry & Fishery(person)			
国民经济综合指标	**Summary Item on the National Economy**			
生产总值(万元)	Gross Domestic Product(10 000 yuan)	617605	653426	6.5
第一产业(万元)	Primary Industry(10 000 yuan)	15699	14679	2.7
第二产业(万元)	Secondary Industry(10 000 yuan)	222955	225853	5.3
# 工业(万元)	Industry(10 000 yuan)	182477	184002	5.6
第三产业(万元)	Tertiary Industry(10 000 yuan)	378951	412894	7.4
人均生产总值(元)	Per Capita GDP(yuan)	71629	77881	7.4
全社会固定资产投资(万元)	Total Investment in Fixed Assets(10 000 yuan)	407095	464045	14.0
按登记注册类型分	Grouped by Registered Type			
# 国有(万元)	State－owned Enterprises(10 000 yuan)	132440	375427	183.5
集体(万元)	Collective－owned Enterprises(10 000 yuan)			
有限责任公司(万元)	Limited Liability Corporations(10 000 yuan)	264205	88618	－66.5
股份有限公司(万元)	Share Holding Enterprises(10 000 yuan)			
私营企业(万元)	Private Enterprises(10 000 yuan)	4450		
外商及港澳台投资企业(万元)	Funds from HK, Macao, Taiwan & Foreign(10 000 yuan)	6000		
一般公共预算收入(万元)	General Public Budget Revenue(10 000 yuan)	39603	30803	－22.2
一般公共预算支出(万元)	General Public Budget Expenditure(10 000 yuan)	72037	47293	－34.3
住户存款余额(万元)	The balance of savings deposits of Households(10 000 yuan)	395598	411948	4.1
在岗职工工资总额(万元)	Total Wages of Staff & Workers Employed in(10 000 yuan)	104197	98374	－5.6
在岗职工平均工资(元)	Average Wage of Staff & Workers Employed in(yuan)	59378	59009	－0.6
全体居民人均可支配收入(元)	The per capita disposable income of all residents(yuan)	27468	29391	7.0
城镇常住居民人均可支配收入(元)	The per capita disposable income of urban permanent residents(yuan)	27468	29391	7.0
农村牧区常住居民人均可支配收入(元)	The per capita disposable income of permanent residents of rural and pastoral areas(yuan)			
农村牧区经济	**Economic Development in Rural & Pastoral Area**			
农作物总播种面积(公顷)	Total Sown Area(hectare)	117	97	－17.1
# 粮食作物播种面积(公顷)	Sown Area of Grain Crops(hectare)	27	22	－18.5
农牧业机械总动力(万千瓦)	Total Power of Agricultural Machinery(10 000 kw)	0.20	0.20	0.0
化肥施用折纯量(吨)	Consumption of Chemical Fertilizer(ton)	10	8	－20.0
农村用电量(万千瓦小时)	Electricity Consumed in Rural Area(10 000 kwh)			
农林牧渔业总产值(万元)	Gross Output of Farming, Forestry, Animal Husbandry & Fishery(10 000 yuan)	26185	26375	3.5
粮食产量(吨)	Yield of Grain(ton)	140	112	－20.0
油料产量(吨)	Yield of Oil－bearing Grops(ton)			
甜菜产量(吨)	Yield of Beetroots(ton)			
猪牛羊肉产量(吨)	Output of Pork, Beef & Mutton(ton)	2076	2986	43.8
# 猪肉产量(吨)	Output of Pork(ton)	1774	2700	52.2
牛肉产量(吨)	Output of Beef(ton)	59	128	116.9
羊肉产量(吨)	Output of Mutton(ton)	243	158	－35.0
羊毛产量(吨)	Output of Wool(ton)	45	29	－35.6

23 – 29 Zhalainuoer District of Manzhouli City in Hulunbeier City

指　　标	Item	2015	2016	2016 年比上年增长% Increase Rate in 2016 Over 2015(%)
年末牲畜存栏头数(万头只)	Total Livestock at the Year – end(10 000 heads)	2.68	3.71	38.4
#大牲畜(万头只)	Large Animals(10 000 heads)	0.13	0.11	–15.4
羊(万只)	Sheep & Goats(10 000 heads)	1.14	1.16	1.8
猪(万头)	Hogs(10 000 heads)	1.41	2.44	73.0
规模以上工业	**Industrial Enterprises above Designated size**			
工业企业单位数(个)	Number of Industrial Enterprises(unit)	19	19	0.0
#内资企业(个)	Civil Funded Enterprises(unit)	18	18	0.0
工业总产值(万元)	Gross Industrial Output Value(10 000 yuan)	289947	238033	–17.9
内资企业(万元)	Civil Funded Enterprises(10 000 yuan)	286864	233839	–18.5
国有企业(万元)	State – owned Enterprises(10 000 yuan)	158180	119816	–24.3
集体企业(万元)	Collective – owned Enterprises(10 000 yuan)			
股份合作企业(万元)	Share Holding Enterprises(10 000 yuan)	2433	2015	–17.2
联营企业(万元)	Joint Owned Enterprises(10 000 yuan)			
有限责任公司(万元)	Limited Company(10 000 yuan)	105869	86077	–18.7
股份有限公司(万元)	Share Holding Limited Company(10 000 yuan)	2509	2026	–19.3
私营企业(万元)	Privately Owned Enterprises(10 000 yuan)	17873	23905	33.7
其他企业(万元)	Enterprises of Other Ownership(10 000 yuan)			
港澳台商投资企业(万元)	Funds from HK, Macao & Taiwan(10 000 yuan)	3083	4194	36.0
外商投资企业(万元)	Foreign Funded Enterprises(10 000 yuan)			
工业企业增加值(万元)	Value Added of Industrial Enterprises(10 000 yuan)			5.5
工业企业资产总计(万元)	Total Assets of Industrial Enterprises(10 000 yuan)	1120940	1093259	–2.5
工业企业负债合计(万元)	Total Liabilities of Industrial Enterprises(10 000 yuan)	988632	1077053	8.9
工业企业产品销售收入(万元)	Sales of Revenue Industrial Enterprises(10 000 yuan)	294543	248209	–15.7
工业企业利润总额(万元)	Total Profits of Industrial Enterprises(10 000 yuan)	–112147	–111750	
建筑业	**Construction**			
建筑企业单位数(个)	Number of Construction Enterprises(unit)	2	2	0.0
建筑企业从业人员(人)	Number of Employee in Construction Enterprises(person)	351	730	108.0
建筑业总产值(万元)	Gross Construction Output Value(10 000 yuan)	5463	17362	217.8
交通运输邮电通信业	**Transportation, Post & Telecommunications**			
公路里程(公里)	Total Length of Highways(km)	115	117	1.7
邮电业务总量(万元)	Business Volume of Post & Telecoms(10 000 yuan)	7074	6931	–2.0
本地电话用户(户)	Number of Subscribers of Local Telephone(Household)	6830	6850	0.3
国内贸易	**Domestic Trade**			
社会消费品零售总额(万元)	Total Retail Sales of Consumer Goods(10 000 yuan)	434436	475707	9.5
城镇(万元)	Town(10 000 yuan)	434436	475707	9.5
乡村(万元)	Village(10 000 yuan)			
科技教育卫生	**Science, Education & Public Health**			
各类专业技术人员(人)	Special Technical Personnel(person)	1846	1873	1.5
幼儿园数(所)	Number of Kindergartens(unit)	30	29	–3.3
学龄儿童入学率(%)	Percentage of School – Age Children Enrolled(%)	100.0	100.0	0.0
小学学校数(所)	Number of Primary Schools(unit)	7	7	0.0
小学专任教师数(人)	Number of Full – time Teachers of Primary Schools(person)	289	285	–1.4
小学在校学生数(人)	Number of Student Enrollment of Primary Schools(person)	2563	2474	–3.5
普通中学学校数(所)	Number of Regular Secondary Schools(unit)	6	6	0.0
普通中学专任教师数(人)	Number of Teachers of Secondary Shools(person)	415	383	–7.7
初中在校学生数(人)	Number of Student in Junior Secondary Schools(person)	2264	2201	–2.8
高中在校学生数(人)	Number of Student in Senior Secondary Schools(person)	1266	1036	–18.2
卫生机构数(所)	Number of Health Institutions(unit)	44	48	9.1
#医院(所)	Hospitals(unit)	3	3	0.0
卫生院(所)	Township Hospitals(unit)			
床位数(张)	Number of Beds(unit)	360	336	–6.7
#医院(张)	Hospitals(unit)	360	336	–6.7
卫生院(张)	Township Hospitals(unit)			
卫生技术人员(人)	Medical Technical Presonnel(person)	772	743	–3.8
#医院(人)	Hospitals(person)	468	554	18.4
卫生院(人)	Township Hospitals(person)			

23－30 呼伦贝尔市阿荣旗

指　　标	Item	2015	2016	2016 年比上年增长% Increase Rate in 2016 Over 2015(%)
行政区域土地面积(平方公里)	**Area of Administration(Sq. km)**	**12063**	**12063**	**0.0**
人口和就业	**Population & Employment**			
年末户籍人口(人)	The Registered Population Year－end(person)	319596	320766	0.4
#男性(人)	Male(person)	165892	166388	0.3
#乡村人口(人)	Rural(person)	232053	232433	0.2
年末常住人口(人)	Permanet Resident Population Year－end(person)			
#男性(人)	Male(person)			
年末总户数(户)	Total Number of Households at the Year－end(Household)	133519	136779	2.4
#乡村户数(户)	Number of Rural Household(Household)	89415	91187	2.0
出生人口(人)	Births(person)	2362	3409	44.3
死亡人口(人)	Deaths(person)	1592	1959	23.1
全社会就业人员(人)	Employment(person)	175039	178109	1.8
第一产业(人)	Primary Industry(person)	125464	125488	0.0
第二产业(人)	Secondary Industry(person)	15947	16449	3.1
第三产业(人)	Tertiary Industry(person)	33628	36172	7.6
在岗职工人数(人)	Number of Staff & Workers Employed in(person)	26133	26727	2.3
乡村劳动力(人)	Number of Rural Laborers(person)	125464	125488	0.0
#农林牧渔业(人)	Farming,Forestry,Animal Husbandry & Fishery(person)	108805	109017	0.2
国民经济综合指标	**Summary Item on the National Economy**			
生产总值(万元)	Gross Domestic Product(10 000 yuan)	1595044	1641498	7.1
第一产业(万元)	Primary Industry(10 000 yuan)	482240	456199	4.0
第二产业(万元)	Secondary Industry(10 000 yuan)	723520	742513	6.4
#工业(万元)	Industry(10 000 yuan)	532216	544800	7.4
第三产业(万元)	Tertiary Industry(10 000 yuan)	389284	442786	12.2
人均生产总值(元)	Per Capita GDP(yuan)	48988	51268	8.9
全社会固定资产投资(万元)	Total Investment in Fixed Assets(10 000 yuan)	1078926	1221771	13.2
按登记注册类型分	Grouped by Registered Type			
#国有(万元)	State－owned Enterprises(10 000 yuan)	574869	558525	－2.9
集体(万元)	Collective－owned Enterprises(10 000 yuan)			
有限责任公司(万元)	Limited Liability Corporations(10 000 yuan)	415387	534011	28.6
股份有限公司(万元)	Share Holding Enterprises(10 000 yuan)			
私营企业(万元)	Private Enterprises(10 000 yuan)	75670	129235	70.8
外商及港澳台投资企业(万元)	Funds from HK,Macao,Taiwan & Foreign(10 000 yuan)			
一般公共预算收入(万元)	General Public Budget Revenue(10 000 yuan)	55381	63486	14.6
一般公共预算支出(万元)	General Public Budget Expenditure(10 000 yuan)	284004	302687	6.6
住户存款余额(万元)	The balance of savings deposits of Households(10 000 yuan)	403552	469429	16.3
在岗职工工资总额(万元)	Total Wages of Staff & Workers Employed in(10 000 yuan)	119290	131375	10.1
在岗职工平均工资(元)	Average Wage of Staff & Workers Employed in(yuan)	47300	50322	6.4
全体居民人均可支配收入(元)	The per capita disposable income of all residents(yuan)	17454	18972	8.7
城镇常住居民人均可支配收入(元)	The per capita disposable income of urban permanent residents(yuan)	24939	26984	8.2
农村牧区常住居民人均可支配收入(元)	The per capita disposable income of permanent residents of rural and pastoral areas(yuan)	14055	15165	7.9
农村牧区经济	**Economic Development in Rural & Pastoral Area**			
农作物总播种面积(公顷)	Total Sown Area(hectare)	294787	295325	0.2
#粮食作物播种面积(公顷)	Sown Area of Grain Crops(hectare)	271533	271835	0.1
农牧业机械总动力(万千瓦)	Total Power of Agricultural Machinery(10 000 kw)	84.01	87.26	3.9
化肥施用折纯量(吨)	Consumption of Chemical Fertilizer(ton)	20135	20142	0.3
农村用电量(万千瓦小时)	Electricity Consumed in Rural Area(10 000 kwh)	9110	8951	－1.8
农林牧渔业总产值(万元)	Gross Output of Farming,Forestry,Animal Husbandry & Fishery(10 000 yuan)	790545	757580	－0.4
粮食产量(吨)	Yield of Grain(ton)	1575056	1514060	－3.9
油料产量(吨)	Yield of Oil－bearing Grops(ton)	20870	20871	0.1
甜菜产量(吨)	Yield of Beetroots(ton)			
猪牛羊肉产量(吨)	Output of Pork, Beef & Mutton(ton)	45101	52610	16.7
#猪肉产量(吨)	Output of Pork(ton)	6155	6840	11.1
牛肉产量(吨)	Output of Beef(ton)	14900	16201	8.7
羊肉产量(吨)	Output of Mutton(ton)	24046	29569	23.0
羊毛产量(吨)	Output of Wool(ton)	8820	8770	0.6

23－30 Arong Banner in Hulunbeier City

指　　标	Item	2015	2016	2016年比上年增长% Increase Rate in 2016 Over 2015(%)
年末牲畜存栏头数(万头只)	Total Livestock at the Year－end(10 000 heads)	184.41	178.74	－3.1
#大牲畜(万头只)	Large Animals(10 000 heads)	18.35	18.42	0.4
羊(万只)	Sheep & Goats(10 000 heads)	160.25	154.01	－3.9
猪(万头)	Hogs(10 000 heads)	5.81	6.31	8.6
规模以上工业	**Industrial Enterprises above Designated size**			
工业企业单位数(个)	Number of Industrial Enterprises(unit)	36	36	0.0
#内资企业(个)	Civil Funded Enterprises(unit)	36	36	0.0
工业总产值(万元)	Gross Industrial Output Value(10 000 yuan)	1188751	1406436	17.1
内资企业(万元)	Civil Funded Enterprises(10 000 yuan)	1188751	1406436	17.1
国有企业(万元)	State－owned Enterprises(10 000 yuan)	19879	20846	4.9
集体企业(万元)	Collective－owned Enterprises(10 000 yuan)			
股份合作企业(万元)	Share Holding Enterprises(10 000 yuan)			
联营企业(万元)	Joint Owned Enterprises(10 000 yuan)			
有限责任公司(万元)	Limited Company(10 000 yuan)	1168872	1385590	18.5
股份有限公司(万元)	Share Holding Limited Company(10 000 yuan)			
私营企业(万元)	Privately Owned Enterprises(10 000 yuan)			
其他企业(万元)	Enterprises of Other Ownership(10 000 yuan)			
港澳台商投资企业(万元)	Funds from HK, Macao & Taiwan(10 000 yuan)			
外商投资企业(万元)	Foreign Funded Enterprises(10 000 yuan)			
工业企业增加值(万元)	Value Added of Industrial Enterprises(10 000 yuan)			8.2
工业企业资产总计(万元)	Total Assets of Industrial Enterprises(10 000 yuan)	420832	459687	9.2
工业企业负债合计(万元)	Total Liabilities of Industrial Enterprises(10 000 yuan)	206011	197017	－4.4
工业企业产品销售收入(万元)	Sales of Revenue Industrial Enterprises(10 000 yuan)	1158923	1387211	19.7
工业企业利润总额(万元)	Total Profits of Industrial Enterprises(10 000 yuan)	56282	53859	－4.3
建筑业	**Construction**			
建筑企业单位数(个)	Number of Construction Enterprises(unit)	4	7	75.0
建筑企业从业人员(人)	Number of Employee in Construction Enterprises(person)	4020	5824	44.9
建筑业总产值(万元)	Gross Construction Output Value(10 000 yuan)	184343	197713	7.3
交通运输邮电通信业	**Transportation, Post & Telecommunications**			
公路里程(公里)	Total Length of Highways(km)	2480	3574	44.1
邮电业务总量(万元)	Business Volume of Post & Telecoms(10 000 yuan)	15525	16953	9.2
本地电话用户(户)	Number of Subscribers of Local Telephone(Household)	242118	229624	－5.2
国内贸易	**Domestic Trade**			
社会消费品零售总额(万元)	Total Retail Sales of Consumer Goods(10 000 yuan)	325507	359522	10.5
城镇(万元)	Town(10 000 yuan)	206288	227189	10.1
乡村(万元)	Village(10 000 yuan)	119219	132333	11.0
科技教育卫生	**Science, Education & Public Health**			
各类专业技术人员(人)	Special Technical Personnel(person)	4933	4933	0.0
幼儿园数(所)	Number of Kindergartens(unit)	52	55	5.8
学龄儿童入学率(%)	Percentage of School－Age Children Enrolled(%)	100.0	100.0	0.0
小学学校数(所)	Number of Primary Schools(unit)	22	16	－27.3
小学专任教师数(人)	Number of Full－time Teachers of Primary Schools(person)	1452	1142	－21.4
小学在校学生数(人)	Number of Student Enrollment of Primary Schools(person)	17609	17593	－0.1
普通中学学校数(所)	Number of Regular Secondary Schools(unit)	19	17	－10.6
普通中学专任教师数(人)	Number of Teachers of Secondary Shools(person)	1346	1578	17.2
初中在校学生数(人)	Number of Student in Junior Secondary Schools(person)	6656	7373	10.8
高中在校学生数(人)	Number of Student in Senior Secondary Schools(person)	3305	3059	－7.5
卫生机构数(所)	Number of Health Institutions(unit)	312	306	－2.0
#医院(所)	Hospitals(unit)	7	7	0.0
卫生院(所)	Township Hospitals(unit)	18	18	0.0
床位数(张)	Number of Beds(unit)	1162	1003	－13.7
#医院(张)	Hospitals(unit)	957	757	－20.9
卫生院(张)	Township Hospitals(unit)	166	166	0.0
卫生技术人员(人)	Medical Technical Presonnel(person)	1281	1338	4.4
#医院(人)	Hospitals(person)	762	809	6.2
卫生院(人)	Township Hospitals(person)	243	247	1.6

23－31 呼伦贝尔市莫力达瓦达斡尔族自治旗

指　　标	Item	2015	2016	2016 年比上年增长% Increase Rate in 2016 Over 2015(%)
行政区域土地面积(平方公里)	**Area of Administration(Sq. km)**	**10356**	**10356**	**0.0**
人口和就业	**Population & Employment**			
年末户籍人口(人)	The Registered Population Year－end(person)	319086	319345	0.1
#男性(人)	Male(person)	164212	164462	0.2
#乡村人口(人)	Rural(person)	231968	231895	0.0
年末常住人口(人)	Permanet Resident Population Year－end(person)			
#男性(人)	Male(person)			
年末总户数(户)	Total Number of Households at the Year－end(Household)	131132	134467	2.5
#乡村户数(户)	Number of Rural Household(Household)	75528	74530	－1.3
出生人口(人)	Births(person)	2661	2964	11.4
死亡人口(人)	Deaths(person)	1311	1691	29.0
全社会就业人员(人)	Employment(person)	183753	189649	3.2
第一产业(人)	Primary Industry(person)	128504	132894	3.4
第二产业(人)	Secondary Industry(person)	10130	10698	5.6
第三产业(人)	Tertiary Industry(person)	45121	46057	2.1
在岗职工人数(人)	Number of Staff & Workers Employed in(person)	20612	20484	－0.6
乡村劳动力(人)	Number of Rural Laborers(person)	156543	160628	2.6
#农林牧渔业(人)	Farming,Forestry,Animal Husbandry & Fishery(person)	117951	121955	3.4
国民经济综合指标	**Summary Item on the National Economy**			
生产总值(万元)	Gross Domestic Product(10 000 yuan)	1048109	1064971	6.2
第一产业(万元)	Primary Industry(10 000 yuan)	474303	447220	3.6
第二产业(万元)	Secondary Industry(10 000 yuan)	251749	257822	5.8
#工业(万元)	Industry(10 000 yuan)	171810	174806	6.5
第三产业(万元)	Tertiary Industry(10 000 yuan)	322057	359929	10.2
人均生产总值(元)	Per Capita GDP(yuan)	32407	33362	7.6
全社会固定资产投资(万元)	Total Investment in Fixed Assets(10 000 yuan)	321427	370676	15.3
按登记注册类型分	Grouped by Registered Type			
#国有(万元)	State－owned Enterprises(10 000 yuan)	238064	275749	15.8
集体(万元)	Collective－owned Enterprises(10 000 yuan)			
有限责任公司(万元)	Limited Liability Corporations(10 000 yuan)			
股份有限公司(万元)	Share Holding Enterprises(10 000 yuan)			
私营企业(万元)	Private Enterprises(10 000 yuan)	80363	91063	13.3
外商及港澳台投资企业(万元)	Funds from HK,Macao,Taiwan & Foreign(10 000 yuan)	3000	1854	－38.2
一般公共预算收入(万元)	General Public Budget Revenue(10 000 yuan)	30317	26629	－12.2
一般公共预算支出(万元)	General Public Budget Expenditure(10 000 yuan)	275354	295471	7.3
住户存款余额(万元)	The balance of savings deposits of Households(10 000 yuan)	306017	336883	10.1
在岗职工工资总额(万元)	Total Wages of Staff & Workers Employed in(10 000 yuan)	97447	105353	8.1
在岗职工平均工资(元)	Average Wage of Staff & Workers Employed in(yuan)	47229	45274	－4.1
全体居民人均可支配收入(元)	The per capita disposable income of all residents(yuan)	11530	12487	8.3
城镇常住居民人均可支配收入(元)	The per capita disposable income of urban permanent residents(yuan)	18907	20287	7.3
农村牧区常住居民人均可支配收入(元)	The per capita disposable income of permanent residents of rural and pastoral areas(yuan)	8035	8678	8.0
农村牧区经济	**Economic Development in Rural & Pastoral Area**			
农作物总播种面积(公顷)	Total Sown Area(hectare)	452223	458540	1.4
#粮食作物播种面积(公顷)	Sown Area of Grain Crops(hectare)	445893	449997	0.9
农牧业机械总动力(万千瓦)	Total Power of Agricultural Machinery(10 000 kw)	94.70	104.00	9.8
化肥施用折纯量(吨)	Consumption of Chemical Fertilizer(ton)	102006	98882	－3.1
农村用电量(万千瓦小时)	Electricity Consumed in Rural Area(10 000 kwh)	9997	7845	21.5
农林牧渔业总产值(万元)	Gross Output of Farming,Forestry,Animal Husbandry & Fishery(10 000 yuan)	770185	737193	3.4
粮食产量(吨)	Yield of Grain(ton)	1673549	1641300	－1.9
油料产量(吨)	Yield of Oil－bearing Grops(ton)			
甜菜产量(吨)	Yield of Beetroots(ton)			
猪牛羊肉产量(吨)	Output of Pork, Beef & Mutton(ton)	29976	28495	－4.9
#猪肉产量(吨)	Output of Pork(ton)	6103	6127	0.4
牛肉产量(吨)	Output of Beef(ton)	10868	9253	－14.9
羊肉产量(吨)	Output of Mutton(ton)	13005	13115	0.8
羊毛产量(吨)	Output of Wool(ton)	1535	1241	－19.2

23 - 31 Molidawadawoer National Autonomous Banner in Hulunbeier City

指　　标	Item	2015	2016	2016年比上年增长% Increase Rate in 2016 Over 2015(%)
年末牲畜存栏头数(万头只)	Total Livestock at the Year - end(10 000 heads)	135.42	127.86	-5.6
# 大牲畜(万头只)	Large Animals(10 000 heads)	14.85	10.66	-28.2
羊(万只)	Sheep & Goats(10 000 heads)	115.10	111.96	-2.7
猪(万头)	Hogs(10 000 heads)	5.46	5.23	-4.2
规模以上工业	**Industrial Enterprises above Designated size**			
工业企业单位数(个)	Number of Industrial Enterprises(unit)	13	13	0.0
# 内资企业(个)	Civil Funded Enterprises(unit)	12	12	0.0
工业总产值(万元)	Gross Industrial Output Value(10 000 yuan)	230554	241788	4.9
内资企业(万元)	Civil Funded Enterprises(10 000 yuan)	205171	218592	6.6
国有企业(万元)	State - owned Enterprises(10 000 yuan)	34493	36304	5.3
集体企业(万元)	Collective - owned Enterprises(10 000 yuan)			
股份合作企业(万元)	Share Holding Enterprises(10 000 yuan)			
联营企业(万元)	Joint Owned Enterprises(10 000 yuan)			
有限责任公司(万元)	Limited Company(10 000 yuan)			
股份有限公司(万元)	Share Holding Limited Company(10 000 yuan)			
私营企业(万元)	Privately Owned Enterprises(10 000 yuan)	170678	182288	6.8
其他企业(万元)	Enterprises of Other Ownership(10 000 yuan)			
港澳台商投资企业(万元)	Funds from HK, Macao & Taiwan(10 000 yuan)	25383	23196	-8.6
外商投资企业(万元)	Foreign Funded Enterprises(10 000 yuan)			
工业企业增加值(万元)	Value Added of Industrial Enterprises(10 000 yuan)			7.1
工业企业资产总计(万元)	Total Assets of Industrial Enterprises(10 000 yuan)	227392	237515	4.5
工业企业负债合计(万元)	Total Liabilities of Industrial Enterprises(10 000 yuan)	121413	129223	6.4
工业企业产品销售收入(万元)	Sales of Revenue Industrial Enterprises(10 000 yuan)	235955	246438	4.4
工业企业利润总额(万元)	Total Profits of Industrial Enterprises(10 000 yuan)	23369	21437	-8.3
建筑业	**Construction**			
建筑企业单位数(个)	Number of Construction Enterprises(unit)	6	6	0.0
建筑企业从业人员(人)	Number of Employee in Construction Enterprises(person)	4319	1311	-69.6
建筑业总产值(万元)	Gross Construction Output Value(10 000 yuan)	46988	96278	104.9
交通运输邮电通信业	**Transportation, Post & Telecommunications**			
公路里程(公里)	Total Length of Highways(km)	2403	2621	9.1
邮电业务总量(万元)	Business Volume of Post & Telecoms(10 000 yuan)	17912	18637	4.0
本地电话用户(户)	Number of Subscribers of Local Telephone(Household)	19783	19000	-4.0
国内贸易	**Domestic Trade**			
社会消费品零售总额(万元)	Total Retail Sales of Consumer Goods(10 000 yuan)	316235	346752	9.7
城镇(万元)	Town(10 000 yuan)	211784	231969	9.5
乡村(万元)	Village(10 000 yuan)	104451	114783	9.9
科技教育卫生	**Science, Education & Public Health**			
各类专业技术人员(人)	Special Technical Personnel(person)	4902	4748	-3.1
幼儿园数(所)	Number of Kindergartens(unit)	19	19	0.0
学龄儿童入学率(%)	Percentage of School - Age Children Enrolled(%)	100.0	100.0	0.0
小学学校数(所)	Number of Primary Schools(unit)	12	13	8.3
小学专任教师数(人)	Number of Full - time Teachers of Primary Schools(person)	1582	1405	-11.2
小学在校学生数(人)	Number of Student Enrollment of Primary Schools(person)	15082	15177	0.6
普通中学学校数(所)	Number of Regular Secondary Schools(unit)	23	22	-4.3
普通中学专任教师数(人)	Number of Teachers of Secondary Shools(person)	1100	1021	-7.2
初中在校学生数(人)	Number of Student in Junior Secondary Schools(person)	6395	7206	12.7
高中在校学生数(人)	Number of Student in Senior Secondary Schools(person)	3119	3026	-3.0
卫生机构数(所)	Number of Health Institutions(unit)	348	353	1.4
# 医院(所)	Hospitals(unit)	7	7	0.0
卫生院(所)	Township Hospitals(unit)	18	18	0.0
床位数(张)	Number of Beds(unit)	942	920	-2.3
# 医院(张)	Hospitals(unit)	675	609	-9.8
卫生院(张)	Township Hospitals(unit)	267	249	-6.7
卫生技术人员(人)	Medical Technical Presonnel(person)	1303	1257	-3.5
# 医院(人)	Hospitals(person)	758	757	-0.1
卫生院(人)	Township Hospitals(person)	281	259	-7.8

23－32 呼伦贝尔市鄂伦春自治旗

指　　标	Item	2015	2016	2016 年比上年增长% Increase Rate in 2016 Over 2015(%)
行政区域土地面积(平方公里)	**Area of Administration(Sq. km)**	**59880**	**59880**	**0.0**
人口和就业	**Population & Employment**			
年末户籍人口(人)	The Registered Population Year－end(person)	255321	254566	－0.3
# 男性(人)	Male(person)	130230	129355	－0.7
# 乡村人口(人)	Rural(person)	62181	62882	1.1
年末常住人口(人)	Permanet Resident Population Year－end(person)			
# 男性(人)	Male(person)			
年末总户数(户)	Total Number of Households at the Year－end(Household)	110607	112450	1.7
# 乡村户数(户)	Number of Rural Household(Household)	19904	22972	15.4
出生人口(人)	Births(person)	1161	1749	50.6
死亡人口(人)	Deaths(person)	1835	1785	－2.7
全社会就业人员(人)	Employment(person)	89074	92870	4.3
第一产业(人)	Primary Industry(person)	52349	54496	4.1
第二产业(人)	Secondary Industry(person)	4902	7246	47.8
第三产业(人)	Tertiary Industry(person)	31823	31128	－2.2
在岗职工人数(人)	Number of Staff & Workers Employed in(person)	17841	17206	－3.6
乡村劳动力(人)	Number of Rural Laborers(person)	43891	48362	10.2
# 农林牧渔业(人)	Farming, Forestry, Animal Husbandry & Fishery(person)	37376	38597	3.3
国民经济综合指标	**Summary Item on the National Economy**			
生产总值(万元)	Gross Domestic Product(10 000 yuan)	667554	696130	7.3
第一产业(万元)	Primary Industry(10 000 yuan)	239090	226197	4.0
第二产业(万元)	Secondary Industry(10 000 yuan)	84403	86184	6.2
# 工业(万元)	Industry(10 000 yuan)	67270	68658	7.1
第三产业(万元)	Tertiary Industry(10 000 yuan)	344061	383749	10.0
人均生产总值(元)	Per Capita GDP(yuan)	25813	27305	8.9
全社会固定资产投资(万元)	Total Investment in Fixed Assets(10 000 yuan)	245527	277467	13.0
按登记注册类型分	Grouped by Registered Type			
# 国有(万元)	State－owned Enterprises(10 000 yuan)	128787	200570	55.7
集体(万元)	Collective－owned Enterprises(10 000 yuan)			
有限责任公司(万元)	Limited Liability Corporations(10 000 yuan)	116320	76897	－33.9
股份有限公司(万元)	Share Holding Enterprises(10 000 yuan)			
私营企业(万元)	Private Enterprises(10 000 yuan)	420		
外商及港澳台投资企业(万元)	Funds from HK, Macao, Taiwan & Foreign(10 000 yuan)			
一般公共预算收入(万元)	General Public Budget Revenue(10 000 yuan)	17775	19028	7.0
一般公共预算支出(万元)	General Public Budget Expenditure(10 000 yuan)	264244	279317	5.7
住户存款余额(万元)	The balance of savings deposits of Households(10 000 yuan)	579656	655293	13.0
在岗职工工资总额(万元)	Total Wages of Staff & Workers Employed in(10 000 yuan)	90267	98639	9.3
在岗职工平均工资(元)	Average Wage of Staff & Workers Employed in(yuan)	49055	56007	14.2
全体居民人均可支配收入(元)	The per capita disposable income of all residents(yuan)	16567	18000	8.7
城镇常住居民人均可支配收入(元)	The per capita disposable income of urban permanent residents(yuan)	20421	22075	8.1
农村牧区常住居民人均可支配收入(元)	The per capita disposable income of permanent residents of rural and pastoral areas(yuan)	7478	8069	7.9
农村牧区经济	**Economic Development in Rural & Pastoral Area**			
农作物总播种面积(公顷)	Total Sown Area(hectare)	298430	296863	－0.5
# 粮食作物播种面积(公顷)	Sown Area of Grain Crops(hectare)	295264	293867	－0.5
农牧业机械总动力(万千瓦)	Total Power of Agricultural Machinery(10 000 kw)	49.00	63.00	28.6
化肥施用折纯量(吨)	Consumption of Chemical Fertilizer(ton)	34441	37080	7.7
农村用电量(万千瓦小时)	Electricity Consumed in Rural Area(10 000 kwh)	2384	2594	8.8
农林牧渔业总产值(万元)	Gross Output of Farming, Forestry, Animal Husbandry & Fishery(10 000 yuan)	380197	364571	3.8
粮食产量(吨)	Yield of Grain(ton)	572516	572000	－0.1
油料产量(吨)	Yield of Oil－bearing Grops(ton)	229	60	－73.7
甜菜产量(吨)	Yield of Beetroots(ton)			
猪牛羊肉产量(吨)	Output of Pork, Beef & Mutton(ton)	9554	10849	13.6
# 猪肉产量(吨)	Output of Pork(ton)	3122	3186	2.0
牛肉产量(吨)	Output of Beef(ton)	2567	2666	3.9
羊肉产量(吨)	Output of Mutton(ton)	3865	4997	29.3
羊毛产量(吨)	Output of Wool(ton)	1266	1109	－12.4

23 – 32 Elunchun National Autonomous Banner in Hulunbeier City

指　标	Item	2015	2016	2016 年比上年增长% Increase Rate in 2016 Over 2015(%)
年末牲畜存栏头数(万头只)	Total Livestock at the Year – end(10 000 heads)	46.93	35.93	-23.4
# 大牲畜(万头只)	Large Animals(10 000 heads)	3.24	2.30	-29.0
羊(万只)	Sheep & Goats(10 000 heads)	39.41	29.57	-25.0
猪(万头)	Hogs(10 000 heads)	4.28	4.07	-4.9
规模以上工业	**Industrial Enterprises above Designated size**			
工业企业单位数(个)	Number of Industrial Enterprises(unit)	8	7	-12.5
# 内资企业(个)	Civil Funded Enterprises(unit)	8	7	-12.5
工业总产值(万元)	Gross Industrial Output Value(10 000 yuan)	89346	71396	-20.1
内资企业(万元)	Civil Funded Enterprises(10 000 yuan)	89346	71396	-20.1
国有企业(万元)	State – owned Enterprises(10 000 yuan)			
集体企业(万元)	Collective – owned Enterprises(10 000 yuan)			
股份合作企业(万元)	Share Holding Enterprises(10 000 yuan)			
联营企业(万元)	Joint Owned Enterprises(10 000 yuan)			
有限责任公司(万元)	Limited Company(10 000 yuan)	87224	71396	-18.1
股份有限公司(万元)	Share Holding Limited Company(10 000 yuan)			
私营企业(万元)	Privately Owned Enterprises(10 000 yuan)	2122		
其他企业(万元)	Enterprises of Other Ownership(10 000 yuan)			
港澳台商投资企业(万元)	Funds from HK, Macao & Taiwan(10 000 yuan)			
外商投资企业(万元)	Foreign Funded Enterprises(10 000 yuan)			
工业企业增加值(万元)	Value Added of Industrial Enterprises(10 000 yuan)			8.2
工业企业资产总计(万元)	Total Assets of Industrial Enterprises(10 000 yuan)	196823	228617	16.2
工业企业负债合计(万元)	Total Liabilities of Industrial Enterprises(10 000 yuan)	148971	187244	25.7
工业企业产品销售收入(万元)	Sales of Revenue Industrial Enterprises(10 000 yuan)	78647	71125	-9.6
工业企业利润总额(万元)	Total Profits of Industrial Enterprises(10 000 yuan)	-541	-3354	
建筑业	**Construction**			
建筑企业单位数(个)	Number of Construction Enterprises(unit)	7	7	0.0
建筑企业从业人员(人)	Number of Employee in Construction Enterprises(person)	444	804	81.1
建筑业总产值(万元)	Gross Construction Output Value(10 000 yuan)	30870	32577	5.5
交通运输邮电通信业	**Transportation, Post & Telecommunications**			
公路里程(公里)	Total Length of Highways(km)	2790	2840	1.8
邮电业务总量(万元)	Business Volume of Post & Telecoms(10 000 yuan)	14462	14778	2.2
本地电话用户(户)	Number of Subscribers of Local Telephone(Household)	212264	241130	13.6
国内贸易	**Domestic Trade**			
社会消费品零售总额(万元)	Total Retail Sales of Consumer Goods(10 000 yuan)	253530	279264	10.2
城镇(万元)	Town(10 000 yuan)	208360	230387	10.6
乡村(万元)	Village(10 000 yuan)	45170	48876	8.2
科技教育卫生	**Science, Education & Public Health**			
各类专业技术人员(人)	Special Technical Personnel(person)	4762	4776	0.3
幼儿园数(所)	Number of Kindergartens(unit)	20	19	-5.0
学龄儿童入学率(%)	Percentage of School – Age Children Enrolled(%)	100.0	100.0	0.0
小学学校数(所)	Number of Primary Schools(unit)	23	19	-17.4
小学专任教师数(人)	Number of Full – time Teachers of Primary Schools(person)	966	861	-10.9
小学在校学生数(人)	Number of Student Enrollment of Primary Schools(person)	9197	9118	-0.9
普通中学学校数(所)	Number of Regular Secondary Schools(unit)	10	9	-10.0
普通中学专任教师数(人)	Number of Teachers of Secondary Shools(person)	655	552	-15.7
初中在校学生数(人)	Number of Student in Junior Secondary Schools(person)	4614	4499	-2.5
高中在校学生数(人)	Number of Student in Senior Secondary Schools(person)	3085	2620	-15.1
卫生机构数(所)	Number of Health Institutions(unit)	188	177	-5.9
# 医院(所)	Hospitals(unit)	5	5	0.0
卫生院(所)	Township Hospitals(unit)	9	9	0.0
床位数(张)	Number of Beds(unit)	836	773	-7.5
# 医院(张)	Hospitals(unit)	601	566	-5.8
卫生院(张)	Township Hospitals(unit)	190	162	-14.7
卫生技术人员(人)	Medical Technical Presonnel(person)	1423	1372	-3.6
# 医院(人)	Hospitals(person)	529	499	-5.7
卫生院(人)	Township Hospitals(person)	476	461	-3.2

23－33 呼伦贝尔市鄂温克族自治旗

指　　标	Item	2015	2016	2016 年比上年增长% Increase Rate in 2016 Over 2015(%)
行政区域土地面积(平方公里)	**Area of Administration(Sq. km)**	**19111**	**19111**	**0.0**
人口和就业	**Population & Employment**			
年末户籍人口(人)	The Registered Population Year－end(person)	139775	139403	－0.3
#男性(人)	Male(person)	71583	71230	－0.5
#乡村人口(人)	Rural(person)	23936	22268	－7.0
年末常住人口(人)	Permanet Resident Population Year－end(person)			
#男性(人)	Male(person)			
年末总户数(户)	Total Number of Households at the Year－end(Household)	54215	54780	1.0
#乡村户数(户)	Number of Rural Household(Household)	9116	9011	－1.2
出生人口(人)	Births(person)	915	1065	16.4
死亡人口(人)	Deaths(person)	968	890	－8.1
全社会就业人员(人)	Employment(person)	73459	74059	0.8
第一产业(人)	Primary Industry(person)	17259	17416	0.9
第二产业(人)	Secondary Industry(person)	19087	17637	－7.6
第三产业(人)	Tertiary Industry(person)	37113	39006	5.1
在岗职工人数(人)	Number of Staff & Workers Employed in(person)	28670	26730	－6.8
乡村劳动力(人)	Number of Rural Laborers(person)	18061	14546	－19.5
#农林牧渔业(人)	Farming,Forestry,Animal Husbandry & Fishery(person)	14900	11385	－23.6
国民经济综合指标	**Summary Item on the National Economy**			
生产总值(万元)	Gross Domestic Product(10 000 yuan)	1115644	1156879	7.0
第一产业(万元)	Primary Industry(10 000 yuan)	80446	75699	3.2
第二产业(万元)	Secondary Industry(10 000 yuan)	760719	776083	6.6
#工业(万元)	Industry(10 000 yuan)	679723	692414	6.9
第三产业(万元)	Tertiary Industry(10 000 yuan)	274480	305097	9.5
人均生产总值(元)	Per Capita GDP(yuan)	78916	82880	8.4
全社会固定资产投资(万元)	Total Investment in Fixed Assets(10 000 yuan)	622794	722675	16.0
按登记注册类型分	Grouped by Registered Type			
#国有(万元)	State－owned Enterprises(10 000 yuan)	192425	373152	93.9
集体(万元)	Collective－owned Enterprises(10 000 yuan)			
有限责任公司(万元)	Limited Liability Corporations(10 000 yuan)	387865	335197	－13.6
股份有限公司(万元)	Share Holding Enterprises(10 000 yuan)	16959	231	－98.6
私营企业(万元)	Private Enterprises(10 000 yuan)	25435	14095	－44.6
外商及港澳台投资企业(万元)	Funds from HK,Macao,Taiwan & Foreign(10 000 yuan)	110		
一般公共预算收入(万元)	General Public Budget Revenue(10 000 yuan)	86741	77822	－10.3
一般公共预算支出(万元)	General Public Budget Expenditure(10 000 yuan)	216687	214867	－0.8
住户存款余额(万元)	The balance of savings deposits of Households(10 000 yuan)	451547	460664	2.0
在岗职工工资总额(万元)	Total Wages of Staff & Workers Employed in(10 000 yuan)	200298	200125	－0.1
在岗职工平均工资(元)	Average Wage of Staff & Workers Employed in(yuan)	69863	73033	4.5
全体居民人均可支配收入(元)	The per capita disposable income of all residents(yuan)	24324	26246	7.9
城镇常住居民人均可支配收入(元)	The per capita disposable income of urban permanent residents(yuan)	25200	26964	7.0
农村牧区常住居民人均可支配收入(元)	The per capita disposable income of permanent residents of rural and pastoral areas(yuan)	17646	18969	7.5
农村牧区经济	**Economic Development in Rural & Pastoral Area**			
农作物总播种面积(公顷)	Total Sown Area(hectare)	22671	23413	3.3
#粮食作物播种面积(公顷)	Sown Area of Grain Crops(hectare)	13211	13432	1.7
农牧业机械总动力(万千瓦)	Total Power of Agricultural Machinery(10 000 kw)	20.10	20.15	0.2
化肥施用折纯量(吨)	Consumption of Chemical Fertilizer(ton)	3852	3859	0.2
农村用电量(万千瓦小时)	Electricity Consumed in Rural Area(10 000 kwh)	933	949	1.7
农林牧渔业总产值(万元)	Gross Output of Farming,Forestry,Animal Husbandry & Fishery(10 000 yuan)	146902	138791	3.0
粮食产量(吨)	Yield of Grain(ton)	24688	31699	28.4
油料产量(吨)	Yield of Oil－bearing Grops(ton)	10080	9538	－5.4
甜菜产量(吨)	Yield of Beetroots(ton)			
猪牛羊肉产量(吨)	Output of Pork, Beef & Mutton(ton)	16115	18707	16.1
#猪肉产量(吨)	Output of Pork(ton)	1980	2235	12.9
牛肉产量(吨)	Output of Beef(ton)	9307	10472	12.5
羊肉产量(吨)	Output of Mutton(ton)	4828	6000	24.3
羊毛产量(吨)	Output of Wool(ton)	1314	1448	10.2

23 – 33 Ewenke National Autonomous Banner in Hulunbeier City

指　　标	Item	2015	2016	2016 年比上年增长% Increase Rate in 2016 Over 2015(%)
年末牲畜存栏头数(万头只)	Total Livestock at the Year – end(10 000 heads)	66.67	65.85	-1.2
# 大牲畜(万头只)	Large Animals(10 000 heads)	14.06	13.99	-0.5
羊(万只)	Sheep & Goats(10 000 heads)	51.58	50.76	-1.6
猪(万头)	Hogs(10 000 heads)	1.03	1.10	6.8
规模以上工业	**Industrial Enterprises above Designated size**			
工业企业单位数(个)	Number of Industrial Enterprises(unit)	15	14	-6.7
# 内资企业(个)	Civil Funded Enterprises(unit)	15	14	-6.7
工业总产值(万元)	Gross Industrial Output Value(10 000 yuan)	1019083	800427	-21.5
内资企业(万元)	Civil Funded Enterprises(10 000 yuan)	1019083	800427	-21.5
国有企业(万元)	State – owned Enterprises(10 000 yuan)			
集体企业(万元)	Collective – owned Enterprises(10 000 yuan)			
股份合作企业(万元)	Share Holding Enterprises(10 000 yuan)			
联营企业(万元)	Joint Owned Enterprises(10 000 yuan)			
有限责任公司(万元)	Limited Company(10 000 yuan)	989166	775582	-21.6
股份有限公司(万元)	Share Holding Limited Company(10 000 yuan)			
私营企业(万元)	Privately Owned Enterprises(10 000 yuan)	29917	24845	-17.0
其他企业(万元)	Enterprises of Other Ownership(10 000 yuan)			
港澳台商投资企业(万元)	Funds from HK, Macao & Taiwan(10 000 yuan)			
外商投资企业(万元)	Foreign Funded Enterprises(10 000 yuan)			
工业企业增加值(万元)	Value Added of Industrial Enterprises(10 000 yuan)			7.2
工业企业资产总计(万元)	Total Assets of Industrial Enterprises(10 000 yuan)	3019011	2815205	-6.8
工业企业负债合计(万元)	Total Liabilities of Industrial Enterprises(10 000 yuan)	2332472	2104433	-9.8
工业企业产品销售收入(万元)	Sales of Revenue Industrial Enterprises(10 000 yuan)	1015589	787241	-22.5
工业企业利润总额(万元)	Total Profits of Industrial Enterprises(10 000 yuan)	-35894	-39973	
建筑业	**Construction**			
建筑企业单位数(个)	Number of Construction Enterprises(unit)	4	4	0.0
建筑企业从业人员(人)	Number of Employee in Construction Enterprises(person)	2583	1684	-34.8
建筑业总产值(万元)	Gross Construction Output Value(10 000 yuan)	154718	67251	-56.5
交通运输邮电通信业	**Transportation, Post & Telecommunications**			
公路里程(公里)	Total Length of Highways(km)	1109	1109	0.0
邮电业务总量(万元)	Business Volume of Post & Telecoms(10 000 yuan)	1478	1584	7.2
本地电话用户(户)	Number of Subscribers of Local Telephone(Household)	23884	20559	-13.9
国内贸易	**Domestic Trade**			
社会消费品零售总额(万元)	Total Retail Sales of Consumer Goods(10 000 yuan)	159235	175078	9.9
城镇(万元)	Town(10 000 yuan)	137973	135313	-1.9
乡村(万元)	Village(10 000 yuan)	21262	39765	87.0
科技教育卫生	**Science, Education & Public Health**			
各类专业技术人员(人)	Special Technical Personnel(person)	3141	3116	-0.8
幼儿园数(所)	Number of Kindergartens(unit)	24	23	-4.2
学龄儿童入学率(%)	Percentage of School – Age Children Enrolled(%)	100.0	100.0	0.0
小学学校数(所)	Number of Primary Schools(unit)	10	10	0.0
小学专任教师数(人)	Number of Full – time Teachers of Primary Schools(person)	725	585	-19.3
小学在校学生数(人)	Number of Student Enrollment of Primary Schools(person)	4919	4769	-3.0
普通中学学校数(所)	Number of Regular Secondary Schools(unit)	11	11	0.0
普通中学专任教师数(人)	Number of Teachers of Secondary Shools(person)	819	935	14.2
初中在校学生数(人)	Number of Student in Junior Secondary Schools(person)	2282	2137	-6.4
高中在校学生数(人)	Number of Student in Senior Secondary Schools(person)	1353	1196	-11.6
卫生机构数(所)	Number of Health Institutions(unit)	88	118	34.1
# 医院(所)	Hospitals(unit)	7	5	-28.6
卫生院(所)	Township Hospitals(unit)	10	12	20.0
床位数(张)	Number of Beds(unit)	975	761	-21.9
# 医院(张)	Hospitals(unit)	763	563	-26.2
卫生院(张)	Township Hospitals(unit)	112	93	-17.0
卫生技术人员(人)	Medical Technical Presonnel(person)	1008	1047	3.9
# 医院(人)	Hospitals(person)	609	606	-0.5
卫生院(人)	Township Hospitals(person)	278	183	-34.2

23-34 呼伦贝尔市陈巴尔虎旗

指　标	Item	2015	2016	2016 年比上年增长% Increase Rate in 2016 Over 2015(%)
行政区域土地面积(平方公里)	**Area of Administration(Sq. km)**	**17458**	**17458**	**0.0**
人口和就业	**Population & Employment**			
年末户籍人口(人)	The Registered Population Year-end(person)	56768	56400	-0.6
#男性(人)	Male(person)	29021	28755	-0.9
#乡村人口(人)	Rural(person)	18340	18387	0.3
年末常住人口(人)	Permanet Resident Population Year-end(person)			
#男性(人)	Male(person)			
年末总户数(户)	Total Number of Households at the Year-end(Household)	24685	24292	-1.6
#乡村户数(户)	Number of Rural Household(Household)	5060	4895	-3.3
出生人口(人)	Births(person)	404	471	16.6
死亡人口(人)	Deaths(person)	469	430	-8.3
全社会就业人员(人)	Employment(person)	32458	33471	3.1
第一产业(人)	Primary Industry(person)	15757	16201	2.8
第二产业(人)	Secondary Industry(person)	5724	5177	-9.6
第三产业(人)	Tertiary Industry(person)	10977	12093	10.2
在岗职工人数(人)	Number of Staff & Workers Employed in(person)	11220	10947	-2.4
乡村劳动力(人)	Number of Rural Laborers(person)	8277	8332	0.7
#农林牧渔业(人)	Farming,Forestry,Animal Husbandry & Fishery(person)	8025	8086	0.8
国民经济综合指标	**Summary Item on the National Economy**			
生产总值(万元)	Gross Domestic Product(10 000 yuan)	909200	942445	7.2
第一产业(万元)	Primary Industry(10 000 yuan)	99124	93177	3.1
第二产业(万元)	Secondary Industry(10 000 yuan)	609951	624813	7.2
#工业(万元)	Industry(10 000 yuan)	573082	587206	7.5
第三产业(万元)	Tertiary Industry(10 000 yuan)	200125	224456	9.4
人均生产总值(元)	Per Capita GDP(yuan)	157466	166557	9.4
全社会固定资产投资(万元)	Total Investment in Fixed Assets(10 000 yuan)	259572	293178	12.9
按登记注册类型分	Grouped by Registered Type			
#国有(万元)	State-owned Enterprises(10 000 yuan)	183371	283078	54.4
集体(万元)	Collective-owned Enterprises(10 000 yuan)	21041		
有限责任公司(万元)	Limited Liability Corporations(10 000 yuan)		3200	
股份有限公司(万元)	Share Holding Enterprises(10 000 yuan)			
私营企业(万元)	Private Enterprises(10 000 yuan)		2218	
外商及港澳台投资企业(万元)	Funds from HK,Macao,Taiwan & Foreign(10 000 yuan)	51834	11984	-76.9
一般公共预算收入(万元)	General Public Budget Revenue(10 000 yuan)	59006	45536	-22.8
一般公共预算支出(万元)	General Public Budget Expenditure(10 000 yuan)	146502	134911	-7.9
住户存款余额(万元)	The balance of savings deposits of Households(10 000 yuan)	124045	136955	10.4
在岗职工工资总额(万元)	Total Wages of Staff & Workers Employed in(10 000 yuan)	77238	83417	8.0
在岗职工平均工资(元)	Average Wage of Staff & Workers Employed in(yuan)	68735	74995	9.1
全体居民人均可支配收入(元)	The per capita disposable income of all residents(yuan)	24282	24249	-0.1
城镇常住居民人均可支配收入(元)	The per capita disposable income of urban permanent residents(yuan)	25597	27542	7.6
农村牧区常住居民人均可支配收入(元)	The per capita disposable income of permanent residents of rural and pastoral areas(yuan)	17185	18440	7.3
农村牧区经济	**Economic Development in Rural & Pastoral Area**			
农作物总播种面积(公顷)	Total Sown Area(hectare)	78080	79625	2.0
#粮食作物播种面积(公顷)	Sown Area of Grain Crops(hectare)	42279	42977	1.7
农牧业机械总动力(万千瓦)	Total Power of Agricultural Machinery(10 000 kw)	21.72	21.83	0.5
化肥施用折纯量(吨)	Consumption of Chemical Fertilizer(ton)	10862	10345	-4.8
农村用电量(万千瓦小时)	Electricity Consumed in Rural Area(10 000 kwh)	1892	1905	0.7
农林牧渔业总产值(万元)	Gross Output of Farming,Forestry,Animal Husbandry & Fishery(10 000 yuan)	167514	158860	-5.2
粮食产量(吨)	Yield of Grain(ton)	115037	120566	4.8
油料产量(吨)	Yield of Oil-bearing Grops(ton)	55076	31374	-43.0
甜菜产量(吨)	Yield of Beetroots(ton)			
猪牛羊肉产量(吨)	Output of Pork, Beef & Mutton(ton)	17775	17901	0.7
#猪肉产量(吨)	Output of Pork(ton)	457	400	-12.5
牛肉产量(吨)	Output of Beef(ton)	11841	11901	0.5
羊肉产量(吨)	Output of Mutton(ton)	5477	5600	2.2
羊毛产量(吨)	Output of Wool(ton)	1415	1517	7.2

23－34 Chenbaerhu Banner in Hulunbeier City

指　　标	Item	2015	2016	2016 年比上年增长% Increase Rate in 2016 Over 2015(%)
年末牲畜存栏头数(万头只)	Total Livestock at the Year－end(10 000 heads)	72.08	70.20	－2.6
#大牲畜(万头只)	Large Animals(10 000 heads)	15.49	14.57	－5.9
羊(万只)	Sheep & Goats(10 000 heads)	56.18	55.24	－1.7
猪(万头)	Hogs(10 000 heads)	0.41	0.39	－4.2
规模以上工业	**Industrial Enterprises above Designated size**			
工业企业单位数(个)	Number of Industrial Enterprises(unit)	17	11	－35.3
#内资企业(个)	Civil Funded Enterprises(unit)	13	8	－38.5
工业总产值(万元)	Gross Industrial Output Value(10 000 yuan)	857020	874448	2.0
内资企业(万元)	Civil Funded Enterprises(10 000 yuan)	714377	692962	－3.0
国有企业(万元)	State－owned Enterprises(10 000 yuan)	19101		
集体企业(万元)	Collective－owned Enterprises(10 000 yuan)			
股份合作企业(万元)	Share Holding Enterprises(10 000 yuan)			
联营企业(万元)	Joint Owned Enterprises(10 000 yuan)			
有限责任公司(万元)	Limited Company(10 000 yuan)			
股份有限公司(万元)	Share Holding Limited Company(10 000 yuan)	604371	692962	14.7
私营企业(万元)	Privately Owned Enterprises(10 000 yuan)			
其他企业(万元)	Enterprises of Other Ownership(10 000 yuan)	90905		
港澳台商投资企业(万元)	Funds from HK, Macao & Taiwan(10 000 yuan)	140067	178628	27.5
外商投资企业(万元)	Foreign Funded Enterprises(10 000 yuan)	2576	2858	10.9
工业企业增加值(万元)	Value Added of Industrial Enterprises(10 000 yuan)			8.1
工业企业资产总计(万元)	Total Assets of Industrial Enterprises(10 000 yuan)	2341337	2401030	2.5
工业企业负债合计(万元)	Total Liabilities of Industrial Enterprises(10 000 yuan)	1592825	1662869	4.4
工业企业产品销售收入(万元)	Sales of Revenue Industrial Enterprises(10 000 yuan)	746467	783900	5.0
工业企业利润总额(万元)	Total Profits of Industrial Enterprises(10 000 yuan)	92815	61243	－34.0
建筑业	**Construction**			
建筑企业单位数(个)	Number of Construction Enterprises(unit)	1	1	0.0
建筑企业从业人员(人)	Number of Employee in Construction Enterprises(person)	159	189	18.9
建筑业总产值(万元)	Gross Construction Output Value(10 000 yuan)	1357	3966	192.2
交通运输邮电通信业	**Transportation, Post & Telecommunications**			
公路里程(公里)	Total Length of Highways(km)	1388	1486	7.1
邮电业务总量(万元)	Business Volume of Post & Telecoms(10 000 yuan)	7437	6944	－6.6
本地电话用户(户)	Number of Subscribers of Local Telephone(Household)	82230	81598	－0.8
国内贸易	**Domestic Trade**			
社会消费品零售总额(万元)	Total Retail Sales of Consumer Goods(10 000 yuan)	56463	62081	9.9
城镇(万元)	Town(10 000 yuan)	38579	42400	9.9
乡村(万元)	Village(10 000 yuan)	17884	19681	10.0
科技教育卫生	**Science, Education & Public Health**			
各类专业技术人员(人)	Special Technical Personnel(person)	1728	1487	－13.9
幼儿园数(所)	Number of Kindergartens(unit)	3	3	0.0
学龄儿童入学率(%)	Percentage of School－Age Children Enrolled(%)	100.0	100.0	0.0
小学学校数(所)	Number of Primary Schools(unit)	7	7	0.0
小学专任教师数(人)	Number of Full－time Teachers of Primary Schools(person)	404	439	8.7
小学在校学生数(人)	Number of Student Enrollment of Primary Schools(person)	2172	2129	－2.0
普通中学学校数(所)	Number of Regular Secondary Schools(unit)	3	3	0.0
普通中学专任教师数(人)	Number of Teachers of Secondary Shools(person)	244	242	－0.8
初中在校学生数(人)	Number of Student in Junior Secondary Schools(person)	1079	987	－8.5
高中在校学生数(人)	Number of Student in Senior Secondary Schools(person)			
卫生机构数(所)	Number of Health Institutions(unit)	16	16	0.0
#医院(所)	Hospitals(unit)	6	6	0.0
卫生院(所)	Township Hospitals(unit)	7	7	0.0
床位数(张)	Number of Beds(unit)	215	238	10.7
#医院(张)	Hospitals(unit)	160	164	2.5
卫生院(张)	Township Hospitals(unit)	55	74	34.5
卫生技术人员(人)	Medical Technical Presonnel(person)	401	405	1.0
#医院(人)	Hospitals(person)	265	267	0.8
卫生院(人)	Township Hospitals(person)	136	138	1.5

23－35 呼伦贝尔市新巴尔虎左旗

指　标	Item	2015	2016	2016 年比上年增长% Increase Rate in 2016 Over 2015(%)
行政区域土地面积(平方公里)	**Area of Administration(Sq. km)**	**21634**	**21634**	**0.0**
人口和就业	**Population & Employment**			
年末户籍人口(人)	The Registered Population Year－end(person)	42052	42093	0.1
# 男性(人)	Male(person)	20857	21128	1.3
# 乡村人口(人)	Rural(person)	23664	23818	0.7
年末常住人口(人)	Permanet Resident Population Year－end(person)			
# 男性(人)	Male(person)			
年末总户数(户)	Total Number of Households at the Year－end(Household)	19543	20531	5.1
# 乡村户数(户)	Number of Rural Household(Household)	9189	9918	7.9
出生人口(人)	Births(person)	361	399	10.9
死亡人口(人)	Deaths(person)	304	312	2.6
全社会就业人员(人)	Employment(person)	28933	28273	－2.3
第一产业(人)	Primary Industry(person)	15163	16234	7.1
第二产业(人)	Secondary Industry(person)	2694	2121	－21.3
第三产业(人)	Tertiary Industry(person)	11076	9918	－10.5
在岗职工人数(人)	Number of Staff & Workers Employed in(person)	4682	4678	－0.1
乡村劳动力(人)	Number of Rural Laborers(person)	17400	17307	－0.5
# 农林牧渔业(人)	Farming, Forestry, Animal Husbandry & Fishery(person)	13800	14637	6.1
国民经济综合指标	**Summary Item on the National Economy**			
生产总值(万元)	Gross Domestic Product(10 000 yuan)		286764	6.0
第一产业(万元)	Primary Industry(10 000 yuan)		64338	3.9
第二产业(万元)	Secondary Industry(10 000 yuan)		97102	4.6
# 工业(万元)	Industry(10 000 yuan)		29008	5.1
第三产业(万元)	Tertiary Industry(10 000 yuan)		125324	9.4
人均生产总值(元)	Per Capita GDP(yuan)		68159	7.1
全社会固定资产投资(万元)	Total Investment in Fixed Assets(10 000 yuan)	262160	300505	14.6
按登记注册类型分	Grouped by Registered Type			
# 国有(万元)	State－owned Enterprises(10 000 yuan)	113472	159582	40.6
集体(万元)	Collective－owned Enterprises(10 000 yuan)			
有限责任公司(万元)	Limited Liability Corporations(10 000 yuan)	102274	33003	－67.7
股份有限公司(万元)	Share Holding Enterprises(10 000 yuan)	4001	2000	－50.0
私营企业(万元)	Private Enterprises(10 000 yuan)	33263	105920	218.4
外商及港澳台投资企业(万元)	Funds from HK, Macao, Taiwan & Foreign(10 000 yuan)			
一般公共预算收入(万元)	General Public Budget Revenue(10 000 yuan)	19875	9564	－51.9
一般公共预算支出(万元)	General Public Budget Expenditure(10 000 yuan)	101766	119378	17.3
住户存款余额(万元)	The balance of savings deposits of Households(10 000 yuan)	52756	59953	13.6
在岗职工工资总额(万元)	Total Wages of Staff & Workers Employed in(10 000 yuan)	25412	30296	19.2
在岗职工平均工资(元)	Average Wage of Staff & Workers Employed in(yuan)	54613	64735	18.5
全体居民人均可支配收入(元)	The per capita disposable income of all residents(yuan)	19056	20571	8.0
城镇常住居民人均可支配收入(元)	The per capita disposable income of urban permanent residents(yuan)	21379	22876	7.0
农村牧区常住居民人均可支配收入(元)	The per capita disposable income of permanent residents of rural and pastoral areas(yuan)	16831	18110	7.6
农村牧区经济	**Economic Development in Rural & Pastoral Area**			
农作物总播种面积(公顷)	Total Sown Area(hectare)	27985	27846	－0.5
# 粮食作物播种面积(公顷)	Sown Area of Grain Crops(hectare)	21304	21114	－0.9
农牧业机械总动力(万千瓦)	Total Power of Agricultural Machinery(10 000 kw)	19.21	19.54	1.7
化肥施用折纯量(吨)	Consumption of Chemical Fertilizer(ton)	650	650	0.0
农村用电量(万千瓦小时)	Electricity Consumed in Rural Area(10 000 kwh)	530	530	0.0
农林牧渔业总产值(万元)	Gross Output of Farming, Forestry, Animal Husbandry & Fishery(10 000 yuan)	117938	112144	3.7
粮食产量(吨)	Yield of Grain(ton)	57460	57612	0.3
油料产量(吨)	Yield of Oil－bearing Grops(ton)	10899	11001	0.9
甜菜产量(吨)	Yield of Beetroots(ton)			
猪牛羊肉产量(吨)	Output of Pork, Beef & Mutton(ton)	15424	20750	34.5
# 猪肉产量(吨)	Output of Pork(ton)	38	50	33.3
牛肉产量(吨)	Output of Beef(ton)	8070	9275	14.9
羊肉产量(吨)	Output of Mutton(ton)	7316	11425	56.2
羊毛产量(吨)	Output of Wool(ton)	2895	3003	3.7

23 – 35 Xinbaerhuzuo Banner in Hulunbeier City

指　　标	Item	2015	2016	2016 年比上年增长% Increase Rate in 2016 Over 2015(%)
年末牲畜存栏头数(万头只)	Total Livestock at the Year – end(10 000 heads)	110.85	85.16	–23.2
# 大牲畜(万头只)	Large Animals(10 000 heads)	18.98	17.00	–10.4
羊(万只)	Sheep & Goats(10 000 heads)	91.75	68.09	–25.8
猪(万头)	Hogs(10 000 heads)	0.13	0.07	–48.1
规模以上工业	**Industrial Enterprises above Designated size**			
工业企业单位数(个)	Number of Industrial Enterprises(unit)	8	8	0.0
# 内资企业(个)	Civil Funded Enterprises(unit)	7	7	0.0
工业总产值(万元)	Gross Industrial Output Value(10 000 yuan)	40127	37867	–5.6
内资企业(万元)	Civil Funded Enterprises(10 000 yuan)	36683	35202	–4.0
国有企业(万元)	State – owned Enterprises(10 000 yuan)	8859		
集体企业(万元)	Collective – owned Enterprises(10 000 yuan)			
股份合作企业(万元)	Share Holding Enterprises(10 000 yuan)			
联营企业(万元)	Joint Owned Enterprises(10 000 yuan)			
有限责任公司(万元)	Limited Company(10 000 yuan)	27824	35202	26.5
股份有限公司(万元)	Share Holding Limited Company(10 000 yuan)			
私营企业(万元)	Privately Owned Enterprises(10 000 yuan)			
其他企业(万元)	Enterprises of Other Ownership(10 000 yuan)			
港澳台商投资企业(万元)	Funds from HK, Macao & Taiwan(10 000 yuan)			
外商投资企业(万元)	Foreign Funded Enterprises(10 000 yuan)	3444	2665	–22.6
工业企业增加值(万元)	Value Added of Industrial Enterprises(10 000 yuan)			5.2
工业企业资产总计(万元)	Total Assets of Industrial Enterprises(10 000 yuan)	347062	311375	–10.3
工业企业负债合计(万元)	Total Liabilities of Industrial Enterprises(10 000 yuan)	118320	116480	–1.6
工业企业产品销售收入(万元)	Sales of Revenue Industrial Enterprises(10 000 yuan)	37459	33983	–9.3
工业企业利润总额(万元)	Total Profits of Industrial Enterprises(10 000 yuan)	–42901	–38159	
建筑业	**Construction**			
建筑企业单位数(个)	Number of Construction Enterprises(unit)			
建筑企业从业人员(人)	Number of Employee in Construction Enterprises(person)			
建筑业总产值(万元)	Gross Construction Output Value(10 000 yuan)			
交通运输邮电通信业	**Transportation, Post & Telecommunications**			
公路里程(公里)	Total Length of Highways(km)	1927	2038	5.8
邮电业务总量(万元)	Business Volume of Post & Telecoms(10 000 yuan)	263	280	6.6
本地电话用户(户)	Number of Subscribers of Local Telephone(Household)	5903	3497	–40.8
国内贸易	**Domestic Trade**			
社会消费品零售总额(万元)	Total Retail Sales of Consumer Goods(10 000 yuan)	63467	70036	10.4
城镇(万元)	Town(10 000 yuan)	48200	53313	10.6
乡村(万元)	Village(10 000 yuan)	15267	16723	9.5
科技教育卫生	**Science, Education & Public Health**			
各类专业技术人员(人)	Special Technical Personnel(person)	1218	1283	5.3
幼儿园数(所)	Number of Kindergartens(unit)	7	7	0.0
学龄儿童入学率(%)	Percentage of School – Age Children Enrolled(%)	100.0	100.0	0.0
小学学校数(所)	Number of Primary Schools(unit)	2	2	0.0
小学专任教师数(人)	Number of Full – time Teachers of Primary Schools(person)	207	215	3.9
小学在校学生数(人)	Number of Student Enrollment of Primary Schools(person)	1768	1817	2.8
普通中学学校数(所)	Number of Regular Secondary Schools(unit)	4	4	0.0
普通中学专任教师数(人)	Number of Teachers of Secondary Shools(person)	146	159	8.9
初中在校学生数(人)	Number of Student in Junior Secondary Schools(person)	733	780	6.4
高中在校学生数(人)	Number of Student in Senior Secondary Schools(person)			
卫生机构数(所)	Number of Health Institutions(unit)	21	21	0.0
# 医院(所)	Hospitals(unit)	2	2	0.0
卫生院(所)	Township Hospitals(unit)	12	12	0.0
床位数(张)	Number of Beds(unit)	153	151	–1.3
# 医院(张)	Hospitals(unit)	80	80	0.0
卫生院(张)	Township Hospitals(unit)	64	56	–12.5
卫生技术人员(人)	Medical Technical Presonnel(person)	329	319	–3.0
# 医院(人)	Hospitals(person)	165	171	3.6
卫生院(人)	Township Hospitals(person)	84	94	11.9

23-36 呼伦贝尔市新巴尔虎右旗

指　标	Item	2015	2016	2016年比上年增长% Increase Rate in 2016 Over 2015(%)
行政区域土地面积(平方公里)	**Area of Administration(Sq. km)**	**24839**	**24839**	**0.0**
人口和就业	**Population & Employment**			
年末户籍人口(人)	The Registered Population Year-end(person)	34987	35138	0.4
#男性(人)	Male(person)	17624	17552	-0.4
#乡村人口(人)	Rural(person)	18678	18449	-1.2
年末常住人口(人)	Permanet Resident Population Year-end(person)			
#男性(人)	Male(person)			
年末总户数(户)	Total Number of Households at the Year-end(Household)	15042	15290	1.6
#乡村户数(户)	Number of Rural Household(Household)	6150	6197	0.8
出生人口(人)	Births(person)	356	372	4.5
死亡人口(人)	Deaths(person)	224	217	-3.1
全社会就业人员(人)	Employment(person)	27586	28781	4.3
第一产业(人)	Primary Industry(person)	11430	11552	1.1
第二产业(人)	Secondary Industry(person)	5901	5839	-1.1
第三产业(人)	Tertiary Industry(person)	10255	11390	11.1
在岗职工人数(人)	Number of Staff & Workers Employed in(person)	4548	4680	2.9
乡村劳动力(人)	Number of Rural Laborers(person)	12100	13790	14.0
#农林牧渔业(人)	Farming,Forestry,Animal Husbandry & Fishery(person)	9126	9211	0.9
国民经济综合指标	**Summary Item on the National Economy**			
生产总值(万元)	Gross Domestic Product(10 000 yuan)	780260	807686	7.3
第一产业(万元)	Primary Industry(10 000 yuan)	43494	41010	3.4
第二产业(万元)	Secondary Industry(10 000 yuan)	609876	622275	7.0
#工业(万元)	Industry(10 000 yuan)	595952	607886	7.0
第三产业(万元)	Tertiary Industry(10 000 yuan)	126891	144400	10.5
人均生产总值(元)	Per Capita GDP(yuan)	220921	230356	8.1
全社会固定资产投资(万元)	Total Investment in Fixed Assets(10 000 yuan)	318653	360663	13.2
按登记注册类型分	Grouped by Registered Type			
#国有(万元)	State-owned Enterprises(10 000 yuan)	260457	173117	-33.5
集体(万元)	Collective-owned Enterprises(10 000 yuan)			
有限责任公司(万元)	Limited Liability Corporations(10 000 yuan)	36712	146578	299.3
股份有限公司(万元)	Share Holding Enterprises(10 000 yuan)			
私营企业(万元)	Private Enterprises(10 000 yuan)	19904	21952	10.3
外商及港澳台投资企业(万元)	Funds from HK,Macao,Taiwan & Foreign(10 000 yuan)			
一般公共预算收入(万元)	General Public Budget Revenue(10 000 yuan)	51420	55215	7.4
一般公共预算支出(万元)	General Public Budget Expenditure(10 000 yuan)	114835	116214	1.2
住户存款余额(万元)	The balance of savings deposits of Households(10 000 yuan)	74660	80526	7.9
在岗职工工资总额(万元)	Total Wages of Staff & Workers Employed in(10 000 yuan)	28227	29007	2.8
在岗职工平均工资(元)	Average Wage of Staff & Workers Employed in(yuan)	62546	64006	2.3
全体居民人均可支配收入(元)	The per capita disposable income of all residents(yuan)	20857	22526	8.0
城镇常住居民人均可支配收入(元)	The per capita disposable income of urban permanent residents(yuan)	24684	26511	7.4
农村牧区常住居民人均可支配收入(元)	The per capita disposable income of permanent residents of rural and pastoral areas(yuan)	16956	18194	7.3
农村牧区经济	**Economic Development in Rural & Pastoral Area**			
农作物总播种面积(公顷)	Total Sown Area(hectare)	1581	1633	3.3
#粮食作物播种面积(公顷)	Sown Area of Grain Crops(hectare)	1201	974	-18.9
农牧业机械总动力(万千瓦)	Total Power of Agricultural Machinery(10 000 kw)	5.96	6.57	10.2
化肥施用折纯量(吨)	Consumption of Chemical Fertilizer(ton)	49	52	6.1
农村用电量(万千瓦小时)	Electricity Consumed in Rural Area(10 000 kwh)	192	232	20.8
农林牧渔业总产值(万元)	Gross Output of Farming,Forestry,Animal Husbandry & Fishery(10 000 yuan)	76999	71976	3.2
粮食产量(吨)	Yield of Grain(ton)	7600	7600	0.0
油料产量(吨)	Yield of Oil-bearing Grops(ton)			
甜菜产量(吨)	Yield of Beetroots(ton)			
猪牛羊肉产量(吨)	Output of Pork, Beef & Mutton(ton)	24265	24079	-0.8
#猪肉产量(吨)	Output of Pork(ton)	41	51	24.4
牛肉产量(吨)	Output of Beef(ton)	4171	3093	-25.8
羊肉产量(吨)	Output of Mutton(ton)	20053	20935	4.4
羊毛产量(吨)	Output of Wool(ton)	1360	1501	10.4

23－36 Xinbaerhuyou Banner in Hulunbeier City

指　　标	Item	2015	2016	2016年比上年增长% Increase Rate in 2016 Over 2015(%)
年末牲畜存栏头数(万头只)	Total Livestock at the Year－end(10 000 heads)	120.97	124.30	2.8
#大牲畜(万头只)	Large Animals(10 000 heads)	6.86	9.23	34.4
羊(万只)	Sheep & Goats(10 000 heads)	114.07	115.03	0.8
猪(万头)	Hogs(10 000 heads)	0.05	0.04	－20.0
规模以上工业	**Industrial Enterprises above Designated size**			
工业企业单位数(个)	Number of Industrial Enterprises(unit)	16	17	6.3
#内资企业(个)	Civil Funded Enterprises(unit)	15	16	6.7
工业总产值(万元)	Gross Industrial Output Value(10 000 yuan)	996286	1054637	5.9
内资企业(万元)	Civil Funded Enterprises(10 000 yuan)	993797	1052122	5.9
国有企业(万元)	State－owned Enterprises(10 000 yuan)			
集体企业(万元)	Collective－owned Enterprises(10 000 yuan)			
股份合作企业(万元)	Share Holding Enterprises(10 000 yuan)			
联营企业(万元)	Joint Owned Enterprises(10 000 yuan)			
有限责任公司(万元)	Limited Company(10 000 yuan)	848459	877916	3.5
股份有限公司(万元)	Share Holding Limited Company(10 000 yuan)			
私营企业(万元)	Privately Owned Enterprises(10 000 yuan)	145338	171691	18.1
其他企业(万元)	Enterprises of Other Ownership(10 000 yuan)			
港澳台商投资企业(万元)	Funds from HK,Macao & Taiwan(10 000 yuan)			
外商投资企业(万元)	Foreign Funded Enterprises(10 000 yuan)	2489	2515	1.1
工业企业增加值(万元)	Value Added of Industrial Enterprises(10 000 yuan)			7.3
工业企业资产总计(万元)	Total Assets of Industrial Enterprises(10 000 yuan)	1894280	1810547	－4.4
工业企业负债合计(万元)	Total Liabilities of Industrial Enterprises(10 000 yuan)	909574	914468	0.5
工业企业产品销售收入(万元)	Sales of Revenue Industrial Enterprises(10 000 yuan)	956740	864116	－9.7
工业企业利润总额(万元)	Total Profits of Industrial Enterprises(10 000 yuan)	30400	41200	35.5
建筑业	**Construction**			
建筑企业单位数(个)	Number of Construction Enterprises(unit)			
建筑企业从业人员(人)	Number of Employee in Construction Enterprises(person)			
建筑业总产值(万元)	Gross Construction Output Value(10 000 yuan)			
交通运输邮电通信业	**Transportation,Post & Telecommunications**			
公路里程(公里)	Total Length of Highways(km)	1133	1117	－1.4
邮电业务总量(万元)	Business Volume of Post & Telecoms(10 000 yuan)	5691	6007	5.6
本地电话用户(户)	Number of Subscribers of Local Telephone(Household)	5479	3893	－28.9
国内贸易	**Domestic Trade**			
社会消费品零售总额(万元)	Total Retail Sales of Consumer Goods(10 000 yuan)	60208	66259	10.1
城镇(万元)	Town(10 000 yuan)	39737	43730	10.0
乡村(万元)	Village(10 000 yuan)	20471	22528	10.0
科技教育卫生	**Science,Education & Public Health**			
各类专业技术人员(人)	Special Technical Personnel(person)	1316	1317	0.1
幼儿园数(所)	Number of Kindergartens(unit)	7	7	0.0
学龄儿童入学率(%)	Percentage of School－Age Children Enrolled(%)	100.0	100.0	0.0
小学学校数(所)	Number of Primary Schools(unit)	2	2	0.0
小学专任教师数(人)	Number of Full－time Teachers of Primary Schools(person)	172	165	－4.1
小学在校学生数(人)	Number of Student Enrollment of Primary Schools(person)	1750	1785	2.0
普通中学学校数(所)	Number of Regular Secondary Schools(unit)	2	2	0.0
普通中学专任教师数(人)	Number of Teachers of Secondary Shools(person)	114	111	－2.6
初中在校学生数(人)	Number of Student in Junior Secondary Schools(person)	675	655	－3.0
高中在校学生数(人)	Number of Student in Senior Secondary Schools(person)	53	36	－32.1
卫生机构数(所)	Number of Health Institutions(unit)	28	26	－7.1
#医院(所)	Hospitals(unit)	2	2	0.0
卫生院(所)	Township Hospitals(unit)	12	11	－8.3
床位数(张)	Number of Beds(unit)	168	168	0.0
#医院(张)	Hospitals(unit)	160	160	0.0
卫生院(张)	Township Hospitals(unit)			
卫生技术人员(人)	Medical Technical Presonnel(person)	352	365	3.7
#医院(人)	Hospitals(person)	203	205	1.0
卫生院(人)	Township Hospitals(person)	89	82	－7.9

23－37 呼伦贝尔市满洲里市

指　标	Item	2015	2016	2016年比上年增长% Increase Rate in 2016 Over 2015(%)
行政区域土地面积(平方公里)	**Area of Administration(Sq. km)**	**735**	**735**	**-0.0**
人口和就业	**Population & Employment**			
年末户籍人口(人)	The Registered Population Year－end(person)	171346	172137	0.5
#男性(人)	Male(person)	85125	85404	0.3
#乡村人口(人)	Rural(person)			
年末常住人口(人)	Permanet Resident Population Year－end(person)			
#男性(人)	Male(person)			
年末总户数(户)	Total Number of Households at the Year－end(Household)	75176	75405	0.3
#乡村户数(户)	Number of Rural Household(Household)			
出生人口(人)	Births(person)	894	1287	44.0
死亡人口(人)	Deaths(person)	999	814	-18.5
全社会就业人员(人)	Employment(person)	102627	111681	8.8
第一产业(人)	Primary Industry(person)	739	689	-6.8
第二产业(人)	Secondary Industry(person)	17667	22477	27.2
第三产业(人)	Tertiary Industry(person)	84221	88515	5.1
在岗职工人数(人)	Number of Staff & Workers Employed in(person)	36069	33160	-8.1
乡村劳动力(人)	Number of Rural Laborers(person)			
#农林牧渔业(人)	Farming, Forestry, Animal Husbandry & Fishery(person)			
国民经济综合指标	**Summary Item on the National Economy**			
生产总值(万元)	Gross Domestic Product(10 000 yuan)	2257860	2415531	7.6
第一产业(万元)	Primary Industry(10 000 yuan)	38092	35616	2.6
第二产业(万元)	Secondary Industry(10 000 yuan)	580178	593640	6.8
#工业(万元)	Industry(10 000 yuan)	506456	517337	7.2
第三产业(万元)	Tertiary Industry(10 000 yuan)	1639589	1786275	8.0
人均生产总值(元)	Per Capita GDP(yuan)	90314	97400	8.5
全社会固定资产投资(万元)	Total Investment in Fixed Assets(10 000 yuan)	1101250	1250060	13.5
按登记注册类型分	Grouped by Registered Type			
#国有(万元)	State－owned Enterprises(10 000 yuan)	548610	589217	7.4
集体(万元)	Collective－owned Enterprises(10 000 yuan)			
有限责任公司(万元)	Limited Liability Corporations(10 000 yuan)	468332	465626	-0.6
股份有限公司(万元)	Share Holding Enterprises(10 000 yuan)			
私营企业(万元)	Private Enterprises(10 000 yuan)	32700	154477	372.4
外商及港澳台投资企业(万元)	Funds from HK, Macao, Taiwan & Foreign(10 000 yuan)			
一般公共预算收入(万元)	General Public Budget Revenue(10 000 yuan)	149565	160108	7.0
一般公共预算支出(万元)	General Public Budget Expenditure(10 000 yuan)	400984	436675	8.9
住户存款余额(万元)	The balance of savings deposits of Households(10 000 yuan)	1239581	1275045	2.9
在岗职工工资总额(万元)	Total Wages of Staff & Workers Employed in(10 000 yuan)	211306	211045	-0.1
在岗职工平均工资(元)	Average Wage of Staff & Workers Employed in(yuan)	59057	61874	4.8
全体居民人均可支配收入(元)	The per capita disposable income of all residents(yuan)	29661	31975	7.8
城镇常住居民人均可支配收入(元)	The per capita disposable income of urban permanent residents(yuan)	29661	31975	7.8
农村牧区常住居民人均可支配收入(元)	The per capita disposable income of permanent residents of rural and pastoral areas(yuan)			
农村牧区经济	**Economic Development in Rural & Pastoral Area**			
农作物总播种面积(公顷)	Total Sown Area(hectare)	1269	1229	-3.2
#粮食作物播种面积(公顷)	Sown Area of Grain Crops(hectare)	240	391	62.9
农牧业机械总动力(万千瓦)	Total Power of Agricultural Machinery(10 000 kw)	2.00	2.00	0.0
化肥施用折纯量(吨)	Consumption of Chemical Fertilizer(ton)	96	96	0.0
农村用电量(万千瓦小时)	Electricity Consumed in Rural Area(10 000 kwh)	100	100	0.0
农林牧渔业总产值(万元)	Gross Output of Farming, Forestry, Animal Husbandry & Fishery(10 000 yuan)	58819	55158	-6.2
粮食产量(吨)	Yield of Grain(ton)	1259	2052	63.0
油料产量(吨)	Yield of Oil－bearing Grops(ton)			
甜菜产量(吨)	Yield of Beetroots(ton)			
猪牛羊肉产量(吨)	Output of Pork, Beef & Mutton(ton)	2698	2520	-6.6
#猪肉产量(吨)	Output of Pork(ton)	1655	1555	-6.0
牛肉产量(吨)	Output of Beef(ton)	260	260	0.0
羊肉产量(吨)	Output of Mutton(ton)	783	705	-10.0
羊毛产量(吨)	Output of Wool(ton)	92	92	0.0

注：本表包括扎赉诺尔区数据。

23 – 37 Manzhouli City in Hulunbeier City

指　　标	Item	2015	2016	2016 年比上年增长% Increase Rate in 2016 Over 2015(%)
年末牲畜存栏头数(万头只)	Total Livestock at the Year – end(10 000 heads)	5.92	5.73	–3.2
# 大牲畜(万头只)	Large Animals(10 000 heads)	0.33	0.33	0.0
羊(万只)	Sheep & Goats(10 000 heads)	3.29	3.07	–6.7
猪(万头)	Hogs(10 000 heads)	2.30	2.33	1.3
规模以上工业	**Industrial Enterprises above Designated size**			
工业企业单位数(个)	Number of Industrial Enterprises(unit)	90	89	–1.1
# 内资企业(个)	Civil Funded Enterprises(unit)	85	83	–2.4
工业总产值(万元)	Gross Industrial Output Value(10 000 yuan)	1446956	1122677	–22.4
内资企业(万元)	Civil Funded Enterprises(10 000 yuan)	1312447	984728	–25.0
国有企业(万元)	State – owned Enterprises(10 000 yuan)	23622	24284	2.8
集体企业(万元)	Collective – owned Enterprises(10 000 yuan)	218138		
股份合作企业(万元)	Share Holding Enterprises(10 000 yuan)		2015	
联营企业(万元)	Joint Owned Enterprises(10 000 yuan)			
有限责任公司(万元)	Limited Company(10 000 yuan)	297469	237557	–20.1
股份有限公司(万元)	Share Holding Limited Company(10 000 yuan)	2509	2026	–19.3
私营企业(万元)	Privately Owned Enterprises(10 000 yuan)	770709	718846	–6.7
其他企业(万元)	Enterprises of Other Ownership(10 000 yuan)			
港澳台商投资企业(万元)	Funds from HK,Macao & Taiwan(10 000 yuan)	10313	34991	239.3
外商投资企业(万元)	Foreign Funded Enterprises(10 000 yuan)	124196	102958	–17.1
工业企业增加值(万元)	Value Added of Industrial Enterprises(10 000 yuan)			8.0
工业企业资产总计(万元)	Total Assets of Industrial Enterprises(10 000 yuan)	1975348	1871222	–5.3
工业企业负债合计(万元)	Total Liabilities of Industrial Enterprises(10 000 yuan)	1369322	1459801	6.6
工业企业产品销售收入(万元)	Sales of Revenue Industrial Enterprises(10 000 yuan)	1225646	1121118	–8.5
工业企业利润总额(万元)	Total Profits of Industrial Enterprises(10 000 yuan)	101544	80731	–20.5
建筑业	**Construction**			
建筑企业单位数(个)	Number of Construction Enterprises(unit)	9	8	–11.1
建筑企业从业人员(人)	Number of Employee in Construction Enterprises(person)	994	1300	30.8
建筑业总产值(万元)	Gross Construction Output Value(10 000 yuan)	26232	30952	18.0
交通运输邮电通信业	**Transportation,Post & Telecommunications**			
公路里程(公里)	Total Length of Highways(km)	451	468	3.8
邮电业务总量(万元)	Business Volume of Post & Telecoms(10 000 yuan)	36225	37000	2.1
本地电话用户(户)	Number of Subscribers of Local Telephone(Household)	27800	28000	0.7
国内贸易	**Domestic Trade**			
社会消费品零售总额(万元)	Total Retail Sales of Consumer Goods(10 000 yuan)	1316444	1451380	10.3
城镇(万元)	Town(10 000 yuan)	1316444	1451380	10.3
乡村(万元)	Village(10 000 yuan)			
科技教育卫生	**Science,Education & Public Health**			
各类专业技术人员(人)	Special Technical Personnel(person)	3999	4126	3.2
幼儿园数(所)	Number of Kindergartens(unit)	47	46	–2.1
学龄儿童入学率(%)	Percentage of School – Age Children Enrolled(%)	100.0	100.0	0.0
小学学校数(所)	Number of Primary Schools(unit)	12	11	–8.3
小学专任教师数(人)	Number of Full – time Teachers of Primary Schools(person)	640	584	–8.8
小学在校学生数(人)	Number of Student Enrollment of Primary Schools(person)	8548	8608	0.7
普通中学学校数(所)	Number of Regular Secondary Schools(unit)	13	14	7.7
普通中学专任教师数(人)	Number of Teachers of Secondary Shools(person)	1053	1093	3.8
初中在校学生数(人)	Number of Student in Junior Secondary Schools(person)	6423	6438	0.2
高中在校学生数(人)	Number of Student in Senior Secondary Schools(person)	3913	3501	–10.5
卫生机构数(所)	Number of Health Institutions(unit)	93	95	2.2
# 医院(所)	Hospitals(unit)	8	8	0.0
卫生院(所)	Township Hospitals(unit)	2	2	0.0
床位数(张)	Number of Beds(unit)	915	921	0.7
# 医院(张)	Hospitals(unit)	905	905	0.0
卫生院(张)	Township Hospitals(unit)	10	10	0.0
卫生技术人员(人)	Medical Technical Presonnel(person)	1933	2033	5.2
# 医院(人)	Hospitals(person)	1462	1535	5.0
卫生院(人)	Township Hospitals(person)	30	32	6.7

a) This table includes the data of Zhalainuoer District.

23－38 呼伦贝尔市牙克石市

指　　标	Item	2015	2016	2016 年比上年增长% Increase Rate in 2016 Over 2015(%)
行政区域土地面积(平方公里)	**Area of Administration(Sq. km)**	**27803**	**27803**	**0.0**
人口和就业	**Population & Employment**			
年末户籍人口(人)	The Registered Population Year－end(person)	339424	335827	－1.1
# 男性(人)	Male(person)	170439	168403	－1.2
# 乡村人口(人)	Rural(person)	30979	30392	－1.9
年末常住人口(人)	Permanet Resident Population Year－end(person)			
# 男性(人)	Male(person)			
年末总户数(户)	Total Number of Households at the Year－end(Household)	141552	140920	－0.4
# 乡村户数(户)	Number of Rural Household(Household)		12518	
出生人口(人)	Births(person)	1322	1484	12.3
死亡人口(人)	Deaths(person)	3145	2723	－13.4
全社会就业人员(人)	Employment(person)	119235	121857	2.2
第一产业(人)	Primary Industry(person)	34228	32607	－4.7
第二产业(人)	Secondary Industry(person)	24239	26378	8.8
第三产业(人)	Tertiary Industry(person)	60768	62872	3.5
在岗职工人数(人)	Number of Staff & Workers Employed in(person)	31524	34217	8.5
乡村劳动力(人)	Number of Rural Laborers(person)	2518	2921	16.0
# 农林牧渔业(人)	Farming, Forestry, Animal Husbandry & Fishery(person)	1763	2157	22.3
国民经济综合指标	**Summary Item on the National Economy**			
生产总值(万元)	Gross Domestic Product(10 000 yuan)	2308754	2300927	5.0
第一产业(万元)	Primary Industry(10 000 yuan)	382163	358469	3.0
第二产业(万元)	Secondary Industry(10 000 yuan)	1128569	1122794	3.6
# 工业(万元)	Industry(10 000 yuan)	970225	973950	5.1
第三产业(万元)	Tertiary Industry(10 000 yuan)	798022	819664	8.1
人均生产总值(元)	Per Capita GDP(yuan)	67263	68150	6.7
全社会固定资产投资(万元)	Total Investment in Fixed Assets(10 000 yuan)	1120805	824028	－26.5
按登记注册类型分	Grouped by Registered Type			
# 国有(万元)	State－owned Enterprises(10 000 yuan)	500689	313589	－37.4
集体(万元)	Collective－owned Enterprises(10 000 yuan)		65630	
有限责任公司(万元)	Limited Liability Corporations(10 000 yuan)	594464	258425	－56.5
股份有限公司(万元)	Share Holding Enterprises(10 000 yuan)	4752	56338	1085.6
私营企业(万元)	Private Enterprises(10 000 yuan)	13100	130046	892.7
外商及港澳台投资企业(万元)	Funds from HK, Macao, Taiwan & Foreign(10 000 yuan)			
一般公共预算收入(万元)	General Public Budget Revenue(10 000 yuan)	59859	67366	12.5
一般公共预算支出(万元)	General Public Budget Expenditure(10 000 yuan)	281038	355683	26.6
住户存款余额(万元)	The balance of savings deposits of Households(10 000 yuan)	1145496	1223146	6.8
在岗职工工资总额(万元)	Total Wages of Staff & Workers Employed in(10 000 yuan)	176689	180450	2.1
在岗职工平均工资(元)	Average Wage of Staff & Workers Employed in(yuan)	49828	56440	13.3
全体居民人均可支配收入(元)	The per capita disposable income of all residents(yuan)	26140	28153	7.7
城镇常住居民人均可支配收入(元)	The per capita disposable income of urban permanent residents(yuan)	26140	28153	7.7
农村牧区常住居民人均可支配收入(元)	The per capita disposable income of permanent residents of rural and pastoral areas(yuan)			
农村牧区经济	**Economic Development in Rural & Pastoral Area**			
农作物总播种面积(公顷)	Total Sown Area(hectare)	126996	135549	6.7
# 粮食作物播种面积(公顷)	Sown Area of Grain Crops(hectare)	85378	92053	7.8
农牧业机械总动力(万千瓦)	Total Power of Agricultural Machinery(10 000 kw)	34.70	35.90	3.5
化肥施用折纯量(吨)	Consumption of Chemical Fertilizer(ton)	10200	10165	－0.3
农村用电量(万千瓦小时)	Electricity Consumed in Rural Area(10 000 kwh)	1989	1310	－34.1
农林牧渔业总产值(万元)	Gross Output of Farming, Forestry, Animal Husbandry & Fishery(10 000 yuan)	619736	587427	2.8
粮食产量(吨)	Yield of Grain(ton)	570500	561820	－1.5
油料产量(吨)	Yield of Oil－bearing Grops(ton)	58419	65840	12.7
甜菜产量(吨)	Yield of Beetroots(ton)	1400	1200	－14.3
猪牛羊肉产量(吨)	Output of Pork, Beef & Mutton(ton)	24624	23695	－3.8
# 猪肉产量(吨)	Output of Pork(ton)	8290	8290	0.0
牛肉产量(吨)	Output of Beef(ton)	11165	8592	－23.1
羊肉产量(吨)	Output of Mutton(ton)	5169	6813	31.8
羊毛产量(吨)	Output of Wool(ton)	590	600	1.7

23 –38 Yakeshi City in Hulunbeier City

指　　标	Item	2015	2016	2016 年比上年增长% Increase Rate in 2016 Over 2015(%)
年末牲畜存栏头数(万头只)	Total Livestock at the Year – end(10 000 heads)	31.23	29.95	–4.1
# 大牲畜(万头只)	Large Animals(10 000 heads)	5.85	6.58	12.5
羊(万只)	Sheep & Goats(10 000 heads)	22.59	20.78	–8.0
猪(万头)	Hogs(10 000 heads)	2.79	2.58	–7.5
规模以上工业	**Industrial Enterprises above Designated size**			
工业企业单位数(个)	Number of Industrial Enterprises(unit)	66	66	0.0
# 内资企业(个)	Civil Funded Enterprises(unit)	64	64	0.0
工业总产值(万元)	Gross Industrial Output Value(10 000 yuan)	2507967	2075944	–17.2
内资企业(万元)	Civil Funded Enterprises(10 000 yuan)	2458224	2038263	–17.1
国有企业(万元)	State – owned Enterprises(10 000 yuan)	136283	128069	–6.0
集体企业(万元)	Collective – owned Enterprises(10 000 yuan)			
股份合作企业(万元)	Share Holding Enterprises(10 000 yuan)			
联营企业(万元)	Joint Owned Enterprises(10 000 yuan)			
有限责任公司(万元)	Limited Company(10 000 yuan)	780153	400000	–48.7
股份有限公司(万元)	Share Holding Limited Company(10 000 yuan)	339156	244948	–27.8
私营企业(万元)	Privately Owned Enterprises(10 000 yuan)	1202632	1265246	5.2
其他企业(万元)	Enterprises of Other Ownership(10 000 yuan)			
港澳台商投资企业(万元)	Funds from HK, Macao & Taiwan(10 000 yuan)	49743	37681	–24.3
外商投资企业(万元)	Foreign Funded Enterprises(10 000 yuan)			
工业企业增加值(万元)	Value Added of Industrial Enterprises(10 000 yuan)			5.3
工业企业资产总计(万元)	Total Assets of Industrial Enterprises(10 000 yuan)	1860679	2151546	15.6
工业企业负债合计(万元)	Total Liabilities of Industrial Enterprises(10 000 yuan)	1034071	1189493	15.0
工业企业产品销售收入(万元)	Sales of Revenue Industrial Enterprises(10 000 yuan)	2446041	2080445	–14.9
工业企业利润总额(万元)	Total Profits of Industrial Enterprises(10 000 yuan)	306710	173702	–43.4
建筑业	**Construction**			
建筑企业单位数(个)	Number of Construction Enterprises(unit)	7	7	0.0
建筑企业从业人员(人)	Number of Employee in Construction Enterprises(person)	2277	1335	–41.4
建筑业总产值(万元)	Gross Construction Output Value(10 000 yuan)	63252	64130	1.4
交通运输邮电通信业	**Transportation, Post & Telecommunications**			
公路里程(公里)	Total Length of Highways(km)	2068	2068	0.0
邮电业务总量(万元)	Business Volume of Post & Telecoms(10 000 yuan)	21846	21637	–1.0
本地电话用户(户)	Number of Subscribers of Local Telephone(Household)	295000	278000	–5.8
国内贸易	**Domestic Trade**			
社会消费品零售总额(万元)	Total Retail Sales of Consumer Goods(10 000 yuan)	591385	650137	10.0
城镇(万元)	Town(10 000 yuan)	447658	462732	3.4
乡村(万元)	Village(10 000 yuan)	143727	188133	30.9
科技教育卫生	**Science, Education & Public Health**			
各类专业技术人员(人)	Special Technical Personnel(person)	6247	6381	2.1
幼儿园数(所)	Number of Kindergartens(unit)	39	39	0.0
学龄儿童入学率(%)	Percentage of School – Age Children Enrolled(%)	100.0	100.0	0.0
小学学校数(所)	Number of Primary Schools(unit)	16	16	0.0
小学专任教师数(人)	Number of Full – time Teachers of Primary Schools(person)	1122	1012	–9.8
小学在校学生数(人)	Number of Student Enrollment of Primary Schools(person)	8283	7832	–5.4
普通中学学校数(所)	Number of Regular Secondary Schools(unit)	21	21	0.0
普通中学专任教师数(人)	Number of Teachers of Secondary Shools(person)	1450	1438	–0.8
初中在校学生数(人)	Number of Student in Junior Secondary Schools(person)	5047	4564	–9.6
高中在校学生数(人)	Number of Student in Senior Secondary Schools(person)	7169	8044	12.2
卫生机构数(所)	Number of Health Institutions(unit)	218	223	2.3
# 医院(所)	Hospitals(unit)	12	9	–25.0
卫生院(所)	Township Hospitals(unit)	16	16	0.0
床位数(张)	Number of Beds(unit)	3320	3397	2.3
# 医院(张)	Hospitals(unit)	2856	2814	–1.5
卫生院(张)	Township Hospitals(unit)	207	209	1.0
卫生技术人员(人)	Medical Technical Presonnel(person)	3403	3464	1.8
# 医院(人)	Hospitals(person)	2763	2812	1.8
卫生院(人)	Township Hospitals(person)	197	198	0.5

23-39 呼伦贝尔市扎兰屯市

指　标	Item	2015	2016	2016年比上年增长% Increase Rate in 2016 Over 2015(%)
行政区域土地面积(平方公里)	**Area of Administration(Sq.km)**	**16800**	**16800**	**0.0**
人口和就业	**Population & Employment**			
年末户籍人口(人)	The Registered Population Year-end(person)	411091	412011	0.2
#男性(人)	Male(person)	211355	211641	0.1
#乡村人口(人)	Rural(person)	233132	233997	0.4
年末常住人口(人)	Permanet Resident Population Year-end(person)			
#男性(人)	Male(person)			
年末总户数(户)	Total Number of Households at the Year-end(Household)	164770	166740	1.2
#乡村户数(户)	Number of Rural Household(Household)	100862	101911	1.0
出生人口(人)	Births(person)	2802	4002	42.8
死亡人口(人)	Deaths(person)	2499	2128	-14.8
全社会就业人员(人)	Employment(person)	227999	230042	0.9
第一产业(人)	Primary Industry(person)	139632	137012	-1.9
第二产业(人)	Secondary Industry(person)	25062	25304	1.0
第三产业(人)	Tertiary Industry(person)	63305	67726	7.0
在岗职工人数(人)	Number of Staff & Workers Employed in(person)	30440	31089	2.1
乡村劳动力(人)	Number of Rural Laborers(person)	188828	188829	0.0
#农林牧渔业(人)	Farming,Forestry,Animal Husbandry & Fishery(person)	130291	137632	5.6
国民经济综合指标	**Summary Item on the National Economy**			
生产总值(万元)	Gross Domestic Product(10 000 yuan)	1815034	1879193	7.5
第一产业(万元)	Primary Industry(10 000 yuan)	423886	402692	4.3
第二产业(万元)	Secondary Industry(10 000 yuan)	941656	966263	6.9
#工业(万元)	Industry(10 000 yuan)	777367	795731	7.4
第三产业(万元)	Tertiary Industry(10 000 yuan)	449492	510238	11.7
人均生产总值(元)	Per Capita GDP(yuan)	43598	45661	8.7
全社会固定资产投资(万元)	Total Investment in Fixed Assets(10 000 yuan)	1164217	1302584	11.9
按登记注册类型分	Grouped by Registered Type			
#国有(万元)	State-owned Enterprises(10 000 yuan)	718104	794095	10.6
集体(万元)	Collective-owned Enterprises(10 000 yuan)			
有限责任公司(万元)	Limited Liability Corporations(10 000 yuan)	333762	453933	36.0
股份有限公司(万元)	Share Holding Enterprises(10 000 yuan)	112351	11238	-90.0
私营企业(万元)	Private Enterprises(10 000 yuan)		43318	
外商及港澳台投资企业(万元)	Funds from HK,Macao,Taiwan & Foreign(10 000 yuan)			
一般公共预算收入(万元)	General Public Budget Revenue(10 000 yuan)	48719	51990	6.7
一般公共预算支出(万元)	General Public Budget Expenditure(10 000 yuan)	333523	333999	0.1
住户存款余额(万元)	The balance of savings deposits of Households(10 000 yuan)	762291	842291	10.5
在岗职工工资总额(万元)	Total Wages of Staff & Workers Employed in(10 000 yuan)	179863	219495	22.0
在岗职工平均工资(元)	Average Wage of Staff & Workers Employed in(yuan)	45498	49267	8.3
全体居民人均可支配收入(元)	The per capita disposable income of all residents(yuan)	19272	20929	8.6
城镇常住居民人均可支配收入(元)	The per capita disposable income of urban permanent residents(yuan)	27088	29255	8.0
农村牧区常住居民人均可支配收入(元)	The per capita disposable income of permanent residents of rural and pastoral areas(yuan)	13170	14210	7.9
农村牧区经济	**Economic Development in Rural & Pastoral Area**			
农作物总播种面积(公顷)	Total Sown Area(hectare)	214084	219160	2.4
#粮食作物播种面积(公顷)	Sown Area of Grain Crops(hectare)	195892	200193	2.2
农牧业机械总动力(万千瓦)	Total Power of Agricultural Machinery(10 000 kw)	66.90	72.55	8.4
化肥施用折纯量(吨)	Consumption of Chemical Fertilizer(ton)	58313	59147	1.4
农村用电量(万千瓦小时)	Electricity Consumed in Rural Area(10 000 kwh)	6020	6119	1.6
农林牧渔业总产值(万元)	Gross Output of Farming,Forestry,Animal Husbandry & Fishery(10 000 yuan)	704371	677082	4.1
粮食产量(吨)	Yield of Grain(ton)	1101046	1052220	-4.4
油料产量(吨)	Yield of Oil-bearing Grops(ton)	24380	23520	-3.5
甜菜产量(吨)	Yield of Beetroots(ton)			
猪牛羊肉产量(吨)	Output of Pork, Beef & Mutton(ton)	51348	59716	16.3
#猪肉产量(吨)	Output of Pork(ton)	5603	6760	20.6
牛肉产量(吨)	Output of Beef(ton)	20050	21842	8.9
羊肉产量(吨)	Output of Mutton(ton)	25695	31114	21.1
羊毛产量(吨)	Output of Wool(ton)	6630	6850	3.3

23 – 39 Zhalantun City in Hulunbeier City

指　标	Item	2015	2016	2016 年比上年增长% Increase Rate in 2016 Over 2015(%)
年末牲畜存栏头数(万头只)	Total Livestock at the Year – end(10 000 heads)	138.32	124.71	-9.8
#大牲畜(万头只)	Large Animals(10 000 heads)	15.52	13.02	-16.1
羊(万只)	Sheep & Goats(10 000 heads)	115.20	104.15	-9.6
猪(万头)	Hogs(10 000 heads)	7.60	7.54	-0.8
规模以上工业	**Industrial Enterprises above Designated size**			
工业企业单位数(个)	Number of Industrial Enterprises(unit)	62	63	1.6
#内资企业(个)	Civil Funded Enterprises(unit)	62	63	1.6
工业总产值(万元)	Gross Industrial Output Value(10 000 yuan)	2406412	2676125	11.2
内资企业(万元)	Civil Funded Enterprises(10 000 yuan)	2406412	2676125	11.2
国有企业(万元)	State – owned Enterprises(10 000 yuan)	106509	119917	12.6
集体企业(万元)	Collective – owned Enterprises(10 000 yuan)			
股份合作企业(万元)	Share Holding Enterprises(10 000 yuan)	92377	114127	23.5
联营企业(万元)	Joint Owned Enterprises(10 000 yuan)			
有限责任公司(万元)	Limited Company(10 000 yuan)	557312	639968	14.8
股份有限公司(万元)	Share Holding Limited Company(10 000 yuan)	644035	672057	4.4
私营企业(万元)	Privately Owned Enterprises(10 000 yuan)	1006179	1130056	12.3
其他企业(万元)	Enterprises of Other Ownership(10 000 yuan)			
港澳台商投资企业(万元)	Funds from HK, Macao & Taiwan(10 000 yuan)			
外商投资企业(万元)	Foreign Funded Enterprises(10 000 yuan)			
工业企业增加值(万元)	Value Added of Industrial Enterprises(10 000 yuan)			8.0
工业企业资产总计(万元)	Total Assets of Industrial Enterprises(10 000 yuan)	937332	967195	3.2
工业企业负债合计(万元)	Total Liabilities of Industrial Enterprises(10 000 yuan)	613003	574423	-6.3
工业企业产品销售收入(万元)	Sales of Revenue Industrial Enterprises(10 000 yuan)	2326815	2650771	13.9
工业企业利润总额(万元)	Total Profits of Industrial Enterprises(10 000 yuan)	51048	98448	92.9
建筑业	**Construction**			
建筑企业单位数(个)	Number of Construction Enterprises(unit)	9	9	0.0
建筑企业从业人员(人)	Number of Employee in Construction Enterprises(person)	1988	2604	31.0
建筑业总产值(万元)	Gross Construction Output Value(10 000 yuan)	267904	393698	46.9
交通运输邮电通信业	**Transportation, Post & Telecommunications**			
公路里程(公里)	Total Length of Highways(km)	2783	2859	2.7
邮电业务总量(万元)	Business Volume of Post & Telecoms(10 000 yuan)	6067	6832	12.6
本地电话用户(户)	Number of Subscribers of Local Telephone(Household)	34924	35021	0.3
国内贸易	**Domestic Trade**			
社会消费品零售总额(万元)	Total Retail Sales of Consumer Goods(10 000 yuan)	610476	671828	10.0
城镇(万元)	Town(10 000 yuan)	505870	559393	10.6
乡村(万元)	Village(10 000 yuan)	104606	112445	7.5
科技教育卫生	**Science, Education & Public Health**			
各类专业技术人员(人)	Special Technical Personnel(person)	9036	9171	1.5
幼儿园数(所)	Number of Kindergartens(unit)	65	61	-6.2
学龄儿童入学率(%)	Percentage of School – Age Children Enrolled(%)	100.0	100.0	0.0
小学学校数(所)	Number of Primary Schools(unit)	16	14	-12.5
小学专任教师数(人)	Number of Full – time Teachers of Primary Schools(person)	1592	1234	-22.5
小学在校学生数(人)	Number of Student Enrollment of Primary Schools(person)	17955	18230	1.5
普通中学学校数(所)	Number of Regular Secondary Schools(unit)	21	21	0.0
普通中学专任教师数(人)	Number of Teachers of Secondary Shools(person)	1443	1058	-26.7
初中在校学生数(人)	Number of Student in Junior Secondary Schools(person)	7684	7854	2.2
高中在校学生数(人)	Number of Student in Senior Secondary Schools(person)	4481	4149	-7.4
卫生机构数(所)	Number of Health Institutions(unit)	286	280	-2.1
#医院(所)	Hospitals(unit)	10	8	-20.0
卫生院(所)	Township Hospitals(unit)	21	21	0.0
床位数(张)	Number of Beds(unit)	2114	2088	-1.2
#医院(张)	Hospitals(unit)	1616	1584	-2.0
卫生院(张)	Township Hospitals(unit)	383	421	9.9
卫生技术人员(人)	Medical Technical Presonnel(person)	2375	2063	-13.1
#医院(人)	Hospitals(person)	1601	1587	-0.9
卫生院(人)	Township Hospitals(person)	617	412	-33.2

23－40 呼伦贝尔市额尔古纳市

指　标	Item	2015	2016	2016 年比上年增长% Increase Rate in 2016 Over 2015(%)
行政区域土地面积(平方公里)	**Area of Administration(Sq. km)**	**28958**	**28958**	**0.0**
人口和就业	**Population & Employment**			
年末户籍人口(人)	The Registered Population Year－end(person)	81166	80991	－0.2
# 男性(人)	Male(person)	41073	40942	－0.3
# 乡村人口(人)	Rural(person)	22155	22110	－0.2
年末常住人口(人)	Permanet Resident Population Year－end(person)			
# 男性(人)	Male(person)			
年末总户数(户)	Total Number of Households at the Year－end(Household)	33268	33562	0.9
# 乡村户数(户)	Number of Rural Household(Household)	716	792	10.6
出生人口(人)	Births(person)	375	488	30.1
死亡人口(人)	Deaths(person)	499	449	－10.0
全社会就业人员(人)	Employment(person)	49212	49470	0.5
第一产业(人)	Primary Industry(person)	18565	18500	－0.4
第二产业(人)	Secondary Industry(person)	5808	6370	9.7
第三产业(人)	Tertiary Industry(person)	24839	24600	－1.0
在岗职工人数(人)	Number of Staff & Workers Employed in(person)	13964	14285	2.3
乡村劳动力(人)	Number of Rural Laborers(person)	1221	1280	4.8
# 农林牧渔业(人)	Farming, Forestry, Animal Husbandry & Fishery(person)	991	1078	8.8
国民经济综合指标	**Summary Item on the National Economy**			
生产总值(万元)	Gross Domestic Product(10 000 yuan)	461181	477728	7.2
第一产业(万元)	Primary Industry(10 000 yuan)	154073	145137	3.4
第二产业(万元)	Secondary Industry(10 000 yuan)	130203	133567	6.7
# 工业(万元)	Industry(10 000 yuan)	103008	105502	7.5
第三产业(万元)	Tertiary Industry(10 000 yuan)	176905	199024	10.8
人均生产总值(元)	Per Capita GDP(yuan)	56128	58922	8.6
全社会固定资产投资(万元)	Total Investment in Fixed Assets(10 000 yuan)	286629	326172	13.8
按登记注册类型分	Grouped by Registered Type			
# 国有(万元)	State－owned Enterprises(10 000 yuan)	176517	236006	33.7
集体(万元)	Collective－owned Enterprises(10 000 yuan)			
有限责任公司(万元)	Limited Liability Corporations(10 000 yuan)	59040	44488	－24.6
股份有限公司(万元)	Share Holding Enterprises(10 000 yuan)	34762	2000	－94.2
私营企业(万元)	Private Enterprises(10 000 yuan)	13535	42428	213.5
外商及港澳台投资企业(万元)	Funds from HK, Macao, Taiwan & Foreign(10 000 yuan)			
一般公共预算收入(万元)	General Public Budget Revenue(10 000 yuan)	24402	26030	6.7
一般公共预算支出(万元)	General Public Budget Expenditure(10 000 yuan)	146492	168537	15.0
住户存款余额(万元)	The balance of savings deposits of Households(10 000 yuan)	277223	295019	6.4
在岗职工工资总额(万元)	Total Wages of Staff & Workers Employed in(10 000 yuan)	69328	82729	19.3
在岗职工平均工资(元)	Average Wage of Staff & Workers Employed in(yuan)	49492	58723	18.7
全体居民人均可支配收入(元)	The per capita disposable income of all residents(yuan)	22169	24031	8.4
城镇常住居民人均可支配收入(元)	The per capita disposable income of urban permanent residents(yuan)	22965	24825	8.1
农村牧区常住居民人均可支配收入(元)	The per capita disposable income of permanent residents of rural and pastoral areas(yuan)	20415	21926	7.4
农村牧区经济	**Economic Development in Rural & Pastoral Area**			
农作物总播种面积(公顷)	Total Sown Area(hectare)	160972	183577	14.0
# 粮食作物播种面积(公顷)	Sown Area of Grain Crops(hectare)	68315	74482	9.0
农牧业机械总动力(万千瓦)	Total Power of Agricultural Machinery(10 000 kw)	22.11	22.40	1.3
化肥施用折纯量(吨)	Consumption of Chemical Fertilizer(ton)	26242	26233	0.0
农村用电量(万千瓦小时)	Electricity Consumed in Rural Area(10 000 kwh)	3823	2913	－23.8
农林牧渔业总产值(万元)	Gross Output of Farming, Forestry, Animal Husbandry & Fishery(10 000 yuan)	248552	236993	3.2
粮食产量(吨)	Yield of Grain(ton)	436113	431878	－1.0
油料产量(吨)	Yield of Oil－bearing Grops(ton)	143992	141301	－1.9
甜菜产量(吨)	Yield of Beetroots(ton)			
猪牛羊肉产量(吨)	Output of Pork, Beef & Mutton(ton)	6844	9186	34.2
# 猪肉产量(吨)	Output of Pork(ton)	1081	1081	0.0
牛肉产量(吨)	Output of Beef(ton)	3463	5090	47.0
羊肉产量(吨)	Output of Mutton(ton)	2300	3015	31.1
羊毛产量(吨)	Output of Wool(ton)	659	902	36.9

23 – 40 Eerguna City in Hulunbeier City

指　　标	Item	2015	2016	2016 年比上年增长% Increase Rate in 2016 Over 2015(%)
年末牲畜存栏头数(万头只)	Total Livestock at the Year – end(10 000 heads)	37.00	32.46	–12.3
# 大牲畜(万头只)	Large Animals(10 000 heads)	9.51	7.84	–17.6
羊(万只)	Sheep & Goats(10 000 heads)	26.67	23.62	–11.4
猪(万头)	Hogs(10 000 heads)	0.82	1.00	22.0
规模以上工业	**Industrial Enterprises above Designated size**			
工业企业单位数(个)	Number of Industrial Enterprises(unit)	12	11	–8.3
# 内资企业(个)	Civil Funded Enterprises(unit)	11	11	0.0
工业总产值(万元)	Gross Industrial Output Value(10 000 yuan)	298958	320782	7.3
内资企业(万元)	Civil Funded Enterprises(10 000 yuan)	222486	255335	14.8
国有企业(万元)	State – owned Enterprises(10 000 yuan)	10356	11240	8.5
集体企业(万元)	Collective – owned Enterprises(10 000 yuan)			
股份合作企业(万元)	Share Holding Enterprises(10 000 yuan)	214118	244095	14.0
联营企业(万元)	Joint Owned Enterprises(10 000 yuan)			
有限责任公司(万元)	Limited Company(10 000 yuan)			
股份有限公司(万元)	Share Holding Limited Company(10 000 yuan)			
私营企业(万元)	Privately Owned Enterprises(10 000 yuan)			
其他企业(万元)	Enterprises of Other Ownership(10 000 yuan)			
港澳台商投资企业(万元)	Funds from HK, Macao & Taiwan(10 000 yuan)			
外商投资企业(万元)	Foreign Funded Enterprises(10 000 yuan)	74319	65447	–11.9
工业企业增加值(万元)	Value Added of Industrial Enterprises(10 000 yuan)			8.1
工业企业资产总计(万元)	Total Assets of Industrial Enterprises(10 000 yuan)	308550	323531	4.9
工业企业负债合计(万元)	Total Liabilities of Industrial Enterprises(10 000 yuan)	229525	236664	3.1
工业企业产品销售收入(万元)	Sales of Revenue Industrial Enterprises(10 000 yuan)	297429	335781	12.9
工业企业利润总额(万元)	Total Profits of Industrial Enterprises(10 000 yuan)	6922	1649	–76.2
建筑业	**Construction**			
建筑企业单位数(个)	Number of Construction Enterprises(unit)	4	4	0.0
建筑企业从业人员(人)	Number of Employee in Construction Enterprises(person)	5693	1320	–76.8
建筑业总产值(万元)	Gross Construction Output Value(10 000 yuan)	105682	18688	–82.3
交通运输邮电通信业	**Transportation, Post & Telecommunications**			
公路里程(公里)	Total Length of Highways(km)	2265	2397	5.8
邮电业务总量(万元)	Business Volume of Post & Telecoms(10 000 yuan)	8361	8583	2.7
本地电话用户(户)	Number of Subscribers of Local Telephone(Household)	14000	12400	–11.4
国内贸易	**Domestic Trade**			
社会消费品零售总额(万元)	Total Retail Sales of Consumer Goods(10 000 yuan)	146395	161400	10.3
城镇(万元)	Town(10 000 yuan)	121296	133668	10.2
乡村(万元)	Village(10 000 yuan)	25097	27732	10.5
科技教育卫生	**Science, Education & Public Health**			
各类专业技术人员(人)	Special Technical Personnel(person)	1687	1689	0.1
幼儿园数(所)	Number of Kindergartens(unit)	9	9	0.0
学龄儿童入学率(%)	Percentage of School – Age Children Enrolled(%)	100.0	100.0	0.0
小学学校数(所)	Number of Primary Schools(unit)	10	10	0.0
小学专任教师数(人)	Number of Full – time Teachers of Primary Schools(person)	374	373	–0.3
小学在校学生数(人)	Number of Student Enrollment of Primary Schools(person)	3218	3037	–5.6
普通中学学校数(所)	Number of Regular Secondary Schools(unit)	5	5	0.0
普通中学专任教师数(人)	Number of Teachers of Secondary Shools(person)	312	312	0.0
初中在校学生数(人)	Number of Student in Junior Secondary Schools(person)	1921	1782	–7.2
高中在校学生数(人)	Number of Student in Senior Secondary Schools(person)	1203	1124	–6.6
卫生机构数(所)	Number of Health Institutions(unit)	96	97	1.0
# 医院(所)	Hospitals(unit)	7	7	0.0
卫生院(所)	Township Hospitals(unit)	3	3	0.0
床位数(张)	Number of Beds(unit)	446	440	–1.3
# 医院(张)	Hospitals(unit)	393	387	–1.5
卫生院(张)	Township Hospitals(unit)	48	48	0.0
卫生技术人员(人)	Medical Technical Presonnel(person)	589	626	6.3
# 医院(人)	Hospitals(person)	386	384	–0.5
卫生院(人)	Township Hospitals(person)	45	42	–6.7

23-41 呼伦贝尔市根河市

指　　标	Item	2015	2016	2016年比上年增长% Increase Rate in 2016 Over 2015(%)
行政区域土地面积(平方公里)	**Area of Administration(Sq. km)**	**20010**	**20010**	**0.0**
人口和就业	**Population & Employment**			
年末户籍人口(人)	The Registered Population Year-end(person)	142021	140056	-1.4
#男性(人)	Male(person)	71699	70622	-1.5
#乡村人口(人)	Rural(person)	10442	10330	-1.1
年末常住人口(人)	Permanet Resident Population Year-end(person)			
#男性(人)	Male(person)			
年末总户数(户)	Total Number of Households at the Year-end(Household)	59216	59032	-0.3
#乡村户数(户)	Number of Rural Household(Household)	4483	4479	-0.1
出生人口(人)	Births(person)	392	449	14.5
死亡人口(人)	Deaths(person)	1306	1154	-11.6
全社会就业人员(人)	Employment(person)	55442	54490	-1.7
第一产业(人)	Primary Industry(person)	12239	10315	-15.7
第二产业(人)	Secondary Industry(person)	10579	8283	-21.7
第三产业(人)	Tertiary Industry(person)	32624	35892	10.0
在岗职工人数(人)	Number of Staff & Workers Employed in(person)	11420	10424	-8.7
乡村劳动力(人)	Number of Rural Laborers(person)			
#农林牧渔业(人)	Farming, Forestry, Animal Husbandry & Fishery(person)			
国民经济综合指标	**Summary Item on the National Economy**			
生产总值(万元)	Gross Domestic Product(10 000 yuan)	415501	429977	6.3
第一产业(万元)	Primary Industry(10 000 yuan)	108345	101627	3.0
第二产业(万元)	Secondary Industry(10 000 yuan)	109840	110624	5.0
#工业(万元)	Industry(10 000 yuan)	94914	95199	5.2
第三产业(万元)	Tertiary Industry(10 000 yuan)	197317	217725	8.8
人均生产总值(元)	Per Capita GDP(yuan)	28375	30486	10.3
全社会固定资产投资(万元)	Total Investment in Fixed Assets(10 000 yuan)	170673	191788	12.4
按登记注册类型分	Grouped by Registered Type			
#国有(万元)	State-owned Enterprises(10 000 yuan)	70240	93978	33.8
集体(万元)	Collective-owned Enterprises(10 000 yuan)			
有限责任公司(万元)	Limited Liability Corporations(10 000 yuan)	10520	42410	303.1
股份有限公司(万元)	Share Holding Enterprises(10 000 yuan)	7000		
私营企业(万元)	Private Enterprises(10 000 yuan)	27850	49900	79.2
外商及港澳台投资企业(万元)	Funds from HK, Macao, Taiwan & Foreign(10 000 yuan)	5963		
一般公共预算收入(万元)	General Public Budget Revenue(10 000 yuan)	17993	12240	-32.0
一般公共预算支出(万元)	General Public Budget Expenditure(10 000 yuan)	130912	165274	26.2
住户存款余额(万元)	The balance of savings deposits of Households(10 000 yuan)	519815	546439	5.1
在岗职工工资总额(万元)	Total Wages of Staff & Workers Employed in(10 000 yuan)	68941	67908	-1.5
在岗职工平均工资(元)	Average Wage of Staff & Workers Employed in(yuan)	58524	66259	13.2
全体居民人均可支配收入(元)	The per capita disposable income of all residents(yuan)	19151	20712	8.1
城镇常住居民人均可支配收入(元)	The per capita disposable income of urban permanent residents(yuan)	21488	23100	7.5
农村牧区常住居民人均可支配收入(元)	The per capita disposable income of permanent residents of rural and pastoral areas(yuan)	10875	11691	7.5
农村牧区经济	**Economic Development in Rural & Pastoral Area**			
农作物总播种面积(公顷)	Total Sown Area(hectare)	3218	3114	-3.2
#粮食作物播种面积(公顷)	Sown Area of Grain Crops(hectare)	1784	1747	-2.1
农牧业机械总动力(万千瓦)	Total Power of Agricultural Machinery(10 000 kw)	3.10	1.87	-39.7
化肥施用折纯量(吨)	Consumption of Chemical Fertilizer(ton)	442	235	-46.8
农村用电量(万千瓦小时)	Electricity Consumed in Rural Area(10 000 kwh)			
农林牧渔业总产值(万元)	Gross Output of Farming, Forestry, Animal Husbandry & Fishery(10 000 yuan)	171438	161643	2.8
粮食产量(吨)	Yield of Grain(ton)	6807	4600	-32.4
油料产量(吨)	Yield of Oil-bearing Grops(ton)	1857	1779	-4.2
甜菜产量(吨)	Yield of Beetroots(ton)			
猪牛羊肉产量(吨)	Output of Pork, Beef & Mutton(ton)	2963	2607	-12.0
#猪肉产量(吨)	Output of Pork(ton)	2119	1794	-15.3
牛肉产量(吨)	Output of Beef(ton)	588	586	-0.3
羊肉产量(吨)	Output of Mutton(ton)	256	227	-11.3
羊毛产量(吨)	Output of Wool(ton)	2		

23 - 41 Genhe City in Hulunbeier City

指　　标	Item	2015	2016	2016 年比上年增长% Increase Rate in 2016 Over 2015(%)
年末牲畜存栏头数(万头只)	Total Livestock at the Year - end(10 000 heads)	1.95	1.91	-2.1
#大牲畜(万头只)	Large Animals(10 000 heads)	0.20	0.20	0.0
羊(万只)	Sheep & Goats(10 000 heads)	0.71	0.63	-11.3
猪(万头)	Hogs(10 000 heads)	1.04	1.08	3.8
规模以上工业	**Industrial Enterprises above Designated size**			
工业企业单位数(个)	Number of Industrial Enterprises(unit)	13	6	-53.8
#内资企业(个)	Civil Funded Enterprises(unit)	13	6	-53.8
工业总产值(万元)	Gross Industrial Output Value(10 000 yuan)	137994	136462	5.2
内资企业(万元)	Civil Funded Enterprises(10 000 yuan)	137994	136462	5.2
国有企业(万元)	State - owned Enterprises(10 000 yuan)	11064	11912	7.7
集体企业(万元)	Collective - owned Enterprises(10 000 yuan)			
股份合作企业(万元)	Share Holding Enterprises(10 000 yuan)			
联营企业(万元)	Joint Owned Enterprises(10 000 yuan)			
有限责任公司(万元)	Limited Company(10 000 yuan)			
股份有限公司(万元)	Share Holding Limited Company(10 000 yuan)	126931	124550	5.0
私营企业(万元)	Privately Owned Enterprises(10 000 yuan)			
其他企业(万元)	Enterprises of Other Ownership(10 000 yuan)			
港澳台商投资企业(万元)	Funds from HK, Macao & Taiwan(10 000 yuan)			
外商投资企业(万元)	Foreign Funded Enterprises(10 000 yuan)			
工业企业增加值(万元)	Value Added of Industrial Enterprises(10 000 yuan)			5.4
工业企业资产总计(万元)	Total Assets of Industrial Enterprises(10 000 yuan)	240630	230465	10.0
工业企业负债合计(万元)	Total Liabilities of Industrial Enterprises(10 000 yuan)	215142	226434	14.0
工业企业产品销售收入(万元)	Sales of Revenue Industrial Enterprises(10 000 yuan)	133149	131546	1.2
工业企业利润总额(万元)	Total Profits of Industrial Enterprises(10 000 yuan)	29819	31737	2.7
建筑业	**Construction**			
建筑企业单位数(个)	Number of Construction Enterprises(unit)	10	10	0.0
建筑企业从业人员(人)	Number of Employee in Construction Enterprises(person)	1742	1172	-32.7
建筑业总产值(万元)	Gross Construction Output Value(10 000 yuan)	120138	56139	-53.3
交通运输邮电通信业	**Transportation, Post & Telecommunications**			
公路里程(公里)	Total Length of Highways(km)	979	2677	173.4
邮电业务总量(万元)	Business Volume of Post & Telecoms(10 000 yuan)	7577	6878	-9.2
本地电话用户(户)	Number of Subscribers of Local Telephone(Household)	11803	9539	-19.2
国内贸易	**Domestic Trade**			
社会消费品零售总额(万元)	Total Retail Sales of Consumer Goods(10 000 yuan)	196253	216958	10.6
城镇(万元)	Town(10 000 yuan)	196253	216958	10.6
乡村(万元)	Village(10 000 yuan)			
科技教育卫生	**Science, Education & Public Health**			
各类专业技术人员(人)	Special Technical Personnel(person)	6968	6505	-6.6
幼儿园数(所)	Number of Kindergartens(unit)	8	8	0.0
学龄儿童入学率(%)	Percentage of School - Age Children Enrolled(%)	100.0	100.0	0.0
小学学校数(所)	Number of Primary Schools(unit)	7	7	0.0
小学专任教师数(人)	Number of Full - time Teachers of Primary Schools(person)	631	656	4.0
小学在校学生数(人)	Number of Student Enrollment of Primary Schools(person)	2458	2272	-7.6
普通中学学校数(所)	Number of Regular Secondary Schools(unit)	8	8	0.0
普通中学专任教师数(人)	Number of Teachers of Secondary Shools(person)	466	475	1.9
初中在校学生数(人)	Number of Student in Junior Secondary Schools(person)	1739	1464	-15.8
高中在校学生数(人)	Number of Student in Senior Secondary Schools(person)	1471	1264	-14.1
卫生机构数(所)	Number of Health Institutions(unit)	52	51	-1.9
#医院(所)	Hospitals(unit)	4	4	0.0
卫生院(所)	Township Hospitals(unit)	6	6	0.0
床位数(张)	Number of Beds(unit)	585	555	-5.1
#医院(张)	Hospitals(unit)	410	410	0.0
卫生院(张)	Township Hospitals(unit)	165	135	-18.2
卫生技术人员(人)	Medical Technical Presonnel(person)	1038	1020	-1.7
#医院(人)	Hospitals(person)	416	410	-1.4
卫生院(人)	Township Hospitals(person)	388	367	-5.4

23－42 兴安盟乌兰浩特市

指　标	Item	2015	2016	2016年比上年增长% Increase Rate in 2016 Over 2015(%)
行政区域土地面积(平方公里)	**Area of Administration(Sq. km)**	**2728**	**2728**	**0.0**
人口和就业	**Population & Employment**			
年末户籍人口(人)	The Registered Population Year－end(person)	318984	321581	0.8
#男性(人)	Male(person)	157354	158478	0.7
#乡村人口(人)	Rural(person)	73056	65671	－10.1
年末常住人口(人)	Permanet Resident Population Year－end(person)	331000	331900	0.3
#男性(人)	Male(person)			
年末总户数(户)	Total Number of Households at the Year－end(Household)	128213	130078	1.5
#乡村户数(户)	Number of Rural Household(Household)	26596	26972	1.4
出生人口(人)	Births(person)	2545	3461	36.0
死亡人口(人)	Deaths(person)	1853	1511	－18.5
全社会就业人员(人)	Employment(person)	158452	159351	0.6
第一产业(人)	Primary Industry(person)	40681	39967	－1.8
第二产业(人)	Secondary Industry(person)	21404	21328	－0.4
第三产业(人)	Tertiary Industry(person)	96367	98056	1.8
在岗职工人数(人)	Number of Staff & Workers Employed in(person)	43270	42936	－0.8
乡村劳动力(人)	Number of Rural Laborers(person)	49508	48032	－3.0
#农林牧渔业(人)	Farming, Forestry, Animal Husbandry & Fishery(person)	38187	37351	－2.2
国民经济综合指标	**Summary Item on the National Economy**			
生产总值(万元)	Gross Domestic Product(10 000 yuan)	1618518	1683433	7.9
第一产业(万元)	Primary Industry(10 000 yuan)	97744	97846	3.9
第二产业(万元)	Secondary Industry(10 000 yuan)	762174	772442	6.8
#工业(万元)	Industry(10 000 yuan)	641418	640710	6.3
第三产业(万元)	Tertiary Industry(10 000 yuan)	758600	813145	9.5
人均生产总值(元)	Per Capita GDP(yuan)	48888	50782	7.8
全社会固定资产投资(万元)	Total Investment in Fixed Assets(10 000 yuan)	943084	1169961	24.1
按登记注册类型分	Grouped by Registered Type			
#国有(万元)	State－owned Enterprises(10 000 yuan)	768155	559018	－27.2
集体(万元)	Collective－owned Enterprises(10 000 yuan)	15581	3210	－79.4
有限责任公司(万元)	Limited Liability Corporations(10 000 yuan)	18111	181245	900.7
股份有限公司(万元)	Share Holding Enterprises(10 000 yuan)	36398	46453	27.6
私营企业(万元)	Private Enterprises(10 000 yuan)		224372	
外商及港澳台投资企业(万元)	Funds from HK, Macao, Taiwan & Foreign(10 000 yuan)		2160	
一般公共预算收入(万元)	General Public Budget Revenue(10 000 yuan)	77397	78550	1.5
一般公共预算支出(万元)	General Public Budget Expenditure(10 000 yuan)	367640	310000	－15.7
住户存款余额(万元)	The balance of savings deposits of Households(10 000 yuan)	1273761	1437129	12.8
在岗职工工资总额(万元)	Total Wages of Staff & Workers Employed in(10 000 yuan)	259476	285448	10.0
在岗职工平均工资(元)	Average Wage of Staff & Workers Employed in(yuan)	60651	66064	8.9
全体居民人均可支配收入(元)	The per capita disposable income of all residents(yuan)	23279	25258	8.5
城镇常住居民人均可支配收入(元)	The per capita disposable income of urban permanent residents(yuan)	24616	26659	8.3
农村牧区常住居民人均可支配收入(元)	The per capita disposable income of permanent residents of rural and pastoral areas(yuan)	11539	12469	8.1
农村牧区经济	**Economic Development in Rural & Pastoral Area**			
农作物总播种面积(公顷)	Total Sown Area(hectare)	43239	48971	13.3
#粮食作物播种面积(公顷)	Sown Area of Grain Crops(hectare)	41013	45966	12.1
农牧业机械总动力(万千瓦)	Total Power of Agricultural Machinery(10 000 kw)	28.98	31.75	9.6
化肥施用折纯量(吨)	Consumption of Chemical Fertilizer(ton)	16295	16002	－1.8
农村用电量(万千瓦小时)	Electricity Consumed in Rural Area(10 000 kwh)	4426	4093	－7.5
农林牧渔业总产值(万元)	Gross Output of Farming, Forestry, Animal Husbandry & Fishery(10 000 yuan)	174625	176408	3.4
粮食产量(吨)	Yield of Grain(ton)	255560	264862	3.6
油料产量(吨)	Yield of Oil－bearing Grops(ton)	1036	3179	206.9
甜菜产量(吨)	Yield of Beetroots(ton)		400	
猪牛羊肉产量(吨)	Output of Pork, Beef & Mutton(ton)	11449	11054	－3.5
#猪肉产量(吨)	Output of Pork(ton)	3646	3648	0.1
牛肉产量(吨)	Output of Beef(ton)	5477	4631	－15.4
羊肉产量(吨)	Output of Mutton(ton)	2326	2775	19.3
羊毛产量(吨)	Output of Wool(ton)	465	711	52.9

23－42 Wulanhaote City in Xingan League

指　标	Item	2015	2016	2016年比上年增长% Increase Rate in 2016 Over 2015(%)
年末牲畜存栏头数(万头只)	Total Livestock at the Year－end(10 000 heads)	29.22	23.34	－20.1
#大牲畜(万头只)	Large Animals(10 000 heads)	4.44	3.75	－15.5
羊(万只)	Sheep & Goats(10 000 heads)	22.78	17.24	－24.3
猪(万头)	Hogs(10 000 heads)	2.00	2.35	17.5
规模以上工业	**Industrial Enterprises above Designated size**			
工业企业单位数(个)	Number of Industrial Enterprises(unit)	55	58	5.5
#内资企业(个)	Civil Funded Enterprises(unit)	51	54	5.9
工业总产值(万元)	Gross Industrial Output Value(10 000 yuan)	1385377	1507642	8.8
内资企业(万元)	Civil Funded Enterprises(10 000 yuan)	1150283	1250203	8.7
国有企业(万元)	State－owned Enterprises(10 000 yuan)		2702	
集体企业(万元)	Collective－owned Enterprises(10 000 yuan)	2871	3100	8.0
股份合作企业(万元)	Share Holding Enterprises(10 000 yuan)			
联营企业(万元)	Joint Owned Enterprises(10 000 yuan)			
有限责任公司(万元)	Limited Company(10 000 yuan)	1037971	1116286	7.5
股份有限公司(万元)	Share Holding Limited Company(10 000 yuan)			
私营企业(万元)	Privately Owned Enterprises(10 000 yuan)	109441	128115	17.1
其他企业(万元)	Enterprises of Other Ownership(10 000 yuan)			
港澳台商投资企业(万元)	Funds from HK,Macao & Taiwan(10 000 yuan)	23990	21088	－12.1
外商投资企业(万元)	Foreign Funded Enterprises(10 000 yuan)	211104	236350	12.0
工业企业增加值(万元)	Value Added of Industrial Enterprises(10 000 yuan)			6.0
工业企业资产总计(万元)	Total Assets of Industrial Enterprises(10 000 yuan)	1463996	1779462	21.5
工业企业负债合计(万元)	Total Liabilities of Industrial Enterprises(10 000 yuan)	1063043	1473799	38.6
工业企业产品销售收入(万元)	Sales of Revenue Industrial Enterprises(10 000 yuan)	1194953	1291365	8.1
工业企业利润总额(万元)	Total Profits of Industrial Enterprises(10 000 yuan)	69329	82805	19.4
建筑业	**Construction**			
建筑企业单位数(个)	Number of Construction Enterprises(unit)	27	26	－3.7
建筑企业从业人员(人)	Number of Employee in Construction Enterprises(person)	7868	3781	－51.9
建筑业总产值(万元)	Gross Construction Output Value(10 000 yuan)	262354	290426	10.7
交通运输邮电通信业	**Transportation,Post & Telecommunications**			
公路里程(公里)	Total Length of Highways(km)	1043	1130	8.3
邮电业务总量(万元)	Business Volume of Post & Telecoms(10 000 yuan)	43573	44350	1.8
本地电话用户(户)	Number of Subscribers of Local Telephone(Household)	57406	43346	－24.5
国内贸易	**Domestic Trade**			
社会消费品零售总额(万元)	Total Retail Sales of Consumer Goods(10 000 yuan)	1096445	1206125	10.0
城镇(万元)	Town(10 000 yuan)	1027709	1127489	9.7
乡村(万元)	Village(10 000 yuan)	68736	78637	14.4
科技教育卫生	**Science,Education & Public Health**			
各类专业技术人员(人)	Special Technical Personnel(person)	8978	9242	2.9
幼儿园数(所)	Number of Kindergartens(unit)	66	67	1.5
学龄儿童入学率(%)	Percentage of School－Age Children Enrolled(%)	100.0	100.0	0.0
小学学校数(所)	Number of Primary Schools(unit)	23	23	0.0
小学专任教师数(人)	Number of Full－time Teachers of Primary Schools(person)	1324	1361	2.8
小学在校学生数(人)	Number of Student Enrollment of Primary Schools(person)	19773	19805	0.2
普通中学学校数(所)	Number of Regular Secondary Schools(unit)	18	20	11.1
普通中学专任教师数(人)	Number of Teachers of Secondary Shools(person)	1777	1832	3.1
初中在校学生数(人)	Number of Student in Junior Secondary Schools(person)	10569	10343	－2.1
高中在校学生数(人)	Number of Student in Senior Secondary Schools(person)	11206	10725	－4.3
卫生机构数(所)	Number of Health Institutions(unit)	297	283	－4.7
#医院(所)	Hospitals(unit)	16	14	－12.5
卫生院(所)	Township Hospitals(unit)	7	6	－14.3
床位数(张)	Number of Beds(unit)	3025	2885	－4.6
#医院(张)	Hospitals(unit)	2807	2715	－3.3
卫生院(张)	Township Hospitals(unit)	120	120	0.0
卫生技术人员(人)	Medical Technical Presonnel(person)	4036	3969	－1.7
#医院(人)	Hospitals(person)	3034	3031	－0.1
卫生院(人)	Township Hospitals(person)	84	71	－15.5

23-43 兴安盟阿尔山市

指　标	Item	2015	2016	2016 年比上年增长% Increase Rate in 2016 Over 2015(%)
行政区域土地面积(平方公里)	**Area of Administration(Sq. km)**	**7409**	**7409**	**0.0**
人口和就业	**Population & Employment**			
年末户籍人口(人)	The Registered Population Year-end(person)	46503	45951	-1.2
#男性(人)	Male(person)	23189	22838	-1.5
#乡村人口(人)	Rural(person)			
年末常住人口(人)	Permanet Resident Population Year-end(person)	68000	67800	-0.3
#男性(人)	Male(person)			
年末总户数(户)	Total Number of Households at the Year-end(Household)	22017	21919	-0.4
#乡村户数(户)	Number of Rural Household(Household)	3433	3734	8.8
出生人口(人)	Births(person)	256	228	-10.9
死亡人口(人)	Deaths(person)	475	387	-18.5
全社会就业人员(人)	Employment(person)	23386	23951	2.4
第一产业(人)	Primary Industry(person)	8498	8682	2.2
第二产业(人)	Secondary Industry(person)	1804	1849	2.5
第三产业(人)	Tertiary Industry(person)	13084	13420	2.6
在岗职工人数(人)	Number of Staff & Workers Employed in(person)	6209	6184	-0.4
乡村劳动力(人)	Number of Rural Laborers(person)	4021	4544	13.0
#农林牧渔业(人)	Farming, Forestry, Animal Husbandry & Fishery(person)	3176	3519	10.8
国民经济综合指标	**Summary Item on the National Economy**			
生产总值(万元)	Gross Domestic Product(10 000 yuan)	168104	174836	7.8
第一产业(万元)	Primary Industry(10 000 yuan)	27258	27283	3.7
第二产业(万元)	Secondary Industry(10 000 yuan)	40058	42228	6.0
#工业(万元)	Industry(10 000 yuan)	7750	6724	-12.3
第三产业(万元)	Tertiary Industry(10 000 yuan)	100788	105325	9.6
人均生产总值(元)	Per Capita GDP(yuan)	24627	25749	8.4
全社会固定资产投资(万元)	Total Investment in Fixed Assets(10 000 yuan)	370000	437000	18.1
按登记注册类型分	Grouped by Registered Type			
#国有(万元)	State-owned Enterprises(10 000 yuan)	273874	432728	58.0
集体(万元)	Collective-owned Enterprises(10 000 yuan)			
有限责任公司(万元)	Limited Liability Corporations(10 000 yuan)	32037		
股份有限公司(万元)	Share Holding Enterprises(10 000 yuan)	7800		
私营企业(万元)	Private Enterprises(10 000 yuan)		3512	
外商及港澳台投资企业(万元)	Funds from HK, Macao, Taiwan & Foreign(10 000 yuan)			
一般公共预算收入(万元)	General Public Budget Revenue(10 000 yuan)	10148	11201	10.4
一般公共预算支出(万元)	General Public Budget Expenditure(10 000 yuan)	139198	113522	-18.4
住户存款余额(万元)	The balance of savings deposits of Households(10 000 yuan)	150076	169612	13.0
在岗职工工资总额(万元)	Total Wages of Staff & Workers Employed in(10 000 yuan)	35800	38960	8.8
在岗职工平均工资(元)	Average Wage of Staff & Workers Employed in(yuan)	58259	63786	9.5
全体居民人均可支配收入(元)	The per capita disposable income of all residents(yuan)	19528	21149	8.3
城镇常住居民人均可支配收入(元)	The per capita disposable income of urban permanent residents(yuan)	22171	23989	8.2
农村牧区常住居民人均可支配收入(元)	The per capita disposable income of permanent residents of rural and pastoral areas(yuan)	7906	8538	8.0
农村牧区经济	**Economic Development in Rural & Pastoral Area**			
农作物总播种面积(公顷)	Total Sown Area(hectare)	21892	22588	3.2
#粮食作物播种面积(公顷)	Sown Area of Grain Crops(hectare)	13191	13754	4.3
农牧业机械总动力(万千瓦)	Total Power of Agricultural Machinery(10 000 kw)	5.62	5.64	0.5
化肥施用折纯量(吨)	Consumption of Chemical Fertilizer(ton)	2479	2418	-2.5
农村用电量(万千瓦小时)	Electricity Consumed in Rural Area(10 000 kwh)	92	94	2.2
农林牧渔业总产值(万元)	Gross Output of Farming, Forestry, Animal Husbandry & Fishery(10 000 yuan)	43320	43612	2.5
粮食产量(吨)	Yield of Grain(ton)	63565	63999	0.7
油料产量(吨)	Yield of Oil-bearing Grops(ton)	11679	10191	-12.7
甜菜产量(吨)	Yield of Beetroots(ton)	15458	15467	0.1
猪牛羊肉产量(吨)	Output of Pork, Beef & Mutton(ton)	1700	1889	11.1
#猪肉产量(吨)	Output of Pork(ton)	353	366	3.7
牛肉产量(吨)	Output of Beef(ton)	428	467	9.1
羊肉产量(吨)	Output of Mutton(ton)	919	1056	14.9
羊毛产量(吨)	Output of Wool(ton)	525	605	15.2

23 – 43 Aershan City in Xingan League

指 标	Item	2015	2016	2016 年比上年增长% Increase Rate in 2016 Over 2015(%)
年末牲畜存栏头数(万头只)	Total Livestock at the Year – end(10 000 heads)	15.80	16.50	4.4
# 大牲畜(万头只)	Large Animals(10 000 heads)	0.78	0.67	–14.1
羊(万只)	Sheep & Goats(10 000 heads)	14.75	15.57	5.6
猪(万头)	Hogs(10 000 heads)	0.27	0.27	0.0
规模以上工业	**Industrial Enterprises above Designated size**			
工业企业单位数(个)	Number of Industrial Enterprises(unit)	2	1	–50.0
# 内资企业(个)	Civil Funded Enterprises(unit)	2	1	–50.0
工业总产值(万元)	Gross Industrial Output Value(10 000 yuan)	9433	6532	–30.8
内资企业(万元)	Civil Funded Enterprises(10 000 yuan)	9433	6532	–30.8
国有企业(万元)	State – owned Enterprises(10 000 yuan)			
集体企业(万元)	Collective – owned Enterprises(10 000 yuan)			
股份合作企业(万元)	Share Holding Enterprises(10 000 yuan)			
联营企业(万元)	Joint Owned Enterprises(10 000 yuan)			
有限责任公司(万元)	Limited Company(10 000 yuan)	9433	6532	–30.8
股份有限公司(万元)	Share Holding Limited Company(10 000 yuan)			
私营企业(万元)	Privately Owned Enterprises(10 000 yuan)			
其他企业(万元)	Enterprises of Other Ownership(10 000 yuan)			
港澳台商投资企业(万元)	Funds from HK,Macao & Taiwan(10 000 yuan)			
外商投资企业(万元)	Foreign Funded Enterprises(10 000 yuan)			
工业企业增加值(万元)	Value Added of Industrial Enterprises(10 000 yuan)			–28.5
工业企业资产总计(万元)	Total Assets of Industrial Enterprises(10 000 yuan)	104065	201254	93.4
工业企业负债合计(万元)	Total Liabilities of Industrial Enterprises(10 000 yuan)	99408	66785	–32.8
工业企业产品销售收入(万元)	Sales of Revenue Industrial Enterprises(10 000 yuan)	7778	6198	–20.3
工业企业利润总额(万元)	Total Profits of Industrial Enterprises(10 000 yuan)	–5021	–2288	
建筑业	**Construction**			
建筑企业单位数(个)	Number of Construction Enterprises(unit)	1	1	0.0
建筑企业从业人员(人)	Number of Employee in Construction Enterprises(person)	290	453	56.2
建筑业总产值(万元)	Gross Construction Output Value(10 000 yuan)	5150	7000	35.9
交通运输邮电通信业	**Transportation,Post & Telecommunications**			
公路里程(公里)	Total Length of Highways(km)	861	818	–5.0
邮电业务总量(万元)	Business Volume of Post & Telecoms(10 000 yuan)	4851	5996	23.6
本地电话用户(户)	Number of Subscribers of Local Telephone(Household)	5987	6100	1.9
国内贸易	**Domestic Trade**			
社会消费品零售总额(万元)	Total Retail Sales of Consumer Goods(10 000 yuan)	67850	74433	9.7
城镇(万元)	Town(10 000 yuan)	46649	52249	12.0
乡村(万元)	Village(10 000 yuan)	21202	22184	4.6
科技教育卫生	**Science,Education & Public Health**			
各类专业技术人员(人)	Special Technical Personnel(person)	1349	1359	0.7
幼儿园数(所)	Number of Kindergartens(unit)	6	9	50.0
学龄儿童入学率(%)	Percentage of School – Age Children Enrolled(%)	100.0	100.0	0.0
小学学校数(所)	Number of Primary Schools(unit)	4	4	0.0
小学专任教师数(人)	Number of Full – time Teachers of Primary Schools(person)	188	173	–8.0
小学在校学生数(人)	Number of Student Enrollment of Primary Schools(person)	1240	1186	–4.4
普通中学学校数(所)	Number of Regular Secondary Schools(unit)	2	2	0.0
普通中学专任教师数(人)	Number of Teachers of Secondary Shools(person)	158	155	–1.9
初中在校学生数(人)	Number of Student in Junior Secondary Schools(person)	373	371	–0.5
高中在校学生数(人)	Number of Student in Senior Secondary Schools(person)	177	182	2.8
卫生机构数(所)	Number of Health Institutions(unit)	32	31	–3.1
# 医院(所)	Hospitals(unit)	2	2	0.0
卫生院(所)	Township Hospitals(unit)	3	4	33.3
床位数(张)	Number of Beds(unit)	359	297	–17.3
# 医院(张)	Hospitals(unit)	114	114	0.0
卫生院(张)	Township Hospitals(unit)	36	46	27.8
卫生技术人员(人)	Medical Technical Presonnel(person)	260	307	18.1
# 医院(人)	Hospitals(person)	107	126	17.8
卫生院(人)	Township Hospitals(person)	49	66	34.7

23－44 兴安盟科尔沁右翼前旗

指　　标	Item	2015	2016	2016 年比上年增长% Increase Rate in 2016 Over 2015(%)
行政区域土地面积(平方公里)	**Area of Administration(Sq. km)**	**17428**	**17428**	**0.0**
人口和就业	**Population & Employment**			
年末户籍人口(人)	The Registered Population Year－end(person)	332087	332815	0.2
#男性(人)	Male(person)	171750	171830	0.0
#乡村人口(人)	Rural(person)	285936	293193	2.5
年末常住人口(人)	Permanet Resident Population Year－end(person)	296000	296600	0.2
#男性(人)	Male(person)			
年末总户数(户)	Total Number of Households at the Year－end(Household)	119898	121924	1.7
#乡村户数(户)	Number of Rural Household(Household)	93226	93230	0.0
出生人口(人)	Births(person)	2279	3092	35.7
死亡人口(人)	Deaths(person)	2118	1878	－11.3
全社会就业人员(人)	Employment(person)	188829	188605	－0.1
第一产业(人)	Primary Industry(person)	124719	124687	0.0
第二产业(人)	Secondary Industry(person)	15336	15508	1.1
第三产业(人)	Tertiary Industry(person)	48774	48410	－0.7
在岗职工人数(人)	Number of Staff & Workers Employed in(person)	19337	19298	－0.2
乡村劳动力(人)	Number of Rural Laborers(person)	147853	147854	0.0
#农林牧渔业(人)	Farming,Forestry,Animal Husbandry & Fishery(person)	118849	118850	0.0
国民经济综合指标	**Summary Item on the National Economy**			
生产总值(万元)	Gross Domestic Product(10 000 yuan)	966020	1004706	8.2
第一产业(万元)	Primary Industry(10 000 yuan)	346949	348271	4.0
第二产业(万元)	Secondary Industry(10 000 yuan)	351003	374550	12.3
#工业(万元)	Industry(10 000 yuan)	290040	307431	12.7
第三产业(万元)	Tertiary Industry(10 000 yuan)	268068	281885	8.3
人均生产总值(元)	Per Capita GDP(yuan)	32625	33908	8.2
全社会固定资产投资(万元)	Total Investment in Fixed Assets(10 000 yuan)	885098	1054726	19.2
按登记注册类型分	Grouped by Registered Type			
#国有(万元)	State－owned Enterprises(10 000 yuan)	555943	672129	20.9
集体(万元)	Collective－owned Enterprises(10 000 yuan)			
有限责任公司(万元)	Limited Liability Corporations(10 000 yuan)	306155	231675	－24.3
股份有限公司(万元)	Share Holding Enterprises(10 000 yuan)	23000	5598	－75.7
私营企业(万元)	Private Enterprises(10 000 yuan)		103402	
外商及港澳台投资企业(万元)	Funds from HK,Macao,Taiwan & Foreign(10 000 yuan)			
一般公共预算收入(万元)	General Public Budget Revenue(10 000 yuan)	29079	32008	10.1
一般公共预算支出(万元)	General Public Budget Expenditure(10 000 yuan)	347800	307542	－11.6
住户存款余额(万元)	The balance of savings deposits of Households(10 000 yuan)	218642	251055	14.8
在岗职工工资总额(万元)	Total Wages of Staff & Workers Employed in(10 000 yuan)	103293	103735	0.4
在岗职工平均工资(元)	Average Wage of Staff & Workers Employed in(yuan)	50833	53048	4.4
全体居民人均可支配收入(元)	The per capita disposable income of all residents(yuan)	10400	11305	8.7
城镇常住居民人均可支配收入(元)	The per capita disposable income of urban permanent residents(yuan)	20918	22696	8.5
农村牧区常住居民人均可支配收入(元)	The per capita disposable income of permanent residents of rural and pastoral areas(yuan)	7881	8523	8.1
农村牧区经济	**Economic Development in Rural & Pastoral Area**			
农作物总播种面积(公顷)	Total Sown Area(hectare)	198582	209259	5.4
#粮食作物播种面积(公顷)	Sown Area of Grain Crops(hectare)	181627	187903	3.5
农牧业机械总动力(万千瓦)	Total Power of Agricultural Machinery(10 000 kw)	101.14	105.10	3.9
化肥施用折纯量(吨)	Consumption of Chemical Fertilizer(ton)	82100	82066	0.0
农村用电量(万千瓦小时)	Electricity Consumed in Rural Area(10 000 kwh)	8321	8352	0.4
农林牧渔业总产值(万元)	Gross Output of Farming,Forestry,Animal Husbandry & Fishery(10 000 yuan)	584342	592899	4.0
粮食产量(吨)	Yield of Grain(ton)	1092512	1104500	1.1
油料产量(吨)	Yield of Oil－bearing Grops(ton)	22732	24322	7.0
甜菜产量(吨)	Yield of Beetroots(ton)	56590	170010	200.4
猪牛羊肉产量(吨)	Output of Pork, Beef & Mutton(ton)	54260	64908	19.6
#猪肉产量(吨)	Output of Pork(ton)	7080	7633	7.8
牛肉产量(吨)	Output of Beef(ton)	5700	6634	16.4
羊肉产量(吨)	Output of Mutton(ton)	41480	50641	22.1
羊毛产量(吨)	Output of Wool(ton)	4742	4887	3.1

23 – 44 Keerqinyouyiqian Banner in Xingan League

指　　标	Item	2015	2016	2016 年比上年增长% Increase Rate in 2016 Over 2015(%)
年末牲畜存栏头数(万头只)	Total Livestock at the Year – end(10 000 heads)	256.81	236.26	-8.0
# 大牲畜(万头只)	Large Animals(10 000 heads)	11.69	14.19	21.4
羊(万只)	Sheep & Goats(10 000 heads)	239.79	215.69	-10.1
猪(万头)	Hogs(10 000 heads)	5.34	6.38	19.5
规模以上工业	**Industrial Enterprises above Designated size**			
工业企业单位数(个)	Number of Industrial Enterprises(unit)	39	45	15.4
# 内资企业(个)	Civil Funded Enterprises(unit)	38	45	18.4
工业总产值(万元)	Gross Industrial Output Value(10 000 yuan)	825785	974606	18.0
内资企业(万元)	Civil Funded Enterprises(10 000 yuan)	825785	974606	18.0
国有企业(万元)	State – owned Enterprises(10 000 yuan)			
集体企业(万元)	Collective – owned Enterprises(10 000 yuan)	37338	12047	-67.7
股份合作企业(万元)	Share Holding Enterprises(10 000 yuan)			
联营企业(万元)	Joint Owned Enterprises(10 000 yuan)			
有限责任公司(万元)	Limited Company(10 000 yuan)	288623	405205	40.4
股份有限公司(万元)	Share Holding Limited Company(10 000 yuan)			
私营企业(万元)	Privately Owned Enterprises(10 000 yuan)	499824	557354	11.5
其他企业(万元)	Enterprises of Other Ownership(10 000 yuan)			
港澳台商投资企业(万元)	Funds from HK, Macao & Taiwan(10 000 yuan)			
外商投资企业(万元)	Foreign Funded Enterprises(10 000 yuan)			
工业企业增加值(万元)	Value Added of Industrial Enterprises(10 000 yuan)			12.9
工业企业资产总计(万元)	Total Assets of Industrial Enterprises(10 000 yuan)	531747	504464	-5.1
工业企业负债合计(万元)	Total Liabilities of Industrial Enterprises(10 000 yuan)	349019	310719	-11.0
工业企业产品销售收入(万元)	Sales of Revenue Industrial Enterprises(10 000 yuan)	801552	939665	17.2
工业企业利润总额(万元)	Total Profits of Industrial Enterprises(10 000 yuan)	33503	24313	-27.4
建筑业	**Construction**			
建筑企业单位数(个)	Number of Construction Enterprises(unit)	4	4	0.0
建筑企业从业人员(人)	Number of Employee in Construction Enterprises(person)	1629	356	-78.1
建筑业总产值(万元)	Gross Construction Output Value(10 000 yuan)	34376	50174	46.0
交通运输邮电通信业	**Transportation, Post & Telecommunications**			
公路里程(公里)	Total Length of Highways(km)	2837	2915	2.7
邮电业务总量(万元)	Business Volume of Post & Telecoms(10 000 yuan)	15032	18348	22.1
本地电话用户(户)	Number of Subscribers of Local Telephone(Household)	9950	8620	-13.4
国内贸易	**Domestic Trade**			
社会消费品零售总额(万元)	Total Retail Sales of Consumer Goods(10 000 yuan)	258363	284408	10.1
城镇(万元)	Town(10 000 yuan)	143101	159665	11.6
乡村(万元)	Village(10 000 yuan)	115262	124743	8.2
科技教育卫生	**Science, Education & Public Health**			
各类专业技术人员(人)	Special Technical Personnel(person)	7523	7604	1.1
幼儿园数(所)	Number of Kindergartens(unit)	67	77	14.9
学龄儿童入学率(%)	Percentage of School – Age Children Enrolled(%)	100.0	100.0	0.0
小学学校数(所)	Number of Primary Schools(unit)	25	21	-16.0
小学专任教师数(人)	Number of Full – time Teachers of Primary Schools(person)	2023	2088	3.2
小学在校学生数(人)	Number of Student Enrollment of Primary Schools(person)	15869	16258	2.5
普通中学学校数(所)	Number of Regular Secondary Schools(unit)	24	23	-4.2
普通中学专任教师数(人)	Number of Teachers of Secondary Shools(person)	1455	1312	-9.8
初中在校学生数(人)	Number of Student in Junior Secondary Schools(person)	6035	6330	4.9
高中在校学生数(人)	Number of Student in Senior Secondary Schools(person)	3444	3472	0.8
卫生机构数(所)	Number of Health Institutions(unit)	450	451	0.2
# 医院(所)	Hospitals(unit)	1	1	0.0
卫生院(所)	Township Hospitals(unit)	25	25	0.0
床位数(张)	Number of Beds(unit)	1167	1051	-9.9
# 医院(张)	Hospitals(unit)	540	412	-23.7
卫生院(张)	Township Hospitals(unit)	563	589	4.6
卫生技术人员(人)	Medical Technical Presonnel(person)	1529	1529	0.0
# 医院(人)	Hospitals(person)	519	541	4.2
卫生院(人)	Township Hospitals(person)	556	555	-0.2

23－45 兴安盟科尔沁右翼中旗

指　　标	Item	2015	2016	2016 年比上年增长% Increase Rate in 2016 Over 2015(%)
行政区域土地面积(平方公里)	**Area of Administration(Sq. km)**	**15613**	**15613**	**0.0**
人口和就业	**Population & Employment**			
年末户籍人口(人)	The Registered Population Year－end(person)	253900	255494	0.6
#男性(人)	Male(person)	127426	129520	1.6
#乡村人口(人)	Rural(person)	179831	182481	1.5
年末常住人口(人)	Permanet Resident Population Year－end(person)	248000	248400	0.2
#男性(人)	Male(person)			
年末总户数(户)	Total Number of Households at the Year－end(Household)	88916	90702	2.0
#乡村户数(户)	Number of Rural Household(Household)	56562	55899	－1.2
出生人口(人)	Births(person)	2472	2428	－1.8
死亡人口(人)	Deaths(person)	1133	1070	－5.6
全社会就业人员(人)	Employment(person)	133270	138932	4.2
第一产业(人)	Primary Industry(person)	88148	92216	4.6
第二产业(人)	Secondary Industry(person)	10304	10245	－0.6
第三产业(人)	Tertiary Industry(person)	34818	36471	4.7
在岗职工人数(人)	Number of Staff & Workers Employed in(person)	19177	19064	－0.6
乡村劳动力(人)	Number of Rural Laborers(person)	94858	99269	4.7
#农林牧渔业(人)	Farming, Forestry, Animal Husbandry & Fishery(person)	82412	86413	4.9
国民经济综合指标	**Summary Item on the National Economy**			
生产总值(万元)	Gross Domestic Product(10 000 yuan)	634138	659619	8.0
第一产业(万元)	Primary Industry(10 000 yuan)	182005	182943	4.2
第二产业(万元)	Secondary Industry(10 000 yuan)	240060	254003	10.9
#工业(万元)	Industry(10 000 yuan)	180465	188390	11.0
第三产业(万元)	Tertiary Industry(10 000 yuan)	212073	222673	8.1
人均生产总值(元)	Per Capita GDP(yuan)	25534	26576	8.1
全社会固定资产投资(万元)	Total Investment in Fixed Assets(10 000 yuan)	706985	806504	14.1
按登记注册类型分	Grouped by Registered Type			
#国有(万元)	State－owned Enterprises(10 000 yuan)	340565	768902	125.8
集体(万元)	Collective－owned Enterprises(10 000 yuan)			
有限责任公司(万元)	Limited Liability Corporations(10 000 yuan)	279401	17024	－93.9
股份有限公司(万元)	Share Holding Enterprises(10 000 yuan)			
私营企业(万元)	Private Enterprises(10 000 yuan)		18500	
外商及港澳台投资企业(万元)	Funds from HK, Macao, Taiwan & Foreign(10 000 yuan)			
一般公共预算收入(万元)	General Public Budget Revenue(10 000 yuan)	20574	23218	12.9
一般公共预算支出(万元)	General Public Budget Expenditure(10 000 yuan)	278080	284257	2.2
住户存款余额(万元)	The balance of savings deposits of Households(10 000 yuan)	206094	223874	8.6
在岗职工工资总额(万元)	Total Wages of Staff & Workers Employed in(10 000 yuan)	86262	93545	8.4
在岗职工平均工资(元)	Average Wage of Staff & Workers Employed in(yuan)	45079	48757	8.2
全体居民人均可支配收入(元)	The per capita disposable income of all residents(yuan)	12169	13191	8.4
城镇常住居民人均可支配收入(元)	The per capita disposable income of urban permanent residents(yuan)	20018	21700	8.4
农村牧区常住居民人均可支配收入(元)	The per capita disposable income of permanent residents of rural and pastoral areas(yuan)	7325	7904	7.9
农村牧区经济	**Economic Development in Rural & Pastoral Area**			
农作物总播种面积(公顷)	Total Sown Area(hectare)	153935	216639	40.7
#粮食作物播种面积(公顷)	Sown Area of Grain Crops(hectare)	120613	140250	16.3
农牧业机械总动力(万千瓦)	Total Power of Agricultural Machinery(10 000 kw)	65.96	71.13	7.8
化肥施用折纯量(吨)	Consumption of Chemical Fertilizer(ton)	46621	46321	－0.6
农村用电量(万千瓦小时)	Electricity Consumed in Rural Area(10 000 kwh)	6526	6566	0.6
农林牧渔业总产值(万元)	Gross Output of Farming, Forestry, Animal Husbandry & Fishery(10 000 yuan)	314179	317895	3.6
粮食产量(吨)	Yield of Grain(ton)	695026	755000	8.6
油料产量(吨)	Yield of Oil－bearing Grops(ton)	62922	137166	118.0
甜菜产量(吨)	Yield of Beetroots(ton)	1755	3348	90.8
猪牛羊肉产量(吨)	Output of Pork, Beef & Mutton(ton)	31366	36894	17.6
#猪肉产量(吨)	Output of Pork(ton)	7697	8590	11.6
牛肉产量(吨)	Output of Beef(ton)	5937	6871	15.7
羊肉产量(吨)	Output of Mutton(ton)	17732	21433	20.9
羊毛产量(吨)	Output of Wool(ton)	3695	3906	5.7

23－45 Keerqinyouyizhong Banner in Xingan League

指　　标	Item	2015	2016	2016 年比上年增长% Increase Rate in 2016 Over 2015(%)
年末牲畜存栏头数(万头只)	Total Livestock at the Year－end(10 000 heads)	179.21	164.92	－8.0
#大牲畜(万头只)	Large Animals(10 000 heads)	15.25	19.08	25.1
羊(万只)	Sheep & Goats(10 000 heads)	155.29	135.46	－12.8
猪(万头)	Hogs(10 000 heads)	8.66	10.39	20.0
规模以上工业	**Industrial Enterprises above Designated size**			
工业企业单位数(个)	Number of Industrial Enterprises(unit)	38	42	10.5
#内资企业(个)	Civil Funded Enterprises(unit)	36	40	11.1
工业总产值(万元)	Gross Industrial Output Value(10 000 yuan)	485510	597983	23.2
内资企业(万元)	Civil Funded Enterprises(10 000 yuan)	456854	563332	23.3
国有企业(万元)	State－owned Enterprises(10 000 yuan)	48085	25319	－47.3
集体企业(万元)	Collective－owned Enterprises(10 000 yuan)	15739	19636	24.8
股份合作企业(万元)	Share Holding Enterprises(10 000 yuan)			
联营企业(万元)	Joint Owned Enterprises(10 000 yuan)			
有限责任公司(万元)	Limited Company(10 000 yuan)	288939	407414	41.0
股份有限公司(万元)	Share Holding Limited Company(10 000 yuan)			
私营企业(万元)	Privately Owned Enterprises(10 000 yuan)	104090	110962	6.6
其他企业(万元)	Enterprises of Other Ownership(10 000 yuan)			
港澳台商投资企业(万元)	Funds from HK,Macao & Taiwan(10 000 yuan)			
外商投资企业(万元)	Foreign Funded Enterprises(10 000 yuan)	28656	34652	20.9
工业企业增加值(万元)	Value Added of Industrial Enterprises(10 000 yuan)			12.4
工业企业资产总计(万元)	Total Assets of Industrial Enterprises(10 000 yuan)	762940	860340	12.8
工业企业负债合计(万元)	Total Liabilities of Industrial Enterprises(10 000 yuan)	524876	586434	11.7
工业企业产品销售收入(万元)	Sales of Revenue Industrial Enterprises(10 000 yuan)	457425	553800	21.1
工业企业利润总额(万元)	Total Profits of Industrial Enterprises(10 000 yuan)	12844	10737	－16.4
建筑业	**Construction**			
建筑企业单位数(个)	Number of Construction Enterprises(unit)	2	2	0.0
建筑企业从业人员(人)	Number of Employee in Construction Enterprises(person)	500	520	4.0
建筑业总产值(万元)	Gross Construction Output Value(10 000 yuan)	21960	26352	20.0
交通运输邮电通信业	**Transportation,Post & Telecommunications**			
公路里程(公里)	Total Length of Highways(km)	2236	3111	39.1
邮电业务总量(万元)	Business Volume of Post & Telecoms(10 000 yuan)	16795	20712	23.3
本地电话用户(户)	Number of Subscribers of Local Telephone(Household)	12918	11119	－13.9
国内贸易	**Domestic Trade**			
社会消费品零售总额(万元)	Total Retail Sales of Consumer Goods(10 000 yuan)	182205	199861	9.7
城镇(万元)	Town(10 000 yuan)	160374	176095	9.8
乡村(万元)	Village(10 000 yuan)	21831	23766	8.9
科技教育卫生	**Science,Education & Public Health**			
各类专业技术人员(人)	Special Technical Personnel(person)	6429	6515	1.3
幼儿园数(所)	Number of Kindergartens(unit)	44	45	2.3
学龄儿童入学率(%)	Percentage of School－Age Children Enrolled(%)	100.0	100.0	0.0
小学学校数(所)	Number of Primary Schools(unit)	27	27	0.0
小学专任教师数(人)	Number of Full－time Teachers of Primary Schools(person)	1624	1564	－3.7
小学在校学生数(人)	Number of Student Enrollment of Primary Schools(person)	14907	14409	－3.3
普通中学学校数(所)	Number of Regular Secondary Schools(unit)	12	12	0.0
普通中学专任教师数(人)	Number of Teachers of Secondary Shools(person)	1054	1064	0.9
初中在校学生数(人)	Number of Student in Junior Secondary Schools(person)	6664	6945	4.2
高中在校学生数(人)	Number of Student in Senior Secondary Schools(person)	4344	4245	－2.3
卫生机构数(所)	Number of Health Institutions(unit)	220	218	－0.9
#医院(所)	Hospitals(unit)	4	4	0.0
卫生院(所)	Township Hospitals(unit)	23	23	0.0
床位数(张)	Number of Beds(unit)	1518	1360	－10.4
#医院(张)	Hospitals(unit)	1150	990	－13.9
卫生院(张)	Township Hospitals(unit)	324	306	－5.6
卫生技术人员(人)	Medical Technical Presonnel(person)	1472	1563	6.2
#医院(人)	Hospitals(person)	816	840	2.9
卫生院(人)	Township Hospitals(person)	427	451	5.6

23－46 兴安盟扎赉特旗

指　标	Item	2015	2016	2016 年比上年增长% Increase Rate in 2016 Over 2015(%)
行政区域土地面积(平方公里)	**Area of Administration(Sq. km)**	**11837**	**11837**	**0.0**
人口和就业	**Population & Employment**			
年末户籍人口(人)	The Registered Population Year－end(person)	390276	390877	0.2
＃男性(人)	Male(person)	200696	201132	0.2
＃乡村人口(人)	Rural(person)	296583	295598	－0.3
年末常住人口(人)	Permanet Resident Population Year－end(person)	389000	389400	0.1
＃男性(人)	Male(person)			
年末总户数(户)	Total Number of Households at the Year－end(Household)	151100	150627	－0.3
＃乡村户数(户)	Number of Rural Household(Household)	84028	84075	0.1
出生人口(人)	Births(person)	3783	3587	－5.2
死亡人口(人)	Deaths(person)	2477	1762	－28.9
全社会就业人员(人)	Employment(person)	194456	197265	1.4
第一产业(人)	Primary Industry(person)	125801	122926	－2.3
第二产业(人)	Secondary Industry(person)	21331	22843	7.1
第三产业(人)	Tertiary Industry(person)	47324	51496	8.8
在岗职工人数(人)	Number of Staff & Workers Employed in(person)	23835	23075	－3.2
乡村劳动力(人)	Number of Rural Laborers(person)	153489	153522	0.0
＃农林牧渔业(人)	Farming, Forestry, Animal Husbandry & Fishery(person)	121304	119293	－1.7
国民经济综合指标	**Summary Item on the National Economy**			
生产总值(万元)	Gross Domestic Product(10 000 yuan)	898774	934825	8.2
第一产业(万元)	Primary Industry(10 000 yuan)	363656	365152	4.0
第二产业(万元)	Secondary Industry(10 000 yuan)	273129	290452	12.3
＃工业(万元)	Industry(10 000 yuan)	238618	252802	12.7
第三产业(万元)	Tertiary Industry(10 000 yuan)	261989	279221	9.6
人均生产总值(元)	Per Capita GDP(yuan)	23100	24019	8.1
全社会固定资产投资(万元)	Total Investment in Fixed Assets(10 000 yuan)	591008	727012	23.0
按登记注册类型分	Grouped by Registered Type			
＃国有(万元)	State－owned Enterprises(10 000 yuan)	205829	378428	83.9
集体(万元)	Collective－owned Enterprises(10 000 yuan)			
有限责任公司(万元)	Limited Liability Corporations(10 000 yuan)	153793	188430	22.5
股份有限公司(万元)	Share Holding Enterprises(10 000 yuan)	11494	11400	－0.8
私营企业(万元)	Private Enterprises(10 000 yuan)	7350	51400	599.3
外商及港澳台投资企业(万元)	Funds from HK, Macao, Taiwan & Foreign(10 000 yuan)			
一般公共预算收入(万元)	General Public Budget Revenue(10 000 yuan)	23988	36037	50.2
一般公共预算支出(万元)	General Public Budget Expenditure(10 000 yuan)	345959	384945	11.3
住户存款余额(万元)	The balance of savings deposits of Households(10 000 yuan)	374781	419319	11.9
在岗职工工资总额(万元)	Total Wages of Staff & Workers Employed in(10 000 yuan)	126084	127610	1.2
在岗职工平均工资(元)	Average Wage of Staff & Workers Employed in(yuan)	54403	57078	4.9
全体居民人均可支配收入(元)	The per capita disposable income of all residents(yuan)	11843	12885	8.8
城镇常住居民人均可支配收入(元)	The per capita disposable income of urban permanent residents(yuan)	20921	22741	8.7
农村牧区常住居民人均可支配收入(元)	The per capita disposable income of permanent residents of rural and pastoral areas(yuan)	7803	8447	8.3
农村牧区经济	**Economic Development in Rural & Pastoral Area**			
农作物总播种面积(公顷)	Total Sown Area(hectare)	264024	256457	－2.9
＃粮食作物播种面积(公顷)	Sown Area of Grain Crops(hectare)	256993	242240	－5.7
农牧业机械总动力(万千瓦)	Total Power of Agricultural Machinery(10 000 kw)	150.67	157.81	4.7
化肥施用折纯量(吨)	Consumption of Chemical Fertilizer(ton)	115721	109350	－5.5
农村用电量(万千瓦小时)	Electricity Consumed in Rural Area(10 000 kwh)	6352	6417	1.0
农林牧渔业总产值(万元)	Gross Output of Farming, Forestry, Animal Husbandry & Fishery(10 000 yuan)	609323	618246	4.1
粮食产量(吨)	Yield of Grain(ton)	1197037	1260000	5.3
油料产量(吨)	Yield of Oil－bearing Grops(ton)	12378	10578	－14.5
甜菜产量(吨)	Yield of Beetroots(ton)	782	45210	5681.3
猪牛羊肉产量(吨)	Output of Pork, Beef & Mutton(ton)	69000	71840	4.1
＃猪肉产量(吨)	Output of Pork(ton)	59674	60893	2.0
牛肉产量(吨)	Output of Beef(ton)	3309	3882	17.3
羊肉产量(吨)	Output of Mutton(ton)	6017	7065	17.4
羊毛产量(吨)	Output of Wool(ton)	1200	857	－28.6

23 – 46 Zhalaite Banner in Xingan League

指　标	Item	2015	2016	2016 年比上年增长% Increase Rate in 2016 Over 2015(%)
年末牲畜存栏头数(万头只)	Total Livestock at the Year – end(10 000 heads)	147.28	161.44	9.6
#大牲畜(万头只)	Large Animals(10 000 heads)	21.94	17.34	-21.0
羊(万只)	Sheep & Goats(10 000 heads)	79.13	100.29	26.7
猪(万头)	Hogs(10 000 heads)	46.21	43.81	-5.2
规模以上工业	**Industrial Enterprises above Designated size**			
工业企业单位数(个)	Number of Industrial Enterprises(unit)	36	42	16.7
#内资企业(个)	Civil Funded Enterprises(unit)	36	42	16.7
工业总产值(万元)	Gross Industrial Output Value(10 000 yuan)	701072	809164	15.4
内资企业(万元)	Civil Funded Enterprises(10 000 yuan)	701072	809164	15.4
国有企业(万元)	State – owned Enterprises(10 000 yuan)			
集体企业(万元)	Collective – owned Enterprises(10 000 yuan)			
股份合作企业(万元)	Share Holding Enterprises(10 000 yuan)			
联营企业(万元)	Joint Owned Enterprises(10 000 yuan)			
有限责任公司(万元)	Limited Company(10 000 yuan)	442578	492249	11.2
股份有限公司(万元)	Share Holding Limited Company(10 000 yuan)	14325	19690	37.5
私营企业(万元)	Privately Owned Enterprises(10 000 yuan)	244169	297225	21.7
其他企业(万元)	Enterprises of Other Ownership(10 000 yuan)			
港澳台商投资企业(万元)	Funds from HK,Macao & Taiwan(10 000 yuan)			
外商投资企业(万元)	Foreign Funded Enterprises(10 000 yuan)			
工业企业增加值(万元)	Value Added of Industrial Enterprises(10 000 yuan)			12.9
工业企业资产总计(万元)	Total Assets of Industrial Enterprises(10 000 yuan)	725302	730920	0.8
工业企业负债合计(万元)	Total Liabilities of Industrial Enterprises(10 000 yuan)	296116	285096	-3.7
工业企业产品销售收入(万元)	Sales of Revenue Industrial Enterprises(10 000 yuan)	626301	730551	16.6
工业企业利润总额(万元)	Total Profits of Industrial Enterprises(10 000 yuan)	117216	153080	30.6
建筑业	**Construction**			
建筑企业单位数(个)	Number of Construction Enterprises(unit)	2	2	0.0
建筑企业从业人员(人)	Number of Employee in Construction Enterprises(person)	3476	4225	21.5
建筑业总产值(万元)	Gross Construction Output Value(10 000 yuan)	111221	121904	9.6
交通运输邮电通信业	**Transportation,Post & Telecommunications**			
公路里程(公里)	Total Length of Highways(km)	2478	2772	11.9
邮电业务总量(万元)	Business Volume of Post & Telecoms(10 000 yuan)	21937	28261	28.8
本地电话用户(户)	Number of Subscribers of Local Telephone(Household)	11354	8844	-22.1
国内贸易	**Domestic Trade**			
社会消费品零售总额(万元)	Total Retail Sales of Consumer Goods(10 000 yuan)	286201	314695	10.0
城镇(万元)	Town(10 000 yuan)	163841	179691	9.7
乡村(万元)	Village(10 000 yuan)	122360	135004	10.3
科技教育卫生	**Science,Education & Public Health**			
各类专业技术人员(人)	Special Technical Personnel(person)	7650	7707	0.7
幼儿园数(所)	Number of Kindergartens(unit)	71	77	8.5
学龄儿童入学率(%)	Percentage of School – Age Children Enrolled(%)	100.0	100.0	0.0
小学学校数(所)	Number of Primary Schools(unit)	29	29	0.0
小学专任教师数(人)	Number of Full – time Teachers of Primary Schools(person)	1898	1875	-1.2
小学在校学生数(人)	Number of Student Enrollment of Primary Schools(person)	20409	21285	4.3
普通中学学校数(所)	Number of Regular Secondary Schools(unit)	14	9	-35.7
普通中学专任教师数(人)	Number of Teachers of Secondary Shools(person)	967	872	-9.8
初中在校学生数(人)	Number of Student in Junior Secondary Schools(person)	7470	7710	3.2
高中在校学生数(人)	Number of Student in Senior Secondary Schools(person)	3889	3747	-3.7
卫生机构数(所)	Number of Health Institutions(unit)	361	370	2.5
#医院(所)	Hospitals(unit)	4	4	0.0
卫生院(所)	Township Hospitals(unit)	23	23	0.0
床位数(张)	Number of Beds(unit)	1081	1234	14.2
#医院(张)	Hospitals(unit)	646	656	1.5
卫生院(张)	Township Hospitals(unit)	394	463	17.5
卫生技术人员(人)	Medical Technical Presonnel(person)	1167	1114	-4.5
#医院(人)	Hospitals(person)	555	577	4.0
卫生院(人)	Township Hospitals(person)	300	283	-5.7

23－47 兴安盟突泉县

指　　标	Item	2015	2016	2016 年比上年增长% Increase Rate in 2016 Over 2015(%)
行政区域土地面积(平方公里)	**Area of Administration(Sq. km)**	**4800**	**4800**	**0.0**
人口和就业	**Population & Employment**			
年末户籍人口(人)	The Registered Population Year－end(person)	303814	303694	0.0
#男性(人)	Male(person)	156169	155737	－0.3
#乡村人口(人)	Rural(person)	222335	222133	－0.1
年末常住人口(人)	Permanet Resident Population Year－end(person)	267100	267300	0.1
#男性(人)	Male(person)			
年末总户数(户)	Total Number of Households at the Year－end(Household)	124002	126366	1.9
#乡村户数(户)	Number of Rural Household(Household)	82941	81989	－1.1
出生人口(人)	Births(person)	2484	2645	6.5
死亡人口(人)	Deaths(person)	1825	1811	－0.8
全社会就业人员(人)	Employment(person)	189455	182040	－3.9
第一产业(人)	Primary Industry(person)	131444	125970	－4.2
第二产业(人)	Secondary Industry(person)	20894	21219	1.6
第三产业(人)	Tertiary Industry(person)	37117	34851	－6.1
在岗职工人数(人)	Number of Staff & Workers Employed in(person)	11758	11748	－0.1
乡村劳动力(人)	Number of Rural Laborers(person)	163897	154034	－6.0
#农林牧渔业(人)	Farming, Forestry, Animal Husbandry & Fishery(person)	129182	123655	－4.3
国民经济综合指标	**Summary Item on the National Economy**			
生产总值(万元)	Gross Domestic Product(10 000 yuan)	734116	763543	8.1
第一产业(万元)	Primary Industry(10 000 yuan)	233866	234563	3.9
第二产业(万元)	Secondary Industry(10 000 yuan)	323359	340923	10.6
#工业(万元)	Industry(10 000 yuan)	246392	256560	10.7
第三产业(万元)	Tertiary Industry(10 000 yuan)	176891	188057	9.3
人均生产总值(元)	Per Capita GDP(yuan)	27464	28576	8.2
全社会固定资产投资(万元)	Total Investment in Fixed Assets(10 000 yuan)	660700	812672	23.0
按登记注册类型分	Grouped by Registered Type			
#国有(万元)	State－owned Enterprises(10 000 yuan)	307712	493136	60.3
集体(万元)	Collective－owned Enterprises(10 000 yuan)			
有限责任公司(万元)	Limited Liability Corporations(10 000 yuan)	54400	81473	49.8
股份有限公司(万元)	Share Holding Enterprises(10 000 yuan)	182850	129888	－29.0
私营企业(万元)	Private Enterprises(10 000 yuan)	2500	92586	3603.4
外商及港澳台投资企业(万元)	Funds from HK, Macao, Taiwan & Foreign(10 000 yuan)			
一般公共预算收入(万元)	General Public Budget Revenue(10 000 yuan)	13640	16496	20.9
一般公共预算支出(万元)	General Public Budget Expenditure(10 000 yuan)	268093	249809	－6.8
住户存款余额(万元)	The balance of savings deposits of Households(10 000 yuan)	312040	369446	18.4
在岗职工工资总额(万元)	Total Wages of Staff & Workers Employed in(10 000 yuan)	65167	66671	2.3
在岗职工平均工资(元)	Average Wage of Staff & Workers Employed in(yuan)	56029	58504	4.4
全体居民人均可支配收入(元)	The per capita disposable income of all residents(yuan)	11603	12636	8.9
城镇常住居民人均可支配收入(元)	The per capita disposable income of urban permanent residents(yuan)	20382	22135	8.6
农村牧区常住居民人均可支配收入(元)	The per capita disposable income of permanent residents of rural and pastoral areas(yuan)	7562	8193	8.3
农村牧区经济	**Economic Development in Rural & Pastoral Area**			
农作物总播种面积(公顷)	Total Sown Area(hectare)	149743	155573	3.9
#粮食作物播种面积(公顷)	Sown Area of Grain Crops(hectare)	141487	147107	4.0
农牧业机械总动力(万千瓦)	Total Power of Agricultural Machinery(10 000 kw)	57.16	61.79	8.1
化肥施用折纯量(吨)	Consumption of Chemical Fertilizer(ton)	35332	36190	2.4
农村用电量(万千瓦小时)	Electricity Consumed in Rural Area(10 000 kwh)	8408	7634	－9.2
农林牧渔业总产值(万元)	Gross Output of Farming, Forestry, Animal Husbandry & Fishery(10 000 yuan)	382448	388143	4.2
粮食产量(吨)	Yield of Grain(ton)	1047800	1056500	0.8
油料产量(吨)	Yield of Oil－bearing Grops(ton)	6063	6243	3.0
甜菜产量(吨)	Yield of Beetroots(ton)			
猪牛羊肉产量(吨)	Output of Pork, Beef & Mutton(ton)	14531	15457	6.4
#猪肉产量(吨)	Output of Pork(ton)	6272	6581	4.9
牛肉产量(吨)	Output of Beef(ton)	2572	2195	－14.7
羊肉产量(吨)	Output of Mutton(ton)	5687	6681	17.5
羊毛产量(吨)	Output of Wool(ton)	1045	1045	0.0

23 – 47 Tuquan County in Xingan League

指　标	Item	2015	2016	2016 年比上年增长% Increase Rate in 2016 Over 2015(%)
年末牲畜存栏头数(万头只)	Total Livestock at the Year – end(10 000 heads)	67.93	58.32	–14.1
# 大牲畜(万头只)	Large Animals(10 000 heads)	6.58	4.75	–27.8
羊(万只)	Sheep & Goats(10 000 heads)	56.81	48.22	–15.1
猪(万头)	Hogs(10 000 heads)	4.54	5.35	17.8
规模以上工业	**Industrial Enterprises above Designated size**			
工业企业单位数(个)	Number of Industrial Enterprises(unit)	36	37	2.8
# 内资企业(个)	Civil Funded Enterprises(unit)	36	37	2.8
工业总产值(万元)	Gross Industrial Output Value(10 000 yuan)	615123	733649	19.3
内资企业(万元)	Civil Funded Enterprises(10 000 yuan)	615123	733649	19.3
国有企业(万元)	State – owned Enterprises(10 000 yuan)	14395		
集体企业(万元)	Collective – owned Enterprises(10 000 yuan)			
股份合作企业(万元)	Share Holding Enterprises(10 000 yuan)			
联营企业(万元)	Joint Owned Enterprises(10 000 yuan)			
有限责任公司(万元)	Limited Company(10 000 yuan)	56418	68659	21.7
股份有限公司(万元)	Share Holding Limited Company(10 000 yuan)	5473	6017	9.9
私营企业(万元)	Privately Owned Enterprises(10 000 yuan)	538837	658973	22.3
其他企业(万元)	Enterprises of Other Ownership(10 000 yuan)			
港澳台商投资企业(万元)	Funds from HK,Macao & Taiwan(10 000 yuan)			
外商投资企业(万元)	Foreign Funded Enterprises(10 000 yuan)			
工业企业增加值(万元)	Value Added of Industrial Enterprises(10 000 yuan)			12.2
工业企业资产总计(万元)	Total Assets of Industrial Enterprises(10 000 yuan)	713718	778308	9.0
工业企业负债合计(万元)	Total Liabilities of Industrial Enterprises(10 000 yuan)	314454	333683	6.1
工业企业产品销售收入(万元)	Sales of Revenue Industrial Enterprises(10 000 yuan)	599678	715275	19.3
工业企业利润总额(万元)	Total Profits of Industrial Enterprises(10 000 yuan)	67285	70679	5.0
建筑业	**Construction**			
建筑企业单位数(个)	Number of Construction Enterprises(unit)	1	1	0.0
建筑企业从业人员(人)	Number of Employee in Construction Enterprises(person)	1280	1750	36.7
建筑业总产值(万元)	Gross Construction Output Value(10 000 yuan)	71800	86190	20.0
交通运输邮电通信业	**Transportation,Post & Telecommunications**			
公路里程(公里)	Total Length of Highways(km)	2012	2269	12.8
邮电业务总量(万元)	Business Volume of Post & Telecoms(10 000 yuan)	15458	19505	26.2
本地电话用户(户)	Number of Subscribers of Local Telephone(Household)	13097	9984	–23.8
国内贸易	**Domestic Trade**			
社会消费品零售总额(万元)	Total Retail Sales of Consumer Goods(10 000 yuan)	205709	226195	10.0
城镇(万元)	Town(10 000 yuan)	130279	142982	9.8
乡村(万元)	Village(10 000 yuan)	75430	83213	10.3
科技教育卫生	**Science,Education & Public Health**			
各类专业技术人员(人)	Special Technical Personnel(person)	4758	4804	1.0
幼儿园数(所)	Number of Kindergartens(unit)	97	26	–73.2
学龄儿童入学率(%)	Percentage of School – Age Children Enrolled(%)	100.0	100.0	0.0
小学学校数(所)	Number of Primary Schools(unit)	20	16	–20.0
小学专任教师数(人)	Number of Full – time Teachers of Primary Schools(person)	1273	980	–23.0
小学在校学生数(人)	Number of Student Enrollment of Primary Schools(person)	13781	13697	–0.6
普通中学学校数(所)	Number of Regular Secondary Schools(unit)	11	11	0.0
普通中学专任教师数(人)	Number of Teachers of Secondary Shools(person)	1052	866	–17.7
初中在校学生数(人)	Number of Student in Junior Secondary Schools(person)	5688	5979	5.1
高中在校学生数(人)	Number of Student in Senior Secondary Schools(person)	3650	3550	–2.7
卫生机构数(所)	Number of Health Institutions(unit)	340	346	1.8
# 医院(所)	Hospitals(unit)	2	2	0.0
卫生院(所)	Township Hospitals(unit)	12	12	0.0
床位数(张)	Number of Beds(unit)	686	782	14.0
# 医院(张)	Hospitals(unit)	500	600	20.0
卫生院(张)	Township Hospitals(unit)	142	142	0.0
卫生技术人员(人)	Medical Technical Presonnel(person)	1029	1192	15.8
# 医院(人)	Hospitals(person)	512	644	25.8
卫生院(人)	Township Hospitals(person)	194	210	8.2

23-48 通辽市科尔沁区

指　标	Item	2015	2016	2016 年比上年增长% Increase Rate in 2016 Over 2015(%)
行政区域土地面积(平方公里)	**Area of Administration(Sq. km)**	**3516**	**3516**	**0.0**
人口和就业	**Population & Employment**			
年末户籍人口(人)	The Registered Population Year - end(person)	854401	843274	-1.3
#男性(人)	Male(person)	425967	417880	-1.9
#乡村人口(人)	Rural(person)	384120	427868	11.4
年末常住人口(人)	Permanet Resident Population Year - end(person)			
#男性(人)	Male(person)			
年末总户数(户)	Total Number of Households at the Year - end(Household)	321191	321337	0.0
#乡村户数(户)	Number of Rural Household(Household)	139768	140901	0.8
出生人口(人)	Births(person)	7007	7580	8.2
死亡人口(人)	Deaths(person)	6212	6759	8.8
全社会就业人员(人)	Employment(person)	496173	518316	4.5
第一产业(人)	Primary Industry(person)	175339	193433	10.3
第二产业(人)	Secondary Industry(person)	101692	95909	-5.7
第三产业(人)	Tertiary Industry(person)	219142	228974	4.5
在岗职工人数(人)	Number of Staff & Workers Employed in(person)	112008	121227	8.2
乡村劳动力(人)	Number of Rural Laborers(person)	289836	291615	0.6
#农林牧渔业(人)	Farming, Forestry, Animal Husbandry & Fishery(person)	161126	178436	10.7
国民经济综合指标	**Summary Item on the National Economy**			
生产总值(万元)	Gross Domestic Product(10 000 yuan)	6912805	7296811	7.7
第一产业(万元)	Primary Industry(10 000 yuan)	600101	573015	3.9
第二产业(万元)	Secondary Industry(10 000 yuan)	3402244	3505758	8.2
#工业(万元)	Industry(10 000 yuan)	2912368	2990578	8.7
第三产业(万元)	Tertiary Industry(10 000 yuan)	2910459	3218038	7.9
人均生产总值(元)	Per Capita GDP(yuan)	74794	78948	7.7
全社会固定资产投资(万元)	Total Investment in Fixed Assets(10 000 yuan)	5709589	6411249	12.3
按登记注册类型分	Grouped by Registered Type			
#国有(万元)	State - owned Enterprises(10 000 yuan)	3176409	4055532	27.7
集体(万元)	Collective - owned Enterprises(10 000 yuan)	6837	4758	-30.4
有限责任公司(万元)	Limited Liability Corporations(10 000 yuan)	1435832	1228153	-14.5
股份有限公司(万元)	Share Holding Enterprises(10 000 yuan)	341913	259432	-24.1
私营企业(万元)	Private Enterprises(10 000 yuan)	225050	335694	49.2
外商及港澳台投资企业(万元)	Funds from HK, Macao, Taiwan & Foreign(10 000 yuan)		19180	
一般公共预算收入(万元)	General Public Budget Revenue(10 000 yuan)	250479	258993	3.4
一般公共预算支出(万元)	General Public Budget Expenditure(10 000 yuan)	503706	492066	-2.3
住户存款余额(万元)	The balance of savings deposits of Households(10 000 yuan)	2798894	3227585	15.3
在岗职工工资总额(万元)	Total Wages of Staff & Workers Employed in(10 000 yuan)	578079	626587	8.4
在岗职工平均工资(元)	Average Wage of Staff & Workers Employed in(yuan)	54432	58883	8.2
全体居民人均可支配收入(元)	The per capita disposable income of all residents(yuan)	22966	25294	10.1
城镇常住居民人均可支配收入(元)	The per capita disposable income of urban permanent residents(yuan)	27588	30312	9.9
农村牧区常住居民人均可支配收入(元)	The per capita disposable income of permanent residents of rural and pastoral areas(yuan)	14417	15826	9.8
农村牧区经济	**Economic Development in Rural & Pastoral Area**			
农作物总播种面积(公顷)	Total Sown Area(hectare)	157950	157668	-0.2
#粮食作物播种面积(公顷)	Sown Area of Grain Crops(hectare)	127778	128303	0.4
农牧业机械总动力(万千瓦)	Total Power of Agricultural Machinery(10 000 kw)	110.51	118.28	7.0
化肥施用折纯量(吨)	Consumption of Chemical Fertilizer(ton)	132246	131284	-0.7
农村用电量(万千瓦小时)	Electricity Consumed in Rural Area(10 000 kwh)	33337	26950	-19.2
农林牧渔业总产值(万元)	Gross Output of Farming, Forestry, Animal Husbandry & Fishery(10 000 yuan)	996675	980822	4.1
粮食产量(吨)	Yield of Grain(ton)	1156511	1177920	1.9
油料产量(吨)	Yield of Oil - bearing Grops(ton)	3330	5453	63.7
甜菜产量(吨)	Yield of Beetroots(ton)	5586	9366	67.7
猪牛羊肉产量(吨)	Output of Pork, Beef & Mutton(ton)	106725	107555	0.8
#猪肉产量(吨)	Output of Pork(ton)	72393	72076	-0.4
牛肉产量(吨)	Output of Beef(ton)	28420	29410	3.5
羊肉产量(吨)	Output of Mutton(ton)	5912	6069	2.7
羊毛产量(吨)	Output of Wool(ton)	1295	1408	8.7

23－48 Keerqin District in Tongliao City

指　标	Item	2015	2016	2016年比上年增长% Increase Rate in 2016 Over 2015(%)
年末牲畜存栏头数(万头只)	Total Livestock at the Year－end(10 000 heads)	167.70	163.01	2.8
#大牲畜(万头只)	Large Animals(10 000 heads)	32.87	32.15	-2.2
羊(万只)	Sheep & Goats(10 000 heads)	65.59	60.97	-7.0
猪(万头)	Hogs(10 000 heads)	69.24	69.88	0.9
规模以上工业	**Industrial Enterprises above Designated size**			
工业企业单位数(个)	Number of Industrial Enterprises(unit)	202	198	-2.0
#内资企业(个)	Civil Funded Enterprises(unit)	191	190	-0.5
工业总产值(万元)	Gross Industrial Output Value(10 000 yuan)	8480242	9499326	12.0
内资企业(万元)	Civil Funded Enterprises(10 000 yuan)	7615325	8602633	13.0
国有企业(万元)	State－owned Enterprises(10 000 yuan)	260292	125759	-51.7
集体企业(万元)	Collective－owned Enterprises(10 000 yuan)	49443	52707	6.6
股份合作企业(万元)	Share Holding Enterprises(10 000 yuan)			
联营企业(万元)	Joint Owned Enterprises(10 000 yuan)			
有限责任公司(万元)	Limited Company(10 000 yuan)	4704392	5379428	14.3
股份有限公司(万元)	Share Holding Limited Company(10 000 yuan)	594948	660168	11.0
私营企业(万元)	Privately Owned Enterprises(10 000 yuan)	2006251	2384572	18.9
其他企业(万元)	Enterprises of Other Ownership(10 000 yuan)			
港澳台商投资企业(万元)	Funds from HK,Macao & Taiwan(10 000 yuan)	175146	279742	59.7
外商投资企业(万元)	Foreign Funded Enterprises(10 000 yuan)	689772	616951	-10.6
工业企业增加值(万元)	Value Added of Industrial Enterprises(10 000 yuan)			9.1
工业企业资产总计(万元)	Total Assets of Industrial Enterprises(10 000 yuan)	5095406	6583951	29.2
工业企业负债合计(万元)	Total Liabilities of Industrial Enterprises(10 000 yuan)	2613032	2872742	9.9
工业企业产品销售收入(万元)	Sales of Revenue Industrial Enterprises(10 000 yuan)	8301587	9188310	10.7
工业企业利润总额(万元)	Total Profits of Industrial Enterprises(10 000 yuan)	495339	519745	4.9
建筑业	**Construction**			
建筑企业单位数(个)	Number of Construction Enterprises(unit)	31	34	9.7
建筑企业从业人员(人)	Number of Employee in Construction Enterprises(person)	9959	9052	-9.1
建筑业总产值(万元)	Gross Construction Output Value(10 000 yuan)	350529	358297	2.2
交通运输邮电通信业	**Transportation,Post & Telecommunications**			
公路里程(公里)	Total Length of Highways(km)	1719	1910	11.1
邮电业务总量(万元)	Business Volume of Post & Telecoms(10 000 yuan)	2382	3422	43.7
本地电话用户(户)	Number of Subscribers of Local Telephone(Household)	68126	55572	-18.4
国内贸易	**Domestic Trade**			
社会消费品零售总额(万元)	Total Retail Sales of Consumer Goods(10 000 yuan)	2331001	2558395	9.8
城镇(万元)	Town(10 000 yuan)	2104654	2308315	9.7
乡村(万元)	Village(10 000 yuan)	226347	250080	10.5
科技教育卫生	**Science,Education & Public Health**			
各类专业技术人员(人)	Special Technical Personnel(person)	18560	19682	6.0
幼儿园数(所)	Number of Kindergartens(unit)	159	154	-3.1
学龄儿童入学率(%)	Percentage of School－Age Children Enrolled(%)	100.0	100.0	0.0
小学学校数(所)	Number of Primary Schools(unit)	55	44	-20.0
小学专任教师数(人)	Number of Full－time Teachers of Primary Schools(person)	3722	3438	-7.6
小学在校学生数(人)	Number of Student Enrollment of Primary Schools(person)	54024	52086	-3.6
普通中学学校数(所)	Number of Regular Secondary Schools(unit)	33	32	-3.0
普通中学专任教师数(人)	Number of Teachers of Secondary Shools(person)	3704	3730	0.7
初中在校学生数(人)	Number of Student in Junior Secondary Schools(person)	30236	28790	-4.8
高中在校学生数(人)	Number of Student in Senior Secondary Schools(person)	27235	27884	2.4
卫生机构数(所)	Number of Health Institutions(unit)	1031	1003	-2.7
#医院(所)	Hospitals(unit)	45	42	-6.7
卫生院(所)	Township Hospitals(unit)	23	22	-4.3
床位数(张)	Number of Beds(unit)	8407	8861	5.4
#医院(张)	Hospitals(unit)	7318	7737	5.7
卫生院(张)	Township Hospitals(unit)	595	550	-7.6
卫生技术人员(人)	Medical Technical Presonnel(person)	8364	8694	3.9
#医院(人)	Hospitals(person)	6099	6517	6.9
卫生院(人)	Township Hospitals(person)	629	447	-28.9

23－49 通辽市科尔沁左翼中旗

指　　标	Item	2015	2016	2016 年比上年增长% Increase Rate in 2016 Over 2015(%)
行政区域土地面积(平方公里)	**Area of Administration(Sq. km)**	**9573**	**9573**	**0.0**
人口和就业	**Population & Employment**			
年末户籍人口(人)	The Registered Population Year－end(person)	519090	529064	1.9
#男性(人)	Male(person)	257293	270815	5.3
#乡村人口(人)	Rural(person)	403274	435207	7.9
年末常住人口(人)	Permanet Resident Population Year－end(person)			
#男性(人)	Male(person)			
年末总户数(户)	Total Number of Households at the Year－end(Household)	200752	203606	1.4
#乡村户数(户)	Number of Rural Household(Household)	106919	104887	－1.9
出生人口(人)	Births(person)	3760	4208	11.9
死亡人口(人)	Deaths(person)	4341	2301	－47.0
全社会就业人员(人)	Employment(person)	308860	308228	－0.2
第一产业(人)	Primary Industry(person)	180160	172612	－4.2
第二产业(人)	Secondary Industry(person)	42817	47036	9.9
第三产业(人)	Tertiary Industry(person)	85883	88580	3.1
在岗职工人数(人)	Number of Staff & Workers Employed in(person)	36357	36659	0.8
乡村劳动力(人)	Number of Rural Laborers(person)	252106	248016	－1.6
#农林牧渔业(人)	Farming,Forestry,Animal Husbandry & Fishery(person)	166470	158559	－4.8
国民经济综合指标	**Summary Item on the National Economy**			
生产总值(万元)	Gross Domestic Product(10 000 yuan)	1586889	1682138	7.4
第一产业(万元)	Primary Industry(10 000 yuan)	401091	413607	4.0
第二产业(万元)	Secondary Industry(10 000 yuan)	614183	640952	8.4
#工业(万元)	Industry(10 000 yuan)	584146	609363	8.6
第三产业(万元)	Tertiary Industry(10 000 yuan)	571615	627579	8.7
人均生产总值(元)	Per Capita GDP(yuan)	31706	34155	9.1
全社会固定资产投资(万元)	Total Investment in Fixed Assets(10 000 yuan)	975576	1106754	13.4
按登记注册类型分	Grouped by Registered Type			
#国有(万元)	State－owned Enterprises(10 000 yuan)	198553	256640	29.3
集体(万元)	Collective－owned Enterprises(10 000 yuan)	2066		
有限责任公司(万元)	Limited Liability Corporations(10 000 yuan)	232572	203685	－12.4
股份有限公司(万元)	Share Holding Enterprises(10 000 yuan)	45660	21950	－51.9
私营企业(万元)	Private Enterprises(10 000 yuan)	75540	222658	194.8
外商及港澳台投资企业(万元)	Funds from HK,Macao,Taiwan & Foreign(10 000 yuan)	100		
一般公共预算收入(万元)	General Public Budget Revenue(10 000 yuan)	33346	36244	8.7
一般公共预算支出(万元)	General Public Budget Expenditure(10 000 yuan)	373094	354088	－5.1
住户存款余额(万元)	The balance of savings deposits of Households(10 000 yuan)	267782	290991	8.7
在岗职工工资总额(万元)	Total Wages of Staff & Workers Employed in(10 000 yuan)	191044	196181	2.7
在岗职工平均工资(元)	Average Wage of Staff & Workers Employed in(yuan)	52565	53861	2.5
全体居民人均可支配收入(元)	The per capita disposable income of all residents(yuan)	12966	14042	8.3
城镇常住居民人均可支配收入(元)	The per capita disposable income of urban permanent residents(yuan)	21007	22756	8.3
农村牧区常住居民人均可支配收入(元)	The per capita disposable income of permanent residents of rural and pastoral areas(yuan)	8997	9704	7.9
农村牧区经济	**Economic Development in Rural & Pastoral Area**			
农作物总播种面积(公顷)	Total Sown Area(hectare)	252135	260915	3.5
#粮食作物播种面积(公顷)	Sown Area of Grain Crops(hectare)	232878	237787	2.1
农牧业机械总动力(万千瓦)	Total Power of Agricultural Machinery(10 000 kw)	132.36	136.42	3.1
化肥施用折纯量(吨)	Consumption of Chemical Fertilizer(ton)	109188	109223	0.0
农村用电量(万千瓦小时)	Electricity Consumed in Rural Area(10 000 kwh)	14477	7537	－47.9
农林牧渔业总产值(万元)	Gross Output of Farming,Forestry,Animal Husbandry & Fishery(10 000 yuan)	644331	669564	4.0
粮食产量(吨)	Yield of Grain(ton)	1780581	1802500	1.2
油料产量(吨)	Yield of Oil－bearing Grops(ton)	25355	30784	21.4
甜菜产量(吨)	Yield of Beetroots(ton)	5472	5131	－6.2
猪牛羊肉产量(吨)	Output of Pork, Beef & Mutton(ton)	66767	73233	9.7
#猪肉产量(吨)	Output of Pork(ton)	39220	40890	4.3
牛肉产量(吨)	Output of Beef(ton)	16552	19383	17.1
羊肉产量(吨)	Output of Mutton(ton)	10995	12960	17.9
羊毛产量(吨)	Output of Wool(ton)	2207	2327	5.4

23 – 49 Keerqinzuoyizhong Banner in Tongliao City

指　　标	Item	2015	2016	2016 年比上年增长% Increase Rate in 2016 Over 2015(%)
年末牲畜存栏头数(万头只)	Total Livestock at the Year – end(10 000 heads)	175.28	177.08	1.0
# 大牲畜(万头只)	Large Animals(10 000 heads)	36.68	41.22	12.4
羊(万只)	Sheep & Goats(10 000 heads)	94.50	89.43	-5.4
猪(万头)	Hogs(10 000 heads)	44.10	46.42	5.3
规模以上工业	**Industrial Enterprises above Designated size**			
工业企业单位数(个)	Number of Industrial Enterprises(unit)	61	65	6.6
# 内资企业(个)	Civil Funded Enterprises(unit)	60	64	6.7
工业总产值(万元)	Gross Industrial Output Value(10 000 yuan)	2181060	2282996	4.7
内资企业(万元)	Civil Funded Enterprises(10 000 yuan)	2143828	2242866	4.6
国有企业(万元)	State – owned Enterprises(10 000 yuan)	144767	27090	-81.3
集体企业(万元)	Collective – owned Enterprises(10 000 yuan)	47646	49536	4.0
股份合作企业(万元)	Share Holding Enterprises(10 000 yuan)			
联营企业(万元)	Joint Owned Enterprises(10 000 yuan)			
有限责任公司(万元)	Limited Company(10 000 yuan)	683226	856324	25.3
股份有限公司(万元)	Share Holding Limited Company(10 000 yuan)	272490	241075	-11.5
私营企业(万元)	Privately Owned Enterprises(10 000 yuan)	995699	1068840	7.3
其他企业(万元)	Enterprises of Other Ownership(10 000 yuan)			
港澳台商投资企业(万元)	Funds from HK, Macao & Taiwan(10 000 yuan)			
外商投资企业(万元)	Foreign Funded Enterprises(10 000 yuan)	37233	40130	7.8
工业企业增加值(万元)	Value Added of Industrial Enterprises(10 000 yuan)			9.1
工业企业资产总计(万元)	Total Assets of Industrial Enterprises(10 000 yuan)	1642507	1647824	0.3
工业企业负债合计(万元)	Total Liabilities of Industrial Enterprises(10 000 yuan)	126857	122108	-3.7
工业企业产品销售收入(万元)	Sales of Revenue Industrial Enterprises(10 000 yuan)	2060149	2167665	5.2
工业企业利润总额(万元)	Total Profits of Industrial Enterprises(10 000 yuan)	187416	183397	-2.1
建筑业	**Construction**			
建筑企业单位数(个)	Number of Construction Enterprises(unit)	3	3	0.0
建筑企业从业人员(人)	Number of Employee in Construction Enterprises(person)	1217	1231	1.2
建筑业总产值(万元)	Gross Construction Output Value(10 000 yuan)	15617	13260	-15.1
交通运输邮电通信业	**Transportation, Post & Telecommunications**			
公路里程(公里)	Total Length of Highways(km)	3196	3378	5.7
邮电业务总量(万元)	Business Volume of Post & Telecoms(10 000 yuan)	23849	19005	-20.3
本地电话用户(户)	Number of Subscribers of Local Telephone(Household)	22151	8989	-59.4
国内贸易	**Domestic Trade**			
社会消费品零售总额(万元)	Total Retail Sales of Consumer Goods(10 000 yuan)	439012	481760	9.7
城镇(万元)	Town(10 000 yuan)	173266	190006	9.7
乡村(万元)	Village(10 000 yuan)	265745	291754	9.8
科技教育卫生	**Science, Education & Public Health**			
各类专业技术人员(人)	Special Technical Personnel(person)	6409	6764	5.5
幼儿园数(所)	Number of Kindergartens(unit)	112	114	1.8
学龄儿童入学率(%)	Percentage of School – Age Children Enrolled(%)	100.0	100.0	0.0
小学学校数(所)	Number of Primary Schools(unit)	42	42	0.0
小学专任教师数(人)	Number of Full – time Teachers of Primary Schools(person)	2266	2332	2.9
小学在校学生数(人)	Number of Student Enrollment of Primary Schools(person)	25203	24848	-1.4
普通中学学校数(所)	Number of Regular Secondary Schools(unit)	12	13	8.3
普通中学专任教师数(人)	Number of Teachers of Secondary Shools(person)	1296	1307	0.8
初中在校学生数(人)	Number of Student in Junior Secondary Schools(person)	10014	10088	0.7
高中在校学生数(人)	Number of Student in Senior Secondary Schools(person)	4813	5899	22.6
卫生机构数(所)	Number of Health Institutions(unit)	600	636	6.0
# 医院(所)	Hospitals(unit)	6	6	0.0
卫生院(所)	Township Hospitals(unit)	29	29	0.0
床位数(张)	Number of Beds(unit)	1148	1212	5.6
# 医院(张)	Hospitals(unit)	764	780	2.1
卫生院(张)	Township Hospitals(unit)	380	428	12.6
卫生技术人员(人)	Medical Technical Presonnel(person)	1196	1214	1.5
# 医院(人)	Hospitals(person)	607	551	-9.2
卫生院(人)	Township Hospitals(person)	418	476	13.9

23－50 通辽市科尔沁左翼后旗

指　　标	Item	2015	2016	2016年比上年增长% Increase Rate in 2016 Over 2015(%)
行政区域土地面积(平方公里)	**Area of Administration(Sq. km)**	**11500**	**11500**	**0.0**
人口和就业	**Population & Employment**			
年末户籍人口(人)	The Registered Population Year－end(person)	408894	405455	－0.8
#男性(人)	Male(person)	208993	207177	－0.9
#乡村人口(人)	Rural(person)	282647	306595	8.5
年末常住人口(人)	Permanet Resident Population Year－end(person)			
#男性(人)	Male(person)			
年末总户数(户)	Total Number of Households at the Year－end(Household)	151115	151269	0.1
#乡村户数(户)	Number of Rural Household(Household)	98322	102038	3.8
出生人口(人)	Births(person)	3358	3361	0.1
死亡人口(人)	Deaths(person)	1302	1912	46.9
全社会就业人员(人)	Employment(person)	207296	209388	1.0
第一产业(人)	Primary Industry(person)	135787	137053	0.9
第二产业(人)	Secondary Industry(person)	18085	18549	2.6
第三产业(人)	Tertiary Industry(person)	53424	53786	0.7
在岗职工人数(人)	Number of Staff & Workers Employed in(person)	30126	30051	－0.2
乡村劳动力(人)	Number of Rural Laborers(person)	169709	170798	0.6
#农林牧渔业(人)	Farming,Forestry,Animal Husbandry & Fishery(person)	123977	125100	0.9
国民经济综合指标	**Summary Item on the National Economy**			
生产总值(万元)	Gross Domestic Product(10 000 yuan)	1618737	1704874	7.7
第一产业(万元)	Primary Industry(10 000 yuan)	343274	336272	3.5
第二产业(万元)	Secondary Industry(10 000 yuan)	652321	682893	8.7
#工业(万元)	Industry(10 000 yuan)	602051	630026	8.9
第三产业(万元)	Tertiary Industry(10 000 yuan)	623142	685709	8.9
人均生产总值(元)	Per Capita GDP(yuan)	43720	46034	7.6
全社会固定资产投资(万元)	Total Investment in Fixed Assets(10 000 yuan)	961311	1125000	17.0
按登记注册类型分	Grouped by Registered Type			
#国有(万元)	State－owned Enterprises(10 000 yuan)	287102	479977	67.2
集体(万元)	Collective－owned Enterprises(10 000 yuan)			
有限责任公司(万元)	Limited Liability Corporations(10 000 yuan)	537772	409594	－23.8
股份有限公司(万元)	Share Holding Enterprises(10 000 yuan)		9150	
私营企业(万元)	Private Enterprises(10 000 yuan)	33300	133074	299.6
外商及港澳台投资企业(万元)	Funds from HK,Macao,Taiwan & Foreign(10 000 yuan)			
一般公共预算收入(万元)	General Public Budget Revenue(10 000 yuan)	39107	42452	8.6
一般公共预算支出(万元)	General Public Budget Expenditure(10 000 yuan)	331436	305462	－7.8
住户存款余额(万元)	The balance of savings deposits of Households(10 000 yuan)	283259	329037	16.2
在岗职工工资总额(万元)	Total Wages of Staff & Workers Employed in(10 000 yuan)	155067	161106	3.9
在岗职工平均工资(元)	Average Wage of Staff & Workers Employed in(yuan)	51417	53777	4.6
全体居民人均可支配收入(元)	The per capita disposable income of all residents(yuan)	13427	14582	8.6
城镇常住居民人均可支配收入(元)	The per capita disposable income of urban permanent residents(yuan)	21274	23059	8.4
农村牧区常住居民人均可支配收入(元)	The per capita disposable income of permanent residents of rural and pastoral areas(yuan)	9502	10242	7.8
农村牧区经济	**Economic Development in Rural & Pastoral Area**			
农作物总播种面积(公顷)	Total Sown Area(hectare)	238594	241338	1.2
#粮食作物播种面积(公顷)	Sown Area of Grain Crops(hectare)	189262	189887	0.3
农牧业机械总动力(万千瓦)	Total Power of Agricultural Machinery(10 000 kw)	103.77	108.36	4.4
化肥施用折纯量(吨)	Consumption of Chemical Fertilizer(ton)	183035	185469	1.3
农村用电量(万千瓦小时)	Electricity Consumed in Rural Area(10 000 kwh)	12833	12950	0.9
农林牧渔业总产值(万元)	Gross Output of Farming,Forestry,Animal Husbandry & Fishery(10 000 yuan)	570146	571802	3.6
粮食产量(吨)	Yield of Grain(ton)	1040026	1034500	－0.5
油料产量(吨)	Yield of Oil－bearing Grops(ton)	18472	20000	8.3
甜菜产量(吨)	Yield of Beetroots(ton)			
猪牛羊肉产量(吨)	Output of Pork, Beef & Mutton(ton)	42806	43860	2.5
#猪肉产量(吨)	Output of Pork(ton)	19173	19190	0.1
牛肉产量(吨)	Output of Beef(ton)	18059	18680	3.4
羊肉产量(吨)	Output of Mutton(ton)	5574	5990	7.5
羊毛产量(吨)	Output of Wool(ton)	2238	2275	1.7

23 – 50 Keerqinzuoyihou Banner in Tongliao City

指　　标	Item	2015	2016	2016年比上年增长% Increase Rate in 2016 Over 2015(%)
年末牲畜存栏头数(万头只)	Total Livestock at the Year – end(10 000 heads)	121.91	118.91	-2.5
#大牲畜(万头只)	Large Animals(10 000 heads)	44.28	44.70	0.9
羊(万只)	Sheep & Goats(10 000 heads)	56.08	52.63	-6.2
猪(万头)	Hogs(10 000 heads)	21.55	21.59	0.2
规模以上工业	**Industrial Enterprises above Designated size**			
工业企业单位数(个)	Number of Industrial Enterprises(unit)	67	64	-4.5
#内资企业(个)	Civil Funded Enterprises(unit)	67	64	-4.5
工业总产值(万元)	Gross Industrial Output Value(10 000 yuan)	1888875	2082539	10.3
内资企业(万元)	Civil Funded Enterprises(10 000 yuan)	1888875	2082539	10.3
国有企业(万元)	State – owned Enterprises(10 000 yuan)	145335	67234	-53.7
集体企业(万元)	Collective – owned Enterprises(10 000 yuan)			
股份合作企业(万元)	Share Holding Enterprises(10 000 yuan)			
联营企业(万元)	Joint Owned Enterprises(10 000 yuan)			
有限责任公司(万元)	Limited Company(10 000 yuan)	532062	636075	19.5
股份有限公司(万元)	Share Holding Limited Company(10 000 yuan)	57279	84432	47.4
私营企业(万元)	Privately Owned Enterprises(10 000 yuan)	1154199	1294798	12.2
其他企业(万元)	Enterprises of Other Ownership(10 000 yuan)			
港澳台商投资企业(万元)	Funds from HK, Macao & Taiwan(10 000 yuan)			
外商投资企业(万元)	Foreign Funded Enterprises(10 000 yuan)			
工业企业增加值(万元)	Value Added of Industrial Enterprises(10 000 yuan)			9.5
工业企业资产总计(万元)	Total Assets of Industrial Enterprises(10 000 yuan)	996165	975934	-2.0
工业企业负债合计(万元)	Total Liabilities of Industrial Enterprises(10 000 yuan)	464209	438514	-5.5
工业企业产品销售收入(万元)	Sales of Revenue Industrial Enterprises(10 000 yuan)	2001838	2084209	4.1
工业企业利润总额(万元)	Total Profits of Industrial Enterprises(10 000 yuan)	125893	181202	43.9
建筑业	**Construction**			
建筑企业单位数(个)	Number of Construction Enterprises(unit)	2	2	0.0
建筑企业从业人员(人)	Number of Employee in Construction Enterprises(person)	21	89	323.8
建筑业总产值(万元)	Gross Construction Output Value(10 000 yuan)	16630	8214	-50.6
交通运输邮电通信业	**Transportation, Post & Telecommunications**			
公路里程(公里)	Total Length of Highways(km)	3686	4088	10.9
邮电业务总量(万元)	Business Volume of Post & Telecoms(10 000 yuan)	22800	25000	9.6
本地电话用户(户)	Number of Subscribers of Local Telephone(Household)	29000	45000	55.2
国内贸易	**Domestic Trade**			
社会消费品零售总额(万元)	Total Retail Sales of Consumer Goods(10 000 yuan)	355126	390721	10.0
城镇(万元)	Town(10 000 yuan)	206845	227689	10.1
乡村(万元)	Village(10 000 yuan)	148281	163032	9.9
科技教育卫生	**Science, Education & Public Health**			
各类专业技术人员(人)	Special Technical Personnel(person)	5988	6023	0.6
幼儿园数(所)	Number of Kindergartens(unit)	75	82	9.3
学龄儿童入学率(%)	Percentage of School – Age Children Enrolled(%)	100.0	100.0	0.0
小学学校数(所)	Number of Primary Schools(unit)	33	33	0.0
小学专任教师数(人)	Number of Full – time Teachers of Primary Schools(person)	1785	1752	-1.8
小学在校学生数(人)	Number of Student Enrollment of Primary Schools(person)	24027	24346	1.3
普通中学学校数(所)	Number of Regular Secondary Schools(unit)	15	15	0.0
普通中学专任教师数(人)	Number of Teachers of Secondary Shools(person)	1407	1400	-0.5
初中在校学生数(人)	Number of Student in Junior Secondary Schools(person)	10081	9990	-0.9
高中在校学生数(人)	Number of Student in Senior Secondary Schools(person)	5521	5360	-2.9
卫生机构数(所)	Number of Health Institutions(unit)	715	696	-2.7
#医院(所)	Hospitals(unit)	5	6	20.0
卫生院(所)	Township Hospitals(unit)	29	29	0.0
床位数(张)	Number of Beds(unit)	1090	1247	14.4
#医院(张)	Hospitals(unit)	412	537	30.3
卫生院(张)	Township Hospitals(unit)	498	604	21.3
卫生技术人员(人)	Medical Technical Presonnel(person)	1209	1279	5.8
#医院(人)	Hospitals(person)	497	520	4.6
卫生院(人)	Township Hospitals(person)	378	385	1.9

23－51 通辽市开鲁县

指　　标	Item	2015	2016	2016年比上年增长% Increase Rate in 2016 Over 2015(%)
行政区域土地面积(平方公里)	**Area of Administration(Sq. km)**	**4353**	**4353**	**0.0**
人口和就业	**Population & Employment**			
年末户籍人口(人)	The Registered Population Year－end(person)	398143	396388	－0.4
#男性(人)	Male(person)	202149	200627	－0.8
#乡村人口(人)	Rural(person)	266952	331623	24.2
年末常住人口(人)	Permanet Resident Population Year－end(person)			
#男性(人)	Male(person)			
年末总户数(户)	Total Number of Households at the Year－end(Household)	148133	151271	2.1
#乡村户数(户)	Number of Rural Household(Household)	95535	96393	0.9
出生人口(人)	Births(person)	2806	3492	24.4
死亡人口(人)	Deaths(person)	1657	2146	29.5
全社会就业人员(人)	Employment(person)	234052	234718	0.3
第一产业(人)	Primary Industry(person)	144154	144602	0.3
第二产业(人)	Secondary Industry(person)	29593	29346	－0.8
第三产业(人)	Tertiary Industry(person)	60305	60770	0.8
在岗职工人数(人)	Number of Staff & Workers Employed in(person)	23621	23154	－2.0
乡村劳动力(人)	Number of Rural Laborers(person)	205124	207226	1.0
#农林牧渔业(人)	Farming, Forestry, Animal Husbandry & Fishery(person)	135359	135638	0.2
国民经济综合指标	**Summary Item on the National Economy**			
生产总值(万元)	Gross Domestic Product(10 000 yuan)	2144205	2226878	7.5
第一产业(万元)	Primary Industry(10 000 yuan)	521993	492026	3.6
第二产业(万元)	Secondary Industry(10 000 yuan)	925461	967545	8.5
#工业(万元)	Industry(10 000 yuan)	852871	891206	8.7
第三产业(万元)	Tertiary Industry(10 000 yuan)	696752	767307	9.0
人均生产总值(元)	Per Capita GDP(yuan)	54713	56823	7.5
全社会固定资产投资(万元)	Total Investment in Fixed Assets(10 000 yuan)	1222023	1379459	12.9
按登记注册类型分	Grouped by Registered Type			
#国有(万元)	State－owned Enterprises(10 000 yuan)	394718	678114	71.8
集体(万元)	Collective－owned Enterprises(10 000 yuan)			
有限责任公司(万元)	Limited Liability Corporations(10 000 yuan)	76050	75794	－0.3
股份有限公司(万元)	Share Holding Enterprises(10 000 yuan)			
私营企业(万元)	Private Enterprises(10 000 yuan)	696855	565551	－18.8
外商及港澳台投资企业(万元)	Funds from HK, Macao, Taiwan & Foreign(10 000 yuan)			
一般公共预算收入(万元)	General Public Budget Revenue(10 000 yuan)	42836	47469	10.8
一般公共预算支出(万元)	General Public Budget Expenditure(10 000 yuan)	264412	257018	－2.8
住户存款余额(万元)	The balance of savings deposits of Households(10 000 yuan)	493686	549978	11.4
在岗职工工资总额(万元)	Total Wages of Staff & Workers Employed in(10 000 yuan)	113745	125258	10.1
在岗职工平均工资(元)	Average Wage of Staff & Workers Employed in(yuan)	48393	54163	11.9
全体居民人均可支配收入(元)	The per capita disposable income of all residents(yuan)	15753	17076	8.4
城镇常住居民人均可支配收入(元)	The per capita disposable income of urban permanent residents(yuan)	23104	24970	8.1
农村牧区常住居民人均可支配收入(元)	The per capita disposable income of permanent residents of rural and pastoral areas(yuan)	12065	12979	7.6
农村牧区经济	**Economic Development in Rural & Pastoral Area**			
农作物总播种面积(公顷)	Total Sown Area(hectare)	141154	149651	6.0
#粮食作物播种面积(公顷)	Sown Area of Grain Crops(hectare)	99263	105020	5.8
农牧业机械总动力(万千瓦)	Total Power of Agricultural Machinery(10 000 kw)	123.07	131.66	7.0
化肥施用折纯量(吨)	Consumption of Chemical Fertilizer(ton)	31250	32455	3.9
农村用电量(万千瓦小时)	Electricity Consumed in Rural Area(10 000 kwh)	22280	22729	2.0
农林牧渔业总产值(万元)	Gross Output of Farming, Forestry, Animal Husbandry & Fishery(10 000 yuan)	890090	797237	3.8
粮食产量(吨)	Yield of Grain(ton)	1069465	1086160	1.6
油料产量(吨)	Yield of Oil－bearing Grops(ton)	5728	6101	6.5
甜菜产量(吨)	Yield of Beetroots(ton)	3060	61671	1915.4
猪牛羊肉产量(吨)	Output of Pork, Beef & Mutton(ton)	81675	83558	2.3
#猪肉产量(吨)	Output of Pork(ton)	64650	65335	1.1
牛肉产量(吨)	Output of Beef(ton)	7035	7666	9.0
羊肉产量(吨)	Output of Mutton(ton)	9990	10557	5.7
羊毛产量(吨)	Output of Wool(ton)	3240	3491	7.7

23 – 51 Kailu County in Tongliao City

指　　标	Item	2015	2016	2016 年比上年增长% Increase Rate in 2016 Over 2015(%)
年末牲畜存栏头数(万头只)	Total Livestock at the Year – end(10 000 heads)	205.97	196.31	-4.7
# 大牲畜(万头只)	Large Animals(10 000 heads)	24.48	24.78	1.2
羊(万只)	Sheep & Goats(10 000 heads)	137.46	127.09	-7.5
猪(万头)	Hogs(10 000 heads)	44.02	44.44	0.9
规模以上工业	**Industrial Enterprises above Designated size**			
工业企业单位数(个)	Number of Industrial Enterprises(unit)	69	58	-15.9
# 内资企业(个)	Civil Funded Enterprises(unit)	68	57	-16.2
工业总产值(万元)	Gross Industrial Output Value(10 000 yuan)	3232377	3535166	9.4
内资企业(万元)	Civil Funded Enterprises(10 000 yuan)	3085018	3371545	9.3
国有企业(万元)	State – owned Enterprises(10 000 yuan)	81654	99184	21.5
集体企业(万元)	Collective – owned Enterprises(10 000 yuan)			
股份合作企业(万元)	Share Holding Enterprises(10 000 yuan)			
联营企业(万元)	Joint Owned Enterprises(10 000 yuan)			
有限责任公司(万元)	Limited Company(10 000 yuan)	192895	207166	7.4
股份有限公司(万元)	Share Holding Limited Company(10 000 yuan)	2445	2049	-16.2
私营企业(万元)	Privately Owned Enterprises(10 000 yuan)	2808025	3063145	9.1
其他企业(万元)	Enterprises of Other Ownership(10 000 yuan)			
港澳台商投资企业(万元)	Funds from HK, Macao & Taiwan(10 000 yuan)	147359	163621	11.0
外商投资企业(万元)	Foreign Funded Enterprises(10 000 yuan)			
工业企业增加值(万元)	Value Added of Industrial Enterprises(10 000 yuan)			9.3
工业企业资产总计(万元)	Total Assets of Industrial Enterprises(10 000 yuan)	2231293	2531041	13.4
工业企业负债合计(万元)	Total Liabilities of Industrial Enterprises(10 000 yuan)	306027	477658	56.1
工业企业产品销售收入(万元)	Sales of Revenue Industrial Enterprises(10 000 yuan)	3220209	3522387	9.4
工业企业利润总额(万元)	Total Profits of Industrial Enterprises(10 000 yuan)	318640	321997	1.1
建筑业	**Construction**			
建筑企业单位数(个)	Number of Construction Enterprises(unit)	4	4	0.0
建筑企业从业人员(人)	Number of Employee in Construction Enterprises(person)	1490	1078	-27.7
建筑业总产值(万元)	Gross Construction Output Value(10 000 yuan)	37673	31391	-16.7
交通运输邮电通信业	**Transportation, Post & Telecommunications**			
公路里程(公里)	Total Length of Highways(km)	2042	2386	16.8
邮电业务总量(万元)	Business Volume of Post & Telecoms(10 000 yuan)	27011	27365	1.3
本地电话用户(户)	Number of Subscribers of Local Telephone(Household)	7800	6700	-14.1
国内贸易	**Domestic Trade**			
社会消费品零售总额(万元)	Total Retail Sales of Consumer Goods(10 000 yuan)	384296	422597	10.0
城镇(万元)	Town(10 000 yuan)	207592	229544	10.6
乡村(万元)	Village(10 000 yuan)	176704	193053	9.3
科技教育卫生	**Science, Education & Public Health**			
各类专业技术人员(人)	Special Technical Personnel(person)	6143	6353	3.4
幼儿园数(所)	Number of Kindergartens(unit)	43	53	23.3
学龄儿童入学率(%)	Percentage of School – Age Children Enrolled(%)	100.0	100.0	0.0
小学学校数(所)	Number of Primary Schools(unit)	39	36	-7.7
小学专任教师数(人)	Number of Full – time Teachers of Primary Schools(person)	1752	1697	-3.1
小学在校学生数(人)	Number of Student Enrollment of Primary Schools(person)	21184	21059	-0.6
普通中学学校数(所)	Number of Regular Secondary Schools(unit)	21	20	-4.8
普通中学专任教师数(人)	Number of Teachers of Secondary Shools(person)	1526	1504	-1.4
初中在校学生数(人)	Number of Student in Junior Secondary Schools(person)	11162	10929	-2.1
高中在校学生数(人)	Number of Student in Senior Secondary Schools(person)	7288	7941	9.0
卫生机构数(所)	Number of Health Institutions(unit)	638	637	-0.2
# 医院(所)	Hospitals(unit)	5	5	0.0
卫生院(所)	Township Hospitals(unit)	20	20	0.0
床位数(张)	Number of Beds(unit)	1249	1274	2.0
# 医院(张)	Hospitals(unit)	575	593	3.1
卫生院(张)	Township Hospitals(unit)	614	621	1.1
卫生技术人员(人)	Medical Technical Presonnel(person)	1108	1322	19.3
# 医院(人)	Hospitals(person)	543	730	34.4
卫生院(人)	Township Hospitals(person)	391	401	2.6

23－52 通辽市库伦旗

指　标	Item	2015	2016	2016年比上年增长% Increase Rate in 2016 Over 2015(%)
行政区域土地面积(平方公里)	**Area of Administration(Sq. km)**	**4709**	**4709**	**0.0**
人口和就业	**Population & Employment**			
年末户籍人口(人)	The Registered Population Year－end(person)	179868	179094	－0.4
#男性(人)	Male(person)	92512	91974	－0.6
#乡村人口(人)	Rural(person)	140216	140307	0.1
年末常住人口(人)	Permanet Resident Population Year－end(person)			
#男性(人)	Male(person)			
年末总户数(户)	Total Number of Households at the Year－end(Household)	68162	67861	－0.4
#乡村户数(户)	Number of Rural Household(Household)	43071	43143	0.2
出生人口(人)	Births(person)	1509	1541	2.1
死亡人口(人)	Deaths(person)	964	1058	9.8
全社会就业人员(人)	Employment(person)	115881	115803	－0.1
第一产业(人)	Primary Industry(person)	77687	75253	－3.1
第二产业(人)	Secondary Industry(person)	12147	10887	－10.4
第三产业(人)	Tertiary Industry(person)	26047	29663	13.9
在岗职工人数(人)	Number of Staff & Workers Employed in(person)	14005	13984	－0.1
乡村劳动力(人)	Number of Rural Laborers(person)	87662	94947	8.3
#农林牧渔业(人)	Farming, Forestry, Animal Husbandry & Fishery(person)	74826	72444	－3.2
国民经济综合指标	**Summary Item on the National Economy**			
生产总值(万元)	Gross Domestic Product(10 000 yuan)	685476	720695	7.6
第一产业(万元)	Primary Industry(10 000 yuan)	179465	175718	3.5
第二产业(万元)	Secondary Industry(10 000 yuan)	264224	275435	8.2
#工业(万元)	Industry(10 000 yuan)	241860	251915	8.4
第三产业(万元)	Tertiary Industry(10 000 yuan)	241787	269542	10.0
人均生产总值(元)	Per Capita GDP(yuan)	42092	44201	7.4
全社会固定资产投资(万元)	Total Investment in Fixed Assets(10 000 yuan)	642373	750776	16.9
按登记注册类型分	Grouped by Registered Type			
#国有(万元)	State－owned Enterprises(10 000 yuan)	149913	424323	183.0
集体(万元)	Collective－owned Enterprises(10 000 yuan)			
有限责任公司(万元)	Limited Liability Corporations(10 000 yuan)	310170	105143	－66.1
股份有限公司(万元)	Share Holding Enterprises(10 000 yuan)			
私营企业(万元)	Private Enterprises(10 000 yuan)	133210	213010	59.9
外商及港澳台投资企业(万元)	Funds from HK, Macao, Taiwan & Foreign(10 000 yuan)			
一般公共预算收入(万元)	General Public Budget Revenue(10 000 yuan)	30954	34932	12.9
一般公共预算支出(万元)	General Public Budget Expenditure(10 000 yuan)	181381	193499	6.7
住户存款余额(万元)	The balance of savings deposits of Households(10 000 yuan)	163738	184179	12.5
在岗职工工资总额(万元)	Total Wages of Staff & Workers Employed in(10 000 yuan)	71513	75116	5.0
在岗职工平均工资(元)	Average Wage of Staff & Workers Employed in(yuan)	51102	54107	5.9
全体居民人均可支配收入(元)	The per capita disposable income of all residents(yuan)	12852	13970	8.7
城镇常住居民人均可支配收入(元)	The per capita disposable income of urban permanent residents(yuan)	20295	22011	8.5
农村牧区常住居民人均可支配收入(元)	The per capita disposable income of permanent residents of rural and pastoral areas(yuan)	8466	9170	8.3
农村牧区经济	**Economic Development in Rural & Pastoral Area**			
农作物总播种面积(公顷)	Total Sown Area(hectare)	92302	93605	1.4
#粮食作物播种面积(公顷)	Sown Area of Grain Crops(hectare)	83367	83690	0.4
农牧业机械总动力(万千瓦)	Total Power of Agricultural Machinery(10 000 kw)	38.01	39.16	3.0
化肥施用折纯量(吨)	Consumption of Chemical Fertilizer(ton)	27907	27898	0.0
农村用电量(万千瓦小时)	Electricity Consumed in Rural Area(10 000 kwh)	3081	3500	13.6
农林牧渔业总产值(万元)	Gross Output of Farming, Forestry, Animal Husbandry & Fishery(10 000 yuan)	278961	289156	3.6
粮食产量(吨)	Yield of Grain(ton)	530022	548100	3.4
油料产量(吨)	Yield of Oil－bearing Grops(ton)	3155	3560	12.8
甜菜产量(吨)	Yield of Beetroots(ton)			
猪牛羊肉产量(吨)	Output of Pork, Beef & Mutton(ton)	29455	30983	5.2
#猪肉产量(吨)	Output of Pork(ton)	14690	15086	2.7
牛肉产量(吨)	Output of Beef(ton)	8690	9385	8.0
羊肉产量(吨)	Output of Mutton(ton)	6075	6512	7.2
羊毛产量(吨)	Output of Wool(ton)	362	396	9.4

23 – 52 Kulun Banner in Tongliao City

指　　标	Item	2015	2016	2016年比上年增长% Increase Rate in 2016 Over 2015(%)
年末牲畜存栏头数(万头只)	Total Livestock at the Year – end(10 000 heads)	81.88	81.83	0.1
#大牲畜(万头只)	Large Animals(10 000 heads)	20.89	22.56	8.0
羊(万只)	Sheep & Goats(10 000 heads)	44.45	41.91	-5.7
猪(万头)	Hogs(10 000 heads)	16.54	17.36	5.0
规模以上工业	**Industrial Enterprises above Designated size**			
工业企业单位数(个)	Number of Industrial Enterprises(unit)	23	23	0.0
#内资企业(个)	Civil Funded Enterprises(unit)	23	23	0.0
工业总产值(万元)	Gross Industrial Output Value(10 000 yuan)	934644	1026801	9.9
内资企业(万元)	Civil Funded Enterprises(10 000 yuan)	934644	1026801	9.9
国有企业(万元)	State – owned Enterprises(10 000 yuan)	33879	16981	-49.9
集体企业(万元)	Collective – owned Enterprises(10 000 yuan)			
股份合作企业(万元)	Share Holding Enterprises(10 000 yuan)			
联营企业(万元)	Joint Owned Enterprises(10 000 yuan)			
有限责任公司(万元)	Limited Company(10 000 yuan)	876259	989092	12.9
股份有限公司(万元)	Share Holding Limited Company(10 000 yuan)			
私营企业(万元)	Privately Owned Enterprises(10 000 yuan)	24506	20729	-15.4
其他企业(万元)	Enterprises of Other Ownership(10 000 yuan)			
港澳台商投资企业(万元)	Funds from HK, Macao & Taiwan(10 000 yuan)			
外商投资企业(万元)	Foreign Funded Enterprises(10 000 yuan)			
工业企业增加值(万元)	Value Added of Industrial Enterprises(10 000 yuan)			9.4
工业企业资产总计(万元)	Total Assets of Industrial Enterprises(10 000 yuan)	306309	328424	7.2
工业企业负债合计(万元)	Total Liabilities of Industrial Enterprises(10 000 yuan)	186392	201447	8.1
工业企业产品销售收入(万元)	Sales of Revenue Industrial Enterprises(10 000 yuan)	912853	1015079	11.2
工业企业利润总额(万元)	Total Profits of Industrial Enterprises(10 000 yuan)	62625	68517	9.4
建筑业	**Construction**			
建筑企业单位数(个)	Number of Construction Enterprises(unit)	1	1	0.0
建筑企业从业人员(人)	Number of Employee in Construction Enterprises(person)	270	370	37.0
建筑业总产值(万元)	Gross Construction Output Value(10 000 yuan)	2600	4200	61.5
交通运输邮电通信业	**Transportation, Post & Telecommunications**			
公路里程(公里)	Total Length of Highways(km)	1683	1999	18.8
邮电业务总量(万元)	Business Volume of Post & Telecoms(10 000 yuan)	10790	12076	11.9
本地电话用户(户)	Number of Subscribers of Local Telephone(Household)	11283	5970	-47.1
国内贸易	**Domestic Trade**			
社会消费品零售总额(万元)	Total Retail Sales of Consumer Goods(10 000 yuan)	148386	162824	9.7
城镇(万元)	Town(10 000 yuan)	118708	130096	9.6
乡村(万元)	Village(10 000 yuan)	29678	32728	10.3
科技教育卫生	**Science, Education & Public Health**			
各类专业技术人员(人)	Special Technical Personnel(person)	3300	3595	8.9
幼儿园数(所)	Number of Kindergartens(unit)	21	20	-4.8
学龄儿童入学率(%)	Percentage of School – Age Children Enrolled(%)	100.0	100.0	0.0
小学学校数(所)	Number of Primary Schools(unit)	10	10	0.0
小学专任教师数(人)	Number of Full – time Teachers of Primary Schools(person)	933	937	0.4
小学在校学生数(人)	Number of Student Enrollment of Primary Schools(person)	10551	10444	-1.0
普通中学学校数(所)	Number of Regular Secondary Schools(unit)	15	15	0.0
普通中学专任教师数(人)	Number of Teachers of Secondary Shools(person)	687	690	0.4
初中在校学生数(人)	Number of Student in Junior Secondary Schools(person)	4577	4573	-0.1
高中在校学生数(人)	Number of Student in Senior Secondary Schools(person)	3056	3043	-0.4
卫生机构数(所)	Number of Health Institutions(unit)	296	287	-3.0
#医院(所)	Hospitals(unit)	3	3	0.0
卫生院(所)	Township Hospitals(unit)	16	16	0.0
床位数(张)	Number of Beds(unit)	631	663	5.1
#医院(张)	Hospitals(unit)	402	432	7.5
卫生院(张)	Township Hospitals(unit)	188	189	0.5
卫生技术人员(人)	Medical Technical Presonnel(person)	825	968	17.3
#医院(人)	Hospitals(person)	478	557	16.5
卫生院(人)	Township Hospitals(person)	152	172	13.2

23－53 通辽市奈曼旗

指　　标	Item	2015	2016	2016 年比上年增长% Increase Rate in 2016 Over 2015(%)
行政区域土地面积(平方公里)	**Area of Administration(Sq. km)**	**8135**	**8135**	**0.0**
人口和就业	**Population & Employment**			
年末户籍人口(人)	The Registered Population Year－end(person)	447591	447502	0.0
#男性(人)	Male(person)	229021	228459	－0.2
#乡村人口(人)	Rural(person)	322016	401506	24.7
年末常住人口(人)	Permanet Resident Population Year－end(person)			
#男性(人)	Male(person)			
年末总户数(户)	Total Number of Households at the Year－end(Household)	156187	159374	2.0
#乡村户数(户)	Number of Rural Household(Household)	110604	115821	4.7
出生人口(人)	Births(person)	4776	4397	－7.9
死亡人口(人)	Deaths(person)	2058	1743	－15.3
全社会就业人员(人)	Employment(person)	289865	283550	－2.2
第一产业(人)	Primary Industry(person)	202824	198435	－2.2
第二产业(人)	Secondary Industry(person)	31037	28335	－8.7
第三产业(人)	Tertiary Industry(person)	56004	56780	1.4
在岗职工人数(人)	Number of Staff & Workers Employed in(person)	23142	22888	－1.1
乡村劳动力(人)	Number of Rural Laborers(person)	243660	237912	－2.4
#农林牧渔业(人)	Farming, Forestry, Animal Husbandry & Fishery(person)	197830	192595	－2.6
国民经济综合指标	**Summary Item on the National Economy**			
生产总值(万元)	Gross Domestic Product(10 000 yuan)	1502217	1578494	7.5
第一产业(万元)	Primary Industry(10 000 yuan)	301533	295035	3.3
第二产业(万元)	Secondary Industry(10 000 yuan)	675868	700715	7.9
#工业(万元)	Industry(10 000 yuan)	596395	617137	8.2
第三产业(万元)	Tertiary Industry(10 000 yuan)	524816	582744	9.4
人均生产总值(元)	Per Capita GDP(yuan)	37777	38908	5.4
全社会固定资产投资(万元)	Total Investment in Fixed Assets(10 000 yuan)	986000	1134899	15.1
按登记注册类型分	Grouped by Registered Type			
#国有(万元)	State－owned Enterprises(10 000 yuan)	536086	808500	50.8
集体(万元)	Collective－owned Enterprises(10 000 yuan)			
有限责任公司(万元)	Limited Liability Corporations(10 000 yuan)	195649	179755	－8.1
股份有限公司(万元)	Share Holding Enterprises(10 000 yuan)			
私营企业(万元)	Private Enterprises(10 000 yuan)	220995	146644	－33.6
外商及港澳台投资企业(万元)	Funds from HK, Macao, Taiwan & Foreign(10 000 yuan)	7500		
一般公共预算收入(万元)	General Public Budget Revenue(10 000 yuan)	41340	41869	1.3
一般公共预算支出(万元)	General Public Budget Expenditure(10 000 yuan)	348205	342616	－1.6
住户存款余额(万元)	The balance of savings deposits of Households(10 000 yuan)	469850	521423	11.0
在岗职工工资总额(万元)	Total Wages of Staff & Workers Employed in(10 000 yuan)	127727	138307	8.3
在岗职工平均工资(元)	Average Wage of Staff & Workers Employed in(yuan)	53143	59056	11.1
全体居民人均可支配收入(元)	The per capita disposable income of all residents(yuan)	12647	13849	9.5
城镇常住居民人均可支配收入(元)	The per capita disposable income of urban permanent residents(yuan)	21091	22929	8.7
农村牧区常住居民人均可支配收入(元)	The per capita disposable income of permanent residents of rural and pastoral areas(yuan)	8725	9429	8.1
农村牧区经济	**Economic Development in Rural & Pastoral Area**			
农作物总播种面积(公顷)	Total Sown Area(hectare)	130178	138109	6.1
#粮食作物播种面积(公顷)	Sown Area of Grain Crops(hectare)	100988	101800	0.8
农牧业机械总动力(万千瓦)	Total Power of Agricultural Machinery(10 000 kw)	97.41	101.56	4.3
化肥施用折纯量(吨)	Consumption of Chemical Fertilizer(ton)	117061	129871	10.9
农村用电量(万千瓦小时)	Electricity Consumed in Rural Area(10 000 kwh)	19249	16939	－12.0
农林牧渔业总产值(万元)	Gross Output of Farming, Forestry, Animal Husbandry & Fishery(10 000 yuan)	489180	478470	3.4
粮食产量(吨)	Yield of Grain(ton)	774732	775500	0.1
油料产量(吨)	Yield of Oil－bearing Grops(ton)	13774	14017	1.8
甜菜产量(吨)	Yield of Beetroots(ton)	54188	45199	－16.6
猪牛羊肉产量(吨)	Output of Pork, Beef & Mutton(ton)	37089	35863	－3.3
#猪肉产量(吨)	Output of Pork(ton)	25115	24317	－3.2
牛肉产量(吨)	Output of Beef(ton)	6567	6251	－4.8
羊肉产量(吨)	Output of Mutton(ton)	5407	5295	－2.1
羊毛产量(吨)	Output of Wool(ton)	2073	2127	2.6

23 - 53 Naiman Banner in Tongliao City

指　　标	Item	2015	2016	2016年比上年增长% Increase Rate in 2016 Over 2015(%)
年末牲畜存栏头数(万头只)	Total Livestock at the Year - end(10 000 heads)	128.93	123.86	-3.9
# 大牲畜(万头只)	Large Animals(10 000 heads)	17.10	16.86	-1.4
羊(万只)	Sheep & Goats(10 000 heads)	80.61	76.04	-5.7
猪(万头)	Hogs(10 000 heads)	31.21	30.96	-0.8
规模以上工业	**Industrial Enterprises above Designated size**			
工业企业单位数(个)	Number of Industrial Enterprises(unit)	45	39	-13.3
# 内资企业(个)	Civil Funded Enterprises(unit)	44	38	-13.6
工业总产值(万元)	Gross Industrial Output Value(10 000 yuan)	1361486	1427648	4.9
内资企业(万元)	Civil Funded Enterprises(10 000 yuan)	1346322	1387690	3.1
国有企业(万元)	State - owned Enterprises(10 000 yuan)	60670	45572	-24.9
集体企业(万元)	Collective - owned Enterprises(10 000 yuan)			
股份合作企业(万元)	Share Holding Enterprises(10 000 yuan)			
联营企业(万元)	Joint Owned Enterprises(10 000 yuan)			
有限责任公司(万元)	Limited Company(10 000 yuan)	666317	722762	8.5
股份有限公司(万元)	Share Holding Limited Company(10 000 yuan)			
私营企业(万元)	Privately Owned Enterprises(10 000 yuan)	619335	619357	0.0
其他企业(万元)	Enterprises of Other Ownership(10 000 yuan)			
港澳台商投资企业(万元)	Funds from HK, Macao & Taiwan(10 000 yuan)			
外商投资企业(万元)	Foreign Funded Enterprises(10 000 yuan)	15163	39958	163.5
工业企业增加值(万元)	Value Added of Industrial Enterprises(10 000 yuan)			9.1
工业企业资产总计(万元)	Total Assets of Industrial Enterprises(10 000 yuan)	1036842	961691	-7.2
工业企业负债合计(万元)	Total Liabilities of Industrial Enterprises(10 000 yuan)	690602	635362	-8.0
工业企业产品销售收入(万元)	Sales of Revenue Industrial Enterprises(10 000 yuan)	1404011	1368429	-2.5
工业企业利润总额(万元)	Total Profits of Industrial Enterprises(10 000 yuan)	40788	15273	-62.6
建筑业	**Construction**			
建筑企业单位数(个)	Number of Construction Enterprises(unit)	8	8	0.0
建筑企业从业人员(人)	Number of Employee in Construction Enterprises(person)	1600	1483	-7.3
建筑业总产值(万元)	Gross Construction Output Value(10 000 yuan)	50989	35746	-29.9
交通运输邮电通信业	**Transportation, Post & Telecommunications**			
公路里程(公里)	Total Length of Highways(km)	3219	3991	24.0
邮电业务总量(万元)	Business Volume of Post & Telecoms(10 000 yuan)	13831	14412	4.2
本地电话用户(户)	Number of Subscribers of Local Telephone(Household)	30479	28672	-5.9
国内贸易	**Domestic Trade**			
社会消费品零售总额(万元)	Total Retail Sales of Consumer Goods(10 000 yuan)	371189	408541	10.1
城镇(万元)	Town(10 000 yuan)	241273	265551	10.1
乡村(万元)	Village(10 000 yuan)	129916	142990	10.1
科技教育卫生	**Science, Education & Public Health**			
各类专业技术人员(人)	Special Technical Personnel(person)	6327	6672	5.5
幼儿园数(所)	Number of Kindergartens(unit)	94	91	-3.2
学龄儿童入学率(%)	Percentage of School - Age Children Enrolled(%)	100.0	100.0	0.0
小学学校数(所)	Number of Primary Schools(unit)	139	97	-30.2
小学专任教师数(人)	Number of Full - time Teachers of Primary Schools(person)	2074	2276	9.7
小学在校学生数(人)	Number of Student Enrollment of Primary Schools(person)	25714	25649	-0.3
普通中学学校数(所)	Number of Regular Secondary Schools(unit)	21	22	4.8
普通中学专任教师数(人)	Number of Teachers of Secondary Shools(person)	1417	1494	5.4
初中在校学生数(人)	Number of Student in Junior Secondary Schools(person)	12034	11842	-1.6
高中在校学生数(人)	Number of Student in Senior Secondary Schools(person)	9601	9095	-5.3
卫生机构数(所)	Number of Health Institutions(unit)	824	825	0.1
# 医院(所)	Hospitals(unit)	8	9	12.5
卫生院(所)	Township Hospitals(unit)	21	21	0.0
床位数(张)	Number of Beds(unit)	1298	1420	9.4
# 医院(张)	Hospitals(unit)	679	776	14.3
卫生院(张)	Township Hospitals(unit)	431	456	5.8
卫生技术人员(人)	Medical Technical Presonnel(person)	1557	1668	7.1
# 医院(人)	Hospitals(person)	633	671	6.0
卫生院(人)	Township Hospitals(person)	503	556	10.5

23－54 通辽市扎鲁特旗

指　标	Item	2015	2016	2016 年比上年增长% Increase Rate in 2016 Over 2015(%)
行政区域土地面积(平方公里)	**Area of Administration(Sq. km)**	**16492**	**16492**	**0.0**
人口和就业	**Population & Employment**			
年末户籍人口(人)	The Registered Population Year－end(person)	303584	306149	0.8
#男性(人)	Male(person)	156263	154327	－1.2
#乡村人口(人)	Rural(person)	207295	190687	－8.0
年末常住人口(人)	Permanet Resident Population Year－end(person)			
#男性(人)	Male(person)			
年末总户数(户)	Total Number of Households at the Year－end(Household)	137116	138615	1.1
#乡村户数(户)	Number of Rural Household(Household)	84559	75479	－10.7
出生人口(人)	Births(person)	3115	3114	0.0
死亡人口(人)	Deaths(person)	1110	1582	42.5
全社会就业人员(人)	Employment(person)	175859	172432	－1.9
第一产业(人)	Primary Industry(person)	112469	105853	－5.9
第二产业(人)	Secondary Industry(person)	11676	11883	1.8
第三产业(人)	Tertiary Industry(person)	51714	54696	5.8
在岗职工人数(人)	Number of Staff & Workers Employed in(person)	23840	23859	0.1
乡村劳动力(人)	Number of Rural Laborers(person)	137190	133371	－2.8
#农林牧渔业(人)	Farming, Forestry, Animal Husbandry & Fishery(person)	103141	96323	－6.6
国民经济综合指标	**Summary Item on the National Economy**			
生产总值(万元)	Gross Domestic Product(10 000 yuan)	1970938	2063555	7.4
第一产业(万元)	Primary Industry(10 000 yuan)	346448	340114	4.0
第二产业(万元)	Secondary Industry(10 000 yuan)	1033047	1079920	8.5
#工业(万元)	Industry(10 000 yuan)	949193	991735	8.7
第三产业(万元)	Tertiary Industry(10 000 yuan)	591443	643521	7.6
人均生产总值(元)	Per Capita GDP(yuan)	72661	76048	7.4
全社会固定资产投资(万元)	Total Investment in Fixed Assets(10 000 yuan)	1352286	1569778	16.1
按登记注册类型分	Grouped by Registered Type			
#国有(万元)	State－owned Enterprises(10 000 yuan)	633546	497631	－21.5
集体(万元)	Collective－owned Enterprises(10 000 yuan)			
有限责任公司(万元)	Limited Liability Corporations(10 000 yuan)	19500	69100	254.4
股份有限公司(万元)	Share Holding Enterprises(10 000 yuan)	167014		
私营企业(万元)	Private Enterprises(10 000 yuan)	431268	903047	109.4
外商及港澳台投资企业(万元)	Funds from HK, Macao, Taiwan & Foreign(10 000 yuan)			
一般公共预算收入(万元)	General Public Budget Revenue(10 000 yuan)	150596	164623	9.3
一般公共预算支出(万元)	General Public Budget Expenditure(10 000 yuan)	405162	450869	11.3
住户存款余额(万元)	The balance of savings deposits of Households(10 000 yuan)	357452	398135	11.4
在岗职工工资总额(万元)	Total Wages of Staff & Workers Employed in(10 000 yuan)	143655	146100	1.7
在岗职工平均工资(元)	Average Wage of Staff & Workers Employed in(yuan)	60414	61434	1.7
全体居民人均可支配收入(元)	The per capita disposable income of all residents(yuan)	15214	16553	8.8
城镇常住居民人均可支配收入(元)	The per capita disposable income of urban permanent residents(yuan)	22716	24585	8.2
农村牧区常住居民人均可支配收入(元)	The per capita disposable income of permanent residents of rural and pastoral areas(yuan)	11764	12642	7.5
农村牧区经济	**Economic Development in Rural & Pastoral Area**			
农作物总播种面积(公顷)	Total Sown Area(hectare)	146555	154807	5.6
#粮食作物播种面积(公顷)	Sown Area of Grain Crops(hectare)	113023	113360	0.3
农牧业机械总动力(万千瓦)	Total Power of Agricultural Machinery(10 000 kw)	70.00	72.60	3.7
化肥施用折纯量(吨)	Consumption of Chemical Fertilizer(ton)	56976	66512	16.7
农村用电量(万千瓦小时)	Electricity Consumed in Rural Area(10 000 kwh)	9046	9504	5.1
农林牧渔业总产值(万元)	Gross Output of Farming, Forestry, Animal Husbandry & Fishery(10 000 yuan)	581602	619524	4.0
粮食产量(吨)	Yield of Grain(ton)	540179	522440	－3.3
油料产量(吨)	Yield of Oil－bearing Grops(ton)	16051	25656	59.8
甜菜产量(吨)	Yield of Beetroots(ton)			
猪牛羊肉产量(吨)	Output of Pork, Beef & Mutton(ton)	68192	74797	9.7
#猪肉产量(吨)	Output of Pork(ton)	24650	25292	2.6
牛肉产量(吨)	Output of Beef(ton)	19354	20481	5.8
羊肉产量(吨)	Output of Mutton(ton)	24188	29024	20.0
羊毛产量(吨)	Output of Wool(ton)	3987	3967	－0.5

23 – 54 Zhalute Banner in Tongliao City

指　标	Item	2015	2016	2016 年比上年增长% Increase Rate in 2016 Over 2015(%)
年末牲畜存栏头数(万头只)	Total Livestock at the Year – end(10 000 heads)	247.53	240.69	–2.8
# 大牲畜(万头只)	Large Animals(10 000 heads)	21.23	25.42	19.7
羊(万只)	Sheep & Goats(10 000 heads)	205.73	193.47	–6.0
猪(万头)	Hogs(10 000 heads)	20.57	21.80	6.0
规模以上工业	**Industrial Enterprises above Designated size**			
工业企业单位数(个)	Number of Industrial Enterprises(unit)	71	72	1.4
# 内资企业(个)	Civil Funded Enterprises(unit)	69	70	1.4
工业总产值(万元)	Gross Industrial Output Value(10 000 yuan)	2648889	2979244	12.5
内资企业(万元)	Civil Funded Enterprises(10 000 yuan)	2642695	2972310	12.5
国有企业(万元)	State – owned Enterprises(10 000 yuan)			
集体企业(万元)	Collective – owned Enterprises(10 000 yuan)			
股份合作企业(万元)	Share Holding Enterprises(10 000 yuan)			
联营企业(万元)	Joint Owned Enterprises(10 000 yuan)			
有限责任公司(万元)	Limited Company(10 000 yuan)	442530	490521	10.8
股份有限公司(万元)	Share Holding Limited Company(10 000 yuan)			
私营企业(万元)	Privately Owned Enterprises(10 000 yuan)	2200165	2481790	12.8
其他企业(万元)	Enterprises of Other Ownership(10 000 yuan)			
港澳台商投资企业(万元)	Funds from HK, Macao & Taiwan(10 000 yuan)	3924	4898	24.8
外商投资企业(万元)	Foreign Funded Enterprises(10 000 yuan)	2270	2035	–10.3
工业企业增加值(万元)	Value Added of Industrial Enterprises(10 000 yuan)			9.3
工业企业资产总计(万元)	Total Assets of Industrial Enterprises(10 000 yuan)	1229505	1386328	12.8
工业企业负债合计(万元)	Total Liabilities of Industrial Enterprises(10 000 yuan)	594723	680859	14.5
工业企业产品销售收入(万元)	Sales of Revenue Industrial Enterprises(10 000 yuan)	2619839	2910076	11.1
工业企业利润总额(万元)	Total Profits of Industrial Enterprises(10 000 yuan)	125601	147577	17.5
建筑业	**Construction**			
建筑企业单位数(个)	Number of Construction Enterprises(unit)	3	3	0.0
建筑企业从业人员(人)	Number of Employee in Construction Enterprises(person)	800	861	7.6
建筑业总产值(万元)	Gross Construction Output Value(10 000 yuan)	27421	29499	7.6
交通运输邮电通信业	**Transportation, Post & Telecommunications**			
公路里程(公里)	Total Length of Highways(km)	2675	3038	13.6
邮电业务总量(万元)	Business Volume of Post & Telecoms(10 000 yuan)	22697	22016	–3.0
本地电话用户(户)	Number of Subscribers of Local Telephone(Household)	22136	16682	–24.6
国内贸易	**Domestic Trade**			
社会消费品零售总额(万元)	Total Retail Sales of Consumer Goods(10 000 yuan)	305340	335024	9.7
城镇(万元)	Town(10 000 yuan)	190527	209441	9.9
乡村(万元)	Village(10 000 yuan)	114813	125583	9.4
科技教育卫生	**Science, Education & Public Health**			
各类专业技术人员(人)	Special Technical Personnel(person)	7841	8016	2.2
幼儿园数(所)	Number of Kindergartens(unit)	47	58	23.4
学龄儿童入学率(%)	Percentage of School – Age Children Enrolled(%)	100.0	100.0	0.0
小学学校数(所)	Number of Primary Schools(unit)	28	29	3.6
小学专任教师数(人)	Number of Full – time Teachers of Primary Schools(person)	2053	1976	–3.8
小学在校学生数(人)	Number of Student Enrollment of Primary Schools(person)	16531	16928	2.4
普通中学学校数(所)	Number of Regular Secondary Schools(unit)	12	12	0.0
普通中学专任教师数(人)	Number of Teachers of Secondary Shools(person)	1189	1186	–0.3
初中在校学生数(人)	Number of Student in Junior Secondary Schools(person)	8479	8019	–5.4
高中在校学生数(人)	Number of Student in Senior Secondary Schools(person)	6101	5890	–3.5
卫生机构数(所)	Number of Health Institutions(unit)	445	429	–3.6
# 医院(所)	Hospitals(unit)	5	5	0.0
卫生院(所)	Township Hospitals(unit)	26	26	0.0
床位数(张)	Number of Beds(unit)	957	1035	8.2
# 医院(张)	Hospitals(unit)	707	781	10.5
卫生院(张)	Township Hospitals(unit)	216	220	1.9
卫生技术人员(人)	Medical Technical Presonnel(person)	1209	1211	0.2
# 医院(人)	Hospitals(person)	585	612	4.6
卫生院(人)	Township Hospitals(person)	393	369	–6.1

23 - 55 通辽市霍林郭勒市

指　标	Item	2015	2016	2016 年比上年增长% Increase Rate in 2016 Over 2015(%)
行政区域土地面积(平方公里)	**Area of Administration(Sq. km)**	**585**	**585**	**0.0**
人口和就业	**Population & Employment**			
年末户籍人口(人)	The Registered Population Year - end(person)	82143	82102	0.0
#男性(人)	Male(person)	42277	42145	-0.3
#乡村人口(人)	Rural(person)		10076	
年末常住人口(人)	Permanet Resident Population Year - end(person)			
#男性(人)	Male(person)			
年末总户数(户)	Total Number of Households at the Year - end(Household)	30974	29490	-4.8
#乡村户数(户)	Number of Rural Household(Household)	3208	3175	-1.0
出生人口(人)	Births(person)	918	1004	9.4
死亡人口(人)	Deaths(person)	425	310	-27.1
全社会就业人员(人)	Employment(person)	50877	54354	6.8
第一产业(人)	Primary Industry(person)	5439	5284	-2.8
第二产业(人)	Secondary Industry(person)	20748	21383	3.1
第三产业(人)	Tertiary Industry(person)	24690	27687	12.1
在岗职工人数(人)	Number of Staff & Workers Employed in(person)	26505	27321	3.1
乡村劳动力(人)	Number of Rural Laborers(person)	8232	8002	-2.8
#农林牧渔业(人)	Farming, Forestry, Animal Husbandry & Fishery(person)	5254	5044	-4.0
国民经济综合指标	**Summary Item on the National Economy**			
生产总值(万元)	Gross Domestic Product(10 000 yuan)	2802814	2961674	8.1
第一产业(万元)	Primary Industry(10 000 yuan)	32567	31935	3.7
第二产业(万元)	Secondary Industry(10 000 yuan)	1834148	1930687	9.3
#工业(万元)	Industry(10 000 yuan)	1733503	1824844	9.5
第三产业(万元)	Tertiary Industry(10 000 yuan)	936099	999051	5.8
人均生产总值(元)	Per Capita GDP(yuan)	270151	285600	8.2
全社会固定资产投资(万元)	Total Investment in Fixed Assets(10 000 yuan)	1845275	2189085	18.6
按登记注册类型分	Grouped by Registered Type			
#国有(万元)	State - owned Enterprises(10 000 yuan)	154664	140168	-9.4
集体(万元)	Collective - owned Enterprises(10 000 yuan)			
有限责任公司(万元)	Limited Liability Corporations(10 000 yuan)	99989	1978197	1878.4
股份有限公司(万元)	Share Holding Enterprises(10 000 yuan)	1556556	31276	-98.0
私营企业(万元)	Private Enterprises(10 000 yuan)	16180	33715	108.4
外商及港澳台投资企业(万元)	Funds from HK, Macao, Taiwan & Foreign(10 000 yuan)			
一般公共预算收入(万元)	General Public Budget Revenue(10 000 yuan)	303014	317170	4.7
一般公共预算支出(万元)	General Public Budget Expenditure(10 000 yuan)	338858	381001	12.4
住户存款余额(万元)	The balance of savings deposits of Households(10 000 yuan)	443841	494185	11.3
在岗职工工资总额(万元)	Total Wages of Staff & Workers Employed in(10 000 yuan)	181500	196916	8.5
在岗职工平均工资(元)	Average Wage of Staff & Workers Employed in(yuan)	63673	67167	5.5
全体居民人均可支配收入(元)	The per capita disposable income of all residents(yuan)	35382	38213	8.0
城镇常住居民人均可支配收入(元)	The per capita disposable income of urban permanent residents(yuan)	35382	38213	8.0
农村牧区常住居民人均可支配收入(元)	The per capita disposable income of permanent residents of rural and pastoral areas(yuan)			
农村牧区经济	**Economic Development in Rural & Pastoral Area**			
农作物总播种面积(公顷)	Total Sown Area(hectare)	15892	12905	-18.8
#粮食作物播种面积(公顷)	Sown Area of Grain Crops(hectare)	5091	5103	0.2
农牧业机械总动力(万千瓦)	Total Power of Agricultural Machinery(10 000 kw)	1.75	1.97	12.3
化肥施用折纯量(吨)	Consumption of Chemical Fertilizer(ton)	1839	1692	-8.0
农村用电量(万千瓦小时)	Electricity Consumed in Rural Area(10 000 kwh)	4685	4521	-3.5
农林牧渔业总产值(万元)	Gross Output of Farming, Forestry, Animal Husbandry & Fishery(10 000 yuan)	56722	59254	3.8
粮食产量(吨)	Yield of Grain(ton)	10484	10949	4.4
油料产量(吨)	Yield of Oil - bearing Grops(ton)	20251	13892	-31.4
甜菜产量(吨)	Yield of Beetroots(ton)			
猪牛羊肉产量(吨)	Output of Pork, Beef & Mutton(ton)	6107	6226	1.9
#猪肉产量(吨)	Output of Pork(ton)	1724	1694	-1.7
牛肉产量(吨)	Output of Beef(ton)	526	560	6.5
羊肉产量(吨)	Output of Mutton(ton)	3857	3972	3.0
羊毛产量(吨)	Output of Wool(ton)	200	200	0.0

23－55 Huolinguole City in Tongliao City

指　　标	Item	2015	2016	2016年比上年增长% Increase Rate in 2016 Over 2015(%)
年末牲畜存栏头数(万头只)	Total Livestock at the Year－end(10 000 heads)	16.33	15.54	－4.8
#大牲畜(万头只)	Large Animals(10 000 heads)	0.18	0.19	5.6
羊(万只)	Sheep & Goats(10 000 heads)	15.61	14.81	－5.1
猪(万头)	Hogs(10 000 heads)	0.54	0.55	1.9
规模以上工业	**Industrial Enterprises above Designated size**			
工业企业单位数(个)	Number of Industrial Enterprises(unit)	71	71	0.0
#内资企业(个)	Civil Funded Enterprises(unit)	68	67	－1.5
工业总产值(万元)	Gross Industrial Output Value(10 000 yuan)	4102460	4066865	－0.9
内资企业(万元)	Civil Funded Enterprises(10 000 yuan)	3120311	3099476	－0.7
国有企业(万元)	State－owned Enterprises(10 000 yuan)	7457	8991	20.6
集体企业(万元)	Collective－owned Enterprises(10 000 yuan)			
股份合作企业(万元)	Share Holding Enterprises(10 000 yuan)			
联营企业(万元)	Joint Owned Enterprises(10 000 yuan)			
有限责任公司(万元)	Limited Company(10 000 yuan)	2420609	2436924	0.7
股份有限公司(万元)	Share Holding Limited Company(10 000 yuan)	293253	358909	22.4
私营企业(万元)	Privately Owned Enterprises(10 000 yuan)	398992	294652	－26.2
其他企业(万元)	Enterprises of Other Ownership(10 000 yuan)			
港澳台商投资企业(万元)	Funds from HK,Macao & Taiwan(10 000 yuan)		30333	
外商投资企业(万元)	Foreign Funded Enterprises(10 000 yuan)	982150	937056	－4.6
工业企业增加值(万元)	Value Added of Industrial Enterprises(10 000 yuan)			10.0
工业企业资产总计(万元)	Total Assets of Industrial Enterprises(10 000 yuan)	5973606	6428517	7.6
工业企业负债合计(万元)	Total Liabilities of Industrial Enterprises(10 000 yuan)	3399444	3569836	5.0
工业企业产品销售收入(万元)	Sales of Revenue Industrial Enterprises(10 000 yuan)	3993981	4069583	1.9
工业企业利润总额(万元)	Total Profits of Industrial Enterprises(10 000 yuan)	87489	263597	201.3
建筑业	**Construction**			
建筑企业单位数(个)	Number of Construction Enterprises(unit)	6	6	0.0
建筑企业从业人员(人)	Number of Employee in Construction Enterprises(person)	1039	953	－8.3
建筑业总产值(万元)	Gross Construction Output Value(10 000 yuan)	37825	37446	－1.0
交通运输邮电通信业	**Transportation,Post & Telecommunications**			
公路里程(公里)	Total Length of Highways(km)	278	214	－23.1
邮电业务总量(万元)	Business Volume of Post & Telecoms(10 000 yuan)	12943	11166	－13.7
本地电话用户(户)	Number of Subscribers of Local Telephone(Household)	6003	5056	－15.8
国内贸易	**Domestic Trade**			
社会消费品零售总额(万元)	Total Retail Sales of Consumer Goods(10 000 yuan)	358821	393555	9.7
城镇(万元)	Town(10 000 yuan)	358821	393555	9.7
乡村(万元)	Village(10 000 yuan)			
科技教育卫生	**Science,Education & Public Health**			
各类专业技术人员(人)	Special Technical Personnel(person)	3693	3823	3.5
幼儿园数(所)	Number of Kindergartens(unit)	48	48	0.0
学龄儿童入学率(%)	Percentage of School－Age Children Enrolled(%)	100.0	100.0	0.0
小学学校数(所)	Number of Primary Schools(unit)	7	7	0.0
小学专任教师数(人)	Number of Full－time Teachers of Primary Schools(person)	463	449	－3.0
小学在校学生数(人)	Number of Student Enrollment of Primary Schools(person)	7654	7696	0.5
普通中学学校数(所)	Number of Regular Secondary Schools(unit)	7	7	0.0
普通中学专任教师数(人)	Number of Teachers of Secondary Shools(person)	603	602	－0.2
初中在校学生数(人)	Number of Student in Junior Secondary Schools(person)	3251	3331	2.5
高中在校学生数(人)	Number of Student in Senior Secondary Schools(person)	2907	2835	－2.5
卫生机构数(所)	Number of Health Institutions(unit)	53	47	－11.3
#医院(所)	Hospitals(unit)	2	2	0.0
卫生院(所)	Township Hospitals(unit)			
床位数(张)	Number of Beds(unit)	684	684	0.0
#医院(张)	Hospitals(unit)	650	650	0.0
卫生院(张)	Township Hospitals(unit)			
卫生技术人员(人)	Medical Technical Presonnel(person)	509	557	9.4
#医院(人)	Hospitals(person)	298	353	18.5
卫生院(人)	Township Hospitals(person)			

23-56 赤峰市红山区

指　标	Item	2015	2016	2016年比上年增长% Increase Rate in 2016 Over 2015(%)
行政区域土地面积(平方公里)	**Area of Administration(Sq. km)**	**506**	**506**	**0.0**
人口和就业	**Population & Employment**			
年末户籍人口(人)	The Registered Population Year-end(person)	357181	354204	-0.8
#男性(人)	Male(person)	177128	175504	-0.9
#乡村人口(人)	Rural(person)	78060	78233	0.2
年末常住人口(人)	Permanet Resident Population Year-end(person)	460500	461500	0.2
#男性(人)	Male(person)			
年末总户数(户)	Total Number of Households at the Year-end(Household)	148402	147168	-0.8
#乡村户数(户)	Number of Rural Household(Household)	34876	35688	2.3
出生人口(人)	Births(person)	2730	3760	37.7
死亡人口(人)	Deaths(person)	960	1333	38.9
全社会就业人员(人)	Employment(person)	199053	205453	3.2
第一产业(人)	Primary Industry(person)	21755	23595	8.5
第二产业(人)	Secondary Industry(person)	48060	45241	-5.9
第三产业(人)	Tertiary Industry(person)	129238	136617	5.7
在岗职工人数(人)	Number of Staff & Workers Employed in(person)	61100	57929	-5.2
乡村劳动力(人)	Number of Rural Laborers(person)	44280	45337	2.4
#农林牧渔业(人)	Farming, Forestry, Animal Husbandry & Fishery(person)	21105	22355	5.9
国民经济综合指标	**Summary Item on the National Economy**			
生产总值(万元)	Gross Domestic Product(10 000 yuan)	3007102	3269626	8.3
第一产业(万元)	Primary Industry(10 000 yuan)	69850	73106	3.1
第二产业(万元)	Secondary Industry(10 000 yuan)	1301424	1389355	7.8
#工业(万元)	Industry(10 000 yuan)	1126385	1201946	7.9
第三产业(万元)	Tertiary Industry(10 000 yuan)	1635828	1807166	9.0
人均生产总值(元)	Per Capita GDP(yuan)	65493	70925	8.3
全社会固定资产投资(万元)	Total Investment in Fixed Assets(10 000 yuan)	1527167	1756673	15.0
按登记注册类型分	Grouped by Registered Type			
#国有(万元)	State-owned Enterprises(10 000 yuan)	359681	503516	40.0
集体(万元)	Collective-owned Enterprises(10 000 yuan)			
有限责任公司(万元)	Limited Liability Corporations(10 000 yuan)	895921	254450	-71.6
股份有限公司(万元)	Share Holding Enterprises(10 000 yuan)	11000	14010	27.4
私营企业(万元)	Private Enterprises(10 000 yuan)	9982	416749	4075.0
外商及港澳台投资企业(万元)	Funds from HK, Macao, Taiwan & Foreign(10 000 yuan)			
一般公共预算收入(万元)	General Public Budget Revenue(10 000 yuan)	216200	231335	7.0
一般公共预算支出(万元)	General Public Budget Expenditure(10 000 yuan)	318238	268666	-15.6
住户存款余额(万元)	The balance of savings deposits of Households(10 000 yuan)			
在岗职工工资总额(万元)	Total Wages of Staff & Workers Employed in(10 000 yuan)	331233	337416	1.9
在岗职工平均工资(元)	Average Wage of Staff & Workers Employed in(yuan)	54049	57669	6.7
全体居民人均可支配收入(元)	The per capita disposable income of all residents(yuan)	27398	29757	8.6
城镇常住居民人均可支配收入(元)	The per capita disposable income of urban permanent residents(yuan)	28026	30520	8.9
农村牧区常住居民人均可支配收入(元)	The per capita disposable income of permanent residents of rural and pastoral areas(yuan)	14993	16147	7.7
农村牧区经济	**Economic Development in Rural & Pastoral Area**			
农作物总播种面积(公顷)	Total Sown Area(hectare)	13054	13552	3.8
#粮食作物播种面积(公顷)	Sown Area of Grain Crops(hectare)	11554	11504	-0.4
农牧业机械总动力(万千瓦)	Total Power of Agricultural Machinery(10 000 kw)	9.60	9.80	2.1
化肥施用折纯量(吨)	Consumption of Chemical Fertilizer(ton)	5578	5761	3.3
农村用电量(万千瓦小时)	Electricity Consumed in Rural Area(10 000 kwh)	3316	3255	-1.8
农林牧渔业总产值(万元)	Gross Output of Farming, Forestry, Animal Husbandry & Fishery(10 000 yuan)	127616	135965	3.3
粮食产量(吨)	Yield of Grain(ton)	53387	52570	-1.5
油料产量(吨)	Yield of Oil-bearing Grops(ton)	190	421	121.6
甜菜产量(吨)	Yield of Beetroots(ton)			
猪牛羊肉产量(吨)	Output of Pork, Beef & Mutton(ton)	1834	1853	1.0
#猪肉产量(吨)	Output of Pork(ton)	1379	1405	1.9
牛肉产量(吨)	Output of Beef(ton)	255	223	-12.5
羊肉产量(吨)	Output of Mutton(ton)	200	225	12.3
羊毛产量(吨)	Output of Wool(ton)	76	73	-3.9

23－56 Hongshan District in Chifeng City

指　　标	Item	2015	2016	2016年比上年增长% Increase Rate in 2016 Over 2015(%)
年末牲畜存栏头数(万头只)	Total Livestock at the Year－end(10 000 heads)	6.83	5.66	－17.1
#大牲畜(万头只)	Large Animals(10 000 heads)	0.72	0.72	0.0
羊(万只)	Sheep & Goats(10 000 heads)	4.91	3.73	－24.0
猪(万头)	Hogs(10 000 heads)	1.20	1.21	0.8
规模以上工业	**Industrial Enterprises above Designated size**			
工业企业单位数(个)	Number of Industrial Enterprises(unit)	75	68	－9.3
#内资企业(个)	Civil Funded Enterprises(unit)	70	63	－10.0
工业总产值(万元)	Gross Industrial Output Value(10 000 yuan)	3821869	4142329	8.4
内资企业(万元)	Civil Funded Enterprises(10 000 yuan)	3453881	3744831	8.4
国有企业(万元)	State－owned Enterprises(10 000 yuan)	74972	74683	－0.4
集体企业(万元)	Collective－owned Enterprises(10 000 yuan)			
股份合作企业(万元)	Share Holding Enterprises(10 000 yuan)			
联营企业(万元)	Joint Owned Enterprises(10 000 yuan)			
有限责任公司(万元)	Limited Company(10 000 yuan)	3078177	3357352	9.1
股份有限公司(万元)	Share Holding Limited Company(10 000 yuan)	68828	71611	4.0
私营企业(万元)	Privately Owned Enterprises(10 000 yuan)	220540	238491	8.1
其他企业(万元)	Enterprises of Other Ownership(10 000 yuan)	11363	2695	－76.3
港澳台商投资企业(万元)	Funds from HK, Macao & Taiwan(10 000 yuan)	40390	50444	24.9
外商投资企业(万元)	Foreign Funded Enterprises(10 000 yuan)	327598	347053	5.9
工业企业增加值(万元)	Value Added of Industrial Enterprises(10 000 yuan)			8.2
工业企业资产总计(万元)	Total Assets of Industrial Enterprises(10 000 yuan)	2405879	2982627	24.0
工业企业负债合计(万元)	Total Liabilities of Industrial Enterprises(10 000 yuan)	1623269	2055038	26.6
工业企业产品销售收入(万元)	Sales of Revenue Industrial Enterprises(10 000 yuan)	3857757	4121453	6.8
工业企业利润总额(万元)	Total Profits of Industrial Enterprises(10 000 yuan)	133507	168689	26.4
建筑业	**Construction**			
建筑企业单位数(个)	Number of Construction Enterprises(unit)	26	25	－3.8
建筑企业从业人员(人)	Number of Employee in Construction Enterprises(person)	3266	3002	－8.1
建筑业总产值(万元)	Gross Construction Output Value(10 000 yuan)	434166	363063	－16.4
交通运输邮电通信业	**Transportation, Post & Telecommunications**			
公路里程(公里)	Total Length of Highways(km)	468	524	12.0
邮电业务总量(万元)	Business Volume of Post & Telecoms(10 000 yuan)			
本地电话用户(户)	Number of Subscribers of Local Telephone(Household)	49147	47002	－4.4
国内贸易	**Domestic Trade**			
社会消费品零售总额(万元)	Total Retail Sales of Consumer Goods(10 000 yuan)	1273611	1402941	10.2
城镇(万元)	Town(10 000 yuan)	1273611	1402941	10.2
乡村(万元)	Village(10 000 yuan)			
科技教育卫生	**Science, Education & Public Health**			
各类专业技术人员(人)	Special Technical Personnel(person)	5338	5570	4.3
幼儿园数(所)	Number of Kindergartens(unit)	76	85	11.8
学龄儿童入学率(%)	Percentage of School－Age Children Enrolled(%)	100.0	100.0	0.0
小学学校数(所)	Number of Primary Schools(unit)	38	38	0.0
小学专任教师数(人)	Number of Full－time Teachers of Primary Schools(person)	1591	1691	6.3
小学在校学生数(人)	Number of Student Enrollment of Primary Schools(person)	25600	26036	1.7
普通中学学校数(所)	Number of Regular Secondary Schools(unit)	17	17	0.0
普通中学专任教师数(人)	Number of Teachers of Secondary Shools(person)	1706	1816	6.4
初中在校学生数(人)	Number of Student in Junior Secondary Schools(person)	11182	11247	0.6
高中在校学生数(人)	Number of Student in Senior Secondary Schools(person)	8044	8426	4.7
卫生机构数(所)	Number of Health Institutions(unit)	423	419	－0.9
#医院(所)	Hospitals(unit)	25	23	－8.0
卫生院(所)	Township Hospitals(unit)	3	3	0.0
床位数(张)	Number of Beds(unit)	8130	7698	－5.3
#医院(张)	Hospitals(unit)	7565	7044	－6.9
卫生院(张)	Township Hospitals(unit)	66	86	30.3
卫生技术人员(人)	Medical Technical Presonnel(person)	9367	9442	0.8
#医院(人)	Hospitals(person)	7543	7571	0.4
卫生院(人)	Township Hospitals(person)	99	119	20.2

23-57 赤峰市元宝山区

指　　标	Item	2015	2016	2016年比上年增长% Increase Rate in 2016 Over 2015(%)
行政区域土地面积(平方公里)	**Area of Administration(Sq. km)**	**953**	**953**	**0.0**
人口和就业	**Population & Employment**			
年末户籍人口(人)	The Registered Population Year-end(person)	324775	323063	-0.5
#男性(人)	Male(person)	164454	163514	-0.6
#乡村人口(人)	Rural(person)	125201	154537	23.4
年末常住人口(人)	Permanet Resident Population Year-end(person)	334200	334600	0.1
#男性(人)	Male(person)			
年末总户数(户)	Total Number of Households at the Year-end(Household)	113649	113106	-0.5
#乡村户数(户)	Number of Rural Household(Household)	46949	46386	-1.2
出生人口(人)	Births(person)	2227	2516	13.0
死亡人口(人)	Deaths(person)	1253	1664	32.8
全社会就业人员(人)	Employment(person)	163833	164838	0.6
第一产业(人)	Primary Industry(person)	42147	44543	5.7
第二产业(人)	Secondary Industry(person)	57600	56814	-1.4
第三产业(人)	Tertiary Industry(person)	64086	63481	-0.9
在岗职工人数(人)	Number of Staff & Workers Employed in(person)	44329	43259	-2.4
乡村劳动力(人)	Number of Rural Laborers(person)	101215	99747	-1.5
#农林牧渔业(人)	Farming, Forestry, Animal Husbandry & Fishery(person)	42147	43390	2.9
国民经济综合指标	**Summary Item on the National Economy**			
生产总值(万元)	Gross Domestic Product(10 000 yuan)	2408474	2507440	3.9
第一产业(万元)	Primary Industry(10 000 yuan)	177756	186220	3.6
第二产业(万元)	Secondary Industry(10 000 yuan)	1158324	1116044	-2.7
#工业(万元)	Industry(10 000 yuan)	1015281	963516	-4.0
第三产业(万元)	Tertiary Industry(10 000 yuan)	1072394	1205176	11.0
人均生产总值(元)	Per Capita GDP(yuan)	72272	74985	3.8
全社会固定资产投资(万元)	Total Investment in Fixed Assets(10 000 yuan)	1724826	1965194	13.9
按登记注册类型分	Grouped by Registered Type			
#国有(万元)	State-owned Enterprises(10 000 yuan)	123773	102210	-17.4
集体(万元)	Collective-owned Enterprises(10 000 yuan)	95892	41027	-57.2
有限责任公司(万元)	Limited Liability Corporations(10 000 yuan)	456473	325062	-28.8
股份有限公司(万元)	Share Holding Enterprises(10 000 yuan)	14888	9830	-34.0
私营企业(万元)	Private Enterprises(10 000 yuan)	347345	398001	14.6
外商及港澳台投资企业(万元)	Funds from HK, Macao, Taiwan & Foreign(10 000 yuan)		8760	
一般公共预算收入(万元)	General Public Budget Revenue(10 000 yuan)	120166	128000	6.5
一般公共预算支出(万元)	General Public Budget Expenditure(10 000 yuan)	214666	225566	5.1
住户存款余额(万元)	The balance of savings deposits of Households(10 000 yuan)	1212312	1332108	9.9
在岗职工工资总额(万元)	Total Wages of Staff & Workers Employed in(10 000 yuan)	273299	277028	1.4
在岗职工平均工资(元)	Average Wage of Staff & Workers Employed in(yuan)	61652	64039	3.9
全体居民人均可支配收入(元)	The per capita disposable income of all residents(yuan)	23962	25812	7.7
城镇常住居民人均可支配收入(元)	The per capita disposable income of urban permanent residents(yuan)	27575	29822	8.1
农村牧区常住居民人均可支配收入(元)	The per capita disposable income of permanent residents of rural and pastoral areas(yuan)	14820	15961	7.7
农村牧区经济	**Economic Development in Rural & Pastoral Area**			
农作物总播种面积(公顷)	Total Sown Area(hectare)	29428	29677	0.8
#粮食作物播种面积(公顷)	Sown Area of Grain Crops(hectare)	20538	21038	2.4
农牧业机械总动力(万千瓦)	Total Power of Agricultural Machinery(10 000 kw)	14.82	16.01	8.0
化肥施用折纯量(吨)	Consumption of Chemical Fertilizer(ton)	13272	13892	4.7
农村用电量(万千瓦小时)	Electricity Consumed in Rural Area(10 000 kwh)	21916	22619	3.2
农林牧渔业总产值(万元)	Gross Output of Farming, Forestry, Animal Husbandry & Fishery(10 000 yuan)	297832	317985	3.6
粮食产量(吨)	Yield of Grain(ton)	162574	161000	-1.0
油料产量(吨)	Yield of Oil-bearing Grops(ton)	654	2165	231.0
甜菜产量(吨)	Yield of Beetroots(ton)	16433	13540	-17.6
猪牛羊肉产量(吨)	Output of Pork, Beef & Mutton(ton)	9631	10029	4.1
#猪肉产量(吨)	Output of Pork(ton)	3520	3587	1.9
牛肉产量(吨)	Output of Beef(ton)	4864	5041	3.6
羊肉产量(吨)	Output of Mutton(ton)	1247	1401	12.3
羊毛产量(吨)	Output of Wool(ton)	188	189	0.5

23 - 57 Yuanbaoshan District in Chifeng City

指　　标	Item	2015	2016	2016 年比上年增长% Increase Rate in 2016 Over 2015(%)
年末牲畜存栏头数(万头只)	Total Livestock at the Year - end(10 000 heads)	14.13	14.01	-0.8
# 大牲畜(万头只)	Large Animals(10 000 heads)	5.32	5.35	0.6
羊(万只)	Sheep & Goats(10 000 heads)	5.28	5.04	-4.5
猪(万头)	Hogs(10 000 heads)	3.53	3.62	2.5
规模以上工业	**Industrial Enterprises above Designated size**			
工业企业单位数(个)	Number of Industrial Enterprises(unit)	50	50	0.0
# 内资企业(个)	Civil Funded Enterprises(unit)	50	50	0.0
工业总产值(万元)	Gross Industrial Output Value(10 000 yuan)	2177274	2069978	-4.9
内资企业(万元)	Civil Funded Enterprises(10 000 yuan)	2177274	2069978	-4.9
国有企业(万元)	State - owned Enterprises(10 000 yuan)	17262	19659	13.9
集体企业(万元)	Collective - owned Enterprises(10 000 yuan)	147637	139194	-5.7
股份合作企业(万元)	Share Holding Enterprises(10 000 yuan)			
联营企业(万元)	Joint Owned Enterprises(10 000 yuan)			
有限责任公司(万元)	Limited Company(10 000 yuan)	1866260	1776292	-4.8
股份有限公司(万元)	Share Holding Limited Company(10 000 yuan)			
私营企业(万元)	Privately Owned Enterprises(10 000 yuan)	146115	134833	-7.7
其他企业(万元)	Enterprises of Other Ownership(10 000 yuan)			
港澳台商投资企业(万元)	Funds from HK, Macao & Taiwan(10 000 yuan)			
外商投资企业(万元)	Foreign Funded Enterprises(10 000 yuan)			
工业企业增加值(万元)	Value Added of Industrial Enterprises(10 000 yuan)			-6.6
工业企业资产总计(万元)	Total Assets of Industrial Enterprises(10 000 yuan)	3605503	3810679	5.7
工业企业负债合计(万元)	Total Liabilities of Industrial Enterprises(10 000 yuan)	2674635	2999707	12.2
工业企业产品销售收入(万元)	Sales of Revenue Industrial Enterprises(10 000 yuan)	1772352	1983824	11.9
工业企业利润总额(万元)	Total Profits of Industrial Enterprises(10 000 yuan)	-81056	-167811	
建筑业	**Construction**			
建筑企业单位数(个)	Number of Construction Enterprises(unit)	10	11	10.0
建筑企业从业人员(人)	Number of Employee in Construction Enterprises(person)	5793	5264	-9.1
建筑业总产值(万元)	Gross Construction Output Value(10 000 yuan)	85407	82391	-3.5
交通运输邮电通信业	**Transportation, Post & Telecommunications**			
公路里程(公里)	Total Length of Highways(km)	800	829	3.6
邮电业务总量(万元)	Business Volume of Post & Telecoms(10 000 yuan)	22019	23768	5.8
本地电话用户(户)	Number of Subscribers of Local Telephone(Household)	35309	36410	3.1
国内贸易	**Domestic Trade**			
社会消费品零售总额(万元)	Total Retail Sales of Consumer Goods(10 000 yuan)	803515	881456	9.7
城镇(万元)	Town(10 000 yuan)	803515	881456	9.7
乡村(万元)	Village(10 000 yuan)			
科技教育卫生	**Science, Education & Public Health**			
各类专业技术人员(人)	Special Technical Personnel(person)	5935	5907	-0.5
幼儿园数(所)	Number of Kindergartens(unit)	74	75	1.4
学龄儿童入学率(%)	Percentage of School - Age Children Enrolled(%)	100.0	100.0	0.0
小学学校数(所)	Number of Primary Schools(unit)	17	17	0.0
小学专任教师数(人)	Number of Full - time Teachers of Primary Schools(person)	1438	1419	-1.3
小学在校学生数(人)	Number of Student Enrollment of Primary Schools(person)	17825	17237	-3.3
普通中学学校数(所)	Number of Regular Secondary Schools(unit)	11	12	9.1
普通中学专任教师数(人)	Number of Teachers of Secondary Shools(person)	1646	1643	-0.2
初中在校学生数(人)	Number of Student in Junior Secondary Schools(person)	9262	9090	-1.9
高中在校学生数(人)	Number of Student in Senior Secondary Schools(person)	8430	7625	-9.5
卫生机构数(所)	Number of Health Institutions(unit)	195	164	-15.9
# 医院(所)	Hospitals(unit)	13	12	-7.7
卫生院(所)	Township Hospitals(unit)	11	11	0.0
床位数(张)	Number of Beds(unit)	2449	2370	-3.2
# 医院(张)	Hospitals(unit)	2132	2061	-3.3
卫生院(张)	Township Hospitals(unit)	255	255	0.0
卫生技术人员(人)	Medical Technical Presonnel(person)	2144	1972	-8.0
# 医院(人)	Hospitals(person)	1542	1489	-3.4
卫生院(人)	Township Hospitals(person)	177	178	0.6

23－58 赤峰市松山区

指　　标	Item	2015	2016	2016年比上年增长% Increase Rate in 2016 Over 2015(%)
行政区域土地面积(平方公里)	**Area of Administration(Sq. km)**	**5618**	**5618**	**0.0**
人口和就业	**Population & Employment**			
年末户籍人口(人)	The Registered Population Year－end(person)	575841	586568	1.9
#男性(人)	Male(person)	298697	303907	1.7
#乡村人口(人)	Rural(person)	397003	398566	0.4
年末常住人口(人)	Permanet Resident Population Year－end(person)	599800	600100	0.1
#男性(人)	Male(person)			
年末总户数(户)	Total Number of Households at the Year－end(Household)	214684	221198	3.0
#乡村户数(户)	Number of Rural Household(Household)	138920	145652	4.9
出生人口(人)	Births(person)	6215	8213	32.1
死亡人口(人)	Deaths(person)	1347	2869	113.0
全社会就业人员(人)	Employment(person)	334874	342470	2.3
第一产业(人)	Primary Industry(person)	159057	164196	3.2
第二产业(人)	Secondary Industry(person)	76719	71790	-6.4
第三产业(人)	Tertiary Industry(person)	99098	106484	7.5
在岗职工人数(人)	Number of Staff & Workers Employed in(person)	40562	40778	0.5
乡村劳动力(人)	Number of Rural Laborers(person)	259098	260561	0.6
#农林牧渔业(人)	Farming, Forestry, Animal Husbandry & Fishery(person)	156952	161888	3.1
国民经济综合指标	**Summary Item on the National Economy**			
生产总值(万元)	Gross Domestic Product(10 000 yuan)	2491609	2701375	8.3
第一产业(万元)	Primary Industry(10 000 yuan)	414181	437944	3.8
第二产业(万元)	Secondary Industry(10 000 yuan)	1220618	1308599	8.3
#工业(万元)	Industry(10 000 yuan)	1031076	1103808	8.2
第三产业(万元)	Tertiary Industry(10 000 yuan)	856810	954831	10.1
人均生产总值(元)	Per Capita GDP(yuan)	41820	45028	8.1
全社会固定资产投资(万元)	Total Investment in Fixed Assets(10 000 yuan)	1874021	2194750	17.1
按登记注册类型分	Grouped by Registered Type			
#国有(万元)	State－owned Enterprises(10 000 yuan)	280573	486149	73.3
集体(万元)	Collective－owned Enterprises(10 000 yuan)	244959	549224	124.2
有限责任公司(万元)	Limited Liability Corporations(10 000 yuan)	235337	454991	93.3
股份有限公司(万元)	Share Holding Enterprises(10 000 yuan)	6980		
私营企业(万元)	Private Enterprises(10 000 yuan)	1087872	704386	-35.3
外商及港澳台投资企业(万元)	Funds from HK, Macao, Taiwan & Foreign(10 000 yuan)	18300		
一般公共预算收入(万元)	General Public Budget Revenue(10 000 yuan)	97700	130267	33.3
一般公共预算支出(万元)	General Public Budget Expenditure(10 000 yuan)	358060	349000	-2.5
住户存款余额(万元)	The balance of savings deposits of Households(10 000 yuan)			
在岗职工工资总额(万元)	Total Wages of Staff & Workers Employed in(10 000 yuan)	225206	246695	9.5
在岗职工平均工资(元)	Average Wage of Staff & Workers Employed in(yuan)	55526	60297	8.6
全体居民人均可支配收入(元)	The per capita disposable income of all residents(yuan)	18759	20286	8.1
城镇常住居民人均可支配收入(元)	The per capita disposable income of urban permanent residents(yuan)	26555	28873	8.7
农村牧区常住居民人均可支配收入(元)	The per capita disposable income of permanent residents of rural and pastoral areas(yuan)	11497	12428	8.1
农村牧区经济	**Economic Development in Rural & Pastoral Area**			
农作物总播种面积(公顷)	Total Sown Area(hectare)	149091	154127	3.4
#粮食作物播种面积(公顷)	Sown Area of Grain Crops(hectare)	110130	111130	0.9
农牧业机械总动力(万千瓦)	Total Power of Agricultural Machinery(10 000 kw)	87.40	93.46	6.9
化肥施用折纯量(吨)	Consumption of Chemical Fertilizer(ton)	46562	46654	0.2
农村用电量(万千瓦小时)	Electricity Consumed in Rural Area(10 000 kwh)	27421	28978	5.7
农林牧渔业总产值(万元)	Gross Output of Farming, Forestry, Animal Husbandry & Fishery(10 000 yuan)	691850	743216	7.4
粮食产量(吨)	Yield of Grain(ton)	790243	773000	-2.2
油料产量(吨)	Yield of Oil－bearing Grops(ton)	16489	24170	46.6
甜菜产量(吨)	Yield of Beetroots(ton)	146972	187506	27.6
猪牛羊肉产量(吨)	Output of Pork, Beef & Mutton(ton)	78977	83596	5.8
#猪肉产量(吨)	Output of Pork(ton)	44200	45836	3.7
牛肉产量(吨)	Output of Beef(ton)	26604	27574	3.6
羊肉产量(吨)	Output of Mutton(ton)	8173	10186	24.6
羊毛产量(吨)	Output of Wool(ton)	1008	1596	58.3

23 – 58 Songshan District in Chifeng City

指　标	Item	2015	2016	2016 年比上年增长% Increase Rate in 2016 Over 2015(%)
年末牲畜存栏头数(万头只)	Total Livestock at the Year – end(10 000 heads)	85.50	87.20	2.0
#大牲畜(万头只)	Large Animals(10 000 heads)	22.20	21.70	-2.3
羊(万只)	Sheep & Goats(10 000 heads)	35.50	33.90	-4.5
猪(万头)	Hogs(10 000 heads)	27.80	31.60	13.7
规模以上工业	**Industrial Enterprises above Designated size**			
工业企业单位数(个)	Number of Industrial Enterprises(unit)	61	57	-6.6
#内资企业(个)	Civil Funded Enterprises(unit)	57	53	-7.0
工业总产值(万元)	Gross Industrial Output Value(10 000 yuan)	2033195	1549929	-23.8
内资企业(万元)	Civil Funded Enterprises(10 000 yuan)	1948200	1478052	-24.1
国有企业(万元)	State – owned Enterprises(10 000 yuan)	22703	24215	6.7
集体企业(万元)	Collective – owned Enterprises(10 000 yuan)	9069	10516	16.0
股份合作企业(万元)	Share Holding Enterprises(10 000 yuan)			
联营企业(万元)	Joint Owned Enterprises(10 000 yuan)			
有限责任公司(万元)	Limited Company(10 000 yuan)	829082	286366	-65.5
股份有限公司(万元)	Share Holding Limited Company(10 000 yuan)			
私营企业(万元)	Privately Owned Enterprises(10 000 yuan)	1087346	1156954	6.4
其他企业(万元)	Enterprises of Other Ownership(10 000 yuan)			
港澳台商投资企业(万元)	Funds from HK, Macao & Taiwan(10 000 yuan)	52418	52882	0.9
外商投资企业(万元)	Foreign Funded Enterprises(10 000 yuan)	32577	18995	-41.7
工业企业增加值(万元)	Value Added of Industrial Enterprises(10 000 yuan)			8.3
工业企业资产总计(万元)	Total Assets of Industrial Enterprises(10 000 yuan)	1977786	1981281	0.2
工业企业负债合计(万元)	Total Liabilities of Industrial Enterprises(10 000 yuan)	1211602	1239747	2.3
工业企业产品销售收入(万元)	Sales of Revenue Industrial Enterprises(10 000 yuan)	1995223	1581526	-20.7
工业企业利润总额(万元)	Total Profits of Industrial Enterprises(10 000 yuan)	62707	51761	-17.5
建筑业	**Construction**			
建筑企业单位数(个)	Number of Construction Enterprises(unit)	34	37	8.8
建筑企业从业人员(人)	Number of Employee in Construction Enterprises(person)	1842	1905	3.4
建筑业总产值(万元)	Gross Construction Output Value(10 000 yuan)	535775	662959	23.7
交通运输邮电通信业	**Transportation, Post & Telecommunications**			
公路里程(公里)	Total Length of Highways(km)	1810	1810	0.0
邮电业务总量(万元)	Business Volume of Post & Telecoms(10 000 yuan)			
本地电话用户(户)	Number of Subscribers of Local Telephone(Household)	43724	43500	-0.5
国内贸易	**Domestic Trade**			
社会消费品零售总额(万元)	Total Retail Sales of Consumer Goods(10 000 yuan)	1088878	1198347	10.1
城镇(万元)	Town(10 000 yuan)	1088878	1198347	10.1
乡村(万元)	Village(10 000 yuan)			
科技教育卫生	**Science, Education & Public Health**			
各类专业技术人员(人)	Special Technical Personnel(person)	12284	12506	1.8
幼儿园数(所)	Number of Kindergartens(unit)	13	19	46.2
学龄儿童入学率(%)	Percentage of School – Age Children Enrolled(%)	100.0	100.0	0.0
小学学校数(所)	Number of Primary Schools(unit)	47	46	-2.1
小学专任教师数(人)	Number of Full – time Teachers of Primary Schools(person)	2188	2369	8.3
小学在校学生数(人)	Number of Student Enrollment of Primary Schools(person)	36907	38029	3.0
普通中学学校数(所)	Number of Regular Secondary Schools(unit)	19	18	-5.3
普通中学专任教师数(人)	Number of Teachers of Secondary Shools(person)	2265	2341	3.4
初中在校学生数(人)	Number of Student in Junior Secondary Schools(person)	15581	15762	1.2
高中在校学生数(人)	Number of Student in Senior Secondary Schools(person)	12488	11958	-4.2
卫生机构数(所)	Number of Health Institutions(unit)	697	661	-5.2
#医院(所)	Hospitals(unit)	8	8	0.0
卫生院(所)	Township Hospitals(unit)	29	29	0.0
床位数(张)	Number of Beds(unit)	1716	1697	-1.1
#医院(张)	Hospitals(unit)	832	788	-5.3
卫生院(张)	Township Hospitals(unit)	701	726	3.6
卫生技术人员(人)	Medical Technical Presonnel(person)	1808	1928	6.6
#医院(人)	Hospitals(person)	936	1050	12.2
卫生院(人)	Township Hospitals(person)	588	557	-5.3

23－59 赤峰市阿鲁科尔沁旗

指　　标	Item	2015	2016	2016 年比上年增长% Increase Rate in 2016 Over 2015(%)
行政区域土地面积(平方公里)	**Area of Administration(Sq. km)**	**14555**	**14555**	**0.0**
人口和就业	**Population & Employment**			
年末户籍人口(人)	The Registered Population Year－end(person)	297765	297765	－0.4
#男性(人)	Male(person)	151754	150892	－0.6
#乡村人口(人)	Rural(person)	234491	234525	0.0
年末常住人口(人)	Permanet Resident Population Year－end(person)	264900	265100	0.1
#男性(人)	Male(person)			
年末总户数(户)	Total Number of Households at the Year－end(Household)	140557	140490	0.0
#乡村户数(户)	Number of Rural Household(Household)	97579	97909	0.3
出生人口(人)	Births(person)	1618	2524	56.0
死亡人口(人)	Deaths(person)	893	1537	72.1
全社会就业人员(人)	Employment(person)	203030	207072	2.0
第一产业(人)	Primary Industry(person)	129315	133171	3.0
第二产业(人)	Secondary Industry(person)	22410	22564	0.7
第三产业(人)	Tertiary Industry(person)	51305	51337	0.1
在岗职工人数(人)	Number of Staff & Workers Employed in(person)	21316	22333	4.8
乡村劳动力(人)	Number of Rural Laborers(person)	161085	157730	－2.1
#农林牧渔业(人)	Farming, Forestry, Animal Husbandry & Fishery(person)	129315	133171	3.0
国民经济综合指标	**Summary Item on the National Economy**			
生产总值(万元)	Gross Domestic Product(10 000 yuan)	1090063	1174009	7.3
第一产业(万元)	Primary Industry(10 000 yuan)	184620	193043	3.7
第二产业(万元)	Secondary Industry(10 000 yuan)	484814	517191	7.7
#工业(万元)	Industry(10 000 yuan)	402429	428813	7.7
第三产业(万元)	Tertiary Industry(10 000 yuan)	420629	463775	7.9
人均生产总值(元)	Per Capita GDP(yuan)	40972	44299	7.2
全社会固定资产投资(万元)	Total Investment in Fixed Assets(10 000 yuan)	546935	631556	15.5
按登记注册类型分	Grouped by Registered Type			
#国有(万元)	State－owned Enterprises(10 000 yuan)	449106	429401	－4.4
集体(万元)	Collective－owned Enterprises(10 000 yuan)			
有限责任公司(万元)	Limited Liability Corporations(10 000 yuan)	67211	90582	34.8
股份有限公司(万元)	Share Holding Enterprises(10 000 yuan)	5378	1205	－77.6
私营企业(万元)	Private Enterprises(10 000 yuan)	25240	110368	337.3
外商及港澳台投资企业(万元)	Funds from HK, Macao, Taiwan & Foreign(10 000 yuan)			
一般公共预算收入(万元)	General Public Budget Revenue(10 000 yuan)	34843	37150	6.6
一般公共预算支出(万元)	General Public Budget Expenditure(10 000 yuan)	289848	305230	5.3
住户存款余额(万元)	The balance of savings deposits of Households(10 000 yuan)			
在岗职工工资总额(万元)	Total Wages of Staff & Workers Employed in(10 000 yuan)	114924	126338	9.9
在岗职工平均工资(元)	Average Wage of Staff & Workers Employed in(yuan)	53963	57536	6.6
全体居民人均可支配收入(元)	The per capita disposable income of all residents(yuan)	12060	13359	10.8
城镇常住居民人均可支配收入(元)	The per capita disposable income of urban permanent residents(yuan)	20738	22604	9.0
农村牧区常住居民人均可支配收入(元)	The per capita disposable income of permanent residents of rural and pastoral areas(yuan)	7390	7968	7.8
农村牧区经济	**Economic Development in Rural & Pastoral Area**			
农作物总播种面积(公顷)	Total Sown Area(hectare)	181500	207296	14.2
#粮食作物播种面积(公顷)	Sown Area of Grain Crops(hectare)	115093	116093	0.9
农牧业机械总动力(万千瓦)	Total Power of Agricultural Machinery(10 000 kw)	64.38	70.00	8.7
化肥施用折纯量(吨)	Consumption of Chemical Fertilizer(ton)	20326	20309	－0.1
农村用电量(万千瓦小时)	Electricity Consumed in Rural Area(10 000 kwh)	17791	23718	33.3
农林牧渔业总产值(万元)	Gross Output of Farming, Forestry, Animal Husbandry & Fishery(10 000 yuan)	309932	328286	5.9
粮食产量(吨)	Yield of Grain(ton)	513500	503500	－1.9
油料产量(吨)	Yield of Oil－bearing Grops(ton)	7258	10971	51.2
甜菜产量(吨)	Yield of Beetroots(ton)	7987	3053	－61.8
猪牛羊肉产量(吨)	Output of Pork, Beef & Mutton(ton)	19227	20552	6.9
#猪肉产量(吨)	Output of Pork(ton)	3603	3471	－3.7
牛肉产量(吨)	Output of Beef(ton)	6568	6808	3.7
羊肉产量(吨)	Output of Mutton(ton)	9056	10273	13.4
羊毛产量(吨)	Output of Wool(ton)	5296	5037	－4.9

23 – 59 Alukeerqin Banner in Chifeng City

指　　标	Item	2015	2016	2016 年比上年增长% Increase Rate in 2016 Over 2015(%)
年末牲畜存栏头数(万头只)	Total Livestock at the Year end(10 000 heads)	146.57	143.70	-2.0
# 大牲畜(万头只)	Large Animals(10 000 heads)	27.45	30.20	10.0
羊(万只)	Sheep & Goats(10 000 heads)	114.26	109.10	-4.5
猪(万头)	Hogs(10 000 heads)	4.86	4.38	-9.9
规模以上工业	**Industrial Enterprises above Designated size**			
工业企业单位数(个)	Number of Industrial Enterprises(unit)	33	33	0.0
# 内资企业(个)	Civil Funded Enterprises(unit)	33	33	0.0
工业总产值(万元)	Gross Industrial Output Value(10 000 yuan)	1083660	1142786	5.5
内资企业(万元)	Civil Funded Enterprises(10 000 yuan)	1083660	1142786	5.5
国有企业(万元)	State – owned Enterprises(10 000 yuan)	142369	171178	20.2
集体企业(万元)	Collective – owned Enterprises(10 000 yuan)			
股份合作企业(万元)	Share Holding Enterprises(10 000 yuan)			
联营企业(万元)	Joint Owned Enterprises(10 000 yuan)			
有限责任公司(万元)	Limited Company(10 000 yuan)	450152	461335	2.5
股份有限公司(万元)	Share Holding Limited Company(10 000 yuan)			
私营企业(万元)	Privately Owned Enterprises(10 000 yuan)	491139	510273	3.9
其他企业(万元)	Enterprises of Other Ownership(10 000 yuan)			
港澳台商投资企业(万元)	Funds from HK,Macao & Taiwan(10 000 yuan)			
外商投资企业(万元)	Foreign Funded Enterprises(10 000 yuan)			
工业企业增加值(万元)	Value Added of Industrial Enterprises(10 000 yuan)			7.9
工业企业资产总计(万元)	Total Assets of Industrial Enterprises(10 000 yuan)	534680	569369	6.5
工业企业负债合计(万元)	Total Liabilities of Industrial Enterprises(10 000 yuan)	273255	272138	-0.4
工业企业产品销售收入(万元)	Sales of Revenue Industrial Enterprises(10 000 yuan)	874852	903704	3.3
工业企业利润总额(万元)	Total Profits of Industrial Enterprises(10 000 yuan)	6885	-1197	
建筑业	**Construction**			
建筑企业单位数(个)	Number of Construction Enterprises(unit)	5	5	0.0
建筑企业从业人员(人)	Number of Employee in Construction Enterprises(person)	1514	1455	-3.9
建筑业总产值(万元)	Gross Construction Output Value(10 000 yuan)	63678	57199	-10.2
交通运输邮电通信业	**Transportation,Post & Telecommunications**			
公路里程(公里)	Total Length of Highways(km)	3512	3512	0.0
邮电业务总量(万元)	Business Volume of Post & Telecoms(10 000 yuan)	18652	20971	12.4
本地电话用户(户)	Number of Subscribers of Local Telephone(Household)	26020	21540	-17.2
国内贸易	**Domestic Trade**			
社会消费品零售总额(万元)	Total Retail Sales of Consumer Goods(10 000 yuan)	301115	330624	9.8
城镇(万元)	Town(10 000 yuan)	228625	249435	9.1
乡村(万元)	Village(10 000 yuan)	72490	81189	12.0
科技教育卫生	**Science,Education & Public Health**			
各类专业技术人员(人)	Special Technical Personnel(person)	6442	6219	-3.5
幼儿园数(所)	Number of Kindergartens(unit)	19	25	31.6
学龄儿童入学率(%)	Percentage of School – Age Children Enrolled(%)	100.0	100.0	0.0
小学学校数(所)	Number of Primary Schools(unit)	31	32	3.2
小学专任教师数(人)	Number of Full – time Teachers of Primary Schools(person)	2119	2038	-3.8
小学在校学生数(人)	Number of Student Enrollment of Primary Schools(person)	15385	15156	-1.5
普通中学学校数(所)	Number of Regular Secondary Schools(unit)	7	7	0.0
普通中学专任教师数(人)	Number of Teachers of Secondary Shools(person)	1115	1106	-0.8
初中在校学生数(人)	Number of Student in Junior Secondary Schools(person)	7205	7405	2.8
高中在校学生数(人)	Number of Student in Senior Secondary Schools(person)	5477	5116	-6.6
卫生机构数(所)	Number of Health Institutions(unit)	512	514	0.4
# 医院(所)	Hospitals(unit)	4	4	0.0
卫生院(所)	Township Hospitals(unit)	22	23	4.5
床位数(张)	Number of Beds(unit)	1374	1565	13.9
# 医院(张)	Hospitals(unit)	1080	1200	11.1
卫生院(张)	Township Hospitals(unit)	274	345	25.9
卫生技术人员(人)	Medical Technical Presonnel(person)	1246	1335	7.1
# 医院(人)	Hospitals(person)	873	975	11.7
卫生院(人)	Township Hospitals(person)	230	239	3.9

23-60 赤峰市巴林左旗

指　　标	Item	2015	2016	2016年比上年增长% Increase Rate in 2016 Over 2015(%)
行政区域土地面积(平方公里)	**Area of Administration(Sq. km)**	**6459**	**6459**	**0.0**
人口和就业	**Population & Employment**			
年末户籍人口(人)	The Registered Population Year-end(person)	347478	347079	-0.1
#男性(人)	Male(person)	176929	176824	-0.1
#乡村人口(人)	Rural(person)	284988	274498	-3.7
年末常住人口(人)	Permanet Resident Population Year-end(person)	317000	317300	0.1
#男性(人)	Male(person)	161422	161578	0.1
年末总户数(户)	Total Number of Households at the Year-end(Household)	149567	149815	0.2
#乡村户数(户)	Number of Rural Household(Household)	97358	96861	-0.5
出生人口(人)	Births(person)	2174	2552	17.4
死亡人口(人)	Deaths(person)	3265	821	-74.9
全社会就业人员(人)	Employment(person)	219999	220365	0.2
第一产业(人)	Primary Industry(person)	131859	118946	-9.8
第二产业(人)	Secondary Industry(person)	44085	49499	12.3
第三产业(人)	Tertiary Industry(person)	44055	51920	17.9
在岗职工人数(人)	Number of Staff & Workers Employed in(person)	22435	22510	0.3
乡村劳动力(人)	Number of Rural Laborers(person)	175348	168643	-3.8
#农林牧渔业(人)	Farming,Forestry,Animal Husbandry & Fishery(person)	130655	116782	-10.6
国民经济综合指标	**Summary Item on the National Economy**			
生产总值(万元)	Gross Domestic Product(10 000 yuan)	1235948	1304941	5.4
第一产业(万元)	Primary Industry(10 000 yuan)	219248	229649	3.6
第二产业(万元)	Secondary Industry(10 000 yuan)	622810	640551	3.9
#工业(万元)	Industry(10 000 yuan)	509290	524320	4.1
第三产业(万元)	Tertiary Industry(10 000 yuan)	393890	434741	8.2
人均生产总值(元)	Per Capita GDP(yuan)	38866	41146	5.9
全社会固定资产投资(万元)	Total Investment in Fixed Assets(10 000 yuan)	1001505	1052362	5.1
按登记注册类型分	Grouped by Registered Type			
#国有(万元)	State-owned Enterprises(10 000 yuan)	328171	515933	57.2
集体(万元)	Collective-owned Enterprises(10 000 yuan)	1850		
有限责任公司(万元)	Limited Liability Corporations(10 000 yuan)	484330	310764	-35.8
股份有限公司(万元)	Share Holding Enterprises(10 000 yuan)	54592	136398	149.8
私营企业(万元)	Private Enterprises(10 000 yuan)	96660	64414	-33.4
外商及港澳台投资企业(万元)	Funds from HK,Macao,Taiwan & Foreign(10 000 yuan)			
一般公共预算收入(万元)	General Public Budget Revenue(10 000 yuan)	68290	55630	-18.5
一般公共预算支出(万元)	General Public Budget Expenditure(10 000 yuan)	289197	274688	-5.0
住户存款余额(万元)	The balance of savings deposits of Households(10 000 yuan)	494878	573814	16.0
在岗职工工资总额(万元)	Total Wages of Staff & Workers Employed in(10 000 yuan)	126983	137844	8.6
在岗职工平均工资(元)	Average Wage of Staff & Workers Employed in(yuan)	55570	61175	10.1
全体居民人均可支配收入(元)	The per capita disposable income of all residents(yuan)	12502	13605	8.8
城镇常住居民人均可支配收入(元)	The per capita disposable income of urban permanent residents(yuan)	22330	24192	8.3
农村牧区常住居民人均可支配收入(元)	The per capita disposable income of permanent residents of rural and pastoral areas(yuan)	7841	8484	8.2
农村牧区经济	**Economic Development in Rural & Pastoral Area**			
农作物总播种面积(公顷)	Total Sown Area(hectare)	100323	114023	13.7
#粮食作物播种面积(公顷)	Sown Area of Grain Crops(hectare)	91469	100071	9.4
农牧业机械总动力(万千瓦)	Total Power of Agricultural Machinery(10 000 kw)	50.00	52.71	5.4
化肥施用折纯量(吨)	Consumption of Chemical Fertilizer(ton)	25785	21708	-15.8
农村用电量(万千瓦小时)	Electricity Consumed in Rural Area(10 000 kwh)	9312	6270	-32.7
农林牧渔业总产值(万元)	Gross Output of Farming,Forestry,Animal Husbandry & Fishery(10 000 yuan)	365152	390865	7.0
粮食产量(吨)	Yield of Grain(ton)	451511	444240	-1.6
油料产量(吨)	Yield of Oil-bearing Grops(ton)	15341	8184	-46.7
甜菜产量(吨)	Yield of Beetroots(ton)	36751	39078	6.3
猪牛羊肉产量(吨)	Output of Pork, Beef & Mutton(ton)	15814	16883	6.8
#猪肉产量(吨)	Output of Pork(ton)	6100	6215	1.9
牛肉产量(吨)	Output of Beef(ton)	2549	2642	3.6
羊肉产量(吨)	Output of Mutton(ton)	7165	8026	12.0
羊毛产量(吨)	Output of Wool(ton)	2864	3111	8.6

23－60 Balinzuo Banner in Chifeng City

指　标	Item	2015	2016	2016年比上年增长% Increase Rate in 2016 Over 2015(%)
年末牲畜存栏头数(万头只)	Total Livestock at the Year－end(10 000 heads)	112.14	108.80	－3.0
#大牲畜(万头只)	Large Animals(10 000 heads)	19.42	19.63	1.1
羊(万只)	Sheep & Goats(10 000 heads)	83.68	79.93	－4.5
猪(万头)	Hogs(10 000 heads)	9.03	9.24	2.3
规模以上工业	**Industrial Enterprises above Designated size**			
工业企业单位数(个)	Number of Industrial Enterprises(unit)	52	49	－5.8
#内资企业(个)	Civil Funded Enterprises(unit)	51	48	－5.9
工业总产值(万元)	Gross Industrial Output Value(10 000 yuan)	1383987	1404009	1.4
内资企业(万元)	Civil Funded Enterprises(10 000 yuan)	1313227	1318648	0.4
国有企业(万元)	State－owned Enterprises(10 000 yuan)	139182	121477	－12.7
集体企业(万元)	Collective－owned Enterprises(10 000 yuan)			
股份合作企业(万元)	Share Holding Enterprises(10 000 yuan)			
联营企业(万元)	Joint Owned Enterprises(10 000 yuan)			
有限责任公司(万元)	Limited Company(10 000 yuan)	831315	804190	－3.3
股份有限公司(万元)	Share Holding Limited Company(10 000 yuan)	260938	292478	12.1
私营企业(万元)	Privately Owned Enterprises(10 000 yuan)	59168	71453	20.8
其他企业(万元)	Enterprises of Other Ownership(10 000 yuan)	22624	29049	28.4
港澳台商投资企业(万元)	Funds from HK,Macao & Taiwan(10 000 yuan)	70760	85361	20.6
外商投资企业(万元)	Foreign Funded Enterprises(10 000 yuan)			
工业企业增加值(万元)	Value Added of Industrial Enterprises(10 000 yuan)			1.2
工业企业资产总计(万元)	Total Assets of Industrial Enterprises(10 000 yuan)	1404753	1278649	－9.0
工业企业负债合计(万元)	Total Liabilities of Industrial Enterprises(10 000 yuan)	529039	560190	5.9
工业企业产品销售收入(万元)	Sales of Revenue Industrial Enterprises(10 000 yuan)	1191866	1373996	15.3
工业企业利润总额(万元)	Total Profits of Industrial Enterprises(10 000 yuan)	127015	107246	－15.6
建筑业	**Construction**			
建筑企业单位数(个)	Number of Construction Enterprises(unit)	5	5	0.0
建筑企业从业人员(人)	Number of Employee in Construction Enterprises(person)	1060	1627	53.5
建筑业总产值(万元)	Gross Construction Output Value(10 000 yuan)	32139	18516	－42.4
交通运输邮电通信业	**Transportation,Post & Telecommunications**			
公路里程(公里)	Total Length of Highways(km)	1795	1921	7.0
邮电业务总量(万元)	Business Volume of Post & Telecoms(10 000 yuan)	19300	20000	3.6
本地电话用户(户)	Number of Subscribers of Local Telephone(Household)	23257	20150	－13.4
国内贸易	**Domestic Trade**			
社会消费品零售总额(万元)	Total Retail Sales of Consumer Goods(10 000 yuan)	386577	424075	9.7
城镇(万元)	Town(10 000 yuan)	273106	300283	10.0
乡村(万元)	Village(10 000 yuan)	113471	123792	9.1
科技教育卫生	**Science,Education & Public Health**			
各类专业技术人员(人)	Special Technical Personnel(person)	8565	8668	1.2
幼儿园数(所)	Number of Kindergartens(unit)	55	85	54.5
学龄儿童入学率(%)	Percentage of School－Age Children Enrolled(%)	100.0	100.0	0.0
小学学校数(所)	Number of Primary Schools(unit)	26	28	7.7
小学专任教师数(人)	Number of Full－time Teachers of Primary Schools(person)	1652	1600	－3.1
小学在校学生数(人)	Number of Student Enrollment of Primary Schools(person)	19889	19662	－1.1
普通中学学校数(所)	Number of Regular Secondary Schools(unit)	8	9	12.5
普通中学专任教师数(人)	Number of Teachers of Secondary Shools(person)	1216	1239	1.9
初中在校学生数(人)	Number of Student in Junior Secondary Schools(person)	8951	9189	2.7
高中在校学生数(人)	Number of Student in Senior Secondary Schools(person)	6719	8465	26.0
卫生机构数(所)	Number of Health Institutions(unit)	305	333	9.2
#医院(所)	Hospitals(unit)	6	8	33.3
卫生院(所)	Township Hospitals(unit)	22	22	0.0
床位数(张)	Number of Beds(unit)	1431	1416	－1.0
#医院(张)	Hospitals(unit)	923	943	2.2
卫生院(张)	Township Hospitals(unit)	375	384	2.4
卫生技术人员(人)	Medical Technical Presonnel(person)	1431	1354	－5.4
#医院(人)	Hospitals(person)	747	717	－4.0
卫生院(人)	Township Hospitals(person)	328	341	4.0

23-61 赤峰市巴林右旗

指　　标	Item	2015	2016	2016年比上年增长% Increase Rate in 2016 Over 2015(%)
行政区域土地面积(平方公里)	**Area of Administration(Sq. km)**	**9837**	**9837**	**0.0**
人口和就业	**Population & Employment**			
年末户籍人口(人)	The Registered Population Year-end(person)	183877	184603	0.4
#男性(人)	Male(person)	93424	93643	0.2
#乡村人口(人)	Rural(person)	123218	123721	0.4
年末常住人口(人)	Permanet Resident Population Year-end(person)	172519	172600	0.0
#男性(人)	Male(person)	87201	87159	0.0
年末总户数(户)	Total Number of Households at the Year-end(Household)	86208	87487	1.5
#乡村户数(户)	Number of Rural Household(Household)	46131	46315	0.4
出生人口(人)	Births(person)	1263	1880	48.9
死亡人口(人)	Deaths(person)	814	1011	24.2
全社会就业人员(人)	Employment(person)	91809	91559	-0.3
第一产业(人)	Primary Industry(person)	45006	45648	1.4
第二产业(人)	Secondary Industry(person)	13598	13527	-0.5
第三产业(人)	Tertiary Industry(person)	33205	32384	-2.5
在岗职工人数(人)	Number of Staff & Workers Employed in(person)	16527	15339	-7.2
乡村劳动力(人)	Number of Rural Laborers(person)	53975	53928	-0.1
#农林牧渔业(人)	Farming, Forestry, Animal Husbandry & Fishery(person)	45006	45648	1.4
国民经济综合指标	**Summary Item on the National Economy**			
生产总值(万元)	Gross Domestic Product(10 000 yuan)	771298	830837	8.0
第一产业(万元)	Primary Industry(10 000 yuan)	113804	118311	3.6
第二产业(万元)	Secondary Industry(10 000 yuan)	418354	451169	8.9
#工业(万元)	Industry(10 000 yuan)	340795	367895	9.2
第三产业(万元)	Tertiary Industry(10 000 yuan)	239140	261357	7.9
人均生产总值(元)	Per Capita GDP(yuan)	44752	48204	7.7
全社会固定资产投资(万元)	Total Investment in Fixed Assets(10 000 yuan)	603463	698010	15.7
按登记注册类型分	Grouped by Registered Type			
#国有(万元)	State-owned Enterprises(10 000 yuan)	491643	604396	22.9
集体(万元)	Collective-owned Enterprises(10 000 yuan)			
有限责任公司(万元)	Limited Liability Corporations(10 000 yuan)	111820	93614	-16.3
股份有限公司(万元)	Share Holding Enterprises(10 000 yuan)			
私营企业(万元)	Private Enterprises(10 000 yuan)			
外商及港澳台投资企业(万元)	Funds from HK, Macao, Taiwan & Foreign(10 000 yuan)			
一般公共预算收入(万元)	General Public Budget Revenue(10 000 yuan)	41462	44162	6.5
一般公共预算支出(万元)	General Public Budget Expenditure(10 000 yuan)	220621	242556	9.9
住户存款余额(万元)	The balance of savings deposits of Households(10 000 yuan)	295880	345435	16.7
在岗职工工资总额(万元)	Total Wages of Staff & Workers Employed in(10 000 yuan)	90282	90420	0.2
在岗职工平均工资(元)	Average Wage of Staff & Workers Employed in(yuan)	54627	58948	7.9
全体居民人均可支配收入(元)	The per capita disposable income of all residents(yuan)	15120	16523	9.3
城镇常住居民人均可支配收入(元)	The per capita disposable income of urban permanent residents(yuan)	20737	22603	9.0
农村牧区常住居民人均可支配收入(元)	The per capita disposable income of permanent residents of rural and pastoral areas(yuan)	8068	8714	8.0
农村牧区经济	**Economic Development in Rural & Pastoral Area**			
农作物总播种面积(公顷)	Total Sown Area(hectare)	63241	71704	13.4
#粮食作物播种面积(公顷)	Sown Area of Grain Crops(hectare)	49966	50466	1.0
农牧业机械总动力(万千瓦)	Total Power of Agricultural Machinery(10 000 kw)	38.31	40.80	6.5
化肥施用折纯量(吨)	Consumption of Chemical Fertilizer(ton)	6866	5705	-16.9
农村用电量(万千瓦小时)	Electricity Consumed in Rural Area(10 000 kwh)	2905	2912	0.2
农林牧渔业总产值(万元)	Gross Output of Farming, Forestry, Animal Husbandry & Fishery(10 000 yuan)	191349		
粮食产量(吨)	Yield of Grain(ton)	175461	165941	-5.4
油料产量(吨)	Yield of Oil-bearing Grops(ton)	9934	30364	205.7
甜菜产量(吨)	Yield of Beetroots(ton)	45504	104667	130.0
猪牛羊肉产量(吨)	Output of Pork, Beef & Mutton(ton)	30051	33491	11.4
#猪肉产量(吨)	Output of Pork(ton)	2665	2615	-1.9
牛肉产量(吨)	Output of Beef(ton)	10330	10707	3.6
羊肉产量(吨)	Output of Mutton(ton)	17056	20169	18.3
羊毛产量(吨)	Output of Wool(ton)	5480	5858	6.9

23 – 61 Balinyou Banner in Chifeng City

指　　标	Item	2015	2016	2016 年比上年增长% Increase Rate in 2016 Over 2015(%)
年末牲畜存栏头数(万头只)	Total Livestock at the Year – end(10 000 heads)	109.52	107.74	-1.6
# 大牲畜(万头只)	Large Animals(10 000 heads)	9.92	10.67	7.6
羊(万只)	Sheep & Goats(10 000 heads)	97.80	95.52	-2.3
猪(万头)	Hogs(10 000 heads)	1.80	1.55	-13.9
规模以上工业	**Industrial Enterprises above Designated size**			
工业企业单位数(个)	Number of Industrial Enterprises(unit)	21	20	-4.8
# 内资企业(个)	Civil Funded Enterprises(unit)	21	20	-4.8
工业总产值(万元)	Gross Industrial Output Value(10 000 yuan)	1262211	1367055	8.3
内资企业(万元)	Civil Funded Enterprises(10 000 yuan)	1262211	1367055	8.3
国有企业(万元)	State – owned Enterprises(10 000 yuan)			
集体企业(万元)	Collective – owned Enterprises(10 000 yuan)			
股份合作企业(万元)	Share Holding Enterprises(10 000 yuan)			
联营企业(万元)	Joint Owned Enterprises(10 000 yuan)			
有限责任公司(万元)	Limited Company(10 000 yuan)	856127	947602	10.7
股份有限公司(万元)	Share Holding Limited Company(10 000 yuan)	362109	369456	2.0
私营企业(万元)	Privately Owned Enterprises(10 000 yuan)	43975	49996	13.7
其他企业(万元)	Enterprises of Other Ownership(10 000 yuan)			
港澳台商投资企业(万元)	Funds from HK, Macao & Taiwan(10 000 yuan)			
外商投资企业(万元)	Foreign Funded Enterprises(10 000 yuan)			
工业企业增加值(万元)	Value Added of Industrial Enterprises(10 000 yuan)			10.6
工业企业资产总计(万元)	Total Assets of Industrial Enterprises(10 000 yuan)	778807	777033	-0.2
工业企业负债合计(万元)	Total Liabilities of Industrial Enterprises(10 000 yuan)	528594	526754	-0.3
工业企业产品销售收入(万元)	Sales of Revenue Industrial Enterprises(10 000 yuan)	1243536	1342280	7.9
工业企业利润总额(万元)	Total Profits of Industrial Enterprises(10 000 yuan)	177532	177543	0.0
建筑业	**Construction**			
建筑企业单位数(个)	Number of Construction Enterprises(unit)	8	9	12.5
建筑企业从业人员(人)	Number of Employee in Construction Enterprises(person)	2443	2355	-3.6
建筑业总产值(万元)	Gross Construction Output Value(10 000 yuan)	105876	115465	9.1
交通运输邮电通信业	**Transportation, Post & Telecommunications**			
公路里程(公里)	Total Length of Highways(km)	2266	2266	0.0
邮电业务总量(万元)	Business Volume of Post & Telecoms(10 000 yuan)	13062	12655	-3.1
本地电话用户(户)	Number of Subscribers of Local Telephone(Household)	11740	9046	-22.9
国内贸易	**Domestic Trade**			
社会消费品零售总额(万元)	Total Retail Sales of Consumer Goods(10 000 yuan)	223757	245462	9.7
城镇(万元)	Town(10 000 yuan)	141755	156408	10.3
乡村(万元)	Village(10 000 yuan)	82002	89054	8.6
各类专业技术人员(人)	Special Technical Personnel(person)	5014	4675	-6.8
幼儿园数(所)	Number of Kindergartens(unit)	36	43	19.4
学龄儿童入学率(%)	Percentage of School – Age Children Enrolled(%)	100.0	100.0	0.0
小学学校数(所)	Number of Primary Schools(unit)	29	29	0.0
小学专任教师数(人)	Number of Full – time Teachers of Primary Schools(person)	846	832	-1.7
小学在校学生数(人)	Number of Student Enrollment of Primary Schools(person)	9646	9618	-0.3
普通中学学校数(所)	Number of Regular Secondary Schools(unit)	5	5	0.0
普通中学专任教师数(人)	Number of Teachers of Secondary Shools(person)	796	776	-2.5
初中在校学生数(人)	Number of Student in Junior Secondary Schools(person)	4827	4860	0.7
高中在校学生数(人)	Number of Student in Senior Secondary Schools(person)	3913	3853	-1.5
卫生机构数(所)	Number of Health Institutions(unit)	175	192	9.7
# 医院(所)	Hospitals(unit)	3	4	33.3
卫生院(所)	Township Hospitals(unit)	15	15	0.0
床位数(张)	Number of Beds(unit)	693	750	8.2
# 医院(张)	Hospitals(unit)	450	465	3.3
卫生院(张)	Township Hospitals(unit)	137	175	27.7
卫生技术人员(人)	Medical Technical Presonnel(person)	1086	1144	5.3
# 医院(人)	Hospitals(person)	468	491	4.9
卫生院(人)	Township Hospitals(person)	202	214	5.9

23 - 62 赤峰市林西县

指　　标	Item	2015	2016	2016 年比上年增长% Increase Rate in 2016 Over 2015(%)
行政区域土地面积(平方公里)	**Area of Administration(Sq. km)**	**3933**	**3933**	**0.0**
人口和就业	**Population & Employment**			
年末户籍人口(人)	The Registered Population Year - end(person)	234593	234284	-0.1
#男性(人)	Male(person)	118932	118795	-0.1
#乡村人口(人)	Rural(person)	165267	152491	-7.7
年末常住人口(人)	Permanet Resident Population Year - end(person)	197800	198200	0.2
#男性(人)	Male(person)			
年末总户数(户)	Total Number of Households at the Year - end(Household)	108686	109667	0.9
#乡村户数(户)	Number of Rural Household(Household)	71943	70792	-1.6
出生人口(人)	Births(person)	1446	1900	31.4
死亡人口(人)	Deaths(person)	673	1200	78.3
全社会就业人员(人)	Employment(person)	121310	124249	2.4
第一产业(人)	Primary Industry(person)	74376	78916	6.1
第二产业(人)	Secondary Industry(person)	18728	18781	0.3
第三产业(人)	Tertiary Industry(person)	28206	26552	-5.9
在岗职工人数(人)	Number of Staff & Workers Employed in(person)	22100	21764	-1.5
乡村劳动力(人)	Number of Rural Laborers(person)	107077	110564	3.3
#农林牧渔业(人)	Farming, Forestry, Animal Husbandry & Fishery(person)	72499	77039	6.3
国民经济综合指标	**Summary Item on the National Economy**			
生产总值(万元)	Gross Domestic Product(10 000 yuan)	765059	832112	8.6
第一产业(万元)	Primary Industry(10 000 yuan)	124631	130401	3.6
第二产业(万元)	Secondary Industry(10 000 yuan)	353331	388931	11.2
#工业(万元)	Industry(10 000 yuan)	290130	319370	11.3
第三产业(万元)	Tertiary Industry(10 000 yuan)	287098	312780	7.6
人均生产总值(元)	Per Capita GDP(yuan)	38455	42020	9.3
全社会固定资产投资(万元)	Total Investment in Fixed Assets(10 000 yuan)	711225	863429	21.4
按登记注册类型分	Grouped by Registered Type			
#国有(万元)	State - owned Enterprises(10 000 yuan)	210800	357361	169.5
集体(万元)	Collective - owned Enterprises(10 000 yuan)			
有限责任公司(万元)	Limited Liability Corporations(10 000 yuan)	224330	381554	170.0
股份有限公司(万元)	Share Holding Enterprises(10 000 yuan)			
私营企业(万元)	Private Enterprises(10 000 yuan)	173750	40436	-76.7
外商及港澳台投资企业(万元)	Funds from HK, Macao, Taiwan & Foreign(10 000 yuan)	95600	2000	-97.9
一般公共预算收入(万元)	General Public Budget Revenue(10 000 yuan)	35950	38307	6.6
一般公共预算支出(万元)	General Public Budget Expenditure(10 000 yuan)	217429	210169	-3.3
住户存款余额(万元)	The balance of savings deposits of Households(10 000 yuan)	403361	459761	14.0
在岗职工工资总额(万元)	Total Wages of Staff & Workers Employed in(10 000 yuan)	123892	129465	4.5
在岗职工平均工资(元)	Average Wage of Staff & Workers Employed in(yuan)	54728	59344	8.4
全体居民人均可支配收入(元)	The per capita disposable income of all residents(yuan)	15034	16590	10.4
城镇常住居民人均可支配收入(元)	The per capita disposable income of urban permanent residents(yuan)	22056	23953	8.6
农村牧区常住居民人均可支配收入(元)	The per capita disposable income of permanent residents of rural and pastoral areas(yuan)	7379	7969	8.0
农村牧区经济	**Economic Development in Rural & Pastoral Area**			
农作物总播种面积(公顷)	Total Sown Area(hectare)	69232	74000	6.9
#粮食作物播种面积(公顷)	Sown Area of Grain Crops(hectare)	47415	47915	1.1
农牧业机械总动力(万千瓦)	Total Power of Agricultural Machinery(10 000 kw)	33.60	35.80	6.5
化肥施用折纯量(吨)	Consumption of Chemical Fertilizer(ton)	10318	10073	-2.4
农村用电量(万千瓦小时)	Electricity Consumed in Rural Area(10 000 kwh)	10869	11392	4.8
农林牧渔业总产值(万元)	Gross Output of Farming, Forestry, Animal Husbandry & Fishery(10 000 yuan)	209145	222829	6.5
粮食产量(吨)	Yield of Grain(ton)	258500	242700	-6.1
油料产量(吨)	Yield of Oil - bearing Grops(ton)	21159	19324	-8.7
甜菜产量(吨)	Yield of Beetroots(ton)	266253	310696	16.7
猪牛羊肉产量(吨)	Output of Pork, Beef & Mutton(ton)	19831	16910	-14.7
#猪肉产量(吨)	Output of Pork(ton)	6529	6652	1.9
牛肉产量(吨)	Output of Beef(ton)	4725	4897	3.6
羊肉产量(吨)	Output of Mutton(ton)	8577	5361	-37.5
羊毛产量(吨)	Output of Wool(ton)	1548	1441	-7.0

23 – 62 Linxi County in Chifeng City

指　　标	Item	2015	2016	2016 年比上年增长% Increase Rate in 2016 Over 2015(%)
年末牲畜存栏头数(万头只)	Total Livestock at the Year – end(10 000 heads)	61.53	59.88	-2.7
#大牲畜(万头只)	Large Animals(10 000 heads)	13.22	13.11	-0.7
羊(万只)	Sheep & Goats(10 000 heads)	39.11	37.36	-4.5
猪(万头)	Hogs(10 000 heads)	9.20	9.41	2.3
规模以上工业	**Industrial Enterprises above Designated size**			
工业企业单位数(个)	Number of Industrial Enterprises(unit)	30	33	3.1
#内资企业(个)	Civil Funded Enterprises(unit)	29	32	10.3
工业总产值(万元)	Gross Industrial Output Value(10 000 yuan)	1194296	1276975	6.9
内资企业(万元)	Civil Funded Enterprises(10 000 yuan)	1181264	1265389	7.1
国有企业(万元)	State – owned Enterprises(10 000 yuan)	166693	169225	1.5
集体企业(万元)	Collective – owned Enterprises(10 000 yuan)			
股份合作企业(万元)	Share Holding Enterprises(10 000 yuan)			
联营企业(万元)	Joint Owned Enterprises(10 000 yuan)			
有限责任公司(万元)	Limited Company(10 000 yuan)	859245	945129	10.0
股份有限公司(万元)	Share Holding Limited Company(10 000 yuan)	2870	5212	81.6
私营企业(万元)	Privately Owned Enterprises(10 000 yuan)	152456	145823	-4.4
其他企业(万元)	Enterprises of Other Ownership(10 000 yuan)			
港澳台商投资企业(万元)	Funds from HK,Macao & Taiwan(10 000 yuan)			
外商投资企业(万元)	Foreign Funded Enterprises(10 000 yuan)	13032	11586	-11.1
工业企业增加值(万元)	Value Added of Industrial Enterprises(10 000 yuan)			11.4
工业企业资产总计(万元)	Total Assets of Industrial Enterprises(10 000 yuan)	568213	641880	13.0
工业企业负债合计(万元)	Total Liabilities of Industrial Enterprises(10 000 yuan)	366708	374446	2.1
工业企业产品销售收入(万元)	Sales of Revenue Industrial Enterprises(10 000 yuan)	1199067	1261129	5.2
工业企业利润总额(万元)	Total Profits of Industrial Enterprises(10 000 yuan)	33133	55302	66.9
建筑业	**Construction**			
建筑企业单位数(个)	Number of Construction Enterprises(unit)	5	5	0.0
建筑企业从业人员(人)	Number of Employee in Construction Enterprises(person)	756	452	-40.2
建筑业总产值(万元)	Gross Construction Output Value(10 000 yuan)	15163	7096	-53.2
交通运输邮电通信业	**Transportation,Post & Telecommunications**			
公路里程(公里)	Total Length of Highways(km)	1457	1459	0.1
邮电业务总量(万元)	Business Volume of Post & Telecoms(10 000 yuan)	13077	13535	3.5
本地电话用户(户)	Number of Subscribers of Local Telephone(Household)	17000	17000	0.0
国内贸易	**Domestic Trade**			
社会消费品零售总额(万元)	Total Retail Sales of Consumer Goods(10 000 yuan)	296338	325380	9.8
城镇(万元)	Town(10 000 yuan)	199840	227685	13.9
乡村(万元)	Village(10 000 yuan)	96498	97695	1.2
科技教育卫生	**Science,Education & Public Health**			
各类专业技术人员(人)	Special Technical Personnel(person)	5735	5156	-10.1
幼儿园数(所)	Number of Kindergartens(unit)	26	22	-15.4
学龄儿童入学率(%)	Percentage of School – Age Children Enrolled(%)	100.0	100.0	0.0
小学学校数(所)	Number of Primary Schools(unit)	16	16	0.0
小学专任教师数(人)	Number of Full – time Teachers of Primary Schools(person)	842	852	1.2
小学在校学生数(人)	Number of Student Enrollment of Primary Schools(person)	10855	10661	-1.8
普通中学学校数(所)	Number of Regular Secondary Schools(unit)	4	4	
普通中学专任教师数(人)	Number of Teachers of Secondary Shools(person)	732	720	-1.6
初中在校学生数(人)	Number of Student in Junior Secondary Schools(person)	5656	5719	1.1
高中在校学生数(人)	Number of Student in Senior Secondary Schools(person)	3598	3525	-2.0
卫生机构数(所)	Number of Health Institutions(unit)	35	35	0.0
#医院(所)	Hospitals(unit)	3	3	0.0
卫生院(所)	Township Hospitals(unit)	18	18	0.0
床位数(张)	Number of Beds(unit)	1185	1185	0.0
#医院(张)	Hospitals(unit)	888	888	0.0
卫生院(张)	Township Hospitals(unit)	267	267	0.0
卫生技术人员(人)	Medical Technical Presonnel(person)	1075	1112	3.4
#医院(人)	Hospitals(person)	687	724	5.4
卫生院(人)	Township Hospitals(person)	232	232	0.0

23－63 赤峰市克什克腾旗

指　标	Item	2015	2016	2016 年比上年增长% Increase Rate in 2016 Over 2015(%)
行政区域土地面积(平方公里)	**Area of Administration(Sq. km)**	**20673**	**20673**	**0.0**
人口和就业	**Population & Employment**			
年末户籍人口(人)	The Registered Population Year－end(person)	248809	249757	0.4
#男性(人)	Male(person)	126872	127309	0.3
#乡村人口(人)	Rural(person)	190077	191103	0.5
年末常住人口(人)	Permanet Resident Population Year－end(person)	199000	199400	0.2
#男性(人)	Male(person)			
年末总户数(户)	Total Number of Households at the Year－end(Household)	111312	110887	－0.4
#乡村户数(户)	Number of Rural Household(Household)	85038	84866	－0.2
出生人口(人)	Births(person)	1793	2294	27.9
死亡人口(人)	Deaths(person)	585	668	14.2
全社会就业人员(人)	Employment(person)	140954	140849	－0.1
第一产业(人)	Primary Industry(person)	80729	75832	－6.1
第二产业(人)	Secondary Industry(person)	17870	17660	－1.2
第三产业(人)	Tertiary Industry(person)	42355	42610	0.6
在岗职工人数(人)	Number of Staff & Workers Employed in(person)	15637	16482	5.4
乡村劳动力(人)	Number of Rural Laborers(person)	115621	110188	－4.7
#农林牧渔业(人)	Farming, Forestry, Animal Husbandry & Fishery(person)	77231	70747	－8.4
国民经济综合指标	**Summary Item on the National Economy**			
生产总值(万元)	Gross Domestic Product(10 000 yuan)	1471357	1579122	7.7
第一产业(万元)	Primary Industry(10 000 yuan)	179189	187464	3.6
第二产业(万元)	Secondary Industry(10 000 yuan)	938238	1016625	9.5
#工业(万元)	Industry(10 000 yuan)	841836	902058	8.3
第三产业(万元)	Tertiary Industry(10 000 yuan)	353930	375033	4.4
人均生产总值(元)	Per Capita GDP(yuan)	73697	79283	7.4
全社会固定资产投资(万元)	Total Investment in Fixed Assets(10 000 yuan)	820296	1237597	50.9
按登记注册类型分	Grouped by Registered Type			
#国有(万元)	State－owned Enterprises(10 000 yuan)	204914	768450	275.0
集体(万元)	Collective－owned Enterprises(10 000 yuan)			
有限责任公司(万元)	Limited Liability Corporations(10 000 yuan)	456337	368440	－19.3
股份有限公司(万元)	Share Holding Enterprises(10 000 yuan)	1407	9625	584.1
私营企业(万元)	Private Enterprises(10 000 yuan)	45229	89697	98.3
外商及港澳台投资企业(万元)	Funds from HK, Macao, Taiwan & Foreign(10 000 yuan)			
一般公共预算收入(万元)	General Public Budget Revenue(10 000 yuan)	75600	80500	6.5
一般公共预算支出(万元)	General Public Budget Expenditure(10 000 yuan)	256000	258902	1.1
住户存款余额(万元)	The balance of savings deposits of Households(10 000 yuan)	359277	438557	22.1
在岗职工工资总额(万元)	Total Wages of Staff & Workers Employed in(10 000 yuan)	77101	104215	35.2
在岗职工平均工资(元)	Average Wage of Staff & Workers Employed in(yuan)	50714	64002	26.2
全体居民人均可支配收入(元)	The per capita disposable income of all residents(yuan)	15331	16887	10.1
城镇常住居民人均可支配收入(元)	The per capita disposable income of urban permanent residents(yuan)	22796	24649	8.1
农村牧区常住居民人均可支配收入(元)	The per capita disposable income of permanent residents of rural and pastoral areas(yuan)	8702	9400	8.0
农村牧区经济	**Economic Development in Rural & Pastoral Area**			
农作物总播种面积(公顷)	Total Sown Area(hectare)	75597	84444	11.7
#粮食作物播种面积(公顷)	Sown Area of Grain Crops(hectare)	59473	59900	0.7
农牧业机械总动力(万千瓦)	Total Power of Agricultural Machinery(10 000 kw)	48.85	50.69	3.8
化肥施用折纯量(吨)	Consumption of Chemical Fertilizer(ton)	7299	7712	5.7
农村用电量(万千瓦小时)	Electricity Consumed in Rural Area(10 000 kwh)	3866	4429	14.6
农林牧渔业总产值(万元)	Gross Output of Farming, Forestry, Animal Husbandry & Fishery(10 000 yuan)	297894	317891	6.7
粮食产量(吨)	Yield of Grain(ton)	180000	167500	－6.9
油料产量(吨)	Yield of Oil－bearing Grops(ton)	8112	10378	27.9
甜菜产量(吨)	Yield of Beetroots(ton)	18835	32158	70.7
猪牛羊肉产量(吨)	Output of Pork, Beef & Mutton(ton)	15666	18530	18.3
#猪肉产量(吨)	Output of Pork(ton)	2555	2603	1.9
牛肉产量(吨)	Output of Beef(ton)	7144	7099	－0.6
羊肉产量(吨)	Output of Mutton(ton)	5967	7706	29.1
羊毛产量(吨)	Output of Wool(ton)	4253	4325	1.7

23 – 63 Keshiketeng Banner in Chifeng City

指　　标	Item	2015	2016	2016 年比上年增长% Increase Rate in 2016 Over 2015(%)
年末牲畜存栏头数(万头只)	Total Livestock at the Year – end(10 000 heads)	104.78	101.28	-3.3
#大牲畜(万头只)	Large Animals(10 000 heads)	20.36	20.89	2.6
羊(万只)	Sheep & Goats(10 000 heads)	80.51	76.89	-4.5
猪(万头)	Hogs(10 000 heads)	3.91	3.50	-10.5
规模以上工业	**Industrial Enterprises above Designated size**			
工业企业单位数(个)	Number of Industrial Enterprises(unit)	34	37	8.8
#内资企业(个)	Civil Funded Enterprises(unit)	34	37	8.8
工业总产值(万元)	Gross Industrial Output Value(10 000 yuan)	2116530	2482261	17.3
内资企业(万元)	Civil Funded Enterprises(10 000 yuan)	2116530	2482261	17.3
国有企业(万元)	State – owned Enterprises(10 000 yuan)	34404	34157	-0.7
集体企业(万元)	Collective – owned Enterprises(10 000 yuan)			
股份合作企业(万元)	Share Holding Enterprises(10 000 yuan)			
联营企业(万元)	Joint Owned Enterprises(10 000 yuan)			
有限责任公司(万元)	Limited Company(10 000 yuan)	1818053	2173166	19.5
股份有限公司(万元)	Share Holding Limited Company(10 000 yuan)	139502	145870	4.6
私营企业(万元)	Privately Owned Enterprises(10 000 yuan)	124571	129068	3.6
其他企业(万元)	Enterprises of Other Ownership(10 000 yuan)			
港澳台商投资企业(万元)	Funds from HK,Macao & Taiwan(10 000 yuan)			
外商投资企业(万元)	Foreign Funded Enterprises(10 000 yuan)			
工业企业增加值(万元)	Value Added of Industrial Enterprises(10 000 yuan)			9.5
工业企业资产总计(万元)	Total Assets of Industrial Enterprises(10 000 yuan)	1855535	4862730	162.1
工业企业负债合计(万元)	Total Liabilities of Industrial Enterprises(10 000 yuan)	1251096	3732931	198.4
工业企业产品销售收入(万元)	Sales of Revenue Industrial Enterprises(10 000 yuan)	2005463	2319352	15.7
工业企业利润总额(万元)	Total Profits of Industrial Enterprises(10 000 yuan)	132223	60160	-54.5
建筑业	**Construction**			
建筑企业单位数(个)	Number of Construction Enterprises(unit)	7	7	0.0
建筑企业从业人员(人)	Number of Employee in Construction Enterprises(person)	3015	1189	-60.6
建筑业总产值(万元)	Gross Construction Output Value(10 000 yuan)	74590	53376	-28.4
交通运输邮电通信业	**Transportation,Post & Telecommunications**			
公路里程(公里)	Total Length of Highways(km)	3516	3861	9.8
邮电业务总量(万元)	Business Volume of Post & Telecoms(10 000 yuan)	14996	15162	1.1
本地电话用户(户)	Number of Subscribers of Local Telephone(Household)	18000	18000	0.0
国内贸易	**Domestic Trade**			
社会消费品零售总额(万元)	Total Retail Sales of Consumer Goods(10 000 yuan)	299811	329493	9.9
城镇(万元)	Town(10 000 yuan)	229252	252636	10.2
乡村(万元)	Village(10 000 yuan)	70559	76857	8.9
科技教育卫生	**Science,Education & Public Health**			
各类专业技术人员(人)	Special Technical Personnel(person)	9033	9052	0.2
幼儿园数(所)	Number of Kindergartens(unit)	3	3	0.0
学龄儿童入学率(%)	Percentage of School – Age Children Enrolled(%)	100.0	100.0	0.0
小学学校数(所)	Number of Primary Schools(unit)	29	29	0.0
小学专任教师数(人)	Number of Full – time Teachers of Primary Schools(person)	1070	975	-8.9
小学在校学生数(人)	Number of Student Enrollment of Primary Schools(person)	9444	9549	1.1
普通中学学校数(所)	Number of Regular Secondary Schools(unit)	11	11	0.0
普通中学专任教师数(人)	Number of Teachers of Secondary Shools(person)	816	817	0.1
初中在校学生数(人)	Number of Student in Junior Secondary Schools(person)	5155	4980	-3.4
高中在校学生数(人)	Number of Student in Senior Secondary Schools(person)	4189	3661	-12.6
卫生机构数(所)	Number of Health Institutions(unit)	250	298	19.2
#医院(所)	Hospitals(unit)	2	3	50.0
卫生院(所)	Township Hospitals(unit)	21	21	0.0
床位数(张)	Number of Beds(unit)	1401	1310	-6.5
#医院(张)	Hospitals(unit)	678	800	18.0
卫生院(张)	Township Hospitals(unit)	435	454	4.4
卫生技术人员(人)	Medical Technical Presonnel(person)	1392	1417	1.8
#医院(人)	Hospitals(person)	628	653	4.0
卫生院(人)	Township Hospitals(person)	317	334	5.4

23－64 赤峰市翁牛特旗

指　标	Item	2015	2016	2016 年比上年增长% Increase Rate in 2016 Over 2015(%)
行政区域土地面积(平方公里)	**Area of Administration(Sq. km)**	**11882**	**11882**	**0.0**
人口和就业	**Population & Employment**			
年末户籍人口(人)	The Registered Population Year－end(person)	479772	481297	0.3
#男性(人)	Male(person)	249336	250083	0.3
#乡村人口(人)	Rural(person)	364995	366616	0.4
年末常住人口(人)	Permanet Resident Population Year－end(person)	417600	417800	0.1
#男性(人)	Male(person)			
年末总户数(户)	Total Number of Households at the Year－end(Household)	197849	198397	0.3
#乡村户数(户)	Number of Rural Household(Household)	129668	141420	9.1
出生人口(人)	Births(person)	3302	5035	52.5
死亡人口(人)	Deaths(person)	1299	1691	30.2
全社会就业人员(人)	Employment(person)	256188	256000	－0.1
第一产业(人)	Primary Industry(person)	169443	167500	－1.1
第二产业(人)	Secondary Industry(person)	42289	43500	2.9
第三产业(人)	Tertiary Industry(person)	44456	45000	1.2
在岗职工人数(人)	Number of Staff & Workers Employed in(person)	25290	27300	8.0
乡村劳动力(人)	Number of Rural Laborers(person)	238198	222817	－6.5
#农林牧渔业(人)	Farming, Forestry, Animal Husbandry & Fishery(person)	164873	150872	－8.5
国民经济综合指标	**Summary Item on the National Economy**			
生产总值(万元)	Gross Domestic Product(10 000 yuan)	1446499	1539689	6.7
第一产业(万元)	Primary Industry(10 000 yuan)	411695	431094	3.7
第二产业(万元)	Secondary Industry(10 000 yuan)	637786	676688	7.2
#工业(万元)	Industry(10 000 yuan)	533588	565607	7.2
第三产业(万元)	Tertiary Industry(10 000 yuan)	397018	431907	7.3
人均生产总值(元)	Per Capita GDP(yuan)	34589	36859	6.2
全社会固定资产投资(万元)	Total Investment in Fixed Assets(10 000 yuan)	1013690	1156147	14.1
按登记注册类型分	Grouped by Registered Type			
#国有(万元)	State－owned Enterprises(10 000 yuan)	401269	501113	25.0
集体(万元)	Collective－owned Enterprises(10 000 yuan)			
有限责任公司(万元)	Limited Liability Corporations(10 000 yuan)	69582	141070	103.0
股份有限公司(万元)	Share Holding Enterprises(10 000 yuan)	74447	6500	－91.3
私营企业(万元)	Private Enterprises(10 000 yuan)	375733	417453	11.1
外商及港澳台投资企业(万元)	Funds from HK, Macao, Taiwan & Foreign(10 000 yuan)	9888	25950	162.4
一般公共预算收入(万元)	General Public Budget Revenue(10 000 yuan)	42020	46981	11.8
一般公共预算支出(万元)	General Public Budget Expenditure(10 000 yuan)	324743	348196	7.2
住户存款余额(万元)	The balance of savings deposits of Households(10 000 yuan)	585306	635527	8.6
在岗职工工资总额(万元)	Total Wages of Staff & Workers Employed in(10 000 yuan)	133753	144249	7.8
在岗职工平均工资(元)	Average Wage of Staff & Workers Employed in(yuan)	52090	56389	8.3
全体居民人均可支配收入(元)	The per capita disposable income of all residents(yuan)	12863	13878	7.9
城镇常住居民人均可支配收入(元)	The per capita disposable income of urban permanent residents(yuan)	22169	23987	8.2
农村牧区常住居民人均可支配收入(元)	The per capita disposable income of permanent residents of rural and pastoral areas(yuan)	8050	8680	7.8
农村牧区经济	**Economic Development in Rural & Pastoral Area**			
农作物总播种面积(公顷)	Total Sown Area(hectare)	146820	157844	7.5
#粮食作物播种面积(公顷)	Sown Area of Grain Crops(hectare)	105113	110113	4.8
农牧业机械总动力(万千瓦)	Total Power of Agricultural Machinery(10 000 kw)	80.65	86.90	7.7
化肥施用折纯量(吨)	Consumption of Chemical Fertilizer(ton)	40549	42026	3.6
农村用电量(万千瓦小时)	Electricity Consumed in Rural Area(10 000 kwh)	16831	18595	10.5
农林牧渔业总产值(万元)	Gross Output of Farming, Forestry, Animal Husbandry & Fishery(10 000 yuan)	678941	727031	7.1
粮食产量(吨)	Yield of Grain(ton)	721507	700000	－3.0
油料产量(吨)	Yield of Oil－bearing Grops(ton)	52556	52190	－0.7
甜菜产量(吨)	Yield of Beetroots(ton)	183963	315224	71.4
猪牛羊肉产量(吨)	Output of Pork, Beef & Mutton(ton)	31690	34827	10.0
#猪肉产量(吨)	Output of Pork(ton)	12828	13071	1.9
牛肉产量(吨)	Output of Beef(ton)	10112	10481	3.6
羊肉产量(吨)	Output of Mutton(ton)	8750	11275	29.0
羊毛产量(吨)	Output of Wool(ton)	2557	2401	－6.1

23 - 64 Wengniute Banner in Chifeng City

指　　标	Item	2015	2016	2016 年比上年增长% Increase Rate in 2016 Over 2015(%)
年末牲畜存栏头数(万头只)	Total Livestock at the Year - end(10 000 heads)	135.75	130.54	-4.0
# 大牲畜(万头只)	Large Animals(10 000 heads)	24.92	24.01	-3.7
羊(万只)	Sheep & Goats(10 000 heads)	96.99	92.63	-4.5
猪(万头)	Hogs(10 000 heads)	13.84	13.90	0.4
规模以上工业	**Industrial Enterprises above Designated size**			
工业企业单位数(个)	Number of Industrial Enterprises(unit)	61	54	-11.5
# 内资企业(个)	Civil Funded Enterprises(unit)	61	53	-13.1
工业总产值(万元)	Gross Industrial Output Value(10 000 yuan)	2263894	2337891	3.3
内资企业(万元)	Civil Funded Enterprises(10 000 yuan)	2263894	2264142	0.01
国有企业(万元)	State - owned Enterprises(10 000 yuan)	33975	43104	27.0
集体企业(万元)	Collective - owned Enterprises(10 000 yuan)			
股份合作企业(万元)	Share Holding Enterprises(10 000 yuan)			
联营企业(万元)	Joint Owned Enterprises(10 000 yuan)			
有限责任公司(万元)	Limited Company(10 000 yuan)	1297756	1360141	4.8
股份有限公司(万元)	Share Holding Limited Company(10 000 yuan)	66966	8957	-86.6
私营企业(万元)	Privately Owned Enterprises(10 000 yuan)	865198	851940	-1.5
其他企业(万元)	Enterprises of Other Ownership(10 000 yuan)			
港澳台商投资企业(万元)	Funds from HK, Macao & Taiwan(10 000 yuan)		73748	
外商投资企业(万元)	Foreign Funded Enterprises(10 000 yuan)			
工业企业增加值(万元)	Value Added of Industrial Enterprises(10 000 yuan)			7.2
工业企业资产总计(万元)	Total Assets of Industrial Enterprises(10 000 yuan)	1088879	1102726	1.3
工业企业负债合计(万元)	Total Liabilities of Industrial Enterprises(10 000 yuan)	383428	408259	6.5
工业企业产品销售收入(万元)	Sales of Revenue Industrial Enterprises(10 000 yuan)	2272918	2317347	2.0
工业企业利润总额(万元)	Total Profits of Industrial Enterprises(10 000 yuan)	108821	92572	-15.0
建筑业	**Construction**			
建筑企业单位数(个)	Number of Construction Enterprises(unit)	8	9	12.5
建筑企业从业人员(人)	Number of Employee in Construction Enterprises(person)	3957	3380	-14.6
建筑业总产值(万元)	Gross Construction Output Value(10 000 yuan)	51183	38034	-25.7
交通运输邮电通信业	**Transportation, Post & Telecommunications**			
公路里程(公里)	Total Length of Highways(km)	3611	3621	0.3
邮电业务总量(万元)	Business Volume of Post & Telecoms(10 000 yuan)	18736	19000	1.4
本地电话用户(户)	Number of Subscribers of Local Telephone(Household)	17600	11000	-37.5
国内贸易	**Domestic Trade**			
社会消费品零售总额(万元)	Total Retail Sales of Consumer Goods(10 000 yuan)	403879	443459	9.8
城镇(万元)	Town(10 000 yuan)	244405	263942	8.0
乡村(万元)	Village(10 000 yuan)	159474	179517	12.6
科技教育卫生	**Science, Education & Public Health**			
各类专业技术人员(人)	Special Technical Personnel(person)	8650	8140	-6.0
幼儿园数(所)	Number of Kindergartens(unit)	51	57	11.8
学龄儿童入学率(%)	Percentage of School - Age Children Enrolled(%)	85.0	91.0	7.1
小学学校数(所)	Number of Primary Schools(unit)	40	33	-17.5
小学专任教师数(人)	Number of Full - time Teachers of Primary Schools(person)	2590	2478	-4.3
小学在校学生数(人)	Number of Student Enrollment of Primary Schools(person)	20988	20930	-0.3
普通中学学校数(所)	Number of Regular Secondary Schools(unit)	12	8	-33.3
普通中学专任教师数(人)	Number of Teachers of Secondary Shools(person)	1696	1355	-20.1
初中在校学生数(人)	Number of Student in Junior Secondary Schools(person)	9575	9690	1.2
高中在校学生数(人)	Number of Student in Senior Secondary Schools(person)	7153	6963	-2.6
卫生机构数(所)	Number of Health Institutions(unit)	296	431	45.6
# 医院(所)	Hospitals(unit)	2	2	0.0
卫生院(所)	Township Hospitals(unit)	28	28	0.0
床位数(张)	Number of Beds(unit)	1241	1089	-12.2
# 医院(张)	Hospitals(unit)	790	645	-18.4
卫生院(张)	Township Hospitals(unit)	426	399	-6.3
卫生技术人员(人)	Medical Technical Presonnel(person)	1474	1891	28.3
# 医院(人)	Hospitals(person)	676	754	11.5
卫生院(人)	Township Hospitals(person)	485	512	5.6

23-65 赤峰市喀喇沁旗

指　　标	Item	2015	2016	2016年比上年增长% Increase Rate in 2016 Over 2015(%)
行政区域土地面积(平方公里)	**Area of Administration(Sq. km)**	**3006**	**3006**	**0.0**
人口和就业	**Population & Employment**			
年末户籍人口(人)	The Registered Population Year-end(person)	350102	347452	-0.8
#男性(人)	Male(person)	182355	181142	-0.7
#乡村人口(人)	Rural(person)	296491	234751	-20.8
年末常住人口(人)	Permanet Resident Population Year-end(person)	275600	275900	0.1
#男性(人)	Male(person)			
年末总户数(户)	Total Number of Households at the Year-end(Household)	141774	142621	0.6
#乡村户数(户)	Number of Rural Household(Household)	118831	113985	-4.1
出生人口(人)	Births(person)	2886	3020	4.6
死亡人口(人)	Deaths(person)	1125	1348	19.8
全社会就业人员(人)	Employment(person)	185301	184460	-0.5
第一产业(人)	Primary Industry(person)	108612	107916	-0.6
第二产业(人)	Secondary Industry(person)	32721	33542	2.5
第三产业(人)	Tertiary Industry(person)	43968	43002	-2.2
在岗职工人数(人)	Number of Staff & Workers Employed in(person)	17403	16610	-4.6
乡村劳动力(人)	Number of Rural Laborers(person)	175515	171110	-2.5
#农林牧渔业(人)	Farming, Forestry, Animal Husbandry & Fishery(person)	108221	105665	-2.4
国民经济综合指标	**Summary Item on the National Economy**			
生产总值(万元)	Gross Domestic Product(10 000 yuan)	706436	756724	6.9
第一产业(万元)	Primary Industry(10 000 yuan)	130496	136343	3.7
第二产业(万元)	Secondary Industry(10 000 yuan)	290470	308942	7.3
#工业(万元)	Industry(10 000 yuan)	192865	204348	7.1
第三产业(万元)	Tertiary Industry(10 000 yuan)	285470	311438	8.1
人均生产总值(元)	Per Capita GDP(yuan)	25402	27442	6.9
全社会固定资产投资(万元)	Total Investment in Fixed Assets(10 000 yuan)	577447	665385	15.2
按登记注册类型分	Grouped by Registered Type			
#国有(万元)	State-owned Enterprises(10 000 yuan)	40390	225928	459.4
集体(万元)	Collective-owned Enterprises(10 000 yuan)	13600	13200	-2.9
有限责任公司(万元)	Limited Liability Corporations(10 000 yuan)	233755	166523	-28.8
股份有限公司(万元)	Share Holding Enterprises(10 000 yuan)		4500	
私营企业(万元)	Private Enterprises(10 000 yuan)	191236	189854	-0.7
外商及港澳台投资企业(万元)	Funds from HK, Macao, Taiwan & Foreign(10 000 yuan)			
一般公共预算收入(万元)	General Public Budget Revenue(10 000 yuan)	47610	47704	0.2
一般公共预算支出(万元)	General Public Budget Expenditure(10 000 yuan)	241494	239840	-0.7
住户存款余额(万元)	The balance of savings deposits of Households(10 000 yuan)	535121	681693	27.4
在岗职工工资总额(万元)	Total Wages of Staff & Workers Employed in(10 000 yuan)	101512	92628	-8.8
在岗职工平均工资(元)	Average Wage of Staff & Workers Employed in(yuan)	58330	55767	-4.4
全体居民人均可支配收入(元)	The per capita disposable income of all residents(yuan)	13938	15346	10.1
城镇常住居民人均可支配收入(元)	The per capita disposable income of urban permanent residents(yuan)	22335	24196	8.3
农村牧区常住居民人均可支配收入(元)	The per capita disposable income of permanent residents of rural and pastoral areas(yuan)	8696	9380	7.9
农村牧区经济	**Economic Development in Rural & Pastoral Area**			
农作物总播种面积(公顷)	Total Sown Area(hectare)	48540	52612	8.4
#粮食作物播种面积(公顷)	Sown Area of Grain Crops(hectare)	40677	41177	1.2
农牧业机械总动力(万千瓦)	Total Power of Agricultural Machinery(10 000 kw)	37.95	40.20	5.9
化肥施用折纯量(吨)	Consumption of Chemical Fertilizer(ton)	15902	18709	17.7
农村用电量(万千瓦小时)	Electricity Consumed in Rural Area(10 000 kwh)	4981	6282	
农林牧渔业总产值(万元)	Gross Output of Farming, Forestry, Animal Husbandry & Fishery(10 000 yuan)	218908	233600	6.7
粮食产量(吨)	Yield of Grain(ton)	316512	311000	-1.7
油料产量(吨)	Yield of Oil-bearing Grops(ton)	1650	2962	79.5
甜菜产量(吨)	Yield of Beetroots(ton)	550	3638	561.5
猪牛羊肉产量(吨)	Output of Pork, Beef & Mutton(ton)	19883	21158	6.4
#猪肉产量(吨)	Output of Pork(ton)	7470	7610	1.9
牛肉产量(吨)	Output of Beef(ton)	6880	6998	1.7
羊肉产量(吨)	Output of Mutton(ton)	5533	6550	18.4
羊毛产量(吨)	Output of Wool(ton)	1460	1365	-6.5

23 - 65 Kalaqin Banner in Chifeng City

指　　标	Item	2015	2016	2016年比上年增长% Increase Rate in 2016 Over 2015(%)
年末牲畜存栏头数(万头只)	Total Livestock at the Year - end(10 000 heads)	45.20	38.84	-14.1
#大牲畜(万头只)	Large Animals(10 000 heads)	9.76	8.16	-16.4
羊(万只)	Sheep & Goats(10 000 heads)	29.10	25.67	-11.8
猪(万头)	Hogs(10 000 heads)	6.34	5.01	-21.0
规模以上工业	**Industrial Enterprises above Designated size**			
工业企业单位数(个)	Number of Industrial Enterprises(unit)	16	14	-12.5
#内资企业(个)	Civil Funded Enterprises(unit)	16	14	-12.5
工业总产值(万元)	Gross Industrial Output Value(10 000 yuan)	733645	672402	-8.3
内资企业(万元)	Civil Funded Enterprises(10 000 yuan)	733645	672402	-8.3
国有企业(万元)	State - owned Enterprises(10 000 yuan)	27177	32063	18.0
集体企业(万元)	Collective - owned Enterprises(10 000 yuan)			
股份合作企业(万元)	Share Holding Enterprises(10 000 yuan)			
联营企业(万元)	Joint Owned Enterprises(10 000 yuan)			
有限责任公司(万元)	Limited Company(10 000 yuan)	691597	653149	-5.6
股份有限公司(万元)	Share Holding Limited Company(10 000 yuan)			
私营企业(万元)	Privately Owned Enterprises(10 000 yuan)	14870	19253	29.5
其他企业(万元)	Enterprises of Other Ownership(10 000 yuan)			
港澳台商投资企业(万元)	Funds from HK, Macao & Taiwan(10 000 yuan)			
外商投资企业(万元)	Foreign Funded Enterprises(10 000 yuan)			
工业企业增加值(万元)	Value Added of Industrial Enterprises(10 000 yuan)			7.2
工业企业资产总计(万元)	Total Assets of Industrial Enterprises(10 000 yuan)	533462	485438	-9.0
工业企业负债合计(万元)	Total Liabilities of Industrial Enterprises(10 000 yuan)	289624	233892	-19.2
工业企业产品销售收入(万元)	Sales of Revenue Industrial Enterprises(10 000 yuan)	713342	668383	-6.3
工业企业利润总额(万元)	Total Profits of Industrial Enterprises(10 000 yuan)	7193	22088	207.1
建筑业	**Construction**			
建筑企业单位数(个)	Number of Construction Enterprises(unit)	16	16	
建筑企业从业人员(人)	Number of Employee in Construction Enterprises(person)	4077	3711	-9.0
建筑业总产值(万元)	Gross Construction Output Value(10 000 yuan)	76583	75727	-1.1
交通运输邮电通信业	**Transportation, Post & Telecommunications**			
公路里程(公里)	Total Length of Highways(km)	1348	1372	1.8
邮电业务总量(万元)	Business Volume of Post & Telecoms(10 000 yuan)	17414	17725	1.8
本地电话用户(户)	Number of Subscribers of Local Telephone(Household)	20800	18835	-9.4
国内贸易	**Domestic Trade**			
社会消费品零售总额(万元)	Total Retail Sales of Consumer Goods(10 000 yuan)	288396	317235	10.0
城镇(万元)	Town(10 000 yuan)	196300	135665	-30.9
乡村(万元)	Village(10 000 yuan)	92095	181570	97.2
科技教育卫生	**Science, Education & Public Health**			
各类专业技术人员(人)	Special Technical Personnel(person)	6547	6594	0.7
幼儿园数(所)	Number of Kindergartens(unit)	82	36	-56.1
学龄儿童入学率(%)	Percentage of School - Age Children Enrolled(%)	100.0	100.0	0.0
小学学校数(所)	Number of Primary Schools(unit)	36	32	-11.1
小学专任教师数(人)	Number of Full - time Teachers of Primary Schools(person)	1466	1680	14.6
小学在校学生数(人)	Number of Student Enrollment of Primary Schools(person)	18481	18421	-0.3
普通中学学校数(所)	Number of Regular Secondary Schools(unit)	9	9	0.0
普通中学专任教师数(人)	Number of Teachers of Secondary Shools(person)	1461	1223	-16.3
初中在校学生数(人)	Number of Student in Junior Secondary Schools(person)	8246	8317	0.9
高中在校学生数(人)	Number of Student in Senior Secondary Schools(person)	6503	6126	0.9
卫生机构数(所)	Number of Health Institutions(unit)	320	314	-1.9
#医院(所)	Hospitals(unit)	4	4	0.0
卫生院(所)	Township Hospitals(unit)	16	16	0.0
床位数(张)	Number of Beds(unit)	1140	1150	0.9
#医院(张)	Hospitals(unit)	690	658	-4.6
卫生院(张)	Township Hospitals(unit)	355	397	11.8
卫生技术人员(人)	Medical Technical Presonnel(person)	1090	1154	5.9
#医院(人)	Hospitals(person)	439	408	-7.1
卫生院(人)	Township Hospitals(person)	321	328	2.2

23－66 赤峰市宁城县

指　　标	Item	2015	2016	2016年比上年增长% Increase Rate in 2016 Over 2015(%)
行政区域土地面积(平方公里)	**Area of Administration(Sq. km)**	**4305**	**4305**	**0.0**
人口和就业	**Population & Employment**			
年末户籍人口(人)	The Registered Population Year－end(person)	615834	614562	－0.2
#男性(人)	Male(person)	322566	322146	－0.1
#乡村人口(人)	Rural(person)	495178	459962	－7.1
年末常住人口(人)	Permanet Resident Population Year－end(person)	531100	532300	0.2
#男性(人)	Male(person)			
年末总户数(户)	Total Number of Households at the Year－end(Household)	222831	223292	0.2
#乡村户数(户)	Number of Rural Household(Household)	160149	162215	1.3
出生人口(人)	Births(person)	4815	5993	24.5
死亡人口(人)	Deaths(person)	1272	2203	73.2
全社会就业人员(人)	Employment(person)	303250	301755	－0.5
第一产业(人)	Primary Industry(person)	190859	191648	0.4
第二产业(人)	Secondary Industry(person)	59286	58215	－1.8
第三产业(人)	Tertiary Industry(person)	53105	51892	－2.3
在岗职工人数(人)	Number of Staff & Workers Employed in(person)	27860	27849	0.0
乡村劳动力(人)	Number of Rural Laborers(person)	319581	317280	－0.7
#农林牧渔业(人)	Farming, Forestry, Animal Husbandry & Fishery(person)	191067	191417	0.2
国民经济综合指标	**Summary Item on the National Economy**			
生产总值(万元)	Gross Domestic Product(10 000 yuan)	1677784	1826569	7.4
第一产业(万元)	Primary Industry(10 000 yuan)	334529	368954	3.7
第二产业(万元)	Secondary Industry(10 000 yuan)	709331	762105	8.5
#工业(万元)	Industry(10 000 yuan)	593967	637645	8.5
第三产业(万元)	Tertiary Industry(10 000 yuan)	633923	695509	8.1
人均生产总值(元)	Per Capita GDP(yuan)	31555	34353	7.3
全社会固定资产投资(万元)	Total Investment in Fixed Assets(10 000 yuan)	934692	1091409	16.8
按登记注册类型分	Grouped by Registered Type			
#国有(万元)	State－owned Enterprises(10 000 yuan)	37913	31489	－16.9
集体(万元)	Collective－owned Enterprises(10 000 yuan)	800	365493	45586.6
有限责任公司(万元)	Limited Liability Corporations(10 000 yuan)	787966	679241	－13.8
股份有限公司(万元)	Share Holding Enterprises(10 000 yuan)			
私营企业(万元)	Private Enterprises(10 000 yuan)	55713	15186	－72.7
外商及港澳台投资企业(万元)	Funds from HK, Macao, Taiwan & Foreign(10 000 yuan)	52300		
一般公共预算收入(万元)	General Public Budget Revenue(10 000 yuan)	66850	71200	6.5
一般公共预算支出(万元)	General Public Budget Expenditure(10 000 yuan)	348186	353187	1.4
住户存款余额(万元)	The balance of savings deposits of Households(10 000 yuan)	1168761	1245712	6.6
在岗职工工资总额(万元)	Total Wages of Staff & Workers Employed in(10 000 yuan)	150706	160612	6.6
在岗职工平均工资(元)	Average Wage of Staff & Workers Employed in(yuan)	52824	58197	10.2
全体居民人均可支配收入(元)	The per capita disposable income of all residents(yuan)	12333	13486	9.3
城镇常住居民人均可支配收入(元)	The per capita disposable income of urban permanent residents(yuan)	24341	26459	8.7
农村牧区常住居民人均可支配收入(元)	The per capita disposable income of permanent residents of rural and pastoral areas(yuan)	8510	9216	8.3
农村牧区经济	**Economic Development in Rural & Pastoral Area**			
农作物总播种面积(公顷)	Total Sown Area(hectare)	108049	117292	8.6
#粮食作物播种面积(公顷)	Sown Area of Grain Crops(hectare)	86851	88351	1.7
农牧业机械总动力(万千瓦)	Total Power of Agricultural Machinery(10 000 kw)	55.90	60.68	8.6
化肥施用折纯量(吨)	Consumption of Chemical Fertilizer(ton)	35267	44260	25.5
农村用电量(万千瓦小时)	Electricity Consumed in Rural Area(10 000 kwh)	60265	57385	－4.8
农林牧渔业总产值(万元)	Gross Output of Farming, Forestry, Animal Husbandry & Fishery(10 000 yuan)	553510	630988	14.0
粮食产量(吨)	Yield of Grain(ton)	753584	750500	－0.4
油料产量(吨)	Yield of Oil－bearing Grops(ton)	1050	1220	16.2
甜菜产量(吨)	Yield of Beetroots(ton)	10700	16760	56.6
猪牛羊肉产量(吨)	Output of Pork, Beef & Mutton(ton)	26701	29001	8.6
#猪肉产量(吨)	Output of Pork(ton)	9860	9548	－3.2
牛肉产量(吨)	Output of Beef(ton)	12241	13283	8.5
羊肉产量(吨)	Output of Mutton(ton)	4600	6170	34.1
羊毛产量(吨)	Output of Wool(ton)	1405	1542	9.8

23 – 66 Ningcheng County in Chifeng City

指 标	Item	2015	2016	2016 年比上年增长% Increase Rate in 2016 Over 2015(%)
年末牲畜存栏头数(万头只)	Total Livestock at the Year – end(10 000 heads)	49.46	48.29	-2.4
# 大牲畜(万头只)	Large Animals(10 000 heads)	18.95	18.50	-2.4
羊(万只)	Sheep & Goats(10 000 heads)	21.03	20.09	-4.5
猪(万头)	Hogs(10 000 heads)	9.48	9.70	2.3
规模以上工业	**Industrial Enterprises above Designated size**			
工业企业单位数(个)	Number of Industrial Enterprises(unit)	70	62	-11.4
# 内资企业(个)	Civil Funded Enterprises(unit)	70	62	-11.4
工业总产值(万元)	Gross Industrial Output Value(10 000 yuan)	1909571	1894792	-0.8
内资企业(万元)	Civil Funded Enterprises(10 000 yuan)	1909571	1894792	-0.8
国有企业(万元)	State – owned Enterprises(10 000 yuan)	48398	37976	-21.5
集体企业(万元)	Collective – owned Enterprises(10 000 yuan)	50023	52570	5.1
股份合作企业(万元)	Share Holding Enterprises(10 000 yuan)			
联营企业(万元)	Joint Owned Enterprises(10 000 yuan)			
有限责任公司(万元)	Limited Company(10 000 yuan)	835593	862926	3.3
股份有限公司(万元)	Share Holding Limited Company(10 000 yuan)	110292	130481	18.3
私营企业(万元)	Privately Owned Enterprises(10 000 yuan)	865265	810838	-6.3
其他企业(万元)	Enterprises of Other Ownership(10 000 yuan)			
港澳台商投资企业(万元)	Funds from HK, Macao & Taiwan(10 000 yuan)			
外商投资企业(万元)	Foreign Funded Enterprises(10 000 yuan)			
工业企业增加值(万元)	Value Added of Industrial Enterprises(10 000 yuan)			8.6
工业企业资产总计(万元)	Total Assets of Industrial Enterprises(10 000 yuan)	994593	988553	-0.6
工业企业负债合计(万元)	Total Liabilities of Industrial Enterprises(10 000 yuan)	752560	754388	0.2
工业企业产品销售收入(万元)	Sales of Revenue Industrial Enterprises(10 000 yuan)	1781236	1821365	2.3
工业企业利润总额(万元)	Total Profits of Industrial Enterprises(10 000 yuan)	1480	8796	494.3
建筑业	**Construction**			
建筑企业单位数(个)	Number of Construction Enterprises(unit)	16	15	-6.3
建筑企业从业人员(人)	Number of Employee in Construction Enterprises(person)	5470	4934	-9.8
建筑业总产值(万元)	Gross Construction Output Value(10 000 yuan)	176537	158832	-10.0
交通运输邮电通信业	**Transportation, Post & Telecommunications**			
公路里程(公里)	Total Length of Highways(km)	2092	2092	0.0
邮电业务总量(万元)	Business Volume of Post & Telecoms(10 000 yuan)	32141	35081	9.1
本地电话用户(户)	Number of Subscribers of Local Telephone(Household)	59000	58000	-1.7
国内贸易	**Domestic Trade**			
社会消费品零售总额(万元)	Total Retail Sales of Consumer Goods(10 000 yuan)	578570	635849	9.9
城镇(万元)	Town(10 000 yuan)	450529	496347	10.2
乡村(万元)	Village(10 000 yuan)	128041	139502	9.0
科技教育卫生	**Science, Education & Public Health**			
各类专业技术人员(人)	Special Technical Personnel(person)	20689	21200	2.5
幼儿园数(所)	Number of Kindergartens(unit)	103	110	6.8
学龄儿童入学率(%)	Percentage of School – Age Children Enrolled(%)	100.0	100.0	0.0
小学学校数(所)	Number of Primary Schools(unit)	56	53	-5.4
小学专任教师数(人)	Number of Full – time Teachers of Primary Schools(person)	2122	2236	5.4
小学在校学生数(人)	Number of Student Enrollment of Primary Schools(person)	35179	35981	2.3
普通中学学校数(所)	Number of Regular Secondary Schools(unit)	14	14	0.0
普通中学专任教师数(人)	Number of Teachers of Secondary Shools(person)	2366	1867	-21.1
初中在校学生数(人)	Number of Student in Junior Secondary Schools(person)	14054	14486	3.1
高中在校学生数(人)	Number of Student in Senior Secondary Schools(person)	9622	9572	-0.5
卫生机构数(所)	Number of Health Institutions(unit)	585	559	-4.4
# 医院(所)	Hospitals(unit)	8	8	0.0
卫生院(所)	Township Hospitals(unit)	27	27	0.0
床位数(张)	Number of Beds(unit)	2754	2858	3.8
# 医院(张)	Hospitals(unit)	2614	2718	4.0
卫生院(张)	Township Hospitals(unit)	140	140	0.0
卫生技术人员(人)	Medical Technical Presonnel(person)	2814	2900	3.1
# 医院(人)	Hospitals(person)	2236	2320	3.8
卫生院(人)	Township Hospitals(person)	578	580	0.3

23－67 赤峰市敖汉旗

指　　标	Item	2015	2016	2016 年比上年增长% Increase Rate in 2016 Over 2015(%)
行政区域土地面积(平方公里)	**Area of Administration(Sq. km)**	**8294**	**8294**	**0.0**
人口和就业	**Population & Employment**			
年末户籍人口(人)	The Registered Population Year－end(person)	609083	609451	0.1
#男性(人)	Male(person)	317473	317673	0.1
#乡村人口(人)	Rural(person)	494459	533767	7.9
年末常住人口(人)	Permanet Resident Population Year－end(person)	529900	530400	0.1
#男性(人)	Male(person)			
年末总户数(户)	Total Number of Households at the Year－end(Household)	243651	246238	1.1
#乡村户数(户)	Number of Rural Household(Household)	195044	217963	11.8
出生人口(人)	Births(person)	5495	6216	13.1
死亡人口(人)	Deaths(person)	1359	2064	51.9
全社会就业人员(人)	Employment(person)	322406	317459	－1.5
第一产业(人)	Primary Industry(person)	213602	215703	1.0
第二产业(人)	Secondary Industry(person)	56455	56353	－0.2
第三产业(人)	Tertiary Industry(person)	52349	39445	－24.6
在岗职工人数(人)	Number of Staff & Workers Employed in(person)	20054	20894	4.2
乡村劳动力(人)	Number of Rural Laborers(person)	322406	317459	－1.5
#农林牧渔业(人)	Farming, Forestry, Animal Husbandry & Fishery(person)	213602	215703	1.0
国民经济综合指标	**Summary Item on the National Economy**			
生产总值(万元)	Gross Domestic Product(10 000 yuan)	1639872	1768574	7.4
第一产业(万元)	Primary Industry(10 000 yuan)	409596	431540	3.7
第二产业(万元)	Secondary Industry(10 000 yuan)	698059	747986	8.2
#工业(万元)	Industry(10 000 yuan)	598121	641413	8.4
第三产业(万元)	Tertiary Industry(10 000 yuan)	532217	589048	8.7
人均生产总值(元)	Per Capita GDP(yuan)	30915	33360	7.4
全社会固定资产投资(万元)	Total Investment in Fixed Assets(10 000 yuan)	1083862	1236938	14.1
按登记注册类型分	Grouped by Registered Type			
#国有(万元)	State－owned Enterprises(10 000 yuan)	505118	944233	86.9
集体(万元)	Collective－owned Enterprises(10 000 yuan)	2500		
有限责任公司(万元)	Limited Liability Corporations(10 000 yuan)	112337	29323	－73.9
股份有限公司(万元)	Share Holding Enterprises(10 000 yuan)		35920	
私营企业(万元)	Private Enterprises(10 000 yuan)	177024	198493	12.1
外商及港澳台投资企业(万元)	Funds from HK, Macao, Taiwan & Foreign(10 000 yuan)			
一般公共预算收入(万元)	General Public Budget Revenue(10 000 yuan)	55800	59600	6.8
一般公共预算支出(万元)	General Public Budget Expenditure(10 000 yuan)	353612	356049	0.7
住户存款余额(万元)	The balance of savings deposits of Households(10 000 yuan)	786690	896178	13.9
在岗职工工资总额(万元)	Total Wages of Staff & Workers Employed in(10 000 yuan)	114449	125357	9.5
在岗职工平均工资(元)	Average Wage of Staff & Workers Employed in(yuan)	57070	59952	5.0
全体居民人均可支配收入(元)	The per capita disposable income of all residents(yuan)	11963	12988	8.6
城镇常住居民人均可支配收入(元)	The per capita disposable income of urban permanent residents(yuan)	22328	24195	8.4
农村牧区常住居民人均可支配收入(元)	The per capita disposable income of permanent residents of rural and pastoral areas(yuan)	8692	9394	8.1
农村牧区经济	**Economic Development in Rural & Pastoral Area**			
农作物总播种面积(公顷)	Total Sown Area(hectare)	192361	193958	0.8
#粮食作物播种面积(公顷)	Sown Area of Grain Crops(hectare)	174460	175948	0.9
农牧业机械总动力(万千瓦)	Total Power of Agricultural Machinery(10 000 kw)	86.72	87.62	1.0
化肥施用折纯量(吨)	Consumption of Chemical Fertilizer(ton)	117270	119500	1.9
农村用电量(万千瓦小时)	Electricity Consumed in Rural Area(10 000 kwh)	57962	60408	4.2
农林牧渔业总产值(万元)	Gross Output of Farming, Forestry, Animal Husbandry & Fishery(10 000 yuan)	678845	728166	7.3
粮食产量(吨)	Yield of Grain(ton)	783221	760500	－2.9
油料产量(吨)	Yield of Oil－bearing Grops(ton)	10611	11448	7.9
甜菜产量(吨)	Yield of Beetroots(ton)	110404	110418	0.0
猪牛羊肉产量(吨)	Output of Pork, Beef & Mutton(ton)	50159	51077	1.8
#猪肉产量(吨)	Output of Pork(ton)	29291	29845	1.9
牛肉产量(吨)	Output of Beef(ton)	6215	6326	1.8
羊肉产量(吨)	Output of Mutton(ton)	14653	14906	1.7
羊毛产量(吨)	Output of Wool(ton)	5355	5398	0.8

23 – 67 Aohan Banner in Chifeng City

指　标	Item	2015	2016	2016 年比上年增长% Increase Rate in 2016 Over 2015(%)
年末牲畜存栏头数(万头只)	Total Livestock at the Year end(10 000 heads)	146.16	143.04	-2.1
#大牲畜(万头只)	Large Animals(10 000 heads)	30.94	31.12	0.6
羊(万只)	Sheep & Goats(10 000 heads)	88.10	84.15	-4.5
猪(万头)	Hogs(10 000 heads)	27.12	27.77	2.4
规模以上工业	**Industrial Enterprises above Designated size**			
工业企业单位数(个)	Number of Industrial Enterprises(unit)	59	55	-6.8
#内资企业(个)	Civil Funded Enterprises(unit)	59	55	-6.8
工业总产值(万元)	Gross Industrial Output Value(10 000 yuan)	778371	812711	4.4
内资企业(万元)	Civil Funded Enterprises(10 000 yuan)	778371	812711	4.4
国有企业(万元)	State – owned Enterprises(10 000 yuan)	33447	35202	5.2
集体企业(万元)	Collective – owned Enterprises(10 000 yuan)			
股份合作企业(万元)	Share Holding Enterprises(10 000 yuan)			
联营企业(万元)	Joint Owned Enterprises(10 000 yuan)			
有限责任公司(万元)	Limited Company(10 000 yuan)	147626	160188	8.5
股份有限公司(万元)	Share Holding Limited Company(10 000 yuan)	70326	93343	32.7
私营企业(万元)	Privately Owned Enterprises(10 000 yuan)	525852	523978	-0.4
其他企业(万元)	Enterprises of Other Ownership(10 000 yuan)	1120		
港澳台商投资企业(万元)	Funds from HK, Macao & Taiwan(10 000 yuan)			
外商投资企业(万元)	Foreign Funded Enterprises(10 000 yuan)			
工业企业增加值(万元)	Value Added of Industrial Enterprises(10 000 yuan)			8.9
工业企业资产总计(万元)	Total Assets of Industrial Enterprises(10 000 yuan)	673480	714310	6.1
工业企业负债合计(万元)	Total Liabilities of Industrial Enterprises(10 000 yuan)	478716	466406	-2.6
工业企业产品销售收入(万元)	Sales of Revenue Industrial Enterprises(10 000 yuan)	655024	709805	8.4
工业企业利润总额(万元)	Total Profits of Industrial Enterprises(10 000 yuan)	11763	18995	61.5
建筑业	**Construction**			
建筑企业单位数(个)	Number of Construction Enterprises(unit)	8	8	0.0
建筑企业从业人员(人)	Number of Employee in Construction Enterprises(person)	3158	3224	2.1
建筑业总产值(万元)	Gross Construction Output Value(10 000 yuan)	57155	55807	-2.4
交通运输邮电通信业	**Transportation, Post & Telecommunications**			
公路里程(公里)	Total Length of Highways(km)	2733	2733	0.0
邮电业务总量(万元)	Business Volume of Post & Telecoms(10 000 yuan)	28804	29782	3.4
本地电话用户(户)	Number of Subscribers of Local Telephone(Household)	137689	133112	-3.3
国内贸易	**Domestic Trade**			
社会消费品零售总额(万元)	Total Retail Sales of Consumer Goods(10 000 yuan)	426376	468161	9.8
城镇(万元)	Town(10 000 yuan)	395255	433990	9.8
乡村(万元)	Village(10 000 yuan)	31121	34171	9.8
科技教育卫生	**Science, Education & Public Health**			
各类专业技术人员(人)	Special Technical Personnel(person)	9013	9018	0.1
幼儿园数(所)	Number of Kindergartens(unit)	101	101	0.0
学龄儿童入学率(%)	Percentage of School – Age Children Enrolled(%)	100.0	100.0	0.0
小学学校数(所)	Number of Primary Schools(unit)	45	42	-6.7
小学专任教师数(人)	Number of Full – time Teachers of Primary Schools(person)	2209	2112	-4.4
小学在校学生数(人)	Number of Student Enrollment of Primary Schools(person)	31977	31998	0.1
普通中学学校数(所)	Number of Regular Secondary Schools(unit)	29	24	-17.2
普通中学专任教师数(人)	Number of Teachers of Secondary Shools(person)	2280	2238	-1.8
初中在校学生数(人)	Number of Student in Junior Secondary Schools(person)	14652	15089	3.0
高中在校学生数(人)	Number of Student in Senior Secondary Schools(person)	10566	9267	-12.3
卫生机构数(所)	Number of Health Institutions(unit)	35	43	22.9
#医院(所)	Hospitals(unit)	2	9	350.0
卫生院(所)	Township Hospitals(unit)	29	31	6.9
床位数(张)	Number of Beds(unit)	2170	2724	25.5
#医院(张)	Hospitals(unit)	1100	1520	38.2
卫生院(张)	Township Hospitals(unit)	990	1084	9.5
卫生技术人员(人)	Medical Technical Presonnel(person)	1563	1824	16.7
#医院(人)	Hospitals(person)	862	1040	20.6
卫生院(人)	Township Hospitals(person)	572	610	6.6

23－68 锡林郭勒盟二连浩特市

指　标	Item	2015	2016	2016 年比上年增长% Increase Rate in 2016 Over 2015(%)
行政区域土地面积(平方公里)	**Area of Administration(Sq. km)**	**4015**	**4015**	**0.0**
人口和就业	**Population & Employment**			
年末户籍人口(人)	The Registered Population Year－end(person)	30833	32189	4.4
#男性(人)	Male(person)	15489	16098	3.9
#乡村人口(人)	Rural(person)	1894	1923	1.5
年末常住人口(人)	Permanet Resident Population Year－end(person)	72500	73000	0.7
#男性(人)	Male(person)	31527	31744	0.7
年末总户数(户)	Total Number of Households at the Year－end(Household)	11835	12651	6.9
#乡村户数(户)	Number of Rural Household(Household)	832	886	6.5
出生人口(人)	Births(person)	341	369	8.2
死亡人口(人)	Deaths(person)	58	71	22.4
全社会就业人员(人)	Employment(person)	36233	37790	4.3
第一产业(人)	Primary Industry(person)	1060	1031	－2.7
第二产业(人)	Secondary Industry(person)	4616	4884	5.8
第三产业(人)	Tertiary Industry(person)	30557	31875	4.3
在岗职工人数(人)	Number of Staff & Workers Employed in(person)	7306	7350	0.6
乡村劳动力(人)	Number of Rural Laborers(person)	1393	1352	－2.9
#农林牧渔业(人)	Farming,Forestry,Animal Husbandry & Fishery(person)	1060	1031	－2.7
国民经济综合指标	**Summary Item on the National Economy**			
生产总值(万元)	Gross Domestic Product(10 000 yuan)	1007308	1096575	9.9
第一产业(万元)	Primary Industry(10 000 yuan)	6276	7054	3.1
第二产业(万元)	Secondary Industry(10 000 yuan)	357991	381770	11.1
#工业(万元)	Industry(10 000 yuan)	312991	335770	12.3
第三产业(万元)	Tertiary Industry(10 000 yuan)	643041	707751	9.3
人均生产总值(元)	Per Capita GDP(yuan)	137610	150732	10.6
全社会固定资产投资(万元)	Total Investment in Fixed Assets(10 000 yuan)	388198	420827	8.4
按登记注册类型分	Grouped by Registered Type			
#国有(万元)	State－owned Enterprises(10 000 yuan)	106819	203026	90.1
集体(万元)	Collective－owned Enterprises(10 000 yuan)			
有限责任公司(万元)	Limited Liability Corporations(10 000 yuan)	5000	30792	515.8
股份有限公司(万元)	Share Holding Enterprises(10 000 yuan)		25399	
私营企业(万元)	Private Enterprises(10 000 yuan)	276379	161610	－41.5
外商及港澳台投资企业(万元)	Funds from HK,Macao,Taiwan & Foreign(10 000 yuan)			
一般公共预算收入(万元)	General Public Budget Revenue(10 000 yuan)	52023	58101	11.7
一般公共预算支出(万元)	General Public Budget Expenditure(10 000 yuan)	164813	194987	18.3
住户存款余额(万元)	The balance of savings deposits of Households(10 000 yuan)	413508	451122	9.1
在岗职工工资总额(万元)	Total Wages of Staff & Workers Employed in(10 000 yuan)	50897	52009	2.2
在岗职工平均工资(元)	Average Wage of Staff & Workers Employed in(yuan)	70631	70866	0.3
全体居民人均可支配收入(元)	The per capita disposable income of all residents(yuan)	38299	41210	7.6
城镇常住居民人均可支配收入(元)	The per capita disposable income of urban permanent residents(yuan)	38299	41210	7.6
农村牧区常住居民人均可支配收入(元)	The per capita disposable income of permanent residents of rural and pastoral areas(yuan)			
农村牧区经济	**Economic Development in Rural & Pastoral Area**			
农作物总播种面积(公顷)	Total Sown Area(hectare)	226	66	－70.8
#粮食作物播种面积(公顷)	Sown Area of Grain Crops(hectare)			
农牧业机械总动力(万千瓦)	Total Power of Agricultural Machinery(10 000 kw)			
化肥施用折纯量(吨)	Consumption of Chemical Fertilizer(ton)	100	105	5.0
农村用电量(万千瓦小时)	Electricity Consumed in Rural Area(10 000 kwh)	696	798	14.7
农林牧渔业总产值(万元)	Gross Output of Farming,Forestry,Animal Husbandry & Fishery(10 000 yuan)	10252	11167	4.1
粮食产量(吨)	Yield of Grain(ton)			
油料产量(吨)	Yield of Oil－bearing Grops(ton)			
甜菜产量(吨)	Yield of Beetroots(ton)			
猪牛羊肉产量(吨)	Output of Pork, Beef & Mutton(ton)	1511	1280	－15.3
#猪肉产量(吨)	Output of Pork(ton)	23	23	0.0
牛肉产量(吨)	Output of Beef(ton)	739	305	－58.7
羊肉产量(吨)	Output of Mutton(ton)	749	952	27.1
羊毛产量(吨)	Output of Wool(ton)			

23 – 68 Erlianhaote City in Xilinguole League

指　　标	Item	2015	2016	2016 年比上年增长% Increase Rate in 2016 Over 2015(%)
年末牲畜存栏头数(万头只)	Total Livestock at the Year – end(10 000 heads)	4.32	5.41	25.2
# 大牲畜(万头只)	Large Animals(10 000 heads)	0.60	0.59	-1.7
羊(万只)	Sheep & Goats(10 000 heads)	3.72	4.83	29.8
猪(万头)	Hogs(10 000 heads)			
规模以上工业	**Industrial Enterprises above Designated size**			
工业企业单位数(个)	Number of Industrial Enterprises(unit)	34	32	-5.9
# 内资企业(个)	Civil Funded Enterprises(unit)	34	32	-5.9
工业总产值(万元)	Gross Industrial Output Value(10 000 yuan)	708883	774588	9.3
内资企业(万元)	Civil Funded Enterprises(10 000 yuan)	708883	774588	9.3
国有企业(万元)	State – owned Enterprises(10 000 yuan)	42364	42530	0.4
集体企业(万元)	Collective – owned Enterprises(10 000 yuan)			
股份合作企业(万元)	Share Holding Enterprises(10 000 yuan)			
联营企业(万元)	Joint Owned Enterprises(10 000 yuan)			
有限责任公司(万元)	Limited Company(10 000 yuan)	85785	104852	22.2
股份有限公司(万元)	Share Holding Limited Company(10 000 yuan)			
私营企业(万元)	Privately Owned Enterprises(10 000 yuan)	580734	627206	8.0
其他企业(万元)	Enterprises of Other Ownership(10 000 yuan)			
港澳台商投资企业(万元)	Funds from HK, Macao & Taiwan(10 000 yuan)			
外商投资企业(万元)	Foreign Funded Enterprises(10 000 yuan)			
工业企业增加值(万元)	Value Added of Industrial Enterprises(10 000 yuan)			13.7
工业企业资产总计(万元)	Total Assets of Industrial Enterprises(10 000 yuan)	455740	405909	-10.9
工业企业负债合计(万元)	Total Liabilities of Industrial Enterprises(10 000 yuan)	330971	290385	-12.3
工业企业产品销售收入(万元)	Sales of Revenue Industrial Enterprises(10 000 yuan)	414820	398938	-3.8
工业企业利润总额(万元)	Total Profits of Industrial Enterprises(10 000 yuan)	31874	35862	12.5
建筑业	**Construction**			
建筑企业单位数(个)	Number of Construction Enterprises(unit)	2	2	0.0
建筑企业从业人员(人)	Number of Employee in Construction Enterprises(person)	300	160	-46.7
建筑业总产值(万元)	Gross Construction Output Value(10 000 yuan)	4760	2080	-56.3
交通运输邮电通信业	**Transportation, Post & Telecommunications**			
公路里程(公里)	Total Length of Highways(km)	400	371	-7.3
邮电业务总量(万元)	Business Volume of Post & Telecoms(10 000 yuan)	11219	10979	-2.1
本地电话用户(户)	Number of Subscribers of Local Telephone(Household)	85315	112852	32.3
国内贸易	**Domestic Trade**			
社会消费品零售总额(万元)	Total Retail Sales of Consumer Goods(10 000 yuan)	309105	337839	9.3
城镇(万元)	Town(10 000 yuan)	306014	334461	9.3
乡村(万元)	Village(10 000 yuan)	3091	3378	9.3
科技教育卫生	**Science, Education & Public Health**			
各类专业技术人员(人)	Special Technical Personnel(person)	1302	1269	-2.5
幼儿园数(所)	Number of Kindergartens(unit)	8	9	12.5
学龄儿童入学率(%)	Percentage of School – Age Children Enrolled(%)	100.0	100.0	0.0
小学学校数(所)	Number of Primary Schools(unit)	5	5	0.0
小学专任教师数(人)	Number of Full – time Teachers of Primary Schools(person)	308	345	12.0
小学在校学生数(人)	Number of Student Enrollment of Primary Schools(person)	5466	5477	0.2
普通中学学校数(所)	Number of Regular Secondary Schools(unit)	3	3	0.0
普通中学专任教师数(人)	Number of Teachers of Secondary Shools(person)	318	375	17.9
初中在校学生数(人)	Number of Student in Junior Secondary Schools(person)	2151	2122	-1.3
高中在校学生数(人)	Number of Student in Senior Secondary Schools(person)	1631	1699	4.2
卫生机构数(所)	Number of Health Institutions(unit)	58	56	-3.4
# 医院(所)	Hospitals(unit)	2	2	0.0
卫生院(所)	Township Hospitals(unit)	1	1	0.0
床位数(张)	Number of Beds(unit)	206	204	-1.0
# 医院(张)	Hospitals(unit)	184	184	0.0
卫生院(张)	Township Hospitals(unit)	2		
卫生技术人员(人)	Medical Technical Presonnel(person)	405	407	0.5
# 医院(人)	Hospitals(person)	219	209	-4.6
卫生院(人)	Township Hospitals(person)	6	6	0.0

23－69 锡林郭勒盟锡林浩特市

指　　标	Item	2015	2016	2016 年比上年增长% Increase Rate in 2016 Over 2015(%)
行政区域土地面积(平方公里)	**Area of Administration(Sq. km)**	**15758**	**15758**	**0.0**
人口和就业	**Population & Employment**			
年末户籍人口(人)	The Registered Population Year－end(person)	183806	186930	1.7
＃男性(人)	Male(person)	91597	93069	1.6
＃乡村人口(人)	Rural(person)	25632	24552	－4.2
年末常住人口(人)	Permanet Resident Population Year－end(person)	263000	265200	0.8
＃男性(人)	Male(person)	135450	136583	0.8
年末总户数(户)	Total Number of Households at the Year－end(Household)	73878	74595	1.0
＃乡村户数(户)	Number of Rural Household(Household)	4417	3917	－11.3
出生人口(人)	Births(person)	1869	2262	21.0
死亡人口(人)	Deaths(person)	566	421	－25.6
全社会就业人员(人)	Employment(person)	112391	119236	6.1
第一产业(人)	Primary Industry(person)	7216	7284	0.9
第二产业(人)	Secondary Industry(person)	26005	26303	1.1
第三产业(人)	Tertiary Industry(person)	79170	85649	8.2
在岗职工人数(人)	Number of Staff & Workers Employed in(person)	59390	60345	1.6
乡村劳动力(人)	Number of Rural Laborers(person)	6562	6371	－2.9
＃农林牧渔业(人)	Farming, Forestry, Animal Husbandry & Fishery(person)	5303	5366	1.2
国民经济综合指标	**Summary Item on the National Economy**			
生产总值(万元)	Gross Domestic Product(10 000 yuan)	2101811	2281409	7.5
第一产业(万元)	Primary Industry(10 000 yuan)	160014	180001	4.1
第二产业(万元)	Secondary Industry(10 000 yuan)	1056385	1101133	6.4
＃工业(万元)	Industry(10 000 yuan)	896385	936133	6.9
第三产业(万元)	Tertiary Industry(10 000 yuan)	885412	1000275	9.4
人均生产总值(元)	Per Capita GDP(yuan)	80344	86384	6.5
全社会固定资产投资(万元)	Total Investment in Fixed Assets(10 000 yuan)	1492101	1814092	21.6
按登记注册类型分	Grouped by Registered Type			
＃国有(万元)	State－owned Enterprises(10 000 yuan)	1058490	1024962	－3.2
集体(万元)	Collective－owned Enterprises(10 000 yuan)			
有限责任公司(万元)	Limited Liability Corporations(10 000 yuan)	245295	548533	123.6
股份有限公司(万元)	Share Holding Enterprises(10 000 yuan)	2568	87800	3319.0
私营企业(万元)	Private Enterprises(10 000 yuan)	18574	152797	722.6
外商及港澳台投资企业(万元)	Funds from HK, Macao, Taiwan & Foreign(10 000 yuan)			
一般公共预算收入(万元)	General Public Budget Revenue(10 000 yuan)	264530	294162	11.2
一般公共预算支出(万元)	General Public Budget Expenditure(10 000 yuan)	317942	335076	5.4
住户存款余额(万元)	The balance of savings deposits of Households(10 000 yuan)	1414000	1542504	9.1
在岗职工工资总额(万元)	Total Wages of Staff & Workers Employed in(10 000 yuan)	352938	384933	9.1
在岗职工平均工资(元)	Average Wage of Staff & Workers Employed in(yuan)	58932	63594	7.9
全体居民人均可支配收入(元)	The per capita disposable income of all residents(yuan)	34698	37470	8.0
城镇常住居民人均可支配收入(元)	The per capita disposable income of urban permanent residents(yuan)	36472	39390	8.0
农村牧区常住居民人均可支配收入(元)	The per capita disposable income of permanent residents of rural and pastoral areas(yuan)	20635	22245	7.8
农村牧区经济	**Economic Development in Rural & Pastoral Area**			
农作物总播种面积(公顷)	Total Sown Area(hectare)	22688	21733	－4.2
＃粮食作物播种面积(公顷)	Sown Area of Grain Crops(hectare)	14723	14727	0.0
农牧业机械总动力(万千瓦)	Total Power of Agricultural Machinery(10 000 kw)	15.15	15.65	3.3
化肥施用折纯量(吨)	Consumption of Chemical Fertilizer(ton)	3435	4012	16.8
农村用电量(万千瓦小时)	Electricity Consumed in Rural Area(10 000 kwh)	2090	2632	25.9
农林牧渔业总产值(万元)	Gross Output of Farming, Forestry, Animal Husbandry & Fishery(10 000 yuan)	246373	268353	5.1
粮食产量(吨)	Yield of Grain(ton)	33719	35700	5.9
油料产量(吨)	Yield of Oil－bearing Grops(ton)	240	207	－13.8
甜菜产量(吨)	Yield of Beetroots(ton)			
猪牛羊肉产量(吨)	Output of Pork, Beef & Mutton(ton)	23806	23496	－1.3
＃猪肉产量(吨)	Output of Pork(ton)	506	522	3.2
牛肉产量(吨)	Output of Beef(ton)	8010	8570	7.0
羊肉产量(吨)	Output of Mutton(ton)	15290	14404	－5.8
羊毛产量(吨)	Output of Wool(ton)	1410	1565	11.0

23 - 69 Xilinhaote City in Xilinguole League

指　标	Item	2015	2016	2016年比上年增长% Increase Rate in 2016 Over 2015(%)
年末牲畜存栏头数(万头只)	Total Livestock at the Year - end(10 000 heads)	66.50	83.78	26.0
# 大牲畜(万头只)	Large Animals(10 000 heads)	6.47	7.18	11.0
羊(万只)	Sheep & Goats(10 000 heads)	59.30	75.98	28.1
猪(万头)	Hogs(10 000 heads)	0.73	0.62	-15.1
规模以上工业	**Industrial Enterprises above Designated size**			
工业企业单位数(个)	Number of Industrial Enterprises(unit)	72	71	-1.4
# 内资企业(个)	Civil Funded Enterprises(unit)	70	69	-1.4
工业总产值(万元)	Gross Industrial Output Value(10 000 yuan)	1527041	1428752	-6.4
内资企业(万元)	Civil Funded Enterprises(10 000 yuan)	1495631	1403036	-6.2
国有企业(万元)	State - owned Enterprises(10 000 yuan)	53754	30833	-42.6
集体企业(万元)	Collective - owned Enterprises(10 000 yuan)			
股份合作企业(万元)	Share Holding Enterprises(10 000 yuan)			
联营企业(万元)	Joint Owned Enterprises(10 000 yuan)			
有限责任公司(万元)	Limited Company(10 000 yuan)	668760	661615	-1.1
股份有限公司(万元)	Share Holding Limited Company(10 000 yuan)	417821	392523	-6.1
私营企业(万元)	Privately Owned Enterprises(10 000 yuan)	355296	318065	-10.5
其他企业(万元)	Enterprises of Other Ownership(10 000 yuan)			
港澳台商投资企业(万元)	Funds from HK, Macao & Taiwan(10 000 yuan)	22207	19220	-13.5
外商投资企业(万元)	Foreign Funded Enterprises(10 000 yuan)	9202	6496	-29.4
工业企业增加值(万元)	Value Added of Industrial Enterprises(10 000 yuan)			6.8
工业企业资产总计(万元)	Total Assets of Industrial Enterprises(10 000 yuan)	4812876	4927702	2.4
工业企业负债合计(万元)	Total Liabilities of Industrial Enterprises(10 000 yuan)	3613603	3523887	-2.5
工业企业产品销售收入(万元)	Sales of Revenue Industrial Enterprises(10 000 yuan)	1421365	1490316	4.9
工业企业利润总额(万元)	Total Profits of Industrial Enterprises(10 000 yuan)	90719	-73562	
建筑业	**Construction**			
建筑企业单位数(个)	Number of Construction Enterprises(unit)	20	20	0.0
建筑企业从业人员(人)	Number of Employee in Construction Enterprises(person)	3692	3371	-8.7
建筑业总产值(万元)	Gross Construction Output Value(10 000 yuan)	102410	102785	0.4
交通运输邮电通信业	**Transportation, Post & Telecommunications**			
公路里程(公里)	Total Length of Highways(km)	1356	1345	-0.8
邮电业务总量(万元)	Business Volume of Post & Telecoms(10 000 yuan)	99104	173294	74.9
本地电话用户(户)	Number of Subscribers of Local Telephone(Household)	190621	204088	7.1
国内贸易	**Domestic Trade**			
社会消费品零售总额(万元)	Total Retail Sales of Consumer Goods(10 000 yuan)	571879	625379	9.4
城镇(万元)	Town(10 000 yuan)	502800	591336	17.6
乡村(万元)	Village(10 000 yuan)	69079	34043	-50.7
科技教育卫生	**Science, Education & Public Health**			
各类专业技术人员(人)	Special Technical Personnel(person)	3095	3022	-2.4
幼儿园数(所)	Number of Kindergartens(unit)	30	22	-26.7
学龄儿童入学率(%)	Percentage of School - Age Children Enrolled(%)	100.0	100.0	0.0
小学学校数(所)	Number of Primary Schools(unit)	12	12	0.0
小学专任教师数(人)	Number of Full - time Teachers of Primary Schools(person)	1085	1098	1.2
小学在校学生数(人)	Number of Student Enrollment of Primary Schools(person)	17053	17380	1.9
普通中学学校数(所)	Number of Regular Secondary Schools(unit)	9	8	-11.1
普通中学专任教师数(人)	Number of Teachers of Secondary Shools(person)	1644	1708	3.9
初中在校学生数(人)	Number of Student in Junior Secondary Schools(person)	10196	9180	-10.0
高中在校学生数(人)	Number of Student in Senior Secondary Schools(person)	11059	10638	-3.8
卫生机构数(所)	Number of Health Institutions(unit)	262	271	3.4
# 医院(所)	Hospitals(unit)	16	22	37.5
卫生院(所)	Township Hospitals(unit)	11	11	0.0
床位数(张)	Number of Beds(unit)	1556	1955	25.6
# 医院(张)	Hospitals(unit)	1419	1814	27.8
卫生院(张)	Township Hospitals(unit)	64	58	-9.4
卫生技术人员(人)	Medical Technical Presonnel(person)	3004	3414	13.6
# 医院(人)	Hospitals(person)	1884	2262	20.1
卫生院(人)	Township Hospitals(person)	74	83	12.2

23－70 锡林郭勒盟阿巴嘎旗

指　　标	Item	2015	2016	2016 年比上年增长% Increase Rate in 2016 Over 2015(%)
行政区域土地面积(平方公里)	**Area of Administration(Sq. km)**	**27495**	**27495**	**0.0**
人口和就业	**Population & Employment**			
年末户籍人口(人)	The Registered Population Year－end(person)	44644	44440	－0.5
#男性(人)	Male(person)	22520	22371	－0.7
#乡村人口(人)	Rural(person)	23142	23385	1.1
年末常住人口(人)	Permanet Resident Population Year－end(person)	42100	42300	0.5
#男性(人)	Male(person)	22060	22165	0.5
年末总户数(户)	Total Number of Households at the Year－end(Household)	17599	17722	0.7
#乡村户数(户)	Number of Rural Household(Household)	5647	5847	3.5
出生人口(人)	Births(person)	378	390	3.2
死亡人口(人)	Deaths(person)	220	238	8.2
全社会就业人员(人)	Employment(person)	24292	25162	3.6
第一产业(人)	Primary Industry(person)	12138	12680	4.5
第二产业(人)	Secondary Industry(person)	3800	3883	2.2
第三产业(人)	Tertiary Industry(person)	8354	8598	2.9
在岗职工人数(人)	Number of Staff & Workers Employed in(person)	4566	4470	－2.1
乡村劳动力(人)	Number of Rural Laborers(person)	13380	14000	4.6
#农林牧渔业(人)	Farming, Forestry, Animal Husbandry & Fishery(person)	12138	12680	4.5
国民经济综合指标	**Summary Item on the National Economy**			
生产总值(万元)	Gross Domestic Product(10 000 yuan)	673551	643017	2.5
第一产业(万元)	Primary Industry(10 000 yuan)	77554	82994	4.3
第二产业(万元)	Secondary Industry(10 000 yuan)	493093	444024	0.9
#工业(万元)	Industry(10 000 yuan)	440093	391024	0.9
第三产业(万元)	Tertiary Industry(10 000 yuan)	102904	115998	8.9
人均生产总值(元)	Per Capita GDP(yuan)	158669	152374	3.1
全社会固定资产投资(万元)	Total Investment in Fixed Assets(10 000 yuan)	411065	348289	－15.3
按登记注册类型分	Grouped by Registered Type			
#国有(万元)	State－owned Enterprises(10 000 yuan)	184760	321089	73.8
集体(万元)	Collective－owned Enterprises(10 000 yuan)	1368		
有限责任公司(万元)	Limited Liability Corporations(10 000 yuan)	211529		
股份有限公司(万元)	Share Holding Enterprises(10 000 yuan)			
私营企业(万元)	Private Enterprises(10 000 yuan)	13408	27200	102.9
外商及港澳台投资企业(万元)	Funds from HK, Macao, Taiwan & Foreign(10 000 yuan)			
一般公共预算收入(万元)	General Public Budget Revenue(10 000 yuan)	19788	21980	11.1
一般公共预算支出(万元)	General Public Budget Expenditure(10 000 yuan)	97526	103989	6.6
住户存款余额(万元)	The balance of savings deposits of Households(10 000 yuan)	106762	122516	14.8
在岗职工工资总额(万元)	Total Wages of Staff & Workers Employed in(10 000 yuan)	32133	34060	6.0
在岗职工平均工资(元)	Average Wage of Staff & Workers Employed in(yuan)	69868	74726	7.0
全体居民人均可支配收入(元)	The per capita disposable income of all residents(yuan)	24919	26898	7.9
城镇常住居民人均可支配收入(元)	The per capita disposable income of urban permanent residents(yuan)	30001	32372	7.9
农村牧区常住居民人均可支配收入(元)	The per capita disposable income of permanent residents of rural and pastoral areas(yuan)	20075	21681	8.0
农村牧区经济	**Economic Development in Rural & Pastoral Area**			
农作物总播种面积(公顷)	Total Sown Area(hectare)	403	403	0.0
#粮食作物播种面积(公顷)	Sown Area of Grain Crops(hectare)			
农牧业机械总动力(万千瓦)	Total Power of Agricultural Machinery(10 000 kw)	11.87	11.99	1.0
化肥施用折纯量(吨)	Consumption of Chemical Fertilizer(ton)			
农村用电量(万千瓦小时)	Electricity Consumed in Rural Area(10 000 kwh)	711	713	0.3
农林牧渔业总产值(万元)	Gross Output of Farming, Forestry, Animal Husbandry & Fishery(10 000 yuan)	137732	150020	5.3
粮食产量(吨)	Yield of Grain(ton)			
油料产量(吨)	Yield of Oil－bearing Grops(ton)			
甜菜产量(吨)	Yield of Beetroots(ton)			
猪牛羊肉产量(吨)	Output of Pork, Beef & Mutton(ton)	36048	32555	－9.7
#猪肉产量(吨)	Output of Pork(ton)	51	58	13.7
牛肉产量(吨)	Output of Beef(ton)	14405	11711	－18.7
羊肉产量(吨)	Output of Mutton(ton)	21592	20786	－3.7
羊毛产量(吨)	Output of Wool(ton)	1060	1280	20.8

23 – 70 Abaga Banner in Xilinguole League

指　标	Item	2015	2016	2016年比上年增长% Increase Rate in 2016 Over 2015(%)
年末牲畜存栏头数(万头只)	Total Livestock at the Year – end(10 000 heads)	78.08	122.94	57.5
# 大牲畜(万头只)	Large Animals(10 000 heads)	14.64	12.24	-16.4
羊(万只)	Sheep & Goats(10 000 heads)	63.35	110.59	74.6
猪(万头)	Hogs(10 000 heads)	0.09	0.10	11.1
规模以上工业	**Industrial Enterprises above Designated size**			
工业企业单位数(个)	Number of Industrial Enterprises(unit)	30	30	0.0
# 内资企业(个)	Civil Funded Enterprises(unit)	30	30	0.0
工业总产值(万元)	Gross Industrial Output Value(10 000 yuan)	752908	672543	-10.7
内资企业(万元)	Civil Funded Enterprises(10 000 yuan)	752908	672543	-10.7
国有企业(万元)	State – owned Enterprises(10 000 yuan)	275501	108940	-60.5
集体企业(万元)	Collective – owned Enterprises(10 000 yuan)	45820	43204	-5.7
股份合作企业(万元)	Share Holding Enterprises(10 000 yuan)			
联营企业(万元)	Joint Owned Enterprises(10 000 yuan)			
有限责任公司(万元)	Limited Company(10 000 yuan)	165409	227862	37.8
股份有限公司(万元)	Share Holding Limited Company(10 000 yuan)			
私营企业(万元)	Privately Owned Enterprises(10 000 yuan)	266178	292537	9.9
其他企业(万元)	Enterprises of Other Ownership(10 000 yuan)			
港澳台商投资企业(万元)	Funds from HK,Macao & Taiwan(10 000 yuan)			
外商投资企业(万元)	Foreign Funded Enterprises(10 000 yuan)			
工业企业增加值(万元)	Value Added of Industrial Enterprises(10 000 yuan)			0.2
工业企业资产总计(万元)	Total Assets of Industrial Enterprises(10 000 yuan)	816144	746772	-8.5
工业企业负债合计(万元)	Total Liabilities of Industrial Enterprises(10 000 yuan)	578697	533704	-7.8
工业企业产品销售收入(万元)	Sales of Revenue Industrial Enterprises(10 000 yuan)	728366	665992	-8.6
工业企业利润总额(万元)	Total Profits of Industrial Enterprises(10 000 yuan)	52719	50451	-4.3
建筑业	**Construction**			
建筑企业单位数(个)	Number of Construction Enterprises(unit)	1	1	0.0
建筑企业从业人员(人)	Number of Employee in Construction Enterprises(person)	24	20	-16.7
建筑业总产值(万元)	Gross Construction Output Value(10 000 yuan)	98	543	454.1
交通运输邮电通信业	**Transportation,Post & Telecommunications**			
公路里程(公里)	Total Length of Highways(km)	1948	1935	-0.7
邮电业务总量(万元)	Business Volume of Post & Telecoms(10 000 yuan)	4527	4509	-0.4
本地电话用户(户)	Number of Subscribers of Local Telephone(Household)	45650	41636	-8.8
国内贸易	**Domestic Trade**			
社会消费品零售总额(万元)	Total Retail Sales of Consumer Goods(10 000 yuan)	101162	109579	8.3
城镇(万元)	Town(10 000 yuan)	80624	87491	8.5
乡村(万元)	Village(10 000 yuan)	20538	22088	7.5
科技教育卫生	**Science,Education & Public Health**			
各类专业技术人员(人)	Special Technical Personnel(person)	1151	881	-23.5
幼儿园数(所)	Number of Kindergartens(unit)	4	4	0.0
学龄儿童入学率(%)	Percentage of School – Age Children Enrolled(%)	100.0	100.0	0.0
小学学校数(所)	Number of Primary Schools(unit)	3	3	0.0
小学专任教师数(人)	Number of Full – time Teachers of Primary Schools(person)	190	197	3.7
小学在校学生数(人)	Number of Student Enrollment of Primary Schools(person)	1660	1579	-4.9
普通中学学校数(所)	Number of Regular Secondary Schools(unit)	2	2	0.0
普通中学专任教师数(人)	Number of Teachers of Secondary Shools(person)	181	189	4.4
初中在校学生数(人)	Number of Student in Junior Secondary Schools(person)	915	904	-1.2
高中在校学生数(人)	Number of Student in Senior Secondary Schools(person)	136	194	42.6
卫生机构数(所)	Number of Health Institutions(unit)	73	75	2.7
# 医院(所)	Hospitals(unit)	2	2	0.0
卫生院(所)	Township Hospitals(unit)	11	11	0.0
床位数(张)	Number of Beds(unit)	233	235	0.9
# 医院(张)	Hospitals(unit)	130	130	0.0
卫生院(张)	Township Hospitals(unit)	86	86	0.0
卫生技术人员(人)	Medical Technical Presonnel(person)	292	295	1.0
# 医院(人)	Hospitals(person)	114	112	-1.8
卫生院(人)	Township Hospitals(person)	66	85	28.8

23－71 锡林郭勒盟苏尼特左旗

指　　标	Item	2015	2016	2016年比上年增长% Increase Rate in 2016 Over 2015(%)
行政区域土地面积(平方公里)	**Area of Administration(Sq. km)**	**34251**	**34251**	**0.0**
人口和就业	**Population & Employment**			
年末户籍人口(人)	The Registered Population Year－end(person)	34648	34620	－0.1
#男性(人)	Male(person)	17251	17230	－0.1
#乡村人口(人)	Rural(person)	20005	20146	0.7
年末常住人口(人)	Permanet Resident Population Year－end(person)	32600	32500	－0.3
#男性(人)	Male(person)	17082	17030	－0.3
年末总户数(户)	Total Number of Households at the Year－end(Household)	11438	11517	0.7
#乡村户数(户)	Number of Rural Household(Household)	5701	5662	－0.7
出生人口(人)	Births(person)	369	341	－7.6
死亡人口(人)	Deaths(person)	165	183	10.9
全社会就业人员(人)	Employment(person)	25907	25676	－0.9
第一产业(人)	Primary Industry(person)	12556	12316	－1.9
第二产业(人)	Secondary Industry(person)	3850	3832	－0.5
第三产业(人)	Tertiary Industry(person)	9501	9528	0.3
在岗职工人数(人)	Number of Staff & Workers Employed in(person)	3011	3057	1.5
乡村劳动力(人)	Number of Rural Laborers(person)	17653	16050	－9.1
#农林牧渔业(人)	Farming, Forestry, Animal Husbandry & Fishery(person)	12556	12316	－1.9
国民经济综合指标	**Summary Item on the National Economy**			
生产总值(万元)	Gross Domestic Product(10 000 yuan)	498179	497809	5.0
第一产业(万元)	Primary Industry(10 000 yuan)	59673	64174	4.2
第二产业(万元)	Secondary Industry(10 000 yuan)	338334	320375	3.5
#工业(万元)	Industry(10 000 yuan)	286234	262375	2.0
第三产业(万元)	Tertiary Industry(10 000 yuan)	100172	113260	9.0
人均生产总值(元)	Per Capita GDP(yuan)	151884	152937	5.8
全社会固定资产投资(万元)	Total Investment in Fixed Assets(10 000 yuan)	310387	372496	20.0
按登记注册类型分	Grouped by Registered Type			
#国有(万元)	State－owned Enterprises(10 000 yuan)	207094	254916	23.1
集体(万元)	Collective－owned Enterprises(10 000 yuan)	960		
有限责任公司(万元)	Limited Liability Corporations(10 000 yuan)		35300	
股份有限公司(万元)	Share Holding Enterprises(10 000 yuan)			
私营企业(万元)	Private Enterprises(10 000 yuan)	102333	81580	－20.3
外商及港澳台投资企业(万元)	Funds from HK, Macao, Taiwan & Foreign(10 000 yuan)		700	
一般公共预算收入(万元)	General Public Budget Revenue(10 000 yuan)	22213	26155	17.7
一般公共预算支出(万元)	General Public Budget Expenditure(10 000 yuan)	99619	110091	10.5
住户存款余额(万元)	The balance of savings deposits of Households(10 000 yuan)	88023	109169	24.0
在岗职工工资总额(万元)	Total Wages of Staff & Workers Employed in(10 000 yuan)	20574	22529	9.5
在岗职工平均工资(元)	Average Wage of Staff & Workers Employed in(yuan)	68081	73937	8.6
全体居民人均可支配收入(元)	The per capita disposable income of all residents(yuan)	20816	22543	8.3
城镇常住居民人均可支配收入(元)	The per capita disposable income of urban permanent residents(yuan)	30204	32711	8.3
农村牧区常住居民人均可支配收入(元)	The per capita disposable income of permanent residents of rural and pastoral areas(yuan)	11760	12736	8.3
农村牧区经济	**Economic Development in Rural & Pastoral Area**			
农作物总播种面积(公顷)	Total Sown Area(hectare)	1175	1247	6.1
#粮食作物播种面积(公顷)	Sown Area of Grain Crops(hectare)			
农牧业机械总动力(万千瓦)	Total Power of Agricultural Machinery(10 000 kw)	5.16	5.30	2.7
化肥施用折纯量(吨)	Consumption of Chemical Fertilizer(ton)	30	30	0.0
农村用电量(万千瓦小时)	Electricity Consumed in Rural Area(10 000 kwh)	142	193	35.9
农林牧渔业总产值(万元)	Gross Output of Farming, Forestry, Animal Husbandry & Fishery(10 000 yuan)	102934	112118	5.2
粮食产量(吨)	Yield of Grain(ton)			
油料产量(吨)	Yield of Oil－bearing Grops(ton)			
甜菜产量(吨)	Yield of Beetroots(ton)			
猪牛羊肉产量(吨)	Output of Pork, Beef & Mutton(ton)	16612	23719	42.8
#猪肉产量(吨)	Output of Pork(ton)	45	48	6.7
牛肉产量(吨)	Output of Beef(ton)	5171	8714	68.5
羊肉产量(吨)	Output of Mutton(ton)	11396	14957	31.2
羊毛产量(吨)	Output of Wool(ton)	881	1047	18.8

23 – 71 Sunitezuo Banner in Xilinguole League

指　标	Item	2015	2016	2016 年比上年增长% Increase Rate in 2016 Over 2015(%)
年末牲畜存栏头数(万头只)	Total Livestock at the Year – end(10 000 heads)	68.86	65.85	-4.4
# 大牲畜(万头只)	Large Animals(10 000 heads)	7.54	8.13	7.8
羊(万只)	Sheep & Goats(10 000 heads)	61.28	57.68	-5.9
猪(万头)	Hogs(10 000 heads)	0.04	0.04	0.0
规模以上工业	**Industrial Enterprises above Designated size**			
工业企业单位数(个)	Number of Industrial Enterprises(unit)	14	15	7.1
# 内资企业(个)	Civil Funded Enterprises(unit)	13	14	7.7
工业总产值(万元)	Gross Industrial Output Value(10 000 yuan)	446289	397554	-10.9
内资企业(万元)	Civil Funded Enterprises(10 000 yuan)	405080	351495	-13.2
国有企业(万元)	State – owned Enterprises(10 000 yuan)			
集体企业(万元)	Collective – owned Enterprises(10 000 yuan)			
股份合作企业(万元)	Share Holding Enterprises(10 000 yuan)			
联营企业(万元)	Joint Owned Enterprises(10 000 yuan)			
有限责任公司(万元)	Limited Company(10 000 yuan)	237317	186587	-21.4
股份有限公司(万元)	Share Holding Limited Company(10 000 yuan)			
私营企业(万元)	Privately Owned Enterprises(10 000 yuan)	167763	164907	-1.7
其他企业(万元)	Enterprises of Other Ownership(10 000 yuan)			
港澳台商投资企业(万元)	Funds from HK, Macao & Taiwan(10 000 yuan)			
外商投资企业(万元)	Foreign Funded Enterprises(10 000 yuan)	41209	46059	11.8
工业企业增加值(万元)	Value Added of Industrial Enterprises(10 000 yuan)			1.1
工业企业资产总计(万元)	Total Assets of Industrial Enterprises(10 000 yuan)	243369	233361	-4.1
工业企业负债合计(万元)	Total Liabilities of Industrial Enterprises(10 000 yuan)	146722	132025	-10.0
工业企业产品销售收入(万元)	Sales of Revenue Industrial Enterprises(10 000 yuan)	432918	385670	-10.9
工业企业利润总额(万元)	Total Profits of Industrial Enterprises(10 000 yuan)	4281	11615	171.3
建筑业	**Construction**			
建筑企业单位数(个)	Number of Construction Enterprises(unit)	2	2	0.0
建筑企业从业人员(人)	Number of Employee in Construction Enterprises(person)	174	134	-23.0
建筑业总产值(万元)	Gross Construction Output Value(10 000 yuan)	3659	1470	-59.8
交通运输邮电通信业	**Transportation, Post & Telecommunications**			
公路里程(公里)	Total Length of Highways(km)	2298	2204	-4.1
邮电业务总量(万元)	Business Volume of Post & Telecoms(10 000 yuan)	4003	3807	-4.9
本地电话用户(户)	Number of Subscribers of Local Telephone(Household)	46312	43744	-5.5
国内贸易	**Domestic Trade**			
社会消费品零售总额(万元)	Total Retail Sales of Consumer Goods(10 000 yuan)	65665	71181	8.4
城镇(万元)	Town(10 000 yuan)	51866	56099	8.2
乡村(万元)	Village(10 000 yuan)	13799	15082	9.3
科技教育卫生	**Science, Education & Public Health**			
各类专业技术人员(人)	Special Technical Personnel(person)	1003	926	-7.7
幼儿园数(所)	Number of Kindergartens(unit)	3	3	0.0
学龄儿童入学率(%)	Percentage of School – Age Children Enrolled(%)	100.0	100.0	0.0
小学学校数(所)	Number of Primary Schools(unit)	3	2	-33.3
小学专任教师数(人)	Number of Full – time Teachers of Primary Schools(person)	188	181	-3.7
小学在校学生数(人)	Number of Student Enrollment of Primary Schools(person)	1608	1619	0.7
普通中学学校数(所)	Number of Regular Secondary Schools(unit)	2	2	0.0
普通中学专任教师数(人)	Number of Teachers of Secondary Shools(person)	121	126	4.1
初中在校学生数(人)	Number of Student in Junior Secondary Schools(person)	856	709	-17.2
高中在校学生数(人)	Number of Student in Senior Secondary Schools(person)	187	239	27.8
卫生机构数(所)	Number of Health Institutions(unit)	79	79	0.0
# 医院(所)	Hospitals(unit)	2	2	0.0
卫生院(所)	Township Hospitals(unit)	11	11	0.0
床位数(张)	Number of Beds(unit)	130	130	0.0
# 医院(张)	Hospitals(unit)	95	95	0.0
卫生院(张)	Township Hospitals(unit)	29	29	0.0
卫生技术人员(人)	Medical Technical Presonnel(person)	207	225	8.7
# 医院(人)	Hospitals(person)	85	82	-3.5
卫生院(人)	Township Hospitals(person)	65	77	18.5

23－72 锡林郭勒盟苏尼特右旗

指　　标	Item	2015	2016	2016年比上年增长% Increase Rate in 2016 Over 2015(%)
行政区域土地面积(平方公里)	**Area of Administration(Sq. km)**	**22340**	**22340**	**0.0**
人口和就业	**Population & Employment**			
年末户籍人口(人)	The Registered Population Year－end(person)	68337	68102	－0.3
#男性(人)	Male(person)	34269	34016	－0.7
#乡村人口(人)	Rural(person)	31292	31394	0.3
年末常住人口(人)	Permanet Resident Population Year－end(person)	69700	69800	0.1
#男性(人)	Male(person)	36035	36087	0.1
年末总户数(户)	Total Number of Households at the Year－end(Household)	28564	28729	0.6
#乡村户数(户)	Number of Rural Household(Household)	8639	9163	6.1
出生人口(人)	Births(person)	471	673	42.9
死亡人口(人)	Deaths(person)	504	418	－17.1
全社会就业人员(人)	Employment(person)	37134	38094	2.6
第一产业(人)	Primary Industry(person)	15954	16255	1.9
第二产业(人)	Secondary Industry(person)	7520	7630	1.5
第三产业(人)	Tertiary Industry(person)	13660	14209	4.0
在岗职工人数(人)	Number of Staff & Workers Employed in(person)	6966	6843	－1.8
乡村劳动力(人)	Number of Rural Laborers(person)	19377	19666	1.5
#农林牧渔业(人)	Farming, Forestry, Animal Husbandry & Fishery(person)	15954	16255	1.9
国民经济综合指标	**Summary Item on the National Economy**			
生产总值(万元)	Gross Domestic Product(10 000 yuan)	595391	650036	11.0
第一产业(万元)	Primary Industry(10 000 yuan)	51053	56760	4.2
第二产业(万元)	Secondary Industry(10 000 yuan)	398523	428902	12.5
#工业(万元)	Industry(10 000 yuan)	361523	389902	13.2
第三产业(万元)	Tertiary Industry(10 000 yuan)	145815	164375	9.2
人均生产总值(元)	Per Capita GDP(yuan)	85117	93195	11.3
全社会固定资产投资(万元)	Total Investment in Fixed Assets(10 000 yuan)	306394	376650	22.9
按登记注册类型分	Grouped by Registered Type			
#国有(万元)	State－owned Enterprises(10 000 yuan)	170695	177528	4.0
集体(万元)	Collective－owned Enterprises(10 000 yuan)			
有限责任公司(万元)	Limited Liability Corporations(10 000 yuan)	19739	24522	24.2
股份有限公司(万元)	Share Holding Enterprises(10 000 yuan)	9700		
私营企业(万元)	Private Enterprises(10 000 yuan)	106260	174600	64.3
外商及港澳台投资企业(万元)	Funds from HK, Macao, Taiwan & Foreign(10 000 yuan)			
一般公共预算收入(万元)	General Public Budget Revenue(10 000 yuan)	29608	33418	12.9
一般公共预算支出(万元)	General Public Budget Expenditure(10 000 yuan)	138237	143198	3.6
住户存款余额(万元)	The balance of savings deposits of Households(10 000 yuan)	211400	241777	14.4
在岗职工工资总额(万元)	Total Wages of Staff & Workers Employed in(10 000 yuan)	45155	50042	10.8
在岗职工平均工资(元)	Average Wage of Staff & Workers Employed in(yuan)	64702	72619	12.2
全体居民人均可支配收入(元)	The per capita disposable income of all residents(yuan)	23027	24989	8.5
城镇常住居民人均可支配收入(元)	The per capita disposable income of urban permanent residents(yuan)	29413	31943	8.6
农村牧区常住居民人均可支配收入(元)	The per capita disposable income of permanent residents of rural and pastoral areas(yuan)	8405	9069	7.9
农村牧区经济	**Economic Development in Rural & Pastoral Area**			
农作物总播种面积(公顷)	Total Sown Area(hectare)	3075	2529	－17.8
#粮食作物播种面积(公顷)	Sown Area of Grain Crops(hectare)	355	351	－1.1
农牧业机械总动力(万千瓦)	Total Power of Agricultural Machinery(10 000 kw)	5.41	5.52	2.0
化肥施用折纯量(吨)	Consumption of Chemical Fertilizer(ton)	324	327	0.9
农村用电量(万千瓦小时)	Electricity Consumed in Rural Area(10 000 kwh)	456	493	8.2
农林牧渔业总产值(万元)	Gross Output of Farming, Forestry, Animal Husbandry & Fishery(10 000 yuan)	92719	100991	5.2
粮食产量(吨)	Yield of Grain(ton)	298	300	0.7
油料产量(吨)	Yield of Oil－bearing Grops(ton)	95	382	302.1
甜菜产量(吨)	Yield of Beetroots(ton)			
猪牛羊肉产量(吨)	Output of Pork, Beef & Mutton(ton)	19390	17966	－7.3
#猪肉产量(吨)	Output of Pork(ton)	272	49	－82.0
牛肉产量(吨)	Output of Beef(ton)	2418	4297	77.7
羊肉产量(吨)	Output of Mutton(ton)	16700	13620	－18.4
羊毛产量(吨)	Output of Wool(ton)	1042	1250	20.0

23 – 72 Suniteyou Banner in Xilinguole League

指　　标	Item	2015	2016	2016 年比上年增长% Increase Rate in 2016 Over 2015(%)
年末牲畜存栏头数(万头只)	Total Livestock at the Year – end(10 000 heads)	78.35	75.02	-4.3
#大牲畜(万头只)	Large Animals(10 000 heads)	4.44	4.68	5.4
羊(万只)	Sheep & Goats(10 000 heads)	73.85	70.32	-4.8
猪(万头)	Hogs(10 000 heads)	0.06	0.02	-66.7
规模以上工业	**Industrial Enterprises above Designated size**			
工业企业单位数(个)	Number of Industrial Enterprises(unit)	47	52	10.6
#内资企业(个)	Civil Funded Enterprises(unit)	46	51	10.9
工业总产值(万元)	Gross Industrial Output Value(10 000 yuan)	796970	939324	17.9
内资企业(万元)	Civil Funded Enterprises(10 000 yuan)	782479	923436	18.0
国有企业(万元)	State – owned Enterprises(10 000 yuan)	24746	27823	12.4
集体企业(万元)	Collective – owned Enterprises(10 000 yuan)			
股份合作企业(万元)	Share Holding Enterprises(10 000 yuan)			
联营企业(万元)	Joint Owned Enterprises(10 000 yuan)			
有限责任公司(万元)	Limited Company(10 000 yuan)	152284	152119	-0.1
股份有限公司(万元)	Share Holding Limited Company(10 000 yuan)			
私营企业(万元)	Privately Owned Enterprises(10 000 yuan)	594337	743494	25.1
其他企业(万元)	Enterprises of Other Ownership(10 000 yuan)	11112		
港澳台商投资企业(万元)	Funds from HK, Macao & Taiwan(10 000 yuan)	14491	15888	9.6
外商投资企业(万元)	Foreign Funded Enterprises(10 000 yuan)			
工业企业增加值(万元)	Value Added of Industrial Enterprises(10 000 yuan)			14.5
工业企业资产总计(万元)	Total Assets of Industrial Enterprises(10 000 yuan)	889237	851911	-4.2
工业企业负债合计(万元)	Total Liabilities of Industrial Enterprises(10 000 yuan)	511328	484688	-5.2
工业企业产品销售收入(万元)	Sales of Revenue Industrial Enterprises(10 000 yuan)	795147	934760	17.6
工业企业利润总额(万元)	Total Profits of Industrial Enterprises(10 000 yuan)	79905	97530	22.1
建筑业	**Construction**			
建筑企业单位数(个)	Number of Construction Enterprises(unit)	1	1	0.0
建筑企业从业人员(人)	Number of Employee in Construction Enterprises(person)	130	240	84.6
建筑业总产值(万元)	Gross Construction Output Value(10 000 yuan)	1550	3000	93.5
交通运输邮电通信业	**Transportation, Post & Telecommunications**			
公路里程(公里)	Total Length of Highways(km)	2185	2016	-7.7
邮电业务总量(万元)	Business Volume of Post & Telecoms(10 000 yuan)	8703	8075	-7.2
本地电话用户(户)	Number of Subscribers of Local Telephone(Household)	76600	96000	25.3
国内贸易	**Domestic Trade**			
社会消费品零售总额(万元)	Total Retail Sales of Consumer Goods(10 000 yuan)	158300	171744	8.5
城镇(万元)	Town(10 000 yuan)	113200	140319	24.0
乡村(万元)	Village(10 000 yuan)	45100	31425	-30.3
科技教育卫生	**Science, Education & Public Health**			
各类专业技术人员(人)	Special Technical Personnel(person)	1870	1675	-10.4
幼儿园数(所)	Number of Kindergartens(unit)	8	9	12.5
学龄儿童入学率(%)	Percentage of School – Age Children Enrolled(%)	100.0	100.0	0.0
小学学校数(所)	Number of Primary Schools(unit)	7	7	0.0
小学专任教师数(人)	Number of Full – time Teachers of Primary Schools(person)	383	374	-2.3
小学在校学生数(人)	Number of Student Enrollment of Primary Schools(person)	3250	3257	0.2
普通中学学校数(所)	Number of Regular Secondary Schools(unit)	3	3	0.0
普通中学专任教师数(人)	Number of Teachers of Secondary Shools(person)	287	284	-1.0
初中在校学生数(人)	Number of Student in Junior Secondary Schools(person)	1777	1603	-9.8
高中在校学生数(人)	Number of Student in Senior Secondary Schools(person)	904	827	-8.5
卫生机构数(所)	Number of Health Institutions(unit)	95	92	-3.2
#医院(所)	Hospitals(unit)	2	2	0.0
卫生院(所)	Township Hospitals(unit)	12	12	0.0
床位数(张)	Number of Beds(unit)	182	182	0.0
#医院(张)	Hospitals(unit)	137	137	0.0
卫生院(张)	Township Hospitals(unit)	39	39	0.0
卫生技术人员(人)	Medical Technical Presonnel(person)	345	361	4.6
#医院(人)	Hospitals(person)	166	166	0.0
卫生院(人)	Township Hospitals(person)	67	69	3.0

23－73 锡林郭勒盟东乌珠穆沁旗

指　　标	Item	2015	2016	2016 年比上年增长% Increase Rate in 2016 Over 2015(%)
行政区域土地面积(平方公里)	**Area of Administration(Sq. km)**	**47554**	**47554**	**0.0**
人口和就业	**Population & Employment**			
年末户籍人口(人)	The Registered Population Year－end(person)	81147	81438	0.4
#男性(人)	Male(person)	40698	40769	0.2
#乡村人口(人)	Rural(person)	41098	41246	0.4
年末常住人口(人)	Permanet Resident Population Year－end(person)	95200	95000	－0.2
#男性(人)	Male(person)	49980	49875	－0.2
年末总户数(户)	Total Number of Households at the Year－end(Household)	27726	28199	1.7
#乡村户数(户)	Number of Rural Household(Household)	8782	8938	1.8
出生人口(人)	Births(person)	962	1092	13.5
死亡人口(人)	Deaths(person)	405	438	8.1
全社会就业人员(人)	Employment(person)	56273	56887	1.1
第一产业(人)	Primary Industry(person)	23250	23267	0.1
第二产业(人)	Secondary Industry(person)	10813	10487	－3.0
第三产业(人)	Tertiary Industry(person)	22210	23133	4.2
在岗职工人数(人)	Number of Staff & Workers Employed in(person)	11230	10058	－10.4
乡村劳动力(人)	Number of Rural Laborers(person)	24878	24740	－0.6
#农林牧渔业(人)	Farming,Forestry,Animal Husbandry & Fishery(person)	21776	21773	0.0
国民经济综合指标	**Summary Item on the National Economy**			
生产总值(万元)	Gross Domestic Product(10 000 yuan)	1361953	1376278	6.7
第一产业(万元)	Primary Industry(10 000 yuan)	204854	220341	4.3
第二产业(万元)	Secondary Industry(10 000 yuan)	914009	874774	6.6
#工业(万元)	Industry(10 000 yuan)	799009	769574	7.3
第三产业(万元)	Tertiary Industry(10 000 yuan)	243090	281163	9.0
人均生产总值(元)	Per Capita GDP(yuan)	143213	144719	6.7
全社会固定资产投资(万元)	Total Investment in Fixed Assets(10 000 yuan)	845279	933574	10.4
按登记注册类型分	Grouped by Registered Type			
#国有(万元)	State－owned Enterprises(10 000 yuan)	443472	421305	－5.0
集体(万元)	Collective－owned Enterprises(10 000 yuan)			
有限责任公司(万元)	Limited Liability Corporations(10 000 yuan)	104860	235782	124.9
股份有限公司(万元)	Share Holding Enterprises(10 000 yuan)	164906	18750	－88.6
私营企业(万元)	Private Enterprises(10 000 yuan)	127251	257087	102.0
外商及港澳台投资企业(万元)	Funds from HK,Macao,Taiwan & Foreign(10 000 yuan)	4790	650	－86.4
一般公共预算收入(万元)	General Public Budget Revenue(10 000 yuan)	122868	82153	－33.1
一般公共预算支出(万元)	General Public Budget Expenditure(10 000 yuan)	223188	189453	－15.1
住户存款余额(万元)	The balance of savings deposits of Households(10 000 yuan)	289503	337619	16.6
在岗职工工资总额(万元)	Total Wages of Staff & Workers Employed in(10 000 yuan)	64184	66080	3.0
在岗职工平均工资(元)	Average Wage of Staff & Workers Employed in(yuan)	57159	64677	13.2
全体居民人均可支配收入(元)	The per capita disposable income of all residents(yuan)	27689	29930	8.1
城镇常住居民人均可支配收入(元)	The per capita disposable income of urban permanent residents(yuan)	30811	33399	8.4
农村牧区常住居民人均可支配收入(元)	The per capita disposable income of permanent residents of rural and pastoral areas(yuan)	23843	25655	7.6
农村牧区经济	**Economic Development in Rural & Pastoral Area**			
农作物总播种面积(公顷)	Total Sown Area(hectare)	27789	28200	1.5
#粮食作物播种面积(公顷)	Sown Area of Grain Crops(hectare)	19831	20749	4.6
农牧业机械总动力(万千瓦)	Total Power of Agricultural Machinery(10 000 kw)	25.92	27.60	6.5
化肥施用折纯量(吨)	Consumption of Chemical Fertilizer(ton)	6485	7404	14.2
农村用电量(万千瓦小时)	Electricity Consumed in Rural Area(10 000 kwh)	1104	665	－39.8
农林牧渔业总产值(万元)	Gross Output of Farming,Forestry,Animal Husbandry & Fishery(10 000 yuan)	376336	409911	5.4
粮食产量(吨)	Yield of Grain(ton)	76579	45828	－40.2
油料产量(吨)	Yield of Oil－bearing Grops(ton)	13215	8810	－33.3
甜菜产量(吨)	Yield of Beetroots(ton)			
猪牛羊肉产量(吨)	Output of Pork, Beef & Mutton(ton)	47218	54851	16.2
#猪肉产量(吨)	Output of Pork(ton)	216	160	－25.9
牛肉产量(吨)	Output of Beef(ton)	16253	12031	－26.0
羊肉产量(吨)	Output of Mutton(ton)	30749	42660	38.7
羊毛产量(吨)	Output of Wool(ton)	2870	2874	0.1

23－73 Dongwuzhumuqin Banner in Xilinguole League

指　　标	Item	2015	2016	2016年比上年增长% Increase Rate in 2016 Over 2015(%)
年末牲畜存栏头数(万头只)	Total Livestock at the Year－end(10 000 heads)	201.00	206.71	2.8
#大牲畜(万头只)	Large Animals(10 000 heads)	14.29	10.58	－26.0
羊(万只)	Sheep & Goats(10 000 heads)	186.48	195.98	5.1
猪(万头)	Hogs(10 000 heads)	0.23	0.15	－34.8
规模以上工业	**Industrial Enterprises above Designated size**			
工业企业单位数(个)	Number of Industrial Enterprises(unit)	53	54	1.9
#内资企业(个)	Civil Funded Enterprises(unit)	53	54	1.9
工业总产值(万元)	Gross Industrial Output Value(10 000 yuan)	1448821	1381643	－4.6
内资企业(万元)	Civil Funded Enterprises(10 000 yuan)	1448821	1381643	－4.6
国有企业(万元)	State－owned Enterprises(10 000 yuan)	51580	53772	4.2
集体企业(万元)	Collective－owned Enterprises(10 000 yuan)			
股份合作企业(万元)	Share Holding Enterprises(10 000 yuan)			
联营企业(万元)	Joint Owned Enterprises(10 000 yuan)			
有限责任公司(万元)	Limited Company(10 000 yuan)	481298	455264	－5.4
股份有限公司(万元)	Share Holding Limited Company(10 000 yuan)			
私营企业(万元)	Privately Owned Enterprises(10 000 yuan)	915943	872607	－4.7
其他企业(万元)	Enterprises of Other Ownership(10 000 yuan)			
港澳台商投资企业(万元)	Funds from HK, Macao & Taiwan(10 000 yuan)			
外商投资企业(万元)	Foreign Funded Enterprises(10 000 yuan)			
工业企业增加值(万元)	Value Added of Industrial Enterprises(10 000 yuan)			8.4
工业企业资产总计(万元)	Total Assets of Industrial Enterprises(10 000 yuan)	1318161	1284069	－2.6
工业企业负债合计(万元)	Total Liabilities of Industrial Enterprises(10 000 yuan)	794799	753322	－5.2
工业企业产品销售收入(万元)	Sales of Revenue Industrial Enterprises(10 000 yuan)	1405952	1383595	－1.6
工业企业利润总额(万元)	Total Profits of Industrial Enterprises(10 000 yuan)	78092	60267	－22.8
建筑业	**Construction**			
建筑企业单位数(个)	Number of Construction Enterprises(unit)	1	1	0.0
建筑企业从业人员(人)	Number of Employee in Construction Enterprises(person)	50	100	100.0
建筑业总产值(万元)	Gross Construction Output Value(10 000 yuan)	370	2688	626.5
交通运输邮电通信业	**Transportation, Post & Telecommunications**			
公路里程(公里)	Total Length of Highways(km)	3173	3103	－2.2
邮电业务总量(万元)	Business Volume of Post & Telecoms(10 000 yuan)	9974	9410	－5.7
本地电话用户(户)	Number of Subscribers of Local Telephone(Household)	128500	128031	－0.4
国内贸易	**Domestic Trade**			
社会消费品零售总额(万元)	Total Retail Sales of Consumer Goods(10 000 yuan)	261600	284450	8.7
城镇(万元)	Town(10 000 yuan)	204200	215299	5.4
乡村(万元)	Village(10 000 yuan)	57400	69151	20.5
科技教育卫生	**Science, Education & Public Health**			
各类专业技术人员(人)	Special Technical Personnel(person)	2247	1868	－16.9
幼儿园数(所)	Number of Kindergartens(unit)	13	14	7.7
学龄儿童入学率(%)	Percentage of School－Age Children Enrolled(%)	100.0	100.0	0.0
小学学校数(所)	Number of Primary Schools(unit)	7	7	0.0
小学专任教师数(人)	Number of Full－time Teachers of Primary Schools(person)	424	422	－0.5
小学在校学生数(人)	Number of Student Enrollment of Primary Schools(person)	5968	5990	0.4
普通中学学校数(所)	Number of Regular Secondary Schools(unit)	4	4	0.0
普通中学专任教师数(人)	Number of Teachers of Secondary Shools(person)	305	304	－0.3
初中在校学生数(人)	Number of Student in Junior Secondary Schools(person)	2775	2590	－6.7
高中在校学生数(人)	Number of Student in Senior Secondary Schools(person)	1177	1113	－5.4
卫生机构数(所)	Number of Health Institutions(unit)	88	96	9.1
#医院(所)	Hospitals(unit)	4	4	0.0
卫生院(所)	Township Hospitals(unit)	23	17	－26.1
床位数(张)	Number of Beds(unit)	367	350	－4.6
#医院(张)	Hospitals(unit)	257	240	－6.6
卫生院(张)	Township Hospitals(unit)	74	74	0.0
卫生技术人员(人)	Medical Technical Presonnel(person)	585	583	－0.3
#医院(人)	Hospitals(person)	292	306	4.8
卫生院(人)	Township Hospitals(person)	144	134	－6.9

23-74 锡林郭勒盟西乌珠穆沁旗

指　　标	Item	2015	2016	2016年比上年增长% Increase Rate in 2016 Over 2015(%)
行政区域土地面积(平方公里)	**Area of Administration(Sq. km)**	**22435**	**22435**	**0.0**
人口和就业	**Population & Employment**			
年末户籍人口(人)	The Registered Population Year-end(person)	79793	80220	0.5
#男性(人)	Male(person)	39868	41109	3.1
#乡村人口(人)	Rural(person)	47226	45496	-3.7
年末常住人口(人)	Permanet Resident Population Year-end(person)	92000	92700	0.8
#男性(人)	Male(person)	48576	48946	0.8
年末总户数(户)	Total Number of Households at the Year-end(Household)	30458	30984	1.7
#乡村户数(户)	Number of Rural Household(Household)	11493	14204	23.6
出生人口(人)	Births(person)	906	896	-1.1
死亡人口(人)	Deaths(person)	513	431	-16.0
全社会就业人员(人)	Employment(person)	51407	54914	6.8
第一产业(人)	Primary Industry(person)	22943	25948	13.1
第二产业(人)	Secondary Industry(person)	9786	9761	-0.3
第三产业(人)	Tertiary Industry(person)	18677	19205	2.8
在岗职工人数(人)	Number of Staff & Workers Employed in(person)	11478	13474	17.4
乡村劳动力(人)	Number of Rural Laborers(person)	25914	28864	11.4
#农林牧渔业(人)	Farming, Forestry, Animal Husbandry & Fishery(person)	22943	25948	13.1
国民经济综合指标	**Summary Item on the National Economy**			
生产总值(万元)	Gross Domestic Product(10 000 yuan)	1153290	1185420	8.9
第一产业(万元)	Primary Industry(10 000 yuan)	155383	165340	4.3
第二产业(万元)	Secondary Industry(10 000 yuan)	835040	836046	9.7
#工业(万元)	Industry(10 000 yuan)	721540	717346	10.4
第三产业(万元)	Tertiary Industry(10 000 yuan)	162868	184034	9.1
人均生产总值(元)	Per Capita GDP(yuan)	127014	128362	7.1
全社会固定资产投资(万元)	Total Investment in Fixed Assets(10 000 yuan)	830272	1022510	23.2
按登记注册类型分	Grouped by Registered Type			
#国有(万元)	State-owned Enterprises(10 000 yuan)	314938	207325	-34.2
集体(万元)	Collective-owned Enterprises(10 000 yuan)			
有限责任公司(万元)	Limited Liability Corporations(10 000 yuan)	271038	737519	172.1
股份有限公司(万元)	Share Holding Enterprises(10 000 yuan)	58673		
私营企业(万元)	Private Enterprises(10 000 yuan)	12000	65665	447.2
外商及港澳台投资企业(万元)	Funds from HK, Macao, Taiwan & Foreign(10 000 yuan)	173623	12001	-93.1
一般公共预算收入(万元)	General Public Budget Revenue(10 000 yuan)	189725	207158	9.2
一般公共预算支出(万元)	General Public Budget Expenditure(10 000 yuan)	185322	245936	32.7
住户存款余额(万元)	The balance of savings deposits of Households(10 000 yuan)	233048	266087	14.2
在岗职工工资总额(万元)	Total Wages of Staff & Workers Employed in(10 000 yuan)	78043	86158	10.4
在岗职工平均工资(元)	Average Wage of Staff & Workers Employed in(yuan)	68693	71023	3.4
全体居民人均可支配收入(元)	The per capita disposable income of all residents(yuan)	25226	27305	8.2
城镇常住居民人均可支配收入(元)	The per capita disposable income of urban permanent residents(yuan)	30910	33537	8.5
农村牧区常住居民人均可支配收入(元)	The per capita disposable income of permanent residents of rural and pastoral areas(yuan)	20286	21889	7.9
农村牧区经济	**Economic Development in Rural & Pastoral Area**			
农作物总播种面积(公顷)	Total Sown Area(hectare)	404	1729	328.0
#粮食作物播种面积(公顷)	Sown Area of Grain Crops(hectare)	24	40	66.7
农牧业机械总动力(万千瓦)	Total Power of Agricultural Machinery(10 000 kw)	12.09	12.51	3.5
化肥施用折纯量(吨)	Consumption of Chemical Fertilizer(ton)	162	167	3.1
农村用电量(万千瓦小时)	Electricity Consumed in Rural Area(10 000 kwh)	789	812	2.9
农林牧渔业总产值(万元)	Gross Output of Farming, Forestry, Animal Husbandry & Fishery(10 000 yuan)	270603	294745	5.3
粮食产量(吨)	Yield of Grain(ton)	45	75	66.7
油料产量(吨)	Yield of Oil-bearing Grops(ton)			
甜菜产量(吨)	Yield of Beetroots(ton)			
猪牛羊肉产量(吨)	Output of Pork, Beef & Mutton(ton)	32072	45374	41.5
#猪肉产量(吨)	Output of Pork(ton)			
牛肉产量(吨)	Output of Beef(ton)	14726	15889	7.9
羊肉产量(吨)	Output of Mutton(ton)	17346	29485	70.0
羊毛产量(吨)	Output of Wool(ton)	1479	2388	61.5

23 –74 xiwuzhumuqin Banner in Xilinguole League

指　　标	Item	2015	2016	2016 年比上年增长% Increase Rate in 2016 Over 2015(%)
年末牲畜存栏头数(万头只)	Total Livestock at the Year – end(10 000 heads)	93.69	95.50	1.9
# 大牲畜(万头只)	Large Animals(10 000 heads)	13.48	13.60	0.9
羊(万只)	Sheep & Goats(10 000 heads)	80.21	81.90	2.1
猪(万头)	Hogs(10 000 heads)			
规模以上工业	**Industrial Enterprises above Designated size**			
工业企业单位数(个)	Number of Industrial Enterprises(unit)	29	31	6.9
# 内资企业(个)	Civil Funded Enterprises(unit)	27	29	7.4
工业总产值(万元)	Gross Industrial Output Value(10 000 yuan)	935487	1196351	27.9
内资企业(万元)	Civil Funded Enterprises(10 000 yuan)	925926	1186346	28.1
国有企业(万元)	State – owned Enterprises(10 000 yuan)	307554	372212	21.0
集体企业(万元)	Collective – owned Enterprises(10 000 yuan)			
股份合作企业(万元)	Share Holding Enterprises(10 000 yuan)			
联营企业(万元)	Joint Owned Enterprises(10 000 yuan)			
有限责任公司(万元)	Limited Company(10 000 yuan)	391023	451019	15.3
股份有限公司(万元)	Share Holding Limited Company(10 000 yuan)	159056	264389	66.2
私营企业(万元)	Privately Owned Enterprises(10 000 yuan)	68293	98726	44.6
其他企业(万元)	Enterprises of Other Ownership(10 000 yuan)			
港澳台商投资企业(万元)	Funds from HK, Macao & Taiwan(10 000 yuan)	9561	10005	4.6
外商投资企业(万元)	Foreign Funded Enterprises(10 000 yuan)			
工业企业增加值(万元)	Value Added of Industrial Enterprises(10 000 yuan)			10.9
工业企业资产总计(万元)	Total Assets of Industrial Enterprises(10 000 yuan)	3370638	3319639	-1.5
工业企业负债合计(万元)	Total Liabilities of Industrial Enterprises(10 000 yuan)	2695012	2677813	-0.6
工业企业产品销售收入(万元)	Sales of Revenue Industrial Enterprises(10 000 yuan)	860056	1036740	20.5
工业企业利润总额(万元)	Total Profits of Industrial Enterprises(10 000 yuan)	37174	63423	70.6
建筑业	**Construction**			
建筑企业单位数(个)	Number of Construction Enterprises(unit)	2	2	0.0
建筑企业从业人员(人)	Number of Employee in Construction Enterprises(person)	222	197	-11.3
建筑业总产值(万元)	Gross Construction Output Value(10 000 yuan)	2288	4793	109.5
交通运输邮电通信业	**Transportation, Post & Telecommunications**			
公路里程(公里)	Total Length of Highways(km)	1885	2027	7.5
邮电业务总量(万元)	Business Volume of Post & Telecoms(10 000 yuan)	7542	6370	-15.5
本地电话用户(户)	Number of Subscribers of Local Telephone(Household)	112628	106900	-5.1
国内贸易	**Domestic Trade**			
社会消费品零售总额(万元)	Total Retail Sales of Consumer Goods(10 000 yuan)	188117	205416	9.2
城镇(万元)	Town(10 000 yuan)	147855	139683	-5.5
乡村(万元)	Village(10 000 yuan)	40262	65733	63.3
科技教育卫生	**Science, Education & Public Health**			
各类专业技术人员(人)	Special Technical Personnel(person)	2079	1696	-18.4
幼儿园数(所)	Number of Kindergartens(unit)	12	10	-16.7
学龄儿童入学率(%)	Percentage of School – Age Children Enrolled(%)	100.0	100.0	0.0
小学学校数(所)	Number of Primary Schools(unit)	5	5	0.0
小学专任教师数(人)	Number of Full – time Teachers of Primary Schools(person)	433	310	-28.4
小学在校学生数(人)	Number of Student Enrollment of Primary Schools(person)	5261	5253	-0.2
普通中学学校数(所)	Number of Regular Secondary Schools(unit)	2	2	0.0
普通中学专任教师数(人)	Number of Teachers of Secondary Shools(person)	173	175	1.2
初中在校学生数(人)	Number of Student in Junior Secondary Schools(person)	1884	1839	-2.4
高中在校学生数(人)	Number of Student in Senior Secondary Schools(person)	1223	1200	-1.9
卫生机构数(所)	Number of Health Institutions(unit)	91	98	7.7
# 医院(所)	Hospitals(unit)	2	2	0.0
卫生院(所)	Township Hospitals(unit)	14	14	0.0
床位数(张)	Number of Beds(unit)	338	342	1.2
# 医院(张)	Hospitals(unit)	260	260	0.0
卫生院(张)	Township Hospitals(unit)	68	72	5.9
卫生技术人员(人)	Medical Technical Presonnel(person)	355	407	14.6
# 医院(人)	Hospitals(person)	155	193	24.5
卫生院(人)	Township Hospitals(person)	111	112	0.9

23－75 锡林郭勒盟太仆寺旗

指　　标	Item	2015	2016	2016 年比上年增长% Increase Rate in 2016 Over 2015(%)
行政区域土地面积(平方公里)	**Area of Administration(Sq. km)**	**3415**	**3415**	**0.0**
人口和就业	**Population & Employment**			
年末户籍人口(人)	The Registered Population Year－end(person)	210526	210041	－0.2
#男性(人)	Male(person)	107657	106842	－0.8
#乡村人口(人)	Rural(person)	172307	172207	－0.1
年末常住人口(人)	Permanet Resident Population Year－end(person)	110500	110800	0.3
#男性(人)	Male(person)	55692	55843	0.3
年末总户数(户)	Total Number of Households at the Year－end(Household)	93265	93717	0.5
#乡村户数(户)	Number of Rural Household(Household)	35425	34425	－2.8
出生人口(人)	Births(person)	1720	1611	－6.3
死亡人口(人)	Deaths(person)	930	1886	102.8
全社会就业人员(人)	Employment(person)	86092	86548	0.5
第一产业(人)	Primary Industry(person)	61544	61066	－0.8
第二产业(人)	Secondary Industry(person)	3853	4003	3.9
第三产业(人)	Tertiary Industry(person)	20695	21478	3.8
在岗职工人数(人)	Number of Staff & Workers Employed in(person)	7965	7954	－0.1
乡村劳动力(人)	Number of Rural Laborers(person)	83744	82923	－1.0
#农林牧渔业(人)	Farming, Forestry, Animal Husbandry & Fishery(person)	61544	61066	－0.8
国民经济综合指标	**Summary Item on the National Economy**			
生产总值(万元)	Gross Domestic Product(10 000 yuan)	501190	540263	7.7
第一产业(万元)	Primary Industry(10 000 yuan)	128707	134074	3.2
第二产业(万元)	Secondary Industry(10 000 yuan)	204011	209471	8.9
#工业(万元)	Industry(10 000 yuan)	173511	177671	9.6
第三产业(万元)	Tertiary Industry(10 000 yuan)	168472	196718	9.5
人均生产总值(元)	Per Capita GDP(yuan)	45254	48826	7.8
全社会固定资产投资(万元)	Total Investment in Fixed Assets(10 000 yuan)	312672	369304	18.1
按登记注册类型分	Grouped by Registered Type			
#国有(万元)	State－owned Enterprises(10 000 yuan)	89763	191835	113.7
集体(万元)	Collective－owned Enterprises(10 000 yuan)			
有限责任公司(万元)	Limited Liability Corporations(10 000 yuan)	26028	16490	－36.6
股份有限公司(万元)	Share Holding Enterprises(10 000 yuan)	1170		
私营企业(万元)	Private Enterprises(10 000 yuan)	195711	160979	－17.7
外商及港澳台投资企业(万元)	Funds from HK, Macao, Taiwan & Foreign(10 000 yuan)			
一般公共预算收入(万元)	General Public Budget Revenue(10 000 yuan)	11885	14148	19.0
一般公共预算支出(万元)	General Public Budget Expenditure(10 000 yuan)	155422	184790	18.9
住户存款余额(万元)	The balance of savings deposits of Households(10 000 yuan)	467520	406362	－13.1
在岗职工工资总额(万元)	Total Wages of Staff & Workers Employed in(10 000 yuan)	45304	46163	1.9
在岗职工平均工资(元)	Average Wage of Staff & Workers Employed in(yuan)	56181	57718	2.7
全体居民人均可支配收入(元)	The per capita disposable income of all residents(yuan)	15565	16811	8.0
城镇常住居民人均可支配收入(元)	The per capita disposable income of urban permanent residents(yuan)	28113	30418	8.2
农村牧区常住居民人均可支配收入(元)	The per capita disposable income of permanent residents of rural and pastoral areas(yuan)	9072	9771	7.7
农村牧区经济	**Economic Development in Rural & Pastoral Area**			
农作物总播种面积(公顷)	Total Sown Area(hectare)	83778	92947	10.9
#粮食作物播种面积(公顷)	Sown Area of Grain Crops(hectare)	56540	63688	12.6
农牧业机械总动力(万千瓦)	Total Power of Agricultural Machinery(10 000 kw)	26.94	27.65	2.6
化肥施用折纯量(吨)	Consumption of Chemical Fertilizer(ton)	2795	2816	0.8
农村用电量(万千瓦小时)	Electricity Consumed in Rural Area(10 000 kwh)	672	674	0.3
农林牧渔业总产值(万元)	Gross Output of Farming, Forestry, Animal Husbandry & Fishery(10 000 yuan)	233387	254209	4.0
粮食产量(吨)	Yield of Grain(ton)	172761	194857	12.8
油料产量(吨)	Yield of Oil－bearing Grops(ton)	8625	11768	36.4
甜菜产量(吨)	Yield of Beetroots(ton)	12870	900	－93.0
猪牛羊肉产量(吨)	Output of Pork, Beef & Mutton(ton)	14274	17042	19.4
#猪肉产量(吨)	Output of Pork(ton)	3853	4325	12.3
牛肉产量(吨)	Output of Beef(ton)	7665	9482	23.7
羊肉产量(吨)	Output of Mutton(ton)	2756	3235	17.4
羊毛产量(吨)	Output of Wool(ton)	650	410	－36.9

23 – 75 Taipusi Banner in Xilinguole League

指　　标	Item	2015	2016	2016 年比上年增长% Increase Rate in 2016 Over 2015(%)
年末牲畜存栏头数(万头只)	Total Livestock at the Year – end(10 000 heads)	28.73	22.59	–21.4
# 大牲畜(万头只)	Large Animals(10 000 heads)	7.05	7.21	2.3
羊(万只)	Sheep & Goats(10 000 heads)	20.32	14.03	–31.0
猪(万头)	Hogs(10 000 heads)	1.35	1.35	0.0
规模以上工业	**Industrial Enterprises above Designated size**			
工业企业单位数(个)	Number of Industrial Enterprises(unit)	23	22	–4.3
# 内资企业(个)	Civil Funded Enterprises(unit)	22	21	–4.5
工业总产值(万元)	Gross Industrial Output Value(10 000 yuan)	270613	341277	26.1
内资企业(万元)	Civil Funded Enterprises(10 000 yuan)	266236	337465	26.8
国有企业(万元)	State – owned Enterprises(10 000 yuan)			
集体企业(万元)	Collective – owned Enterprises(10 000 yuan)			
股份合作企业(万元)	Share Holding Enterprises(10 000 yuan)			
联营企业(万元)	Joint Owned Enterprises(10 000 yuan)			
有限责任公司(万元)	Limited Company(10 000 yuan)	79857	86277	8.0
股份有限公司(万元)	Share Holding Limited Company(10 000 yuan)			
私营企业(万元)	Privately Owned Enterprises(10 000 yuan)	168889	251189	48.7
其他企业(万元)	Enterprises of Other Ownership(10 000 yuan)	17490		
港澳台商投资企业(万元)	Funds from HK,Macao & Taiwan(10 000 yuan)			
外商投资企业(万元)	Foreign Funded Enterprises(10 000 yuan)	4377	3812	–12.9
工业企业增加值(万元)	Value Added of Industrial Enterprises(10 000 yuan)			10.9
工业企业资产总计(万元)	Total Assets of Industrial Enterprises(10 000 yuan)	296329	323906	9.3
工业企业负债合计(万元)	Total Liabilities of Industrial Enterprises(10 000 yuan)	187627	164324	–12.4
工业企业产品销售收入(万元)	Sales of Revenue Industrial Enterprises(10 000 yuan)	292986	323359	10.4
工业企业利润总额(万元)	Total Profits of Industrial Enterprises(10 000 yuan)	14297	16306	14.1
建筑业	**Construction**			
建筑企业单位数(个)	Number of Construction Enterprises(unit)	3	3	0.0
建筑企业从业人员(人)	Number of Employee in Construction Enterprises(person)	313	238	–24.0
建筑业总产值(万元)	Gross Construction Output Value(10 000 yuan)	11026	6714	–39.1
交通运输邮电通信业	**Transportation,Post & Telecommunications**			
公路里程(公里)	Total Length of Highways(km)	1395	1345	–3.6
邮电业务总量(万元)	Business Volume of Post & Telecoms(10 000 yuan)	8239	8454	2.6
本地电话用户(户)	Number of Subscribers of Local Telephone(Household)	111900	116003	3.7
国内贸易	**Domestic Trade**			
社会消费品零售总额(万元)	Total Retail Sales of Consumer Goods(10 000 yuan)	184136	200520	8.9
城镇(万元)	Town(10 000 yuan)	127550	138905	8.9
乡村(万元)	Village(10 000 yuan)	56586	61615	8.9
科技教育卫生	**Science,Education & Public Health**			
各类专业技术人员(人)	Special Technical Personnel(person)	3049	2545	–16.5
幼儿园数(所)	Number of Kindergartens(unit)	7	20	185.7
学龄儿童入学率(%)	Percentage of School – Age Children Enrolled(%)	100.0	100.0	0.0
小学学校数(所)	Number of Primary Schools(unit)	5	5	0.0
小学专任教师数(人)	Number of Full – time Teachers of Primary Schools(person)	394	438	11.2
小学在校学生数(人)	Number of Student Enrollment of Primary Schools(person)	4714	5253	11.4
普通中学学校数(所)	Number of Regular Secondary Schools(unit)	5	5	0.0
普通中学专任教师数(人)	Number of Teachers of Secondary Shools(person)	413	491	18.9
初中在校学生数(人)	Number of Student in Junior Secondary Schools(person)	2908	2650	–8.9
高中在校学生数(人)	Number of Student in Senior Secondary Schools(person)	2394	2375	–0.8
卫生机构数(所)	Number of Health Institutions(unit)	177	171	–3.4
# 医院(所)	Hospitals(unit)	2	2	0.0
卫生院(所)	Township Hospitals(unit)	11	11	0.0
床位数(张)	Number of Beds(unit)	337	343	1.8
# 医院(张)	Hospitals(unit)	236	236	0.0
卫生院(张)	Township Hospitals(unit)	101	85	–15.8
卫生技术人员(人)	Medical Technical Presonnel(person)	456	478	4.8
# 医院(人)	Hospitals(person)	237	255	7.6
卫生院(人)	Township Hospitals(person)	73	82	12.3

23-76 锡林郭勒盟镶黄旗

指　标	Item	2015	2016	2016年比上年增长% Increase Rate in 2016 Over 2015(%)
行政区域土地面积(平方公里)	**Area of Administration(Sq. km)**	**4960**	**4960**	**0.0**
人口和就业	**Population & Employment**			
年末户籍人口(人)	The Registered Population Year-end(person)	31349	31516	0.5
#男性(人)	Male(person)	15449	15515	0.4
#乡村人口(人)	Rural(person)	18121	18456	1.8
年末常住人口(人)	Permanet Resident Population Year-end(person)	28900	29000	0.3
#男性(人)	Male(person)	14883	14935	0.3
年末总户数(户)	Total Number of Households at the Year-end(Household)	12862	13059	1.5
#乡村户数(户)	Number of Rural Household(Household)	6176	6198	0.4
出生人口(人)	Births(person)	330	337	2.1
死亡人口(人)	Deaths(person)	318	148	-53.5
全社会就业人员(人)	Employment(person)	24893	25433	2.2
第一产业(人)	Primary Industry(person)	12687	12700	0.1
第二产业(人)	Secondary Industry(person)	4921	5178	5.2
第三产业(人)	Tertiary Industry(person)	7285	7555	3.7
在岗职工人数(人)	Number of Staff & Workers Employed in(person)	3458	3368	-2.6
乡村劳动力(人)	Number of Rural Laborers(person)	14427	14724	2.1
#农林牧渔业(人)	Farming, Forestry, Animal Husbandry & Fishery(person)	12687	12700	0.1
国民经济综合指标	**Summary Item on the National Economy**			
生产总值(万元)	Gross Domestic Product(10 000 yuan)	527296	540809	5.8
第一产业(万元)	Primary Industry(10 000 yuan)	33555	36048	3.9
第二产业(万元)	Secondary Industry(10 000 yuan)	399164	394380	5.1
#工业(万元)	Industry(10 000 yuan)	381164	375380	5.1
第三产业(万元)	Tertiary Industry(10 000 yuan)	94577	110381	9.1
人均生产总值(元)	Per Capita GDP(yuan)	182140	186808	5.8
全社会固定资产投资(万元)	Total Investment in Fixed Assets(10 000 yuan)	131666	160094	21.6
按登记注册类型分	Grouped by Registered Type			
#国有(万元)	State-owned Enterprises(10 000 yuan)	50888	93539	83.8
集体(万元)	Collective-owned Enterprises(10 000 yuan)			
有限责任公司(万元)	Limited Liability Corporations(10 000 yuan)	33382	34402	3.1
股份有限公司(万元)	Share Holding Enterprises(10 000 yuan)	4647		
私营企业(万元)	Private Enterprises(10 000 yuan)		32153	
外商及港澳台投资企业(万元)	Funds from HK, Macao, Taiwan & Foreign(10 000 yuan)			
一般公共预算收入(万元)	General Public Budget Revenue(10 000 yuan)	23192	25674	10.7
一般公共预算支出(万元)	General Public Budget Expenditure(10 000 yuan)	90413	97741	8.1
住户存款余额(万元)	The balance of savings deposits of Households(10 000 yuan)	72704	78253	7.6
在岗职工工资总额(万元)	Total Wages of Staff & Workers Employed in(10 000 yuan)	21538	24118	12.0
在岗职工平均工资(元)	Average Wage of Staff & Workers Employed in(yuan)	62266	71566	14.9
全体居民人均可支配收入(元)	The per capita disposable income of all residents(yuan)	23478	25393	8.2
城镇常住居民人均可支配收入(元)	The per capita disposable income of urban permanent residents(yuan)	30645	33127	8.1
农村牧区常住居民人均可支配收入(元)	The per capita disposable income of permanent residents of rural and pastoral areas(yuan)	11223	12166	8.4
农村牧区经济	**Economic Development in Rural & Pastoral Area**			
农作物总播种面积(公顷)	Total Sown Area(hectare)	3286	2881	-12.3
#粮食作物播种面积(公顷)	Sown Area of Grain Crops(hectare)	216	75	-65.3
农牧业机械总动力(万千瓦)	Total Power of Agricultural Machinery(10 000 kw)	3.69	3.77	2.2
化肥施用折纯量(吨)	Consumption of Chemical Fertilizer(ton)	12	12	-3.3
农村用电量(万千瓦小时)	Electricity Consumed in Rural Area(10 000 kwh)	19	24	26.3
农林牧渔业总产值(万元)	Gross Output of Farming, Forestry, Animal Husbandry & Fishery(10 000 yuan)	61752	67261	5.3
粮食产量(吨)	Yield of Grain(ton)	229	97	-57.6
油料产量(吨)	Yield of Oil-bearing Grops(ton)	9	101	1022.2
甜菜产量(吨)	Yield of Beetroots(ton)			
猪牛羊肉产量(吨)	Output of Pork, Beef & Mutton(ton)	7004	9468	35.2
#猪肉产量(吨)	Output of Pork(ton)	8	16	100.0
牛肉产量(吨)	Output of Beef(ton)	1754	2860	63.1
羊肉产量(吨)	Output of Mutton(ton)	5242	6592	25.8
羊毛产量(吨)	Output of Wool(ton)	869	1100	26.6

23－76 Xianghuang Banner in Xilinguole League

指　　标	Item	2015	2016	2016 年比上年增长% Increase Rate in 2016 Over 2015(%)
年末牲畜存栏头数(万头只)	Total Livestock at the Year－end(10 000 heads)	20.39	27.82	36.4
#大牲畜(万头只)	Large Animals(10 000 heads)	1.59	2.64	66.0
羊(万只)	Sheep & Goats(10 000 heads)	18.74	25.16	34.3
猪(万头)	Hogs(10 000 heads)	0.06	0.02	－66.7
规模以上工业	**Industrial Enterprises above Designated size**			
工业企业单位数(个)	Number of Industrial Enterprises(unit)	28	23	－17.9
#内资企业(个)	Civil Funded Enterprises(unit)	28	23	－17.9
工业总产值(万元)	Gross Industrial Output Value(10 000 yuan)	755366	762068	0.9
内资企业(万元)	Civil Funded Enterprises(10 000 yuan)	755366	762068	0.9
国有企业(万元)	State－owned Enterprises(10 000 yuan)			
集体企业(万元)	Collective－owned Enterprises(10 000 yuan)			
股份合作企业(万元)	Share Holding Enterprises(10 000 yuan)			
联营企业(万元)	Joint Owned Enterprises(10 000 yuan)			
有限责任公司(万元)	Limited Company(10 000 yuan)	33865	47219	39.4
股份有限公司(万元)	Share Holding Limited Company(10 000 yuan)			
私营企业(万元)	Privately Owned Enterprises(10 000 yuan)	721501	714850	－0.9
其他企业(万元)	Enterprises of Other Ownership(10 000 yuan)			
港澳台商投资企业(万元)	Funds from HK, Macao & Taiwan(10 000 yuan)			
外商投资企业(万元)	Foreign Funded Enterprises(10 000 yuan)			
工业企业增加值(万元)	Value Added of Industrial Enterprises(10 000 yuan)			4.9
工业企业资产总计(万元)	Total Assets of Industrial Enterprises(10 000 yuan)	789650	686956	－13.0
工业企业负债合计(万元)	Total Liabilities of Industrial Enterprises(10 000 yuan)	324645	300359	－7.5
工业企业产品销售收入(万元)	Sales of Revenue Industrial Enterprises(10 000 yuan)	727326	711626	－2.2
工业企业利润总额(万元)	Total Profits of Industrial Enterprises(10 000 yuan)	70618	58890	－16.6
建筑业	**Construction**			
建筑企业单位数(个)	Number of Construction Enterprises(unit)			
建筑企业从业人员(人)	Number of Employee in Construction Enterprises(person)			
建筑业总产值(万元)	Gross Construction Output Value(10 000 yuan)			
交通运输邮电通信业	**Transportation, Post & Telecommunications**			
公路里程(公里)	Total Length of Highways(km)	920	1350	46.7
邮电业务总量(万元)	Business Volume of Post & Telecoms(10 000 yuan)	3514	3300	－6.1
本地电话用户(户)	Number of Subscribers of Local Telephone(Household)	36860	38858	5.4
国内贸易	**Domestic Trade**			
社会消费品零售总额(万元)	Total Retail Sales of Consumer Goods(10 000 yuan)	57125	61879	8.3
城镇(万元)	Town(10 000 yuan)	40837	44432	8.8
乡村(万元)	Village(10 000 yuan)	16288	17447	7.1
科技教育卫生	**Science, Education & Public Health**			
各类专业技术人员(人)	Special Technical Personnel(person)	700	738	5.4
幼儿园数(所)	Number of Kindergartens(unit)	2	2	0.0
学龄儿童入学率(%)	Percentage of School－Age Children Enrolled(%)	100.0	100.0	0.0
小学学校数(所)	Number of Primary Schools(unit)	2	2	0.0
小学专任教师数(人)	Number of Full－time Teachers of Primary Schools(person)	136	143	5.1
小学在校学生数(人)	Number of Student Enrollment of Primary Schools(person)	1331	1337	0.5
普通中学学校数(所)	Number of Regular Secondary Schools(unit)	2	2	0.0
普通中学专任教师数(人)	Number of Teachers of Secondary Shools(person)	110	136	23.6
初中在校学生数(人)	Number of Student in Junior Secondary Schools(person)	917	827	－9.8
高中在校学生数(人)	Number of Student in Senior Secondary Schools(person)	340	354	4.1
卫生机构数(所)	Number of Health Institutions(unit)	74	80	8.1
#医院(所)	Hospitals(unit)	2	2	0.0
卫生院(所)	Township Hospitals(unit)	3	3	0.0
床位数(张)	Number of Beds(unit)	238	238	0.0
#医院(张)	Hospitals(unit)	180	180	0.0
卫生院(张)	Township Hospitals(unit)	19	19	0.0
卫生技术人员(人)	Medical Technical Presonnel(person)	282	275	－2.5
#医院(人)	Hospitals(person)	110	106	－3.6
卫生院(人)	Township Hospitals(person)	69	66	－4.3

23－77 锡林郭勒盟正镶白旗

指　标	Item	2015	2016	2016年比上年增长% Increase Rate in 2016 Over 2015(%)
行政区域土地面积(平方公里)	**Area of Administration(Sq.km)**	**6215**	**6215**	**0.0**
人口和就业	**Population & Employment**			
年末户籍人口(人)	The Registered Population Year－end(person)	72277	72319	0.1
#男性(人)	Male(person)	36769	36751	0.0
#乡村人口(人)	Rural(person)	56261	56306	0.1
年末常住人口(人)	Permanet Resident Population Year－end(person)	52800	52600	－0.4
#男性(人)	Male(person)	26875	26773	－0.4
年末总户数(户)	Total Number of Households at the Year－end(Household)	31936	32780	2.6
#乡村户数(户)	Number of Rural Household(Household)	22697	22817	0.5
出生人口(人)	Births(person)	569	610	7.2
死亡人口(人)	Deaths(person)	527	297	－43.6
全社会就业人员(人)	Employment(person)	37585	37931	0.9
第一产业(人)	Primary Industry(person)	25775	25835	0.2
第二产业(人)	Secondary Industry(person)	3402	3667	7.8
第三产业(人)	Tertiary Industry(person)	8408	8429	0.2
在岗职工人数(人)	Number of Staff & Workers Employed in(person)	3987	3819	－4.2
乡村劳动力(人)	Number of Rural Laborers(person)	28726	28786	0.2
#农林牧渔业(人)	Farming,Forestry,Animal Husbandry & Fishery(person)	25775	25835	0.2
国民经济综合指标	**Summary Item on the National Economy**			
生产总值(万元)	Gross Domestic Product(10 000 yuan)	310757	341012	8.9
第一产业(万元)	Primary Industry(10 000 yuan)	49231	52924	4.1
第二产业(万元)	Secondary Industry(10 000 yuan)	156076	167759	10.0
#工业(万元)	Industry(10 000 yuan)	130476	140759	10.8
第三产业(万元)	Tertiary Industry(10 000 yuan)	105450	120329	9.4
人均生产总值(元)	Per Capita GDP(yuan)	58633	64708	9.5
全社会固定资产投资(万元)	Total Investment in Fixed Assets(10 000 yuan)	234021	282391	20.7
按登记注册类型分	Grouped by Registered Type			
#国有(万元)	State－owned Enterprises(10 000 yuan)	110597	157501	42.4
集体(万元)	Collective－owned Enterprises(10 000 yuan)			
有限责任公司(万元)	Limited Liability Corporations(10 000 yuan)	1000	11119	1011.9
股份有限公司(万元)	Share Holding Enterprises(10 000 yuan)	1400	500	－64.3
私营企业(万元)	Private Enterprises(10 000 yuan)	121024	113271	－6.4
外商及港澳台投资企业(万元)	Funds from HK,Macao,Taiwan & Foreign(10 000 yuan)			
一般公共预算收入(万元)	General Public Budget Revenue(10 000 yuan)	12257	13643	11.3
一般公共预算支出(万元)	General Public Budget Expenditure(10 000 yuan)	106035	112317	5.9
住户存款余额(万元)	The balance of savings deposits of Households(10 000 yuan)	113135	133655	18.1
在岗职工工资总额(万元)	Total Wages of Staff & Workers Employed in(10 000 yuan)	24568	27246	10.9
在岗职工平均工资(元)	Average Wage of Staff & Workers Employed in(yuan)	60692	70295	15.8
全体居民人均可支配收入(元)	The per capita disposable income of all residents(yuan)	15873	17235	8.6
城镇常住居民人均可支配收入(元)	The per capita disposable income of urban permanent residents(yuan)	27364	29772	8.8
农村牧区常住居民人均可支配收入(元)	The per capita disposable income of permanent residents of rural and pastoral areas(yuan)	8244	8912	8.1
农村牧区经济	**Economic Development in Rural & Pastoral Area**			
农作物总播种面积(公顷)	Total Sown Area(hectare)	14447	15478	7.1
#粮食作物播种面积(公顷)	Sown Area of Grain Crops(hectare)	7918	8783	10.9
农牧业机械总动力(万千瓦)	Total Power of Agricultural Machinery(10 000 kw)	11.52	11.91	3.4
化肥施用折纯量(吨)	Consumption of Chemical Fertilizer(ton)	347	226	－34.9
农村用电量(万千瓦小时)	Electricity Consumed in Rural Area(10 000 kwh)	542	546	0.7
农林牧渔业总产值(万元)	Gross Output of Farming,Forestry,Animal Husbandry & Fishery(10 000 yuan)	90200	98247	5.4
粮食产量(吨)	Yield of Grain(ton)	3600	4987	38.5
油料产量(吨)	Yield of Oil－bearing Grops(ton)	442	928	110.0
甜菜产量(吨)	Yield of Beetroots(ton)			
猪牛羊肉产量(吨)	Output of Pork, Beef & Mutton(ton)	10417	14165	36.0
#猪肉产量(吨)	Output of Pork(ton)	233	294	26.2
牛肉产量(吨)	Output of Beef(ton)	5300	8507	60.5
羊肉产量(吨)	Output of Mutton(ton)	4884	5364	9.8
羊毛产量(吨)	Output of Wool(ton)	794	890	12.1

23 – 77 Zhengxiangbai Banner in Xilinguole League

指　　标	Item	2015	2016	2016 年比上年增长% Increase Rate in 2016 Over 2015(%)
年末牲畜存栏头数(万头只)	Total Livestock at the Year – end(10 000 heads)	24.69	25.68	4.0
# 大牲畜(万头只)	Large Animals(10 000 heads)	5.89	6.58	11.7
羊(万只)	Sheep & Goats(10 000 heads)	18.74	19.07	1.8
猪(万头)	Hogs(10 000 heads)	0.06	0.04	-33.3
规模以上工业	**Industrial Enterprises above Designated size**			
工业企业单位数(个)	Number of Industrial Enterprises(unit)	21	22	4.8
# 内资企业(个)	Civil Funded Enterprises(unit)	21	22	4.8
工业总产值(万元)	Gross Industrial Output Value(10 000 yuan)	190692	234057	22.7
内资企业(万元)	Civil Funded Enterprises(10 000 yuan)	190692	234057	22.7
国有企业(万元)	State – owned Enterprises(10 000 yuan)			
集体企业(万元)	Collective – owned Enterprises(10 000 yuan)			
股份合作企业(万元)	Share Holding Enterprises(10 000 yuan)			
联营企业(万元)	Joint Owned Enterprises(10 000 yuan)			
有限责任公司(万元)	Limited Company(10 000 yuan)	27963	45557	62.9
股份有限公司(万元)	Share Holding Limited Company(10 000 yuan)	2752	2640	-4.1
私营企业(万元)	Privately Owned Enterprises(10 000 yuan)	159977	185860	16.2
其他企业(万元)	Enterprises of Other Ownership(10 000 yuan)			
港澳台商投资企业(万元)	Funds from HK, Macao & Taiwan(10 000 yuan)			
外商投资企业(万元)	Foreign Funded Enterprises(10 000 yuan)			
工业企业增加值(万元)	Value Added of Industrial Enterprises(10 000 yuan)			13.7
工业企业资产总计(万元)	Total Assets of Industrial Enterprises(10 000 yuan)	330229	327110	-0.9
工业企业负债合计(万元)	Total Liabilities of Industrial Enterprises(10 000 yuan)	275253	274581	-0.2
工业企业产品销售收入(万元)	Sales of Revenue Industrial Enterprises(10 000 yuan)	189148	239672	26.7
工业企业利润总额(万元)	Total Profits of Industrial Enterprises(10 000 yuan)	6961	4779	-31.3
建筑业	**Construction**			
建筑企业单位数(个)	Number of Construction Enterprises(unit)	1	1	0.0
建筑企业从业人员(人)	Number of Employee in Construction Enterprises(person)	220	1300	490.9
建筑业总产值(万元)	Gross Construction Output Value(10 000 yuan)	21300	30608	43.7
交通运输邮电通信业	**Transportation, Post & Telecommunications**			
公路里程(公里)	Total Length of Highways(km)	966	1085	12.3
邮电业务总量(万元)	Business Volume of Post & Telecoms(10 000 yuan)	4680	4047	-13.5
本地电话用户(户)	Number of Subscribers of Local Telephone(Household)	58318	57400	-1.6
国内贸易	**Domestic Trade**			
社会消费品零售总额(万元)	Total Retail Sales of Consumer Goods(10 000 yuan)	76686	83433	8.8
城镇(万元)	Town(10 000 yuan)	57515	58403	1.5
乡村(万元)	Village(10 000 yuan)	19171	25030	30.6
科技教育卫生	**Science, Education & Public Health**			
各类专业技术人员(人)	Special Technical Personnel(person)	1464	1102	-24.7
幼儿园数(所)	Number of Kindergartens(unit)	9	9	0.0
学龄儿童入学率(%)	Percentage of School – Age Children Enrolled(%)	100.0	100.0	0.0
小学学校数(所)	Number of Primary Schools(unit)	3	3	0.0
小学专任教师数(人)	Number of Full – time Teachers of Primary Schools(person)	253	261	3.2
小学在校学生数(人)	Number of Student Enrollment of Primary Schools(person)	2143	2026	-5.5
普通中学学校数(所)	Number of Regular Secondary Schools(unit)	2	2	0.0
普通中学专任教师数(人)	Number of Teachers of Secondary Shools(person)	208	213	2.4
初中在校学生数(人)	Number of Student in Junior Secondary Schools(person)	887	1034	16.6
高中在校学生数(人)	Number of Student in Senior Secondary Schools(person)	345	397	15.1
卫生机构数(所)	Number of Health Institutions(unit)	94	102	8.5
# 医院(所)	Hospitals(unit)	2	2	0.0
卫生院(所)	Township Hospitals(unit)	7	7	0.0
床位数(张)	Number of Beds(unit)	213	202	-5.2
# 医院(张)	Hospitals(unit)	160	160	0.0
卫生院(张)	Township Hospitals(unit)	35	30	-14.3
卫生技术人员(人)	Medical Technical Presonnel(person)	245	252	2.9
# 医院(人)	Hospitals(person)	138	130	-5.8
卫生院(人)	Township Hospitals(person)	34	33	-2.9

23 – 78 锡林郭勒盟正蓝旗

指 标	Item	2015	2016	2016 年比上年增长% Increase Rate in 2016 Over 2015(%)
行政区域土地面积(平方公里)	**Area of Administration(Sq. km)**	**9963**	**9963**	**0.0**
人口和就业	**Population & Employment**			
年末户籍人口(人)	The Registered Population Year – end(person)	83229	83951	0.9
# 男性(人)	Male(person)	41725	41958	0.6
# 乡村人口(人)	Rural(person)		57485	
年末常住人口(人)	Permanet Resident Population Year – end(person)	82600	83000	0.5
# 男性(人)	Male(person)	43035	43243	0.5
年末总户数(户)	Total Number of Households at the Year – end(Household)	36269	37085	2.2
# 乡村户数(户)	Number of Rural Household(Household)	18126	18373	1.4
出生人口(人)	Births(person)	644	1064	65.2
死亡人口(人)	Deaths(person)	398	422	6.0
全社会就业人员(人)	Employment(person)	45088	44855	-0.5
第一产业(人)	Primary Industry(person)	21417	21383	-0.2
第二产业(人)	Secondary Industry(person)	6623	6163	-6.9
第三产业(人)	Tertiary Industry(person)	17048	17308	1.5
在岗职工人数(人)	Number of Staff & Workers Employed in(person)	8496	8322	-2.0
乡村劳动力(人)	Number of Rural Laborers(person)	38417	38346	-0.2
# 农林牧渔业(人)	Farming, Forestry, Animal Husbandry & Fishery(person)	19552	19309	-1.2
国民经济综合指标	**Summary Item on the National Economy**			
生产总值(万元)	Gross Domestic Product(10 000 yuan)	696799	675194	3.5
第一产业(万元)	Primary Industry(10 000 yuan)	70098	75961	4.0
第二产业(万元)	Secondary Industry(10 000 yuan)	473039	424700	1.6
# 工业(万元)	Industry(10 000 yuan)	427039	384700	2.2
第三产业(万元)	Tertiary Industry(10 000 yuan)	153662	174533	8.9
人均生产总值(元)	Per Capita GDP(yuan)	84154	81545	3.5
全社会固定资产投资(万元)	Total Investment in Fixed Assets(10 000 yuan)	522331	441006	-15.6
按登记注册类型分	Grouped by Registered Type			
# 国有(万元)	State – owned Enterprises(10 000 yuan)	298665	288453	-3.4
集体(万元)	Collective – owned Enterprises(10 000 yuan)			
有限责任公司(万元)	Limited Liability Corporations(10 000 yuan)	82922	92133	11.1
股份有限公司(万元)	Share Holding Enterprises(10 000 yuan)	37179	11800	-68.3
私营企业(万元)	Private Enterprises(10 000 yuan)	103565	48620	-53.1
外商及港澳台投资企业(万元)	Funds from HK, Macao, Taiwan & Foreign(10 000 yuan)			
一般公共预算收入(万元)	General Public Budget Revenue(10 000 yuan)	50079	55906	11.6
一般公共预算支出(万元)	General Public Budget Expenditure(10 000 yuan)	149030	143528	-3.7
住户存款余额(万元)	The balance of savings deposits of Households(10 000 yuan)	205011	220784	7.7
在岗职工工资总额(万元)	Total Wages of Staff & Workers Employed in(10 000 yuan)	55544	55470	-0.1
在岗职工平均工资(元)	Average Wage of Staff & Workers Employed in(yuan)	59931	65451	9.2
全体居民人均可支配收入(元)	The per capita disposable income of all residents(yuan)	21102	22804	8.1
城镇常住居民人均可支配收入(元)	The per capita disposable income of urban permanent residents(yuan)	29933	32358	8.1
农村牧区常住居民人均可支配收入(元)	The per capita disposable income of permanent residents of rural and pastoral areas(yuan)	13626	14730	8.1
农村牧区经济	**Economic Development in Rural & Pastoral Area**			
农作物总播种面积(公顷)	Total Sown Area(hectare)	24385	21001	-13.9
# 粮食作物播种面积(公顷)	Sown Area of Grain Crops(hectare)	11704	13334	13.9
农牧业机械总动力(万千瓦)	Total Power of Agricultural Machinery(10 000 kw)	16.64	17.57	5.6
化肥施用折纯量(吨)	Consumption of Chemical Fertilizer(ton)	1290	1402	8.7
农村用电量(万千瓦小时)	Electricity Consumed in Rural Area(10 000 kwh)	2648	2060	-22.2
农林牧渔业总产值(万元)	Gross Output of Farming, Forestry, Animal Husbandry & Fishery(10 000 yuan)	123263	134260	4.5
粮食产量(吨)	Yield of Grain(ton)	30230	29472	-2.5
油料产量(吨)	Yield of Oil – bearing Grops(ton)	202	1464	624.8
甜菜产量(吨)	Yield of Beetroots(ton)			
猪牛羊肉产量(吨)	Output of Pork, Beef & Mutton(ton)	28098	32972	17.3
# 猪肉产量(吨)	Output of Pork(ton)	283	255	-9.9
牛肉产量(吨)	Output of Beef(ton)	22396	26354	17.7
羊肉产量(吨)	Output of Mutton(ton)	5419	6363	17.4
羊毛产量(吨)	Output of Wool(ton)	1536	1920	25.0

23 – 78 Zhenglan Banner in Xilinguole League

指　　标	Item	2015	2016	2016 年比上年增长% Increase Rate in 2016 Over 2015(%)
年末牲畜存栏头数(万头只)	Total Livestock at the Year – end(10 000 heads)	38.26	41.68	8.9
# 大牲畜(万头只)	Large Animals(10 000 heads)	17.90	18.25	2.0
羊(万只)	Sheep & Goats(10 000 heads)	20.22	23.34	15.4
猪(万头)	Hogs(10 000 heads)	0.14	0.09	–35.7
规模以上工业	**Industrial Enterprises above Designated size**			
工业企业单位数(个)	Number of Industrial Enterprises(unit)	17	18	5.9
# 内资企业(个)	Civil Funded Enterprises(unit)	17	18	5.9
工业总产值(万元)	Gross Industrial Output Value(10 000 yuan)	688036	667552	–3.0
内资企业(万元)	Civil Funded Enterprises(10 000 yuan)	688036	667552	–3.0
国有企业(万元)	State – owned Enterprises(10 000 yuan)			
集体企业(万元)	Collective – owned Enterprises(10 000 yuan)			
股份合作企业(万元)	Share Holding Enterprises(10 000 yuan)			
联营企业(万元)	Joint Owned Enterprises(10 000 yuan)			
有限责任公司(万元)	Limited Company(10 000 yuan)	662714	629979	–4.9
股份有限公司(万元)	Share Holding Limited Company(10 000 yuan)	6314	9895	56.7
私营企业(万元)	Privately Owned Enterprises(10 000 yuan)	19008	27678	45.6
其他企业(万元)	Enterprises of Other Ownership(10 000 yuan)			
港澳台商投资企业(万元)	Funds from HK, Macao & Taiwan(10 000 yuan)			
外商投资企业(万元)	Foreign Funded Enterprises(10 000 yuan)			
工业企业增加值(万元)	Value Added of Industrial Enterprises(10 000 yuan)			1.6
工业企业资产总计(万元)	Total Assets of Industrial Enterprises(10 000 yuan)	1523186	1476433	–3.1
工业企业负债合计(万元)	Total Liabilities of Industrial Enterprises(10 000 yuan)	1000397	921878	–7.8
工业企业产品销售收入(万元)	Sales of Revenue Industrial Enterprises(10 000 yuan)	626507	597508	–4.6
工业企业利润总额(万元)	Total Profits of Industrial Enterprises(10 000 yuan)	111983	84173	–24.8
建筑业	**Construction**			
建筑企业单位数(个)	Number of Construction Enterprises(unit)	1	1	0.0
建筑企业从业人员(人)	Number of Employee in Construction Enterprises(person)			
建筑业总产值(万元)	Gross Construction Output Value(10 000 yuan)			
交通运输邮电通信业	**Transportation, Post & Telecommunications**			
公路里程(公里)	Total Length of Highways(km)	1667	1737	4.2
邮电业务总量(万元)	Business Volume of Post & Telecoms(10 000 yuan)	7095	8451	19.1
本地电话用户(户)	Number of Subscribers of Local Telephone(Household)	85133	90301	6.1
国内贸易	**Domestic Trade**			
社会消费品零售总额(万元)	Total Retail Sales of Consumer Goods(10 000 yuan)	127016	138443	9.0
城镇(万元)	Town(10 000 yuan)	74959	78237	4.4
乡村(万元)	Village(10 000 yuan)	52057	60206	15.7
科技教育卫生	**Science, Education & Public Health**			
各类专业技术人员(人)	Special Technical Personnel(person)	1151	1286	11.7
幼儿园数(所)	Number of Kindergartens(unit)	4	4	0.0
学龄儿童入学率(%)	Percentage of School – Age Children Enrolled(%)	100.0	100.0	0.0
小学学校数(所)	Number of Primary Schools(unit)	6	6	0.0
小学专任教师数(人)	Number of Full – time Teachers of Primary Schools(person)	344	348	1.2
小学在校学生数(人)	Number of Student Enrollment of Primary Schools(person)	3398	3549	4.4
普通中学学校数(所)	Number of Regular Secondary Schools(unit)	2	2	0.0
普通中学专任教师数(人)	Number of Teachers of Secondary Shools(person)	199	210	5.5
初中在校学生数(人)	Number of Student in Junior Secondary Schools(person)	1336	1417	6.1
高中在校学生数(人)	Number of Student in Senior Secondary Schools(person)	670	732	9.3
卫生机构数(所)	Number of Health Institutions(unit)	99	102	3.0
# 医院(所)	Hospitals(unit)	2	2	0.0
卫生院(所)	Township Hospitals(unit)	13	13	0.0
床位数(张)	Number of Beds(unit)	301	331	10.0
# 医院(张)	Hospitals(unit)	190	220	15.8
卫生院(张)	Township Hospitals(unit)	95	95	0.0
卫生技术人员(人)	Medical Technical Presonnel(person)	288	341	18.4
# 医院(人)	Hospitals(person)	139	137	–1.4
卫生院(人)	Township Hospitals(person)	55	92	67.3

23－79 锡林郭勒盟多伦县

指　　标	Item	2015	2016	2016年比上年增长% Increase Rate in 2016 Over 2015(%)
行政区域土地面积(平方公里)	**Area of Administration(Sq. km)**	**3773**	**3773**	**0.0**
人口和就业	**Population & Employment**			
年末户籍人口(人)	The Registered Population Year－end(person)	109794	110516	0.7
#男性(人)	Male(person)	56140	56396	0.5
#乡村人口(人)	Rural(person)	71252	72738	2.1
年末常住人口(人)	Permanet Resident Population Year－end(person)	100200	101500	1.3
#男性(人)	Male(person)	52204	52882	1.3
年末总户数(户)	Total Number of Households at the Year－end(Household)	50374	50905	1.1
#乡村户数(户)	Number of Rural Household(Household)	20908	22050	5.5
出生人口(人)	Births(person)	1090	1344	23.3
死亡人口(人)	Deaths(person)	118	419	255.1
全社会就业人员(人)	Employment(person)	62946	64766	2.9
第一产业(人)	Primary Industry(person)	32278	34378	6.5
第二产业(人)	Secondary Industry(person)	10952	10166	－7.2
第三产业(人)	Tertiary Industry(person)	19716	20222	2.6
在岗职工人数(人)	Number of Staff & Workers Employed in(person)	6846	6913	1.0
乡村劳动力(人)	Number of Rural Laborers(person)	43659	43879	0.5
#农林牧渔业(人)	Farming, Forestry, Animal Husbandry & Fishery(person)	32278	34378	6.5
国民经济综合指标	**Summary Item on the National Economy**			
生产总值(万元)	Gross Domestic Product(10 000 yuan)	820473	837141	2.1
第一产业(万元)	Primary Industry(10 000 yuan)	91050	95044	3.2
第二产业(万元)	Secondary Industry(10 000 yuan)	568025	556909	－0.5
#工业(万元)	Industry(10 000 yuan)	519925	508809	－0.5
第三产业(万元)	Tertiary Industry(10 000 yuan)	161398	185188	10.1
人均生产总值(元)	Per Capita GDP(yuan)	81965	83009	1.3
全社会固定资产投资(万元)	Total Investment in Fixed Assets(10 000 yuan)	473694	508217	7.3
按登记注册类型分	Grouped by Registered Type			
#国有(万元)	State－owned Enterprises(10 000 yuan)	405726	282907	－30.3
集体(万元)	Collective－owned Enterprises(10 000 yuan)			
有限责任公司(万元)	Limited Liability Corporations(10 000 yuan)	3213		
股份有限公司(万元)	Share Holding Enterprises(10 000 yuan)			
私营企业(万元)	Private Enterprises(10 000 yuan)	64755	225130	247.7
外商及港澳台投资企业(万元)	Funds from HK, Macao, Taiwan & Foreign(10 000 yuan)			
一般公共预算收入(万元)	General Public Budget Revenue(10 000 yuan)	32430	36032	11.1
一般公共预算支出(万元)	General Public Budget Expenditure(10 000 yuan)	131929	133931	1.5
住户存款余额(万元)	The balance of savings deposits of Households(10 000 yuan)	243272	296057	21.7
在岗职工工资总额(万元)	Total Wages of Staff & Workers Employed in(10 000 yuan)	54681	56641	3.6
在岗职工平均工资(元)	Average Wage of Staff & Workers Employed in(yuan)	80189	83137	3.7
全体居民人均可支配收入(元)	The per capita disposable income of all residents(yuan)	21306	23021	8.0
城镇常住居民人均可支配收入(元)	The per capita disposable income of urban permanent residents(yuan)	30565	33011	8.0
农村牧区常住居民人均可支配收入(元)	The per capita disposable income of permanent residents of rural and pastoral areas(yuan)	10990	11891	8.2
农村牧区经济	**Economic Development in Rural & Pastoral Area**			
农作物总播种面积(公顷)	Total Sown Area(hectare)	50877	51887	2.0
#粮食作物播种面积(公顷)	Sown Area of Grain Crops(hectare)	44875	34466	－23.2
农牧业机械总动力(万千瓦)	Total Power of Agricultural Machinery(10 000 kw)	23.78	25.21	6.0
化肥施用折纯量(吨)	Consumption of Chemical Fertilizer(ton)	2861	2906	1.6
农村用电量(万千瓦小时)	Electricity Consumed in Rural Area(10 000 kwh)	1098	1143	4.1
农林牧渔业总产值(万元)	Gross Output of Farming, Forestry, Animal Husbandry & Fishery(10 000 yuan)	170310	185504	4.0
粮食产量(吨)	Yield of Grain(ton)	52538	57114	8.7
油料产量(吨)	Yield of Oil－bearing Grops(ton)	650	762	17.2
甜菜产量(吨)	Yield of Beetroots(ton)			
猪牛羊肉产量(吨)	Output of Pork, Beef & Mutton(ton)	20950	20905	－0.2
#猪肉产量(吨)	Output of Pork(ton)	2646	2998	13.3
牛肉产量(吨)	Output of Beef(ton)	17300	14673	－15.2
羊肉产量(吨)	Output of Mutton(ton)	1004	3234	222.1
羊毛产量(吨)	Output of Wool(ton)	493	497	0.8

23－79 Duolun County in Xilinguole League

指　　标	Item	2015	2016	2016 年比上年增长% Increase Rate in 2016 Over 2015(%)
年末牲畜存栏头数(万头只)	Total Livestock at the Year－end(10 000 heads)	25.51	21.52	－15.6
#大牲畜(万头只)	Large Animals(10 000 heads)	9.48	10.57	11.5
羊(万只)	Sheep & Goats(10 000 heads)	13.97	8.73	－37.5
猪(万头)	Hogs(10 000 heads)	2.06	2.22	7.8
规模以上工业	**Industrial Enterprises above Designated size**			
工业企业单位数(个)	Number of Industrial Enterprises(unit)	24	24	0.0
#内资企业(个)	Civil Funded Enterprises(unit)	24	24	0.0
工业总产值(万元)	Gross Industrial Output Value(10 000 yuan)	957916	970586	1.3
内资企业(万元)	Civil Funded Enterprises(10 000 yuan)	957916	970586	1.3
国有企业(万元)	State－owned Enterprises(10 000 yuan)	164985	70530	－57.3
集体企业(万元)	Collective－owned Enterprises(10 000 yuan)			
股份合作企业(万元)	Share Holding Enterprises(10 000 yuan)			
联营企业(万元)	Joint Owned Enterprises(10 000 yuan)			
有限责任公司(万元)	Limited Company(10 000 yuan)	66720	91800	37.6
股份有限公司(万元)	Share Holding Limited Company(10 000 yuan)			
私营企业(万元)	Privately Owned Enterprises(10 000 yuan)	726211	808256	11.3
其他企业(万元)	Enterprises of Other Ownership(10 000 yuan)			
港澳台商投资企业(万元)	Funds from HK,Macao & Taiwan(10 000 yuan)			
外商投资企业(万元)	Foreign Funded Enterprises(10 000 yuan)			
工业企业增加值(万元)	Value Added of Industrial Enterprises(10 000 yuan)			－1.4
工业企业资产总计(万元)	Total Assets of Industrial Enterprises(10 000 yuan)	2648721	2585130	－2.4
工业企业负债合计(万元)	Total Liabilities of Industrial Enterprises(10 000 yuan)	3039092	2575028	－15.3
工业企业产品销售收入(万元)	Sales of Revenue Industrial Enterprises(10 000 yuan)	879820	899075	2.2
工业企业利润总额(万元)	Total Profits of Industrial Enterprises(10 000 yuan)	－216959	－269477	
建筑业	**Construction**			
建筑企业单位数(个)	Number of Construction Enterprises(unit)			
建筑企业从业人员(人)	Number of Employee in Construction Enterprises(person)			
建筑业总产值(万元)	Gross Construction Output Value(10 000 yuan)			
交通运输邮电通信业	**Transportation,Post & Telecommunications**			
公路里程(公里)	Total Length of Highways(km)	947	995	5.1
邮电业务总量(万元)	Business Volume of Post & Telecoms(10 000 yuan)	7300	9820	34.5
本地电话用户(户)	Number of Subscribers of Local Telephone(Household)	82694	84622	2.3
国内贸易	**Domestic Trade**			
社会消费品零售总额(万元)	Total Retail Sales of Consumer Goods(10 000 yuan)	144538	157111	8.7
城镇(万元)	Town(10 000 yuan)	109540	118618	8.3
乡村(万元)	Village(10 000 yuan)	34998	38493	10.0
科技教育卫生	**Science,Education & Public Health**			
各类专业技术人员(人)	Special Technical Personnel(person)	1795	1551	－13.6
幼儿园数(所)	Number of Kindergartens(unit)	6	6	0.0
学龄儿童入学率(%)	Percentage of School－Age Children Enrolled(%)	100.0	100.0	0.0
小学学校数(所)	Number of Primary Schools(unit)	12	12	0.0
小学专任教师数(人)	Number of Full－time Teachers of Primary Schools(person)	379	448	18.2
小学在校学生数(人)	Number of Student Enrollment of Primary Schools(person)	6233	6520	4.6
普通中学学校数(所)	Number of Regular Secondary Schools(unit)	4	3	－25.0
普通中学专任教师数(人)	Number of Teachers of Secondary Shools(person)	394	337	－14.5
初中在校学生数(人)	Number of Student in Junior Secondary Schools(person)	2837	2866	1.0
高中在校学生数(人)	Number of Student in Senior Secondary Schools(person)	1590	1508	－5.2
卫生机构数(所)	Number of Health Institutions(unit)	96	114	18.8
#医院(所)	Hospitals(unit)	2	2	0.0
卫生院(所)	Township Hospitals(unit)	9	9	0.0
床位数(张)	Number of Beds(unit)	393	392	－0.3
#医院(张)	Hospitals(unit)	300	300	0.0
卫生院(张)	Township Hospitals(unit)	77	76	－1.3
卫生技术人员(人)	Medical Technical Presonnel(person)	495	536	8.3
#医院(人)	Hospitals(person)	276	288	4.3
卫生院(人)	Township Hospitals(person)	69	80	15.9

23－80 乌兰察布市集宁区

指 标	Item	2015	2016	2016 年比上年增长% Increase Rate in 2016 Over 2015(%)
行政区域土地面积(平方公里)	**Area of Administration(Sq. km)**	**418**	**418**	**0.0**
人口和就业	**Population & Employment**			
年末户籍人口(人)	The Registered Population Year－end(person)	316003	316975	0.3
#男性(人)	Male(person)	158350	158645	0.2
#乡村人口(人)	Rural(person)	60197	60238	0.1
年末常住人口(人)	Permanet Resident Population Year－end(person)			
#男性(人)	Male(person)			
年末总户数(户)	Total Number of Households at the Year－end(Household)	115720	117676	1.7
#乡村户数(户)	Number of Rural Household(Household)	15214	15278	0.4
出生人口(人)	Births(person)	2245	2240	－0.2
死亡人口(人)	Deaths(person)	898	1020	13.6
全社会就业人员(人)	Employment(person)	131684	131333	－0.3
第一产业(人)	Primary Industry(person)	11763	12014	2.1
第二产业(人)	Secondary Industry(person)	37243	37182	－0.2
第三产业(人)	Tertiary Industry(person)	82678	82137	－0.7
在岗职工人数(人)	Number of Staff & Workers Employed in(person)	58659	58017	－1.1
乡村劳动力(人)	Number of Rural Laborers(person)	33940	33826	－0.3
#农林牧渔业(人)	Farming, Forestry, Animal Husbandry & Fishery(person)	20368	20271	－0.5
国民经济综合指标	**Summary Item on the National Economy**			
生产总值(万元)	Gross Domestic Product(10 000 yuan)	1816327	1878503	7.0
第一产业(万元)	Primary Industry(10 000 yuan)	42821	40432	1.7
第二产业(万元)	Secondary Industry(10 000 yuan)	792443	813685	4.7
#工业(万元)	Industry(10 000 yuan)	644434	663614	5.4
第三产业(万元)	Tertiary Industry(10 000 yuan)	981063	1024386	9.0
人均生产总值(元)	Per Capita GDP(yuan)	57478	59263	3.1
全社会固定资产投资(万元)	Total Investment in Fixed Assets(10 000 yuan)	1387054	761949	－45.1
按登记注册类型分	Grouped by Registered Type			
#国有(万元)	State－owned Enterprises(10 000 yuan)	602781	524130	－13.0
集体(万元)	Collective－owned Enterprises(10 000 yuan)			
有限责任公司(万元)	Limited Liability Corporations(10 000 yuan)	242881	187505	－22.8
股份有限公司(万元)	Share Holding Enterprises(10 000 yuan)	342296		
私营企业(万元)	Private Enterprises(10 000 yuan)	134096	50314	－62.5
外商及港澳台投资企业(万元)	Funds from HK, Macao, Taiwan & Foreign(10 000 yuan)			
一般公共预算收入(万元)	General Public Budget Revenue(10 000 yuan)	171562	179479	4.6
一般公共预算支出(万元)	General Public Budget Expenditure(10 000 yuan)	405809	360321	－11.2
住户存款余额(万元)	The balance of savings deposits of Households(10 000 yuan)	2246750	2253641	0.3
在岗职工工资总额(万元)	Total Wages of Staff & Workers Employed in(10 000 yuan)	306849	367879	19.9
在岗职工平均工资(元)	Average Wage of Staff & Workers Employed in(yuan)	51878	63215	21.9
全体居民人均可支配收入(元)	The per capita disposable income of all residents(yuan)	25191	27209	8.0
城镇常住居民人均可支配收入(元)	The per capita disposable income of urban permanent residents(yuan)	26408	28488	7.9
农村牧区常住居民人均可支配收入(元)	The per capita disposable income of permanent residents of rural and pastoral areas(yuan)	12686	13668	7.7
农村牧区经济	**Economic Development in Rural & Pastoral Area**			
农作物总播种面积(公顷)	Total Sown Area(hectare)	6540	6644	1.6
#粮食作物播种面积(公顷)	Sown Area of Grain Crops(hectare)	4014	3998	－0.4
农牧业机械总动力(万千瓦)	Total Power of Agricultural Machinery(10 000 kw)	1.93	2.02	4.7
化肥施用折纯量(吨)	Consumption of Chemical Fertilizer(ton)	2100	2118	0.9
农村用电量(万千瓦小时)	Electricity Consumed in Rural Area(10 000 kwh)	2500	2528	1.1
农林牧渔业总产值(万元)	Gross Output of Farming, Forestry, Animal Husbandry & Fishery(10 000 yuan)	67987	66358	－1.8
粮食产量(吨)	Yield of Grain(ton)	9529	11000	15.4
油料产量(吨)	Yield of Oil－bearing Grops(ton)	2211	2217	0.3
甜菜产量(吨)	Yield of Beetroots(ton)	2248	2207	－1.8
猪牛羊肉产量(吨)	Output of Pork, Beef & Mutton(ton)	3237	2357	－27.2
#猪肉产量(吨)	Output of Pork(ton)	1480	1431	－3.3
牛肉产量(吨)	Output of Beef(ton)	1076	506	－53.0
羊肉产量(吨)	Output of Mutton(ton)	681	420	－38.3
羊毛产量(吨)	Output of Wool(ton)	130	131	0.8

23 – 80 Jining District in Wulanchabu City

指　　标	Item	2015	2016	2016 年比上年增长% Increase Rate in 2016 Over 2015(%)
年末牲畜存栏头数(万头只)	Total Livestock at the Year – end(10 000 heads)	4.89	4.61	–5.7
# 大牲畜(万头只)	Large Animals(10 000 heads)	0.39	0.41	5.1
羊(万只)	Sheep & Goats(10 000 heads)	3.01	2.84	–5.6
猪(万头)	Hogs(10 000 heads)	1.49	1.36	–8.7
规模以上工业	**Industrial Enterprises above Designated size**			
工业企业单位数(个)	Number of Industrial Enterprises(unit)	36	30	–16.7
# 内资企业(个)	Civil Funded Enterprises(unit)	34	28	–17.6
工业总产值(万元)	Gross Industrial Output Value(10 000 yuan)	1208559	1330284	10.1
内资企业(万元)	Civil Funded Enterprises(10 000 yuan)	1177912	1301748	10.5
国有企业(万元)	State – owned Enterprises(10 000 yuan)	75916	38983	–48.6
集体企业(万元)	Collective – owned Enterprises(10 000 yuan)			
股份合作企业(万元)	Share Holding Enterprises(10 000 yuan)			
联营企业(万元)	Joint Owned Enterprises(10 000 yuan)			
有限责任公司(万元)	Limited Company(10 000 yuan)	979657	1076637	9.9
股份有限公司(万元)	Share Holding Limited Company(10 000 yuan)	34589	99106	186.5
私营企业(万元)	Privately Owned Enterprises(10 000 yuan)	87750	87022	–0.8
其他企业(万元)	Enterprises of Other Ownership(10 000 yuan)			
港澳台商投资企业(万元)	Funds from HK, Macao & Taiwan(10 000 yuan)	9626	9514	–1.2
外商投资企业(万元)	Foreign Funded Enterprises(10 000 yuan)	21021	19022	–9.5
工业企业增加值(万元)	Value Added of Industrial Enterprises(10 000 yuan)			8.2
工业企业资产总计(万元)	Total Assets of Industrial Enterprises(10 000 yuan)	1497777	1914453	27.8
工业企业负债合计(万元)	Total Liabilities of Industrial Enterprises(10 000 yuan)	1303632	1632932	25.3
工业企业产品销售收入(万元)	Sales of Revenue Industrial Enterprises(10 000 yuan)	501325	1227243	144.8
工业企业利润总额(万元)	Total Profits of Industrial Enterprises(10 000 yuan)	21599	54873	154.1
建筑业	**Construction**			
建筑企业单位数(个)	Number of Construction Enterprises(unit)	22	21	–4.5
建筑企业从业人员(人)	Number of Employee in Construction Enterprises(person)	7957	7418	–6.8
建筑业总产值(万元)	Gross Construction Output Value(10 000 yuan)	238178	273226	14.7
交通运输邮电通信业	**Transportation, Post & Telecommunications**			
公路里程(公里)	Total Length of Highways(km)	575	602	4.7
邮电业务总量(万元)	Business Volume of Post & Telecoms(10 000 yuan)	22381	22687	1.4
本地电话用户(户)	Number of Subscribers of Local Telephone(Household)	11562	11784	1.9
国内贸易	**Domestic Trade**			
社会消费品零售总额(万元)	Total Retail Sales of Consumer Goods(10 000 yuan)	783576	856248	9.3
城镇(万元)	Town(10 000 yuan)	730606	798864	9.3
乡村(万元)	Village(10 000 yuan)	52969	57384	8.3
科技教育卫生	**Science, Education & Public Health**			
各类专业技术人员(人)	Special Technical Personnel(person)	7443	7658	2.9
幼儿园数(所)	Number of Kindergartens(unit)	13	14	7.7
学龄儿童入学率(%)	Percentage of School – Age Children Enrolled(%)	100.0	100.0	0.0
小学学校数(所)	Number of Primary Schools(unit)	26	25	–3.8
小学专任教师数(人)	Number of Full – time Teachers of Primary Schools(person)	1552	1528	–1.5
小学在校学生数(人)	Number of Student Enrollment of Primary Schools(person)	21824	22654	3.8
普通中学学校数(所)	Number of Regular Secondary Schools(unit)	18	19	5.6
普通中学专任教师数(人)	Number of Teachers of Secondary Shools(person)	2154	2273	5.5
初中在校学生数(人)	Number of Student in Junior Secondary Schools(person)	14386	13937	–3.1
高中在校学生数(人)	Number of Student in Senior Secondary Schools(person)	16659	15881	–4.7
卫生机构数(所)	Number of Health Institutions(unit)	364	346	–4.9
# 医院(所)	Hospitals(unit)	19	25	31.6
卫生院(所)	Township Hospitals(unit)	7	6	–14.3
床位数(张)	Number of Beds(unit)	2979	3245	8.9
# 医院(张)	Hospitals(unit)	2451	2709	10.5
卫生院(张)	Township Hospitals(unit)	96	78	–18.8
卫生技术人员(人)	Medical Technical Presonnel(person)	3702	3864	4.4
# 医院(人)	Hospitals(person)	2227	2385	7.1
卫生院(人)	Township Hospitals(person)	71	73	2.8

23-81 乌兰察布市卓资县

指　　标	Item	2015	2016	2016 年比上年增长% Increase Rate in 2016 Over 2015(%)
行政区域土地面积(平方公里)	**Area of Administration(Sq. km)**	**3119**	**3119**	**0.0**
人口和就业	**Population & Employment**			
年末户籍人口(人)	The Registered Population Year-end(person)	204245	203646	-0.3
#男性(人)	Male(person)	109090	108723	-0.3
#乡村人口(人)	Rural(person)	150557	150330	-0.2
年末常住人口(人)	Permanet Resident Population Year-end(person)			
#男性(人)	Male(person)			
年末总户数(户)	Total Number of Households at the Year-end(Household)	96744	97030	0.3
#乡村户数(户)	Number of Rural Household(Household)	29651	29573	-0.3
出生人口(人)	Births(person)	1116	1181	5.8
死亡人口(人)	Deaths(person)	683	628	-8.1
全社会就业人员(人)	Employment(person)	143768	144058	0.2
第一产业(人)	Primary Industry(person)	67571	67938	0.5
第二产业(人)	Secondary Industry(person)	23461	23136	-1.4
第三产业(人)	Tertiary Industry(person)	52736	52984	0.5
在岗职工人数(人)	Number of Staff & Workers Employed in(person)	6954	6975	0.3
乡村劳动力(人)	Number of Rural Laborers(person)	64783	64612	-0.3
#农林牧渔业(人)	Farming,Forestry,Animal Husbandry & Fishery(person)	35584	35476	-0.3
国民经济综合指标	**Summary Item on the National Economy**			
生产总值(万元)	Gross Domestic Product(10 000 yuan)	639760	658172	6.8
第一产业(万元)	Primary Industry(10 000 yuan)	90207	87399	3.4
第二产业(万元)	Secondary Industry(10 000 yuan)	303516	313557	5.5
#工业(万元)	Industry(10 000 yuan)	266647	276156	6.0
第三产业(万元)	Tertiary Industry(10 000 yuan)	246037	257216	9.5
人均生产总值(元)	Per Capita GDP(yuan)	31323	32319	3.2
全社会固定资产投资(万元)	Total Investment in Fixed Assets(10 000 yuan)	380826	347160	-8.8
按登记注册类型分	Grouped by Registered Type			
#国有(万元)	State-owned Enterprises(10 000 yuan)	185053	236914	28.0
集体(万元)	Collective-owned Enterprises(10 000 yuan)			
有限责任公司(万元)	Limited Liability Corporations(10 000 yuan)	116875	18071	-84.5
股份有限公司(万元)	Share Holding Enterprises(10 000 yuan)	13296	10175	-23.5
私营企业(万元)	Private Enterprises(10 000 yuan)	65602	82000	25.0
外商及港澳台投资企业(万元)	Funds from HK,Macao,Taiwan & Foreign(10 000 yuan)			
一般公共预算收入(万元)	General Public Budget Revenue(10 000 yuan)	28307	31152	10.1
一般公共预算支出(万元)	General Public Budget Expenditure(10 000 yuan)	195103	175860	-9.9
住户存款余额(万元)	The balance of savings deposits of Households(10 000 yuan)	332214	333185	0.3
在岗职工工资总额(万元)	Total Wages of Staff & Workers Employed in(10 000 yuan)	44581	47803	7.2
在岗职工平均工资(元)	Average Wage of Staff & Workers Employed in(yuan)	63542	68106	7.2
全体居民人均可支配收入(元)	The per capita disposable income of all residents(yuan)	14796	16030	8.3
城镇常住居民人均可支配收入(元)	The per capita disposable income of urban permanent residents(yuan)	24033	25998	8.2
农村牧区常住居民人均可支配收入(元)	The per capita disposable income of permanent residents of rural and pastoral areas(yuan)	8530	9191	7.7
农村牧区经济	**Economic Development in Rural & Pastoral Area**			
农作物总播种面积(公顷)	Total Sown Area(hectare)	40995	41650	1.6
#粮食作物播种面积(公顷)	Sown Area of Grain Crops(hectare)	31055	31012	-0.1
农牧业机械总动力(万千瓦)	Total Power of Agricultural Machinery(10 000 kw)	10.51	10.75	2.3
化肥施用折纯量(吨)	Consumption of Chemical Fertilizer(ton)	2959	2964	0.2
农村用电量(万千瓦小时)	Electricity Consumed in Rural Area(10 000 kwh)	824	834	1.2
农林牧渔业总产值(万元)	Gross Output of Farming,Forestry,Animal Husbandry & Fishery(10 000 yuan)	156145	151243	-2.4
粮食产量(吨)	Yield of Grain(ton)	67592	73176	8.3
油料产量(吨)	Yield of Oil-bearing Grops(ton)	7084	7065	-0.3
甜菜产量(吨)	Yield of Beetroots(ton)	10620	10587	-0.3
猪牛羊肉产量(吨)	Output of Pork, Beef & Mutton(ton)	16204	16922	4.4
#猪肉产量(吨)	Output of Pork(ton)	4290	5041	17.5
牛肉产量(吨)	Output of Beef(ton)	3286	3143	-4.4
羊肉产量(吨)	Output of Mutton(ton)	8628	8738	1.3
羊毛产量(吨)	Output of Wool(ton)	548	527	-3.8

23－81 Zhuozi County in Wulanchabu City

指　标	Item	2015	2016	2016 年比上年增长% Increase Rate in 2016 Over 2015(%)
年末牲畜存栏头数(万头只)	Total Livestock at the Year－end(10 000 heads)	38.46	38.06	－1.0
#大牲畜(万头只)	Large Animals(10 000 heads)	3.34	3.24	－3.0
羊(万只)	Sheep & Goats(10 000 heads)	31.58	31.26	－1.0
猪(万头)	Hogs(10 000 heads)	3.55	3.56	0.3
规模以上工业	**Industrial Enterprises above Designated size**			
工业企业单位数(个)	Number of Industrial Enterprises(unit)	21	21	0.0
#内资企业(个)	Civil Funded Enterprises(unit)	21	21	0.0
工业总产值(万元)	Gross Industrial Output Value(10 000 yuan)	710257	733517	3.3
内资企业(万元)	Civil Funded Enterprises(10 000 yuan)	710257	733517	3.3
国有企业(万元)	State－owned Enterprises(10 000 yuan)			
集体企业(万元)	Collective－owned Enterprises(10 000 yuan)			
股份合作企业(万元)	Share Holding Enterprises(10 000 yuan)			
联营企业(万元)	Joint Owned Enterprises(10 000 yuan)			
有限责任公司(万元)	Limited Company(10 000 yuan)	498965	528391	5.9
股份有限公司(万元)	Share Holding Limited Company(10 000 yuan)	9787	5127	－47.6
私营企业(万元)	Privately Owned Enterprises(10 000 yuan)	146241	152034	4.0
其他企业(万元)	Enterprises of Other Ownership(10 000 yuan)	55264	47965	－13.2
港澳台商投资企业(万元)	Funds from HK,Macao & Taiwan(10 000 yuan)			
外商投资企业(万元)	Foreign Funded Enterprises(10 000 yuan)			
工业企业增加值(万元)	Value Added of Industrial Enterprises(10 000 yuan)			5.9
工业企业资产总计(万元)	Total Assets of Industrial Enterprises(10 000 yuan)	1874799	1730512	－7.7
工业企业负债合计(万元)	Total Liabilities of Industrial Enterprises(10 000 yuan)	1322018	1349651	2.1
工业企业产品销售收入(万元)	Sales of Revenue Industrial Enterprises(10 000 yuan)	545248	540831	－0.8
工业企业利润总额(万元)	Total Profits of Industrial Enterprises(10 000 yuan)	－51324	－17105	
建筑业	**Construction**			
建筑企业单位数(个)	Number of Construction Enterprises(unit)	2	2	0.0
建筑企业从业人员(人)	Number of Employee in Construction Enterprises(person)	457	461	0.9
建筑业总产值(万元)	Gross Construction Output Value(10 000 yuan)	11562	15236	31.8
交通运输邮电通信业	**Transportation,Post & Telecommunications**			
公路里程(公里)	Total Length of Highways(km)	1097	1134	3.4
邮电业务总量(万元)	Business Volume of Post & Telecoms(10 000 yuan)	2814	2954	5.0
本地电话用户(户)	Number of Subscribers of Local Telephone(Household)	12936	13124	1.5
国内贸易	**Domestic Trade**			
社会消费品零售总额(万元)	Total Retail Sales of Consumer Goods(10 000 yuan)	163870	178618	9.0
城镇(万元)	Town(10 000 yuan)	108960	118806	9.0
乡村(万元)	Village(10 000 yuan)	54910	59812	8.9
科技教育卫生	**Science,Education & Public Health**			
各类专业技术人员(人)	Special Technical Personnel(person)	793	842	6.2
幼儿园数(所)	Number of Kindergartens(unit)	14	14	0.0
学龄儿童入学率(%)	Percentage of School－Age Children Enrolled(%)	100.0	100.0	0.0
小学学校数(所)	Number of Primary Schools(unit)	18	18	0.0
小学专任教师数(人)	Number of Full－time Teachers of Primary Schools(person)	548	456	－16.8
小学在校学生数(人)	Number of Student Enrollment of Primary Schools(person)	2936	2891	－1.5
普通中学学校数(所)	Number of Regular Secondary Schools(unit)	6	5	－16.7
普通中学专任教师数(人)	Number of Teachers of Secondary Shools(person)	541	415	－23.3
初中在校学生数(人)	Number of Student in Junior Secondary Schools(person)	4861	4197	－13.7
高中在校学生数(人)	Number of Student in Senior Secondary Schools(person)	1520	1480	－2.6
卫生机构数(所)	Number of Health Institutions(unit)	158	152	－3.8
#医院(所)	Hospitals(unit)	3	2	－33.3
卫生院(所)	Township Hospitals(unit)	16	17	6.3
床位数(张)	Number of Beds(unit)	321	398	24.0
#医院(张)	Hospitals(unit)	164	234	42.7
卫生院(张)	Township Hospitals(unit)	128	144	12.5
卫生技术人员(人)	Medical Technical Presonnel(person)	344	363	5.5
#医院(人)	Hospitals(person)	91	154	69.2
卫生院(人)	Township Hospitals(person)	114	98	－14.0

23-82 乌兰察布市化德县

指　　标	Item	2015	2016	2016年比上年增长% Increase Rate in 2016 Over 2015(%)
行政区域土地面积(平方公里)	**Area of Administration(Sq. km)**	**2534**	**2534**	**0.0**
人口和就业	**Population & Employment**			
年末户籍人口(人)	The Registered Population Year-end(person)	164871	164542	-0.2
#男性(人)	Male(person)	83710	83457	-0.3
#乡村人口(人)	Rural(person)	127718	127660	0.0
年末常住人口(人)	Permanet Resident Population Year-end(person)			
#男性(人)	Male(person)			
年末总户数(户)	Total Number of Households at the Year-end(Household)	75411	76749	1.8
#乡村户数(户)	Number of Rural Household(Household)	30145	30082	-0.2
出生人口(人)	Births(person)	932	1133	21.6
死亡人口(人)	Deaths(person)	411	624	51.8
全社会就业人员(人)	Employment(person)	79126	78877	-0.3
第一产业(人)	Primary Industry(person)	46513	46627	0.2
第二产业(人)	Secondary Industry(person)	7487	7226	-3.5
第三产业(人)	Tertiary Industry(person)	25126	25024	-0.4
在岗职工人数(人)	Number of Staff & Workers Employed in(person)	8215	7772	-5.4
乡村劳动力(人)	Number of Rural Laborers(person)	49085	49124	0.1
#农林牧渔业(人)	Farming, Forestry, Animal Husbandry & Fishery(person)	36128	36198	0.2
国民经济综合指标	**Summary Item on the National Economy**			
生产总值(万元)	Gross Domestic Product(10 000 yuan)	516852	531471	6.6
第一产业(万元)	Primary Industry(10 000 yuan)	77325	73970	2.3
第二产业(万元)	Secondary Industry(10 000 yuan)	303036	314860	6.1
#工业(万元)	Industry(10 000 yuan)	264687	275852	6.7
第三产业(万元)	Tertiary Industry(10 000 yuan)	136491	142641	9.9
人均生产总值(元)	Per Capita GDP(yuan)	31349	32300	3.0
全社会固定资产投资(万元)	Total Investment in Fixed Assets(10 000 yuan)	300010	305267	1.8
按登记注册类型分	Grouped by Registered Type			
#国有(万元)	State-owned Enterprises(10 000 yuan)	124225	98654	-20.6
集体(万元)	Collective-owned Enterprises(10 000 yuan)	4300		
有限责任公司(万元)	Limited Liability Corporations(10 000 yuan)		37160	
股份有限公司(万元)	Share Holding Enterprises(10 000 yuan)			
私营企业(万元)	Private Enterprises(10 000 yuan)	171485	169453	-1.2
外商及港澳台投资企业(万元)	Funds from HK, Macao, Taiwan & Foreign(10 000 yuan)			
一般公共预算收入(万元)	General Public Budget Revenue(10 000 yuan)	18544	18610	0.4
一般公共预算支出(万元)	General Public Budget Expenditure(10 000 yuan)	186566	159199	-14.7
住户存款余额(万元)	The balance of savings deposits of Households(10 000 yuan)	285458	286324	0.3
在岗职工工资总额(万元)	Total Wages of Staff & Workers Employed in(10 000 yuan)	42077	47353	12.5
在岗职工平均工资(元)	Average Wage of Staff & Workers Employed in(yuan)	50170	57911	15.4
全体居民人均可支配收入(元)	The per capita disposable income of all residents(yuan)	15718	17010	8.2
城镇常住居民人均可支配收入(元)	The per capita disposable income of urban permanent residents(yuan)	24581	26556	8.0
农村牧区常住居民人均可支配收入(元)	The per capita disposable income of permanent residents of rural and pastoral areas(yuan)	7093	7661	8.0
农村牧区经济	**Economic Development in Rural & Pastoral Area**			
农作物总播种面积(公顷)	Total Sown Area(hectare)	48275	49047	1.6
#粮食作物播种面积(公顷)	Sown Area of Grain Crops(hectare)	38505	38452	-0.1
农牧业机械总动力(万千瓦)	Total Power of Agricultural Machinery(10 000 kw)	13.42	13.84	3.1
化肥施用折纯量(吨)	Consumption of Chemical Fertilizer(ton)	3819	3801	-0.5
农村用电量(万千瓦小时)	Electricity Consumed in Rural Area(10 000 kwh)	2284	2297	0.6
农林牧渔业总产值(万元)	Gross Output of Farming, Forestry, Animal Husbandry & Fishery(10 000 yuan)	143978	140247	-1.5
粮食产量(吨)	Yield of Grain(ton)	50263	53271	6.0
油料产量(吨)	Yield of Oil-bearing Grops(ton)	1003	982	-2.1
甜菜产量(吨)	Yield of Beetroots(ton)	62280	62200	-0.1
猪牛羊肉产量(吨)	Output of Pork, Beef & Mutton(ton)	12019	12200	1.5
#猪肉产量(吨)	Output of Pork(ton)	2948	3194	8.3
牛肉产量(吨)	Output of Beef(ton)	2998	2434	-18.8
羊肉产量(吨)	Output of Mutton(ton)	6073	6572	8.2
羊毛产量(吨)	Output of Wool(ton)	388	380	-2.1

23 - 82 Huade County in Wulanchabu City

指　标	Item	2015	2016	2016 年比上年增长% Increase Rate in 2016 Over 2015(%)
年末牲畜存栏头数(万头只)	Total Livestock at the Year - end(10 000 heads)	24.62	24.31	-1.3
# 大牲畜(万头只)	Large Animals(10 000 heads)	1.49	1.41	-5.4
羊(万只)	Sheep & Goats(10 000 heads)	20.28	20.08	-1.0
猪(万头)	Hogs(10 000 heads)	2.85	2.82	-1.1
规模以上工业	**Industrial Enterprises above Designated size**			
工业企业单位数(个)	Number of Industrial Enterprises(unit)	27	28	3.7
# 内资企业(个)	Civil Funded Enterprises(unit)	26	27	3.8
工业总产值(万元)	Gross Industrial Output Value(10 000 yuan)	752954	763147	1.4
内资企业(万元)	Civil Funded Enterprises(10 000 yuan)	743999	753752	1.3
国有企业(万元)	State - owned Enterprises(10 000 yuan)			
集体企业(万元)	Collective - owned Enterprises(10 000 yuan)			
股份合作企业(万元)	Share Holding Enterprises(10 000 yuan)			
联营企业(万元)	Joint Owned Enterprises(10 000 yuan)			
有限责任公司(万元)	Limited Company(10 000 yuan)	246065	226719	-7.9
股份有限公司(万元)	Share Holding Limited Company(10 000 yuan)	45526	40532	-11.0
私营企业(万元)	Privately Owned Enterprises(10 000 yuan)	452408	486501	7.5
其他企业(万元)	Enterprises of Other Ownership(10 000 yuan)			
港澳台商投资企业(万元)	Funds from HK, Macao & Taiwan(10 000 yuan)			
外商投资企业(万元)	Foreign Funded Enterprises(10 000 yuan)	8955	9395	4.9
工业企业增加值(万元)	Value Added of Industrial Enterprises(10 000 yuan)			7.4
工业企业资产总计(万元)	Total Assets of Industrial Enterprises(10 000 yuan)	712743	708548	-0.6
工业企业负债合计(万元)	Total Liabilities of Industrial Enterprises(10 000 yuan)	458869	432505	-5.7
工业企业产品销售收入(万元)	Sales of Revenue Industrial Enterprises(10 000 yuan)	733611	753068	2.7
工业企业利润总额(万元)	Total Profits of Industrial Enterprises(10 000 yuan)	85469	102440	19.9
建筑业	**Construction**			
建筑企业单位数(个)	Number of Construction Enterprises(unit)	2	2	0.0
建筑企业从业人员(人)	Number of Employee in Construction Enterprises(person)	234	206	-12.0
建筑业总产值(万元)	Gross Construction Output Value(10 000 yuan)	8774	7799	-11.1
交通运输邮电通信业	**Transportation, Post & Telecommunications**			
公路里程(公里)	Total Length of Highways(km)	1412	1538	8.9
邮电业务总量(万元)	Business Volume of Post & Telecoms(10 000 yuan)	3361	3457	2.9
本地电话用户(户)	Number of Subscribers of Local Telephone(Household)	17128	17364	1.4
国内贸易	**Domestic Trade**			
社会消费品零售总额(万元)	Total Retail Sales of Consumer Goods(10 000 yuan)	141005	153696	9.0
城镇(万元)	Town(10 000 yuan)	93807	102289	9.0
乡村(万元)	Village(10 000 yuan)	47199	51406	8.9
科技教育卫生	**Science, Education & Public Health**			
各类专业技术人员(人)	Special Technical Personnel(person)	728	756	3.8
幼儿园数(所)	Number of Kindergartens(unit)	14	14	0.0
学龄儿童入学率(%)	Percentage of School - Age Children Enrolled(%)	100.0	100.0	0.0
小学学校数(所)	Number of Primary Schools(unit)	12	12	0.0
小学专任教师数(人)	Number of Full - time Teachers of Primary Schools(person)	496	444	-10.5
小学在校学生数(人)	Number of Student Enrollment of Primary Schools(person)	4569	4536	-0.7
普通中学学校数(所)	Number of Regular Secondary Schools(unit)	2	3	50.0
普通中学专任教师数(人)	Number of Teachers of Secondary Shools(person)	298	267	-10.4
初中在校学生数(人)	Number of Student in Junior Secondary Schools(person)	3018	2204	-27.0
高中在校学生数(人)	Number of Student in Senior Secondary Schools(person)	2054	1452	-29.3
卫生机构数(所)	Number of Health Institutions(unit)	131	131	0.0
# 医院(所)	Hospitals(unit)	2	3	50.0
卫生院(所)	Township Hospitals(unit)	12	11	-8.3
床位数(张)	Number of Beds(unit)	417	476	14.1
# 医院(张)	Hospitals(unit)	253	261	3.2
卫生院(张)	Township Hospitals(unit)	84	100	19.0
卫生技术人员(人)	Medical Technical Presonnel(person)	432	459	6.3
# 医院(人)	Hospitals(person)	178	204	14.6
卫生院(人)	Township Hospitals(person)	71	73	2.8

23－83 乌兰察布市商都县

指　　标	Item	2015	2016	2016 年比上年增长% Increase Rate in 2016 Over 2015(%)
行政区域土地面积(平方公里)	**Area of Administration(Sq. km)**	**4304**	**4304**	**0.0**
人口和就业	**Population & Employment**			
年末户籍人口(人)	The Registered Population Year－end(person)	333183	332999	－0.1
＃男性(人)	Male(person)	170778	170598	－0.1
＃乡村人口(人)	Rural(person)	260002	259835	－0.1
年末常住人口(人)	Permanet Resident Population Year－end(person)			
＃男性(人)	Male(person)			
年末总户数(户)	Total Number of Households at the Year－end(Household)	148249	149747	1.0
＃乡村户数(户)	Number of Rural Household(Household)	49871	49752	－0.2
出生人口(人)	Births(person)	2302	2494	8.3
死亡人口(人)	Deaths(person)	1766	1114	－36.9
全社会就业人员(人)	Employment(person)	185979	186009	0.0
第一产业(人)	Primary Industry(person)	105783	105936	0.1
第二产业(人)	Secondary Industry(person)	16431	16237	－1.2
第三产业(人)	Tertiary Industry(person)	63765	63836	0.1
在岗职工人数(人)	Number of Staff & Workers Employed in(person)	9594	9125	－4.9
乡村劳动力(人)	Number of Rural Laborers(person)	97425	97241	－0.2
＃农林牧渔业(人)	Farming, Forestry, Animal Husbandry & Fishery(person)	76654	76538	－0.2
国民经济综合指标	**Summary Item on the National Economy**			
生产总值(万元)	Gross Domestic Product(10 000 yuan)	599028	612002	6.9
第一产业(万元)	Primary Industry(10 000 yuan)	131488	124877	1.9
第二产业(万元)	Secondary Industry(10 000 yuan)	249114	260606	6.8
＃工业(万元)	Industry(10 000 yuan)	216471	227351	7.5
第三产业(万元)	Tertiary Industry(10 000 yuan)	218426	226519	9.9
人均生产总值(元)	Per Capita GDP(yuan)	17979	18378	2.2
全社会固定资产投资(万元)	Total Investment in Fixed Assets(10 000 yuan)	321124	360685	12.3
按登记注册类型分	Grouped by Registered Type			
＃国有(万元)	State－owned Enterprises(10 000 yuan)	167987	115488	－31.3
集体(万元)	Collective－owned Enterprises(10 000 yuan)			
有限责任公司(万元)	Limited Liability Corporations(10 000 yuan)	35217	37674	7.0
股份有限公司(万元)	Share Holding Enterprises(10 000 yuan)		16000	
私营企业(万元)	Private Enterprises(10 000 yuan)	115620	191523	65.6
外商及港澳台投资企业(万元)	Funds from HK, Macao, Taiwan & Foreign(10 000 yuan)			
一般公共预算收入(万元)	General Public Budget Revenue(10 000 yuan)	18351	20165	9.9
一般公共预算支出(万元)	General Public Budget Expenditure(10 000 yuan)	280084	244428	－12.7
住户存款余额(万元)	The balance of savings deposits of Households(10 000 yuan)	391993	401324	2.4
在岗职工工资总额(万元)	Total Wages of Staff & Workers Employed in(10 000 yuan)	64772	64910	0.2
在岗职工平均工资(元)	Average Wage of Staff & Workers Employed in(yuan)	66872	71463	6.9
全体居民人均可支配收入(元)	The per capita disposable income of all residents(yuan)	12598	13645	8.3
城镇常住居民人均可支配收入(元)	The per capita disposable income of urban permanent residents(yuan)	21975	23769	8.2
农村牧区常住居民人均可支配收入(元)	The per capita disposable income of permanent residents of rural and pastoral areas(yuan)	7920	8549	7.9
农村牧区经济	**Economic Development in Rural & Pastoral Area**			
农作物总播种面积(公顷)	Total Sown Area(hectare)	90397	91843	1.6
＃粮食作物播种面积(公顷)	Sown Area of Grain Crops(hectare)	55746	55538	－0.4
农牧业机械总动力(万千瓦)	Total Power of Agricultural Machinery(10 000 kw)	23.67	23.87	0.8
化肥施用折纯量(吨)	Consumption of Chemical Fertilizer(ton)	10779	10821	0.4
农村用电量(万千瓦小时)	Electricity Consumed in Rural Area(10 000 kwh)	5556	5578	0.4
农林牧渔业总产值(万元)	Gross Output of Farming, Forestry, Animal Husbandry & Fishery(10 000 yuan)	243525	240752	0.2
粮食产量(吨)	Yield of Grain(ton)	75064	82314	9.7
油料产量(吨)	Yield of Oil－bearing Grops(ton)	5337	5300	－0.7
甜菜产量(吨)	Yield of Beetroots(ton)	698190	698214	0.0
猪牛羊肉产量(吨)	Output of Pork, Beef & Mutton(ton)	23447	21671	－7.6
＃猪肉产量(吨)	Output of Pork(ton)	4572	3818	－16.5
牛肉产量(吨)	Output of Beef(ton)	1857	1353	－27.1
羊肉产量(吨)	Output of Mutton(ton)	17018	16500	－3.0
羊毛产量(吨)	Output of Wool(ton)	1241	1201	－3.2

23 - 83 Shangdu County in Wulanchabu City

指　　标	Item	2015	2016	2016年比上年增长% Increase Rate in 2016 Over 2015(%)
年末牲畜存栏头数(万头只)	Total Livestock at the Year - end(10 000 heads)	46.54	46.25	-0.6
#大牲畜(万头只)	Large Animals(10 000 heads)	2.46	2.38	-3.3
羊(万只)	Sheep & Goats(10 000 heads)	39.84	39.36	-1.2
猪(万头)	Hogs(10 000 heads)	4.24	4.51	6.4
规模以上工业	**Industrial Enterprises above Designated size**			
工业企业单位数(个)	Number of Industrial Enterprises(unit)	33	31	-6.1
#内资企业(个)	Civil Funded Enterprises(unit)	32	30	-6.3
工业总产值(万元)	Gross Industrial Output Value(10 000 yuan)	640326	644533	0.7
内资企业(万元)	Civil Funded Enterprises(10 000 yuan)	624306	619934	-0.7
国有企业(万元)	State - owned Enterprises(10 000 yuan)		19336	
集体企业(万元)	Collective - owned Enterprises(10 000 yuan)			
股份合作企业(万元)	Share Holding Enterprises(10 000 yuan)			
联营企业(万元)	Joint Owned Enterprises(10 000 yuan)			
有限责任公司(万元)	Limited Company(10 000 yuan)	175560	168127	-4.2
股份有限公司(万元)	Share Holding Limited Company(10 000 yuan)			
私营企业(万元)	Privately Owned Enterprises(10 000 yuan)	448746	432471	-3.6
其他企业(万元)	Enterprises of Other Ownership(10 000 yuan)			
港澳台商投资企业(万元)	Funds from HK, Macao & Taiwan(10 000 yuan)	16020	24599	53.6
外商投资企业(万元)	Foreign Funded Enterprises(10 000 yuan)			
工业企业增加值(万元)	Value Added of Industrial Enterprises(10 000 yuan)			7.6
工业企业资产总计(万元)	Total Assets of Industrial Enterprises(10 000 yuan)	657714	660180	0.4
工业企业负债合计(万元)	Total Liabilities of Industrial Enterprises(10 000 yuan)	513128	497965	-3.0
工业企业产品销售收入(万元)	Sales of Revenue Industrial Enterprises(10 000 yuan)	607664	626976	3.2
工业企业利润总额(万元)	Total Profits of Industrial Enterprises(10 000 yuan)	1880	2481	32.0
建筑业	**Construction**			
建筑企业单位数(个)	Number of Construction Enterprises(unit)	2	4	100.0
建筑企业从业人员(人)	Number of Employee in Construction Enterprises(person)	227	599	163.9
建筑业总产值(万元)	Gross Construction Output Value(10 000 yuan)	17041	34563	102.8
交通运输邮电通信业	**Transportation, Post & Telecommunications**			
公路里程(公里)	Total Length of Highways(km)	1721	1825	6.0
邮电业务总量(万元)	Business Volume of Post & Telecoms(10 000 yuan)	3074	3162	2.9
本地电话用户(户)	Number of Subscribers of Local Telephone(Household)	33124	33847	2.2
国内贸易	**Domestic Trade**			
社会消费品零售总额(万元)	Total Retail Sales of Consumer Goods(10 000 yuan)	298438	325845	9.2
城镇(万元)	Town(10 000 yuan)	197078	215279	9.2
乡村(万元)	Village(10 000 yuan)	101361	110566	9.1
科技教育卫生	**Science, Education & Public Health**			
各类专业技术人员(人)	Special Technical Personnel(person)	1087	1134	4.3
幼儿园数(所)	Number of Kindergartens(unit)	4	4	0.0
学龄儿童入学率(%)	Percentage of School - Age Children Enrolled(%)	100.0	100.0	0.0
小学学校数(所)	Number of Primary Schools(unit)	16	14	-12.5
小学专任教师数(人)	Number of Full - time Teachers of Primary Schools(person)	604	531	-12.1
小学在校学生数(人)	Number of Student Enrollment of Primary Schools(person)	9004	8891	-1.3
普通中学学校数(所)	Number of Regular Secondary Schools(unit)	10	10	0.0
普通中学专任教师数(人)	Number of Teachers of Secondary Shools(person)	541	460	-15.0
初中在校学生数(人)	Number of Student in Junior Secondary Schools(person)	4893	4463	-8.8
高中在校学生数(人)	Number of Student in Senior Secondary Schools(person)	2457	2266	-7.8
卫生机构数(所)	Number of Health Institutions(unit)	261	269	3.1
#医院(所)	Hospitals(unit)	3	3	0.0
卫生院(所)	Township Hospitals(unit)	17	17	0.0
床位数(张)	Number of Beds(unit)	542	626	15.5
#医院(张)	Hospitals(unit)	344	408	18.6
卫生院(张)	Township Hospitals(unit)	101	118	16.8
卫生技术人员(人)	Medical Technical Presonnel(person)	652	793	21.6
#医院(人)	Hospitals(person)	227	286	26.0
卫生院(人)	Township Hospitals(person)	107	110	2.8

23－84 乌兰察布市兴和县

指　　标	Item	2015	2016	2016 年比上年增长% Increase Rate in 2016 Over 2015(%)
行政区域土地面积(平方公里)	**Area of Administration(Sq. km)**	**3519**	**3519**	**0.0**
人口和就业	**Population & Employment**			
年末户籍人口(人)	The Registered Population Year－end(person)	319477	320005	0.2
#男性(人)	Male(person)	164273	164393	0.1
#乡村人口(人)	Rural(person)	195017	220150	12.9
年末常住人口(人)	Permanet Resident Population Year－end(person)			
#男性(人)	Male(person)			
年末总户数(户)	Total Number of Households at the Year－end(Household)	136143	138871	2.0
#乡村户数(户)	Number of Rural Household(Household)	55732	55587	－0.3
出生人口(人)	Births(person)	2915	2642	－9.4
死亡人口(人)	Deaths(person)	1069	1012	－5.3
全社会就业人员(人)	Employment(person)	190480	190519	0.0
第一产业(人)	Primary Industry(person)	91526	91724	0.2
第二产业(人)	Secondary Industry(person)	26326	26248	－0.3
第三产业(人)	Tertiary Industry(person)	72628	72547	－0.1
在岗职工人数(人)	Number of Staff & Workers Employed in(person)	8551	8461	－1.1
乡村劳动力(人)	Number of Rural Laborers(person)	130192	130024	－0.1
#农林牧渔业(人)	Farming, Forestry, Animal Husbandry & Fishery(person)	93071	93019	－0.1
国民经济综合指标	**Summary Item on the National Economy**			
生产总值(万元)	Gross Domestic Product(10 000 yuan)	645801	659396	6.8
第一产业(万元)	Primary Industry(10 000 yuan)	114391	111603	4.1
第二产业(万元)	Secondary Industry(10 000 yuan)	266794	277409	6.1
#工业(万元)	Industry(10 000 yuan)	219408	229268	7.0
第三产业(万元)	Tertiary Industry(10 000 yuan)	264616	270384	8.6
人均生产总值(元)	Per Capita GDP(yuan)	20214	20606	1.9
全社会固定资产投资(万元)	Total Investment in Fixed Assets(10 000 yuan)	384268	372748	－3.0
按登记注册类型分	Grouped by Registered Type			
#国有(万元)	State－owned Enterprises(10 000 yuan)	54964	109591	99.4
集体(万元)	Collective－owned Enterprises(10 000 yuan)			
有限责任公司(万元)	Limited Liability Corporations(10 000 yuan)	40738	206836	407.7
股份有限公司(万元)	Share Holding Enterprises(10 000 yuan)	15456	5470	－64.6
私营企业(万元)	Private Enterprises(10 000 yuan)	273110	50851	－81.4
外商及港澳台投资企业(万元)	Funds from HK, Macao, Taiwan & Foreign(10 000 yuan)			
一般公共预算收入(万元)	General Public Budget Revenue(10 000 yuan)	33652	35445	5.3
一般公共预算支出(万元)	General Public Budget Expenditure(10 000 yuan)	256528	275463	7.4
住户存款余额(万元)	The balance of savings deposits of Households(10 000 yuan)	443297	447326	0.9
在岗职工工资总额(万元)	Total Wages of Staff & Workers Employed in(10 000 yuan)	40442	45397	12.3
在岗职工平均工资(元)	Average Wage of Staff & Workers Employed in(yuan)	47418	53731	13.3
全体居民人均可支配收入(元)	The per capita disposable income of all residents(yuan)	11223	12135	8.1
城镇常住居民人均可支配收入(元)	The per capita disposable income of urban permanent residents(yuan)	21777	23514	8.0
农村牧区常住居民人均可支配收入(元)	The per capita disposable income of permanent residents of rural and pastoral areas(yuan)	7607	8203	7.8
农村牧区经济	**Economic Development in Rural & Pastoral Area**			
农作物总播种面积(公顷)	Total Sown Area(hectare)	75700	76911	1.6
#粮食作物播种面积(公顷)	Sown Area of Grain Crops(hectare)	55033	55014	0.0
农牧业机械总动力(万千瓦)	Total Power of Agricultural Machinery(10 000 kw)	18.96	19.24	1.5
化肥施用折纯量(吨)	Consumption of Chemical Fertilizer(ton)	13525	13536	0.1
农村用电量(万千瓦小时)	Electricity Consumed in Rural Area(10 000 kwh)	3100	3124	0.8
农林牧渔业总产值(万元)	Gross Output of Farming, Forestry, Animal Husbandry & Fishery(10 000 yuan)	207148	210825	2.1
粮食产量(吨)	Yield of Grain(ton)	75159	82045	9.2
油料产量(吨)	Yield of Oil－bearing Grops(ton)	13720	13789	0.5
甜菜产量(吨)	Yield of Beetroots(ton)	100000	100079	0.1
猪牛羊肉产量(吨)	Output of Pork, Beef & Mutton(ton)	23104	23260	0.7
#猪肉产量(吨)	Output of Pork(ton)	5541	5349	－3.5
牛肉产量(吨)	Output of Beef(ton)	3056	2510	－17.9
羊肉产量(吨)	Output of Mutton(ton)	14507	15401	6.2
羊毛产量(吨)	Output of Wool(ton)	700	681	－2.7

23 – 84 Xinghe County in Wulanchabu City

指　　标	Item	2015	2016	2016 年比上年增长% Increase Rate in 2016 Over 2015(%)
年末牲畜存栏头数(万头只)	Total Livestock at the Year – end(10 000 heads)	57.69	57.21	-0.8
# 大牲畜(万头只)	Large Animals(10 000 heads)	5.18	5.07	-2.1
羊(万只)	Sheep & Goats(10 000 heads)	49.05	48.61	-0.9
猪(万头)	Hogs(10 000 heads)	3.45	3.53	2.3
规模以上工业	**Industrial Enterprises above Designated size**			
工业企业单位数(个)	Number of Industrial Enterprises(unit)	27	24	-11.1
# 内资企业(个)	Civil Funded Enterprises(unit)	25	22	-12.0
工业总产值(万元)	Gross Industrial Output Value(10 000 yuan)	417649	536422	28.4
内资企业(万元)	Civil Funded Enterprises(10 000 yuan)	352432	458755	30.2
国有企业(万元)	State – owned Enterprises(10 000 yuan)			
集体企业(万元)	Collective – owned Enterprises(10 000 yuan)			
股份合作企业(万元)	Share Holding Enterprises(10 000 yuan)			
联营企业(万元)	Joint Owned Enterprises(10 000 yuan)			
有限责任公司(万元)	Limited Company(10 000 yuan)	191162	296025	54.9
股份有限公司(万元)	Share Holding Limited Company(10 000 yuan)			
私营企业(万元)	Privately Owned Enterprises(10 000 yuan)	161270	162730	0.9
其他企业(万元)	Enterprises of Other Ownership(10 000 yuan)			
港澳台商投资企业(万元)	Funds from HK, Macao & Taiwan(10 000 yuan)			
外商投资企业(万元)	Foreign Funded Enterprises(10 000 yuan)	65217	77667	19.1
工业企业增加值(万元)	Value Added of Industrial Enterprises(10 000 yuan)			6.9
工业企业资产总计(万元)	Total Assets of Industrial Enterprises(10 000 yuan)	1052456	1263700	20.1
工业企业负债合计(万元)	Total Liabilities of Industrial Enterprises(10 000 yuan)	428848	824179	92.2
工业企业产品销售收入(万元)	Sales of Revenue Industrial Enterprises(10 000 yuan)	376418	445982	18.5
工业企业利润总额(万元)	Total Profits of Industrial Enterprises(10 000 yuan)	14814	28516	92.5
建筑业	**Construction**			
建筑企业单位数(个)	Number of Construction Enterprises(unit)	1	1	0.0
建筑企业从业人员(人)	Number of Employee in Construction Enterprises(person)	206	435	111.2
建筑业总产值(万元)	Gross Construction Output Value(10 000 yuan)	8692	10253	18.0
交通运输邮电通信业	**Transportation, Post & Telecommunications**			
公路里程(公里)	Total Length of Highways(km)	1567	1659	5.9
邮电业务总量(万元)	Business Volume of Post & Telecoms(10 000 yuan)	1621	1692	4.4
本地电话用户(户)	Number of Subscribers of Local Telephone(Household)	16385	16438	0.3
国内贸易	**Domestic Trade**			
社会消费品零售总额(万元)	Total Retail Sales of Consumer Goods(10 000 yuan)	274295	299256	9.1
城镇(万元)	Town(10 000 yuan)	212334	231736	9.1
乡村(万元)	Village(10 000 yuan)	61961	67519	9.0
科技教育卫生	**Science, Education & Public Health**			
各类专业技术人员(人)	Special Technical Personnel(person)	1214	1324	9.1
幼儿园数(所)	Number of Kindergartens(unit)	2	2	0.0
学龄儿童入学率(%)	Percentage of School – Age Children Enrolled(%)	100.0	100.0	0.0
小学学校数(所)	Number of Primary Schools(unit)	22	22	0.0
小学专任教师数(人)	Number of Full – time Teachers of Primary Schools(person)	864	852	-1.4
小学在校学生数(人)	Number of Student Enrollment of Primary Schools(person)	9850	9987	1.4
普通中学学校数(所)	Number of Regular Secondary Schools(unit)	5	4	-20.0
普通中学专任教师数(人)	Number of Teachers of Secondary Shools(person)	434	373	-14.1
初中在校学生数(人)	Number of Student in Junior Secondary Schools(person)	3488	3200	-8.3
高中在校学生数(人)	Number of Student in Senior Secondary Schools(person)	2306	1969	-14.6
卫生机构数(所)	Number of Health Institutions(unit)	173	185	6.9
# 医院(所)	Hospitals(unit)	2	3	50.0
卫生院(所)	Township Hospitals(unit)	15	14	-6.7
床位数(张)	Number of Beds(unit)	651	669	2.8
# 医院(张)	Hospitals(unit)	437	470	7.6
卫生院(张)	Township Hospitals(unit)	120	122	1.7
卫生技术人员(人)	Medical Technical Presonnel(person)	491	499	1.6
# 医院(人)	Hospitals(person)	183	210	14.8
卫生院(人)	Township Hospitals(person)	131	128	-2.3

23-85 乌兰察布市凉城县

指　标	Item	2015	2016	2016年比上年增长% Increase Rate in 2016 Over 2015(%)
行政区域土地面积(平方公里)	**Area of Administration(Sq. km)**	**3451**	**3451**	**0.0**
人口和就业	**Population & Employment**			
年末户籍人口(人)	The Registered Population Year-end(person)	237988	236592	-0.6
#男性(人)	Male(person)	125718	124537	-0.9
#乡村人口(人)	Rural(person)	191550	190453	-0.6
年末常住人口(人)	Permanet Resident Population Year-end(person)			
#男性(人)	Male(person)			
年末总户数(户)	Total Number of Households at the Year-end(Household)	108777	110026	1.1
#乡村户数(户)	Number of Rural Household(Household)	53903	53821	-0.2
出生人口(人)	Births(person)	1735	1862	7.3
死亡人口(人)	Deaths(person)	822	2311	181.1
全社会就业人员(人)	Employment(person)	194965	195037	0.0
第一产业(人)	Primary Industry(person)	81423	81925	0.6
第二产业(人)	Secondary Industry(person)	28326	28108	-0.8
第三产业(人)	Tertiary Industry(person)	85216	85004	-0.2
在岗职工人数(人)	Number of Staff & Workers Employed in(person)	8821	8824	0.0
乡村劳动力(人)	Number of Rural Laborers(person)	136125	136007	-0.1
#农林牧渔业(人)	Farming,Forestry,Animal Husbandry & Fishery(person)	86342	86138	-0.2
国民经济综合指标	**Summary Item on the National Economy**			
生产总值(万元)	Gross Domestic Product(10 000 yuan)	764377	781030	6.5
第一产业(万元)	Primary Industry(10 000 yuan)	171843	167853	4.3
第二产业(万元)	Secondary Industry(10 000 yuan)	359660	371423	5.6
#工业(万元)	Industry(10 000 yuan)	342433	353862	5.8
第三产业(万元)	Tertiary Industry(10 000 yuan)	232874	241754	9.4
人均生产总值(元)	Per Capita GDP(yuan)	32118	33011	2.8
全社会固定资产投资(万元)	Total Investment in Fixed Assets(10 000 yuan)	271374	310108	14.3
按登记注册类型分	Grouped by Registered Type			
#国有(万元)	State-owned Enterprises(10 000 yuan)	157265	253822	61.4
集体(万元)	Collective-owned Enterprises(10 000 yuan)		1987	
有限责任公司(万元)	Limited Liability Corporations(10 000 yuan)	105847	48199	-54.5
股份有限公司(万元)	Share Holding Enterprises(10 000 yuan)			
私营企业(万元)	Private Enterprises(10 000 yuan)		6100	
外商及港澳台投资企业(万元)	Funds from HK,Macao,Taiwan & Foreign(10 000 yuan)			
一般公共预算收入(万元)	General Public Budget Revenue(10 000 yuan)	40801	42651	4.5
一般公共预算支出(万元)	General Public Budget Expenditure(10 000 yuan)	206792	198318	-4.1
住户存款余额(万元)	The balance of savings deposits of Households(10 000 yuan)	383160	384256	0.3
在岗职工工资总额(万元)	Total Wages of Staff & Workers Employed in(10 000 yuan)	61259	69298	13.1
在岗职工平均工资(元)	Average Wage of Staff & Workers Employed in(yuan)	69338	78189	12.8
全体居民人均可支配收入(元)	The per capita disposable income of all residents(yuan)	14266	15422	8.1
城镇常住居民人均可支配收入(元)	The per capita disposable income of urban permanent residents(yuan)	23768	25660	8.0
农村牧区常住居民人均可支配收入(元)	The per capita disposable income of permanent residents of rural and pastoral areas(yuan)	9468	10205	7.8
农村牧区经济	**Economic Development in Rural & Pastoral Area**			
农作物总播种面积(公顷)	Total Sown Area(hectare)	60811	61783	1.6
#粮食作物播种面积(公顷)	Sown Area of Grain Crops(hectare)	51400	51203	-0.4
农牧业机械总动力(万千瓦)	Total Power of Agricultural Machinery(10 000 kw)	25.20	25.62	1.7
化肥施用折纯量(吨)	Consumption of Chemical Fertilizer(ton)	15970	15986	0.1
农村用电量(万千瓦小时)	Electricity Consumed in Rural Area(10 000 kwh)	3715	3749	0.9
农林牧渔业总产值(万元)	Gross Output of Farming,Forestry,Animal Husbandry & Fishery(10 000 yuan)	273723	271635	0.6
粮食产量(吨)	Yield of Grain(ton)	250522	251123	0.2
油料产量(吨)	Yield of Oil-bearing Grops(ton)	4387	4328	-1.3
甜菜产量(吨)	Yield of Beetroots(ton)	75060	75000	-0.1
猪牛羊肉产量(吨)	Output of Pork, Beef & Mutton(ton)	24821	20726	-16.5
#猪肉产量(吨)	Output of Pork(ton)	5681	3843	-32.4
牛肉产量(吨)	Output of Beef(ton)	3547	4441	25.2
羊肉产量(吨)	Output of Mutton(ton)	15593	12442	-20.2
羊毛产量(吨)	Output of Wool(ton)	864	851	-1.5

23 - 85 Liangcheng County in Wulanchabu City

指　　标	Item	2015	2016	2016 年比上年增长% Increase Rate in 2016 Over 2015(%)
年末牲畜存栏头数(万头只)	Total Livestock at the Year - end(10 000 heads)	44.82	44.36	-1.0
# 大牲畜(万头只)	Large Animals(10 000 heads)	7.19	7.04	-2.1
羊(万只)	Sheep & Goats(10 000 heads)	34.37	34.20	-0.5
猪(万头)	Hogs(10 000 heads)	3.26	3.12	-4.3
规模以上工业	**Industrial Enterprises above Designated size**			
工业企业单位数(个)	Number of Industrial Enterprises(unit)	8	8	0.0
# 内资企业(个)	Civil Funded Enterprises(unit)	8	8	0.0
工业总产值(万元)	Gross Industrial Output Value(10 000 yuan)	445672	391765	-12.1
内资企业(万元)	Civil Funded Enterprises(10 000 yuan)	445672	391765	-12.1
国有企业(万元)	State - owned Enterprises(10 000 yuan)			
集体企业(万元)	Collective - owned Enterprises(10 000 yuan)			
股份合作企业(万元)	Share Holding Enterprises(10 000 yuan)			
联营企业(万元)	Joint Owned Enterprises(10 000 yuan)			
有限责任公司(万元)	Limited Company(10 000 yuan)	393029	327589	-16.7
股份有限公司(万元)	Share Holding Limited Company(10 000 yuan)			
私营企业(万元)	Privately Owned Enterprises(10 000 yuan)	52643	64176	21.9
其他企业(万元)	Enterprises of Other Ownership(10 000 yuan)			
港澳台商投资企业(万元)	Funds from HK, Macao & Taiwan(10 000 yuan)			
外商投资企业(万元)	Foreign Funded Enterprises(10 000 yuan)			
工业企业增加值(万元)	Value Added of Industrial Enterprises(10 000 yuan)			5.0
工业企业资产总计(万元)	Total Assets of Industrial Enterprises(10 000 yuan)	825782	800080	-3.1
工业企业负债合计(万元)	Total Liabilities of Industrial Enterprises(10 000 yuan)	466842	465067	-0.4
工业企业产品销售收入(万元)	Sales of Revenue Industrial Enterprises(10 000 yuan)	443456	399355	-9.9
工业企业利润总额(万元)	Total Profits of Industrial Enterprises(10 000 yuan)	91107	58430	-35.9
建筑业	**Construction**			
建筑企业单位数(个)	Number of Construction Enterprises(unit)	2	2	0.0
建筑企业从业人员(人)	Number of Employee in Construction Enterprises(person)	244	190	-22.1
建筑业总产值(万元)	Gross Construction Output Value(10 000 yuan)	3800	3400	-10.5
交通运输邮电通信业	**Transportation, Post & Telecommunications**			
公路里程(公里)	Total Length of Highways(km)	1724	1796	4.2
邮电业务总量(万元)	Business Volume of Post & Telecoms(10 000 yuan)	257	294	14.4
本地电话用户(户)	Number of Subscribers of Local Telephone(Household)	18654	18934	1.5
国内贸易	**Domestic Trade**			
社会消费品零售总额(万元)	Total Retail Sales of Consumer Goods(10 000 yuan)	186842	203845	9.1
城镇(万元)	Town(10 000 yuan)	131232	143224	9.1
乡村(万元)	Village(10 000 yuan)	55610	60620	9.0
科技教育卫生	**Science, Education & Public Health**			
各类专业技术人员(人)	Special Technical Personnel(person)	738	761	3.1
幼儿园数(所)	Number of Kindergartens(unit)	7	10	42.9
学龄儿童入学率(%)	Percentage of School - Age Children Enrolled(%)	100.0	100.0	0.0
小学学校数(所)	Number of Primary Schools(unit)	16	15	-6.3
小学专任教师数(人)	Number of Full - time Teachers of Primary Schools(person)	657	648	-1.4
小学在校学生数(人)	Number of Student Enrollment of Primary Schools(person)	6676	6850	2.6
普通中学学校数(所)	Number of Regular Secondary Schools(unit)	5	5	0.0
普通中学专任教师数(人)	Number of Teachers of Secondary Shools(person)	518	512	-1.2
初中在校学生数(人)	Number of Student in Junior Secondary Schools(person)	4324	4218	-2.5
高中在校学生数(人)	Number of Student in Senior Secondary Schools(person)	2763	2228	-19.4
卫生机构数(所)	Number of Health Institutions(unit)	170	159	-6.5
# 医院(所)	Hospitals(unit)	3	3	0.0
卫生院(所)	Township Hospitals(unit)	18	14	-22.2
床位数(张)	Number of Beds(unit)	420	650	54.8
# 医院(张)	Hospitals(unit)	291	460	58.1
卫生院(张)	Township Hospitals(unit)	118	175	48.3
卫生技术人员(人)	Medical Technical Presonnel(person)	462	451	-2.4
# 医院(人)	Hospitals(person)	260	273	5.0
卫生院(人)	Township Hospitals(person)	118	113	-4.2

23-86 乌兰察布市察哈尔右翼前旗

指　　标	Item	2015	2016	2016年比上年增长% Increase Rate in 2016 Over 2015(%)
行政区域土地面积(平方公里)	**Area of Administration(Sq. km)**	**2734**	**2734**	**0.0**
人口和就业	**Population & Employment**			
年末户籍人口(人)	The Registered Population Year-end(person)	217146	216558	-0.3
#男性(人)	Male(person)	111495	110943	-0.5
#乡村人口(人)	Rural(person)	125561	127524	1.6
年末常住人口(人)	Permanet Resident Population Year-end(person)			
#男性(人)	Male(person)			
年末总户数(户)	Total Number of Households at the Year-end(Household)	107679	109773	1.9
#乡村户数(户)	Number of Rural Household(Household)	42991	42835	-0.4
出生人口(人)	Births(person)	1417	1340	-5.4
死亡人口(人)	Deaths(person)	1058	1048	-0.9
全社会就业人员(人)	Employment(person)	124080	124214	0.1
第一产业(人)	Primary Industry(person)	67876	67663	-0.3
第二产业(人)	Secondary Industry(person)	20423	20627	1.0
第三产业(人)	Tertiary Industry(person)	35781	35924	0.4
在岗职工人数(人)	Number of Staff & Workers Employed in(person)	10087	10146	0.6
乡村劳动力(人)	Number of Rural Laborers(person)	86518	86437	-0.1
#农林牧渔业(人)	Farming,Forestry,Animal Husbandry & Fishery(person)	63048	63005	-0.1
国民经济综合指标	**Summary Item on the National Economy**			
生产总值(万元)	Gross Domestic Product(10 000 yuan)	895866	921747	6.9
第一产业(万元)	Primary Industry(10 000 yuan)	135966	129566	2.0
第二产业(万元)	Secondary Industry(10 000 yuan)	506115	529185	6.8
#工业(万元)	Industry(10 000 yuan)	449980	471749	7.3
第三产业(万元)	Tertiary Industry(10 000 yuan)	253785	262996	9.6
人均生产总值(元)	Per Capita GDP(yuan)	41256	42563	3.2
全社会固定资产投资(万元)	Total Investment in Fixed Assets(10 000 yuan)	611314	726147	18.8
按登记注册类型分	Grouped by Registered Type			
#国有(万元)	State-owned Enterprises(10 000 yuan)	27995	255581	813.0
集体(万元)	Collective-owned Enterprises(10 000 yuan)			
有限责任公司(万元)	Limited Liability Corporations(10 000 yuan)	583319	252967	-56.6
股份有限公司(万元)	Share Holding Enterprises(10 000 yuan)			
私营企业(万元)	Private Enterprises(10 000 yuan)		217599	
外商及港澳台投资企业(万元)	Funds from HK,Macao,Taiwan & Foreign(10 000 yuan)			
一般公共预算收入(万元)	General Public Budget Revenue(10 000 yuan)	38154	41267	8.2
一般公共预算支出(万元)	General Public Budget Expenditure(10 000 yuan)	232826	213769	-8.2
住户存款余额(万元)	The balance of savings deposits of Households(10 000 yuan)	363636	365847	0.6
在岗职工工资总额(万元)	Total Wages of Staff & Workers Employed in(10 000 yuan)	60628	66640	9.9
在岗职工平均工资(元)	Average Wage of Staff & Workers Employed in(yuan)	60976	66282	8.7
全体居民人均可支配收入(元)	The per capita disposable income of all residents(yuan)	12033	13025	8.2
城镇常住居民人均可支配收入(元)	The per capita disposable income of urban permanent residents(yuan)	23366	25244	8.0
农村牧区常住居民人均可支配收入(元)	The per capita disposable income of permanent residents of rural and pastoral areas(yuan)	8743	9440	8.0
农村牧区经济	**Economic Development in Rural & Pastoral Area**			
农作物总播种面积(公顷)	Total Sown Area(hectare)	47009	47761	1.6
#粮食作物播种面积(公顷)	Sown Area of Grain Crops(hectare)	34209	34024	-0.5
农牧业机械总动力(万千瓦)	Total Power of Agricultural Machinery(10 000 kw)	20.87	20.96	0.4
化肥施用折纯量(吨)	Consumption of Chemical Fertilizer(ton)	8648	8657	0.1
农村用电量(万千瓦小时)	Electricity Consumed in Rural Area(10 000 kwh)	2018	2117	4.9
农林牧渔业总产值(万元)	Gross Output of Farming,Forestry,Animal Husbandry & Fishery(10 000 yuan)	240267	238974	0.7
粮食产量(吨)	Yield of Grain(ton)	86142	88316	2.5
油料产量(吨)	Yield of Oil-bearing Grops(ton)	5500	5568	1.2
甜菜产量(吨)	Yield of Beetroots(ton)	150000	150086	0.1
猪牛羊肉产量(吨)	Output of Pork, Beef & Mutton(ton)	19189	21658	12.9
#猪肉产量(吨)	Output of Pork(ton)	4837	4188	-13.4
牛肉产量(吨)	Output of Beef(ton)	2451	2850	16.3
羊肉产量(吨)	Output of Mutton(ton)	11901	14620	22.8
羊毛产量(吨)	Output of Wool(ton)	686	691	0.7

23 – 86 Chahaeryouyiqian Banner in Wulanchabu City

指　　标	Item	2015	2016	2016 年比上年增长% Increase Rate in 2016 Over 2015(%)
年末牲畜存栏头数(万头只)	Total Livestock at the Year – end(10 000 heads)	48.16	48.06	-0.2
# 大牲畜(万头只)	Large Animals(10 000 heads)	5.32	5.24	-1.5
羊(万只)	Sheep & Goats(10 000 heads)	36.52	36.23	-0.8
猪(万头)	Hogs(10 000 heads)	6.32	6.59	4.3
规模以上工业	**Industrial Enterprises above Designated size**			
工业企业单位数(个)	Number of Industrial Enterprises(unit)	40	33	-17.5
# 内资企业(个)	Civil Funded Enterprises(unit)	40	33	-17.5
工业总产值(万元)	Gross Industrial Output Value(10 000 yuan)	1091003	1287494	18.0
内资企业(万元)	Civil Funded Enterprises(10 000 yuan)	1091003	1287494	18.0
国有企业(万元)	State – owned Enterprises(10 000 yuan)			
集体企业(万元)	Collective – owned Enterprises(10 000 yuan)			
股份合作企业(万元)	Share Holding Enterprises(10 000 yuan)			
联营企业(万元)	Joint Owned Enterprises(10 000 yuan)			
有限责任公司(万元)	Limited Company(10 000 yuan)	533424	681969	27.8
股份有限公司(万元)	Share Holding Limited Company(10 000 yuan)	101941	95308	-6.5
私营企业(万元)	Privately Owned Enterprises(10 000 yuan)	455637	510217	12.0
其他企业(万元)	Enterprises of Other Ownership(10 000 yuan)			
港澳台商投资企业(万元)	Funds from HK, Macao & Taiwan(10 000 yuan)			
外商投资企业(万元)	Foreign Funded Enterprises(10 000 yuan)			
工业企业增加值(万元)	Value Added of Industrial Enterprises(10 000 yuan)			6.8
工业企业资产总计(万元)	Total Assets of Industrial Enterprises(10 000 yuan)	916159	891851	-2.7
工业企业负债合计(万元)	Total Liabilities of Industrial Enterprises(10 000 yuan)	797124	756114	-5.1
工业企业产品销售收入(万元)	Sales of Revenue Industrial Enterprises(10 000 yuan)	1026814	1252798	22.0
工业企业利润总额(万元)	Total Profits of Industrial Enterprises(10 000 yuan)	1883	3468	84.2
建筑业	**Construction**			
建筑企业单位数(个)	Number of Construction Enterprises(unit)	1	1	0.0
建筑企业从业人员(人)	Number of Employee in Construction Enterprises(person)	319	21	-93.4
建筑业总产值(万元)	Gross Construction Output Value(10 000 yuan)	6152	5872	-4.6
交通运输邮电通信业	**Transportation, Post & Telecommunications**			
公路里程(公里)	Total Length of Highways(km)	1218	1294	6.2
邮电业务总量(万元)	Business Volume of Post & Telecoms(10 000 yuan)	2514	2571	2.3
本地电话用户(户)	Number of Subscribers of Local Telephone(Household)	11257	11354	0.9
国内贸易	**Domestic Trade**			
社会消费品零售总额(万元)	Total Retail Sales of Consumer Goods(10 000 yuan)	149261	163103	9.3
城镇(万元)	Town(10 000 yuan)	91883	100468	9.3
乡村(万元)	Village(10 000 yuan)	57378	62635	9.2
科技教育卫生	**Science, Education & Public Health**			
各类专业技术人员(人)	Special Technical Personnel(person)	1218	1354	11.2
幼儿园数(所)	Number of Kindergartens(unit)	16	16	0.0
学龄儿童入学率(%)	Percentage of School – Age Children Enrolled(%)	100.0	100.0	0.0
小学学校数(所)	Number of Primary Schools(unit)	18	18	0.0
小学专任教师数(人)	Number of Full – time Teachers of Primary Schools(person)	665	650	-2.3
小学在校学生数(人)	Number of Student Enrollment of Primary Schools(person)	3839	3826	-0.3
普通中学学校数(所)	Number of Regular Secondary Schools(unit)	6	7	16.7
普通中学专任教师数(人)	Number of Teachers of Secondary Shools(person)	528	445	-15.7
初中在校学生数(人)	Number of Student in Junior Secondary Schools(person)	3981	3862	-3.0
高中在校学生数(人)	Number of Student in Senior Secondary Schools(person)	2154	2027	-5.9
卫生机构数(所)	Number of Health Institutions(unit)	152	171	12.5
# 医院(所)	Hospitals(unit)	2	2	0.0
卫生院(所)	Township Hospitals(unit)	17	18	5.9
床位数(张)	Number of Beds(unit)	347	341	-1.7
# 医院(张)	Hospitals(unit)	140	138	-1.4
卫生院(张)	Township Hospitals(unit)	154	155	0.6
卫生技术人员(人)	Medical Technical Presonnel(person)	464	444	-4.3
# 医院(人)	Hospitals(person)	168	161	-4.2
卫生院(人)	Township Hospitals(person)	135	142	5.2

23 - 87 乌兰察布市察哈尔右翼中旗

指　　标	Item	2015	2016	2016 年比上年增长% Increase Rate in 2016 Over 2015(%)
行政区域土地面积(平方公里)	**Area of Administration(Sq. km)**	**4200**	**4200**	**0.0**
人口和就业	**Population & Employment**			
年末户籍人口(人)	The Registered Population Year - end(person)	204601	204556	0.0
#男性(人)	Male(person)	108187	107952	-0.2
#乡村人口(人)	Rural(person)	168474	168669	0.1
年末常住人口(人)	Permanet Resident Population Year - end(person)			
#男性(人)	Male(person)			
年末总户数(户)	Total Number of Households at the Year - end(Household)	97309	98611	1.3
#乡村户数(户)	Number of Rural Household(Household)	50210	50146	-0.1
出生人口(人)	Births(person)	1436	1482	3.2
死亡人口(人)	Deaths(person)	645	810	25.6
全社会就业人员(人)	Employment(person)	127641	127477	-0.1
第一产业(人)	Primary Industry(person)	79361	79183	-0.2
第二产业(人)	Secondary Industry(person)	11034	11276	2.2
第三产业(人)	Tertiary Industry(person)	37246	37018	-0.6
在岗职工人数(人)	Number of Staff & Workers Employed in(person)	6304	6393	1.4
乡村劳动力(人)	Number of Rural Laborers(person)	115976	113584	-2.1
#农林牧渔业(人)	Farming, Forestry, Animal Husbandry & Fishery(person)	79021	78862	-0.2
国民经济综合指标	**Summary Item on the National Economy**			
生产总值(万元)	Gross Domestic Product(10 000 yuan)	565258	577174	6.8
第一产业(万元)	Primary Industry(10 000 yuan)	132397	127931	3.2
第二产业(万元)	Secondary Industry(10 000 yuan)	252351	262585	6.3
#工业(万元)	Industry(10 000 yuan)	219969	229460	6.8
第三产业(万元)	Tertiary Industry(10 000 yuan)	180510	186658	9.7
人均生产总值(元)	Per Capita GDP(yuan)	27629	28215	2.1
全社会固定资产投资(万元)	Total Investment in Fixed Assets(10 000 yuan)	462076	540806	17.0
按登记注册类型分	Grouped by Registered Type			
#国有(万元)	State - owned Enterprises(10 000 yuan)	4800	250229	5113.1
集体(万元)	Collective - owned Enterprises(10 000 yuan)		71844	
有限责任公司(万元)	Limited Liability Corporations(10 000 yuan)		147845	
股份有限公司(万元)	Share Holding Enterprises(10 000 yuan)	8788	38815	341.7
私营企业(万元)	Private Enterprises(10 000 yuan)	426788	32073	-92.5
外商及港澳台投资企业(万元)	Funds from HK, Macao, Taiwan & Foreign(10 000 yuan)			
一般公共预算收入(万元)	General Public Budget Revenue(10 000 yuan)	14332	15814	10.3
一般公共预算支出(万元)	General Public Budget Expenditure(10 000 yuan)	201000	186108	-7.4
住户存款余额(万元)	The balance of savings deposits of Households(10 000 yuan)	258208	259320	0.4
在岗职工工资总额(万元)	Total Wages of Staff & Workers Employed in(10 000 yuan)	43157	51685	19.8
在岗职工平均工资(元)	Average Wage of Staff & Workers Employed in(yuan)	68591	81872	19.4
全体居民人均可支配收入(元)	The per capita disposable income of all residents(yuan)	11019	11920	8.2
城镇常住居民人均可支配收入(元)	The per capita disposable income of urban permanent residents(yuan)	23235	25080	7.9
农村牧区常住居民人均可支配收入(元)	The per capita disposable income of permanent residents of rural and pastoral areas(yuan)	6970	7508	7.7
农村牧区经济	**Economic Development in Rural & Pastoral Area**			
农作物总播种面积(公顷)	Total Sown Area(hectare)	85760	87132	1.6
#粮食作物播种面积(公顷)	Sown Area of Grain Crops(hectare)	69001	68651	-0.5
农牧业机械总动力(万千瓦)	Total Power of Agricultural Machinery(10 000 kw)	23.74	23.86	0.5
化肥施用折纯量(吨)	Consumption of Chemical Fertilizer(ton)	10900	10924	0.2
农村用电量(万千瓦小时)	Electricity Consumed in Rural Area(10 000 kwh)	6270	6298	0.4
农林牧渔业总产值(万元)	Gross Output of Farming, Forestry, Animal Husbandry & Fishery(10 000 yuan)	268490	265012	-0.2
粮食产量(吨)	Yield of Grain(ton)	103453	114236	10.4
油料产量(吨)	Yield of Oil - bearing Grops(ton)	19425	19485	0.3
甜菜产量(吨)	Yield of Beetroots(ton)	34245	34285	0.1
猪牛羊肉产量(吨)	Output of Pork, Beef & Mutton(ton)	23282	23420	0.6
#猪肉产量(吨)	Output of Pork(ton)	3415	3075	-10.0
牛肉产量(吨)	Output of Beef(ton)	3298	3815	15.7
羊肉产量(吨)	Output of Mutton(ton)	16569	16530	-0.2
羊毛产量(吨)	Output of Wool(ton)	948	934	-1.5

23 - 87 Chahaeryouyizhong Banner in Wulanchabu City

指　　标	Item	2015	2016	2016 年比上年增长% Increase Rate in 2016 Over 2015(%)
年末牲畜存栏头数(万头只)	Total Livestock at the Year - end(10 000 heads)	56.64	56.24	-0.7
#大牲畜(万头只)	Large Animals(10 000 heads)	3.82	3.73	-2.4
羊(万只)	Sheep & Goats(10 000 heads)	49.14	49.04	-0.2
猪(万头)	Hogs(10 000 heads)	3.68	3.47	-5.7
规模以上工业	**Industrial Enterprises above Designated size**			
工业企业单位数(个)	Number of Industrial Enterprises(unit)	14	12	-14.3
#内资企业(个)	Civil Funded Enterprises(unit)	13	11	-15.4
工业总产值(万元)	Gross Industrial Output Value(10 000 yuan)	377855	363533	-3.8
内资企业(万元)	Civil Funded Enterprises(10 000 yuan)	374240	359273	-4.0
国有企业(万元)	State - owned Enterprises(10 000 yuan)			
集体企业(万元)	Collective - owned Enterprises(10 000 yuan)			
股份合作企业(万元)	Share Holding Enterprises(10 000 yuan)			
联营企业(万元)	Joint Owned Enterprises(10 000 yuan)			
有限责任公司(万元)	Limited Company(10 000 yuan)	314572	359273	14.2
股份有限公司(万元)	Share Holding Limited Company(10 000 yuan)	30568		
私营企业(万元)	Privately Owned Enterprises(10 000 yuan)	29100		
其他企业(万元)	Enterprises of Other Ownership(10 000 yuan)			
港澳台商投资企业(万元)	Funds from HK, Macao & Taiwan(10 000 yuan)			
外商投资企业(万元)	Foreign Funded Enterprises(10 000 yuan)	3615	4260	17.8
工业企业增加值(万元)	Value Added of Industrial Enterprises(10 000 yuan)			6.1
工业企业资产总计(万元)	Total Assets of Industrial Enterprises(10 000 yuan)	1572102	1480299	-5.8
工业企业负债合计(万元)	Total Liabilities of Industrial Enterprises(10 000 yuan)	1097832	996732	-9.2
工业企业产品销售收入(万元)	Sales of Revenue Industrial Enterprises(10 000 yuan)	238800	335753	40.6
工业企业利润总额(万元)	Total Profits of Industrial Enterprises(10 000 yuan)	20029	32052	60.0
建筑业	**Construction**			
建筑企业单位数(个)	Number of Construction Enterprises(unit)	1	1	0.0
建筑企业从业人员(人)	Number of Employee in Construction Enterprises(person)	108	192	77.8
建筑业总产值(万元)	Gross Construction Output Value(10 000 yuan)	5100	5800	13.7
交通运输邮电通信业	**Transportation, Post & Telecommunications**			
公路里程(公里)	Total Length of Highways(km)	1612	1698	5.3
邮电业务总量(万元)	Business Volume of Post & Telecoms(10 000 yuan)	3652	3694	1.2
本地电话用户(户)	Number of Subscribers of Local Telephone(Household)	23114	23451	1.5
国内贸易	**Domestic Trade**			
社会消费品零售总额(万元)	Total Retail Sales of Consumer Goods(10 000 yuan)	115537	126252	9.3
城镇(万元)	Town(10 000 yuan)	79967	87434	9.3
乡村(万元)	Village(10 000 yuan)	35570	38818	9.1
科技教育卫生	**Science, Education & Public Health**			
各类专业技术人员(人)	Special Technical Personnel(person)	1216	1324	8.9
幼儿园数(所)	Number of Kindergartens(unit)	4	5	25.0
学龄儿童入学率(%)	Percentage of School - Age Children Enrolled(%)	100.0	100.0	0.0
小学学校数(所)	Number of Primary Schools(unit)	12	12	0.0
小学专任教师数(人)	Number of Full - time Teachers of Primary Schools(person)	578	571	-1.2
小学在校学生数(人)	Number of Student Enrollment of Primary Schools(person)	3417	3321	-2.8
普通中学学校数(所)	Number of Regular Secondary Schools(unit)	2	3	50.0
普通中学专任教师数(人)	Number of Teachers of Secondary Shools(person)	418	412	-1.4
初中在校学生数(人)	Number of Student in Junior Secondary Schools(person)	3985	3825	-4.0
高中在校学生数(人)	Number of Student in Senior Secondary Schools(person)	1874	1798	-4.1
卫生机构数(所)	Number of Health Institutions(unit)	217	215	-0.9
#医院(所)	Hospitals(unit)	2	1	-50.0
卫生院(所)	Township Hospitals(unit)	26	25	-3.8
床位数(张)	Number of Beds(unit)	393	440	12.0
#医院(张)	Hospitals(unit)	194	200	3.1
卫生院(张)	Township Hospitals(unit)	160	204	27.5
卫生技术人员(人)	Medical Technical Presonnel(person)	268	271	1.1
#医院(人)	Hospitals(person)	130	128	-1.5
卫生院(人)	Township Hospitals(person)	99	89	-10.1

23－88 乌兰察布市察哈尔右翼后旗

指　　标	Item	2015	2016	2016 年比上年增长% Increase Rate in 2016 Over 2015(%)
行政区域土地面积(平方公里)	**Area of Administration(Sq. km)**	**3803**	**3803**	**0.0**
人口和就业	**Population & Employment**			
年末户籍人口(人)	The Registered Population Year－end(person)	209934	209411	－0.2
#男性(人)	Male(person)	107395	106964	－0.4
#乡村人口(人)	Rural(person)	165059	168678	2.2
年末常住人口(人)	Permanet Resident Population Year－end(person)			
#男性(人)	Male(person)			
年末总户数(户)	Total Number of Households at the Year－end(Household)	87956	89961	2.3
#乡村户数(户)	Number of Rural Household(Household)	33893	33681	－0.6
出生人口(人)	Births(person)	1401	1451	3.6
死亡人口(人)	Deaths(person)	696	240	－65.5
全社会就业人员(人)	Employment(person)	94393	93887	－0.5
第一产业(人)	Primary Industry(person)	49937	49728	－0.4
第二产业(人)	Secondary Industry(person)	13215	13135	－0.6
第三产业(人)	Tertiary Industry(person)	31241	31024	－0.7
在岗职工人数(人)	Number of Staff & Workers Employed in(person)	12589	11776	－6.5
乡村劳动力(人)	Number of Rural Laborers(person)	62215	62147	－0.1
#农林牧渔业(人)	Farming, Forestry, Animal Husbandry & Fishery(person)	37978	37826	－0.4
国民经济综合指标	**Summary Item on the National Economy**			
生产总值(万元)	Gross Domestic Product(10 000 yuan)	711726	733021	6.7
第一产业(万元)	Primary Industry(10 000 yuan)	107295	103468	3.0
第二产业(万元)	Secondary Industry(10 000 yuan)	409865	426782	6.4
#工业(万元)	Industry(10 000 yuan)	363074	379008	6.9
第三产业(万元)	Tertiary Industry(10 000 yuan)	194567	202771	9.5
人均生产总值(元)	Per Capita GDP(yuan)	33879	35003	3.3
全社会固定资产投资(万元)	Total Investment in Fixed Assets(10 000 yuan)	525244	607861	15.7
按登记注册类型分	Grouped by Registered Type			
#国有(万元)	State－owned Enterprises(10 000 yuan)	194017	184221	－5.0
集体(万元)	Collective－owned Enterprises(10 000 yuan)			
有限责任公司(万元)	Limited Liability Corporations(10 000 yuan)	195152	231077	18.4
股份有限公司(万元)	Share Holding Enterprises(10 000 yuan)	110075	165429	50.3
私营企业(万元)	Private Enterprises(10 000 yuan)	26000	27134	4.4
外商及港澳台投资企业(万元)	Funds from HK, Macao, Taiwan & Foreign(10 000 yuan)			
一般公共预算收入(万元)	General Public Budget Revenue(10 000 yuan)	26078	26250	0.7
一般公共预算支出(万元)	General Public Budget Expenditure(10 000 yuan)	198844	189483	－4.7
住户存款余额(万元)	The balance of savings deposits of Households(10 000 yuan)	306920	309854	1.0
在岗职工工资总额(万元)	Total Wages of Staff & Workers Employed in(10 000 yuan)	70967	69973	－1.4
在岗职工平均工资(元)	Average Wage of Staff & Workers Employed in(yuan)	56350	59765	6.1
全体居民人均可支配收入(元)	The per capita disposable income of all residents(yuan)	14402	15598	8.3
城镇常住居民人均可支配收入(元)	The per capita disposable income of urban permanent residents(yuan)	23453	25353	8.1
农村牧区常住居民人均可支配收入(元)	The per capita disposable income of permanent residents of rural and pastoral areas(yuan)	8813	9490	7.7
农村牧区经济	**Economic Development in Rural & Pastoral Area**			
农作物总播种面积(公顷)	Total Sown Area(hectare)	47955	48722	1.6
#粮食作物播种面积(公顷)	Sown Area of Grain Crops(hectare)	33277	33154	－0.4
农牧业机械总动力(万千瓦)	Total Power of Agricultural Machinery(10 000 kw)	16.96	17.28	1.9
化肥施用折纯量(吨)	Consumption of Chemical Fertilizer(ton)	5317	5324	0.1
农村用电量(万千瓦小时)	Electricity Consumed in Rural Area(10 000 kwh)	3312	3369	1.7
农林牧渔业总产值(万元)	Gross Output of Farming, Forestry, Animal Husbandry & Fishery(10 000 yuan)	162724	160236	－0.1
粮食产量(吨)	Yield of Grain(ton)	93087	98102	5.4
油料产量(吨)	Yield of Oil－bearing Grops(ton)	15096	15138	0.3
甜菜产量(吨)	Yield of Beetroots(ton)	6712	6724	0.2
猪牛羊肉产量(吨)	Output of Pork, Beef & Mutton(ton)	13642	16048	17.6
#猪肉产量(吨)	Output of Pork(ton)	3361	3556	5.8
牛肉产量(吨)	Output of Beef(ton)	3056	1570	－48.6
羊肉产量(吨)	Output of Mutton(ton)	7225	10922	51.2
羊毛产量(吨)	Output of Wool(ton)	802	800	－0.2

23 – 88 Chahaeryouyihou Banner in Wulanchabu City

指　　标	Item	2015	2016	2016 年比上年增长% Increase Rate in 2016 Over 2015(%)
年末牲畜存栏头数(万头只)	Total Livestock at the Year – end(10 000 heads)	76.41	76.28	–0.2
# 大牲畜(万头只)	Large Animals(10 000 heads)	3.20	3.55	10.9
羊(万只)	Sheep & Goats(10 000 heads)	70.98	70.64	–0.5
猪(万头)	Hogs(10 000 heads)	2.22	2.09	–5.9
规模以上工业	**Industrial Enterprises above Designated size**			
工业企业单位数(个)	Number of Industrial Enterprises(unit)	51	45	–11.8
# 内资企业(个)	Civil Funded Enterprises(unit)	50	44	–12.0
工业总产值(万元)	Gross Industrial Output Value(10 000 yuan)	1579378	1554471	–1.6
内资企业(万元)	Civil Funded Enterprises(10 000 yuan)	1566467	1543979	–1.4
国有企业(万元)	State – owned Enterprises(10 000 yuan)			
集体企业(万元)	Collective – owned Enterprises(10 000 yuan)			
股份合作企业(万元)	Share Holding Enterprises(10 000 yuan)			
联营企业(万元)	Joint Owned Enterprises(10 000 yuan)			
有限责任公司(万元)	Limited Company(10 000 yuan)	317648	388908	22.4
股份有限公司(万元)	Share Holding Limited Company(10 000 yuan)	108047	146015	35.1
私营企业(万元)	Privately Owned Enterprises(10 000 yuan)	1140772	1009056	–11.5
其他企业(万元)	Enterprises of Other Ownership(10 000 yuan)			
港澳台商投资企业(万元)	Funds from HK, Macao & Taiwan(10 000 yuan)	12911	10492	–18.7
外商投资企业(万元)	Foreign Funded Enterprises(10 000 yuan)			
工业企业增加值(万元)	Value Added of Industrial Enterprises(10 000 yuan)			6.0
工业企业资产总计(万元)	Total Assets of Industrial Enterprises(10 000 yuan)	1109972	1324292	19.3
工业企业负债合计(万元)	Total Liabilities of Industrial Enterprises(10 000 yuan)	877056	1011689	15.4
工业企业产品销售收入(万元)	Sales of Revenue Industrial Enterprises(10 000 yuan)	1603282	1526487	–4.8
工业企业利润总额(万元)	Total Profits of Industrial Enterprises(10 000 yuan)	–8567	8772	
建筑业	**Construction**			
建筑企业单位数(个)	Number of Construction Enterprises(unit)	4	4	0.0
建筑企业从业人员(人)	Number of Employee in Construction Enterprises(person)	1726	1934	12.1
建筑业总产值(万元)	Gross Construction Output Value(10 000 yuan)	39560	39611	0.1
交通运输邮电通信业	**Transportation, Post & Telecommunications**			
公路里程(公里)	Total Length of Highways(km)	1587	1638	3.2
邮电业务总量(万元)	Business Volume of Post & Telecoms(10 000 yuan)	2679	2984	11.4
本地电话用户(户)	Number of Subscribers of Local Telephone(Household)	7613	7839	3.0
国内贸易	**Domestic Trade**			
社会消费品零售总额(万元)	Total Retail Sales of Consumer Goods(10 000 yuan)	236321	258249	9.3
城镇(万元)	Town(10 000 yuan)	131938	144258	9.3
乡村(万元)	Village(10 000 yuan)	104383	113991	9.2
科技教育卫生	**Science, Education & Public Health**			
各类专业技术人员(人)	Special Technical Personnel(person)	912	978	7.2
幼儿园数(所)	Number of Kindergartens(unit)	3	3	0.0
学龄儿童入学率(%)	Percentage of School – Age Children Enrolled(%)	100.0	100.0	0.0
小学学校数(所)	Number of Primary Schools(unit)	9	9	0.0
小学专任教师数(人)	Number of Full – time Teachers of Primary Schools(person)	545	541	–0.7
小学在校学生数(人)	Number of Student Enrollment of Primary Schools(person)	6726	6658	–1.0
普通中学学校数(所)	Number of Regular Secondary Schools(unit)	3	4	33.3
普通中学专任教师数(人)	Number of Teachers of Secondary Shools(person)	325	300	–7.7
初中在校学生数(人)	Number of Student in Junior Secondary Schools(person)	3058	3041	–0.6
高中在校学生数(人)	Number of Student in Senior Secondary Schools(person)	1237	1189	–3.9
卫生机构数(所)	Number of Health Institutions(unit)	163	155	–4.9
# 医院(所)	Hospitals(unit)	3	2	–33.3
卫生院(所)	Township Hospitals(unit)	18	13	–27.8
床位数(张)	Number of Beds(unit)	428	408	–4.7
# 医院(张)	Hospitals(unit)	245	275	12.2
卫生院(张)	Township Hospitals(unit)	131	117	–10.7
卫生技术人员(人)	Medical Technical Presonnel(person)	443	424	–4.3
# 医院(人)	Hospitals(person)	177	170	–4.0
卫生院(人)	Township Hospitals(person)	125	121	–3.2

23-89 乌兰察布市四子王旗

指　　标	Item	2015	2016	2016年比上年增长% Increase Rate in 2016 Over 2015(%)
行政区域土地面积(平方公里)	**Area of Administration(Sq. km)**	**24016**	**24016**	**0.0**
人口和就业	**Population & Employment**			
年末户籍人口(人)	The Registered Population Year-end(person)	212666	213129	0.2
#男性(人)	Male(person)	109371	109424	0.0
#乡村人口(人)	Rural(person)	164701	165312	0.4
年末常住人口(人)	Permanet Resident Population Year-end(person)			
#男性(人)	Male(person)			
年末总户数(户)	Total Number of Households at the Year-end(Household)	96814	100130	3.4
#乡村户数(户)	Number of Rural Household(Household)	40663	40538	-0.3
出生人口(人)	Births(person)	1934	1716	-11.3
死亡人口(人)	Deaths(person)	636	715	12.4
全社会就业人员(人)	Employment(person)	109955	109275	-0.6
第一产业(人)	Primary Industry(person)	78836	78523	-0.4
第二产业(人)	Secondary Industry(person)	7541	7436	-1.4
第三产业(人)	Tertiary Industry(person)	23578	23316	-1.1
在岗职工人数(人)	Number of Staff & Workers Employed in(person)	8036	7774	-3.3
乡村劳动力(人)	Number of Rural Laborers(person)	102756	102563	-0.2
#农林牧渔业(人)	Farming, Forestry, Animal Husbandry & Fishery(person)	83904	83721	-0.2
国民经济综合指标	**Summary Item on the National Economy**			
生产总值(万元)	Gross Domestic Product(10 000 yuan)	562298	573952	6.5
第一产业(万元)	Primary Industry(10 000 yuan)	153526	149921	4.2
第二产业(万元)	Secondary Industry(10 000 yuan)	185230	191825	5.7
#工业(万元)	Industry(10 000 yuan)	157860	163910	6.3
第三产业(万元)	Tertiary Industry(10 000 yuan)	223541	232206	8.8
人均生产总值(元)	Per Capita GDP(yuan)	26440	26929	1.8
全社会固定资产投资(万元)	Total Investment in Fixed Assets(10 000 yuan)	415685	475834	14.5
按登记注册类型分	Grouped by Registered Type			
#国有(万元)	State-owned Enterprises(10 000 yuan)	324960	102727	-68.4
集体(万元)	Collective-owned Enterprises(10 000 yuan)			
有限责任公司(万元)	Limited Liability Corporations(10 000 yuan)	4255	111210	2513.6
股份有限公司(万元)	Share Holding Enterprises(10 000 yuan)	20000	1100	-94.5
私营企业(万元)	Private Enterprises(10 000 yuan)	52470	260797	397.0
外商及港澳台投资企业(万元)	Funds from HK, Macao, Taiwan & Foreign(10 000 yuan)			
一般公共预算收入(万元)	General Public Budget Revenue(10 000 yuan)	18494	21736	17.5
一般公共预算支出(万元)	General Public Budget Expenditure(10 000 yuan)	259436	249473	-3.8
住户存款余额(万元)	The balance of savings deposits of Households(10 000 yuan)	321927	325617	1.1
在岗职工工资总额(万元)	Total Wages of Staff & Workers Employed in(10 000 yuan)	52027	52942	1.8
在岗职工平均工资(元)	Average Wage of Staff & Workers Employed in(yuan)	64848	68260	5.3
全体居民人均可支配收入(元)	The per capita disposable income of all residents(yuan)	13011	14090	8.3
城镇常住居民人均可支配收入(元)	The per capita disposable income of urban permanent residents(yuan)	22923	24763	8.0
农村牧区常住居民人均可支配收入(元)	The per capita disposable income of permanent residents of rural and pastoral areas(yuan)	8491	9159	7.9
农村牧区经济	**Economic Development in Rural & Pastoral Area**			
农作物总播种面积(公顷)	Total Sown Area(hectare)	116087	117944	1.6
#粮食作物播种面积(公顷)	Sown Area of Grain Crops(hectare)	72683	72564	-0.2
农牧业机械总动力(万千瓦)	Total Power of Agricultural Machinery(10 000 kw)	36.78	36.97	0.5
化肥施用折纯量(吨)	Consumption of Chemical Fertilizer(ton)	7845	7852	0.1
农村用电量(万千瓦小时)	Electricity Consumed in Rural Area(10 000 kwh)	1616	1654	2.4
农林牧渔业总产值(万元)	Gross Output of Farming, Forestry, Animal Husbandry & Fishery(10 000 yuan)	272521	270135	0.7
粮食产量(吨)	Yield of Grain(ton)	113476	117034	3.1
油料产量(吨)	Yield of Oil-bearing Grops(ton)	44540	44500	-0.1
甜菜产量(吨)	Yield of Beetroots(ton)			
猪牛羊肉产量(吨)	Output of Pork, Beef & Mutton(ton)	37051	27247	-26.5
#猪肉产量(吨)	Output of Pork(ton)	3642	3733	2.5
牛肉产量(吨)	Output of Beef(ton)	2568	2150	-16.3
羊肉产量(吨)	Output of Mutton(ton)	30841	21364	-30.7
羊毛产量(吨)	Output of Wool(ton)	1684	1647	-2.2

23－89 Siziwang Banner in Wulanchabu City

指　标	Item	2015	2016	2016年比上年增长% Increase Rate in 2016 Over 2015(%)
年末牲畜存栏头数(万头只)	Total Livestock at the Year－end(10 000 heads)	90.52	90.36	－0.2
#大牲畜(万头只)	Large Animals(10 000 heads)	4.03	4.01	－0.5
羊(万只)	Sheep & Goats(10 000 heads)	82.92	83.00	0.1
猪(万头)	Hogs(10 000 heads)	3.57	3.35	－6.2
规模以上工业	**Industrial Enterprises above Designated size**			
工业企业单位数(个)	Number of Industrial Enterprises(unit)	40	41	2.5
#内资企业(个)	Civil Funded Enterprises(unit)	36	37	2.8
工业总产值(万元)	Gross Industrial Output Value(10 000 yuan)	704912	765415	8.6
内资企业(万元)	Civil Funded Enterprises(10 000 yuan)	688626	750149	8.9
国有企业(万元)	State－owned Enterprises(10 000 yuan)			
集体企业(万元)	Collective－owned Enterprises(10 000 yuan)			
股份合作企业(万元)	Share Holding Enterprises(10 000 yuan)			
联营企业(万元)	Joint Owned Enterprises(10 000 yuan)			
有限责任公司(万元)	Limited Company(10 000 yuan)	117120	155902	33.1
股份有限公司(万元)	Share Holding Limited Company(10 000 yuan)			
私营企业(万元)	Privately Owned Enterprises(10 000 yuan)	571505	594247	4.0
其他企业(万元)	Enterprises of Other Ownership(10 000 yuan)			
港澳台商投资企业(万元)	Funds from HK,Macao & Taiwan(10 000 yuan)	11774	11412	－3.1
外商投资企业(万元)	Foreign Funded Enterprises(10 000 yuan)	4512	3854	－14.6
工业企业增加值(万元)	Value Added of Industrial Enterprises(10 000 yuan)			6.7
工业企业资产总计(万元)	Total Assets of Industrial Enterprises(10 000 yuan)	1511573	1523025	0.8
工业企业负债合计(万元)	Total Liabilities of Industrial Enterprises(10 000 yuan)	794365	870390	9.6
工业企业产品销售收入(万元)	Sales of Revenue Industrial Enterprises(10 000 yuan)	559636	613151	9.6
工业企业利润总额(万元)	Total Profits of Industrial Enterprises(10 000 yuan)	20227	30315	49.9
建筑业	**Construction**			
建筑企业单位数(个)	Number of Construction Enterprises(unit)	1	1	0.0
建筑企业从业人员(人)	Number of Employee in Construction Enterprises(person)	63	63	0.0
建筑业总产值(万元)	Gross Construction Output Value(10 000 yuan)	3015	835	－72.3
交通运输邮电通信业	**Transportation,Post & Telecommunications**			
公路里程(公里)	Total Length of Highways(km)	2524	2614	3.6
邮电业务总量(万元)	Business Volume of Post & Telecoms(10 000 yuan)	2310	2391	3.5
本地电话用户(户)	Number of Subscribers of Local Telephone(Household)	12542	12651	0.9
国内贸易	**Domestic Trade**			
社会消费品零售总额(万元)	Total Retail Sales of Consumer Goods(10 000 yuan)	206228	225179	9.2
城镇(万元)	Town(10 000 yuan)	118634	129598	9.2
乡村(万元)	Village(10 000 yuan)	87594	95581	9.1
科技教育卫生	**Science,Education & Public Health**			
各类专业技术人员(人)	Special Technical Personnel(person)	895	932	4.1
幼儿园数(所)	Number of Kindergartens(unit)	11	13	18.2
学龄儿童入学率(%)	Percentage of School－Age Children Enrolled(%)	100.0	100.0	0.0
小学学校数(所)	Number of Primary Schools(unit)	10	9	－10.0
小学专任教师数(人)	Number of Full－time Teachers of Primary Schools(person)	740	738	－0.3
小学在校学生数(人)	Number of Student Enrollment of Primary Schools(person)	6558	6486	－1.1
普通中学学校数(所)	Number of Regular Secondary Schools(unit)	3	5	66.7
普通中学专任教师数(人)	Number of Teachers of Secondary Shools(person)	565	538	－4.8
初中在校学生数(人)	Number of Student in Junior Secondary Schools(person)	3572	3205	－10.3
高中在校学生数(人)	Number of Student in Senior Secondary Schools(person)	4265	4121	－3.4
卫生机构数(所)	Number of Health Institutions(unit)	189	187	－1.1
#医院(所)	Hospitals(unit)	4	5	25.0
卫生院(所)	Township Hospitals(unit)	24	25	4.2
床位数(张)	Number of Beds(unit)	656	633	－3.5
#医院(张)	Hospitals(unit)	412	440	6.8
卫生院(张)	Township Hospitals(unit)	198	187	－5.6
卫生技术人员(人)	Medical Technical Presonnel(person)	672	722	7.4
#医院(人)	Hospitals(person)	333	418	25.5
卫生院(人)	Township Hospitals(person)	89	84	－5.6

23－90 乌兰察布市丰镇市

指　　标	Item	2015	2016	2016 年比上年增长% Increase Rate in 2016 Over 2015(%)
行政区域土地面积(平方公里)	**Area of Administration(Sq. km)**	**2704**	**2704**	**0.0**
人口和就业	**Population & Employment**			
年末户籍人口(人)	The Registered Population Year－end(person)	318561	316723	－0.6
#男性(人)	Male(person)	165286	164069	－0.7
#乡村人口(人)	Rural(person)	222758	197121	－11.5
年末常住人口(人)	Permanet Resident Population Year－end(person)			
#男性(人)	Male(person)			
年末总户数(户)	Total Number of Households at the Year－end(Household)	146533	146818	0.2
#乡村户数(户)	Number of Rural Household(Household)	60309	60273	－0.1
出生人口(人)	Births(person)	2438	2017	－17.3
死亡人口(人)	Deaths(person)	1411	1790	26.9
全社会就业人员(人)	Employment(person)	182684	182187	－0.3
第一产业(人)	Primary Industry(person)	62763	62938	0.3
第二产业(人)	Secondary Industry(person)	37243	37018	－0.6
第三产业(人)	Tertiary Industry(person)	82678	82231	－0.5
在岗职工人数(人)	Number of Staff & Workers Employed in(person)	16421	15461	－5.8
乡村劳动力(人)	Number of Rural Laborers(person)	96217	96157	－0.1
#农林牧渔业(人)	Farming, Forestry, Animal Husbandry & Fishery(person)	46106	46008	－0.2
国民经济综合指标	**Summary Item on the National Economy**			
生产总值(万元)	Gross Domestic Product(10 000 yuan)	1420483	1462225	6.8
第一产业(万元)	Primary Industry(10 000 yuan)	166648	162194	3.9
第二产业(万元)	Secondary Industry(10 000 yuan)	810290	840850	6.1
#工业(万元)	Industry(10 000 yuan)	756445	785970	6.4
第三产业(万元)	Tertiary Industry(10 000 yuan)	443545	459181	9.0
人均生产总值(元)	Per Capita GDP(yuan)	44591	46167	3.5
全社会固定资产投资(万元)	Total Investment in Fixed Assets(10 000 yuan)	696629	797960	14.5
按登记注册类型分	Grouped by Registered Type			
#国有(万元)	State－owned Enterprises(10 000 yuan)	30701	161385	425.7
集体(万元)	Collective－owned Enterprises(10 000 yuan)			
有限责任公司(万元)	Limited Liability Corporations(10 000 yuan)	28951	174892	504.1
股份有限公司(万元)	Share Holding Enterprises(10 000 yuan)			
私营企业(万元)	Private Enterprises(10 000 yuan)	636977	458683	－28.0
外商及港澳台投资企业(万元)	Funds from HK, Macao, Taiwan & Foreign(10 000 yuan)			
一般公共预算收入(万元)	General Public Budget Revenue(10 000 yuan)	49405	55352	12.0
一般公共预算支出(万元)	General Public Budget Expenditure(10 000 yuan)	253924	268187	5.6
住户存款余额(万元)	The balance of savings deposits of Households(10 000 yuan)	624509	625841	0.2
在岗职工工资总额(万元)	Total Wages of Staff & Workers Employed in(10 000 yuan)	90173	102470	13.6
在岗职工平均工资(元)	Average Wage of Staff & Workers Employed in(yuan)	54151	66195	22.2
全体居民人均可支配收入(元)	The per capita disposable income of all residents(yuan)	17798	19318	8.5
城镇常住居民人均可支配收入(元)	The per capita disposable income of urban permanent residents(yuan)	23482	25360	8.0
农村牧区常住居民人均可支配收入(元)	The per capita disposable income of permanent residents of rural and pastoral areas(yuan)	9927	10726	8.0
农村牧区经济	**Economic Development in Rural & Pastoral Area**			
农作物总播种面积(公顷)	Total Sown Area(hectare)	52385	53223	1.6
#粮食作物播种面积(公顷)	Sown Area of Grain Crops(hectare)	43718	43421	－0.7
农牧业机械总动力(万千瓦)	Total Power of Agricultural Machinery(10 000 kw)	19.31	19.85	2.8
化肥施用折纯量(吨)	Consumption of Chemical Fertilizer(ton)	13610	13678	0.5
农村用电量(万千瓦小时)	Electricity Consumed in Rural Area(10 000 kwh)	1310	1386	5.8
农林牧渔业总产值(万元)	Gross Output of Farming, Forestry, Animal Husbandry & Fishery(10 000 yuan)	261226	254023	－1.7
粮食产量(吨)	Yield of Grain(ton)	81213	85238	5.0
油料产量(吨)	Yield of Oil－bearing Grops(ton)	2500	2534	1.4
甜菜产量(吨)	Yield of Beetroots(ton)	40000	40027	0.1
猪牛羊肉产量(吨)	Output of Pork, Beef & Mutton(ton)	21333	24756	16.0
#猪肉产量(吨)	Output of Pork(ton)	5051	4718	－6.6
牛肉产量(吨)	Output of Beef(ton)	2218	3814	72.0
羊肉产量(吨)	Output of Mutton(ton)	14064	16224	15.4
羊毛产量(吨)	Output of Wool(ton)	1260	1268	0.6

23 – 90 Fengzhen City in Wulanchabu City

指　　标	Item	2015	2016	2016 年比上年增长% Increase Rate in 2016 Over 2015(%)
年末牲畜存栏头数(万头只)	Total Livestock at the Year – end(10 000 heads)	51.52	51.08	-0.9
# 大牲畜(万头只)	Large Animals(10 000 heads)	3.73	3.84	2.9
羊(万只)	Sheep & Goats(10 000 heads)	43.68	43.17	-1.2
猪(万头)	Hogs(10 000 heads)	4.11	4.07	-1.0
规模以上工业	**Industrial Enterprises above Designated size**			
工业企业单位数(个)	Number of Industrial Enterprises(unit)	42	39	-7.1
# 内资企业(个)	Civil Funded Enterprises(unit)	42	39	-7.1
工业总产值(万元)	Gross Industrial Output Value(10 000 yuan)	1999082	1985903	-0.7
内资企业(万元)	Civil Funded Enterprises(10 000 yuan)	1999082	1985903	-0.7
国有企业(万元)	State – owned Enterprises(10 000 yuan)	8143	1885	-76.9
集体企业(万元)	Collective – owned Enterprises(10 000 yuan)			
股份合作企业(万元)	Share Holding Enterprises(10 000 yuan)			
联营企业(万元)	Joint Owned Enterprises(10 000 yuan)			
有限责任公司(万元)	Limited Company(10 000 yuan)	1433757	1327945	-7.4
股份有限公司(万元)	Share Holding Limited Company(10 000 yuan)	95710	72963	-23.8
私营企业(万元)	Privately Owned Enterprises(10 000 yuan)	461472	583110	26.4
其他企业(万元)	Enterprises of Other Ownership(10 000 yuan)			
港澳台商投资企业(万元)	Funds from HK, Macao & Taiwan(10 000 yuan)			
外商投资企业(万元)	Foreign Funded Enterprises(10 000 yuan)			
工业企业增加值(万元)	Value Added of Industrial Enterprises(10 000 yuan)			6.3
工业企业资产总计(万元)	Total Assets of Industrial Enterprises(10 000 yuan)	1794644	1816719	1.2
工业企业负债合计(万元)	Total Liabilities of Industrial Enterprises(10 000 yuan)	1599825	1579272	-1.3
工业企业产品销售收入(万元)	Sales of Revenue Industrial Enterprises(10 000 yuan)	1862496	1900204	2.0
工业企业利润总额(万元)	Total Profits of Industrial Enterprises(10 000 yuan)	46876	-10924	
建筑业	**Construction**			
建筑企业单位数(个)	Number of Construction Enterprises(unit)	3	1	-66.7
建筑企业从业人员(人)	Number of Employee in Construction Enterprises(person)	156	400	156.4
建筑业总产值(万元)	Gross Construction Output Value(10 000 yuan)	17351	47109	171.5
交通运输邮电通信业	**Transportation, Post & Telecommunications**			
公路里程(公里)	Total Length of Highways(km)	715	782	9.4
邮电业务总量(万元)	Business Volume of Post & Telecoms(10 000 yuan)	7936	8124	2.4
本地电话用户(户)	Number of Subscribers of Local Telephone(Household)	45261	45763	1.1
国内贸易	**Domestic Trade**			
社会消费品零售总额(万元)	Total Retail Sales of Consumer Goods(10 000 yuan)	348765	380781	9.2
城镇(万元)	Town(10 000 yuan)	260730	284917	9.3
乡村(万元)	Village(10 000 yuan)	88035	95864	8.9
科技教育卫生	**Science, Education & Public Health**			
各类专业技术人员(人)	Special Technical Personnel(person)	1421	1547	8.9
幼儿园数(所)	Number of Kindergartens(unit)	5	9	80.0
学龄儿童入学率(%)	Percentage of School – Age Children Enrolled(%)	100.0	100.0	0.0
小学学校数(所)	Number of Primary Schools(unit)	15	15	0.0
小学专任教师数(人)	Number of Full – time Teachers of Primary Schools(person)	1486	1471	-1.0
小学在校学生数(人)	Number of Student Enrollment of Primary Schools(person)	10514	11128	5.8
普通中学学校数(所)	Number of Regular Secondary Schools(unit)	10	7	-30.0
普通中学专任教师数(人)	Number of Teachers of Secondary Shools(person)	735	654	-11.0
初中在校学生数(人)	Number of Student in Junior Secondary Schools(person)	5209	4936	-5.2
高中在校学生数(人)	Number of Student in Senior Secondary Schools(person)	2495	2502	0.3
卫生机构数(所)	Number of Health Institutions(unit)	134	139	3.7
# 医院(所)	Hospitals(unit)	3	4	33.3
卫生院(所)	Township Hospitals(unit)	17	16	-5.9
床位数(张)	Number of Beds(unit)	528	657	24.4
# 医院(张)	Hospitals(unit)	397	397	0.0
卫生院(张)	Township Hospitals(unit)	101	130	28.7
卫生技术人员(人)	Medical Technical Presonnel(person)	702	715	1.9
# 医院(人)	Hospitals(person)	457	490	7.2
卫生院(人)	Township Hospitals(person)	112	110	-1.8

23－91 鄂尔多斯市东胜区

指 标	Item	2015	2016	2016年比上年增长% Increase Rate in 2016 Over 2015(%)
行政区域土地面积(平方公里)	**Area of Administration(Sq. km)**	**2526**	**2526**	**0.0**
人口和就业	**Population & Employment**			
年末户籍人口(人)	The Registered Population Year－end(person)	258654	262941	1.7
#男性(人)	Male(person)	140708	144846	2.9
#乡村人口(人)	Agriculture(person)	49656	32193	－35.2
年末常住人口(人)	Permanet Resident Population Year－end(person)	658800	508500	－22.8
#男性(人)	Male(person)			
年末总户数(户)	Total Number of Households at the Year－end(Household)	105644	106796	1.1
#乡村户数(户)	Number of Rural Household(Household)	5637	5116	－9.2
出生人口(人)	Births(person)	3926	5597	42.6
死亡人口(人)	Deaths(person)	680	652	－4.1
全社会就业人员(人)	Employment(person)	289643	293242	1.2
第一产业(人)	Primary Industry(person)	6414	9207	43.5
第二产业(人)	Secondary Industry(person)	108069	106021	－1.9
第三产业(人)	Tertiary Industry(person)	175160	178014	1.6
在岗职工人数(人)	Number of Staff & Workers Employed in(person)	83387	75316	－9.7
乡村劳动力(人)	Number of Rural Laborers(person)	9206	9207	0.0
#农林牧渔业(人)	Farming, Forestry, Animal Husbandry & Fishery(person)	6488	6778	4.5
国民经济综合指标	**Summary Item on the National Economy**			
生产总值(万元)	Gross Domestic Product(10 000 yuan)	8838909	9427200	7.5
第一产业(万元)	Primary Industry(10 000 yuan)	13400	12900	3.0
第二产业(万元)	Secondary Industry(10 000 yuan)	3294000	3462700	6.3
#工业(万元)	Industry(10 000 yuan)	2704000	2854400	6.8
第三产业(万元)	Tertiary Industry(10 000 yuan)	5531509	5951500	8.2
人均生产总值(元)	Per Capita GDP(yuan)	151753	185886	12.9
全社会固定资产投资(万元)	Total Investment in Fixed Assets(10 000 yuan)	4927909	5056874	2.6
按登记注册类型分	Grouped by Registered Type			
#国有(万元)	State－owned Enterprises(10 000 yuan)	799025	2321560	190.5
集体(万元)	Collective－owned Enterprises(10 000 yuan)	1300		
有限责任公司(万元)	Limited Liability Corporations(10 000 yuan)	3203116	1392753	－56.5
股份有限公司(万元)	Share Holding Enterprises(10 000 yuan)	288215	76596	－73.4
私营企业(万元)	Private Enterprises(10 000 yuan)	145647	581305	299.1
外商及港澳台投资企业(万元)	Funds from HK, Macao, Taiwan & Foreign(10 000 yuan)		71306	
一般公共预算收入(万元)	General Public Budget Revenue(10 000 yuan)	904365	934563	3.3
一般公共预算支出(万元)	General Public Budget Expenditure(10 000 yuan)	1044133	1005400	－3.7
住户存款余额(万元)	The balance of savings deposits of Households(10 000 yuan)	6682605	7384796	10.5
在岗职工工资总额(万元)	Total Wages of Staff & Workers Employed in(10 000 yuan)	589128	590943	0.3
在岗职工平均工资(元)	Average Wage of Staff & Workers Employed in(yuan)	70822	72046	1.7
全体居民人均可支配收入(元)	The per capita disposable income of all residents(yuan)	36729	39553	7.7
城镇常住居民人均可支配收入(元)	The per capita disposable income of urban permanent residents(yuan)	38807	41679	7.4
农村牧区常住居民人均可支配收入(元)	The per capita disposable income of permanent residents of rural and pastoral areas(yuan)			
农村牧区经济	**Economic Development in Rural & Pastoral Area**			
农作物总播种面积(公顷)	Total Sown Area(hectare)	2267	2686	18.5
#粮食作物播种面积(公顷)	Sown Area of Grain Crops(hectare)	2152	2567	19.3
农牧业机械总动力(万千瓦)	Total Power of Agricultural Machinery(10 000 kw)	11.36	11.50	1.2
化肥施用折纯量(吨)	Consumption of Chemical Fertilizer(ton)	673	685	1.8
农村用电量(万千瓦小时)	Electricity Consumed in Rural Area(10 000 kwh)	734	717	－2.3
农林牧渔业总产值(万元)	Gross Output of Farming, Forestry, Animal Husbandry & Fishery(10 000 yuan)	24374	26192	3.0
粮食产量(吨)	Yield of Grain(ton)	10000	11900	19.0
油料产量(吨)	Yield of Oil－bearing Grops(ton)	17	18	3.5
甜菜产量(吨)	Yield of Beetroots(ton)		23	
猪牛羊肉产量(吨)	Output of Pork, Beef & Mutton(ton)	2052	2326	13.4
#猪肉产量(吨)	Output of Pork(ton)	717	900	25.5
牛肉产量(吨)	Output of Beef(ton)	255	301	18.0
羊肉产量(吨)	Output of Mutton(ton)	1080	1125	4.2
羊毛产量(吨)	Output of Wool(ton)	8	2	－78.8

23 – 91 Dongsheng District in Erdos City

指　　标	Item	2015	2016	2016 年比上年增长% Increase Rate in 2016 Over 2015(%)
年末牲畜存栏头数(万头只)	Total Livestock at the Year – end(10 000 heads)	8.96	9.61	7.3
# 大牲畜(万头只)	Large Animals(10 000 heads)	0.38	0.49	28.9
羊(万只)	Sheep & Goats(10 000 heads)	7.71	7.68	-0.4
猪(万头)	Hogs(10 000 heads)	0.87	1.44	65.5
规模以上工业	**Industrial Enterprises above Designated size**			
工业企业单位数(个)	Number of Industrial Enterprises(unit)	66	59	-10.6
# 内资企业(个)	Civil Funded Enterprises(unit)	64	57	-10.9
工业总产值(万元)	Gross Industrial Output Value(10 000 yuan)	5477957	5649945	3.1
内资企业(万元)	Civil Funded Enterprises(10 000 yuan)	4966413	4905722	-1.2
国有企业(万元)	State – owned Enterprises(10 000 yuan)	1170345	685741	-41.4
集体企业(万元)	Collective – owned Enterprises(10 000 yuan)			
股份合作企业(万元)	Share Holding Enterprises(10 000 yuan)			
联营企业(万元)	Joint Owned Enterprises(10 000 yuan)			
有限责任公司(万元)	Limited Company(10 000 yuan)	3189255	3293333	3.3
股份有限公司(万元)	Share Holding Limited Company(10 000 yuan)	412934	752706	82.3
私营企业(万元)	Privately Owned Enterprises(10 000 yuan)	66317	20750	-68.7
其他企业(万元)	Enterprises of Other Ownership(10 000 yuan)	127562	153192	20.1
港澳台商投资企业(万元)	Funds from HK, Macao & Taiwan(10 000 yuan)	4104	4200	2.3
外商投资企业(万元)	Foreign Funded Enterprises(10 000 yuan)	507440	740023	45.8
工业企业增加值(万元)	Value Added of Industrial Enterprises(10 000 yuan)			8.1
工业企业资产总计(万元)	Total Assets of Industrial Enterprises(10 000 yuan)	18257318	18727400	2.6
工业企业负债合计(万元)	Total Liabilities of Industrial Enterprises(10 000 yuan)	13132691	13090030	-0.3
工业企业产品销售收入(万元)	Sales of Revenue Industrial Enterprises(10 000 yuan)	6504292	6869048	5.6
工业企业利润总额(万元)	Total Profits of Industrial Enterprises(10 000 yuan)	517502	719791	39.1
建筑业	**Construction**			
建筑企业单位数(个)	Number of Construction Enterprises(unit)	151	149	-1.3
建筑企业从业人员(人)	Number of Employee in Construction Enterprises(person)	32693	20288	-37.9
建筑业总产值(万元)	Gross Construction Output Value(10 000 yuan)	1127249	1073415	-4.8
交通运输邮电通信业	**Transportation, Post & Telecommunications**			
公路里程(公里)	Total Length of Highways(km)	1309	1384	5.7
邮电业务总量(万元)	Business Volume of Post & Telecoms(10 000 yuan)	143560	148728	3.6
本地电话用户(户)	Number of Subscribers of Local Telephone(Household)	83604	73423	-12.2
国内贸易	**Domestic Trade**			
社会消费品零售总额(万元)	Total Retail Sales of Consumer Goods(10 000 yuan)	2231793	2440468	9.4
城镇(万元)	Town(10 000 yuan)	2231793	2440468	9.4
乡村(万元)	Village(10 000 yuan)			
科技教育卫生	**Science, Education & Public Health**			
各类专业技术人员(人)	Special Technical Personnel(person)	9162	9402	2.6
幼儿园数(所)	Number of Kindergartens(unit)	85	72	-15.3
学龄儿童入学率(%)	Percentage of School – Age Children Enrolled(%)	100.0	100.0	0.0
小学学校数(所)	Number of Primary Schools(unit)	35	30	-14.3
小学专任教师数(人)	Number of Full – time Teachers of Primary Schools(person)	2202	1991	-9.6
小学在校学生数(人)	Number of Student Enrollment of Primary Schools(person)	38903	37774	-2.9
普通中学学校数(所)	Number of Regular Secondary Schools(unit)	20	17	-15.0
普通中学专任教师数(人)	Number of Teachers of Secondary Shools(person)	2574	2164	-15.9
初中在校学生数(人)	Number of Student in Junior Secondary Schools(person)	16036	12658	-21.1
高中在校学生数(人)	Number of Student in Senior Secondary Schools(person)	13981	13798	-1.3
卫生机构数(所)	Number of Health Institutions(unit)	422	418	-0.9
# 医院(所)	Hospitals(unit)	40	35	-12.5
卫生院(所)	Township Hospitals(unit)	6	6	0.0
床位数(张)	Number of Beds(unit)	4619	3538	-23.4
# 医院(张)	Hospitals(unit)	4470	3497	-21.8
卫生院(张)	Township Hospitals(unit)	69	41	-40.6
卫生技术人员(人)	Medical Technical Presonnel(person)	4221	4225	0.1
# 医院(人)	Hospitals(person)	6818	3193	-53.2
卫生院(人)	Township Hospitals(person)	74	69	-6.8

23－92 鄂尔多斯市康巴什区

指　　标	Item	2015	2016	2016 年比上年增长% Increase Rate in 2016 Over 2015(%)
行政区域土地面积(平方公里)	**Area of Administration(Sq. km)**	**373**	**373**	**0.0**
人口和就业	**Population & Employment**			
年末户籍人口(人)	The Registered Population Year－end(person)	22100	26400	19.5
#男性(人)	Male(person)			
#乡村人口(人)	Agriculture(person)			
年末常住人口(人)	Permanet Resident Population Year－end(person)	153000	154000	0.7
#男性(人)	Male(person)			
年末总户数(户)	Total Number of Households at the Year－end(Household)			
#乡村户数(户)	Number of Rural Household(Household)	564	57	－89.9
出生人口(人)	Births(person)			
死亡人口(人)	Deaths(person)			
全社会就业人员(人)	Employment(person)		88858	
第一产业(人)	Primary Industry(person)		1777	
第二产业(人)	Secondary Industry(person)		19549	
第三产业(人)	Tertiary Industry(person)		67532	
在岗职工人数(人)	Number of Staff & Workers Employed in(person)		17025	
乡村劳动力(人)	Number of Rural Laborers(person)	566	43	－92.4
#农林牧渔业(人)	Farming, Forestry, Animal Husbandry & Fishery(person)	74	31	－58.1
国民经济综合指标	**Summary Item on the National Economy**			
生产总值(万元)	Gross Domestic Product(10 000 yuan)	787000	839900	7.0
第一产业(万元)	Primary Industry(10 000 yuan)			
第二产业(万元)	Secondary Industry(10 000 yuan)	159000	164100	8.0
#工业(万元)	Industry(10 000 yuan)	123000	126600	9.5
第三产业(万元)	Tertiary Industry(10 000 yuan)	628000	675800	6.7
人均生产总值(元)	Per Capita GDP(yuan)	77479	54717	－29.2
全社会固定资产投资(万元)	Total Investment in Fixed Assets(10 000 yuan)	413531	464211	12.3
按登记注册类型分	Grouped by Registered Type			
#国有(万元)	State－owned Enterprises(10 000 yuan)	242334	291081	20.1
集体(万元)	Collective－owned Enterprises(10 000 yuan)			
有限责任公司(万元)	Limited Liability Corporations(10 000 yuan)	68477	60140	－12.2
股份有限公司(万元)	Share Holding Enterprises(10 000 yuan)	12373		
私营企业(万元)	Private Enterprises(10 000 yuan)	25567	50399	97.1
外商及港澳台投资企业(万元)	Funds from HK, Macao, Taiwan & Foreign(10 000 yuan)			
一般公共预算收入(万元)	General Public Budget Revenue(10 000 yuan)	95346	101228	6.2
一般公共预算支出(万元)	General Public Budget Expenditure(10 000 yuan)	107286	102740	－4.2
住户存款余额(万元)	The balance of savings deposits of Households(10 000 yuan)			
在岗职工工资总额(万元)	Total Wages of Staff & Workers Employed in(10 000 yuan)		162364	
在岗职工平均工资(元)	Average Wage of Staff & Workers Employed in(yuan)		95683	
全体居民人均可支配收入(元)	The per capita disposable income of all residents(yuan)			
城镇常住居民人均可支配收入(元)	The per capita disposable income of urban permanent residents(yuan)		41523	
农村牧区常住居民人均可支配收入(元)	The per capita disposable income of permanent residents of rural and pastoral areas(yuan)			
农村牧区经济	**Economic Development in Rural & Pastoral Area**			
农作物总播种面积(公顷)	Total Sown Area(hectare)	3	3	0.0
#粮食作物播种面积(公顷)	Sown Area of Grain Crops(hectare)			
农牧业机械总动力(万千瓦)	Total Power of Agricultural Machinery(10 000 kw)			
化肥施用折纯量(吨)	Consumption of Chemical Fertilizer(ton)	22	3	－88.6
农村用电量(万千瓦小时)	Electricity Consumed in Rural Area(10 000 kwh)	28		
农林牧渔业总产值(万元)	Gross Output of Farming, Forestry, Animal Husbandry & Fishery(10 000 yuan)		37	
粮食产量(吨)	Yield of Grain(ton)			
油料产量(吨)	Yield of Oil－bearing Grops(ton)			
甜菜产量(吨)	Yield of Beetroots(ton)			
猪牛羊肉产量(吨)	Output of Pork, Beef & Mutton(ton)		8	
#猪肉产量(吨)	Output of Pork(ton)		1	
牛肉产量(吨)	Output of Beef(ton)		3	
羊肉产量(吨)	Output of Mutton(ton)		4	
羊毛产量(吨)	Output of Wool(ton)			

23 – 92 Kangbashi District in Erdos City

指　标	Item	2015	2016	2016年比上年增长% Increase Rate in 2016 Over 2015(%)
年末牲畜存栏头数(万头只)	Total Livestock at the Year – end(10 000 heads)	0.42	0.15	-64.3
#大牲畜(万头只)	Large Animals(10 000 heads)	0.01	0.01	0.0
羊(万只)	Sheep & Goats(10 000 heads)	0.41	0.14	-65.9
猪(万头)	Hogs(10 000 heads)			
规模以上工业	**Industrial Enterprises above Designated size**			
工业企业单位数(个)	Number of Industrial Enterprises(unit)	4	4	0.0
#内资企业(个)	Civil Funded Enterprises(unit)	4	4	0.0
工业总产值(万元)	Gross Industrial Output Value(10 000 yuan)	183637	298794	62.7
内资企业(万元)	Civil Funded Enterprises(10 000 yuan)	183617	298794	62.7
国有企业(万元)	State – owned Enterprises(10 000 yuan)			
集体企业(万元)	Collective – owned Enterprises(10 000 yuan)			
股份合作企业(万元)	Share Holding Enterprises(10 000 yuan)			
联营企业(万元)	Joint Owned Enterprises(10 000 yuan)			
有限责任公司(万元)	Limited Company(10 000 yuan)	183637	298794	62.7
股份有限公司(万元)	Share Holding Limited Company(10 000 yuan)			
私营企业(万元)	Privately Owned Enterprises(10 000 yuan)			
其他企业(万元)	Enterprises of Other Ownership(10 000 yuan)			
港澳台商投资企业(万元)	Funds from HK, Macao & Taiwan(10 000 yuan)			
外商投资企业(万元)	Foreign Funded Enterprises(10 000 yuan)			
工业企业增加值(万元)	Value Added of Industrial Enterprises(10 000 yuan)			7.3
工业企业资产总计(万元)	Total Assets of Industrial Enterprises(10 000 yuan)	1266350	1442729	13.9
工业企业负债合计(万元)	Total Liabilities of Industrial Enterprises(10 000 yuan)	875284	961289	9.8
工业企业产品销售收入(万元)	Sales of Revenue Industrial Enterprises(10 000 yuan)	282538	256586	-9.2
工业企业利润总额(万元)	Total Profits of Industrial Enterprises(10 000 yuan)	15252	2313	-84.8
建筑业	**Construction**			
建筑企业单位数(个)	Number of Construction Enterprises(unit)	14	14	0.0
建筑企业从业人员(人)	Number of Employee in Construction Enterprises(person)	1908	1506	-21.1
建筑业总产值(万元)	Gross Construction Output Value(10 000 yuan)	71029	134458	89.3
交通运输邮电通信业	**Transportation, Post & Telecommunications**			
公路里程(公里)	Total Length of Highways(km)	48	108	125.9
邮电业务总量(万元)	Business Volume of Post & Telecoms(10 000 yuan)	7.3	7.4	1.4
本地电话用户(户)	Number of Subscribers of Local Telephone(Household)	107200	140160	30.7
国内贸易	**Domestic Trade**			
社会消费品零售总额(万元)	Total Retail Sales of Consumer Goods(10 000 yuan)	985479	1078602	9.4
城镇(万元)	Town(10 000 yuan)	985479	1078602	9.4
乡村(万元)	Village(10 000 yuan)			
科技教育卫生	**Science, Education & Public Health**			
各类专业技术人员(人)	Special Technical Personnel(person)		1537	
幼儿园数(所)	Number of Kindergartens(unit)	11	12	9.1
学龄儿童入学率(%)	Percentage of School – Age Children Enrolled(%)	100.0	100.0	0.0
小学学校数(所)	Number of Primary Schools(unit)	6	6	0.0
小学专任教师数(人)	Number of Full – time Teachers of Primary Schools(person)	368	432	17.4
小学在校学生数(人)	Number of Student Enrollment of Primary Schools(person)	4246	5253	23.7
普通中学学校数(所)	Number of Regular Secondary Schools(unit)	3	3	0.0
普通中学专任教师数(人)	Number of Teachers of Secondary Shools(person)	377	398	5.6
初中在校学生数(人)	Number of Student in Junior Secondary Schools(person)	2492	2528	1.4
高中在校学生数(人)	Number of Student in Senior Secondary Schools(person)	898	1101	22.6
卫生机构数(所)	Number of Health Institutions(unit)		24	
#医院(所)	Hospitals(unit)		3	
卫生院(所)	Township Hospitals(unit)			
床位数(张)	Number of Beds(unit)		1031	
#医院(张)	Hospitals(unit)		831	
卫生院(张)	Township Hospitals(unit)			
卫生技术人员(人)	Medical Technical Presonnel(person)	1291	1276	-1.2
#医院(人)	Hospitals(person)		853	
卫生院(人)	Township Hospitals(person)			

23－93 鄂尔多斯市达拉特旗

指　标	Item	2015	2016	2016 年比上年增长% Increase Rate in 2016 Over 2015(%)
行政区域土地面积(平方公里)	**Area of Administration(Sq. km)**	**8241**	**8241**	**0.0**
人口和就业	**Population & Employment**			
年末户籍人口(人)	The Registered Population Year－end(person)	364257	369306	1.4
#男性(人)	Male(person)	185134	187407	1.2
#乡村人口(人)	Agriculture(person)	296740	300941	1.4
年末常住人口(人)	Permanet Resident Population Year－end(person)	331400	332700	0.4
#男性(人)	Male(person)			
年末总户数(户)	Total Number of Households at the Year－end(Household)	163723	166068	1.4
#乡村户数(户)	Number of Rural Household(Household)	60449	69510	15.0
出生人口(人)	Births(person)	3392	7558	122.8
死亡人口(人)	Deaths(person)	2117	1723	－18.6
全社会就业人员(人)	Employment(person)	243479	243904	0.2
第一产业(人)	Primary Industry(person)	71959	72982	1.4
第二产业(人)	Secondary Industry(person)	52506	52198	－0.6
第三产业(人)	Tertiary Industry(person)	119014	118724	－0.2
在岗职工人数(人)	Number of Staff & Workers Employed in(person)	31585	33520	6.1
乡村劳动力(人)	Number of Rural Laborers(person)	110063	126272	14.7
#农林牧渔业(人)	Farming, Forestry, Animal Husbandry & Fishery(person)	86779	99496	14.7
国民经济综合指标	**Summary Item on the National Economy**			
生产总值(万元)	Gross Domestic Product(10 000 yuan)	4718100	4908000	7.1
第一产业(万元)	Primary Industry(10 000 yuan)	322300	333000	3.5
第二产业(万元)	Secondary Industry(10 000 yuan)	2665300	2715700	7.5
#工业(万元)	Industry(10 000 yuan)	2424100	2467500	7.9
第三产业(万元)	Tertiary Industry(10 000 yuan)	1730500	1859400	7.1
人均生产总值(元)	Per Capita GDP(yuan)	142301	147809	6.9
全社会固定资产投资(万元)	Total Investment in Fixed Assets(10 000 yuan)	2150000	2408000	12.1
按登记注册类型分	Grouped by Registered Type			
#国有(万元)	State－owned Enterprises(10 000 yuan)	548716	1079310	96.7
集体(万元)	Collective－owned Enterprises(10 000 yuan)	3500		
有限责任公司(万元)	Limited Liability Corporations(10 000 yuan)	1508421	1033538	－31.5
股份有限公司(万元)	Share Holding Enterprises(10 000 yuan)	54720	31879	－41.7
私营企业(万元)	Private Enterprises(10 000 yuan)	6824	155853	2183.9
外商及港澳台投资企业(万元)	Funds from HK, Macao, Taiwan & Foreign(10 000 yuan)		84529	
一般公共预算收入(万元)	General Public Budget Revenue(10 000 yuan)	213612	222750	4.3
一般公共预算支出(万元)	General Public Budget Expenditure(10 000 yuan)	502706	409325	－18.6
住户存款余额(万元)	The balance of savings deposits of Households(10 000 yuan)	1120554	1280653	14.3
在岗职工工资总额(万元)	Total Wages of Staff & Workers Employed in(10 000 yuan)	191657	213144	11.2
在岗职工平均工资(元)	Average Wage of Staff & Workers Employed in(yuan)	61137	64431	5.4
全体居民人均可支配收入(元)	The per capita disposable income of all residents(yuan)	24550	26449	7.7
城镇常住居民人均可支配收入(元)	The per capita disposable income of urban permanent residents(yuan)	33863	36403	7.5
农村牧区常住居民人均可支配收入(元)	The per capita disposable income of permanent residents of rural and pastoral areas(yuan)	14341	15359	7.1
农村牧区经济	**Economic Development in Rural & Pastoral Area**			
农作物总播种面积(公顷)	Total Sown Area(hectare)	136687	137080	0.3
#粮食作物播种面积(公顷)	Sown Area of Grain Crops(hectare)	83260	82063	－1.4
农牧业机械总动力(万千瓦)	Total Power of Agricultural Machinery(10 000 kw)	97.62	103.96	6.5
化肥施用折纯量(吨)	Consumption of Chemical Fertilizer(ton)	62420	55658	－10.8
农村用电量(万千瓦小时)	Electricity Consumed in Rural Area(10 000 kwh)	60430	61489	1.8
农林牧渔业总产值(万元)	Gross Output of Farming, Forestry, Animal Husbandry & Fishery(10 000 yuan)	551066	592993	3.3
粮食产量(吨)	Yield of Grain(ton)	581039	583180	0.4
油料产量(吨)	Yield of Oil－bearing Grops(ton)	29171	34711	19.0
甜菜产量(吨)	Yield of Beetroots(ton)	85959	81237	－5.5
猪牛羊肉产量(吨)	Output of Pork, Beef & Mutton(ton)	38667	40534	4.8
#猪肉产量(吨)	Output of Pork(ton)	12000	13000	8.3
牛肉产量(吨)	Output of Beef(ton)	1558	1499	－3.8
羊肉产量(吨)	Output of Mutton(ton)	25109	26035	3.7
羊毛产量(吨)	Output of Wool(ton)	3915	3566	－8.9

23 – 93 Dalate Banner in Erdos City

指　　标	Item	2015	2016	2016年比上年增长% Increase Rate in 2016 Over 2015(%)
年末牲畜存栏头数(万头只)	Total Livestock at the Year – end(10 000 heads)	206.72	197.86	-4.3
#大牲畜(万头只)	Large Animals(10 000 heads)	6.85	6.51	-5.0
羊(万只)	Sheep & Goats(10 000 heads)	194.11	185.66	-4.4
猪(万头)	Hogs(10 000 heads)	5.76	5.69	-1.2
规模以上工业	**Industrial Enterprises above Designated size**			
工业企业单位数(个)	Number of Industrial Enterprises(unit)	53	52	-1.9
#内资企业(个)	Civil Funded Enterprises(unit)	50	49	-2.0
工业总产值(万元)	Gross Industrial Output Value(10 000 yuan)	6498604	6621828	1.9
内资企业(万元)	Civil Funded Enterprises(10 000 yuan)	6286451	6470908	2.9
国有企业(万元)	State – owned Enterprises(10 000 yuan)			
集体企业(万元)	Collective – owned Enterprises(10 000 yuan)			
股份合作企业(万元)	Share Holding Enterprises(10 000 yuan)			
联营企业(万元)	Joint Owned Enterprises(10 000 yuan)			
有限责任公司(万元)	Limited Company(10 000 yuan)	3869092	3342756	-13.6
股份有限公司(万元)	Share Holding Limited Company(10 000 yuan)	536364	750276	39.9
私营企业(万元)	Privately Owned Enterprises(10 000 yuan)	1616888	1997392	23.5
其他企业(万元)	Enterprises of Other Ownership(10 000 yuan)	264107	380484	44.1
港澳台商投资企业(万元)	Funds from HK,Macao & Taiwan(10 000 yuan)	28934	8525	-70.5
外商投资企业(万元)	Foreign Funded Enterprises(10 000 yuan)	183219	142396	-22.3
工业企业增加值(万元)	Value Added of Industrial Enterprises(10 000 yuan)			7.6
工业企业资产总计(万元)	Total Assets of Industrial Enterprises(10 000 yuan)	5576261	6176589	10.8
工业企业负债合计(万元)	Total Liabilities of Industrial Enterprises(10 000 yuan)	3087184	3553073	15.1
工业企业产品销售收入(万元)	Sales of Revenue Industrial Enterprises(10 000 yuan)	6435374	6780804	5.4
工业企业利润总额(万元)	Total Profits of Industrial Enterprises(10 000 yuan)	1388167	1631082	17.5
建筑业	**Construction**			
建筑企业单位数(个)	Number of Construction Enterprises(unit)	13	13	0.0
建筑企业从业人员(人)	Number of Employee in Construction Enterprises(person)	1675	2070	23.6
建筑业总产值(万元)	Gross Construction Output Value(10 000 yuan)	76477	221124	189.1
交通运输邮电通信业	**Transportation,Post & Telecommunications**			
公路里程(公里)	Total Length of Highways(km)	2586	3267	26.3
邮电业务总量(万元)	Business Volume of Post & Telecoms(10 000 yuan)	28711	28711	0.0
本地电话用户(户)	Number of Subscribers of Local Telephone(Household)	10755	10755	0.0
国内贸易	**Domestic Trade**			
社会消费品零售总额(万元)	Total Retail Sales of Consumer Goods(10 000 yuan)	581146	646941	11.3
城镇(万元)	Town(10 000 yuan)	391974	437093	11.5
乡村(万元)	Village(10 000 yuan)	189172	209848	10.9
科技教育卫生	**Science,Education & Public Health**			
各类专业技术人员(人)	Special Technical Personnel(person)	6365	6702	5.3
幼儿园数(所)	Number of Kindergartens(unit)	87	79	-9.2
学龄儿童入学率(%)	Percentage of School – Age Children Enrolled(%)	100.0	100.0	0.0
小学学校数(所)	Number of Primary Schools(unit)	25	27	8.0
小学专任教师数(人)	Number of Full – time Teachers of Primary Schools(person)	1259	1336	6.1
小学在校学生数(人)	Number of Student Enrollment of Primary Schools(person)	20282	22443	10.7
普通中学学校数(所)	Number of Regular Secondary Schools(unit)	9	10	11.1
普通中学专任教师数(人)	Number of Teachers of Secondary Shools(person)	1156	1156	0.0
初中在校学生数(人)	Number of Student in Junior Secondary Schools(person)	9109	8327	-8.6
高中在校学生数(人)	Number of Student in Senior Secondary Schools(person)	4820	5096	5.7
卫生机构数(所)	Number of Health Institutions(unit)	291	359	23.4
#医院(所)	Hospitals(unit)	7	9	28.6
卫生院(所)	Township Hospitals(unit)	22	22	0.0
床位数(张)	Number of Beds(unit)	1377	1425	3.5
#医院(张)	Hospitals(unit)	933	986	5.7
卫生院(张)	Township Hospitals(unit)	361	356	-1.4
卫生技术人员(人)	Medical Technical Presonnel(person)	1640	1767	7.7
#医院(人)	Hospitals(person)	908	954	5.1
卫生院(人)	Township Hospitals(person)	248	244	-1.6

23-94 鄂尔多斯市准格尔旗

指　　标	Item	2015	2016	2016 年比上年增长% Increase Rate in 2016 Over 2015(%)
行政区域土地面积(平方公里)	**Area of Administration(Sq. km)**	**7551**	**7551**	**0.0**
人口和就业	**Population & Employment**			
年末户籍人口(人)	The Registered Population Year-end(person)	324205	326516	0.7
#男性(人)	Male(person)	164155	164996	0.5
#乡村人口(人)	Agriculture(person)	255999	257609	0.6
年末常住人口(人)	Permanet Resident Population Year-end(person)	371600	373100	0.4
#男性(人)	Male(person)			
年末总户数(户)	Total Number of Households at the Year-end(Household)	145268	147035	1.2
#乡村户数(户)	Number of Rural Household(Household)	35356	37256	5.4
出生人口(人)	Births(person)	6714	4040	-39.8
死亡人口(人)	Deaths(person)	1767	1356	-23.3
全社会就业人员(人)	Employment(person)	195321	195396	0.0
第一产业(人)	Primary Industry(person)	35000	35007	0.0
第二产业(人)	Secondary Industry(person)	68411	68413	0.0
第三产业(人)	Tertiary Industry(person)	91910	91976	0.1
在岗职工人数(人)	Number of Staff & Workers Employed in(person)	56136	55180	-1.7
乡村劳动力(人)	Number of Rural Laborers(person)	79071	82320	4.1
#农林牧渔业(人)	Farming, Forestry, Animal Husbandry & Fishery(person)	44883	46726	4.1
国民经济综合指标	**Summary Item on the National Economy**			
生产总值(万元)	Gross Domestic Product(10 000 yuan)	11077800	11432000	7.1
第一产业(万元)	Primary Industry(10 000 yuan)	92500	100700	3.5
第二产业(万元)	Secondary Industry(10 000 yuan)	6642300	6753200	7.3
#工业(万元)	Industry(10 000 yuan)	6072300	6164000	7.6
第三产业(万元)	Tertiary Industry(10 000 yuan)	4343000	4578200	6.8
人均生产总值(元)	Per Capita GDP(yuan)	298031	307023	6.9
全社会固定资产投资(万元)	Total Investment in Fixed Assets(10 000 yuan)	5082124	5743000	13.0
按登记注册类型分	Grouped by Registered Type			
#国有(万元)	State-owned Enterprises(10 000 yuan)	1619786	2326507	43.6
集体(万元)	Collective-owned Enterprises(10 000 yuan)		627	
有限责任公司(万元)	Limited Liability Corporations(10 000 yuan)	3430940	3060323	-10.8
股份有限公司(万元)	Share Holding Enterprises(10 000 yuan)	1322		
私营企业(万元)	Private Enterprises(10 000 yuan)		275109	
外商及港澳台投资企业(万元)	Funds from HK, Macao, Taiwan & Foreign(10 000 yuan)		64955	
一般公共预算收入(万元)	General Public Budget Revenue(10 000 yuan)	790005	818330	3.6
一般公共预算支出(万元)	General Public Budget Expenditure(10 000 yuan)	927213	967876	4.4
住户存款余额(万元)	The balance of savings deposits of Households(10 000 yuan)	2536526	2678829	5.6
在岗职工工资总额(万元)	Total Wages of Staff & Workers Employed in(10 000 yuan)	431419	487973	13.1
在岗职工平均工资(元)	Average Wage of Staff & Workers Employed in(yuan)	76482	85838	12.2
全体居民人均可支配收入(元)	The per capita disposable income of all residents(yuan)	30175	32469	7.6
城镇常住居民人均可支配收入(元)	The per capita disposable income of urban permanent residents(yuan)	38698	41523	7.3
农村牧区常住居民人均可支配收入(元)	The per capita disposable income of permanent residents of rural and pastoral areas(yuan)	14459	15500	7.2
农村牧区经济	**Economic Development in Rural & Pastoral Area**			
农作物总播种面积(公顷)	Total Sown Area(hectare)	65154	67108	3.0
#粮食作物播种面积(公顷)	Sown Area of Grain Crops(hectare)	37637	39847	5.9
农牧业机械总动力(万千瓦)	Total Power of Agricultural Machinery(10 000 kw)	28.88	29.69	2.8
化肥施用折纯量(吨)	Consumption of Chemical Fertilizer(ton)	9541	9419	-1.3
农村用电量(万千瓦小时)	Electricity Consumed in Rural Area(10 000 kwh)	3725	3726	0.0
农林牧渔业总产值(万元)	Gross Output of Farming, Forestry, Animal Husbandry & Fishery(10 000 yuan)	158444	170499	3.2
粮食产量(吨)	Yield of Grain(ton)	81429	96086	18.0
油料产量(吨)	Yield of Oil-bearing Grops(ton)	3185	3250	2.0
甜菜产量(吨)	Yield of Beetroots(ton)	529	533	0.8
猪牛羊肉产量(吨)	Output of Pork, Beef & Mutton(ton)	12446	12584	1.1
#猪肉产量(吨)	Output of Pork(ton)	5800	5838	0.7
牛肉产量(吨)	Output of Beef(ton)	325	327	0.6
羊肉产量(吨)	Output of Mutton(ton)	6321	6419	1.6
羊毛产量(吨)	Output of Wool(ton)	358	115	-67.9

23 – 94 Zhungeer Banner in Erdos City

指　　标	Item	2015	2016	2016 年比上年增长% Increase Rate in 2016 Over 2015(%)
年末牲畜存栏头数(万头只)	Total Livestock at the Year end(10 000 heads)	48.42	47.63	-1.6
# 大牲畜(万头只)	Large Animals(10 000 heads)	1.11	1.07	-3.6
羊(万只)	Sheep & Goats(10 000 heads)	42.41	41.70	-1.7
猪(万头)	Hogs(10 000 heads)	4.89	4.86	-0.6
规模以上工业	**Industrial Enterprises above Designated size**			
工业企业单位数(个)	Number of Industrial Enterprises(unit)	102	106	3.9
# 内资企业(个)	Civil Funded Enterprises(unit)	97	101	4.1
工业总产值(万元)	Gross Industrial Output Value(10 000 yuan)	9931311	10853902	9.3
内资企业(万元)	Civil Funded Enterprises(10 000 yuan)	9795212	10664610	8.9
国有企业(万元)	State – owned Enterprises(10 000 yuan)	2140430	2186879	2.2
集体企业(万元)	Collective – owned Enterprises(10 000 yuan)	5400	8223	52.3
股份合作企业(万元)	Share Holding Enterprises(10 000 yuan)			
联营企业(万元)	Joint Owned Enterprises(10 000 yuan)			
有限责任公司(万元)	Limited Company(10 000 yuan)	4353846	5044971	15.9
股份有限公司(万元)	Share Holding Limited Company(10 000 yuan)	2730785	2756154	0.9
私营企业(万元)	Privately Owned Enterprises(10 000 yuan)	564751	668382	18.3
其他企业(万元)	Enterprises of Other Ownership(10 000 yuan)			
港澳台商投资企业(万元)	Funds from HK, Macao & Taiwan(10 000 yuan)	116376	162929	40.0
外商投资企业(万元)	Foreign Funded Enterprises(10 000 yuan)	19723	26362	33.7
工业企业增加值(万元)	Value Added of Industrial Enterprises(10 000 yuan)			6.4
工业企业资产总计(万元)	Total Assets of Industrial Enterprises(10 000 yuan)	24200018	27817334	14.9
工业企业负债合计(万元)	Total Liabilities of Industrial Enterprises(10 000 yuan)	13096865	13432924	2.6
工业企业产品销售收入(万元)	Sales of Revenue Industrial Enterprises(10 000 yuan)	9400560	10808499	15.0
工业企业利润总额(万元)	Total Profits of Industrial Enterprises(10 000 yuan)	1471340	1558071	5.9
建筑业	**Construction**			
建筑企业单位数(个)	Number of Construction Enterprises(unit)	12	12	0.0
建筑企业从业人员(人)	Number of Employee in Construction Enterprises(person)	1170	819	-30.0
建筑业总产值(万元)	Gross Construction Output Value(10 000 yuan)	47775	50622	6.0
交通运输邮电通信业	**Transportation, Post & Telecommunications**			
公路里程(公里)	Total Length of Highways(km)	3500	4422	26.3
邮电业务总量(万元)	Business Volume of Post & Telecoms(10 000 yuan)	171200	182800	6.8
本地电话用户(户)	Number of Subscribers of Local Telephone(Household)	60265	60251	0.0
国内贸易	**Domestic Trade**			
社会消费品零售总额(万元)	Total Retail Sales of Consumer Goods(10 000 yuan)	991087	1095207	10.5
城镇(万元)	Town(10 000 yuan)	660572	731169	10.7
乡村(万元)	Village(10 000 yuan)	330514	364038	10.1
科技教育卫生	**Science, Education & Public Health**			
各类专业技术人员(人)	Special Technical Personnel(person)	7340	7340	0.0
幼儿园数(所)	Number of Kindergartens(unit)	41	41	0.0
学龄儿童入学率(%)	Percentage of School – Age Children Enrolled(%)	100.0	100.0	0.0
小学学校数(所)	Number of Primary Schools(unit)	25	25	0.0
小学专任教师数(人)	Number of Full – time Teachers of Primary Schools(person)	1505	1565	4.0
小学在校学生数(人)	Number of Student Enrollment of Primary Schools(person)	24057	25707	6.9
普通中学学校数(所)	Number of Regular Secondary Schools(unit)	12	13	8.3
普通中学专任教师数(人)	Number of Teachers of Secondary Shools(person)	1475	1512	2.5
初中在校学生数(人)	Number of Student in Junior Secondary Schools(person)	10402	9349	-10.1
高中在校学生数(人)	Number of Student in Senior Secondary Schools(person)	5374	5748	7.0
卫生机构数(所)	Number of Health Institutions(unit)	272	275	1.1
# 医院(所)	Hospitals(unit)	8	8	0.0
卫生院(所)	Township Hospitals(unit)	13	13	0.0
床位数(张)	Number of Beds(unit)	1557	1491	-4.2
# 医院(张)	Hospitals(unit)	1319	1269	-3.8
卫生院(张)	Township Hospitals(unit)	238	222	-6.7
卫生技术人员(人)	Medical Technical Presonnel(person)	2108	2111	0.1
# 医院(人)	Hospitals(person)	1395	1366	-2.1
卫生院(人)	Township Hospitals(person)	238	217	-8.8

23－95 鄂尔多斯市鄂托克前旗

指　标	Item	2015	2016	2016年比上年增长% Increase Rate in 2016 Over 2015(%)
行政区域土地面积(平方公里)	**Area of Administration(Sq. km)**	**12221**	**12221**	**0.0**
人口和就业	**Population & Employment**			
年末户籍人口(人)	The Registered Population Year－end(person)	78750	79556	1.0
#男性(人)	Male(person)	39724	40114	1.0
#乡村人口(人)	Agriculture(person)	55211	55815	1.1
年末常住人口(人)	Permanet Resident Population Year－end(person)	71000	71200	0.3
#男性(人)	Male(person)			
年末总户数(户)	Total Number of Households at the Year－end(Household)	28039	28947	3.2
#乡村户数(户)	Number of Rural Household(Household)	13697	13588	－0.8
出生人口(人)	Births(person)	1004	1089	8.5
死亡人口(人)	Deaths(person)	429	343	－20.0
全社会就业人员(人)	Employment(person)	53998	55689	3.1
第一产业(人)	Primary Industry(person)	24537	23545	－4.0
第二产业(人)	Secondary Industry(person)	13226	14284	8.0
第三产业(人)	Tertiary Industry(person)	16235	17860	10.0
在岗职工人数(人)	Number of Staff & Workers Employed in(person)	7306	6105	－16.4
乡村劳动力(人)	Number of Rural Laborers(person)	24777	24615	－0.7
#农林牧渔业(人)	Farming, Forestry, Animal Husbandry & Fishery(person)	20666	20623	－0.2
国民经济综合指标	**Summary Item on the National Economy**			
生产总值(万元)	Gross Domestic Product(10 000 yuan)	1289900	1364200	8.1
第一产业(万元)	Primary Industry(10 000 yuan)	112100	122100	3.4
第二产业(万元)	Secondary Industry(10 000 yuan)	791600	819900	8.6
#工业(万元)	Industry(10 000 yuan)	635800	657800	9.7
第三产业(万元)	Tertiary Industry(10 000 yuan)	386200	422200	9.0
人均生产总值(元)	Per Capita GDP(yuan)	181421	191871	8.1
全社会固定资产投资(万元)	Total Investment in Fixed Assets(10 000 yuan)	2320576	2672519	15.2
按登记注册类型分	Grouped by Registered Type			
#国有(万元)	State－owned Enterprises(10 000 yuan)	2099133	2561500	22.0
集体(万元)	Collective－owned Enterprises(10 000 yuan)			
有限责任公司(万元)	Limited Liability Corporations(10 000 yuan)	175616	100774	－42.6
股份有限公司(万元)	Share Holding Enterprises(10 000 yuan)			
私营企业(万元)	Private Enterprises(10 000 yuan)			
外商及港澳台投资企业(万元)	Funds from HK, Macao, Taiwan & Foreign(10 000 yuan)			
一般公共预算收入(万元)	General Public Budget Revenue(10 000 yuan)	160016	181013	13.1
一般公共预算支出(万元)	General Public Budget Expenditure(10 000 yuan)	282768	299078	5.8
住户存款余额(万元)	The balance of savings deposits of Households(10 000 yuan)	238293	288501	21.1
在岗职工工资总额(万元)	Total Wages of Staff & Workers Employed in(10 000 yuan)	50101	44384	－11.4
在岗职工平均工资(元)	Average Wage of Staff & Workers Employed in(yuan)	66589	72040	8.2
全体居民人均可支配收入(元)	The per capita disposable income of all residents(yuan)	26027	28132	8.1
城镇常住居民人均可支配收入(元)	The per capita disposable income of urban permanent residents(yuan)	35545	38318	7.8
农村牧区常住居民人均可支配收入(元)	The per capita disposable income of permanent residents of rural and pastoral areas(yuan)	14501	15603	7.6
农村牧区经济	**Economic Development in Rural & Pastoral Area**			
农作物总播种面积(公顷)	Total Sown Area(hectare)	29180	52387	79.5
#粮食作物播种面积(公顷)	Sown Area of Grain Crops(hectare)	18321	19810	8.1
农牧业机械总动力(万千瓦)	Total Power of Agricultural Machinery(10 000 kw)	27.71	29.95	8.1
化肥施用折纯量(吨)	Consumption of Chemical Fertilizer(ton)	19519	19548	0.1
农村用电量(万千瓦小时)	Electricity Consumed in Rural Area(10 000 kwh)	4533	4638	2.3
农林牧渔业总产值(万元)	Gross Output of Farming, Forestry, Animal Husbandry & Fishery(10 000 yuan)	192882	207557	3.1
粮食产量(吨)	Yield of Grain(ton)	100000	93852	－6.1
油料产量(吨)	Yield of Oil－bearing Grops(ton)	3570	3850	7.8
甜菜产量(吨)	Yield of Beetroots(ton)			
猪牛羊肉产量(吨)	Output of Pork, Beef & Mutton(ton)	17572	18088	2.9
#猪肉产量(吨)	Output of Pork(ton)	3800	3795	－0.1
牛肉产量(吨)	Output of Beef(ton)	3050	3200	4.9
羊肉产量(吨)	Output of Mutton(ton)	10722	11093	3.5
羊毛产量(吨)	Output of Wool(ton)	1810	1500	－17.1

23 – 95 Etuokeqian Banner in Erdos City

指　　标	Item	2015	2016	2016年比上年增长% Increase Rate in 2016 Over 2015(%)
年末牲畜存栏头数(万头只)	Total Livestock at the Year – end(10 000 heads)	92.54	91.69	-0.9
#大牲畜(万头只)	Large Animals(10 000 heads)	3.38	3.87	14.5
羊(万只)	Sheep & Goats(10 000 heads)	83.66	82.30	-1.6
猪(万头)	Hogs(10 000 heads)	5.50	5.52	0.4
规模以上工业	**Industrial Enterprises above Designated size**			
工业企业单位数(个)	Number of Industrial Enterprises(unit)	15	17	13.3
#内资企业(个)	Civil Funded Enterprises(unit)	15	17	13.3
工业总产值(万元)	Gross Industrial Output Value(10 000 yuan)	1992038	2193370	10.1
内资企业(万元)	Civil Funded Enterprises(10 000 yuan)	1992038	2193370	10.1
国有企业(万元)	State – owned Enterprises(10 000 yuan)			
集体企业(万元)	Collective – owned Enterprises(10 000 yuan)			
股份合作企业(万元)	Share Holding Enterprises(10 000 yuan)			
联营企业(万元)	Joint Owned Enterprises(10 000 yuan)			
有限责任公司(万元)	Limited Company(10 000 yuan)	827821	869522	5.0
股份有限公司(万元)	Share Holding Limited Company(10 000 yuan)	23704	26053	9.9
私营企业(万元)	Privately Owned Enterprises(10 000 yuan)	1140513	1297794	13.8
其他企业(万元)	Enterprises of Other Ownership(10 000 yuan)			
港澳台商投资企业(万元)	Funds from HK, Macao & Taiwan(10 000 yuan)			
外商投资企业(万元)	Foreign Funded Enterprises(10 000 yuan)			
工业企业增加值(万元)	Value Added of Industrial Enterprises(10 000 yuan)			8.7
工业企业资产总计(万元)	Total Assets of Industrial Enterprises(10 000 yuan)	1493307	1564694	4.8
工业企业负债合计(万元)	Total Liabilities of Industrial Enterprises(10 000 yuan)	1145359	1219195	6.4
工业企业产品销售收入(万元)	Sales of Revenue Industrial Enterprises(10 000 yuan)	1494271	1634685	9.4
工业企业利润总额(万元)	Total Profits of Industrial Enterprises(10 000 yuan)	-84146	-52530	
建筑业	**Construction**			
建筑企业单位数(个)	Number of Construction Enterprises(unit)	6	7	16.7
建筑企业从业人员(人)	Number of Employee in Construction Enterprises(person)	1580	1880	19.0
建筑业总产值(万元)	Gross Construction Output Value(10 000 yuan)	138001	129961	-5.8
交通运输邮电通信业	**Transportation, Post & Telecommunications**			
公路里程(公里)	Total Length of Highways(km)	2044	2996	46.6
邮电业务总量(万元)	Business Volume of Post & Telecoms(10 000 yuan)	10180	10017	-1.6
本地电话用户(户)	Number of Subscribers of Local Telephone(Household)	7000	4620	-34.0
国内贸易	**Domestic Trade**			
社会消费品零售总额(万元)	Total Retail Sales of Consumer Goods(10 000 yuan)	204300	228245	11.7
城镇(万元)	Town(10 000 yuan)	120135	135375	12.7
乡村(万元)	Village(10 000 yuan)	84165	92870	10.3
科技教育卫生	**Science, Education & Public Health**			
各类专业技术人员(人)	Special Technical Personnel(person)	2269	2391	5.4
幼儿园数(所)	Number of Kindergartens(unit)	9	11	22.2
学龄儿童入学率(%)	Percentage of School – Age Children Enrolled(%)	100.0	100.0	0.0
小学学校数(所)	Number of Primary Schools(unit)	5	5	0.0
小学专任教师数(人)	Number of Full – time Teachers of Primary Schools(person)	333	333	0.0
小学在校学生数(人)	Number of Student Enrollment of Primary Schools(person)	4689	4763	1.6
普通中学学校数(所)	Number of Regular Secondary Schools(unit)	3	3	0.0
普通中学专任教师数(人)	Number of Teachers of Secondary Shools(person)	336	321	-4.5
初中在校学生数(人)	Number of Student in Junior Secondary Schools(person)	2215	2105	-5.0
高中在校学生数(人)	Number of Student in Senior Secondary Schools(person)	966	929	-3.8
卫生机构数(所)	Number of Health Institutions(unit)	116	81	-30.2
#医院(所)	Hospitals(unit)	3	3	0.0
卫生院(所)	Township Hospitals(unit)	7	7	0.0
床位数(张)	Number of Beds(unit)	368	368	0.0
#医院(张)	Hospitals(unit)	270	270	0.0
卫生院(张)	Township Hospitals(unit)	78	78	0.0
卫生技术人员(人)	Medical Technical Presonnel(person)	443	411	-7.2
#医院(人)	Hospitals(person)	178	164	-7.9
卫生院(人)	Township Hospitals(person)	79	80	1.3

23－96 鄂尔多斯市鄂托克旗

指　　标	Item	2015	2016	2016 年比上年增长% Increase Rate in 2016 Over 2015(%)
行政区域土地面积(平方公里)	**Area of Administration(Sq. km)**	**20367**	**20367**	**0.0**
人口和就业	**Population & Employment**			
年末户籍人口(人)	The Registered Population Year－end(person)	97650	97910	0.3
#男性(人)	Male(person)	49126	49249	0.3
#乡村人口(人)	Agriculture(person)	58921	60261	2.3
年末常住人口(人)	Permanet Resident Population Year－end(person)	160300	161200	0.6
#男性(人)	Male(person)			
年末总户数(户)	Total Number of Households at the Year－end(Household)	41731	43103	3.3
#乡村户数(户)	Number of Rural Household(Household)	11250	11360	1.0
出生人口(人)	Births(person)	1132	1150	1.6
死亡人口(人)	Deaths(person)	565	493	－12.7
全社会就业人员(人)	Employment(person)	85866	88442	3.0
第一产业(人)	Primary Industry(person)	30028	32154	7.1
第二产业(人)	Secondary Industry(person)	22566	22736	0.8
第三产业(人)	Tertiary Industry(person)	33272	33552	0.8
在岗职工人数(人)	Number of Staff & Workers Employed in(person)	39408	38667	－1.9
乡村劳动力(人)	Number of Rural Laborers(person)	24520	25100	2.4
#农林牧渔业(人)	Farming,Forestry,Animal Husbandry & Fishery(person)	21145	21550	1.9
国民经济综合指标	**Summary Item on the National Economy**			
生产总值(万元)	Gross Domestic Product(10 000 yuan)	4357500	4534600	8.2
第一产业(万元)	Primary Industry(10 000 yuan)	74900	82000	3.4
第二产业(万元)	Secondary Industry(10 000 yuan)	3325400	3420600	8.5
#工业(万元)	Industry(10 000 yuan)	3017400	3101800	9.0
第三产业(万元)	Tertiary Industry(10 000 yuan)	957200	1032100	7.3
人均生产总值(元)	Per Capita GDP(yuan)	271665	282090	7.9
全社会固定资产投资(万元)	Total Investment in Fixed Assets(10 000 yuan)	3000120	3406865	13.6
按登记注册类型分	Grouped by Registered Type			
#国有(万元)	State－owned Enterprises(10 000 yuan)	430977	463858	7.6
集体(万元)	Collective－owned Enterprises(10 000 yuan)			
有限责任公司(万元)	Limited Liability Corporations(10 000 yuan)	1700194	1059902	－37.7
股份有限公司(万元)	Share Holding Enterprises(10 000 yuan)		62553	
私营企业(万元)	Private Enterprises(10 000 yuan)	868849	1448265	66.7
外商及港澳台投资企业(万元)	Funds from HK,Macao,Taiwan & Foreign(10 000 yuan)		372287	
一般公共预算收入(万元)	General Public Budget Revenue(10 000 yuan)	354349	379846	7.2
一般公共预算支出(万元)	General Public Budget Expenditure(10 000 yuan)	488605	532322	8.9
住户存款余额(万元)	The balance of savings deposits of Households(10 000 yuan)	705696	845360	19.8
在岗职工工资总额(万元)	Total Wages of Staff & Workers Employed in(10 000 yuan)	232552	221170	－4.9
在岗职工平均工资(元)	Average Wage of Staff & Workers Employed in(yuan)	58563	57430	－1.9
全体居民人均可支配收入(元)	The per capita disposable income of all residents(yuan)	27956	30186	8.0
城镇常住居民人均可支配收入(元)	The per capita disposable income of urban permanent residents(yuan)	36832	39668	7.7
农村牧区常住居民人均可支配收入(元)	The per capita disposable income of permanent residents of rural and pastoral areas(yuan)	14418	15485	7.4
农村牧区经济	**Economic Development in Rural & Pastoral Area**			
农作物总播种面积(公顷)	Total Sown Area(hectare)	25064	25685	2.5
#粮食作物播种面积(公顷)	Sown Area of Grain Crops(hectare)	18171	18534	2.0
农牧业机械总动力(万千瓦)	Total Power of Agricultural Machinery(10 000 kw)	17.58	18.18	3.4
化肥施用折纯量(吨)	Consumption of Chemical Fertilizer(ton)	4355	4410	1.3
农村用电量(万千瓦小时)	Electricity Consumed in Rural Area(10 000 kwh)	897	905	0.9
农林牧渔业总产值(万元)	Gross Output of Farming,Forestry,Animal Husbandry & Fishery(10 000 yuan)	134442	144671	3.4
粮食产量(吨)	Yield of Grain(ton)	102965	99515	－3.4
油料产量(吨)	Yield of Oil－bearing Grops(ton)	7266	7582	4.3
甜菜产量(吨)	Yield of Beetroots(ton)			
猪牛羊肉产量(吨)	Output of Pork, Beef & Mutton(ton)	21292	23630	11.0
#猪肉产量(吨)	Output of Pork(ton)	4326	4410	1.9
牛肉产量(吨)	Output of Beef(ton)	2508	3120	24.4
羊肉产量(吨)	Output of Mutton(ton)	14458	16100	11.4
羊毛产量(吨)	Output of Wool(ton)	334	230	－31.1

23 – 96 Etuoke Banner in Erdos City

指　　标	Item	2015	2016	2016 年比上年增长% Increase Rate in 2016 Over 2015(%)
年末牲畜存栏头数(万头只)	Total Livestock at the Year – end(10 000 heads)	113.17	111.80	-1.2
# 大牲畜(万头只)	Large Animals(10 000 heads)	2.71	2.99	10.3
羊(万只)	Sheep & Goats(10 000 heads)	106.56	104.80	-1.7
猪(万头)	Hogs(10 000 heads)	3.90	4.01	2.8
规模以上工业	**Industrial Enterprises above Designated size**			
工业企业单位数(个)	Number of Industrial Enterprises(unit)	56	45	-19.6
# 内资企业(个)	Civil Funded Enterprises(unit)	52	41	-21.2
工业总产值(万元)	Gross Industrial Output Value(10 000 yuan)	5563946	6061260	8.9
内资企业(万元)	Civil Funded Enterprises(10 000 yuan)	3895951	4516999	15.9
国有企业(万元)	State – owned Enterprises(10 000 yuan)	82357		
集体企业(万元)	Collective – owned Enterprises(10 000 yuan)	1755	2021	15.1
股份合作企业(万元)	Share Holding Enterprises(10 000 yuan)			
联营企业(万元)	Joint Owned Enterprises(10 000 yuan)			
有限责任公司(万元)	Limited Company(10 000 yuan)	2821352	2716643	-3.7
股份有限公司(万元)	Share Holding Limited Company(10 000 yuan)	326539	1186849	263.5
私营企业(万元)	Privately Owned Enterprises(10 000 yuan)	650143	599531	-7.8
其他企业(万元)	Enterprises of Other Ownership(10 000 yuan)	13806	11955	-13.4
港澳台商投资企业(万元)	Funds from HK, Macao & Taiwan(10 000 yuan)		154772	
外商投资企业(万元)	Foreign Funded Enterprises(10 000 yuan)	1667994	1389490	-16.7
工业企业增加值(万元)	Value Added of Industrial Enterprises(10 000 yuan)			16.7
工业企业资产总计(万元)	Total Assets of Industrial Enterprises(10 000 yuan)	12563394	11768413	-6.3
工业企业负债合计(万元)	Total Liabilities of Industrial Enterprises(10 000 yuan)	8713942	7876321	-9.6
工业企业产品销售收入(万元)	Sales of Revenue Industrial Enterprises(10 000 yuan)	5050573	5735533	13.6
工业企业利润总额(万元)	Total Profits of Industrial Enterprises(10 000 yuan)	45164	146414	224.2
建筑业	**Construction**			
建筑企业单位数(个)	Number of Construction Enterprises(unit)	5	5	0.0
建筑企业从业人员(人)	Number of Employee in Construction Enterprises(person)	681	470	-31.0
建筑业总产值(万元)	Gross Construction Output Value(10 000 yuan)	19137	19788	3.4
交通运输邮电通信业	**Transportation, Post & Telecommunications**			
公路里程(公里)	Total Length of Highways(km)	3822	3700	-3.2
邮电业务总量(万元)	Business Volume of Post & Telecoms(10 000 yuan)	16709	14360	-14.1
本地电话用户(户)	Number of Subscribers of Local Telephone(Household)	16000	13000	-18.8
国内贸易	**Domestic Trade**			
社会消费品零售总额(万元)	Total Retail Sales of Consumer Goods(10 000 yuan)	390190	435385	11.6
城镇(万元)	Town(10 000 yuan)	270056	302098	11.9
乡村(万元)	Village(10 000 yuan)	120134	133287	10.9
科技教育卫生	**Science, Education & Public Health**			
各类专业技术人员(人)	Special Technical Personnel(person)	3648	3648	0.0
幼儿园数(所)	Number of Kindergartens(unit)	20	20	0.0
学龄儿童入学率(%)	Percentage of School – Age Children Enrolled(%)	100.0	100.0	0.0
小学学校数(所)	Number of Primary Schools(unit)	8	8	0.0
小学专任教师数(人)	Number of Full – time Teachers of Primary Schools(person)	741	727	-1.9
小学在校学生数(人)	Number of Student Enrollment of Primary Schools(person)	9563	10087	5.5
普通中学学校数(所)	Number of Regular Secondary Schools(unit)	5	5	0.0
普通中学专任教师数(人)	Number of Teachers of Secondary Shools(person)	573	567	-1.0
初中在校学生数(人)	Number of Student in Junior Secondary Schools(person)	3555	3212	-9.6
高中在校学生数(人)	Number of Student in Senior Secondary Schools(person)	1407	1351	-4.0
卫生机构数(所)	Number of Health Institutions(unit)	173	163	-5.8
# 医院(所)	Hospitals(unit)	5	5	0.0
卫生院(所)	Township Hospitals(unit)	10	10	0.0
床位数(张)	Number of Beds(unit)	608	608	0.0
# 医院(张)	Hospitals(unit)	466	466	0.0
卫生院(张)	Township Hospitals(unit)	127	127	0.0
卫生技术人员(人)	Medical Technical Presonnel(person)	836	922	10.3
# 医院(人)	Hospitals(person)	484	488	0.8
卫生院(人)	Township Hospitals(person)	90	122	35.6

23－97 鄂尔多斯市杭锦旗

指　标	Item	2015	2016	2016 年比上年增长% Increase Rate in 2016 Over 2015(%)
行政区域土地面积(平方公里)	**Area of Administration(Sq. km)**	**18814**	**18814**	**0.0**
人口和就业	**Population & Employment**			
年末户籍人口(人)	The Registered Population Year－end(person)	142379	143540	0.8
＃男性(人)	Male(person)	72556	73097	0.7
＃乡村人口(人)	Agriculture(person)	113504	115573	1.8
年末常住人口(人)	Permanet Resident Population Year－end(person)	112900	113400	0.4
＃男性(人)	Male(person)			
年末总户数(户)	Total Number of Households at the Year－end(Household)	68421	65948	－3.6
＃乡村户数(户)	Number of Rural Household(Household)	28497	28817	1.1
出生人口(人)	Births(person)	1430	2817	97.0
死亡人口(人)	Deaths(person)	878	873	－0.6
全社会就业人员(人)	Employment(person)	84283	86324	2.4
第一产业(人)	Primary Industry(person)	46871	46431	－0.9
第二产业(人)	Secondary Industry(person)	17421	18580	6.7
第三产业(人)	Tertiary Industry(person)	19991	21313	6.6
在岗职工人数(人)	Number of Staff & Workers Employed in(person)	12146	12183	0.3
乡村劳动力(人)	Number of Rural Laborers(person)	54439	59784	9.8
＃农林牧渔业(人)	Farming, Forestry, Animal Husbandry & Fishery(person)	47704	50396	5.6
国民经济综合指标	**Summary Item on the National Economy**			
生产总值(万元)	Gross Domestic Product(10 000 yuan)	896100	1002300	9.1
第一产业(万元)	Primary Industry(10 000 yuan)	176100	192100	3.1
第二产业(万元)	Secondary Industry(10 000 yuan)	345200	407800	13.7
＃工业(万元)	Industry(10 000 yuan)	261700	321000	17.7
第三产业(万元)	Tertiary Industry(10 000 yuan)	374800	402400	7.7
人均生产总值(元)	Per Capita GDP(yuan)	79126	88582	9.2
全社会固定资产投资(万元)	Total Investment in Fixed Assets(10 000 yuan)	1551308	1750023	12.8
按登记注册类型分	Grouped by Registered Type			
＃国有(万元)	State－owned Enterprises(10 000 yuan)	163745	378127	130.9
集体(万元)	Collective－owned Enterprises(10 000 yuan)			
有限责任公司(万元)	Limited Liability Corporations(10 000 yuan)	1367183	601916	－56.0
股份有限公司(万元)	Share Holding Enterprises(10 000 yuan)		215799	
私营企业(万元)	Private Enterprises(10 000 yuan)		479041	
外商及港澳台投资企业(万元)	Funds from HK, Macao, Taiwan & Foreign(10 000 yuan)			
一般公共预算收入(万元)	General Public Budget Revenue(10 000 yuan)	122980	123000	0.0
一般公共预算支出(万元)	General Public Budget Expenditure(10 000 yuan)	296964	261910	－11.8
住户存款余额(万元)	The balance of savings deposits of Households(10 000 yuan)	362002	407698	12.6
在岗职工工资总额(万元)	Total Wages of Staff & Workers Employed in(10 000 yuan)	86238	88751	2.9
在岗职工平均工资(元)	Average Wage of Staff & Workers Employed in(yuan)	71916	73849	2.7
全体居民人均可支配收入(元)	The per capita disposable income of all residents(yuan)	24150	26003	7.7
城镇常住居民人均可支配收入(元)	The per capita disposable income of urban permanent residents(yuan)	33716	36144	7.2
农村牧区常住居民人均可支配收入(元)	The per capita disposable income of permanent residents of rural and pastoral areas(yuan)	14258	15354	7.7
农村牧区经济	**Economic Development in Rural & Pastoral Area**			
农作物总播种面积(公顷)	Total Sown Area(hectare)	79264	78591	－0.8
＃粮食作物播种面积(公顷)	Sown Area of Grain Crops(hectare)	42984	44546	3.6
农牧业机械总动力(万千瓦)	Total Power of Agricultural Machinery(10 000 kw)	47.19	54.79	16.1
化肥施用折纯量(吨)	Consumption of Chemical Fertilizer(ton)	23141	23634	2.1
农村用电量(万千瓦小时)	Electricity Consumed in Rural Area(10 000 kwh)	5523	5583	1.1
农林牧渔业总产值(万元)	Gross Output of Farming, Forestry, Animal Husbandry & Fishery(10 000 yuan)	296093	318621	3.1
粮食产量(吨)	Yield of Grain(ton)	378500	386036	2.0
油料产量(吨)	Yield of Oil－bearing Grops(ton)	73388	70005	－4.6
甜菜产量(吨)	Yield of Beetroots(ton)			
猪牛羊肉产量(吨)	Output of Pork, Beef & Mutton(ton)	19476	19274	－1.0
＃猪肉产量(吨)	Output of Pork(ton)	2100	2152	2.5
牛肉产量(吨)	Output of Beef(ton)	1214	877	－27.8
羊肉产量(吨)	Output of Mutton(ton)	16162	16245	0.5
羊毛产量(吨)	Output of Wool(ton)	3820	3500	－8.4

23 – 97 Hangjin Banner in Erdos City

指　　标	Item	2015	2016	2016 年比上年增长% Increase Rate in 2016 Over 2015(%)
年末牲畜存栏头数(万头只)	Total Livestock at the Year – end(10 000 heads)	142.29	139.61	–1.9
# 大牲畜(万头只)	Large Animals(10 000 heads)	2.13	3.31	55.4
羊(万只)	Sheep & Goats(10 000 heads)	137.05	133.20	–2.8
猪(万头)	Hogs(10 000 heads)	3.11	3.10	–0.3
规模以上工业	**Industrial Enterprises above Designated size**			
工业企业单位数(个)	Number of Industrial Enterprises(unit)	18	20	11.1
# 内资企业(个)	Civil Funded Enterprises(unit)	18	19	5.6
工业总产值(万元)	Gross Industrial Output Value(10 000 yuan)	251182	553986	120.6
内资企业(万元)	Civil Funded Enterprises(10 000 yuan)	281182	524977	86.7
国有企业(万元)	State – owned Enterprises(10 000 yuan)			
集体企业(万元)	Collective – owned Enterprises(10 000 yuan)			
股份合作企业(万元)	Share Holding Enterprises(10 000 yuan)			
联营企业(万元)	Joint Owned Enterprises(10 000 yuan)			
有限责任公司(万元)	Limited Company(10 000 yuan)	155846	441610	183.4
股份有限公司(万元)	Share Holding Limited Company(10 000 yuan)	19399	12199	–37.1
私营企业(万元)	Privately Owned Enterprises(10 000 yuan)	75937	71168	–6.3
其他企业(万元)	Enterprises of Other Ownership(10 000 yuan)			
港澳台商投资企业(万元)	Funds from HK, Macao & Taiwan(10 000 yuan)			
外商投资企业(万元)	Foreign Funded Enterprises(10 000 yuan)		29009	
工业企业增加值(万元)	Value Added of Industrial Enterprises(10 000 yuan)			80.2
工业企业资产总计(万元)	Total Assets of Industrial Enterprises(10 000 yuan)	1136367	2262282	99.1
工业企业负债合计(万元)	Total Liabilities of Industrial Enterprises(10 000 yuan)	877890	1808710	106.0
工业企业产品销售收入(万元)	Sales of Revenue Industrial Enterprises(10 000 yuan)	210329	374104	77.9
工业企业利润总额(万元)	Total Profits of Industrial Enterprises(10 000 yuan)	11463	16665	45.4
建筑业	**Construction**			
建筑企业单位数(个)	Number of Construction Enterprises(unit)	4	4	0.0
建筑企业从业人员(人)	Number of Employee in Construction Enterprises(person)	250	268	7.2
建筑业总产值(万元)	Gross Construction Output Value(10 000 yuan)	8520	13137	54.2
交通运输邮电通信业	**Transportation, Post & Telecommunications**			
公路里程(公里)	Total Length of Highways(km)	2862	5347	86.8
邮电业务总量(万元)	Business Volume of Post & Telecoms(10 000 yuan)	12069	13087	8.4
本地电话用户(户)	Number of Subscribers of Local Telephone(Household)	12300	9400	–23.6
国内贸易	**Domestic Trade**			
社会消费品零售总额(万元)	Total Retail Sales of Consumer Goods(10 000 yuan)	358120	391773	9.4
城镇(万元)	Town(10 000 yuan)	243025	266364	9.6
乡村(万元)	Village(10 000 yuan)	115095	125409	9.0
科技教育卫生	**Science, Education & Public Health**			
各类专业技术人员(人)	Special Technical Personnel(person)	3473	3373	–2.9
幼儿园数(所)	Number of Kindergartens(unit)	17	17	0.0
学龄儿童入学率(%)	Percentage of School – Age Children Enrolled(%)	100.0	100.0	0.0
小学学校数(所)	Number of Primary Schools(unit)	4	4	0.0
小学专任教师数(人)	Number of Full – time Teachers of Primary Schools(person)	474	499	5.3
小学在校学生数(人)	Number of Student Enrollment of Primary Schools(person)	5960	6498	9.0
普通中学学校数(所)	Number of Regular Secondary Schools(unit)	5	5	0.0
普通中学专任教师数(人)	Number of Teachers of Secondary Shools(person)	561	532	–5.2
初中在校学生数(人)	Number of Student in Junior Secondary Schools(person)	2936	2610	–11.1
高中在校学生数(人)	Number of Student in Senior Secondary Schools(person)	1412	1305	–7.6
卫生机构数(所)	Number of Health Institutions(unit)	160	152	–5.0
# 医院(所)	Hospitals(unit)	2	3	50.0
卫生院(所)	Township Hospitals(unit)	12	12	0.0
床位数(张)	Number of Beds(unit)	432	595	37.7
# 医院(张)	Hospitals(unit)	242	408	68.6
卫生院(张)	Township Hospitals(unit)	143	140	–2.1
卫生技术人员(人)	Medical Technical Presonnel(person)	626	608	–2.9
# 医院(人)	Hospitals(person)	305	262	–14.1
卫生院(人)	Township Hospitals(person)	138	150	8.7

23－98 鄂尔多斯市乌审旗

指 标	Item	2015	2016	2016 年比上年增长% Increase Rate in 2016 Over 2015(%)
行政区域土地面积(平方公里)	**Area of Administration(Sq. km)**	**11674**	**11674**	**0.0**
人口和就业	**Population & Employment**			
年末户籍人口(人)	The Registered Population Year－end(person)	111510	113377	1.7
#男性(人)	Male(person)	56414	57362	1.7
#乡村人口(人)	Agriculture(person)	85390	88390	3.5
年末常住人口(人)	Permanet Resident Population Year－end(person)	132700	133400	0.5
#男性(人)	Male(person)			
年末总户数(户)	Total Number of Households at the Year－end(Household)	44173	45049	2.0
#乡村户数(户)	Number of Rural Household(Household)	18569	18615	0.2
出生人口(人)	Births(person)	1588	2701	70.1
死亡人口(人)	Deaths(person)	584	532	－8.9
全社会就业人员(人)	Employment(person)	90899	92081	1.3
第一产业(人)	Primary Industry(person)	38548	38587	0.1
第二产业(人)	Secondary Industry(person)	14895	15581	4.6
第三产业(人)	Tertiary Industry(person)	37456	37913	1.2
在岗职工人数(人)	Number of Staff & Workers Employed in(person)	12283	13328	8.5
乡村劳动力(人)	Number of Rural Laborers(person)	40591	40892	0.7
#农林牧渔业(人)	Farming,Forestry,Animal Husbandry & Fishery(person)	33005	33010	0.0
国民经济综合指标	**Summary Item on the National Economy**			
生产总值(万元)	Gross Domestic Product(10 000 yuan)	3989100	4124600	7.3
第一产业(万元)	Primary Industry(10 000 yuan)	126100	137200	3.2
第二产业(万元)	Secondary Industry(10 000 yuan)	3014700	3078300	7.7
#工业(万元)	Industry(10 000 yuan)	2701700	2754800	8.1
第三产业(万元)	Tertiary Industry(10 000 yuan)	848300	909100	6.4
人均生产总值(元)	Per Capita GDP(yuan)	298028	310004	7.9
全社会固定资产投资(万元)	Total Investment in Fixed Assets(10 000 yuan)	3805218	4300520	13.0
按登记注册类型分	Grouped by Registered Type			
#国有(万元)	State－owned Enterprises(10 000 yuan)	3091960	1936603	－37.4
集体(万元)	Collective－owned Enterprises(10 000 yuan)			
有限责任公司(万元)	Limited Liability Corporations(10 000 yuan)	253214	332390	31.3
股份有限公司(万元)	Share Holding Enterprises(10 000 yuan)	26661	67688	153.9
私营企业(万元)	Private Enterprises(10 000 yuan)	423028	1662872	293.1
外商及港澳台投资企业(万元)	Funds from HK,Macao,Taiwan & Foreign(10 000 yuan)			
一般公共预算收入(万元)	General Public Budget Revenue(10 000 yuan)	281236	336900	19.8
一般公共预算支出(万元)	General Public Budget Expenditure(10 000 yuan)	405870	410255	1.1
住户存款余额(万元)	The balance of savings deposits of Households(10 000 yuan)	433023	511194	18.1
在岗职工工资总额(万元)	Total Wages of Staff & Workers Employed in(10 000 yuan)	73756	90034	22.1
在岗职工平均工资(元)	Average Wage of Staff & Workers Employed in(yuan)	59877	67010	11.9
全体居民人均可支配收入(元)	The per capita disposable income of all residents(yuan)	25840	27872	7.9
城镇常住居民人均可支配收入(元)	The per capita disposable income of urban permanent residents(yuan)	35717	38431	7.6
农村牧区常住居民人均可支配收入(元)	The per capita disposable income of permanent residents of rural and pastoral areas(yuan)	14418	15471	7.3
农村牧区经济	**Economic Development in Rural & Pastoral Area**			
农作物总播种面积(公顷)	Total Sown Area(hectare)	43193	43374	0.4
#粮食作物播种面积(公顷)	Sown Area of Grain Crops(hectare)	22350	22485	0.6
农牧业机械总动力(万千瓦)	Total Power of Agricultural Machinery(10 000 kw)	53.67	55.48	3.4
化肥施用折纯量(吨)	Consumption of Chemical Fertilizer(ton)	6870	6878	0.1
农村用电量(万千瓦小时)	Electricity Consumed in Rural Area(10 000 kwh)	1591	1608	1.1
农林牧渔业总产值(万元)	Gross Output of Farming,Forestry,Animal Husbandry & Fishery(10 000 yuan)	220522	237300	3.2
粮食产量(吨)	Yield of Grain(ton)	172200	124747	－27.6
油料产量(吨)	Yield of Oil－bearing Grops(ton)	2129	2132	0.1
甜菜产量(吨)	Yield of Beetroots(ton)			
猪牛羊肉产量(吨)	Output of Pork, Beef & Mutton(ton)	36478	36767	0.8
#猪肉产量(吨)	Output of Pork(ton)	24821	24919	0.4
牛肉产量(吨)	Output of Beef(ton)	5621	5703	1.5
羊肉产量(吨)	Output of Mutton(ton)	6036	6145	1.8
羊毛产量(吨)	Output of Wool(ton)	3316	3342	0.8

23 – 98 Wushen Banner in Erdos City

指　　标	Item	2015	2016	2016 年比上年增长% Increase Rate in 2016 Over 2015(%)
年末牲畜存栏头数(万头只)	Total Livestock at the Year – end(10 000 heads)	112.18	110.83	-1.2
#大牲畜(万头只)	Large Animals(10 000 heads)	8.75	8.77	0.2
羊(万只)	Sheep & Goats(10 000 heads)	89.65	88.10	-1.7
猪(万头)	Hogs(10 000 heads)	13.78	13.96	1.3
规模以上工业	**Industrial Enterprises above Designated size**			
工业企业单位数(个)	Number of Industrial Enterprises(unit)	20	21	5.0
#内资企业(个)	Civil Funded Enterprises(unit)	18	20	11.1
工业总产值(万元)	Gross Industrial Output Value(10 000 yuan)	7092688	8002519	12.8
内资企业(万元)	Civil Funded Enterprises(10 000 yuan)	6952487	7898606	13.6
国有企业(万元)	State – owned Enterprises(10 000 yuan)			
集体企业(万元)	Collective – owned Enterprises(10 000 yuan)			
股份合作企业(万元)	Share Holding Enterprises(10 000 yuan)			
联营企业(万元)	Joint Owned Enterprises(10 000 yuan)			
有限责任公司(万元)	Limited Company(10 000 yuan)	624763	1031711	65.1
股份有限公司(万元)	Share Holding Limited Company(10 000 yuan)	6261437	6784879	8.4
私营企业(万元)	Privately Owned Enterprises(10 000 yuan)	66287	82015	23.7
其他企业(万元)	Enterprises of Other Ownership(10 000 yuan)			
港澳台商投资企业(万元)	Funds from HK, Macao & Taiwan(10 000 yuan)	137685		
外商投资企业(万元)	Foreign Funded Enterprises(10 000 yuan)	2516	103913	4030.1
工业企业增加值(万元)	Value Added of Industrial Enterprises(10 000 yuan)			7.9
工业企业资产总计(万元)	Total Assets of Industrial Enterprises(10 000 yuan)	4256414	5461128	28.3
工业企业负债合计(万元)	Total Liabilities of Industrial Enterprises(10 000 yuan)	2635983	3402000	29.1
工业企业产品销售收入(万元)	Sales of Revenue Industrial Enterprises(10 000 yuan)	7086195	7788461	9.9
工业企业利润总额(万元)	Total Profits of Industrial Enterprises(10 000 yuan)	830134	808098	-2.7
建筑业	**Construction**			
建筑企业单位数(个)	Number of Construction Enterprises(unit)	5	5	0.0
建筑企业从业人员(人)	Number of Employee in Construction Enterprises(person)	1164	969	-16.8
建筑业总产值(万元)	Gross Construction Output Value(10 000 yuan)	26521	38455	45.0
交通运输邮电通信业	**Transportation, Post & Telecommunications**			
公路里程(公里)	Total Length of Highways(km)	2661	3788	42.4
邮电业务总量(万元)	Business Volume of Post & Telecoms(10 000 yuan)	14010	14240	1.6
本地电话用户(户)	Number of Subscribers of Local Telephone(Household)	15921	13420	-15.7
国内贸易	**Domestic Trade**			
社会消费品零售总额(万元)	Total Retail Sales of Consumer Goods(10 000 yuan)	380032	419794	10.5
城镇(万元)	Town(10 000 yuan)	304246	337099	10.8
乡村(万元)	Village(10 000 yuan)	75786	82695	9.1
科技教育卫生	**Science, Education & Public Health**			
各类专业技术人员(人)	Special Technical Personnel(person)	3104	3264	5.2
幼儿园数(所)	Number of Kindergartens(unit)	23	26	13.0
学龄儿童入学率(%)	Percentage of School – Age Children Enrolled(%)	100.0	100.0	0.0
小学学校数(所)	Number of Primary Schools(unit)	8	8	0.0
小学专任教师数(人)	Number of Full – time Teachers of Primary Schools(person)	583	671	15.1
小学在校学生数(人)	Number of Student Enrollment of Primary Schools(person)	8384	9166	9.3
普通中学学校数(所)	Number of Regular Secondary Schools(unit)	5	5	0.0
普通中学专任教师数(人)	Number of Teachers of Secondary Shools(person)	422	424	0.5
初中在校学生数(人)	Number of Student in Junior Secondary Schools(person)	2687	2661	-1.0
高中在校学生数(人)	Number of Student in Senior Secondary Schools(person)	1332	1293	-2.9
卫生机构数(所)	Number of Health Institutions(unit)	117	118	0.9
#医院(所)	Hospitals(unit)	4	5	25.0
卫生院(所)	Township Hospitals(unit)	8	8	0.0
床位数(张)	Number of Beds(unit)	533	627	17.6
#医院(张)	Hospitals(unit)	365	445	21.9
卫生院(张)	Township Hospitals(unit)	122	136	11.5
卫生技术人员(人)	Medical Technical Presonnel(person)	680	715	5.1
#医院(人)	Hospitals(person)	332	342	3.0
卫生院(人)	Township Hospitals(person)	124	123	-0.8

23－99 鄂尔多斯市伊金霍洛旗

指　　标	Item	2015	2016	2016年比上年增长% Increase Rate in 2016 Over 2015(%)
行政区域土地面积(平方公里)	**Area of Administration(Sq. km)**	**5487**	**5487**	**0.0**
人口和就业	**Population & Employment**			
年末户籍人口(人)	The Registered Population Year－end(person)	173699	174850	0.7
#男性(人)	Male(person)	87716	88178	0.5
#乡村人口(人)	Agriculture(person)	129550	130269	0.6
年末常住人口(人)	Permanet Resident Population Year－end(person)	206400	207800	0.7
#男性(人)	Male(person)			
年末总户数(户)	Total Number of Households at the Year－end(Household)	75207	75166	－0.1
#乡村户数(户)	Number of Rural Household(Household)	30520	30551	0.1
出生人口(人)	Births(person)	3462	2841	－17.9
死亡人口(人)	Deaths(person)	873	832	－4.7
全社会就业人员(人)	Employment(person)	156108	155570	－0.3
第一产业(人)	Primary Industry(person)	49602	49701	0.2
第二产业(人)	Secondary Industry(person)	51987	50259	－3.3
第三产业(人)	Tertiary Industry(person)	54519	55610	2.0
在岗职工人数(人)	Number of Staff & Workers Employed in(person)	53374	54014	1.2
乡村劳动力(人)	Number of Rural Laborers(person)	61792	61844	0.1
#农林牧渔业(人)	Farming, Forestry, Animal Husbandry & Fishery(person)	49602	49603	0.0
国民经济综合指标	**Summary Item on the National Economy**			
生产总值(万元)	Gross Domestic Product(10 000 yuan)	6598866	6814200	7.5
第一产业(万元)	Primary Industry(10 000 yuan)	69000	75300	3.2
第二产业(万元)	Secondary Industry(10 000 yuan)	3948900	4003800	6.9
#工业(万元)	Industry(10 000 yuan)	3545500	3589200	7.4
第三产业(万元)	Tertiary Industry(10 000 yuan)	2581000	2735000	8.5
人均生产总值(元)	Per Capita GDP(yuan)	294791	329029	16.2
全社会固定资产投资(万元)	Total Investment in Fixed Assets(10 000 yuan)	3933009	4377203	11.3
按登记注册类型分	Grouped by Registered Type			
#国有(万元)	State－owned Enterprises(10 000 yuan)	2178036	3437728	57.8
集体(万元)	Collective－owned Enterprises(10 000 yuan)			
有限责任公司(万元)	Limited Liability Corporations(10 000 yuan)	1191491	791871	－33.5
股份有限公司(万元)	Share Holding Enterprises(10 000 yuan)	129921	184	－99.9
私营企业(万元)	Private Enterprises(10 000 yuan)	205390	114290	－44.4
外商及港澳台投资企业(万元)	Funds from HK, Macao, Taiwan & Foreign(10 000 yuan)			
一般公共预算收入(万元)	General Public Budget Revenue(10 000 yuan)	777887	795078	2.2
一般公共预算支出(万元)	General Public Budget Expenditure(10 000 yuan)	807502	858253	6.3
住户存款余额(万元)	The balance of savings deposits of Households(10 000 yuan)	2085331	2350653	12.7
在岗职工工资总额(万元)	Total Wages of Staff & Workers Employed in(10 000 yuan)	409116	431647	5.5
在岗职工平均工资(元)	Average Wage of Staff & Workers Employed in(yuan)	76513	80266	4.9
全体居民人均可支配收入(元)	The per capita disposable income of all residents(yuan)	30629	32958	7.6
城镇常住居民人均可支配收入(元)	The per capita disposable income of urban permanent residents(yuan)	38690	41514	7.3
农村牧区常住居民人均可支配收入(元)	The per capita disposable income of permanent residents of rural and pastoral areas(yuan)	14445	15488	7.2
农村牧区经济	**Economic Development in Rural & Pastoral Area**			
农作物总播种面积(公顷)	Total Sown Area(hectare)	30035	30243	0.7
#粮食作物播种面积(公顷)	Sown Area of Grain Crops(hectare)	22018	22041	0.1
农牧业机械总动力(万千瓦)	Total Power of Agricultural Machinery(10 000 kw)	29.08	29.40	1.1
化肥施用折纯量(吨)	Consumption of Chemical Fertilizer(ton)	3428	3450	0.6
农村用电量(万千瓦小时)	Electricity Consumed in Rural Area(10 000 kwh)	5728	5745	0.3
农林牧渔业总产值(万元)	Gross Output of Farming, Forestry, Animal Husbandry & Fishery(10 000 yuan)	121546	130794	2.9
粮食产量(吨)	Yield of Grain(ton)	89667	84194	－6.1
油料产量(吨)	Yield of Oil－bearing Grops(ton)			
甜菜产量(吨)	Yield of Beetroots(ton)			
猪牛羊肉产量(吨)	Output of Pork, Beef & Mutton(ton)	5584	5602	0.3
#猪肉产量(吨)	Output of Pork(ton)	1500	1512	0.8
牛肉产量(吨)	Output of Beef(ton)	289	292	1.0
羊肉产量(吨)	Output of Mutton(ton)	3795	3798	0.1
羊毛产量(吨)	Output of Wool(ton)	28	30	5.4

23 – 99 Yijinhuoluo Banner in Erdos City

指　　标	Item	2015	2016	2016 年比上年增长% Increase Rate in 2016 Over 2015(%)
年末牲畜存栏头数(万头只)	Total Livestock at the Year – end(10 000 heads)	41.68	41.05	–1.5
# 大牲畜(万头只)	Large Animals(10 000 heads)	1.09	1.10	0.9
羊(万只)	Sheep & Goats(10 000 heads)	37.86	37.20	–1.7
猪(万头)	Hogs(10 000 heads)	2.72	2.75	1.1
规模以上工业	**Industrial Enterprises above Designated size**			
工业企业单位数(个)	Number of Industrial Enterprises(unit)	57	55	–3.5
# 内资企业(个)	Civil Funded Enterprises(unit)	56	54	–3.6
工业总产值(万元)	Gross Industrial Output Value(10 000 yuan)	6575309	8516558	29.5
内资企业(万元)	Civil Funded Enterprises(10 000 yuan)	6487250	8406222	29.6
国有企业(万元)	State – owned Enterprises(10 000 yuan)	856491	1126255	31.5
集体企业(万元)	Collective – owned Enterprises(10 000 yuan)			
股份合作企业(万元)	Share Holding Enterprises(10 000 yuan)		48667	
联营企业(万元)	Joint Owned Enterprises(10 000 yuan)			
有限责任公司(万元)	Limited Company(10 000 yuan)	5418481	5978325	10.3
股份有限公司(万元)	Share Holding Limited Company(10 000 yuan)	34057	177840	422.2
私营企业(万元)	Privately Owned Enterprises(10 000 yuan)	178221	973539	446.3
其他企业(万元)	Enterprises of Other Ownership(10 000 yuan)		101596	
港澳台商投资企业(万元)	Funds from HK, Macao & Taiwan(10 000 yuan)	88059	110337	25.3
外商投资企业(万元)	Foreign Funded Enterprises(10 000 yuan)			
工业企业增加值(万元)	Value Added of Industrial Enterprises(10 000 yuan)			8.2
工业企业资产总计(万元)	Total Assets of Industrial Enterprises(10 000 yuan)	15346441	13158574	–14.3
工业企业负债合计(万元)	Total Liabilities of Industrial Enterprises(10 000 yuan)	5036309	4742517	–5.8
工业企业产品销售收入(万元)	Sales of Revenue Industrial Enterprises(10 000 yuan)	6209073	6959134	12.1
工业企业利润总额(万元)	Total Profits of Industrial Enterprises(10 000 yuan)	982281	1514727	54.2
建筑业	**Construction**			
建筑企业单位数(个)	Number of Construction Enterprises(unit)	9	10	11.1
建筑企业从业人员(人)	Number of Employee in Construction Enterprises(person)	1766	1956	10.8
建筑业总产值(万元)	Gross Construction Output Value(10 000 yuan)	25616	27564	7.6
交通运输邮电通信业	**Transportation, Post & Telecommunications**			
公路里程(公里)	Total Length of Highways(km)	3432	4202	22.4
邮电业务总量(万元)	Business Volume of Post & Telecoms(10 000 yuan)	685	941	37.4
本地电话用户(户)	Number of Subscribers of Local Telephone(Household)	48036	49573	3.2
国内贸易	**Domestic Trade**			
社会消费品零售总额(万元)	Total Retail Sales of Consumer Goods(10 000 yuan)	481096	531653	10.5
城镇(万元)	Town(10 000 yuan)	313198	348308	11.2
乡村(万元)	Village(10 000 yuan)	167898	183345	9.2
科技教育卫生	**Science, Education & Public Health**			
各类专业技术人员(人)	Special Technical Personnel(person)	4694	4915	4.7
幼儿园数(所)	Number of Kindergartens(unit)	26	28	7.7
学龄儿童入学率(%)	Percentage of School – Age Children Enrolled(%)	100.0	100.0	0.0
小学学校数(所)	Number of Primary Schools(unit)	17	17	0.0
小学专任教师数(人)	Number of Full – time Teachers of Primary Schools(person)	828	915	10.5
小学在校学生数(人)	Number of Student Enrollment of Primary Schools(person)	11317	12554	10.9
普通中学学校数(所)	Number of Regular Secondary Schools(unit)	7	7	0.0
普通中学专任教师数(人)	Number of Teachers of Secondary Shools(person)	714	719	0.7
初中在校学生数(人)	Number of Student in Junior Secondary Schools(person)	3805	3834	0.8
高中在校学生数(人)	Number of Student in Senior Secondary Schools(person)	1996	2009	0.7
卫生机构数(所)	Number of Health Institutions(unit)	242	183	–24.4
# 医院(所)	Hospitals(unit)	9	11	22.2
卫生院(所)	Township Hospitals(unit)	15	15	0.0
床位数(张)	Number of Beds(unit)	1099	1339	21.8
# 医院(张)	Hospitals(unit)	652	886	35.9
卫生院(张)	Township Hospitals(unit)	362	368	1.7
卫生技术人员(人)	Medical Technical Presonnel(person)	1117	1273	14.0
# 医院(人)	Hospitals(person)	473	632	33.6
卫生院(人)	Township Hospitals(person)	246	232	–5.7

23－100 巴彦淖尔市临河区

指　　标	Item	2015	2016	2016 年比上年增长% Increase Rate in 2016 Over 2015(%)
行政区域土地面积(平方公里)	**Area of Administration(Sq. km)**	**2333**	**2333**	**0.0**
人口和就业	**Population & Employment**			
年末户籍人口(人)	The Registered Population Year－end(person)	520388	521376	2.0
#男性(人)	Male(person)	260538	259754	－0.3
#乡村人口(人)	Rural(person)	286622	211680	－26.1
年末常住人口(人)	Permanet Resident Population Year－end(person)	551200	553700	0.5
#男性(人)	Male(person)	283900	285200	0.5
年末总户数(户)	Total Number of Households at the Year－end(Household)	197578	186718	－5.5
#乡村户数(户)	Number of Rural Household(Household)	59633	58905	－1.2
出生人口(人)	Births(person)	4025	4756	18.2
死亡人口(人)	Deaths(person)	1153	3300	186.2
全社会就业人员(人)	Employment(person)	348738	351435	0.8
第一产业(人)	Primary Industry(person)	135136	136742	1.2
第二产业(人)	Secondary Industry(person)	37950	37987	0.1
第三产业(人)	Tertiary Industry(person)	175652	176706	0.6
在岗职工人数(人)	Number of Staff & Workers Employed in(person)	71318	69797	－2.1
乡村劳动力(人)	Number of Rural Laborers(person)	180154	168274	－6.6
#农林牧渔业(人)	Farming, Forestry, Animal Husbandry & Fishery(person)	159581	149058	－6.6
国民经济综合指标	**Summary Item on the National Economy**			
生产总值(万元)	Gross Domestic Product(10 000 yuan)	2870800	2972700	7.5
第一产业(万元)	Primary Industry(10 000 yuan)	432800	415200	4.2
第二产业(万元)	Secondary Industry(10 000 yuan)	1350600	1372600	7.7
#工业(万元)	Industry(10 000 yuan)	1165700	1177500	8.0
第三产业(万元)	Tertiary Industry(10 000 yuan)	1087400	1184900	8.5
人均生产总值(元)	Per Capita GDP(yuan)	52135	53810	7.1
全社会固定资产投资(万元)	Total Investment in Fixed Assets(10 000 yuan)	1585812	1760346	11.0
按登记注册类型分	Grouped by Registered Type			
#国有(万元)	State－owned Enterprises(10 000 yuan)	622980	808904	29.8
集体(万元)	Collective－owned Enterprises(10 000 yuan)	8600		
有限责任公司(万元)	Limited Liability Corporations(10 000 yuan)	806123	634846	－21.2
股份有限公司(万元)	Share Holding Enterprises(10 000 yuan)	1037	14431	1291.6
私营企业(万元)	Private Enterprises(10 000 yuan)	86972	198176	127.9
外商及港澳台投资企业(万元)	Funds from HK, Macao, Taiwan & Foreign(10 000 yuan)	43500	103989	139.1
一般公共预算收入(万元)	General Public Budget Revenue(10 000 yuan)	185123	198553	7.3
一般公共预算支出(万元)	General Public Budget Expenditure(10 000 yuan)	413966	420969	1.7
住户存款余额(万元)	The balance of savings deposits of Households(10 000 yuan)	2443621	2762256	13.0
在岗职工工资总额(万元)	Total Wages of Staff & Workers Employed in(10 000 yuan)	378815	404490	6.8
在岗职工平均工资(元)	Average Wage of Staff & Workers Employed in(yuan)	53196	56701	6.6
全体居民人均可支配收入(元)	The per capita disposable income of all residents(yuan)	21754	23581	8.4
城镇常住居民人均可支配收入(元)	The per capita disposable income of urban permanent residents(yuan)	24945	27040	8.4
农村牧区常住居民人均可支配收入(元)	The per capita disposable income of permanent residents of rural and pastoral areas(yuan)	14310	15340	7.2
农村牧区经济	**Economic Development in Rural & Pastoral Area**			
农作物总播种面积(公顷)	Total Sown Area(hectare)	135600	136933	1.0
#粮食作物播种面积(公顷)	Sown Area of Grain Crops(hectare)	68400	67200	－1.8
农牧业机械总动力(万千瓦)	Total Power of Agricultural Machinery(10 000 kw)	80.40	81.70	1.6
化肥施用折纯量(吨)	Consumption of Chemical Fertilizer(ton)	52321	57000	8.9
农村用电量(万千瓦小时)	Electricity Consumed in Rural Area(10 000 kwh)	16683	16132	－3.3
农林牧渔业总产值(万元)	Gross Output of Farming, Forestry, Animal Husbandry & Fishery(10 000 yuan)	754467	735000	4.4
粮食产量(吨)	Yield of Grain(ton)	728415	772788	6.1
油料产量(吨)	Yield of Oil－bearing Grops(ton)	180012	158156	－12.1
甜菜产量(吨)	Yield of Beetroots(ton)			
猪牛羊肉产量(吨)	Output of Pork, Beef & Mutton(ton)	62392	68577	9.9
#猪肉产量(吨)	Output of Pork(ton)	8526	8726	2.3
牛肉产量(吨)	Output of Beef(ton)	1411	1429	1.3
羊肉产量(吨)	Output of Mutton(ton)	52455	58422	11.4
羊毛产量(吨)	Output of Wool(ton)	1890	1875	－0.8

23 – 100 Linhe District in Bayannaoer City

指　　标	Item	2015	2016	2016年比上年增长% Increase Rate in 2016 Over 2015(%)
年末牲畜存栏头数(万头只)	Total Livestock at the Year – end(10 000 heads)	193.80	184.17	-5.0
#大牲畜(万头只)	Large Animals(10 000 heads)	4.20	3.97	-5.5
羊(万只)	Sheep & Goats(10 000 heads)	180.00	170.08	-5.5
猪(万头)	Hogs(10 000 heads)	9.60	10.12	5.4
规模以上工业	**Industrial Enterprises above Designated size**			
工业企业单位数(个)	Number of Industrial Enterprises(unit)	81	77	-4.9
#内资企业(个)	Civil Funded Enterprises(unit)	78	74	-5.1
工业总产值(万元)	Gross Industrial Output Value(10 000 yuan)	2993820	3229016	7.9
内资企业(万元)	Civil Funded Enterprises(10 000 yuan)	2523737	2746074	8.8
国有企业(万元)	State – owned Enterprises(10 000 yuan)			
集体企业(万元)	Collective – owned Enterprises(10 000 yuan)			
股份合作企业(万元)	Share Holding Enterprises(10 000 yuan)			
联营企业(万元)	Joint Owned Enterprises(10 000 yuan)			
有限责任公司(万元)	Limited Company(10 000 yuan)	1888076	2025145	7.3
股份有限公司(万元)	Share Holding Limited Company(10 000 yuan)	14913	18147	21.7
私营企业(万元)	Privately Owned Enterprises(10 000 yuan)	620748	702781	13.2
其他企业(万元)	Enterprises of Other Ownership(10 000 yuan)			
港澳台商投资企业(万元)	Funds from HK, Macao & Taiwan(10 000 yuan)	364742	361853	-0.8
外商投资企业(万元)	Foreign Funded Enterprises(10 000 yuan)	105341	121089	14.9
工业企业增加值(万元)	Value Added of Industrial Enterprises(10 000 yuan)			8.1
工业企业资产总计(万元)	Total Assets of Industrial Enterprises(10 000 yuan)	3097499	3133130	1.2
工业企业负债合计(万元)	Total Liabilities of Industrial Enterprises(10 000 yuan)	2473444	2456866	-0.7
工业企业产品销售收入(万元)	Sales of Revenue Industrial Enterprises(10 000 yuan)	2634034	2708728	2.8
工业企业利润总额(万元)	Total Profits of Industrial Enterprises(10 000 yuan)	277724	280927	1.2
建筑业	**Construction**			
建筑企业单位数(个)	Number of Construction Enterprises(unit)	42	42	0.0
建筑企业从业人员(人)	Number of Employee in Construction Enterprises(person)	34720	17417	-49.8
建筑业总产值(万元)	Gross Construction Output Value(10 000 yuan)	357572	432670	21.0
交通运输邮电通信业	Transportation, Post & Telecommunications			
公路里程(公里)	Total Length of Highways(km)	3445	3728	8.2
邮电业务总量(万元)	Business Volume of Post & Telecoms(10 000 yuan)	60121	62000	3.1
本地电话用户(户)	Number of Subscribers of Local Telephone(Household)	99214	87000	-12.3
国内贸易	**Domestic Trade**			
社会消费品零售总额(万元)	Total Retail Sales of Consumer Goods(10 000 yuan)	1102098	1212646	10.0
城镇(万元)	Town(10 000 yuan)	1044324	1146525	9.8
乡村(万元)	Village(10 000 yuan)	57774	66121	14.4
科技教育卫生	**Science, Education & Public Health**			
各类专业技术人员(人)	Special Technical Personnel(person)	8616	8922	3.6
幼儿园数(所)	Number of Kindergartens(unit)	38	41	7.9
学龄儿童入学率(%)	Percentage of School – Age Children Enrolled(%)	100.0	100.0	0.0
小学学校数(所)	Number of Primary Schools(unit)	25	30	20.0
小学专任教师数(人)	Number of Full – time Teachers of Primary Schools(person)	1888	1853	-1.9
小学在校学生数(人)	Number of Student Enrollment of Primary Schools(person)	28512	28856	1.2
普通中学学校数(所)	Number of Regular Secondary Schools(unit)	17	17	0.0
普通中学专任教师数(人)	Number of Teachers of Secondary Shools(person)	1671	1847	10.5
初中在校学生数(人)	Number of Student in Junior Secondary Schools(person)	14860	13440	-9.6
高中在校学生数(人)	Number of Student in Senior Secondary Schools(person)	8045	7040	-12.5
卫生机构数(所)	Number of Health Institutions(unit)	637	639	0.3
#医院(所)	Hospitals(unit)	28	30	7.1
卫生院(所)	Township Hospitals(unit)	18	18	0.0
床位数(张)	Number of Beds(unit)	4484	4626	3.2
#医院(张)	Hospitals(unit)	3318	3423	3.2
卫生院(张)	Township Hospitals(unit)	561	579	3.2
卫生技术人员(人)	Medical Technical Presonnel(person)	5428	5675	4.6
#医院(人)	Hospitals(person)	2823	2951	4.5
卫生院(人)	Township Hospitals(person)	380	397	4.5

23－101 巴彦淖尔市五原县

指　　标	Item	2015	2016	2016 年比上年增长% Increase Rate in 2016 Over 2015(%)
行政区域土地面积(平方公里)	**Area of Administration(Sq. km)**	**2493**	**2493**	**0.0**
人口和就业	**Population & Employment**			
年末户籍人口(人)	The Registered Population Year－end(person)	280377	281315	0.3
#男性(人)	Male(person)	143721	144121	0.3
#乡村人口(人)	Rural(person)	217972	217188	-0.4
年末常住人口(人)	Permanet Resident Population Year－end(person)	271000	271000	0.0
#男性(人)	Male(person)	138968	138957	0.0
年末总户数(户)	Total Number of Households at the Year－end(Household)	116422	118117	1.5
#乡村户数(户)	Number of Rural Household(Household)	51562	51995	0.8
出生人口(人)	Births(person)	1727	1929	11.7
死亡人口(人)	Deaths(person)	1045	1101	5.4
全社会就业人员(人)	Employment(person)	145026	145742	0.5
第一产业(人)	Primary Industry(person)	112608	113217	0.5
第二产业(人)	Secondary Industry(person)	6492	6505	0.2
第三产业(人)	Tertiary Industry(person)	25926	26020	0.4
在岗职工人数(人)	Number of Staff & Workers Employed in(person)	11707	12242	4.6
乡村劳动力(人)	Number of Rural Laborers(person)	135607	136389	0.6
#农林牧渔业(人)	Farming, Forestry, Animal Husbandry & Fishery(person)	102608	103200	0.6
国民经济综合指标	**Summary Item on the National Economy**			
生产总值(万元)	Gross Domestic Product(10 000 yuan)	1100800	1139500	7.2
第一产业(万元)	Primary Industry(10 000 yuan)	284600	269000	2.8
第二产业(万元)	Secondary Industry(10 000 yuan)	422200	440400	7.8
#工业(万元)	Industry(10 000 yuan)	330900	344100	8.2
第三产业(万元)	Tertiary Industry(10 000 yuan)	394000	430100	9.6
人均生产总值(元)	Per Capita GDP(yuan)	43806	42040	7.4
全社会固定资产投资(万元)	Total Investment in Fixed Assets(10 000 yuan)	681882	757028	11.0
按登记注册类型分	Grouped by Registered Type			
#国有(万元)	State－owned Enterprises(10 000 yuan)	364759	557162	52.7
集体(万元)	Collective－owned Enterprises(10 000 yuan)			
有限责任公司(万元)	Limited Liability Corporations(10 000 yuan)	299310	132074	-55.9
股份有限公司(万元)	Share Holding Enterprises(10 000 yuan)			
私营企业(万元)	Private Enterprises(10 000 yuan)	17813	19208	7.8
外商及港澳台投资企业(万元)	Funds from HK, Macao, Taiwan & Foreign(10 000 yuan)			
一般公共预算收入(万元)	General Public Budget Revenue(10 000 yuan)	38229	41299	8.0
一般公共预算支出(万元)	General Public Budget Expenditure(10 000 yuan)	272204	270773	-0.5
住户存款余额(万元)	The balance of savings deposits of Households(10 000 yuan)	627500	729600	16.3
在岗职工工资总额(万元)	Total Wages of Staff & Workers Employed in(10 000 yuan)	50550	55012	8.8
在岗职工平均工资(元)	Average Wage of Staff & Workers Employed in(yuan)	43819	44889	2.4
全体居民人均可支配收入(元)	The per capita disposable income of all residents(yuan)	21234	22890	7.8
城镇常住居民人均可支配收入(元)	The per capita disposable income of urban permanent residents(yuan)	24201	26089	7.8
农村牧区常住居民人均可支配收入(元)	The per capita disposable income of permanent residents of rural and pastoral areas(yuan)	14248	15345	7.7
农村牧区经济	**Economic Development in Rural & Pastoral Area**			
农作物总播种面积(公顷)	Total Sown Area(hectare)	153080	153580	0.3
#粮食作物播种面积(公顷)	Sown Area of Grain Crops(hectare)	52840	46567	-11.9
农牧业机械总动力(万千瓦)	Total Power of Agricultural Machinery(10 000 kw)	102.00	110.62	8.5
化肥施用折纯量(吨)	Consumption of Chemical Fertilizer(ton)	62471	63148	1.1
农村用电量(万千瓦小时)	Electricity Consumed in Rural Area(10 000 kwh)	4396	4298	-2.2
农林牧渔业总产值(万元)	Gross Output of Farming, Forestry, Animal Husbandry & Fishery(10 000 yuan)	491010	471600	3.0
粮食产量(吨)	Yield of Grain(ton)	399056	417425	4.6
油料产量(吨)	Yield of Oil－bearing Grops(ton)	257600	250485	-2.8
甜菜产量(吨)	Yield of Beetroots(ton)	12895	6090	-52.8
猪牛羊肉产量(吨)	Output of Pork, Beef & Mutton(ton)	33546	36448	8.7
#猪肉产量(吨)	Output of Pork(ton)	9071	10072	11.0
牛肉产量(吨)	Output of Beef(ton)	672	732	8.9
羊肉产量(吨)	Output of Mutton(ton)	23803	25644	7.7
羊毛产量(吨)	Output of Wool(ton)	1193	1278	7.1

23 – 101 Wuyuan County in Bayannaoer City

指　　标	Item	2015	2016	2016 年比上年增长% Increase Rate in 2016 Over 2015(%)
年末牲畜存栏头数(万头只)	Total Livestock at the Year – end(10 000 heads)	135.60	138.22	1.9
# 大牲畜(万头只)	Large Animals(10 000 heads)	2.23	2.16	-3.1
羊(万只)	Sheep & Goats(10 000 heads)	118.34	121.30	2.5
猪(万头)	Hogs(10 000 heads)	15.03	14.76	-1.8
规模以上工业	**Industrial Enterprises above Designated size**			
工业企业单位数(个)	Number of Industrial Enterprises(unit)	43	43	0.0
# 内资企业(个)	Civil Funded Enterprises(unit)	43	43	0.0
工业总产值(万元)	Gross Industrial Output Value(10 000 yuan)	554039	578893	4.5
内资企业(万元)	Civil Funded Enterprises(10 000 yuan)	554039	578893	4.5
国有企业(万元)	State – owned Enterprises(10 000 yuan)	2740		
集体企业(万元)	Collective – owned Enterprises(10 000 yuan)			
股份合作企业(万元)	Share Holding Enterprises(10 000 yuan)			
联营企业(万元)	Joint Owned Enterprises(10 000 yuan)			
有限责任公司(万元)	Limited Company(10 000 yuan)			
股份有限公司(万元)	Share Holding Limited Company(10 000 yuan)	359699	368094	2.3
私营企业(万元)	Privately Owned Enterprises(10 000 yuan)	191599	210799	10.0
其他企业(万元)	Enterprises of Other Ownership(10 000 yuan)			
港澳台商投资企业(万元)	Funds from HK, Macao & Taiwan(10 000 yuan)			
外商投资企业(万元)	Foreign Funded Enterprises(10 000 yuan)			
工业企业增加值(万元)	Value Added of Industrial Enterprises(10 000 yuan)			8.0
工业企业资产总计(万元)	Total Assets of Industrial Enterprises(10 000 yuan)	406822	324974	-20.1
工业企业负债合计(万元)	Total Liabilities of Industrial Enterprises(10 000 yuan)	308910	220194	-28.7
工业企业产品销售收入(万元)	Sales of Revenue Industrial Enterprises(10 000 yuan)	483007	487426	0.9
工业企业利润总额(万元)	Total Profits of Industrial Enterprises(10 000 yuan)	1908	2905	52.3
建筑业	**Construction**			
建筑企业单位数(个)	Number of Construction Enterprises(unit)	5	5	0.0
建筑企业从业人员(人)	Number of Employee in Construction Enterprises(person)	670	392	-41.5
建筑业总产值(万元)	Gross Construction Output Value(10 000 yuan)	38290	37364	-2.4
交通运输邮电通信业	**Transportation, Post & Telecommunications**			
公路里程(公里)	Total Length of Highways(km)	2907	2907	0.0
邮电业务总量(万元)	Business Volume of Post & Telecoms(10 000 yuan)	1532	1965	28.3
本地电话用户(户)	Number of Subscribers of Local Telephone(Household)	18419	17757	-3.6
国内贸易	**Domestic Trade**			
社会消费品零售总额(万元)	Total Retail Sales of Consumer Goods(10 000 yuan)	268741	294892	9.7
城镇(万元)	Town(10 000 yuan)	200209	219532	9.7
乡村(万元)	Village(10 000 yuan)	68532	75360	10.0
科技教育卫生	**Science, Education & Public Health**			
各类专业技术人员(人)	Special Technical Personnel(person)	4274	4307	0.8
幼儿园数(所)	Number of Kindergartens(unit)	18	16	-11.1
学龄儿童入学率(%)	Percentage of School – Age Children Enrolled(%)	100.0	100.0	0.0
小学学校数(所)	Number of Primary Schools(unit)	20	16	-20.0
小学专任教师数(人)	Number of Full – time Teachers of Primary Schools(person)	751	728	-3.1
小学在校学生数(人)	Number of Student Enrollment of Primary Schools(person)	11699	11486	-1.8
普通中学学校数(所)	Number of Regular Secondary Schools(unit)	5	5	0.0
普通中学专任教师数(人)	Number of Teachers of Secondary Shools(person)	713	704	-1.3
初中在校学生数(人)	Number of Student in Junior Secondary Schools(person)	7009	6279	-10.4
高中在校学生数(人)	Number of Student in Senior Secondary Schools(person)	3748	3663	-2.3
卫生机构数(所)	Number of Health Institutions(unit)	205	215	4.9
# 医院(所)	Hospitals(unit)	5	5	0.0
卫生院(所)	Township Hospitals(unit)	19	19	0.0
床位数(张)	Number of Beds(unit)	1038	1183	14.0
# 医院(张)	Hospitals(unit)	588	715	21.6
卫生院(张)	Township Hospitals(unit)	348	328	-5.7
卫生技术人员(人)	Medical Technical Presonnel(person)	1097	1133	3.3
# 医院(人)	Hospitals(person)	677	721	6.5
卫生院(人)	Township Hospitals(person)	231	184	-20.3

23－102 巴彦淖尔市磴口县

指　　标	Item	2015	2016	2016 年比上年增长% Increase Rate in 2016 Over 2015(%)
行政区域土地面积(平方公里)	**Area of Administration(Sq. km)**	**4167**	**4167**	**0.0**
人口和就业	**Population & Employment**			
年末户籍人口(人)	The Registered Population Year－end(person)	116346	115872	－0.4
#男性(人)	Male(person)	59431	59208	－0.4
#乡村人口(人)	Rural(person)	65045	65403	0.6
年末常住人口(人)	Permanet Resident Population Year－end(person)	116000	116400	0.3
#男性(人)	Male(person)	59700	59900	0.3
年末总户数(户)	Total Number of Households at the Year－end(Household)	47570	48912	2.8
#乡村户数(户)	Number of Rural Household(Household)	32510	33718	3.7
出生人口(人)	Births(person)	540	685	26.9
死亡人口(人)	Deaths(person)	451	429	－4.9
全社会就业人员(人)	Employment(person)	66178	67238	1.6
第一产业(人)	Primary Industry(person)	42138	42546	1.0
第二产业(人)	Secondary Industry(person)	4705	4519	－4.0
第三产业(人)	Tertiary Industry(person)	19335	20173	4.3
在岗职工人数(人)	Number of Staff & Workers Employed in(person)	10749	9423	－12.3
乡村劳动力(人)	Number of Rural Laborers(person)	52655	54366	3.2
#农林牧渔业(人)	Farming, Forestry, Animal Husbandry & Fishery(person)	42801	42546	－0.6
国民经济综合指标	**Summary Item on the National Economy**			
生产总值(万元)	Gross Domestic Product(10 000 yuan)	508700	527800	7.6
第一产业(万元)	Primary Industry(10 000 yuan)	93600	90200	4.7
第二产业(万元)	Secondary Industry(10 000 yuan)	297900	307900	7.9
#工业(万元)	Industry(10 000 yuan)	257000	264700	8.1
第三产业(万元)	Tertiary Industry(10 000 yuan)	117200	129700	9.2
人均生产总值(元)	Per Capita GDP(yuan)	43948	45422	7.2
全社会固定资产投资(万元)	Total Investment in Fixed Assets(10 000 yuan)	388491	435111	12.0
按登记注册类型分	Grouped by Registered Type			
#国有(万元)	State－owned Enterprises(10 000 yuan)	97375	235434	141.8
集体(万元)	Collective－owned Enterprises(10 000 yuan)			
有限责任公司(万元)	Limited Liability Corporations(10 000 yuan)	129003	21519	－83.3
股份有限公司(万元)	Share Holding Enterprises(10 000 yuan)	144098	93240	－35.3
私营企业(万元)	Private Enterprises(10 000 yuan)	13415	78258	483.4
外商及港澳台投资企业(万元)	Funds from HK, Macao, Taiwan & Foreign(10 000 yuan)	4600	5800	26.1
一般公共预算收入(万元)	General Public Budget Revenue(10 000 yuan)	24394	26994	10.7
一般公共预算支出(万元)	General Public Budget Expenditure(10 000 yuan)	147524	146047	－1.0
住户存款余额(万元)	The balance of savings deposits of Households(10 000 yuan)	298239	363706	22.0
在岗职工工资总额(万元)	Total Wages of Staff & Workers Employed in(10 000 yuan)	49515	49966	0.9
在岗职工平均工资(元)	Average Wage of Staff & Workers Employed in(yuan)	47928	52458	9.5
全体居民人均可支配收入(元)	The per capita disposable income of all residents(yuan)	17454	18833	7.9
城镇常住居民人均可支配收入(元)	The per capita disposable income of urban permanent residents(yuan)	23749	25625	7.9
农村牧区常住居民人均可支配收入(元)	The per capita disposable income of permanent residents of rural and pastoral areas(yuan)	13751	14837	7.9
农村牧区经济	**Economic Development in Rural & Pastoral Area**			
农作物总播种面积(公顷)	Total Sown Area(hectare)	56400	76933	36.5
#粮食作物播种面积(公顷)	Sown Area of Grain Crops(hectare)	26567	27027	1.7
农牧业机械总动力(万千瓦)	Total Power of Agricultural Machinery(10 000 kw)	48.47	47.36	－2.3
化肥施用折纯量(吨)	Consumption of Chemical Fertilizer(ton)	41307	54150	31.1
农村用电量(万千瓦小时)	Electricity Consumed in Rural Area(10 000 kwh)	2912	3803	30.6
农林牧渔业总产值(万元)	Gross Output of Farming, Forestry, Animal Husbandry & Fishery(10 000 yuan)	143444	140390	4.8
粮食产量(吨)	Yield of Grain(ton)	278060	282900	1.7
油料产量(吨)	Yield of Oil－bearing Grops(ton)	51560	80900	56.8
甜菜产量(吨)	Yield of Beetroots(ton)			
猪牛羊肉产量(吨)	Output of Pork, Beef & Mutton(ton)	10825	13965	29.0
#猪肉产量(吨)	Output of Pork(ton)	1950	1981	1.6
牛肉产量(吨)	Output of Beef(ton)	1899	2557	34.7
羊肉产量(吨)	Output of Mutton(ton)	6976	9427	35.1
羊毛产量(吨)	Output of Wool(ton)	400	516	29.1

23 – 102 Dengkou County in Bayannaoer City

指　　标	Item	2015	2016	2016 年比上年增长% Increase Rate in 2016 Over 2015(%)
年末牲畜存栏头数(万头只)	Total Livestock at the Year – end(10 000 heads)	43.91	39.89	–9.2
# 大牲畜(万头只)	Large Animals(10 000 heads)	5.07	6.07	19.7
羊(万只)	Sheep & Goats(10 000 heads)	36.51	31.01	17.7
猪(万头)	Hogs(10 000 heads)	2.33	2.82	21.0
规模以上工业	**Industrial Enterprises above Designated size**			
工业企业单位数(个)	Number of Industrial Enterprises(unit)	15	16	6.7
# 内资企业(个)	Civil Funded Enterprises(unit)	13	14	7.7
工业总产值(万元)	Gross Industrial Output Value(10 000 yuan)	578769	615583	6.5
内资企业(万元)	Civil Funded Enterprises(10 000 yuan)	396284	425610	7.4
国有企业(万元)	State – owned Enterprises(10 000 yuan)	13741	9063	–34.0
集体企业(万元)	Collective – owned Enterprises(10 000 yuan)			
股份合作企业(万元)	Share Holding Enterprises(10 000 yuan)			
联营企业(万元)	Joint Owned Enterprises(10 000 yuan)			
有限责任公司(万元)	Limited Company(10 000 yuan)			
股份有限公司(万元)	Share Holding Limited Company(10 000 yuan)	382543	416548	9.0
私营企业(万元)	Privately Owned Enterprises(10 000 yuan)			
其他企业(万元)	Enterprises of Other Ownership(10 000 yuan)			
港澳台商投资企业(万元)	Funds from HK, Macao & Taiwan(10 000 yuan)			
外商投资企业(万元)	Foreign Funded Enterprises(10 000 yuan)	182486	189973	4.1
工业企业增加值(万元)	Value Added of Industrial Enterprises(10 000 yuan)			8.2
工业企业资产总计(万元)	Total Assets of Industrial Enterprises(10 000 yuan)	666059	751348	12.8
工业企业负债合计(万元)	Total Liabilities of Industrial Enterprises(10 000 yuan)	443261	533298	20.3
工业企业产品销售收入(万元)	Sales of Revenue Industrial Enterprises(10 000 yuan)	505477	578353	14.4
工业企业利润总额(万元)	Total Profits of Industrial Enterprises(10 000 yuan)	31714	30155	–4.9
建筑业	**Construction**			
建筑企业单位数(个)	Number of Construction Enterprises(unit)	1	1	0.0
建筑企业从业人员(人)	Number of Employee in Construction Enterprises(person)	72	72	0.0
建筑业总产值(万元)	Gross Construction Output Value(10 000 yuan)	1870	1670	–10.7
交通运输邮电通信业	**Transportation, Post & Telecommunications**			
公路里程(公里)	Total Length of Highways(km)	1799	2066	14.8
邮电业务总量(万元)	Business Volume of Post & Telecoms(10 000 yuan)	8680	9270	6.8
本地电话用户(户)	Number of Subscribers of Local Telephone(Household)	17061	12900	–24.4
国内贸易	**Domestic Trade**			
社会消费品零售总额(万元)	Total Retail Sales of Consumer Goods(10 000 yuan)	141950	155621	9.6
城镇(万元)	Town(10 000 yuan)	125074	137240	9.7
乡村(万元)	Village(10 000 yuan)	16876	18381	8.9
科技教育卫生	**Science, Education & Public Health**			
各类专业技术人员(人)	Special Technical Personnel(person)	3528	3597	2.0
幼儿园数(所)	Number of Kindergartens(unit)	7	20	185.7
学龄儿童入学率(%)	Percentage of School – Age Children Enrolled(%)	100.0	100.0	0.0
小学学校数(所)	Number of Primary Schools(unit)	8	11	37.5
小学专任教师数(人)	Number of Full – time Teachers of Primary Schools(person)	366	414	13.1
小学在校学生数(人)	Number of Student Enrollment of Primary Schools(person)	3918	3870	–1.2
普通中学学校数(所)	Number of Regular Secondary Schools(unit)	2	2	0.0
普通中学专任教师数(人)	Number of Teachers of Secondary Shools(person)	275	272	–1.1
初中在校学生数(人)	Number of Student in Junior Secondary Schools(person)	2016	1726	–14.4
高中在校学生数(人)	Number of Student in Senior Secondary Schools(person)	1600	1503	–6.1
卫生机构数(所)	Number of Health Institutions(unit)	12	12	0.0
# 医院(所)	Hospitals(unit)	3	3	0.0
卫生院(所)	Township Hospitals(unit)	7	7	0.0
床位数(张)	Number of Beds(unit)	904	1226	35.6
# 医院(张)	Hospitals(unit)	637	637	0.0
卫生院(张)	Township Hospitals(unit)	85	119	40.0
卫生技术人员(人)	Medical Technical Presonnel(person)	648	720	11.1
# 医院(人)	Hospitals(person)	339	522	54.0
卫生院(人)	Township Hospitals(person)	50	58	16.0

23－103 巴彦淖尔市乌拉特前旗

指　　标	Item	2015	2016	2016 年比上年增长% Increase Rate in 2016 Over 2015(%)
行政区域土地面积(平方公里)	**Area of Administration(Sq. km)**	**7476**	**7476**	**0.0**
人口和就业	**Population & Employment**			
年末户籍人口(人)	The Registered Population Year－end(person)	332528	333653	0.3
#男性(人)	Male(person)	169818	170306	0.3
#乡村人口(人)	Rural(person)	245419	240080	－2.2
年末常住人口(人)	Permanet Resident Population Year－end(person)	295100	296100	0.3
#男性(人)	Male(person)	153200	153700	0.3
年末总户数(户)	Total Number of Households at the Year－end(Household)	149116	144624	－3.0
#乡村户数(户)	Number of Rural Household(Household)	76009	74863	－1.5
出生人口(人)	Births(person)	3155	3458	9.6
死亡人口(人)	Deaths(person)	1383	1207	－12.7
全社会就业人员(人)	Employment(person)	151175	157612	4.3
第一产业(人)	Primary Industry(person)	112849	111005	－1.6
第二产业(人)	Secondary Industry(person)	4811	8168	69.8
第三产业(人)	Tertiary Industry(person)	33515	38439	14.7
在岗职工人数(人)	Number of Staff & Workers Employed in(person)	20149	21667	7.5
乡村劳动力(人)	Number of Rural Laborers(person)	135328	115252	－14.8
#农林牧渔业(人)	Farming, Forestry, Animal Husbandry & Fishery(person)	116153	103444	－10.9
国民经济综合指标	**Summary Item on the National Economy**			
生产总值(万元)	Gross Domestic Product(10 000 yuan)	1407827	1462297	7.1
第一产业(万元)	Primary Industry(10 000 yuan)	315396	301511	3.8
第二产业(万元)	Secondary Industry(10 000 yuan)	603783	624500	7.8
#工业(万元)	Industry(10 000 yuan)	500183	515200	8.2
第三产业(万元)	Tertiary Industry(10 000 yuan)	488648	536286	8.3
人均生产总值(元)	Per Capita GDP(yuan)	47707	49385	6.7
全社会固定资产投资(万元)	Total Investment in Fixed Assets(10 000 yuan)	1019884	1121282	9.9
按登记注册类型分	Grouped by Registered Type			
#国有(万元)	State－owned Enterprises(10 000 yuan)	262914	477502	81.6
集体(万元)	Collective－owned Enterprises(10 000 yuan)			
有限责任公司(万元)	Limited Liability Corporations(10 000 yuan)	10466	52150	398.3
股份有限公司(万元)	Share Holding Enterprises(10 000 yuan)	18317		
私营企业(万元)	Private Enterprises(10 000 yuan)	728187	567390	－22.1
外商及港澳台投资企业(万元)	Funds from HK, Macao, Taiwan & Foreign(10 000 yuan)			
一般公共预算收入(万元)	General Public Budget Revenue(10 000 yuan)	93821	94468	0.7
一般公共预算支出(万元)	General Public Budget Expenditure(10 000 yuan)	275738	290087	5.2
住户存款余额(万元)	The balance of savings deposits of Households(10 000 yuan)	821426	911622	11.0
在岗职工工资总额(万元)	Total Wages of Staff & Workers Employed in(10 000 yuan)	100276	115299	15.0
在岗职工平均工资(元)	Average Wage of Staff & Workers Employed in(yuan)	49702	52545	5.7
全体居民人均可支配收入(元)	The per capita disposable income of all residents(yuan)	17642	18876	7.0
城镇常住居民人均可支配收入(元)	The per capita disposable income of urban permanent residents(yuan)	23757	25705	8.2
农村牧区常住居民人均可支配收入(元)	The per capita disposable income of permanent residents of rural and pastoral areas(yuan)	13431	14385	7.1
农村牧区经济	**Economic Development in Rural & Pastoral Area**			
农作物总播种面积(公顷)	Total Sown Area(hectare)	155141	159519	2.8
#粮食作物播种面积(公顷)	Sown Area of Grain Crops(hectare)	84363	66724	－20.9
农牧业机械总动力(万千瓦)	Total Power of Agricultural Machinery(10 000 kw)	109.05	117.65	7.9
化肥施用折纯量(吨)	Consumption of Chemical Fertilizer(ton)	34533	36293	5.1
农村用电量(万千瓦小时)	Electricity Consumed in Rural Area(10 000 kwh)	13944	9618	－31.0
农林牧渔业总产值(万元)	Gross Output of Farming, Forestry, Animal Husbandry & Fishery(10 000 yuan)	528774	513033	3.9
粮食产量(吨)	Yield of Grain(ton)	883303	675427	－23.5
油料产量(吨)	Yield of Oil－bearing Grops(ton)	134826	148519	10.2
甜菜产量(吨)	Yield of Beetroots(ton)	11727	5010	－57.3
猪牛羊肉产量(吨)	Output of Pork, Beef & Mutton(ton)	24811	27029	8.9
#猪肉产量(吨)	Output of Pork(ton)	4435	4484	1.1
牛肉产量(吨)	Output of Beef(ton)	581	589	1.4
羊肉产量(吨)	Output of Mutton(ton)	19795	21956	10.9
羊毛产量(吨)	Output of Wool(ton)	1610	1564	－2.9

23 – 103 Wulateqian Banner in Bayannaoer City

指　　标	Item	2015	2016	2016 年比上年增长% Increase Rate in 2016 Over 2015(%)
年末牲畜存栏头数(万头只)	Total Livestock at the Year – end(10 000 heads)	142.78	136.00	-4.7
# 大牲畜(万头只)	Large Animals(10 000 heads)	1.40	1.57	12.1
羊(万只)	Sheep & Goats(10 000 heads)	136.87	130.04	-5.0
猪(万头)	Hogs(10 000 heads)	4.51	4.39	-2.7
规模以上工业	**Industrial Enterprises above Designated size**			
工业企业单位数(个)	Number of Industrial Enterprises(unit)	43	41	-4.7
# 内资企业(个)	Civil Funded Enterprises(unit)	42	40	-4.8
工业总产值(万元)	Gross Industrial Output Value(10 000 yuan)	766164	852770	11.3
内资企业(万元)	Civil Funded Enterprises(10 000 yuan)	758228	847986	11.8
国有企业(万元)	State – owned Enterprises(10 000 yuan)			
集体企业(万元)	Collective – owned Enterprises(10 000 yuan)			
股份合作企业(万元)	Share Holding Enterprises(10 000 yuan)			
联营企业(万元)	Joint Owned Enterprises(10 000 yuan)			
有限责任公司(万元)	Limited Company(10 000 yuan)	353049	409883	16.1
股份有限公司(万元)	Share Holding Limited Company(10 000 yuan)		11946	
私营企业(万元)	Privately Owned Enterprises(10 000 yuan)	405179	426156	5.2
其他企业(万元)	Enterprises of Other Ownership(10 000 yuan)			
港澳台商投资企业(万元)	Funds from HK, Macao & Taiwan(10 000 yuan)			
外商投资企业(万元)	Foreign Funded Enterprises(10 000 yuan)	7936	4784	-39.7
工业企业增加值(万元)	Value Added of Industrial Enterprises(10 000 yuan)			8.3
工业企业资产总计(万元)	Total Assets of Industrial Enterprises(10 000 yuan)	1468268	1522803	3.7
工业企业负债合计(万元)	Total Liabilities of Industrial Enterprises(10 000 yuan)	1142294	1170202	2.4
工业企业产品销售收入(万元)	Sales of Revenue Industrial Enterprises(10 000 yuan)	744674	790064	6.1
工业企业利润总额(万元)	Total Profits of Industrial Enterprises(10 000 yuan)	-61647	-70365	
建筑业	**Construction**			
建筑企业单位数(个)	Number of Construction Enterprises(unit)	5	5	0.0
建筑企业从业人员(人)	Number of Employee in Construction Enterprises(person)	699	504	-27.9
建筑业总产值(万元)	Gross Construction Output Value(10 000 yuan)	20953	19470	-7.1
交通运输邮电通信业	**Transportation, Post & Telecommunications**			
公路里程(公里)	Total Length of Highways(km)	4822	4822	0.0
邮电业务总量(万元)	Business Volume of Post & Telecoms(10 000 yuan)	31883	35134	10.2
本地电话用户(户)	Number of Subscribers of Local Telephone(Household)	15173	15629	3.0
国内贸易	**Domestic Trade**			
社会消费品零售总额(万元)	Total Retail Sales of Consumer Goods(10 000 yuan)	315057	346029	9.8
城镇(万元)	Town(10 000 yuan)	260400	286047	9.8
乡村(万元)	Village(10 000 yuan)	54657	59982	9.7
科技教育卫生	**Science, Education & Public Health**			
各类专业技术人员(人)	Special Technical Personnel(person)	7566	7592	0.3
幼儿园数(所)	Number of Kindergartens(unit)	25	26	4.0
学龄儿童入学率(%)	Percentage of School – Age Children Enrolled(%)	100.0	100.0	0.0
小学学校数(所)	Number of Primary Schools(unit)	16	15	-6.3
小学专任教师数(人)	Number of Full – time Teachers of Primary Schools(person)	1481	750	-49.4
小学在校学生数(人)	Number of Student Enrollment of Primary Schools(person)	12558	12860	2.4
普通中学学校数(所)	Number of Regular Secondary Schools(unit)	11	11	0.0
普通中学专任教师数(人)	Number of Teachers of Secondary Shools(person)	939	538	-42.7
初中在校学生数(人)	Number of Student in Junior Secondary Schools(person)	7299	6352	-13.0
高中在校学生数(人)	Number of Student in Senior Secondary Schools(person)	4648	4318	-7.1
卫生机构数(所)	Number of Health Institutions(unit)	260	260	0.0
# 医院(所)	Hospitals(unit)	6	6	0.0
卫生院(所)	Township Hospitals(unit)	21	21	0.0
床位数(张)	Number of Beds(unit)	1284	1363	6.2
# 医院(张)	Hospitals(unit)	842	932	10.7
卫生院(张)	Township Hospitals(unit)	303	297	-2.0
卫生技术人员(人)	Medical Technical Presonnel(person)	1536	1585	3.2
# 医院(人)	Hospitals(person)	822	879	6.9
卫生院(人)	Township Hospitals(person)	269	272	1.1

23－104 巴彦淖尔市乌拉特中旗

指　　标	Item	2015	2016	2016 年比上年增长% Increase Rate in 2016 Over 2015(%)
行政区域土地面积(平方公里)	**Area of Administration(Sq. km)**	**22868**	**22868**	**0.0**
人口和就业	**Population & Employment**			
年末户籍人口(人)	The Registered Population Year－end(person)	141664	142617	0.7
#男性(人)	Male(person)	72099	72455	0.5
#乡村人口(人)	Rural(person)	103853	104977	1.1
年末常住人口(人)	Permanet Resident Population Year－end(person)	134200	134600	0.3
#男性(人)	Male(person)	71200	71400	0.3
年末总户数(户)	Total Number of Households at the Year－end(Household)	69153	67749	－2.0
#乡村户数(户)	Number of Rural Household(Household)	52643	52035	－1.2
出生人口(人)	Births(person)	1290	1592	23.4
死亡人口(人)	Deaths(person)	282	485	72.0
全社会就业人员(人)	Employment(person)	76628	79237	3.4
第一产业(人)	Primary Industry(person)	48434	52092	7.6
第二产业(人)	Secondary Industry(person)	7479	6387	－14.6
第三产业(人)	Tertiary Industry(person)	20715	20758	0.2
在岗职工人数(人)	Number of Staff & Workers Employed in(person)	11987	11766	－1.8
乡村劳动力(人)	Number of Rural Laborers(person)	64890	64395	－0.8
#农林牧渔业(人)	Farming, Forestry, Animal Husbandry & Fishery(person)	52980	52092	－1.7
国民经济综合指标	**Summary Item on the National Economy**			
生产总值(万元)	Gross Domestic Product(10 000 yuan)	995700	1017600	6.5
第一产业(万元)	Primary Industry(10 000 yuan)	162200	153200	2.8
第二产业(万元)	Secondary Industry(10 000 yuan)	718900	738300	7.0
#工业(万元)	Industry(10 000 yuan)	600300	613300	7.3
第三产业(万元)	Tertiary Industry(10 000 yuan)	114600	126100	8.2
人均生产总值(元)	Per Capita GDP(yuan)	71114	72686	6.2
全社会固定资产投资(万元)	Total Investment in Fixed Assets(10 000 yuan)	1364220	1501919	10.1
按登记注册类型分	Grouped by Registered Type			
#国有(万元)	State－owned Enterprises(10 000 yuan)	796442	930022	16.8
集体(万元)	Collective－owned Enterprises(10 000 yuan)			
有限责任公司(万元)	Limited Liability Corporations(10 000 yuan)	308946	426195	38.0
股份有限公司(万元)	Share Holding Enterprises(10 000 yuan)	162277		
私营企业(万元)	Private Enterprises(10 000 yuan)	51135	110674	116.4
外商及港澳台投资企业(万元)	Funds from HK, Macao, Taiwan & Foreign(10 000 yuan)	40000	35028	－12.4
一般公共预算收入(万元)	General Public Budget Revenue(10 000 yuan)	87778	88061	0.3
一般公共预算支出(万元)	General Public Budget Expenditure(10 000 yuan)	266501	273058	2.5
住户存款余额(万元)	The balance of savings deposits of Households(10 000 yuan)	304466	381400	25.3
在岗职工工资总额(万元)	Total Wages of Staff & Workers Employed in(10 000 yuan)	64848	68982	6.4
在岗职工平均工资(元)	Average Wage of Staff & Workers Employed in(yuan)	53709	58286	8.5
全体居民人均可支配收入(元)	The per capita disposable income of all residents(yuan)	17780	19238	8.2
城镇常住居民人均可支配收入(元)	The per capita disposable income of urban permanent residents(yuan)	24943	26938	8.0
农村牧区常住居民人均可支配收入(元)	The per capita disposable income of permanent residents of rural and pastoral areas(yuan)	13042	14059	7.8
农村牧区经济	**Economic Development in Rural & Pastoral Area**			
农作物总播种面积(公顷)	Total Sown Area(hectare)	88888	93940	5.7
#粮食作物播种面积(公顷)	Sown Area of Grain Crops(hectare)	50081	51519	2.9
农牧业机械总动力(万千瓦)	Total Power of Agricultural Machinery(10 000 kw)	39.88	42.40	6.3
化肥施用折纯量(吨)	Consumption of Chemical Fertilizer(ton)	10658	11716	9.9
农村用电量(万千瓦小时)	Electricity Consumed in Rural Area(10 000 kwh)	8965	9527	6.3
农林牧渔业总产值(万元)	Gross Output of Farming, Forestry, Animal Husbandry & Fishery(10 000 yuan)	259418	249145	3.0
粮食产量(吨)	Yield of Grain(ton)	375930	391221	4.1
油料产量(吨)	Yield of Oil－bearing Grops(ton)	80226	88148	9.9
甜菜产量(吨)	Yield of Beetroots(ton)			
猪牛羊肉产量(吨)	Output of Pork, Beef & Mutton(ton)	16941	18404	8.6
#猪肉产量(吨)	Output of Pork(ton)	1098	1165	6.1
牛肉产量(吨)	Output of Beef(ton)	688	955	38.8
羊肉产量(吨)	Output of Mutton(ton)	15155	16284	7.5
羊毛产量(吨)	Output of Wool(ton)	1346	1349	0.2

23 – 104 Wulatezhong Banner in Bayannaoer City

指　　标	Item	2015	2016	2016 年比上年增长% Increase Rate in 2016 Over 2015(%)
年末牲畜存栏头数(万头只)	Total Livestock at the Year – end(10 000 heads)	143.88	136.78	-4.9
# 大牲畜(万头只)	Large Animals(10 000 heads)	1.97	2.41	22.3
羊(万只)	Sheep & Goats(10 000 heads)	140.67	133.11	-5.4
猪(万头)	Hogs(10 000 heads)	1.24	1.26	1.6
规模以上工业	**Industrial Enterprises above Designated size**			
工业企业单位数(个)	Number of Industrial Enterprises(unit)	34	36	5.9
# 内资企业(个)	Civil Funded Enterprises(unit)	32	34	6.3
工业总产值(万元)	Gross Industrial Output Value(10 000 yuan)	1247787	1270891	1.9
内资企业(万元)	Civil Funded Enterprises(10 000 yuan)	1067831	1091036	2.2
国有企业(万元)	State – owned Enterprises(10 000 yuan)			
集体企业(万元)	Collective – owned Enterprises(10 000 yuan)	29961	28824	-3.8
股份合作企业(万元)	Share Holding Enterprises(10 000 yuan)			
联营企业(万元)	Joint Owned Enterprises(10 000 yuan)			
有限责任公司(万元)	Limited Company(10 000 yuan)	1037870	1062212	2.3
股份有限公司(万元)	Share Holding Limited Company(10 000 yuan)			
私营企业(万元)	Privately Owned Enterprises(10 000 yuan)			
其他企业(万元)	Enterprises of Other Ownership(10 000 yuan)			
港澳台商投资企业(万元)	Funds from HK, Macao & Taiwan(10 000 yuan)			
外商投资企业(万元)	Foreign Funded Enterprises(10 000 yuan)	179956	179855	-0.1
工业企业增加值(万元)	Value Added of Industrial Enterprises(10 000 yuan)			7.0
工业企业资产总计(万元)	Total Assets of Industrial Enterprises(10 000 yuan)	2593874	2873439	10.8
工业企业负债合计(万元)	Total Liabilities of Industrial Enterprises(10 000 yuan)	1613077	1734442	7.5
工业企业产品销售收入(万元)	Sales of Revenue Industrial Enterprises(10 000 yuan)	1119738	1158996	3.5
工业企业利润总额(万元)	Total Profits of Industrial Enterprises(10 000 yuan)	34581	96205	178.2
建筑业	**Construction**			
建筑企业单位数(个)	Number of Construction Enterprises(unit)	1	1	0.0
建筑企业从业人员(人)	Number of Employee in Construction Enterprises(person)	24	17	-29.2
建筑业总产值(万元)	Gross Construction Output Value(10 000 yuan)	3527	2564	-27.3
交通运输邮电通信业	**Transportation, Post & Telecommunications**			
公路里程(公里)	Total Length of Highways(km)	4369	4820	10.3
邮电业务总量(万元)	Business Volume of Post & Telecoms(10 000 yuan)	3653	3912	7.1
本地电话用户(户)	Number of Subscribers of Local Telephone(Household)	12118	11112	-8.3
国内贸易	**Domestic Trade**			
社会消费品零售总额(万元)	Total Retail Sales of Consumer Goods(10 000 yuan)	146013	160075	9.6
城镇(万元)	Town(10 000 yuan)	94504	103387	9.4
乡村(万元)	Village(10 000 yuan)	51509	56689	10.1
科技教育卫生	**Science, Education & Public Health**			
各类专业技术人员(人)	Special Technical Personnel(person)	2299	2316	0.7
幼儿园数(所)	Number of Kindergartens(unit)	8	7	-12.5
学龄儿童入学率(%)	Percentage of School – Age Children Enrolled(%)	100.0	100.0	0.0
小学学校数(所)	Number of Primary Schools(unit)	3	3	0.0
小学专任教师数(人)	Number of Full – time Teachers of Primary Schools(person)	413	238	-42.4
小学在校学生数(人)	Number of Student Enrollment of Primary Schools(person)	4266	4197	-1.6
普通中学学校数(所)	Number of Regular Secondary Schools(unit)	5	5	0.0
普通中学专任教师数(人)	Number of Teachers of Secondary Shools(person)	357	504	41.2
初中在校学生数(人)	Number of Student in Junior Secondary Schools(person)	2046	1850	-9.6
高中在校学生数(人)	Number of Student in Senior Secondary Schools(person)	1704	1679	-1.5
卫生机构数(所)	Number of Health Institutions(unit)	123	106	-13.8
# 医院(所)	Hospitals(unit)	3	3	0.0
卫生院(所)	Township Hospitals(unit)	14	14	0.0
床位数(张)	Number of Beds(unit)	440	440	0.0
# 医院(张)	Hospitals(unit)	270	257	-4.8
卫生院(张)	Township Hospitals(unit)	140	183	30.7
卫生技术人员(人)	Medical Technical Presonnel(person)	540	625	15.7
# 医院(人)	Hospitals(person)	210	276	31.4
卫生院(人)	Township Hospitals(person)	108	126	16.7

23－105 巴彦淖尔市乌拉特后旗

指　　　标	Item	2015	2016	2016 年比上年增长% Increase Rate in 2016 Over 2015(%)
行政区域土地面积(平方公里)	**Area of Administration(Sq. km)**	**24925**	**24925**	**0.0**
人口和就业	**Population & Employment**			
年末户籍人口(人)	The Registered Population Year－end(person)	58837	58717	－0.2
#男性(人)	Male(person)	29772	29701	－0.2
#乡村人口(人)	Rural(person)	28335	28249	－0.3
年末常住人口(人)	Permanet Resident Population Year－end(person)	66000	66300	0.5
#男性(人)	Male(person)			
年末总户数(户)	Total Number of Households at the Year－end(Household)	24175	24343	0.7
#乡村户数(户)	Number of Rural Household(Household)	8857	9416	6.3
出生人口(人)	Births(person)	493	622	26.2
死亡人口(人)	Deaths(person)	269	216	－19.7
全社会就业人员(人)	Employment(person)	32148	33185	3.2
第一产业(人)	Primary Industry(person)	9946	11372	14.3
第二产业(人)	Secondary Industry(person)	10609	10015	－5.6
第三产业(人)	Tertiary Industry(person)	11593	11798	1.8
在岗职工人数(人)	Number of Staff & Workers Employed in(person)	13521	12750	－5.7
乡村劳动力(人)	Number of Rural Laborers(person)	17805	21636	21.5
#农林牧渔业(人)	Farming, Forestry, Animal Husbandry & Fishery(person)	9946	11372	14.3
国民经济综合指标	**Summary Item on the National Economy**			
生产总值(万元)	Gross Domestic Product(10 000 yuan)	630400	645800	3.5
第一产业(万元)	Primary Industry(10 000 yuan)	35100	33200	3.4
第二产业(万元)	Secondary Industry(10 000 yuan)	492500	500900	2.7
#工业(万元)	Industry(10 000 yuan)	425800	430300	2.2
第三产业(万元)	Tertiary Industry(10 000 yuan)	102800	111700	7.7
人均生产总值(元)	Per Capita GDP(yuan)	96244	99354	6.4
全社会固定资产投资(万元)	Total Investment in Fixed Assets(10 000 yuan)	912485	1004390	10.1
按登记注册类型分	Grouped by Registered Type			
#国有(万元)	State－owned Enterprises(10 000 yuan)	249173	359603	44.3
集体(万元)	Collective－owned Enterprises(10 000 yuan)			
有限责任公司(万元)	Limited Liability Corporations(10 000 yuan)	529049	602611	13.9
股份有限公司(万元)	Share Holding Enterprises(10 000 yuan)			
私营企业(万元)	Private Enterprises(10 000 yuan)	82894		
外商及港澳台投资企业(万元)	Funds from HK, Macao, Taiwan & Foreign(10 000 yuan)	14600	30400	108.2
一般公共预算收入(万元)	General Public Budget Revenue(10 000 yuan)	75040	81040	8.0
一般公共预算支出(万元)	General Public Budget Expenditure(10 000 yuan)	153584	174256	13.5
住户存款余额(万元)	The balance of savings deposits of Households(10 000 yuan)	148891	167107	12.2
在岗职工工资总额(万元)	Total Wages of Staff & Workers Employed in(10 000 yuan)	69965	71692	2.5
在岗职工平均工资(元)	Average Wage of Staff & Workers Employed in(yuan)	51730	57148	10.5
全体居民人均可支配收入(元)	The per capita disposable income of all residents(yuan)	17778	19254	8.3
城镇常住居民人均可支配收入(元)	The per capita disposable income of urban permanent residents(yuan)	24711	26762	8.3
农村牧区常住居民人均可支配收入(元)	The per capita disposable income of permanent residents of rural and pastoral areas(yuan)	11790	12662	7.4
农村牧区经济	**Economic Development in Rural & Pastoral Area**			
农作物总播种面积(公顷)	Total Sown Area(hectare)	12664	12725	0.5
#粮食作物播种面积(公顷)	Sown Area of Grain Crops(hectare)	10154	9510	6.3
农牧业机械总动力(万千瓦)	Total Power of Agricultural Machinery(10 000 kw)	11.05	13.58	22.9
化肥施用折纯量(吨)	Consumption of Chemical Fertilizer(ton)	6451	6644	3.0
农村用电量(万千瓦小时)	Electricity Consumed in Rural Area(10 000 kwh)	1635	1684	3.0
农林牧渔业总产值(万元)	Gross Output of Farming, Forestry, Animal Husbandry & Fishery(10 000 yuan)	50788	49130	3.7
粮食产量(吨)	Yield of Grain(ton)	91964	80673	－12.3
油料产量(吨)	Yield of Oil－bearing Grops(ton)	5204	10238	96.7
甜菜产量(吨)	Yield of Beetroots(ton)			
猪牛羊肉产量(吨)	Output of Pork, Beef & Mutton(ton)	5325	4956	－6.9
#猪肉产量(吨)	Output of Pork(ton)	148	102	－31.1
牛肉产量(吨)	Output of Beef(ton)	672	164	－75.6
羊肉产量(吨)	Output of Mutton(ton)	4505	4690	4.1
羊毛产量(吨)	Output of Wool(ton)	229	289	－26.2

23－105 Wulatehou Banner in Bayannaoer City

指　　标	Item	2015	2016	2016年比上年增长% Increase Rate in 2016 Over 2015(%)
年末牲畜存栏头数(万头只)	Total Livestock at the Year－end(10 000 heads)	36.31	42.83	18.0
#大牲畜(万头只)	Large Animals(10 000 heads)	2.29	2.26	1.3
羊(万只)	Sheep & Goats(10 000 heads)	33.90	40.47	19.4
猪(万头)	Hogs(10 000 heads)	0.12	0.10	－16.6
规模以上工业	**Industrial Enterprises above Designated size**			
工业企业单位数(个)	Number of Industrial Enterprises(unit)	34	36	5.9
#内资企业(个)	Civil Funded Enterprises(unit)	32	34	6.3
工业总产值(万元)	Gross Industrial Output Value(10 000 yuan)	1196761	1138456	－5.0
内资企业(万元)	Civil Funded Enterprises(10 000 yuan)	933218	904535	－3.0
国有企业(万元)	State－owned Enterprises(10 000 yuan)	9544	9800	2.7
集体企业(万元)	Collective－owned Enterprises(10 000 yuan)			
股份合作企业(万元)	Share Holding Enterprises(10 000 yuan)			
联营企业(万元)	Joint Owned Enterprises(10 000 yuan)			
有限责任公司(万元)	Limited Company(10 000 yuan)	923674	894735	－3.1
股份有限公司(万元)	Share Holding Limited Company(10 000 yuan)			
私营企业(万元)	Privately Owned Enterprises(10 000 yuan)			
其他企业(万元)	Enterprises of Other Ownership(10 000 yuan)			
港澳台商投资企业(万元)	Funds from HK,Macao & Taiwan(10 000 yuan)	254763	225468	－11.5
外商投资企业(万元)	Foreign Funded Enterprises(10 000 yuan)	8780	8453	－3.7
工业企业增加值(万元)	Value Added of Industrial Enterprises(10 000 yuan)			1.5
工业企业资产总计(万元)	Total Assets of Industrial Enterprises(10 000 yuan)	2682431	2742789	2.3
工业企业负债合计(万元)	Total Liabilities of Industrial Enterprises(10 000 yuan)	1641214	1572133	－4.2
工业企业产品销售收入(万元)	Sales of Revenue Industrial Enterprises(10 000 yuan)	1116789	1088074	－2.6
工业企业利润总额(万元)	Total Profits of Industrial Enterprises(10 000 yuan)	31221	93614	200.0
建筑业	**Construction**			
建筑企业单位数(个)	Number of Construction Enterprises(unit)			
建筑企业从业人员(人)	Number of Employee in Construction Enterprises(person)			
建筑业总产值(万元)	Gross Construction Output Value(10 000 yuan)			
交通运输邮电通信业	**Transportation,Post & Telecommunications**			
公路里程(公里)	Total Length of Highways(km)	2024	2024	0.0
邮电业务总量(万元)	Business Volume of Post & Telecoms(10 000 yuan)	570	627	10.0
本地电话用户(户)	Number of Subscribers of Local Telephone(Household)	13050	3956	－69.0
国内贸易	**Domestic Trade**			
社会消费品零售总额(万元)	Total Retail Sales of Consumer Goods(10 000 yuan)	78586	86076	9.5
城镇(万元)	Town(10 000 yuan)	59203	64675	9.2
乡村(万元)	Village(10 000 yuan)	19384	21401	10.4
科技教育卫生	**Science,Education & Public Health**			
各类专业技术人员(人)	Special Technical Personnel(person)	1391	1398	0.5
幼儿园数(所)	Number of Kindergartens(unit)	7	7	0.0
学龄儿童入学率(%)	Percentage of School－Age Children Enrolled(%)	100.0	100.0	0.0
小学学校数(所)	Number of Primary Schools(unit)	2	2	0.0
小学专任教师数(人)	Number of Full－time Teachers of Primary Schools(person)	284	326	14.8
小学在校学生数(人)	Number of Student Enrollment of Primary Schools(person)	2652	2572	－3.0
普通中学学校数(所)	Number of Regular Secondary Schools(unit)	1	1	0.0
普通中学专任教师数(人)	Number of Teachers of Secondary Shools(person)	303	275	－9.2
初中在校学生数(人)	Number of Student in Junior Secondary Schools(person)	990	840	－15.2
高中在校学生数(人)	Number of Student in Senior Secondary Schools(person)	634	632	－0.3
卫生机构数(所)	Number of Health Institutions(unit)	78	74	－5.1
#医院(所)	Hospitals(unit)	2	2	0.0
卫生院(所)	Township Hospitals(unit)	10	10	0.0
床位数(张)	Number of Beds(unit)	210	234	11.4
#医院(张)	Hospitals(unit)	150	150	0.0
卫生院(张)	Township Hospitals(unit)	60	84	40.0
卫生技术人员(人)	Medical Technical Presonnel(person)	421	519	23.3
#医院(人)	Hospitals(person)	176	276	56.8
卫生院(人)	Township Hospitals(person)	62	78	25.8

23－106 巴彦淖尔市杭锦后旗

指　　标	Item	2015	2016	2016 年比上年增长% Increase Rate in 2016 Over 2015(%)
行政区域土地面积(平方公里)	**Area of Administration(Sq. km)**	**1752**	**1752**	**0.0**
人口和就业	**Population & Employment**			
年末户籍人口(人)	The Registered Population Year－end(person)	296447	295918	－0.2
#男性(人)	Male(person)	151696	151268	－0.3
#乡村人口(人)	Rural(person)	225348	222356	－1.3
年末常住人口(人)	Permanet Resident Population Year－end(person)	257600	258200	0.2
#男性(人)	Male(person)	134900	135200	0.2
年末总户数(户)	Total Number of Households at the Year－end(Household)	116834	115147	－1.4
#乡村户数(户)	Number of Rural Household(Household)	51543	51285	－0.5
出生人口(人)	Births(person)	2311	2349	1.6
死亡人口(人)	Deaths(person)	765	823	7.6
全社会就业人员(人)	Employment(person)	145556	147243	1.2
第一产业(人)	Primary Industry(person)	83972	85119	1.4
第二产业(人)	Secondary Industry(person)	12691	11598	－8.6
第三产业(人)	Tertiary Industry(person)	48893	50526	3.3
在岗职工人数(人)	Number of Staff & Workers Employed in(person)	13168	12101	－8.1
乡村劳动力(人)	Number of Rural Laborers(person)	114737	114774	0.0
#农林牧渔业(人)	Farming, Forestry, Animal Husbandry & Fishery(person)	83972	85119	1.4
国民经济综合指标	**Summary Item on the National Economy**			
生产总值(万元)	Gross Domestic Product(10 000 yuan)	1356600	1390100	7.5
第一产业(万元)	Primary Industry(10 000 yuan)	332900	319100	4.2
第二产业(万元)	Secondary Industry(10 000 yuan)	636800	652200	7.8
#工业(万元)	Industry(10 000 yuan)	535100	544900	8.2
第三产业(万元)	Tertiary Industry(10 000 yuan)	386900	418800	9.7
人均生产总值(元)	Per Capita GDP(yuan)	52745	53901	7.2
全社会固定资产投资(万元)	Total Investment in Fixed Assets(10 000 yuan)	692221	766787	10.8
按登记注册类型分	Grouped by Registered Type			
#国有(万元)	State－owned Enterprises(10 000 yuan)	273279	393779	44.1
集体(万元)	Collective－owned Enterprises(10 000 yuan)			
有限责任公司(万元)	Limited Liability Corporations(10 000 yuan)	239633	215169	－10.2
股份有限公司(万元)	Share Holding Enterprises(10 000 yuan)	25800	5207	－79.8
私营企业(万元)	Private Enterprises(10 000 yuan)	148559	138673	－6.7
外商及港澳台投资企业(万元)	Funds from HK, Macao, Taiwan & Foreign(10 000 yuan)			
一般公共预算收入(万元)	General Public Budget Revenue(10 000 yuan)	62885	63427	0.9
一般公共预算支出(万元)	General Public Budget Expenditure(10 000 yuan)	245858	262378	6.7
住户存款余额(万元)	The balance of savings deposits of Households(10 000 yuan)	682941	809556	18.5
在岗职工工资总额(万元)	Total Wages of Staff & Workers Employed in(10 000 yuan)	67667	69773	3.1
在岗职工平均工资(元)	Average Wage of Staff & Workers Employed in(yuan)	49491	51104	3.3
全体居民人均可支配收入(元)	The per capita disposable income of all residents(yuan)	20965	22642	8.0
城镇常住居民人均可支配收入(元)	The per capita disposable income of urban permanent residents(yuan)	24378	26328	8.0
农村牧区常住居民人均可支配收入(元)	The per capita disposable income of permanent residents of rural and pastoral areas(yuan)	14192	15285	7.7
农村牧区经济	**Economic Development in Rural & Pastoral Area**			
农作物总播种面积(公顷)	Total Sown Area(hectare)	88140	88140	0.0
#粮食作物播种面积(公顷)	Sown Area of Grain Crops(hectare)	58546	55140	－5.8
农牧业机械总动力(万千瓦)	Total Power of Agricultural Machinery(10 000 kw)	93.32	94.65	1.4
化肥施用折纯量(吨)	Consumption of Chemical Fertilizer(ton)	48256	44344	－8.1
农村用电量(万千瓦小时)	Electricity Consumed in Rural Area(10 000 kwh)	3921	3684	－6.0
农林牧渔业总产值(万元)	Gross Output of Farming, Forestry, Animal Husbandry & Fishery(10 000 yuan)	551950	537802	4.4
粮食产量(吨)	Yield of Grain(ton)	549215	514165	－6.4
油料产量(吨)	Yield of Oil－bearing Grops(ton)	74335	68776	－7.5
甜菜产量(吨)	Yield of Beetroots(ton)			
猪牛羊肉产量(吨)	Output of Pork, Beef & Mutton(ton)	42075	45889	9.1
#猪肉产量(吨)	Output of Pork(ton)	7364	7540	2.4
牛肉产量(吨)	Output of Beef(ton)	2543	2555	0.5
羊肉产量(吨)	Output of Mutton(ton)	32168	35794	11.3
羊毛产量(吨)	Output of Wool(ton)	2297	2299	0.1

23 – 106 Hangjinhou Banner in Bayannaoer City

指　　标	Item	2015	2016	2016 年比上年增长% Increase Rate in 2016 Over 2015(%)
年末牲畜存栏头数(万头只)	Total Livestock at the Year – end(10 000 heads)	113.00	110.06	-2.6
# 大牲畜(万头只)	Large Animals(10 000 heads)	5.98	5.77	-3.5
羊(万只)	Sheep & Goats(10 000 heads)	100.55	97.52	-3.0
猪(万头)	Hogs(10 000 heads)	6.47	6.77	4.6
规模以上工业	**Industrial Enterprises above Designated size**			
工业企业单位数(个)	Number of Industrial Enterprises(unit)	35	35	0.0
# 内资企业(个)	Civil Funded Enterprises(unit)	35	35	0.0
工业总产值(万元)	Gross Industrial Output Value(10 000 yuan)	1401829	1504367	7.3
内资企业(万元)	Civil Funded Enterprises(10 000 yuan)	1401829	1504367	7.3
国有企业(万元)	State – owned Enterprises(10 000 yuan)			
集体企业(万元)	Collective – owned Enterprises(10 000 yuan)			
股份合作企业(万元)	Share Holding Enterprises(10 000 yuan)			
联营企业(万元)	Joint Owned Enterprises(10 000 yuan)			
有限责任公司(万元)	Limited Company(10 000 yuan)	853279	923482	8.2
股份有限公司(万元)	Share Holding Limited Company(10 000 yuan)	195750	199394	1.9
私营企业(万元)	Privately Owned Enterprises(10 000 yuan)	347607	381491	9.7
其他企业(万元)	Enterprises of Other Ownership(10 000 yuan)	5193		
港澳台商投资企业(万元)	Funds from HK, Macao & Taiwan(10 000 yuan)			
外商投资企业(万元)	Foreign Funded Enterprises(10 000 yuan)			
工业企业增加值(万元)	Value Added of Industrial Enterprises(10 000 yuan)			8.1
工业企业资产总计(万元)	Total Assets of Industrial Enterprises(10 000 yuan)	698053	756198	8.3
工业企业负债合计(万元)	Total Liabilities of Industrial Enterprises(10 000 yuan)	364796	394820	8.2
工业企业产品销售收入(万元)	Sales of Revenue Industrial Enterprises(10 000 yuan)	1176707	1271900	8.1
工业企业利润总额(万元)	Total Profits of Industrial Enterprises(10 000 yuan)	14391	15186	5.5
建筑业	**Construction**			
建筑企业单位数(个)	Number of Construction Enterprises(unit)	3	3	0.0
建筑企业从业人员(人)	Number of Employee in Construction Enterprises(person)	374	257	-31.3
建筑业总产值(万元)	Gross Construction Output Value(10 000 yuan)	14830	18585	25.3
交通运输邮电通信业	**Transportation, Post & Telecommunications**			
公路里程(公里)	Total Length of Highways(km)	1774	2134	20.3
邮电业务总量(万元)	Business Volume of Post & Telecoms(10 000 yuan)	731	801	9.6
本地电话用户(户)	Number of Subscribers of Local Telephone(Household)	32720	31588	-3.5
国内贸易	**Domestic Trade**			
社会消费品零售总额(万元)	Total Retail Sales of Consumer Goods(10 000 yuan)	292406	321444	9.9
城镇(万元)	Town(10 000 yuan)	261399	287646	10.0
乡村(万元)	Village(10 000 yuan)	31007	33798	9.0
科技教育卫生	**Science, Education & Public Health**			
各类专业技术人员(人)	Special Technical Personnel(person)	3567	3614	1.3
幼儿园数(所)	Number of Kindergartens(unit)	22	22	0.0
学龄儿童入学率(%)	Percentage of School – Age Children Enrolled(%)	100.0	100.0	0.0
小学学校数(所)	Number of Primary Schools(unit)	15	15	0.0
小学专任教师数(人)	Number of Full – time Teachers of Primary Schools(person)	746	735	-1.5
小学在校学生数(人)	Number of Student Enrollment of Primary Schools(person)	10090	10221	1.3
普通中学学校数(所)	Number of Regular Secondary Schools(unit)	5	5	0.0
普通中学专任教师数(人)	Number of Teachers of Secondary Shools(person)	656	645	-1.7
初中在校学生数(人)	Number of Student in Junior Secondary Schools(person)	5712	5337	-6.6
高中在校学生数(人)	Number of Student in Senior Secondary Schools(person)	3986	3725	-6.5
卫生机构数(所)	Number of Health Institutions(unit)	234	235	0.4
# 医院(所)	Hospitals(unit)	6	6	0.0
卫生院(所)	Township Hospitals(unit)	19	19	0.0
床位数(张)	Number of Beds(unit)	1435	1517	5.7
# 医院(张)	Hospitals(unit)	868	965	11.2
卫生院(张)	Township Hospitals(unit)	374	361	-3.5
卫生技术人员(人)	Medical Technical Presonnel(person)	1346	1384	2.8
# 医院(人)	Hospitals(person)	669	687	2.7
卫生院(人)	Township Hospitals(person)	188	180	-4.3

23－107 乌海市海勃湾区

指　　标	Item	2015	2016	2016 年比上年增长% Increase Rate in 2016 Over 2015(%)
行政区域土地面积(平方公里)	**Area of Administration(Sq. km)**	**487**	**487**	**0.0**
人口和就业	**Population & Employment**			
年末户籍人口(人)	The Registered Population Year－end(person)	234721	237034	1.0
＃男性(人)	Male(person)	117530	118558	0.9
＃乡村人口(人)	Rural(person)	10754	12111	12.6
年末常住人口(人)	Permanet Resident Population Year－end(person)	312400	313700	0.4
＃男性(人)	Male(person)	165500	163300	－1.3
年末总户数(户)	Total Number of Households at the Year－end(Household)	111971	117163	4.6
＃乡村户数(户)	Number of Rural Household(Household)	6961	6843	－1.7
出生人口(人)	Births(person)	2310	2882	24.8
死亡人口(人)	Deaths(person)	1306	1378	5.5
全社会就业人员(人)	Employment(person)	198300	205700	3.7
第一产业(人)	Primary Industry(person)	5000	5400	8.0
第二产业(人)	Secondary Industry(person)	58300	59400	1.9
第三产业(人)	Tertiary Industry(person)	135000	140900	4.4
在岗职工人数(人)	Number of Staff & Workers Employed in(person)	76390	75199	－1.6
乡村劳动力(人)	Number of Rural Laborers(person)	7600	7745	1.9
＃农林牧渔业(人)	Farming,Forestry,Animal Husbandry & Fishery(person)	4145	4343	4.8
国民经济综合指标	**Summary Item on the National Economy**			
生产总值(万元)	Gross Domestic Product(10 000 yuan)	2339172	2417437	7.4
第一产业(万元)	Primary Industry(10 000 yuan)	17532	18061	3.6
第二产业(万元)	Secondary Industry(10 000 yuan)	1052928	1075783	3.2
＃工业(万元)	Industry(10 000 yuan)	891092	914003	3.7
第三产业(万元)	Tertiary Industry(10 000 yuan)	1268712	1323593	10.9
人均生产总值(元)	Per Capita GDP(yuan)	75010	77222	7.0
全社会固定资产投资(万元)	Total Investment in Fixed Assets(10 000 yuan)	803220	852939	6.2
按登记注册类型分	Grouped by Registered Type			
＃国有(万元)	State－owned Enterprises(10 000 yuan)	310435	366624	18.1
集体(万元)	Collective－owned Enterprises(10 000 yuan)			
有限责任公司(万元)	Limited Liability Corporations(10 000 yuan)	142605	167295	17.3
股份有限公司(万元)	Share Holding Enterprises(10 000 yuan)	6348	4342	－31.6
私营企业(万元)	Private Enterprises(10 000 yuan)	341670	314678	－7.9
外商及港澳台投资企业(万元)	Funds from HK,Macao,Taiwan & Foreign(10 000 yuan)	2162		
一般公共预算收入(万元)	General Public Budget Revenue(10 000 yuan)	279332	291901	4.5
一般公共预算支出(万元)	General Public Budget Expenditure(10 000 yuan)	218720	291664	33.4
住户存款余额(万元)	The balance of savings deposits of Households(10 000 yuan)	2280285	2413352	5.8
在岗职工工资总额(万元)	Total Wages of Staff & Workers Employed in(10 000 yuan)	469453	437703	－6.8
在岗职工平均工资(元)	Average Wage of Staff & Workers Employed in(yuan)	54224	57099	5.3
全体居民人均可支配收入(元)	The per capita disposable income of all residents(yuan)	34412	37096	7.8
城镇常住居民人均可支配收入(元)	The per capita disposable income of urban permanent residents(yuan)	34822	37456	7.6
农村牧区常住居民人均可支配收入(元)	The per capita disposable income of permanent residents of rural and pastoral areas(yuan)	15761	16921	7.4
农村牧区经济	**Economic Development in Rural & Pastoral Area**			
农作物总播种面积(公顷)	Total Sown Area(hectare)	2338	2459	5.2
＃粮食作物播种面积(公顷)	Sown Area of Grain Crops(hectare)	1343	1461	8.8
农牧业机械总动力(万千瓦)	Total Power of Agricultural Machinery(10 000 kw)	3.57	3.57	0.0
化肥施用折纯量(吨)	Consumption of Chemical Fertilizer(ton)	1306	1338	2.5
农村用电量(万千瓦小时)	Electricity Consumed in Rural Area(10 000 kwh)	1652	1668	1.0
农林牧渔业总产值(万元)	Gross Output of Farming,Forestry,Animal Husbandry & Fishery(10 000 yuan)	30739	31935	3.5
粮食产量(吨)	Yield of Grain(ton)	11581	13026	12.5
油料产量(吨)	Yield of Oil－bearing Grops(ton)	660	659	－0.2
甜菜产量(吨)	Yield of Beetroots(ton)			
猪牛羊肉产量(吨)	Output of Pork, Beef & Mutton(ton)	4324	4362	0.9
＃猪肉产量(吨)	Output of Pork(ton)	3107	3110	0.1
牛肉产量(吨)	Output of Beef(ton)	167	177	6.0
羊肉产量(吨)	Output of Mutton(ton)	1050	1075	2.4
羊毛产量(吨)	Output of Wool(ton)	22	22	0.0

23 – 107 Haibowan District in Wuhai City

指　　标	Item	2015	2016	2016 年比上年增长% Increase Rate in 2016 Over 2015(%)
年末牲畜存栏头数(万头只)	Total Livestock at the Year – end(10 000 heads)	3.96	4.32	9.1
# 大牲畜(万头只)	Large Animals(10 000 heads)	0.10	0.12	20.0
羊(万只)	Sheep & Goats(10 000 heads)	2.44	2.65	8.6
猪(万头)	Hogs(10 000 heads)	1.42	1.55	9.2
规模以上工业	**Industrial Enterprises above Designated size**			
工业企业单位数(个)	Number of Industrial Enterprises(unit)	52	53	1.9
# 内资企业(个)	Civil Funded Enterprises(unit)	51	52	2.0
工业总产值(万元)	Gross Industrial Output Value(10 000 yuan)	1126120	936675	–16.8
内资企业(万元)	Civil Funded Enterprises(10 000 yuan)	1104845	911888	–17.5
国有企业(万元)	State – owned Enterprises(10 000 yuan)	51069	17599	–65.5
集体企业(万元)	Collective – owned Enterprises(10 000 yuan)			
股份合作企业(万元)	Share Holding Enterprises(10 000 yuan)	6123		
联营企业(万元)	Joint Owned Enterprises(10 000 yuan)			
有限责任公司(万元)	Limited Company(10 000 yuan)			
股份有限公司(万元)	Share Holding Limited Company(10 000 yuan)	1040203	894289	–14.0
私营企业(万元)	Privately Owned Enterprises(10 000 yuan)			
其他企业(万元)	Enterprises of Other Ownership(10 000 yuan)	7450		
港澳台商投资企业(万元)	Funds from HK, Macao & Taiwan(10 000 yuan)			
外商投资企业(万元)	Foreign Funded Enterprises(10 000 yuan)	21275	24787	16.5
工业企业增加值(万元)	Value Added of Industrial Enterprises(10 000 yuan)			3.3
工业企业资产总计(万元)	Total Assets of Industrial Enterprises(10 000 yuan)	5405867	4331860	–19.9
工业企业负债合计(万元)	Total Liabilities of Industrial Enterprises(10 000 yuan)	4609997	3834139	–16.8
工业企业产品销售收入(万元)	Sales of Revenue Industrial Enterprises(10 000 yuan)	1065495	1077394	1.1
工业企业利润总额(万元)	Total Profits of Industrial Enterprises(10 000 yuan)	–70379	–6142	
建筑业	**Construction**			
建筑企业单位数(个)	Number of Construction Enterprises(unit)	40	42	5.0
建筑企业从业人员(人)	Number of Employee in Construction Enterprises(person)	18730	18507	–1.2
建筑业总产值(万元)	Gross Construction Output Value(10 000 yuan)	505894	517220	2.2
交通运输邮电通信业	**Transportation, Post & Telecommunications**			
公路里程(公里)	Total Length of Highways(km)	469	306	–34.8
邮电业务总量(万元)	Business Volume of Post & Telecoms(10 000 yuan)	46325	50333	8.7
本地电话用户(户)	Number of Subscribers of Local Telephone(Household)	185615	160658	–13.4
国内贸易	**Domestic Trade**			
社会消费品零售总额(万元)	Total Retail Sales of Consumer Goods(10 000 yuan)	1181857	1292056	9.3
城镇(万元)	Town(10 000 yuan)	1181857	1292056	9.3
乡村(万元)	Village(10 000 yuan)			
科技教育卫生	**Science, Education & Public Health**			
各类专业技术人员(人)	Special Technical Personnel(person)	15829	15950	0.8
幼儿园数(所)	Number of Kindergartens(unit)	20	23	15.0
学龄儿童入学率(%)	Percentage of School – Age Children Enrolled(%)	100.0	100.0	0.0
小学学校数(所)	Number of Primary Schools(unit)	14	15	7.1
小学专任教师数(人)	Number of Full – time Teachers of Primary Schools(person)	1119	1172	4.7
小学在校学生数(人)	Number of Student Enrollment of Primary Schools(person)	17251	17564	1.8
普通中学学校数(所)	Number of Regular Secondary Schools(unit)	11	11	0.0
普通中学专任教师数(人)	Number of Teachers of Secondary Shools(person)	1287	1399	8.7
初中在校学生数(人)	Number of Student in Junior Secondary Schools(person)	8002	7073	–11.6
高中在校学生数(人)	Number of Student in Senior Secondary Schools(person)	3872	6877	77.6
卫生机构数(所)	Number of Health Institutions(unit)	192	192	0.0
# 医院(所)	Hospitals(unit)	16	16	0.0
卫生院(所)	Township Hospitals(unit)	1	1	0.0
床位数(张)	Number of Beds(unit)	2521	2459	–2.5
# 医院(张)	Hospitals(unit)	1935	2032	5.0
卫生院(张)	Township Hospitals(unit)	68	68	0.0
卫生技术人员(人)	Medical Technical Presonnel(person)	3340	3336	–0.1
# 医院(人)	Hospitals(person)	2254	2228	–1.2
卫生院(人)	Township Hospitals(person)	25	32	28.0

23－108 乌海市海南区

指　　标	Item	2015	2016	2016年比上年增长% Increase Rate in 2016 Over 2015(%)
行政区域土地面积(平方公里)	**Area of Administration(Sq. km)**	**975**	**975**	**0.0**
人口和就业	**Population & Employment**			
年末户籍人口(人)	The Registered Population Year－end(person)	89277	87975	-1.5
#男性(人)	Male(person)	45356	45111	-0.5
#乡村人口(人)	Rural(person)	21659	22457	3.7
年末常住人口(人)	Permanet Resident Population Year－end(person)	106900	107400	0.5
#男性(人)	Male(person)	58800	56800	-3.4
年末总户数(户)	Total Number of Households at the Year－end(Household)	38315	40531	5.8
#乡村户数(户)	Number of Rural Household(Household)	3795	3795	0.0
出生人口(人)	Births(person)	1108	1219	10.0
死亡人口(人)	Deaths(person)	592	605	2.2
全社会就业人员(人)	Employment(person)	50900	53600	5.3
第一产业(人)	Primary Industry(person)	5200	5500	5.8
第二产业(人)	Secondary Industry(person)	12000	13000	8.3
第三产业(人)	Tertiary Industry(person)	33700	35100	4.2
在岗职工人数(人)	Number of Staff & Workers Employed in(person)	7163	6469	-9.7
乡村劳动力(人)	Number of Rural Laborers(person)	7432	7185	-3.3
#农林牧渔业(人)	Farming, Forestry, Animal Husbandry & Fishery(person)	4536	4397	-3.1
国民经济综合指标	**Summary Item on the National Economy**			
生产总值(万元)	Gross Domestic Product(10 000 yuan)	1558484	1608505	6.1
第一产业(万元)	Primary Industry(10 000 yuan)	19427	20014	3.6
第二产业(万元)	Secondary Industry(10 000 yuan)	1032271	1069682	4.7
#工业(万元)	Industry(10 000 yuan)	920039	955032	5.0
第三产业(万元)	Tertiary Industry(10 000 yuan)	506786	518809	9.0
人均生产总值(元)	Per Capita GDP(yuan)	145925	150117	5.7
全社会固定资产投资(万元)	Total Investment in Fixed Assets(10 000 yuan)	420676	440868	4.8
按登记注册类型分	Grouped by Registered Type			
#国有(万元)	State－owned Enterprises(10 000 yuan)	207085	240840	16.3
集体(万元)	Collective－owned Enterprises(10 000 yuan)			
有限责任公司(万元)	Limited Liability Corporations(10 000 yuan)	36621	19165	-47.7
股份有限公司(万元)	Share Holding Enterprises(10 000 yuan)			
私营企业(万元)	Private Enterprises(10 000 yuan)	176970	180863	2.2
外商及港澳台投资企业(万元)	Funds from HK, Macao, Taiwan & Foreign(10 000 yuan)			
一般公共预算收入(万元)	General Public Budget Revenue(10 000 yuan)	124186	140911	13.5
一般公共预算支出(万元)	General Public Budget Expenditure(10 000 yuan)	103892	134704	29.7
住户存款余额(万元)	The balance of savings deposits of Households(10 000 yuan)	396369	448806	13.2
在岗职工工资总额(万元)	Total Wages of Staff & Workers Employed in(10 000 yuan)	51588	44566	-13.6
在岗职工平均工资(元)	Average Wage of Staff & Workers Employed in(yuan)	68894	67637	-1.8
全体居民人均可支配收入(元)	The per capita disposable income of all residents(yuan)	29279	31504	7.6
城镇常住居民人均可支配收入(元)	The per capita disposable income of urban permanent residents(yuan)	32894	35287	7.3
农村牧区常住居民人均可支配收入(元)	The per capita disposable income of permanent residents of rural and pastoral areas(yuan)	13608	14642	7.6
农村牧区经济	**Economic Development in Rural & Pastoral Area**			
农作物总播种面积(公顷)	Total Sown Area(hectare)	3966	3883	-2.1
#粮食作物播种面积(公顷)	Sown Area of Grain Crops(hectare)	3071	2739	-10.8
农牧业机械总动力(万千瓦)	Total Power of Agricultural Machinery(10 000 kw)	3.99	4.11	3.0
化肥施用折纯量(吨)	Consumption of Chemical Fertilizer(ton)	2051	2073	1.1
农村用电量(万千瓦小时)	Electricity Consumed in Rural Area(10 000 kwh)	1327	1329	0.2
农林牧渔业总产值(万元)	Gross Output of Farming, Forestry, Animal Husbandry & Fishery(10 000 yuan)	34062	35388	3.5
粮食产量(吨)	Yield of Grain(ton)	27277	24975	-8.4
油料产量(吨)	Yield of Oil－bearing Grops(ton)	578	1137	96.7
甜菜产量(吨)	Yield of Beetroots(ton)			
猪牛羊肉产量(吨)	Output of Pork, Beef & Mutton(ton)	6834	6926	1.3
#猪肉产量(吨)	Output of Pork(ton)	5150	5193	0.8
牛肉产量(吨)	Output of Beef(ton)	303	319	5.3
羊肉产量(吨)	Output of Mutton(ton)	1381	1414	2.4
羊毛产量(吨)	Output of Wool(ton)	108	112	3.7

23 - 108 Hainan District in Wuhai City

指　　标	Item	2015	2016	2016年比上年增长% Increase Rate in 2016 Over 2015(%)
年末牲畜存栏头数(万头只)	Total Livestock at the Year - end(10 000 heads)	7.03	6.29	-10.5
#大牲畜(万头只)	Large Animals(10 000 heads)	0.36	0.33	-8.3
羊(万只)	Sheep & Goats(10 000 heads)	5.69	5.32	-6.5
猪(万头)	Hogs(10 000 heads)	0.98	0.64	-34.7
规模以上工业	**Industrial Enterprises above Designated size**			
工业企业单位数(个)	Number of Industrial Enterprises(unit)	56	57	1.8
#内资企业(个)	Civil Funded Enterprises(unit)	55	56	1.8
工业总产值(万元)	Gross Industrial Output Value(10 000 yuan)	1258530	1174134	-6.7
内资企业(万元)	Civil Funded Enterprises(10 000 yuan)	1238875	1158251	-6.5
国有企业(万元)	State - owned Enterprises(10 000 yuan)	4839	2728	-43.6
集体企业(万元)	Collective - owned Enterprises(10 000 yuan)			
股份合作企业(万元)	Share Holding Enterprises(10 000 yuan)			
联营企业(万元)	Joint Owned Enterprises(10 000 yuan)			
有限责任公司(万元)	Limited Company(10 000 yuan)			
股份有限公司(万元)	Share Holding Limited Company(10 000 yuan)	1234036	1155523	-6.4
私营企业(万元)	Privately Owned Enterprises(10 000 yuan)			
其他企业(万元)	Enterprises of Other Ownership(10 000 yuan)			
港澳台商投资企业(万元)	Funds from HK, Macao & Taiwan(10 000 yuan)	19655		
外商投资企业(万元)	Foreign Funded Enterprises(10 000 yuan)		15884	
工业企业增加值(万元)	Value Added of Industrial Enterprises(10 000 yuan)			4.5
工业企业资产总计(万元)	Total Assets of Industrial Enterprises(10 000 yuan)	4425945	3848152	-13.1
工业企业负债合计(万元)	Total Liabilities of Industrial Enterprises(10 000 yuan)	3545872	3401082	-4.1
工业企业产品销售收入(万元)	Sales of Revenue Industrial Enterprises(10 000 yuan)	1181180	1334023	12.9
工业企业利润总额(万元)	Total Profits of Industrial Enterprises(10 000 yuan)	-110058	-52576	
建筑业	**Construction**			
建筑企业单位数(个)	Number of Construction Enterprises(unit)	6	6	0.0
建筑企业从业人员(人)	Number of Employee in Construction Enterprises(person)	516	373	-27.7
建筑业总产值(万元)	Gross Construction Output Value(10 000 yuan)	13796	12480	-9.5
交通运输邮电通信业	**Transportation, Post & Telecommunications**			
公路里程(公里)	Total Length of Highways(km)	276	393	42.2
邮电业务总量(万元)	Business Volume of Post & Telecoms(10 000 yuan)	10453	11357	8.6
本地电话用户(户)	Number of Subscribers of Local Telephone(Household)	22989	19898	-13.4
国内贸易	**Domestic Trade**			
社会消费品零售总额(万元)	Total Retail Sales of Consumer Goods(10 000 yuan)	79884	86854	8.7
城镇(万元)	Town(10 000 yuan)	79884	86854	8.7
乡村(万元)	Village(10 000 yuan)			
科技教育卫生	**Science, Education & Public Health**			
各类专业技术人员(人)	Special Technical Personnel(person)	3382	3408	0.8
幼儿园数(所)	Number of Kindergartens(unit)	18	17	-5.6
学龄儿童入学率(%)	Percentage of School - Age Children Enrolled(%)	100.0	100.0	0.0
小学学校数(所)	Number of Primary Schools(unit)	5	5	0.0
小学专任教师数(人)	Number of Full - time Teachers of Primary Schools(person)	457	449	-1.8
小学在校学生数(人)	Number of Student Enrollment of Primary Schools(person)	5964	5807	-2.6
普通中学学校数(所)	Number of Regular Secondary Schools(unit)	4	4	0.0
普通中学专任教师数(人)	Number of Teachers of Secondary Shools(person)	248	356	43.5
初中在校学生数(人)	Number of Student in Junior Secondary Schools(person)	2932	2696	-8.0
高中在校学生数(人)	Number of Student in Senior Secondary Schools(person)		0	
卫生机构数(所)	Number of Health Institutions(unit)	57	64	12.3
#医院(所)	Hospitals(unit)	2	2	0.0
卫生院(所)	Township Hospitals(unit)	1	1	0.0
床位数(张)	Number of Beds(unit)	474	504	6.3
#医院(张)	Hospitals(unit)	340	340	0.0
卫生院(张)	Township Hospitals(unit)	20	20	0.0
卫生技术人员(人)	Medical Technical Presonnel(person)	432	516	19.4
#医院(人)	Hospitals(person)	250	270	8.0
卫生院(人)	Township Hospitals(person)	13	15	15.4

23－109 乌海市乌达区

指　　标	Item	2015	2016	2016 年比上年增长% Increase Rate in 2016 Over 2015(%)
行政区域土地面积(平方公里)	**Area of Administration(Sq. km)**	**207**	**207**	**0.0**
人口和就业	**Population & Employment**			
年末户籍人口(人)	The Registered Population Year－end(person)	120916	119556	－1.1
#男性(人)	Male(person)	60863	60089	－1.3
#乡村人口(人)	Rural(person)	2189	2354	7.5
年末常住人口(人)	Permanet Resident Population Year－end(person)	136500	137200	0.5
#男性(人)	Male(person)	71300	71800	0.7
年末总户数(户)	Total Number of Households at the Year－end(Household)	48925	50627	3.5
#乡村户数(户)	Number of Rural Household(Household)			
出生人口(人)	Births(person)	982	1199	22.1
死亡人口(人)	Deaths(person)	602	617	2.5
全社会就业人员(人)	Employment(person)	71400	73800	3.4
第一产业(人)	Primary Industry(person)	500	500	0.0
第二产业(人)	Secondary Industry(person)	14900	15700	5.4
第三产业(人)	Tertiary Industry(person)	56000	57600	2.9
在岗职工人数(人)	Number of Staff & Workers Employed in(person)	11577	11328	－2.2
乡村劳动力(人)	Number of Rural Laborers(person)			
#农林牧渔业(人)	Farming,Forestry,Animal Husbandry & Fishery(person)			
国民经济综合指标	**Summary Item on the National Economy**			
生产总值(万元)	Gross Domestic Product(10 000 yuan)	1648150	1707132	6.6
第一产业(万元)	Primary Industry(10 000 yuan)	10425	10739	3.6
第二产业(万元)	Secondary Industry(10 000 yuan)	1055935	1102857	5.5
#工业(万元)	Industry(10 000 yuan)	955770	1000960	5.9
第三产业(万元)	Tertiary Industry(10 000 yuan)	581791	593536	8.4
人均生产总值(元)	Per Capita GDP(yuan)	120876	124745	6.2
全社会固定资产投资(万元)	Total Investment in Fixed Assets(10 000 yuan)	341035	357405	4.8
按登记注册类型分	Grouped by Registered Type			
#国有(万元)	State－owned Enterprises(10 000 yuan)	52081	54320	4.3
集体(万元)	Collective－owned Enterprises(10 000 yuan)			
有限责任公司(万元)	Limited Liability Corporations(10 000 yuan)	116202	123077	5.9
股份有限公司(万元)	Share Holding Enterprises(10 000 yuan)			
私营企业(万元)	Private Enterprises(10 000 yuan)	172752	180008	4.2
外商及港澳台投资企业(万元)	Funds from HK,Macao,Taiwan & Foreign(10 000 yuan)			
一般公共预算收入(万元)	General Public Budget Revenue(10 000 yuan)	102225	110826	8.4
一般公共预算支出(万元)	General Public Budget Expenditure(10 000 yuan)	107073	140054	30.8
住户存款余额(万元)	The balance of savings deposits of Households(10 000 yuan)	586742	630971	7.5
在岗职工工资总额(万元)	Total Wages of Staff & Workers Employed in(10 000 yuan)	66084	70666	6.9
在岗职工平均工资(元)	Average Wage of Staff & Workers Employed in(yuan)	57082	60940	6.8
全体居民人均可支配收入(元)	The per capita disposable income of all residents(yuan)	32788	35168	7.3
城镇常住居民人均可支配收入(元)	The per capita disposable income of urban permanent residents(yuan)	32788	35168	7.3
农村牧区常住居民人均可支配收入(元)	The per capita disposable income of permanent residents of rural and pastoral areas(yuan)			
农村牧区经济	**Economic Development in Rural & Pastoral Area**			
农作物总播种面积(公顷)	Total Sown Area(hectare)	756	807	6.7
#粮食作物播种面积(公顷)	Sown Area of Grain Crops(hectare)	229	370	61.6
农牧业机械总动力(万千瓦)	Total Power of Agricultural Machinery(10 000 kw)	1.11	1.11	0.0
化肥施用折纯量(吨)	Consumption of Chemical Fertilizer(ton)	377	369	－2.1
农村用电量(万千瓦小时)	Electricity Consumed in Rural Area(10 000 kwh)	320	384	20.0
农林牧渔业总产值(万元)	Gross Output of Farming,Forestry,Animal Husbandry & Fishery(10 000 yuan)	18277	18989	3.5
粮食产量(吨)	Yield of Grain(ton)	2142	3608	68.4
油料产量(吨)	Yield of Oil－bearing Grops(ton)	432	408	－5.6
甜菜产量(吨)	Yield of Beetroots(ton)			
猪牛羊肉产量(吨)	Output of Pork, Beef & Mutton(ton)	1862	2060	10.6
#猪肉产量(吨)	Output of Pork(ton)	1434	1420	－1.0
牛肉产量(吨)	Output of Beef(ton)	50	54	8.0
羊肉产量(吨)	Output of Mutton(ton)	378	586	55.0
羊毛产量(吨)	Output of Wool(ton)	30	32	5.0

23－109 Wuda District in Wuhai City

指　　标	Item	2015	2016	2016 年比上年增长% Increase Rate in 2016 Over 2015(%)
年末牲畜存栏头数(万头只)	Total Livestock at the Year－end(10 000 heads)	1.30	1.23	－5.4
# 大牲畜(万头只)	Large Animals(10 000 heads)	0.02	0.04	100.0
羊(万只)	Sheep & Goats(10 000 heads)	0.88	0.75	－14.8
猪(万头)	Hogs(10 000 heads)	0.40	0.44	10.0
规模以上工业	**Industrial Enterprises above Designated size**			
工业企业单位数(个)	Number of Industrial Enterprises(unit)	39	39	0.0
# 内资企业(个)	Civil Funded Enterprises(unit)	38	38	0.0
工业总产值(万元)	Gross Industrial Output Value(10 000 yuan)	1405094	1454232	3.5
内资企业(万元)	Civil Funded Enterprises(10 000 yuan)	1403849	1451669	3.4
国有企业(万元)	State－owned Enterprises(10 000 yuan)	6072	5074	－16.4
集体企业(万元)	Collective－owned Enterprises(10 000 yuan)			
股份合作企业(万元)	Share Holding Enterprises(10 000 yuan)			
联营企业(万元)	Joint Owned Enterprises(10 000 yuan)			
有限责任公司(万元)	Limited Company(10 000 yuan)			
股份有限公司(万元)	Share Holding Limited Company(10 000 yuan)	1397777	1446595	3.5
私营企业(万元)	Privately Owned Enterprises(10 000 yuan)			
其他企业(万元)	Enterprises of Other Ownership(10 000 yuan)			
港澳台商投资企业(万元)	Funds from HK, Macao & Taiwan(10 000 yuan)	1245	2563	105.9
外商投资企业(万元)	Foreign Funded Enterprises(10 000 yuan)			
工业企业增加值(万元)	Value Added of Industrial Enterprises(10 000 yuan)			5.4
工业企业资产总计(万元)	Total Assets of Industrial Enterprises(10 000 yuan)	5434700	5753618	5.9
工业企业负债合计(万元)	Total Liabilities of Industrial Enterprises(10 000 yuan)	3317331	3485582	5.1
工业企业产品销售收入(万元)	Sales of Revenue Industrial Enterprises(10 000 yuan)	1356216	1455494	7.3
工业企业利润总额(万元)	Total Profits of Industrial Enterprises(10 000 yuan)	44139	219044	396.3
建筑业	**Construction**			
建筑企业单位数(个)	Number of Construction Enterprises(unit)	4	4	0.0
建筑企业从业人员(人)	Number of Employee in Construction Enterprises(person)	453	587	29.6
建筑业总产值(万元)	Gross Construction Output Value(10 000 yuan)	66348	70946	6.9
交通运输邮电通信业	**Transportation, Post & Telecommunications**			
公路里程(公里)	Total Length of Highways(km)	116	133.313	14.9
邮电业务总量(万元)	Business Volume of Post & Telecoms(10 000 yuan)	13511	14680	8.7
本地电话用户(户)	Number of Subscribers of Local Telephone(Household)	30552	26444	－13.4
国内贸易	**Domestic Trade**			
社会消费品零售总额(万元)	Total Retail Sales of Consumer Goods(10 000 yuan)	128845	140407	9.0
城镇(万元)	Town(10 000 yuan)	128845	140407	9.0
乡村(万元)	Village(10 000 yuan)			
科技教育卫生	**Science, Education & Public Health**			
各类专业技术人员(人)	Special Technical Personnel(person)	4730	4766	0.8
幼儿园数(所)	Number of Kindergartens(unit)	10	12	20.0
学龄儿童入学率(%)	Percentage of School－Age Children Enrolled(%)	100.0	100.0	0.0
小学学校数(所)	Number of Primary Schools(unit)	6	4	－33.3
小学专任教师数(人)	Number of Full－time Teachers of Primary Schools(person)	608	516	－15.1
小学在校学生数(人)	Number of Student Enrollment of Primary Schools(person)	6390	6262	－2.0
普通中学学校数(所)	Number of Regular Secondary Schools(unit)	7	6	－14.3
普通中学专任教师数(人)	Number of Teachers of Secondary Shools(person)	724	905	25.0
初中在校学生数(人)	Number of Student in Junior Secondary Schools(person)	3360	3087	－8.1
高中在校学生数(人)	Number of Student in Senior Secondary Schools(person)	3525	3555	0.9
卫生机构数(所)	Number of Health Institutions(unit)	58	57	－1.7
# 医院(所)	Hospitals(unit)	7	7	0.0
卫生院(所)	Township Hospitals(unit)	1	1	0.0
床位数(张)	Number of Beds(unit)	732	743	1.5
# 医院(张)	Hospitals(unit)	732	743	1.5
卫生院(张)	Township Hospitals(unit)			
卫生技术人员(人)	Medical Technical Presonnel(person)	712	774	8.7
# 医院(人)	Hospitals(person)	507	541	6.7
卫生院(人)	Township Hospitals(person)	5	6	20.0

23－110 阿拉善盟阿拉善左旗

指　　标	Item	2015	2016	2016 年比上年增长% Increase Rate in 2016 Over 2015(%)
行政区域土地面积(平方公里)	**Area of Administration(Sq. km)**	**80412**	**80412**	**0.0**
人口和就业	**Population & Employment**			
年末户籍人口(人)	Total Population Year－end(person)	147843	143690	－2.8
#男性(人)	Male(person)	74353	71955	－3.2
#乡村人口(人)	Rural(person)	56603	55228	－2.4
年末常住人口(人)	Permanet Resident Population Year－end(person)			
#男性(人)	Male(person)			
年末总户数(户)	Total Number of Households at the Year－end(Household)	66246	63144	－4.7
#乡村户数(户)	Number of Rural Household(Household)	21169	21200	0.1
出生人口(人)	Births(person)	1419	1526	7.5
死亡人口(人)	Deaths(person)	677	700	3.4
全社会就业人员(人)	Employment(person)	143269	143747	0.3
第一产业(人)	Primary Industry(person)	34604	33039	－4.5
第二产业(人)	Secondary Industry(person)	39014	42108	7.9
第三产业(人)	Tertiary Industry(person)	69651	68600	－1.5
在岗职工人数(人)	Number of Staff & Workers Employed in(person)	45811	44560	－2.7
乡村劳动力(人)	Number of Rural Laborers(person)	41013	39263	－4.3
#农林牧渔业(人)	Farming, Forestry, Animal Husbandry & Fishery(person)	31537	29997	－4.9
国民经济综合指标	**Summary Item on the National Economy**			
生产总值(万元)	Gross Domestic Product(10 000 yuan)	2526446	2695200	8.0
第一产业(万元)	Primary Industry(10 000 yuan)	81883	86391	3.9
第二产业(万元)	Secondary Industry(10 000 yuan)	1840825	1947096	8.3
#工业(万元)	Industry(10 000 yuan)	1667875	1760626	8.3
第三产业(万元)	Tertiary Industry(10 000 yuan)	603738	661713	7.8
人均生产总值(元)	Per Capita GDP(yuan)	128264	135002	6.6
全社会固定资产投资(万元)	Total Investment in Fixed Assets(10 000 yuan)	2648844	3115396	17.6
按登记注册类型分	Grouped by Registered Type			
#国有(万元)	State－owned Enterprises(10 000 yuan)	719769	1070240	48.7
集体(万元)	Collective－owned Enterprises(10 000 yuan)	4090		
有限责任公司(万元)	Limited Liability Corporations(10 000 yuan)	1323362	1632393	23.4
股份有限公司(万元)	Share Holding Enterprises(10 000 yuan)	279837	71766	－74.4
私营企业(万元)	Private Enterprises(10 000 yuan)	321786	321305	－0.1
外商及港澳台投资企业(万元)	Funds from HK, Macao, Taiwan & Foreign(10 000 yuan)		19692	
一般公共预算收入(万元)	Public Budgetary Financial Revenue(10 000 yuan)	164253	167607	2.0
一般公共预算支出(万元)	Public Budgetary Financial Expenditure(10 000 yuan)	438753	430901	－1.8
住户存款余额(万元)	The balance of savings deposits of individuals(10 000 yuan)	1388153	1630212	17.4
在岗职工工资总额(万元)	Total Wages of Staff & Workers Employed in(10 000 yuan)	290169	300993	3.7
在岗职工平均工资(元)	Average Wage of Staff & Workers Employed in(yuan)	60855	65978	8.4
全体居民人均可支配收入(元)	The per capita disposable income of all residents(yuan)	28012	30225	7.9
城镇常住居民人均可支配收入(元)	The per capita disposable income of urban permanent residents(yuan)	32037	34504	7.7
农村牧区常住居民人均可支配收入(元)	The per capita disposable income of permanent residents of rural and pastoral areas(yuan)	14813	15953	7.7
农村牧区经济	**Economic Development in Rural & Pastoral Area**			
农作物总播种面积(公顷)	Total Sown Area(hectare)	41631	46413	11.5
#粮食作物播种面积(公顷)	Sown Area of Grain Crops(hectare)	17611	14512	－17.6
农牧业机械总动力(万千瓦)	Total Power of Agricultural Machinery(10 000 kw)	23.20	23.66	2.0
化肥施用折纯量(吨)	Consumption of Chemical Fertilizer(ton)	13153	13193	0.3
农村用电量(万千瓦小时)	Electricity Consumed in Rural Area(10 000 kwh)	17931	18058	0.7
农林牧渔业总产值(万元)	Gross Output of Farming, Forestry, Animal Husbandry & Fishery(10 000 yuan)	138996	146715	3.6
粮食产量(吨)	Yield of Grain(ton)	162531	144454	－11.1
油料产量(吨)	Yield of Oil－bearing Grops(ton)	18780	14956	－20.4
甜菜产量(吨)	Yield of Beetroots(ton)			
猪牛羊肉产量(吨)	Output of Pork, Beef & Mutton(ton)	10689	9968	－6.7
#猪肉产量(吨)	Output of Pork(ton)	964	981	1.8
牛肉产量(吨)	Output of Beef(ton)	509	639	25.5
羊肉产量(吨)	Output of Mutton(ton)	9216	8348	－9.4
羊毛产量(吨)	Output of Wool(ton)	462	692	49.8

23 – 110 Alashanzuo Banner in Alashan League

指　　标	Item	2015	2016	2016 年比上年增长% Increase Rate in 2016 Over 2015(%)
年末牲畜存栏头数(万头只)	Total Livestock at the Year – end(10 000 heads)	95.14	95.58	0.5
# 大牲畜(万头只)	Large Animals(10 000 heads)	6.32	7.13	12.8
羊(万只)	Sheep & Goats(10 000 heads)	87.44	87.19	-0.3
猪(万头)	Hogs(10 000 heads)	1.37	1.27	-7.3
规模以上工业	**Industrial Enterprises above Designated size**			
工业企业单位数(个)	Number of Industrial Enterprises(unit)	97	81	-16.5
# 内资企业(个)	Civil Funded Enterprises(unit)	93	77	-17.2
工业总产值(万元)	Gross Industrial Output Value(10 000 yuan)	4413743	4662317	5.6
内资企业(万元)	Civil Funded Enterprises(10 000 yuan)	4399653	4649667	5.7
国有企业(万元)	State – owned Enterprises(10 000 yuan)	37455	12596	-66.4
集体企业(万元)	Collective – owned Enterprises(10 000 yuan)			
股份合作企业(万元)	Share Holding Enterprises(10 000 yuan)			
联营企业(万元)	Joint Owned Enterprises(10 000 yuan)			
有限责任公司(万元)	Limited Company(10 000 yuan)	2555191	2858578	11.9
股份有限公司(万元)	Share Holding Limited Company(10 000 yuan)	234361	238228	1.7
私营企业(万元)	Privately Owned Enterprises(10 000 yuan)	1572646	1540265	-2.1
其他企业(万元)	Enterprises of Other Ownership(10 000 yuan)			
港澳台商投资企业(万元)	Funds from HK, Macao & Taiwan(10 000 yuan)	10754	5807	-46.0
外商投资企业(万元)	Foreign Funded Enterprises(10 000 yuan)	3337	6842	105.0
工业企业增加值(万元)	Value Added of Industrial Enterprises(10 000 yuan)			8.9
工业企业资产总计(万元)	Total Assets of Industrial Enterprises(10 000 yuan)	7523933	7681477	2.1
工业企业负债合计(万元)	Total Liabilities of Industrial Enterprises(10 000 yuan)	5950464	5299171	-10.9
工业企业产品销售收入(万元)	Sales of Revenue Industrial Enterprises(10 000 yuan)	3474325	4217561	21.4
工业企业利润总额(万元)	Total Profits of Industrial Enterprises(10 000 yuan)	280027	245254	-12.4
建筑业	**Construction**			
建筑企业单位数(个)	Number of Construction Enterprises(unit)	15	14	-6.7
建筑企业从业人员(人)	Number of Employee in Construction Enterprises(person)	2165	2398	10.8
建筑业总产值(万元)	Gross Construction Output Value(10 000 yuan)	93478	98019	4.9
交通运输邮电通信业	**Transportation, Post & Telecommunications**			
公路里程(公里)	Total Length of Highways(km)	4217	4176	-1.0
邮电业务总量(万元)	Business Volume of Post & Telecoms(10 000 yuan)	49627	61899	24.7
本地电话用户(户)	Number of Subscribers of Local Telephone(Household)	345644	229584	-33.6
国内贸易	**Domestic Trade**			
社会消费品零售总额(万元)	Total Retail Sales of Consumer Goods(10 000 yuan)	490518	536491	9.4
城镇(万元)	Town(10 000 yuan)	462498	505353	9.3
乡村(万元)	Village(10 000 yuan)	28019	31137	11.1
科技教育卫生	**Science, Education & Public Health**			
各类专业技术人员(人)	Special Technical Personnel(person)	11023	11550	4.8
幼儿园数(所)	Number of Kindergartens(unit)	19	22	15.8
学龄儿童入学率(%)	Percentage of School – Age Children Enrolled(%)	100.0	100.0	0.0
小学学校数(所)	Number of Primary Schools(unit)	11	11	0.0
小学专任教师数(人)	Number of Full – time Teachers of Primary Schools(person)	578	852	47.4
小学在校学生数(人)	Number of Student Enrollment of Primary Schools(person)	9818	9508	-3.2
普通中学学校数(所)	Number of Regular Secondary Schools(unit)	13	13	0.0
普通中学专任教师数(人)	Number of Teachers of Secondary Shools(person)	1001	1002	0.1
初中在校学生数(人)	Number of Student in Junior Secondary Schools(person)	5228	4799	-8.2
高中在校学生数(人)	Number of Student in Senior Secondary Schools(person)	5350	5033	-5.9
卫生机构数(所)	Number of Health Institutions(unit)	240	243	1.3
# 医院(所)	Hospitals(unit)	12	11	-8.3
卫生院(所)	Township Hospitals(unit)	23	23	0.0
床位数(张)	Number of Beds(unit)	799	832	4.1
# 医院(张)	Hospitals(unit)	575	629	9.4
卫生院(张)	Township Hospitals(unit)	125	120	-4.0
卫生技术人员(人)	Medical Technical Presonnel(person)	1704	1669	-2.1
# 医院(人)	Hospitals(person)	1024	1008	-1.6
卫生院(人)	Township Hospitals(person)	168	176	4.8

23－111 阿拉善盟阿拉善右旗

指　　标	Item	2015	2016	2016 年比上年增长% Increase Rate in 2016 Over 2015(%)
行政区域土地面积(平方公里)	**Area of Administration(Sq. km)**	**75226**	**75226**	**0.0**
人口和就业	**Population & Employment**			
年末户籍人口(人)	The Registered Population Year－end(person)	25012	25050	0.2
#男性(人)	Male(person)	12371	12357	－0.1
#乡村人口(人)	Rural(person)	1400	1416	1.1
年末常住人口(人)	Permanet Resident Population Year－end(person)			
#男性(人)	Male(person)			
年末总户数(户)	Total Number of Households at the Year－end(Household)	10443	10234	－2.0
#乡村户数(户)	Number of Rural Household(Household)	3425	3469	1.3
出生人口(人)	Births(person)	186	269	44.6
死亡人口(人)	Deaths(person)	168	164	－2.4
全社会就业人员(人)	Employment(person)	18608	18879	1.5
第一产业(人)	Primary Industry(person)	5119	5172	1.0
第二产业(人)	Secondary Industry(person)	5519	5230	－5.2
第三产业(人)	Tertiary Industry(person)	7970	8477	6.4
在岗职工人数(人)	Number of Staff & Workers Employed in(person)	7347	6893	－6.2
乡村劳动力(人)	Number of Rural Laborers(person)	6218	6177	－0.7
#农林牧渔业(人)	Farming,Forestry,Animal Husbandry & Fishery(person)	4639	4692	1.1
国民经济综合指标	**Summary Item on the National Economy**			
生产总值(万元)	Gross Domestic Product(10 000 yuan)	275156	292140	8.1
第一产业(万元)	Primary Industry(10 000 yuan)	21457	22562	3.7
第二产业(万元)	Secondary Industry(10 000 yuan)	166455	174000	8.7
#工业(万元)	Industry(10 000 yuan)	153235	158200	7.7
第三产业(万元)	Tertiary Industry(10 000 yuan)	87244	95578	8.2
人均生产总值(元)	Per Capita GDP(yuan)	103444	109910	8.2
全社会固定资产投资(万元)	Total Investment in Fixed Assets(10 000 yuan)	322044	412318	28.0
按登记注册类型分	Grouped by Registered Type			
#国有(万元)	State－owned Enterprises(10 000 yuan)	141236	287958	103.9
集体(万元)	Collective－owned Enterprises(10 000 yuan)			
有限责任公司(万元)	Limited Liability Corporations(10 000 yuan)	175708	80921	－53.9
股份有限公司(万元)	Share Holding Enterprises(10 000 yuan)		1000	
私营企业(万元)	Private Enterprises(10 000 yuan)	5100	42439	732.1
外商及港澳台投资企业(万元)	Funds from HK,Macao,Taiwan & Foreign(10 000 yuan)			
一般公共预算收入(万元)	General Public Budget Revenue(10 000 yuan)	11997	12325	2.7
一般公共预算支出(万元)	General Public Budget Expenditure(10 000 yuan)	106429	121083	13.8
住户存款余额(万元)	The balance of savings deposits of Households(10 000 yuan)	92981	111888	20.3
在岗职工工资总额(万元)	Total Wages of Staff & Workers Employed in(10 000 yuan)	40663	40985	0.8
在岗职工平均工资(元)	Average Wage of Staff & Workers Employed in(yuan)	55421	59262	6.9
全体居民人均可支配收入(元)	The per capita disposable income of all residents(yuan)	28710	31007	8.0
城镇常住居民人均可支配收入(元)	The per capita disposable income of urban permanent residents(yuan)	32970	35476	7.6
农村牧区常住居民人均可支配收入(元)	The per capita disposable income of permanent residents of rural and pastoral areas(yuan)	17096	18430	7.8
农村牧区经济	**Economic Development in Rural & Pastoral Area**			
农作物总播种面积(公顷)	Total Sown Area(hectare)	10091	10293	2.0
#粮食作物播种面积(公顷)	Sown Area of Grain Crops(hectare)	1413	1071	－24.2
农牧业机械总动力(万千瓦)	Total Power of Agricultural Machinery(10 000 kw)	2.78	2.80	0.7
化肥施用折纯量(吨)	Consumption of Chemical Fertilizer(ton)	723	691	－4.4
农村用电量(万千瓦小时)	Electricity Consumed in Rural Area(10 000 kwh)	772	757	－1.9
农林牧渔业总产值(万元)	Gross Output of Farming,Forestry,Animal Husbandry & Fishery(10 000 yuan)	37666	39647	3.6
粮食产量(吨)	Yield of Grain(ton)	15128	11310	－25.2
油料产量(吨)	Yield of Oil－bearing Grops(ton)	2853	3650	27.9
甜菜产量(吨)	Yield of Beetroots(ton)			
猪牛羊肉产量(吨)	Output of Pork, Beef & Mutton(ton)	1570	1954	24.5
#猪肉产量(吨)	Output of Pork(ton)	31	25	－19.4
牛肉产量(吨)	Output of Beef(ton)	55	54	－1.8
羊肉产量(吨)	Output of Mutton(ton)	1484	1875	26.3
羊毛产量(吨)	Output of Wool(ton)	70	68	－2.9

23－111 Alashanyou Banner in Alashan League

指　标	Item	2015	2016	2016 年比上年增长% Increase Rate in 2016 Over 2015(%)
年末牲畜存栏头数(万头只)	Total Livestock at the Year－end(10 000 heads)	21.34	21.18	－0.8
＃大牲畜(万头只)	Large Animals(10 000 heads)	4.73	4.98	5.3
羊(万只)	Sheep & Goats(10 000 heads)	16.59	16.15	－2.7
猪(万头)	Hogs(10 000 heads)	0.02	0.05	150.0
规模以上工业	**Industrial Enterprises above Designated size**			
工业企业单位数(个)	Number of Industrial Enterprises(unit)	17	18	5.9
＃内资企业(个)	Civil Funded Enterprises(unit)	17	18	5.9
工业总产值(万元)	Gross Industrial Output Value(10 000 yuan)	337739	356015	5.4
内资企业(万元)	Civil Funded Enterprises(10 000 yuan)	337739	356015	5.4
国有企业(万元)	State－owned Enterprises(10 000 yuan)			
集体企业(万元)	Collective－owned Enterprises(10 000 yuan)			
股份合作企业(万元)	Share Holding Enterprises(10 000 yuan)	10243		
联营企业(万元)	Joint Owned Enterprises(10 000 yuan)			
有限责任公司(万元)	Limited Company(10 000 yuan)	191145	191506	0.2
股份有限公司(万元)	Share Holding Limited Company(10 000 yuan)			
私营企业(万元)	Privately Owned Enterprises(10 000 yuan)	136352	164509	20.7
其他企业(万元)	Enterprises of Other Ownership(10 000 yuan)			
港澳台商投资企业(万元)	Funds from HK,Macao & Taiwan(10 000 yuan)			
外商投资企业(万元)	Foreign Funded Enterprises(10 000 yuan)			
工业企业增加值(万元)	Value Added of Industrial Enterprises(10 000 yuan)			9.0
工业企业资产总计(万元)	Total Assets of Industrial Enterprises(10 000 yuan)	601227	668449	11.2
工业企业负债合计(万元)	Total Liabilities of Industrial Enterprises(10 000 yuan)	461552	437122	－5.3
工业企业产品销售收入(万元)	Sales of Revenue Industrial Enterprises(10 000 yuan)	248329	313760	26.3
工业企业利润总额(万元)	Total Profits of Industrial Enterprises(10 000 yuan)	11173	23760	112.7
建筑业	**Construction**			
建筑企业单位数(个)	Number of Construction Enterprises(unit)			
建筑企业从业人员(人)	Number of Employee in Construction Enterprises(person)			
建筑业总产值(万元)	Gross Construction Output Value(10 000 yuan)			
交通运输邮电通信业	**Transportation,Post & Telecommunications**			
公路里程(公里)	Total Length of Highways(km)	2023	2610	29.0
邮电业务总量(万元)	Business Volume of Post & Telecoms(10 000 yuan)	3483	3603	3.4
本地电话用户(户)	Number of Subscribers of Local Telephone(Household)	32320	31806	－1.6
国内贸易	**Domestic Trade**			
社会消费品零售总额(万元)	Total Retail Sales of Consumer Goods(10 000 yuan)	66557	72886	9.5
城镇(万元)	Town(10 000 yuan)	55125	60163	9.1
乡村(万元)	Village(10 000 yuan)	11432	12723	11.3
科技教育卫生	**Science,Education & Public Health**			
各类专业技术人员(人)	Special Technical Personnel(person)	1307	1384	5.9
幼儿园数(所)	Number of Kindergartens(unit)	2	2	0.0
学龄儿童入学率(%)	Percentage of School－Age Children Enrolled(%)	100.0	100.0	0.0
小学学校数(所)	Number of Primary Schools(unit)	4	4	0.0
小学专任教师数(人)	Number of Full－time Teachers of Primary Schools(person)	156	153	－1.9
小学在校学生数(人)	Number of Student Enrollment of Primary Schools(person)	975	925	－5.1
普通中学学校数(所)	Number of Regular Secondary Schools(unit)	3	3	0.0
普通中学专任教师数(人)	Number of Teachers of Secondary Shools(person)	149	146	－2.0
初中在校学生数(人)	Number of Student in Junior Secondary Schools(person)	580	534	－7.9
高中在校学生数(人)	Number of Student in Senior Secondary Schools(person)	558	528	－5.4
卫生机构数(所)	Number of Health Institutions(unit)	57	60	5.3
＃医院(所)	Hospitals(unit)	2	2	0.0
卫生院(所)	Township Hospitals(unit)	8	8	0.0
床位数(张)	Number of Beds(unit)	102	97	－4.9
＃医院(张)	Hospitals(unit)	57	57	0.0
卫生院(张)	Township Hospitals(unit)	40	40	0.0
卫生技术人员(人)	Medical Technical Presonnel(person)	244	245	0.4
＃医院(人)	Hospitals(person)	133	139	4.5
卫生院(人)	Township Hospitals(person)	71	56	－21.1

23-112 阿拉善盟额济纳旗

指　标	Item	2015	2016	2016年比上年增长% Increase Rate in 2016 Over 2015(%)
行政区域土地面积(平方公里)	**Area of Administration(Sq. km)**	**114606**	**114606**	**0.0**
人口和就业	**Population & Employment**			
年末户籍人口(人)	The Registered Population Year-end(person)	18132	18332	1.1
#男性(人)	Male(person)	8942	9008	0.7
#乡村人口(人)	Rural(person)	5358	5367	0.2
年末常住人口(人)	Permanet Resident Population Year-end(person)			
#男性(人)	Male(person)			
年末总户数(户)	Total Number of Households at the Year-end(Household)	8104	8180	0.9
#乡村户数(户)	Number of Rural Household(Household)	2352	2359	0.3
出生人口(人)	Births(person)	182	232	27.5
死亡人口(人)	Deaths(person)	115	119	3.5
全社会就业人员(人)	Employment(person)	19282	20546	6.6
第一产业(人)	Primary Industry(person)	4635	4500	-2.9
第二产业(人)	Secondary Industry(person)	3061	3398	11.0
第三产业(人)	Tertiary Industry(person)	11586	12648	9.2
在岗职工人数(人)	Number of Staff & Workers Employed in(person)	3800	3936	3.6
乡村劳动力(人)	Number of Rural Laborers(person)	4408	4353	-1.2
#农林牧渔业(人)	Farming,Forestry,Animal Husbandry & Fishery(person)	4370	4168	-4.6
国民经济综合指标	**Summary Item on the National Economy**			
生产总值(万元)	Gross Domestic Product(10 000 yuan)	410959	439078	7.8
第一产业(万元)	Primary Industry(10 000 yuan)	16883	17761	3.6
第二产业(万元)	Secondary Industry(10 000 yuan)	174073	180273	7.5
#工业(万元)	Industry(10 000 yuan)	146043	149373	6.9
第三产业(万元)	Tertiary Industry(10 000 yuan)	220003	241044	8.4
人均生产总值(元)	Per Capita GDP(yuan)	157100	160646	10.2
全社会固定资产投资(万元)	Total Investment in Fixed Assets(10 000 yuan)	511283	723078	41.4
按登记注册类型分	Grouped by Registered Type			
#国有(万元)	State-owned Enterprises(10 000 yuan)	277593	623085	124.5
集体(万元)	Collective-owned Enterprises(10 000 yuan)			
有限责任公司(万元)	Limited Liability Corporations(10 000 yuan)	230840	41739	-81.9
股份有限公司(万元)	Share Holding Enterprises(10 000 yuan)	1000		
私营企业(万元)	Private Enterprises(10 000 yuan)	1850	58254	3048.9
外商及港澳台投资企业(万元)	Funds from HK,Macao,Taiwan & Foreign(10 000 yuan)			
一般公共预算收入(万元)	General Public Budget Revenue(10 000 yuan)	41966	45563	8.6
一般公共预算支出(万元)	General Public Budget Expenditure(10 000 yuan)	115832	134550	16.2
住户存款余额(万元)	The balance of savings deposits of Households(10 000 yuan)	142325	158868	11.6
在岗职工工资总额(万元)	Total Wages of Staff & Workers Employed in(10 000 yuan)	25927	26505	2.2
在岗职工平均工资(元)	Average Wage of Staff & Workers Employed in(yuan)	66495	65621	-1.3
全体居民人均可支配收入(元)	The per capita disposable income of all residents(yuan)	29740	32060	7.8
城镇常住居民人均可支配收入(元)	The per capita disposable income of urban permanent residents(yuan)	32945	35515	7.8
农村牧区常住居民人均可支配收入(元)	The per capita disposable income of permanent residents of rural and pastoral areas(yuan)	18061	19379	7.3
农村牧区经济	**Economic Development in Rural & Pastoral Area**			
农作物总播种面积(公顷)	Total Sown Area(hectare)	5136	4631	-9.8
#粮食作物播种面积(公顷)	Sown Area of Grain Crops(hectare)	301	136	-54.7
农牧业机械总动力(万千瓦)	Total Power of Agricultural Machinery(10 000 kw)	5.38	5.42	0.7
化肥施用折纯量(吨)	Consumption of Chemical Fertilizer(ton)	5271	5027	-4.6
农村用电量(万千瓦小时)	Electricity Consumed in Rural Area(10 000 kwh)	468	439	-6.1
农林牧渔业总产值(万元)	Gross Output of Farming,Forestry,Animal Husbandry & Fishery(10 000 yuan)	28464	29862	3.6
粮食产量(吨)	Yield of Grain(ton)	1842	783	-57.5
油料产量(吨)	Yield of Oil-bearing Grops(ton)		643	
甜菜产量(吨)	Yield of Beetroots(ton)			
猪牛羊肉产量(吨)	Output of Pork, Beef & Mutton(ton)	1471	1009	-31.4
#猪肉产量(吨)	Output of Pork(ton)	825	603	-26.9
牛肉产量(吨)	Output of Beef(ton)	18	15	-16.7
羊肉产量(吨)	Output of Mutton(ton)	628	391	-37.7
羊毛产量(吨)	Output of Wool(ton)	11	18	63.6

23 – 112 Ejina Banner in Alashan League

指　　标	Item	2015	2016	2016 年比上年增长% Increase Rate in 2016 Over 2015(%)
年末牲畜存栏头数(万头只)	Total Livestock at the Year – end(10 000 heads)	10.67	10.54	-1.2
#大牲畜(万头只)	Large Animals(10 000 heads)	1.88	1.98	5.3
羊(万只)	Sheep & Goats(10 000 heads)	8.54	8.29	-2.9
猪(万头)	Hogs(10 000 heads)	0.24	0.27	12.5
规模以上工业	**Industrial Enterprises above Designated size**			
工业企业单位数(个)	Number of Industrial Enterprises(unit)	7	7	0.0
#内资企业(个)	Civil Funded Enterprises(unit)	7	7	0.0
工业总产值(万元)	Gross Industrial Output Value(10 000 yuan)	357425	383329	7.2
内资企业(万元)	Civil Funded Enterprises(10 000 yuan)	357425	383329	7.2
国有企业(万元)	State – owned Enterprises(10 000 yuan)			
集体企业(万元)	Collective – owned Enterprises(10 000 yuan)			
股份合作企业(万元)	Share Holding Enterprises(10 000 yuan)			
联营企业(万元)	Joint Owned Enterprises(10 000 yuan)			
有限责任公司(万元)	Limited Company(10 000 yuan)	89680	121436	35.4
股份有限公司(万元)	Share Holding Limited Company(10 000 yuan)	158748	159992	0.8
私营企业(万元)	Privately Owned Enterprises(10 000 yuan)	108997	101900	-6.5
其他企业(万元)	Enterprises of Other Ownership(10 000 yuan)			
港澳台商投资企业(万元)	Funds from HK,Macao & Taiwan(10 000 yuan)			
外商投资企业(万元)	Foreign Funded Enterprises(10 000 yuan)			
工业企业增加值(万元)	Value Added of Industrial Enterprises(10 000 yuan)			8.0
工业企业资产总计(万元)	Total Assets of Industrial Enterprises(10 000 yuan)	228444	235482	3.1
工业企业负债合计(万元)	Total Liabilities of Industrial Enterprises(10 000 yuan)	132143	100624	-23.9
工业企业产品销售收入(万元)	Sales of Revenue Industrial Enterprises(10 000 yuan)	332773	393639	18.3
工业企业利润总额(万元)	Total Profits of Industrial Enterprises(10 000 yuan)	113689	110770	-2.6
建筑业	**Construction**			
建筑企业单位数(个)	Number of Construction Enterprises(unit)	2	2	0.0
建筑企业从业人员(人)	Number of Employee in Construction Enterprises(person)	65	90	38.5
建筑业总产值(万元)	Gross Construction Output Value(10 000 yuan)	1500	5032	235.5
交通运输邮电通信业	**Transportation,Post & Telecommunications**			
公路里程(公里)	Total Length of Highways(km)	2861	2457	-14.1
邮电业务总量(万元)	Business Volume of Post & Telecoms(10 000 yuan)	4464	4852	8.7
本地电话用户(户)	Number of Subscribers of Local Telephone(Household)	43500	44600	2.5
国内贸易	**Domestic Trade**			
社会消费品零售总额(万元)	Total Retail Sales of Consumer Goods(10 000 yuan)	123494	134979	9.3
城镇(万元)	Town(10 000 yuan)	97464	105996	8.8
乡村(万元)	Village(10 000 yuan)	26030	28983	11.3
科技教育卫生	**Science,Education & Public Health**			
各类专业技术人员(人)	Special Technical Personnel(person)	1310	1546	18.0
幼儿园数(所)	Number of Kindergartens(unit)	4	6	50.0
学龄儿童入学率(%)	Percentage of School – Age Children Enrolled(%)	100.0	100.0	0.0
小学学校数(所)	Number of Primary Schools(unit)	1	1	0.0
小学专任教师数(人)	Number of Full – time Teachers of Primary Schools(person)	109	109	0.0
小学在校学生数(人)	Number of Student Enrollment of Primary Schools(person)	1214	1268	4.4
普通中学学校数(所)	Number of Regular Secondary Schools(unit)	3	3	0.0
普通中学专任教师数(人)	Number of Teachers of Secondary Shools(person)	108	106	-1.9
初中在校学生数(人)	Number of Student in Junior Secondary Schools(person)	458	440	-3.9
高中在校学生数(人)	Number of Student in Senior Secondary Schools(person)	377	384	1.9
卫生机构数(所)	Number of Health Institutions(unit)	35	34	-2.9
#医院(所)	Hospitals(unit)	2	2	0.0
卫生院(所)	Township Hospitals(unit)	8	8	0.0
床位数(张)	Number of Beds(unit)	200	200	0.0
#医院(张)	Hospitals(unit)	125	125	0.0
卫生院(张)	Township Hospitals(unit)	65	65	0.0
卫生技术人员(人)	Medical Technical Presonnel(person)	183	175	-4.4
#医院(人)	Hospitals(person)	94	97	3.2
卫生院(人)	Township Hospitals(person)	40	34	-15.0

二十四、附录

Appendix

资料整理：曹源源
Arranged By Cao Yuanyuan

24-1 内蒙古自治区国民经济主要指标占全国的比重(2016年)

Inner Mongolia Main Indicators of National Economy as Percentage of Whole Nation(2016)

指 标	Item	全国 Whole Nation	内蒙古 Inner Mongolia	内蒙古所占比重(%) Percentage (%)
土地面积(万平方公里)	Land Area(10 000 sq. km)	960.0	118.3	12.3
年末总人口数(万人)	Population at the Year - end(10 000 persons)	138271	2520	1.8
社会就业人员(万人)	Employment(10 000 persons)	77603	1474.0	1.9
生产总值(当年价)(亿元)	Gross Domestic Product(current pirces) (100 million yuan)	744127.2	18632.6	2.5
第一产业	Primary Industry	63670.7	1628.7	2.6
第二产业	Secondray industry	296236.0	9078.9	3.1
#工业	Industry	247860.1	7758.2	3.1
第三产业	Tertiary Industry	384220.5	7925.1	2.1
规模以上工业企业单位数(万个)	Number of Industry above Designated Size (10 000 units)	37.9	0.43	1.1
规模以上工业利润总额(亿元)	Total Profits of Industry(100 million yuan)	68803	1244.9	1.8
能源生产总量(万吨标准煤)	Total Production of Energy(10 000 tons of SCE)	346000.0	52690.4	15.2
能源消费总量(万吨标准煤)	Total Consumption of Energy(10 000 tons of SCE)	436000.0	19457.1	4.5
农林牧渔业总产值(当年价)(亿元)	Gross Output Value of Farming, Forestry, Animal Husbandry & Fishery (current prices)(100 million yuan)	112091.3	2794.2	2.5
农业	Farming	59287.8	1415.1	2.4
林业	Forestry	4631.6	98.6	2.1
牧业	Animal Husbandry	31703.2	1202.9	3.8
渔业	Fishery	11602.9	33.0	0.3
工农业主要产品产量	Output of Major Farm & Industrial Products			
粗钢(万吨)	Steel(10 000 tons)	80836.6	1813.2	2.2
原煤(亿吨)	Coal(100 million tons)	34.11	8.46	24.8
发电量(亿千瓦小时)	Electricity(100 million Kwh)	61424.9	3949.8	6.4
水泥(万吨)	Cement(10000 tons)	241352.6	6313.6	2.6
粮食(万吨)	Grain(10 000 ton)	61625	2780	4.5
油料(万吨)	Oil - bearing Crops(10 000 tons)	3629.5	220.0	6.1
货运量(亿吨)	Total Freight Traffic(100 milion tons)	439	20.05	4.6
客运量(亿人)	Total Passenger Traffic(100 million Persons)	190	1.67	0.9
邮电业务总量(亿元)	Total Business Revenue of Postal & Teleco - mmunication Services(100 million yuan)	43345.5	276.9	0.6
社会消费品零售总额(亿元)	Total Retail sale of Consumer Goods(100 million yuan)	332316.3	6700.8	2.0
海关进出口总额(亿美元)	Total Imports and Exports(USD 100 million)	36855.7	117.0	0.3
全社会固定资产投资(亿元)	Total Investment in Fixed Assets (100 million yuan)	606465.7	15469.5	2.6
#房地产开发	Real Estate Development	102580.6	1133.5	1.1
商品房销售面积(万平方米)	Floor Space of Selling House(10 000 sq. m)	157349	2528	1.6
商品房销售额(亿元)	Total Sales Of Commercial House (100 million yuan)	117627.0	1149.1	1.0
一般公共预算收入(亿元)	General Public Budget Revenue(100 million yuan)	159552.1	2016.4	1.3
金融机构人民币住户存款余额(亿元)	Household Deposits of Financial Institutions (100 million yuan)	597751	9960.1	1.7

24-2 西部地区国民经济和社会发展主要指标(2016年)

指标	Item	内蒙古 Inner Mongolia	广 西 Guangxi	重庆 Chongqing
土地面积(万平方公里)	Land Area(10 000 sq. km)	118.3	23.7	8.2
年末总人口(万人)	Population at the Year - end(10 000 persons)	2520	4838	3048
年末城镇人口比重(%)	Proportion of Urban Population at Year - end(%)	61.19	48.08	62.60
人口密度(人/平方公里)	Population Density (persons/sq. km)	21.3	204.1	371.7
生产总值(亿元)	Gross Domestic Product(100 million yuan)	18632.6	18245.1	17558.8
第一产业	Primary Industry	1628.7	2798.6	1303.2
第二产业	Secondray industry	9078.9	8219.9	7755.2
第三产业	Tertiary Industry	7925.1	7226.6	8500.4
生产总值指数(上年=100)	Indices of Gross Domestic Product (preceding year = 100)	107.2	107.3	110.7
人均生产总值(元)	Per Capita GDP(yuan)	74069	37876	57902
人均生产总值指数(上年=100)	Indices of Per Capita GDP(preceding year = 100)	106.9	106.3	109.6
全社会固定资产投资(亿元)	Total Investment in Fixed Assets (100 million yuan)	15469.5	18236.8	16048.1
#房地产开发	Real Estate Development	1133.5	2398.0	3725.9
农林牧渔业总产值(亿元)	Gross Output Value of Farming, Forestry, Animal Husbandry and Fishery(100 million yuan)	2794.2	4591.4	1968.3
农林牧渔业总产值指数(上年=100)	Indices of Gross Output Value of Farming, Forestry, Animal Husbandry and Fishery(Preceding year = 100)	103.1	103.3	104.5
粮食产量(万吨)	Grain(10 000 tons)	2780.3	1521.3	1166.0
油料产量(万吨)	Oil - bearing Crops(10 000 tons)	220.0	68.9	62.7
糖料产量(万吨)	Sugar(10 000 tons)	267.4	7461.3	9.7
肉类总产量(万吨)	Output of Meat(10 000 tons)	258.9	411.2	210.8
# 猪肉	Pork	72.1	249.8	151.3
牛肉	Beef	55.6	14.7	9.2
羊肉	Mutton	99.0	3.3	4.1
奶类产量(万吨)	Milk(10 000 tons)	737.7	9.7	5.5
规模以上工业企业主营业务收入(亿元)	Revenue of Industry above Designated Size(100 million yuan)	20055.3	21978.4	22947.6
规模以上工业产品利润总额(亿元)	Total profit of Industry above Designated Size (100 million yuan)	1244.9	1287.7	1584.2

Main Indicators of National Economic and Social Development of Western Region(2016)

四川 Sichuan	贵州 Guizhou	云南 Yunnan	西藏 Tibet	陕西 Shanxi	甘肃 Gansu	青海 Qinghai	宁夏 Ningxia	新疆 Xinjiang
48.5	17.6	39.4	122.8	20.6	45.4	72.1	5.2	166.0
8262	3555	4771	331	3813	2610	593	675	2398
49.21	44.15	45.03	29.56	55.34	44.69	51.63	56.29	48.35
170.4	202.0	121.1	2.7	185.1	57.5	8.2	129.8	14.4
32680.5	11734.4	14870.0	1150.1	19165.4	7152.0	2572.5	3150.1	9617.2
3924.1	1846.5	2195.0	105.0	1693.8	973.5	221.2	240.0	1649.0
13924.7	4636.7	5799.3	429.9	9390.9	2491.5	1250.0	1475.5	3585.2
14831.7	5251.2	6875.6	615.2	8080.7	3687.0	1101.3	1434.6	4383.0
107.7	110.5	108.7	110.0	107.6	107.6	108.0	108.1	107.6
39695	33127	31265	35143	50398	27458	43531	46918	40427
107.0	109.8	108.0	107.8	107.0	107.2	107.1	107.0	105.3
28812.0	13204.0	16119.4	1596.0	20825.3	9664.0	3528.1	3794.2	10287.5
5282.6	2149.0	2688.3	48.5	2736.8	850.0	396.9	728.2	923.4
6831.1	3097.2	3633.1	173.0	2985.8	1778.0	338.8	493.6	2969.7
104.0	106.2	105.8	112.6	104.1	104.2	105.4	104.4	106.0
3483.5	1192.4	1902.9	101.9	1228.3	1140.6	103.5	370.6	1512.3
311.3	103.4	68.5	6.2	63.8	76.0	30.0	14.7	71.4
49.6	117.8	1738.4		0.2	16.6	0.1		555.0
696.3	199.3	375.6	27.7	111.7	97.3	36.0	30.9	161.0
494.5	155.0	283.7	1.5	85.9	49.0	10.5	7.5	33.9
36.9	17.9	35.2	16.2	8.0	20.0	12.2	10.4	42.5
26.9	4.5	15.1	8.2	8.0	21.1	12.0	10.5	58.3
62.8	6.4	64.1	34.7	189.1	40.7	34.2	139.5	164.4
40639.3	10654.9	10342.0	170.7	19776.8	7711.5	2227.1	3636.1	8222.3
2176.1	658.7	309.1	16.5	1472.4	116.1	76.9	137.7	345.1

24－2 续表

指标	Item	内蒙古 Inner Mongolia	广 西 Guangxi	重庆 Chongqing
发电量(亿千瓦时)	Electricity(100 million Kwh)	3949.8	1346.5	701.2
粗钢(万吨)	Stee(10 000 tons)	1813.2	2109.6	366.5
生铁(万吨)	Pig Iron(10 000 tons)	1469.4	1216.4	287.8
钢材(万吨)	Steel Products(10 000 tons)	2016.8	3644.7	1234.2
水泥(万吨)	Cement(10 000 tons)	6313.6	12034.9	6790.2
农用化肥(万吨)	Chemical Fertilizer(10 000 tons)	250.2	94.3	182.0
汽车(万辆)	Motor Vehicles(10 000 vehicles)	2.1	245.3	266.3
建筑业总产值(亿元)	Gross Output Value (100 million yuan)	1220.8	3449.2	7035.8
建筑业企业个数(个)	Number of Construction Enterprises(unit)	991	1139	2577
建筑业施工面积(万平方米)	Floor Space under Construction(10 000 sq. m)	6296.0	26531.9	32077.1
建筑业竣工面积(万平方米)	Floor Space Completed(10 000 sq. m)	2541.0	7998.0	13751.6
交通运输货运量(万吨)	Total Freight Troffic(10 000 tons)	200475	160761	107966
# 铁路	Railway	69855	5898	1928
公路	Highway	130613	128247	89390
交通运输客运量(万人)	Passenger Traffic(10 000 persons)	16697	48699	61255
# 铁路	Railway	5394	8388	4911
公路	Highway	10347	39750	55594
社会消费品零售总额(亿元)	Retail Sales of Goods(100 million yuan)	6700.8	7027.3	7271.4
货物进出口总额(亿美元)	Total Imports and Exports(USD 100 million)	117.0	478.3	627.7
# 出口总额	Imports	44.7	229.6	406.9
居民消费价格指数(上年＝100)	General Consumer Price Index (preceding year＝100)	101.2	101.6	101.8
在岗职工平均工资(元)	Annual Average Wages of Staff and Wokrers at Post(yuan)	61994	60239	67386
全体居民人均可支配收入(元)	Disposable income of All Residents(yuan)	24127	18305	22034
全体居民人均消费支出(元)	Consumer spending of All Residents(yuan)	18073	12295	16385
城镇居民人均可支配收入(元)	Urban Households Per Capita Average Disposable Income(yuan)	32975	28324	29610
城镇居民人均消费支出(元)	Urban Households Per Capita Expen－ditures for Consumptiom(yuan)	22746	17269	21031
农村牧区居民人均可支配收入(元)	Disposable incomeof Residents In Rural Areas(yuan)	11609	10360	11549
农村牧区居民人均消费支出(元)	Rural Households Per Capita Expen－ditures for Consumption(yuan)	11462	8351	9954

continued

四川 Sichuan	贵州 Guizhou	云南 Yunnan	西藏 Tibet	陕西 Shanxi	甘肃 Gansu	青海 Qinghai	宁夏 Ningxia	新疆 Xinjiang
3273.9	1904.0	2692.5	54.5	1757.4	1214.3	553.0	1144.4	2719.1
2007.7	515.9	1417.3		924.7	628.4	114.9	159.2	868.4
1733.2	371.4	1277.2		856.0	494.3	96.6	154.3	849.9
2837.2	526.2	1654.7	1.8	1233.8	665.9	125.1	164.1	1087.6
14615.5	10798.5	11104.4	623.3	7264.0	4640.4	1895.4	1984.7	4250.2
531.0	639.7	279.5		153.4	32.1	552.4	55.0	336.3
53.0	1.6	13.3		42.0	1.2			2.1
9959.7	2363.0	3867.2	111.3	5329.2	1947.2	410.6	511.3	2258.2
3809	891	2544	173	2114	1323	371	531	1144
54048.3	19354.6	17052.9	244.2	24528.3	10422.4	886.8	2771.3	11312.6
21084.9	4112.1	7102.0	144.0	6758.9	3915.2	301.9	1017.8	4669.9
160970	89526	115505	1971	149046	60661	16881	43260	71961
6794	5635	5372	65	35459	5866	2834	5839	6822
146046	82237	109487	1906	113363	54761	14047	37421	65139
123746	89464	46519	1155	69820	41626	5934	8757	32148
11456	5169	4056	265	8302	3604	994	659	3155
109716	82199	41208	889	61093	37932	4873	7910	28993
15601.9	3709.0	5722.9	459.4	7367.6	3184.4	767.3	850.1	2825.9
493.2	56.9	198.9	7.8	299.2	68.8	15.2	32.7	176.6
279.3	47.4	114.8	4.7	158.3	40.9	13.7	25.0	156.1
101.9	101.4	101.5	102.5	101.3	101.3	101.8	101.5	101.4
65781	69678	63562	110330	61626	59549	67451	67830	64630
18808	15121	16720	13639	18874	14670	17302	18832	18355
14839	11932	11769	9319	13943	12254	14775	14965	14067
28335	26743	28611	27802	28440	25694	26757	27153	28463
20660	19202	18622	19441	19369	19539	20853	20364	21229
11203	8090	9020	9094	9396	7457	8664	9852	10183
10192	7533	7331	6070	8568	7487	9222	9138	8277

中国统计出版社最新图书简目

（仅供参考，以实际出版为准）**统计资料**

中国统计年鉴 中国统计摘要 中国发展报告
中国经济普查年鉴 国际统计年鉴 金砖国家联合统计手册
中国－东盟国家统计手册 中国农村统计年鉴 中国县域统计年鉴
中国城市统计年鉴 中国对外直接投资统计公报 中国地区经济监测报告
中国贸易外经统计年鉴 中国零售和餐饮连锁企业统计年鉴 中国商品交易市场统计年鉴
大中型批发零售和住宿餐饮企业统计年鉴 中国农产品价格调查年鉴 中国住户调查年鉴
中国价格统计年鉴 中国能源统计年鉴 全国农产品成本收益资料汇编
中国环境统计年鉴 中国建筑业统计年鉴 国外资源、能源和环境统计资料汇编
中国工业统计年鉴 中国城乡建设统计年鉴 中国县城建设统计年鉴
中国城市建设统计年鉴 中国科技统计年鉴 中国房地产统计年鉴
中国证券期货统计年鉴 中国劳动统计年鉴 中国第三产业统计年鉴
工业企业科技活动资料 中国社会统计年鉴 中国高技术产业统计年鉴
中国人才资源统计报告 中国教育统计年鉴 中国人口和就业统计年鉴
文化及相关产业统计概览 中国文化及相关产业统计年鉴 中国教育经费统计年鉴
中国民族统计年鉴 中国残疾人事业统计年鉴 中国民政统计年鉴
中国乡镇街道行政区域简册 中国基本单位统计年鉴 中国妇女儿童状况统计资料（英）

省级综合统计年鉴系列

北京 天津 河北 山西 内蒙古 辽宁 吉林 黑龙江 上海 江苏 浙江 安徽 福建 江西 山东 河南 湖北 湖南 广东 广西 海南 重庆 四川 贵州 云南 西藏 陕西 甘肃 青海 宁夏 新疆 新疆生产建设兵团

市（县）级综合统计年鉴系列

滨海新区 石家庄 唐山 邯郸 保定 沧州 邢台 廊坊 承德 衡水 秦皇岛 张家口 太原 大同 阳泉 长治 晋城 朔州 晋中 运城 忻州 临汾 吕梁 呼和浩特 呼和浩特新城区 鄂尔多斯 包头 沈阳 大连 长春 吉林 延吉 四平 通化 松原 哈尔滨 齐齐哈尔 黑龙江垦区 上海浦东新区 南京 无锡 徐州 常州 苏州 南通 连云港 淮安 盐城 扬州 镇江 泰州 宿迁 江阴 丹阳 海门 杭州 宁波 温州 嘉兴 湖州 绍兴 金华 衢州 舟山 台州 丽水 合肥 安庆 马鞍山 福州 厦门 宁德 漳州 龙岩 南昌 九江 上饶 新余 抚州 萍乡 赣州 吉安 景德镇 济南 青岛 潍坊 枣庄 日照 滕州 郑州 洛阳 平顶山 三门峡 商丘 信阳 济源 汝州 武汉 十堰 荆州 宜昌 荆门 咸宁 长沙 广州 深圳 惠州 东莞 汕尾 南宁 柳州 桂林 来宾 河池 防城港 海口 三亚 成都 贵阳 黔南 毕节 昆明 西安 咸阳 延安 宝鸡 安康 铜川 汉中 榆林 兰州 庆阳 银川 乌鲁木齐 兵团一师 兵团十师

调查年鉴系列

天津 山西 内蒙古 辽宁 吉林 上海 福建 江西 河南 湖北 湖南 广西 重庆 四川 云南 甘肃 宁夏 新疆

统计方法应用/实用手册

实用 SAS 统计分析教程 马克威统计分析与数据挖掘应用案例 统计公文知识问答
乡镇统计人员岗位知识培训系列教材：辅助调查员岗位基础知识 乡镇统计人员岗位基础知识
县级统计人员岗位知识培训系列教材：Excel 在统计工作中的应用 简明统计分析
地市级统计人员岗位知识培训系列教材：统计报告与演示 Excel 在统计工作中的应用

统计通俗读物/统计科普图书

国家统计局核心统计指标变迁 货架上的统计 账本里的统计

重点图书

砥砺奋进的五年——从十八大到十九大 新编英汉汉英统计大词典 中华医学统计百科全书
新常态下的中国服务业：理论与实践 新动能新产业发展报告－2017
挑大学选专业 2018—考研择校指南 挑大学选专业 2018—高考志愿填报指南